本书承天台山桐柏宫资助出版

特此致谢

江西道教碑刻辑录

（上册）

陈雅岚
戴训超
辑录整理

社会科学文献出版社
SOCIAL SCIENCES ACADEMIC PRESS (CHINA)

凡　例

一、碑文范围：以当代江西省行政区划为依据，以涉及江西道教为主。收录范围包括道教碑记、宫观记、阁楼堂室记、城隍庙记、墓志铭、墓表、地券等。为了更全面、具体地反映道教发展之复杂过程，部分包含道教内容的民间信仰文献及石刻、砖刻、钟铭、瓷碑等亦酌情收录；部分文献如道教人物传记、道教名山游记、道观修造疏引、道观志书修纂序表、名家送赠道士序文等，虽非碑文或刻碑情况不明，但若内容重要或具史料价值，亦从宽收录，且在相关目录和篇名后加＊号标明。

二、碑文时限：上起西汉，下讫清末。为从文献保存方面反映自现代以来江西道教发展之基本面貌，民国后部分有价值碑文等亦酌情收录。

三、碑文来源：主要从尚存碑刻（含拓本）、古今金石志、地方志、名山志、道观志、历代总集与别集、其他地方文献，及《道藏》《四库全书》《四库全书存目丛书》《续修四库全书》《全唐文》《全宋文》《全元文》《豫章丛书》《南昌文征》等大型丛书中广为辑录。

四、碑文选择：若同一篇碑文有多处文献来源，则尽量选取年代较早、保存较好、内容完整者，同时参校其他版本，择善而录。所据文献及参阅文献均于文后说明中标出。若碑文因多种文献收录时出现碑题不同、文字出入较大等情况，则在文后简要说明或附录于后，以尽量保存文献原貌。

五、碑文年代的确定：以撰作或立碑之年为依据。若文中未写明具体时间，则以作者生平资料及相关文献（主要为方志之记载）为依据，考定其撰作时间或推定其大致朝代年份。

六、碑文编排：以撰作时间先后为序。时间不能确定者，则按确定之朝代、年号编次于该朝代、年号之末。

七、碑文说明：每篇碑文均出说明，内容主要包含撰者简介、碑刻存佚情况、文献出处及重要内容简述等。撰者简介包括姓名、生卒年（若不明则忽略该项）、字号、籍贯、履历（侧重于与撰作相关之内容）、著述等。碑刻已佚者不做说明，碑刻尚存者则于说明中介绍碑石材质、尺寸、形制、书体等内容。

八、碑文点校：辑录时对碑文断句标点。原文缺漏或无法辨认之字，一律以“□”表示；缺字较多者，则以“(上缺)”“(下缺)”“(此处有缺文)”等字样表示；明显错刻或错排之文则直接改正，不做说明；人名、地名等名称中的异体字照录，其他异体字以《现代汉语词典》（第7版）为准改为正体字；文中原有注释性文字一律略去；对附有道教符箓图之地券、墓志，则以【】加文字表示，如【原有道符一帧】。所录清刻文献因避讳改“玄”为“元”者，据不同情形，或回改为“玄”，或保留原字。

九、文后参考文献列举原则：一是分类列举；二是限于篇幅，仅列涉及作者、文章较多或内容重要之文献；三是以作者年代或刊刻、出版时间先后为序排列。

十、特别说明：江西道教碑文辑录旨在搜集、整理、保存珍贵之存世文献，以供宗教工作管理者、道教界、学术界及感兴趣之社会读者参阅。为统一体例，节省篇幅，碑文未完全按原有格式排录，特此说明并希谅解。

总目录

上　册

下　册

目　录

上　册

两汉至南北朝

唐五代

宋 代

元　代

两汉至南北朝

1. 汉·张丽英：石鼓歌一首并序　西汉时期

《金精山记》云：汉时张芒女，名丽英，面有奇光，不照镜，但对白纨扇如鉴焉。长沙王吴芮闻其异质，领兵自来聘。女时年十五，闻芮来，乃登此山仰卧，披发覆于石鼓之下，人谓之死。芒妻及芮使人往视，忽见紫云郁起，遂失女所在。得所留歌一首在石鼓之上，歌曰："石鼓石鼓，悲哉下土！自我来观，民生实苦。哀哉世事，悠悠我意。我意不可辱兮，王威不可夺予志！有鸾有凤，自歌自舞。何为不去？蒙垢实多。凌云历汉，远绝尘罗。世人之子，其如我何？暂来期会，运往即乖。父兮母兮，无伤我怀。"至今石鼓一处黑色直下，状女垂发，时人号为"张女发"。

【说明】张丽英，字金花，翠微峰下径口村人。传说出生前其母梦一仙女头插金花飘落门前，醒后分娩，故名。十五岁入盘古山（今金精山）修炼，后得道飞升。北宋崇宁年间，宋徽宗敕封其为"灵泉普应真人"。明朱敏《金精山记》曾载："封真人有'灵泉普应'之号，诰词亦刻，尚存。"据宋张君房编《云笈七签》（中央编译出版社 2017 年版。以下径称书名）卷九七"赞颂部"之"歌诗"录文。参见道光《宁都直隶州志》卷三一之四。《石鼓歌》碑今嵌于宁都县金精山洞墙上，为 1994 年重立。青石材质，高 0.68 米，宽 0.42 米。直行，7 行，行 4～12 字，楷书。额篆"石鼓歌"三字。此歌虽出传说，但仍可见仙道信仰在赣南传播历史之久远。又据乾隆六年《宁都县志》卷八载，张丽英"在石上留歌十八章，今传其五"，所录五章即"石鼓歌"，仅顺序、文字稍有不同。元代翰林学士滕斌（字玉霄）曾补写所缺十三章。其一：万法一心，万古一今。风清月白，山高水深。其二：道本自然，有心即妄。无在不在，人间天上。其三：石冷龙蟠，风高鹤瘦。一片白云，忽落襟袖。其四：月佩霞裙，雾襦云幄。白鹤一声，秋风老壑。其五：本无尘埃，何事乎浴？千仞飞泉，聊濯吾足。其六：谁谓桃实，可以疗饥？何为武陵，迷不自知？其七：万山雪瀑，一叶莲舟。世人指似，泰华峰头。其八：如剑斯泉，如瓮斯石。夜横紫箫，吹散寒碧。其九：瑶草低云，苍松洒雪。何人举酒，酬我明月？其十：火云烁旱，力能肆汝。谓予不信，有祷必雨。其十一：几度海桑，天长地久。岂不尔思？旧家谷口。其十二：天低绛阙，月满瑶台。王鸾何许？盍归去来？其十三：孰谓西方，有星者堕？我为此山，此山为我。

2. 汉·佚名：米巫祭酒张普题字　熹平二年癸丑（173）

熹平二年三月一日，天表鬼兵胡九□□，仙历道成，玄施延命，道正一元，布于伯气。定召祭酒张普，萌生赵广、王盛、黄长、杨奉等，谕受《微经》十二卷。祭酒约施天师道法，无极耳。

【说明】据四库本洪适《隶续》卷三录文。参见陈垣编纂，陈智超、曾庆瑛校补《道家金石略》（文物出版社 1988 年版。以下径称书名），龙显昭、黄海德主编《巴蜀道教碑文集成》（四川大学出版社 1997 年版）。按，洪适跋云："右《米巫祭酒张普题字》，凡七行六十七字，今在蜀中，威宗熹平二年所刻。范《史》《刘焉传》云：顺帝时张陵客于蜀，造作符书，受其道者，出米五斗。陵传子衡，衡传子鲁。其来学者，初名为鬼，卒后号祭酒。注云：熹平中，妖贼大起汉中，有张修为太平道，张角为五斗米道，使病人处静室思过，祭酒以老子五千文都习为请祷之法。此碑有'天师道法'及'祭酒''鬼兵'字，而云'受《微经》十二卷'，盖诸张妖党指传授之。约观其词，以是姓胡老初入米社中，故召诸祭酒受以经法，颇合史氏所载。此碑字画放纵，攲斜略无典则，乃群小所书。以同时刻石杂之，如瓦砾之在圭璧中也。"碑文反映了早期天师道（五斗米道）在蜀兴起的渊源以及由天师、祭酒、萌生、鬼兵组成的管理结构，由天道、地道、人道、鬼道表现的教义教理。这为天师道在江西龙虎山创立并成为道教正一派祖庭奠定了思想和组织基础，对后继者有重大影响，是研究江西道教史的珍贵文献，故特为录存。

3. 东吴·葛玄：流珠歌　黄武三年甲辰（224）

流珠流珠，役我形躯。奔驰四海，历览群书。披寻不悟，惟思若愚。焚遍金石，烧竭汞珠。资财荡尽，抱膝长嘘。吾年六十，功效踌躇。赖师指授，元气虚无。窍冥中起，恍惚中居。真阴真阳，一吸一呼。先存金鼎，次认玉炉。离火激海，坎水升虚。玉液灌溉，洞房流酥。天机真露，万类难如。真人度人，要大丈夫。天长地久，同看仙都。念兹在兹，记吾记吾。

【说明】葛玄（164~244），字孝先，丹阳郡句容（今江苏句容市）人。道教灵宝派祖师，被尊称为“葛仙翁”。黄武三年，葛玄于清江阁皂山（今属江西樟树市）建卧云庵，筑坛铸炉，炼制丹药。丹成，作歌颂之。据明张程纂修、清张光勋增修《武功山志》（以下简称增修本《武功山志》）卷七录文，题为《丹成颂》，文字据别本有改补。参见何明栋、罗宗阳校注《武功山志》（江西人民出版社2002年版。以下简称校注本《武功山志》）卷七。歌中抒写了葛玄炼丹之体悟及度人之重要。按，别本所载，文句与此多有不同。

4. 晋·葛洪：幕阜山记

山有石壁刻铭，上言禹治水，登此山。高于平地一千八百丈，周五百里，二十四气，福德之乡。洪水之灾，居其上可以度世。又有列仙之宝坛场在其侧，旁有竹两本，修翠猗然，随风拂拂，名扫坛竹。其上有池，水正澄洁，时有二鱼游泳其中。有葛仙翁炼丹井，药臼尚存。山无秽草，惟杞与芳苎之属。有石如丹珠。绝顶有石田数十亩，塍渠隐然，非人力所能为。有僧园曰长庆，有宫曰玉清。鸟道断绝，不可登览。左黄龙，右凤凰，皆在山麓。

【说明】葛洪（281？~341），字稚川，自号抱朴子，晋丹阳郡句容（今江苏句容市）人。家贫好学，始以儒术知名，后好神仙导养之法。葛洪从祖葛玄传炼丹之术于郑隐，洪就隐学，著有《抱朴子》，除言神仙外，论炼丹多涉及物质构成之奥秘。又精通医学，著有《金匮药方》等。有文名，著碑、诔、诗、赋百卷。据同治《义宁州志》卷三一上录文。文后原有按语云："《文献通考》：《幕阜山记》一卷，晋葛洪撰。《寰宇记》：幕阜山在平江县东北九十里，唐天宝中改名昌江山。此山既广袤五百里，势必合宁州、平江、通城、浏阳、崇阳诸县，足定此山之方位。其脉接衡岳以趋庐阜，山面正位，峻树于宁也昭然矣。《云笈七签》曰：环幕阜有道宫曰松林，曰紫清，曰崇虎，曰玉清。玉清视余山水为胜。玉清属平江。《西山十二真君传》：许真君尝炼神丹于艾城之黄龙山，丹成，祭于幕阜葛仙翁石室。《岳阳风土记》曰：连云山在幕阜之南，有吴真君炼丹坛。然则幕阜诚神仙之窟宅也。"参见宋王象之《舆地碑记目》卷三、同治十三年《平江县志》卷五二。

5. 南朝宋·江淹：从冠军建平王登庐山香炉峰　约泰始年间

广成爱神鼎，淮南好丹经。此山具鸾鹤，往来尽仙灵。瑶草正翕赩，玉树信葱青。绛气下萦薄，白云上杳冥。中坐瞰蜿虹，俯伏视流星。不寻遐怪极，则知耳目惊。日落长沙渚，层阴万里生。藉兰素多意，临风默含情。方学松柏隐，羞逐市井名。幸承光诵末，伏思托后旌。

【说明】江淹（444~505），字文通，济阳考城（今河南兰考县）人。曾任庐陵内史、金紫光禄大夫等。有《江文通集》。北宋元丰三年（1080）书法家米芾书写此诗，清康熙帝于四十二年（1703）临摹后，连同御书《般若心经》，由江西巡抚张志栋奉旨护送至庐山，并将诗刻石于秀峰读书台。碑高1.8米，宽0.62米。直行，7行，行3~24字，行书。题额为"从冠军建平王登庐山香炉峰"。据碑录文。参见陶永清主编《庐山历代石刻》（江西美术出版社2010年版。以下径称书名）、叶至明主编《庐山道教初编》第四章"石刻"（华文出版社2000年版。以下径称书名）。

6. 南朝齐・谢颢：广福观碑

谨按古《浔阳记》，先生名续，字子希。周时师柱下史老聃，得久视之道。结茅于南障虎溪之上，修炼七百年。定王尝问柱下史伯阳父方今神仙之在世者，伯阳父举五岳诸仙以对，先生其一也。王召之日，先生不见。后二百载，威烈王复遣使以安车迓之，未至之二日，白日轻举。使者访其隐所，仅有草庐焉。回奏，因命南障山为靖庐山，邦人以先生姓呼匡山，又曰匡阜。至今其乡若社，因先生而命名，虎溪由是为三十六福地。汉初以灊之天柱为南岳，鄣山为之贰。武帝元封五年南巡守，登祀天柱，尝望秩焉。既而射蛟浔阳江中，顾问此山何神也，有对以先生成道此山者。由是封为南极大明公。

【说明】谢颢（446~502），字仁悠，陈郡阳夏（今河南太康县）人，谢庄之子，谢朏之弟。刘宋末曾任豫章太守。据民国二十二年（1933）吴宗慈编撰《庐山志》（文海出版社重印本。以下简称民国本《庐山志》）卷一一“艺文”之“金石目”录文。参见胡迎建等校注《庐山志》（江西人民出版社1996年版。以下简称校注本《庐山志》）纲之六目之二九。碑文对研究庐山道教发展有史料价值。按，文末原有“建中靖国初封为净明真人”一句，显非原文。

7. 南朝梁・沈旋：简寂观碑　天监十四年乙未（515）

夫太清奥绝，上元秘远。存主莫究，化匿无方。改陵谷于崇朝，变椿龄于终食，邈矣悠哉，罕测其宗旨矣。

若乃炼质归真，莹情遁俗，控八龙而朝四圣，拥三界而役群英，就迹非神，求心在德。而嗜欲滞累，伤生惑性；名利玩习，夺志扰心。季主莫追，曼倩已远；游溺难戒，井甑易征。自非托隐幽栖，凭高面沼，声迹绝象，风马无津，观荥洛而厌游，隐云烟而慕远，岂能濯秽归真，因枝表实，七变化体，九易移颜，文生五脏，花开六腑，奏琼笈于紫台，披金篆于碧室者乎？

三洞法师陆修静，心怀寡欲，性蓄兼善，忘为栖住，诚隆阐教，投装乐土，解橐灵山，以宋大明五年置馆于庐山高岭。夫止烦曰简，远嚣在寂，即义表名，因心显号。前陈蠡壑，积水浮天；却据匡山，层岩入极。瞰七泽，真犹掌，瞻九河，真如带，物色盈眸，烟霞满瞩。夕魂东引，晓魄西延，仰视奔星，俯观骇电。乃缘岩葺宇，依平考室，即岭成封，因夷置墠。耸桷互甍，升降相临，峻坂六层，倾途九折，丹崖翠壁，刻削殊形，八峰七岭，参差异色。飞溜垂虹，积清似素；轻萝散雾，接绿成帷。春林绾锦，冬岩挺翠，朝猿永啸，夕鸟攒吟，町疃驯阶，颉颃满袖。晨桴晓唱，声仿佛其既闻；玉阙金台，路寂寥而方启。岂直杏林重茂，匡居接迹而已哉？俗滓难排，灵迹易隐。俄而先生托身剑杖，飞迹壶天，遗文余记，盈縢委箧，摘玄宗之奥旨，畅秘诀之幽玄。是以通神间出，参徽继轸。而三芝奥远，非足迹所到；九丹秘绝，匪俗听所闻。故功过则迁，道至斯匿。三洞弟子王道恩谙此遗尘，范兹弃屑，欲科术明练，饵养精淳。方且浴日餐霞，飞金化石，曳屣越壑，耸臂升云。常虑末俗风颓，后生志弱，忘跬步之致远，暗尺木之腾空，所以式镌往训，敬诏来哲。无谓世隔，神路则遐，相契道术，义非畴矣。匡滕洞府，庶契冥缘；携手神洲，伫伸嘉好。乃作铭曰：

三才并用，万品俱陈。造物在象，成务由人。铨功等义，拂命非邻。猗欤先哲，睹实排宾。练偏返妙，养脆归真。愍斯轻菌，垂兹妙诀。九曲五枝，玄霜赤雪。援神风举，托情蝉蜕。日成轮奂，爰俨裳袂。羽衣优柔，云旗容裔。法无难易，志有浮真。嚣静系迹，躁溢缘情。栖岩协邃，饮涧资清。道基松术，业著芝琼。祛尘屏累，遣爱遗荣。神明济济，灵坛肃肃。念荐兴翘，形祇永鞠。白云宵动，芳烟夜触。来驾斑龙，去留宝犊。茂德长镌，清芳永馥。

【说明】 沈旋（又作“璇”或“璿”），字士规，吴兴武康（今浙江德清）人，沈约之子。曾任南康内史。碑立于梁天监十四年十一月，南唐保大十二年（954）重立，安定胡惟楚书并题额。据文渊阁《四库全书》所收雍正《江西通志》（以下简称四库本《江西通志》）卷一二〇录文，文字据别本有改补。参见同治《星子县志》卷四、光绪《江西通志》卷一二四、民国本《庐山志》卷一一“艺文”之“金石目”、校注本《庐山志》纲之六目之二九、《庐山道教初编》第五章“艺文”等。文中记述了南朝三洞法师陆修静的生平与性情，阐释了“简寂”之要义：“止烦曰简，远嚣在寂。”

8. 南朝梁·杜昙永：大秀宫碑记　天监十五年丙申（516）

原夫大道，先天一气。太极元精，冥冥象帝之家，莫知其始；赫赫元珠之内，罔究其终。出造化之牢笼，希夷养素；运阴阳之不测，自在灵长。旷廓兮视之不见；溟涬兮大音希声。浩劫难穷于大易，元功不宰乎强名。鼓橐籥而万圣降生，判元黄而二仪并立。五才以叙，七曜爰光。融为江河，结为堆阜。填坤纽以岳渎，纪乾纲以星辰。洞分三十六天，福载七十二地。由是设长生之教，开众妙之门。金阙玉楼，邈尔蓬莱方丈；琼台瑶室，焕然赤水昆邱。函关启而紫气翔，素车见而青牛至。谷神不死，秘玉箓之灵文；元牝长存，留丹砂之要诀。知之可以修炼，得之可以全真。饵金石而白日飞，炼冰雪而后天老。是故冯夷得之以处大川，肩吾得之以居泰山，黄帝得之以登云天，颛顼得之以处深宫。迥出域中之大，高为物外之真。则圣道彝伦，群生动植，象教开图于圣代，帝王行道以无为。碧落峰头，星坛峻极；白云崖畔，灵观崇霄。霓旌行道以延禧，金简朝元而祝帝。尽造冲虚之会，克隆上士之虚。无得而逾，可大可久。

玉笥山上清宫者，按《白龟》《福庭》等经及本山《实录》，系第十七洞天，号大秀法乐之天，司命真君注生之府。昔夏禹受太上治水真文于洞天。至汉武皇帝，驻跸建坛，受上清箓，赐额曰“上清之宫”。洞处玉笥山，地照三阳，山形八卦，林森异木，谷秀灵芝。左眺群玉奇峰，岚褰翠幕；右挹覆箱峻岭，霞织冰崖。南太白以悬旌，北送仙而峭玉。花明二月，香笼锦绣之春；雪满三冬，风撼琼瑶之佩。云开世界，挂日月于中天；地控杳冥，通神仙于五岳。夜何其而生紫气，樵野径而深隐沦。回环三十六高标，层螺耸黛；曲折二十四幽涧，揭羽飞商。紫阳君修炼石台，赤松子鸣琴鹤坞。龙池照鉴，九真人豢养灵踪；金井澄星，汉武帝醴泉香洁。苔封蔓没，松偃桧凋。丹灶锁红霞，醮坛流夜月。

昙永自天监中甲午岁，携门人司门员外郎钱文咏，初驻于清虚道观。于是扪萝入谷，拂翠登峰，重启洞宫，念兹仙迹。乃命同志黄门侍郎萧子云共施一百万钱，经之营之，选材征匠。其缔构也，内营司命之宫，中俨上清之殿，亭台星列，廊庑翼张，间以金碧，饰以银黄。周穆瑶池，紫户朝元之阁；华胥异域，清风白雪之堂。窈窕下阚于平野，觚棱上拂乎荧煌。日射而烟霞竞彩，春融而兰蕙争香。真神仙之廨宇，宜上士以栖翔。镜眺清虚，仿佛玉京之地；洞分大秀，依稀何有之乡。碧桃兮花径，地久兮天长。铭曰：

至道元邈，常居杳冥。包括混沌，囊隐象形。俄生一气，爰分万灵。融江结阜，天清地宁。浩浩无际，绵绵长存。尊乎守一，贵乎抱元。元珠照海，谁分象言？虚皇秘诀，元牝之门。法乐洞天，司命宪府。典注生籍，为万灵所。上帝福庭，邦家仙圃。资国利民，久隳祠宇。亦既帝拘，倐若化城。芝楼兰殿，绮栋绣楹。虹梁亘玉，碧砌铺琼。仙茸日照，高槛霞明。福我皇祚，道德咸平。洞天不夜，琪树春秾。长烟静外，引素遥空。真人龙池，湛湛溶溶。九霞丹井，寒浸星宫。汉皇禹帝，黄元赤松。万有千古，勒名胜踪。

【说明】杜昙永，号元老，赐号金阙先生，京兆（今陕西西安市）人。梁天监十三年（514），杜昙永自钱塘轻舟载家南上，至玉笥山，建清虚观以处，后于太白峰顶飞升。据文后所记，碑初立于梁天监十五年，重立于宋仁宗天圣九年。据乾隆十三年《峡江新志》卷十录文。参见道光二十八年重刻本《玉笥实录》（现仅存残本）卷四、戴训超整理《玉笥实录》（江西人民出版社 2020 年版。以下简称整理本《玉笥实录》卷四。碑记是研究玉笥山道教兴废历史之重要文献。按，重刻本《玉笥实录》录载此文，惜文字缺损严重。

9. 南朝梁·陶弘景：吴太极左宫葛仙公之碑　梁武帝时

道冠两仪之先，名绝万世之始者，固言语所不得辩，称谓所莫能筌焉。

云何以文字述今？云何以金石传古？其遂休也则日月空照，遂默也则生人长昏。是故出关导以两卷，将升摘其五文，令怀灵抱识之士，知杳冥之有精焉。自时厥后，奕代间出。云篆龙章之牒，炳发于林岫；瑰辞丽气之旨，藻蔚于庭筵。其可以垂轨范、著谣诵者，迄于兹辰。昔在中叶，甘、左见骇于魏王，象、奉擅奇于吴主。至如葛仙公之才英俊迈，盖其尤彰彰者矣。公于时虽游历名岳，多居此岭。此岭乃非洞府而跨据中川，东视则连峰入海，南眺则重嶂切云，西临江浒，北旁郊邑，斯潜显之奥区，出处之关津。半寻石井，日汲莫测其源；三足白麃，百龄不异其质。精灵之所弗渝，神祇之所司卫。麻衣史宗之俦，相继栖托；后有孙慰祖，亦嗣居弥岁。山阴潘洪，字文盛，少秉道性，志力刚明，前往余姚四明隩国，为立观，直上百里，榛途险绝。既术识有用，为物情所怀。天监七年，郡邑豪旧遂相率舆出，制不由己。以此山在五县冲要，舍而留止于兹十有五载。将欲移憩，坛上先有一空碑，久已摧倒。洪意以为荫其树者尚爱其枝，况仙公真圣之遗踪而可遂沦乎？乃复建新碑于其所，愿勒名迹以永传。隐居不远千里，寓斯石而镌之。

仙公姓葛，讳玄，字先孝，丹阳句容都乡吉阳里人也。本属琅琊，后汉骠骑僮侯庐让国于弟，来居此土。七代祖艾，即骠骑之弟，袭封僮侯。祖矩，安平太守、黄门郎。从祖弥，豫章等五郡太守。父焉，字德儒，州主簿、山阴令、散骑常侍、大尚书。代载英哲，族冠吴史。公幼负奇操，超绝伦党，神挺标峻，精辉卓逸。坟典不学而知，道术才闻已了。非复轨仪所范，思识所该，特以域之情理之外、置之言象之表而已。吴初，左元放自洛而来，授公白虎七变，炉火九丹。于是五通具足，化遁无方。孙权虽爱赏仙异而内怀猜害，翻、琰之徒，皆被挫斥。敬惮仙公，动相咨禀。公驰涉川岳，龙虎卫从。长山、盖竹，尤多去来；天台、兰风，是焉游憩。时还京邑，视人如戏，诡谲倜傥，纵倒河山，虽投凫履坠，叱羊石起，蔑以加焉。于时有人漂海随风，渺漭无垠，忽值神岛，见人授书一函，题曰“寄葛仙公”，令归吴达之。由是举代翕然，号为“仙公”。故抱朴著书，亦云“余从祖仙公”，乃抱朴三代从祖也。俗中经传所谈，云已被太极铨授，居左仙公之位，如《真诰》并葛氏旧谱，则事有未符。恐教迹参差，适时立说。犹如执戟侍陛，岂谓三摘灵桃；徒见接神役鬼，安知止在散职。一以权道推之，无所复论其同异矣。

仙公赤乌七年太岁甲子八月十五日平旦升仙，长往不返。恒与郭声子等相随，久当授任玄都，祇秩天爵，佐命四辅，理察人祇。瞻望旧乡，能无累累之叹；顾盼后学，庶垂汲引之慈。敢藉邦族末班，仰述真仙遗则云尔：

九垓敻绝，七度虚悬。分空置境，聚气构天。物滋数后，化起象前。命随形转，神寄业传。霜野于衰，竹柏翠微。泉墟共往，彭羡独归。生因事摄，年以学祈。如金在冶，如帛在机。仙公珪瞥，临龆发颖。襄童比迹，项孺联影。濯质绮闱，凝心黛岭。虎变已摅，龙驹遂骋。朅来台霍，偃蹇兰穹。碧坛自肃，玉水不穷。巡芳沐道，怀古恻衷。表兹峻碣，永扇高风。兰风寓憩，已勒丰碑。此土旧居，未镌贞琰。今之远裔，仰慕清尘。敬思刊树，传芳来叶。（《陶隐居集》卷下）

【说明】陶弘景（456~536），字通明，丹阳秣陵（今江苏南京）人。南齐时官至奉朝请。后去官，隐居于句曲山，设帐授徒，自号“华阳隐居”。梁武帝即位，屡加礼聘，不肯出。帝有大事，无不咨询，时人称为山中宰相。卒谥贞白先生。他是南朝道教之重要思想家。有《陶隐居集》。据《道家金石略》录文，标点、文字据别本有改补。参见清严可均辑《全上古三代秦汉三国六朝文》（光绪二十四年黄冈王氏刻本）“全梁文”卷四七、增修本《武功山志》卷四、汪华光主编《葛仙山志》（宗教文化出版社 2001 年版。以下简称新编《葛仙山志》）第六章（题为“青元观碑记”）、校注本《武功山志》卷四。

唐五代

10. 唐·李世民（唐太宗）：乌石峰敕诰　贞观二年戊子（628）

奉天承运，皇帝敕曰：朝廷之赏，莫如藏真士之元，爵天下之佑，赏之至极也。能为国家保釐东郊，蝗虫殒于灵雨，旱歉转为丰年，佑之至大也。尔豫章真士张开先，心怀懋德，性嗜神仙，莹精遁俗，濯秽归真，托身剑杖，隐迹壶天。摘元科于妙旨，奏琼笈于紫台，蕴秘诀于幽元，披金篆于碧室。七变化体，九易移颜，屈指轰雷，洒枝布雨，转歉成丰，德崇茂著。庸按豫章，用伸褒锡，兹特进尔阶紫垣洞天仙侣，掌阴阳法教，锡之敕命。於戏！祈求在法，应护则神。四海成平，万象效职。钦哉！凡在仙崇祀典，悉为民佑。国重宠锡，褒封尤当著意。豫章乌石峰，乃晋敕旌阳令许逊结庐修真炼丹之所，张开先三继相传，嗣膺显擢，褒章宜锡。改陵谷于崇朝，表丹泉于伟望。诏该属官督建旌阳宝殿，绘塑金容，福国佑民，屏妖保障，永镇西江，万年崇祀。钦哉！故敕。

大唐贞观二年戊子岁八月十五日。

【说明】李世民（598~649），即唐太宗，在位二十三年，开创“贞观之治”。据乾隆五年丁步上等编纂《逍遥山万寿宫志》（以下简称乾隆本《万寿宫志》）卷二录文。参见光绪四年金桂馨、漆逢源编纂《万寿宫通志》（以下简称光绪本《万寿宫通志》）卷二、陈立立等整理《万寿宫通志》卷二（江西人民出版社 2008 年版。以下简称整理本《万寿宫通志》）。按，许蔚《断裂与建构——净明道的历史与文献》一书附录四《许逊及净明道金石资料新编》（上海书店出版社 2014 年版。以下简称《净明资料新编》）认为敕诰系伪作。

11. 唐·陈宗裕：敕建乌石观碑记　贞观六年壬辰（632）

乌石峰丹泉观，乃何太守讳志远祖宅故基。距宅后数百步来脉山腰右峡处，古仙客结有庐庵一所，方士之耽幽揽胜者，往往栖迹其间，名曰黄峰山居。晋永嘉中，旌阳令许逊字敬之者，去职归真，亦自庐庵居止，日游于何远公故宅处，揽其胜境。左有药水灵泉，右有丹崖翠壁，前有幽竹森罗，后有苍松挺秀。且轻烟散彩，薄雾呈祥，山鸟朝歌，渔灯夜灿。诗曰："偶来奇绝处，倏忽悟玄关。药水龙沙近，丹崖咫尺间。图分八卦定，炉成九转还。远翁相慨赐，逍遥非等闲。"不数日，许君拜候远翁，欲募其故居山圃。远翁慨然允曰："仆亦乏嗣，日后可付栖神。"许君遂改迁茇庐于其处，烧丹炼汞。至宁康二年八月十五日午时，许公举家拔宅仙去。南宋永初中，徒裔万太元号石泉者，分宁人也，复寻故居，结庐居之。遂开缘募化十方，始构巍殿三重，塑绘许公圣像，尸位其中。首枕岐峰之巅，帘卷西山之雨，狮沙左抱，象曜右缠。元徽中，石泉年九十零，日治其殿庑遗址，合其生旺归垣，语人曰："吾法嗣后代，必有大兴于此者。"翁年百有三岁，复隐匡庐，传弟子许上期号中山。中山弟子张开先，奇才茂著，颖悟不凡，文生五脏，锦铺六腑，缵述许祖遗传，操炼金丹符秘，上能轰雷致雨，下能治病驱邪。于我朝贞观中，盛夏之时，洪州数月不雨，高阜者有力无施，魅鬼肆殃，低洼者掘井莫救，蝗虫损耗。当事彷徨，人民憔悴，各宪台焦劳无计，出示晓谕，遍请玄流法士，期求未效。一日，张开先哞诵皇经，顿然神倦，隐几而卧，见一道者玄冠羽服，挥麈而言曰："开先开先，豫章人民，难星将满。尔道当兴，速宜出救，谨听吾言。"醒觉是梦，曰："此许祖指示，吾当出救。"次早负剑往省，洁斋登坛，书符咒水。不三日，轰雷掣电，骤雨倾盆，蝗螨尽殒，苗乃浡兴。属官申奏，帝召入对，从容便殿，语及前事。圣皇大喜，敕赐紫垣洞天仙侣，掌阴阳法教都纪之职。敕建许祖旌阳宝殿，崇高三丈六尺，广六丈，深四丈，其后三清殿高四丈，广深俱同前殿规模。于贞观己丑四月己巳落成。是岁八月庚午塑像，阅三载，黝垩绘饰咸备，题其额曰"旌阳宝殿洞青天宫"。余奉诏督造，工成，开先请余文以记之。彼漫言而余漫听之，彼朴言而余朴记之也。余睹其地，奇绝胜幽，丛翠罗列，岿然伟拔，仙迹非虚。太元启之于前，开先继之于后，若非仙迹绵衍，神灵协相，其何能复振之于今日，以植玄教于万年，阐宗风于奕世乎！庸书以为记。

【说明】陈宗裕，生平不详，唐贞观时人。据乾隆本《万寿宫志》卷二录文。参见光绪本《万寿宫通志》卷一四、清董诰等编《全唐文》(中华书局 1983 年版。以下简称《全唐文》)卷一六二、整理本《万寿宫通志》卷一四、《净明资料新编》。按，许蔚在《净明资料新编》按语中指出本文不属唐碑文，系伪作。又，文中提及贞观三年落成后又经三载塑像始成，则写作时间应推定为贞观六年。文末原署时间“大唐贞观三年八月之吉”应误，故删去。

12. 唐·李湜：江州冲阳观碑　开元元年癸丑（713）

夫《大易》究天地之心，《老经》游道德之奥，非先非后，无始无终，不行而至，不疾而速。跨亿龄而超万祀，不以为长；驰寸晷而迫分阴，宁云是促？寒暑乘之而斡运，四时行矣；动植禀之以资生，万物成矣。若乃注元精而悬斗极，皇运以兴；陶正气以立乾维，帝图爰起。故轩后以道登于云天，唐后以德逊于尊位。其余法宝，历总璇衡，皆以冲妙宰域中，玄通御天下。逮秦皇慢德，汉武骄真，幸集灵之宫，游祈年之馆，心非至恳，意属无厌，徒健羡于一时，竟贻嗤于万代。眷言魏晋，咸琐琐焉；迄至陈隋，并区区者。是知道之昌也，无为之化若斯；道之丧也，有累之求若此。然则否终则泰，穷变乃通，得之一朝，必复昌运。

我大唐之御极也，应盘古而开混沌，法太乙而扫欃枪，降灵元始之前，提象太初之外。乾坤翕辟，飞龙之德在天；河洛经通，神马之图出地。高祖神尧皇帝，镳宫授箓，推亡怀负胜之图。太宗文武圣皇帝，丰户收祥，驭朽握瑶光之运。高宗天皇大帝，抚大钧而司左契，执大象而御中枢，笼徽于七十二君，飞英于万八千岁。中宗孝和皇帝，小心恭孝，大度宽仁，上奉宗祧，下安黎庶。睿宗大圣真皇帝，神功不宰，圣谟广运，以《由庚》而安寿域，以《洪范》而享昌年。开元神武皇帝，变代重光，创业垂统，拨乱反正，应天顺人。知微知彰，朝北辰而刊玉；惟精惟一，会九牧而铸金。惟几也，能使遐迩肃清；惟神也，能使幽明畅谧。蒙汜抵于旸谷，同文同轨；大坂际于冰丘，一尉一侯。其公卿也，则伊周赞翼；其牧守也，则邵杜绥怀。文以化成，虞庠有籯金之业；法惟刑措，夏台鲜辨璧之疑。尔其南亩澄清，有如京如坻之积；东山举逸，无在薖在轴之幽。大乐举而音律谐，大礼备而威仪整。俗知和乐，人识训章。加以九苞六象之禽，止庭巢阁；双觡五蹄之兽，入囿驯郊。庆云舒玉叶之阴，甘露洒金茎之润。海贝积而江珠满，山车至而泽马来。其余绝瑞殊尤，应图合谍者，不可胜纪焉。由是赤骆青旗，坐明庭而颁国政；金绳玉版，封日观而纪天符。曷以臻兹？盖皇上得玉真之要道也。故能范围三大，陶冶六虚，候其祎而眄其美矣。

冲阳观者，梁普通三年刺史邵陵王奏置，奉诏造焉。其观当置之际，山顶常有双鹤栖托，每天气清朗，日色晴明，西飞云衢，东至庐岳。其居也，乃爽垲之层阜，博敞之奥区。南眺平原，北临激水，松子之峰非远，王乔之岭犹存。左对崇岩，右瞻穹岫，排云掩日，背阴向阳，状若帏屏，图经之数载矣。以其仙鹤冲翥，居处向阳，二美可嘉，故有“冲阳”之称矣。其地也，上躔景纬，牛斗寓其精；下料山泽，庐江崄其镇。徒观其数峰朵璺，而浪水瀼阶，风被邃庭，云叶镂楶。瑶林宝药，仿佛三珠之丽；邃宇崇堂，依稀七宝之饰。真容式备，道气殊高。少华金童，捧金炉而入侍；太清玉女，持真诀而来仪。凿沼营坛，宛在风尘之外；药堂经藏，萧然松石之间。此实玄圣之殊庭、列仙之游馆也。

逮于垂拱四年冬，遂为野火所侵，回禄扬光，轩廊发焰。昆山之火，燎及芝田；麋氏之灾，烟侵桂栋。致令玄门殆毁，仙构俄倾。迄至开元之初，犹阙真君之院。爰有北岳先生洞玄苏慕道等，凝真牝谷，养素清溪，长往之迹逾高，幽贞之志弥远，多端济物，寡欲探微。痛此荒芜，乘兹舍施，衣布之外，衾被罔留。抚遗迹而兴工，想金摹而崇葺。日役攸劝，风匠是凭，洞关妙门，式图真汇，炳乎丹铺翠幌，奂若秋水春台。镂度元关，重装昔像，影升玄篇，更饰仙仪。凤憩龙盘，宛然功备，把十蹈五，钩绳极妙，能事斯毕，不其然矣。刺史赵郡李讷，弓传虎石，将军横北塞之勋；构袭龙门，司隶擅东都之望。恺悌君子，名教中人。词场则兰桂丛生，学海则蓬壶对出。声流宸扆，道畅黎蒸。风符三月之春，人荷二天之福。别驾赵郡李承胤，即州将之族父也。长史京兆韦公胤，司马荥阳潘公绶，并题舆九派，展骥二梁，雅誉迈沂土之歌，美政完荆南之价。化宣千里，无劳庾亮之书；功赞六条，自得应詹之佐。司功参军长孙子尚，司仓参军姚令珣员外，司仓参军江克励，司兵参军孙司弼，司法参军张延祚，参军陈德直、严干等，八音继响以同举，五色联晖而异趣，凤藻扬日，莺迁弄春。梁竦深耻，屈为州县；王彬博综，甫就典兵。徐稚枉器于功曹，杨球屈声于从事。豫章擢七年之秀，鶤鹏即六月之图。县令黄抃，主簿周晖，尉宋不羁、孙匪逸等，并椅桐杞梓，珠贝球琅，礼乐专门，诗书领艺，家邦共理，忠孝相资，博通应时，恭勤揆务，严明既断，擿伏如神，割滞岂异于解牛，绳僭不殊于逐鸟。乡人杨公定、周仁珙等，茂族高门，魁岸豪杰，或挂冠而从三乐，或结辔而骋九衢，咸舍净财，以追冥祐，具题爵里，勒在碑阴。所冀证福今生，销灾往劫。某顷因祇役，斋沐朝真，躬谒崇祠，睹兹胜躅，悠然长想，怅矣高风，此际纲维，道明祈请。虽幼怀轻举，窃好神仙，未逢太上之家，不遇麻姑之席。自惟庸鄙，轻赞玄功，何敢述其天倪，但俱书其甲子，昭宣不朽。而为颂曰：

大哉元气，邈矣真图。宁穷妙象，罔究鸿炉。道气方振，浇风未敷。发晖玄箓，何贤墨儒。（其一）睢盱莫测，肸蠁难名。蝉蜕滓浊，神游太清。沉尸载起，枯骸更生。韬光秘诀，养正真经。（其二）变相从凋，驱淳入诈。质文互起，昏明递谢。燧火御图，观龙演卦。诡类千品，殊形万化。（其三）呜呼皇唐，异圣冲光。化吞邃古，声超上皇。六幽允塞，三灵再昌。御九登运，得一乘阳。（其四）禀惟皇猷，光宅天休。张我玄籥，清我道流。双童晚憩，四子晨游。山栖白鹤，关度青牛。（其五）至人有为，重爻是考。芸阁三袭，琳鉴七宝。海圣澄真，天神御昊。含漱灵液，规模玄老。（其六）一人有庆，万姓攸资。仰稽真宰，式炼精思。往焚仙桂，今植灵芝。惟其嗣美，赖我尊师。（其七）王命良臣，作牧江曲。英英佐贰，济济寮属。中和演化，威恩动俗。众妙所归，群生是属。（其八）庐峰之右，吴江之南。仙居隐隐，邃宇耽耽。道原巨济，洞穴难探。荃微思拙，文何以堪。（其九）（《文苑英华》卷八四九）

【说明】李湜，生平不详，据相关文献载，他还写有《佛驮舍利碑》，在庐山东林寺。中唐诗人韩翃有《送李湜下第归卫州便游河北》诗。据《道家金石略》录文，标点、文字据别本有改动。参见康熙六十年《西江志》卷一四九、四库本《江西通志》卷一二〇、《全唐文》卷三六四。

13. 唐·李隆基（唐玄宗）：唐遣使投简

开元十三年乙丑（725）

开元十三年乙丑，敕曰：朕八月降诞，夙好道真，愿蒙神仙长生之法。奈万几少暇，不获朝拜。谨令孙志良赍简投奉浮邱石室，以为金马驿传。

【说明】据明天启七年崔世召编纂《华盖山志·崇祀志》（以下简称天启本《华盖山志》）录文。参见清同治八年谢希桢编纂《华盖山志》（江西省博物馆存民国十七年重印本）卷六（以下简称同治本《华盖山志》）。

14. 唐·张九龄：洪州城隍神祈晴文*

开元十五年丁卯（727）

维开元十五年岁次丁卯六月壬寅朔十日辛亥，中散大夫、使持节都督洪州诸军事、洪州刺史、上柱国、曲江县开国男张九龄，谨以清酌脯醢之奠，敬祭于城隍神之灵。恭惟明神，懿此潜德，城池是保，甿庶是依，精灵以康，正直攸好。九龄忝牧兹郡，敢忘在公？道虽隔于幽明，事或同于表里。今水潦所降，亦惟其时，而淫雨不止，恐害嘉谷。谷者，人之所以为命；人者，神之所以有祀。祀可不以为利，义不可以不福。阖境山川，能致云雨，岂无节制？愿达精诚，以时弭灾，无或失稔，则理人有助。是有望于神明。尚飨！

【说明】张九龄（678~740），字子寿，韶州曲江（今广东韶关市）人。唐中宗景龙初年进士。累官至中书侍郎同中书门下平章事、中书令。后受李林甫等排挤，贬为荆州长史。开元二十八年卒，谥文献。有《曲江集》二十卷。据四库本《江西通志》卷一四四录文。参见《曲江集》卷一一（题为“祭洪州城隍神文”）、同治《新建县志》卷八二、《全唐文》卷二九三，各本文字略有不同。本文为最早出现之城隍神祭文之一，其中“城池是保，甿庶是依”二句常为后世城隍庙记文、祭文引用，故特录存。

15. 唐·李玭：太平宫九天使者庙碑

开元二十年壬申（732）

伏稽诸《大易》曰：一阴一阳之谓道，阴阳不测之谓神。惟道也，生三混成，洞微于变化；惟神也，得一而妙，蓄秘于恬冥。钦若太元，遐征妙有，运陶甄之极，不独尊欤？后唐累圣光华，大明终始。陟曦阳之午，廓照瑶京；操元命之符，铭昌鼎彝。白云孤峙，时望嵩丘；紫气千龄，日飞函谷。我开元神武皇帝，圆灵受眷，方舆宠秘，握玄珠之妙，捐可宝之珍，演至道于希夷，刊杂法之凝滞，乃圣一也。于穆祀典，清庙皦皦，孝友光明，天地冥洽，乃神二也。剑戟之器，返于三农，弧矢之威，神断六合，乃武三也。察时变者，观乎天文，人习凡庸，无阶测圣，乃文四也。故冲精象外，高视鸿名，昴荐河图，灵朝海若。尧心摄照，顾言筌于几蘧；轩目司明，屈旌乘于茨隗。所以虞环益地，夏玉从天，纳殊贶于西王，展告成于东后。五龙推纪，迈梁甫之高曾；八骏巡游，陋昆墟之辙迹。昭回上转，山岳下腾，列圣攸居，通仙福会，文皇质义，武帝佩图，至道之兴，其来尚矣。自华封献寿，圣德祈年，金格传书，珠鎏味液。公主以天慈入道，挹化芙蓉；秘监以王子出家，调芳芝术。北方著列仙之籍，南州希至学之因，圣绪无为，斯其有作。乃眷群岳真君道府，光启祠室，幽赞神宗。

青城、庐岳二山者，佐命群峰之望也。丈人仙箓，秘谛真君，使者灵司，孔昭冥察，名书五法，举亚三魔。滀泄崇峦，冀弗骞于物阜；寒暑穹谷，将必顺于人时。开元十九年八月二十一日降明旨曰：青城山丈人庙、庐山使者庙，宜准五岳真君庙例，抽德行道士五人焚修供养。仍委所管拣择灼然道行者安置，具年名，申所由，敕置庙使，内供奉将使者真图建立祠庙并章醮，行道设斋。使大宏道观法师张平公，粤自秦京，宣猷江服，焕丹青之饰，赐元牡之仪，驿传光临，云岩皎色。使持节江州诸军事、守江州刺史独孤正，重镇柴桑，孚瑶枳棘，时观武库，代伏文雄，经始干城，全摹益厉，崇规逸丽，壮思逾纷。朝散大夫行长史杨楚玉、行司马皇甫楚玉、浔阳县令魏昌等，恭维圣善，式议灵场，道俗虔精，冥休推异。爰初筑土，则雨霾烟嶂；俄顷伫立，而色霁霞标。宝龟奠臬之辰，金虬驿程之际，阴蒙涔密，黮晦逌交，注想元空，肃思皇道，芬芳载洁，章醮翘襟，六虚窈冥，一夕融朗，半空之上，忽吐神辉，缀灼九徼，颎扬千仞，宷寮率抃，人吏并观。昔天灵降周，以云门舞奏；神光烛汉，以太乙登禋。然北陆气交，南州燠变，物委霜霰，人嗟沍寒。使法师恬恳仙庭，凭威国命，故元冬易暖，朱景敷晖，畅于幽明，优乎力役，并利攸往，咸欣子来。使兹胜郊，遂臻灵域，腾赪桂岭，郁翠松岩，召斫郢门，僝材荆岫。疏峻堿，缭长垣，红壁列钱，丹楹绣础，三间四表，炳绘文梍，八维九隅，悬镆镂槛，虹梁亘欂，风牖承楣，洌井蕖鲜，芳坛竹扫，银铺月晓，瑶簾霜开。至若圣理全幽，真容罕测，夫其秘状，远降使司。盖考三仙之图，不于九牧之鼎，曒姿粉垩，备质光妍，符彩冥标，侔灵瑞表，工徒罄想，殊思感通，斋室盟祠，既优如在。霓旌霞旆，时扬羽仪，列冠名山，礼均行潦。覃薰紫极，供养黄冠，玉釜常煎，金炉永爇，牲牷革享，鸾凤于飞，露挹神翁，星临婺女。清吹洞唱，天渚匏瓜之津；匹水仙宫，海曲蓬莱之岛。龙骧鹤翥，飘翾净戒之庭；师子辟邪，趋跃精思之地。珠幡卫箕，琼盖拥舆，法供天厨，六时朝念，真经云帙，万劫精修。弗翦茅茨，明代久彰于克俭；经营梓匠，神理邈尊于宠光。圣渥堂闱，灵栖窟宅，竭来禔福，不亦宜乎？冬十有二月，司存式命毕钩绳也。

元门道士章冲寂等，挹教五千，齐欢亿兆，历仙阶而仰止，攀睿算以骧诚。天使愿奉于雕镌，心存魏阙；法众希凭于琬琰，道在吴岑。春水桃花，迷源遂远；幽林杏坞，胜地非遥。伏荷天休，敢述颂曰：

道秘重冥，神幽福庭。三景运极，五岳栖灵。其真有物，厥妙无形。理则恍惚，功惟泰宁。于赫皇极，昭融亭造。睿握元珠，祥丕大宝。苍埌集贶，紫云宗道。致享百神，探因五老。乃眷崇山，岳灵之秘。三象浮精，十华仙使。威滀云雨，神存天地。法象昭凝，真图炳粹。幸明德之嘉运，降幽祠之宠章。凫仙仪兮肃肃，晔瑞彩兮煌煌。烁琳宫之夕照，拂琪木之神光。雕辉兮翠辇，玉釜兮调香。撷五芝于秀崿，搴八桂于飞梁。龙吟凤舞天路长，青云衣兮白霓裳。节空歌于瑶磬，臻羽旆于琼浆。冥激兮福宇，飘眇兮神极。牵匹水之布流，睆香炉之绮色。留鹤语于千载，翥鸾装兮一息。绛河真母将易逢，碧海仙姑淼难测。恭至道兮三五，奉休符兮万亿。纪贞石于名山，壮洪规于帝力。

唐开元二十年壬申正月乙巳朔二十五日癸巳树。

【说明】李玭（一作李泚），黄梅（今湖北黄梅县）人，唐朝隐士。唐玄宗开元间立庐山使者庙，令所在学士制碑文，独玭称旨。据四库本《江西通志》卷一二〇录文，个别文字据别本有改动。参见《道藏》本《庐山太平兴国宫采访真君事实》卷六、康熙六十年《西江志》卷一四九、《全唐文》卷三七三、同治《德化县志》卷五〇、光绪《江西通志》卷一二五、《道家金石略》等。宋陈舜俞《庐山记》（四库本。以下径称书名）、明桑乔《庐山纪事》（民国九年刊本。以下径称书名）、民国本《庐山志》、《庐山道教初编》第五章“艺文”及《黄梅县志》等均载有碑全文或碑目。《庐山纪事》题为《九天使者庙碑记》，《德化县志》题为《太平宫九天使者庙碑记》，《黄梅县志》题为《庐山庙应制碑文》。碑文记载了庐山九天使者庙由唐玄宗降旨建造和征文立碑之历史。

16. 唐·潘观：使者征祥记　开元二十一年癸酉（733）

云云。开元神武皇帝，膺图驭历，出震承天。阳春涵惠泽之滋，玄古兴匪常之颂。云云。建兹祠室，厥瑞骈臻，置立已来，灵应有五。其一也，山连水阻，运木颇艰。不雨不风，水忽漂涨，汀洲泛溢，吹筏近山，计木才登，水便复旧。江人称异，老少咸嗟。其二也，庙地形胜，林芳涧清，野竹散林，则连岗距谷，丹粉杂色，则穴出崖生。私访者失路迷津，缘庙者往求必获。其三也，谢土之际，风云久暗。焚香有告，俄尔之间，云收风歇，野光火色，尽耀山林，腾焰数回，明朗如昼。其四也，彭蠡臻凑之处，三县水陆皆经。时有数百人求渡，云我今往庐山谒使者庙，汝载我渡，当酬汝直，留钱经宿，咸成纸钱。其五也，使者骑从，刻削驭人，或泥或木，忽有数躯，流汗霡霂。

凡此五事，前世罕闻，良以圣德潜通，遂使休祥焕著。云云。

【说明】潘观，开元年间人，曾任彭泽尉。据《永乐大典》卷六六九八录文，文字据别本有改补。参见《庐山太平兴国宫访真君事实》卷一（文后有云："凡此五事，前世罕闻，刻石纪之，以传来者。"）、《全唐文》卷三九七。按，三书所载，均为摘录，非全文。上录文中所谓"云云"者，即为有省略之处。据《永乐大典》卷六六九七载，碑记为"开元二十一年建，治平重立"。

17. 唐·李隆基（唐玄宗）：遣使诣华林山投金龙简镂文

开元二十六年戊寅（738）

大唐开元神武皇帝李隆基，本命乙酉八月五日降诞，夙好道真，愿蒙神仙长生之法，谨依上清灵文，投刺浮邱公石室。位忝君临，不获朝拜，谨令道士孙知谅赍信简以闻，惟金龙驿传。戊寅八月丁酉朔五日辛丑告文。

【说明】据同治《奉新县志》卷一录文。参见同治《南昌府志》卷七。按，华林山是西晋新吴（今江西奉新县）道人刘道成修炼之地。投龙洞在元秀峰南五里，旧名浮邱石室。唐明皇投金龙简于此，昭宗时里人费琯得金简玉环，重三斤十二两，上有镂文 84 字。宋大中祥符三年，遣使复投金龙于此。后道士费冲虚得而献之，钟传奉安紫极宫，表闻于朝，寻诏复投洞中。明陈容《浮邱石室》诗云："何年仙子住清都？千古休论事有无。宝简尚存唐镂刻，金龙犹记宋祥符。藤悬夜月猿呼伴，花落寒风鹤哺雏。灶冷丹成人去后，洞门长锁白云孤。"

18. 唐·李邕：唐东京福唐观邓天师碣

开元二十八年庚辰（740）

尝以天者常生于人之前，人者常化于天之后。常生常化，其惟天与人乎？

有物有凭者，其惟天仙乎？不生不化者，其惟大圣乎？无为无事者，其惟尊师乎？

师讳思璀，家于临川，隐于麻姑山。其先出自有殷，春秋后子孙因国，为南阳望族。后汉有太傅禹，蜀有车骑将军扬武侯芝，晋有武威太守世龙。以至曾祖和、祖甫、考嗣，偕秉哲衣德，参寥洞元，代有人矣。且源派分流，达于江海之内；父子传气，合于天地之初。尊师幼入庐山，中移恒岳，吸沆瀣，漱清泠，精魄冥于太虚，耳目静于穹谷，身枯木，心死灰，固不如也。开元二十三载，皇上下明诏求方士，闻本郡，别乘李行祎以尊师应辟焉。帝请问所习，雅重其言。常斋太一宫，集元元教，虑失诸野，思得其人。临遣尊师，俾巡江南六十郡，冥搜元览，欲以张皇大道，开觉下人。明年春二月甲子，复命，称旨意，敕度为道士，名曰紫阳。仍赐紫罗法衣一副，绢一百匹，配东京福唐观兼本郡龙兴观以宠之。议者以尊师心奉于道，身事于君，名师于乡，德扬于国，莫之比也。五月三日，又赐绢一百匹，紫罗法衣一副。所谓高其行而累于赐，贵其言而尊于服，我圣人之用心也。九月七日，扈从西京，敕安置同德兴唐观。君子曰"尊师与圣同德而兴我唐，乃居此观"，韪也。二十五年冬，恩敕许归觐省，出中使二人监侍。渥承于主，荣及其亲，兼遂者鲜矣。二十六年春，特敕诣中岳、王屋、函谷、宗圣及诸名山修功德。其所至也，神兵降于坛上，庆云集于山下，元鹤徘徊于霄汉，丹芝郁馥于原野。上闻而嘉之，又赐紫罗法衣两副，将以服一生之体；洁帛五束，将以当五方之镇；彩绫六段，将以成纯阳四九之数；钱十二万千，将以合日月十二时之会。佥曰："天物备矣，道心行矣。"二月甲子，一日两诏，偕召七人，初为中禁洁斋，后以真源谒庙，重闻天圣，独以道高。二十七年冬十月朔七日，驾幸温泉宫，恩令太元观安置。子夜过半，仙装聿来，顾谓门人竹务猷曰："虎驾云车，门外十乘；青童执节，庭中二人。吾当从之，此迓我也。"遗言曰："吾事亲未终于孝，爱弟未终于仁，请本郡御书仙灵观额及麻姑山置庙，兹事莫遂，奄至形解。圣上倘问于我，君将此辞以闻。"言毕异香四来，奄忽而化。箧藏手诏三十纸，壁挂《道经》五千言。前后所赐法衣七副而金紫者，杂采七百二十八段，钱二十六万七千，尊师尽以幡像香油之供费，其余无几，或赒老病贫窭焉。帝闻之流涕，赐绢二百匹，充其殁养之□，用锡尊师孝也；度弟思明麻姑庙道士，用成尊师仁也；御书仙灵观额、立麻姑山庙，用昭尊师愿也。出中使二人监祭，造车舆送还本乡。二十八年二月二十日，殡于旧居麻姑山顶。甲子改葬，棺中惟见牙简香炉而已。尊师应于盛明，升于上清，时春秋三十有七甲子。永惟大圣元元皇帝教曰“成而不居，死而不亡”者，斯之谓欤？

【说明】李邕（678~747），字泰和，扬州江都（今江苏扬州市）人。玄宗时曾任北海太守，世称李北海。能文，尤长于碑颂；善书，初学王羲之，后乃摆脱形迹，自具风格，时称“书中仙手”。为人刚烈，数忤权贵，屡遭贬斥，后为李林甫所杀。传世碑刻有《麓山寺碑》《李思训碑》等。碑于唐玄宗开元二十九年（741）立于麻姑山（说见朱关田《唐代书法家年谱》卷三《李邕年谱》，江苏教育出版社2001年版）；唐宪宗元和九年（814）重立。据《全唐文》卷二六五录文。参见《道家金石略》。按，四库本《李北海集》、多种《麻姑山志》均未见收录。墓主邓紫阳（703~739）以方士被荐入朝，获宠玄宗，敕度为道士，殁后葬于麻姑山顶，麻姑山由此为世人所重，遂成道教名山。

19. 唐·张氲：西山紫清宫题诗　开元年间

其一

去岁无田种，今春乏酒材。从他花鸟笑，佯醉卧楼台。

其二

下调无人睬，高心又被嗔。不知时俗意，教我若为人？

其三

入市非求利，过朝不为名。有时陪俗物，相伴且营营。

【说明】张氲（653~745），又名蕴，字藏真，号洪崖，晋州神山（今山西浮山县）人。唐代高道，净明派尊为“经师”，注《老子》《周易》《三礼》《谷梁传》，撰《高士传》。据明代邵以正编纂《净明忠孝全书》录文，书中有云：“唐武后圣历中，召不赴。玄宗开元中，复召见于湛露殿。今西山有洪崖井，与乌晶源为邻。井之西有紫清宫，旧为应圣宫，即先生栖真所也。有三诗刻于石。”

20. 唐·李白：寻阳紫极宫感秋作　天宝九载庚寅（750）

何处闻秋声？翛翛北窗竹。回薄万古心，揽之不盈掬。静坐观众妙，浩然媚幽独。白云南山来，就我檐下宿。懒从唐生决，羞访季主卜。四十九年非，一往不可复。野情转消散，世道有翻覆。陶令归去来，田家酒应熟。

【说明】据《江州志》载，宋代天庆观（即紫极宫）道士卓玘有道术气节，见知于苏轼。他曾刻写李白此诗，死后由其弟子胡洞微将刻本呈示苏轼，苏轼、黄庭坚先后有和作（见《永乐大典》卷六六六九八）。按，苏轼有《和李太白并叙》，叙云：“李太白有《寻阳紫极宫感秋》诗，紫极宫，今天庆观也。道士胡洞微以石本示余，盖其师卓玘之所刻。玘有道术，节义过人，今亡矣。太白诗云：‘四十九年非，一往不可复。’今予亦四十九，感之，次其韵。玉芝一名琼田草，洞微种之七八年矣，云更数年可食，许以遗余。故并记之。”诗云：“寄卧虚寂堂，月明浸疏竹。泠然洗我心，欲饮不可掬。流光发永叹，自昔非予独。行年四十九，还此北窗宿。缅怀卓道人，白首寓医卜。谪仙固远矣，此士亦难复。世道如弈棋，变化不容覆。惟应玉芝老，待得蟠桃熟。”黄庭坚《次苏子瞻和李太白浔阳紫极宫感秋诗韵追怀太白子瞻》诗云：“不见两谪仙，长怀倚修竹。行绕紫极宫，明珠得盈掬。平生人欲杀，耿介受命独。往者如可作，抱被求同宿。砥柱阅颓波，不疑更何卜。但观草木秋，叶落根自复。我病二十年，大斗久不覆。因之酌苏李，蟹肥社醅熟。”

21. 唐·吴筠：简寂先生陆君碑　上元二年辛丑（761）

先生姓陆，讳修静，吴兴东迁人也，代为著姓，旧史详之。先生道与真气，天挺灵骨，幼含雅性，长绝尘滓。虽博通坟籍，旁究象纬，以为炼形契道，与天地长久者，非经术占候之所能致，故存而不论。乃研精玉书，稽仙圣奥旨，知羽化在我，道不吾欺，遂勤而行之，不舍寤寐。闻异人所在，不远千里而造之，果遇其真，爰受秘诀。乃云栖荆岫，却粒修行，虽身隐弥静而名逃益彰，江汉之人虚往实归者莫知纪极。元嘉末，因市药京邑，文皇帝闻之，使大臣宣旨固请。先生确乎不拔，遽有太初之难，或推独见之明。遂拂衣南游，遐讨绝境，志悦庐岳，乃卜其阳。众峰干霄，飞流注壑，窈窕幽蔼，宜其为至人之所止焉。先生方弦琴以乐元和，覃思以运正气，伫功充而道叶，聊驾景以高举。属世宗明帝，欲播元风于无垠，导苍生以敦朴，非至德之士，则莫能奖而成之。素钦先生之风，乃备征求之礼，至于再，至于三。先生秉操逾坚，因辞以疾。天子侧席意厚，理无推谢。遂恭承诏命，降迹城阙，亦既见止，帝心则愉。于是顺风问道，抗对穷理，千古疑滞，一朝冰释。乃筑先生之馆于外，俾朝野有宗师焉。时司徒袁公北面请益，先生指邪以明正，循派以示源，由是翕然一变颓俗矣。明年，天子不豫，诏先生为涂炭之斋。是夜，灵坛之间，卿云纷郁，翌日疾瘳，盖精神所致。初先生登车之日，有熊虎猿鸟之属悲鸣拥路，出山而止，其忘情感物有如此者。先是，洞元之部真伪混淆，先生刊而正之，泾渭乃判。故斋戒仪范，为将来典式焉。初，桂阳王横逆，暴骨蔽野，先生悉具棺椁，收而葬之，立德施仁，皆此类也。虽迹寓尘躅，而心游象外，为迫恩命，有违宿志。逮元徽五年春正月，谓门人曰："吾将还旧山，可饰装整驾。"弟子佥怪诏命未许而有斯言。至三月二日，乃偃然解化，肤色晖烁，目瞳朗映，但闻清香，惟不息而已。化后三日，庐山诸徒咸见先生，霓旌纷然，还止旧宇，斯须不知所在，相与惊而异之。顾命盛以布囊，投所在崖谷，门人不忍，遂奉还庐山，春秋七十有二。所谓炼形幽壤，腾景太微者也。凡著述论议，百有余篇，并行于代。有诏以先生之居为简寂观，谥曰简寂先生，果有道也。天宝末，筠与友人荀太象避地兹境，敬先生之洞府，慕先生之高风，感世祀之绵远，慨铭志之湮灭，乃与道士吴太清、宋冲虚询谋佥同，建此贞石。其词曰：

猗先生，本天真，蕴至妙，怀深仁。知名疏，悟体亲，忽荣禄，辞嚣尘。餐霞景，甘隐沦，道弥高，声益振。不得已，登蒲轮，扬元风，还紫宸。功允著，德惟新，忽解形，为帝宾。仙道密，难昭陈，纪遗烈，庶不湮。

大唐上元二年岁次辛丑九月十三日，中岳道士、翰林供奉吴筠撰。

【说明】吴筠（?~778），字贞节，华州华阴（今陕西华阴市）人。唐著名道士，熟语道法，德行素著。善属文，有《宗玄先生文集》。据《全唐文》卷九二六录文。参见《道家金石略》。

22. 唐·颜真卿：晋紫虚元君领上真司命南岳夫人魏夫人仙坛碑铭 大历三年戊申（768）

夫人讳华存，字贤安，任城人，晋司徒剧阳文康公舒之女也。师于小有清虚真人王裒，裒命中候上仙范邈为立传。其略云：夫人挺琼兰之流映，体自然之灵璞，志逸云霞，明洁鲜蔚，天才卓异，玄标幽拔。少读老庄三传，五经百子，无不该览。性乐神仙，味真慕道。少服胡麻散、茯苓丸，吐纳气液，摄生夷静。亲戚往来，一无关见。常欲别居闲处，父母不许。年二十四，强适太保掾南阳刘君幼彦，生二子：璞、遐。幼彦后为修武令。夫人心期幽灵，精诚苦尽，逮子息粗立，乃离隔室宇，斋于别寝。清修百日，忽有太极真人安度明、东华大神方诸青童、扶桑碧河汤谷神王景林真人、小有仙清虚真人王裒来降。裒谓夫人曰："闻子密纬真气，太帝君敕我授子神真之道。"青童曰："清虚，尔之师也。"度明曰："子苦心求道，道今来矣。"景林曰："虚皇鉴尔勤感太极，已注子于玉札。子其勖哉！"青童又曰："子不受闻《上道内法晨景玉经》者，仙道无缘得成也。后日当会阳洛山中，尔勤密之矣。"王君乃命侍女开玉笈，出《太上宝文八索隐身大洞真经》《高仙羽玄》等书三十一卷，手授夫人焉。此皆王君昔遇南极夫人、西城真人王方平于阳洛山所受之本经也。山中有洞台，是清虚之别宫。王君至是北向祝誓于夫人曰："太上三元，九皇高真，虚微八道，上清玉泉，裒为太帝所敕于魏华存。"王君又说太极白简青箓、金刻玉文，有得见此三十一卷书者之姓名也。凡此宝书，起自清虚真人受太师西城王君、紫元夫人，从是当七人得之。以白玉为简，青玉为字，至夫人为四矣。于是景林又授夫人《黄庭内景经》，令昼夜诵读万遍，乃得洞观鬼神。此乃不死之道也。于是四真吟唱，各命玉女弹琴、击鼓、吹箫，合节而发歌。歌毕，王君乃解语夫人向所授书，存思指归、宝经节度、行事口诀诸要粗讫，徐乃别去。凡二夕一日，共会在曲静之中。自此之后，王君及西城真人、诸元君夫人互有来往，或与隔壁共庭，初不骇悟。已而幼彦以暴疾殒世，直天下荒乱，夫人抚养内外，傍救穷乏。超群先觉，乃携细小径来东南。及儿息各大，并处官位。至于守静之思，与日而进也。凡在世八十三年，以成帝咸和九年岁在甲午，王君乃与东华青童来降，与夫人灵药两剂，使顿服之，克期会于阳洛宫。夫人服药称疾，闭目寝息，饮而不食，七日夜半，太乙玄仙遣飙车来迎。夫人用藏景之法，托形神剑，化成死骸。始终外朗，仙化内逸，冥变隐适，从此而绝。子璞时为庾司空司马，遐时为陶太尉从事中郎、安城太守。故夫人自此隐化沦景，须臾至阳洛山。明日，青童君、太极四真人、清虚王君、三天法师张道陵等凡四十七真人，降教夫人于隐元之台。王君令夫人清斋五百日，读《大洞真经》，并分别登真秘奥。道陵授以新出明威章奏、入静存祝、吏兵符箓之诀，众真各标至训，三日而去。道陵所以备教委曲者，以夫人在世为女官祭酒，领职理故也。夫人遂修斋读经，诵言万过，积十六年，颜如少女。于是龟山九灵太真西王母、金阙圣君、南极元君乃共来迎，夫人遂白日升晨，北诣上清宫玉阙之下。太微天帝中央王老君、三素高元君、太上玉晨大道君、太素三元君、扶桑太帝君、金阙后圣君各令使者致命，授夫人玉札金文，位为紫虚元君领上真司命南岳夫人，比秩仙公，使治天台大霍山洞台之中，主下训奉道，教授当真仙者。而男之高仙曰真人，女曰元君。于是夫人受锡事毕，王母及金阙圣君、南极元君各去。使夫人于王屋小有之中更斋戒三日毕，九微元君、龟山王母、三元夫人、冯双礼珠暨诸众仙并降夫人于小有清虚上宫绛房之中。时夫人与王君为宾主焉。神肴罗陈，金觞四奏，各命侍女陈曲成之钧。九云合节，八音零粲，于是西王母击节而歌。歌毕，冯双礼珠弹云璈而答歌，余真人各歌。须臾，司命神仙请隶属及南岳神灵迎官并至，虎旗龙辇，激曜数百里中。西王母诸真乃共与夫人东南行，俱诣天台霍山台。又便道过句曲金坛茅叔申，宴会二日二夕。又共适于霍山，夫人安驾玉宇，然后各别。初，王君告夫人曰："学者当去疾除病。"因授甘草丸，所谓谷仙方也，夫人服之而仙。夫人能隶书，为王君立传，事甚详悉。又述《青精䭀飰》，注《黄庭内景经》。自后屡降茅山。子璞后至侍中，蒙使传法于司徒琅琊王舍人杨羲、护军长史许穆、穆子玉斧，并升仙，事具陶弘景《真诰》。所呼"南真"，即夫人也。

初，夫人既渡江，遍游名山，至临川郡，临汝水西立坛置精舍，院东百余步造冢圹，又于石井山建立坛场，往来游憩。岁月深久，榛芜沦翳，虽备载图经，而略无遗迹。有唐女道士黄令微，道行高远，八十而有少容，蹀屣而行，奔马不及。时人见其颜色殊异，号曰华姑。闻夫人灵迹，长寿二年岁在壬辰冬十月，乃讯于洪州西山道士胡慧超。超能通神明，遥指郭南六里乌龟原，有石龟每犯田苗，被人击，首折，其处是也。姑与道流寻访，见龟在坛中央，其下得尊像、油瓮、锯刀、灯盏之类。俄梦夫人指九曲池于坛南，获之，砖砌犹在。景云中，睿宗使道士叶善信将绣像幡花来修法事，仍于坛西置洞灵观，度女道士七人。开元初，玄宗使醮祭，祈祷不绝。每有风雨，或闻箫管之声。入室礼谒，必须严洁，不尔，必有蛇虎惊吼之异。时时有云如乌鸟群飞，垂带直下坛上，倏忽不见，西出如向井山，前后非一。已而华姑肸蠁间如有告者曰："井山古迹，汝须崇建。"俄闻异香从西来，姑行宿洞口，闻钟磬之音。迟明入山，果遇坛殿余址，遂建立屋宇，屡闻仙梵之响。环坛数里，有采斫及不精洁者，必有怪异之警。有野鹿中箭，来投华姑，姑为拔之。后每斋前，则衔莲藕以献姑。开元九年，姑欲上升，告弟子曰："勿钉吾棺，可以绛纱幂之。"已而雷霆震击，纱上有孔，大如鸡卵，棺中惟有被覆木简。屋上穿可容人。座前奠瓜，数日生蔓，结实如桃者二。每至忌辰，则风雨郁勃，直入室内。玄宗闻而骇之，覆视明白，使道士蔡伟编入《后仙传》。二十九年春三月乙酉，使道士赍龙璧来醮。忽有白鹿自坛东出，至冢间而灭，五色仙蛾集坛上。刺史范阳张景佚以为圣德感应，立碑颂述。天宝八载，以夫人得道升仙之所度女道士二人，见修香火。大历三年，真卿叨刺是州，言崇礼谒，郊郭蒙邃，萑蒲震惊，女弱曹逃，豺狼窟聚，真仪如在，坛殿岿然，瞻仰徘徊，悄焉若失。有仙坛观道士谭仙岩者，修真目远，法侣是宗，请以男官黄道士二七人抽隶洞灵，共申洒扫；高行女道士七人萃居坛院，精力住持已久，率励往来，增修观宇。从之。不日，逦暨厥成，仙迹之载崇，师之力也。敢备其本末而为颂云。铭曰：

紫虚元君，维魏夫人。位列五岳，名高七真。凝华台胤，夺志刘嫔。太帝昭恳，清虚降神。群仙毕会，玉笈斯陈。服道日损，精心益勤。蜕形神剑，托驭飚轮。适抵阳洛，遄登隐元。黄庭朗咏，白日升晨。西降王母，东过叔申。传法侍中，许杨为邻。伊昔南渡，爰居汝滨。坛场处所，埋没荒榛。实赖华姑，谂于胡尊。果获灵迹，乌龟之原。次寻井山，实叶曩言。嫣然简解，纱羃空存。野鹿衔藕，灵瓜吐根。怪异昭彰，不可殚论。二圣竦骇，屡崇明禋。于嗟女弱，香火堙沦。真卿刺州，谒拜斯频。乃命仙子，增修鼎新。华姑侍傍，异代同尘。曷表元德？铭功翠珉。垂诸来裔，块圠无垠。

【说明】颜真卿（709~784），字清臣，琅琊临沂（今山东临沂市）人。开元二十二年（734）进士。历官监察御史、平原太守、刑部尚书等，封鲁郡公，世称“颜鲁公”。书法精妙，善正、草，世称“颜体”。有《颜鲁公集》。原碑佚，后曾多次重刻。据《全唐文》卷三四〇录文。参见四库本《颜鲁公集》卷九。多种地方志收载本文时文字有省略，兹录康熙四年《抚州府志》卷三三《南岳魏夫人仙坛记》于下以资参考：

夫人讳华存，字贤安，任城人，晋司徒剧阳文康公舒之女也。挺琼兰之流映，体自然之灵璞，天才卓异，玄标幽拔。少读老庄三传，五经百子，无不该览。性乐神仙，味真慕道。少服胡麻散、茯苓丸，吐纳气液，摄生夷静，亲戚往来，一无关见。常欲别居闲处，父母不许。年二十四，强适太保掾南阳刘文幼彦，生二子璞、遐。幼彦后为修武令。夫人心期幽灵，精诚苦尽。逮子息粗立，乃离隔室宇，斋于别寝。清修百日，感诸真仙来降。已而幼彦以暴疾殒世。值天下荒乱，夫人抚养内外，傍救穷乏，超群先觉，乃携细小径来东南。及儿息各大，并处官位，夫人服药称疾，闭目寝息，饮而不食七日。夜半，太乙玄仙遣飙车来迎，夫人用藏景之法，托形神剑，化成死骸，始终外朗，仙花内灿，从此而逸。天帝令使者致命，授夫人玉札金文，位为紫虚元君，领上真司命南岳夫人。初，夫人既渡江，遍游名山。至临川郡，临汝水西立坛，置精舍，院东百余步造冢圹。又于石井山建立坛场，往来游憩。岁月深久，榛芜沦翳，虽备载图经而略无遗迹。有唐女道士黄令微，道行高远，号曰花姑。闻夫人灵迹，寻访得之。景云中，睿宗使道士叶善信将绣像幡花来修法事，仍于坛西置洞灵观，度女道士七人。开元初，玄宗使醮祭，祈祷不绝。大历三年，真卿叨刺是州，言崇礼谒，郊郭蒙邃，雈蒲震惊，瞻仰徘徊，悄然若失。有仙坛观道士谭仙岩者请增修观宇，从之。敢述其本末而为颂云。铭曰：紫虚元君，维魏夫人。位列五岳，名高七真。凝华台胤，夺志刘嫔。天帝昭恳，清虚降神。群仙毕会，玉笈斯陈。服道日损，精心益勤。蜕形神剑，托驭飚轮。黄庭朗咏，白日升晨。伊昔南渡，爰居汝滨。吁嗟坛场，香火湮沦。真卿刺州，谒拜斯频。乃命仙子，增修鼎新。曷表玄德?铭功翠珉。垂诸来裔，块圠无垠。

23. 唐·裴谞：储潭广济庙祈雨感应颂碑

大历三年戊申（768）

江水上源急如箭，潭北转急令目眩。中间十里澄漫漫，龙蛇若见若不见。老农老圃望天语，储潭之神可致雨。质明斋服躬往奠，牢醴丰洁精诚举。女巫纷纷堂下儛，色似授兮意似与。云在山兮风在林，风云忽起潭更深。气霾祠宇连江阴，朝日不复照翠岑。回溪口兮棹清流，好风带雨送到州。吏人雨立喜再拜，神兮灵兮千献酬。城上楼兮危架空，登四望兮暗蒙蒙。不知路兮千万里，惠泽愿兮与之同。我有言兮报匪徐，车骑复往礼如初。高垣墉兮大其祠，洒扫丹雘壮神居。使过庙者知加敬，酒食货财而有余。神兮灵！神兮灵！匪享慢，享克诚。

【说明】裴谞（719~793），字士明，闻喜（今山西闻喜县）人。官至兵部侍郎。据同治《赣县志》卷二七载，裴谞刺虔州时，“削烦苛，从简易，不期月而令行。大历元年岁旱，谞祷于储潭之神，随车大雨。从弟曙撰《祈雨感应颂》，宗人宏书之碑”。碑文载于卷五〇“艺文志·金石”，辑录时个别文字据别本有改动。

24. 唐·裴曙：感应颂序　大历三年戊申（768）

二年，余从兄自左司郎中诏领虔州牧，不期月而令行焉。削其烦苛，存乎简易，惟德用乂，以康保民。端己而属吏自修，体道而风俗知让。除恶务本□□□不法非时而诛。施惠惟勤，王敛□穷苦，出钱以赈。原义制事，非礼罕言。尔日也，路不拾遗，人归其厚。戊申岁季夏闰月，远郊愆阳。於戏储潭，神之灵者。入庙而骄阳犹赫，陈词而元冥召阴。我信既孚，伊神降祉，乾坤合德，风雨应期。表以随车，云不待簇，昭其福善，雷无假震。越翌日而滂沱矣，发我枯瘁，长我黍稷，倬彼甫田，厥有秋矣。曷以报德？靡爱斯牲。曷以表灵？载葺其宇。夫供亿□王用，俾无暴征，转输泛舟，爰有易道。人无怨色，其财罕遗。天与和气而变不生，则灾害匪常，休咎由政，明矣。其□也，下堂顿首；其卫也，举国兴师。神昭至诚则不容易，岂比夫至理通变，发言馨香？神之协和，天地之利，宜保膺元吉，翼戴休明，祸乱无因而生，福庆永垂后裔。曙则不腆，敢赞颂声。颂曰：

仙郎出守，猛虎渡河。佑贤进善，崇正黜讹。黄霸颍川，晏婴东阿。轻关易道，禁暴屏苛。列邑□吏，异亩嘉禾。士农工商，阡陌宏多。时雨不降，储潭是过。幽庙肸蠁，连山嵯峨。天地合气，鱼龙跃波。随车霡霂，通夕滂沱。实发实颖，载谣载歌。精意以荐，至诚伊何。牲不爱羊，酒盈其牺。天下之利，期在惟和。

前河南府参军裴宏书。

【说明】裴曙，生平不详，唐宪宗时曾任临桂（今属广西）县令。据同治《赣县志》卷五〇“艺文志·金石”录文。文后原附有清朱彝尊跋语云：“储潭庙唐碑二，载陈思《宝刻丛编》。予属友人访求谒庙下者，辄云无有。康熙壬申十有一月，泊舟于潭，获诸仪门之右。其阳裴谞诗，其阴裴氏族子题名记。事后十年，吴江张吉士尚瑗出知兴国县事，乃拓谞诗见贻，惜其阴面壁，工人不知向拓。然胡氏《统签》，季氏《全唐诗》，谞作皆无之。《丛编》所载诸石刻，其中唐人诗尚多，惜无好事若张君为予博访而摹拓之也。”

25. 唐·颜真卿：抚州临川县井山华姑仙坛碑铭

大历四年己酉（769）

华姑者，姓黄氏，讳令微，抚州临川人也。少乃好道，丰神卓异，天然绝粒。年十二，度为天宝观女道士。年八十，发白面红，如处子状，时人谓之华姑。蹀屣而行，奔马不及。闻魏夫人仙坛在州郭之南，草木榛翳，结庐求之不得。长寿二年岁在壬辰冬十月壬申朔，访于洪州西山胡天师。天师名超，能役使鬼神。见其恳切，遥指姑所居南二百步曰乌龟原，中有石龟，每蹂践田苗，百姓患之，乃击断其首，即其处也。明日，与姑登山顾望，西面有池水焉。天师谓姑曰：“池中有所见乎？”曰：“无。”师遂举左手，令姑自腋下观之，四仙浴焉。师曰：“尔有道分，必当得之。”因留与语数日。既还至州，虔诚寻访，遂获石龟于坛中央，掘其下，得尊像及刀锯各一，油瓮五口，灯盏数十个。天后闻之，尽收入内。姑尝于旦夕精思想象之间，忽有告曰：“坛南有九曲池，汝可开之。”姑从而获焉，砖砌尽在。他日有异香彩云从西南而来，其夕梦有人谓姑曰：“井山道场，何不修葺？”姑未及往，忽然感疾。姑悔之曰：“得非违尊教所致乎？”翌日病愈，又闻异香，而宿于谷口，闻钟声。迟明入山，果获坛殿池砌余址。半峰有自然石井，深可三尺，阔丈余，故名井山。天欲雨，则云雾先起。姑既置精舍，时闻仙梵之音。环坛五七里间，莫敢樵采。姑遂洒扫修葺，极其力焉。人或不洁不诚，必遭蛇虎怪异之警，迷不能出矣，至今犹然。有野鹿为猎人所射，来姑前，姑为拔箭。其后每至斋时，即衔莲藕以献姑前。开元九年欲上升之际，忽谓弟子曰：“不须钉吾棺，可以绛纱幂之。”数夕有雷震电绕，视纱顶孔如鸡卵，屋穿容人，棺中惟覆被木简而已。弟子莫瓜，数日生蔓，长数尺，结实二颗，其大如桃。姑同学弟子黎琼仙恒服茯苓、胡麻，绝粒四十余秋，年八十齿发不衰。六七岁时，亲睹其事。每至忌辰，即风云蓊郁，直入室内，村野路人，往往见彩云白鹤，飞入洞口。清斋行道时，每有一朱鬃白马在坛侧，逼之则奔而出外，舍之则随而复来。灵异昭彰，不可谈悉。仙台观道士谭仙岩、史玄同、左通玄等，每至三元，恒修斋醮。大历三年，真卿获刺是州。明年春三月，山下有女道士曾妙行，梦一女师令上七层华树，层层掇餐，及寤犹饱，因是不食。尝于观中见黎琼仙，跪而拜曰："梦中所见，乃尊师也。"因请依之。于今觉韶颜润泽，虔修香火于此山，遐迩骇慕焉。呜呼！麻姑得道于名山，南真升仙于龟原，华姑鹤翥于兹岭，琼仙、妙行接踵而去，非夫天地肹蠁从古以然，则何以仙气氤氲若斯盛者？真卿幸因述职，亲睹厥猷，若默而不言，则来者奚述？乃为铭曰：

绰约华姑，真仙品徒。芳莲比色，逸骏争驱。南郭从魏，西山访胡。腋窥仙浴，原获龟乌。灵迹既俨，曲池犹污。鼎新庙貌，焕然规模。名曰井山，终焉不逾。鹿来藕献，马见鬃朱。简解空存，纱穿上徂。奠瓜吐实，蔼室云趋。妙行精持，高真是俞。勒铭翠琰，永播玄都。

【说明】据《全唐文》卷三四〇录文。参见四库本《颜鲁公集》卷九、康熙四年《抚州府志》卷三三、同治《临川县志》卷五〇之二、《道家金石略》等。碑文记述了临川女仙黄华姑之生平事迹，突出其丰神之卓异和道术之灵异。

26. 唐·颜真卿：唐抚州崇仁县桥仙观王郭二真君碑铭

大历四年己酉（769）

粤以江南之地，佳丽垂名，山岳之间，宛有仙洞。予祗膺圣泽，廉察临川。一日，按地理图，得属邑崇仁县华盖山有王、郭二真君坛存焉，欣睹异事，未原其始。

他日公余，因令军将往山下访求碑铭，果得一石记，乃隋开皇五年焚修道士李子真。于坏碑上再录出其文，则知王、郭二真者，仙不显名，王则方平之再从，郭乃王之族弟也。始于金华山修道，以图轻举。寻游洞府，自玉笥将之麻姑洞，中道经一山，问故老曰："此为何山？"对曰："巴陵华盖山也。”二真君相与言曰：“此山福地，名亦异焉。”因求卜止，再炼神丹。山下父老诣而再拜曰：“敢问真人之名字？”曰：“吾等修志于虚无，不欲述焉。”后有一道士来谒：“敢问真人之师？”曰：“吾师浮丘先生，则上界大仙也。顷于金华山遇焉。”二真君能走石飞符，兴云致雨。或有人苦疾暴亡，往而告之，即飞符以救之。岁将大旱，即致霖雨以济之。至晋惠帝元康三年二月一日，彩云连昼，仙乐喧风，二真君乃骖鸾驾鹤，冉冉上升。今上升之坛及浮丘先生之坛存焉。其后立观焚修，境邑将旱，若诣坛祷之，则云雨立应。美乎！故事昭然，仙踪俨若，虽遗史籍，安泯声华？鸾鹤对飞，共作壶中之客；林峦叠秀，别含象外之春。因与府官议崇观宇，永列焚修。寻差军将以公用钱诣山换殿宇门廊，不日而回，云工毕矣。予德惭好道，任忝分符。原始要终，罕测冲天之日；摛文染翰，用贻千古之芳。铭曰：

玄牝之门，存心养神。学则彼众，得者几人？冉冉千古，堂堂二真。丹成岩谷，道应穹旻。彩云色焕，仙乐声匀。迟日初丽，桃花正新。骖鸾拔俗，驾鹤超云。言归紫府，笑别芳辰。山存华盖，长舍异春。恩流丰泽，用济烝民。浮云势速，好月生频。俨若圣址，永播清芬。

金紫光禄大夫行抚州刺史、上柱国、鲁郡开国公颜真卿撰并书。

【说明】据《道藏》本《华盖山浮丘王郭三真君事实》卷一录文。参见天启本《华盖山志·艺文志一》、同治本《华盖山志》卷七、康熙六十年《西江志》卷一五三（题为“华盖山仙桥观记”）、四库本《江西通志》卷一一二、康熙四年《抚州府志》卷三三、光绪《江西通志》卷一二三、《道家金石略》等，各本碑题、文字稍有不同，也有略去最后铭文者。

27. 唐·魏少游：晋征君诏贤墓碣铭　大历五年庚戌（770）

先生豫章人也。其先汉大农令，自长沙守豫章，因家焉。先生时方八岁，便知以圣贤自师，读严氏《春秋》、京氏《易》、欧阳《尚书》，为南州高士之学。觅静丰城池山，尚友高士，著学道书数十卷。咸和二年，诏为别驾，叹曰：“以臣抗君，以外凌内，小人道长之时。吾今无意于天下事，将复为汉梅福矣。”结茅种菊，蔬食水饮，授徒八百有奇。殁后门人祠于隐居处，因葬其后，今日大罗山者是也。曰“善士坪”者，是其精修处也。

皇唐开元间，都督吴君竞表征君罗先生所居之乡曰“诏贤”。陈太守黄仲昭已封先生墓。今大历五年，余与观察李君泌同守斯土，表扬潜德，责居守之官榜其书舍曰“罗山”，盖因先生而名其山焉。并刻石于隐居之左，俾李君书之。先生以饱德为膏粱，以令闻为文绣，知有道义而不知有天下，知有学问而不知有功名，富贵不能淫，贫贱不能移易。诵其诗，读其书，以求尧舜之道。

【说明】据光绪十二年《巨鹿县志》卷十载：“魏少游以吏干称，累迁朔方水陆转运副使。肃宗幸灵武，少游缮治宫室殿宇，诸王公皆为次舍，除左司郎中，封巨鹿侯。迁陕州刺史。王师溃于邺，河洛震骇，少游镇守自若，擢京兆尹。后为江西观察使，进刑部尚书。改国公。卒赠太子太师。”据毛静《罗山书院及罗文通史料辨析》（文见易咏春主编《剑出丰城：县域生活经济史个案》，江西人民出版社 2009 年版。以下简称《剑出丰城》）录文，标点有改动。

28. 唐·颜真卿：有唐抚州南城县麻姑山仙坛记

大历六年辛亥（771）

麻姑者，葛稚川《神仙传》云：王远，字方平，欲东之括苍山，过吴蔡经家，教其尸解，如蛇蝉也。经去十余年，忽还语家，言七月七日王君当来过。到期日，方平乘羽车，驾五龙，各异色，旌旗导从，威仪赫奕，如大将也。既至，坐须臾，引见经父兄。因遣人与麻姑相闻，亦莫知麻姑是何神也。言王方平敬报，久不行民间，今来在此，想麻姑能暂来。有顷信还，但闻其语，不见所使人，曰：“麻姑再拜，不见忽已五百余年。尊卑有序，修敬无阶，思念久烦信承在彼，登山颠倒而先被记。当按行蓬莱，今便暂往，如是便还，还即亲观，愿不即去。”如此两时间，麻姑来。来时不先闻人马声，既至，从官当半于方平也。麻姑至，蔡经亦举家见之，是好女子，年十八九许，顶中作髻，余发垂之至腰，其衣有文章而非锦绮，光彩耀日，不可名字，皆世所无有也。得见，方平为起立，坐定，各进行厨，金盘玉杯，无限美膳，多是诸华，而香气达于内外，擗麟脯行之。麻姑自言，接侍以来，见东海三为桑田。向闻蓬莱水乃浅于往者，会时略半也，岂将复还为陆陵乎？方平笑曰："圣人皆言海中行复扬尘也。"麻姑欲见蔡经母及妇，经弟妇新产数十日，麻姑望见之，已知，曰："噫，且止勿前。"即求少许米，便以掷之，堕地即成丹砂。方平笑曰："姑故年少，吾了不喜复作此曹狡狯变化也。"麻姑手似鸟爪，蔡经心中念言，背痒时得此爪以杷背乃佳也。方平已知经心中念言，即使人牵经，鞭之曰："麻姑者神人，汝何忽谓其爪可以杷背耶？"见鞭着经背，亦不见有人持鞭者。方平告经曰："吾鞭不可妄得也。"

大历三年，真卿刺抚州，按图经，南城县有麻姑山，顶有古坛，相传云麻姑于此得道。坛东南有池，中有红莲，近忽变碧，今又白矣。池北下坛傍有杉松皆偃，盖时闻步虚钟磬之音。东南有瀑布，淙下三百余尺。东北有石崇观，高石中犹有螺蚌壳，或以为桑田所变。西北有麻源，谢灵运诗题入华子冈，是麻源第三谷，恐其处也。源口有神，祈雨辄应。开元中，道士邓紫阳于此习道，蒙召入大同殿修功德。廿七年，忽见虎驾龙车，二人执节于庭中，顾谓其友竹务猷曰："此迎我也。可为吾奏，愿欲归葬本山，仍请立庙于坛侧。"玄宗从之。天宝五载投龙于瀑布石池中，有黄龙见。玄宗感焉，乃命增修仙宇真仪、侍从云鹤之类。

於戏！自麻姑发迹于兹岭，南真遗坛于龟源，华姑表异于井山，今女道士黎琼仙年八十而容色益少，曾妙行梦琼仙而餐花绝粒，紫阳侄男曰德诚继修香火，弟子谭仙岩法箓尊严，而史玄洞、左通玄、邹郁华皆清虚服道，非夫地气殊异，江山炳灵，则曷由纂懿流光若斯之盛者矣。真卿幸承余烈，敢刻金石而志之。时则六季夏四月也。

【说明】原碑已佚，1992年重立，现存麻姑山仙都观碑廊，保存完好。青石材质，高0.9米，宽0.5米，一通四品并嵌于墙上。直行，54行，行6～18字，楷书。据碑录文。参见康熙十九年《南城县志》卷一二、康熙二十二年

《江西通志》卷五〇、康熙六十年《西江志》卷一五三、清罗森等编纂《麻姑山丹霞洞天志》（以下简称罗氏本《麻姑山志》）、四库本《颜鲁公集》卷一三、四库本《江西通志》卷一二二、同治黄家驹编纂《麻姑山志》（以下简称黄氏本《麻姑山志》）、同治《南城县志》卷九三、《道家金石略》、曹国庆等校注《麻姑山志》（江西人民出版社 1998 年版。以下简称校注本《麻姑山志》）等。碑为中国书法史上之名篇，多地收有拓本：一是宁波天一阁，题为“抚州南城县麻姑仙坛记”，见《天一阁碑帖目录汇编》（上海辞书出版社 2012 年版）；二是据杨振方《碑帖叙录》（上海古籍出版社 1982 年版）载：传世有大、中、小三种，但原石均佚，仅见刻本。宋拓本藏上海博物馆，又一残本藏上海图书馆。碑文依据葛洪《神仙传》讲述了王方平、蔡经与麻姑相会之过程，追溯了邓紫阳在麻姑山精修并蒙召入宫、奏立麻姑庙之事迹，赞叹自麻姑发迹后麻姑山道教发展之兴盛。

29. 唐·魏少游：罗山书院记　大历六年辛亥（771）

余尝谓自古贤人君子，世治则出，以道显于人；世乱则处，以道藏于身。是故晋罗征君其得之矣。君讳文通，号诏贤先生，汉豫章侯十五世孙也。少颖异，以严氏《春秋》、京氏《易》、欧阳《尚书》无不淹贯，从南州高士之学。即励节楮山，著求道书十四篇。晋大兴元年，荆州刺史王敦檄为别驾，君叹曰：“以臣弑君，以夷乱华，小人道长之时，吾今无意于天下事。”遂隐迹丰城池山岭，聚徒八百讲学。以饱德为膏粱，以令闻为文绣，诵诗读书，乐尧舜之道，以待天下之清。故池山之名罗山者，以君所居名之也。殁葬于禅师坪之原，其徒立祠以祀之。梁大通中，改其祠曰云霄观。晋章安令梅盛为南昌别驾，署其门曰修德之门。

予与李公泌来守兹土，新其学舍，历稽公之素履，嘉其志，叹其为人，遂于云霄观额，署其门曰罗山书院。门之内厅，额题以“鸢飞鱼跃”；厅之后堂，额题以“凝神认（忍）性”。栋宇焕然而一新之，宛若先生平日居止之气象也。噫！百世之上，征君之风可谓清矣；百世之下，判君之心可谓善矣。愚故述其事，为之记云。

皇唐大历辛亥之岁春，江西监察使魏少游撰。

【说明】据《剑出丰城》录文，标点、个别文字有改动。据文中记载，罗山书院原为祠祀罗文通之云霄观，这有助于了解唐代丰城道教发展历史，故录存。

30. 唐·佚名：阁皂山杨希淳五方镇墓石

元和三年戊子（808）

玃无自育，九日道乾。巛母东覆，形摄上玄。陁罗育邈，眇炁合云。飞天大丑，总监上天。沙陁劫量，龙汉瑛鲜。碧落浮黎，空歌保珍。恶弈无品，洞妙自真。元梵恢漠，幽寂度人。

北方黑帝炼度五仙安灵镇神五炁天文。

北方五炁玄天承元始符命，告下北方无极世界土府神乡诸灵官：今有上清法师阁皂山威仪经教大德杨希淳，本命戊子□□元和□□真限□，因宵寐梦逐就形□带□容终于道院羽化，灭度五仙，托尸太阴。今于田山西真仙谷丙向安宫立室，庇形后土，明承正法，安慰抚恤。玄灵哺饴，五炁玉滋，精炁充溢，炼饬形骸，骨芳肉香，亿劫不灰。北岳恒山，明开长夜九幽之府，出杨希淳魂神，沐浴冠带，迁上南宫，供给衣食，长在光明。魔无干犯，一切神灵侍卫安镇，悉如元始明真旧典女青盟文。徒弟□□□□□。

【说明】碑2013年9月出土于阁皂山，现存于大万寿崇真宫。为唐五方镇墓石，正方形。碑分上下两部分：上为64字秘篆文，所刻为《洞玄灵宝度人经大梵隐语》之“北方八天”；下为敕告文，楷书，直行，14行，行14字。按，“巛”为古“坤”字。“阁皂山”也写作“阁皂山”，本书一律用“阁皂山”。

31. 唐·白居易：经麻姑山　元和年间

籍庭云色卷青山，昔有真人种得仙。金骨已随鸾驭去，古坛犹在石岩边。

鸟啼花笑空朝日，树老松高积岁年。愿学麻姑长不老，擗麟开宴话桑田。

【说明】据黄氏本《麻姑山志》卷五录文。按，北宋李觏《麻姑山重修三清殿记》曾云："若麻姑山，著称久矣。元和辞人白乐天辈咸有咏歌，粲于屋壁。"故录存之。

32. 唐·李渤：宋庐山简寂陆先生传*

长庆元年辛丑（821）

先生吴兴懿族陆氏之子，讳修静。道降元气，生而异俗，其色怡怡，其德熙熙，明以启著，虚以贯幽。少宗儒氏，坟索谶纬，靡不总该。以为先天抚化，混一精气，与真宰为徒者，载在金编玉字，不形于此。遂收迹寰中，冥搜潜、衡、熊、湘暨九嶷、罗浮，西至巫峡、峨嵋，如雪映松风，丽乎山而映乎水。功成扣元，感神授灵诀，适然自得，通交于仙真之间矣。宋元嘉末，因市药京邑，文帝味其风而邀之，先生不顾。及太初难作，人心骇疑，遂溯江南游。嗜匡阜之胜概，爰构精庐。澡雪风波之思，沐浴浩气，挹漱元精。宋明皇帝袭轩皇淳风，欲稽古化俗，虚诚致礼，至于再三。先生固称幽忧之疾，曾莫降眄。天子乃退斋筑馆，恭肃以迟之，不得已而莅焉。于是顺风问道，妙沃帝心。朝野识真之夫，若水奔壑，如风应虎，其谁能御之？先生拨雾开日，汰沙引金，指方以倒之。中人以上，皆自盈其分，司徒袁粲之流是也。既立崇虚馆，殳氏所宝经诀，并归于我焉。

初，先生离山，有熊虎猿鸟之属悲鸣拥路，出谷而止。及天子不豫，请事涂炭之斋。是夜卿云纷郁，翌日乃瘳。先时洞真之部真伪混淆，先生刊而正之，泾渭乃判，故斋戒仪范，至于今典式焉。桂阳王构逆，暴白骨遍野，先生具棺椁，收而瘗之，其阴德密运，则无得而称也。迨元徽五年春正月，谓门人曰："吾得还山，可整装。"众感讶诏旨未从而有斯说。至三月二日，乃偃卧解带，肤理辉烁，目瞳映朗，但闻异香芬馥满室而已。后三日，庐山诸徒共见先生霓旌霭然，还止旧宇，斯须不知所在，相与惊而异之。顾命盛以布囊，投所在崖谷。门人不忍，遂奉还庐山。时春秋七十二，所谓炼形幽壤、腾景太微者矣。有诏谥曰“简寂先生”，以故居为简寂馆，宗有道也。凡撰记论议百有余篇，并行于代。门徒得道者孙游岳、李果之最著称首。后孔德璋与果之书论先生云：“先生道冠中都，化流东国。帝王禀其规，人灵宗其法。而委世潜化，游影上元。微言既绝，大法将谢。法师禀神定之资，居入室之品，学悟之美，门徒所归。宜其整缉遗踪，提纲振纪，光先师之余化，纂妙道之遗风，可以导引末俗，开晓后途者矣。”

【说明】 李渤（772~831），字浚之，陇西成纪（今甘肃秦安县）人。曾任虔州、江州刺史等。据《全唐文》卷七一二录文。参见《云笈七签》卷五、明董斯张辑《吴兴艺文补》卷十、民国本《庐山志》纲之六目之二六。唐代为陆修静树碑立传者一为道士，一为地方官员，皆叙其奉道有功、为人有德之事迹及重要影响。

33. 唐·施肩吾：《西山群仙记》序* 长庆年间

性非生知，学道者必资于切问；道难言传，立教者不尚于文明。藏机隐意，恐轻泄于圣言；比物属辞，乃密传于达士。世有读书而五行俱下，开卷则一览无遗。声名喧世，孰知不死之方？头角摩天，岂悟希夷之理？必也访道寻真，求师择友。览仙经之万卷，不出阴阳；得尊师之一言，自知真伪。水、火、木、金、土，五行也，相生而为子母，相克而为夫妇，举世皆知也；明颠倒之法、知抽添之理者，鲜矣。上中下，精气神，三田也，精中生气，气中生神，举世皆知也；得返复之义、见超脱之功者，鲜矣。知五行之颠倒，方可入道；至于抽添，则为有道之人也。得三田之返复，方为得道；至于超脱，则为成道之人也。古先达士皆曰道成，真成道者百无一二；今来后学徒有道名，真入道者十无八九。欲论得道而超脱者，西山十余人耳。遂从前圣后圣，秘密参同。一集五卷，取五行正体之数；每卷五篇，应一炁纯阳之义。开明至道，演说元机。因诵短篇，发明钟吕太上至言，庶得将来有悟，勤而行之，继仆以出尘寰，为蓬瀛之侣。

华阳真人施肩吾希圣序。

【说明】施肩吾（780～861），字希圣，号东斋，杭州人。元和十五年（820）进士。有《西山集》等。据光绪本《万寿宫通志》卷一六录文，据文后注，原文出自《新建县志》。参见光绪七年《江西通志》卷五〇（题为“西山群仙会真记序”）、整理本《万寿宫通志》卷一六。文中感叹世人真入道真成道者少，故需“从前圣后圣，秘密参同”，“开明至道，演说元机”，使人诵而有悟，勤而行之。按，本文撰作时间不明，姑依相关记载，系于长庆年间。

34. 唐·卢肇：阅城君庙记　大和六年壬子（832）

吁！天地之至赜，阴阳之元精，升降变化，因时而发者，惟圣人焉，惟神物焉。圣人理乎阳，神物理乎阴，故能灵浃乎寰区，功济乎动植。君大道而不屈，运元德于无穷者，天之为也。夫能知天之为者，必操乎坤舆之涯，必有司宰。当夫万物不振，百姓不亲，虎豹虺蝮，搏啮腾触，骨肉冰泮，害毒草靡。于斯时也，天地既否，云雷将屯，则有轩毓乎绕枢，商生乎元乙。姜嫄履歆而后稷诞，庆都梦龙而伊祁兴。五精在天，迭降于代。是三才不理，乃生圣人也。圣人既生，品物既盛，德刑政事，克传克修。其或山冢崒崩，高岸为谷，道隐乎功，德隐乎奢，贪败生灾，风雨不若。于斯时也，草木失滋，胎卵殈殰，则有至精下降，乃生神物。既拆既堛，光明蜿蟺，则温媪之毓龙，义斯在矣。昔者秦毒天下，鬼神乏主，英精閟质，潜跃失次。故龙遁乎涨海之涯，托乎婺媪之室，圆苞不陈，霞锦相光，鳞鬣未生，风雨如晦。媪既耽之在手，覆之以衣。一夕威灵欲震，雷电皆至，龙遂育焉。厥后媪以母，龙以子，提护萦绕，如乳如嬉。或游于泉，或跃于浒。媪方朝膳，必荐鲜鳞。他年媪斮鳞于涘，龙游于刃下而尾触铦锋。媪骇，视之则堕数尺矣，因泳去。于是盘天乘风，出幽入冥，恍惚变化，潜乎乾，战乎坤，不知其往矣。媪恨其误伤，竟不复至。而媪亦逾乎鲐鲵，克慎厥化。媪无姻戚，阅城人葬之水涯。惟龙乃寓形于人，衰杖如瘵，洟苦涕块，哀呼浃日。谓人曰：“藏我母卑矣。他日潮水啮之，非葬之所也。其将假尔马牛为役，以迁于垲爽。”一夕风雷大至，明日视之，则媪之封若覆厦屋矣，在于山巅。里之中牛马皆殆，不饮龁齐衰者亦亡所在。阅城人立媪及龙之像，以礼祠之。既而龙降于祠堂，形类虺徙日而不见其趾，尾端之栉突而圆焉。其大小长短，视无常质。人或诚礼之，则饮卮酒，循衣绕躯玩狎，如喜其能司人祸福，若有权衡度量焉。自秦至于圣唐千六百余岁，其灵不泯。今乃有龙伯、龙叔、龙季焉。伯则旧也，叔季不知何代相踵而来也。今皆在阅城。元和中，故宜春县令卢府君尝游宦南越，乞灵于龙，契乎其旨。尝梦龙伯谓之曰：“君将宰邑江西，其致我焉。”许之。及太和五年岁在壬子，为原文注释性文字，今一律删去！府君来宜春，遂立祠于邑东昌山津右。府君讳萼，举孝廉，三迁为宜春令。始至遇邑大饥，令豪族以陈积周贫民，故得不佻不病，不横不流，民从其化矣。夫神物莅乎阴，府君之美政，微龙之辅乎？余于府君为宗侄，余为儿而府君多之曰：“乃异日其闻乎！”故余始终龙媪之事及载府君置祠之旨焉。媪温姓，阅城人也。阅城为秦南越邑。民谓之曰龙母。龙母，古矣，其言甚质，吾思以文之，追书媪为阅城君焉。刻铭于祠之阑西云：

天地何宝？圣人之道。天有五精，惟圣迭生。圣道未弥，百灵奉祉。惟周之湮，稔毒于秦。龙迷所奉，栖于越人。伊媪何慈，惟龙克孝。如持大纲，示越人教。涕洟封树，有礼有容。岂惟神物，是谓孝龙。孝龙之灵，宜崇宜荐。岩岩此祠，君子攸建。有云在山，有水在川。龙德永永，为民有年。惟兰斯丛，惟芷斯茂。龙德馥馥，作为民祜。鸣鸠之飞，在于灌木。彼哺者乌，亦谨其族。龙有孝思，俾民敦睦。瓜绍惟瓞，麦秀其歧。龙锡民福，子孙嗣之。逐逐蹄轮，汔汔樯楫。龙灵可依，且不尔惬。龙媪之祠，莅于此津。千万其祀，福于衰人。

【说明】卢肇（818～882），字子发，宜春文标乡（今属江西分宜县）人。会昌三年（843）状元。历任歙州、宣州、池州、吉州刺史等，有政声。有《文标集》。据同治《分宜县志》卷二录文，文字据别本有改动。参见康熙六十年《西江志》卷一五三、四库本《江西通志》卷一二二（均略去铭文部分）、《全唐文》卷七六八、《豫章丛书》（陶福履、胡思敬原编，江西省高校古籍整理领导小组整理，江西教育出版社 2004 年至 2008 年陆续出版。以下简称整理本《豫章丛书》）集部一《文标集》卷中。

35. 唐·佚名：姚仲然地券　开成二年丁巳（837）

唐故将仕郎试洪州建昌县丞姚府君墓地券一所。信州弋阳县新政军如里姚仲然，年七十七。开成二年九月二十日，因往南山采药，遇仙不回，遂即致死。今买当乡地作墓，东至甲乙青龙，南至丙丁五岳，西至庚辛白虎，北至壬癸奔牛。当地价金银钱九万九千九百九十九文。地主：张坚固。保人：李定度。见人：东皇公、西皇母。上至黄天，下至黄泉，所有金玉宝，并是亡人自收管。男来认为奴，女来认为婢。符到奉行。何人书？水中鱼。何人读？高山鹿。鹿何在？上高山。鱼何在？入深泉。急急如律令。垅兮兮兮极也，哭兮兮兮止也。

【说明】碑 1975 年出土于弋阳县，现存于江西省博物馆。青石材质，高 0.265 米，宽 0.275 米。直行，11 行。券文刻于墓志之盝顶部。据陈柏泉编著《江西出土墓志选编》（江西教育出版社 1991 年版。以下径称书名）录文，标点有改动。陈柏泉先生在“后记”中认为，地券作为一种随葬物名称，又称“买地券”“符券”“冥契”“幽契”，是专用于墓葬之有文字明器。常见地券与墓志同出墓圹中，墓志刻于正面或前面，地券则刻于背面或后面。新中国成立后江西各地出土不少唐迄明地券，其中宋元最多。这应与江西多道教洞天福地有关。由于道教广泛传播，地理堪舆之术、随葬地券之风遂盛行。地券从一个侧面反映了道教神仙文化对丧葬习俗之影响。

36. 唐·郑畋：唐故上都龙兴观三洞经箓赐紫法师邓先生墓志铭　大中十三年己卯（859）

据真格，功行满千者身登仙，五百者子得之，三百者孙得之。昔许子何阴功密德，流于七世。洎东晋而远游、长史、小掾三人登升，主簿而下七人度世。是知元根灵荫，必有所逮。太元真人茅长君，乘云龙白日上升，常恨以激俗警弟，不能潜通隐化。为剑解术，则终始混世，乃灵真之本也。二事者先生宜其得之。

邓氏得姓在春秋，两汉魏晋，继有贤杰。洪源演派，或仕或隐。自累世咸居抚州麻姑山，涵乐天和，不以轩冕婴累。洪嗣道高于世，开元中诏赠临川太守。生福唐尊师讳紫阳，以道法佑明皇帝为元门之师。尝用下元术，使神卒朱兵讨西戎之犯境，若雷霆变化，犬戎大败，时称为神人。福唐生华封尊师讳德诚，少随福唐侍内禁。玄宗奇其颖悟，曰："斯子必为教主。"因以巾简授之，使居华封观。其交神通灵、除害利人之事，备于先生所撰家纪。

先生即华封之从子也，讳延康。天机元挺，法相冲雅。贞元初，随师于会稽，受三洞笔箓。寻复麻姑山，葆神茹气，澹然与天倪元合。三景五牙、二星八道之秘，云章龙篆、斋元醮会之法，神悟灵契，悉臻宗极。屡为廉使郡守请敬师受，排邪救旱，显应非一。元元、张寇之道，大行于钟陵间。宝历中，旧相元公制置江夫人有疾，忽梦神人云："何不求麻姑仙师?"元公遽命使祷请，既至而疾果愈，夫人稽首奉箓，俱为门人。复以明威上清之道授邹平公文于广陵、凉公逢吉于夷门。自是藩服大臣，争次迓劳。

太和八年秋，又诏至阙下，嘉其道德，籍隶太清宫。暇日游龙兴观，见坛宇芜圮，怵然曰："岂可使胜地堙废？吾其居而化之。"遂精严像法，建济静治，洎幢节龙缯之用，约数万计，不一二岁其功成，皆斋章符醮之赠，固不封殖于民也。开成初，鸿胪少卿屈突谦妻李氏魅狐得孕，厥害滨死。先生以神篆针砭，既服而诞，则妖雏数首皆毙矣。道尊而神昶，每与帝王言，归于清净；与公卿言，戒其止足；与将进者言，勉于淡泊；与其徒弟子言，勖之勤久。每传法授箓，持炉焚章，俨容虔虑，间不容发。故自三事已降，多执香火之礼，神都威仪与名德道士半出于门下，法教之盛，近未有也。昭肃皇帝幸兴唐观，访先生修真之道，宸旨嘉豫，锡以紫服。后帝受箓于南岳广成师，请先生为监度。上嗣位，尔时于内殿访其元言，第以《道德》《黄庭》《西升》经旨应对，若丹砂硫黄之事，置而不论。居常惟食元气，微饮旨酒，熊经鸟伸而已。故甲子余八十而颜朱无縠文，岂非嘘吸冲和、栖真通粹之效欤！

前岁季冬，以坠足告疾，止不能履，他无所患。今年十月，忽简料经典告牒，及所撰科法仪轨，一以焚之。弟子请其故，默而无复。下会夜梦游神乡，殆非人间世，后辄独坐，叩头称善。门人问之，答曰：“吾今在天台修斋，汝去，无扰吾也。”十一月庚申，形解于观之清室，享年八十有六。据真为右弼王真人治桐柏金庭山，即天台之洞台也，先生其授事于斯乎？且法不可绝，家风宜有人承之。《道德经》以子孙祭祀不辍为贵，则真胄之续，宜其然哉。

先生有子三人：长曰道牙，弃舒州太湖丞，授三洞经箓；次曰道石，□试协律郎，假职闽越；次曰道苗，袭经符，奉斋戒，以法教之系，驻于龙兴。道牙奉遗告护元舆归于故山，以十三年十二月三日葬于抚州南城县故乡谭潭里湖头村灵山硖，祔曾祖父茔。

呜乎！浮游于四方，云无心也；光赫于上京，教可行也；神于故乡，孝不忘本也。畋授正一法于先生宇下，今令似以铭石见托，既熟元范，非所宜辞。乃挥涕为铭曰：

修之身，其德乃真；真不渝，与化为徒。蟺乎剑乎，后何斯年举空衣于山隅？

【说明】郑畋（825~887），字台文，荥阳（今属河南）人。会昌二年（842）进士。历官户部侍郎、翰林学士、梧州刺史等。据《全唐文》卷七六七录文。罗氏本《麻姑山志》、黄氏本《麻姑山志》均未见收录。墓主邓延康（774~859）早年在麻姑山修道。唐文宗大和八年（834）奉诏至长安太清宫。后兴建位于长安永崇坊之龙兴宫。唐宪宗元和九年（814）在麻姑山重立李邕撰《唐东京福唐观邓天师碣》碑文，由刘幼复书写（见南宋《宝刻类编》卷五）。据雷闻《碑志所见的麻姑山邓氏——一个唐代道教世家的初步考察》（见《唐研究》第十七卷，2011年）一文研究，麻姑山邓氏为唐代较有代表性之道教世家，邓紫阳、邓德成、邓延康等代代相传。邓延康不仅深受文宗、武宗、宣宗三朝尊崇，且朝中大臣元稹、李逢吉、段文昌、郑畋等均为其受箓弟子。虽然邓氏主要弘道活动在长安与洛阳，但他们殁后均葬于家乡南城，也为麻姑山赢得了世人声誉。

37. 唐·刘骧：袁州城隍庙记　咸通三年壬午（862）

有天下，有祠祀；有郡邑，有城隍。虽遍天下尚其神而未有的标名氏者，多因土地以立。惟袁古之城壁，按《汉书》，高帝六年春，大将军灌婴所筑。先未有郡，是古宜春县城。隋开皇十一年置宜春郡，大业三年改为袁州，因山名也。移县于州东五里，古今得以灌将军称祀焉。非贤侯，安能移建其庙，饰崇其礼乎？夫如是，所以报其固护城池而福及生人也，俾其甲马安而士卒和，司局宁而官僚泰。千里之内，樵童牧竖，农夫织妇，识君臣少长之礼；名儒秀士，时时间出；灾沴不作，人不夭伤；此乃郡政所致，亦由神之冥化也。

大中十二年，潭、广、宣、洪，士马纷扰，得以恣其杀戮，脍人心肝，贫富相易，父子不相保，人不聊生。是岁州之小卒蚁聚，欲效四地，兴剽劫之心而机泄。有忠者密告奸宄之事实，伏法。袁之人获脱虎口之难，莫不由神明之阴惠也。

大中十四年，太守鲁郡颜公遐福理斯郡。公文章独步，致身高科，自辞天阙，恭播皇猷。洎今未逾二载，百谷丰，万汇苏，而疆理无事。凡有艰阨，未尝不以心度更易而访落之。今则郡城丕变，风化斯新。公因谒神，退谓人曰："神之所止，不宜湫隘。可以高张栋宇，使拜奠虔其神乐之位，祷报严其樽俎之所。"公之祇敬神心，如将军在焉。乃指踪于都押衙李汾等，授规模于梓匠，取宏壮于曩昔。汾乃目其地势，采其形胜，徙旧庙东三十步之外，以咸通二年十月二十四日，构斯堂宇，环廊厨院，厅庑寝殿。亘雄虹之长梁，结棼橑以相接，丹楹森布，彩栌叠施，绳墨之工，雅合其度，实明神栖止迁革之得地也。公理俗政静，商贾厚其利，愿投金帛以新之；军吏安其职，咸请同力以成之，此皆众心之所欲也。未周星而斧斤、圬墁、彩绘告毕，盖公之指委监莅得人矣。我公仁泽广被，何止于活凋瘵，抚兆民，而修创制置之迹多矣。不劳民，不费公，而千载规制存焉。骧奉命，辄敢撰列其功而不愧于词拙，所以纪其建立年月而已。骧敢献神言，惟神聪明正直。我公致力于神，神宜飨公之德。

有唐二百四十五祀壬午夏六月三日记。

【说明】刘骧，生平不详，咸通时人。据《全唐文》卷八〇二录文。

38. 唐·罗隐：梅先生碑　光启年间

汉成帝时，纲纽颓坏，先生以书谏天子者再三。夫火政虽去，而剑履间健者犹数百位，尚不能为国家出力以断佞臣头，复何南昌故吏，愤愤于其下？得非南昌远地也，尉下僚也，苟触天子网，突倖臣牙，止于殛一狂人、噬一单族而已？彼公卿大臣，有生杀喜怒之任，有朋党蕃衍之大，至于出一言，作一事，必与妻子谋。苟不便其家，虽妾人婢子亦撄挽相制，而况亲戚乎？况骨肉乎？故虽有忧社稷心，亦噤而不吐也。

呜呼！宠禄所以劝功，而位大者不语朝廷事，是以天下有道则正人在上，天下无道则正人在下。予读先生书，未尝不为汉朝公卿恨。今南游，复过先生里。吁！何为道之多也。遂碑以吊之。

【说明】罗隐（833~909），字昭谏，余姚（今浙江余姚市）人。历官钱塘令、司勋郎中、给事中等。有《谗书》等。据正统《道藏》洞玄部《梅仙观记·碑文》录文。参见四库本《罗昭谏集》卷五、宋杨智远辑《梅仙观记》（四库全书存目丛书本，子部第二五九册）、康熙六十年《西江志》卷一四九、四库本《江西通志》卷一二〇、同治《南昌府志》卷六四、同治《新建县志》卷八〇。

39. 唐·倪少通：玉清广福观碑铭并序　天祐四年丁卯（907）

玉清观者，法玉清圣境而名。自吴及梁，相续重兴。汉文帝之祀，苏真人耽自郴阳上升，众仙迎往元辰，曾游斯地。吴太帝之代，葛仙翁玄在句容受道，炼丹于涌泉，亦经于此。不独实录，具在仙籍。左右灵踪，古今不泯。赤松山畔，曾闻叱石之羊；王乔岭前，昔现飞凫之履。乡邻白鹤，有傅翁得道之岩；境接赤乌，即施君住宅之址。社莲金阙，洞秀玉华，草木长春，烟云迥秀，黄精遍野，白术盈川。（缺）监临杨玄德、门人王太清心营半载，箕敛万缗，山现良材，地呈贞础。林麓听丁丁之响，庭除观矻矻之功，法天上之皇都，布凡间之紫府。（缺）铭曰：

观本无名，古仙像成。会朝金阙，遂法玉清。宝殿缔构，祥云送迎。玄功福荫，普寿函生。玉清圣化，栖隐名贤。诱彼英信，构兹良缘。福流旷劫，功逮幽玄。解释罗酆，神登九天。栖神之乡，邻有冲阳。其道不宰，载之无疆。洞馨兰菊，林翥鸾凰。表瑞旌祥，福资圣唐。仰观洞府，灵路稀有。荡涤妖氛，资崇禄寿。太清太虚，建功不朽。名载碑珉，天长地久。

【说明】倪少通（899~990），字子明，唐代道士。历官洪州道正、知太一观事。其生平事迹参见后录徐铉《洪州道正倪君碣》一文。据《全唐文》卷九二八录文。参见《永乐大典》卷六六九八（题为“玉清观记”）。按，据《江州志》载，观本名“玉清”，“广福”乃南宋隆兴间所赐，《全唐文》盖沿旧例，合而称之。

40. 唐・李演：庐山女道士石碣铭

有形必尽，至精不死。默默顺道，归根复始。灵龟或昏，朝得造彼。仙师独觉，闭迹山水。岩岩庐峰，上承太空。紫云深处，石堂在中。灵以静坐，境因圆融。神气无路，与天浑同。道昭成毁，时则代谢。人皆恶迁，我不拒化。鹤飞尘外，坛寄松下。唯余天风，萧瑟昼夜。

【说明】李演，陇西（今属甘肃）人。据毛德琦纂、康熙五十九年顺德堂刻本《庐山志》（以下简称康熙本《庐山志》）卷一四录文。参见民国本

《庐山志》纲之六目之二十九、《庐山道教初编》第五章“艺文”。按，女道士姓梁，名洞微。

41. 南唐·江文蔚：创修太平观碑铭并序

升元六年壬寅（942）

夫苍旻异用，潜默之度不逾；文质代更，精微之理无改。惟王顺则，推而广之。亦由江汉本乎滥觞，拱抱渐乎毫末。塈茨弗继，非考室之心；朴斫未动，非梓材之意。道实宏被万物，可以触类而言。是以纷羊如雪，溯窅然之真风；白云在天，穷沃若之遐武。并骖轨祖后，冠德孙谋，元风道业，此之谓不朽。南朝多士，形品既清，方焉道流，楚材云构。灵囿方行于吴会，闷宫间错于楚都。

袁州新喻净观者，东晋许旌阳令逊所舍之地也。逊禀命丹台，肇基乔岳，既植根华苑，绝迹青邱。圭臬无照景之功，衡镜非入神之用，性与天道，无得而言。濯缨成务之缘，解韨遗尘之举，详略异任，国史存焉。若乃高擅枢机，俯同称谓，盖道以微远，业以勤兴，逖德一谬，旁行不返。养名独善者，以心赏为元通；体奇载伪者，比神奸于日用。于是舍南郭之几，足历名都；役西州之智，心服神教。《菁莪》之义既远，烟霞之望斯集。夫东西南北，无隔于殷人；而负龟弃杖，终焉于故域。观其名区奥壤，寒燠之所盛衰；崇冈峻岊，曦舒之所朝夕。茂林修竹，兰亭由其散怀；左江右湖，荆台之所忘返。方城墨守于齐旅，梦泽陆海于江都。虽流品不孤，提封具万，固亦重约诸鄙，偃蹇数都，神仙所会，可焉无论。古而无死，欻驾斯游。彼都人士，乃心余盛。以为箕墓，既丧游旅之迹；未渝万壑，已迁主第之形。盖阙乃仪星邃宇，象帝殊庭，维师其母，比肩灵匹，珍枝郁其茂秀，蟾阁竦以参差。茕茹攸去，风尘自远。岂徒朱鸟或开，方窥承华之殿；灵槎可渡，才指云汉之津。及京洛中微，诸侯遂竞，神仙所处，荆棘生焉。有吴维新，肇同造物。而昧旦之政，青鸟不遑；货殖之家，瞻乌迷复。遂使灼矣银潢，翦焉蓬荜，覆篑非拟，捕影淹留。国家绍帝唐之鸿风，系宗社之绝业，在玉衡之政，纳龟字之畴，百揆有伦，坠典咸振。是以殷辂周冕，礼缛王图，祀夏配天，功昭帝宇，瑶山缉熙于重耀，麟趾申固于维城。草莱振衣，走集纳候。五惇惟敕，三揖思皇。若其正位凝命，振人育德，柴车无不教之士，嘉石有可耻之甿，裸壤暍其夏阴，胡貉曝其冬爱。通驿四远，烽燧之途寂寞；属城万里，华实之野阴烟。周鸟汉麟，宛驹越雉，左右垧牧，朝夕视听，陈侯习其楛矢，汉辇悳其驺牙。贞符之效既熙，华裔之情允洽。方将覆云霓于方夏，返銮骎于伊瀍，乃徼福真源，宅心灵迹。此观无绝于废，而有继于兴；爱存于人，而树伐于代。执事靡盬，启皇明命，曰考旧基，同夫经始。樊圃斲梓，陶渚摽梅，西海白丹，南山青雘，高陵启其爽垲，阴谷献其幽邃。规矩林薄，绳墨烟云，陟远成高，因深测秘，揆瑶光而凿牖，度云锦以飞甍，垂珰粹而成风，奔星云而遗景。元仪既穆，真侣攸宜，朱桂充阶，荃麋竟水。粤以升元六年正月观成，赐命曰太平之观。将使珠皋或驻，脱屣于冰嬉；姑射或游，烂鞭于龙御。士有长往之节，物观大道之行。盖所谓维新旧邦、永启厥后者也。臣仰奉宸谟，式扬斯义。庶乎燕昭南牧，验蓬阙之无更；令威东来，悟城闉之可恃。功坱圠于铭钟，文铿锵于盈耳，播龙篆于三楚，垂国芳于万祀。其辞曰：

大道伊融，万化资始。有开必迪，在积斯峙。处朴见昭，被文则史。象物爰分，灵长有寄。昔在晋氏，有命维馨。元风光表，素履充庭。随以员殖，和此方凝。于昭若士，祥发庆膺。维甫及申，公侯必复。服爵帝廷，飞祥景胄。考制道区，树风元囿。如彼灵朔，归形列宿。维厥士女，钦风靡形。游神秘宇，咸秩丹楹。珠池罄曜，琼庑输英。游曦驻晷，集婺留星。方连有污，王涂或闼。抽桷罗梁，燔烽举燧。烟驾遗尘，丹庭弛卫。造物虽隆，《菁莪》靡寄。天命浚哲，下武为唐。因基有峻，由栫斯芳。膏以元露，郁以丹房。在上麟德，为下金相。惟皇惇典，无幽不举。矧乃瓜瓞，肇惟教父。建木千寻，神台九户。兰砌重阴，丹涂载庑。文哉有玼，壮矣斯棘。冰谷传瓜，九州运石。隐几辰居，服膺泉塞。惟王法象，外观中国。敕旨都俞，造观立石。

【说明】江文蔚（901~952），字君章，建瓯（今福建建瓯市）人。后唐长兴二年（931）进士。历官御史中丞、翰林院学士等。有《桂香赋集》。据同治《新喻县志》卷一六录文，文字据别本有改动。参见崇祯《清江县志》

卷八、乾隆四十五年《清江县志》卷二五、同治《清江县志》卷九、同治《临江府志》卷一五、光绪《江西通志》卷一二二，各本文字互有出入。

42. 南唐·殷观：景星观记　保大四年丙午（946）

运天成度，陶甄大块，道之始也。轨躅发镳，元皇启宗，道之化也。始化无象，品物流形，形性之和，人气是化。任葆辉橐，用育腐彩。夷根以僭，夭折孽伤。□□允洽，灵明兆伟。元道攸覆，维辙是图。情莫寻枝，理宜归蒂。

袁州萍乡芦溪景星观，道畤唐福德星应宫也。自阴阳输和，天地鼓泰，万物资始，一德维新。星其茂祉神图，观若符真御宇。洎乎九功失绪，六境遗踪。季叶雕蒙，叔纲遗索。璨无双烂，影昧层光。剖瓜争望于秦州，分豆竞奔于吴市。酆羊解语，赤符往萃于成都；屈马无言，六甲乱迷于魏阙。星由没也，观乃废焉。圃翠飘椿，坛红落杏。朱顶之琼衣住舞，桂殿香疏；绿女之文鬣将飞，莆池烟冷。

迨我后中兴皇霸，有国以来，图史咏风，天人合德。铜浑变九重坤盖，金柱锁八北乾隅。雀羽书皋，麟蹄拜野。百稔岁谷，群安寿人。元功聿修，朴风大返。乾象作瑞，坤维呈祥。星可浮圭，观期角陆。甲推丙午，岁保中和，教化中外，爱育子民。太守陈留边公镐，策励霞缃，书劳翰谍。黄金翦佩，殊恩酬紫塞之功；白锦裁文，异宠耀碧璘之贵。牧于是州，举李承戬。牛刀剖位，虎剑临人，命发宸躬，宰于斯县。琴堂夜永，风树秋高，景物陶然，政化成矣。兹观突州西位，却县东隅。戬乃初访遗榛，制丰开址。公则始闻芳躅，匠入神机。谓戬能宏道勤行，知戬有劝农暇日。给俸饴庸，倾资饷薰。得精修道士欧阳皎，老铁髭须，长金指甲。阳山采蜜，拨聚虿于风巢；阴灶煮砂，卧真龙于火鼎。笑解笷箨，深尘茧闱。公既欣从，戬闻命矣。于是博质文梓，广实良甃。缅尔藏规，郢而珍用。勺视丹阙，具迹彤基。琼房写卷，瑶窗叠日。七井桐碧，三清玉寒。穆天子之八骏，游回霞明汗漫；许侍女之一鸾，妆罢月坠崆峒。星乃归焉，观尝复矣。

观，公之下客，国之微民。徒言指马思肝，空效剖鱼寻胁。铭虽美事，事广难名。敢肇唐皇昌霸之成，少导君子文明之述。词曰：

大道无象，万窍泯邈。赤羽立日，飞驹趁雹。入元珠门，始见真璞。云台显迹，激澹真风。教纽纲外，宗枢域中。有勤行者，攀虚蹑空。伟哉圣王，聿修元德。星分大瑞，照我仁国。敷立宫祠，用昭不忒。兹址其一，残蒙楚渊。鹿闲桂楫，鹤鳖芝田。不有此废，星胡瑞焉？我后在位，诞膺皇霸。明皎日中，照一天下。是星可期，瑞我大化。斯观复矣，自我贤侯。蓬宫鄙远，阆阙图幽。永符天瑞，万古千秋。

【说明】殷观，生平不详，南唐保大时人。据同治《萍乡县志》卷六录文，文字据别本有改动。参见《全唐文》卷八七一、光绪《江西通志》卷一二二。

43. 南唐·韩熙载：真风观碑并序　保大五年丁未（947）

道生一，一气剖，是为二仪；二仪分，是为万象。故天得以覆，地得以载，日月得以晦明，川岳得以融结。四时迭运，五才以序。于是乎俶有生人，树之司牧。当兹时也，天下为公，大道未隐，故不言而化，无为而治；逮夫裁道以成德，先仁而后义，礼乐既设，巧伪遂生，圣人犹是著元言，开妙键，盖将拯其弊而反其源也。道也者，其大矣哉！用之私，则可以驾景蹑虚，拔一身于尘滓；用之公，则可以还淳反素，驱苍生于仁寿。噫！天下奉其教，尊其像，宫馆相望者，岂徒然哉！我国家坠业复兴，浇风渐革，皇上受天明命，缵帝丕基，思致时雍，精求化本。故能序百揆，敦九族，五音克谐，群望用秩，人和既感，天瑞亦臻，允所谓孝格乎上元而政符于大道矣。以为崇清净之教，则务在于化人；饰元元之祠，则义存于尊祖。于是乎名山福地，胜境灵踪，坏室颓垣，荒坛废址，咸期完葺，式表兴隆。

庐山之阳，有女真观曰崇善。松门藓磴，萝茑交阴，层峦浚流，岚霭相接，怪石古木，峭壁悬崖，怪状奇姿，望欲腾掷。千寻落水，飞静练于林端；

万仞危峰，耸寒青于天半。昼夜若风雨，盛夏如素秋。高冈密林，豁达蓊郁。信洞府之绝境，神仙之胜游也。而庭庑荒凉，殿堂倾侧。醮坛丹井，但有榛芜；古像隳檐，略存香火。是观有女道士杨保宗者，浮虚早悟，清净自持，却粒炼形，幽栖岩谷，勤行之绩，达于九重。云暂出于碧山，鹤少留于丹禁。乃诉其颓轩未葺，真侣奚依？欲就良因，实资帝力。上俞其请，赐以金钱。六宫之中，竞施服玩，珠珍彩绣，璀错辉煌。载之旋归，计逾千万。于是庀徒度费，即旧创新，经之营之，厥功遄就。尔其为状也，则坱圠低昂，纷敷粲章，间以金碧，饰以银黄。层栌次第以鳞集，厂宇参差而翼张。镂盘虬于密石，图悍兽于飞梁。下窈窕以宏丽，上嵯峨兮炜煌。宝铎玲琅，铿宫韵商。望之者愕眙，听之者凄凉。何蓬莱与方丈，忽山峙而鸾翔？夫其驾飞观以干霄，豁丹扉而瞰野，回廊夭矫以冈属，正殿崔嵬而云竦。墉垣缭绕，钩楯连延。砻翠炎以为坛，范真金而作像。道场严肃，绘塑精明，圣祖灵官，俨然如在。轩甍互映，丹漆相鲜。层殿初成，但有窥窗之女；还丹倘就，宁无奔月之人？灵草奇花，千名万品。间以芳树，洗其密筱；导以清流，浚为渟沼。扶疏葱蒨，演漾泓澄。年年有异木含春，疑游阆苑；夜夜而寒泉浸月，似到瑶池。若乃环佩珊珊，笙磬寥寥，陟星坛于月夕，会真侣于霜朝，唱步虚于缥缈，动霞帔之飘飖。朝礼将终，起彤云于丹井；灵仙若下，盘皓鹤于烟霄。显敞幽阴，奇特瑰美，虽鬼功神运，亦无以加。足以增气象于江山，夸壮丽于宫观也。卓矣乎！清净之门既辟，元元之像又严，固将扇以真风，惇其孝治，皇王能事，孰与为先？乃锡号曰真风，赐女真杨保宗紫衣，旌其干也。下臣承诏，作为是诗，美其功也。

道未形时，无有一物；形既有矣，万象纷出。一动一静，一出一没，运转无穷，到于今日。中有大道，则之者谁？明明我后，亦公亦私。百官承式，品物其宜，端拱而坐，融融怡怡。洪惟我祖，实道之主，阐教利人，与天同溥。吾君奉之，为栋为宇，欲化颓风，重为邃古。庐山之高兮高莫穷。隐映万壑，岧峣数峰，如削如画，凌摩碧空。上有悬流之百丈，恒喷雪而号风；下瞰长江之九派，时吐雾而隐虹。白云兮翠霭，密竹兮高松。清猿之与幽鸟，恣吟啸乎其中。修炼之徒，或释或老，亦有群儒，是论是讨。简寂之前，崇善为号，女真居焉，研味其道。制作之野，同乎草楼，荒凉古迹，寂寞灵游。

久而未葺，抑有其由，良缘所属，非圣而畴？群材既集，哲匠有程，攒栌簇栱，结栋飞甍。银铺饰户，玉础承楹，傅以朱绿，垂之璧瑛。殿俨尊相，旁罗众真，如闻大道，似演长生。修廊环布以曼衍，危楼对峙而峥嵘。矗如山立，赩若霞明。望之则焕烂晶荧，若经天台兮睹赤城；就之则想像威灵，若登丹邱兮趋福庭。天子闻之而动色，于是乎锡“真风”以为名。

保大五年岁次丁未八月壬午朔二十八日己酉，虞部郎中韩熙载记。

【说明】韩熙载（902~970），字叔言，五代潍州北海（今山东潍坊市）人。后唐同光进士。有《定居集》等。据《全唐文》卷八七七录文。

44. 南唐·陈乔：新建信州龙虎山张天师庙碑

保大八年庚戌（950）

臣闻有物混成，其来尚矣。天地得之而覆载，日月得之而运行，四时得之而变通，万物得之而繁庶。卷之则无余，舒之则无垠。求于外则劳，求于内则获。圣人取法，而俯正八纮；上士勤行，而仰游十极。深矣远矣，恍兮惚兮，逖听妙言，强名曰道。然则真风已渎，大道久隳。居一者以嗜欲滑和，孰能司契？在三者笑神仙可学，谁务谷神？悠悠多中智之君，寂寂罕持盈之士。华胥之国，不复神游；无何之乡，空停羽驾。天其或者将有俟焉。皇帝陛下，拯大道之颓纲，维列仙之绝纽，乃眷正一，属之真人，思与神交，遂崇庙貌，天师道宇所以兴盛于今日也。

天师姓张氏，讳道陵，字辅汉，沛国丰人也。若乃六世相韩之盛，七叶佐汉之名，服冕乘轩，重规累构，在人间之世，虽炳焕以可知，而太上之家，亦寂寥而何有？况前史详之备矣，故斯文略而不书。天师绀发黛髯，青眸朱口。储精于八十一气，校德于七十二仙。虽嗣世勋，靡婴代纲，秕糠声利，桎梏衣冠。被凤褐而御龙书，外严圣服；吞玉英而漱金醴，内养丹元。初杖策以游吴，忽拂衣而向蜀。地惟蚕市，峰号鹤鸣。有异荆台，即谓忘归之所；谅同朱阁，还称不死之庭。岩桂留人，因停翠盖；山椒考室，更写丹丘。

时巴蜀初平，神奸未刈。菱花纵吐，罕照山精。棘矢虽陈，莫除群厉。遘兹妖孽，毒我烝人。上苍贻西顾之忧，下土夭北丘之骨。天师存心绛阙，精彻苍旻。玉辇来过，因受驱治之法；金墉至止，爰膺诰命之文。平变怪之披猖，致生灵于清静。声流华夏，惠洽幽明。若夫宣扬微言，指明奥义，著为道帙，贻阙学徒，斯并秘在灵坛，贮于琼笈。丹青妙楗，鼓吹真科。有陋赤松，空留八戒；翻嗤鸿烈，尚杂百家。既而鄙方外之犹羁，念寰中之未返。飘然轻举，倏若遐征。三十六天，徒见骖鸾之去；二十四治，不窥化鹤之归。昭灼仙踪，萎蕤来裔。竟留仙宇，上契昌期。

皇帝陛下，仙李分阴，夙承上圣之孕；弊樟擢秀，实报中兴之符。高居穆清，虔奉宗庙。动作兴事，等云雷之经纶；内平外成，见天地之交泰。无为而理，有感则通。至若盛烈殊休，亦可得一二而言也。蕞尔越徼，介于海隅，沉阏斥争，曹谭无礼，文身相顾，崩角同忧，初款塞以求哀，俄盈庭而请命，实兴我役，薄言徂征，偏师一征，扩地千里，斯则圣人之吊伐也；秦密二郡，关河几千，家乃汉臣，身縻伪爵，马援方居垅坻，窦融亦保河西，日饮皇风，思沾德化，率有卒伍，拥乃黎元，协力同心，聿来胥会，斯则圣人之柔服也；绝域殊方，搜奇蕴异，验青云之不散，仰白日之高悬，梯山如覆篑之功，航海如容舠之隘，不愆其素，咸造于庭，常满之杯，岂弗索而何获，难得之货，盖不求而自来，斯则圣人之怀远也；泽盈碧露，井有黄云，山涌龟蛇之金，匣鸣龙虎之剑，九苞神凤，窥阿阁以来仪，八翼灵禽，背羽山而戾止，斯则圣人之符瑞也。又若陋常钧之琐琐，笃至德之巍巍，当大道既隐之时，行自昔所无之事，宅于望苑，命我天伦，洪惟至公，实冠百辟。在昔卯金抚运，代邸承祧，高视前王，良无愧色。洎定建储之计，始无必子之言，徒自饰情，竟成虚语。何则？五帝官天下，三王家域中，各私其亲，有自来矣，虽甚盛德，莫能行之。然犹记其功者，灿若云编；颂其德者，溢于玉牒。苟以今而古，谅如日而映星。重以并建戚藩，特逾旧制。姬周异姓，为后何足道哉；炎汉非刘，不王既闻命矣。逾千越万，绝后光前。

皇太弟以天纵之资，懋日新之德。初开凤邸，东平之善尤彰；旋正龙楼，北阁之游殆绝。开物成务，藏往知来。大元帅齐王下士好贤，经德秉哲。分茅建社，荒十二之雄都；佐国庇人，得五千之深旨。副元帅燕王拔乎群萃，体自吾君。居无求安，不以珥貂自贵；坐进此道，岂以驷马为先？咸树风声，同守社稷。中外既理，华夷已清。然而上心犹或未足，思致人于寿域，每澄虑于大廷。寤寐通仙，阐扬道教。以为德如可尚，岂隔于古今；道之将行，必先于崇奉。乃诏执事建天师新庙于信州龙虎山。

是山也，夙号洞天，由来福地。南襟百越，北带三吴。台岭前瞻，恍惚赤城之状；庐峰回盼，依稀紫霄之形。岂犹罗浮洞中，潜通句曲；祝融坛上，平视长沙。彼词人之炫四朝，方士之称三岛，欲将拟议，犹或荒凉。至如璇房琼室之深严，金楼玉台之秘邃，蕙圃芝田之芬馥，霓裳鹤盖之褊褷，道士之青牛，仙翁之白鹿，固已纷纶于秘箓，杂沓于灵篇，更著丹崖青壁之奇，谷隐岩栖之美。纤萝夕动，闻天籁之寥寥；瀑布晨飞，动日华之杲杲。孤桐倥偬，上出云霄；修竹檀栾，下凝烟雾。倚树而多称君子，采药而更遇王孙。宅之者，潜契希夷；游之者，自祛鄙俗。

天师顷来江左，尚憩兹峰，旋指汉川，实留遗爱。阙后运当典午，年在永嘉。有美后昆，聿来遘止。遂崇真宇，以永灵风。亦犹缑岭之旁，子晋之祠盛启；阜亭之下，安期之庙聿兴。仇生膺石室之祈，稷丘享太上之祀。谅同条而共贯，实接武以均芳。自是日薄星回，时迁代改。虽桑田自变，而蓬岛长春。迄皇运之中微，属昊天之不吊。蚩尤作梗，暴海内之衣冠；回禄为灾，延壶中之日月。千寻建木，俱为柏殿之灰；八景灵坛，但有芜城之草。钟随鼎折，磬逐杯飞。荒阶之苔藓易侵，空余玉碣；废井之梧桐半在，不见银床。

洎区中之厌兵，乃江表之无事。永维仙胄，犹固颓基。虽渐务修崇，然终非博敞，成乃集灵之所钟乎？好道之君及此，尤徒遂期永逸。事当农隙，人若子来。既遴麈尾之松，仍采雉群之木。桂虽有蠹，实出小山；柏纵后凋，竟辞大谷。工翰剞劂，匠运钩绳。竞呈巧以致功，乍星罗而雾集。回廊四合，忽若云垂；秘殿百寻，矗如山立。芝栖绣桷，藻井绮疏。上赪壤以成文，下朱雾而动彩。飞梁偃蹇，疑蝃蛛之横空；碧瓦参差，状鹦鹉之群集。凌兢失视，坱圠无垠。宝座既严，睟容惟穆。朱幡不动，有若存神。羽服如飘，还疑上汉。差差仙仗，肃肃灵官。顾望增辉，游从生敬。演兹大教，卫我兴朝。天子万年，与南山而永固；本支百世，将西伯以齐芳。其福祉也既如此，其壮丽也又如彼。纵高岸之为谷，必灵光之岿然。

二十一代孙秉一体备清和，气凝玄寂。钩深致远，所得者金简玉书；吐故纳新，其验者赤筋青骨。许掾之灵风未振，吕恭之道荫弥高。岂徒三世无渐，斯固一言以蔽。再光先构，不亦宜乎！夫妄起精庐，诞作梵室。犹存碑表，必播声诗。况简在帝，心成兹妙。果以祈苍生之福，以崇玄牝之门。苟匪颂宣，孰传来者？

臣才非黄绢，福谢青缯。学壮武之讨论，未窥铁砚；佐元元之述作，又乏金壶。辄罄谀闻，强为铭曰：

天地万物，未生阙初。道乃特立，为之权舆。惟寂惟寞，不盈不虚。帝返金阙，神传玉书。圣教以宣，列仙继作。陟降朱陵，优游碧落。身虽化去，功乃昭灼。猗欤真人，用实宏博。真人者何？堂堂乎张。家藏鹊印，代富貂珰。区区田窦，琐琐袁扬。我独高谢，于何不臧。访道求真，存神守一。九鼎传芳，飞仙得术。内养灵符，外宏阴骘。众邪奔溃，群生宁谧。我功既著，我惠既敷。上瞻绛府，旁睨蓬壶。仙踪去蜀，庙貌留吴。正一之教，今宁远乎？赫赫我唐，明明天子。亲诣崆峒，精求赤水。尊道贵德，任贤尚齿。禹好昌言，尧称光被。瓯闽恃险，谭我兴戎。室家相吊，杼柚其空。帝思俾乂，师乃徂东。曾无遗镞，俄已韬弓。泽浸殊邻，声覃绝域。条支入朝，窦融归国。方贿连延，襁负匍匐。乐我王道，哲依有德。义高睦族，举必至公。脱略常法，从容古风。命我棣萼，处我桂宫。亦建贤戚，施于无穷。能事毕修，圣功益茂。思致华戎，同跻仁寿。耽味道腴，表扬仙胄。乃圣真祠，宇兹名岫。庀徒揆日，舍旧谋新。燕山斩桂，嶰谷诛筠。不遗文木，仍采贞珉。隐如山积，响若雷震。功匪浃旬，成由不日。敞作阳台，邃为阴室。璀璨珠金，荧煌丹漆。子午非速，琼华讵匹？峨峨秘殿，穆穆睟容。众真列侍，仙裔相从。如聆夕唱，似喜晨钟。洪惟妙用，实亚犹龙。旷览前阀，恭闻往诰。自匪哲王，孰云好道？我后统天，升常睹貌。光扬真科，必膺丰报。

【说明】陈乔（？~975），字子乔，南唐庐陵（今江西峡江县）人。历官太常奉礼郎、中书舍人等。据清娄近垣重辑、乾隆五年刻《重修龙虎山志》（以下简称娄本《重修龙虎山志》）卷一二录文。参见元元明善奉敕编、乾隆五年刻《龙虎山志》（以下简称元本《龙虎山志》）卷下、元元明善辑修、明张国祥续修《龙虎山志》（以下简称张本《续修龙虎山志》）卷中（文后署曰：“将士郎守秘书省校书郎直门下臣陈乔奉敕撰；文林郎守秘书省校书朗臣谢仲容奉敕书并篆；银青光禄大夫试右千牛卫兵曹参军兼监察御史上柱国臣王文秉奉敕刻字。”）、嘉靖《广信府志》卷一九（有省略）。

45. 南唐·朱恂：仰山庙记　保大十年壬子（952）

夫胚浑肇分，元黄肇判，其覆之者圆盖，载之者方舆，有晦明寒燠以成其序，有五星两曜以丽其上，故曰四时行焉，又曰万物生焉。矧夫神明之道，其来尚矣。古者有弗臧不顺之事，则遍走群望。郑子产亦谓风雨不时，禜于山川，至诚神感，贻厥百祥。抑复善者福之，淫者祸之。总倚伏之纲纽，提惨舒之权衡，施之于人，犹反掌尔。假使以不法之事而请其神，又胡异于拾沛，孰能尸之矣。所以王表称灵，实知休否；阮瞻著论，自贾凶危。或草木化于山头，或土田化于华地，一顾千里，辅德依仁，简策所存，事摭非泯。且古犹今也，孰得而论？如此则观者神凝，闻者发耸，逖者影响，以至于斯。苟欲穷其理，探其源，又何异张目于暗室，莫认其隅，阒焉默焉，何所视也。

仰山广惠公庙，汉文之世而立于山之阿，神姓萧氏，不知何许人也。其季曰七郎，亦立像于别殿。昔有徐璠自芜城归宜春，系舟于彭蠡之岸，忽有人附载，自称曰萧氏，居于仰山之阴，石桥之右。逮及兹乡，告别而去，约于石桥，应期而至。璠因诉以无产，思十亩之田以给其家。彼乃信舍之间，骤发大水，漂荡陵谷，出田五顷，璠即惊骇。他日再往其处，潜觇其形，睹之乃二龙也，方悟其非人也，即仰山之神矣。且龙者阴阳不测，变化无穷，非史墨无以详其由，非刘累无以品其性，盖神之所变，岂不圣欤？厥后灵验，不可胜记。里民归之如流水，恃之如慈母，肸蠁垂祉，威神愈彰。有唐代宗朝广德末，神感梦于太守阎公瑜曰：“我龙之伯仲也，实姓萧氏，其祠在仰山，既险且阻，我其徙之，将近尔郊，俾祭祷。”诘旦视之，则尽拔其殿宇置于山下，去旧祠仅一舍之地，即今新庙是也。朝廷以广惠公，赠太保，其次曰昭灵侯，赠司徒，足以旌其神通，歆其血食也。噫！巨灵之擘大华也，万古以为圣迹而神之。拔彼栋宇，涌出邱壑，岂非圣乎！袁之啬夫，实有所赖，其或疠疫潜起，水旱洊臻，九扈告灾，六淫迭作，莫不仗二神之力而祛之。瓯瓯之祷，隘于轩庑，实千里封圻而受其赐矣。块圠之内，孰不畏仰？

我皇纂嗣之七稔，刺史边公镐以庙貌弗严，榱甍渐损，尘侵翠阶，苔剥虚廊，像设虽存，帘箔将弊，遂兴心匠，重构雕梁。方架重门，旋属解任。明年刺史张公承杰下车，是岁微旱，爰请军事判官骆延卿虔祝二神，更新缔建，果获元贶，乃称有年矣。因率属邑各输其竹木，僝工鸠力而修之，并命都头阮洪以蒇其事。由是搜林以求俊材，出帛以征鲁匠，移湿就燥，去旧为新，未终其谋而去其职。十年六月司徒李公征古自铨曹郎而牧斯郡，求瘼之始，亲造其祠，命毕厥工，用成前美。由是召执事者督之，累月而后圆备，虽令尹之九旬，无以加也。平叔犹存，作赋休夸于古殿；由余若在，发言须让于神功。莫不广槛长廊，丹楹刻桷，文珰刊外，藻井悬空，檐高而蝃蝀欲飞，瓦乱而鸳鸯不散。绣楣星拱，彩柱云趋，前架层楼，旁堆翠巘，引清流而缭绕，面蓝岫以参差。岂惟玉女窥窗，可以天人下视。以兹宏丽，固卜延长。然后缋饰其像，迎于二殿，得不仰如在之容，思莫大之福懿。夫雕雘之成，威神之盛，憧憧往来，皂趋螽集，有以尽其瞻敬矣。自然禴祭加笾，两无虚日，则知非二神不能垂其佑，非贤侯不能崇其祠，望祀之中，此实为最，无以继也。遂命载笔传文，以纪其事。恂学愧缥囊，才非彩笔，徒奉受辛之旨，实惭狂狷之辞，罔愧直书，用刻贞琬。

保大十年龙集壬子冬十二月五日记。

【说明】朱恂，生平不详。据《全唐文》卷八七一录文。参见康熙九年《袁州府志》卷一四、康熙四十七年《宜春县志》卷一五、民国《宜春县志》卷二〇下，文字多有减省改易。兹录民国《宜春县志》所载如下以资参考：

仰山之神姓萧，不知何许人也，仲曰大分，季曰七郎。汉文之世，立仲庙于山阿，立季像于别殿。昔有徐璠自芜城归宜春，系舟彭蠡，忽有人附载，自称萧氏，居仰山之阴，石桥之右。逮及兹乡，约来石桥，告别去。璠应期至，神询所欲，诉以无产，思十亩之田给家。俄而骤水，漂荡陵谷，成田五顷。他日再往，潜觇其形，见二龙，方悟其非人，即仰山神也。厥后屡著灵验，里民尸祝肸蠁，威神愈彰。唐广德末，神感梦于太守阎公瑜曰："我龙之伯仲也，姓萧氏，祠在仰山，既险且阻，将徙近尔郊。"诘旦视之，则尽拔殿宇置山下，去旧祠仅一舍，即今庙也。朝廷以广惠公，赠太保，次曰昭灵侯，赠司徒。噫！巨灵之擘太华也，万古以为异。而神之拔栋宇，涌邱壑，岂非异乎？袁之农夫实有所赖。保大七年，刺史边公镐以庙貌弗严，榱甍渐损，遂兴心匠重构。方架重门，旋解任。明年，刺史张公承杰下车，岁微旱，爰请军事判官骆延卿虔祝二神，愿续缔建。果获元贶，岁称有年。因率属邑僝工修之，未终其谋而去。十年六月，李公征古自铨曹郎而牧斯郡，求瘼之始，亲造其祠，命毕厥工，用成前美。广槛长廊，丹楹刻桷，规模宏丽，爰饰其像，迎于上殿。士民臮集，尽其瞻敬。非二神不能垂其佑，非贤侯不能崇其祠，因纪其事，用刻贞珉。保大十年龙集壬子冬十二月五日。

46. 南唐·朱涣：贵玄思真洞天碑 保大十一年癸丑（953）

夫三神山者，其上诸不死之药在焉。金银为之宫阙，洎往即终，莫能至之者，此得非神仙之所，恍惚中象欤？其或登于是，盖灵族也。设有探访玄门，修养仙事，乐彼逍遥之迹，故非汗漫之游学者，郁多途矣。然即至道冲寂，诸法性空，鲜不以高谢埃氛，幽栖岩谷。孰尚意行，盲聋形骸，极死生出入之微，尽圣智去绝之旨？玄珠斯得，真境俄登。故云汉升时，难追绛节；林泉止处，永作丹丘。为奉教之有依，询成道之所自。于是勤而行之，其犹罕乎？曷若望高皇长，位极王封，而能磅薄鼎钟，寂寞宫室，绝于爱染，离乎名称。附赘元庞，早萌聚散。毁珠掷玉，夙秉纯和。终为驾鹤骖鸾，永镇紫宫清观。昭孝殿下，仙源涌派，帝业分芳。翼世元勋，佐时硕德。抱经纶之鸿业，持抚遏之明诚。廓落雄风，深沉大度。实盘维之标表，家国之纪纲。崇茂德亲，冠绝今昔。而乃中含和气，傍究玄言，恒以为谦者，道之常也。既而成功，终而不宰。于是早辟贤路，旋简帝心，上乃眷乎。释纷扰之门，求清静之境。爰征名镇，冀散冲襟。加以临川，素多胜概。自绿车之既降，乃金台之旋设。由是贤才雾至，方士风趋。开平之化益隆，庄老之文盛习。

揣摩奥妙，钻仰精微。玉液金膏，未忘调炼；十洲三岛，每想嬉游。已而归敬玄元，兴崇福地。施舍之利，纪极尤难。谓之遐迩，亦将周遍。

有信州鬼谷山者，在贵溪县南八十里，第十五洞天，号贵玄思真洞天。是山周回七十里，峰峦郁峻，溪壑幽深，迥出人寰，实为仙府。按《洞天记》，即鬼谷先生修真之所。坏碑苔藓，微分古篆之词；遗址荆榛，宛有当时之迹。其诸名胜异状，备载良难，并命勒于碑阴，亦乃稍无过实。原夫先生，盖周时豪士。始无乡里族氏，长于治身养性。所著子史，今行人间。观其纵横之说，至道之要，设明于指归者，足以坐邀富贵，立兴邦国，成苏、张之密显，致秦、赵之霸强，匪不由斯乎？若乃玄运之德，变化之机，若可测其阃奥尔，谓兹神灵之贶，响答之功，叩以精诚，即闻如愿。乃至耕桑有赖，井邑无灾。顾以时代迭迁，人事播越，虽迷攸馆，终仰高真。每或备于祷祈，即遥陈于醮设。元宗皇帝嗣位也，以国家犹龙垂裔，执象化人，凡曰玄关，即惟奉教。

洎保大十一载癸丑岁，有乡老刘英者，寻而得之于此，图画奏闻，续睹阙下。凝和先生陈希声奉敕遍祀名山，遂诣古坛，修行醮礼。因而精选道士韦翛然、吴宝华于彼结庵。二人尝相问语曰："夫宫观之规，所宜壮丽者也。今为开创，若非王公大人，无以兴于虚墟秘宇。"既而远卜诚恳，来诣宗英。据奉明慈，式谐素愿。出珍货而克盛，谋缔构以斯臻。爰求郢匠之能，兼法定星之候。选良材而山积，杞梓皆全；凿坚础以云屯，碔砆可类。规模博敞，折中低昂。拔巨栋而势耸云衢，列虚檐而影连日观。捷猎危拱，汩铍重栌。陈丹雘以生姿，布雕镂而殊象。廓回匼匝，殿奥幽玄。谅希世之见闻，实上清之制度。爰严圣座，用奉先灵。罗侍从以周圆，结香花而芬馥。星宫奋照，芝盖重阴。云装与组绣争光，琼节将珠玑斗彩。郁为净域，克绍玄踪。恒标从道之人，永作修真之地。功惟莫测，福乃无疆。

昭孝太弟早启崇心，已图基构；贤顺妃钦兹妙果，别用庄严。矧割钱五千万置碑、钟鼓、幢幡、道具等，莫不亭安翠琰，楼振洪音。其次仙仗之仪，供醮之器，一则务为轮奂，一则成自精研。盖兹表饰之功，兼助追修之道。懿夫亲贤之礼、明顺之德，岂独执柔和于生前，抑乃禀行随于没后者哉？翛然、宝华，并希夷懋道，恬淡为精，将攀姑射之踪，伫陟蓬莱之境。而乃克明遗址，幸遇上贤。用记阙功，以流亘古。涣才非博奥，学寡探玄。叨俾叙于斯文，实愧无于清润。辞曰：

三才未兆，大道居先。体含虚极，惟本自然。宁穷变化？罕测幽玄。总摄万汇，何莫从焉。貌不可状，名非能实。圣功罔滞，玄运斯毕。恒享大圣，永符元吉。浩浩真宗，肇形如一。逍遥乎道，冲举知程。兢思奉教，孰执勤行？云轺羽盖，绛节霓旌。飘然而往，其惟先生。自昔姬周，匪分名氏。道契纯和，德扬遐迩。无适无莫，谁毁谁誉？千古灵踪，克存于此。矧乃遗址，久郁榛芜。伊我宗暂，降自仙都。谓兹开创，宛若冥符。昭彰福地，其曰斯须。大以道灵，载造斯谷。掩映烟岑，连延云屋。南指昂村，东邻毛竹。龙虎回望，逶迤相续。伟哉昭孝，注意真风。无涯之利，不朽之功。上唯脱屣，下视樊笼。念兹在兹，其道曷穷？遥赖倡随，成乎茂绩。壮丽是永，施舍无惜。旁助兴隆，再加熠奕。敬叙徽猷，永刻贞石。

文林郎、试秘书省正字掌表奏朱涣撰；冰井副使、银青光禄大夫、检校国子祭酒兼殿中侍御史徐继宗书；金紫光禄大夫、检校司徒使持节集州诸军事、集州刺史、上柱国周庆篆额。开宝七年太岁甲戌四月己卯朔八日丙戌立。

【说明】 朱涣，生平不详，《高上大洞文昌司禄紫阳宝箓》（涵芬楼本）卷下载：“唐昭宗时，士人朱涣者文学俊秀，受此箓于宗人朱道元，梦斩五虎，次年登第，官至清近。”应即其人。据元本《龙虎山志》卷下录文，文字据别本有改动。开宝七年为立碑之时。参见张本《续修龙虎山志》卷中、娄本《重修龙虎山志》卷十二。

47. 南唐·倪少通：太一观董真人殿碑铭并序

保大十二年甲寅（954）

原夫自然生道，道生太一，太一生二仪，二仪既立，炫明三景，三景列像，以均四气，四气氤氲，潜配五行，五行相属，而声六律，六律爰叙，以旋七政，七政将平，而定八方，八方布设，是为九宫，九宫各据，周罗十极，十极剖判，而成万汇，万汇既终，返乎太乙，即太乙孕灵之道，变化还元，妙用虚无之旨也。混沌既分，张乾展坤，中有太乙，虚无之尊，腾辟二气，散为真根，清浊异体，元牝通门，道德之祖，自然之孙，即太乙真精灌溉之理矣。右月左日，光轮星质，大游小游，分纲列职，照运寰区，定临凶吉，寒暑数迁，灾福靡失，唯德可顺，唯道无窒，即太乙神处变迁之用矣。动静杳冥，中含一精，冲和纯粹，天清地宁，统贯三才，神灵谷盈，春发夏养，秋合冬成，逐道开布，万化俱生，即太乙神气覆育之道矣。紫清之上，玉皇御中，有太乙之府，上台之宫，宫有九署，三官所宗，太乙真人，太伯仙翁，定生丹籍，落死北酆，统制万灵，元化无穷，即太乙掌符录权总之化也。故阴阳不测之谓神，神者太乙之祖气也。是以一大谓之天，故经云“象帝之先”，即元元之首矣。

庐山真人殿者，按仙传，即太乙真人隐化之所治也。连虎溪福地，按咏真洞天，上应仙曹，下通阴府，真人逐代降世。魏末晋初，孕灵于闽川侯官，寓姓董氏，名奉，字君异。托迹混时，行仁布惠。活士燮于交趾，救屈女于柴桑。种杏拯民，苏苗降雨。摄欺□以威虎，归贞信以轻金。验太乙丹符，知非常道；散无功谷帛，远非常名。真人久处下方，将朝上界，以晋永嘉元年三月十五日感上帝赐命曰太乙真人，历居凡世，功满三千，可任碧虚上监，仍掌吴楚人民生死之文，罪福之籍。旌幢降处，千条之蜺影盘空；羽驾行时，万朵之仙花出洞。竞望天门，隐隐而上。即知圣人遁世，俗眼何辽，千载累功，一朝现化。暨乎风遗今古，事有改迁，道隐时讹，民嚣淳散。巨唐天宝初，制下重加葺修。后值世更，屡经兵火，山口半里，额挂卑祠。少通幸憩名山，访兹圣境。榛芜隘道，荆棘漫穹，水石乱基，狸鼠交穴。目凌幽谷，对百鸟伤嗟；情断孤云，听流泉呜咽。默然愤志，誓续真风，与弟德规，力勤三祀，形忘疲倦，手觉胼胝。乃遇韩王节镇江城，仁沾野泽，减有余之俸，助无罄之缘，匠运斧斤，基圆殿宇，时感松凝甘露，山吐灵光，沼绽交莲，林抽合竹，祯祥异事，郡国咸惊。即今上皇帝膺嗣明堂，丕图宝位，尧云四布，舜日广昭。仰紫气于函关，重光道德；敬朱鬃于羊角，继肃乾坤。文明丕彰，无为自化。保大十一载，遣北苑使董源，支庆王帑藏钱物计三百万，大建仙宫，造四殿五堂，重门诸厦，都一百三十间，正宇塑五十九品真容。莫不山见良材，岩呈异础，工勤商伯，匠巧般输，神助萦劳，元资夙智，首尾四稔，备用都周。由是梁竦虹躯，檐飞凤翅，风摇金铎，岩洞响清，日映朱栏，松�影翠，丽移昆岛，景象蓬瀛。瀑注方池，称养琴高之鲤；云铺叠砌，宜升索靖之凫。九水民欢，五峰灵畅，山灯夜照，岩香晓歕，文武星攒，缁黄云集。宝台斋建，霞分红杏之原；绀殿晨开，光射白莲之顶。鲸鲵锁跃，簨簴龙吟，灵应九霄，道传万古，功标丹雀，善记罗酆，福利幽阴，神超静冶，冀扶帝座，长庆皇宫。少通受业朱陵，叩兴真迹，非邀名誉，贵显元猷，愧无夙契之人，直纪象先之德，用刊贞石，永固仙坛。诚恳诚欢，勉为铭曰：

元黄未判，大道爰升，太乙将兆，万化俱兴。为而不恃，得而不矜，日用匪测，混然常澄。无象有象，非真是真，道既设教，德乃通神。功动幽壤，福慧生人，圣恩不泯，等劫长春。皇化元化，真功神功，灵光出谷，仙花散空。殿云香霭，坛星灯红，天长地久，算福无穷。江岭瓯闽，高仙混尘，丹生冥腐，杏拯孤贫。遗风碧洞，流香紫宸，感乎圣德，像化咸新。溢水城南，咏真天北，晃晃真宫，巍巍圣德。道合昌时，灵扶睿国，自晋流唐，元功靡测。日月轮明，人生万遍，山无改迁，化有更变。杏拥仙坛，香歕宝殿，实谓瀛洲，飞来岳面。山锁平原，亭台秀丽，甘露凝松，祥云绕砌。天上何殊，人间莫继，化奖元风，百千万岁。

唐保大十二年岁次乙卯十一月记。

【说明】 据《全唐文》卷九二八录文。参见《道家金石略》。

48. 南唐·殷崇义：高安祈仙观记　保大年间

高安祈仙观者，黄真君之旧居也。据西山之兑宫，镇洪都之坤位。前瞻荷岭，行闻子晋之笙；后倚华林，坐挹浮邱之袂。原滋丹草，率白雉以相从；谷秀苍筤，竞红鸾而下翥。境异则龟常见石，物灵则泉或浮金。绀宇相望，缪辖神居之表；琳房互映，连延阴洞之间。自为小有之东窗，宛是童初之学府。真君紫邱精粹，玉版飞英。宗派流长，叱石远怀于仙祖；玄门天合，结褵因庆于法妻。自振翼毗陵，曳裾海岱。屯期方遘，降身参政事之官；宿命俄通，褒德备尚书之位。若乃穷神不测，示现无方。乘龙初夜之归，常游万里；鸣凤中宵之际，密赞诸方。宝节乘空，大使授玄图之命；玉函应召，上公宣入室之人。悟草鹿以趋火庭，瞻锦帷而佩丹诀。阴功潜运，已积德于三千；贞品俄升，遂登名于十二。念雁行之莫接，密契宜留；相鹄篆以时归，人心自注。即于旧里，寻建严祠。其或牛埜风高，兔轮秋半。仙灯接昼，斋庄虔亿万之词；羽盖浮空，朝会奉姻亲之礼。始乎东晋，垂及皇唐。钗纪遗洲，将陵迁而不改；球存坠石，必地久以恒坚。既而九鼎载移，山岳之惊尘散起；五龙爰作，干戈之积数常存。法坏浮屠，宁独金刚下泪；教颓象罔，旋悲玉碗飞天。乃观恬寞之乡，遽变寂寥之境。垝垣接野，或认鹿场；复屋骞甍，久穿雀角。事必符于有待，时特郁于重兴。国家味三五之道腴，开东南之帝箓。赤符应运，缵承爰立于汉基；金德更王，揖让乃由于吴禅。西母之白镮入贡，不假祈禳；玄元之玉像降神，自严樽俎。圣上配乾坤而君六合，揭日月以步三阶。屈己临人，动怀慈宝。虽凝旒南面，传夏嗣以承祧；而纳麓东郊，举尧元而作相。每隆大义，追奉故君，缅胜果以兴思，察兹宫于已圮。况像严十圣，一方之异气遐连；观号三皇，百里之庆云犹在。因宸心之有属，流明诏以亟行。鸾鹤灵游，共白云而不返；珠琛遗贶，与乌号而并存。重开大壮之模，俾就僝工之费。营室仰稽于中候，豫章俯择于宏材。削墨公输，爰恢崇构；范金锻氏，即运洪炉。圬人散璧玉之光，绘事发晴霞之色。健楄骈郁，写秘殿以翚飞；镂棨纡徐，俨回轩而栉比。中建岩岩之石，九级星坛；外森落落之松，千寻云路。周阿玉树，合挥霍以长春；重闼金铺，泛曈昽而镇晓。自可包藏灵囿，昭晰华宫。林荐葳蕤，户内广肆筵之所；唱高窈窕，庑间宏按节之仪。固足以十绝灵幅，邀帝君而戾止；九贞逸驾，延夏禹以时游。讵惟崇大道之津梁，实以感群生之耳目者也。

【说明】殷崇义，池州青阳（今属安徽）人。南唐保大十三年（955）进士。历官司空、知左右内史事等。据光绪本《万寿宫通志》卷一八录文，文字据别本有改动。题下有注云："今名祥符观。"参见康熙十年《高安县志》卷十、乾隆十九年《高安县志》卷一一、《全唐文》卷八七七，均题为"南唐祈仙观记"。

宋　代

49. 北宋·徐铉：洪州西山重建应圣宫碑铭并序

建隆二年辛酉（961）

先儒有言曰："山者宣也，宣气生万物者也。"然则崇岳巨镇，盖气之雄者也。其间灵峰奇岫，又气之粹者也。是故帝以会昌，神以建福，感而生圣贤，宅而为洞天，奇怪恍惚，非寻常所能测已。

西山者，作镇荆楚，雄视衡巫，势靡迤而崇高，气清虚而和畅。动植滋茂，樵隐闲安，维昔之洪崖先生实居于此。洪井之右，涧水之滨，乔木森罗，古坛犹在。长阜回抱，是谓鸾冈。北隅特高，仍有伏龙之号。唐乾元初，山人申太芝上言其地有异气，诏于此立应圣之宫，抗玄元正殿于其前，塑肃宗圣容于其上。缭垣观阙，仰法于紫宫；路门纳阶，取规于丹禁。光灵焕烂，荐献精严。上士勤行，守臣莅职，秩祀之盛，莫之与京。广明已还，三灾在运，望拜之地，阙而莫修。辽东之鹤徒还，绛县之人已老。甲辰岁，有道士王守玄者，缑山仙裔，茅岭名流，受命藩侯，来膺道任。翦荆棘于高闳之址，构茅茨于隆栋之基，不出焦先之庐，自化庚桑之俗。善言弥远，驯致其功，二十许年，克甄旧制。入室弟子刘德淳，气冲貌肃，节苦行高，恪恭以居次，谦和以接物。既嗣其业，遂成厥终。又十余年，缔构云毕，凡内外殿宇，百有余区，材用善良，工艺坚密。其藻饰也，不逾奢俭之节；其广袤也，足展朝修之仪。秘殿深严，灵坛博敞。睟容穆若，列侍参然。钟磬在悬，苾芬具荐。燦旭景于轩槛，延夕月于甍题。萧寥空洞之音，希夷飙欻之御。邈哉真境，无得而名！铉爰在弱龄，服膺至道。先君顷参郡乘，尝莅斯邦。依然棠树之人，自是桐乡之邑。乃以庚申岁迁奉松槚，卜兆于鸾冈之阳，敢言折臂之祥，愿占维桑之地。明年复以王事，再至山中，祠虚皇于缁帷之宫，投龙简于天宝之洞，所经灵迹，实与幽寻。又是山有宝光，初至之夕，即见于中峰之上，下至山麓，倏忽聚散，状如野燎，而精明眩目，不可正视。涧中有盘石，石有三药臼，岁端午日未曙前，常有捣药之迹，余滓在焉。水流至此，甘香如蜜，取以灌漱，心府莹然。斯皆载于旧经，亲所覆视者也。此山登晨之士接武，而洪崖为之冠；列仙之墟连属，而洪井为之宗。然则阆风玄圃之在人间者也。宜其篆刻金石，永齐穹壤。鄙儒不佞，敢作铭曰：

江之右，楚之区，峙灵岳，为仙都。洪井滨，鸾冈隅，建清宫，应真符。废而兴，神之扶，宫既成，道既行。校三官，朝百灵，集景福，荐皇明。复淳化，遂嘉生，亿万年，流颂声。

【说明】徐铉（916~991），字鼎臣，广陵（今江苏扬州市）人。初仕吴，又仕南唐，官至吏部尚书。入宋，为太子率更令、散骑常侍。有《骑省集》三十卷。据四库本《骑省集》卷二六录文，个别文字据别本有改动。参见绍兴十九年明州本《徐公文集》卷二六、《道家金石略》、《全宋文》卷三四徐铉二〇（第2册）、李振中校注《徐铉集校注》（全四册，中华书局2018年版。以下径称书名）卷二六。

50. 北宋·乐史：仙鹅池祈真观记　开宝三年庚午（970）

崇仁县，古巴陵之府，隋开皇中降为县。县之西北有祈真观者，山水回合，实列仙之攸馆。岁月电谢，碑石罹于兵火，置观之由，不吾知也，其所闻者，耳目相接。传云太和年中，住持道士杜仙兴，嚼玉蕤，嗽金髓，烧五色药，望三素云。本郡杜使君师仁闻其名，就观修黄箓斋，忽有仙鹅七只下门外池中，因是名曰仙鹅池。逮仙兴羽化，仙磬响沉，玉宇琳房，鞠为茂草。至保大初，有道士刘道肱者，亦精严法箓之流耳。言慕幽迹，贲然来思。由是斤斧云峰，放出杉松，曾不崇朝，化为灵宫，紫篁清节，一皆新之。噫！能拂凄凉之地，重为朝礼之庭，若非修道之辈，孰至是哉！悲夫！自太和中至乾德初，约百四十载，而仙鹅一去，池树毵毵，晴山似画，著水如蓝，非灵羽有不愿之心，盖人世无至诚之感。

乾德元年岁终癸亥四月，彭城刘司直元载，字简能，好奇之名士也，制锦是邑，询故事，得仙鹅之实。翌日焚香，觊灵禽之来，愿言之抱，如影随形。是月十八日，有仙鹅二百余只萃于观之松篁。一鹅殊伟，若蜂蚁之有王。

皆玉衿绛趾，丹嘴霜翎，不饮不啄，宿而后飞。二之年四月二十三日，三之年四月二十八日，有百余只而至。于时五月初二，忽群飞于县邑，盘旋久之，如留恋焉。是岁刘君自南宫承制，经于旧邑，税驾祈真东之佛舍。明日，有仙鹅五十只于池南。自兹一去，又隔五年。迨开宝三载岁在庚午四月十九日，有仙鹅三十只现于池北；于当月二十五日，又百余只过于郊郭。时扶风马司空宪弦歌此邑。马君湘潭玉叶，好事之君子也，亦尝命驾祈真，祈祷真迹，果一月中仙禽两现。余家于邑中，熟谙本末，已曾为简能撰《仙鹅记》，甚得详悉。今请告南归，道肱又以观记见请，不可不重道仙鹅之来去矣。昔杜师住之日仙鹅少，今刘师住之日仙鹅多，由此而论，刘之道缘优于杜也。又念巴水之地，名迹实繁。自观之东抵县，县有景云观，则萧子云侍郎书牌额之所；观东北接五峰山，山前有百鸟汤；观之北近高富山，山前有过至孝墓。予惜其少于传记，恐隙驷不留，将来之人，不得知矣。今染翰之次，得以丛而附焉。甚愧不文，直书其事云耳。

【说明】乐史（930~1007），字子正，宜黄（今江西宜黄县）人。南唐召授秘书郎，入宋为平原县主簿。太平兴国五年（980）进士。历官太常博士、水部员外郎等。有《太平寰宇记》《诸仙传》《神仙宫殿窟宅记》等。《太平寰宇记》记载了大量道教宫观的地理位置和历史渊源。据《全唐文》卷八八八录文，文字据别本有改动。参见同治《崇仁县志》卷二、《全宋文》卷五二乐史（第3册）。按，文中所云“请告南归”之具体时间待考，姑依所记之明确时间，暂系于开宝三载。

51. 北宋·徐铉：庐山九天使者庙张灵官记

开宝六年癸酉（973）

开元中，尊崇至道，伸严祀典，诏置九天使者庙于匡庐之山。真灵咸秩，率由科教，应门左右，图五百灵官之像焉。天祐初，江西连帅南平王钟公遣道士沈太虚设醮于庙。太虚醮罢，恍然若梦，见图像一人前揖太虚，曰：

“我张怀武也，尝为军将，有微功及物，帝命为灵官。”既寤，访怀武之名，无能知者。归以语进士沈彬。彬后二十年游醴陵，邑令陆生客之。方食，有军吏许某后至，话及张怀武，彬因问之。许曰：“怀武者，蔡之裨将，某之长吏也。顷甲辰岁大饥，闻豫章独稔，即与一他将各率其属奔焉。既即路，两军稍不相见，进至武昌，衅隙大构，克日将决战，禁之不可。怀武乃携剑上戍楼，去梯，谓其徒曰：‘吾与汝今日之行，非有他图，直救性命耳。奈何不忍小忿而相攻战哉？夫战，必强者伤而弱者亡。如是，何为去父母之国而死于道路耶？凡两军所以致战者，以有怀武故也。今我为汝等死，两军为一，无构难矣。’遂自刭。于是士众皆恸哭，乃与和亲，比及豫章，无逃亡者。”许某但怀其旧恩，不知灵官之事。沈君好道者也，常以此语人。铉始在胶庠，预闻斯论。辛酉岁扈从南幸，获谒祠宫。道士童处明出沈君所述传，求润色之，以刊贞石。

呜呼！古之君子，体至公，综万殊，虚心存诚，事至而应。道苟行矣，何必在己；物既济焉，何必享利！故有归全以为孝，杀身以成仁，此两者同出而异名，同谓之玄。非清贞之气，不能卫其义；非灵仙之位，不足宁其神。昭报动乎上，肸蠁应乎下，然则天之爱民甚矣！咨尔百代，高山仰之。

于是岁次癸酉上元日记。

【说明】民国本《庐山志》卷一一“金石目”载：“《使者庙张灵官记》，碑佚，文待考。御史大夫徐铉撰，右内史舍人集贤殿学士徐锴书并篆额。”据《全唐文》卷八八三录文。参见《永乐大典》卷六六九八、四库本《骑省集》卷十《全宋文》卷二五徐铉一一（第 2 册）、《徐铉集校注》补遗一。

52. 北宋·徐铉：袁州宜春县重造紫微观碑文

开宝六年癸酉（973）

若夫圣人有作，没而不朽，畏其神而向其台，思其治而爱其树。故尊道贵德，玄化所以无穷；高山景行，后贤所以不乏。玄门光启，上士勤行。书契已还，焕乎丹青者可数；邦域之内，表厥宅里者相望。时运与并，人境交得，教之大者，其可忽乎！

袁州宜春县紫微观者，盖有晋邓表真人上升之地也。左钟山之奇峰，右洪阳之仙洞。巉岩千仞，蔽亏日月；窈窕百里，畜泄风雨。回冈层峦，崇其基坰；激湍澄溪，宣其气象。真灵之所游集，邑居之所走望。皇统中否，下国寻戈，仙台尽夷，灵宅多坏。鹿巾霞帔，藐矣流离；藻扃黼帐，翦焉堙废。而周德未厌，汉中仍存，旧物既甄，坠典咸复。惟兹灵境，将俟其人。道士孙去华，殖本康乐之川，从师新吴之邑，清心炼气，绝粒忘形，三十余年，其道弥固。保大中，自所居华林山馆南游北乡，望佳气之郁葱，蹑危垣之靡迤，慨然叹息，誓志终完。于是面壑依岩，披榛筑室，勤身而感物，应迹以化人。乡闾风随，善信日至。节以致用，时而命工，二十余年，厥功克就。绀殿特立，重廊回合。辟朱户以瞰野，峙瑶坛而在庭。至于像设之尊严，仗卫之精丽，厨廪之充牣，居室之清闲，洪纤必周，奢俭中度。美矣显绩，昭哉素诚！夫褒善称伐，《春秋》之旨，虽在遐远，人其舍诸？监察御史李君思义奉使宜春，税驾斯馆，睹厥成功，嘉其秉心，碑而揭之，以文求我。言意难尽，强为之铭。铭曰：

袁君之贤，此州乃名；邓氏之仙，此观乃形。春华丽绝，真气融明。允矣奥壤，居然福庭。运逢交丧，地有遗灵。美哉孙师，兴废扶倾。重阁金钥，还飞大铃。烟霞聚散，飙欻逢迎。精诚所感，大道方行。用刊贞石，永告云扃。

【说明】 据四库本《骑省集》卷一二录文。参见绍兴十九年明州本《徐公文集》卷一二、《全唐文》卷八八三、《道家金石略》、《全宋文》卷二九徐铉一五（第 2 册）。按，《徐铉集校注》卷一二考证本文撰于开宝六年，兹从其说。

53. 北宋·徐铉：重修筠州祈仙观记　开宝七年甲戌（974）

筠州祈仙观者，东晋黄真君上升之地，因为道馆。绵历代祀，互有增修。

国朝保大中，元宗皇帝奉为吴让皇再加营构，金石具刻，此不备书。夫言意假象，故立朝修之所；形器有坏，故资缮完之工。此观当荆楚之要津，实邮传之便道，过宾税驾，游子解装，憧憧往来，罕或虚月。修葺之后，二纪有余，闬闳垣墉，颓落且半。道士罗自正，总摄真侣，启焕玄风，以为道由人弘，德以勤维，下饰不美，人其谓何？于是心谋躬行，节用畜力，授其徒之可任者，会其士之好道者，月省岁计，经之营之，即旧谋新，兴废补阙，十有余岁，其绩大成。凡建圣祖殿、黄真君殿各一区。峙瑶坛，范洪钟，造横桥于通津，植茂树而蔽野。其修旧振坏者，层楼重廊二十余间。其取材也时，其择匠也良。程之以壮，督之以固，瓴甋瑌碱尚其密，藻绘丹雘尚其丽。帑廪不费，工庸不劳，焕然新宫，峙此灵境。君子是以知其能也。

夫神仙之事，史臣不论，岂不以度越常均，非拟议所及故邪？仲尼书日食星陨，皆略其微而著其显，虑学者之致惑也，又况于希夷恍惚之际乎？然而载籍之间，微旨可得。《书》云“三后在天”，《诗》云“万寿无疆”，斯皆轻举长生之明效也。及周、汉而降，则事迹彰灼，耳目不诬，天人交感，民信之矣。于是通儒洪笔，始著于篇。至如许君、黄君，通幽洞冥，穷神极妙。逮尔姻族，与夫家人，乘景上阶，超然绝俗。故墟旧井，真气裴回。至其乡而思其人，仰其道而践其迹。斯观之盛，岂徒然哉！铉顷岁扈从南巡，有事于游帷之观。二宫相距，两舍而遥，使指有程，瞻望弗及。逮今一纪，无日忘之。会罗君状其功绩，图其形胜，见托纪述，欣然而书。

开宝七年九月二十四日记。

【说明】 据四库本《骑省集》卷十录文。参见《全唐文》卷八八三、《全宋文》卷二四徐铉一〇（第 2 册）、《净明资料新编》《徐铉集校注》卷十。文中所论“道由人弘，德以勤继”的思想具有价值。

54. 北宋·徐铉：筠州清江县重修三清观记

开宝七年甲戌（974）

元气既判，天地乃位。气之清明灵粹者，钟乎洞天福地、名山大川之间，真圣之所戾也，景福之所兴也。然则游居走望，乃建道馆焉，通都大邑，往往而在。豫章之地，实曰奥区，带豫章之通川，据西山之雄镇，郁映磅礴，神异所栖。高真十二，震耀方夏；万灵轨辙，靡迤蝉联。

保大庚戌岁，诏复高安县为筠州，析其北鄙为清江县。而三清观负新邑之左，瞰长江之右，形胜高奇，坛宇严净。闻诸故老云：昔吴、许二君尝游兹地，夜观青气上属于天，相与叹曰："此非凡地，当为神仙之宅。"及二君登仙之后，邑人追感前言，共缉以茅茨，岁时荐献，众目为草堂道院。函关紫气，事往名存；盩厔草楼，人非郭是。年世弥远，增修益崇。开成中，始诏赐号三清之观。自时厥后，又逾十纪，运逢治乱，道有污隆。中兴已还，百度咸复，官得其守，人尽其能。道士吴宗元允迪玄风，克堪道任，以为朝礼之域，飙欻所临，不饰不美，众将安仰？于是月考岁计，庀工饬材，补废扶倾，无所不至。建三清之殿，造虚皇之台，设待宾之区，敞饭贤之室，范华钟之铿訇，构层楼之岧峣，回廊复道，重深奥秘。于是饰仪卫，备器用，肃然必洽，焕焉可观。

夫其诚至者其礼修，其守固者其事举。道不远矣，人焉廋哉！宗元又以云境昭回，祥符肹蠁，思刻贞石，以贻后人，不远千里，见访论撰。嘉尚其志，故为直书。

时甲戌开宝七年十二月十二日记。

【说明】据四库本《骑省集》卷十录文，文末段原仅有"成功既告，碑碣爰书"两句，兹据《全唐文》卷八八三补。《道家金石略》收录此文，文字略有不同。参见《全宋文》卷二四徐铉一〇（第2册）、《净明资料新编》《徐铉集校注》卷十。

55. 北宋·徐铉：筠州三清观逍遥亭铭

开宝七年甲戌（974）

羽客吴君，心驰窈冥。兴隆道馆，陟降真灵。绰有余裕，建兹幽亭。下临曲池，甘泉清泠。环植嘉树，群芳苾馨。俯瞩长川，沧波带萦。前睇仙山，奇峰翠横。游者忘归，居之体宁。君子修道，物境与并。必有福地，居为殊庭。勤行不已，可臻层城。我闻其风，用刊斯铭。

【说明】据四库本《骑省集》卷二四录文。参见绍兴十九年明州本《徐公文集》卷二四、《全宋文》卷二六徐铉一一（第 2 册）。按，《徐铉集校注》卷二四考证本文撰于开宝七年，兹从其说。

56. 北宋·乐史：唐景云观碑　开宝年间

景云观者，皇唐景云年中所建也。在崇仁县西北隅，巴山翠其槛，巴水漱其门，山水周遮，松萝堆纵，士君子赏为神仙之胜迹，斯言不诬矣。

予家于观之北，童稚时闻耆老传云：往时观碑额故，将新之。因中元节，众道士推能书者明日染翰。是日晚，有一道士形容羸，衣褐荒，栖栖焉。人皆不物色，自言攻篆隶，请书之。众口齀然而阻截。迨夜参半，其道士于堂中张灯火，动笔砚，大书门扉上“景云观”三字，有未睡者潜观焉。迟明，观其笔力遒健，光彩射人目。于时令佐至，叹讶者数四。虽觉异人，发问未暇，请于新牌更书之，而辞不能也。斋罢告行，行至三门，令佐暨诸道士随而且留，自言曰：“吾是萧子云。”众拜之，举首不见。于是拆其门扉，缘饰为碑。至危太傅全讽为州将，时人移于黄田寨上，失之。得非神仙之物，变化而难留？子云者，梁黄门侍郎，于玉笥山得仙矣。先有大钟一，牌额离后，一夕风雨亡。异时捕鱼人见在观南溪潭中，取之不获。今有小钟一存，上题开元二十七年铸。又有香炉一，上题许真君名号，传云真君化身来舍。岁月将永，事不可寻，今虽已亡，又不可不存其梗概。观之屋宇，自黄巢攘臂之际，已赴灰烬。今堂殿楼台，尚残基址。因知昔时缔构，壮丽不无。洎后虽曾完葺，具体而微。一片衡茅，四时风雨。王孙之草几犯于阶庭，金母之桃半归于樵采。

显德年中，彭城刘司直元载，慕道之高士也，宰是邑，惜其名迹，无人尸之，乃召请道士蒋道元者住持。道元门传金箓，力学玉书，不以艰难破其心，不以荒凉役其意，一味焚修，俟其振发。予昨自班行南归故园，每行乐于观之溪岸，道元以观中元无碑记，便以斯文见请，且曰："恐神仙之踪迹，不闻于后人矣。"予闻斯言，意甚嘉赏，况居近仙馆，素欲挥翰。今既会宿心，得以直书其事，乃为铭曰：

巴山四瞰，巴水东流。景云观者，在巴水头。景云年立，仙境最尤。有萧子云，本梁公侯。把琉璃碗，上凤麟洲。凤麟为驾，驾言出游。观额将故，道士云修。遇我萧侯，书踪夜留。组绣光动，龙蛇势浮。鸟啼花落，岁月悠悠。仙人银钩，罹乱谁收？空余古观，松萝一丘。松风浏浏，松雨飕飕。古钟尚存，仙炉亦休。道士好事，恐堕其由。请我挥翰，金石千秋。

【说明】据《全唐文》卷八八八录文。参见同治《崇仁县志》卷二、《全宋文》卷五二乐史（第3册）。按，因文中也有"南归故园"之语，故依前录《仙鹅池祈真观记》文意，姑推定本文撰于开宝年间。

57. 北宋·徐铉：江州彭泽县修山观碑

太平兴国三年戊寅（978）

混元资始，玄造权舆，道以久而化成，朴既散而为器。圣人在位，修之于天下，则有明堂清庙，表训民事神之方；贤者贞遁，修之于身，则有名山福地，为朝真降灵之所。小大则异，宗致惟均。

江州彭泽县有修山焉，瞰天险而高标，抗庐峰而特立。气雄而势耸，翠积而光寒。峻壑深岩，风云蓄泄；茂林穹谷，材用蕃滋。游居之所走望，真隐之所栖息。考诸图牒，皆靖节先生游憩之地也。杉松交影，犹怀种柳之风；山水清音，尚想素琴之意。遗德所及，仙祠以兴。梁大同元年，有句曲道士尉文光，灵气夙成，阴功将满，遐择胜地，以恢妙门，聿来此山，益广基构，制度无阙，标题载光。越二年，尉于白日登晨，举邑咸觌。人民未改，飙欻载还；霓衣则殊，鹤貌如故。税驾之地，甘棠永存，故今有尉驾池焉。而中山丹灶香炉，松坛石室，俨然奇迹，若奉楼居，历代严恭，有如旦暮。唐狄梁公，履虎不咥，弦歌此邦，企仰仙游，重加崇饰。又塑高宗大帝圣像，以伸送往之诚，朔望朝拜，不失常礼。复以钱五十万，为致田园，厨廪所资，至今犹赖。季唐之世，临川朱震来为邑宰，掘地得药鼎、药盒，因建尉真人之室于东序，设像以奉之。秩满还乡，遂入麻姑山为道士。是以清心冥契，玄鉴孔昭，青天白日，孰云其远？道士谢又能，早参真箓，夙负时名，闲馆灵场，备尝践历，空谈秘诀，悉诣精微，克享修龄，言归庐岳。郡侯敦请，付以修山。阐教之心，勤行匪懈，栋宇之制，日以尊严。端闱屹其穹隆，周庑纷其回合，焕然藻绘，蔼尔重深。清澄之气攸充，汗漫之游斯在。戊寅岁，谢君解化，弟子王省昂继之。省昂才亦世出，金石之刻，佥曰其宜。铉也钦羡真猷，因为之颂。其词曰：

大道混成，修之乃真。必有胜境，以居异人。南楚之域，玄风所臻。邈哉修山，栖灵降神。陶令高名，尉师仙卿，狄公元臣。矫矫三贤，千祀齐声。是相是宅，载经载营。疏此翠巘，列为殊庭。想象玄圃，规模赤城。瞻之者肃，处之者宁。心之所至，道岂虚行？刊名翠琰，永告诸生。

【说明】据四库本《骑省集》卷二五录文。参见绍兴十九年明州本《徐公文集》卷二五、《全宋文》卷三三徐铉一九（第2册）、《徐铉集校注》卷二五。

58. 北宋·徐铉：奉新县重建闾业观碑铭并序

雍熙二年乙酉（985）

道之为体也大，大则众无不容；道之为用也柔，柔则物莫与较。南方之强也，故冲气之所萃，异人之所生，坛馆之所宅，景福之所兴，相乎域中，南楚为盛。先圣之论，岂诬也哉？

洪州奉新县闾业观者，按方志，西晋邑人刘真君之所居也。真君名道成，以经明行修，仕至刺史郡守。金行不竞，仁兽非时。知几之贤、有道之士，卷怀而退，修之于乡，玄德阴功之积，昭受灵贶。故真君辞张、邴之禄，追茅、许之风，单车还家，勤行不息，以永嘉二年八月十五日举族上升。蔼尔福乡，依然旧址，锦帷乍降，玉舄长留。后学瞻望，若仲尼之阙里；遗民思慕，如召伯之甘棠。梁大同元年，乃建为观。尔其豫章垂荫，洪井储灵，华林苍翠当其阳，冯水清泠环其域。烟霞韬映，竹树青葱，居然人境之间，自是仙游之地。载祀四百，朝市三移，封域之间，英灵不泯。鹿巾霞帔之士，往往冥升；缙绅逢掖之流，时时杰出。存诸旧史，是号名区。土德既微，群方构难，城有复隍之患，室多桡栋之凶。乃眷殊庭，俄悲阒户。而琼蕴之所秘，霜钟之所悬，屹尔丽谯，俨然对峙。有道门都监余守征者，翦除宿莽，草创精庐，苦节忘形，五十余载，修心以化俗，传法以度人。入室弟子龚绍元、吴绍甄，皆能肃奉真科，祇禀遗训。惟乡人之善者，知岁计之有余。高士胡君名仲克，延庆簪缨，息机丘壑，师黄、老之术以虚方寸，躬曾、闵之行以睦闺门，博施济众，斯谓仁智。以为集灵之馆，祈福之场，陋而不度，民将安仰？于是揆时属役，即旧谋新，询谋佥同，诡信咸萃。增湫下为爽垲，易卑室为崇构。栋宇之设，则因夫故基；制度之中，则考于经法。凡殿堂门阙，居室厨廪，延袤周遍，殆且百区。三尊众真，羽仪侍卫，精严肃穆，不可为状。履端闱，进广庭，恍然如从汗漫之游；即瑶阶，瞻玉座，竦然若奉武夷之会。既而息徒已事，日吉辰良，明祀以告成功，精意以答真佑。举紫旄之节，摇太霄之佩；燃九华之烛，奏空洞之章。星斗回光，烟云改色，青天白日，夫岂远哉！于时胡君以姻睦之行，慈惠之泽，闾里称举，郡国升闻。诏书褒美，特加旌表，揭以双阙，蠲其追胥。江楚之间，以为盛事。是知玄风之被俗，圣政之化人，变鲁至道，见于今矣。夫如是，则可以传芳金石，垂裕礿云，俾乎好道之徒，益励齐贤之志云尔。其铭曰：

大道无名，得之为真。矫矫刘君，知几其神。逊尔侯社，上为帝宾。维梓之地，甘棠之人，峙此仙祠，章江之滨。华表未归，桑田已改。旧井谁渫？高台尚在。不见芝英，犹芳兰茝。佳气郁葱，如将有待。彼美胡君，州闾之英，世味道腴，家传义声。归诚玉阙，奉贽金籯，易此颓构，化为殊庭。乃眷福乡，实惟南楚。闲馆相望，飙轮交午。真图秘箓，唯仁是与。刻颂贞珉，永归终古。

【说明】据四库本《骑省集》卷二六录文，个别文字据别本有改动。参见绍兴十九年明州本《徐公文集》卷二六、光绪《江西通志》卷一二一（文字有省略）、《道家金石略》、《全宋文》卷三四徐铉二〇（第 2 册）、《净明资料新编》。按，《徐铉集校注》卷二六将本文系于雍熙二年，可从。

59. 北宋·徐铉：洪州始丰山兴玄观记 淳化元年庚寅（990）

圣人之言，道无不在。若乃域中归其大，万物恃之生，鸿化玄造，无德而称已。至于显神道之教，挺方外之卫，反之于身，以固其本，清心炼气，保精啬神。餐霞茹芝，修用者殊轨；御风乘景，游集者无方。盖真阶仙品之有差，故洞天福地而区别。奇篇所纪，灵境可寻。

豫章始丰山者，按图牒，第三十七之福地也。尔其穹窿蹇产，干霄蔽日，凌空瞰野之势；嵌崟窈窕，蒸云泄雨，储神宅怪之奇。阴林修干，材用之所生也周；飞湍激流，利泽之所及者远。紫烟白雾，隐映而纷霏；灵风爽气，萧寥而披靡。醮享之数，历代相因。爰有兴玄之观，是为荐诚之地。土德云季，三灾递兴，市朝贸迁，堂构隳顿，几叹辽城之鹤，常栖楚幕之乌。若夫真气所凭，神灵攸相，物无终否，道不远人。道士聂紫庭，袭玉笥之地英，追九仙之夙契，以勤行为志业，以仿古为师资。岁在玄枵，来游此观，顾瞻祠宇，慷慨伤怀，徒侣敦请，遂膺其任。积行所应，至诚易通，游居之人，莫不信奉。以为兴作者古人之所慎，因循者前哲之所宗，足备制度，何必侈大？于是补其阙而葺其坏，窒其隙而扶其倾。集瓴甋砖埴之工，加圬墁丹雘之饰。琐窗镂槛，朱户金铺，深沉靡迤，虚明藻丽。百年旧制，一旦维新，日就厥功，十稔而已。己不病于费，人不知其劳，用此修真，真其焉往？又以方志漏略，碑颂堙沉，使夫来者，何所宗仰？谓余为好道者，故求我以文，是用直书，以观成绩。

淳化元年夏六月记。

【说明】据四库本《骑省集》卷二八录文。参见绍兴十九年明州本《徐公文集》卷二八、《全宋文》卷二五徐铉一一（第 2 册）、《徐铉集校注》卷二八。

60. 北宋·徐铉：洪州道正倪君碣　淳化二年辛卯（991）

君讳少通，字子明。其先千乘人也，末叶避地，徙居巴陵。濯洞庭之余波，袭九嶷之秀气，儒风继世，贞节自持，垂庆炳灵，仙才是出。君风骨秀整，襟怀坦夷。幼挺高情，即依道楗；弱冠遐举，来游九江。悦庐阜之名区，得董君之故址。种杏之地，榛莽森如，慨然永怀，誓复灵构。诛茅筑室，练行修身，暗然而彰，千里斯应。于时唐运告谢，宋宗代兴，江左被玄元之风，二叶恢清净之教。君以清心苦节，升闻于朝。癸丑岁，赐钱三百万，即所居建太一之观。于是疏凿旧址，草创新规，悦以子来，成之勿亟，十有余岁，清宫焕然。凡建四殿五堂，重门两序，内外栋宇，总百三十区，像设仪卫，莫不称是。力辟污莱为良田者五百亩，而饭贤之费有余；手植杉松成茂林者千余根，而甘露之祥再降。由是牧守嘉尚，道俗依归，为本州道正，乃知太一观事。享寿九十有一，体力康壮，淳化元年秋八月八日子时，怡然而化，容貌如生。初，君自择葬地于莲花峰下，即以二年春正月窆焉。

君性质冲淡，不耀其光，表率教门，正身而已。喜赋咏，善鼓琴，龙凤之形皆由手制，山水之操自洽天和。所居之观，俯迩城郭，登山之客，必先造焉，君将迎接待，高卑如一。绝迹朝市，成乐林泉，六十余年，慎终如始。门人弟子先以慈孝为训，有若李延照、蒋守龙等近四十余人，皆以孝行为时所称。亲弟德规、同学弟谢又能等，叶力同心，共复灵迹，并先早世。今谢君弟子王省昂嗣膺道任，师孙钱知素继知太一观事，师门之盛，论者美之。铉顷岁扈从南巡，与师款接旬日，倾盖之分，有如素交。钱君以论撰见求，不当为让。其铭曰：

太一董君，上帝之宾。遗方眇邈，旧迹荆榛。倪师慷慨，复来清尘。种杏之地，林光再新。异世神交，岂其后身？冥升自远，代剑非沦。瞻言华表，谁见千春？刊铭翠琰，道契攸亲。

【说明】据四库本《骑省集》卷二七录文，个别文字据别本有改动。参见绍兴十九年明州本《徐公文集》卷二七、《道家金石略》、《全宋文》卷三五徐铉二一（第2册）、《徐铉集校注》卷二七。

61. 北宋·佚名：饶动天　淳化年间

饶动天，临川人。初为县吏。淳化中，梦神人曰："汝用心公平，执法严正，名已动天矣。"梦觉，遂名动天。入华盖山，夜见上升坛前五色宝光上冲霄汉，寻光掘地，遂获金函。开视有篆文天经，题曰"天心正法"。动天获此灵文，莫知其妙。一羽衣人谓曰："子宜见谭紫霄先生，可师事而得其义。"自此寻历数年，乃遇紫霄于南丰，亲承道妙，顿悟元诠。紫霄携动天见东岳帝君，曰："奉三仙道旨，令授子宝印阴兵。"动天拜受之，往往制伏阴魔，降灭凶妖，祈禳水旱，救治人物，屡有明验。四方慕道者凡数百人从之游。一日，率诸弟子于华盖之颠，授以秘旨，誓曰："护气稀言，断绝声色，救人疾病，灾荒水旱，皆当引为己任，要以仁信为本。虽未拜太上，亦居仙班。"又曰："今日绿竹峰真仙之会，余被诏，不可留也。"挥手别诸弟子，鼓风扬尘，行若奔马，倏忽不见。土人筑庵祀之。

【说明】碑位于乐安县华盖山山顶，为2011年重立。青石材质，方形，高1.5米，宽0.8米，基座0.3米。直行，13行。据碑录文。参见同治本《华盖山志》卷三、天启本《华盖山志·仙真志》、吴小红校注《华盖山志》（江西人民出版社2002年版。以下简称校注本《华盖山志》）卷三。按，饶动天又作"饶洞天"。

62. 北宋·张□□：唐圣历钟　咸平三年庚子（1000）

钟镌云：上清道士观主熊文行率谋众缘，敬造洪钟一口。以大周圣历元年一月十五日铸，奉为轮圣王，次及豫缘道俗存亡，闻声速悟。洪钟永充游帷观流通供养。

颂曰：王尔成规，班输写质。响韵钧天，声谐吕律。玄都表会，紫微显实。霜外玲珑，风前飘逸。两螭交映，双花迥出。深晓空相，格去迷疾。常警大千，永归真一。

用铜六百斤。

近润州陈君绍、道士熊玄应书。

朝议大夫长史李元敬。

皇宋咸平三年十二月六日，守大理评事知县事张奉命镌记。

【说明】钟佚。据乾隆本《万寿宫志》卷八录文，并据光绪本《万寿宫通志》卷八补“供养”二字。参见《净明资料新编》。按，“永归真一”下原有注云：“众乐施士女姓名甚繁，现镌在钟，不及备载。”

63. 北宋·周起：重修庐山太平兴国宫碑铭

景德二年乙巳（1005）

臣闻两仪既分，三才定位。高明广运，象纬列于次躔；博厚无疆，岳渎限于方域。寒暑错综而岁功序，阴阳埏埴而神明生。式是化权，必有司牧，所以协宣上帝，垂佑下民。粤若圣人，乃建皇极。于是陈祀典，考灵文，禳禬科教以致其诚，车服采章以辨其数。复无方而设教，迪妙用以为宗，崇德报功，其来尚矣。

庐山太平兴国观者，即九天使者之庙焉。昔在有唐，开元御历，肇肸蠁于冥感，荷昭锡于至真。将叩寂于清都，乃旁询于方士，凭兹灵岳，始建仙居。洎上运载移，四方云扰，信灵心之有待，协冥数于昌朝。我太祖皇帝，乘五运以天飞，抚万邦而御极，声教覃于无外，临照被于有截。矧兹灵壤，实惟奥区，当九服之会同，眷百神而受职。我太宗皇帝，握乾符，登大宝，丕变风俗，惠绥黎元，坠典必兴，无文咸秩，总帝王之能事，推覆育之深仁。乃眷集灵之宫，洪惟祈福之地，特颁紫诏，爰授正名，申严如在之仪，乃锡纪年之号。今上皇帝，诞膺真箓，抚育苍黔，奉列圣之洪猷，启无疆之宝祚。若乃自家刑国，敦厚于素风；一日万机，忧勤于庶政。况乎日新圣德，天纵多能，宸章焕烂于昭回，睿略怀来于宇县。旰具每虚于听纳，烝尝肃奉于孝思。至于灵瑞纷纷，鸿禧累洽，考前编而莫纪，访博识以未闻，斯皆掩在民谣，稔熟舆听。凿井耕田者，焉知帝力；瞻云望阙者，史不绝书。是以中外云趋，华夷麇至，率诣天阙，叠献方闻。以为奉元符，答灵命，允兹大典，天贶难籍。虽本锡于帝俞，终俯从于民欲。于是陈法从，俨文卫。封峦肆觐，方展于鸿仪；瘗玉潢汾，载陈于大报。耀祖宗之丕烈，荐天地以至诚。掩历代之宏纲，昭勒成之盛礼。岂直竹宫望拜，方集于荣光，桐岭顺风，始挹其颢素而已乎！天庆既已成矣，洪恩既已洽矣，至于岩壑丛祠，史传遗烈，犹乃遍申祀享，特禁樵苏。况上帝之元肱，会列真之别馆，揆日非谋于改筑，庀徒不易于前修。爰诏侍臣，精求匠石，费从官给，事以乐成。轩楹特启于宏规，藻绘重新于壮观。蜺旌宝座，照耀于中围；霞帔星冠，周旋于列侍。若乃飙轮戾止，羽客朝修，星坛夜烛于绛光，云驭遥闻于众圣，当三元之令序，间六气以雍和，莫不寅奉科仪，肃陈醮席。祝皇图之睿筭，祈民福于嘉生，允集祺祥，咸跻富寿。宜兹华宇，申启灵扬，江山回抱于四封，襟带交冲于八达，信乎神仙之窟宅，乾坤之户牖者也。若然，则纪灵迹，刻贞珉，昭示信书，抑惟旧式。臣滥尘近列，莫有寸长，幸奉明恩，谨为铭曰：

元后膺图，受天明命，统御八纮，裁成庶政。泽浸含灵，风行号令，奉若天道，惠兹万姓。乃见庶官，乃立民极，修崇明祀，光昭令德。为民祈福，俾民不忒，官既居方，神亦受职。矧兹灵岳，巉巉太虚，上真所相，仙馆攸居。江山回抱，水木扶疏，纠正阴慝，此焉惨舒。道有污隆，运逢开泰，庆浃寰中，教尊方外。栖羽客兮精修，奉真文兮禳禬，虽冥数之有期，示神人之交会。占使星兮南驰，爰庀徒兮江湄，藻绘增严兮像设，彤镂焜煌兮层墀。瞰飞甍兮临大道，揭叠巘兮荫华榱，既成之兮不日，顾民力兮何知。肃肃兮上真，盼玉宇兮重新，彤霞兮转旆，皓月兮停轮。宅灵心兮昭格，阜风俗兮和淳，祝皇图兮万祀，熙品物兮常春。

【说明】 周起（970～1028），字万卿，淄州邹平（今山东邹平）人。咸平三年（1000）进士。历官至礼部侍郎、枢密副使，卒谥安惠。据《道藏》本《庐山太平兴国宫采访真君事实》（第 32 册）卷六录文。参见《道家金石略》、《全宋文》卷二七二周起（第 13 册）。

64. 北宋·王钦若：玉隆观碑　景德年间

章水环流，铜山耸峙。葛洪丹井，宛若连畴。梅福古坛，于焉接壤。

【说明】王钦若（962～1025），字定国，临江军新喻（今江西新余市）人。淳化三年（992）进士。真宗、仁宗时两度为相。曾奉命领衔编《册府元龟》《道藏》。据道光二十九年景宋本《舆地纪胜》卷二六录文。参见《净明资料汇编》。碑文仅 24 字，但记录了玉隆观建于风景秀美之环境中，且紧邻葛洪丹井、梅福古坛，历史悠久。

65. 北宋·聂夐：大宋临江军新淦县玉笥山敕赐承天观山门都监上清大洞法师姚君墓志铭并序

大中祥符二年己酉（1009）

先生讳遂良，字子华。其先，有虞氏之后裔也。睿德英茂，烛于古今。子孙蕃衍，不陨其馨。迁官南楚，今为淦阳人也。父讳恒，遁迹丘樊，韬光不仕。母天水严氏。夫人绰有令淑，韫彤管之才。

先生浮磬钟灵，月华孕彩。岐嶷悟真宗之旨，龆龄知玄化之元。七岁出家，诣师孔仙观。大中祥符元年，敕改开明观。词表大德，王君讳自筠下披度。王君即道正张君讳齐亮之门人也。初，王君被请充玉笥山门掌文籍，历一岁而终。先生继嗣，嵇松让操，霜鹤呈姿。固罔象之珠，贵无名之朴，清虚自卫，卑弱自持。智括混成之风，心罗正始之教。兼并仁义，旨趣希夷。行业垂芳，耸千寻之翠干；谈河布润，注万倾之灵波。道既若斯，人罔不率。雍熙三年，补充山门章表。端拱二祀，道录院补左街内，表白大德，自判官转道判。祥符初，复授山门都监。蕴德芳馨，扇薰风于雨霁；立行清洁，流素月于秋空。众信钦依，同胞景慕。协洽无射月诣本军教门威仪吴君门下，拜授上清秘法。灵文宝箓，妙毕真诠；玉籍仙曹，已登品列。于大中祥符二年正月十七日羽化，享年五十有四。欻如脱屣，倏若蜕蝉。晓度函关，孰辨青牛之驾？夕临羊角，谁观白马之轩？二月二十日丙午，窆于松门左天柱岗，以为玄域，礼也。门人任仲岳，冲和禀性，守道勤行，嗣续清风，其道亦泯。童子颜仲丘，师孙李世聪，恭笃孝道，礼之制焉。

噫！伯阳、仲尼，余师友耶？师友既贯，道岂殊途？先生琴樽之外，注意风雅，得二《南》宗旨；群经诸子，洞晓其端。好尚延纳，四方有道之士，往往如归。聊命笔而志之，亦未尽先生之徽美也。刻兹贞石，以示陵迁。其铭曰：

己酉肇岁，祥符仲春。洞天之左，玉峰之邻。谁之玄宫？吴兴姚君。

【说明】 聂夐，新淦（今江西新干县）人。乡贡进士。碑现存于峡江县博物馆，拓片存于吉安市博物馆。青石材质，长 0.89 米，宽 0.49 米，厚 0.05 米。据原碑拓片录文，题下原署“乡贡进士聂夐撰，山门道士何知遇书，道士方世基题额”，文后署“玉笥山门道士姚光庶刊字”。参见高立人主编《庐陵古碑录》（江西人民出版社 2007 年版。以下简称《庐陵古碑录》）、《全宋文》卷二八〇聂夐（第 14 册）。

66. 北宋·蒋概：创建城隍祠记　天圣八年庚午（1030）

粤昔黄帝伐涿鹿，因山川之险，始筑城邑以居。城者，成也，一成不可毁也。内曰城，外曰隍。《易》曰“城复于隍”，所由来久矣。城隍之神始于何时，无可稽考。又为之立庙祀，何也？自秦毒天下，列国纷乱，而鬼神乏主，英精怪质，主宰失次，其或山冢崒崩，川谷沸裂。道隐乎邪，德败乎幽，藏变生灾，风雨愆期，万物不振，黎民受殃。恍乎惚乎，而有操乎坤舆之奠者，补苍海之缺陷，君大道而不屈，运玄德于无穷。出理阴阳，而灵耀浃乎寰区，功施济乎动植。善善恶恶，其司人祸福，若有权衡度量焉。群骇而惊怖，遂相率而谓之曰：“此佑国福民，郡邑中之守土者，所当祀也。”无以名之，名之曰城隍。所谓克茂其绩，神以义起者乎？祀典虽不见于《礼》经，与社稷坛壝而并重于邦国。凡祭山陵川泽丘陵坟衍原隰，必举而为配享，祀事维虔。岁时朔望，司牧率属必躬亲谒祷。今我朝经国之初典，神天而封锡，宇内凡作其高深者，咸神以秩之。维庙肇兴，今择地建立以钦崇其明禋。予不能却里人之请，于是乎书。

【说明】 蒋概，字康叔，龙泉（今江西遂川县）人。皇祐元年（1049）进士。曾任巴东知县、大名府知府。据乾隆三十六年《龙泉县志》卷九录文。参见乾隆四十一年《吉安府志》卷一四、同治《龙泉县志》卷一六、光绪《江西通志》卷七五、光绪《吉安府志》卷十、《全宋文》卷九三一蒋概（第 43 册）。按，据光绪《吉安府志》记载，龙泉县城隍庙建于天圣八年。此距蒋概中进士时间有近二十年之久，恐不可信，待考。

67. 北宋·李觏：重修麻姑殿记　康定二年辛巳（1041）

三代之英既往，礼教不竞，人欲大胜。欲莫甚乎生，恶莫甚乎死，而道家流诵秘书，称不死法以啖之。故秦汉之际，神仙之学入于王公，而方士甚尊宠。然或云延年，或云轻举，皆人耳目间事，久而未验，众则非之矣。佛之徒后出，而言愈幽远。其称天宫之乐，地狱之苦，鬼神之为，非人可见，虽明者犹或疑焉。是故浮屠之居，货贿竭天下，宫室僭王者；而黄冠师穷智役辩，终弗能及。自非当世好事慕方外之游者，孰克回面于真灵之境哉？

麻姑之名，闻之于葛稚川《传》，申之以颜鲁公《记》。峨峨兹山，得道之所始也。自唐而下，祀礼不绝，筑宫度人，以严其事。而殿屋之设，岁月积久，雨淫风虐，撑拄弗暇，将无以布几席，陈香烛，为鸾鹤戾止之地。群目蚩蚩，莫肯营救。故颍川陈君策，字嘉谋，博识之士，肥遁州里。顷尝游山，周览及是，将命工徒，一新其制，言未果行而卒。其子今山阳司寇谏、弟询，不忘孝思，尽禀先志，乃出家赀以干厥事。斩木而山空，伐石而云愁。役不逾时，营缮以毕。修广有度，奢俭有宜。礼神之位，兹亡所愧。论者谓真帝在上，庶方无虞，岁不凶灾，物不疵疠。故其人得厚本节用，为富家者往往而是。内和亲戚，外礼乡党，余力乃以奉释、老，求善祥。兹亦平时之盛观也，可无传欤？岩岩有坚，请勒其志。于时岁在辛巳，大宋康定二年中元日。

【说明】 李觏（1009～1059），字泰伯，号盱江先生，学者称为直讲先生，南城（今江西南城县）人。科举不第，皇祐二年（1050）被召为太学助教。后历任太学说书、权同管勾太学。一生潜心学术，重视教育，著述颇丰，有《直讲先生文集》等。据明刊本《直讲李先生文集》卷二三录文。参见罗氏本《麻姑山志》卷六、黄氏本《麻姑山志·记》、同治《南城县志》卷九之三、《全宋文》卷九一四（第42册）、校注本《麻姑山志·记》。

68. 北宋·李觏：麻姑山重修三清殿记

康定二年辛巳（1041）

觏幼时读颜鲁公《麻姑仙坛记》，观其称道壤地之殊绝，人物之瑰怪，目想其处，谓如钧天帝庭，非下土所仿佛也。及长游山，纵观所有，则歌吟云烟，餍饫水石而已。其余古屋数百楹，或腐或湿，无足可居，惟仙若神，何以顾享？噫！物有愈衰而后复，理之常也。则所谓三清殿者，今为复之先乎？

按是殿之作，背山向阳，得地之正。由五代迄兹，载祀远矣。虽其营缮颇甚盛壮，而木穷于蠹，瓦困于雨，日坏月堕，几将压焉。颍川陈公某，乡之耆德，勇于为善。一见其事，恻然于中，乃发家财以葺之。工之巧者必至，材之良者必备。或改以新，或完其旧。昔挠以隆，昔卑以崇。赭焉而霞烘，垩焉而云溶。真仪之位，得以如礼。山英水灵，若喜若慰。虽大道之要，本乎淡泊，安在土木之华而后张显？然名山之景，列在图籍，非有游览之盛，不足称述。故言神仙者必曰昆仑之墟，海中洲岛，宫阙之侈，视珠玉不啻如土芥，世俗相承，以为美谈。若麻姑山，著称久矣，元和辞人白乐天辈咸有咏歌，粲于屋壁。自尔以来，言者溢口，书者满牍，天下灵境，兹不后焉。苟非崇饰栋宇，严事上灵，其何足观之？则颍川公之意，岂徒然哉？觏之视公，大父行也。见命为记，谨书其略。于时岁在辛巳，大宋康定二年。

【说明】据明刊本《直讲李先生文集》卷二三录文。参见罗氏本《麻姑山志》卷六、康熙六十年《西江志》卷一五四、四库本《江西通志》卷一二三、光绪《江西通志》卷一二四、黄氏本《麻姑山志·记》、校注本《麻姑山志·记》《全宋文》卷九一四（第42册）。碑文记述了麻姑山重修三清殿之过程，反映了麻姑山道教在唐宋时期之盛况，阐释了作者对仙道“崇饰栋宇”之独特理解。

69. 北宋·曾巩：仙都观三门记　庆历六年丙戌（1046）

门之作，取备豫而已。然天子、诸侯、大夫各有制度，加于度则讥之，见于《易》《礼记》《春秋》。其旁三门，门三涂，惟王城为然。老子之教行天下，其宫视天子或过焉，其门亦三之。其备豫之意，盖本于《易》；其加于庭，则知《礼》者所不能损，知《春秋》者所太息而已。甚矣！其法之蕃昌也。

建昌军南城县麻姑山仙都观，世传麻姑于此仙去，故立祠在焉。距城六七里，由绝岭而上，至其处，地反平宽衍沃，可宫可田。其获之多，与他壤倍，水旱之所不能灾。予尝视而叹曰：“岂天遗此以安且食其众，使世之衎衎施施趋之者不已欤？不然，安有是邪？”则其法之蕃昌，人力固如之何哉？其田入既饶，则其宫从而侈也宜。

庆历六年，观主道士凌齐晔相其室无不修而门独庳，曰：“是不足以称吾法与吾力。”遂大之。既成，托予记。予与齐晔，里人也，不能辞。噫！为里人而与之记，人之情也；以《礼》《春秋》之义告之，天下之公也。不以人之情易天下之公，齐畔之取予文，岂不得所欲也夫？岂以予言为厉已也夫？八月日记。

【说明】 曾巩（1019~1083），字子固，南丰（今江西南丰县）人。嘉祐二年（1057）进士。历官至中书舍人。为唐宋八大家之一，有《元丰类稿》。据罗氏本《麻姑山志》卷六录文。参见黄氏本《麻姑山志·记》、校注本《麻姑山志·记》、陈杏珍、晁继周点校《曾巩集》（中华书局 2013 年版）卷一七。

70. 北宋·王安石：抚州招仙观记　庆历七年丁亥（1047）

招仙观在安仁郭西四十里，始作者与其岁月予不知也。祥符中尝废，废四五十年，而道士全自明以医游其邑，邑之疾病者赖以治，而皆忧其去，人相与言州，出材力，因废基筑宫而留之。全与其从者一人为留，而观复兴。全识予舅氏，而因舅氏以乞予书其复兴之岁月。

夫宫室、器械、衣服、饮食，凡所以生之具，须人而后具；而人不须吾以足，惟浮屠、道士为然。而全之为道士，人须之而不可以去也，其所以养于人也，视其党可以无愧矣。予为之书，其亦可以无愧焉。庆历七年七月，复兴之岁月也。

【说明】 王安石（1021~1086），字介甫，号半山，临川（今江西抚州市临川区）人。庆历二年（1042）进士。历官至参知政事。封荆国公，世称王荆公。为唐宋八大家之一、北宋著名诗人，有《临川先生文集》等。据四库本《临川文集》卷八三录文。参见《道家金石略》、《全宋文》卷一四〇八王安石四六（第 65 册）、《王安石全集》（王水照主编、聂安福等整理，复旦大学出版社 2017 年版。以下径称书名）卷八三。

71. 北宋·王安石：大中祥符观新修九曜阁记 庆历年间

某自扬州归，与叔父会京师。叔父曰："大中祥符观所谓九曜者，道士丁用平募民钱为堂庖庑已，又为阁，置九曜像其下，从吾乞汝文记其年时，汝为之。"临川之城中，东有大丘，左溪水，水南出而北并于江。城之东，以溪为隍，吾庐当丘上，北折而东百步，为祥符观。观岸溪水，东南之山不奄乎人家者，可望也。某少时固尝从长者游而乐之，以为溪山之佳，虽异州乐也，况吾父母之州，而又去吾庐为之近者邪？虽其身去为吏，独其心不须臾去也。今道士又新其居以壮观游，阁焉使游者得以穷登望之胜，使可望者不唯东南而已，岂不重可乐邪？道士之所为，几吾之所乐，而命吾文，又叔父也，即欲已，得邪？惜乎！安得与州之君子者游焉，以忘吾忧而慰吾思邪？阁成之日，某年月日也。

【说明】据乾隆五年《临川县志》卷五录文。参见明刊本《王临川全集》卷八三、康熙四年《抚州府志》卷三三、四库本《临川文集》卷八、《道家金石略》、《全宋文》卷一四〇八王安石四六（第65册）、《王安石全集》卷八三。按，据王安石仕履，"自扬州归"应在庆历年间。

72. 北宋·王安石：抚州祥符观三清殿记

皇祐二年庚寅（1050）

临川之州城横溪上。西出，出城之上，有宫岿然，溪之沄沄，流过其下，东南之山皆在其门户窗牖之间者，曰祥符观。观之中有屋四注，深五十五尺，广七十二尺，陛之高，居深十八分之一，楹二十有四，门两夹窗，中象三，旁象二十有六者，曰三清殿。用其师之说以动人而能有此者，曰道士黎自新。出其力以归于道士之说而卒成此者，曰里之人邓佺。佺之子表，故尝与予游。予之归，表语其父之事而乞予文，予不能拒也。夫用其师之说以动人者道士也，予力顾出道士下，复何云哉？

皇祐二年五月二十五日。

【说明】据四库本《临川文集》卷八三录文。参见《道家金石略》、《全宋文》卷一四〇八王安石四六（第65册）、《王安石全集》卷八三。

73. 北宋·佚名：颜君地券　皇祐二年庚寅（1050）

□□江南道临江军新淦县［玉笥山］承［天宫］□□院羽化道士颜君，行年六十三岁。尘居浮世，死居棺椁，卜地求吉。以皇祐二年十一月甲申朔十□日丙申，谨用金银钱九万九千九百九十九，□禾彩信币等，于皇天大人社主边，购得地名天柱冈，南庚未向，山作艮向□□穴安厝元宫。其地东止甲乙青龙，南止丙丁朱雀，西止庚辛白虎，北止壬癸玄武，上止青天，下止清泉。内方勾陈，分守四域。□□齐整，□□万岁，永无殃咎。将予亡人永作宅兆，千年不动，万年不移。

保人：张坚固；［见人］：李定度；书契人：功曹；读契人：主簿。

四圣和□□□□□□□，所有凶神恶鬼，不得妄有争占。若违此券，主使自当其祸。主人□□□□□，急急如太女青诏书。

【说明】碑现存于峡江县博物馆。青石材质，高0.54米，宽0.47米，厚0.15米。据碑录文，中括弧内文字为整理者据文意补。参见《庐陵古碑录》。

74. 北宋·李觏：麻姑山仙都观御书阁后记
皇祐三年辛卯（1051）

皇祐三年，以御书明堂及明堂之门篆、飞白二体藏诸名山，麻姑仙都与焉。夏六月，道士黄太和为觏言："今者圣人肆笔而山薮得之，其奚翅金简玉字！盖犹嵎夷、昧谷，天象所出入，撮土勺水，罔不光华，非复与尘俗等。幸哉！愿有志焉以示后，何如?”覼伏思念，王者制作，史书乐歌，幽则物彪，远则夷貉，耳者必闻，口者必诵，安在愚儒识之？况礼不斥尊，其可以犯？已而又念，江南卑薄，与上国人不日接，异时故老既没，传闻将失实，史官记注，秘莫得见，则吾君之行礼，彼山之受赐，曷从而知之？先正盛公亦尝为《御书阁记》，所以述太宗之事，殆可继也。矧兹严父配天，古之大事。汉收秦烬，失其根萌。冉冉至唐，名在实去。五代鱼肉，诚所不暇。祖武宗文，志亦未集。佑启我王，及此希阔。如废斯起，如断斯续。合符天鬼，匪自群议。礼明乐备，又申之以翰墨。《河图》大训，永以华国。周公宗祀而文字无传，宣王搜岐阳而石鼓非手书，未有华实相副，若是之彬彬者也。昔汉武帝封泰山，太史公留滞周南，不得与从事，曰："命也夫!”乃者季秋大飨，而知其说者有不在焉，则谓之何？尚从仙宇见是宝书，抑天幸也。故就叙其语，俾刻之云。

【说明】据明刊本《直讲李先生文集》卷二三录文。参见罗氏本《麻姑山志》卷六、黄氏本《麻姑山志·记》、正德《建昌志》卷一九、康熙六十年《西江志》卷一五四、四库本《江西通志》卷一二三、四库本《盱江集》卷二三、乾隆十七年刻本《南城县志》卷九、同治《南城县志》卷九之三、《道家金石略》等。文中记述了麻姑山仙都观收藏御书之情况及其对传承历史文化之意义。

75. 北宋·周弁：金精山题刻　皇祐四年壬辰（1052）

金精福地。

【说明】石刻现存于金精山碧虚观左侧，为成都阎温（字德基，皇祐中曾任雩都知县）、盱江李仲庄等同游此地时所刻，由周弁题记。长 0.7 米，宽 0.6 米，阴刻，楷书，书法端庄雄健。据《云笈七签》载，金精山为第三十五福地。

76. 北宋·刘煇：平水庙记　嘉祐二年丁酉（1057）

浮河而南，山腹水湄、古藤老木之下，率有祀祠，岂习俗喜神，而山魔木妖因而凭依，沿人祸福以为灵耶？不然，何田夫谷民祈奉之悫也？陆鲁望《野庙》之说悉矣。夫山岳河海，能生货毓材、吐云吁雨以利民者，国家则策以王号，宠在祀典，岁有常飨，牲器醴币如其爵。今南方有平水者，亦庙而王之，不知是神能如山岳河海以利民耶？抑不知止如魔妖沿祸福以为灵耶？抑南方习俗喜神而尊之耶？余不暇辨其初也。

出铅山邑北五里，有庙处山之巅，则所谓平水王庙。兴于天圣庚午中，乃伯父正国因是神求祠于梦而诺之，寤而不欺于神，乃市材僦匠而大其宇。章君友直伯益题其榜，家一祝以严其掌，植竹木以翼其旁。吾伯父于是神也亦周矣哉。嘉祐丁酉秋七月，煇自京师还，伯父命记其事。让不克已，谨识其所始云。

【说明】嘉靖《铅山县志》卷一一载："刘煇，字之道，邑之孤溪人。嘉祐四年状元。祖母没，解官行丧礼。有诸叔而嫡孙承重者，自煇始。"有《东归集》十卷。据前志卷一二录文。参见嘉靖《广信府志》卷九、乾隆四十九年《铅山县志》卷三、同治《广信府志》卷二之一、《全宋文》卷一六六一刘煇（第76册）。

77. 北宋·袁及：萍乡圣冈庙记　嘉祐七年壬寅（1062）

袁州之西，邑曰萍乡。邑之聚，曰芦溪。上有泉山迤逦，望之苍翠崛起，瞰临官道者，曰圣冈焉。冈上有祠，即晋甘将军遗像也。将军字季思，名卓，丹阳人。世仕吴，以显贵闻。司马氏平吴，将军由州郡察举为常侍，讨石冰，以功赐爵都亭侯。东海王越引为参军，出补离狐令。天下乱，弃官东归。元帝之渡江也，授以前锋都督、扬威将军、历阳内史。其讨周馥，征杜弢，以前后功进爵南乡侯，拜豫章太守。寻迁湘州刺史，复爵于湖。侯终以王敦肆逆，而致讨之计不就，桓鸣祸作，大命斯殒，其忠亮之志有遗恨焉。方其守豫章、泊湖湘也，威略著闻，绥抚有术，政尚简惠。且袁于豫章为交郡，于湖湘为邻疆，是以数百里之内熏蒸善化，使当时之民咏叹之不足，又祠以尊之。尔后岁时享祀，是祈是报，下宋逮唐，几七百年而无圮废者，民赖以惠可知矣。

我宋有天下，征伐既已息，民得保家乐业。殖财之风，陶于上下，至于一乡一聚，莫不戮力农亩间。或凶旱水溢，则归于神祇，是故神之泽尝浃于一境焉。皇祐三年，居民何彬等率钱三十万，一新其宇，门庑堂序，丹漆彩贲。予知夫亘百世之下奉牢醴于将军无有穷也已。噫嘻！汉栾布为燕相，燕、齐之间，皆为立社，是名栾公社。朱邑先为桐乡吏，属其子必葬于此，谓"后世子孙奉尝我不如桐乡民"。予不知今燕、齐与舒之桐乡，能复祠栾、朱二公不绝如甘将军者乎？抑亦可见德之厚薄耳。及，里人也，既托庇于神之灵，又喜远近之俗信响如是，谨详旧史而次第之。

时嘉祐七年夏六月记。

【说明】 袁及，袁州萍乡（今江西萍乡市）人。景祐元年（1034）进士。据乾隆二十五《袁州府志》卷三二录文。参见嘉庆《萍乡县志》卷一八、同治《萍乡县志》卷九、《全宋文》卷六一七袁及（第30册）。

78. 北宋·杨杰：西山纪游记* 治平四年丁未（1067）

治平四年秋八月，杰奉祀西山，游玉隆、天宝、应圣、凌云、栖真、太虚、太霄七宫观，香城、翠岩、双岭、云峰、奉圣、安贤、六通、盘龙八寺院，造天宝、洪崖二洞，升旌阳、王乔、萧史、葛洪、洪崖、灵观六坛，入施肩吾石室，阅玉隆古道藏，瞻应圣肃宗御容及洪崖先生、旌阳真君、奉圣观音、香城尊者、凌云天师五尊像，香城、栖真二十三铜像，观玉皇赐许真君诏书，明皇"凌云""天宝"，徐铉"游帷"，石延年"龙泉"所书四观额，玩洪崖、旌阳、云峰七井，旧旌阳石函，香城石砚，天尊水帘，芭蕉源，醮石，旌阳许真君古柏，回玉隆、凌云二镇，过程公桥，陟谢灵运雨华台，登香城绝顶，憩陈陶庵故址，梵僧绎经二台，至风雨池，望豫章、临川、筠阳、九江、星子五郡之境云。

【说明】杨杰，字次公，号无为子。嘉祐四年（1059）进士。历官礼部员外郎、两浙提点刑狱等。有《无为集》。据乾隆五十四年《南昌府志》卷二二录文。参见康熙二十二年《江西通志》卷四九（同时载有周必大《游西山记》、余靖《西山行程记》）、同治《南昌府志》卷二、同治《新建县志》卷七八、民国魏元旷编纂《西山志略》（以下径称书名）卷一。本文是了解北宋西山道教发展盛况之珍贵文献，故录存。

79. 北宋·欧阳采：清都台记　治平四年丁未（1067）

英宗践位越三载，朝廷清明，海宇晏静，道贵冲漠，德尚恬旷。皇心无为，因举天下寺观各有可革者，划其旧而揭其新，将欲启生民之耳目有所观望，而相与归于希夷无事之域。

庐陵自城而南曰永和镇，滨于大江，民室相属。有老子庙曰西台，地势爽垲，殿宇严峻，出氛埃而绝烦嚣，为真仙所宅之地，最为佳处。一旦敕书以“清都”赐号，人莫不宜之。道士陈君日新与其徒得其名而喜，而又因人之悦，于是募民财，竭己橐，共得钱三十万。乃购东南荒翳地，披荆榛，运瓦砾，窊者平之，突者下之，因高揆向，命工庀材，经之营之，不日大就，涓辰浇成，命之曰“清都台”。台之下，俯视回塘，秋水碧色，芰荷菱荇，参差相映，清飔徐来，香馥不断。披衣微步，尘客俗气，不觉洒然其去体。游鱼鳊鳊，飞鸟翯翯，可羡而不可钓，可狎而不可网，翔集上下，如适无人之境，虽江湖山薮之乐，不外是矣。塘之上，古木排青，修篁擢秀。名葩异卉，列行而周布；假山怪石，嶙峋而对峙。援琴缓歌，命觞雅饮，醉带廓落，渴襟淋漓，心迹两忘，恍然自疑其身泛洞庭之上而寓峨眉之巅，此不可得而知也。若夫雾霭开而天地宽，云气嘘而风雨作。阳乌出没，升扶桑而入虞泉；野烧纵横，过别山而隔流水，兹又见于台之外也。目力可竭，景物无穷，变化不同，图写难尽。今有人富财千万，其心犹以为慊，徒能深室屋、严菌窖，以备盖藏而已，其肯辟亭宇、敞台榭以延暂欢？惜夫！凿智以伤生，役物以害性，以至老死而不知其非，何其愚且蔽也。如陈君者，年高而道充，身闲而志逸，居于淡泊之地，而又能探奇选胜，以为燕申之所，浩歌长啸，日从容乎其间，岂非全真达理之士哉！来求予文，予不独嘉陈君之所为，且欲使愚者蔽者有所开激而少舒其心，此予之志也。

时治平四年十二月十五日记。

【说明】欧阳采，庐陵（今江西吉安县）人。据四库本《江西通志》卷四九载，他是嘉祐三年（1058）举人。据明永乐十一年（1413）钟彦章、曾子鲁编次《东昌志》（以下径称书名）卷二录文。参见点校本《永乐东昌志》（吉安县地方志编纂委员会编，江西高校出版社2018年版。以下简称点校本《永乐东昌志》）卷二。《全宋文》未见收录。文中记述了庐陵县永和镇清都台修建之过程，称赞其奇胜之修道环境能使“愚者蔽者有所开激而少舒其心”。

80. 北宋·杨杰：昭德观记　熙宁二年己酉（1069）

朝廷之赏莫如爵，天下之祐莫如生。援穷陋而任公辅，赏之至极也；释尘界而升神仙，祐之至大也。立贤无方，故渔耕版筑得以为神仙。以女子得道于庐山者，蔡寻真、李腾空之谓欤？腾空本公卿家，初从蔡女游，咸有道术，以丹药符箓救人疾苦，三元八节，会于咏真洞天。九江太守柳苌以状闻于朝。今叠屏下太溪喷激，白云苍崖，物象胜处，即腾空之所居也。太白诗：“羡君相门女，学道爱神仙。素手掬青霭，罗衣曳紫烟。一往屏风叠，乘鸾著玉鞭。”观太白之诗，则腾空所存可知矣。及解蜕，弟子收簪简而瘗于旧居，乡俗祠祀，岁月不绝。唐昭德皇后尝施金币以辟土田，因建昭德观，其溪曰昭德源。

世异代变，主者不得其人，庐室隳敝，弗堪其居。皇祐五年，南康军使始命道士陈道融居之，颓址仅完，遽尔化去。太守胡田曹况寻访代者，众以李如海为称，太守从而命之。如海居二十有二年，手植松杉万余本，经营栋宇五十间，重门巍殿，堂奥廊庑，靡不壮丽。又建真游亭以奉李氏之遗物，翠微堂以究仙山之胜览。而土木所资，一出于观之地利，未尝以毫末干于人，与夫机心谄辞讧惑流俗而自营者，固有异矣。治平天子赐名“延真”。熙宁二年，以文见记，又求篆于鄱阳陈晞，求书于鸾溪陈迪以立之。吾闻白道猷肇开沃洲山，与李氏于延真为有功矣。

【说明】 据同治《星子县志》卷四录文，“治平”原误为“绍平”。参见正德《南康府志》卷八、民国本《庐山志》纲之六目之二十九、《庐山纪事》卷八、《全宋文》卷一六四三杨杰六（第75册）。按，最后两句别本或作“吾闻白道猷肇开沃洲山与白氏。其有太白之诗，至如海而栋宇大备，亦可谓李氏于延真为有功矣”。文中叙述了昭德观自唐至宋兴建重建历史，着重记述了李腾空、李如海对庐山道教发展之功。

81. 北宋·韦骧：灵芝记　熙宁二年己酉（1069）

上即位之三年秋八月乙未朔，吉州玉虚观芝草生。丁巳，太守范侯道卿与监郡双侯渐率宾客僚属往观焉，既而饮于堂。酒行，属萍乡令韦骧为之记。骧不获辞，遂记以实。骧之来也，由官于袁而举士于此，锁宿几月乃讫事。甲寅榜姓名，始通谒于州。即席语未更，有黄冠者立于庭，以芝白守。守诘之曰：“几何？何所丽？”曰：“丽于地，而直北辰之像者，凡二本。”“其生几日矣？”曰：“始于朔。”“然则何报之晚耶？”曰：“其初甚微，虽异之，犹以为惑，固不敢轻以闻。今旦旦所益，遽就充盛，凡邦之耆艾博识，见之无不嗟尚，于是乃敢言，非自缓以速戾也。”问其状，则曰：“圆如盖而不齐，掩如翼而不举，其大盈咫，其高半之。”问其色，则曰：“紫上而黄下，虽然，殆非人间之所谓紫与黄也。其表如线，与下钧体。其茎如指，比上微浅。”守疑其绐，遣工亟图之。乙卯，劳宾黄堂，工以画献。揭之壁，四坐观者莫不愕眙，间或耦语，以为润色，以取说尔。今日至是，乃知画笔有所不及，而黄冠之言毫发不妄也。且芝瑞物也，其出为国家休美之应，而其附会以显，岂不有所择乎？由此言之，则是邦之政，为人之所思敎者，固可求也。发于乐易之境，秀于洁清之地，不择而能之乎？彼虽真若有择，而其势不可必致，兹其致之，又可谓傥然之来哉？是岁己酉，熙宁二年也。

【说明】 韦骧（1033~1105），字子骏，钱塘（今浙江杭州市）人。皇祐五年（1053）进士。曾知袁州萍乡县。工诗文，有《钱塘集》。据《钱塘韦先生文集》卷一七录文。参见《全宋文》卷一七七九韦骧一四（第82册）。按，熙宁三年韦骧还写有《芝后记》一文。

82. 北宋·黄庆基：重修广济庙记 熙宁三年庚戌（1070）

章贡二水合流迤北，汇为储潭。傍有庙，曰储君之祠。考《图志》云：晋咸和中，刺史朱玮所立也。盖赣水险闻于天下，凡广闽粤与夫四方往来无远迩之人，舳舻衔尾，道出祠下，愿脱奔湍悍激之险，祈无触石漂溺之患者，牲酒俎豆，奔走盈庭。直岁方旱，里社毕集，祀未旋踵，甘雨随至。然庙不葺且久，楹摧杙蠹，庇障不完。民之奉祀，因亦怠惰。间有所祷，神不降福。

按察使徐公行部过之，嗟其隳坏。顾神庙食于此有年矣，实在祀典。今而寖废，甚不称朝廷所以崇祀事、与民祈福之意也。亟图修复，乃移檄于州。太守周公命梓度材，将营新之。以旧基滨于沮洳，稍斥广其北隅。于是夷险而穹堂构，增卑而环庑立，卫属有方，荐享有所，材出于公，民不服役。州之人与往来者观灵宇之邃，瞻像貌之严，凛然肃恭，莫敢怠侮。夫弊坏常出于因循，而兴复盖有所从始。按察公出一言而庙成于逾月之间耳。公方以将相之材当寄委之重，尽心毕虑以副朝廷临遣之意，非独民被其泽，神亦享其灵妥也。

工既讫功，信丰县令黄庆基适以邑事走府下，太守顾语而使书其岁月焉。

【说明】黄庆基，生平不详，熙宁中曾任信丰县令。据天启《赣州府志》卷三三录文。参见乾隆四十七年《赣州府志》卷一三、同治《赣县志》卷四九之四（题作“重修储君庙记”）、《全宋文》卷一七〇二黄庆基（第78册）。

83. 北宋·杨申：閤皂山景德观记　熙宁五年壬子（1072）

大江西南，庐陵之北，距清江县治五十里，有山曰閤皂。方广严丽，如天一閤，望之宏邃，其色为然。此名也，唐仪凤中，道士孙道冲请于朝，朝廷命以赐之。

按道书：天下福地七十二，兹山第三十三。中山之吉爽以为观，世远莫知度举之宝。考地志之可见与夫古今逸民方士遗迹尚在。吴晋之间，山有汉天师张道陵、真人丁令威、吴葛孝先炼丹坛井，法像隐然。葛憩源，葛君燕息处也。闻飞瀑之声，曰鸣水台。峻极霄汉，曰凌云峰。张君、葛君披氅之地，曰着衣台。南切萧子云得道之宫，是为玉笥。北瞰张茂先望气之谷，是为丰城。神灵所宅，信不孤立。

唐初兴造，辟土得巨钟，镂文隋开皇十四年铸，下有虚皇真人玉像三。自此皇朝赐名景德。及龙图、天章宝文御书总一百二十卷，泰山芝草二，良田二十顷。今学道之士五百人，为屋一千五百间矣，呜呼盛哉！

道士邹九龄、熊崇天录寄事迹，来请为记。余谓崇丘镇地，因方为望。昔者天子巡狩，必升高燔柴，以见上帝。推其恩德，下逮民物，岂特具礼而已。保迪太和，敷锡海内，致使精神毓钟嘉善，云气降为膏泽。由舜以讫周，文焕方册，小补云乎哉？秦汉以来，王者所历，不夸功烈，即志于神仙，非昔人馆御之意也。

吾乡一山，历代崇显，皇朝致礼，犹严且厚。百数十年，天平地成。民生此时，积世不闻兵革。隽异并出，公辅相望。人知阜康仁寿，而不知上之恩力。余虽不敏，老于儒林，蒙恩为郡，行年八十，待罪列卿，子孙各以禄仕覆露于中，是亦幸民。纵未能幅巾林麓，鼓舞圣绩，发为颂歌，以耀金石。若粗稽胜美，安辞以拙哉。时宋神宗熙宁五年也。

【说明】杨申，字宣卿，新喻（今江西新余）人。天圣二年（1024）进士。历官上饶县丞、太常少卿、光禄卿等。有《阁皂记》。据明俞策编撰、清施闰章修订《阁皂山志·记文》（以下径称书名）录文。参见乾隆四十五年《清江县志》卷二六。文中介绍了阁皂山景德观兴盛历史，为研究北宋灵宝派道教之重要史料。

84. 北宋·刘弇：送道士习顺偕序* 熙宁十年丁巳（1077）

予还京师之二年，客有以道士习顺偕善相名闻于吾州者，言顺偕能道人祸福，协于已形未兆，而并与其身相为先后者，若偻指数一二，而举挺之占鸣钟也。予初未之信，及往来洪、抚间，闻顺偕名益熟。因私自念，方羁旅憔悴之余，而谋所以成吾身者，动辄龃龉；又其骨目古怪，肤理黢黓，而五管会撮，殆无有过人者，疑贵人不然。安得所谓顺偕者一至吾前，披吾形，祛吾惑，以壮吾决也？未几，会吾州群试学者，于稠人中，有冠且褐，长髯阔额，貌甚轩骜，而旁无敢睥睨者，问其名，则顺偕也，于是试往因焉。顺偕遂言曰："凡子之相姑置，愿闻吾相说。盖吾之说与许负书大略同，而意所独至，顾以为出于巫咸，所以愿见壶子而不可得者远甚。吾择是术，走千里之江南，未见其伍，而虽贵人与中家羸户，吾所以俟之，若出于一人。然吾性刚愎少逊，贬言人之生死祸福成败得失之迹，不挂于实，则往往中否之以一言。彼有愤吾斥其短而亟闻也，至嚬蹙发赤，骂讥笑侮以去，然吾无毫发屈也。故行年五十，阅人不知其几何，而若未始经于心。"又曰："吾视某人可以得某富贵，则径以某富贵处之，其得直若干，不以谀说而所取加多焉；视某人可以得某贫贱，则亦径以某贫贱处之，其得直若干，不以不当其志而所取加鲜焉。若是人也，富贵贫贱不中吾阅，而利苟在焉，则吾亦略不以介意。故其规求初若不甚伙，而卒亦有继。既掯拾以去，行复空矣。"予闻其语，始而惊，中而得其所以为人，未暇以相谒，而因告之曰：“凡汝所以自处则良矣，至于斥人之短，以信己之直，得财辄复縻去，而所取无高下丰约之杀，则似非所以处人也。斥人之短，则忌者之愤日益加；信己之直，则问焉者难为容；得财辄复縻去，则身后之困有时而至；所取无高下丰约之杀，则蔽于不知择。以难为容之耻，行必加之愤，耗不择之货，取身后之困，汝之患于此在矣。”其后顺偕与予或离或合，率无常时，唯顺偕告予取别而东也，不相闻最久。今年秋，予以事过吉文，则顺偕适在焉，因踵予而言之曰：“吾唯未尝用子言为戒，是以卒及于患。去岁不幸，以讦直敛问相者之怨，而投吾于法网之中。彼执政者不究其罪辜谁何，而例使与诬己者残其肤，而吾辄夷为平民。因耻其漫于污辱而不能自直也，以其事哄于大吏。凡历月逾时，三更大狱，而吾之不幸而及焉者粗明。今黄冠之名虽仅复，而唯是冠褐之余类皆穿弊决裂，凡朝夕施施乎贵人大姓之门者略无完才，以至肩未摩而露，踵不轧而决。今将用是干有力者，而相与图其废也，念无以自致，子其为我发之。”余尝谓言天下之祸福者，要必自报应始，而报应之效，无甚乎佛老。人之说其教而归之也，亦以佛老者真能祸福我，故奉其徒若揶揄人之子，而傲其父之谢己也。广宫大囿，美衣甘食，金碧髹鬘，刻雕藻绘之观，尚可一喝而须，则其下宜无足道者。今顺偕既以老子名其家，而所求又不过乎冠褐，苟挟其师祸福报应之说，以耸有力者之听，则其于区区奉身之费，若将可徒手而搏，又况素以其术倾动闾巷间哉！则亦不待吾言而后使人信也。然予哀斯人自伤始时不能以吾言为戒，以至挤颠机穽；及其过而诿余也，其貌瘰然，若将有所自怿者，则余尚忍无说乎？故为之件其始卒，作《送道士习顺偕序》。

熙宁丁巳九月三日，安成刘伟明序。

【说明】 刘弇（1048~1102），字伟明，安成（今江西安福县）人。元丰二年（1079）进士，绍圣三年（1096）中宏词科。历官洪州教授、太学博士、秘书省正字、著作佐郎、实录院检讨官等。有《龙云集》三十二卷。据《豫章丛书》本《龙云集》卷二五录文，个别文字据别本有改动。参见《全宋文》卷二五五五刘弇九（第119册）、整理本《豫章丛书》集部三《龙云集》卷二五。

85. 北宋·佚名：胡冲真遇吕洞宾　熙宁年间

本宫道士胡用综，号冲真子，幼脱俗缘，留心修炼。熙宁中，有道人破衫弊履，自称姓回，突入库堂，傍若无人。道士见者不顾而去，独胡公揖坐小轩，从容款视，惊其仙风不凡，待遇加礼。既而索酒再饮，复邀胡公出饮于邸。胡辞以日暮，回掀髯一笑而别。翌早，胡公入城谒郡侯，抵关未启纶，道人又自城而出，笑以相顾。阍吏云："未三鼓时，有回道人在此候门开，不知何人也。"胡公心亦异之。

后数年，革带麻韁，挑二壶，号大宋客，访胡于道院，谈论清雅。胡问："此壶何用?"答曰："行李也。"倾壶视之，皆黄白之物。问胡欲此否，胡答不愿，但得长生之术足矣。就取碎银斋酒与胡饮，口授至道。及日暮，以刀剜土，沥酒漱津和土，嘘呵成墨，掷之几上，铿然有声。语胡曰："服此可愈疾入仙矣。"再饮，胡醉倒。及醒来，但闻异香满室，剜土处有泉透出，不知客之所在。胡以墨研酒饮，宿疾顿苏。年余七旬，貌若处子，酒量如初。由是渐厌人间，一日留诗，蜕形而去。今宫有墨仙泉，掬饮味甘，冬夏不竭。王左丞宋、宋侍郎伯友及诸名公皆有酬唱留题，并载本宫《名贤诗集》。胡公亦有《遇仙传》。

【说明】据正统《道藏》本《庐山太平兴国宫采访真君事实》卷五录文，文后有注云："出本宫旧记碑刻。"文中叙述了庐山太平兴国宫道士胡用综遇吕洞宾之奇事。按，吕洞宾自称回道人。

86. 北宋·孙直言：双南庙移铜山神文　熙宁年间

生民大命，曰桑与田。其次济世，厥惟货泉。贸易有无，国用之先。圣人创法，建府惟圜。历代制度，不能相沿。肉好轻重，改革变迁。流布赒赡，其功一焉。地或爱宝，民财乃愆。古今所倚，即山同轨。在昔吴王，富埒天子。蜀冶之饶，世传邓氏。皇宋统御，海宇万里。上供郊庙，下丰边鄙。制用之宰，恶约务侈。主计之臣，或相倍蓰。敛取百途，罔知穷已。惟兹铅山，信之属邑。冈阜绵缀，胜势环岌。地钟灵祥，铜苗萃集。居民采铸，浸焉积习。备诸炉范，何尝缺给。垂七十年，岁供月入。攻峰凿峦，千栊万级。越自近岁，干戈弗戢。调实费繁，须求益急。爰有儒士，善宝所请。辟利开源，首蒙诏许。予本地官，独当其举。今我来斯，洊更年序。晨夜疚心，莫遑安处。珍藏虽启，绩最未彰。惟水之道，编木为梁。厥泉之蒙，其流汤汤。力役所至，日日深长。自春徂夏，或昧或光。文符督促，疾若星翔。弗遗远郊，谓玩官方。灼有利害，谁云究详。损极受益，剥尽升阳。事穷而复，物理之常。跨山之垠，庙像鼎新。揭额大署，曰铜之神。一岁二飨，费及国缗。行者过者，肃瞻侣傧。是盖有望，祈佑于人。何为歆宝，重困邑民？方谢炎毒，适肇霜秋。风气所宜，可即深幽。明灵倘助，必知其求。依人降福，无起神羞。

【说明】孙直言，字隐之。景祐元年（1034）进士。治平三年（1066）任广东转运判官。据雍正八年补刻本康熙《广信府志》卷三一录文，文字据别本有改动。参见乾隆四十九年《铅山县志》卷三、四库本《江西通志》卷一四四、同治《铅山县志》卷六、《全宋文》卷一〇二八孙直言（第47册）。按，本文写作时间不明，姑系于熙宁年间。

87. 北宋·孔武仲：道士卓君墓志铭　元丰元年戊午（1078）

卓君名玘，字玑石，泉州晋江人。弃家为道士，游四方，尝北济大河，南出岭表。公卿大夫，多与相善。成德军节度留后李璋奏得紫衣。吕诲自御史谪守江州，请君居天庆观，凡十八年乃退，属其事于弟子胡洞微。元丰元年五月某日将逝，作三颂以遗所尝往来，大较皆落去世累、追逐神仙之言。享年七十有五。以九月某日葬于德化县仁贵乡陵家垄。

君天资俊明，学问不倦，自道家书及星辰、五行、相术、壬遁之说，推考皆得其要。与众人接，言若不能出口；及燕闲议论，援古证今，出入百家，听者为惧。明于事变，深沉有谋虑，未尝苟发，其所然否，人多不能损益也。天庆观久废不治，支扶败倾，以度岁月。君身持俭约，下与厮役同食，斥其赢余，以治新之，坛场殿室，皆用道家法仪，学者益盛，自君始。及其卒也，闻者皆叹息，吊者皆哀。

余早与君善，常奇君材而惜其不为世用。及来过九江，适当君疾，叩门将见之，君方寝未寤，明日而君卒。呜呼！死生之际，其迁徙迅速，盖未足道者。谓惟文字可以传于后，而致余所以厚君之意。乃为之铭曰：

奄兮忽兮，其化以疾。生与没兮，若屈伸膝。君所自达，余又何悲。其传则永，镵此铭兮。

【说明】孔武仲（1042～1097），字常父，新喻（今属江西峡江县）人。嘉祐八年（1063）进士。历官礼部侍郎、洪州知州等。有《书说》《芍药谱》等。据四库本《清江三孔集》卷一九录文。参见《全宋文》卷二一九五孔武仲一〇（第100册）、整理本《豫章丛书》集部二《宗伯集》卷一七。孔武仲又有《诗致卓道士灵坐》诗云："阴阳藻鉴两俱优，落落高谈气似秋。仙驭晚留山水国，客星会入帝王州。却乘眇莽归三岛，空葬衣冠付一邱。作颂驰书谢人世，知君平昔悟浮休。"

88. 北宋·王安石：重建许旌阳祠记　元丰三年庚申（1080）

自古名德之士，不得行其道以济斯世，则将效其智以泽当时，非所以内交要誉也，亦曰士而独善其身，不得以谓之士也。后世之士，失其所业，糜烂于章句训传之末而号为颖拔者，不过利其艺以干时射利而已。故道日丧而智日卑，于是有不昧其灵者每厌薄焉。非士之所谓道者，名不副其实也，亦以所尚者非道也。呜呼，其来久矣！

晋有百里之长曰许氏，尝为旌阳令，有惠及于邑之民。其为术也，不免乎后世方技之习，如植竹水中，令疫病者酌水饮焉而病者旋愈，此固其精诚之所致也。而藏金于圃，使囚者出力而得之，因偿负，而或免于桎，岂尽出方技之所为者？以是德于民。既后斩蛟而免豫章之昏垫，大抵皆其所志足以及之。志之所至，智亦及焉，是则公之有功于洪，论者固自其道而观之矣。夫以世降俗末之日，仕于时者得人焉如公，亦可谓晦冥之日月矣。公有功于洪，而洪祀之虔且久。

祥符中，升其观为宫，而公亦进位于侯王之上。于是州吏峻其严祀之宫室与王者等，兹固侈其功而答其赐也。工弗加壮，中焉以圮，今师帅南丰曾君巩慨然新之。巩儒生也，殆非好尚老氏教者，亦曰能御大灾、能捍大患则祀之，礼经然也。国家既隆其礼于公，则视其陋而加之以丽，所以敬王命而昭令德也。书来，使余记之。余尝有感于士之不明其道而泽不及物者，得以议吾儒也，故于是举乐为之述焉。

元丰三年八月既望。

【说明】据民国魏元旷编辑《南昌文征》（民国二十四年重印本。以下径称书名）卷一三录文。参见万历《新修南昌府志》卷二八、康熙二年《南昌郡乘》卷四八、康熙二十二年《江西通志》卷五〇、乾隆五十四年《南昌府志》卷二一、乾隆十六年《南昌县志》卷五五、同治《新建县志》卷七六、光绪本《万寿宫通志》卷一五、《道家金石略》、《全宋文》卷一四〇八王安石四六（第 65 册）、《净明资料新编》。记文赞赏许真君“有功于洪”，故“洪祀之虔且久”；曾巩虽为儒生，而能“敬王命而昭令德”，重建旌阳祠。

89. 北宋·苏辙：筠州圣祖殿记有诗　元丰四年辛酉（1081）

维周制天下邑立后稷祠，而唐礼州祀老子。盖二祖之德，光配天地，充塞海宇，凡有社有民不可以弗飨。既以为民祈福，俾雨露之施无有远迩；亦以一民之望，使知饮食作息皆上之赐。

粤维我圣祖，功绪永远，肇自皇世，超绝周唐，逾千万年。威神在天，灵德在下。祥符癸丑，实始诏四方万国咸建祠宫，立位设像，岁时朝谒，因周唐之故以教民顺。筠故附庸豫章，列为成国，维近匪远；吏民朴陋，野不达礼；承命不蠲，因仍故宫，即其东厢以建神位。凡进见之礼，稽首东向。更六十有九年，弗革弗新。元丰三年二月，臣维瞻受命作守，始至伏谒，惕然不宁。既视事，遂以言于朝，度其宫之东得隙土，南北十有二筵，东西九筵，伐木于九峰、逍遥之山。四年八月始庀工，九月而告成。耽耽其堂，殖殖其庭，神来顾享，民以祇肃。臣辙适以谴来，睹其终始，乃拜手稽首，为诗六章，章八句，刻之祠廷之石。诗曰：

高安在南，分自豫章。重山复江，鱼鸟之乡。俗野不文，吏亦怠荒。礼失不知，习为旧常。

于穆圣祖，宅神皇极。降鉴在下，子孙千亿。羽衣玉佩，旗纛旄节。巍巍煌煌，秩祀万国。

如日在天，靡国不临。筠虽小邦，其有不歆？东庑西向，谁昔营之？民昏不知，神以不怀。

深山之间，野水之滨。礼乐声明，孰见孰闻？祖庙之严，君臣则存。失而不图，民以罔观。

毛侯始来，其则有意。匪民之愚，礼教实坠。章闻于朝，帝曰俞哉。弗改弗营，何以示民？

九峰之杉，逍遥之柟。易直且修，弗斫而堪。新堂有严，四星在南。朝廷之仪，万民所祇。

【说明】苏辙（1039~1112），字子由，自号颍滨遗老，眉山（今四川眉山市）人。嘉祐二年（1057）进士。官至尚书右丞、门下侍郎。曾因事贬任监筠州盐酒税。有《栾城集》。据四库本《栾城集》卷二三录文。参见同治《高安县志》卷二二、《全宋文》卷二〇九五苏辙五九（第96册）。

90. 北宋·苏辙：筠州圣寿院法堂记　元丰四年辛酉（1081）

高安郡本豫章之属邑，居溪山之间，四方舟车之所不由，水有蛟蜃，野有虎豹，其人稼穑渔猎，其利粳稻竹箭楩柟茶楮，民富而无事。然以其崄且远也，士之行乎当时者不至于其间。元丰三年，余以罪迁焉。既至，幸其风气之和，饮食之良，饱食而安居，忽焉不知崄远之为患。然以有罪故，法不得释官而游。间独取郡之图书，考其风俗人物之旧，然后信其宜为余之居也。

昔东晋太宁之间，道士许逊与其徒十有二人散居山，能以术救民疾苦，民尊而化之，至今道士比他州为多，至于妇人孺子亦喜为道士服。唐仪凤中，六祖以佛法化岭南，再传而马祖兴于江西。于是洞山有价，黄檗有运，真如有愚，九峰有虔，五峰有观，高安虽小邦，而五道场在焉。则诸方游谈之僧接迹于其地，至于以禅名精舍者二十有四。此二者皆他方之所无，予乃以罪故，得兼而有之。余既少而多病，壮而多难，行年四十有二而视听衰耗，志气消竭。夫多病则与学道者宜，多难则与学禅者宜。既与其徒出入相从，于是吐故纳新，引挽屈伸，而病以少安。照了诸妄，还复本性，而忧以自去。洒然不知网罟之在前，与桎梏之在身，孰知夫崄远之不为予安，而流徙之不为予幸也哉？然郡之诸山近者数十里，远者数百里，皆非余所得往。独圣寿者近在城东南隅，每事之闲辄往游焉。其僧省聪本绵竹人，少治讲说，晚得法于浙西本禅师。听其言，亹亹不倦。郡人有吴智讷者，治生有余，辄尽之于佛，既为僧堂之后室，又为聪治其法堂，皆极壮丽，凡材甓金漆皆具于智讷。堂成，聪以余游之亟也，求余为记。余亦喜聪之能以其法助余也，遂为记其略。

四年六月十七日。

【说明】 据四库本《栾城集》卷二三录文。参见同治《高安县志》卷二二、同治《瑞州府志》卷一八、《全宋文》卷二〇九五苏辙五九（第96册）、《净明资料新编》。本文虽为佛教法堂落成而作，但文中述及东晋时高安道教之盛行，有助于了解道教在高安地区之传播历史，故特收录。

91. 北宋·熊本：采访殿记　元丰四年辛酉（1081）

元丰四年正月乙卯，制诏中书门下：江州庐山太平兴国观九天采访使者，可进号九天采访应元保运真君。即日中书班命于有司，粤三日己亥，权发遣江南东路转运判官臣郑亶奉御香祝辞来告。四月戊辰，入内内侍省东头供奉官臣廖维护敕书、殿榜、仙衣、幢节，即其祠奉安，又降绿章黄素，醮于坛殿，凡二昼夜。敕书、仙衣皆藏以宝匣，藉以文绣；绛袍裙帔以泥金云鹤为章，榜字用金，旁有龙鸾葩花飞动之象，彩幢瑞节，致饰蕃丽，皆出于中禁而世所未尝见也。于是太平冠褐之重，与夫九江内外大小官吏，缁黄稚耋，莫不踊跃奔走，动色相贺。乃相与涓洁，致庆成之醮于祠下又八昼夜，而相与言曰：兹山自唐开元辛未肇建庙宇，距今三百五十有一年矣。储休锡羡，应验昭晰。国朝著令，春秋长吏侍祠，三岁郊礼，亦遣使告飨。间尝有宝冠、霞衣、命圭、履袜之赐，所以答赛神贶，恩亦厚矣。今也天启嘉会，幽赞圣意，讲阔典，加隆号，礼盛文缛，盖历世所未遑者。褒表之旨，固具载于诏书，至于锡予之名数，告享之秩序，非刻之金石，惧无以耀四海之观而永万世之传。谓臣尝备祠掖，适莅真馆，宜有以纪一时之盛者。

窃惟圣上以鸿烈光祖宗，以达孝通神明，夤畏夙夜，思所以对三灵之休，故考礼文，正祀典，总公卿博士之议，而制旨临决焉。至于山川神祇降依兹人者，无昔今遐迩，罔不登秩，坛场珪币，罔不盼饰。况夫咏真之都，鳌福之庭，正名于轩后，受职于太上，懿铄徽称，久郁而未章，宜乎上心霈然，发德音，下明诏，而旌显之异也。故精诚所向，符应既至，使节南指则灵光属霄，仙殿夜阕而神乐骇听，诸福之物，可致之祥，当自此而殚见矣。方将封泰山，勒中岳，诗大泽之广博，焯闳休于无前，臣虽远迹于外，犹能追击壤之民，歌盛德之美。矧今获奉熙事，而文字颂述，固其职也，臣其敢辞？谨拜手稽首而献诗曰：

于昭颢穹，眷中国兮，维宋世世，迪明德兮。丕铄睿圣，绍尊极兮，文武勇智，实天锡兮。从容法宫，考图籍兮，振饬万事，扬幽侧兮。风行雷动，酾惠泽兮，猋飞景附，走夷貊兮。气调时豫，民滋殖兮，神腾鬼彪，皆受职兮。岩岩高山，敞仙宅兮，总统灵官，凡五百兮。游衍陟降，穷杳默兮，福善祸淫，渊莫测兮。煌煌玉书，发奎画兮，进以显号，冠今昔兮。椒浆桂酒，列瑶席兮，云车风马，来络绎兮。上真嘉娱，百神怿兮，瑞福穰穰，与山积兮。天子万年，庆平格兮，登封勒成，耀金石兮。子孙绳绳，保千亿兮，元元何知，安寿城兮。

朝散郎提举太平兴国观、轻车都尉、赐紫金鱼袋臣熊本撰文；朝请充龙图阁待制、知洪州充江西钤辖、南阳县开国伯臣蔡延庆篆额。

【说明】 熊本（1026～1091），字伯通，番阳（今江西鄱阳县）人。庆历六年（1046）进士。历官建德知县、吏部侍郎、洪州知州等。据正统《道藏》本《庐山太平兴国宫采访真君事实》卷六录文。参见《道家金石略》、《全宋文》卷一〇四八熊本二（第48册）。

92. 北宋·苏轼：白鹤观题识　元丰七年甲子（1084）

壁佩琳琅。

【说明】 苏轼（1037～1101），字子瞻，号东坡，眉山（今四川眉山市）人。嘉祐二年（1057）进士。历官至翰林学士、礼部尚书。一生屡遭贬谪，仕途坎坷。有《苏东坡集》《东坡乐府》等作品。据题刻录文。石刻高1.5米，宽0.5米。《庐山历代石刻》介绍说："此四字气象雍容，未见署款，从笔画稳健而骨力内含，似东坡所为，苏东坡曾游白鹤观，有《白鹤观诗并序》。另外，据清康熙五十一年叶谦的《庐山木瓜洞石嵩隐序》记载此四字为苏轼的字；清康熙《庐山志》记载'玉佩琳琅'四个大字'在白鹤观，苏东坡书'；民国二十二年《庐山志》谓'遍觅不可得'，后经过多方寻找，发现石刻在庐山脚下的栖贤谷中，白鹤观后山，瀑布西崖壁上，而志中所记'玉'字应为'壁'字之误。"按，白鹤观始建于唐开元道士刘混成故居，有丹井、药臼及手种杉。宋大中祥符年间改名承天观，然宋以后很多文献仍以白鹤观相称。

93. 北宋·曾巩：憩真观记　元丰年间

洪州西山多许旌阳古迹，憩真观其一也。初，旌阳远师谌母，归访飞茅所止，为母立祠。道经清陂，见山水秀丽，少憩焉。晋宁康二年秋，旌阳冲举，清陂父老即所憩之地筑而祠之，憩真之名昉乎此。道士喻端仁言："石曼卿曾记本末。靖康兵难，碑毁于火，支倾补罅，老屋仅存，欲有所为，制于力匮。惟每岁八月三日，旌阳一谒谌母，幡花鼓吹，迎輂留驻，旧风不替尔。时久事湮，端仁实惧。敢请述以谂来者。"余谓神游八极，身立太虚之表，动作止息。旌阳其何心？由晋迄今已千年，尚祖其遗迹而不忍变，可以观德矣。

按《职方乘》，逍遥旧亦名憩真，此观独阙不载，岂以其名同偶失订耶？故书此以补《职方》之缺。

【说明】据乾隆本《万寿宫志》卷七录文。参见道光《黄堂隆道宫志》卷一二、光绪本《万寿宫通志》卷一八、康熙十九年《新建县志》卷三〇、《净明资料新编》。

94. 北宋·贾善翔：上清观重修天师殿记

元祐二年丁卯（1087）

古之有大功及于天下者，必存乎庙貌以旌厥德而垂无穷。若汉天师者，以符箓及三箓九等斋坛之法流于世，其昭晰之迹，虽有家谍及传记，辄概而言之。天师讳道陵，字辅汉，乃留侯九代孙也。母梦天人衣绣衣以香草授之，既觉，芳馨犹未绝，遂感而有孕。建武十年上元日生于吴之天目山，时黄云紫气流布山谷之上下，室中尚有光。及冠，身长九尺，庬眉广颡，绿睛朱顶，伏犀贯脑，垂手过膝，虎吻龙髯，玉枕峰起，见者虽交亲亦恐惧。性沉厚，好博采经史，兼明占候之学。赈人之急，不择休戚，而四方师事，屦满户外。章帝起以谏大夫，不就，谓门弟子曰："人上寿百岁，亦瞬息间。父母妻子虽至爱，岂能长保哉！且吾身非吾有，况其倘来富贵耶？吾闻上世有轩辕、乔松得道天，游于无穷，此真吾师也。吾将弃世绝累而学之，请与尔诀。"群弟子徘徊不忍别，强遣之，不得已而去。

天师既行，惟王长请从。首登潜衡，至嵩阳，遇神人，授黄帝九鼎丹纪。未几而于西城山构坛朝真以炼大丹。既成，谓长曰："丹服当轻举，然吾未有大功，讵敢遽服？须为国除害兴利，然后服之。臣事三境，则吾无愧。"赵升者，居国之东，欲与王同巾几之侍。天师逆知其来，及期，果登门。凡七试，皆过。久之，俱受密旨。一日，太上降，谓天师曰："蜀山二十四治，即二十八宿之别理，为阴境黑簿之司，分掌人间休咎生死事。近有六天八部五方之鬼窃居，号为幽狱，以絷人魂，致有夭折，吾甚悯焉。今授汝正一盟威密箓二十四阶及三天玉册，并阳平治都功印，汝其按行，摄邪归正，兴此灵化。以汝为真人。"天师稽首受教。复命从云驾至昆仑，群仙悉集，以三洞诸经千余卷授之。

遂还西城，道法益盛。战二十四狱俱为福庭，降二十八宿以通正气。时有鬼帅尚居青城山，山下为人鬼贸易之所，名曰鬼市。天师至，化宝座以居之而鬼帅降焉，与之盟于黄帝坛下，六天驱于北酆，八部禁于西城。其五瘟主五行之毒，戒而释之。乃执丹笔曰："吾笔所指，鬼众尽灭。"要人鬼分治，幽明异境。复刻天地日月之形于绝崖间，誓曰："天地交，日月合，然后汝可复。"仍以神印封鬼市，使不得相通。

天师以符箓治病，远近奉祀者不可胜纪。各命输米，谓之天仓。设三厨以饭贤，有余以赈贫。置男女祭酒官分领之，立谢过祈福科教而蜀民畏罪迁善，盗贼不作，物无疵疠，至今受其赐。

桓帝永寿元年正月七日，太上乘白鹿复降成都太昊玉女修大丹之所，其地化出玉局座。太上升之，再受以道要及南北二斗经，及命参较靖庐七十二福地、三百六十名山之品秩。又赐鱼鬣衣。久之，过仁寿县，有十二天游玉女各献一玉环，乞箕帚之奉。天师以十二玉环合为一，曰："吾投于井中，取得者即纳焉。"玉女解衣争取之。遂命收其衣，敕之不令出，因化为盐井。二年九月，太上遣云辇迎于南隆云台峰，白日升天，一百二十三岁。天宝七年，明皇封天师，御制赞十八句赐之。中和四年，僖宗又封三清扶教大法师。

天师亦尝修行于龙虎山，有炼丹井存焉。或遇岁旱，邑大夫率士民请祷皆应。故嗣师而下家于此。间有貌类天师者，袭其号而传玉印，印之为异者累纸百幅。丹文必彻国家，世以先生号宠之。神宗朝遣使模本，命工琢玉，以赐上清宫灵慧冲寂大师王太。

山之西有仙岩二十四所，下瞰云锦溪。每岁春，士庶泛舟游赏，以为殊致。古有真仙观在山之西北隅，祥符年中敕改为上清，主观者崇元大师虚白先生。嗣宗迁于山之阳，迄今八十余年。惟天师殿危檐老壁，几不避风雨。元祐元年秋八月，二十八代孙敦复出己力请道正汪惟德再新之。旧塑系嗣师王、赵二真人暨灵官等环侍，亦复雅饰。昔伪齐王尝梦堕井中，见一人披鹤氅，冠鱼尾冠，以手援之。既寤，白左右，谂是梦，皆曰："鱼尾冠非天师而谁?"因立庙于山麓，著祀典，仍度道士以焚修之。今上清观天下道俗遇三元诣此登坛，传度法箓，以二十八代天师为度师也。

愚尝读文如海《华戎论》，谓天师不振老庄道，独奋然立符箓科教之法于当世，几不知其本。斯文氏孟浪之言也。所谓道，在夫悟而后行，既行之，无小大精粗之别。推混沦之始至于有天地万物而论之，则灵于万物者人而已矣。然食息之间，未始不为心之所困，故老之曰"虚心"，庄之曰"刳心"，盖蔽于妄伪以韄其心，而欲无魑魅幻惑之怪，其可得耶?所以天师云篆宝书斋科醮典于是作焉。然裨于治世，法功为不浅，奚伤乎老庄之道耶?斯为表里之术也。故其术由中国流出边壖海表，皆耳目相接，愿假以席其稚耋。而登真之士想象真标灵迹，袭遗倡导于天下，况乎子子孙孙日瞻庙貌，宜广大其事，思有以报覆冒之德，传之无穷者哉。

吴希周者，羽籍于上清。因游辇下，一日过门，以状相托，叙始末。愚素非秉笔之士，辞不获，聊直记其一二云。

元祐丁卯春分日记。

右街鉴义崇德悟真大师知集禧观事贾善翔撰；南安军大庾县令董邃书；承议郎上骑都尉赐绯鱼袋陈晞篆额。

【说明】贾善翔，字鸿举，号蓬丘子，蓬州（今四川蓬安县）人。著名道士，善谈笑，好琴嗜酒，尝与苏东坡游。元祐间任左街都监同教门公事，赐号崇德悟真大师。有《高道传》。据元本《龙虎山志》卷下录文。文中张道陵字误为"汉辅"，"未几而于西城山"误为"赤几而于西城山"，据张本《续修龙虎山志》卷中改正。本文记述了天师张道陵得道之经过及第二十八代天师张敦复与道正汪惟德重修天师殿之情况。

95. 北宋·贾善翔：靖明真人传* 元祐年间

先生姓避太祖庙讳，名续，字子孝。生楚越间，师柱史老聃，洞希夷之妙。周武王时，结茅南障山，宝练清修，寡交游。有一少年，衣缝掖，冠章甫，风貌异常。每访谈神仙事，先生异之，延遇益厚。一日诘之曰："熟于风猷有日矣。愿闻姓氏及所居。"少年曰："姓刘，名越，居前山之左。先生苟不弃僻陋，幸希垂访。如见一石高三尺许，扣之当奉迎。"未几，先生至前山，果见石。如其言扣之，石忽开若双扉。一丫鬟迎先生入，见丹霞缭绕，彩凤翱翔。复有二青衣，执降节前导。台榭参差，金碧掩映，珍禽奇兽，名花异木，不可名状。刘君顶黑玉冠，朱纹剑佩。迎先生升堂而坐，曰："太上命越居此，保护学仙之子，而潜赞其不逮。先生阴功几满，他日将居此，期不晚矣。"饮以玉酒三酌，啜延龄汤一杯。先生告别去，反顾其所，唯一石而已。

周定王问柱史："在昔神仙可得知乎？"对曰："东岳有展禽，南岳有匡续，西岳有尹喜，北岳有皇人。中岳有古先生，即余是也。"由是累有命召，皆辞不就。至威烈王复召，时先生已被上帝诏，白日登仙。聘使诣所隐，空睹靖庐。因奏请以南障山为靖庐山，复以先生姓呼为康山。先生登真之后，帝命司吴楚水旱，授以降魔印，俾统摄瘟部。遇污毁神天，不忠孝君亲者罚之。乃请印行疾，今人呼为和瘟先生，疫者祷之即愈。

汉武帝元封五年，南巡祠名山至此，问何神主之。刘歆奏匡续得道于此。帝国谥为南极大明公，而立祠虎溪上。晋末，雁门僧惠远至祠下，爱其胜绝。谒太守桓伊寓言曰："昨梦先生舍祠创寺。"伊以为然，遂迁祠山口，而创东林寺，且塑先生像为土地神。惠远死，其徒复以像侍远侧。而葛洪《仙传》遗而不传，延评张景诗云："惠远强梁凭伪梦，葛洪疏略失真仙。"正谓此也。

天宝初，明皇命使致斋，尊为仙庙。土民水旱，祷之皆应。南唐保大中，辅国周宗再加兴建，奏拨刘建庄以充斋赡。本朝孙迈知江州，谒祠赋二诗。遂迁像出远堂。

【说明】据《永乐大典》卷六六九八录文。据《永乐大典》卷六六九七载，传由贾善翔述，杨讽书。按，本文撰作具体时间不明，姑依其履历系于元祐年间。

96. 北宋·张商英：仰山庙记 元祐七年壬申（1092）

仰山在州南六十里，二神姓萧氏，仲父曰大分，季子曰隆。初，庙在山之獭径潭，后徙于堵田。唐咸通中，封秩视文昌郎；南唐时，大分封威烈王，隆封灵显公；本朝大中祥符二年，改封王曰灵济，公曰明显。考之遗图，访之耆旧，昔有徐璠者，宜春浦村人也，还自维扬，舟次彭蠡，有两萧生附舟以载，顺风扬帆，一夕至袁，顾谓璠曰："予家仰山之下，石桥之右，若欲雨欲旸乎？"璠悟其神也，叩头诉曰："璠无田可耕，雨旸非急。"俄而山水大至，夷高淖下，为田五顷，今浦村西徐田是也。唐武、宣间，释之徒有惠寂者，隐于郴州王莽山，以嗣沩山灵佑之道。宴坐之际，禅床陷地尺许，山神跪曰："吾地薄，不足以栖大士。袁州南仰，师所居也。"会昌元年，寂捧锡而来，寻涧而入，夜憩大樾，泊然假寐，有二白衣进曰："深山险绝，师当何往？"寂曰："吾欲卜庵于此。"白衣曰："我山神也，愿以此山施师。"寂曰："汝能发欢喜心、广大心、无障碍分别心，则吾受汝施。"白衣曰："诺。"即指集云峰下曰："庵基莫吉于此。"居数月，神来告曰："陋旅据水上游，恐污饮漱。"遂徙居下流五里。三年四月十三日，神又来言曰："师净侣日盛，咫尺共住，势非所安。请徙居中途，且以族四方参学，为一顿之地。"是夕大风雨拔木，黎明庙已建于堵田。寂之将灭也，神泣别曰："法恩深厚，未知所报。"寂曰："吾师沩山，以正月八日去寂，汝能为吾营斋，吾事毕矣。"于是城中火神于空中具述其事，太守再拜许之，火乃灭。遂于是日斋僧于庙，席地而坐，威灵恐怖，众莫之测。神言曰："何不造僧堂，击犍椎，如丛林之制？"众又从之。徐铉在金陵时，二少年谒见，风姿洒落，语论高妙，铉曰："二君吾国之秀也，何相见之晚耶？"少年曰："仆家于宜春之南三十里。方春农事兴，国人用羊豕腥膻，姑至此避之。"铉异之，遣人物色，已失所在。此仰山之大略也。

吾闻庄周之言：夫道生天生地，神鬼神帝，冯夷得之以游大川，肩吾得之以处大山。然则山川之神，皆得其所以为之道而分授天地之职，故能雷霆电雹以致其威，雨雪雾露以致其泽，祥风休气以致其和，疵疠旱霪以致其罚。惟其得道也，故可以与之进乎道。若二神者，几之矣。呜呼！兹山介于南方僻左之境，蛇蟒之都，虎豹猿狐之所庐，魑魅魍魉之所窟宅。蔽以荆榛，限以崭绝，樵夫牧子望崖而返，马蹄车辙不与人世间通者，莫知其几千万年。而二萧乃与惠寂老相值于旷莽岑寂之间，悦其风，乐其说，不爱其宫室居处之安，溪山形势之美，委而去之，无少靳心。若二萧者，其进乎道者矣。惠寂老归死于东山，其事独传于其徒，而其徒不能宏其事，继之以乱离，因之以废坏，邪巫老祝，假托祸福以瞽流俗，而神死无以明。余素知之，元祐六年春将漕江西，会庙令盗神廪者为奸，而佛印禅师了元者适居仰山，因移郡下元择僧主之。元来言曰："淫祀不可遽革，释乎？巫乎？一听于神。"祷而卜之，神以释告，于是国人改嚣悍调服。流膏割鲜，化为伊蒲寒菹之馔；淫歌蹈舞，化为清磬梵竺之音。元遣法子正己求文记之，因叙其本末而示之。

时元祐七年九月辛丑日记。

【说明】据民国《宜春县志》卷二〇下录文。参见康熙四十七年《宜春县志》卷一五、四库本《江西通志》卷一二四、乾隆二十五年《袁州府志》卷三二、道光《宜春县志》卷三一。

97. 北宋·刘弇：吉州新修天庆观三清殿记

元祐七年壬申（1092）

道家谓天有大罗，其上则玄都玉京山也。山延袤九万里，七宝成就，有城傅其椒，面各二百有四十门。罗以宝林，绿叶朱实，城中芝英、五色莲径度十丈，妩然丛生，无有凋禅。有宫焉，是冯穹台，爰上中下之。上宫号玉清，元始天王所治；中宫号上清，太上道君所治；下宫号太清，太上老君所治。三宫始虽若不属，已而神遘，才一宫如也。然玉京天露多至于八十一万，而山岳洞室适相直者又八十一万，皆列真君之，大率终始如世人所谓九九八十一者。异时列真朝玉京，日或三至，或再至，或三日一至，经行亿万，直转瞬收吸顷耳，而卒不敢堕。彼其宗仰可到乃如是，况扰扰之下土乎？然则殿其屋而不吾苟，亦瞻徯祈向者之所自致也。

吉州天庆观，唐故紫极宫，国朝别号均庆。祥符初，书有自天陨者，真宗皇帝感焉，因例锡今额。九年冬，会天大风，旁舍火妄行，而观之三清殿熇熇随尽，惟是香火不缀，七十余年于兹矣。一日，道正金希白诿其徒曰："吾人生长休明，衣恬食嬉，非众真焉依？尚孰使我有此冠且褐者乎？观殿若像，不幸殚于往岁一昔不救之烪焰，中间尺椽寸瓦不置，干霄切云播为莽墟，殆非吾师所谓元始居协晨灵宫之意也，吾知任斯责矣。"于是募可与共事者，得右姓吴信钱百万以倡其余，未几，应者走费恐后。其为屋五楹，高五十尺，亘以层栌曲枅，垩以丹黝，饰以仙灵云气、葩华藻井、列钱青琐之浮动，而栏楯阶墁患其数圮且弗支，则一切攻文石为之。既则建像十三其中，若适至然。荫映辉赫，观者摇眦。经始于元丰三年之季春，竣事于五年之仲夏，而力不病乏。用钱合七百万有奇，而乐输者初不俟劝也。其本末成就盖如此。先是隆庆禅院沙门利俨者，以龙华会缔里之嗜佛人，为异时福田利益，因取其羡财别建转轮大藏，度用钱二千万。劝者方走疏四掠，而希白亦以构殿闻诸豪间，人皆难之。其后俨缘事适告具，而希白所治宇已矗如幻化矣。于是议者谓用只力缅缅于两缘合发之时，营七百万钱，敏若拾芥，图宿废于七十年之相望，而照地金碧，才寄诸一喝。其为力工拙难易，宜如何哉！若希白自谓知任斯责，可无负矣。予友欧阳君通曩与希白游，且有旧，为抵书走洪州，求予文以识，而未暇也。而希白比三请，滋却益勤。因为之掇其可附著者，使镵诸石，且以志吾里人终易以善起也。希白能诗，于琴尤工，其为人号有信义者。

元祐七年七月朔日，颍昌府临颍县令充洪州州学教授刘弇记。

【说明】据《豫章丛书》本《龙云集》卷二三录文，文字据别本有改动。参见《国朝二百家名贤文粹》卷一二六、《全宋文》卷二五五九刘弇一三（第 119 册）、整理本《豫章丛书》集部三《龙云集》卷二三。

98. 北宋·黄龟从：戴知在画像墓石　绍圣元年甲戌（1094）

□□仪墓铭

□□□□山门前词表黄龟从撰

□□仪，道职之首称也。公讳知在，字子中，淦邑登贤之长乐里人。世为大族，曾祖讳□□，谭氏所生。景祐二年入山，礼表白谭君仲雅为师。庆历七年□□□□为人也，风韵洒落，器量宏远，酷爱老庄书，而能损己益众，谦光孝道，乐善泛爱，□□大祖师受业院宇，元居御书阁前。熙宁丙辰，观经灰劫。公曰："天与之幸。本寮基址占□□□鼎新□宜改易。"遂迁于天师坛之西南隅卜居，此可谓损己益众矣。寻谓道友扬□□，三十年未尝以名利介怀，公其知我者也，苟不能立一美事，何以□□□□上国？适会□□□之储祥，公预看以经驾，例赐紫衣。复诣亳州太清宫朝礼□□。后五载，朝奉李公疏请同佑之住持以戒腊，先后屈公为副道正。二公□□则于所游宫观。于是瑶坛绿阙，离宫别馆，中外毕葺。及退闲，众推公重予□□□□□厥功即成，安用庐美欤？固辞不就，众情难遏，拜公充传教威仪，自是法□□□□□，大内特赐灵宝大师敕牒。先是，公母惋叹少孤，不获竭力养亲。乃立□□□□□虚皇宝台，老君塐像，慧力湖城，寿光精蓝，计金八百万数。其诸随喜□□□见鳏寡孤幼，未尝不动容恻隐，赈惠周给。及就天庆观，立救苦□□□，此可谓乐善泛爱矣。度小师曰邓守贤，充山门上座；曰谭守元、□□□，为山门掌文籍；扬安寿，皆受命服。未度者黄思旦大观□□□于寝堂，谓曰："昨梦海山朝元，东华校籍，遽有洞府之命，此返□□□者之自悟。倘能安时处顺，何哀乐之有哉？尔曹无以聚散为□□□。"越明年十二月初九日，相地于西山之阳，预砻文石，作为殡□□□光，康宁慈爱，为时师表，加之徒弟恍恍，霞衣烨烨，捧筋献□□□其徒鲜及此，可谓五福具美矣。二孤泣致行状，命愚华□□□。

朝元仙草，玉醴金草。庆及后昆，宜尔子孙。

同山道士叶从新刊。

【说明】黄龟从，生平不详。碑1988年出土于阁皂山，现存樟树市博物馆一楼大厅。青石材质，高0.8米，宽0.4米。该墓四壁都有石刻，除了东壁（墓门）石刻毁坏外，其余三面共刻人物十八人，墓内壁用特制铭文砖铺设，砖刻署“宋甲戌绍圣元年”。据碑录文，碑题为整理者所加。碑文是研究阁皂山灵宝派传承及北宋道教制度之珍贵文献。

99. 北宋·李冲元：浮丘公王郭二真君记

元符二年己卯（1099）

临川山秀水灵，颇多前代神仙遗迹，丹井仙坛，往往杂出于图记文字间，可以考信，而崇仁华盖山王、郭二真君祠灵迹尤著。唐颜鲁公取隋开皇五年旧碑所载事为记，不著名字州里，而世系复舛谬。惟曰于金华山遇浮丘公授教，后居此山，能飞符走石，兴云致雨，使死者苏，病者愈。以晋元康二年上升。其后州县岁时水旱祷之立应，而又男女疾疫，祈禳无不之焉，至走旁郡数千里。人皆恭敬洁斋，然后敢登山，不尔，风雷雨雹、虎豹蛇虬蜂虿之变立至。祠中并立浮丘公像，山下犹有仙坛存焉。熙宁中，州以王、郭异事上之，神宗皇帝诏封王为“冲应真君”，郭为“诚应真君”，而偶遗浮丘公事，故旌号不及。元符二年，洪州夏不雨，民有忧色。右正言王公桓以漕使权领州事，闻三真人感应如此，乃疏食斋居，迎请真像至府城，率僚属迓于城门之外，馆于天庆观中，阴云随至。焚香恳祷，雨即大霔，三日始霁，稼穑勃兴，郡人欢呼，叹未曾有，莫不德公之赐。公曰：“浮丘为二真人师，而褒礼未加，甚非所以严奉高真之意。”乃符临川主者具浮丘公始末，将请命于朝廷，而属门吏李冲元考核其事记之。

冲元谨按刘向《列仙传》称王子晋遇浮丘公，接以上嵩山。而《汉书》言浮丘伯吕后时犹在长安，楚元王交从之授《诗》学，盖齐人也。唐林宝《元和姓纂》亦载浮丘伯，云子晋师之。而子晋乃周太子，然则浮丘盖又出于子晋之先，莫知其来之远近。意其汉时隐于儒生，犹老子之隐于柱下也。呜呼！神仙之学，古无有也，自秦皇、汉武好方士长生不老之术，世始知有神仙。而刘向因之为《列仙传》，独载王子晋师浮丘，而浮丘公反无传，然则当向时已莫得而考矣。王、郭当晋元康时遇浮丘，则疑若常在人间，岂有意于接引后来耶？夫神仙之学，大抵宗本黄帝、老子，以清净无为、虚心寡欲为本，而佐以阴功密行及炼丹服气之术，要之非超迈洒落者不能也。方其混迹人间，未必有显称，皆以名为深戒；迨其仙去，始著异迹，使人知所向而已。此其用意，岂浅识狭虑者所能仿佛？而秦汉之君，富有天下，穷兵黩武，心伪意盛，神荒气蠹，乃欲长生不死，是果足以出造化、越古今乎？然近世为是学者，反以钓名贾利，仆仆公卿之门，来献其说，且偃然居之不疑，自谓已尝经昆仑，涉太虚，而游乎恍惚之庭矣。闻其风者，至或危坐启听，不敢窃议，曾不察其人真超然世表者乎？历观前代诸仙，皆卓绝不群，摆脱尘累，率有造微参寥之致，虽未御风乘云，伍迹人间，已不与世俗并轨方驾矣。推是心以往，庶几近之。王公高明厚德君子也，颇以鄙言为然，故叙浮丘公事而并记之。

元符二年七月二十七日。

【说明】李冲元，字元中，舒州龙眠（今安徽桐城）人。熙宁三年（1070）进士。曾官袁州司理参军。据同治本《华盖山志》卷七录文。参见天启本《华盖山志·艺文志一》、康熙四年《抚州府志》卷三五、同治《崇仁县志》卷一、光绪《抚州府志》卷八一、《道家金石略》、《全宋文》卷二六一八（第121册）。

100. 北宋·苏轼：永和清都观题字　建中靖国元年（1101）

清都台。

【说明】据《东昌志》卷二录文。苏轼于建中靖国元年（1101）自儋州北归，途经今吉安县永和镇，游清都观，与道士谢子和交谈甚欢，不仅为观题字，还作诗相赠。兹将《东昌志》所载诗附录于此：《清都观谢道士童颜须发，问其年，生于丙子，盖与予同，作诗留观中》：“镜潮敕赐老江东，未似西归玉局翁。羁枕未容春梦断，清都宛在默存中。每逢佳境携儿去，笑问行年与我同。自叹余生消底物，半篙清涨百滩空。”又《敬赞清都观谢道士真》：“谢道士，生丙子。真一存，长不死。”“欲识清都面目，一江春水东流。滔滔真入江海，大至蓬莱顶头。”

101. 北宋·曾肇：军山庙碑 建中靖国元年辛巳（1101）

《礼》：“山林、川谷、丘陵，能出云为风雨，见怪物，皆曰神。诸侯在其地则祭之。”又曰：“山林、川谷、丘陵，民所取财用也，非此族也，不在祀典。”夫谷卑于川，丘陵卑于山，苟有益于人，皆蒙报礼。夫崇高广大，拔出其类，而能御灾兴利，为一乡一邑之望者，其受命天子，享有庙食，岂非称哉？

军山，南丰之望也。考其图记，其高十有九里余二百步；其上四峰崛起，望之苍然；其傍飞瀑，一泻千尺；其下龙穴，投以铁石，雨辄随注；其产竹箭材章，利及比壤。县固多大山，而兹山杰出，见于百里之外。其势雄气秀，若蹲虎兕而翔凤鸾，宜其能出云雨，见怪物，给民财用，以为此邦之望也。旧传汉吴芮尝攻南粤，驻军此山，其将梅销祭焉。礼成，若有士骑麾甲之状，弥覆山上，因号军山。邦人祀之，盖自兹始。唐开元中，复见灵迹，乃大建祠宇，承事益虔。后其庙屡迁。今在盱江之阳，距县七里者，南唐升元三年之遗址也。阖境祈禳，有请辄应。历千余年而封赉未加，民以为歉。部使者请于朝，久之不报。元符三年六月上日，今丞相曾公布时知枢密院事，奏：“臣南丰人，知军山为旧，部使者之言不诬，愿如其请。”诏封神为“嘉惠侯”，庙曰“灵感军山庙”。命书下临，邦人动色，相与嘉神之功，侈上之赐，乃合财力，广其庙而新之。庙成，丞相属其弟肇为之记。

盖南丰、南城，旧皆临川属邑。南唐始分二县，置建武军。今号建昌，国初改也。军在大江极南，而南丰又其穷处。地迫两粤，然其风气和平，无瘴氛毒疠之虞；水土衍沃，飞蝗不至，故岁常顺成而凶饥之灾少；民寡求而易足，故椎埋、鼓铸、盗敚之奸，视诸其邻有弗为也。自唐末丧乱，中原五易姓，而此邦恬然，兵火莫及。逮本朝受命，休养生息百四十年，户口蕃庶，室家丰乐。虽八圣德泽涵濡覆露，亦神之幽赞为福使然。揆实正名，既见褒宠，宜有文字，以垂无穷。故为书本末，且缀以诗，使邦人春秋歌以祀焉。诗曰：

土膏起兮，流泉驶兮。牧徂于田，偕妇子兮。既耕且艺，耘且耔兮。一岁之功，在勤始兮。野无蝨螟，塘有水兮。非神之力，其谁使兮？我苞盈兮，我食成兮。挥镰铚铚，风雨声兮。囷仓露积，如坻京兮。遗秉滞穗，富鳏茕兮。饮食劝酬，销忿争兮。倘非神助，岁莫登兮。我有室家，神所佑兮。我有旄倪，神所寿兮。神之惠我，维其旧兮。上之报神，亦云厚兮。醽酒刑牲，肴杯丰兮。吹箫考鼓，声逢逢兮。我民荐献，无终穷兮。千秋万岁，保斯宫兮。

大宋建中靖国元年岁在辛巳春三月既望，翰林学士朝请大夫知制诰护军曲阜县开国侯食邑一千户赐紫金鱼袋里人曾肇撰。

【说明】曾肇（1047～1107），字子开，号曲阜先生，南丰（今江西南丰县）人。治平四年（1067）进士。历官太常寺同知、翰林学士等。有《曲阜集》《西掖集》等。据四库本《曲阜集》卷三录文。参见正德《建昌志》卷十、康熙六十年《西江志》卷一四九、四库本《江西通志》卷一二〇、《全宋文》卷二三八二曾肇八（第110册）、整理本《豫章丛书》集部一《曲阜集》卷四。碑文介绍了南丰军山庙历史及奉祀神像，反映了道教与民间信仰相互影响之发展历程。

102. 北宋·黄庭坚：题太平观壁　崇宁元年壬午（1102）

黄某自江西来，会王宰、朱章、道士汤居善、周虚己于此堂。观四山急雨，草木皆成声。崇宁元年五月甲子，晓发东林。

【说明】据四库本《山谷集·别集》卷一一录文，文末有注云："右有石刻。"参见《全宋文》卷二三二六黄庭坚四九（第107册）。

103. 北宋·慕容彦逢：临江军清江县阁皂山景德观葛仙翁坛封冲应真人制* 崇宁三年甲申（1104）

敕某：山川胜境，仙圣所居。其盛德茂功，显闻于世者，朕必秩而祀之。惟真人言行所称，咸造宗极，出入无眕，与道翱翔。坛宇琳宫，积有年所，祈禳休应，美利在民。肆加褒崇，特建荣号，尚祈歆怿，永福此邦。可。

【说明】慕容彦逢（1067~1117），字淑遇，宜兴（今江苏宜兴市）人。元祐三年（1088）进士。历官监察御史、集贤殿修撰等。有《摛文堂集》。据四库本《摛文堂集》卷八录文。参见《全宋文》卷二九三三慕容彦逢一二（第136册）。

104. 北宋·佚名：阁皂山杨君法师墓碑 崇宁年间

（右书）徒弟周道仝、黄克巳、萧得成、桂希声。

（中书）太师公杨君法师。

师公元正黄管辖三十三代宗师。

（左书）甘田时、刘天惠。

【说明】碑存于阁皂山大万寿崇真宫。青石材质，高1.05米，宽0.47米，厚0.07米。方首梯形带榫头钻孔，碑首有破损。直行，4行，楷书。据碑录文，题中山名为整理者所加。

105. 北宋·吴可：东岳行宫记　大观二年戊子（1108）

临川子城之东，有阜岿然而高，广袤百余步，林木森翳。民居数家，每不宁其处，昼暝夕阴，狐鸣鸱笑，怪谲之物，行者目瞠，非见而见，寝者梦愕，耆老厌之，童稚震骇。一日，相与谋曰："此地非灵神莫能镇奠。尝闻之，真皇登封，有冠剑伏道趋谒，左右皆莫睹，唯上见为灵岳也。礼毕，增以徽号，为天齐仁圣帝，与民祈福。今当启诚，像天齐于其上，为东岳行宫。"然规模陋卑，西南偏有宣义王公书舍存焉。公喜众谋，乃谕干首王公彦等曰："此大事也，岂易集乎？"公彦曰："诚意坚勇，则铁可柔，石可裂，况为众祈祉而保以神，无虑不济。"于是王公首施其地，相继而施者六七家，使得以廓其祠宇。干首乃力募，远近距城一舍，至于四邑，闻者劝，不待户晓；见者乐，不俟钟鼓，不啬金谷，车载肩负。黔畏日，皲冰霜，扶老携幼，协诚趋役。斤斧投杵之功，成于不日，肇崇宁改元之四祀春，休工于五年之冬。堂殿门庑，总三百楹。神之像有冕弁其首，紫朱服饰，佩环带鞸，与夫剑牙突目，狞㚖万状，傍七十四位，皆以岱岳规制为稽。设地狱变相于北隅，过视者汗背栗股。又复其后篑土为山，耸拔数仞，殆如天作，非人力所就。将落成，干首丐余文记其本末。

予考于古，则襄文以西畤为僭，差季氏旅于泰山为不如林放。今环天下莫不建天齐行宫，而法不禁。求之于理，则将启人从善而窒其暴愚者乎？视其神位，有发意司者。人固有两相同事，其甲则正心皎皎，指天日誓不背负；其乙则显为名高而实为利私，自计曰："将徇甲之所为，则拂吾欲；直吾之所实，则盖吾名；宁污彼皎皎，以混吾迹。"毁誉自分矣。故同甘苦于小者，以示其信；在利害大者，得失止毫末。而伺隙抵巇，肝胆胡越，甚则谋己自安而置人死地，顾其发意如何哉？人自以为胜，而神岂私其恶？然则神之司此，岂非谓为不善于幽阴之中者，鬼得而诛之耶？夫王法之所加，唯加于众人耳目之同恶。若中昧方寸，外欺覆载，为人所不为，则临戮鞭黥虽严，不能加之矣。是则不善而偷安，虽可逃于世间，而不能逭于冥冥之间，此亦制所不禁天齐行宫之祠之意欤？是有助圣人化民之术，余故叙其理，使锲诸石。

大观戊子三月吉日，循州州学教授吴可记。

【说明】吴可，字思道，号藏海居士，金陵（今南京市）人。大观三年（1109）进士。历官汴京团练使、武节大夫等。据同治《临川县志》卷一八录文。参见《全宋文》卷二八六七（第133册）。作者从“理”之层面重点阐述了建东岳行宫之意义。

106. 北宋·蔡大年：蒙岩祷雨二洞记*

大观四年庚寅（1110）

蒙山距上高邑治之南四十里，介乎山之巅，有二石洞，相望数百步许，人以上、下洞名之。图牒无传，而父老言唐故道明禅师遇蒙则止之地也。人世祠其洞以祷雨，应若桴鼓，往往旁近郡邑咸奉祠焉。大观三年夏，旱甚。七月己巳，县大夫临川李侯恻然疚怀，乃虔恭帅僚属往祈洞中。还甫及郭，雷电交至，自晡至夜半，平地水盈尺。已而沛泽弥旬，远近沾被，岁得中熟。越明年夏，复亢阳。六月戊子，侯复与吏民步祷祠下。是日也，云物之变，不减先岁，夜分乃雨。己丑越辛卯，大雨三日而止。于是一境欢呼，相与动色，而山中之人皆欲纪其异。

山穹窿崔巍，去平地不知其几万仞也。岩深谷幽，壁立千仞，洞之邃深又不知其几百里也。上洞不可游历，玉沼当户，泓澄绀碧，临其旁，肌体生栗，不可俯睨而瞷。惟下洞舒豁，可具烛游，故好事者得寓目其间。自洞户而趋，直石室焉，纵广可十尺。循石室之东有洌泉，其音琮琤，若漱鸣玉。凡祈雨者必酌载瓶缶以归，谓为圣水。由泉之两间或陟或降，崖断而更续，路穷而忽通。仰而望之，磬石隐然，有似仙蜕。其上者佛髻累累可数，谓之罗汉坐。又有巨石屹立岩间，疑若上下无所附丽，视之使人凛凛，畏其将仆，谓之无根石。客至，悉栖息其上。最后有看经石台者平如砥，狮子石者攫如生。千态万状，不可殚名。云烟葱笼，今古一色。吁！是真仙灵之所窟宅耶？

大夫行，将上其事郡国，属纪山泉之灵；邑人士亦以予从侯游，得其详，谒予记。因书其概，使后来者有考。至若大夫始至执祀事，有蟒迎鼠导之异，则语近于怪，不具录。

大观四年七月戊戌，宜丰蔡大年记。

【说明】蔡大年，宜丰（今江西宜丰县）人。据嘉庆《上高县志》卷一三录文。参见同治《瑞州府志》卷一八、同治《重修上高县志》卷十、《全宋文》卷二八六三蔡大年（第133册）。

107. 北宋·赵佶（宋徽宗）：宣和御制化道文碑

大观四年庚寅（1110）

大道无方，御妙莫测，包含造化，陶育乾坤。是以国家虔奉上天，钦崇至道，恢阐化元，咸归正教。眷惟厥初生民以来，皆未知其向道之方者，日固久矣。每念至此，则恻然兴叹，以谓道者圣人体之以为用，百姓日用而不知，由是存心秘检，思有笃厚人伦，订正讹俗，故发谆谆之诲，俾其来者皆得向明归道也。今夫扰扰群动，不知妙道之生育，而反事象教之殊风，既习其风，复师其法，雷同以寂灭为真乐，使暗识之民，动甘死地，乃为常理，可不悯此沉迷乎？且人生天地之间，处最灵之首，当受生于胞胎之中，三元育养，九气结形，戴天履地，莫不本乎道者也。其有上智之人，夙禀灵秀，不待学而自然向道者，千万之中，或三数人而已；逮夫中智以上者，区区于名教利禄之间，虽知道之慈育，姑徇亲爱之累，尚滞声色之娱，故若亡若存也；其下智之民，甘食美服，安居乐俗，悉皆懵然，冥其向伪背真，殊不知我之形气，皆道之所生也。且人在道，犹鱼之在水，鱼失水则死，人失道当何如哉！凡百群伦，固宜守道也。

夫道也者，虚无之总，造化之源，浩旷莫得其端，杳冥莫穷其奥，万象以之而生，五音以之而成，故六合虽巨，未离其内，秋毫虽小，待之成体。其杳邈也不可阶升，其应感也不疾而速，谓之浑沦。浑沦，太极之宗也，故太极生两仪。两仪者，天地也，清气升而天，浊气降而地，冲和结而为人，故五纬宜精，三光下济，而成三才也。其施化也，则有炎凉燥湿之候，有方圆形器之名，有盈亏消息之度，故日月丽乎天，星辰行其纪，鼓之以雷霆，润之以风雨，播时百谷，以养民人，蕃殖孳育，以阜常产，然后人各成材，物遂其性，故得耕而食，织而衣，欣乐乎太平之世者，一皆妙道生成养育之所致也。观夫伏羲三代而降，虽称号不同，其于尊道事天则一也。今夫蔽蒙倒置之民，宜究其理，钦而奉之，不亦善乎！况昭然在上者，可畏也。今发明训谕，宜救积习之讹，弘益天下之福，庶使迁善贵生，粲然晓悟，一新其志，归奉道真，上以协天心之享，下以副膺乾绍述之意，如此则皇极休光之美，绵亘乎道德之乡，浃洽乎仁寿之城，岂不伟欤？

大观庚寅先天节日，宣和殿制。

政和二年十一月己未，守静凝和法师笪净之立石，嗣汉三十代天师张继先书。

（《茅山志》卷二五）

【说明】赵佶（1082~1135），即宋徽宗。他尊信道教，自称教主道君皇帝。有《御注道德经》《御注冲虚至德真经》等。据《道家金石略》录文，标点有改动。按，碑文虽出《茅山志》，但因书者为天师张继先，故特录之。张继先（1092-1127），字嘉闻，又字道正，号翛然子，贵溪（今江西贵溪市）人。元符三年（1100）嗣教，为嗣汉三十代天师，宋徽宗赐号虚靖先生。有《虚靖语录》。又，依文意，“冥其向伪背真”之“冥”似应为“宜”字之误。

108. 北宋·南运：永兴观记 政和元年辛卯（1111）

晋永嘉之际，有王仙讳子瑶字皋者，子乔之弟也，来居于此，名白鹤观。寻改为永兴观。永嘉二年，王仙白日上升，诏改为王仙观。宋元祐初，道士胡紫概居之。大观改元，始复永兴之号。

【说明】据康熙二十八年《庐陵县志》卷一三“永兴观”条目载，南运时为知观。据道光《庐陵县志》卷三九录文。参见康熙二十八年《庐陵县志》卷一三。按，原录已注明有省略，非全文。且同时录有周必大《书〈南运记〉后》一文，云：“王仙事迹，著于庐陵。王山名山，王田名村，嘉福之观，大皋之渡，值夏之市，皆是也。参考碑记，同谓飞升于晋永嘉中。而郡人导泯葛先生《嘉福观记》云：‘故老相传，仙为东汉乔之弟，颇疑相去三百余年，特世俗附会之耳。’余按湘东王《古今同姓名录》有六王乔，其一晋庐陵太守，以时与地考之，仙岂太守弟耶？而大皋为渡，略见《南史·陈纪》。俗谓仙掷篙而渡，讹曰大皋，此又妄之甚也。”又云：“予尝至洞元观，问赐额何时。道士出大中祥符中牒，视之，殆创于南唐、国朝之际。初亦曰永兴，治平中方改洞元。今考此记，永兴得名甚远，中间盖移洞元，遂失旧物，至大观始复耶？”查《省斋文稿》卷一六、《益公题跋》卷九有《跋大皋渡永兴观旧碑》一文，文字更完整，可参看。

109. 北宋·赵佶（宋徽宗）：准诰封十一真人词*

政和二年壬辰（1112）

吴真人猛

词曰：洪都福地，紫府列真，既灵异之有闻，岂褒崇之可后？以尔早学至道，尝悟秘言，道化密行，世称慈父。功行甫就，飞升帝乡。大江之西，尚宅存焉。凡祷辄应，吾民是依。锡之新封，用彰厥懿。朕命惟允，其鉴于兹。可特封神烈真人。

陈真人勋

词曰：洪都福地，紫府列真，既灵异之有闻，岂褒崇之可后？以尔早以诚恳，师事道君，门人之中，独掌秘奥。功行甫就，执幢而升。大江之西，俨有遗像。凡祷辄应，吾民是依。锡之新封，用彰厥懿。朕命惟允，其鉴于兹。可特封正持真人。

周真人广

词曰：洪都福地，紫府列真，既灵异之有闻，岂褒崇之可后？以尔早弃尘宇，师事仙君，元化通神，能得其道。功行甫就，偕升帝乡。大江之西，俨有故迹。凡祷辄应，吾民是依。锡之新封，用彰厥懿。朕命惟允，其鉴于兹。可特封元通真人。

曾真人亨

词曰：洪都福地，紫府列真，既灵异之有闻，岂褒崇之可后？以尔骨秀神慧，夙禀殊姿，师事仙君，雅与道合。功行甫就，偕游帝乡。大江之西，尚存坛井。凡祷辄应，吾民是依。锡之新封，用彰厥懿。朕命惟允，其鉴于兹。可特封神慧真人。

时真人荷

词曰：洪都福地，紫府列真，既灵异之有闻，岂褒崇之可后？以尔系出东海，世称仙材，能自得师，已有洪施。前驱龙节，骖驾同升。大江之西，尚存故宅。凡祷辄应，吾民是依。锡之新封，用彰厥懿。朕命惟允，其鉴于兹。可特封洪施真人。

甘真人战

词曰：洪都福地，紫府列真，既灵异之有闻，岂褒崇之可后？以尔幼耽道教，长事仙君，驱妖除邪，厥功甚懋。精行既备，升游帝乡。大江之西，尚存故宅。凡祷辄应，吾民是依。锡之新封，用彰厥懿。朕命惟允，其鉴于兹。可特封精行真人。

施真人岑

词曰：洪都福地，紫府列真，既灵异之有闻，岂褒崇之可后？以尔性勇而悟，能自得师，授以至言，俾之入室。神童指妙，飞升帝乡。大江之西，故宅犹在。凡祷辄应，吾民是依。锡之新封，用彰厥懿。朕命惟允，其鉴于兹。可特封勇悟真人。

彭真人抗

词曰：洪都福地，紫府列真，既灵异之有闻，岂褒崇之可后？以尔绝名去利，潜默内修，竭诚亲师，授以秘要。功行甫就，飞升帝乡。大江之西，尚存故宅。仙室灵坛，俨有遗迹。凡祷辄应，吾民是依。锡之新封，用彰厥懿。朕命惟允，其鉴于兹。可特封潜惠真人。

盱真人烈

词曰：洪都福地，紫府列真，既灵异之有闻，岂褒崇之可后？以尔学真君之道，悟五练之源，惟性闲和，动合大化，卒与其母，偕升帝乡。大江之西，尚存故宅。凡祷辄应，吾民是依。锡之新封，用彰厥懿。朕命惟允，其鉴于兹。可特封和靖真人。

钟离真人嘉

词曰：洪都福地，紫府列真，既灵异之有闻，岂褒崇之可后？以尔持修炼之术，善符禁之能，普惠遐迩，功行昭著。真君付诀，升游帝乡。大江之西，尚存故宅。凡祷辄应，吾民是依。锡之新封，用彰厥懿。朕命惟允，其鉴于兹。可特封普惠真人。

黄真人仁览

词曰：洪都福地，紫府列真，既灵异之有闻，岂褒崇之可后？以尔袭初平之庆，禀非常之姿，师事道君，洞该至妙。功行甫就，升游帝乡。大江之西，尚存故宅。凡祷辄应，吾民是依。锡之新封，用彰厥懿。朕命惟允，其鉴于兹。可特封冲道真人。

旧按：许旌阳冲翥之后，由隋、唐以迄元、明，历朝褒崇，加上尊号，曰大孝大仁江西福主，九州都仙太史兼高明大使，雷霆泰省天枢伏魔上相，至道玄应神功妙济掌九天司职太乙，定命注生，仙卿三天。按察都检校普奏谏议大夫，天医大帝度人，祖师净明普保天尊。旧有累朝玉册诰文及敕书宝藏阁上，以岁远年湮，迭经兵燹，今皆不知所在。即间有存者，亦鼠残蠹余，不可复识，故不能备载。姑俟博雅君子旁搜远揽，他日补编而嗣刻之可也。

【说明】据光绪本《万寿宫通志》卷二录文，文字据别本有改动。参见元赵道一修《历世真仙体道通鉴》（明正统《道藏》本）卷二七。诰文反映了洪都福地众多修道者因道学深厚、道行非常得到朝廷褒崇，是研究道教净明派之珍贵文献。

110. 北宋·汪藻：虔州神惠庙记 政和二年壬辰（1112）

政和二年，江南西路转运副使臣临、臣根、提点刑狱臣景修、提举学事臣闻、提举常平臣迈言：“惟虔州地卑薄，章贡水出其中，泄发不时，辄冒城郭，败庐舍，民之仰食于田者户十万，俗呰窳，无堤防甽浍之储，岁时丰凶，以雨为节，故十县方千里，常以旱干水溢为忧。惟灵顺昭应安济王庙在洪州吴城山，别祠之隶虔者三，负城之西北隅者尤绝显异。政和元年四月，水至城下丈余，雨昼夜不止，吏民惴恐。臣景修率官属祷祠下，辄应。越六月，民穑在田，天则不雨，有艰食之忧。臣景修又祷，则又应。暨冬，盐筴之役兴，而常旸涸流，舟不得漕。臣根又祷，则又应。臣等窃伏思，雨旸天事，虽有智者莫能力致。今乃取必于神，如责券探囊，无不如意。民既足食乐生，重犯法，得以其力出赋租给公上，而吏亦因此省治讼，兴事功。是神有功于国甚著，有德于民甚厚。虽三被封爵之崇，而像设不严，名号不新，无以揭虔妥灵。愿诏有司，议所以褒崇，俾民奉承，永远无怠。臣等谨昧死请。”制曰：“可，其以神惠为庙号。”初，提点刑狱张公治虔，嘉神之休，徯上之赐，而致民之思也，乃即故基筑宫而大之。土木之功，崇庳叶中；丹垩之饰，华质合度。于是神降庙之筵门，委蛇蜿蜒，顾享牲酒，屈伸中仪。及庙成而命书至，邦人骏奔，相属于道，公遂命藻记其事。

藻以为古之王天下者，出命令，主神人，明则职之人，幽则职之神，各致其能，无相渎也。故人之能兴利除弊者，时则赐之明；神之能致福弭灾者，时则锡之幽。有显号徽称以昭明也，属之祠官，世世不绝，谓之报功。宋受命极天，所覆罔不臣妾，上方以道德怀柔百神。肆虔之为州，去京师数千里，而神之受职，如躬坛场之间，手圭币之荐者。虽王之威神，南放洞庭，西及淮泝，可谓盛大，亦不敢以遐方为间，服天子之宠灵。而部使者又能悉条其功，请命于朝，夸大显融，垂示无极。是三者皆可书也，藻敢以固陋为辞？乃作诗曰：

帝受天命，悉主百神。假神之休，以锡尔民。惟此南服，介于大川。负江而城，即山而田。十日而雨，民忧为鱼。十日而旸，时则狼顾。雨旸在天，人则必之。匪人之能，神则节之。嗟嗟神龙，执造物权。变化莫测，恩威在颜。宠灵自天，惟帝之渥。峨峨新宫，赣民所作。酒牲在堂，神则戾止。蜿蜒诎信，陈乎燕几。惟王威神，永有此都。屏翳陪后，风伯前驱。厉鬼螟蟹，却除不祥。俾我远甿，跻于乐康。迄千万年，保兹崇极。享帝之诚，是谓受职。

【说明】汪藻（1079~1154），字彦章，德兴（今江西德兴市）人。崇宁二年（1103）进士。历官至兵部侍郎、翰林学士。有《浮溪集》。据四库本《浮溪集》卷一八录文。参见《全宋文》卷三三八五汪藻二三（第157册）。

111. 北宋·汪藻：紫虚观记　政和四年甲午（1114）

政和四年，诏以婺源栖真观为紫虚观。初，道士胡崇奉诣阙言："栖真观有地于县城西北隅五十步，有籍于伪唐保大五年。婺源在重山复岭间，地势深阻，泉甘而土肥。盖数州清淑之气，扶舆磅礴于此，孕为秀民，溢为瑰产。故洞灵岩在其东，青萝岩在其西，不百里间而有福地二焉，皆先圣所宅，其灵踪秘迹往往发见，动人耳目。异时黄冠炼师往来二岩者，必以栖真为归。今殿宇崇成，榱楹之数既皆如令，而官吏时称寿祈年者，又皆斋祓于此。然名号尚仍僭伪之旧，暧昧不彰，宜非圣朝所以兴崇道术之意。惟天子留神，甚幸。"疏奏，因下有司考实，如崇奉言，即赐以今名。诏书至，观者咸叹息，相与言曰："惟释老行于中国千有余年，二家同以虚无淡泊为宗，同以熏修禳禬为事，而又同为吾儒拘于方者之所诟病。然学佛者务为枯槁寂灭，绌君臣父子之道，一趋于空而后已。故以治一身则有余，而不足以治天下。古之人君有行之者，梁普通、唐大历是也。惟道家清净无为，去羡而寡欲，贵慈而务啬，施于治天下，有家给刑措、和平简易之功。故黄帝用之，为五帝先；下至汉文、景，得其绪余，犹庶几三代，后世言治者，皆莫能及。算计成效，其优劣何如哉？上方以斋心服刑之余在宥天下，其绍隆真诠，盖亲承帝训。故自临御以来，玉京金阙之真遍于人间，宝章琼笈之文充于广内，以至高真上帝，为时而出，炳炳然，奇祥异瑞，尽南山之竹莫得而书也。顾且访求天下名山显位，废宫遗址。凡豫设所存，虽遐方下邑一言，朝闻命，书夕至，将使仁寿之风被于海隅，人人安其性命如黄帝时，视文、景为不足言。则学道者于此时能以斋洁自达于朝廷，获其宠名以归，焜耀一方，垂之无穷，如崇奉者。虽其志有可称，然非吾天子知治天下之本，笃于好尚，亦安能至此？则其得之，岂不幸哉！"藻既书其事于石，退复为诗五章，以广上意而迎神之休，使并刻之，庶几后人知旦暮之遇如此，世世奉承无怠。其辞曰：

上清紫虚惟帝庭，混元居之朝百灵，如何人间并典刑。
于穆天子与帝同，华胥姑射在胸中，一言化此为琳宫。
伟哉岩邑栖万家，溪山灏气清无华，东西洞壑高烟霞。
沉沉邃馆兴何年？璇题宝篆临中天，玉皇下顾从群仙。
至人出应羲轩期，垂衣浩劫无穷时，此名长如星斗垂。

【**说明**】据民国《重修婺源县志》卷六八录文。

112. 北宋·黄伯思：跋玉笥山清虚馆碑后

政和六年丙申（1116）

清虚馆者，梁天监中京兆杜昙永于庐陵玉笥山建之以栖遁，而萧侍中子云景乔裔孙律守虔州，重刻兹记，而书其后。引《玉笥山实录》，以为景乔自岭南使还，登此山，师昙永而道成，上帝赐之玉册，以为元洲长史，治郁木福庭，举族八十二人皆仙去。又于碑书景乔之官，乃曰“黄门侍郎、太子司徒左长史”。按梁初，景乔自太子舍人移丹扬郡丞，出为临川内史，还除散骑常侍、侍中、国子祭酒，又出为东阳太守。太清元年，复为侍中及祭酒。三年，宫城失守，奔晋陵，餧卒于显云寺僧房，年六十有三。与《玉笥山录》所载乖异。亦犹汉史书淮南王安自杀，而仙史谓其尽室上宾者同也。然方外之事，固不可以常理测。景乔仙去之事，道家书载之甚著，唐世亦有遇之于兹山者。第恐其餧卒晋陵，道家所谓解化，犹托剑验火之类也。至于《山录》称其尝使岭南，及为黄门侍郎、太子司徒长史则误。盖考之于传，景乔第尝为太子舍人，为侍中，为临川，为东阳，未始位黄门及长史，并使岭表也。然予尝见子云启事梁武，称“侍中、南徐州刺史臣子云”，而传亦不书其刺南徐，则史家容有舛漏。但太子官属初无长史，乃见碑所题之谬也。景乔文词虽六朝骈俪体，故自清靡可喜，要不失为佳文。至律所刻《玉笥上清宫碑》，题云“杜昙永撰”，则词格浅俚，与景乔所制不侔，然亦非当时语，殆唐末五代人所为，假托杜君耳。《清虚碑》但云杜君为豫章王左常侍耳，而《上清碑》末题云天监十五年立，至题杜君之官，则云“礼部侍郎、翰林学士”，其不稽古甚矣。若律者，其陋至此，得无愧厥祖乎！独其能传景乔之文于石，及立祠室为可取。又所题碑后，词致凡近弗伦，予颇为删易，并录二碑及《南史》景乔传，并置右方，使观者有考焉。第律重刻《清虚碑》，字甚恶，故但录其文耳。古楼观之观乃谓之观，而道家居皆目以馆，若宋崇虚馆、梁朱阳馆为陶隐居置之类甚众。至近古乃以馆为观，盖亦取仙人楼居之义。因辨此碑，聊识于后。

政和六年岁在丙申九月二十一日，云林子黄某长睿父书。

【说明】黄伯思（1079~1118），字长睿，号霄宾，又自号云林子，邵武（今福建邵武）人。元符三年（1100年）进士。历官通州司户、秘书省校书郎等。有《东观余论》。据四库本《东观余论》卷下录文。

113. 北宋 · 释惠洪：高安城隍庙记　政和七年丁酉（1117）

城隍庙者，故使君应侯庙也。应侯世高安，讳瑱。隋季政荒，天下盗起，李密起巩，王仁德起邺，皆称公。李子通起海陵，邵江海起岐州，薛举起金城，窦建德起河间，皆称王。刘武周起马邑，刘元进起晋安，林士宏起豫章，皆窃尊号。高安，豫章属邑也，侯时以布衣募兵乌合而击之，士宏却隐去，因婴城固守。唐武德元年五月甲子，唐公即帝位。五年十月己巳，林士宏殄灭。呜呼！方是时，贼兵浩如海，孤城眇如块，微侯之忠勇义武，则民鱼肉之久矣。朝廷旌其功，授以刺史符。于是千里亲之，如仰父母。既没，赠尚书左仆射，庙食此邦盖五百年。而书功烈者，词不达意，余尝叹息之。政和六年九月十六日，因请福，许铭庙。念文字陈陋，又罪废，惧渎神听，稿成复坏者数矣。越明年二月二十六日，夜梦有客过余，甚都雅，曰："向许我诗，当以示我。"梦中问公谁是，曰："我唐人，居湖中。"既觉，三鼓矣。坐而假寐，又梦理前事。旁有赞者曰："应使君也。"于是起呼灯火，洗心为铭。铭曰：

炀帝南游江都湄，唐公集兵祷晋祠。连和突厥人户知，传檄诸郡称义师。豫章邈在江之西，杀气熏烝喧鼓鼙。芟民如刍救者谁？应侯忠勇英特姿。精诚贯日如横霓，振臂大呼老幼随。空拳乌合当新羁，贼锋为却气少衰。守城泯默天助威，贼虽猖狂其敢窥？民甘九死侯生之，不然荡涤无孑遗。故宫下瞰缘锦溪，过者肃趋不敢驰。功德之大山岳巍，惜其粉饰无雄辞。心许作文恨陋卑，梦中索之不呵讥。俾侮神者读此诗，知神威灵不可欺。

【说明】释惠洪（1071~1128），一名德洪，字觉范，号冷斋，新昌（今江西宜丰县）人。著名诗僧，俗姓彭（一说喻）。有《冷斋夜话》《石门文字禅》《筠溪集》等。据同治《高安县志》卷二二录文。参见《石门文字禅》卷二一、《全宋文》卷三〇二二释惠洪八（第140册）。

114. 北宋·赵佶（宋徽宗）：禁三清上真与邪神同祀诏

政和八年戊戌（1118）

访闻江东路饶州管下乡落之间，信用师巫，蔽溺流俗，多以纸帛画三清上真与邪神同祀，以祈禳为事，荤茹杂进，殊不严洁，甚失崇奉高真之意。自今仰本路提点刑狱行下所属州县严行禁止，后有犯者，以违制论。仍拘收三清等画像，赴逐处宫观收掌。诸路准此。

【说明】 据清徐松辑《宋会要辑稿》卷二之七〇录文。参见《全宋文》卷三六〇〇宋徽宗五八（第165册）。诏文反映了朝廷大力维护三清上真之尊崇地位。

115. 北宋·释惠洪：延真阁记　正和年间

出高安之西门，行五十里，山川有佳气，草木有华滋，桑麻有秀色，民俗有古风，如武陵桃源，如剡溪赤城。有隐君子朱坚伯固者世家于此，特临广陌为危阁，以“延真”为名。余自京师归，过而登焉。凭栏而睇，烟云杳霭，形胜纤秾，一览而尽得之。而恨其名未足以副其趋，谓伯固曰：“君风度儒者也，年方壮，有美材，乃不以功名富贵为急，甘隐约于山林也。而雅志欲延真，岂有说乎？”伯固曰：“然，吾当语子。夫功名富贵偶然耳，士以身殉，惑也。何以知之？汉武帝见相如赋，喟曰‘吾安得与此人同时’，及见之，止以为上林令，富贵若不可必也；唐太宗见马周之论，促使召之，接武于道，及见之，谈笑而断国论，富贵又若可必也。李广之技无双于天下，及从贰师出征，迷失道路，竟不得侯而死，功名若不可必也；薛仁贵白衣从征辽东，三矢而定天山，卒为名将，功名又若可必也。吾以谓人生百岁，如驹过隙，要当从吾之志耳。昔梅子真补南昌尉，时放浪此邦，有别业之遗基在焉，已为道士庐。元始中，弃妻子，匙寿春，后人见之于稽山，变姓名为吴门卒。而传不书其终，其为仙明矣。庸讵知其不杂屠沽，尚往来故居乎？吾为阁以延之，倘幸及见，又庸讵知不携吾登毛车，渡弱水，以游道山哉？”余不得而答，乃叙其说，援笔而记于壁。

【说明】据同治《高安县志》卷二二录文。参见《石门文字禅》卷二二、《全宋文》卷三〇二三释惠洪九（第 140 册）。

116. 北宋·释惠洪：题石龟观壁　政和年间

余家�溪之上，去城余百里。儿时闻城中塔成，欲往观焉。因先君行，坐余于力谢三肩上。至石龟观，谢三者给余曰：“当先拜石龟，乃能见塔。不然，终不可见。”余曰：“倘尔，汝何不拜？”曰：“我已尝拜之，汝既童子，又后至，法当拜。”于是再拜入城，幸见塔，而心喜谢三肯余先也。后三十年过焉，视石乌龟良无恙，摩挲以追绎前事，为大笑。吾亡友胡汝霖民望，生抚之金溪，七八岁时，随兄入城，忽不知所在。使人寻，已在宝应寺前看泥力士矣。余每以戏之，而忘余亦有此患。乃以炭书其壁，曰：“须知泥力士，不减石乌龟。”忠子，民望里人也，书以示之。

【说明】据《石门文字禅》卷二六录文。参见《全宋文》卷三〇二五释惠洪一一（第 140 册）。

117. 北宋·洪刍：奉安玉册记　重和元年戊戌（1118）

元丰四年，神宗皇帝若曰：“惟江州庐山太平兴国宫九天采访使者，盖天之贵神，与世为福，而隆名徽称，历代置而不讲，甚非所以答赛神明之意，其进号‘应元保运真君’，遣入内内侍省东头供奉官廖维护送金书殿榜并敕文即赐焉。”先是，本观道士陶智仙诛茅创宇，发地得殖瓴一，破之，以土实，厥土五色，获铜泉一，其文曰“应元保运”，初不知其何祥也。后二年而明诏宠加，与泉文符，廖维即取其泉以献。恭惟皇上南面，百神受职，天启其衷，幽冥同符，不其伟欤？粤政和五年，今上皇帝临莅天下之十六载，以意承考，以道交神，而神祇祖考安乐之。式瞻四方，靡神不宗，乃眷南顾，惟应元保运真君陟降庭止，在帝左右。惟我神考，肇建鸿号而典册未备，遹追继承，其在我后之人，乃命有司备礼册命焉。遣入内内侍省敦武郎黄京奉玉册以至，册文有皇帝名，且曰“谨再拜言”，其恭如是。守土之臣与县令祠官，跪起荐进，惟谨厥册，刻以嘉玉，贯以金縢，藉以文锦，外匣下床，彤髹扣饰，光彩焜耀，穷工极丽，不可名字。冠褐之徒，拭目荣观，欢呼鼓舞，动色相趋，既而奉安于别殿之阁以尊之。后一年而祠吏臣刍实来奉香火，黄冠羽衣无虑二百辈，雁行而进曰：“主上原道德之意，崇黄老之学，寅奉明神，聿修阔典，礼重文蔚，绝后光前，而金石之刻不刊，无以铺张王灵，昭示来世，非老于文学者，其谁宜为？”臣刍曰：“道士言是。”

谨按《录异记》：唐开元十九年，明皇帝梦神人朱衣金冠，乘车而下，曰：“我九天采访使者，当馆我于庐山西北隅。”明日又降于庭，命吴道子写之，遣内供奉持使者真图建立祠庙于山之阴。明皇帝亲书缪篆殿额以赐之，其文曰“九天使者之殿”，而无“采访”之称，其榜固在也。建庙之初，祥异甚夥，事见李玭《庙碑》、潘观《祥验记》、张景述《续浔阳记》、陈舜俞《庐山记》。故世谓使者之号、庐山之祠，皆权舆于有唐，发祥于明帝也。臣刍考之不然。按《五岳真形图》，其说曰五岳皆有佐命之山，嵩、岱、华、恒，以少室、武当、罗浮、括苍、地肺、女凡、河逢、抱犊为佐命，分治四岳。惟衡岳孤峙而无辅，故黄帝省方，南至于江，请命上帝，乃建潜、霍二山为南岳储君，又拜青城山为丈人，庐山为使者，则使者之名尚矣。《真形图》虽兴于中古，然历世方士，祖袭授受，东晋之世，辑而成书，不可诬也。开元中，天台司马子微谓五岳皆有上清真人降任其职，因敕五岳各立真君祠，其说盖出于《真形图》。而开元诏书青城丈人庙、庐山使者庙，选道士奉香火，视五岳真君祠。则庐山房祀，意自司马子微发之，其肸蠁昭晰，见于梦寐，不可知也。详考传记，使者之神，盖德镇之高真、祝融之夹辅云。其说见于东晋之前，而九天采访之名盖后世所加，其庙于庐山之北，则自唐明皇帝始。至南唐改号通元府。本朝太平兴国二年，始以纪元赐今名。世惑于俚俗肤浅之碑，《齐谱》志怪之说，弗加深考，以失事实，故并论其本末，以祛来者之惑焉。

重和元年十一月十日建。朝散郎提点太平兴国宫赐绯鱼袋臣洪刍撰，草莽臣侍其悼篆额。重和元年十一月十日，道士臣陈思恭、臣陶知常、臣章安主、臣沈继彬、臣李仲恭、臣萧敏修、臣高至道建。

【说明】 洪刍（1066~1127），字驹父，建昌（今属江西安义县）人。绍圣元年（1094）进士。有《老圃集》《香谱》《豫章职方乘》等。据正统《道藏》本《庐山太平兴国宫采访真君事实》卷六录文。参见《永乐大典》卷六六九八、《庐山纪事》卷十、《全宋文》卷二九一四洪刍（第135册）。

118. 北宋·赵佶（宋徽宗）：封石人峰神诰敕
宣和二年庚子（1120）

宣和二年九月敕信州上饶县：为石人峰神暨刘太真、李德胜三神有灵，助诛方腊，王师布阵，巨鹰扬威，诚忠劳于我国家者也。有司来上，朕用宠嘉。既祠有庙，仍宜赐额。境宇清宁，民人安奠，神有不替之忠，朕有无穷之报。可特赐“鹰护”两字，令大书于匾。其祠奉敕如右。

【说明】 据康熙五十二年《广信府志》卷二八录文。参见同治《广信府志》卷一一、道光《上饶县志》卷三一、《全宋文》卷三六〇八宋徽宗六六（第166册）。敕文记载了上饶灵山石人峰神等因灵应有功受到皇帝宠嘉封赐。灵山为道教三十三福地，石人峰神即胡昭。石人峰石人殿奉祀石人峰神、刘太真、李德胜三神，这是民间神明转为道教神明之显例。

119. 北宋·黄彦平：罗征君祠记　宣和二年庚子（1120）

于古之人，隐居岩穴，而无愧于夷齐者，能尽此心而已。尽其心，则约处之间至道存焉。上而天子不得为臣，次而诸侯不得为友，又次而郡守邑宰不得相见，但卒于遐荒穷僻而乐其志。若些者，非果于绝世也，无道则隐故也。

晋朝王敦挟倾世之权，据三窟之险，无君之心昭于天下，不待智者而后知。罗君文通犹见机勇决，明哲保身，岂肯枉己于不义哉？于惟避地于丰城，结侣池山，北挹北山之秀，而故乡在目；南夸崇阜之隆，而道友同心；东澄富水之源，而道体有本；西枕赤冈之石，而外物不移；中与鹅鱼为乐，而上下两忘。天地不知其大，吾身不知其小，爵禄不知其荣，草茅不知其辱。于惟著书明道授徒论性而已。徒使天下后世，知有罗山之罗征君也；徒使我文人义士，知慕罗山之罗征君高风也。

赐进士信阳军教授沆江黄季岑撰文；赐进士虔州议曹后泉范璿舜书丹；赐进士吉水令沆江黄彦辅伯篆（额）。

大宋宣和二年岁次庚子季秋吉日黄记立石。

【说明】黄彦平（?～1146），字季岑，号次山，黄庭坚族子。祖籍洪州分宁（今江西修水县），后迁丰城。政和八年（1118）进士。历官吏部员外郎、知筠州、提举亳州明道宫。有《三馀集》。据《剑出丰城》录文。碑文记述了罗文通在丰城罗山修道之事实。

120. 北宋·佚名：寻真观丹霞钟文　宣和六年甲辰（1124）

大宋国洪州新建县尽忠乡寻真观。

右本观是高明神功妙济许真君经游寻真之地。近坛众信乃于丙申政和六年正月初十日立疏，请玉隆万寿宫道士徐士衡与徒弟等重开山焚修住持。遂同众信起前后两廊庑三门屋宇，装塑天尊。真君功德，悉乃周备。今众缘化铸造晨昏大钟一口，计七百余斤。

时甲辰宣和六年十月十五日记。

【说明】钟佚。据乾隆本《万寿宫志》卷七录文，原有按语云：“旧按，宣和间钟既铸成，道经今忠孝乡，屹不为动，运者苦之。会其乡亦有真君修炼之地，名曰丹霞，殿宇几废。里人有程公者感而复兴，钟留供养其地。明程历尧有乃祖霆炎古墨拓残碑，其间叙道场复兴年号，与钟文相合。”参见《净明资料新编》。

121. 北宋·萧序辰：赐昭济庙额记　宣和七年乙巳（1125）

庙界万安、龙泉两邑间，积有岁月，不知其始，中无近籍，但有五代时人书题。神像皆古衣冠，装饰谨严，而重居倚山，气象森肃。两邑水旱，有祷随应，福庇四方，祈祷无虚日。序辰世家泉江，随父官南北。及长，从仕于朝，其往必辞，其归必告，泛江走陆，不知其几，未尝有险阻之虞，皆神贶也。

宣和六年庚辰，承乏任本路漕事，两邑以神灵威之迹上之州司，州司验实保明，上之漕司，漕司再验实，上之朝廷。七年二月，得旨赐“昭济”庙额。七月敕下，两邑之人，具牲丰洁，扶老携幼，趋赴祠下，道路相属，欢呼之声，震响山谷。惟神之灵，被天子新命褒嘉如此，其感人也又如此。继自今庙貌尊崇，祀享无穷矣。同邑人迪功郎、前衡州司刑曹事郎郭彦邦模刻石，置之中庭，以侈耀天子新命，以传不朽。予因为之记。

【说明】萧序辰，龙泉（今江西遂川县）人。曾任江西转运判官。据乾隆三十六年《龙泉县志》卷九录文。参见同治《龙泉县志》卷一六、《全宋文》卷三七七〇萧序辰（第173册）。

122. 北宋·王易简：重修升元真君观记
宣和七年乙巳（1125）

宣和二年二月，上以庐山大中祥符观道士习致一奏陈董真人遗迹，乞赐加号。告下，进号升元真君。又以道士王安静出己力购田五顷，以增岁粮，有旨蠲其余赋云云。七年三月，臣奏事殿中，具陈真迹，诏命臣为之记。

臣谨按，真君晋初卜居庐山，功成仙去，人目其地为杏林。唐天宝元年，始建祠宇，旋经兵火，迁构于石桥塘。伪唐时复得故基，创太乙真人殿，即今观是也。岁月既老，土木摧圮。安静营求锱铢，积累岁月，经始于元丰，建立于崇宁。为大殿四，挟以两轩，重门外列，层坛巍巍，修廊翼翼，塑绘诸仙六十余身。龙涧下薄，跨以桥虹，松韵溪声，腾空合响，宫殿隐然，真神仙宅也。真君以丹符济世，屠蛟伐魅，破狱起死，呼吸太和，荡涤故气，救人益广，乃谢金帛之馈，约植杏为报。逾十数年，弥满山谷，欲取者听以谷易，复构廪积谷以周远近。计其在世二百余年，而容貌如三十许人，岂人貌而天者乎？晋永嘉元年升举云云。今丹井犹存，汲以照日，金华灿然。寻阳之人，旱祈疾祷，皆响如在，是岂知至人弃功与名，神凝太虚，而不可以迹求邪？下民怀之，徒仰其高，山渊之灵，生气日茂，物无疵疠而年谷熟尔。臣宣和癸卯季冬一夕梦到山间，溪泉中露盘石，因濯足石上，仰视飞桥层阁，羽人来往其间。翌日有士庐山来，具言安静经营之难，始悟前梦，相与异其事。臣山中人也，梦境宛然。且感碧虚之阴功，泽一方而活民命，敢悉书之。

【说明】王易简（?~1130），江州（今江西九江市）人。曾官资政殿大学士兼侍讲。据《永乐大典》卷六六九八录文。参见《全宋文》卷二九二〇王易简（第135册）。

123. 北宋·佚名：毕养素遇异人　宣和七年乙巳（1125）

本宫道士毕道宁，字康叔。幼颖悟，貌清奇，经书一见成诵。绍圣间游江浙，一日到潜山，遇方士，状貌甚伟，不通姓字，相与游山。毕度其非凡，欲师事之。方士默会其意，乃曰："学道贵乎炼神毓气，丹书乃是入道梯媒。公若屏绝俗纷，精炼神气，自然通真达灵矣。"因临溪水，指谓毕曰："水定则形直，心静则神宁。不可不鉴。"遂以丹授之，曰："异日与子再会于圣治峰下。”一揖而去，恍无所睹。毕即日还山，适遇宫副虚席，州命帖充。未几，丐闲筑道院于宫之右，凿池潴水，名曰“清斯”。每日杜门存神，诵《度人经》一卷。至宣和乙巳正月三日，有衣甲山人来访话旧，授《沁园春》云：“一粒金丹，大如黍米，定中降胎。运阴阳根本，东龙西虎，结凝金水，择地深栽。九载无亏，三田功满，卦气周圆炉鼎开。偷元化，用自然宗祖，全在灵台。　真才休恋尘埃，况颖悟明空婴未孩。幸淮滨相遇，灵丹付了，亲留玄旨，期进仙阶。此去何时？水云高会，更上烟霄歧路哉。人间世，任王侯贵显，同委蒿莱。”毕得此词，越四日，整襟危坐而逝。今宫之养素堂，右轩扁曰“清斯”，有沼存焉。

【说明】据正统《道藏》本《庐山太平兴国宫采访真君事实》卷五录文，原有注云：“出本宫旧记碑刻。”文中记述了庐山太平兴国宫道士毕道宁得金丹大法之奇遇，方士所言学道之法颇具哲思。

124. 北宋·余卞：《西山十二真君传》序*

晋许真君敬之师弟十有二人，斩蛟治水，拔宅飞升，颂祝于豫章人士，数百载不替。惟《晋书·艺术传》述吴真君，不述许真君，世之君子，或滋疑焉。先光禄公名良肱提举洪州玉隆观，卞侍温凊。暇日翻检观中道藏经书，唐真人胡惠超《西山十二真君内传》一卷楷法极妙，蠹简不全。光禄公命卞足成之，庸竭愚悃，访诸故老，采诸群册，阅岁余而是传告成。拟胡真人本，增多三卷。

《记》曰：“能御大灾则祀之，能捍大患则祀之。”若十二真君，岂非可祀而尤可传者哉？光禄公闻而欣然曰：“使人读之，飘飘然凌云如欲仙去，吾不负提举矣！吾不负提举矣！”十二真君者，南昌许逊字敬之，西安吴猛字世云，蜀川陈勋字孝举，庐陵周广字惠常，泗水曾亨字兴国，巨鹿时荷字道阳，丰城甘战字伯武，黄仁览字紫庭，沛郡施岑字太玉，兰陵彭抗字武阳，南昌盱烈字道微，钟离嘉字公阳。

【说明】余卞，字洪范，洪州分宁（今江西修水县）人。以任子恩试校书郎。历官唐州判官加奉议郎等。其父余良肱曾提举洪州玉隆观。据同治《义宁州志》卷三三录文。参见《全宋文》卷一八二七余卞（第084册）。

125. 北宋·佚名：真君镇蛟铁符摹刻记

（昔）□□□□□□□神仙，世称真君，盖（功）行之所至也。常以咒水行药，治病罚恶。太康初，有蛟虬之众，作江湖之害，故以铁符镇上钟之渊而制之。彼人因水涸而睹，力莫能移。志者就而模之，以传人世。江淮间凡有妖祥惊恐，则悬所居处，数有灵验。今将刊石，免传写之笔悮焉。

【说明】碑佚，拓片存国家图书馆。据《净明资料新编》录文。所摹符即镇水符，其完形见《济渎庙灵符碑》，现藏河南省济源市济渎庙。

126. 南宋·佚名：通仙神惠九锡词并序

建炎元年丁未（1127）

建炎元年十二月二十二日，盗入通仙庙，毁神像，镇人大骇。欧阳峄等率众于二十七日连三宵就祠下声仙，上青词，设水陆，以安以谢，冀败凶显神。翌日，夏三等成擒，其说凶类数辈谋劫镇中，先爇坊门桥，步市心，合众大掠。许三牲、七牲、七白以至用人，凡十七卜而神皆不许。乃谂神曰：“必庇斯人，我且屠汝。当以一筈为信。”即得吉卜，而神之像毁焉。凶乃改寇曲塘。初缚主者闲于一室，尽索而去。缚者适得木划以解，追之其殿而负者，乃划其喉，即毁神之人也。余凶皆植立相顾，无一能脱。呜呼！使屠汝之筈徇于繁牲之请，则举镇数万老稚，能保其奠枕而居乎？孔子曰：“杀身以成仁。”神有之矣。今欲葺其祠，严其貌，以答神庥，作《九些》以遗镇人，使朝夕瞻咏焉。词曰：

万瓦鳞鳞兮，荫绮疏些。乾没什百兮，味膏腴些。孰知宵绘兮，与神谋些。龆龀万口兮，釜中鱼些。繁牲不许兮，躬必屠些。杀身成仁兮，惠必孚些。既安厥址兮，报用图些。鼎新像貌兮，壮厥居些。香火永世兮，保无虞些。

【说明】据明钟彦章、曾子鲁编次《东昌志·摘录〈辅顺庙志〉》（以下简称《辅顺庙志》）录文。按，原题后注云："有碑。"

127. 南宋·单暐：清都观记　绍兴元年辛亥（1131）

镇距城十有余里，濒江带山，聚为井落。俗以凿山火土，埏埴为器，贸易于四方。瓦砾尘埃，所在如是。然有观曰清都，有足佳者。予游是观，爱其宽闲清旷，有尘外趣，询于主观道士谢子和者，始得其故。盖肇后唐保大之间，有古石基焉，广逾数丈，高止数寻，远望突兀，乡老世传为西台，旱潦灾蝗祈辄感。五代以来，荒芜湮没，无足闻者。宋兴，自太平兴国之明年，乃敕天下灵祠古迹有以为民福者，命有道者居之。是时，庐陵境内始得王仙观道士萧德元者，剪茅结宇，修奉于兹。三农有祈，多赖以济。太守疏其状以闻，由是赐号曰"西台观"。至英宗即位，更治平之明年，例易天下旧号，遂赐"清都"焉，迨今三十有余年矣。迹其所以卜相启辟，占形势而就潇洒者，实自子和。乞志本末，使来者有考。

予谨按道家之说，所谓清都者，乃九天之上，三清玉皇之所居也。碧落中天，列星辰极之所环拱；江河淮海，川渎灵神之所升降；嵩岳泰华，洞府仙官之所朝会。乘风马，驾云车，雷奔电掣，以望玉京金阙于缥缈之间，人莫得见其尊严，岂人世耳目所敢知哉！一旦赐以是号，若自天降。子和乃因故基，复又增辟南北相直几八十丈，东西半之。于是剔畜秽，剪荆棘，望山潴水，鸠工度材，为之台阁、轩亭、池沼、庵室，非惟足以自适，又以适来者之意。故自坛而南为三清殿，自殿而后为北极阁。自南而东有景虚旷，为逍遥堂；面南而后有室虚白，为观复堂。自观复堂而前，有堂四壁森然，绘洞天之像，顾瞻仿佛，使人企慕而欲追蹑于茅、许、萧、梅之徒者，为清都台。台之前有方沼，跨沼有堂相揖，为集庆堂。堂之上有阁翼然，飞甍华榱，势若踊跃而中绘四圣，前向北辰极，为朝元阁。自阁而南，枕流而东楫，为观鱼阁。有堂在内，可以谢事而养年，为葆真堂。有庵晦藏，可以得道而葆光，为泰定庵。自池而北，水泉清浅，可以濯缨，其亭为清漪。自池而东，松林竹径，青葱交映，其亭为秀绿。凡是数者，皆有佳趣寓焉。游人至此，洒然爽垲，不知其身之在井邑。此其观之大略也。尝谓道不在景，因景有以乐道。苟非悟道之要，则虽适庐阜，造衡岳，隐嵩少，游洞庭之幽，陟三峡之险，以至浮东海，泛洪涛，深穷而远适，亦何所得哉！一有悟道，则虽一卷之山，一勺之水，在于深林荒墅之间，皆足以忘怀自适。矧是观也，有山水之胜环绕乎前后，而又称以台阁池沼，皆兼而有之。子和经构于此，非尚物以留景，其有志于乐道者欤？予嘉其志，于是并书始末以为记。

绍兴元年十一月日，前吉州司户单暐撰。

【说明】单暐，於潜（今属杭州市临安区）人。元丰八年（1085）进士。据文后落款，知曾任吉州司户。据《东昌志》卷二录文。参见康熙二十八年《庐陵县志》卷一三、乾隆四十六年《庐陵县志》卷四一、道光《庐陵县志》卷三九、光绪《江西通志》卷一二三、民国《庐陵县志》卷一三下。文中介绍了清都观兴废之况，提出了“道不在景，因景有以乐道”之思想。

128. 南宋·赵构（宋高宗）：封文通公敕

绍兴三年癸丑（1133）

敕：君子于不道之朝，逸隐为高；人主于清修之士，激扬为务。昔晋罗文通，寡欲无求，廉退自守。隐居避乱，著一十四篇之书；力学训徒，感从学八百之众。苟全性命于乱世，不求闻达于诸侯。有若高士，是宜褒崇。今南昌尉梅福已封“吏隐真人”，文通之行，梅仙之流，而应征不仕者也，可封“大罗悟道溥通征君”，并修罗山书院额。主者施行。

【说明】赵构（1107~1187），即宋高宗。有《翰墨志》。据《剑出丰城》录文。按，据书中所收相关论文介绍，敕文出自明隆庆元年（1567）刻本《豫章罗氏重修宗谱》。

129. 南宋·赵构（宋高宗）：封石人峰神诰敕

绍兴四年甲寅（1134）

敕信州上饶县：为前敕封灵助侯暨二神助讨永丰之贼，大震白旗之威，数年流害，一旦剿除，真为国为民神也。郡县功闻，朕宜嘉赉，用彰国典，慰答民心。神既著灵于当时，朕特褒封于今日。灵助侯进封灵助威济侯，刘太真特封助顺将军，李德胜特封助灵将军。

【说明】据同治《广信府志》卷一一录文。参见康熙五十二年《广信府志》卷二八、道光《上饶县志》卷三一、《全宋文》卷四四八一宋高宗四三（第202册）。

130. 南宋·胡铨：灵护庙记　绍兴四年甲寅（1134）

茨楚之西偏有城隍祠，相传以其神为灌将军。汉有两灌将军，皆起繁冠，议者曰："此颍阴侯也。"予考之史，颍阴盖未尝至吉，而《寰宇记》亦无所谓颍阴祠者。然迁、固皆谓颍阴斩项籍，度江平吴，遂定豫章郡。其郡东南有灌城乡，且宅基在焉。唐《宜春庙记》亦云："番阳、宜春，颍阴实始城之。"然则汉首奠南服者，颍阴力也。吉，古豫章属邑。秦末民大厌乱，颍阴一传檄钟陵而连城争下，则其威德在人，宜有俎豆之者，故至今数郡城隍皆庙灌将军，谓为颍阴侯无疑也。夫颍阴丕绩卓卓，固不假饰说，至其报应如响，元元阴受其赐。而兹庙也漫不碑碣，是大阙典。

建炎初，大驾南巡，降奴长驱江界，所至守若令望风举颡，人走死如骛。邦民惧不免，哀祷庭下，卒之城虽不守，而邑屋赖以全。先是卒有盟于庙，谋杀人以反，欲发而得间者；有卒复然，亦先事暴露。向非圣神英烈之赐，十万户受其祸矣。绍兴癸丑，耆老状神之灵于郡，郡请之部使者，以闻于朝，明年敕赐庙曰“灵护”。会中书舍人赞皇李公来为郡大尹，政清户庭，人自得于湖山，千里之外不知有兵，则曰：“神贶吾也。”乃亲洒墨妙，张大标牓，颍阴千数百年阴功潜德，晔然以光。或曰颍阴佐汉取天下，位丞相，配享高庙，岂恝恝然食此土而福此民哉？是不然。按《高后纪》，方诸吕柄朝，汉可摇足取，然不敢逞者，独畏一灌将军耳。其生也气已盖万夫之上，则其没也宜必赫厥灵于天地之间。矧吉之人忠信岂弟，事神如父母，神而不欺，独能遗吾邦乎？合郡之人然余言，请传其事，遂书之石。

【说明】胡铨（1102～1180），字邦衡，号澹庵，庐陵（今江西吉安县）人。建炎二年（1128）进士。因上书请斩秦桧等而获罪遭贬。历官枢密院编修官、秘书少监、国史院编修兼权中书舍人、工部侍郎等。有《澹庵集》。据《胡澹庵先生文集》卷一七录文。参见《全宋文》卷四三一九胡铨二一（第195册）。

131. 南宋·欧阳世坚：敕封辅顺庙额及封王爵原由

绍兴七年丁巳（1137）

江西吉州庐陵县永和镇辅顺庙，奉尚书礼部准国史实录日历要所牒部，自隆兴元年至宝祐四年终，攒录庙额、加封爵号，开具下项。

宝庆五年七月日，具申本庙有后周显德五年古碑，自唐开迹。至本朝建炎三年，神部阴兵，却退虏骑，护佑太后御舟有功。至绍兴五年十二月，庙额敕赐“辅顺”二字。尚书省牒吉州泰和县永和镇辅顺庙，礼部状准批送下江南西路转运司奏。据吉州申，据士庶父老、僧道百姓、左迪功郎邓泾舟等状，建炎三年十一月廿四日，睹番兵三百余骑，到永和驻扎寨，驱掳士女，掠取金银，镇民无计逃避。众议祈祷本处土神王山大王，望神阴助。当便狂风骤至，飞沙走石。番兵仓惶失势，结队奔走，遗下所掳。民户回归，皆言番兵齐说，此地小镇，却有六七千兵，皆绯衣绯巾，红旗焰焰，势不可敌。切缘户民即无绯衣绯巾、红旗，显是大王神兵之力。乞敷奏朝廷赐恩，命褒嘉爵赏及庙额。吉州委庐陵县尉刘之部躬亲前去永和镇体究，得王山大王上件灵迹，因依保明是实。本司行下邻州委官询究。续据袁州申，依应委司法参军邹敦礼询究所陈灵应，委是有功于民。寻委本司主管帐司何澹前去覆实。今据何澹申，躬亲到吉州永和镇覆实上件王山大王灵迹，与前后委官询究保明到事理一同，即无仿冒。本司保明诣实，欲望特降睿旨施行。前批送礼部，本部寻行下太常寺勘会去后，今据本寺状检会，已降指挥节文，神祠如有灵应，即先赐额。勘会今来，江南西路转运司保奏到吉州泰和县永和镇土神王山大王庙祈祷感应，合先赐额，本部欲依本寺所申事理施行。伏乞朝廷钦差指挥，伏侯指挥牒奉敕宜赐辅顺庙为额。牒至准敕，故牒。

绍兴五年十二月日，行参知政事沈。尚书大仆射同中书门下平章事。尚书左仆射同中书门下平章事。

王山之神，自唐开迹泰和，其后耀灵兹镇，因庙食焉。民戴休德尚矣。建炎三年冬，天子南狩，鞑鞨长驰，江介列城，困于蛇豕，惟蕞尔镇民，祈椢驱之。一时风声鹤唳，草木尽为赤帜，人马辟易，望尘引去。议者谓神护持默符，炎德中兴，有如此者。呜呼！《礼》称能御大灾，捍大患，有功于民，非神谓耶？左迪功郎邓泾舟倡耆老举其事于州，州请于部使者以闻。绍兴五年，太常订议，有章来上，纶诰烂然，降自行阙，故有是号。昔赵襄子出奔晋阳，感三神之赐，灭智氏而复其国，赵氏其昌，神亦世享。抑尝考神之殊灵绝迹，固不出三神下，特相与为先后尔。世坚深虞宝书滋久梟朽蟫蚀，遂命工模刻诸石，表揭庭庑，且以答神之贶，波及邦人，永保繁祉，皆与荣焉。

绍兴七年岁次丁巳十二月望日，冀郡欧阳世坚谨题。

开具累年封爵节次纶言如右。

【说明】欧阳世坚，生平不详。据《辅顺庙志》录文，文后有注云：“并有碑在庙。”

132. 南宋·王庭珪：蟠藤古庙记　绍兴十二年壬戌（1142）

出县南十五里，折而西行又十里许，林壑绝险，有溪水出孤源峒中，所从来远矣。西山当峒口，水抱山麓，其停蓄而深者为潭。溪中多乱石，突怒而出，水行石间，汹涌有声。溪上古木合抱，而巨藤苍然，若龙蛇起立，状极怪丑，干霄而屈蟠，皆数百年物也。每风雨至，林木震动，水石相搏，观者毛发尽寒，震掉不能久立。相传以为龙神之所窟宅，故水旱疾疫，凡有求必祷之，常若有答焉。

绍兴十一年夏五月至六月不雨，苗将槁矣，遍祷群祀弗获。县宰向公子赍披地图，访耆老，咸言西山之灵。乃率僚佐洁诚以往，视神所居，蟠藤之上，三峰峻峙，乡落所谓三峰蟠藤之神，气象阴森，崖壁怪伟，使人凛然。既祗饬祀事，有云出于峰顶，须臾蔽日，随轩而归，众咸异焉。日暮大雨，明日又雨，周被四境，是岁大穰，繄神之力。向公具其事乞封爵于朝。且用耆老言，数十百年以来目睹灵异，殆不可悉数。中更变乱，溃卒四出，巨盗在境。神示风霆雨电之变，又出蜂虿百怪之物，卒退走之。其事诡异，或者疑焉，然皆近时事，耆老目睹，人能详言也。

夫山川皆有神司之，而能出变怪，兴云雨，泽及万物，此固宜在祀典，蒙休显，而力请未获。若乃神之威德，实不系封爵之有无，论神而问封爵，犹论人物而问官职。今之大官大职，岂尽能惠泽斯民？神亦犹是也。后之人必欲昭揭神之灵贶，宜有考于斯文。谨书向公一时之迹，以附安成故事，俾不坠。

绍兴壬戌冬十月一日卢溪王某记。

【说明】王庭珪（1080~1172），字民瞻，号卢溪真逸，安福（今江西安福县）人。政和八年（1118）进士。绍兴中，胡铨因上疏乞斩秦桧罢和议安置岭南，他以诗送行，触怒秦桧，除名，流辰州。桧死，许自便。孝宗召对便殿，除直敷文阁。有《卢溪文集》五十卷。据同治《安福县志》卷一七录文。参见四库本《卢溪文集》卷三四、《全宋文》卷三四一二王庭珪（第158册）（均题为《西山记》，文字稍有不同）。

133. 南宋·王庭珪：上成观三清殿记

绍兴十八年戊辰（1148）

上成观在安成之西，始建立者与其废坏之岁月，不可记也。故基遗迹，里父老人莫能言其处也，独县图与尚书职方之籍有其名耳，其所以名之意，亦莫能详也。

道士戴知柔实里中儒家子，幼敏悟，读黄帝、老子之书而说之，因弃家为清真观道士，以医闻于世。时清真在县之东，而戴氏之乡疾病者必赖以济，议筑室而留之。其兄弟欲出赀产，知柔一切弃不取，独取其荒顿之田广袤六亩，莳花药，为堂以居焉。堂面白鹤峰，有古仙人遗踪，从兄大夫公榜之曰揖仙。其后弟子刘若拙亦以医世其业，乃以其医之所蓄金帛，益兴造而侈大其居。于是其人相与言于府，取图籍，故名曰上成观，作字于门而揭之。始造三清殿，凡三清天中仪像所宜严事者，饬之皆备，焕若化出。

夫天下之物有废毁于数十百年之后而复兴起者，非碌碌不能有材智者所能成就也。昔者金碧巍然之观，化为荒烟野草，致无颓垣败址可寻。今二道士乃能探取既废之空名于寂寥不诏之断版，排蒿莱，起堂殿，使荒烟野草化为金碧之区，可谓杰然有材智，足以兴事起废而贤其徒者也，不可以无记。因吾友刘太虚以书求余记其事者凡五年，许之而未暇作也；其请不已，遂为之记。殿成之日，绍兴甲子十一月十九日也。

【说明】据四库本《卢溪文集》卷三五录文。参见《全宋文》卷三四一三王庭珪八（第158册）。

134. 南宋·洪适：嘉济庙碑　绍兴十九年己巳（1149）

虔州直东绝贡水，再百举武，翚然雷冈之上者，曰嘉济庙。入斋庐，有古碑二：其一唐宣宗八年，进士杨知新所立，题曰“石固王碑”；其一吴杨溥九年，节度使李德诚所立，题曰“昭灵王之碑”。其传在汉初，庙于崇福里，灌婴过之，神见于山。至大中时，民周谅被酒坠崖下，贾符爽沿长汀舟覆，咸得神以存，相与立屋，徙祠于此。

我宋嘉祐二年，易故而新之，图像宫庭，革陋改作。十万户乞灵尸其戚休，水旱致告，应在漏刻。异之尤者，屡书于石于板于壁，具在。宣和年，赐重封。主上中兴，诸神受纪，诏以“广泽崇惠显庆”为今王庙，得额则自大观始。绍兴十九年，番阳许公再为邦伯，时江西荐饥，人尽无依，弄兵椎剽，巢闽南两粤之界上，村落居畽相聚保山泽，赣江三百里棹不昼鸣。行陆者北达庐陵，南逾岭方，盱衡相贺。其夏大旱，公斋洗磬折，祷祠下者三。神私于公，北魃赐雨，高印浃洽，槁稼苏醒，岁以稔闻。嗥呼之群，乃自毁锋刃，弃窟而室，洗犷为和。其明年复大穰，方地千余里，夕扉罢扃，米斗钱不满百，治安之风如王始封嘉祐时。公济明以勤，郡无留事，召大姓二十立庭下，曰：“来！邦人日夏闵雨，上下惴惴，神不我答，则民流于盗，安得高枕而卧？庙老矣，不除风雨，是饮其德也。”皆曰：“诺！不然，某何以生此心乎？神欲壹有所出久矣。”时众推心计闿敏者二人，曰张锐、曰郭文振，命以纠帅，辞不能。乃分一番纸如其人之数，书其二为正副字杂封之，令曰：“得墨者职如书。”各取其一，开之则得书者此二人也。公喜曰：“神与心通，岂由人哉！”众皆喜。即其日官助钱十万，公又捐其私以倡出，削牍为疏，人人争施，无一分纤啬心。二人具记木石瓦甓，下至髹垩之物。先以家财二百万分付十八人者，皆奔走市买，不逾月合，凡所得又赢其半。工佣有程，不役以公，不掊于私，起八月癸丑，阅二百有一旬有六日而毕。墙屋崇崇，画绘光明，山增昔容，林祉无尽。城内外小大击鲜酾酒，再拜庆成，歌以迎神。曰：“贡之水兮，会章而下。东有栩兮，山凿罅。企新宫兮伙颐，神之为王沈沈者。有酒如江兮在斝，有牲如山兮乐侑以雅。徯神之来兮胪欢，亘野妥且娭兮沛风马。”已事又再拜，为送神之歌曰：“醊神兮叩神，捎夔魖兮父母我民。水不溢溢兮旱不惔焚。我穑之好兮我粒之陈。枹鼓卧兮蠭无屯。馨赛具兮子又孙。归福我公兮无圻。”予过而闻之，窃谓虔为盗渊非一日积，怯吏视鱼肉唫呻犹越人瘠，一不以置怀。猛者日寻干戈而乍伏乍啸，莫得踪绪，譬之毒草妖鸟，不可胜去。孰知吾许公弭盗自有神助乃尔耶！案神能效异于灌将军，则当先秦血食。自古诸布诸严之属缀祝官者甚众，至汉或存或毁，后人已不能名其神。独神庇于远，歆于远，更数千百年介然有祠，所凭久而灵，其理宜也。故申之以铭曰：

石疑其氏，以固为讳。逢灌而传，涉唐则迁。新庙莫莫，许公所作。始佗臣汉，有使无战。灌定豫章，至赣之乡。规欲取粤，恐坐专伐。屑然有闻，沥酒还军。旧载南征，失诬相仍。继歌以诗，用破群疑。

【说明】洪适（1117~1184），字景伯，号盘洲，鄱阳（今江西鄱阳县）人。绍兴十二年（1142）进士，与弟洪遵、洪迈同中博学宏词科，时称“三洪”。历官至尚书右仆射、同中书门下平章事兼枢密使、右丞相。好收藏金石拓本，为一代金石学名家。有《盘洲文集》。据四库本《盘洲文集》卷三三录文。参见《全宋文》卷四七四五洪适四〇（第214册）。

135. 南宋·董德元：仙游观记　绍兴十九年己巳（1149）

紫霄绛阙，天神在上，其去人远矣。然貌像设而灵感凭，章疏奏而福履降，庄严之功固可尚，精禋之祷必有应，不可诬矣。濑冈山仙游观者，真人吴自宣蜕升之地也。其人以唐垂拱二年由婺州来，结庵于此，实庐陵太平乡也。修炼九载，功行既成，有白龟自南坑负泉，山神从北岭献果。未几，乘云跨空，腾身飞天，时延载元年二月十有三日也。余丹十七粒，贮以瓦壶，瘗于枫下，环山数十里，紫云纷郁，覆罩累日。县令郭建中以事闻州，州刺史奏于朝，朝廷改太平为云盖乡，濑冈为吴仙观者，越三月十有八日也。其事虽彰，其宇未大，烟霞空锁，名号徒存。本朝元符中，彬阳太守刘侯良肱牒请临江军道士曹昌俊住持，工役聿兴，规模尚简。裔是接踵，仅克支吾，日月逾迈，风飘雨剥。比岁道士曹昌俊领兹观事，惧前功之或废，惜灵迹之将沦，捐己储，丐众力，新其已敝，创其所无。殿崇三清于中，门堂两庑，环列周备，高真上圣，金碧一新，神明恍惚，如有在焉，过者敛容，见者合掌。岁在壬辰夏秋之交，亢阳为沴，天久不雨，州县遍走群祀，乡井豪右各叩古迹灵坛。进士曾自古率同社诣观中，俾智仁齐戒洗心请祷，篆烟烬而油云生，人影散而甘泽沛。是岁晚稻有成，议者为荷灵贶，宜有纪述。予尝谓观宇之建，殚民力，费民财，民亦乐而无惮者，冀其感应之福逮于我也。不然，土木之雄，丹青之丽，何足贵哉！即自古尚精诚之祷，见智仁皈依之功，又显神灵流惠，有补于世，是皆可记也。若夫庐陵析为吉水，自太平兴国九年始也。吉水析为永丰，自至和二年始也。吴仙观改为仙游观，自治平二年始也。故今为永丰县仙游观焉。

绍兴十九年三月望日。

【说明】董德元（1096~1163），字体仁，永丰（今属江西乐安县）人。绍兴十八年（1148）状元。历官至吏部侍郎、参知政事、资政殿学士。据同治《永丰县志》卷三三录文。参见《全宋文》卷四〇九五董德元（第186册）。

136. 南宋·叶义问：《庐山太平兴国宫采访真君事实》序*

绍兴二十四年甲戌（1154）

梦当时使者之语，以谓后五百年福及生灵。以历考之，自开元辛未，距今行及五百年矣。玄宗皇帝建祠以事，而使者之名显。国朝累圣崇奉，神宗皇帝虔进圣号，徽宗皇帝加上宝册，而使者之位益重，祀典益崇，礼意益至，殊祥异贶，影从响答，其在斯欤？

义问来九江，适太守大卿胡公纺以清静理郡政，民神协从。甲戌春举行旧典，以义问摄祀事于太平兴国宫。礼毕，因观山川之胜，穹隆磅礴，层见迭出，不可名状，是宜高真之所慎择也。宫之道士有向师尚者，清修自持，且有心于阐宗立教。以使者应化之迹泯泯未传，求义问编次，义问不敢以鄙陋辞，谨列于左方。

绍兴二十四年中元，左朝奉郎、通判江州军州事兼管内劝农营田事、赐绯鱼袋叶义问谨序。

【说明】叶义问（1098~1170），字审言，严州寿昌（今浙江建德县）人。建炎二年（1128）进士。曾任江州通判等。据正统《道藏》本《庐山太平兴国宫采访真君事实》卷首录文。参见《全宋文》卷四一五一叶义问（第188册）。

137. 南宋·王庭珪：萧泷庙记 绍兴三十一年辛巳（1161）

吉水县之东南八十里，山高而远险。有水自西北奔注，抵山石屈折而出，至是汇为奔湍。江中多乱石，其突怒偃蹇、巉然而出者，率争为奇状。水石相击薄，其声如雷霆，如兵车阵马之行，悍怒斗激，观者怖栗。舟上下与石不避，则有破碎沦溺之患。或谓神之威灵，以惊骇斯民。古有庙谓之萧泷，不知其始所以名者。考之旧记，或云萧、泷者湘中之二水名。按地理，此江与湘水无通流之理，独江湘以南，凡湍流触石而奔放汹涌者率谓之泷。唐韩退之贬潮阳，先至乐昌，作《泷吏诗》，有“险恶不可状，船石相舂撞”之语。是知所谓泷者，皆奔湍激石而多险者也。问故老，皆云古宿相传，泷之神甚灵，而姓萧，乡人严奉久矣。此说几是欤！古者能御大灾、能捍大患则祀之，岂萧氏尝有大功于民而能御灾捍患耶？抑泷之神能变化，能兴风雷，降雨泽，使年谷屡丰，而遂庙食此土耶？今泷流之上，有大穴若破瓮，侧立千尺，盖神物变怪之所潜而不可测者也。

庙既久，梁桷隳坏，乡之进士彭公勉率诸豪出财力，易其腐败而鼎新之，一切增壮于前。是皆世赖神之庥，凡有求必祷于神，常有其向答之者也，宜其祠奉益隆。余素知萧泷之灵，公勉乃求文以记重修之岁月，实绍兴辛巳七月壬戌也。复为作迎神之诗以系于后，使乡人歌以祀之：

泷神何年此列宫，神之来兮雨溟蒙。雷公击鼓驱群龙，神之灵兮与天通。十日五日一雨风，物无疵疠年谷丰。泷民事神甚严恭，牲羞荐酒罗鼓钟。湍虽汹涌长年工，不闻船石相撞舂。孰知此者神之功，宜歌此曲传无穷。

【说明】据四库本《卢溪文集》卷三五录文。参见《全宋文》卷三四一二王庭珪七（第158册）、《江右文抄》卷三。按，王庭珪有《过萧泷庙》诗云："泷江欲度虹为桥，泷涛春击蛟鱼跳。泷头有庙非一朝，泷民犹传神姓萧。殿脚插入白鹭腰，青原舞翠挹岹峣。朱甍日出烟雾消，碧瓦不动磨青瑶。忽然飞电掣紫霄，天为借怒生奇飙。游龙挥雨洗泬寥，桂花随落香云飘。百年古木空中号，鼍能击鼓鸾吹箫。官艘贾舶胆欲焦，庙前泊橹不敢摇。楚词跪奠设浆椒，泷之灵兮或可招。"

138. 南宋·胡铨：永兴观记　绍兴三十二年壬午（1162）

铨少时侧闻大皋渡所谓永兴观者，潇洒有道山之趣，每适城闉，过其门，则必游焉。住山者王君道贵也，与之语，类知道者，自是相往来，为方外友。绍兴壬戌，铨斥岭表，窜海上，阅十有五年，始内徙合江。又五年，乃获自便归田，游宜春，道安成，抵螺川。涉大皋渡，首至永兴谒王君。把酒道旧，粲然一笑，则谓铨曰："自顷一别，不知几寒暑，世事如浮云，变灭不可胜纪，而吾二人白发相看如故，岂偶然哉？请书其事，且并记观之兴毁始末，以托不腐。"铨感其言，三叹而遂为之记。

今夫观之始自胡君紫概开山，而刘君居明继之，瓦砾之墟，变为坛宇，百余年间，钟鼓殷然。己酉冬，金虏长驱，江左邑屋一空，观亦煨烬。有陈君中陵者，披榛剃莽，一新土木，百废具举。不十年而陈羽化。于是王君奋然大作胜事，而里中好事者刘迁、吴鉴、吴昌、刘通出力佐之，遂成玉清之居，突兀创见。而同郡曾仁剩者又出力鸠工，捏塑为像。既又建三门，门侧立虎贲之士甚伟，远近聚观叹息。若其殿宇之盛，则势隆崛以崔崒，峻峨峨以岌嶪，亘修楣之宛红，结枌橑以合沓，何其伟也！楼观之盛，则隆崇弘敞，飞檐轇轕，望窈窕以径庭，渺莫穷其所极，何其诡也！廊庑之盛，则途阁云蔓，隐辚郁律，隘百版之侧陋，媲殊裁于八都，何其壮也！雕镂之盛，则髹槛文槐，绣栭藻棁，叛赫戏以辉煌，蒂倒茄之狎猎，何其丽也！若夫三阶重戺，琱齿琢墄，坻堮嶙峋，栈齴巉崄，虽古驳娑、骀荡，枍诣、承光，睽罛、庨豁，不足拟其靡。傫拱梓于林郁，宪紫宫而摹拟，嗃寒暑于邃馆，矗蟏霓而耸峙，虽疏龙首以抗殿，竦造天之危阙，不足放其奇。朱栱云浮，雕銮雾飞，对若峻岳崛起以嵲嵘，宛若春风舒蜺以垂天，虽表嶤阙于鼎门，轶太清以上征，不足拟其峻。云爵踶甍而矫首，彩羽摛镂于西清，虽东厢蚴蟉之龙，阛阙欲翔之凤，不足逾其逸。蚩尤呵庐，虎旅森戟，灵圉暴于前荣，耕甫偃于楯轩，虽巨灵赑屃，高掌远跖，如西京之谲，河灵矍踢，掌华蹈衰，如河东之诞，不足逞其怪。此观之大凡也。虽然，予闻道家者流泊乎无为，淡乎自持，清净虚无，乃其本也。今顾为是纷华盛丽之观，毋乃非广成之道乎？王君曰："然，此真董梧之锄也，敢不闻而药之？"

绍兴壬午七月朔记。

【说明】据四库本《澹庵文集》卷四录文，文后原署撰作时间为绍兴壬戌，误。据文所述，应为绍兴壬午。参见《全宋文》卷四三二一胡铨二三（第 195 册）。此文记述了永兴观历代道士勤勉弘道，尤其是道士王道贵，"奋然大作胜事"。按，董梧为吴之贤者，典出《庄子·徐无鬼》。

139. 南宋·胡铨：王山辅顺庙记　绍兴年间

世传晋永嘉中，有王君讳子瑶字太皋者，汉王乔之裔也。尝慕神仙术，自玉笥山道庐陵抵泰和，乐其山水，隐居凡四十有八年，莫知其所终。人相闻以为仙去，然竟叵测也。至唐贞观间，又有匡君智者，长安人，弃妻子，脱屣轩冕，慕王瑶之为人，与其兄子往依之，吸风餐露，攻苦食淡者久之，人亦莫知其所终。里人捏塑为像祠之，水旱有祷辄应。是山古今多题识，惟邑人刘敏求四诗为得其实，辄录以示后："琉璃宫阙今何处？玉洞年年锁烟雾。古人踪迹杳难寻，只有青山色如故。青山崒嵂摩斗魁，丹井星坛叠翠苔。玉龙经岁睡初起，但觉噫欠兴云雷。昔日真人何淡薄，蝉脱人间轩冕乐。忽乘风驭知几年？至今不见双飞鹤。我辞尘网到仙家，马蹄踏破云路赊。何时功名勒钟鼎，来伴羽衣餐紫霞。"此一诗也。"霞裾玉佩去飘飘，控鹤仙人不可招。谁信岭头岩石畔，分明一路透丹霄。"此二诗也。"炼丹人去事旋空，丹井犹存第二峰。但怪井干失双鲤，不知双鲤化为龙。"此三诗也。"坛边马鬣一坟孤，传葬衣冠知有无。英气不随世埋没，长为霖雨济焦枯。”此四诗也。“薄”当作“泊”、“济”当作“泽”乃佳。予既录其诗，又拟《楚辞》以遗祝人，俾歌以祀焉：

秋兰兮菊英，骈滋兮阶戺。紫茎兮翠盖，播野馨兮袭襂。秋芳兮菲菲，绿骨兮素枝。高堂兮百灵，层之居兮巍巍。紫室兮荪壁，疏芳椒兮盈户。兰橑兮桂楣，擗蕙櫋兮药房。网杜蘅兮为绸，葺芰荷兮弥彰。琼靡兮为饰，缭之兮芝房。萃众蔼兮实庭，芨蒞集兮萃云。百神缤兮辐辏，灵之歆兮苾芬。洁予荐兮寒泉，泽予民兮甘霆。搴溪毛兮杜若，将以答兮恩湑。

【说明】据《胡澹庵先生文集》卷一九录文，文字据别本有改动。参见乾隆十八年《泰和县志》卷三二（题为“通仙庙记”）、《全宋文》卷四三二二胡铨二四（第196册）。按，同治《泰和县志》卷三、光绪《吉安府志》卷九本文录于“通仙庙”条目之下，内容有增删。

140. 南宋·胡铨：太霄观修造疏* 绍兴年间

太霄观日益荒落，向缘盗贼时起，土木盖未暇。年来桴鼓稀鸣，人皆有室屋避寒暑燥湿，而高真所庐，不能蔽风雨，神弗顾享。况今岁仍太和，全家饱暖，职神之惠，乃阙然屏摄之奉。神虽不出灵响，尔宁不愧于心乎？谨募众豪，同办兹事。

【说明】据《胡澹庵先生文集》卷二〇录文。参见《全宋文》卷四三三四胡铨三六（第196册）。

141. 南宋·胡铨：太霄观修殿疏* 绍兴年间

殿乃吾祖作，族人当共出力修之。父析薪，其子弗克负荷，鲁史所诛；考作室，厥子乃不肯堂，《周书》攸戒。每惭卑室，久渎高真。况前代之规模，其来甚远；宜后昆之率履，可不钦承？要识个木作天，何必玉真公主；如欲见钱流地，岂假银衣道人？自有当仁，能办兹事。

【说明】据《胡澹庵先生文集》卷二〇录文。参见《全宋文》卷四三三四胡铨三六（第196册）。

142. 南宋·胡铨：灵护庙塑神像疏* 绍兴年间

夸土偶之神灵，事虽莫考；谓泥多而佛大，理亦不诬。倘庙貌之弗严，则人心之曷肃？况灵护地主，威显侯封。盖一方水旱之司，系千里安危之寄。而仅存屏摄，久废装严。萧然上风旁雨，纷若蛛丝煤尾。欲一新于捏素，殊倍费于丹青。重念春耕夏耘，当知雨露之力；丰年乐岁，敢忘饱暖之恩？知恩须索报恩，惜力无如竭力。共成胜事，广种福田。见善从善登，宜莫先于乐施；祭神如神在，无以过于推诚。

【说明】据《胡澹庵先生文集》卷二〇录文。参见《全宋文》卷四三三四胡铨三六（第196册）。

143. 南宋·胡铨：玉笥山抄题度牒疏* 绍兴年间

加猕猴以楚人之冠，韩生已笑；衣猿狙以周公之服，汉吏尝讥。万苦千辛，一簪半褐。盖挑经甚于挑战，而选道难于选仙。岂惟《道德经》五千言，渊沄汗漫；复有蚩尤庐数万卷，佶屈聱牙。既不能一览无遗，若李弘之精；又弗克五行并下，如应奉之敏。若云黄衣道士，四问而四不知；但须白水真人，万选而万必中。敢陈丹恳，愿结清缘。暂修香火之勤，聊效涓埃之报。

【说明】据《胡澹庵先生文集》卷二〇录文。参见《全宋文》卷四三三四胡铨三六（第196册）。疏中所言“挑经甚于挑战，而选道难于选仙”之观点有价值。按，以上数篇疏文虽非碑刻，但对了解一代名臣胡铨与道教之密切关系有帮助，故特一并录之。

144. 南宋·李纲：洪崖先生像赞并序* 绍兴年间

洪崖先生张氲，隋唐间人，隐于南昌之西山。所乘驴名曰雪精，仆数人曰拙、曰木、曰藤、曰葛、曰橘，出则负巨扇长瓢以从之，多绘以为图，盖有道者也。为之赞曰：

洪崖古先生，傲睨得天逸。结庐西山下，踏雪时一出。长瓢与巨扇，此外了无物。借问侍者谁？拙木藤葛橘。何年丹青手，写此神仙质？高风邈如在，超然入吾室。

【说明】据同治《南昌府志》卷二六载：李纲（1083～1140），字伯纪，邵武人。一生锐志恢复，忠诚义概，凛然动乎远迩，朱熹以“一世伟人”目之。绍兴中，除江西安抚制置大使兼知洪州。任内修葺郡城，横截东北隅，入三里，废四门，遂定其制。据前志卷六三录文。按同卷载：“张氲，晋州人。慕古洪崖仙人，号洪崖子。始隐姑射洞中，元宗召见于湛露殿，问曰：‘先生善啸，可得闻乎？’即应声而发，声若鸾凤。拜官不受，还山绝粒服气。洪州大疫，有狂道士卖药，得者即愈。州以上闻，元宗曰：‘必氲也。’三召不赴。天宝末，忽大雾尸解。张说有《洪崖子张氲传》一卷。”

145. 南宋·武允蹈：城隍庙碑记 绍兴年间

神讳智顼，姓应氏，调露乡人也。长七尺，美须髯，赋禀英武，人畏服之。尝筑书室于新吴，与兄弟讲习。隋大业末，天下大坏。林士宏据豫章寇江南，攻陷城邑，将侵境。神躬率义旅，为安民之计。间遣谍鬻巨屦于寇中，皆惊问其故，曰：“吾邑人所常蹑也。”或欲复为向道，曰：“吾地多险阻，如五伯港、死马冈、乌泥埏、沙胡城、梅顿，离天三十，皆未易涉也。”神又使人货橘，寇市而分之，则蜂毒中，人多死，寇骇之。进至邑西北五里，神据溪水整师，寇畏服不敢犯。溪流道入蜀江，神引剑叱水，应声而止。人寇皆举首颟额，相率而去。唐武德五年，安抚使李大亮举众归附。地本豫章之建城县，高祖以神能靖民，深嘉之，授刺史，威惠并行，民赖以安。米山之西有潭，极深险，中隐巨牛，金色赤尾，阴晦辄出，伤人畜，害禾稼。神部兵往，牛出潭，命李尉剑斩其尾，因下土实潭，生灵之患遂消。未几凤凰翔见于治后，因名凤山。一日，忽有樵者告以幞冠蟒衣人坐石而瞑，民视之，即神踋趺逝矣。州人议立祠，祠成，遂承祀事。唐追赠尚书左仆射。宣和六年，赐庙额，利贶建城。后官兵追新丰寇，神现兵城上，皆以虎革冠首，寇遁。朝廷闻之，褒封忠显灵王。

夫神之生也，能靖乱宁人；及其殁也，又能御灾弭患。迄今赫彰灵异，地方水旱灾蝗疾疫，有叩请无不响应。民屡以功德白郡，郡以状告当道，乃核奏而屡封焉。其年月爵号，与夫人徽称，及十有二位神明。告以应天、贤圣，无王称者，即其兄弟也；嗣德、嗣昌，侯称者，即其二子也。有应使君宅舍，绕城之云峰寺，即其旧居也；新吴城头之嘉福观，即其书堂也；奉新之应墓里，即其葬所也。神之夫人姓梅氏，天德乡之法忍院，是所从出也。其功德在人，自唐武德初元始，世远代更，令人称道弗衰。神之颠末具此，观录者可以考所自矣。

【说明】武允蹈，字德由，自号练湖居士，高安（今江西高安市）人。为人品行端正，不苟言笑。有《练湖集》。据同治《高安县志》卷二二录文，文字据别本有改动。参见乾隆十九年《高安县志》卷一一、同治《瑞州府志》卷一八、《全宋文》卷三八〇三武允蹈（第174册）。

146. 宋·□盛：空山潜灵庙碑　绍兴年间

赣州地控南徼，其山镇曰空山，奠州之阳。锐峰干霄，搀焉如揭旌纛。巘崿林麓，舒布环百余里。脉络蝉联，章、贡二水夹以北驰，弥漫竦涌，如波涛合流。键之，其势乃始扶舆磅礴，高闳显敞。州治正据，与山拱揖，盖阴阳所谓来势者。山能蓄泄云雨，云霏阖散则神物依凭，为一郡千里利泽，宜也。谨按汉《郡国志》及唐《十道志》州旧记，言空山出空青，故曰空山。又曰良材果实，一郡所资，虽名空山，所产则倍。又曰山上有平湖，中有艑艚，底人动者，风雨立至。神舟之验，今不可考。然山有喷龙石穴，盖利泽千里，神迹之殊尤杰特者也。

自南门走信丰，道四十里，至龙下铺。自龙下铺升山十里而至望州岭，下山又十余里而至平康里。山间居民栉比，水土衍沃，宜五种，多异材，人不识旱岁。清溪之外又十余里，水口石峰夹峙，下临万仞，溪流迸落半崖为飞瀑，声砯�如怒雷。潴为石泓，方广倍寻，炎夏寒栗可畏，人迹罕至，即喷龙石穴也。山上有神祠，即绍兴十七年岁旱祷雨有获，郡邑为奏绩，赐额“潜灵”者也。若骄阳为沴，官民洁告于祠，汋水石泓，遇水族出现，迎取崇奉，必得甘澍。否则无应，率以为常。

岁在己卯五月壬午夏至，大风扬沙石，俚占为旱，已而不雨六十余日。今太守直阁陈公始至，雩禜甚肃，撤膳去乐，并走群望，复不雨。盛因博询邦人有龙湫可祷者，佥以喷龙之灵告。盛具禀公，公辄属有司备迎请之礼惟谨，且命盛将事。盛既得檄，斋祓谒款，务极其至。前此官吏有祷，多惮嵚崖之险。躬告神祠，恐从徒下山，致神亵慢嚣喧，休应多邈。盛既至，诘旦告祠，以祝史燔芗币讫，肃徒扪萝蹑蹬，躬造石穴。以祝史燔芗币，申祷如告祠时。顷肸蠁来格，盛因祝曰：“倘辱神赐，当奏封爵，崇庙貌，勒石纪绩，不敢后。”久之，有蜥蜴蜿蜒而浮水上，众喜曰：“神龙至矣。”乃奉以旋，陟崖度岭，炎曦煜爚，雨候殊远。出山云霏倏起，雷雨大至。盖神舆未造城闉，环境百里已沾零矣。时已七月，稻田洽浃，晚稼实赖以济，岁不大觳。其年冬，郡具以闻漕台。漕台保奏，朝廷下太常，论为应式。今年三月乙未，敕赐广润侯。会再阙雨，命书适至，盛复往，且以命书告，应答如一。神舆往返，皆滂润。导送邦闻，耆稚呼忭相属。盖非名山作镇，不足以奠神明；非神明，不足以布惠泽；而非公之诚，不能以格神致丰岁。为赣二年，政成民和，百废俱举。天子用谏臣论，赐玺书，特加实储，再任益懋。试可而宸纶宠绥复被于神，则其所以谐幽明、召和气至矣。盛备员郡掾，禀命将事，既获嘉应，敢虚神贶。因请以公帑斥祠宇，崇像设。工既竣事，即勒之碑，揭文侈先烈，后刻迎送神二章，畀邦人歌之，用赞时祀。其诗曰：

山之崇兮环环，水之滀兮潺潺。神之宅兮何在？嗟杳邈兮山水之间。若芳擩兮揽湘蕙，以洁诚兮肃进馈。旂芙蓉兮拄车，履正良兮导夫神以即途。神之来兮逌尔，云霏起兮舒舒。愿神休兮溢我，罄万汇兮昭苏。神之来兮山出云，沛甘雨兮惠邦人；神之去兮风肃肃，惠邦人兮殖嘉谷。吹笙兮击鼓，呻歌兮绎舞。神德兮无极，人心兮依怙。山有嘉木兮水有兰，神栖处兮安安。顺潜升兮应世，廓变现兮无端。载飶椒兮具词，岁表神庥兮垂万禩而弗刊。

【说明】据同治《赣县志》卷五〇录文。按，卷七有云："《崆峒潜灵庙碑记》在崆峒山喷龙穴傍祠内。宋绍兴中，郡掾名盛者撰，其姓无考。所谓太守直阁陈公，核其年月，为陈叔进骙。文古郁，非赝物。碑文详金石。"

147. 南宋·杨振文：葆光庙记　隆兴二年甲申（1164）

绍兴三十一年三月十九日，庐陵杨振文被命来宰新吴。始至三日，凡封境之内山川之神庇贶于人者，莫不伏谒致敬于祠下。惟尔神之居，崇立于市，规模雄伟，像设于堂四焉，疑无专位者。呼诸父老考图经而问之，因得神事迹甚详。盖两晋昭德观刘真君承事护法神也。自真君仙去之后，兄弟四人俱血食于此，历年久矣。建炎间，金人犯境，一邑震恐。神于是时见像江北，威勇统兵甲，如上将。虏敌疑惧，不敢入，邑人安之。每岁有水旱疫疠之变，无祷不应。上下敬事，四时未尝敢懈。福及于民，信有功矣，何祠额久而未有建立？前后长此邑者，岂无一人力能闻于上？更相因仍而未果者，何也？既而究之，乃不足怪。盖鬼神之事，昧而难明，岁月之深，举而莫信，非因其时而成其事，则弗克济矣。辛巳岁，金人败盟，复侵淮甸。天子有命，遣使遍名山大川致祷于神，令有司具英灵效顺者以闻，悉封爵加秩。新吴之人因是遂举神建炎却敌之功请于余，余久有意而未有所发。是夕感乎精神，形于梦寐。及旦，以其事闻于府。自府奏于朝，更阅二年，再四而后从其请。

呜呼，何其难哉！而况兴利除害，立事建功，注措施为有大于此者，不又难哉！以予请之之难，有以知前人因仍不举者，是亦难也。此岂不系于时乎？

岁次甲申十一月十四日，邑人喜诏命之下，迎送于祠庭，欲刻于石而光大之，并索余记之以广其意。余以谓“葆光”之号，非有道者莫能当，信乎真君之神不妄矣。

隆兴二年闰十一月十五日记。

【说明】杨振文（约 1120~1170），字文发，庐陵（今江西吉安县）人。曾任奉新知县。据乾隆十五年《奉新县志》卷一二录文。参见同治《奉新县志》卷四、《全宋文》卷四八六七杨振文（第 219 册）。

148. 南宋·胡铨：北真观记　乾道元年乙酉（1165）

道家者流所以礼高真者谓之观。予尝考观之义，其说有四：一云观者城楼，《春秋》两观是也；一云藏书之所，汉东观是也；一云游观之处，《三辅故事》秦时殿观百四十五，谢玄晖所赋属玉观其一也；一云观之言其高可以望，若《黄帝内传》置元始真容于高观之上是也。然则道家观云者，岂《内传》高观之类与？稽之近古，则有金洞、玉虚、明霞、紫馆、西华、北灵之号；国朝则有上清、建隆、集禧、醴泉、万寿、天庆之目，其来尚矣。

吉之安成有所谓北真观者，崇宁壬午，有欧阳君者实始破荒，钟鼓隐然；而曾有庆者继之，遂极土木剞劂之胜。建炎己酉，为兵火所焮，片瓦无遗。绍兴改元，复创堂庑，其徒刘师林、刘嗣林者实董其役，而乡老合辞，请闻于朝，以“北真”为额，郡将从之。未几，曾君羽化，而嗣林继董观事。里豪王功成者复出力建殿塑像，而王俊臣者又出力捏塑众真列星。嗣林之徒刘元明、王元恭者，又协赞百役，屏摄一新。嗣林以予与曾君有瓜葛，不远数舍，请记观之兴毁。义不得辞，遂书其始末，且拟楚些以招曾君之魂，并刻之碑。其词曰：

绮镂丹绍，楣方连些。绿室翠篦，绛曲琼些。层台累榭，临孱颜些。堂耽宇邃，楯层轩些。深隅薄壁，翡帱张些。纂组结绮，惟蟏珠些。苍玉之梁，刻青螭些。雕橑绘桷，龙蜿蜒些。鲜飙转菹，漪兰池些。倚诏畦瀛，菉蘋齐些。吾闻道家，靓且闲些。泊乎无为，澹自持些。绣而文窔，胡为乎些？

乾道改元阳月壬寅记。

【说明】据《胡澹庵先生文集》卷一九录文。参见《全宋文》卷四三二二胡铨二四（第 196 册）。按，王庭珪《跋胡侍郎撰〈北真观记〉》云："安福图经旧无此观，独有遗址在深林穷僻之野，亦以碑刻可考。里中王氏诸豪力请建屋于其上，始得今名而榜之，复得侍读胡公之文以为记。碑成，龟趺璀然，气象雄伟，如天球琬琰金钟大镛，列在东序，拭目者改观。榱桷之华，岂止百年，无虑其隳堕也。万一千载之下，陵谷变而壑泽，不能守此碑，或沦弃于颓垣断堑之间，好事者得之，决不沉泯，迹其姓氏，犹足以夸世耀众而复兴于寂寞不诏之后。然则此碑实为北真不朽之托也欤？"（见四库本《卢溪文集》卷五〇，北真观误为比真观）

149. 南宋·何恪：仰山庙记　乾道二年丙戌（1166）

江西之俗，禨鬼病，却医药不御，惟巫史禳禬是信，不爱费，死且弗悟。故一草木之妖、一狐枭之祥，往往尸而祝之。既久，祈不验，始觉其非，不足以惊动祸福，人辄斥不祝。所过颓祠偃像，无一堠地无之。至若庙貌肖然而能奔走数百里之地，享存若不及，是必其神有大功德于此土，受其报祀为无怍也。

仰山二王，按图牒肇于晋永嘉中，降于宜春仰山之下，袁人即其所祠之远近，因以地号其神。历唐五季，庙食不绝。逮我宋受命，悉主百神，遇国有大庆，必加封锡。今爵为八字王，庙殿额"孚惠"。境有水旱、螟螣、疾疫、兵火，祷之辄应。故民戴神赐，永永无穷已，自大江以西，家有其像，饮食必祭。昔唐韩退之行行，笃道自信，讳怪神不语。其守袁也，尝以不雨祷于祠下，有祈报二文见集中，则神之威灵并孚于世，尚矣。

濮阳马侯淙来宰永新，顺民之愿，致民之敬。度地于邑东之十里石角山之阴，峦阜拱揖而禾水委其水，形势灵杰，宜为神之所降依。因凿山为址，立屋四十楹，以揭虔妥灵。寝殿言言，门庑翼翼，像貌祠器，咸中法程。经始于隆兴甲申某月甲子，落成于某月甲子。于是父老合辞以请于邑簿南湖何恪，愿托文以记。余既为记其起卒，且依楚辞作迎神以遗之，俾歌以祀神，而并刻诸石。记在乾道丙戌夏六月望。其辞曰：

神之庐兮獭潭之湄，神之灵兮无不之。禾中委兮山中峙，专栖神兮山之趾。寿宫突兀兮灵旗旖旎，氓要神兮下随。神去来兮风马，龟堵田兮莫石阁之下。视氓虔兮戾止，奚瞻彼兮释此？驱疠疫兮时雨旸，投钩铩兮耕桑。侑洞箫兮奠清酤，亘千万禩兮福兹土。

【说明】何恪（1128~1178），字茂恭，号南湖居士，义乌（今浙江义乌市）人。绍兴三十年（1160）进士。曾任永新主簿。迁徽州录事参军，未赴。后因政见与朝中诸公不合，辞归。有《南湖文集》。据四库本《敬乡录》（元吴师道辑）卷十录文。参见《全宋文》卷五四〇四何恪（第242册）。

150. 南宋·胡铨：洞岩讲坐记　乾道二年丙戌（1166）

上践祚之四年，知元元疾苦状，择良吏惟艰。太守徐公以德选来牧，庐陵以理。待荒政事暇，按视往牒，见古所谓洞岩观者，喟然曰："天下闻山也，在祀典甚重，当付一佳士。"得玉笥庄君昭林，庄盖汴都重华讲师也。至则大革宿蠹，观且理，乃正尚席，以讲进其徒。挝鼓登座，大言曰："鼠辈倚席不谈道久矣，为若等说最上乘。自吾为此山，知大乱之易理也。往时隤垣波委，败壁月剥，坛罗崩榛，阶斗麋鼯，白昼狐嗥鬼哭。譬若芜城废邑得馋守令，败天子格法，一切埃苇。甚则灌莽翳山，积垢塞泉，如古明君为阴邪小人所蔽，而谏口窒不达。又其发以冠者若而人，皆旦至暮去，视如驵。石径荒凉，林惭涧愧，往往偷儿伧父，旁午其中。政如汉晋季世，贤智隐沦，而阘茸蹑高位。自吾补苴朽壤，穿拄颠仆，古殿耽耽，支于已倾。又痛扫溉，蹶其山之菑翳，酾其泉之湫底，而奇峰崭露。水循除鸣，若不得其平而有所赴告，则又斥前之贪沓者，进廉洁修谨者，与之朝夕蒇事，奉上帝。迩乃山祇效珍，创见神物，岩上偶获古偶龙。噫！数十年漫漶陨圮，而一旦鼎饬，且又精神之感召如此。诚使郡县得贤守令如吾之划蠹起废，则百姓感福矣；台谏得骨鲠如吾之疏山道泉，则朝著清明矣；庙堂得贤宰相进退百官如吾之进退其徒，则贤不肖分而天下治矣。兹不亦大乱之易理耶?”卒讲，予合掌称善，请条其说，勒之石，以备太史氏观采。

【说明】据《胡澹庵先生文集》卷一七录文。参见《全宋文》卷四三一九胡铨二一（第195册）。文中记述了庐陵洞岩观邀请玉笥山庄昭林道长讲座之事，其“以讲进其徒”修道传道方式颇具特点。胡铨尚有《朱陵观请庄冲靖升讲疏》，文曰：“巴蛇吞象几年，迷似适秦而首北；黑蚁旋磨千里，错期识路者指南。也须胸次猛虎降，方惯空中狮子座。知观讲师刍狗万物，尊俎千峰。沆瀣当餐，云泉作供。瓦解痴贼城壁，风行妖孽稠林。动则万缘俱赴，如谷里声；止则一物不留，如波里月。小儿未缘玉局踊，大家且看宝珠悬。莫止锦被里蒙头，要为土偶人开口。鼠蔬粪壤，即是道场；枯木寒灰，不妨独笑。谁为玉卮无当，那知瓦缶鸣雷。愿开老子五千言，上祝圣人三万岁。”

151. 南宋·佚名：王三一主金华洞　乾道二年丙戌（1166）

本宫道士王秉文，字彦衡。成道后游京师，其时朝廷方建神霄万寿宫，赐紫衣，命充典客。忽有方士来访，见几间有《周易》，就布算数，云：“此地当有兵厄，子非数中人，宜避之。”因授与存三守一之要、黄帝和扁之诀。遂辞职还山。至建炎四年，本宫毁于贼兵。次年盗退，莫有任其责者，王乃领副职，灰烬之余，经营数载，金碧绘像，焕然一新。遂谢宫事，杜门燕居三十余年。即其居曰三一堂，因号三一先生。日阅道藏经，究竟秘诀，留心医药，此外无他嗜好。至乾道丙戌上元夜，梦神人告曰：“上帝命汝主金华大涤洞，赐汝返魂丹一粒，复汝精神，还汝元气，当以神光、白马、诸司官吏迎送入洞。”言讫觉悟。翌旦，语诸徒曰：“尘世不足住，吾将往矣。”因取所著《圣治显验集》十四卷、《西山真君签解》一部、《十全脉诀》一部、《朝斗紫庭秘诀》一卷，授师孙秦致祥等。至二月旦朝，香沐更衣，凝然而逝。本州太守唐敷文文若以文祭之曰：“吾闻真人，其寝无梦。彼有梦者，疑其妄传。以梦为妄，又未必然。梦赉良弼，觉而得贤。梦至帝所，闻奏钧天。人生如梦，固亦难言。于梦之中，又有梦焉。三一先生，天守既全。临行梦化，默契真诠。帝命赐我，金洞还元。吾将问子，孰为因缘？真妄一致，瞬息百年。超然往矣，白马翩翩。”老圃祁宽赞神云：“视不见，听不闻。中有象，酷似君。强描貌，谩辛勤。阿睹中，欠少分。在眉睫，常絪缊。如止水，如行云。”

【说明】据正统《道藏》本《庐山太平兴国宫采访真君事实》卷五录文，文末有注曰：“出本宫碑记。”按，“《西山真君签解》一部”后原有注云：“今采访殿签即其解者，灵验异常。”

152. 南宋·白玉蟾：丰城始丰山福地题刻

乾道三年丁亥（1167）

江右福地，始丰名山。

【说明】白玉蟾（1134～1229），字如晦、紫清、白叟，号海琼子、海南翁、武夷散人、神霄散吏。祖籍福建闽清，生于琼州，曾举童子科，为道教金丹派南五祖之一。有《玉隆集》《上清集》《武夷集》。据碑录文。参见道光《丰城县志》卷一。始丰山为道书第三十七福地，文萧、吴彩骛炼丹处。东壁棋盘石上有白玉蟾剑划“江右福地，始丰名山”八大字，旁题“丁亥花朝日玉蟾子書”。

153. 南宋·李琮：顺应庙记 乾道三年丁亥（1167）

赴人之急，而能抗辞以兴释围之师；分人之忧，而能督将以拒残民之寇。自非信义著于人，智勇冠当时，畴能及此哉！是宜生则为豪英，殁则为神灵，福庇生民，功扶社稷，历千万祀而庙食无穷，封爵益崇也。《祭统》所称，以死勤事、以劳定国、能御大灾、能捍大患，皆得与于祭典。故后稷、勾龙以平水土、教稼穑得通祀于天下，而历朝将相名臣，亦各以其忠烈得血食于所治。凡此者，皆以其有功于民，故社而稷之，尸而祝之。后世因其辅国佑民，又从而褒宠之，所以顺民之心，以明报神，以教事君也。东汉之季，盗贼竞起，民无适归，奸雄豪杰，乘时肆志，擅甲兵、植强大以觊非望者，所在如是。太史公独以迈往之资，怀忠仗义，解纷弭乱，志在康时，其功勋行事，备见于吴史。考其本末，可谓信义著于人，智勇冠当时，而有功于民者也。

盖尝论之，处纠纷之世，非文则无以出奇制胜，非武则无以摧坚挫锐。公在当时，虽非突围挑战，中鹄破的，施之于武，然画谋决策，应对周旋，盖亦有文事焉。观其救北海之危而乞师于玄德也，引义慷慨，不过数语，而凛凛烈丈夫之气，备见乎辞，非其文能若是乎？而本传所载，止称少而好学，其文乃不他见，岂公所学皆实用之文，而以章句之文故耶？惜公以文武全才，设施未究，天不假年。考其功未足以称其才，临终之言，自以不及升天子之阶为恨，其志概可见也。公庙食兹土，盖孙仲谋统事之初，以公都督海昏有功，遂悉以南方之事委之，故其薨也，葬于此而庙食焉。然庙之建千载矣，其庙号封爵，曩皆即其旧而称之，独未见有以公之遗德余烈闻于时而蒙宠光者，岂潜德发辉，固自有待乎？

圣宋光尧寿圣皇帝在位三十五年，金人败盟，侵扰淮甸，朝廷方督诸军遏绝剿除，既而百灵助顺，金即殄灭，有诏天下，具所在灵应素著以闻，将议褒封。此邦之人备述公御灾捍患之功，敷奏于廷，于是顺应庙额首颁。明年，嗣天子以舜绍尧，进登大宝，邦人因所降敕文，又条上公功，请列爵，故灵惠侯之封，复膺其赐。命下之日，县官暨井邑，笙箫旗鼓，迎诰至其本庙，望东南虔拜，宣布所封，已侑神三献，大夫、士相与饮福受胙，酒半，令尹陈君举觞而言曰："庙额封侯无愧矣，而事之所遇，得不为千载一时乎？夫神依人者也，千载一遇，虽本神之功，而其缉谋经理，实二生力焉。"盖指琮之子大源与邑人杨闻诗之子骥而言也。琮起而言曰："公之遗德余烈，凡属当时所治之地，无不蒙其惠，而此邦之人，事公弥敬，饮食必祭，水旱疾疫，盗贼窃发，无不以祷，祷则必应。琮族居密迩公之祠场，而环庙之山，与夫庙地又皆世业，故感公之惠为多，在建炎间一新其庙貌，至今历时之久，椽腐瓦碎，门颓墙圮，幸因建侯之封，将率诸弟再葺而新之，并叙今日所致之由而刻诸石。"士大夫同辞而赞曰："兹盛事也，非子其谁宜为！"琮既言矣，敢不承令。公有行庙在邑，邑人以每岁端午前期扶老携幼，迎公入行庙，留祭五日，为游江乐神之戏，节后一日，复倾城送还本庙。故赐额之敕，杨闻诗分掌在行庙，而本庙在墓地，故封侯之诰，琮实掌焉。昔诸葛孔明之殁也，蜀人思之，所在崇祀，而汉诏独以庙墓为正，故今录公封侯之诰，与公存殁功烈终始之大略，刻石本庙，昭示将来，庶几公因其所封而厚其福于辅国佑民，则自侯之封等而上之，复将有所遇焉。乾道三年四月一日戊辰立石，令尹陈君、右承议郎光祖也。

【说明】李琮，奉新（今江西奉新县）人。据乾隆十五年《奉新县志》卷一二录文。参见乾隆五十四年《南昌府志》卷二二、同治《南昌府志》卷一三、同治《奉新县志》卷四、《全宋文》卷五〇〇二李琮（第225册）。

154. 南宋·洪迈：简寂观土地　乾道四年戊子（1168）

都昌人陈彦忠，伉质好义，疏财倜傥。尝有党大夫者自河北来，同寓居西陈里。将赴调，无资财可行，彦忠饷以百千，且馆其老稚于家，待之如骨肉。其赒人之急类如此。乾道三年十月，以疾亡。临卒前一夕，梦告其父曰："彦忠不得终养，兹受命为简寂观土地矣。"父未以为信。已而其子亦梦如所言。逾岁后再见梦曰："自为简寂土地，今一年。久而室宇摧敝，每天雨，则面目淋漓，不可宁居，四体殆无全肤，宜为我缮理。"明日，乃父乃子相与语，即往彼处，视之而信，乃为一新之。

【说明】洪迈（1123~1202），字景卢，号容斋，又号野处，乐平（今江西乐平市）人。历官翰林院学士、资政大夫、端明殿学士等。有《夷坚志》。据四库本《夷坚志》甲卷八录文。

155. 南宋·周必大：记阁皂登览* 乾道九年癸巳（1173）

乾道癸巳春，予蒙恩守富沙郡。自庐陵舟行望东岸，山势连延，如豫章之西山。舟人曰："此阁皂山也。"行次清江，引疾丐祠。冬十月，始得报可。遂以丁卯黎明肩舆阁皂之游。

初谓峤岭路差近，至则峻甚。约三十里，乃抵山间。阁言山形，皂言山色。按乐氏《寰宇记》：此山为神仙之攸馆，旧隶吉州，今属临江之清江县。盖七十二福地之一。惟凌云峰最为峻极，汉张道陵、丁令威、吴孙权时葛孝先，皆有炼丹台井。闻在后山顶，不果游。流水号葛憩源，葛君燕息处也。水自宫后出，流半里余，声潺潺行石间，桥跨其上，号鸣水台。傍有古杉，根围数丈，十余年前为过客所焚。宫中尚有古杉一株，横枝四出，坚如鹿角，不知其几年矣。入门即御书阁，横连十一间。由阁而望，四山环合，仅有一径，斜出其外。复锁以叶山两重，江行望之，连延如西山。真神仙窟宅也。阁后即坛，翼以修廊。又其后即殿宇，道士数十房分居左右，各治厅馆，颇华洁。仍为楼以奉像设，有足观者。

按古碑：此本灵山馆，焚于隋。至唐有道士程信然，望气至此，掘地得铁钟一口，下有玉石尊像一座，高尺余，遂立草堂。先天元年，孙道冲始立台殿，赐名阁皂观。大唐三洞道士许玄真撰山记云："吉州属邑曰新淦，去县癸地八十里，有阁皂山。山北有金仙观，相传丁令威修道之所，宝应元年，亦移于此。令威坛井及石上履迹存焉。咸通中遭火，惟古钟、玉像存。寻有处士杨荐父子次第葺之。”以上并见唐广明元年道士许玄真记中。所谓玉石天尊像，甚小而重。又有两躯侍立，亦玉石也。钟在殿傍，视其文，乃咸通十三年铸，而云隋开皇十四年铸，何也？岂别有钟而不存耶？本朝熙宁间，吉州通判双渐、郡人中大夫杨申及元祐中江西运副张商英等并有记，事多异同，盖失于互考耳。大概言此观在江南李氏号玄都，至真宗祥符元年，避讳改景德观。天禧庚申尝经火。熙宁丙辰又火。政和八年五月，用守臣之请，改赐“崇真宫”为额，给元始万神铜印一，授法箓则用之。盖天下授箓，惟许金陵之茅山，信州之龙虎山，与此山为三。

院管辖道士李汉卿，知客王次鼎来置酒。道士陈彦举者，年七十五，稍能诗，以二篇为赠。又出政和中礼部给经纶科出身黄牒，且云尝为丹林郎，犹文臣修职郎也。夜宿客馆，读天复四年孙偓、李洞、宋齐丘、沈彬、孟宾于、徐铉、陶渊诗牌。本朝陶弼有诗；得道之士伊梦昌有诗；又有道判陈孟阳长韵，备道山中景物；常平周彦质二诗亦好。《图经·河图记》云：“诸山之形，宛转朝揖。大则如城，小则如阁，草木茂异，土良水清。”戊辰早，瞻礼玉像及四朝御书、太宗、真宗、仁宗、德寿宫。芝草、封禅泰山，凡得十六万有余，分赐名山宫观，而二本在此。葛仙封冲应真人诰、崇宁三年，慕容彦逢行。授箓印。道士徐次坚识予于庐陵，邀至其院，求快轩诗，未暇作也。李汉卿再具饭，遂行。由白坑入沙路冈，冈之下，有龙兴院。饭仆而行，地颇平，非峤岭比。晡时复至舟中。

【说明】 周必大（1126~1204），字子充，一字洪道，自号平园老叟，庐陵（今江西吉安县）人。绍兴二十一年（1151 年）进士。历官至翰林学士知制诰兼修国史、吏部尚书、左丞相。有《省斋文稿》《平园集》等。据四库本《文忠集》卷一八三录文。参见明俞策编撰、清施闰章修订、傅义校补《阁皂山志》（江西人民出版社 1996 年版。以下简称校补本《阁皂山志》）。原刻有显误之字，径改。本文记载了两汉三国至两宋时期众多高道之弘道事迹，对研究阁皂山道教发展史有价值。

156. 南宋·汪应辰：昭烈庙记　淳熙二年乙未（1175）

古圣王之制祭祀也，法施于民则祀之，以死勤事则祀之，以劳定国则祀之，能御大灾则祀之，能捍大患则祀之，此盖不易之彝典也。

玉山东岳之行祠，旧创于普宁寺之西。绍兴癸卯，相攸卜食得爽垲，始辟而壮丽之。侑岳秩祝之神，莫盛于张、王。初庙食湖湘，迤演江右，施及玉山。然封爵同而名讳异，或者疑焉。按唐《忠义传》，张巡、许远，守一州，捍天下，慷慨死难者三十六人，史佚王姓名，邈无考索。后江西宪使方师尹撰《弋阳行祠记》，云曩效官京口，观《淮阴弃指亭记》，论王始末甚有条理，乃知王讳抃，家于滑之白马。安禄山之乱，巡、远提孤军守睢阳，筑台募勇士，得南霁云为将。王与厚善，同出睢阳乞师，贺兰进明不与，俱断一指誓信，军中为之惊骇出涕。偕还，且射浮图，矢中砖，誓破贼必灭进明。未几城陷，王等俱死之，梦其家曰："吾得请于帝，令辅南岳为司录事，出乘轻车，迅疾如飞，掌察人间善恶，具以闻而加赏罚，吾乘此可诛不忠。"未几进明遇疾，如雷之震，盖其德也。然则王之膺帝令以辅南岳，不独表表于三十六人之中，而声灵显赫，且绵绵于千万世之下，岂偶然之故哉？

先是唐开元、天宝间，王累举进士不第，曾有题衡州泗州寺诗："一水悠悠百粤通，片帆无奈信秋风。几程峡浪寒春月，尽日江天雨打篷。漂泊渐摇青草外，乡关谁念雪园东。未知今夜依何处，一点渔灯出苇丛。"其文章有如此者。王平生任侠，常袖举金锤以击不平。死守睢阳，气劲节锐，终始不渝。巡、远之忠义，霁云实赞叹之；霁云之勇壮，王实佑助之，气节有如此者。巢寇俶扰，衡民乞灵于王。寇过耒江，遇鬻履者皆巨足，询其故，曰："吾州兵履也。"俄有寇见伟人，高牙大纛，跃皆丈余，寇褫魄却走，境赖以安，随处祠像，号感应太保，其威灵有如此者。是皆善德于唐也。生为精忠之臣，殁被盛德之庇，如潭、如邛、如柳、如槺、如抚、如南安、建昌，所至灵应，庙貌翚飞，不可缕数。赐额"昭烈"，则自政和乙巳始也。后南安查仲正等捐金塑像，名曰取命案，崇奉经年。绍兴丁卯，仲正梦王坐白马，挥金鞭，曰祠在江东水绝处，香火速移他所，否则祸及兹土。觉，遂识此语，是岁春暮远送神像并其侍从，舟载沿江浒而东，卜皆不叶，至玉山始得卜。寰邑士庶官吏远迓，奉安于邑之暖水三山，实行岳之佐也。

淳熙乙未春，南安张珉等十三人复办供器来献，以备岁时供奉之需。自是水旱盗疫，无祷不应，邦人咸输财戮力，立祠于行岳之东边。祠之前有泓泉漪洁，凡有疾疫，谒饮即愈。岁遇庚伏，市民斋戒徼福，辞曰收瘟，稍茹市荤腥，击殴不贷。七月二十五日，相传为王诞，遐迩稚耋蒙恩戴惠者，香花箫鼓，肩摩踵接，阗咽道途，以答神庥，不但兹邑而已。邑令陆翼平遂更名赐福。案王自政和至乾道累封八字，是为“忠靖威显灵佑英济”王，夫人累封四字，是为“协惠懿泽”夫人。窃谓古今惟忠义之士，一点英气，磅礴穹窿，生为国家柱石，死则凛凛在斗牛间。王之忠义颖拔，三十六人知其功，史佚其传，能无遗憾？然弃指之亭碑可考，异代之蒸尝不绝，有非当时诸将所能企及，岂非王之名氏史虽不录，而褒封庙祀，不能不昭盛美以垂不朽，殆天录之以报其忠耶？然则勤事定国，御灾捍患，王无愧于古圣王之祀典矣。兹庙遂成，缺记颠末，父老俾述其概，且以志邦人被福之侈。虽然，王之英灵利泽固随遇而随著也，岂独此邦而已哉！因叙大略，且作诗使歌之以祀云。

玉山苍苍兮玉水清，神驭来下兮众心倾。有秩斯祐兮昭声灵，沴息妖荡兮福群生。五风十雨兮保秋成，鼓腹终身兮乐升平。输诚牲酒兮荐芳馨，伐鼓坎坎兮鸣镛笙。神贶无穷兮曲直亨，欲报罔极兮摇心旌。

【说明】汪应辰（1119～1176），初名洋，字圣锡，玉山（今江西玉山县）人。绍兴五年（1135）状元。历官秘书省正字、通判建州等。有《玉山文集》（又称《文定集》）。据四库本《文定集》卷九录文。参见康熙五十二年《广信府志》卷三四、同治《玉山县志》卷二、《全宋文》卷四七七九汪应辰一九（第215册）。

157. 南宋·佚名：宋故浛光县尉胡公地券

淳熙二年乙未（1175）

维皇宋淳熙二年岁次乙未十二月□□□□□，江南西路吉州庐陵县宣化乡义君胡公东团永阳保下社甲居住，没故县尉胡公，名黻，字浛光，年六十三岁。于是年前九月一日，奉太清北极玉童特赐霞浆，迷魂不返。□□□人天，死依教式，阴阳造化而生，运数尽而归及夜郎。用金银钱九万九百九十九贯九百九十九文九分九厘九毫九丝九忽，酒果肉脯，五方信币，投于开皇地主处，买得太和县信实乡五十三都地名南冈大地一所，作亥山丙向，永充亡人县尉胡公阴宅。其地前朱雀，后玄武，左青龙，右白虎。上至天星六辰照临，保子孙长居富贵；下坐八卦阳宅昌盛，阴子孙长生福寿。明堂贵水，前行永无灾害。太上老君据社稷土公土母分掌，奏闻上清玉帝，令赐地券付亡人县尉胡公，阴地永吉。地主常使墓茔安静，百邪妖虫不得干犯。或有邪精妖气魍魉妖魅先居此者，即便起离回避。亡人县尉胡公所有随身衣物粮食，并不得侵夺。仍不得为祸来破坏风水。如有犯约，仰青衣使者诛斩。

太上老君敕。急急如律令。

牙保人：张坚固；时见人：李定度；书券人：年功曹；给契人：月真符。

【说明】碑现存于吉安县敦厚镇。青石材质，高0.58米，宽0.56米。据《庐陵古碑录》录文，标点、个别文字有改动。

158. 南宋·朱熹：简寂观诗　淳熙六年己亥（1179）

高士昔遗世，筑室苍崖阴。朝真石坛峻，炼药古井深。结交五柳翁，屡赏无弦琴。相携白莲社，一笑倾夙心。岁晚更市朝，故山锁云岑。柴车竟不返，鸾鹤空遗音。我来千载余，旧事不可寻。四顾但绝壁，苦竹寒萧椮。

淳熙六年己亥三月二十八日晦翁题。

【说明】朱熹（1130~1200），字元晦，号晦庵，别称紫阳，世称朱文公，婺源（今江西婺源县）人。宋代著名理学家。绍兴十八年（1148）进士。历官知南康军、知漳州、焕章阁侍制兼侍讲等。有《四书章句集注》《太极图说解》等。摩崖石刻在庐山简寂观港西山麓石台上，高1.77米，宽1.22米。楷书。据碑录文。参见《庐山道教初编》第四章、《庐山历代石刻》。

159. 南宋·朱熹：卧龙庵记　淳熙七年庚子（1180）

卧龙庵在庐山之阳五乳峰下。予自少读三山先生杨公诗，见其记卧龙刘君隐居辟谷，木食涧饮，盖已度百岁而神清眼碧，客至辄先知之，则固已知有是庵矣。去岁蒙恩来此，又得陈舜俞令举《庐山记》者读之，其言曰："凡庐山之所以著于天下，盖有开先之瀑布见于徐凝、李白之诗，康王之水帘见于陆羽之《茶经》，至于幽深险绝，皆有水石之美也。此庵之西，苍崖四立，怒瀑中泻，大壑渊深，凛然可畏。有黄石数丈隐映连属在激浪中，视者眩转，若欲蜿蜒飞舞，故名卧龙。此山水之特胜处也。"于是又知其泉石之胜乃如此。间以行田始得至焉，则庵既无而刘君亦不可复见，独泉石之胜不可得改。然其壮伟奇特之势，则有非陈记所能仿佛者。

余既惜其出于荒堙废坏之余，而又幸其深阻敻绝，非车尘马迹之所能到，傥可得擅而有也。时以上章乞解郡绂，乃捐俸钱十万，属西原隐者崔君嘉彦，因其旧址缚屋数椽，以俟命下而徙居焉。既又缘名潭之义，画汉丞相诸葛公之象置之堂中，而故友张敬夫尝为赋诗以纪其事。然庵距潭犹数百步，步乱石间，三涉涧水乃至。至又无所托足以寓瞻眺，乃颠沛而反。因相其东崖，凿石为磴而攀缘以度，稍下，乃得巨石横出涧中。仰翳乔木，俯瞰清流，前对飞瀑，最为谷中胜处。遂复作亭于其上，既以为吏民祷赛之地，而凡来游者，亦得以仿佛徙倚而纵目快心焉。于是岁适大祲，因榜之曰"起亭"，以为龙之渊卧者，可以起而天行矣。然予前日之请，迄今盖已屡上，而竟未有得也。岁月飘忽，念之慨然，乃叙其作兴本末而书之屋壁，来者读之，尚有以识予之意也。

淳熙庚子冬十有一月丙辰新安朱熹记。

【说明】据四库本《晦庵集》卷七九录文。参见正德《南康府志》卷八、《庐山纪事》卷五、四库本《江西通志》卷一二五、民国《庐山志》目之二九金石目、《庐山道教初编》第五章“艺文”、《全宋文》卷五六五五朱熹二二八（第252册）。文中叙述了卧龙庵之“作兴本末”，所云“卧龙刘君”，应为善道术且著有《还丹篇》之刘虚谷，朱熹常与往来，谈论《易经》及还丹之旨。

160. 南宋·周梦若：仙岩元宝观记 淳熙十年癸卯（1183）

宜黄距抚城百二十里，僻在一隅，而山水清越，则为江右最。县之北不五里间有仙岩山，岿然拔秀于群峰中。峭壁崚嶒，高耸万仞。倚山有元宝观，基址轮奂，屹立半空。殿宇峥嵘，廊庑靖深。危檐壮栋，横截于槎枒石罅之下；老松修篁，环拱于缥缈云霄之间。地无蛇虺蝮蝎之毒，居无卑郁蒸湿之气。开轩辟户，钩帘宴坐，则有万山周匝，排闼送青。而川壑之回旋，云烟之出没，风雨之晨，雪月之夕，变态百生，不可名状，殆非人间世也。

予自梁溪来宰是邑，簿书余暇，尝拄筇登览。爱其规模虽小而气象甚伟，盘礴游憩，日暮忘返。寻访观之废兴，而莫有纪其实者。主观道士胥遁枢性质静厚，喜客无倦色，弄琴弈棋尤高于流辈，以得于所传闻者告余曰：“此晋王、郭二真人问道寻师，爱此山川之胜，卜筑于是，遗址故迹，隐然尚存。”因指其岩阿曰：“石窟幽深，氛雾吞吐，嚣尘下飞，炎燠不到，此非拂霓洞乎？华楹丹桷，辉映空阔，下瞰林表，宛若图画，此非凌空亭乎？广袤寻丈，苔藓斓斑，不磨不砻，温润如玉，此非朝真石乎？是皆真仙往日积行累功、与道浮游之地，虽千古不泯可也。”

癸卯夏秋之交，遇天旱不雨，陂泽干涸，禾稼就槁。遍走群望，云霓不生。父老相率以请曰：“令尹须游仙岩乎！二真灵异之踪骈幪此方，士庶久所归向也。盍往祈之？”于是涓日斋戒，率僚属，具蘋藻之供，攀萝蹑蹬，投诚谢过于星坛之下。奏章之初，碧天万里，如煅如焚。已而云翳四起，雷电倏作。掩曦御于扶桑，鞭卧龙于沧海。甘霈既降，不崇朝而足。沟池溢流，焦枯回色，黍稷之兴，一日万顷。县官赋办，且有遗啄以分鸡鹜矣。噫嘻！自二真仙骑青鸾，驾白鹤，远游于桃源蓬岛汗漫之乡，似与尘凡迥隔而不相接。今乃叩而应，欲而从，反旱暵为丰穰，变愁叹为欢乐，犹影之象形，响之应声者，何哉？岂神杂处乎冥邈，而其一念之虑未始忘乎人邪？予尝考二真仙，得浮丘师于华盖山，授以修真炼质之诀，相继飞升。其言有曰："吾等住山，当福民庶。"又曰："吾去后，遇虫灾旱潦疾苦急难，于此山祷之，吾当以福泽应之。"即其言，知其心，斯民何幸焉。仙岩去华盖山止百里许，感通之验无彼此之间，岂不休哉！王乃方平之从弟，其得道之本末流传于世者，自有碑碣传记以载之，予不暇复云。

【说明】周梦若，常州武进（今江苏武进）人。绍兴三十年（1160）进士。历官左承议郎、宜黄知县等。据同治《宜黄县志》卷四五录文。参见《全宋文》卷五四二三周梦若（第242册）。

161. 南宋·佚名：胡氏二娘地券　淳熙十二年乙巳（1185）

维皇宋淳熙十二年四月二十三日□□□□□，抚州金溪县顺德乡二十七都樵□保，殁故胡氏二娘，享年六十六岁。因去南山采药，忽逢仙人，赐酒一杯，生居火宅，死入泉台。今用钱二万二千贯，就开皇地主边买得阴地一穴。东止甲乙青龙，南止丙丁朱雀，西止庚辛白虎，上止青天，下止黄泉，中□系亡人万年冢宅。千年万岁，荫益子孙。□下不得有人争占，如有人争占，□□即你亡人执此券，投东岳庙君作主，先斩后奏。

地主：张坚固、李定度；保人：丘丞墓伯；书人：天上□□□。

急急如律令，太上敕下。

【说明】券石1973年出土于金溪县。砖石材质，高0.36米，宽0.42米。直行，14行。据《江西出土墓志选编·地券文》录文，标点有改动。

162. 南宋·佚名：宋故欧阳法师地券

淳熙十二年乙巳（1185）

维皇宋淳熙十二年岁次乙巳三月甲申朔二十三日丙午，三十三福地阁皂山崇真宫道士，参受三五大都功正一盟威修真经箓生男官弟子欧阳四达，享寿七十有四。自幼及长，心乐道真，遭遇明师，受传三洞宝箓，与天地为誓，与道合同，职列上天，名参祭酒。公清是念，忠孝传家。内则保气、保精、保神，外则断邪、断魔、断惑。今者运应灭度，身经太阴，游神于淡漠之间，藏棺于天地之内。谨于本山三门外南园中，是阴阳合象之境，乃山水吉庆之场，阳长阴消，茂草乔木。刺章表于三天之上，奉钱财于九土之前，谨凭蒿里父老与神乡土官，就开皇地主之府，买得玄冢，立建幽宫，作离山亥壬，向辛水归艮。东止震域甲乙为界，南止离都丙丁为界，西止兑泽庚辛为界，北止坎乡壬癸为界，四止之内，约束分明。造墓仙师丘丞墓伯，建梁起柱，叠石开基，丹砂芝英，自然生满。泥丸坚固，坐精益龄，合光伺脑，爽灵奉玄，七魄不散，万神执坚。其于道路，方相动验。四神卫守，五帝监真，千袄万邪，莫之敢干。女清有律，剿尔凶残。刻以云冢，昭示永年。天地有限，此告无闲。

急急如律令。

【说明】券石现存于江西樟树市大万寿崇真宫。青石材质，高 0.58 米，宽 0.39 米，厚 0.15 米。圆首方趺，额题“宋故欧阳法师地券”。楷书，直行，18 行，满行 22 字。据碑录文。券文记述了阁皂山欧阳四达法师之生平事迹，对研究阁皂山道教及道教丧葬文化有价值。

163. 南宋·朱熹：简寂观题识 淳熙年间

连理。

【说明】题刻在简寂观遗址前，涧西山麓石台上。高 1.52 米，宽 0.99 米，楷书。据石刻录文。参见《庐山历代石刻》。

164. 南宋·杨万里：建昌军麻姑山藏书山房记

绍熙元年庚戌（1190）

余同年何同叔谓余曰："里中有名山曰麻姑者，山水之胜甲大江之西，距建昌郡城十里所，山自趾距椒称是。道旁古松合抱，皆二百年物，瀑泉双流，若自天而下。有老子之宫曰'仙都'者，枕山而居，随山之高下为屋。或云蔡经之旧宅，与王远、麻姑邂逅之地；或云仙者葛洪炼丹之所，其井故在。而颜鲁公记之但云'山顶有坛，相传麻姑于此得道'，则前之二说然乎？否也？未可知也。淳熙丁未之春偶至山中，为留一月。一日藤杖芒屦乘兴孤往，至宫之西才数武间，见松竹罗植，相得为林，前对五峰，下临一水，欣然会心，因喟曰：'此地独无喜事者结屋数椽，上建小阁，用庐山李氏藏书故事，作一山房，使来游者登阁览胜，把卷倚栏，顾不乐哉！'自是此意往来于怀，虽去山未尝去山也。后一年，客里逢今邦侯江君，相语及之。江曰：'当不忘此。'其冬抵官下。后一年郡事毕葺，蛊者饬，废者举。后一年，乃諏其地，践曩之言。立屋六楹，后赘一室，前作重霤，乃阁其上，月扉风棂，缥渺飞动，若出天半。乃斫大木，乃架乃椟。经史百氏，访之旁郡，是庋是置。道士李惟宾、邓本度相与勠力，春孟作之，季而落之，谈者以为山中盛事。子盍为余书之，俾来游者知贤太守之文雅、二道士之劳勚？"余曰："诺。"为书其语。

江君名自任，三衢人。恬退有守，节用爱人，不饬厨传，不事要结，而独于此不计费。同叔方策第时，年最少，出拜同年生，一坐皆属之目。余与之合而离，离而合，三十七年矣。今乃为国子主簿，盖其孤怀胜韵，与山林作缘也厚，故身退而诗弥进，位下而人弥高。观山房之举，可以得其概矣。

绍熙初元九月日记。

【说明】杨万里（1127～1206），字廷秀，号诚斋。吉水（今江西吉水县）人。绍兴二十四年（1154）进士。历官赣州司户参军、奉新知县、国子监博士、宝文阁待制等。有《诚斋集》。据四库本《诚斋集》卷七四录文。参见《古今事文类聚》别集卷三、罗氏本《麻姑洞天志》卷六、黄氏本《麻姑山志·记》、《全宋文》卷五三五一杨万里六七（第239册）。

165. 南宋·陆九渊：石湾祷雨文* 绍熙元年庚戌（1190）

惟皇宋绍熙元年，岁次庚戌，六月甲申朔，十有三日丙申，奉议郎、新权发遣荆门军事兼管内劝农营田事陆某，谨以元酒茗饮，蓬莱之香，青陂之莲，就所居青田石湾山顶，除地为坛，昭告于是乡五方山川神祇：盖闻天子祭天地，诸侯祭其境内名山大川，雩禜祭水旱，山林川谷丘陵能出云为风雨则祭之。国有常典，掌在有司，非其职守，谁敢奸焉？然辅相不任燮调，以吏事为责；守令无暇抚字，以催科为政。论道经邦，承流宣化，徒为空言；簿书期会，狱讼财计，斯为实事，为日久矣。况今日舆图未归，东南财力有限，而朝廷、百官、有司、城郭、宫室、郊社、宗庙诸费，事大体重，未易损削。东西被边殆几万里，养兵之费乃十八九。公卿大臣宽厚有体，日以靖恭谨重相告诫，方重改作、恶纷更，服膺仍旧贯之旨。则民力日屈，郡县日困，守令救过不给，其势然也。旱雩水禜，虽欲竭精尽诚，而本职常务，所分过半矣。故祈祷散在庶民，遍满天下，久以为常。法有其文，官无其禁，亦其势然也。今不雨弥月，龟坼已深，水泉顿缩，陂池向涸。车声塞耳而浸不终亩，忧色在面而叹不成声，民心自危，日加一日。客有病某者曰："居是乡者，莫不忧一乡之事。今人所常行而法所不禁，乃独守区区古说，坐视旱暵之灾，不一出心力以祈神明，以辅郡县，以慰乡里，以分父兄之忧，无乃类刻舟求剑、嫂溺不援者乎？"某因念今天下一家，郡守再期，县令三期而易之矣。今日事体又有如前所陈者。某尝备员朝著之末列，今又分符荆垒，待次于家。郡县不鄙其愚，礼以上客，父兄子弟往往过而问以所长。诚无以分父兄之忧，慰子弟之望，则客之所病，不为过矣。是用斋戒以祈于尔有神。

是乡之东，有象山、云台、仙岩、龙虎、湖岭、豪岭、侯栋、仙鹤、中山，南有崖山、云林、白马、头陀、麻姑、军峰、余源、清江、南山、登高，西有大岭、崇岭、灵谷、何岭、明珠、观原、翁塘、火源、官山、箭溪、四集，北有柘岗、金峰、禅岭、积烟、吉岭、万石塘、斗门、石濑、沙冈、三牛、桂枝，骈罗环绕，韬奇蕴秀，炳灵兆异，岁享乡民祷祈祭祀者多矣。旱魃如此，不为一出云为风雨，以杀其虐而惠斯民，则父兄子弟之责望，恐不独在某也。惟尔有神裁之。尚飨！

【说明】陆九渊（1139~1193），字子静，金溪（今江西金溪县）人。南宋哲学家、教育家。据乾隆《金溪县志》卷八录文。参见《象山集》卷二六、四库本《江西通志》卷一四四、道光《金溪县志》卷五八、《全宋文》卷六一五五陆九渊二九（第272册）。按，祈晴祷雨为旱涝时古代官员常行之举，其祈祷之处所，所求之神灵，往往与道教相关，故书中特录数篇名家之文，以见其大概。

166. 南宋·佚名：故胡氏夫人地券　绍熙元年庚戌（1190）

青乌子曰：按《鬼律论》云，葬不买地立券，谓之盗葬。乃作券文，曰：

胡氏夫人，生于政和六年丙申岁二月二十五日戌时，于淳熙十六年己酉岁六月初八日申时寿终于正寝，涓吉绍熙元年四月乙酉而安厝之。问筮龟袭吉，厥路江西，厥州惟吉，厥县庐陵，乡曰儒行，原曰吉冈，祖茔之东张家塘，乾亥山巽巳向，为之宅兆。谨以货泉极九九之数，币帛备五方之色，就后土阴官鬻地一区。东止青龙，西抵白虎，南极朱雀，北距玄武。我疆尔界，有截其所。神禹所度，竖亥所步。丘丞墓伯，禁切呵护。殴彼罔象，投界兕虎。弗迷兽异，莫予敢侮。千龄亿年，永弃其苦。敢有干犯，神弗置汝。幽堂亭长，收付地下。主者按其罪罚，弗敢之赦。安厝亡灵，永镇幽宅。天光下临，地德上载。藏神合日，神迎鬼避。涂车刍灵，是为器使。魑灵魑魅，莫能逢旃。妥亡佑存，罔有不祥。山灵地神，实闻我言。谓予不信，有如皦日！梅仙真时在旁知。急急如女青律令。

太上灵文，镇安幽宫。亡灵永吉，子孙昌炽。【原有道符一帧】邪精伏藏，蛇鼠遁迹。

急急如律令。

【说明】券石现存于吉安市博物馆。青石材质，高0.61米，宽0.39米。据《庐陵古碑录》录文，标点、个别文字有改动。

167. 南宋·王炎：余侯庙记 绍熙二年辛亥（1191）

新吴之车坪有庙曰丛祠，近道傍，其传曰陈南豫州刺史余侯之庙也。侯讳孝顷，家新吴。自梁太清以后，主瞀于上，政荒于下，侯景拥众跋扈，莫能谁何，于是中外驿骚，而生民戚然苦兵。当是时，侯以英特之姿，率其弟孝励、孝猷、子公扬，奋起闾阎，南断章江之浦，北控艾山之阳，列战舰，筑城堡，外捍寇攘，内庇宗族乡邑，使生聚得以自全而无患。盖侯之本心如此，视世之奸豪伺风尘之警，大欲觊觎，小欲割据者，可同日语哉！及王僧辩讨侯景，始提兵为其声援，遂假守豫章。僧辩败，高祖乘时移梁鼎玺，侯助萧勃，又助王琳，拳拳之心犹未忍背梁。琳败，侯不得已始入陈，文帝以为勇且义也，使督兵以定东闽。既有功，擢守南豫。迹其崎岖荆棘，虽用兵或胜或负，卒能使乡曲之父子兄弟免于屠戮，则其德诚有不可忘者。废帝初，安成王专政，侯遂遇害。乡族感之，迄今逾六百年而庙食不绝，水旱疾疫祷焉无不响应，则侯之精爽，凛凛犹未泯也，是以春秋祠祀不懈而益虔。然栋宇卑陋，不足称其休显。绍熙辛亥，侯远孙将仕郎次皋等乃卜吉，撤而新之，为殿阁门庑五十楹。富者出财，壮者出力，经始于元年之二月，讫工于次年之十月。以书来属予记其成。

炎以史考侯之始终，窃有悲焉。废帝嗣位，安成王属尊势逼，嫌隙既生，南豫与建业相隔一水耳，王以帝命召侯，故侯殒于前而帝废于后，王遂代有神器。昔翟义败而新莽代汉，毋丘俭、诸葛诞死而司马氏代魏。侯不幸杀身，其事亦大类此。史氏不知《春秋》，而以臣子之罪笔之汗青，九原有知，侯能无憾于是哉？故予论侯有其德其命，秩虽未登祀典，而御灾捍患，于法宜祭。又为辩史氏之书未善，悲其不幸，明其志而雪其冤。因系以诗，使刻诸丽牡之碑，以广其乡人祀侯之诚。诗曰：

昔在典午，中叶南渡。天步既艰，民亦多阻。县县创残，莫固吾圉。洎诸废梁，世滋不康。奸宄旁睨，迭为寇攘。暨乎余侯，膂力方刚。手提孤剑，扞城一方。植棚在原，列舰于渚。雄欤劲敌，莫敢余侮。男耕女织，阖境安堵。叛将跋扈，问鼎轻重。钩陈偷辉，宗社震动。侯在下国，不戁不悚。鞠依翰飞，献其忠勇。僭辩改图，自夷其元。陈祖乘之，取日虞囦。专执国柄，大命以迁。烈烈余侯，义不忘国。且守且战，崎岖艰棘。晚乃入陵，志伸力屈。受命督兵，绥完东闽。帝曰伟哉，女余虎臣。剖符植屏，天堑之津。人之甚难，鸿毛一死。君尔忘身，有殒无二。既殁而存，功名百世。庙食乡社，车坪之里。谁作新庙？侯有孙子。新庙孔硕，侯来燕喜。车坪之里，新吴之乡。民怀侯德，岁时蒸尝。坎坎伐鼓，以迓百祥。年谷屡丰，抑无疵疠。侯德不忘，施于千世。牲醴告虔，逾永不替。刻石庙门，以谂来裔。

【说明】王炎（1138～1218），字晦叔，号双溪，婺源（今江西婺源县）人。乾道五年（1169）进士。历官鄂州崇阳簿、临江军通判、主管武夷山冲佑观等。有《双溪类稿》。据乾隆十五年《奉新县志》卷一二录文。参见同治《奉新县志》卷四、《全宋文》卷六一一一王炎二二（第270册）。按，文中署年“绍兴辛亥”应为“绍熙辛亥”之误。

168. 南宋·谢谔：重建圣冈庙记　绍熙二年辛亥（1191）

东晋镇南大将军、侍中、都督荆梁二州诸军事、荆州牧、梁州刺史、赠骠骑将军、于湖侯甘敬翁，有庙宇袁州萍乡县芦溪镇，地名圣冈。惟公事载于史，而其灵应也，嘉祐七年进士袁及有庙记，元祐元年冬贺州教授胡遵道有楼记，绍圣二年三月知萍乡县事巴觉有殿记。史所载英风义概，功在当时；记所详灵感殊应，福及后世。

镇有黄氏，宗绪绵远，钦信惟旧。元祐、绍圣间，名克明者建三殿，建水陆楼；名鉴者建正殿，建西殿。鉴乃克明之子。隆兴二年，鉴之孙进士名庶者又率乡里建正殿，建寝殿，建祖考殿，栋宇峻整，像貌尊贵，器皿端洁，香火丛凑，由建庙以来，于斯为盛。而邦人病者祈而痊，忧者祈而乐，危者祈而安，险者祈而平，旱者祈而泽，潦者祈而霁，盗者祈而戢，竞者祈而息，信乎其福又可必而人用宁一也。庶屡寄书，委予为记。

谔闻古者御大灾，捍大患，于法当祀；又曰盛德必百世祀。盖御灾捍患为一时之功，而德则非贤之可久者莫能洪。惟敬公生则御灾捍患，功不可掩；而奉尝之所，以其德之布福于人者，如日月之久照，四时之久成，穰穰简简，家至户到，是将无穷无尽也。因为之记，以贻来者之钦奉，勿或怠荒云。

绍熙二年四月记。

【说明】谢谔（1121～1194），字昌国，号艮斋，新淦（今江西新干县）人。绍兴二十七年（1157）进士。历官乐安县尉、分宜知县、御史中丞、工部尚书等。曾提举太平兴国宫。有《艮斋集》。据嘉庆《萍乡县志》卷一八录文。参见同治《萍乡县志》卷六、《全宋文》卷四八七三谢谔二（第220册）。

169. 南宋·谢谔：三仙记　绍熙二年辛亥（1191）

予于已卯、庚辰摄乐安县事，慕华盖名山，每欲往谒，以公事有程，竟莫之遂。尝留曾田，目击耸秀，注意不浅。今乃得观章羽士少机书，所叙之谨，便如步武其上。书中最可嘉者，谓三仙家素丰厚，积累善功。又云浮邱公语二真曰：“子等道将成，非能为官泽民，何以积功?”乃以元旨授之，俾功行之满则为仙官。以此言之，居家而积善，居官而泽民，便是神仙，何必他求。世人往往羡之，莫明此理，是有神仙镃基而自异也。余故取其说，表而出之。少机尝居玉笥承天宫，所至雅有名，是可重也。

绍熙二年八月三日。

【说明】据同治本《华盖山志》卷七录文。参见天启本《华盖山志·艺文志一》、校注本《华盖山志》卷七。

170. 南宋：杨简：乐平孚惠庙记　绍熙三年壬子（1192）至五年甲寅（1194）间

吾邑之所崇敬，旱能致雨，祷焉而应，灵感著闻，遐迩毕趣者，曰鸣山之神。神之号曰威惠善济广佑忠烈王，宜刻石昭纪事节。而宣和四年县尉沃彦所书，号止“威惠”，爵止“公”，使观者惑焉，不可。谨按元符三年赐庙号孚惠，崇宁四年封广利侯，宣和三年封威惠公，建炎三年封威惠王，四年加号善济，绍兴二十一年加广佑，三十年加忠烈。庙本于信之贵溪自鸣山，乐平实为旁邑。邑民诣其祠致祷者众，乃奉香火归于县治之西南二十里。亦有山焉，高倚如屏，洎水东至，拱揖其下。于是建祠，不忘其本，宜亦曰自鸣山，声传浸讹，唯曰鸣山。

於戏！神之所以灵者，以能弱冠起兵，报不共戴天之仇，追牛昌隐至贵溪祠所，杀之。兵至之日，风烈云涌，水泉腾跃，山谷自鸣，故遂以此名山。自此祠而祝之，神应无方，威灵累著。当旱霈泽，感应如响，变化飞击，荡攘剧寇，异迹阴功，莫可殚述。神何修而得此？神心至孝，痛切勇决，宁死无生，必杀昌隐，不顾利害，一心无他。斯乃道心，斯即天地之心。《孝经》曰：“孝弟之至，通于神明，光于四海，无所不通。”顺用而无差，顺行而无为，可以范围天地，可以发育万物。神之所自有也，不可思也，不可赞也。

【说明】杨简（1141～1226），字敬仲，明州慈溪（今浙江慈溪市）人。他师事陆九渊，为南宋著名理学家，学者称慈湖先生。乾道五年（1169）进士。历官乐平知县、国子博士、宝谟阁学士等。有《易传》《慈湖先生遗书》

等作品。据四库本《慈湖遗书》卷二录文。参见同治《乐平县志》卷二、《全宋文》卷六二三九杨简二二（第276册）。

171. 南宋·周必大：临江军阁皂山崇真宫记

庆元二年丙辰（1196）

古者名山大川在中国者皆雄尊浩荡，颁于祠官，天子巡狩望秩，为民祈福而已。荆之衡岳犹以为远，自有熊氏已祀灊、霍，况其他乎？当是时，上既不求远略，下亦安其常居，虽有黄老之言，何自而入？深山穷谷稀奇绝特之观，谁实顾之？及周穆王车辙马迹驰骛乎八荒，中天之台，瑶池之宴，浸传于世。秦皇、汉武，忻然慕之。由是有为黄老之学者转而为方士之术，负策抵掌，顺风而至，羡门、安期之说兴，徐福、少君之诈作。当是时，上虽信之，其徒未盛于下也。及乎土宇日广，生齿日众，遐方僻地，列置郡县，王乔、蓟子训、左慈辈又争以神怪风动四方。于此时也，岂特人主向之，所谓四民往往从之者众。众必有所聚，既不能安处于市廛，则搜奇择胜，梯崖架险，设坛场，立室庐，茹芝炼丹于人迹不至之地。一岩洞之幽，一川谷之秀，殆将无所遁其形。宫观遂遍天下，而尤盛于东南。此积习之势然，非今昔之理异也。彼所谓清都帝居，十洲三岛，既茫昧不可考，而洞天福地，载之传记，有可言者。

距临江军四十里，山曰阁皂，盖福地之第三十三也。自汉末张道陵、葛玄、丁令威皆有坛井，故《寰宇记》以为神仙之馆。旧隶吉州新淦县，逮临江析军，乃属清江。山形如阁，山色如皂，以是得名。初置灵山，煨于隋烬。至唐，道士程信然掘地得玉石像尺余，覆以铁钟，创草堂居之。先天元年，孙道冲始为台殿，因山名观。咸通大火，玉像仅存，杨荐父子次第葺之。江南李氏改名玄都。本朝避圣祖讳又改景德。天禧庚申、熙宁丙辰，再焚再葺。政和八年，始赐号崇真宫。前对灵云峰，后倚东西两山，山皆有坛，其东葛也，其西张也。水出宫后，名葛憩源，凡半里余，声潺潺行石间。大抵葛仙遗迹为多，故崇宁间封冲应真人，诰命在焉。北有令威观，基坏久矣。入门即御书阁十一楹，藏熙宁赐书百一十八幅，章圣封泰山芝草二本，皇祐《新乐图》一卷，绍兴宸翰十轴。阁后设传箓坛，盖法许授箓者惟金陵之茅山，信州之龙虎，与此为三。徽宗朝给“元始万神”铜印，至今用之。次曰金阙寥阳殿，曰昊天殿，曰正一堂，曰靖应堂。其东曰祖师殿，曰藏殿。最后玉像阁五间，其崇五丈四尺，雄杰冠于一宫。凡殿于旁翼以修廊，道士数百人环居其外，争占形胜。治厅馆，总为屋千五百间，江湖宫观未有盛于斯者。士大夫川浮陆走，无不迂途而至。乾道癸巳，予亦至焉，读广明许元真、咸平张贺、熙宁双渐、杨申、元祐张商英诸碑，虽随事登载，辞颇异同。如以铁钟为开皇旧物，视其款识则咸通十三年所铸也。玉像有三，其一凭几而坐，二人跣足立侍，亦与所书不合。于是主者李汉卿、王允成、王次鼎俱以宫记为请，予诺之而未暇。今管辖王自正、知宫邹时亿、副刘惟允、度师陈处和恳请益坚。予谓易观为宫殆且百年，此而不记，阙孰甚焉？乃为会萃众说，详考初终，使好事者知自昔道家者流凡三变而其教成，此宫因地之利，历千年而其制备，庶几有考焉。若夫叙胜概，咏清虚，则有前代孙偓、李涧、宋齐丘、沈彬、孟宾于、徐铉、陶弼之留题，近世道士张景先、陈孟阳、陈彦举、黄常吉之诗集传于山中，此不复云。

时庆元二年十二月十五日。

【说明】据四库本《文忠集》卷八〇录文，文字据别本有改动。参见乾隆四十五年《清江县志》卷二六、四库本《江西通志》卷一二五、道光《清江县志》卷二三、《全宋文》卷五一五一周必大一三八（第 231 册）。记文是在阅读历代诸碑基础上写就，有叙有辨，对了解阁皂山道教历史变迁有史料价值。

172. 南宋·幸元龙：高安冲道黄真人新殿记

庆元四年戊午（1198）

委世纷而乐清淡，捐利禄而遁山林，自汉梅子真而下，鲜若人矣。若高安黄君紫庭，其庶几乎？黄君，晋人也。父讳辅，字万石，举孝廉，官至御史大夫。惠、怀以来，王政不纲，君子见几，飘然远翔。紫庭仕尚书，雅好佛，归西山，从许旌阳游。故宅在高安郡治东十五里，至唐为祈仙观，我真宗皇帝改赐“大中祥符”额。靖康之先，宫殿庑廊，金碧照耀，与逍遥福地争雄。厄于兵火，所存无几，仅于三清殿以祀紫庭香火。羽士闵持盈董观事，甫即旧址作新殿。凡用钱一百五十万，经始于庆元丁巳，落成于明年，移紫庭像寓焉。以初殿奉三清，从古迹也。余观紫庭，侈钟鼎之贵态、炫貂蝉之荣显者不知几人；然百世而下，使人敬畏，翕然归重，乃属紫庭，何邪？紫庭道气，浮于世表，惟尊行谊而不尊势利焉耳！士大夫胶溺世利，迷复终身，闻其风，得无愧乎？紫庭名仁览，政和二年封冲道真人，因为纪其大概。至若举室仙去，远宦暮归，化龙有杖，炼丹有井，则殷崇义碑刻尚在，予故略之。

【说明】幸元龙（1169～1232），字震甫，号松垣，高安（今江西高安市）人。嘉泰二年（1202）进士。历官当阳知县、郢州通判等。有《松垣文集》。据四库本《江西通志》卷一二六录文。参见《重编古筠洪城幸清节公松垣文集》（清赵氏小山堂抄本。以下简称清抄本《松垣文集》）卷六、同治《瑞州府志》卷一八、同治《高安县志》卷二二、光绪本《万寿宫通志》卷一五、《净明资料新编》。

173. 南宋·周必正：辅顺庙记　庆元四年戊午（1198）

天以日星为号令，故观逆顺而知灾祥；地以山川为标准，故察动静而识休咎。人生乎两间，死则为鬼神。虽视之不见，听之不闻，而福庇一方，威镇外侮，亦存乎肸蠁之中。惟其生也趣向不同，则为神也感应亦异，斯之必然之理也。

吉州永和镇有庙曰王仙，旧无记录。后周显德五年，始有神之族裔创为之碑，云神姓匡，讳和，长安人。唐贞观中，年逾六十，与其叔智属意轻举，弃官远游，南至庐山。或告曰："此阴山也，不宜学仙。"后乐泰和王山之奇秀，止焉。绝粒修真，果有所遇。其叔寻以中元日受天衣而上升。神以后期，嘱为地仙，次年七夕，亦尸解。今山有庙，真身在焉。手植佳木，皆参天。前洞后冈，面势旷爽，所筑三坛尚存。又有丹井、龙潭、钓鱼台，皆故迹也。昔刺史严公以岁之不和，遣官致祷，行次瓷窑之小湖团，人马辟易，若有诃逊而不得进。即其地祷之随应，遂立屋以祀之，今庙是也。亦置坛焉，香火自是辐辏。去旧祠涉江而南，凡五十余里，神其有意于斯民，故不使疲于往复，且存故居之清虚也耶？

皇朝景德中，瓷窑始置官吏，为永和镇，秀民大家，陶埏者半之。无高城深池而盗不能犯，窑焰竟日夜而火不能为孽，水潦大至而不没，疫疠流行而亟禳，此消患于未形者也。逮建炎改元，凶寇谋以岁暮纵火肆掠，夜许宰大牲以卜于神，增至数十，不许。又欲用人，凡十七卜，终不许。寇怒曰："然则于尔乎？"取之，一卜而许。即毁神像以行。移寇曲塘民家，主既就缚，尽索货财囊贮急趋。其主偶得利刃，断缚而追之，睹重负为殿者，推刃以截其喉，余人愕视植立，因得使连颈就戮，而断喉者即毁神之人也。三年，虏骑南侵，所向无不残毁。尝分屯于市，掠金帛，系子女。欲去，或走叩于庙，风雷暴作，沙石飞走。虏策马奔迸，尽弃所得而告人曰："旗幡绛空，不可留也。"乱定，人相与言之官，转以上闻，乃赐庙额曰"辅顺"，盖绍兴五年也。大抵神之为德，本期精练道真，而功利存于血食，故平居以慈惠为之先，不专威怒，而穷凶极恶亦所不诛焉。至十五年，众又以前后灵应申言之，初封威远侯。事迹浸显，请者不辍。隆兴二年，加"肃应"二字。庆元四年，又加"英格"，为六字焉。纶言既至，民大和会，欢忭歌舞，如侯复生。乃嘱亲友乡贡进士胡秘有请于予，欲侈上之赐而彰神之德，镵丰碑以纪之。

予家自靖康南渡，往来于庐陵者三纪，又聚族于永和者且二十年，赖神之庇为多。淳熙丙午，仲兄宗院尝合众人之力增焕庙宇，已成而未记。去秋，予欲登王山，遂谒旧祠，结束未行，梦寐已通，因亲得以所闻询之耆旧。兹故并记其略，且系以词，使人欢歌而乐之于千万祀。其词曰：

江悠悠兮玉虹，道宛宛兮卧龙。松青苍兮荫户，殿突兀兮撑空。神将朝兮大清，俨环佩兮肃恭。参蓬莱之仙御，驾阊阖之罡风。疏献替而上陈，陈灾祥兮必公。神倏返兮灵祠，敛威福兮用中。马班班兮喷玉，旗猎猎兮翻红。散兵疫于无方，宁水旱与螟虫。调五风而十雨，茂禾黍之芃芃。工埏陶而倍息，野耕获而劝农。宜帝心之是嘉，锡恩言而遹崇。粲明月之当天，想登坛而受封。分桂浆于北斗，颁蕙肴于天饔。逮晨光之入牖，映瑞烟兮郁葱。纷四民之和会，奠百嘉兮洁丰。庭喧轰兮箫鼓，巷奔走兮儿童。神醉饱兮安安，民奉承兮益忠。勒坚珉而纪事，侈嘉号之增隆。惟尔神之宅心，散道妙以为功。不私己而病人，宜昭报之在躬。亶福我而寿我，罔时怨而时恫。惟尔民之有依，保康娱而始终。竭尔诚而致格，端尔行以潜通。业视履而考祥，戒非辟之召凶。传子孙而有永，沐神贶兮无穷。

庆元四年仲秋记。

【说明】周必正（1125～1205），字子中，号乘成，庐陵（今江西吉安县）人，周必大从兄。以祖泽补将仕郎，曾任监潭州南岳庙、袁州司户参军等，乐为善政。据《东昌志》卷二录文。碑文叙述了辅顺庙之历史变迁及奉祀神明，且涉及永和镇陶瓷烧造与道教信仰之关系，有史料价值。

174. 南宋·刘师文：玉清广福观藏室记

庆元四年戊午（1198）

邑西三十里有观曰玉清，世传神仙苏耽昔尝经行于此，故名苏山。殿宇依山，象象幽雅，茂林修竹，清泉白石，翛然为一真境。岁时雨旸，随诚响庭。道士因人心之向信，乃即西偏规建藏殿。凡道家之书，旁搜远致，将求大备。经始于绍熙甲寅，落成于庆元戊午。栋宇翚飞，金碧焕耀，琅函蘂笈，栉比鳞差，其用功亦勤矣。夫藏所以藏也，本萃集真典，为装严起敬之所。自灵宝书以飞天法轮为普度之门，世俗遂为转藏周匝，与持诵一遍同功。是一斡旋运动之顷，即有转祸为福之益，所谓不疾而达、不行而至者几是已。其果然乎？大抵老释以幻化诱劝为主，奚独藏经云。

【说明】刘师文，生平不详。据《永乐大典》卷六六九八录文。按，绍熙原作绍兴，据文意应误，故改。

175. 南宋·杨万里：玉笥山重修飔驭庙记

庆元五年己未（1199）

惟泰元尊，帱下土，鞠万生，俾发育亨嘉，罔有札瘥，丰琳颖栗，罔有捐瘠，怡愉治熙，罔有哀吁，是惟皇皇后帝之心。然高居霄极，下视豪端，或阏两间，或壅声闻，则有伯强猲狂，祟降威虐，我民于是乎有疠疫之眚；虐魃支祁，僭旸逆洚，我民于是乎有干溢之眚；回禄屏翳，郁攸飘怒，我民于是乎有毁霾之眚。我民披肝为纸，滴泪到泉，叫阍排云，将焉攸诉？惟天一方，必有名山大川之神，代天临御帝省，挈携阴机，箫勺民瘼。孰弄疾威，睒闪睢盱，孰暵孰垫，孰噫孰欠，孰燧厥焰，闻而药之，膏之濯之，瀹之流之，熸之收之，驾彼飞龙，乘彼白云，秉纛旗，提青萍，抸诃百神，诘诛万祅，惠鲜我民，会归和平，迪民之康，乐帝之心？

惟大江之西，吉之吉水，出县北东六十里所，乡曰某乡，山曰玉笥，庙曰飙驭者，帝心所倚，民命所寄，其不在兹？或曰西岳华山之神离宫也，或曰吴史君云储之神，受后帝茅土于兹山也。初名“云腾”，自唐之天宝神所命也；今曰“飙驭”，自皇朝之宣和徽皇所锡也。上溯章贡，下沿洪抚，旄倪奔奔，农商棼棼，士夫欣欣，相踵于途，胥会于祠。彼以祈年，此以祝釐。弗牲弗营，惟菹惟粢。祝史致告，如鼓答桴。陨祉山则，疵疠不作。霡霂时叙，娄丰孔硕。潦反其壑，火熄风寂。频年泰和，我民舞歌。则相与视庙疏罅，諏其坏陨，某殿某室，某像某服，是建是筑，是葺是缩，于瓦于木，于堵于屋。昔故今新，今焕昔尘。匪神我勤，繄我答神，用永藾于我民。其费出于里之人，其倡之者，予友生乡贡进士鲁三异云。

庆元五年十月既望，通议大夫、宝文阁待制致仕杨万里记。

【说明】据四库本《诚斋集》卷七六录文，文字据别本有改补。参见

《全宋文》卷五三五三杨万里六九（第239册）、王琦珍整理《杨万里诗文集》卷七五（江西人民出版社2006年版）。

176. 南宋·赵扩（宋宁宗）：宋封显济庙敕

庆元六年庚申（1200）

鄷部状准都省批下江南西路转运司，奉本司近准尚书劄子节文为据，江州瑞昌县税户周奇等状。

窃见本县管下有灵迹龙坑白龙泉，祈祷灵应，乞行下所属保明回申，乞与封爵，仍赐庙额施行。本司牒委邻州兴国军永兴县主簿迪功郎江仁荣躬亲前去询究。去后据申，躬亲前去瑞昌县管下安泰乡地名龙坑，唤集邻保耆宿周奇等询究。据供，本乡有灵迹白龙泉，历来祈祷多有感应。其泉亦曾干绝，潮信涌起，每日如期，村人得此泉水灌溉田地，其利甚多。每遇旱伤，本县里正县官及人户祈祷无不感应，境内因此常年皆无饥歉之患。建炎年中，逆贼李成入县界，凶焰不可御遏。其泉白雾滃然四起，遮蔽原野，人面莫睹，其贼党即溃散。既而岳宣抚飞领兵袭后，不战而胜，皆神之功。上件灵验委与其他泛泛些小感应不同，乞赐保明备申朝廷，特与封爵，仍赐庙额。本司从条，再委镇南军节度推官张大年躬亲前去复实。去后据申，委有前项灵应事迹，保明诣实。本司保明，伏候敕旨，复批送部勘，当申尚书省。本部寻行下太常寺，去后据申，检准建炎三年正月初六日已降指挥节文，神祠遇有灵应，即先赐额。并淳熙十四年六月十九日已降指挥节文，今后神祠，祈祷应验，会诸路运司依条保奏，取旨加封。本寺照得今来本路转司，已依条差官询究复实，保奏了当，应得加封。条法缘上件神祠未载神祀典，今欲从已降指挥，合先拟赐庙额，合行降敕，伏乞省部备申朝廷，取旨加封，施行申部。本部今勘，当欲从太常寺勘到事理施行。伏候指挥吴文忠、宣义郎知江州瑞昌县主管劝营田公事兼买细茶场洪钧偲立石。

敕江州瑞昌县显济庙：潜龙在渊，为帝司雨，随祷辄应，锡命惟彰。已昭灵宇之嘉名，曷宠元侯之显号。祗予茂渥，慰彼舆情，时其雨旸，无或灾害。可特封孚泽侯。庆元六年十月十七日。

【说明】赵扩（1168~1224），即宋宁宗，宋朝第十三位皇帝。晚年由于身体原因，专心道教修炼术。据同治十年《瑞昌县志》卷二录文。参见康熙十二年《瑞昌县志》卷五、雍正《瑞昌县志》卷五。

177. 南宋·周必大：袁州宜春台孚惠新祠记

庆元六年庚申（1200）

袁恃孚、惠二王为司命，郡以宜春台为胜境，壮亭榭于林木之表，山川城郭，俯视无遗。辍燕游以奉神，敝则改为者，太守徇邦人之志也。按仰山距城七十里而远，二王既敬释氏，逊山与寺，徙庙堵田，距城三十里而近，人犹患不得朝夕致敬也。故凡水旱疾疫，迎神台上，以便祈禳，已事乃归，其来久矣。建炎中，剧盗、金虏继至，守奉像设而驻师焉。贼薄城，若有御之者，最后望见二神，黄衣白马，往来雉堞间，骇异而走。绍兴初，始即台立行祠。淳熙甲午，易亭为殿，又移慈济院于台西，奉惠寂禅师即神所敬者。初，寂归老韶州，将谢世，神往诀别，问："岂无见属乎？"寂曰："吾师灵祐禅师以正月八日逝于沩山，宜就是日普设僧供。"神敬诺。自后及期则肸蠁幽赞，缁素咸聚，岁以为常。既迁城中，斋会滋盛，远人四集，凌虚创阁以待有众。庆元己未九月丁未，融风为灾，一夕俱烬。士民谨曰："此飞檐架空之咎也！"争辇土石，培展台基，首营正殿五间，后列沩、仰二禅师暨王之父子。又为堂以识参请，设亭以备拜享，别造斋阁于新址。总用钱八百余万，郡守李訦捐金谷倡之，阖境争趋和之。武经郎赵伯涛、乡贡进士袁简及孟公震掌其事，兵马监押赵善济董其役。揆日于是年十月，明年四月讫工，因故人潘侃来求记。

予闻静者为性，动者为情；性无有不善，情则随物应焉。大而天地，明而为人，寂灭者佛，变化者神，虽曰殊途，然而仁民爱物之性，善善恶恶之情，未尝不均。今二王既弭灾捍患，加惠斯民，民亦秉彝好德，思媚神灵。

故是役也，富者输财，壮者效勤，自求多福，用底于成，得非道一而已，如吾儒所云者乎？咨尔袁人，治情以礼，养性以仁，以称天地神佛之心，以还比屋可封之淳。岂惟袁人，四方其训之！

五月旦。

【说明】 据四库本《文忠集》卷五九录文，个别文字据别本有改动。参见《平园续稿》卷一九、康熙四十七年《宜春县志》卷一五、乾隆二十五年《袁州府志》卷三二、民国《宜春县志》卷二〇下、《全宋文》卷五一五〇周必大一三七（第231册）。

178. 南宋·周必大：太和县仰山二王行祠记

庆元六年庚申（1200）

圣人成民切矣！既抚之以仁，又惠之以政，尚虑天降之灾，人为或弗能给，则致力于上下神祇，《周礼》太祝掌六祈是也。至小祝，复载其目曰祈福祥、顺丰年、逆时雨、宁风旱、弭灾兵、远罪戾。凡民之所愿欲，尚有出于此者乎？自释教盛于中国，故又即佛庐而致祷焉。盖神能变化无方，佛能摄受有情，其为道虽不同，精诚可格则均。若乃聪明正直、广大慈悲兼而有之，惟袁州孚惠庙二王为然。王兄弟皆龙也，自晋永嘉宅仰山之獭潭，至唐会昌三年，盖五百余载。有僧号小释迦名惠寂者来自柳州，卜庵此山。二王钦其道行，施山为寺而徙庙堵田。今寺以太平兴国为名，其上庙基存焉。治平元年，郡人李观尝为记刻石。神之归心释氏固已昭然，而巫祝恃牲牢以为利，流膏割鲜，神或厌之。迨元祐六年，住山佛印禅师了元卜于神曰："血祭乎？蔬食乎？"神曰："蔬食哉！"厥后谒庙者遂以伊蒲塞为馔。张丞相商英适漕本路，又为之记。功利及物，逐日以新，自士庶达于郡邑，或绘事于家，或塑像僧舍，或祔享别庙，祈求者不绝。

吉州太和县进士刘千龄谓非设行祠不足以揭虔妥灵，乃即县西北五里登科冈背阴面阳创正殿三间。乡人争附益之，夹以廊庑各十二楹，前为门三，后为寝室七；至于崇释教，祀徐璠，与夫乐楼享亭，下暨厨库，罔不具备。始事于庆元丁巳之正月，落成于戊午之十月，严翼轮奂，观者起敬。知县事卓洵频岁请祷，曰雨曰旸，其应如响。千龄介予故人曾寅亮谒文记之。

惟皇上帝，分命山川之神各主一方，捍灾御患，载于经传，不可诬已。然诸侯所祭不过境内。今二王以神龙有截之威，合大雄无边之力，自袁遍于江西，自江西放乎岭表，咸被其赐而祭享之，夫岂泛泛神祠加惠一方者所可比哉？按唐蓝谷神名在祀典，而依悟真精舍，诗人美之曰："若岁有水旱，诏使修蘋蘩。以地清净故，献奠无荤膻。"愿借是诗代享神迎送之词。至于封爵之崇，事实之众，图志具在，此不复云。

六年十一月五日。

【说明】据四库本《文忠集》卷五九录文。参见乾隆十八年《泰和县志》卷三二、道光《泰和县志》卷三三、《平园续稿》卷一九、《全宋文》卷五一五〇周必大一三七（第231册）。

179. 南宋·王自适：彭泽县宁江水府庙建后殿记

庆元六年庚申（1200）

庆元六年夏，予被征诣郡，别驾赵公谓曰："子识前京西漕廖公乎？与子有先契，过此托子为修宁江水府后殿，环顾无以易子。"遂取廖所留俸五十千并片纸道来历以授。熟视，则公往年之官，舟从祠下，许焉。今解官东还，因酬始愿。予于廖公实有畴昔，且宁江有功于国而惠利于民者多，欣然领命。归即往视，则殿负山面江，栋宇俯瞰澎湃，凛然若压。于是命匠者扶而正之，取其挠折者新之，度材计工，量钱为役。既毕，击鲜酾酒，以廖公之词告于神，思书坚珉，以纪岁月。时天久不雨，予及同寮为邑民乞灵者再，甘霔皆随，益信神之灵足以有感于廖公也。公名俱，入为吏部郎云。

【说明】王自适，生平不详。据文所述，知其曾于庆元年间任职江州。

据《永乐大典》卷六七〇〇录文。参见《全宋文》卷六七一〇王自适（第294册）。

180. 南宋·黄瀛：安和贤惠庙记　嘉泰二年壬戌（1202）

新喻县治之东三十里安和市张侯之庙，图记相承，以为后汉张平子也。侯之爵里名氏，《汉书》载之详矣。中间出为河间相，故曰相公庙。旧碑既亡，建置之因与其岁月皆不可考。或曰，皇朝嘉祐有之，历时浸久，屡修屡坏，亦无所依据。淳熙十六年，有诏赐其额曰贤惠；又九年，赐爵曰昭应侯。邑民蒙侯之庥，侈上之赐，视墙垣败落，祠宇倾陋，不称明灵，相与聚财鸠工，易而新之。中列两楹，翼以两庑，为楼者一，为门者二，黝垩丹漆，砖瓦石甓，百尔修饬，有加于旧。自始迄终，民乐从事，役不旬岁。而侯之威惠旁畅，远近居民行商，起敬起信，室之稚老，舟之上下，疾痛必呼，饮食必祭，侯亦不倦于应。邑多名士，言语文章妙天下，为诗为记，以阐幽发微者，前后相属。

嘉泰二年夏，瀛来领县事，弥月不雨，祷之而雨。未几，展敬祠下，喟然叹曰："侯在汉时，议论中正，气节高迈，巍然为一代伟人。所著浑天仪，识者谓其数术穷天地，制作侔造化，固已神矣。没向千载，凛凛犹有生气，其浩然常存者如元气之在两间，无往不在也。而此邑之民信之甚笃，侯以人之眷眷，时出灵响，震耀福祸，以食其土。盖非出于偶然者，与修淫祠之樽俎，大不侔矣。"语既毕，众请刊之石。冬十月，进士谭该又以《神效志》二卷来谒，曰："庙已重建，而未有述。"为邑长于斯者不容辞也，乃更为诗一章，使邑人歌以侑祭，而并刻之。其词曰：

侯之庙兮枕江之湄，侯之灵兮磅礴乎四维。学博兮文奇，民事如生兮侯不鄙夷。侯之来兮旌旗，迎棹兮鸦舞鸥飞。奠肴馐兮孔时，侯不吐兮宁可违。驱魍魉兮魑魅，人不殀伤兮物无疵疠。大田多稼兮稻米流脂，丰年秋报兮惟侯之归。山青兮踯躅，水绿兮涟漪。侯之福我兮与山水无穷期，焄蒿怆凄兮如将见之。

【说明】据同治《新喻县志》载："黄瀛，嘉泰二年由奉议郎来任，主管劝农营田事。文学政事，并臻其善。邑之仰山、贤惠庙二记，皆其撰也。有惠于民，既去，思其德，为立德政坊于县前表之。"据前志卷三录文。参见《全宋文》卷六七〇一黄瀛（第 294 册）。据本志多处记载，知原文中纪年"嘉定"应为"嘉泰"。

181. 南宋·周必大：麻姑山仙都观新殿记

嘉泰三年癸亥（1203）

物生天地间，有象斯有数，成毁相寻，抑有理焉。孔子作《春秋》，既书成周宣榭火，又书晋梁山崩。夫无室曰榭，犹未免于火；山有朽壤，亦未免于崩。况夫名山胜境，道宫极土木之工，岁月浸久，非朽即燬，岂特数哉？理固然也。或葺或新，乃传无穷。

建昌军本抚州南城县，出南门六七里有麻姑山，予尝游焉。自寻真亭而上，径蹊纡峻，次以界青、双练、枕流三亭，悬瀑对泻，雪溅雷吼，天下奇观也。进至龙潭，唐明皇时黄龙尝见，奉祀至今。自此骤得平地，是为仙都观，世传蔡经旧宅，方士号"丹霞小有天"。麻姑事实具载颜鲁公碑。仁宗尝赐飞白采字，元丰间封清真夫人，元祐改封妙寂真人，徽宗加号真寂冲应元君，傍曰元通之殿，皆宣和御笔也。观后齐云亭，望军城仅如聚落。其西十里别有丹霞福地，初循稻畦，寻复陟巇。两山之间，甽亩层出，源泉灌注，旱则蓄之故不干，涝则泄之故不溢，黄冠藉以自给。庆元六年庚申三月戊寅，融风告灾，栋宇夜烬。明年改元嘉泰，知观事李惟宾创正殿七间，博十丈，深六丈有奇。依《营造法式》容阁帐三间，分列三清及天帝、地祇九位于上，其下则元君居中，东偏奉宣和二牌、三朝内禅诏，西为皇帝本命殿，宏壮华丽，殆过于旧。群祠外环，三门前耸，位置先定，以渐图之。方营求之初，故妻益国夫人王氏首施钱三十万，于是惟宾以记为请。

按颜碑及郡人李泰伯文，观兴于天宝，至梁凡百六十年而葺焉；由梁迄本朝康定辛巳垂百四十年，敝又改为；今复一百六十年，数虽适然，理则存乎其人。戒谨所不睹，恐惧所不闻，何畏乎郁攸？风雨攸除，鸟鼠攸去，何忧乎朽蠹？东海扬尘，犹或可待，况二百载之近乎？

三年十二月旦，周某谨记。

【说明】据《平园续稿》卷四〇录文。参见四库本《文忠集》卷八〇、《全宋文》卷五一五一周必大一三八（第231册）。

182. 南宋·黄瀛：仰山庙记　嘉泰四年甲子（1204）

仰山二王自汉以来祀之，唐时为盛。威灵所被，无间远近。而庙像设焉，江西尤著。新喻旧有行祠，在西郭外。晨昏拜祭，出入为艰。且据非其地，殿庭廊庑，兀若灵柱，风摧雨圮。藩拔级彝供给之徒，容貌若泣，非所以竭虔妥灵。好事者欲有以改为，未暇也。嘉泰癸亥六月旱甚，予精意以祈，甘雨遄集，岁得中熟。邑人呼舞，思所以恢张庙貌，阐扬神庥。度地于开化寺之侧，主者曰“然”，卜者曰“吉”。揆日僝工，云集雷畚。经始于孟秋，落成于季冬。越明年，丹漆黝垩、藻绘妆严之工毕备，则又合辞请书其事。

惟汉至今千有余年，明神之祀典不可胜纪。而其祠宇或遽以败坏，或浸以磨灭，求其岿然独存如鲁灵光者殆无几见。虽其事不可致诘，然大抵泽之深者流愈远，德之厚者报愈崇，幽明殊途，其归一也。二王之祀，奉尝不替，非爱人利物，发祥降祉，不倦于施欤？新庙奕奕，寓其尊飨之祀，其宜书之，示后人改筑之因，俾无忘王者大造。主其议者，朝散郎新授邵阳通守萧遵辅；共谋者进士罗松、乡贡进士李梦熊；董其役者，僧智印也。

【说明】据同治《新喻县志》卷三录文。

183. 南宋·佚名：周必大地券　嘉泰四年甲子（1204）

宋少傅大观文益国公赠太师地券（额）

青乌子曰：按《鬼律》云，葬不斩草买地立券，谓之盗葬。乃作券文曰：

维皇宋嘉泰四年岁在甲子十一月己未朔十四日壬申吉，孤哀子周纶，伏为先考少傅大观文益国公赠太师，生于靖康丙午七月十五日，薨于今年十月初一日，卜以是冬十二月丙申而安厝之。龟筮协从，厥州惟吉。惟厥县庐陵，乡曰儒林，原曰斗岗，以西兖山甲卯向为之宅兆。谨以冥货极九阳之数，币帛依五方之色，就于后土阴官鬻地一区。东止青龙，西抵白虎，南极朱雀，北距玄武。内方勾陈，分治五土。彼疆此界，有截其所。神禹所步，竖亥所度。丘丞墓伯，禁切呵护。驱彼罔象，投界兕虎。弗迷兽异，莫予敢侮。千龄亿年，永无灾苦。敢有干犯，神弗置汝。幽堂亭长，收付地下。主者必罚无赦。乃命子墨客卿为置真宅。天光下临，地德上载。藏神合朔，神迎鬼避。涂车刍灵，是为器使。夔灵魑魅，莫能逢旃。妥亡佑存，罔有不祥。子子孙孙，克炽克昌。山灵地神，实闻此言。谓予不信，有如皦日！梅仙真时在旁知。急急如太上女青诏书律令。敕。

急急如律令。敕【原有道符一帧】。

太上灵符，镇安幽宅。神魂有归，子孙永吉。邪精斥逐，蛇鼠徙迹。

【说明】券石1982年出土于吉安市，现存于市博物馆。青石材质，高2米，宽1米。直行，14行。据《江西出土墓志选编》录文，格式、文字、标点有改动。参见《庐陵古碑录》。

184. 南宋·曾丰：华盖山新建三庐记 开禧元年乙丑（1205）

江西名山华盖，于他无得。巽自三仙遗灵其颠也，闻者信，故有祷，祷者萃，故有庐。箾焉万丈而高，环焉千里而迥，故颠于庐。其风劲而易摇，其雨横而易淫，其日烈而易剥，故庐于颠。其竖也，竹不若木；其负也，砖不若石；其覆也，茅不若瓦。自四方之乞灵其颠也，好施者莫不欲壮木以竖，壮石以负，壮瓦以覆，其如工若徒何仰而跻？其上壁立，其傍板荡，其曲斗绝，视不敢分，步不能寸。所赍轻，曾未免伛偻然也；重，嫛跚然；加重，扶伏然矣。其难如此，故自永康逮绍兴七八百年间，为殿为阁为亭，未始一满施者意。

庆元二年岁在丙辰，裴省中主观事，稽首三仙罢，念殿败旧矣，新之非我谁与？谋以戊午而始，柱以庚申而起，工以壬戌而止，一年阁成，三年亭成，竖者、负者、覆者，材皆壮，免易摇、易淫、易剥之患，传二三百年可也。省中首尾十年，中兴其先七八百年欲为未为之工，遗其后二三百年欲继莫继之迹。嗟呼难哉！非其气锐，始孰经？非其材施，中孰胜？非其志坚，卒孰成？既成矣，何加焉？曰：犹须移其志于道也。

道之初，有虚而已，虚生气，气生天地人；天地之初，有土而已，土生万物；人之初，有儒而已，儒生百氏。故土为万物宗，儒为百氏宗。土之气，中气也；儒之道，中道也。万物宗土，百氏宗儒，无他，万理不外一中而已矣。独不见三庐之创乎？石、木、瓦于万物为三，始置土上，则高于上矣；而终之泐、折、腐：石泐归土，木折归土，瓦腐归土，盖还原也。老于百氏为一，自负高于儒矣，安知其终之不还源也？特未易前期尔。余恐省中诚欲移其志于道，故于记三庐也，借事为喻，识其端，使择焉。

宋开禧乙丑秋吉。

【说明】 曾丰（1142～1224），字幼度，号樽斋，乐安（今江西乐安县）人。乾道二年（1166）进士。官至郡守。有《缘督集》。据四库本《缘督集》卷二〇录文。参见《撙斋先生缘督集》（四库全书存目丛书本，集部第一九册）卷十、天启本《华盖山志》卷七、同治《崇仁县志》卷一、光绪《抚州府志》卷二一、校注本《华盖山志》卷七、《全宋文》卷六二八七曾丰一五（第 277 册），各本文字有较大出入。

185. 南宋·幸元龙：白鹤山崇元观记　开禧元年乙丑（1205）

高安古建城也，去治所两舍而遥，为调露乡之洪城里。里有崇元观，观故名崇玄。不知何始创，意彼典午之代，崇尚虚无之所建，厥所由来旧矣。

递五代而至李唐。天圣之间，诏锡天下寺观额，易今名，盖自张惠感召为国师后始也。

观故居创剑池、丹井之间，世传为丁真君女秀英炼丹之处，今其水尚清冷可掬，饮之有余味焉，疑所传当不妄矣。然其地湫隘，而且嚣尘，不足为方术修行之所。乃秀英前此而飞冲，惠感继此而养真，逮今艳异者夸诩此地以为奇胜，则其故殆有说焉。窃意有唐之世，里无大姓，而此地为重阂之乡，以故虚无者流得托是而适所愿。亦阅而今，居地之集者若鳞次，而衢路之冲突者如梭掷。彼清净无为之徒，临之以众纷沓至之郊，而处之以掔肘环堵之室，宜其居之弗宁，而方术之不足以显也。盖自徽庙所幸王仔昔一尝住持至是，居无何而去，后竟不闻有羽衣名世者矣，毋亦居之使然哉？家君深为念之，则以谋诸子，以其别墅之凤尾庄者捐而施之。其地爽垲，既与故址殊绝，而其广袤又不啻十倍之，宅址既傍林麓，而又颇远众嚣，曰是真足为遗世者居哉。于是乃涓吉辰，乃庀工徒为之，舍故而取新焉。前为正殿，以奉三清；后竖法堂，以处众神。盖材惟其旧而差为之，易其腐朽，期易就也。然道何以居，则翼而廊；众何以舒，则重而堂；率皆昔无而今有者，重创建也。爰始于嘉定四年八月日，阅明年冬落成。经费凡数千缗，其出诸家君之帑储者强半，而羽徒之所得于里闬齐民者亦几半。余家君之经营是者，亦既劳且费矣，已乃反其故址，而俾蔬圃之；复施其林麓，而令樵采之；又出其督亢之田百亩，而令耕稼之。若曰是惟非但无匮神乏祀之虞，即脱有如秀英、惠感其人者出，亦不苦于无资，而得慰其慕道全真之愿矣。既竣事，考氏命予执颖而记之，以诏来许。

予作而曰：佛老之学，名教不齿，为其灭人伦而反经常也。吾侪业登圣墙，思维世风，不蒙屏斥，幸矣，而又曲为之所，毋乃过哉？顾惟家君是举，无亦惟是维风一念，以谓其教虽异，而其化民为善，与其自全厥天者，或亦于世道有少裨焉。况复皇宋圣主时好攸剧，其于豁落七元之法尤所敬慕焉者。兹令生今而欲反古，谓时尚何？吾即无慕乎此，吾以遵时云尔，而人曷喙焉？于是众乃唯唯。

开禧元年乙丑十一月记。

【说明】据清抄本《松垣文集》卷六录文。参见《全宋文》卷六九三四幸元龙四（第303册）。按，抄本所录幸元龙文时有误字，兹参照《全宋文》及别本一一改正。

186. 南宋·幸元龙：南昌后城台观袁道士爱山亭记

开禧元年乙丑（1205）

南昌袁氏子名浚父，自幼入后城台观，戴黄冠，为老子徒，而酷嗜儒书，天性钟孝，既去亲庭，犹供子职。淳熙壬寅，其父死，卜兆，名以爱山。庆元丙辰，创小亭其上，为致敬之地。南凿以沼，西筑以圃，时往洒扫，悲思无已，识者贤之。开禧改元季春，走二百里，来属予记。予观老子之徒，其学以绝俗为高。浚父独孳孳名教，是可不谓贤乎？人欲横流，天理存焉。苟充是心，则张横渠之晚悟，谁得而尼哉！

【说明】据清抄本《松垣文集》卷六录文。参见乾隆十六年《南昌县志》卷五五、《南昌文征》卷一三、《全宋文》卷六九三四幸元龙四（第303册）、《净明资料新编》。

187. 南宋·幸元龙：高安荷山栖霞观记

开禧三年丁卯（1207）

英宗皇帝治平四年，诏锡天下寺观额，以高安之荷山观为栖霞观，国有大祈祷，守令躬临。按《九域志》：山多红莲，故以荷名。旧存元祐庚午断碑，载丁威、王子乔汉晋间驾紫鹿、白象栖游绝顶，晋人想慕高风逸韵，栋宇遗坛之下。唐明皇帝尝诏华林孙智藏祀焉。

余开禧三年秋，访刘道原故址于钧山之阴，道荷山，摄衣穿扉，幽寻水石。岭有藏琴，湖有落星。陶埏道径，老松修竹，敷阴竦密，灵草仙花，香满涧谷，峰峦缭绕，天地一壶。羽士胡以观扶携沿岸，羊角万仞，轻风漾日，微云浪天。步武霄汉之上，揖两仙故躅。东望洪崖，西望宝阳，阁皋南翚，华林北跪，千岩万壑，下折众皱。独莲井堙芜，棋石欲裂，缅焉惆怅。嗟乎！晋楚山川，辽绝万里，而两君去来，云凝风休，陵谷海桑，踪迹不磨，皆神仙事也。至于鹤立华表而不忘其亲，飞凫紫宸而不忘其君，则机械息而天理常流，方技穷而名教不损，其视洁身乱大伦而专与鸟兽草木同群者又远矣。一有取焉，于是乎记。

【说明】据清抄本《松垣文集》卷六录文。参见《全宋文》卷六九三四幸元龙四（第303册）。本文兼具史料价值和文学价值。

188. 南宋·幸元龙：梅子真祠堂记　开禧三年丁卯（1207）

汉政不纲，风盗国柄，士大夫精锐销软。南昌梅子真去官归寿春，上书赤墀，弘肆讥切。莽嗣专政，子真捐室家，萧散吴楚间，高风清节，拔乎流俗。所至踪迹隐见，人相敬慕，以为神仙。去而见思，竞立祠宇，宅仙观其一也。观丽新昌县，县在汉属建城，邑于南昌郡。距建城县治四十里，曰梅墩，子真所尝憩焉；间一水曰尉山，子真所尝艺焉；墩有梅仙祠，山有宅仙观，子真所尝栖焉；界高安、新昌有小溪，溪有桥曰迎仙，西行六七百步曰尉田，子真所尝田焉。田去宅仙半里许，观旧为子真祠，唐人崇尚老氏，其徒趋时射利，易为老子宫，而子真之祠泯矣。历宋开禧，凡数百年，未有访其遗躅。

三年七月既望，里人陈钧秋风步履，伤今思古，缅而有怀。阴盛阳微，金铁为飞，而子真之风独不闻于天下。高山景行，徘徊不忍去。乃率里人塑子真遗像，祀之堂上，论世尚友，以障颓澜。索记于予。

善乎子真！人皆缩气而不敢言，而鲠怀谠论之独露；利禄迷复，而高飞远举之不污。生亦枯槁矣，而声名流风乃与天地无有终穷。其视谀以取容，豢于朵颐，等草木于俱腐者，孰得孰失哉？方今之时，陈君乃能寓意子真之祠，可谓难也已。因赋古词一章，俾歌以祀。其词曰：

梅山青青，白云英英。若有人兮，琼裳玉缨。梅溪之浒，白石楚楚。若有人兮，风餐露酯。春藻秀兮桂秋芳，焚椒柏兮先生之故堂。彼钟鼎之人兮尘土，匪风节之峻兮畴慕？嗟乎！吴市兮丘墟，寿春兮庐已敝。梅山之祀兮，悠久如天地。

【说明】 据四库本《江西通志》卷一二六录文，文后“古词一章”原无，据别本补。参见正德《瑞州府志》卷一四、清抄本《松垣文集》卷三、同治《瑞州府志》卷一八、同治《新昌县志》卷二八、《全宋文》卷六九三二幸元龙二（第303册）。

189. 南宋·陈文蔚：仙山骑龙殿记　嘉定二年己巳（1209）

嘉定己巳秋九月，予偕傅岩叟、周浑斋渡北岸桥，过黄沙，适逢二三知己，拉予登仙山骑龙殿，以循龙山落帽之胜。见其水环山拱，秀蔚弥天，竹翠松苍，葱茏荫地。北辰后拥，遥联灵葛烟云；南斗高悬，远挹匡庐日月。祠，饶阳一大观也。黄沙合地，建庙山之巅，奉葛真君以为香火。地灵而神故灵，遐迩咸沐呵护，其盛矣乎！瞻仰徘徊，日已方中，庙僧作汤饼，留连甚款洽。论情话旧，吟咏有所不暇。傍晚方归，语笑载道，予赋诗曰：“会适登高缓不容，同游颇喜再难逢。归来夕照暄红日，隔树闻敲带月钟。”应口而成，虽不能求工，亦足以写其所见与其所闻。傅岩叟、周浑斋暨黄沙诸君皆相和咏，无非及时行乐。倘他年天缘有分，是日也而有是游，同人再从容尽兴而乐，又当何如？故忘倦，遂援笔以记其巅末云。

【说明】 陈文蔚（1154～?），字才卿，自号克斋，上饶（今江西上饶县）人。师事朱熹，讲读铅山，隐居不仕。文章醇厚精确，有《克斋集》。据同治《上饶县志》卷二三录文。参见《全宋文》卷六六〇八陈文蔚七（第290册）。

190. 南宋·白玉蟾：西山地主真官传* 嘉定三年庚午（1210）

地主金公，世忘其名，或云名宝，行第七。世居豫章之西山金田。以进纳补官。朴直公正，乡闾所推服。许真君与郭璞择地，至其所居，璞曰："璞相地多矣，未见有若此者。如求富贵，则必有起歇；如欲楼隐，大合仙格。其岗阜圆厚，位坐深邃，三峰屹立，四环云拱，内外勾锁，无不合宜。大凡相地兼相其人。观君表里，正与地符。"乃与真君同谒公，公欣然出迎，欢如平生。璞白公曰："许君欲置一舍为修炼之地，故同璞上谒。"公曰："窃观许君仙风道骨，非尘埃中人，第恐此地不足以处君耳。君诚有意，当并致庄产，以为薪水之资。"许君曰："虽蒙倾盖，然受之无名，愿闻所需，多寡惟命。"公曰："大丈夫一言道合，身命犹以许人，况外物乎？老夫拙直，平生无用文券。"乃取一大钱中破之，自收其半，以半授许君曰："以此为券。"明日，遂挈家居西林之庐舍，至卒老焉。玉隆宫有神曰西林地主显忠真官，即公是也。皇朝真宗皇帝尝遣中使奉香烛花果于真君，中使至溪桥，公朱衣靴幞迓之。中使不知其神也，至馆问曰："适桥畔有官人相迓者谁也？今安在？"左右曰："无之。"中使曰："衣朱衣，状貌肥而短者。"众咸谓无其人。翌旦，中使登殿致讫，还过地主堂，视之，惊曰："昨日所见者即此神也！"炷香设礼，敬叹其灵。归而奏之，即有旨免本观支移折变，盖缘于此。嘉泰四年，赐庙额曰"昭应"；嘉定三年，告封灵助侯。

【说明】据《全宋文》卷六七五六白玉蟾一一（第296册）录文。

191. 南宋·张自明：游紫霄观记 嘉定五年壬申（1212）

南丰县西南八十里有紫霄观，相传仙者壶公于此得道。壶公者，后汉费长房师事之者也。宋嘉定五年冬十月戊寅，盱江张自明始与季弟自本来游。紫霄所谓三岩者，盖下岩、中岩皆乾户，而上岩兑户也。下岩在山半，屋三分一在岩中。屋头石壁峻立，有窦横袤寻丈许，中有仙床、丹匣及蜕骨，或者壶公之遗耶？未可知也。观傍老松一株，大三抱，夭矫腾上，如苍龙挐云，恐汉时物矣。从旁得路，迤逦上数百武为中岩。横袤不十寻，然益怪奇清邃，疑壶公得道处也。又从旁得路数百武为上岩，则山之巅矣。山益高，势益峻，不可得栖止。及山之巅，肆远望焉，则军峰插天，如玉笋出其右；盱江泻汉，如玉绳维其左。金嶂鹰石，朋从友列，如屏遮其前。而其后则山驱羊而随之，水束带而归之，无数也。大抵兹山如麒麟狮象豸身，昂头横踞霄汉，不可迫视。四围群山近环之，如禽伏兽拱，不可枚数。山皆苍石青厓，如削如铸，不可形状。小溪贯注其中，如蛇缠练绕，首不知来，尾不知去。溯游二三里许，两岸皆峭壁，岩窦峙列上头，上露青天一线，下皆澄渟百尺。岩上仙棺棋局，历历可辨数。然四壁峻绝，梯磴绠梁无所于施，人迹不可登到，大江以南一胜处也。观始名妙仙，不知自何时，中稍陵夷。国初里有义门瞿氏子弟，于岩下作茅斋读书。大中祥符七年夏五月，道士王士良始得郡符来居之。治平元年夏五月，更锡今名。余来徘徊三日不能去，为之三叹曰："兹山钟灵炳异，蓄伟耀奇，实为大江以南一胜处。而不在乎通都，不立乎通衢，故自有宇宙，便有此山，鲜有知之者。知之者，壶公一人而已。然而壶公者，长往不来之人，其事芒芴怪诞，人未必因以为重。后壶公千有余年，而余乃知之。余复无毫毛声光气力，滋不足增重，于山无益损，而山亦何心乎？此固天之生物，高下偏全，优劣美恶，各有等差。人惟不知之，知而区以别焉，天之意也。士受中而好修，诚不祈人知，亦惟恐人知。苟知之，必重之，士无与焉，何莫不类夫山也哉！"道士吴源清闻余言而叹曰："盍书之以谂后之来游者？"遂书之。源清字善渊，精持戒律，读书好吟诗。观久弗葺，吴尽葺之。

【说明】据乾隆二十四年《建昌府志》卷三八载："张自明，字诚子，南城人。年少已与乾淳诸名宿游，多所闻见。为文高雅，中程度，有声于时。从朱、陆明性理，尤精先天之学。每见国事日非，君子去位，辄托意寄兴，以歌咏寓其忠爱。嘉定初，自明已老，始成进士。官衢州教授、江陵户曹。"据同治《南城县志》卷九之三录文。参见《古今图书集成》职方典卷八八四、

《古今游名山记》卷一一下、同治《南丰县志》卷三七、民国《南丰县志》卷三、《全宋文》卷七〇四六张自明（第309册）。按，题一作“紫霄观记”。

192. 南宋·徐正：凰桐山昭真观记　嘉定六年癸酉（1213）

大江之南，自浮丘公得道于华盖山，而山之秀丽峭拔，足以为神仙窟宅者，率多三仙之祠。其踪迹隐显，虽若有可记，而揭灵著响之异，归向之众，且得一代名胜品题而增重之，盖未易多见也。

凰桐在临川郡之南七十里，其山有三仙之祠旧矣。太守子石徐公之山，住庵者代祀焉，而未尝有人任洒扫之责以居其间。乾道五年，岁大旱。八年，又大旱。人情忧危，遍谒群祠，莫慰所望。有法箓道士黄宗孟者，相率以乞灵于此，澍雨随降，岁事丰稔，自是远近奔凑。宗孟乃与其徒诛茅结屋，气象日辟。一夕，梦有青衣之人从天而下，执宗孟手而告之曰：“此山福地，宜名曰金华。”宗孟觉而异之，因以为名。淳熙九年，又有圆光夜现。山下之人视之，上属天表；山巅之人视之，下覆地面。如是者凡三焉，众相讙动，敬向稍深。十三年，有灵泉涌出山麓，病者饮之立愈，冠盖相望，毋虑千百数。宗孟死，凡宗孟所欲为而未就者，元明与其徒仲祥毕力营葺，而人亦以此翕然为之倾助。旧庐基址偏隘，居士饶君时英割其家之山数百步以与之。于是创建加广，工役烦兴，居士徐君余庆与其妻杨氏妙真捐钱数百万，以济其费。堂殿一新，金碧璀璨，奇观涌出，视前此不啻十倍矣。而四方之士求以日加而月益者，盖方来而未已也。嘉定三年，郡侯秘丞、郎中林公岊来自三仙里居，士夫有以此山告之者，公击节赏叹，谓“金华”之名虽得之梦兆，而未足以侈其实，乃按旧额，大书“昭真观”以榜之。其徒有黄国祥者，新拜敕牒，亲为填名，以炳耀法箓之嗣。

此山以仙灵所萃，人心所慕归，又得贤太守发挥之，可与封内名山争胜矣。然天下之理相因于无穷，其始必有奇纵异迹可以郁然兴起，若不劳力；而岁月既久，或忘其有所考且有所警，为可惜也。

嘉定六年七月既望，免解进士徐正记。

【说明】徐正，嘉定间免解进士。据同治《临川县志》卷一九录文。参见《全宋文》卷七四一〇徐正（第322册）。

193. 南宋·曾喆：辅顺事迹 嘉定七年甲戌（1214）

自唐贞观，迄今庆元，口传耳授，盖三百五十有余年。岁在戊午，监丞周公始记颠末而刻之石。又十有三年，镇之居民感神之赐，复状其迹，有请于朝。于是神之考妣夫人姬姜若子若孙皆锡新封。侯者三：曰灵惠，曰灵助，曰灵佑；夫人三：曰靖德，曰协应，曰翊福。丝纶五色，炜炜煌煌，一旦联翩，自天而下。或谓大江之西，敕额灵祠，顾非不多，求如今者之荣且盛，实罕其比。第监丞仙去，至是逾一纪，不及大书特书，屡书不一书于此，可恨耳。

嘉定甲戌之夏，农以旱告。祷雨既应，祝史刘世荣持此相示，因题其后，使谨藏之，以为庙中无穷故事。是日末伏，登仕郎胡柯书仙侯便州里之请，庙食于兹，德远矣。绵历浸久，沐神之惠利者若蒙雾然，毅不知其润也。建炎却虏，镇人始以其事迹浸显，累请于朝，于是庙始赐额，神始连拜锡命。上之考妣，次之夫人，下之姬姜子孙，疏封亦均及焉。盖至是人念其恩，尚知所报，仅可以答神贶矣。喆愚不肖，尝叹谓太平无事，散道妙以济人，神之本心也。事变之来，显神威以著功，非神之得已也，特其在人不可不知耳。因记诵乘成先生之庙记，至于“消患于未然”等语，窃叹数百年间，人忘神赐为多。又敬诵今循斋先生之后序，至于“甲戌夏秋之交，祷雨既应”等词，抑深望人念神赐，毋如昔日之相忘云。是日七夕，迪功郎信丰主簿曾喆敬书。

【说明】曾喆，生平不详，查四库本《江西通志》卷五〇，淳熙十年解试名单中有庐陵人曾喆。据《辅顺庙志》录文。碑文记录了辅顺庙始建、赐封之历史，提醒人们虽“散道妙以济人，神之本心也”，然仍应勿忘神赐。

194. 南宋·高似孙：重修靖通庵记 嘉定八年乙亥（1215）

太史公称，大荒之内，名山五千，奥在中区，镇以巍岳，罗浮、括苍诸山为佐为翼。至于盘地纪，承天维，奔走群仙，包蓄仁泽，怪诡瑰壮，则有龙虎山。岑嵚巑岏，草木光怪。天师在汉，受命上元。历历正传，迨三十叶。卓然群仙，任挺祖风。发奥涤玄，遐钩独索。散入神明之赜，深稽道德之几。统和三灵，赫濯四海。际遇道君皇帝，召拜虚靖先生，眷留京师，修大清业。云情薮思，祈归故山。诏拣隽峰，结庐岚翠。奎钩日珥，以“靖通”揭庵阳。先生对扬显休，归安上赐，一以道奥，致大尽精，庶几天保归美焉。

道家者流，出黄帝、老子。其道以清静无为为宗，以虚明善应为用，以生生不穷为法。故能深颐天地而不为老，橐籥阴阳而不为灵。帝不能传，神不能授，况人乎？先生闻道阐法，一出乎正，故崆峒之问，汾水之游，言人而不言天，及今而不及古，灼然极数知来者，非汉唐黄锤、史宽舒、吴筠、张整辈可拟也。

初，通妙先生易君如刚，以文学道义，如玉在山，相攸岩峒，制作楹室，治身紫府。素行昭宣，名飞帝庭。召处高士，典青藜馆，统道两街，尊异之彝，礼优贾席。三元授简，仍领上清，箓篆所遗，廉不忍取。择羽士薛端友重建是庵，迄谐其谋。虚靖后人仁靖先生亦裨助不靳，规矩简素，遽然天成。虚堂中深，闲庑映带，仿佛仙表，沉燎在炉。图篆琴棋，尊罍钟磬。休息之所，高明之具，清越古秘，众妙毕殚。至若象昆拟蓬，别开林壑。人寰不远，胜气常清。水号秋声，石藏春色。松姿神秀，猿鹤皆仙。时乎弄潺湲，入窈窕，坐石而舒啸，解缨而濯清，足以攀洪崖之霞际，邀羡门于霄路。滓浊如脱，养空栖无，可以使忧者泰，褊者旷，劳者逸，惛者爽。信神人所栖迟、幽人之别府也。

昔徐勉读《易》至廉、豫二卦，乃废书叹曰：“嗟夫，天道其何远哉！”故逍遥山阿，内身外物。自保幽静，庶无悔吝。呜呼！是道也，先生有之。先公翰林既撰先生传，通妙君又以记石属似孙。乃作楚语，俾荐泉菊。其词曰：

若有人兮山之幽，凭轻云兮行九州。命黄鹄兮麾青虬，朝阆风兮夕麟洲。一朝宗兮白玉楼，帝咨汝兮统仙流。若济川兮汝为舟，道冥冥兮谁能求？神于心兮拟可修，风引去兮常隐忧。石凿凿兮水漻漻，草秀异兮木苍樛。水堪注兮兰堪羞，山中乐兮胡为不可留？

又歌曰：

若有人兮灵之游，鸣瑀璞兮曳霓裘。呼乔松兮乐巢由，凿阴阳兮系刚柔。天地辟兮六丁愁，羲罢昼兮老回辀。渺至道兮何悠悠，尘塞天兮山难寥。骨可炼兮丹可谋，道甚迩兮人如沤。璇玑急兮春复秋，皋鹤喜兮鹿呦呦。菊采采兮酒浮浮，山中乐兮胡为不可留？

【说明】高似孙（1158～1231），字续古，号疏寮，鄞县（今浙江宁波市）人。淳熙十一年（1184）进士。历官会稽县主簿、校书郎、知徽州等。有《疏寮小集》。据元本《龙虎山志》卷下录文，文字据别本有改动。参见张本《续修龙虎山志》卷中、娄本《重修龙虎山志》卷一四。

195. 南宋·白玉蟾：驻云堂记　嘉定九年丙子（1216）

白玉蟾结茅于武夷，偶一日起湖海之兴。杖屦飘飘，未数举步，回首旧庐，猿惊鹤唳，一二扬袂间，不觉已铅山矣。道遇一褐，挈予归堂，循一炷柏子故事罢，战茗几碗。应宫云水滋味如此枯淡，如此孤介；又言学道如此艰苦，如此玄奥。予遂有言曰：此去不远八万四千余里，上有太清之都，玄圃丹丘，珠林玉洞，宝花异卉，满目琳琅，丽雀珍禽，声声韶濩。中有长裾大袂汉千辈，举身如鸿毛，一旦戏青鸾，舞白鹤，瞥然于五浊恶世之顶，所视苦趣众生生死死，生如蚁旋磨，不忍为之鼻酸。于是胎其神于尘胞，范其形于色界。自褓褓以及丫冠，不昧夙昔，常生修真养元之念，发猛勇心，办精进力，易服毁形，问津于道家者流。以此可见其慈悯众生之美意。或垢面而松发，或赤足而秃鬓，或冠逍遥如意之冠，或服灵静清淡之服，或青巾纸袄，或巨剑长琴，或单瓢只笠，或藜杖芒鞋，徜徉乎井里，萧散乎廛陌。世之人以目争睹，以手争指，耆以告稚，甲以谕乙。此则道人也。夫道不可得而名言，惟弘之在人耳。所以前辈著述丹经，又形而为之歌诗契论，皆显露金丹之旨，必欲津筏后学率归仙畛。所谓铅银汞砂者，即龙虎水火也；所谓乌兔房壁者，即马牛龟蛇也；所谓夫妇男女者，即君臣子母也；所谓乾坤坎离者，即天地日月也。喻之为丁公黄婆，名之为婴儿姹女，假之为黄芽白雪，不过“阴”“阳”二字。觊觎乎尸解，积渐乎飞升。以要言之，形与神也，身与心也，神与气也，性与命也，其实一理。攒五行而聚五气，会三性而结三花，如是而修谓之丹，如是而入谓之道。则道人在天地间，固非庸常物。鸣呼！昔年穴土以为庐，缉草以为窠，寒则纫兰，馁则茹芝，在于林下。一两声铁笛，发出无穷天地之秘。未得登天以前，巢其身，灰其志，惟恐闲名落人耳，又恐异状碍人目。与溪山鱼鸟相忘，与风月烟霞俱化。白云悠悠，青草芊芊，茂松青竹之下，虽不敢望肉生翅，且图千百岁坐视桑田沧海如何。此则道人也。良由世丁叔运，时鼓浇风，后进鱼龙，各自菽麦，遂建留云驻鹤之居，以宅此辈，使之宴坐乎绳床，偃仰乎篁榻，飘雨骤风不能残其身，凝冰积雪不能冽其体，宜乎身安道隆也。幸而阛阓中往往有奇人志士，有大人君子之心，筑堂以居此徒，借粮以饭此徒。赖得金丹之旨，一丝之脉不绝，代不乏人，以鸣此道。

铅山道堂置之久矣。四明周道明乃瓢笠中翘楚者也，遂启创堂话柄。有皇甫汝栗、汝渠素志闲雅，酷慕清虚，旧有栖仙迎真之意，所恨独掌不鸣钟也。此意与周道明颇相契券。梓人运斤，陶氏埏甓，僝鸠群庸，弹指就绪，目之曰“驻云”。予所喜者，玄纲中兴而妙通老人香篆不灭。及乎观之熏炉茶鼎，潇洒之甚；复有蒲团稿毡，新砖素壁，殊不坠旧典。早昼馇粥，香积有余，云集贴然，巾单挂壁。其间分形化气之士，又谁不知金汞返还之妙，出没隐显，人岂堪测！于篇诗斗酒之余，弹一两操琴，舞三四歇剑。狂歌野舞，翔然归宿。晨香夕灯，规绳整整。使江湖烟雨之叟，楚越风月之士，源源而来，栖栖而止，方见蓬莱三岛移在目前，羽衣霓裳端可顾揖。斯则道堂之设不虚也。向时刘安王修仙于汉，昭明太子修仙于梁，李元操修仙于唐，皆宗室中有此挺挺奇特汉。今是堂之主人，此之流也。异日阅籍于天台，换骨于武夷，皆始乎今日建堂纳士之举。前所谓天上神仙应世玩形而为道人，然则然矣。返本还源，归根复命，独不止此。当有一段奇特，世所希有。何哉？丹炉之火冷矣，白云之鹤飞矣，顶飞云玉灵之冠，衣宝华玄素之服，乘云中之青骆，驾天表之彩鸾，登霄极，谒天皇，此时也，神仙应世之事毕矣。虽不至人人皆钟、吕，吾恐其中间有一二。苟能具眼目，得遇青童漆发之人，手持博山，请所愿学。道堂之意如是，道人之事如是，随喜书此结缘。嘉定丙子雨水后两日，援笔为记云。

【说明】据《修真十书·上清集》卷三七录文。参见《琼管白先生集》卷九、康熙五十二年《广信府志》卷二七、乾隆四十八年《广信府志》卷二四、同治《广信府志》卷二之二、同治《铅山县志》卷二三、《全宋文》卷六七五一白玉蟾六（第296册）。

196. 南宋·辛元龙：新吴昭德观道藏记

嘉定十一年戊寅（1218）

新吴县之阛阓，有西晋刘真人道成炼丹所。永嘉二年丹成天隐。梁大同元年，其地为开业观。皇朝大中祥符元年改元赐今额。及建炎、绍兴，夷狄乱华，香火不续。逮冲贞大师熊元泽来主观事，支倾庇漏，观宇复整。乃图建道藏，鸠工弗竟。子唐若冲承之，而后子陈端一承之。嘉定十有一年，藏雄伟翚粲，宝轮飞动，镂华饰金，晃于他所。属记于予。

夫日昃而昼，月昃而夕，天地之轮也；春徂而暑，秋徂而寒，四时之轮也；精气为物，游魂为变，死生之轮也；斗北而虚，斗南而盈，万物之轮也。天道寓于一轮，士民观听，醒然有觉，知二气周流，洪钧不息，一元运转，其机不停。扬去诸恶，挽回万善，尸居而龙见，渊嘿而雷声，神动而天随，超出乎醒生梦死，而融天地四时万物为一，神与无方，易与无体，则轮乎轮乎，枯木云乎哉？一静一动，互为其根，阳变阴合，而金木水火土生焉。生生不穷，循环无始，则太极之妙，同此一机关也，同此一枢轴也。世界可藏于一粟，山川可煮于一铛。是藏之立，乾不可以旋乎？坤不可以转乎？形而下者，器也；形而上者，道也。藏也者，其形而下者乎？端一，赤城人也，慕丹霞，仿司马子微之遗风。形而上者，其昭彻焉，以须真觉。

【说明】据清抄本《松垣文集》卷六录文。参见乾隆十五年《奉新县志》卷一二、光绪《江西通志》卷一二一、《全宋文》卷六九三四幸元龙四（第303册）。

197. 南宋·林时英：永丰道院藏记

嘉定十一年戊寅（1218）

大江而西，名山灵秘多萃，独匡庐间为盛。盖自九天采访真君宫于北山，名于天下，是集寅奉，重足错毂，垂灵敷佑，江人尤敬向之。敬向之深，又未有瑞昌若者。县北望仙桥旧有亭，邑人望而祷焉。然无高栋巨梁、夷庭宏宇以肃威仪，观者陋之。绍兴辛酉，邑大夫刘伯英咨访耆老，距亭百步得施真君旧隐，常现灵光，民莫敢屋，勉以营建道院，咸庆跃唯唯。遂披剃蠲疏，讨求木石，充大厥宇，取故里永丰道院名之。

夫不惊远，不陵危，而远挹山光，旷延野绿，虽接阛阓，阒然林壑，盖天钟秀于是，正以宣昭明灵也。特经藏岁久犹阙。淳熙乙巳，长是观者与其徒叶谋，即采访殿石，卜基告吉，人勇趍之。已则有屹其崇，有翼其严，琅函秘典，充创储藏，天宫先从，粲穆布列，幢盖钟鼓具焉。有祷则答。嘉泰壬戌，告命褒封白龙湫神，邑令洪偲登奎轴于藏，以侈荣赐。祷雨之司，永丰专隶焉。或曰："道满大洲，磅礴周流，运而为藏，殆以迹求。"予告之曰："天运运气，浩无端倪，而日月星辰之耀，显然循行不停也。道本无名，以道名藏，道即非藏；以藏观道，藏非无道。昔人假以诱掖向善者，亦转动人心之一机也。谓藏非道，犹指日月星辰之运而曰非元气，得乎？"

【说明】林时英，嘉定间在世。据《永乐大典》卷六六九七录文。参见《净明资料新编》。按，《永乐大典》卷六六九七引《江州志》碑目载：《永丰道院藏记》，嘉定戊寅林时英记。

198. 南宋·林时英：玉华洞通泉观记

嘉定十一年戊寅（1218）

康庐名甲天下，凡寻阳之山多脉联，又用以发奇胜。唯瑞昌之玉华特异焉。唐咸通间，有缁流幽寻，见清流湍驶，如雷斯轰；红光晶荧，如火斯烨。因获石磬一及五铢钱七百，皆汉物也。九江守李璋图其胜以献于朝，玉华阐灵，实昉于此。岁久弗饬，蔚其芜殁。建炎中，黄冠程世超始刳朽剔翳，以庐其侧。其徒许师妙有志丕广，会丞相京公镗宰是邑，登探观临，面势辨方，命卜基于中峰之麓。鸠工饬材，夷高增卑，建九天采访之殿，面金阙、寥阳之间，桥两翼而渡焉。夹以两廊，殖殖其堂，哙哙其轩，有静默懒庵，顾吾真也；有霞隐云窝，来朋俦也。曰清瑶苍琼者，篔筜其清；曰玄圃栖鹤，群仙其游，若此类者十余所。功绪既载，金碧绚烂。山羞水忸，澡为精容。史君王溉嘉之，曰："距玉华十里，有通泉旧额，宜移此以耀无穷。且洞水溉田，虽旱不竭，通泉正为洞设也。"洞有石门，行数十武始及，则窅然而深，呀然而豁，绵冈包涧，邈无垠涯。嵌岩怪石，隆者崇台，端者横楣，圆者卧鼓，跨者飞桥。或虬螭怒阙，或鸾鹤翔舞，或雕斫华盖，或剪缕幡幢。尝有燃炬而入者，见石钟石鼎，错布互列，玉田的皪，沙碛夷延。间遇旱暵，祷雨辄应。盖宫真仙而宅神龙，非人境也。云云。望鹤之仙迹，炼丹之灵井，宛然如旧。云云。许志行高洁，尝诣洞，遇仙啗以石果，由是不烟火食者二十年。驱魔攻痰，灵应响答。方役之兴，人皆乐输，劬躬苦骨，阅六十寒暑而后迄事。王洞微亲得师传，用能禅旧益新，悉整而备。谒记于余。余既然思之。昔朱丞相倬未遇，梦至玉华宫，二青衣童肃之入。问真人安在？对曰："真人朱姓，出应世矣。"觉而自负，后果位弼卫，遂即里第创玉华道院。然则京公之眷眷于此，得非亦真人之后身乎？云云。冠霞弁之岌嶪，班玉佩之陆离。排烟拂雾，往来燕娱于苍崖翠壁间，岂无出而济时，如二相之用心者？余何足以见之。

【说明】据《永乐大典》卷六六九八录文，从多处出现之“云云”可知，原录多有省略。按，本文写作时间不明，姑推定与《永丰道院藏记》同时作。林时英还有《德安县学尊贤堂记》，也作于嘉定十一年。

199. 南宋·白玉蟾：庐山太平兴国宫碑记

嘉定十一年戊寅（1218）

皇宋嘉定戊寅清明，福州灵霍童景洞天羽人白玉蟾，袂香趋敬九天御史台下。顷焉，宫牧陈至和饮以醴。逮予之玉华也，醉履飘忽，弗违而迈。承遣道士陈守默、陈如一，约为文以记其宫，岂容逊也！其文曰：

九江故郡，千古庐山，乃仙灵咏真之洞天，实紫元景曜之神府。琅庭琛馆，隐于丹崖翠壁之间；羽衣霓裳，混于青牛白鹿之际。猿啼玉涧，鹤唳芝田。地接炎衡，云连潜皖。金童戴月，传麻姑、阏皂之书；宝仗凭风，赴委羽、括苍之宴。琪花开尽，朱凤飞来五老峰；玉井寒深，白龙涌出三峡水。松苍石怪，襟九曲而带罗浮；竹老草灵，辐三茅而谷大涤。北俯紫极，西睇青城，域会楚吴，星分轸角。神刓鬼划，诸峰三百六十崖；山瘦溪寒，一夜八万四千偈。周时康子孝佩雷玺于林间，晋代许旌阳飞铁舟于木杪。刘越掩赤城于石里，双户凝紫金；董奉种红杏于溪东，千朝腾碧落。蔡、李举玉棺而冲去，钟、吕启金匮以相传。马瀑溅湿刘混成之衣，虎溪淘碎陆简静之句。靖节酒醒，佛社亲植西天莲；羲之书忙，谷雨惜羹白露笋。陟丛冈之胜概，采先哲之遗踪。剔蜗银蛛网之幽，考草碣苔碑之旧。欲挥椽笔，以纪琳宫。

明皇开元十九年仲秋二旬有一日，特遣殷勤之使，俾新采访之祠。爰究其原，实基所始。昭阳宝禁，金铃惊醒梦初回；神霄天君，玉骑迎归天欲晓。灵符宫里，早朝凭几谕群臣；含元殿前，云鹤盘空辉八极。千幢万纛，霓旌凤盖扬晴霞；三冕九旒，风马云车散花雨。上清五百，珠吏握苍龙监兵之符；太微四六，瑶仙掌金虎飞云之印。十二溪女，骑玉鳌而跨金鲸；一九江神，御锦蛟而坐翠蜃。三官执籍，校天地山海之图；六丁操戈，守日月星辰之箓。左防观而右护法，金钺横霜；前飞辽而后延精，锦牙耀日。四帅麾节，驱雷翁电姥之群；五岳旌旗，奋风伯雨师之阵。九州社令，把社稷城隍之书；八海龙君，捧龙蛇鱼鳖之典。司命翼驾，典禁侍轩。箫鼓鸣空，仿佛钧天之九奏；笙竽响翠，阴沉禁漏之三更。风递琵琶，宫女倚芙蓉而侧耳；露凄觱栗，仙嫔舞芍药以荐觞。缥缈烟霞，语出青冥之上；依稀纶绰，声传翠葆之前。比登太清混元之天，亲禀五灵皇帝之敕。丈人镇蜀，元命治舒。吾于康庐西北之隅，盍建九天廉访之治。十七世之后，覃戬谷于生灵；一二日之间，运楩楠于基址。但须斤斧，庸治宫墙。纠察万灵，签书四府。应阴六元一之运，司阳九百六之经。言将讫而吴岑善丹青，事尚新而李泚入竹帛。麟舆倏已去，飚驭不可追。一念感通，千官瞻礼。令浔阳刺史独狐正率群僚而营创祠坛，遣神都道士孟仙真凡五人而焚修香火。不雨而暴涨，运水神作殿之材；正昼而反风，移地主所居之屋。粉垩丹绿掘地而寻，砖瓦石泥非人而至。仙灯夜现，众真隐约于阴霾；楮镪晓飞，万鬼往来于野渡。本像入庙而流汗，粉楹卧地以发光。龙跳朱楼，楼影高浮云影乱；鸳铺翠瓦，瓦痕冷织月痕花。期岁工夫梧叶秋，万邦香火莲花会。梯山航海，无远不来，星烛云檀，迄今尤盛。江淮贡金，贝人如织而日如梭；闽浙走香，花袂成帷而汗成雨。再瞻仙躅，适当圣治之峰前；爰相案山，远及蕲黄之界外。负仙鹤冲天之势，对游鱼上水之形。自艮临震属贪狼，正天医玉兔之位；折巽归乾入姑洗，乃鹑首金龙之乡。霜剑铁狮，更蜿蜒于西巘；香炉石鼎，并盘礴于东峰。控御两三州，环望数百里。天宝为庙，而升元为府；太平改观，而宣和改宫。虽亘古以昭灵，亦历代而沿革。太宗登大宝，新翠辇玉釜之荣；真庙握元图，特紫札金牌之赐。粤从兴国春秋，责两醮于守臣；逮至政和位号，已三登于玉册。祥符降蠲税之令，天禧赐度牒之恩。月破御香三百斤，岁设国醮五六会。金虬玉蝶，荐有宠光；凤画奎文，益增镂志。铭昌鼎算，腾景瑶京。星使获船，玉鬣盘花枝而现瑞；皇华投币，彩云带华盖以鸣鞭。元丰炼师，获铜钱于土缶；神宗明诏，上宝号于金庭。四字相符，一时咸异。建炎戮张，遇显龙马于碧空；开禧馘吴，曦奏犬羊于紫阙。炳灵愈焕，降祉弥繁。盖玉虚朱帝之尊，亦金阙赤皇之化。灵姿妙粹，秉太元碧琳之圭；瑞相端妍，衣九光红霁之帔。丹盈羽褐，琼华碧簪。冠偃月金晨之冠，履天风朱光之履。曳玉铢之袂，服海岳之裳。五印凝丹，一剑横素。分景作玉炼火帝，化形为南上真君。

其为炎极之皇，或亶太阳之政。巡游三界，监御万真。初皇之九龙，中皇之九都，下皇之元都，化为使者；黄帝之真元，尧帝之元一，舜帝之太一，皆乃真形。夏禹朝谓苍水之神，周穆世曰天灵之使。唐朝肇迹，宋代隆禧。琪木晨光，撷五枝于秀崿；珠宫夕照，搴八柱于飞梁。高云举读洞经于钱塘，亲承降顾；龚庆长阅名籍于向氏，备谕威灵。吴太和而增丹臒之光，唐保大而葺黝赤之弊。中厄兵焰，半为草墟。运星锤月斧之劳，复烟桷霞甍之胜。内而方丈，外以三门。轮奂峥嵘，金碧绚烂。三官殿、四圣殿辅弼正宫，道纪堂、抱一堂掩映虚室。山光轩与擢秀轩而争爽，朱陵阁共景阳阁以相高。宝藏储金，开天上图书之府；华庭申福，灿人间箕翼之躔。榜扁云无心，泉鸣人听雨。两廊彩壁，绘绛衣碧弁之灵；四面粉墙，闭紫术黄芝之茂。仓院粟红而贯朽，库堂茶绿而水香。崇廪齐山，河伯转轮而春谷；香厨蒸雾，原夫饫饭以担薪。霞帔星冠，万指之张颐待哺；月坛风峙，几代之栖仙宅灵。面乎覆船山，背彼飞云洞。门外古石，树为刘仙之亭；宫后峨罣，聿建灵泽之庙。道院十九所，居鸣琴笑剑之流；官廨三五间，延秣马脂车之客。碧流绕舍，绿藓封阶。天籁一鸣，山鸣谷应；风竿才动，水动烟寒。万枝红女媚芳塘，千丈苍官连古路。真神仙之窟宅，况泉石之膏肓。素瀑紫岸，侧拔星江之地；白蘋红蓼，再游溢浦之时。朝家太平兴国之宫，为侍从奉祠之所；真君应元保运之号，乃圣明缛典之封。古今几何年，曾未镌翠珉之字；髫乳一小子，讵可赋白云之篇。有命奚辞，聊以诗纪。

九嶷真人元夷君，笑骑玉龙飞紫云。手持玉帝伏魔印，霓旌羽仗朝太清。亲受混元皇帝敕，浮驾万鹤下红尘。芝軿一憩仙韶响，千骑屯空驱火铃。昭阳宫中夜月丽，楼殿帘幕风泠泠。明皇梦里与神遇，乃知九天使者名。凌晨辇出明光殿，宣谕百辟闻且惊。玉殿再设香花席，羽盖琼轮泛杳冥。忽聆青鸟鸣一声，举首天际瞻群真。风雷震吼电气腾，麟车凤驾森不鸣。三十六宫散天花，千官罗拜如云崩。开元天子一稽首，翠葆深守语如纶。传言太上爱黎庶，遣使廉访游八纮。九天九地万品汇，尽我掌握令枯荣。庐山西北地可庙，千岁之下崇香灯。言终奄忽入空碧，诏遣独孤老守臣。殷勤天使捧金币，营建宫庙福生灵。一夜无风水自溢，千章杞梓飘山根。市妖运斧山灵奔，明年秋风吹落成。万家共结莲花会，龙楼凤阁插天星。寥寥五百春桃花，落花流水洞天春。我来炷柏九顿首，神霄故吏问山人。为言圣宋启天祚，五朝明主增宠荣。历年春秋国一醮，宸画光灿龙凤形。顷年逆寇忘国恩，仙飙亲控苍龙兵。神通变化不可测，万民阴受雨露均。金缕赐碑名景贶，宝笈朝凝瑞雪声。彤霞肃驾骑北斗，飘忽虚极嬉蓬瀛。白鹤青鸾杳不归，博山香穗一缕青。清都绛阙渺无际，醉拍玉栏呼雷霆。九霄真人分万化，景飞飙举夜吹笙。圣主焕文耀层汉，等玉填金藏翠京。国朝鸿烈等天地，充塞天地涵鱼鸢。小诗何足纪盛事，聊歌丕德光林泉。持蠡酌水归去来，一枕清风千万年。

【说明】据正统《道藏》本《庐山太平兴国宫采访真君事实卷》卷六录文，文字据别本有改动。参见同治《九江府志》卷四九、同治《德化县志》卷一三、民国《庐山志副刊》之一、《全宋文》卷六七五二白玉蟾七（第296册）、盖建明辑校《白玉蟾文集新编》（社会科学文献出版社2013年版。以下径称书名）。

200. 南宋·白玉蟾：阁皂山崇真宫昊天殿记

嘉定十三年庚辰（1220）

窃闻道包块圠，实在乎象帝之先；气运堪舆，最高者昊天之极。宅妙有玄真之国，殿弥罗无上之都。豁落光明，渺渺紫金云梵之阙；恢宏湛寂，蒙蒙碧汉玉清之宫。位奠太微，尊居大有。是为上圣，允号无宗。亶玄范而总制十方，妙化机而统临三界。

载考南郊之典，昔有圜丘之坛。其在道家，尤当祀事。莫谓无声之载，盍存临汝之诚。阁皂山福地崇真宫旧有殿帝之所，虽丽不华，似简而陋，方谋撤而新之。清江湖山杨舜臣者，崇道钦天之士，慨然捐镪奇伍阡缗，独易其旧而更建焉。梓人执舆轮之役，陶氏运埏甓之工。始劘于壬申之冬，讫工于乙亥之秋，首尾四年，经营万力。伟哉！亦难事也。

嘉定庚辰，维时季暑，予来阁皂山。适冲妙师朱季湘辖宫，遂以前此六年新昊天之殿为告，俾予记之。予自惟陶弘景为帝作记，李贺为帝作《玉楼记》，顾无陶、李清伟之文，亦切慕之。且语冲妙曰：“夫上帝之居，百千万重道气，千二百官君。结空为天，凝梵为城，混合三营以为楼台，变化九霞以为宫室，霭垣而霓壤，霹楼而雷埏。飞廉督琠桂琼槐之材，丰隆熏璆兰璐茨之事。璪欉而璜橑，琨栋而球楹。森舆卫于彤室之墀，萃干羽于紫扉之陛。环妃嫔如玉林之媚，罗班联如琼苑之繁。火铃天丁侍其轩，金精猛兽据其户。上有九旋麒麟之电钥，下有五琛獬豸之霞关。烹瑶鸾之膏，以饲琅庭雪色玉精之蟾；擘琼虎之腊，以喂琳台云光金花之兔。玉蛾鼓云瑟之夕，琼姬舞霓裳之晨。八鸾啸歌于扊扅，九虎飞鸣于阊阖。入则闲羽翚凤辇于琛馆，出则飘霞衣鹤氅于瑶池。燕游玉京，蠖怡金阙。物物自化，事事无为。人享拾麻之年，寿等拂石之劫。此特记其仿佛。今舜臣所以为帝之离宫者，实依稀之。若夫宝殿渊深，云龛岌嶪，御容英粹，玉座委蛇。地皆砌以花砖，壁皆粉以银液。中边供具，左右羽仪。下甃凤墀，上陈鸳瓦。千楹耀日，万栱凝烟。高耸溟蒙，雄压嵴崒。丹光紫氛之丽，朱扉黄阁之严。羽士有所归心，名山为之增气。以世俗而言之，献豆粥麦饭者天子嘉之，纳粟者爵之，贡马者官之。虽玉帝高高在上，其视甚微，其听甚卑，则舜臣蒙福之报宜何如也？夫以上帝之德，不可明言。开天执符，长御延康之历；含真体道，默膺混沌之图。且蚩蚩蠢蠢，林然于天地之间者，岂知乎帝力哉？尝谓至高之天，能降自求之福，鳝能谒斗，獭能祭天，况人也乎！”冲妙曰：“然。”

是年七月朔，琼山白玉蟾敬于殿中书。

【说明】据康熙五年《阁皂山志》卷二录文。参见《道藏》本《修真十书·玉隆集》（以下简称《玉隆集》）卷三一、校补本《阁皂山志》、《全宋文》卷六七五一白玉蟾六（第296册）、《白玉蟾文集新编》。按，元代何中有《跋阁皂山道士陈宇心所藏白玉蟾墨迹》一文（见《全元文》卷六八九何中二，第22册），可参看。

201. 南宋·曹至建：惠泽庙记　嘉定十六年癸未（1223）

王生西汉末，自武陵东游吴，家苕霅间。久之，自荆溪凿河梁通桐汭，桐汭之人思之，立祠横山。梁大旱，蒋山神梦武帝而告之曰：“横山灵通于天帝。”如其说祷之，岁赖以稔。自是历数百载，灵著不可殚述，庙貌雄严，盛于浙右、江左，而江西、岭表多见。

予来九江，凡雨旸有祷，应如响答。欲祠之，未有其所。适籍奸吏，居近阛阓，据寻阳之胜，于是即而广之，为行庙。鸠工于壬午秋九，明年夏丘落成。为屋百二十楹，费钱万七千缗，而民不知。吁！神怪皆圣人所不语，怪固近诬，神则与天地变化，相为流通，圣人特不欲怪言之尔，岂绝而不语哉？神固已硕大光显，而归宗之事尤著。此距山南不远，人皆能诵其详，则江人尊敬，盖非一日。是庙之建，适有以触其机，固宜翕然喜跃也。云云。按唐颜真卿重书汉碑，载神姓张名渤，其先佐禹治水有功，故生异人，血食。《吴士记》中所称归宗事，昔智常禅师往归宗，神尝为张居士度夏听法。临别，问其乡里，曰横山。使人访之，则庙也。

【说明】曹至建，生平不详。据《永乐大典》卷六六九七录文。参见《全宋文》卷七四一三曹至建（第323册）。

202. 南宋·白玉蟾：喜雨堂记　嘉定十七年甲申（1224）

昔浮丘大仙与王、郭二真君来，自南岳过豫章，越魏亭，邸麻山。麻山乃麻姑授道之所。厥后有包道者，或曰讳道仙，寻常嗜鲟鱼，行如飞云。人有觇其浴，则白龙也。能致晴雨，今山中称为圣井白鬣仙君也。

嘉定甲申孟秋之朔，百里闵雨，民忧暍死，乡巫井尪，其技已穷。邑士唐肇与弟将仕应时，常岁平粜，如黄承事也，平日赒急，如窦谏议也。至是判家资，奉仙驭于家。初已霏微，市谑犹侮；及醮，应声雷电，三日为霖。人有悦色，欢歌载路，旗芾蔽空，香花成云。送仙还山，山中建喜雨堂。此皆唐氏友于之阴德所致，余诸羽褐，又足以感鬼神动天地者哉！

【说明】据《白玉蟾文集新编》录文，标点有改动。

203. 南宋·白玉蟾：麻姑赋[*] 嘉定年间

片云老仙枕五峰而眠，无人间梦二十年。白玉蟾从桂林到衡山，下大江以西，登孱颜而拜之。有黄冠师邓适轩、曾唯斋、江逍遥，小集逍遥山。慨麻姑之去远，缅王、蔡其犹昔，俯稚川濯丹之泉，验福唐遗简之地。丹崖翠壁，邈接太清，碧殿紫坛，风清月白。树色黯黮，泉声琤琮。上齐云之峰，按垂玉之亭。花阴卧白犬，松籁杂黄莺。雨滴檐牙之溜，风摇楼角之铃。有鸣仓庚，有伐丁丁。霜畦老芝术，烟苑多桂苓。谂碧莲之杳漠，空四海之畴邻。柳眉花面不成笑，笋角蕨拳聊自伸。池水成纹以罗縠，海棠落瓣如鱼鳞。啼莺语燕，不可听矣。

昔者黄花姑戚姬南直，从麻姑之鱼轩，眇天风兮辚辚，饭云擘麟，玳筵生春。黛娥歌宾云之曲，玉妃舞紫茸之茵。但知笑吟终日兮，不知有蚩蚩之人。忆昨梦，叹前尘，顾安得景从飙举以觅酒于鸾帐之下，赋诗于鹤驭之前。往闻骊姥以水饮陈图南，又闻紫虚夫人以桂花与陈兴明，西王母以蟠实戏曼倩。予愧无德以俪之。若夫先鸾后鹤，弹压天铃，儆儆以娱仙怀，浩浩以控飞举，得不为香案之下吏者乎！姑有耳，宁不听？姑有心，宁不矜？否则鞭丰隆，驾飞廉，以终其身。叫东皇西母于瑶池，问南乌北兔于海滨。揖爽以揖浮，拍阑以拍洪。锵玉佩兮丁东，行太空兮逐冥鸿。醉忽醒，醒忽有所思，不能无所赋。蓬莱清浅兮，将桑田矣。天地未判之始，父母未生之前，曰不然，又何从而有昆明之劫灰？

【说明】据黄氏本《麻姑山志》卷五录文，文字据别本有改动。参见校注本《麻姑山志》、《全宋文》卷六七四六白玉蟾一（第296册）。

204. 南宋·白玉蟾：牧斋记 嘉定年间

閤皂黄冠师刘贵伯以“牧”名斋，属予为记。予闻知黄帝呼牧马童子为天师，释迦指牧牛小儿为菩萨。乾马坤牛，何以牧之？圣人故曰“谦以自牧”。“牧”之为义，牧羊则先去败群，故无触藩之虞。塞翁之于牧也，初何容心于得失哉？天子置群牧以牧民，均此义也。贵伯诗甚骚而以懒辞，酒甚宽而以醉辞，棋甚敏而辞以不智，琴甚清而辞以不古；能炼内丹，能役五雷，皆以不知为辞。其谦谦如此，是自牧也。不劳鞭绳，盖以驯熟矣。僧人所谓人牛俱失，道家所谓翁马两忘，孰为牧之？盖自牧也。贵伯得之矣。

【说明】据《玉隆集》卷三一录文。参见《全宋文》卷六七五一白玉蟾六（第296册）、《白玉蟾文集新编》卷八。

205. 南宋·白玉蟾：玉隆宫会仙阁记　嘉定年间

山图海志，述符谶多矣；方言古语，于推步有焉。昔九州岛都仙太史高明大使许君上升之日，垂语有云：“后吾一千二百四十年间，五陵之内当有地仙八百人出世。”而师出豫章，以郡江龙沙生塞验之，今将如所谓矣。浦云吴君适际其逢，郡将闻有道以起之，主席玉隆，为黄冠者辖。四方风巾雨帽，如蚁斯集。旧有云堂矣，吴君俄然视其危将压焉，乃撤而新之，且建阁其上，以“龙沙仙会”扁之。仙人好楼居，固其所也。

已而紫清白玉蟾道八桂，航三湘，浮沔江，历庐阜。人言玉隆为天下第一真仙之居，绵历风雨，微贤主人，十纲九颓。今有人焉，克振坠绪，郁然勃兴。帝后闻而赐之缗钱，侯伯见而为之藩庇。黄冠师咸敬慕之，廉顽立懦，谓之吴浦云者。玉蟾曰：“浦云君者，吾别已有年。”往伺谒者，至则君为倒屣。茗余，导行阁中，谕以名阁之意，且萃其徒而勉之曰：“此西山神仙之会府，江汉湖海之士，不远千里而来，既以饱烟霞，饫风月矣，弭杖于壁间，卧屦于户内，相与婆娑偃仰，浮居于此，致身高明，寓目闲旷。可以诗，苍崖白云皆句也；可以酒，红泉碧芝皆味也。淡烟芳草，可以入吾画；古藤怪木，可以助吾书。幽禽昼啼，琴自横膝；寒乌夜语，笛自倚栏。人静院深，剑或鸣匣；茶清香冷，棋或敲枰。点《易》晓窗，丹砂研露；横经午案，宝磬传风。尘累不能扰其天真，是非不能汩其性灵。信起居为适之安矣，亦合龙沙之谶乎？逆其数，但百数寒暑，而近有能争先快睹，勇悟渐修，内以炼三龙四虎之精华，外以陶七乌九蟾之造化，穷理尽性以至命，积精累气以成真，则第神仙八百之选，为无难矣。苟尚有意当世，用力斯民，弃渭川钓鱼之竿，释郑谷耕云之耒，振衣岩岫，濯缨涧泉，下嵩高，上兵书，讲王道，待诏金马门，追踪柱下史，则固不得而留者也。若但以楼居自娱，玩岁愒日，非特为修仙学道者之忧，抑亦为主盟斯道者之羞。诸君盍簪，宜相勉旃！”众心纳而首肯之。

噫！余自戊寅迄今，已三过西山矣。仙凡参肩，不可测识，高凭此阁，悠然兴怀。矧今吴君之相期望者如此？又安知八百之师不在兹乎？请录其劝进之语而为之记。君名惟一，字允中，浦云其自号也。

【说明】据光绪本《万寿宫通志》卷一五录文，文字据别本有改补。参见《玉隆集》卷三一、《黄堂宫志》卷一一、《白玉蟾文集新编》《净明资料新编》。按，题一作“龙沙仙会阁记”。

206. 南宋·白玉蟾：心远堂记　嘉定年间

鹤为灵禽也，何以群于鹳鹙哉？而且与之巢丘原，饱稻粱，其视众禽等也。翩然离烟霞，绝风埃，宾青云，翱碧落，则灵于鹳鹙远矣。莲为华妙也，何以族于菱芡哉？且与之杂蛙蛭，混洳泥，其视群华并也。嫣然拔沮洳，濯清泠，媚银床，艳玉井，则妙于菱芡多矣。若夫老聃官于柱下，庄周禄于漆园，张鲁侯于汉中，许逊宰于旌阳，梅福尉于南昌，当是时，无以异于世人也。逮其精于内固，密行外充，隐化沦景，蹑梵登晨，驾麟龙，笞鸾鹤，乘云御气，啸风鞭霆，登昆崘，参沆寥，方且动心骇目，惊而讶之，思而慕之。朱买臣见弃于其妻，苏秦见侮于其嫂，无怪也。始其和光混俗之时，若甚侧微而耻其不已，不若人似，或加狎而侮之；至于惊人可喜之事，则群惊若麇，聚叹如鼠。殊不知身羁樊笼，志在霄汉。吁！鸿飞冥冥，弋人何慕焉？篱下燕雀，徒自啾啾耳。然圣人初何尝求异于人，亦未始自表见于世也。鱼欲异群鱼，舍水跃岸则死；虎欲异群虎，舍山入市则擒。然虽与之融然相忘，泰然俱化，其所以诣入者远甚于彼矣。陶渊明当刘氏代晋之季，耻为斗米之所折腰，去而归柴，终日娱心于酒，是欲忘世者也。醉梦物我，糠秕天地，湛然无营，泊然不谋，故其诗文超迈群俗。阁皂黄冠朱君季愈即清江之邑人，父兄皆簪缨人，独君辽然而老氏是祖，志趣飘逸，不可测识。两辖宫事，数携琴剑诣京华，所至权贵皆倒屣之。上方紫其裾，锡其“冲妙”之号，今太极葛仙翁四十代剑印符箓之坛属以之。凡于金汞龙虎之书，六壬八门三甲五雷之文，尤所精炼。能诗书札榘，且碧瞳红颐，端是风流表物也。即城堙之龙源，重兴善渊观，以徒黄花镒主之，何巨源副焉。观之方丈采陶诗“心远”之句以扁云，委予记而文之。

夫心者，澄之不清，挠之不浊，近不可取，远不可舍，寂然不动，感而遂通。大包乾坤，小入芥粟。如玉莲之在水，如云之已天，涣然如跃水之鱼，超然如跨山之虎，飘然如际云之鸿，贫贱不能移，富贵不能屈，居山林虽则惟静，处市井未尝稍喧，所谓在俗元无俗，居尘不染尘者也。朱君悟大隐居鄽之说，知“心远地自偏”之句，曲肱蘧蘧，箕坐习习，有诗可鸣，有卷可执，初非蹈世纷而婴维絷也。棐几不受尘，松窗困白昼。老树苍藤之在阁，平沙远水之在壁。若颠崖狠谷，迅濑哀湍，平芜野葑，虬根蛟干，风昏露晓，月夜星天，不出户庭，尽在图籍，心慵眼饱，脸酣耳热。款门无褦襶之客，横轩有狻猊之鼎。解衣盘礴，据枕沉酣。是非不到心，宠辱不到耳。韬形于橐籥，融神于宇宙。履大块于黍米，望长河如建瓴。眼缬已收，心花为寂。天宇泰定，虚白发光。对境无心，对心无境，已绝云霄矣。于是朝朝暮暮师老庄及张、许、梅、葛，而与陶渊明相领会于形影之外，又何须猿鹤之与居，麋鹿之与邻，而后为心远哉？世之人或以苏、朱如上所说，以为如何者，不足静中冷眼一笑耳。世事淡如一杯水也。嗟夫！心一也，人自歧之，所谓溺袭于利禄之途，无得而远矣。有如穷蹙飘零之士，志在枫宸；有如孤迥峭拔之士，志在烟霄，是皆其心远也。然不若四境红尘，万灶青烟，处此阛阓，寂若林泉，已如隔蓦蓬莱、弱水之远，自非心了如君者能之，均一远耳，未可量也。或问：“远”之义何如？曰：空中之尘，若霏雪而未尝见；床下之蚁，若斗牛而未尝闻。苟能晤言一室之高，俯仰宇宙之大，有所见闻，则其心愈云泥矣。君字师韩，敬为之记。

【说明】据《全宋文》卷六七五一白玉蟾六（第296册）录文，文字据别本有改动。参见《白玉蟾文集新编》。

207. 南宋·白玉蟾：授墨堂记　嘉定年间

浔阳乃天下江山眉目之地，庐山盖仙灵咏真洞天虎溪福地也。尝闻之，晋钟离权栖隐于山中，唐吕洞宾过山中，遇钟离，获刀圭之传，后与之俱仙矣。绍圣间，轮囷子杜旷著《冲真先生胡公遇仙传》，胡公则太平兴国宫道士也，宫则九天采访之司也，居庐山之阴。凡圣同居，隐显莫测。胡公讳用琮，昔为山中道正。时有道人姓回，冠华阳青绡之巾，衣开元崇元之服，垂飞云元缣之绅，蹑寒雪素丝之履，美须眉，丰脸颊，绿鬓而隆准，碧眼而方颐，气宇昂昂，风神烨烨。过宫中，莫有延之者，独胡公款以杯茗。既而语笑自若，乃指壶以点胸，索酒以待酌。一壶不竭，百杯有余，由昕而夕，饮不知醉。复欲邀胡公饮于邸，筹新糟，脍小鲜。胡公辞以日暮，而回道人掀髯长啸去矣。宫之距城，有一舍之遥。翌日，胡公谒郡侯款，城关尚未启钥，道人又自城而出，笑与胡公相顾而去。阍吏云："子夜道人已此候门。"久之，胡公心亦异其人矣。

后数年，敝衫破帽，革带麻鞋，自称大宋客，扣胡公之幽院。肩挑二酒坛，指为行李，倾坛示胡，皆黄白之物。取碎银以鬻酒鲙，饮至日昳，以铁刀剔土，沥残酒漱津，和土成墨，掷之几上，铮然有声。胡公醉卧胡床，而客拂袖不知所之。满室异香，弥日馥郁。其刀皆金色，人争市之。乃以墨研酒而饵其半，宿疾顿苏。胡公年及七旬，颜貌如童时，酒量不减八仙，诚异遇矣。若夫"大宋"二字，切音乃"洞"字也；"二坛"者，"吕"字也；所称"客"者，"宾"也，则吕洞宾相遇明矣。胡公由是渐厌人间，一旦留诗蜕形而去，向之酝墨之地，忽涌泉五丈。左丞王公寀过之，为名"墨仙泉”。侍郎宋公伯友与左丞皆有墨仙酬唱之什，有“绿膏换得朱颜回，白发不用黄精拂”之句。太尉谯国曹公勋、清虚真人皇甫坦采其事实以闻于德寿殿，高宗甚嗟异之。故胡公之居，先曰“遇仙堂”，改为“授墨”，重楼复屋，瑞气葱葱，古井寒泉，四时莹碧。奇哉！庐山异事也。故为之书，将以充仙史之遗云。

【说明】据《道藏》本《庐山太平兴国宫采访真君事实》卷六录文，文字据别本有改补。参见同治《德化县志》卷一三、同治《庐山志》卷一一、同治《九江府志》卷四九、《全宋文》卷六七五二白玉蟾七（第296册）、《白玉蟾文集新编》。

208. 南宋·白玉蟾：南康军成蹊庵记　嘉定年间

紫阳真人云：“学仙须是学天仙，惟有金丹最的端。”夫修金丹者，先探本原，次知蹊径。入门之初，辨水火，识龙虎，然后采太玄真精以为金丹之母，观乌兔升沉、龟蛇交合。故能三室开明、六窗晃耀于内景之中，蓬莱方丈，昭然可观，亿真万圣，其来如云，天然宫庭，香花缭绕，红楼翠阁，钟梵铿锵。中有六灵五武之神，禁丹鼎，司华池，卫神室，即日丹成，与道合真。然修炼之者，结茅庐，创丹室，耕玄圃，而后可以致八琼之药，三琛之丹，齐天享年，谓之天仙。

庐陵李处仁少业儒，志在云水。甫弱冠，眼空四海，植锡于庐山之阳，学金丹于柴湛然。柴盖得之王玄谷。王、柴俱仙去，李乃鸣此道于星渚，由是阐其所入之门，使人知有归宿之地。昔朱氏建成蹊庵旧矣，李从而新之。外表以桐原，原之内扁以仙径。甃渊泉于门之左，埏燎洞于门之右。额其庵仍曰“成蹊”。缔三间之素堂，敞六通之皜窗。壁间石刻“龙虎”二大字，方丈余。营为殿，轮奂甚宏丽，奉玄帝粹容。模龟范蛇，将吏如活，登殿致祷者风凛其背。东则函丈，琴剑挂壁，经史叠床，琳馆焕然，古画罗列，客至不能辄去。西则栖云之堂，五湖四海，瓢笠若蚁，晨夕香烛，茶板饭钟，气象清高，号为小蓬莱。壶东之奥，则堂以为厨，庑以为厕。阐西之偏，寮曰延鼒，以遇卫和者。四围以墙，万瓦栉比，满园佳蔬，畦水碧润。殿下临天井，绘祠山像，塑里域神以奉之。重楼复屋，翚飞际天，净几明窗，顿与俗隔。壁耀海月，簟横湘云，铁笛无声，铜炉不火，檐铎风而递响，灯龛昼而长焰。园中竹甚盛，依竹而庐，圆若覆瓮，如一壶天。函丈之幽，山茶喷红，瑞香吐紫，闲花丽草，秀不知名。栋以数椽，谓之丹室，盖于此而炼金丹焉。天下列郡，郡各有堂，以宅方士，堂各有主人，然未若南康成蹊之为胜，何哉？李乃个中人，明个中事，故夫建堂之时，曾不出疏而人自遗以金谷。星锤月斧，不日落成，云栋霞甍，五采争丽。兹盖发明金丹之机，显露金丹之用，有如此堂也。李孤介少交游，怡然三十年，起居饮食于星渚之滨，力以此道阐而悟众，殆未有可印可证者也。吁！圣凡相菽麦于其间，隐显莫能睚眦也。

一旦，有美须眉者，道其衣，作吕洞宾相于壁间，数笔立就。既去浃旬，忽一枝薜荔盘据其壁，环其相于外，人皆讶之，安知其非吕之曾诣是也。南山章攀倅是郡，然亦味道者，榜其主之一壶曰“青华宫”，宾之一壶曰“纯阳谷”，盖奉太一于左而通于右。青华，木之义；纯阳，金之义。既此堂皆合丹旨，又于此而寓金木间隔之意焉。堂之地，实学录朱暐捐以基其庵。朱与李甚相厚。朱文章士也，邦人目为经笥，然亦不喜科名，颇嗜方外也；李自号“牧庵”，混俗和光，道俗颇山斗之，主是庵者许时，非真得金丹之大义者不能也。此庵谓“成蹊”者何欤？庵前多桃李，故取“桃李不言，下自成蹊”之语也。道本无言，道若大路，名其庵者，正谓是也。凡入斯庵者，毋徒以庵为庵，当知其所以庵也，如斯谓之“成蹊”。客有契李牧庵之意者，乃为之记。然庵中神芝诞于础，瑞雀巢于楹，异哉！

【说明】据《全宋文》卷六七五三白玉蟾八（第296册）录文，标点有改动。参见《白玉蟾文集新编》。

209. 南宋·白玉蟾：云会堂记　嘉定年间

昔余嘉定戊寅来西山，与道士罗适庵胥晤良密，既而与彭玉隆作道院记，凡宫观冠侣之原，亦曰有可考矣。兹焉胡止庵摄领宫事，复以云会堂属为文以记之。

夫有道之士，恨山不深，林不密，惟恐人闻其名。若夫迹接缙绅，心交利禄，不预焉。尝议之矣，砭世剂俗之道，未若铲声华，窒心迹，为人不可为，然后起人之敬，吾道赖以不朽也。吁，有是哉！道之为道，冲如春，焕如夏，漠如秋，严如冬。大如天地，湛如虚空，未足以言道矣。人学道者当如何？巢居穴处，木食草衣，仆麋鹿而吏猿猱，友麞獐而邻雉兔。风餐芝术，雨卧烟霞，所养胎仙，所储气母。俄而丹熟名香，道成行著，四方同志，一旦沓来，方欲拒之，弥久弗去。或出力斩菅以薪其炊；或发心刈茅以庐其止。执彗趋走，顿首后先。凡可以效心竭力，弥月漫岁，觊有金篦刮膜之语，使获阶仙陌圣之程。乌有所谓华宫殿，美饮馔，温毡凉榻，明窗净几，精巾簟，奇枕衾也。玉隆云会堂久矣，方兹求记，姑以道家可语者告之。且使止庵槌鼓升堂，以声其众曰："汝黄冠师，此堂现成，行住坐卧，受用此堂，折旋俯仰，如意自适。汝能于此灰心泯虑，形如槁梼，炼火还丹，脱胎神仙，则汝何殊于徐来勒、魏伯阳矣？后之张用成、石得之无愧之也。汝能于此修铅辨汞，择地结友，炼九转药，换骨飞仙，则汝何殊于旌阳尹、勾漏令矣？后之徐抱黄、刘海蟾亦无愧矣。如所否者，丁公纵姹女以晨逸，黄婆抱婴儿而夜奔，九城被围，五官受侮，泥丸崩裂，精海翻枯，六贼擅权于朱宫，三彭构妖于黑域，劳人费贿，丧命失身。汝又否乎？于此而琴，悟成连海水之鸣；于此而棋，参王乔斧柯之旨。更不然者，能如陶隐居役心禅那，陆修静留神莲社。至若联石鼎而诮侯喜，下嵩阜而过昌黎，运六丁之兵而助诸葛孔明，出五解之书以授长孙无忌，犹贤乎哉。否则，鹤辞竹林，鹿窜松壑，山灵抵掌，庙鬼闻惊，吾恐失汝为黄冠之义矣。汝黄冠师，盖亦知乎风符雨印，龙兵虎骑，济生度死，通真达灵，此所谓法。嘿蜂化鸽，诱蚁呼龟，飞剑斩星，投简扰龙，此所谓术。该法术而言之，亦知斗杓为万法之功曹耶？天罡为万术之媒师耶？法术之妙，不过乎是，得之则可以馘洪都之毒虬，絷博罗之黠虎，起白骨于芳草，束黄魂于苍郊，天馗效奴，石妖请罪，岳祇乞命，井女献珍。汝黄冠师，生当末世，弗遇匠师，何如且究三洞四辅之书，七元六甲之法。于此而上，可凭扶摇，泛汗漫，三龙四虎，朝屯暮蒙，五龟二蛇，昼姤夜复，六月而息，三冬以成。彼有烟瓢雨笠，寄迹四方，云衲风巾，裹粮千里，为何事哉！不如吾言，定应沽利名、钓荣遇者也。或贻怒于其师资，或取侮于亲邻，不得已而曰：‘吾为方外之游。’每到枫村水馆，烟屿风房，有米无盐，冲寒冒热，未免有去国怀乡之思，则其寻师访道之志浅矣。入此堂者，人不愧汝，汝不自愧乎？知有此堂，有利有害，有损有益乎？何以言之？及其卧酣，睡蛇蚀心；及其坐稳，梦蝶萦昼。至于静处，心路生云；所以素餐，性根受蠹。曾不思星冠月帔，神仙中人；雾阁云窗，风尘表物。昔之在天不能为神仙，堕而为人；今复不能为人，则将堕而为鬼，长夜万苦，去天几尘？又复不能为鬼，则散而为万趣之殊，吾不知矣。主此堂者、居此堂者，能调碧玉之弦，能吟碧云之章，朗咏步虚，清磬摇空，闭光垂帘，金花聚鼎。讲究玄牝，知天地根；握擒阴阳，炼日月髓。燃灯于海底，镂冰于火中。知黄帝之金砂，得广成之黄嚳。辨张正一之明窗尘，饮吕纯阳之刀圭，授魏华存之一匕。如是则餐青饮绿，苦节昭昭；衣紫曳黄，清姿济济。圣胎圆热，道果馨甜。则有所谓火铃赍诏于柏庭，大帝降经于玉局矣。葛仙翁曰：‘神仙可以学得，不死可以力致。’近年而言，百岁之内有升举、有尸解、有坐脱、有立亡者居多，可不勉旃！抑又思之，内蕴至美，外示污狂，人皆怪之，此堂亦不可以处之也。所以者何？为规仪人心、药石后进而设，又奚庸汝所谓狂且怪而败群哉？余旧闻老子之道，今日观之，正所谓道德有负于初心，聪明不及于前时，尚能以所授于师为有力于学者告。”

【说明】据光绪本《万寿宫通志》卷一五录文。参见《黄堂宫志》卷一一、《全宋文》卷六七五三白玉蟾八（第296册）、《净明资料新编》《白玉蟾文集新编》。

210. 南宋·白玉蟾：玉隆万寿宫道院记 嘉定年间

道家者流，学宗黄老。黄老之道，其原自天。黄帝铸九鼎以制金丹，老君基三山以创神室。自鼎湖御黄龙之后，函谷驾青牛以来，天不爱道，人渐知仙，故黄老之学，风动天下，水行地中矣。今之冠褐，皆黄老之学者徒也。所谓宫观，则始于尹喜之草楼，其所由来尚矣。周穆王之时，建楼观，召幽逸。平王东迁，增置道员，于是得道之士始有以别白于当世。呜虖！尧舜无为之风已颓，秦汉相戮之俗已兆。当是时，故以甲为有道之士，乙非有道之士。混沌已死，太朴尽去矣。然道之在天下，尧得之则仁，舜得之则孝，禹而功，汤而德；苟失之，则为丹朱、为商均、为桀、为纣。所以古之人居巢处穴，以全其天，茹毛饮血，以保其元。自世降人浇，故曰得道者仙，失道者凡。殊不知所谓仙者，黄帝之役丰隆、穆王之骖飞燕，皆人君也；傅相之骑箕尾，庄漆园之凭扶摇，皆人臣也。岂独隐山林者谓之道士哉！秦之徐福，汉之曼倩，亦道士也，特所遭者穷兵黩武之始皇、好大喜功之武帝，其道不价于时耳。后人以道士岐而为六：如广成子、务成子、郁华子、高玄子、中黄真人、河上丈人，谓之天真道士也；尹喜、列御寇、杜仲轨、魏伯阳、徐来勒、安期生、黄初平，谓之神仙道士也；许由、巢父、四皓、王倪、啮缺、子綦、善卷，谓之山泽道士也；宋伦、彭谌、彭宗、王杰、封君达、王子年、陈宝炽、李顺典、杜光庭、罗公远、叶法善，谓之教法道士也；篯铿、冷寿光、王浮、葛稚川、梅子真，谓之显贵道士也；王诩、栾巴、马明生、左慈、郭璞、崇明俨、王乔、李亚，谓之技能道士也。然皆仙矣，亦岂斯世之幸耶？凡厥有生，均气同体，独以此为有道之士，则世道亦未如之何也已。

余过西山，访仙躅于玉隆。友人止庵胡士简适领宫事，一日焚香瀹茗，属余以道院记文。余闻炼师罗若虚多识前言往行，试往质之。罗谓余曰："子不闻乎，黄帝内传有道士行礼之文，而具茨之山问牧马童子，即有天师之称。汉张道陵、魏寇谦之，皆曰天师。后周武帝时，卫元嵩封蜀郡公。隋文帝以玄都观主王延为威仪都监。唐有左右街威仪。高宗时叶静能入直翰林，为国子祭酒。其徒孙法善玄宗时授银青光禄大夫、鸿胪寺卿，封越国公；尹愔拜谏议大夫；李含光赐玄静先生。开元二十九年，置道学生，以生徒肄业，隶崇玄馆，习《老》《庄》《文》《列》，谓之道举，复置九科以待试焉。五代末，周太祖因唐之左右威仪避讳改为道录。我宋开宝五年，赐玄秘大师马志通议大夫。太宗赐陈抟希夷先生，增置道副录、都监、鉴义、首座、知教门公事。神宗朝，张噩赐冲静处士。是特概举其显者也。历而言之，代有其人。然不若宣政之盛，别命以郎大夫，侍晨、校籍、授经以次具有职名，灿然大备。”余得其说，以告止庵。止庵曰：“子盍为文以记之?”余尝见韩文公《送嵩高张道士诗》与章郃公《送云林薛道士序》，盖知乎道士者，非止于晨香暮灯、板粥钟斋而已。要当虚绿葆真于云山水竹之表，烟扉月馆之下，擒离宫之三龙，驭坎府之四虎，炼黄婆于土釜，产赤子于金房。十月胎圆，九鼎火足，乘飚扇景，策空驾浮，与天为徒，与造物者游。夫如是，而后可谓道士矣。其次则户吾教于后世，挹上灵于前古，拍康续、张蕴之肩背，蹈子晋、方平之辙迹，亦庶乎其可也。兹地矧为旌阳故宅，真风不泯，垂今千年。植柏益耐于岁寒，遗臼俨存于香泽，无远弗届，祷之则灵。凡我后人，尚须勉旃!

【说明】据《净明资料新编》录文，标点有改动。参见《白玉蟾文集新编》。

211. 南宋·白玉蟾：隆兴府麻山北洞道院记　嘉定年间

老氏以清静为宗，道家者流流而为虚无。人谓是虚无，然未虚无已也，盖实有矣。何哉？诵其书，行其所为，若乎炊者无不熟，种者无不生尔。国朝以十科取其尤，拔其萃。是何今日之诸子但碌碌如许？出而应高士选者皆妄庸，因而拜先生号者皆痴鄙。虽曰清修，又何尝有一琴一鹤之士而不谋生也？虽曰行持，又曷尝有一符一药之士而能策效也？视茂松清泉无愧乎？所以岩栖谷隐、茹芝饮瀑者羞与为伍，良由实学茫茫，是俱少小游惰、平昔泛常之子，彼乌知如何之谓道妙，如何之谓科教，如何之谓法术？必也如徐来勒、魏伯阳、阴长生、张平叔，而后知烹龙炼虎之道妙；如陆修静、寇谦之、张清都、杜广成，而后知济生度死之科教；如房山长、费长房、郑思远、叶法善，而后知芟邪馘毒之法术。若不然者，高卧白云，其如尔何！从者曰：“不然，吾不知矣。”

麻山福地，人人能清修，代代效行持，老者知道妙，壮者知符术，少者知科教。余过之，乃须余文以记诸道院之壁。始余之至，苍山万重，绿竹千亩，蟠松寿桧，白昼阴森，古涧幽泉，清霄观爽。饮于擘鳞堂，风床月枕，展转无眠。揽衣独坐于碧瑶堂焉，夜禽啸，山云起，星斗垂光，林壑驻影。微行乎深谷，少立乎寻幽。至如拂云扫月之庭，迎熏养素之户，若瓮天壶天，若隐室斗室，若无尘绝尘。曰“喜清”，曰“蜗隐”，曰“虚白”，曰“冰壶”，曰“萧爽”，此皆幽院密房，明窗净几，恍不知人境耳。其它如南轩静庵，亦藏修之所；省斋近思斋，乃宴习之地；谓竹轩之与贯时轩、报安堂，则皆竹处也。黄昏凛若蛟龙之府，清晓森如冰玉之图，清妙殊未可量。余辄以所见者纪之。最可喜者，凭栏之顷，耳听目接，苍湾双鹭，翠坞一蝉，盖有触乎骚人之机轴也。余先所以病乎黄冠者之习者，亦救时拯俗之言，初不曰凡今之冠褐者等此可病耳。亦有能吟、能画、能琴、能酒者，能丹灶、能内炼、能知兵、能符水、能医卜者，是皆余四方之所交。彼不傲乎邱林，则隐乎朝市，特未至竹宫桂馆，以备崆峒之问也。因麻山诸友之可敬，并得以绪醉后之高谈欤！昔有观解牛于庖丁，而得其养生；问牧马于童子，而得其治天下；学钓鱼于詹何，而得其治国。今之学道者，知梁鸯之养虎也夫？知纪涓之豢鸡也夫？

【说明】据《全宋文》卷六七五三白玉蟾八（第296册）录文，标点有改动。参见《白玉蟾文集新编》。

212. 南宋·白玉蟾：笔架山云锦阁记　嘉定年间

昔有仙曰浮邱伯者，其所隐于华盖山欤？约王、郭二仙子以访之，而华盖为江南之剧山，始访之未遇。时凡江南支山，靡所不历。今临川之华盖山，即浮邱所驭之旧也。越华盖以东，距临川以北而有山焉，实王、郭之曾经也。神刓鬼划，状如笔架。陟山之巅而有永兴观焉。观宇甚丽，上有积翠楼，下有群仙阁。海南有客闻而谒之。

初谒是山，慨浮邱之远矣，慕王、郭之何之。揖空翠于杳冥，啸天风于凄寞。凭栏而嗟曰：“一江凝苍，千山泼翠，开万古烟霞之国，殿四时风月之天。彼何人斯，今安在哉？”既凭而嗟，既嗟而口与心言：夫得道之士，与天为徒，与造物者游，呼吸一元，驱驾万象，交友混沌，出入浮黎，策空骋浮，乘飙控景，鞭云叱月，给雨批风，弹压莺花，节制烟水，呼一炁以为父，齐万物以有朋。方尔有言，倏焉心形俱醉，口耳俱丧；有所遇焉，视之不见，恍兮有象。迎之不见其首，随之不见其后，若冲而虚，若希而夷，吾不知其名，而字之曰道。顷而圆若倚盖，听之无声，嵊之莫极其家，尺之莫极其人，形如鸡子，无声无臭，吾不知其名，而字之曰天。是二人者，其一曰道，其一曰天，吾于是乎拜道于无何有之乡，逍遥游之堂。拜道讫，道乃奴飞云，子清风，姨晴霞，妻明月，吾亦若有所得，复往拜天于虚无之京，广漠之野。拜天讫，天乃青其山，绿其水，沽落日，钓苍烟，吾亦若有所领。道复遣天，诏万物有能歌空舞仙者，当乘道之敕欤？万物芸芸，而各应诏。道问天曰：“今夕何夕？”天曰：“龙汉之明年，摄提之次春。”道曰：“宜得六人各执六技，以演真常之音，状太无之形，使万象森以待焉。”天曰：“有之。有舞玄裳者，有吹苍笛者，有韵玉箫者，有鸣瑶琴者，有飞银盘者，有击金剑者。”道曰：“舞者为谁？”曰：“鹤也。”“吹者为谁？”曰：“猿也。”“箫者为谁？”曰：“竹也。”“琴者谁？”曰：“松也。”“飞盘者谁？”曰：“月也。”“击剑者谁？”曰：“电也。”道默然，天亦寂，而耳目之。吾时在其间，欣不知夜，方命鹤而舞元裳也，沆瀣下，梧桐泣，星斗堕，松�湿；次命猿而吹苍笛也，天宇空，石崖裂，月凄凉，水呜咽；竹方韵玉箫也，黯黯然于飞廉之前，凄凄然于姮娥之边，霓旌缥缈，羽衣翩跹；松方鸣遥琴也，飘飘然于高冈之首，呜呜然于流泉之口，玉童翱翔，琼妃窈窕；乃邀月而飞银盘欤，云粘碧树，风吼青山，天落沧海，人在广寒，蟾瞰金饼，兔移玉丸；乃召电而击金剑欤，玄冥未归，丰隆作怒，古木吞烟，飞沙塞路，云族于空，鸟屯于树。击剑既罢，道奄乎虚，天忽乎无，执六技者亦各随之而返虚无之居。人间正秋，天下皆雨，千崖秋气，万籁雨声。客竦然而独曰：“道无形而用之有形，天无声而用之有声。彼执技而有为者，出乎自然而能，盖亦天之异用，道之异名。其实一物，天与道并。物无所物，与道合真。吾其有所悟者大矣。适在群仙阁之上，又安知群仙之会我，我之会群仙也？”酩酊之余，沉吟久之。

俄而永兴观主周君师深者出而语其客曰："群仙之阁，盖飞天法轮之面，琼章宝室之腹，因是而名之。"客曰："吾适有所悟也。付天地于片云，想云霞于机锦。"周君曰："有是乎？岂非夫子神游飞天之轮，心入琼章之室，而得斯悟乎？况在其中而俯仰也？"客方沉思，周君遽又请曰："群仙名阁，对景寓象，或将易之。枚乘有诗曰：天地晚来，巧云织锦。江山何如以云锦而额之也？况道藏所储，其经宝也，敛以云锦之囊，覆以霜罗之巾，以斯为阁名，有所谓也。"客曰："以天地为机，以日月为梭，以烟雨为经，以莺雁为纬，以天而织之，以道而弥纶之。则是阁也，其以'云锦'为宜，名亦契吾之所悟。"周君笑而唯之。客醉，亦忘其名，尚能称吾而自谓曰："然则'云锦'之名佳哉！龙虎山亦有云锦溪，庐山五老峰亦有云锦阁，霍童山亦有云锦屏也，宜乎哉！"道士黎盘云督毛锥等而祷客曰："周君欲以'云锦'代'群仙'而名其阁，美则美矣，夫子盍为文以记之？"客乃濡毛锥，染楮氏，遂以所悟而录以示之。文不甚华，其所称"吾"者，皆客之辞也。客何人哉？白氏子玉蟾也。

【说明】据《全宋文》卷六七五三白玉蟾八（第296册）录文，标点有改动。参见《白玉蟾文集新编》。

213. 南宋·白玉蟾：静胜堂记　嘉定年间

紫阳真人张君平叔，与白龙洞刘仙书曰："静以胜动，真以胜伪。铅者汞之母，汞者金之父。"此足以知道之要矣。夫道者，天地之根，阴阳之原，天地有动静，阴阳亦如之。此则铅汞之旨也，非有道者无为之妙乎？尝谓躁静两歧，胜负殊势。惟其静也，乃能胜之，一静可以制万动也。方其动心之时，六窗烟昏，七窍风号，寸田荆榛，灵府猿猱，龙悲欲海，风坠世罗，生死岸阔，人我山高。功德寨林，化作蓬蒿；清净眷属，变为干戈。轻举妄动，躁图狂操，忧悲于患难之途，老死于名利之窝。《易》曰"吉凶悔吝，生乎动”者，此也。及其静虑之时，心天云朗，性海波澄，丹田花开，华池水生，梦游瑶台，神谒玉京，物我俱忘，宠辱不惊。松风萝月，与为弟兄；岩猿溪鹤，堪结友朋。逍遥乎幽寥之内，徜徉乎碧虚之滨。《经》云“归根曰静，静曰复命”者，此也。动静之机，其所系如此也。所谓天地阴阳之机亦然也，斯道也已。

世人以玉帛为贵，钟鼎为荣；吾所贵者烟霞，所荣者泉石。世人以名利相高，子女相华；吾所高者松筠，所华者丘壑。世人之贵荣高华，不过为欢喜桎梏耳。吾虽为清虚之膏肓，闲雅之沉痼，不犹愈于世人乎？吾方将杜雀牙鼠角于无心之地，息虫臂蝇头于无事之域。有琴可以鼓夜风，岂不胜于笙竽之沸耳乎？有酒可以浇晚曦，岂不胜于绮玳之惑眼乎？有群逸人以为风骚之交，有诸羽士以为方外之友，宁不胜于鸳行鹭序，趑趄庙堂，雕虫篆刻，辛勤灯窗也？吾且朝炼黄芽铅，暮采白虎汞。聚神为室，万劫不枯；结精为楼，三界莫拟。是所谓人间万乐，莫吾胜也。于是谢红尘，步青霄，迁帝房，籍仙秩，何其荣哉！

又尝思之，方尺之木，置之危竿，蹑之则颠；方咫之木，置之平地，蹑之则稳。非木之大小，非所置之不安，盖心不静而神不宁也。燕游于庭，日亲于人，人亦巢之；雀跃于庭，日畏于人，人亦网之。非人之有好恶，非其类之可去留，盖疑人者人疑之，挠人者人挠之。此其静胜之谓欤？舌柔则存，齿刚则折，柔能胜刚也。火燥则息，水湿则洳，湿能胜燥也。是柔之与湿，皆属阴主静，固能胜阳之刚也。

阁山杨仁叔，黄冠师也，知所谓静胜之理，葺堂以扁之。予过而问焉，仁叔俯而不答。予虽欲辩而不可得，是亦以静而胜之也。予知之，非敢以静而敌世，非欲以静而过人，盖将战寒署于不兵之乡，夺清闲于无刃之场。若夫言中有刺，笑里有刀者，远之矣。受炙灼者不热，而衣葛者热；采冻磷者不寒，而拥貂者寒。是皆为寒暑所胜，不能静以敌之耳。予为之言曰：“天道不争，上善若水。尔无心兵，方寸太平。所以堂之，而额以斯名。”仁叔字也，其名大荣。

【说明】 据《全宋文》卷六七五三白玉蟾八（第 296 册）录文，标点、文字有改动。参见《白玉蟾文集新编》。

214. 南宋·白玉蟾：有宋庐山养正先生黄君仙游碑 嘉定年间

先生姓黄，讳知微，字明道，世为江州人。少隶太平兴国宫道士。禀性冲淡，赋形丰伟，执心谨谅，治身严洁。元丰间，即本宫奉采访真君香火，盖其职也。舒州潜山体道先生崔君闻其名，自舒之江访之，授以九一谷神之道，金液沦景之旨。从此若徉若蹶，狂易无度，时人呼为黄风子。遂自赋《黄颠歌》，益自污晦。先是宫中养正堂得业，今以养正先生呼之。曩与崔君游，有所谓“泥丸万神、刀圭一粒”之语，复为一词以自表，即集中《御街杯行》之云也。

按猴溪蔡子高所著之记，大梁司马之白所述之传，先生嗜酒，每醉则浩歌，歌罢颠狂自若。尝于宫前朝真桥上疾声大呼，若有所呵，一衲百结，裸露不顾，隆冬盛夏，恬无寒暑。权贵士夫有施惠者，随手散去。或走窜林壑之间，或歌舞城市之中，终日醺醺，一切不为。常带两衣囊，每遇便溺，和以粪壤，悉用纸裹而置诸囊，与夫饼饵药物杂置一处，殊无秽气。其囊自号“锦香”。时大雪，林壑冥蒙，草木变白，独先生所居之室，其顶无雪。常指室傍壁罅而示人曰：“此吾游蜀之路也。”初不知书，而所谈多史传间事；不能文，而所出皆高妙之辞。至如诗云：“买纸一百车，系笔一千管。纸尽笔头椿，不说胸中半。”独曰：“此汉高帝诗，不可致诘者也。”又如“云溪拂地送残雨，谷鸟向人啼落花”，及“万里碧云开暮色，一条银汉在秋天”等句，出于自然，皆学者所不能到。尝谓所知曰：“酒能败德，必须戒之。吾所以饮酒，与人饮异。”又曰：“鸡在卵中，已含造化，于人有功，安可任之？”善哉言乎！由是士大夫多礼接之，乐其道而忘人之势，遗弃形体，处人之所恶，但谓风颠者也。宫中道士五百辈，时或饮酒，虽不邀，先生亦一造焉。人以为饕餮，先生不羞也。或恐其知者，则密以为期。临欲饮，则先生不期而会，宾主交愕，乃坐先生于席末。痴饮大嚼，旁若无人，醉辄叫，同褐厌之。喜噫气以自快，每噫时不停，声响彻霄，久之乃已。蔡猴溪年十八九时，勉其学道。蔡方业儒，托以有父兄在。先生笑曰："车下有水时，何为不可?"蔡自是数得顾遇之异。蔡尝问先生："如何久不噫气?"先生不答。再问，而噫且曰："大噫一声天地静，落花烟淡水朦胧。"又同宿道士聂叔彬之燕处堂，先生语蔡曰："近有金道人自北来见，在道堂中，尔可往见。"不果往。先生起而坐，口占一绝曰："将身轻步入名山，四海云游尽可攀。大道自然随自过，鬼神瞻仰白云间。"久与夜坐溪上，指东方一星为题曰："入夜明星拱紫微，东南西北共光辉。通天入地无人会，惟有清风明月知。"又见蔡眼中有黑花而吟曰："肾耗元精少，眼有黑花生。却得蓬蒿力，遮藏见太平。"又同饮而取萝卜置酒中，自食一半，分一半与蔡食，曰："一性无耽酒色荒，元精混沌归渺茫。真人惠送清凉药，换得朦胧晓夜光。"蔡出门便觉眼花不复有矣。崇宁末，先生年已九旬余，貌若处女，肌肤如玉，然颠狂之态如故也。人皆忽其态，故失其编年叙事之详。蔡子高、司马之白俱慷慨高蹈之士，获与之交。时有崔风子、高赤脚，亦皆异人，往来庐山。斯时斯人，诚难其遇也。宣和末年，遣使召之，先生坚不起，有司强之登舆。至九江，终不肯前，乃曰："今二天子矣，我往何为哉?"既而渊圣登极，赦至矣。宫庭未回禄日，先生于采访殿上，掘去其甓，植蒿一根，坐其旁，若歌之曰："明年了来如是。"连歌数四而去。次年韩世清贼马焚毁宫庭，乃植蒿之日也。煨烬之后，旧址之上独生当日所植之蒿，别无繁类。先贼马临境之际，人心动摇，不遑宁处，多就卜其去就之理，得其语者，后皆可验。有遇先生，或谓曰"尔得"'，或曰"尔休"。所谓"尔休"者，委之沟壑，莫知所在；谓"尔得"者，丧乱之后，悉皆无恙。先生居常语人祸福，初不经意，久而有验，神如也。兵烬之后，先生死，山侧葬之矣。后数年，有自蜀中来者曰："黄风子今在蜀，昨于成都相会。"众疑之，复因便寄书一封，回山开缄，乃丧乱后所存道士姓名也。于是怪而发其棺，惟衣履在焉。旧传本宫道士王三一颇知其出入隐显之事。然神仙之迹，千变万化，不可枚举，粗据其传记大略，以碑其仙游之躅云。若夫《警世歌》《乐道歌》及诗词等作，散亡之后，仅得数十篇，山中道士熊守中编之。先生所居，旧名养正堂，内有风玉轩。先生仙去，遂改其堂曰"大噫"，今复易名"黄仙庵"。羽流夏师古别筑数椽之茅于庵之后，以祠崔君暨我先生焉。一旦，其裔刘道璇者请余碑之。余生晚，不及见先生，但多慨慕而已。敬为铭曰：

庐山之下，湓浦之濒。山高水长，不见斯人。竹月涓涓，松风瑟瑟。遐想仙姿，风清月白。

【说明】 据《道藏》本《庐山太平兴国宫采访真君事实》卷六录文。参见康熙十二年《九江府志》卷一八、《道家金石略》、《全宋文》卷六七五四白玉蟾九（第296册）、《白玉蟾文集新编》。

215. 南宋·白玉蟾：晋旌阳令许真君实录正传原序* 嘉定年间

夫《易》著乾坤，则阴阳之制有别；道包宇宙，而鬼神之道益彰。盖处乎覆载之间而垂世立教者，莫过于圣人；出乎日月之上而超尘拔俗者，又何加于仙道？恭惟神功妙济真君，派系颍阳之裔，夙膺金凤之祥。经史博通，天文溥涉，名应玉皇之元谱，躬传谌母之丹书。积行累功，修真悟道。为忠为孝，化行率土黎民；乃圣迺神，位正高明大使。却除疾疫，斩馘蛟蛇。剪妖社之淫祠，拯生民之涂炭。树大道以传当时弟子，垂谶记而警后世奸雄。任旌阳则点石化金，镇洪州而铸铁为柱。功名成就，膺天诏而拔宅飞升；雨顺风调，仰威灵而生民是赖。神功妙济，亘古不磨。於戏！真君吾无间然矣。再拜为之铭曰：江西福主，妙济真君。功参玄造，德被黎民。精修至道，拯溺亨屯。妖无毒害，人不垫沦。功成果满，天诏门迎。举家拔宅，直诣天阍。仰瞻道像，凛凛如存。明同日月，悠久乾坤。

真君姓许氏，名逊，字敬之，颍阳由之后也。曾祖琰，祖玉，父肃，世为许昌人，高节不仕，汉末避地于豫章之南昌，因家焉。母符氏，梦金凤衔珠，坠于掌中，玩而吞之，因是有娠。于吴赤乌二年而真君降生焉。

真君生而颖悟，姿容秀伟，器识通疏。性仁厚，髫龀时，早以忠孝自矢，大不类俗氛也。尝从猎，射一麀鹿，中之。子堕，麀犹顾舐，未竟而毙。因感悟，即折弃弓矢，刻意为学。博通经史，明天文、地理、历律、五行、谶纬诸书，尤嗜神仙修炼之术。闻西安吴猛得至人丁义神方，乃往师之，悉传其秘。遂与郭璞访名山，求善地，为栖真之所。得西山之阳，逍遥山金氏宅，遂徙居之。日以修炼为事，不求闻达。然孝友德义之风，骎骎化远迩。尝有售铁灯檠者，细视之，金也，访而还之。人有馈遗，苟非其义，一介不取。郡举孝廉不就。朝廷屡加礼命，太康元年，起为蜀郡旌阳县令，时年四十二。

视事之初，诫吏胥去贪鄙，除烦细，脱囚絷，悉开喻以道，吏民悦服自新。发擿如神，吏不敢欺。其听讼，必先教以忠孝、慈仁、忍慎、勤俭，近贤远奸，去贪戢暴。具载文诫，言甚详悉。复患百里之远，难于户晓，乃择秀民之有德望与耆老之可语者，委之劝率。故争竞之风日销，久而至于无讼。先是岁饥，民无以输租，郡邑绳以法，率多流移。真君乃以灵丹点瓦砾为金，潜瘗县圃。一日，籍民之未输者咸造于庭，诘责之，使服力役于圃。民镬地得金，获以输纳，遂悉安堵。邻境流民慕其德惠，来依附者甚众，遂至户口增衍。属岁大疫，死者十七八。真君以所授神方拯治之，无不立愈。传闻他郡，病民相继而至者日且千计。于是标竹于郭外十里之江，置符水于其中，俾就其下汲饮之，皆瘥。其不能自至者，但得水饮，亦获痊安。蜀民为谣曰："人无盗窃，吏无奸欺。我君活人，病无能为。"其后江左之民，亦来汲水于旌阳。真君乃以符水一器，令持归，效所施于旌阳者，应亦如之。

真君任旌阳既久，知晋室将乱，乃弃官东归。蜀民感其德化，无计借留，所在立生祠，家传画像，敬祀如神明焉。启行之日，赢粮而送者蔽野，有至千里始还者，有随至其宅，愿服役而不返者。乃于宅东之隙地，结茇以居，状如营垒。多改氏族以从真君之姓，故号许家营焉。其遗爱及民，有如此者。真君尝至新吴，憩于柏林。忽有女童五人各持宝剑来献，真君异而受之。既而偕至真君之第，惟日击剑自娱，人莫能测。真君识其剑仙也，常礼遇之，卒获神剑之用。既而与吴君游于嵩阳，闻镇江府丹阳县黄堂靖有女师谌姆，多道术，遂同往致敬，叩以道妙。姆曰："君等皆夙禀灵骨，仙名在天。然昔孝悌王自上清下降，化度人世，示陈孝道，初降兖州曲阜县兰公家，谓公曰：'后晋代当有神仙许逊，传吾此道，是为众真之长。'留下金丹宝经，铜符铁券，令授公。使吾掌之以俟子，积有年矣。吾复受孝道明王之法，亦以孝为本。子今来矣，吾当授子。”乃为阐明孝道，示戒丁宁，出铜符铁券、金丹宝经，并正一斩邪之法，三五飞步诸秘要，悉以传许君。顾谓吴君曰：“君昔以神方为许君之师，今孝道明王之道，独许君得传，君当返师之也。况玉皇元谱，君位元都御史，许君位高明大使，总领仙籍，品秩相辽。又所主十二辰配十二国之分，许君玄枵之野，于辰为子，统摄十二分野；君领星纪之邦，于辰为丑耳。自今宜以许君为长也。”二君礼谢讫，辞行。真君方心期每岁必来谒姆。姆觉之，曰：“子勿来，吾即还帝乡矣。”因取香茅一根，望南掷之，曰：“子归，认茅落处，立吾祠，岁秋一至，足矣。”二君还，首访飞茅之迹。寻于所居之南四十余里得之，已丛生矣。遂建祠宇，亦以“黄堂”名之，每岁仲秋之三日，必往朝谒焉。厥后遇日月帝君，授以净明灵宝忠孝之道，自是道益进。初，真君往访飞茅，路傍见陂水清澈，为之少憩，曰“憩真靖”。又见乡民盛烹宰以祀神，且相咤曰：“祭不腆，则神怒降祸矣。”真君曰：“怪祟敢尔耶？”夜宿于逆旅，召风雷伐之，拔其林木。明日，告其里人曰：“妖社已驱，毋用祭也。”又见负担远汲者满道，乃以杖刺社前涸泽，出泉以济之，虽旱不竭。明日，登山巅，指山腰之泉罅曰：“是有异物藏焉，后将为孽。”遂立坛靖以镇之。乃渡小蜀江，抵江干之肆。主人朱氏，虽贫而迎接甚敬。真君戏画一松于其壁而去，其家即日市利加倍。后江涨溃堤，市舍俱漂，惟松壁不坏。

真君尝炼神丹于艾城之黄龙山，山湫有蛟魅，护卫渊薮，辄作洪水，欲漂丹室。真君遣神兵擒之，钉于石壁。丹成，祭于幕阜葛仙公石室，遂至修川。爱其湍急而味坚，乃取神剑磨于涧傍之石。寻渡水登秀峰，为坛于峰顶，以酬谢上帝，乃服仙丹。吴君居近焉，遂造吴老之宅。过西安县，途径县西小庙，有迎告者曰：“此有蛟孽害民，知仙君来，往鄂渚避矣。后将复还，愿为斯民除之。”真君知其为庙神也，如其言，蹑迹追至鄂渚，路逢三老人，惊顾悚惕，见真君至，皆趋相谒云：“蛟伏前桥下，请君亟图之”。真君至桥侧，仗剑叱之，蛟惊奔入江，匿于渊，乃敕吏兵驱之。蛟从上流奔出，遂诛之。真君怒西安社伯之不职，锢其祠门，止民享祀，令祀小庙。已而还郡城。真君曰：“此地水陆冲要，人物繁伙，岂无分应得仙之人？”试以丹数粒，杂他药货之，令其信缘而取。既而赎者虽多，竟无一人遇者。真君吁叹，以世间仙才之难得也。

真君闻新吴有蛟，因持剑捕逐之。蛟惧，窜入溪穴。真君乃以巨石书符及作镇蛟文以禁之。时海昏之上缭有巨蛇据山为穴，吐气成云，亘四十里。人畜在其气中者，即被吸吞，无得免者。江湖舟船，亦遭覆溺，大为民害。真君闻之，乃登北岭之巅验之，见毒气涨空。真君愍斯民之罹其害，乃集弟子将往诛之。初入其界，远近居民三百余人，知真君道法，竞来告诉，求哀甚切。真君曰："世运周流，当斯厄会，生民遭际，合受其灾。吾此来正欲为汝曹除之。吾誓不与此妖俱生也。"有顷，群弟子至，亦同劝请。真君曰："须时至乃可。"于是卓剑于地，默祷于天。良久，飞泉涌出，俄有赤乌飞过。真君曰："可矣！"遂前至蛇所，仗剑布气。蛇惧入穴，乃飞符召神兵驱之。蛇出穴，举首十余丈，目若火炬，吐毒冲天。乡民咸鼓噪相助。是时真君啸命风雷，指呼神兵，以摄服之，使不得动。吴君乃飞步踏其首，以剑劈其颡，蛇始低伏。弟子施岑、甘战等引剑挥之。蛇腹裂，有小蛇自腹中出，长数丈。奔去六七里，闻鼓噪声，犹返听而顾其母。群弟子请追而戮之。真君曰："蠢兹小孽，未为民害。且仓皇中犹知返顾其母，吾不忍污吾剑也。若五百年后，仍为民害，吾当复出诛之。以吾坛前植柏为验，其枝覆坛拂地，乃其时也。"又预谶云："吾仙去后，一千四百四十年间，豫章之境，五陵之内，当出弟子八百人。其师出于豫章，大扬吾教。郡江心忽生沙洲，掩过井口者，是其时也。此时小蛇若为害，彼八百人自当诛之。苟无害于物，亦不可诛也。"蛇子遂得入江。大蛇既死，其骨聚而成洲。真君于海昏经行之处，皆留坛靖，凡六处，通候时之地为七，其势布若斗星状，盖以镇弭后患。复至邑之西北，见山泉清冽，乃投符其中，与民疗疾，其效亦比蜀江。巨蟒既诛，妖血污剑，于是磨洗之，且削石以试其锋。告其徒曰："大蛇既灭，蛟精未诛，彼物通灵，必知吾有除害意，恐其伺隙溃郡城。吾归郡乎！战、岑二子，其从我焉。"时晋怀帝永嘉六年也。

真君道术高妙，著闻远迩，求为弟子者数百人，却之不可得，乃化炭为美妇人，夜散群弟子处以试之。明旦阅之，其不为所染污者，唯十人耳，即异时上升诸高弟也。自是凡周游江湖，诛蛟斩蛇，无不从焉，余多自愧而去。真君乃与甘、施二君归郡，周览城邑。适有一少年，美风度，衣冠甚伟，通谒自称姓慎，礼貌勤恪，应对敏给，遽告去。真君谓弟子曰：“适者非人，老蛟之精，故来见试也。体貌虽是，而腥风袭人，吾故愚之，庶尽得其丑类耳。”迹其所之，乃在江浒，化为黄牛，卧郡城沙碛之上。真君乃剪纸化为黑牛斗之，令施岑潜持剑往，候其斗酣，即挥之。乃中其左股，牛奔入城南之井中。潜至长沙，于贾谊井中出化为人，抵贾玉使君之家。先是，蛟精尝慕玉之女美，化为一少年，谒之。玉大爱其才，许妻以女。因厚赂玉之亲信，皆称誉焉。遂成婚，居数岁，生二子。尝以春夏之交，孑然而出，周游江湖，若营贾者；至秋则乘巨舸，重载而归。所资皆宝货，盖乘春夏大水覆舟所获也。是秋徒还，给玉云：“财货为盗所劫，且伤左股。”玉举家叹惋，求医疗之。真君密知其踪，乃为医士谒玉。玉喜，召其婿出求医。蛟精觉之，惧不敢出。玉自起召之。真君随至其室，厉声叱曰：“江湖蛟精，害物非一，吾寻踪至此，岂容更遁耶?”蛟计穷，与二子皆现本形，蜿蜒堂下，并诛之。贾女亦几变形，其父母为哀求，真君给以神符，得不变。真君谓玉曰：“蛟精所居，其下即水。今君舍下，深不逾尺，皆洪波也，可速徙居，毋自蹈祸。”玉举家骇惶，迁居高原。其地不日陷为渊潭，深不可测。

真君复还豫章，而蛟之余党甚盛，虑真君诛之，心不自安，乃化为人，散游城市，访真君弟子，诡言曰：“仆家长安，积世崇善，远闻贤师许君有神剑，愿闻其功。”弟子语之曰：“吾师神剑，指天天裂，指地地坼，指星辰则失度，指江河则逆流，万邪莫可当，神圣之宝也。”又曰：“抑有不能伤者乎?”弟子戏之曰：“惟不能伤冬瓜、葫芦耳。”蛟以为诚然，尽化其属，连枝带蔓，浮泛满江，拟流出境。真君以剑授施岑，使履水斩之。党属茹连，悉无噍类，江流为之变色。真君曰：“此地蛟螭所穴，不有以镇之，后且复出为患，人不能制也。”乃役鬼神于牙城南井，铸铁为柱，出井外数尺，下施八索，钩锁地脉。祝之曰；“铁柱若斜，其妖再兴，吾当复出。铁柱若正，其妖永除。”由是水妖屏迹，城邑无虞。复虑后世奸雄妄作，故因铁柱以为谶记，曰：“铁柱镇洪州，万年永不休。八索钩地脉，一泓通江流。天下大乱，此地无忧。天下大旱，此地薄收。地胜人心善，应不出奸谋。纵有奸谋者，终须不到头。”真君之虑后世也深，有如此者。

次年，真君以蛟蜃之属，有散入鄱阳、浔阳界者，虑其复还，乃周行江湖以殄灭之。至岧峣山顶，有蛟湖三所，其孔穴透大江，通饶、信。真君诛其蛟魅，立玉阳府靖以镇之。又铸铁符镇鄱阳、湖口，杜其所入之路；铸铁盖覆庐陵元潭，制其所藏之薮。仍以铁符镇之，留一剑在焉。明年，复游长沙，遂至昭阳县。明年至郴、衡诸郡，所至皆为民馘毒除害。乃还豫章，前后凡立府靖十余所，皆所以镇郡邑辟凶灾也。

明帝太宁二年，大将军王敦举兵内向，次于干湖。真君与吴君同往上谒，冀说止之。时郭璞先在幕府，乃因璞与俱见。处仲喜延之，饮而问曰："予梦以一木破天，君等以为如何？"真君曰："非佳兆。"吴君曰："木上破天，'未'字也。公其未可妄动。"敦变色，令璞筮之。璞直言吉凶，处仲大怒，令武士擒璞斩之。真君乃举杯掷起，化为白鸽，飞绕梁栋。处仲一举目，已失二君所在。处仲竟败。二君还至金陵，欲赁舟至豫章，而船主告以乏操舟者。真君曰："尔等但瞑目安坐，切毋觇视，吾自为尔驾之。"乃召二龙挟舟而行。经池阳，以印印西岸之崖壁，辟水怪。舟渐以凌空，俄过庐山顶，至紫霄峰金阙洞。二君欲游洞中，故其舟稍低，抹林梢，戛戛有声。舟人不能忍，乃窃窥之，二龙委去，舟坠于层崖之上，桅折于深涧之下。真君谓舟人曰："汝不听吾言，将何所归乎？"舟人求济度，真君教以服饵灵草，遂得辟谷不死，尽隐于此山。二君乃各乘一龙，分水陆还，会于北岭之天宝洞。遂归旧隐，日与弟子讲究发明孝道，明王所授净明真诠。洁净身心，吐纳阳和，践履光明，栖迟真境。不留事物，不逃事物，草衣木食，恬淡无心。无心无境，游燕三清，人间紫府，四序皆春。嗣是不复以时事关意，惟精修至道。垂语训人，乡党化之，皆迁善远罪，孝弟兴行。平时出处，随机应物，不异常人，但所居之处，鸣鹤飞翔，景云旋绕而已。自东晋乱离，江左频扰。惟祖师所居，环百余里，盗贼不入，闾里晏安，年谷屡登，人无灾害。其福被生灵，人莫知其所以然也。

至孝武帝宁康二年甲戌八月朔旦，有二仙拥云仗而下，盖玉真上公崔子文、元真上卿瑕邱仲也。导从甚都，降于真君之庭，宣上帝诏命。真君再拜登授。二仙去，真君乃召门弟子与乡曲耆老，告之曰："今者天诏降，授我九州都仙太史兼高明大使。冲举有期，仙使告我矣。"乃设斋宴，共叙惜别，且以行善立功、净明忠孝之旨反复开陈，三致意焉。著《灵剑子》等书。又与十一弟子各为五言二韵劝诫诗十首以遗世，及以大功如意丹方传众弟子之不同上升者以济世，即丁义神方中之一也。

是月望日，至日中，遥闻音乐之声，祥云弥望。羽盖龙车，从官兵卫，仙童彩女，前后导从，红霞紫气，舒布还绕。前二仙使又至，宣诏毕，仍封远祖由玉虚仆射，曾祖琰太微兵卫大夫，祖玉太极把业录籍典者，父肃中岳仙官，赐所居宅曰“仙曹左府。”玉真上公又曰：“卿门弟子虽众，惟六人合从行，余各有超举之日，不得偕往也。”乃揖真君，升龙车，命陈勋、时荷持册前导，周广、曾亨骖御，黄仁览与其父族侍从，盱烈与母部从。其不与升门弟子号泣振天。真君曰：“仙凡路殊，悲欢自切。汝等但能遵行孝道，利物济民，何患不陟降帝左右耶？公等且留，吾请从此逝矣。”乃与仙眷四十二口同时冲举，鸡犬亦随逐飞升。留下修行钟一口并一石函，表异时之记。有仆许大者，与其妻市米于西岭，闻真君将飞升，奔驰而反，车覆遗米于地，米皆复生。比至，泣求从行，真君以其分未应仙，乃授以地仙之术，夫妇皆隐于西山。仙仗既举，有顷，坠下药臼、车毂各一，又坠一鸡笼于宅之东南十里余，并鼠数枚堕地，虽拖肠而不死，意其尝得窃食仙药也。后人或有见之者，必为瑞应焉。

初，真君回自旌阳，奉蜀锦于谌姆，制为殿帷。至是忽飞来，旋绕于故宅之上竟日，复入云霄。仙驾凌空，向远望之不可见，惟祥云彩霞，弥漫山谷，百里之内，异香芳馥，经月不散。

真君生于吴大帝赤乌二年己未正月二十八日，住世一百三十六年，在天则判雷霆泰省，净明学者尊之曰道师。君仙后周氏夫人，仙子恭顺至孝仙王，仙媳彭氏夫人。句曲山远游君迈、护军长史穆，皆真君再从昆弟云。

【说明】据光绪本《万寿宫通志》卷四录文。参见《玉隆集》卷三三、《黄堂宫志》卷三、《全宋文》卷六七五五白玉蟾十（第296册）、《白玉蟾文集新编》。按，本文各本所载文字差异较大，《万寿宫通志》所录删去了部分内容，文字似更简洁畅达。《白玉蟾文集新编》无第一段，题为“旌阳许真君传”。

216. 南宋·白玉蟾：旌阳许真君后传* 嘉定年间

真君飞升之后，里人与真君族孙简就其地立祠。至隋炀帝时，焚修中辍，观亦寻废。至唐永淳中，胡天师慧超重兴建之。明皇尤加夤奉。宋太宗、真宗、仁宗，皆赐御书。真宗又遣中使赐香烛花幡、旌节舞偶，改赐额曰“玉隆”，取《度人经》“太释玉隆腾胜天”之义也。仍禁近山樵采，蠲租赋，置官提举。徽宗政和六年五月一日辰时，御前降到荀字号不下司文字，付礼部，谕曰：“朕因看书于崇政殿，恍然似梦，见东华门北有一道士戴九华冠，披绛章服，左右童子持剑绋，皆衣青，后有二使者彩衣道装，捧印杖，前至丹墀，起简揖朕，攀左龙尾上殿。朕疑非人间道士，因问‘卿是何人，不诏而至’？道士对曰：‘吾为许旌阳，权掌九天司职，上帝诏往按察西瞿耶国，经由故国，见妖氛甚盛，故相谒耳。’朕请坐而问曰：‘其患为何？’答曰：‘湖南北三十六万绢纲皆已堕水，此实小蛇为害，盖先朝不合封此孽为王。当永嘉之戮，自拆母腹而走，未及害人，因而赦之。今乃辄为国家之患。俟吾事竣，当有处分，不令住于江淮间矣。’朕梦中谢之。复问曰：‘朕患安息疮，诸药不能奏效，真君得无意乎？’即取小瓢倾药一丸，其大如黍，呵咒抹患处，觉如流酥灌体，入骨清凉。遂揖而去，不数武，复回顾曰：‘吾故舍敝矣，望留意焉。’朕瞿然而觉。”不数日，有司果奏绢纲尽被风漂没，悉与梦合。爰取图经考之，见洪州分宁县梅山有许旌阳磨剑故地，诏画像如梦中所见者记之，赐额“上清储祥宫”。寻依道录院奏请，于三清殿后造许真君行宫。再降手诏，命中大夫谢景仁下分宁县，同令佐以本省官钱新换旌阳观，仍赐诏书一道，前去本观收掌，遇天宁节即拨放童行一人。仍命采访许真君别有遗迹处，如未有观，即敕本属取官钱建造；如有宫观屋宇损坏，即如法修换；无常住即拨近便僧寺堪好庄田入观供办，务令严谨。主者施行。数月后，复梦回如初，谢上曰：“分宁乃昔经行之处，重劳建造。吾卜地西山，遗迹具存，但居宇隘陋，不足副四方瞻视，幸陛下一修整之耳。”上寤，即诏洪州改修玉隆宫，仍降图本，依西京崇福宫例鼎新盖造，赐书门殿二额。

凡为大殿六，小殿十二，三廊、七门、五阁。前殿三面壁绘真君出处功行之迹，后殿奉安玉册，其上建阁宝藏三诏御书，两庑复壁绘仙仗出入之仪，环以墙垣。由墙之西，吁真人故宅建道院以安道众。

建炎中，金人寇江右，欲火宫殿。俄而水自楹间出，火不能焚，虏酋大惊，乃书壁云："金国龙虎上将军来献忠被授元帅府上畔都统大军届兹，遍观圣像，庄严华丽，不敢焚毁。时天会八年正月初二日记。"写毕，戢兵而去。绍兴二十八年赐御书十轴，今宝之以镇福庭焉。洪州城南井中铁柱，唐严譔作州牧，心颇不信，尝令发掘，俄迅雷烈风，江水暴涨，城郭震动。譔惧，叩首悔谢，久之乃止。譔又取修行钟置之僧寺，击之无声。坐而假寐，神人见形，怒责立送还宫。至五季之乱，一夕飞去，莫知所之。车毂，州牧徐登欲见之，令取至府，犹未及观，即夕飞还，宋时犹在。金人入寇，寻失之。石函虽有窾缝而不可开。唐张善安窃据洪州，强凿开之，盖内有丹书云："五百年后狂贼张善安开此。"善安惧，磨洗其字，终不漫灭，至诚之前知如此。三朝宸翰及真君玉册，金人入寇之后，不知所存焉。

真君垂迹遍于江左、湖南北之境，因而为观府、为坛靖者不可胜计。或散在山林湖泺绝有异处，如龙沙侧之磨剑池，池上沙壁立，略不湮塞；新建县之暵旱湖，水蛭至多，以粒药投之，其蛭永绝，至今名药湖；松湖市之旅邸，真君尝少憩，至今其家无蚊蚋；丰城县之杪针洞，蛟入其中，以杉木楔之，至今不朽；奉新县之藏溪，蛟藏其中，以剑劈裂溪傍巨石，书符以镇，今镇蛟石碣尚存；靖安县有刘仙姑名懿真，年数百岁，貌若童子，谌姆尝称之，真君往见，则已飞升矣，遂留宝木华车遗之，车因风飘举，三日而下，因名其观曰"华车观"，碑碣犹在，今号栖霞观；此类莫克殚举。每岁季夏，诸卿士庶各备香华鼓乐旗帜，就寝殿迎请真君小塑像幸其乡社，随愿祈禳，以蠲除旱蝗。先期数日，率众社首以瓜果酌献于前殿，名曰"割瓜"，预告迎请之期也。真君之像凡六，唯前殿与寝殿未尝动，余皆随意迎请。六旬之间，迎请周遍，洪瑞之境，八十一乡之人，乃同诣宫醮谢，曰黄中斋。黄中仪式，真君所流传也。七月二十八日，仙驾登宫左之五龙岗，禁辟蛇虎，自古以然，谓之禁坛。故远近祈禳之人，昼夜往还，绝无蛇虎之患。仲秋号净月，自朔旦开宫，受四方行香祷赛荐献，先自州府始。州府具香烛酒币词疏，遣衙吏驰献。远迩之人，扶老携幼，肩舆乘骑，肩摩于路。且有商贾百货之射利，奇能异伎之逞巧，以至茶坊、酒垆、食肆、旅邸，相续于十余里之间，骈于关市，终月乃已。常以净月之三日，仙仗往黄堂观谒谌姆。前一夕，降殿宿斋南庑。次日昧爽启行，少息于憩真靖，晚宿紫阳靖。次日早登龙城坛，渡小蜀江。初真君寻飞茅时，尝渡此江，以钱二百劳舟人，舟人请教不已，欲需一千，真君从之。既登岸，舟人持钱归，二镮耳，余皆楮镪，始惊讶，知其神人。至今仙驾经由，舟人止觅二镮，不敢过求也。临午至黄堂，朝谒谌姆。乡之善士咸集，陈宴享之礼。明日复留终日，初六日早由西路以还。宫中每以中秋日修庆上升斋。先一日建醮，次日黄君来觐。黄君，真君之婿也。其行多由间道。明旦未至宫五里曰侯陂，有亭曰着衣观，黄君更衣之所也。宫中具威仪，迎入端门。旧有门对正殿，曰黄阁门也。初朝于前殿，分宾主礼。次日享礼毕，降殿憩于西庑，俟暮西还。而宫东之市肆，商贾居民必固邀游街以求利市，竞争牵挽，几至龙岗桥乃回。俗云姑丈所至则利市依合，每试有验故也。每三岁上元后一日，真君仙仗往瑞阳存问黄君，曰西抚。上元日禺中，先迎置前殿，陈斋羞三献之礼，诘朝乃行。初出东门，即南过望仙桥，经茂埇，入黄姑巷，次至安里，迂入元都坛少憩。坛在庙侧，旧有观，今废。次登师姑岭，入元仙靖。寻出驿路，再迂入小路二里许，至朱塘观供。此地有养颜童子墓，旧名生碧观。复出大路，至暗山头，遂至三十里铺，此地凡七供。从者午食，乃度九岗、九滔，过龙陂桥，抵祥符，属高安县，旧名祈仙观。瑞人多出城迎谒，号曰接仙。真君降舆，与黄君宴于前殿。十七日，复受享礼，主首侍从仙驾者乃诣后殿酌献于许氏仙姑。自淳熙戊申岁始也。次日未五鼓而返，此一处凡六供。士庶焚香迎谒者以千数。凡所经由，聚落人民男女长幼动数百人，焚香作礼，化钱设供，至有感激悲号者。每仙驾出入，主首必再拜送迎于大门之外。至于南朝、西抚及州府迎请祈求，必主首从行焉。真君乘毚辇，白马金凤为前导。世传昔有白马之神庙食于真君宅东半里，今号白马塘。真君得道，愿充前驱也。金凤意其朱雀导前之义，或置于毚辇之顶，正合上有朱雀之义。而世传以应母之祥，恐未必。肩舆之人调古歌一阕，齐声唱和。歌名《黄鹤楼》。有着高冠彩帕者数对，冠名彩楼。二者甚古怪，盖晋代之礼也。彩楼高二尺许，上大下尖，竹治彩帛，结彩戴于首，以帛县额下。唐道士熊景休诗云："世事已归唐历数，仙歌犹是晋乡风。"虽唐人且怪之。盖其歌调虽在而其词久亡。守颢今作三章以补之。其一曰："真君功行满三千，帝诏凌空度九天。鸡犬也随仙眷去，至今圣迹尚依然。"其二曰："真君舍我甫千龄，晨夕焚香叩杳冥。惟愿慈悲恩下土，乞将多福佑生灵。"其三曰："道师谌姆住州阳，一叶飞茅著处香。仙驾不忘当日约，年年一度谒黄堂。"所由之路，横斜曲直，遵于古，不可少易，易之则有咎。每仙驾将出，地分之人竞先辟旧径，立表以指其处。盖非众人所常行之路也。旧记云：昔爱女所行，真君蹑踪而往，至黄君家，为留信宿，乃由通道而归。其寻飞茅亦多委曲寻访，故今南朝、西抚并袭前迹，所过之地瓮，有轻重迟速、安危晴雨之占。肩轻步速，安稳清明，为地分之福；肩重步迟、失扑阴雨，为地分之灾。福则岁稔人安，灾则人伤物厉。唯西抚之行，往欲雨寒，还欲晴暖，反是亦灾。仙驾每行必冲旱涉暝，履茅茨荆棘之地，部从社赛之人动逾数百，然从古未闻有伤其足者。唯忌人畜生死厌秽，凡香钱服用饮食坐卧皆须避之，否则立有卒暴之祸，后有迍蹇之灾。皆前人所传，而今人所见之明验也。

【说明】据光绪本《万寿宫通志》卷四录文，文字据别本有增补。参见《玉隆集》卷三四、《黄堂宫志》卷三、《全宋文》卷六七五五白玉蟾九（第296册）、《白玉蟾文集新编》。此文与《晋旌阳令许真君实录正传》为姊妹篇，是研究净明道之重要文献。按，《万寿宫通志》所载本文系从《道藏辑要》所收《白真人文集》中摘录而成，且自"真君垂迹，遍于江左、湖南北之境"以下均删。《白玉蟾文集新编》题为"续真君传"，所录不足五百字，是据《玉隆集》卷三四摘录而成。

217. 南宋·白玉蟾：玉隆宫诗碑　嘉定年间

许旌阳故宅

诗多唐代刻，柏尚晋时青。想得真君剑，犹余蛟血腥。

许旌阳赞

曾传谌母炼丹诀，夜夜西山采明月。壶里满盛乌兔精，剑尖常带蛟龙血。
一自旌阳县归来，拔宅腾空入金阙。但留行道八百人，未教他吃东华雪。

真君像赞

猗欤真君，拔宅飞云。净明忠孝，玄德升闻。诛妖馘孽，战断魔军。
铁柱作镇，莫大奇勋。许家有湾，溯彼其渊。龙沙有会，或在其群。
何以赞之？仙气长馪。

题玉隆宫壁

旌阳归去太康年，石灶灰寒古洞前。笑斩白龙横蓼岸，醉骑黄鹤杳云天。
金丹玉屑不复得，铁臼石函犹宛然。四十二口家何在？猿笑西山柏树烟。

逍遥山校正科典后留题

仙境闲寻采药翁，草堂留话数宵同。若知山下云深处，直是人间路不通。
泉泛藕花来洞口，月明松影过溪东。求名心在闲难遂，明日马蹄尘世中。

【说明】据光绪本《万寿宫通志》卷一七录文，题目为整理者所加。参见《黄堂宫志》卷一三。

218. 南宋·白玉蟾：知宫王琳甫赞铭　嘉定年间

萱堂一枕兮，红光入怀。龙岩虎石兮，瑞气结神胎。北帝真人兮，斡箕统魁。兰亭禊日兮，虚星落庭槐。生而神灵兮，珠庭日角。烟髯威肃兮，电眼闪烁。髫龄善词翰兮，心宇该博。方寸晞慕兮，片云孤鹤。青衿蜕体兮，琳宫遇师模。九天降雨露兮，皮冠而羽裾。琼钟振玉梵兮，声彻太虚。蕊殿校图籍兮，绿轴丹书。冲炼白铅花兮，红炉点雪。谷神无象兮，碧潭秋月。

函丈二席兮，价闻上阙。砭愚斫陋兮，诲语飞琼屑。袖里青蛇兮，脊外之青铜。踏破铁鞋兮，养素于竹宫。两阶饶舌兮，御前享天爵。笔下吼雷霆兮，钵内藏蛟龙。长歌归故山兮，古松寒菊。群参蚋聚醯兮，薰众主饘粥。飞罡化诀兮，正一天心法。视微听冲兮，灵宝中盟箓。霞衿珠佩兮，秉圭视玄坛。青钩黑划花兮，落纸鬼胆寒。玄域中兴兮，扶颓起坠。三界稽首兮，万神生欢。含真而宅仙兮，僝陶鸠梓。藻棁横龙楼兮，花砖砌蚖埘。御赐蒲兽兮，晨夕奋琼音。百度复举兮，宗纲崛起。死赞骨行兮，质俚而不文。红颜皓齿兮，甲子一周春。两鬓生黑丝兮，人言四旬许。金丹已熟兮，鸾鹤天上人。天上人兮，自号曰拙翁。笑傲乎三华兮，诸方已罢参。博山飞冷蛇之篆兮，启瑶笥而诵琅函。横羽扇岸纶巾兮，麈尾发清谈。

清谈之时，有方外客至而歌之，曰："青布衲，碧藜筇。诗吟白芍药，曲唱紫芙蓉。一局着残人事醒，七弦弹破世间空。时乎泛一叶于沧海之外，时乎飞片羽于虚空之中。铁笛横吹老龙泣，金樽一倒琪花红。孤猿啸夜月，淡露滴秋风。云锦溪深碧无底，天苍山秀绿不穷。白鹤卧占眠牛草，丹鹤飞上栖鸦松。真人一声长啸于蓬莱之东，青童回首指道：神仙中，之最雄!"

【**说明**】据抱冰子著《白玉蟾诗词选注》（中国文史出版社 2013 年版）录文，原题为"知宫王琳甫赞"，"铭"字据《道藏》本补。格式、标点有改动。

219. 南宋·白玉蟾：云山玉虚法院记　嘉定年间

上清大洞宝箓，奉行元天真武秘法，统领玉虚三阵将兵，同管北极驱邪院事。曾安时籍太平兴国宫，居云山庵，出知南康军天庆观事，建飞天法轮，兴缔殿宇，费缗钱数万，时人皆北斗之。少留神道壶，初拜大都，功登盟威，佩赤天元命之文。尝杖屦四海，过阁皂山，遇异人，授以元武玉笈及诸秘诀，悉考召鬼神之书。归故山，以符水活人无量，山妖为之一动。山前衔其德者，皆更生之者。所著灵异甚富，邦人俱德之。后迁大洞真人，分司西岳，佐白帝领治玉局。如是者三十秋，不替寒暑，惟行是稔。其松姿鹤容，霞标芝范，幅巾大袖，广颡修须。今年六旬有八，髩绿颜酡，眉苍气丰，非怀冲抱虚，能若是哉？即其庵居之东，辟一堂，以宅元武之灵，号为玉虚法院。所塑赤剑皂纛之像，苍龟红蛇之形，俨然如元和迁校府也。嘱玉蟾以为之记，况尝签书右胜府事，是为元帝故吏也，义不得谦。其文曰：

净乐天子善胜后，有子元武居北极。武当四十二寒暑，功满三千行八百。太清有诏归九华，授以剑一印亦一。默佩乾元枢斗文，上应虚危太阴历。披发跣足衣皂袍，金甲银裳玉束帛。前驱飞廉后丰隆，左命天罡右太乙。啸命天丁叱火铃，一剑不血殄鬼蜮。人间黑气腾太微，帝使分别人鬼籍。七日七夜宇宙清，所至雷轰而电掣。命为太玄大元帅，仍使九天掌文籍。兼充漕运扶桑侯，提领北酆九阴狱。三月三日发英祥，香花纷纷沸万国。九月九日登紫宸，但有武当古仙迹。月明欻火峰头云，风吹青阳涧下石。九龙池中藏虎符，灵应殿内遗风帻。部领三阵龙虎兵，飞鹰走犬旧捷疾。水位真精禀妙容，脚踏龟蛇威赫赫。云屯万骑驰八猖，烟锁九霄飞四直。金阙真灵应元化，三界四府日游奕。太华妙行古真人，毗沙秽迹今黑煞。云山老人曾大洞，少而得此玉虚诀。篆丹剑水三十年，手掌北天元帝敕。一堂宛若佑圣府，金碧绚烂焕九色。天关地轴俨如生，直疑此是太元域。先生之意敬元天，欲使后人趾厥勣。予今赋之但纪实，此文不工但塞责。笑指堂中一柱香，香云缥缈千万劫。

【说明】据《白玉蟾文集新编》录文。记文对研究庐山道教、道教授箓、道阶制度及神霄派均具重要价值。

220. 南宋·白玉蟾：太平兴国宫地主祠堂记　嘉定年间

陈氏源乎高辛，其派如流泉。汉曲逆侯佐沛公王关中，卒成相业。自兹世代煌煌，子孙奕奕，阳而侯封、阴而庙食者，代有其人焉。昔由颍阳徙居闽越者甚族。古无诸郡梅川侯，姓陈，晋人也，庙于南山李花林，尝逊地以为仙源洞宫；古武荣郡莆田侯，姓陈，亦晋代人也，庙于壶山风亭驿，亦逊地以为清源洞宫。有如富沙之盖竹侯、临漳之灵著侯，皆陈族也。名山大川，陈氏血食者，莫知其几。

唐朝隐居，陈其姓，莫知其名，或曰讳伯宣者，晦迹康山，注《史记》以行天下，诏征不起，就拜著作佐郎。家儒世仕，既居圣治峰之前。开元间，明皇夜宿昭阳，晓御灵光，凡两睹九天采访使者之相，面奉圣训，使就庐山西北之隅，委江州守臣独孤正树庙，敕差孟仙真等五人奉香火。先是，敕黄未下，隙无人知。一旦有峨星曳霞者诣陈门曰："混元皇帝遣元夷苍水使者持九麾五灵之节，廉访九天九地生死荣枯之籍。今天子亲诣使者，欲于庐山建九天御史之台。五百年后，福被黎庶。我以尔所居，瑶壑葬月，玉渊影天，真胜处也。宜捐厥地而基其庙食矣。"陈既诺，道士出门，怳失所在。后忽迅雷烈风移所居于宫左，即其北以为祠焉。祠既落成，陈亦羽解，遂得世为此方地主矣。

厥后移居德安县之常乐里，久而又分派于丁山之别业，两被国朝义门旌表之命。遂以宫左故庐为地主香火之地。国朝改祠为宫，而陈氏亦有跨鳌者、登瀛者、挹兰者、入翰苑者、坐钓台者，弦诵琅琅，簪佩锵锵，阀阅堂堂，旌饰皇皇。盛哉！盛哉！其徒孙陈琢，控青凫，策黄鹄，委宫门。直岁道士向德新，市梗楠，价陶埏，撤而鼎之。塑神像十尊，缔神宇六间，两重门，两过道，翠桷凝烟，朱廊浸月，檐铎风而递响，灯龛昼而长焰，花砖织地，玙础生苔，宝帐垂轩，玉炉袅屋，金碧烂目，朱紫惊人，气焰威灵，俨若解语。聪明正直，自古而今，此盖前监宫事东溪杜道枢有以启陈琢也。昔逍遥山金公避地，以逊许旌阳；桐柏山孙公避地，以逊葛太极；与夫闽中二陈之所以逊地为洞宫者，其与康山陈隐君一也。隐君虽亡如存，万古一灵，其必能炼九乾六坤之铅，采三震四兑之汞，修成飞仙之道，不为清灵之魂。则其去仙不远，尚何神哉！夫神者，《易》曰："大而不可测之谓神。"《阴符经》曰："不神而神，所以神化。"《书》又曰："万神一神也。"隐君苟能神其神，则可蹑元夷之域，登元始之乡，而与采访真君同一喘息，共一室庐，岂区区庙食而可以滞吾隐君也哉？隐君神人也，其敢以告。

【说明】据《道藏》本《庐山太平兴国宫采访真君事实》卷六录文。参见《白玉蟾文集新编》。

221. 南宋·白玉蟾：华盖山赋* 宝庆元年乙酉（1225）

客从庐山来，搦六尺之苍藤，蹑三寸之青凫。浮空云兮漾绿萍，笑天风兮撼翠梧。鹑衣兮虱裈，黧面兮垢肤。身同青霄一点淡烟之轻，心同古洞三更明月之孤。谓神仙兮必有，视尘世兮若无。独步大荒兮谑浪笑傲，飞爽八极兮悲号叫呼。揖霄汉诸仙而朗吟，抱虚空一气而长吁。吊混沌而不回，禁清爽之揶揄。过西山许旌阳之游帷，访苦竹李真元之靖庐。一叶溯临川之水，四邮抵罗山之郛。巍巍兮渺苍烟之崔嵬，磊磊兮礴白云而模糊。揖三仙兮款三峰之绝顶，陟千仞兮嗟千古之居诸。方未至兮不倦，若有逢兮问途。指青青黯黯烟霞之窟，谓高高远远仙灵之都。行行且止兮少憩，羊肠鸟道兮萦纡。彼巴陵华盖之山兮，岂吾眼梢之寸碧者乎？

时也村村梅林，处处榴火。绿田始秧，黄麦已槁。天气郁蒸，日色炎烈。汗兮颗颗珠，泪兮滴滴血。涌泉为之一酸，华池为之一竭。入林若丧家之狗，登山如石罅之鳖。彼乡人者，渠岂知夫真青都之散郎，非红尘之鄙夫？心入九流之窍，胸藏三教之书。绛宫有婴儿之室，丹田安偃月之炉。渺天地兮黍粟，视造化兮锱铢。即曩日富贵荣华之我，为今生逍遥快乐之徒。已矣乎！吾弗较也，彼岂知此！谒紫元之洞天，访浮丘之仙子。拍王、郭可拊之肩，蹑钟、吕不继之趾。友漆园之蝴蝶，师槐宫之蝼蚁。已而客于华顶之庵，礼彼宾仙之阁。在憩霞眠云之轩少息，留涌翠凝碧之台甚乐。天高兮风声寒，野迥兮烟光薄。空悠悠兮白云，不复返兮黄鹤。此修真之泉石，而宅灵之林壑。俨乎三峰之巅，插彼一天之角。余于是正襟危坐，静虑凝神。含太乙于泥丸，客鸿蒙于天津。少焉，振衣兮肃若，袖香兮敬之。启霄斑之户，扣地灵之扉。此为江南之孤迥，古之有仙兮冲飞。我来兮乌有，或问兮罔知。但药炉之与丹井兮犹存，若真岩之与斗坛兮空遗。金鸡唱晓兮洞云出，玉磬敲暮兮山禽归。古潭兮卧苍蝓之赤虬，峭壁兮走青鹿之与黄罴。烟畹兮种紫茎九节之术，霜畦兮耕碧云千载之芝。霓旌绛节兮缥缈不可见，黄冠羽衣兮指顾其所之。遂悄然自谓曰：彼浮邱之为仙也，生于商，仕于周，隐于汉，化于晋，至隋开皇之时，尚在巴陵华盖。之人也，所谓死而不亡，磨且不磷者。彼美王、郭之二子，为方平之从侄。乃兄之姓不移，而弟之姓辄易。初于霍童之洞天，复隐金华之石室。过罗浮寻朱明之高冥，归临川而谒浮邱之仙伯。飞符走印兮兴僵起仆，呼雷召雨兮飞沙走石。洞门兮荆棘之冥迷，山下兮虎蛇之放逸。彼三仙兮登九霄，今千载兮如一日。所谓仙人隐逸之都鄙，道士修炼之窟宅。于是三顿首，九点额。谒仙既已，登巉岩，披蒙茸。召飞廉，呼丰隆。四骋既久，万象无穷。倏焉风雷之飞迅，忽焉烟雾之冥蒙。有金虬之隐耀如灯，有玉桥之窈窕如虹。夜深兮星斗挂檐甍，旦起兮月露侵帘栊。鹤唳于竹，猿巢于松。四时之顷，风景不常；一日之象，杳冥莫测。方阴翳而忽晴，乍紫翠而复白。或六月而霰飞，未五更而日色。飞鸢过其上兮，戢足敛翼而不声；落霞拂其标兮，飞线散丝而无迹。山之形若浪涌而泉奔，山之骨如玉兰而冰积。然则阴晴显晦之不常，变化出汲之非一。予之所观者小，如欲观之，当考苔碑于翠崖，披雨碣于苍碛也。予于是豁然而悟，怆然而悲，凝然而涕，黯然而思。此心兮，对风月而莫诉，非猿鹤之可知。眄三江于庐山之腹，瞻七泽于洞庭之湄。顾岷峨之峭峻，面天台之委蛇。嗟乎！一身兮四海其如窄，寸抱兮两腋不可飞。清都绛阙兮今何夕，沧海桑田兮今何时。幽恨暗怨兮若舞壑之潜蛟，急景迅光兮如白驹之过隙。吾能制玉膏而炼金液，吾能擒龙魂而缚虎魄。所以悲者，若乌鹊之南飞，嗟茕然而无依。或佯狂而为奴，或行丐而似痴。吾非蒯通、箕子之事，甘于颜子、莱芜之为。古有隐橘，亦有采薇，亦有餐松，亦有茹芝。吾所以未能若然者，虑此父母之遗体，恐有风雨之飘零。况剑法之未就，而丹砂之未成。且夫人之生成也，钟天地五行之精，禀山川二气之灵。天与之文章，地与之气形，日月与之以秀丽，星斗与之以聪明。落纸使风雷之走，下笔使神鬼之惊。既不佩六国之印，又不掌天子之兵。是将何为乎？必曰：吾学仙也。既为此学，未能访古人者何也？若夫隐于山之阿、水之隈，是将与狸豹以为徒；隐于市之居、人之宅，是将与名利以为匹。或者疑之，居山林之下以吊名，处王侯之门以贾利，吾亦未能从适。每一发念，亦黯然而垂涕者矣。呜呼！三仙往矣，吾不勇也。进道在己，成功则天。夫复何言，莫非自然。遂置之不问，又从而歌之曰：

"望长天而溯远水，悲落叶而哀流年。思美人兮不见，倚苍松兮潸然。飞鸟过兮空苍天，顾影自叹兮谁能怜?"歌罢，忽有峨其冠翩其衣，长揖而问余曰："夫子若有感者?"俯而不答。又复问曰："夫子岂非海南白其姓、玉蟾其名者乎?"又不答。客乃鼓袖长啸于山之巅。遂为诗曰："华盖山前闻杜鹃，瘦藤扶力倦攀缘。路逢紫电清霜客，日落碧云红树天。松罅翠猿惊月上，洞前白鹿咬花眠。明朝屐齿印苔发，长啸天风蹑晓烟。"

【说明】据同治本《华盖山志》卷九录文。参见同治《崇仁县志》卷一、点校本《华盖山志》卷九、《全宋文》卷六七四六白玉蟾一（第296册）。按，《华盖山志》载崔世聘《登华盖山》诗有"颜碣莫寻青绿字，白词长压紫元巅"之句，似暗示白玉蟾关于华盖山之撰作亦已刻碑。

222. 南宋·刘克庄：阁皂道士杨固卿墓志铭

宝庆元年乙酉（1225）

固卿杨氏，名介如，丰城县梅仙乡人。父名广，母徐氏。幼入阁皂山为道士，宝庆元年卒，年六十八，葬南园之麓。

固卿学通伦类，道书外，禅宗、方伎之说皆探骨髓，听者竦动。开禧间，薄游边画策不售，归山不复出。拾堕薪，煮三脚铁铛。或遗衣履，皆不受。尝主清江相堂观，一日，诸文士集观中倡酬，视固卿一黄冠师，蓬鬓垢衣，置之坐隅，甚易之。句至固卿，朗吟曰："酒量春吞海，诗肩夜耸山。"坐皆骇伏。有诗百余，号《隐居集》。固卿无徒嗣，弟伯椿、侄至质同学道山中。至质厚余，请铭其藏。余观固卿，介洁高远，冻饿自守，乐而不改，殆黔娄、原宪之伦。惜其异学殊说，诡世绝物，仅与弥明同传而已。铭曰：

穷不求，吟不忧，归兹丘。

【说明】刘克庄（1187～1269），初名灼，字潜夫，号后村居士，莆田（今福建莆田市）人。历官靖安主簿、吉州通判、知袁州等。有《后村先生大全集》。据四库本《后村集》卷三七录文。参见《道家金石略》、《全宋文》卷七六二〇刘克庄一三四（第331册）。

223. 南宋·真德秀：送萧道士序* 宝庆二年丙戌（1226）

大江以西，天下多名山处，玉笥则其尤也。按道家言，是为梁萧子云修炼升真之地，然其事迹茫昧不可复考矣。余在豫章时，考按图书，慨然有高举远游之思。念将上印绶于朝，凌大江，陟西山，款旌阳之庐，窥洪崖之井，由葛峰以历玉涧，溯章水而登崆峒之颠，出麻源，道樵川，然后归而自休焉。事顾有大谬不然者！越三年，□□湘中。又二年而召，假途清江，郡人张元德邀余为阁皁之行，垂命驾弗果。则所谓玉笥者，固无因而至焉。盖前后数年，再蹑江西之境，而四五名山者迄不获寄一迹其间。吁，可恨矣！

今年惫卧于招鹤之草堂，有方士自玉笥来见者，视其谒，则氏萧而名守中也。曰："嘻！子非子云之裔也耶？向吾欲游玉笥而不可得，今见从玉笥来者，得问此山无恙，则吾志亦惬矣。"因留之山房，数与语，而又知其能琴与诗也。余于丝桐之奏，盖所喜闻而有未忍者，独索其诗读之，则皆翛然清绝，非吸沆瀣餐朝霞者不能道也。夫山川之秀杰者，其钟于人必异，因吾子襟韵之不凡，益以信玉笥之为奇观也必矣。虽然，有疑焉。子之名中而字默也，岂非以多言为诫耶？予闻伯阳氏之为道也，损之又损，以至于无为。故学之者亦必堕肢体，黜聪明，离形去智，然后同于大通。今子戒于言而归之默，善矣，顾未能无琴与诗焉，是知多言之害而未知多艺之累也。子默逌然而笑曰："有是哉！然琴以养吾之心而吾本无心，虽终日弹而曰未尝弹可也；诗以畅吾之情而吾本无情，虽终日吟而曰未尝吟可也。琴未尝弹与无琴同，诗未尝吟与无诗同，曾何累之有哉？"予曰："子之言达矣。"遂书以为东归之赠。宝庆丙戌中元前六日，西山居士真某序。

余素不善书，诗与序既成，以授笔史书之，视子默之色，若有不怿然者。予友金华王子文埜偶留西山，慨然为余书之，笔力清劲可喜。余文不足道，安知不藉是以传乎？

【说明】真德秀（1178~1235），字景元，后改希元，福建浦城（今浦城县）人。庆元五年（1199）进士。官至参知政事。南宋理学家，世称西山先生。曾知隆兴府，提举玉隆万寿宫。有《西山文集》等。据四库本《西山文集》卷二八录文。参见《道家金石略》、《全宋文》卷七一六七真德秀三三（第313册）。

224. 南宋·赵汝驭：紫阳观记　宝庆二年丙戌（1226）

云云。观本邑人奉采访真君之所。绍兴间，增岳祠，仍号永丰道院。旱涝祈祷，答焉如响。殿宇门庑，经藏钟阁，靡不备具。其阙典者，惟赐额耳。羽士恐人之议其后也。邑之南有苍城山，昔唐紫阳真人飞升之地，本朝赐额紫阳，废于兵火。继为元次山祠堂，而故额犹在。乃列告于县，县达之州，州申于部，得请即紫阳观易永丰额，新额旧名，互存通称。道流合辞强汝驭记。

噫！上古圣人扶世立教，未尝不本诸天。后世朴散而民不淳，上天福善祸淫之理尝显示以警顽痴。凡清静精格，归心至道，功行周足，白日升晨，天之诱人亦昭昭矣。名山灵洞，在在有之。是将垂劝将来，因名索实。紫阳之迹，可使之终泯没耶？今移其名以名观，其观常住，其名常存，此亦天之意欤？

【说明】赵汝驭，据清代陆心源《宋诗纪事补遗》卷九二载：“温州乐清人，太宗八世孙。嘉定元年进士。淳祐三年知惠州，政务安静而饰以文学。累官广东转运使。”据《永乐大典》卷六六九八录文。据《永乐大典》卷六六九七载，记作于宝庆丙戌。

225. 南宋·杨长孺：吉水县康王庙记　宝庆年间

圣天子即阼之六年，有盗弄兵，骚江、湖、瓯、闽间，郡邑民罹豨突虿蠚，翕忽罔攸御，荼毒肆矣。睨吉水、永丰、安福三邑者不一一，将甘心焉。然及境弗能入，望郭弗能迩，盗每怪之。或诹其故，盗曰：“吾欲屠三邑甚，而行辄尼之。旌旗缤纷，戈甲布列，士马阗溢，威风震迭。吾前弗可，故溃故逃。徐而谍之，野旷师寂。”孰为此者？盖威显灵应英烈王之神为国为民，遂跻登兹。王之神灵大矣哉！王之功德庶矣哉！

惟王之神，东岳之毗。建炎四年夏四月，福建路制置使辛企宗以兵三千平江东魔寇数十万，王之神相之也。神由兹著，祀日以昌。庙昉于信州之弋阳县。神之言曰：吾康其姓，太保其称。而朝廷封爵，公之王之。宣和曰“威济”，建炎曰“善利”，绍兴曰“孚应”，庆元曰“英烈”，字八而止。宝庆褒表，以“显”易“济”，以“灵”易“孚”，加美而弗增焉。庙食之广，于江于淮，于闽于浙，若显若灵，遽数弗终。凡水旱，凡盗寇，凡札瘥，凡祷祈，拜叩未终，心口相语，诚之所发，神已响答。能使死者生，疾者安，凶者丰，谒者遂。王之神灵大矣哉！王之功德庶矣哉！岳佑之，王辅之；岳甄之，王宣之。殆所谓汉之文、景，纪无可书之事；唐之房、杜，传无可载之功者欤！吉水众士若民时歌以侑之，宾之饯之，鼓之舞之。辞曰：

岩岩矣岱宗，神代兮天工。不显兮颢穹，式昭兮王功。王功矣郅隆，惠我民兮无穷。民之报兮丹衷，丰若俭兮靡不容。精意以享兮桴鼓撞钟。膏泽兮蒙蒙，肸蠁兮融融。神之来兮清风，神之去兮虚空。神之烜赫矣丽日之方中，民之感怀兮永世其弥崇。

【说明】杨长孺，一名寿仁，字伯子，杨万里之子。历官知湖州、广东经略、福建安抚使、中奉大夫敷文阁直学士等。有《东山文集》。据光绪《吉水县志》卷一二录文。参见乾隆四十一年《吉安府志》卷一四、光绪《吉安府志》卷九、《全宋文》卷六七六四杨长孺（第297册）。本文对道教康王信仰研究具史料价值。

226. 南宋·欧阳文龙：辅顺庙神木颂碑

绍定二年己丑（1229）

己丑季秋，阴盛阳伏。蚩氓悍胥，啸聚溪谷。鼪鼯倡乱，蛇虺摇毒。越丁卯臈，大风振肃。奔腾砰湃，飘荡迅速。惟辅顺庙，坛有嘉木。神敕飞廉，夜升斤欘。伐彼广柯，置于王屋。王屋不受，冥于庭曲。及雷而降，其虚孔局。不假縈维，不施绳束。所立卓尔，如矢中鹄。四檐翚飞，万瓦鳞簇。无缺无折，靡倾靡覆。主张护持，非神而孰？顾瞻斯辰，寇焰方酷。金山一炬，冈焚其玉。白下石溪，煨烬陆续。距我陶区，厥覭可烛。赤子惊愕，计出穷蹙。弃家不守，浮舟相属。燻心乞灵，虔命彼祝。繄九顿首，越再三渎。神之听之，罔不吉卜。神谓汝人，事可类触。神有殿宇，人有庐宿。神既妥全，人亦蒙福。嗟嗟彼寇，几上之肉。曷不能来？惟神阴逐。曷不能逃？惟国显戮。再念他方，怵心骇目。惟我一乡，依然辑睦。仰事俯育，左餐右粥。人之德神，言之不足。磨铭川墨，大书神功。莫神匪木，莫灵匪风。斯拔斯兑，既冲既融。万年之柏，千岁之松。愿与齐久，清荫仙宫。荷神之庥，永世无穷。

从政郎欧阳文龙撰。

【**说明**】欧阳文龙，庐陵（今江西吉安县）人。据四库本《江西通志》卷五〇、五一载，他是宋嘉定三年（1210）举人、端平二年（1235）进士。据《辅顺庙志》录文。

227. 南宋·欧阳文龙：辅顺庙阴兵颂碑

绍定二年己丑（1229）

天生五材，谁能去兵？兵出有二，曰幽曰明。兵遣于神，时靡有争。风鹤之助，草木之形。均足御侮，迄用有成。惟辅顺庙，帝锡嘉名。建炎三年，虏骑南侵。于市分屯，于祠乞灵。人怨神怒，风暴雷轰。旗旛绛空，贼众震惊。去不敢留，境内以平。绍定二载，蠢兹峒氓。闯我镇疆，畴能出征？有池阳官，曰李允升。被檄此来，甫至于城。神诱其衷，遣兵阴迎。夜降异梦，促身速行。明旦而驰，遂获三人。其二纵还，其一生擒。俾告渠魁，毋犯我营。寇目所睹，猎猎神旌。寇耳所闻，嘶嘶马鸣。不有阴兵，欲御谁能？寇有余党，骤灭骤兴。秋既奔窜，冬复纵横。寇亦人耳，惟神所凭。神作人言，尔寇用听。神之言曰，东方兵精。一或响尔，有死无生。载谋载寝，一寝一宁。惟此神将，雾霭云蒸。其出幽幽，其入冥冥。自昔己酉，迄今己丑。一百一年，切振前后。人沐神赐，远近奔走。乃击尔牲，乃酾尔酒。献尔扉屦，贡尔粮糗。愿神护佑，潜醢群丑。卫我乡邦，盘固永久。勒诗坚珉，庶传不朽。

欧阳文龙撰。

【说明】据《辅顺庙志》录文，从文中所记时间推算，碑文应作于绍定二年：从建炎三年己酉至绍定二年己丑，正好“一百一年”。

228. 南宋·佚名：曾氏太君地券 绍定五年壬辰（1232）

维皇宋江南西路隆兴府进贤县归乡文岭里，危仁杰将安葬亡室太君曾氏既有日矣。青乌子进曰：按鬼谷律云，葬不买地，名曰盗葬。乃立券文曰：亡室同邑椁树牌，生于淳熙乙巳二月二十三日辰时，以嘉泰癸亥岁归于我。绍定壬辰十一月初二日巳时卒，年四十有八。男一人：高，娶熊氏；女：乙娘，适池陂李梦发；孙男一人：计安；女孙一人：卯娘。以今年十二月甲申葬。问于蓍龟，蓍龟协吉。其地在本县东归仁乡□田之原。谨荐诚为币，秉心为缗，就后土富媪买地一区，艮山来龙，亥山出面，坐壬向丙。东抵青龙，南止朱雀，西至白虎，北距玄武。此疆尔界，有截有所。神禹所度，竖亥所步。丘丞墓伯，禁切诃护。驱彼罔象，投畀豺虎。弗迷之兽，莫予敢侮。千龄亿载，长无灾苦。敢有干予，神弗置汝。幽堂亭长，收付地下。主者按罪罚，弗敢云赦。乃命翰林主人，子墨客卿，合为左券。其财与地，交相授受。先有居者，当避来者。亡室居之，永为真宅。天光下临，地德上载。藏神合朔，神迎鬼避。涂车刍灵，是驾是使。魑魅魍魉，莫能逢旃。妥亡佑存，罔有不祥。山灵媪神，实闻此言。急急如律令。

寻山定穴：李淳风先生、郭璞仙人、白鹤仙人、张坚固、李定度。

【说明】券石1985年出土于进贤县，现存于县博物馆。青石材质，高0.61米，宽0.34米。直行，18行。据《江西出土墓志选编》录文，标点有改动。

229. 南宋·袁甫：徐偃王行宫记 绍定年间

灵山重作偃王庙，前凿方沼，旷如也；后建杰阁，屹如也；庙貌显严，神人具喜。而行祠之在城者，前隘后庳，规制弗称。余一日谒祠下，徘徊顾瞻，默若有启予者，亟呼工指画。疏旧池之芜秽，设周垣焉；拓故址之下窄，增内寝焉。于是前之旷如，后之屹如，略与灵山等。呜呼！神无不在，亦无在也，岂计此区区哉？顾念民覃王仁，千古无极，舍是则无以示昭报。厥今奕奕新宇，相望不越三舍，窃意云旆霓旌，逍遥二者之间，景物如一，不移而具在，城之适犹灵山也。于是可以称吾民依归报事之心矣。工既竣事，酹酒告虔，乃作送神之词，遣邦人歌之。其词曰：

朱弓兮发祥，玉几兮耿光，国易仁兮浸昌。缅行祠兮城一方，俨血食兮阅几霜。屋老兮暗其弗章，地褊兮威灵弗扬。羌四顾兮彷徨，拊予心兮弗康。灵龟告余兮十月孔良，亟其改作兮庙貌堂堂，碧沼邃宇兮匪王孰当。纷祈畛兮炷芗，罗酒肴兮芬芳。我王兮来降，容与兮相羊。春迟迟兮日载阳，淡微月兮秋夜长。我民兮世世不忘，王镇兹土兮庆未央。

【说明】据四库本《蒙斋集》卷一二录文。参见《全宋文》卷七四四〇袁甫一五（第323册）。灵山为道教第三十三福地，历代有各地隐士修道于此。本文与《信州自鸣山孚惠庙记》均为民间化道教信仰盛行于灵山周边之真实反映。

230. 南宋·陈一荐：仙方愈疾记* 端平元年甲午（1234）

华盖山，浮邱、王、郭三仙飞升之境也。三真以济世康物为心，而尤切于忠孝。曩岁余往谒之，塑像家庭，昕夕瞻礼。嘉定庚辰，母患背疮症兼渴利，医告疾危，仲氏晨出求更医。予衣冠假寐，忽若在仙像前，探手炉上，授豆七粒。既悟而心异之，急阅《本草》，一展卷即见豆品注云："主痈疽背发，止渴利。"读之惊喜，遂用净水下豆，如数服之。是日诸疽皆退，自此不药而愈。壬辰，父年七十有七矣，病烦渴自利。诸医杂用补泻，疾势转深。予精意以祷，忧思间恍似登山祈医，闻空中语曰："浓煎茵陈汤可愈。"因忆五苓散有此方，参验药品，悉与症对。于是尽屏诸药，专意修制此方，服之即见平复。十余年来，薄宦驰于千里外而兹山如在眉睫。肃观旧志，喜其纂集精勤，文而有征，因以前事附焉。

宋端平甲午十一月望前三日。

【说明】 陈一荐，字叔复，临川（今属江西抚州市）人。嘉定十年（1217）进士。历官江西运判、枢密院编修、礼部侍郎等。据同治本《华盖山志》卷七录文。参见校注本《华盖山志》卷七。

231. 南宋·余大羾：题钟鼎山石壁 端平二年乙未（1235）

唐僖宗中和间，有一异人姓吕名嵒，字洞宾，居此修炼成仙，留诗后山石壁，飞身而去。予恐兵燹迷失其诗，后人难获，是以抄录，刻于碑，以传不泯也。诗曰："远舟已就去升天，石室遗留记万年。问我身从何处去，蓬莱顶上会神仙。"

宋端平二年乙未三月吉日刊，余大羾立。

【说明】 碑现存武宁县钟鼎山玉清宫。青石材质，高 0.8 米，宽 0.3 米。据碑录文。

232. 南宋·王与权：上清正一宫碑 端平二年乙未（1235）

上清正一宫之建旧矣。荣遇累朝，光传奕叶。而托之金石，以考颠末，未有闻焉。

三十五代嗣师张可大以书来曰："我祖在汉，凿秘键于玄关，得灵文于宝笈；化行巴蜀，服溪女于盐池，转魔宫为仙宅。功行昭灼，经法传流。历千余年，传世三十，而虚靖先生挺祖风，显灵符。又历二代，而正应先生授玄坛，度正箓。在昔羽士以道德际遇者，未易概举。近世则有留君用光，素行精修，进左右街道录，赐号'冲靖'；易君如刚，教法精严，召为太一宫高士，赐号'通妙葆真'。至于今而修真学道之士云滃雾集，是我祖师之教，其衍益如此。考其所居，订之图志，乃天下第二十九福地。昔我祖炼丹，有青龙白虎，驯绕其上，故以得名。发迹闽峤，山势掀舞，峰峦削峭，巇崿重复，若轩若轾，若拱若揖。界以长溪，源自邵武，萦纡仙岩，奔走彭蠡，清流驶湍，绀碧可濯。有九十九峰之胜概，二十四岩之异迹。晴岚暖翠，朝霏夕霭，锦绣出没，明灭变态，深泉高瀑，冰悬雪涌。神龙所舍，奚可控抟？是我祖之居，其炳灵如此。政和三年，道君皇帝眷礼虚靖，改上清观为上清正一宫。拨赐江东徐氏绝产，计米万余斛。淳熙间，正应赴阙，敕命箓坛，永为宝镇。冲靖再被宸恩，特免科徭，复为甲乙，通妙葆真。当宁庙龙飞，眷遇优渥。奎文辉焕，华扁昭揭，肹赉絫积，增贲旧规。于是对扬显休，载新轮奂，重门雄峙，坛址肃严。为殿六：曰三清，曰真风，曰昊天，曰南斗，曰北斗，曰琼章。为阁二：曰皇帝景命，曰宝奎。为楼一：曰琼音。为馆三：曰宿觉，曰蓬海，曰云馆。为堂二：曰斋堂，曰正一。堂之左曰方丈。东西创道院各数百楹，栋宇翚飞，牖户宏敞，神光下临，灵响斯答，实为海内琳宫之冠。是宗坛累代被遇又如此。然而顾盼内外，断碑遗刻，兵残火毁，漫不复存。可大幸得嗣祖教，继玄风，大恐岁月浸远，无以昭宠休，诏来世，愿乞一言，以垂不朽。"余复之曰："神仙之道，世固难知。而天师功行，久而益振，不可诬也。师言尽之矣，以是勒之坚珉，其谁曰不信？"

端平二年三月日，朝请大夫、国子司业王与权记，通直郎新除宗正寺簿何处恬书，朝请大夫新除侍右郎官赵与懃题盖。

【说明】据民国《德兴县志》卷八载："王与权，字立之，十七都人。庆元进士。历官户部侍郎，集英殿修撰、德兴开国伯。理宗赐诗画，诗云：

‘一种寒梅白玉条，迥临村路傍溪桥。应缘近水花先发，疑是经春雪未消。’生平自叙曰：‘权资朴实，不袭世华。性急狭，以韦名轩志儆。乐道人善，不喜言人过。见疲癃疾苦，周恤不啬在身。历官五十载，曾无显过微疵可摘发者，至于奇节著勋，亦罕有焉。’尝谕子孙，当以韩魏公、范文正数君子为法。若予琐琐，不足法也。没后慎勿谥铭，以此勒石足矣。”据元本《龙虎山志》卷下录文。参见张本《续修龙虎山志》卷中。碑文在记述两宋朝廷对龙虎山上清正一宫眷遇之同时，也嘉赞了第三十五代天师弘道有功。

233. 南宋·佚名：浮邱公碑记 嘉熙元年丁酉（1237）

浮邱公本无姓名，按刘向《列仙传》称，周灵王太子晋遇浮邱公，接以上嵩山。班固《汉书》谓浮邱伯与楚元王善，因授《诗》于申公，吕后时犹在长安。左太冲《游仙诗》云：“左挹浮邱袂，右拍洪崖肩。”皆莫考其时代。惟白玉蟾《赋》云：“彼浮邱之为仙也，生于商，仕于周，隐于汉，化于晋，至隋开皇时尚在巴陵华盖。之人也，可谓死而不亡者。”似知其年代而不知其姓名也。稽之《河南志》，则曰浮邱伯姓李，居嵩山。得其姓矣。华盖古志则曰浮邱伯讳良，北海人。又得其名矣。然未知其何以仙也。《太平御览》云：黄帝尝命容成子、浮邱公同游于歙之黄山，山中峰有浮邱坛。昔有到坛者，见楼殿焕然，莲花满池，米盐堆积，因归语人。再至，则不复见。晨兴下山，惟闻仙乐悠扬，响遏行云，声振林木者久之。又《九域志》：宣州亦有黄山，乃黄帝与浮邱公炼丹之所，浮邱坛在天都峰；太平州亦有黄山，浮邱公于此养仙鸡，至周而授丹书于周灵王太子晋，至汉授《诗》于申公，授王褒以五云夜光之道、云琅冰霜之珍，至晋授王、郭二真人导养之术、二五飞步九一上清之法。其仙迹彬彬可考已。浮邱公尝为《原道歌》云：“虎伏龙亦藏，藏龙先伏虎。但毕河车公，不用提防拒。诸子学飞仙，在迷不得主。左右得君臣，四物相会护。乾坤法像成，自有真人顾。”又著《相鹤经》云：“鹤者，阳物也，而游于阴，因金气，依火精以自养。金数九，火数七，六十三年小变，百六十年大变，千六百年形定。生三十年，顶赤。

七十年，飞薄云天。又七年，夜鸣，应十二时。八十年，大毛落，乃洁白如雪，泥水不能污。百六十年，雌雄相视而孕。千六百年，饮而不食，胎生化产，为仙人之麒骥也。夫声闻于天，故顶赤；食于水，故喙长；轻于前，故毛丰而肉疏；修颈以食气，故天寿不可量。所以体无青黄二色，土木之气内养，故不表于外也。是以行必依洲渚，止不集林木，盖羽族之清崇也。”其相曰：“龙隼短喙则少瞑，露睛赤白则视远，长颈耸身则能鸣，凤翼雀尾则善飞，龟背鳖腹则工舞，高颈促节则力足。”其文授王子晋，而崔文子因藏于石室，淮南王探药得之，遂传于世。魏景元元年七月七日，浮邱公调琴于山北玉亭馆。俄而彩云瑞霭，弥连山谷，仙乐喧腾，仪仗骈集，云中朱衣使谕曰：“上帝诏浮邱先生上升。”浮邱悉以妙旨付王、郭二真人，即驾龙辇凌霄而上。至宋元符二年，诏封为超应真人。三年，改封真君。政和七年，特封为浮邱真君。嘉熙元年，加封孚祐浮邱真君。

【说明】碑存于江西乐安县华盖山山顶，为2011年重立。青石材质，高1.5米，基座0.3米，宽0.8米。横行，38行。据碑录文。参见同治本《华盖山志》卷三、校注本《华盖山志》卷三。

234. 南宋·杨师谦：马当重建庙记　嘉熙三年己亥（1239）

长江西来，汹涌澎湃，折旋而东，以趋于海。其或飘风还发，波涛怒惊，蛟鼍出没，诡怪万状，而风帆浪楫，恣睢渺茫，不知其所穷，岂无物司之哉？九江而下二百里，有山屹然横枕大江，曰马当。或曰其形象马，以是得名。山石荦确，林木屏翳，望之隐然，是必神居之上元水府，有庙尚矣。世传有唐王勃尝谒神灵默佑，借助风舶，信宿达豫章，而《滕王阁记》以成。是自唐以来庙貌已立。国朝加敕额，建炎兵毁，中兴累加修崇。间时浸久，栋宇倾圮。绍定中，四明何公炳守江州，舟过祠下，瓣香致祷，得安流以达。既抵郡，首捐俸百千，命邑令姚君瓘修葺庙宇。前此基址逼江，湫隘局趣，乃攀扪而上，开凿山险，芟除蓁莽，适得宽夷之地，若神启其秘者。于是撤而新之，翼以两庑，周以重门，俯瞰江流，浩渺倾奔。远视淮山，参差环列，万象轩豁，昔所未见。神之灵异于兹显著，殆非偶然者云云。意神龙之居，其在此欤？

【说明】杨师谦，生平不详。据《永乐大典》卷六七〇〇录文。

235. 南宋·吴愈：三清阁记　嘉熙四年庚子（1240）

惟皇上帝，弼我宋丕基，圣天子嗣大历服，寅畏天命，宫筑敬天之台，坐列钦天之图，陟降左右，无适非天，而揭处寓敬之地。凡可以为民祈天者，亦罔不留圣心，明德恤祀，百神受职。先是，江州太平兴国宫九天采访使者，灵应彰灼，列圣褒嘉，册号“应元保运真君”。至是有诏，增以二字曰“妙化”，且亲洒三大字曰“三清阁”以赐之。龙文丽空，风诏炳世，瞻仰传诵，震于四海，於戏茂哉！

夫天得一以清，无声无臭，至矣。道家者说，上宫玉清，中宫上清，下宫太清。意者道本一元，气分三境，恍惚之中，有是象耶？凡天下道宇，莫不崇三清而事之。宫在庐山之阴，旧为采访使者庙。由唐开元，迄于我宋，自庙而观，自观而宫，琳馆琼房，霞粲星列，徽称美号，先甲后庚，卓为天下伟观。独三清未有殿，管辖宫事臣熊守中谓非报本返始之义也。乃即真君殿之前，建巨阁以奉焉，盖经葺八年而始成。闳丽穹峻，称其教法，前帝后臣，神位严恤，礼备而道顺矣。真君之灵闻天下。我国家自六飞南渡，视庐山同五岳，凡疆场之事祷焉，岁之水旱祷焉，盗贼灾异之变咸祷焉。赍香命官，其礼逾重，无谒不获，其受命如响。盖尝思之，惟天聪明，临下有赫，福善祸淫，亏盈益谦，要必有代天之耳目者，其殆采访之职欤？上帝命之以稽察四方，亦犹人主命臣以诹访天下，四时行而万物成，凡皆以佑我民耳。惟天佑民罔极，惟后为民祈天亦无所不用其极，此三大字之所以赐也。阁之成以绍定壬辰夏六月甲子，上赐之以嘉熙庚子冬闰十二月甲子。凡州之民，莫不蹈舞，愿刻金石，丕阐上帝之命，对扬天子之休，永诏万世。臣家世于庐山下，今幸待罪禁林，执笔歌颂，职也。谨拜手稽首叙其事而献诗曰：

庐山之胜，秀出斗旁，参于衡岳，镇东南方。民人所瞻，神天攸宅，赉梦之祥，乃兴自昔。惟天聪明，矜此下民，监求其莫，恐有不闻。惟神司之，云轺风马，乃诹乃访，周游天下。不疾而速，不察而明，天何言哉，民无嚬呻。是为福庭，列圣祗敬，锡羡陨祉，有感斯应。明明我圣，惟一乃心，不显亦临，敢有弗钦。宝画金扁，徽称明诏，日月之揭，山川有耀。邃殿在后，新阁在前，如君当御，而臣仰焉。时节冠佩，会朝帝所，达民之情，佑我圣主。民戴我圣，与天无极，天佑我宋，子孙千亿。民拜稽首，愿垂表经，从臣刻辞，永锡休声。

大中大夫、守尚书兵部侍郎兼直学士院、德安郡开国伯、食邑九百户臣吴愈撰，皇侄庆远军承宣使、天水郡开国公、食邑二千户实封二百户臣乃裕书。

【说明】吴愈，字季谦，德安（今江西德安县）人。开禧元年（1205）进士。历官知鄂州、知武冈军、兵部侍郎兼直学士院等。据《道藏》本《庐山太平兴国宫采访真君事实》卷六录文。参见《道家金石略》、《全宋文》卷七〇一五吴愈（第307册）。

236. 南宋·周颂：雩山庙记　嘉熙四年庚子（1240）

雩，旱祷也。以名山，能云雨也。县因山以名，山实邑之望山，固有神，山尊神亦尊也。龟山掩鲁，文士讥焉。雩山以之名邑，有由哉。邑自先汉，距今千余岁，民日以庶，业殷而俗淳，其亦雩山之力夫？而有祷辄应，山之神其有意也夫？众冈环列，孤峰中峙，神所凭也。不以象，不以堂，不以爵，邑之古，民之质也。郡嘉乃绩，妥灵以庙。庙以山名之，淳熙丁未太守周公之志也。

粤五十有三年，颂蒙恩试邑，公之孙也。邑人谂曰："昔公勤民礼神而庙于山，圮矣，庙额仅存，笔画未湮。今子司斯邑，缵戎祖考，民之望也。去年不雨，宰严君粲遣主簿邹君檠祷于山，六日雨。乃出令，愿新庙者，听民趋之。昉捄筑而子实来，乃祖其有灵，将子毕斯邪?”颂质于君，曰：“信。”乃趋其役，岁终而庙成，摹旧匾重额之。继自今有祷必应，民不敢忘德，具扬神庥，白于郡，谒于大君，锡显号以振神之威灵有日矣。凡费粟千钟，前宰缗百，今续补其余，则朴士孙嵩任。不可不书，故书。周公讳必正，未任时尝梦神谒，乃属意云。

嘉熙庚子三月朔，儒林郎、知雩都县事周颂撰，邑人孙嵩书。

【说明】周颂，字叔成，庐陵（今江西吉安县）人。曾官儒林郎、雩都县令。据道光十年《雩都县志》卷三一录文。参见康熙元年《雩都县志》卷一四、乾隆四十七年《赣州府志》卷一四（文字略有不同）、同治《雩都县志》卷一四、《全宋文》卷七九二九周颂（第343册）、邹敏辑注《赖公庙会相关历史文献及碑刻选辑》（载钟永忠、宋瑞森主编《会昌赖公庙会》，江西人民出版社2016年版。以下简称《赖公庙碑刻选辑》）。

237. 南宋·程公许：跋唐九天使者庙*

淳祐元年辛丑（1241）

圆覆在上，苍苍正色，而一气之翕辟，万有之生化，莫知其然而然。孰主张是？孰纲维是？即儒者之说，形体谓之天，主宰谓之帝，析理精矣。道家书乃明言所以为主宰者，维皇上帝，高居宸极，统御三界，分职而理，犹世之帝王，内有宰辅百执事，外有方岳侯藩，丝牵绳联，生杀赏罚，各率其属以为民极者。幽显一道，斯固可以类推，而儒者不欲言之，难乎为言也。

青城潜庐三山真君，降灵显化，昉有唐之开元。而推原本始，盖与无极道祖同胚腪于太元，司生化于品汇，应运御世，保国卫民，可以世数之久近，后先之彰晦而臆度哉？绍兴间，九江通守叶义问纂《感应记》，中有唐李玭庙碑。近岁道流搜补放失，首载临川故守王阮录寄事实一纸，谓开元庙成，诏刺史独孤正访诸工文辞者制碑以进，凡六百八十一士，谓李玭文称旨，命召固辞。阮说必有据，“泚”“玭”字异，岂旧记误耶？颂文葩藻可观，是必栖道不仕，尝究心于真诠者。我国家肇开景运，跻世隆平，易庙扁为观为宫，若节春秋，有严典祀。逮中兴南渡，真君之助顺福善，灵响交著。上御极，文明稽古，躬宝慈俭。属运度参会，边尘绎骚，用震于渊衷，为生灵请命，秘祝书名，惟谨是至。前管辖上清法师熊守中，既承诏祗厥事，乃簪笏伏阙下，丐为真君加徽号，上乃亲书“三清阁”三大字以赐。有旨即“九天采访应元保运”之下加二字，曰“妙化”。臣公许秉笔直西省，演纶非材，惧无以发扬圣意。守中属书李泚之文，拜识本末，庸侈上赐。狄难孔艰，岷、潜二福地氛祲惨结，独康庐穹爽屹峙。此固圣上所以恳恳乎钦崇之典，禬禳之供，于以宁国步，拯民瘼。与夫楼居甲帐之伫瞻，露台仙掌之崇侈，穷人欲而妄希仙事者，可同日语哉？呜呼！阳九百六，运度有常，虽帝王盛时所不能免。然天道好生，岂忍其赤子之刘于锋镝？而人君者代天以子万姓，体天之生育长养为心，则兵祸可得而戢、和气可得而致也。不然，保制劫运，开度群品，何以见于龙汉赤明之宝箓玉章，而迓续乃命于天，用祈天永命？圣经垂训，乃何冥契若此乎？今圣上忧勤思治，心与天通，否倾必亨，眷顾有属，岂惟丹梯天柱尽扫退于搀抢，五老崇山长屏蔽于江浒，将际天所覆，悉主悉臣，环岳镇于四维中央，奠神鼎于荣河温洛，车书万里，冠带百蛮，祀宋醮天，绵载千亿。小臣庸鄙，职在词翰，赓《车攻》《嵩高》之椎，勒元和《平淮》之碑，揆才非宜，尚能泚笔以俟。

淳祐元年岁在辛丑重阳节，朝奉大夫、守太常少卿兼直学士院臣程公许拜手谨跋。

【说明】程公许（1182~1251），字季与，号沧洲，叙州宣化（今四川宜宾市）人。嘉定四年（1211）进士。官至刑部尚书、宝章阁学士、知隆兴府。有《尘缶文集》。据《道藏》本《庐山太平兴国宫采访真君事实》卷六录文。参见《道家金石略》、《全宋文》卷七三三九程公许四（第320册）。

238. 南宋·杨恢：玉清万寿宫记　淳祐元年辛丑（1241）

豫章之西，地号修水，邑为武宁，最山川胜处。西北为尤胜，幕阜、九宫绵亘，二山秀出云表，盖吴楚相入处也。九宫故瑞庆宫，在东而下九十里，曰钟鼎山。上圆锐，下广倨，尊壮盘郁，名与实对。灵岩翠瀑，中有平畴，可菽可粳，蹑屐者相传为小洞天。往时道士赵道昌与其徒结茅种药，经今百年，或蝉蜕而仙，或采芝而隐，丹田宝鼎，易寒暑不变而深得吐纳之妙者。绍兴间，庵名冲和，仅仅户赋登载版籍。粤有瑞庆宫道士余大玨，去郢之京山万岁观。嘉熙丙申，鞑戎侵轶，观毁于兵，脱身干戈，抱御书艰达于修水大玨之居里。里人嘉其诚，相与谋曰："蕞尔冲和，继者弗职，正虞圮败，不足以副乡邑祈祷，则御书宜与此山发幽光。彼星冠羽衣，去铎警胁吓而即林壑之安，亦此山之缘也。"大玨竟以公举为冲和留，兴仆植僵，神人欢附。则喟然曰："奠枕于斯，不啻足矣。宸章奎画，郁藏山薮，顾未有以表崇敬之实。或谓武宁旧有玉清万寿宫，废隳已久，衹存空名。以御书故，揭'玉清'，易'冲和'，于事称。"博诹群言，厥议允合。值连帅尚书吴公兼漕事，邑令从民，以请台府，竟弗之违。

夫玉清无故址，无阡陌，所存唯宣和间敕宣道士朱德英住持之文，犹为好事者宝之。山川炳灵，弗能终秘。予顷由西郢出峡，顾巫阳山川，窃自以为胜。随牒东南，历沅湘，窥吴越，在在登临，幻若天巧，乃知山川绝佳处，百巫峡不啻也。戊戌，天子命开藩南服，因得分渔樵半席于水天一色之境。已亥蒙恩，卑窃闲与道家者流谈黄老修真之术，道士桂希珵前致其师大玨，请曰："由郢而来，囊钵无有，唯先朝瑰墨与俱。今移玉清以称安奉，非视此夸也。昔先皇帝亲洒宸翰，大书特书长森万岁之观，并尚方所制锦幡六首，用此隆赐。狼烟赫烈，竭厥以奔，不尔，已为劫火空矣。愿求记文纪颠末以诏于后也。"因念之，曰："御书弗厄于郢之兵燹，大玨知敬君也；玉清久废而不淹，山川之灵有待也；冲和由庵而宫，昔陋今侈，学道得仙者由此显也。夫物之废兴有时，人之植立有待，偶然机会之相遭而卒至于相成，若有定数符券者，此其欲书传欤！大玨从老子教，能不忘夫君。已而又能慰其亲于耄年，温清之际，敬其师黄元瑞如其亲焉，可谓贤也。希珵汲汲求不负其师之志，是亦贤于其徒者。"予故书玉清之篇，并叙其事，俾刻诸石。大玨由郢复德安，焚修任剧，诰赐宏教大师，旌其劳也。

时淳祐改元岁次辛丑十一月望日记。

【说明】杨恢，眉山（今四川眉山市）人。嘉熙二年（1238）以朝议大夫试尚书兵部侍郎任江西安抚使兼知督岘府参赞军事。据雍正《武宁县志》卷七录文。参见同治《南昌府志》卷一四、同治《武宁县志》卷三〇、光绪《江西通志》卷一二一。

239. 南宋·蔡荐：玉山昭烈庙记　淳祐二年壬寅（1242）

玉山县治南走二三里，山旋水会，盘盘焉一胜地，为崇奉东岳天齐仁圣帝之庙。淳祐辛丑冬，荐来于兹，节朔奔走庭下，每见邑人士若他邑来者相属于道。一日，进父老而问，则对曰："岳帝之功德大矣，抑神有主锡福案者相焉。岳帝庙貌尊严，民惟向拜，答贶若神，此民之所以不能忘也。"因举手加额，凛凛若怖畏状。荐变色请曰："神何爵也?"曰："是则忠靖威显灵佑英济王也。"且曰：庙故基在普宁寺之西。中更兵寇，再罹水患，皆出仓卒，邑人士请命辄免。绍兴癸亥，合力建今庙，前规后踵，益至于今，轮奂以盛。始，王亦未有列号，淳熙初，忽暮夜有奉像置于俗所谓取命案者，廉其人，或曰盱南丰民，而意卒莫之明。无何岁饥，疫疠大作，民多暴夭，胥疑王有所怒。后有恍惚遇之者，曰："吾实福汝，不信，视吾足下之泉。"寤而往，果得泉，饮之，疾良愈。已而谒饮之者皆愈，乃安而敬之。邑令陆君翼年易其案曰"锡福"。后之人又别为殿，以翼于庑之左，且属荐记之。荐惟王始庙，考太常祀典，潭之衡山、沅之城西南岳庙，皆有张太保祠，姓而不名。以水旱盗贼之变，有大威力，土人德之，陈乞加封。自政和暨绍兴，累至今爵，妻曰协惠夫人。又考淳熙九年江西宪臣方师尹所记弋阳昭烈庙，谓尝效官京口，被旨如淮阴赈济，得弃指亭记，论王始末，按书以为记。

王本讳抃，唐天宝间睢阳城陷，与张巡、许远死难者三十六人。王梦其家曰："吾得请于帝，命辅南岳，为司录事。出乘轻车，迅捷如飞，巡按人间善恶，条具以闻，而加赏罚。吾乘此可诛不忠。"后贺兰进明遇疾，若雷霆之振，盖其验也。故祠得依南岳庙。然此独以东岳庙显者，五岳峥嵘，万灵所都，风雨之交，阴阳之会，倏忽去来，固无不在也。乃召父老而明告之，自今日从赐额，揭曰“昭烈”之庙，作迎送神二诗，使世歌以祀。辞曰：

坎击鼓兮歌舞，骏奔走兮灵庑。奠桂酒兮羞蘋，穆将愉兮神君。神君不来兮我心忧，褰谁留兮山川悠悠。宛望之兮云为车马，神之灵兮纷纷其来下。

色欣欣兮上堂，披铠甲兮赤帻绣裳。恍其来兮忽其高翔，为有锡兮福穰穰。挟矢弧兮射彼伯强，我民敬事兮千载无殃，饮而食兮寿而康。

【说明】 蔡荐，字子贤，新建（今南昌市新建区）人。嘉定十六年（1223）进士。淳祐二年知玉山县，后任秘书郎等。据康熙二十二年《广信府志》卷九录文。参见嘉靖《广信府志》卷九、《全宋文》卷七七二三蔡荐（第335册）。按，伯强为古代神话中之疫鬼。

240. 南宋·余大玒：玉清万寿宫碑记

淳祐三年癸卯（1243）

尚书省牒冲靖大师朱德英牒，奉敕宜差充洪州武宁县玉清万寿宫知宫事牒，玉准敕，故牒。宣和四年正月日牒。太中大夫右丞李，太中大夫左丞王，少傅太宰，少傅太宰牒朱德英。

大玒少服儒训而佩真风，慕瑞庆云山之胜，故弃所学□□□，继主郢之京山万岁观。焚修强力，上彻天阁，奎画宝旛，宠光隆畀。方窃幸无负于□□□教。嘉熙丙申，鞑戎侵轶，狼烟赫烈。当死生顷刻之间，思命谊轻重之宜，以观宇可毁，囊钵□□，先朝瑰墨，尚方宝赐，岂容付之兵烬？间关保持，重达故里，咸劳之曰：“白刃森前，人心易摧，怯□失守，君赐至重，子能全之以归，是可喜也。里之钟鼎山冲和庵，昔有得道于其间者，宜以藏□。”□乡贡进士杨友龙、李梦洪偕乡之士夫佥言：“宸章焕耀，宜表崇尊，改名未隆，惧弗克称。”武宁旧有□□万寿宫，实废名存，遂合词请于邑，愿易其揭。邑侯赵公汝域下其议，俾隅总核实，隅官黄致政之□，□时乐善，慨然成之，亟以实闻。令剡申台府连帅，尚书吴公渊兼漕事，谓有实有名，宜永为焚修之□，冲和因易庵为宫，而御书始称安奉矣。太玨概念乡里之申请，邑府之主盟，御书金厄于劫火之□，得以尽崇敬之实，夙夜究心，不敢少懈。幸山川效灵，神人欢附，宫赋之岁收才数十，而道流之食指几数百，楼殿门庑，间就一二，而规模方自是始也。华文待制杨公恢记其颠末，敬镵诸坚珉。刻宣和敕宣道士朱德英住持玉清万寿宫之文于碑阴，用示不朽云。

癸卯淳祐三年十一月日，特赐宏教大师玉清万寿宫开山焚修宫事赐紫余太玨谨书。

徒弟道士：高希璋、刘希玉、萧希璧、刘希珏、朱希琎、王希玥、黄希理、有希莹、张希珙、程希瑾、余希瑛、张希璹、郑希璟、鲍希珪、黄希琬、余希琳、胡希玺、刘希全、任希珣、将希琮、雷希玘、余希灵、朱希琇、吴希琏、桂希珵、黄希珷、黄希圣、黄希玟、郑希琦、杨希玓、黄希瑀、张希瓘、徐希琼、王希瑑、刘希玗。

师孙道士：李惟鉴、垄惟钜、黄惟镒、宋惟鉴、贡惟镠、许惟荣、周惟镗、余惟铨、黄惟镛、俞惟镖、苏惟金、邬惟钰。

曾孙道士：黄天泽、刘天浩、袁天润。

玄孙道士：潘可垕、杨可柽。

【说明】碑现存于武宁县玉清宫。青石材质。高 1.95 米，上宽 0.6 米，下宽 0.9 米，厚 0.15 米。圆首。直行，25 行。碑刻左下角有裂纹。据拓片抄录，题为整理者所加。据此文及前录杨恢文，可较清楚了解武宁玉清万寿宫之兴废历史及道教御制派在当地之传承情况。按，文中第一段文字刻于碑之上部，非正文，且似为不同时期所刻，其先后顺序有待进一步考定。

241. 南宋·袁甫：信州自鸣山孚惠庙记

淳祐七年丁未（1247）

绍定二年，余持江左庾节。是秋盗起江右，地与信属邑接，饬官吏严堤防。盗伺间迫贵溪境，遥望戈甲钬铮，旌旗照天，怖而走。时防守兵实不多，民间讙言神助。越明年冬，余司臬事。又明年春，盗起衢之常山，声撼旁郡，永、玉两邑民，奔逃弗可禁。余亟集尉寨卒，纠乡豪，募兵昼夜警卫。檄郡调禁旅，白于朝，益以大军，力扼冲要。我军稍张，然盗乌合滋众，屡窥两邑，卒惮莫前，若有尼之者。民间又传神助，与前年贵溪事相类。余慨然叹曰：神人相依而行。惟自鸣山之神，以孝闻天下，由昔迄今，余八百载。我朝褒大王封，敻绝前世，为民祈禳，灵应如响。销寇暴，安善良，功德茂焉。天下之恶一也。牛昌隐谮言之祸，王不报不止。盗贼夷人丘墓，戕人父母，离人妻孥，焚人庐舍，不知几牛昌隐也。民之仇盗，犹吾仇也，忍坐视乎？雪父母仇，孝也；雪民仇，孝之推也。王孝于亲，推孝于民，民亦致孝享于神，感王庇庥，思报王德。

余今年春观风部内，亲至王之祖庙，感怆久之。命工饬材，聿新祠宇。及秋讫功，庙貌尊严，制度恢张，从民愿也。然则邑人所见戈甲锹铮、旌旗照天者，曷信哉？信乎民而已矣。凡缮修之费，与祠事之详，及夫程督之官若吏，皆载于碑阴，而此弗录，非略也。神之炳灵，随叩随答。水旱螟霜疠疫之灾，祷而应者屡矣。余四年间，目击其事，此尚不录，况其它乎？《春秋》常事不书，复仇则大之。王复仇著孝，弭盗靖民，诚有足大者，他事不书，而此独书，《春秋》法也。淳祐六年夏，匠丞懋斋章侯著到郡，未几，郡以不雨告。首迎兹山神，作梵事，随获甘澍，岁事以登。七年夏，浙江皆告旱，后又三迎王于公廨，而三获嘉应。曾不移时，他处困于异歉，此邦独至屡丰。盖侯之牧是邦也，迎养芸翁于郡之凝香，彩衣怡愉，恪尽其孝。王以孝其父者孝其民，侯亦以孝其父者孝其神以及其民，一念之孝，两相契焉，宜其随祷随应，不啻声相应言相接也。

吁！幽冥杳漠之间，人谓未易以精神贯通也。观侯所以祷其神，与神之所以听之者，则孝悌之至，通于神明，益信其不诬矣。百拜敬识，庶使来者知信之民，无忘神与侯之赐云。

【说明】 袁甫，字广微，号蒙斋，鄞县（今浙江宁波市）人。嘉定七年(1214)进士。历官著作佐郎、知建宁府、兵部侍郎等。有《蒙斋集》。据四库本《蒙斋集》卷一四录文。参见康熙《广信府志》卷九、道光《贵溪县志》卷三一、《全宋文》卷七四四〇袁甫一七（第323册）。文中所叙因神明灵应而迎于公廨之举，为民间信仰神明地位迁徙之典型，对研究民间信仰与道教互相影响有史料价值。

242. 南宋·欧阳守道：灵佑庙记　淳祐八年戊申（1248）

敕赐灵佑庙威显善利灵应英烈王神姓康，讳保裔，国初北边名将也。父讳再遇，从太祖征泽潞，死太行山下，乡民庙其所。王在后周即有战功，入本朝连守数州，最后以彰国节为高阳关都部署。遇契丹入寇，范廷召自中山分兵迎击，来求援。王领兵赴之，日已暮，约诘朝战。是夕廷召遁，质明，敌骑独围王数重，左右请易甲以逃，王曰："临难无苟免，此吾效死日也。"大呼决战数十合，矢尽至以弩击杀伤甚众，遂死之。事闻，真宗震悼，优诏赠侍中。王有母年八十有四矣，即遣内司宾劳问，封陈国太夫人；妻薛氏先卒，追封河东郡夫人；子继英自供奉官授六宅使、顺州刺史；继彬、继明、继宗及孙悉加宠秩。诸子感泣谢，伏地不能起，上恻然慰劳，且顾左右，以其父子两世战没，嗟惜之，事见国史。咸平三年距今淳祐戊申二百五十年矣，赫赫若前日事也。王洛阳人，死于河间，大江之南，马迹不及，而南渡以后，威灵著于兹土，岂其平生徇国，死有余忠，中州既经靖康之难，人谋不臧而收复无日，则其英魂毅魄固将视衣冠所在而依之耶？朝家怀柔百神，所在郡邑有以王之封号为请，皆即日报可。自王之身以及父母妻子，命书稠叠，恩数甚盛，以死勤事之报，至于今未已。呜呼盛矣！非为其但以祸福惊动世人也。

庐陵属邑皆有王之别庙，远近人士岁时走集，莫敢遑宁。然其所以事神，往往知畏而不知敬，造妖袭讹，日新月盛，甚专以司疫冠其徽称，盖无复知有王之平生者。江南巫鬼，自昔已然。王重不幸，以其凛凛不磨之忠，乃见侪于伯强之列，荐享黩慢，罔有馨香，则有荷校赭衣，自为累囚，巫操其权，禁贯在口，有敢出一语证其理之不然，巫之党战战相恐，若谓祸且立至。何辜斯人，神愿乐于立威如此哉！推原所以，盖学士大夫未有考信方册，诵言王之平生，是以蚩蚩之氓，震于妖讹，莫之或止。窃尝论之，人神一也。《易》言原始反终，故知死生之说。精气为物，游魂为变，是故知鬼神之情状。鬼神未易知也，吾且一死生物变而观之，则今之不可度思者，昔之与我同类者也。人之生也，动天地，感鬼神，惟一念；及其殁也，超太清，役万化，亦一念。王以战殁之身，不殒先烈，于家为孝子，于国为忠臣，一念之正，上帝临之，是用界命为神，使主下土，御灾捍患，以宏庇于生人，今虽杳在冥漠，此念岂有异于平生哉？且王为人谨厚谦退，好礼崇儒，及其捐躯殉义，乃卓然有立如此，此与前史所称张巡、段秀实何异？有识之士试以是思之，盛德之容，尚可想见。不然，则阴威惨烈之气象，是固绘画之士所假以震眩流俗者，展转怪妄，其亦何所不至！今之所以事神，亦可谓一国俱若病狂者矣，厚诬之极。吾意王亦厌之，气志之动，不得不假手于人，而息邪说，正人心，是在有人民社稷者之职分。

豫章李侯某奉诏守郡，间以民事祷于神明，言出应随，如响斯答。尝与郡人欧阳某从容言曰："古人为政兼理神人，未尝如后世析之以为二也。"他日闻王有庙于此，而祀事不经滋甚，慨然悼王节之昧昧与斯人之蔽蒙，如前所云，既式遏之，爰命某作记祠下。伟此一举，契于神心，某拜手稽首，既取国史所载而刻之石，而终之曰：贤太守加惠此邦至矣！流俗未易晓也，是邦逢掖，居此屋十之三，守正不回，化俗而不为俗化者，非所望于斯人邪？夫物怪神奸，理之反常，惟至于知天者无所惑；札瘥疵疠，气之失正，惟学至于立命者无所惧。且惧妄庸人尔，理则无是，又况王之忠孝，凡有人心之所共敬，虽微惊动斯人之祸福，犹将百世祀之。入此庙者钦仰高风，景行行止，是则有以媚于神，而亦我国家崇明祀、诏方来之意。乃有不吉不迪，获罪于天与民彝，神不尔囚，尔亦无所逃于天地之间。某文字不工，无以发明王之盛德，独念贤太守开释流俗之意，首告于是邦有识之士，以致之民，闾阎下里之惑之惧，自此其有瘳乎？不然，不惟无救，又从臾之。无责乎尔，则亦无责乎尔。

六月某日谨记。

【说明】欧阳守道（1208~1272），字公权，号巽斋，庐陵（今江西吉安县）人。淳祐元年（1241）进士。历官雩都县主簿、赣州司户参军。曾任白鹭洲书院山长、岳麓书院副山长。有《巽斋文集》等。据四库本《巽斋文集》卷一六录文。参见同治《新喻县志》卷三、民国《吉安县志》卷七、《全宋文》卷八〇一七欧阳守道一八（第347册）。

243. 南宋·吕开：佑圣堂记　淳祐十年庚戌（1250）

徽宗皇帝宣和元年肇额兴元观，在临江之新喻，钟山之桃源。初轮而有殿，羽士李继真创之；法会有堂，欧阳克勤修之，规模犹浅浅也。有张道纪日休者，志力坚强，锐然以兴葺为功。居无何，而轮奂翚飞，金碧焜耀，广宇翼张，长廊股引，眉目始具。独佑圣之灵，持身玉洁，飞行天下，妖者剑之，而祀于家，惧渎尊神，不可。己亥季夏，乃立佑圣堂于法堂之上，像设端严，龟蛇欲动，交陈侍卫，器仗华新，森如也。圣父圣母，绘之有宫，前飞导从，拥出壁间，有来仰瞻，阴风飒然，肃如也。旱祷必雨，病叩必苏，肸蠁孚于人，行道如织。岁在辛丑，飞蝗入境，民甚栗之，瓣香虔祷，拜未起而蝗已飞退，恬不害稼。其锡福及人如此。壬寅圣诞，日休展庆于家祠，有黑蛙见。夜梦神曰："此崔将军之灵也。"日休因绘神蛙之形以警食蛙者。神又见于圣堂，其威灵若此，可勿敬之？

初，庆寿有醮，集者如云。日休尝专主办，一日书来示余曰："天下之事，每基于勤而圮于怠；天下之物，每成于初而虑于终。佑圣有堂，盖始于三羽士之勤力，而后有以托梁柱之重；中于日休之增创，而后有以继香火之缘；终于里人之合志，而后有以成醮设之仪，经营之难如此。惧其久而后不振也，乃于庚戌岁鸠同盟之财而为之库，命兴元就掌之。储其本而取赢以供会费，岁岁如之，使乾坤未老，此会无穷也。子其为我记之。"余嘉其志之坚勤，乃书始末，俾归以志诸石。

【说明】吕开，新喻（今江西新余市）人。宝庆二年（1226）进士。据同治《新喻县志》卷三录文。按，四库本《江西通志》卷一一〇载："兴元观在新喻县西八百源。晋建，宋宣和二年赐额。前有揖仙桥，后有倒枝柏，内有佑圣堂。”

244. 南宋·陈宗礼：冷真人祠记 宝祐元年癸丑（1253）

吾道与天地则一，日用饮食，不可须臾离也。仙人释子，超然常道外，自谓乘虚御风，与造化游。世人虽不能尽用其道，往往闻其说而高之。人情厌常喜新，玩正好奇，自昔然也。或言人为万物之灵，天实赋之。儒者存心养性，以之修身齐家治国平天下，盖虚灵不昧，实周于事物之间，屈伸消长，与时俱运。仙人释子遗世绝物，槁形枯心，私其灵于杳杳无用之地，或解脱，或得不死。意者如火之宿，如刃之藏，故能不滞于形，不囿于数，抑其理之或然欤？若谓身既死而魂游，丹既成而身去，怪奇恍惚，则君子未暇论也。冷真人之事，不可语之尤者。

南丰西五都十里有石仙岩，依岩为屋曰冲寂观，为亭曰冷仙祠。先未有祠，惟古木撑空，中虚外壮，耆老相传太平兴国中有冷道者修道岩下，岁久成道，斥木使裂，身入木腹，形遁神去，木合如初。初宰是邑者疑其幻，斧之见翁像焉，企敬而去，木不复合，像亦不毁。越二百余年，宝祐改纪，木老且折，干仆根存，惟仙像不摇，若有护之者。有巨蟒列于傍，如或诛之，观者骇异，谓仙翁之灵，久而益显。观之羽士，就为屋覆之，香火有堂，瞻敬有所，人益向慕焉。予以昔所闻，今所见，有无疑信，固未之能辨，特于是有省焉。夫争名于朝，争利于市，滔滔者皆是也。冷翁遁迹幽岩，寄形枯木，何利于物，而人皆仰慕，岂但喜新好奇而已？抑亦知尘浊之可厌，悟物外之独清，乃人所以为灵欤？善充此念，何我非仙？岩栖穴隐，特其粗迹云尔。道士黄代传既立之祠，请予为记，遂书以授之。

【说明】陈宗礼（1203~1271），字立之，号千峰，南丰（今属江西广昌县）人。淳祐四年（1244）进士。历官至殿中侍御史兼侍讲、签书枢密院事兼权参知政事，为政以直言敢谏著称。有《寄怀斐稿》《曲辕散木集》等。

据民国《南丰县志》卷五录文。参见同治《南丰县志》卷三七、《全宋文》卷八〇八九陈宗礼（第349册）。

245. 南宋·佚名：有宋张君重四宣义地券

宝祐二年甲寅（1254）

青乌子曰：按《鬼律》云，葬不斩草，买地立券，谓之盗葬。乃作券文曰：

维皇宋宝祐二年，岁在甲寅十二月己巳朔越十二日庚辰，孤哀子张叔子伏为先考重四宣义，生于绍熙庚戌九月十有八日，终于嘉熙丁酉十一月二十七日，以庚子岁闰月朔葬于庐陵县膏泽乡汪塘原。今卜此吉日，动土斩草，以是月十七日乙酉改葬而安厝之。龟筮协从，州曰吉州，县曰吉水，乡曰中鹄，原曰洞源太平山，即壬亥山巳丙向，为之宅兆。谨以冥货极九九之数，币帛依五方之色，就于后土阴官鬻地一区。东止青龙，西抵白虎，南极朱雀，北距玄武。内方勾陈，分治五土。彼疆尔界，有截其所。神禹所度，竖亥所步。丘丞墓伯，禁切呵护。殴彼罔象，投畀兕虎。弗迷兽异，莫予敢侮。千龄亿年，永无灾苦。敢有干犯，神弗置汝。幽堂亭长，收付地下。主者按罪，弗敢云赦。乃命翰林主人，子墨客卿，为作券文。亡灵允执，永镇幽宅。天光下临，地德上载。藏辰合朔，神迎鬼避。涂车刍灵，是为器使。夔龙魑魅，莫敢逢旃。妥亡佑存，罔有不祥。子子孙孙，俾炽俾昌。山灵地神，实闻此言。谓予不信，有如皦日！梅仙真时在旁知。

急急如太上女青诏书律令。敕。

太上灵符，镇安幽宅。亡灵永吉，子孙昌炽。邪精伏藏，蛇鼠遁迹。

急急如律令。敕。

玉女地券神咒：

太乙金璋，云绽辉光。六丁左侍，六甲右傍。青龙拱卫，白虎趋锵。朱雀正视，玄武当堂。川原吉水，善应山藏。五方五杀，不得飞扬。

今奉太上玉女神秘券咒，急急如律令。敕。

【说明】碑现存于江西吉水县。青石材质，高 0.68 米，宽 0.34 米，厚 0.1 米。据《庐陵古碑录》录文，标点、格式、个别文字有改动。

246. 南宋·刘克庄：饶州天庆观新建朝元阁记

宝祐三年乙卯（1255）

旧观在湖水北，去郭可二里。建于南齐，名玄真观，梁改震泽，唐改开元。至大中初，郡人夜闻风雷，黎明观移于郭内湖水之南。旧记如此。祥符改名天庆，宣和加“神运”二字，淳熙庚子毁焉。新观仅复，旧规未完，道士程闻一谋新三门，未遂而蜕。其徒李师古追述师志，募众力，捐私钱，门既雄壮，遂建朝元阁五间，高百尺，横径二十余丈，层檐入云，危槛平虚，中列仙圣，外饰金碧，縻钱五千缗，太守玉堂林公希逸大书“神运福地”四大字揭于外檐。师古谓余尝仕于番，以记见属。

余惟老氏之道以俭为宝，其言曰：舍俭且广死矣。至列子始夸大化人之宫，若神鬼所营，侔于清都紫微钧天之居，其流为竹宫甲帐、珍台闲馆之事。及林灵素辈出，神霄宫遂遍天下。黄冠尤贵者秩视法从，聚京师，美衣玉食者几二万人。嗟夫！余读传记所载，至人方士多衣槲叶、编蓬茨以自蔽，至于殚生人膏血以饰其居，穷巧极丽，受斋施巨万，占田数百千顷，务与浮屠相长雄，岂老氏本旨哉？然今之羽流营营名利，甚于市朝之人，其稍洁雅者，不过自致美一堂尔。师古独视衣盂如粪土，兴百年之废于立谈之顷，为众而不为身，可书也。阁据登临之要，南阁山，东东湖，西澹津，津西南则州治芝山，一州之景，莫不自献。以宝祐三年某月某日落成。程尊师尝住青城山丈人观，师古今为道副，观主首曰汪汝澄、汝清一、胡守中、王元彰，干缘道士曰王九万、王自正、王晞列、李虚白、程元善、李有权云。

【说明】据《后村先生大全集》卷九一录文，文字据别本有改补。参见《道家金石略》、《全宋文》卷七六二〇刘克庄一一六（第 330 册）。

247. 南宋·章鉴：千秋观记　宝祐三年乙卯（1255）

凡山间林下幽僻处可以宾送日月者，无不游息，千秋观其一也。时黄冠师杜添源实主兹山，余问其观之所以始，则曰："晋时此地为黑石靖，有新吴刘真君炼丹于此。许旌阳因逐老蛟，道修水，望山中紫气郁葱，曰此地必异人舍其下，因物色得之，相与为友。自刘君成道后，靖故无恙。而历江左四朝及隋唐五季以来，征之故牒，无以考其兴废。在宣和二年始赐千秋观额。至端平又废，尺椽片瓦，皆无存者，靖亦日以圮。独后土祠岿然，识者曰：'是观其复兴乎？'宝祐乙卯，有九宫高士黄希珷实来，以起废自任。时有长者路分叶公卓、提干王公绅、上舍王公纬乐善，捐金粟为之倡；邵子华异以林木，于是瑰材巨植取具焉。已而施者倾倒，不数月，若殿若堂若楼若门兼庖湢无不完好。凡为屋几百楹，过者惊其神设。继黄君者曰喻惟鏻，而添源又其再传也。"语未竟，且曰："山祇洒扫以迓公久矣。今幸辱而临之，愿赐一言纪其颠末，永为山中重镇。"余曰："分宁县中禅席相望，而道观不能满二十。田租所入，率皆微薄，总其数不如一律院。虽恬淡为上者老氏之教，而道家者流不以贫为讳；然使先圣所庐风雨无盖，宁非欠事？今黄高士既能新美斯屋，而法嗣又益充拓之，亦可以为难矣。古人奖善之法，虽微必录。若是，吾安能嘿然？"乃取其语次第之，使后之览者有所稽焉。

【说明】章鉴，字公秉，分宁（今江西修水县）人。累官至右丞相兼枢密使。据乾隆二年《宁州志》卷九录文。参见嘉靖《宁州志》卷一二、同治《义宁州志》卷三一、同治《南昌府志》卷一四。按，"黄希珷"原作"黄希斌"，据前录《玉清万寿宫碑记》改。据《九宫山志》介绍，九宫山御制派道士"希"字辈最后一字均为"玉"旁，作"斌"应误。《玉清万寿宫碑记》载黄希珷为余大玭之徒，淳祐三年（1243）随其师到武宁玉清万寿宫参与重建。

248. 南宋·刘辰翁：吉州灵护庙新宫碑记

宝祐三年乙卯（1255）

东南诸郡城隍封建，王为大。或谓颍阴懿侯未尝至庐陵定江南者，堂邑名同，非也。天之所命，必其福力不尽用于当年，而英爽犹足以有为于后世者，虽无江南之迹犹可。故太山之下得古名将，而北地通祀关长生。阴阳之塞宇宙如一身，但言介君者景绝，诵弘公者病已，况汉初将相余烈，岂后来名字草木之区区者乎？余欲效太史公最王迹，石有尽，断自淳祐戊申。

淳祐戊申，逾獐岭，入江西南安之槽，夺门以出，野死以村断。已而赣，而万安，而龙泉，草船柳车，讹动城外。有谓神战于境上者，其地其日如截，虽怪不可语，而风至辄苏。宝祐乙卯夏，禁卒康成叛，夜纵火掠，有告者。守王侑命黄淮将卒捕，天大雨黑，惟电中见城阙之处，逆党登屋，得于电烁，如已缚。黄淮云："开庆之变，东临瑞，西起袁，环马足所不至者二百里，卜于王，曰：'毋恐！'其驱之之术，吾民不知也，而敌之人能言之。"于是为景定议王功，封灵应忠惠显佑广烈王，王子以下列侯五。乙亥，入卫者万夫，輤于庙，出庙门，晴云倏阴蔽舟，而下岸者畏日。他反风致雨、拯旱灾疾疫，岁常事尤异，而亦吾所见，吾郡所见，且二三十年间所见耳。民生实难，比年出于水火又难也，相道不言，而千万人奔走如市。当其危难请祷，不自吝，稍纾旦夕，顾念力不复给，冥报尚或可缓。盖公私交痛若此，而犹庙宇增饰，日新月盛，则报者众也。财者民之命脉，非其求而获，不可为而救，何至绝筋力，穷无涯，事不急哉？庙有寝，制也，溢而后宫数十诡丽，则自宝祐乙卯始。宫之成也，吾尝过之。曼庑雕墙，离为六六，金珠黛绿，彩绘千态，凉台俯池，舞殿连阁，网疏朱户，镂床钿柱，帷帐甲乙，层轩迭甃，佳花怪石。壶弈琴瑟，前堂列寿，孙曾位置，高下相属。虽蜂房蚁垤，要亦备矣。彼闾巷所为若此，孰知金门玉堂，清凉宣温，上林巨丽，如忉利兜率。或者犹以为此工力所成，非神人所居。虽以茎台井干，中天迎年，其于凉风之山、县疏之圃、明月之宫、寒露之府，下视之犹如积苏累块，况是宫曲折，不类飞尘之集蚊睫耶？然昔者诸老常为我言累朝宫室之俭，与少长所见都城邸第，人间南面王乃不至此。政使尽如尺堵之制，当何为世宫庙之作，像其居处，意岂知王平生哉？则自汉以来，至今日又盛矣。每岳降之朝，张灯之夕，倾靡曼衍，游娭猎凯，香炬数里。计千五百年，用物之弘，积成之众，凡出为侯牧，去为公相，与数万场屋高科膴仕诸贵人等，虑无不邀福请命，待罪祠下。此邦之人，无小无大，若忖其意而后从事，福智通天，阅人成世，岂比憩棠树栗，变衰而代盛？计南康、九江、豫章、临江、宜春、章贡、建昌之祀皆然，而庐陵又盛矣。人神相依，精意荡激，其诸福之物，实称其事，而回视穷阎凄怆，可为永慨。呜呼念哉，民之无告！余以前史氏为父老所属笔，乃为歌以侑王。歌曰：

芒芒芒砀兴龙云，万骑力疾昌文君。重瞳一落垓下军，汉金购我头千斤。赤帝由此弦朝熏，雉晨不怡兴拥文。颍阴相懿宁酬勋，帝命封食西江渍。灵威喑呜澍惔焚，遏乱剿暴如斩棼。震收电止梁擢筋，左麾骆甲疠走麏。新宫沉沉笙镛蕡，菱抒纱抱疏鳞纹。曲闺绮闼飘氤氲，娭光曾颊盛翳纷。烂如芙蓉星佩裙，芝兰参差鸾凤群。綦博歌撰容沄沄，王毅以武还颜忻。蒲萄冻清杂且醺，驼峰醇骆罗膻荤。鸿门落日哀榆枌，万岁飨此沉烟芬。兵曹醢脯鲑蛰獖，俾我孺子怀欣欣。容我黧老安富殷，无复魈魃瘴疫氛。扇回乐阕寝庙分，庐里叩齿王知闻。

【说明】据四库本《须溪集》卷四录文。参见段大林校点《刘辰翁集》（江西人民出版社 1987 年版。以下简称校点本《刘辰翁集》）、《全宋文》卷八二七三刘辰翁一二（第 357 册）、《全元文》卷二七八刘辰翁一一（第八册）、整理本《豫章丛书》集部五《须溪集》卷四。按，各本文字互有出入。

249. 南宋·欧阳守道：涌云池铭　宝祐五年丁巳（1257）

云腾山有槛泉出飙驭庙南，渟为池，可三丈，溢流山下，田受溉甚远。宋宝祐三年夏旱，知庐陵县事东阳刘侯汝砺登山祷雨，见而异之，知神所以宅其上而能灵也。而除治不严，浣濯者狎焉，即默念曰：“神幸应祷，当旌斯泉，使人知敬，如苏文忠公记常山雩泉故事。”祷已归，假寐，若见车马旌旗罗列庭中，或告曰：“亟出拜!”惊起趋拜位，风雷飞厉，雨大霔，是岁有秋。次岁祷仍应。今岁旱甚，又祷，每宿山中候命辄应。山去城非远也，异时祷雨者或迹不至斯泉也，人之狎之敬之，亦非有加损于神也。然遇泉所而神斯泉，则其至庙何莫非如在之心，否则山固当有泉，而庙亦总总尔，奚其神？《雩泉》之诗曰：“我歌云汉，于泉之侧；谁其尸之？涌溢赴节。”宜祖苏语，命池曰“涌云”，甃石四周而垣焉，导其下流入凤山主人曾氏之池，请公之以遗民浣濯。主人许之，得全护上流，使不污，又夷其道以便后守令之至庙者。民治道，窃相语也：“涌，泉也，‘涌云’何谓?”南岳散吏欧阳守道代侯言曰：“《易》屯、蒙、需、解同一坎，出斯泉，升斯云，降斯雨，泉常而云变，常有所而变无方也。水一勺龙生，云肤寸雨集，夫岂在多，有不测焉。水也，云也，犹有形也。神也瞬息而千载，心也俯仰而八极。今兹庙祠唐贞观中刺史吴公，计其仙去玉笥山时几何年矣。玉笥又非兹山，而其神信于尔民如一日，如往来见之，当旱如雨，如取此泉倾注于空中。祷雨者之心亦然，一念所感，于云不知于何起，雨不知于何来，强而名之，虽谓蓄泄在此池，亦何不可？如曰泉不可云，则是人亦不可神矣。宇宙间有变化流通之理，尔未之知。”于是山中人请勒铭其上，铭曰：

泉山云天，神古人今。云泉一气，神人一心。

岁在丁巳七月甲子撰。

【说明】据四库本《巽斋文集》卷二六录文。

250. 南宋·谢枋得：圆峰道院祠堂记 宝祐年间

非其鬼而祭，圣人不许。祀非族，歆非类，神与民同归一愚。上无祭法，下无祭义，难与众人言矣。

许真君立功江湖，建、邵境上民营道院于圆峰山，祠祭勤而诚，吾不知其故。隐君魏公创祠堂一区，自有道院，大家小民相祠基，施财产、竹木瓦石。黄冠经始守灵琐，先后施舍。有毫发勤劳于斯者必祭，朔望有斋馔，晨夕有香灯，如士大夫之奉家庙。魏公属余记其事。

客或讥之曰："闽人祀许真君，非古也。以其驱龙蛇，逐厉鬼，有大造于民，精神在天，变化不可测。时雨旸，救水旱，民祈祥远疾者应如响，祀之可矣。此祠无乃谄欤？"余曰："不然。而独不闻《盘庚》之书乎？曰'胥及逸勤，尔祖其从与享之'。为人臣而勤于王家，先王必念之不忘，天子有大享，必使之与享也。曰'古我先后既劳乃祖乃父'，继之曰'我先后绥乃祖乃父'。为人臣而劳于王事，先王亦念之不忘，在天之灵亦不忍相舍也。人有勤劳于神之宫室者，神其忘诸乎？祭无小大，咸曰报本。猫有功禾稼则迎，虎有功禾稼则迎，此人情忠厚之至。祭有法有义，法否而义可，三代圣人不能禁之矣。神有功于民则祀，民勤劳于神亦祀。祠堂，季世之古道也，岂可以谄疑之哉？吾因是重有感焉。六、蓼失国，国人不自哀，而臧文仲哀之，曰：'皋陶、庭坚不祀，忽诸。'吾考其时，皋陶子伯益有，其后嬴为强诸侯，赵为晋世卿，终亦有国矣。蓼虽灭，皋陶祀未殄也。臧文仲悲伤惨恻，如疾痛之切体肤；使及见秦灭赵，楚灭嬴，其为皋陶哀当如何也？文、武、康成之宗庙而尽为禾黍，东迁君相曾不动念。心摇摇而不忍去，天悠悠而不我知，一行役大夫之外，无人矣。《春秋》臣子宁无豺獭之心乎？以老子之学，尊其师，崇其教，能壮其宫室，又不忘先后勤劳之人。为人臣而念君父，能以魏公之心为心，臧孙可无哀，《黍离》可不作，天下事何至如今日乎！"祠堂岁月皆不书，书其作事有古道，俾忠臣孝子闻之，纵无忿心，亦有愧色。

【说明】 谢枋得（1226～1289），字君直，号叠山。弋阳（今江西弋阳县）人。宝祐四年（1256）进士。历官抚州司户参军、知信州等。宋亡后不仕元，以卖卜教书为生。后被迫往大都，遂作《崇真院绝粒》诗以明志，绝食而死。有《叠山集》。据四库本《叠山集》卷三录文。参见嘉靖三十四年重刻本《叠山谢先生文集》卷二、《全宋文》卷八二一八谢枋得六（第355册）。文借记述圆峰道院祠堂创建阐发其对神人关系之深入思考。

251. 南宋·佚名：王百四地券　景定元年庚申（1260）

青乌子曰：按《鬼律》云，葬不斩草，买地立券，谓之盗葬。乃作券文曰：

维皇宋景定元年岁在庚申，乃八月丙申朔越念一日丙辰，孤子斗元伏为先考王公百四秀才，生于嘉定己巳正月丁酉，殁于淳祐癸卯二月乙卯，已卜于是月甲寅日开山，今二十一日丙辰而安厝之，龟筮协从。军曰临江，县曰新淦，乡曰扬名，原曰西江之柼木坑，即坎山午向，为之宅兆。谨以冥货极九九之数，币帛应五方之色，就于后土阴官鬻地一区。东止青龙，西抵白虎，南极朱雀，北距玄武。内方勾陈，分治五土。彼疆此界，有截其所。神禹所度，竖亥所步。丘丞墓伯，禁切呵护。驱彼罔象，投畀兕虎。弗迷兽异，莫予敢侮。千载亿年，永无灾苦。敢有干犯，神弗置汝。幽堂亭长，收付地下。主者按罪，弗敢云赦。乃命翰林主人，子墨客卿，为作券文。亡灵允执，永镇幽宅。天光下临，地德上载，藏辰合朔，神迎鬼避。涂车刍灵，是为器使。夔灵魑魅，莫敢逢旃。妥亡佑存，罔有不祥。子子孙孙，俾炽俾昌。山灵地神，实闻此言。谓予不信，有如皦日！梅仙真时在旁知。急急如太上女青诏书律令。敕。【原有道符一帧】

太上灵符，镇安幽宅。亡灵永吉，子孙昌炽。邪精伏藏，蛇鼠遁迹。

急急如律令。敕。

【说明】券石 1982 年出土于峡江县，现存于县博物馆。青石材质。高 0.67 米，宽 0.46 米。直行，16 行。据《江西出土墓志选编》录文，标点、格式、个别文字有改补。参见《庐陵古碑录》。

252. 南宋·欧阳守道：石砻庙碑　景定元年庚申（1260）

石砻庙在庐陵郡东十里，不知创何代。今天子以郡士言神灵异有状，甫赐庙额曰“孚应”。相传神姓刘氏，讳煐，与石勋、石材庙为伯仲季，汉长沙王后也，然无所考。三庙相距一二十里，皆依石为屋，而石砻尤奇险，宜为神所宅。然予谓斯神亦安用知名若氏哉？自古相传，岩栖谷隐之士虽不屑为世用，而其功利有自然及物，人神一也。藐姑射山有神，畏垒山有老氏之役，疵厉不作而年谷屡丰，吾不知其何故。石韫玉，水含珠，山辉川媚，犹不容掩，而况德人之所居乎？夫德人固辞名，名从之，非其心也。石砻庙祝有年，远近之民跻举请祷，神既应之矣，则相与推寻名氏而请庙号以为荣。既有庙号，则他日君之、公之、侯之、王之，下得屡请而上不靳。神居石砻，而承天之宠如是哉！以予观于石砻，其山谷连接，盖自芙蓉峰蜿蜒而下，上迎大江。方其未为石砻，土石相半，至此乃纯石，牙角怒拔，若龙若虎，而莹净坚细，率可爱玩。世之好事者第太湖之甲乙，拾菱溪之一二，诧以为异宝，此乃山积林立，不待聚而有之。其峭拔处有瀑布斗落，以故居民绝远，樵牧无所利而至，使其不为神有，亦必有隐君子即之矣。以理推之，神其或者斯人之流。不然，则兹山骨脉坚壮，气势磅礴，又有以发神之灵而相为用，宜神之灵异也。

景定元年春，予留山下月余，识其里人王君国英。王君严事斯神甚至，以神之庙号一新而未有碑，来求予文，乃为言神之所以为神，而又作诗以相里人之有祈者。

畴居此山？非人伊神。不显维神，有泽及民。既祀之庙，又请于朝。天子有命，神德孔昭。山石岩岩，幽居之最。胡能及物，使物蒙赖？吾闻至人，退然无为。功被天下，而物不知。譬如空谷，声至响答。响从何出？声亦谁纳？及物无心，况尸其名。匪我应彼，彼则有情。孰像神容？命服是饰。那知超然，挥斥八极。当其潜时，卷石可宫。翕忽变化，乘云驭风。我不知神，昔者谁氏？视其择居，如隐君子。御灾捍患，人则德之。千古石砻，社而稷之。

【说明】据四库本《巽斋文集》卷一三录文。参见《全宋文》卷八〇一六欧阳守道一七（第347册）。

253. 南宋·赵崇鉘：长安观轮藏记 景定元年庚申（1260）

景定初元四月，兵氛始平，徭役汔息。余闲居一室，如盘涡涂潦，端坐焚香，以送永日。有长安观上官炼师过余问寥落，因征余曰：“观有经藏，岁久风雨摧蚀且废，必端扣囊钵，募众信，举而新之。森圆罗以崇崇，翼九霞之霏霏。冠盖层霄，笼罩八维。坱圠倏烁，晃漾纷披。其书是居，琳编玉笈。众生具瞻，若或临之。善念蔚兴，用舟群迷。观，君先世所施也，盍为端记之?”嗟夫！囿于有形皆曰器，不植则僵，不修则坏。顾今之为像教者，知缮其私而已。能竭赀力、捐施与如端者，盖鲜也。虽然，道家者流以清净为宗。《道德经》曰：“无名，天地之始；有名，万物之母。”今其徒皆宗老氏，顾不知常无欲以观其妙邪？一元之运于亭毒也，鸿蒙冲融，藐漠虚恬。流光飞景，飘潬上下，未尝役杀然也。得之于人，谓之气母。其精其神，其视其听，其动其息，日月运行，风霆流形，不知其几千万里，而耳目所及，上参天光，下接渺绵。人身之贵如此，此岂远乎哉？自天宫静轮之说出于末世，乃以智力拟诸形容，参玄机，媲坤轴，凌六虚以遥升，贯涵溶而为枢。万物皆备于我，而反索之汗漫之间，求其端倪。枢始得其环中，以应无穷，岂若是邪？余又抑悲夫世之人，以至贵之身，诱于交物而不知反，乃欲假于所触而悟之，而不思不远之复、元吉之几，则其惴惴若有师临者在外也。端曰：“然，吾为像教设尔。求得其情与不得，吾无损益乎其真。”相与冁然而笑，乃书以赠之。

【说明】民国《南丰县志》卷二六载：“赵崇鉘，字元治，号沤渚。苦心笃学，于诸子百家，靡不穷究。工诗，喜作大字，与兄崇嶓、兄子必岊俱以善书名。试礼部不利。穆陵登极，以崇嶓移恩补官，调南康军司户，以廉谨著。累官通判南安军，殄巨寇，有善政。请老，以承议郎主管仙都观。”年八十三卒。有《浩荡吟稿》。据前志卷三录文。参见同治《南丰县志》卷三七、《全宋文》卷八一六〇（第352册）。

254. 南宋·文天祥：太霄观梓潼祠记　景定二年辛酉（1261）

龙泉邑治左，出门行数百步，有太霄老子宫焉。辛酉之春，予登其巅。四山拱趋，天宇高旷。会令方营度作梓潼君祠，邀予为字曰“元皇之殿”。既为从事，六月殿成。明年，令若士以书谂曰：“役之初兴，君实来，辱为之书。请卒记之。”

邑为吉上游，山川清拔，民秀而文。天圣以来，高科鼎鼎出，有位至侍从，以忠直自奋，尚论文献者归焉。维郴实接壤，桴鼓数震。令初至，适江上有警，郴寇益乘以噪，周旋军旅，不得以间。事平，令谓：“吾幸为礼义邑，虽倥偬，不容不为俗化地，况少须暇乎？稽诸图志，庭庙鳞立，吾党之士，独无所敬祀。”会宾兴诏下，乃进诸生谋曰：“今三岁大比，试者以文进。将文而已乎？意必有造命之神执其予夺于形声之表者，盖元皇是也。士之所自为，行为上，文次之。神所校壹是法，合此者陟，违此者黜。人谓选举之权属之有司，不知神之定之也久矣。蜀山七曲神所宅之国，衣冠文物，莽为风尘。惟神元命，实始吴会，英灵赫赫，将从君父所在而依之，是以江湖以南神迹多著。此固士之所当钦崇而景仰者，舍而不祠，惟缺典是惧。”议遂决。予按《诗》曰：“相在尔室，尚不愧于屋漏。”又曰：“昊天曰明，及尔出王。昊天曰旦，及尔游衍。”夫人一动之微，必有神明焉，得其情于幽隐易肆之地，兹其所以体物而不可遗也。惟经传统谓之神，未有所指名。近世贵进士科，士以得失为病。自元皇庙食，于是始有司桂籍之说。化书所谓九十四化，变迁推移，旷千百岁，虽涉于不可测知，然神生为忠臣孝子，殁为天皇真人。取士本末，实昉于人心义理之正，明有礼乐，幽有鬼神，果哉其不诬矣。孟子曰：“天爵仁义忠信，人爵公卿大夫。”古之人修其天爵，而人爵从之。圣贤不语怪，而教人先内后外，未尝非神之意。神虽游于太虚，而考德问业，初无戾于圣贤之言。其在祭法，苟有以明民成教，宜与祀典，则神之有祠，岂缁黄之宫之埒？邑有先民典刑，大冠逢掖，争志策厉，为臣止忠，为子止孝，此其内心固油然不自已，而况高山仰止，明神在前，则其戒谨恐惧，工力当倍。他日拔起诸生，彬彬知名，则居公卿大夫之位，必将有仁义忠信之人。令之此举，于人才甚有功，于方来世道非无所关系，岂曰以区区科目望其人，而惠徼福于神之一顾哉！祠翼殿以庑，丹垩，具钟鼓供器如式，像设居中。内而父母妇子事亲之道，孝之属也；外而侍御仆从为臣之道，忠之属也。费钱七十万有奇，十万为令俸，余裒多迄于城。观下古曰“龙头里”，因其名为坊。扁额，校书郎姚君勉笔也。令方为远者计，廉用积余，市田以奉祠事。继今邑之士，其受令之赐永永无斁。令陈氏，名升，三山人，初摄事，继辟今任云。

【说明】文天祥（1236~1283），字履善，一字宋瑞，号文山，庐陵（今江西吉安县）人。宝祐四年（1256）进士第一。官至右丞相，封信国公。他始终坚持抗元存宋，历经艰险。后兵败被俘，不屈而死。有《文山全集》。据四库本《文山集》卷一二录文。参见四库本《江西通志》卷一二六、同治《龙泉县志》卷一六、光绪《江西通志》卷一二三、乾隆四十一年《吉安府志》卷六〇、光绪《吉安府志》卷十、《全宋文》卷八三一九文天祥二二（第359册）。

255. 南宋·家坤翁：重修三清殿记

景定四年癸亥（1263）

景定癸亥秋八月，百谷既秀，且穗弥四旬，屯其膏。谒群望既遍，出日杲杲，父老相语：“秋旱农家所畏，苗槁矣，丰饥将判。”坤翁瞿然，即迅扫治寺为坛，百拜叩头，为邦请命于上帝。礼成而雨，戊辰达于己卯，溥博沾洽。既霁，率州中文武款天庆观，集三清殿庭，燎芗敬谢，徘徊顾瞻，檐楹既圮，梁栋多腐，风雨四面入，莞簟暗蔽漫灭，非所以钦崇天道。乃取赢公帑，烝徒僝工，不日治之。功斯集，僚吏请纪其事，以昭报本反始之义，坤翁其敢辞。

惟一气开先，两仪肇辟，清阳上浮，其数为三。三气之精，凝而为神，故方外之士，极其所名三天，尊其神名三清。谓一为气之元，二为道之祖，三为教之宗。群帝承之，其上无上。何谓气？太极。何谓道？一阴一阳。何谓教？春夏秋冬，风雨霜露。自一函三，三气成乾，阳始而天之圆象立；三函九，九气备坤，阴生而地之方形奠。三本于一，故贯上下无非一；九成于三，故通四方、彻四维，纵横往来无非三。此三气之清所以超范围、出形气、包含宇宙、代成品类，先天地而生，后天地而存也。夫本诸天地则为气、道、教，本诸身则为性、道、教。一气也，一理也，人与天地同根于气，同出乎理，并立为三，相贯为一。虽此动彼应，此感彼孚，然所感动气化合和人神者，亦必有道。噫！郡县长吏，星分棋布，坎居井处，此非尔所能及矣。汉儒谓君正朝廷正，百官正万民四方正，远近内外一于正，则阴阳调，风雨时，群生和，五谷熟。又谓心和气和，形和声和，而天地之和应之，则甘露降，嘉禾兴，山不童，泽不涸。盖理气叶一则阴阳和同。懿哉！是知三极之静同于一中，三极之动同于一和。土木云乎？祷祠云乎？备物荐信，揭虔妥灵者，则所以尸其敬而致其一也。坤翁宅生下土，赖天君照临其上，三时不害人和，而神降之福，夙夜不敢忘，顾恐斯民日用饮食不帝之我嘉也。乃写诸诗歌，发扬而蹈厉之。歌之曰：

窅窅冥冥兮，三气之清。巍巍荡荡兮，其功莫名。神化密移兮，无臭无声。云行雨施兮，天下皆平。

又歌之曰：

顺帝之则兮，立我烝民。隐显一心兮，遐迩一人。流通无间兮，溥博无垠。如神之忱兮，如天之仁。

冬十二月吉日，朝散大夫、知抚州府军州兼管内劝农营田事、节制军州军马家坤翁记。

【说明】家坤翁（1213~?），号颐山，眉山（今四川眉山市）人。历官户部郎中、知抚州等。尝纂景定《临川志》三十五卷。据同治《临川县志》卷一八录文。参见《全宋文》卷八一九一家坤翁（第354册）。

256. 南宋·周应合：龙虎山上清宫新建牌门记

景定五年甲子（1264）

景定癸亥冬，予之官番阳，道芗溪，访古象山，登应天，游龙虎，阅仙岩，顺流而东。时上清宫管辖观妙大师张君闻诗命舟相从累日，指示胜概，及吾境乃还。明年夏，闻诗持江东常平使者学斋史公书来，谕以新门成，属纪岁月。其言曰："作宫此山二百年矣，识者谓向方少偏，宜建门于南以正之。都录冲靖先生留君欲建门，会召不果。闻诗兹领焚修，敢替前志。昨季冬庚申望始克成之。距宫之百步，为室三楹。其中为门，揭'龙虎福地'四字，其上为楼，左为池。甃垣道以达于宫，九十九峰当其前，午位也。团山东来，石峰西至，如拱如揖，象山之水注而归焉，巽方也。登斯楼其望远，入是门其途正。学斋公实资其成而嘉之，俾以记请。"余谓是役也，闻诗之可书者二：余尝观上清之盛，栋宇丽金石，今作是门，前之侈者朴之，一可书也；冲靖际遇三朝，恩赐隆厚，一门欲创而未遂，闻诗后冲靖数十年，前之阙者成之，二可书也。抑余又有感焉。世有习专门者，未有升堂入室之基而门户先立，求其行之宫庭，性之坛宇，工程等级，多阙如也。视道家者流缓其门于宫成二百年之后，能无警乎？学有锢于先入而未纯于正者，多遂非而安偏，视此门之向方昔偏而今正，能无勉乎？闻诗之所作者在彼，余之所感者在此，遂次第其言以授之，岂但为此门记、为闻诗书而已哉？必有感于吾言者。

甲子岁六月甲子日，通直郎、通判饶州军州兼管内劝农营田事周应合记。

【说明】周应合（1213～1280），字淳叟，号棣华，武宁（今江西武宁县）人。淳祐九年（1249）进士。历官饶州通判摄郡事、实录院编修等。据元本《龙虎山志》卷下录文。参见张本《续修龙虎山志》卷中、娄本《重修龙虎山志》卷一四、《全宋文》卷八〇六五周应合（第349册）。文中记述了龙虎山上清宫新建牌门之缘由，表达了对上清宫管辖观妙大师张闻诗之敬仰。

257. 南宋·刘辰翁：玉笥山承天宫云堂记

景定五年甲子（1264）

玉笥承天之云堂成，五星聚斗之岁也。先是，余游洞天，宿山房，见其成而去，为书“庐陵刘某过第一山”，山中人求余记之，未暇也。其明年乙酉九日，登高把菊，望数峰如笥，意欣然记之。

云者，出于山如玉；及其得于天也，如芝如笋，如鸾如龙，如浙江潮、昆仑楼；又或堂堂也而如人飞空骋辔以游。昔者山中之人共卧木石之间，安知其至是；至是望焉，欲即之而不可得也，亦可以一怅然矣。

山九真皆秦人，方其避秦也，披榛藿而入，岩栖而涧饮，草衣而木食，欲是堂也，得乎？虽后来，为萧为孔，为坛为宅，不可知。即子真九江弃官变服，亦必飘然为樵夫野人，混混乎其中，其霜露槁干，岂比茅檐俯仰之适哉？而数世之后，仙宫化城，金堂玉室，披华星，佩紫霞，鸣钟列食，波及来者，严严如别馆，不知前八九天人者犹仿佛过之耶？其高才灵气，第欲如王羲之、陶弘景之流，暂游忽别，亦不可得也。何昔之鹑居者望焉而为其所难，而今之舍盖者俨然而不就其所易也，亦可以一怅然矣。

然吾闻古仙人记云：去后千五百年，五陵之间成仙者八百。其时可，其数可，庐陵、钟陵不合者如砺斯堂云海，日阅人而如指，安知不有隐君子变姓名而处，岂皆如吾等浅之为信宿，又浅之为留题哉？咨尔来者，候气审之。旧堂御书，楼下如寄。提点江西道教知宫事李允一既修殿余廊西容焉，高楼广倍，于是副宫许景容分琴书其间。允一、景容，皆吾州人。记成，明月甲子书。

【说明】据四库本《须溪集》卷四录文。参见乾隆三十三年《峡江新志》卷一一、光绪《江西通志》卷一二二、《全宋文》卷八二七二 刘辰翁一一（第357册）、《全元文》卷二七七刘辰翁一〇（第8册）、整理本《豫章丛书》集部五《须溪集》卷四。

258. 南宋·李简易:《玉溪子丹经指要》序*

景定五年甲子（1264）

仆家宜春郡城之东，远祖朝议观休官学道，自号玉溪叟，今大族不称郡望，皆止称玉溪。两遇纯阳真人而不悟，一于岳山松树下，再于岳阳楼月夜闻笛声。后再游南岳，欲见蓝养素，道中逢一人荷钉铰之具者，谓公曰："公非李某乎？往岳山见养素乎？"公曰："然。""如此则烦公寄一信于蓝，云刘处士奉问先生，十月怀胎，如何出得?"遂长揖而去。公行数里，悒怏不快，因思此人既知余姓名，又知余心事，且言不类俗，因询求之，不复得矣。暨见蓝，具述所言，蓝曰："眉间得无白痣乎?"曰："有。"蓝曰："此刘海蟾也。吾养成圣胎，若非此人，不能证果，公更为我言之。"公曰："刘处士奉问先生，十月怀胎，如何出得?"蓝抚掌大笑，惟闻顶雷隐然，见一人如雪月之辉，与蓝无异，直上冲霄，而蓝已逝矣。公焚香叹息而退。今岳山长笑先生是也。见本家《奇遇传》及《宜春志》。

公归，取神仙传记、道书、诸子，闭门不通宾客，尽日披玩，未几亦无疾而逝。有《显亲集》行于世。仆其嗣孙也，幼习儒业，虽不遂志，其于道佛经典、星算医卜，靡不究心，独于金丹一诀，尤酷意焉。于是参访江湖，奔驰川陆，虽乞丐者亦拜而问焉。以夙志不回，天诱其衷，得遇至人于桂仙坊王子庙内，继而再遇于江陵府，一言点化，顿悟七返九还之旨。尝寄迹武当，襄汉江淮，莫不经游，其间鲜有明达圆机之士，遂绝口不谈一玄字。迨景定癸亥，自荆襄而星沙，乡关不远矣。时逢故里之人，话间询及亲旧，而壮者老、老者逝，不觉流涕。因此念曰：紫阳真人有云：自为计则得矣，靳固天道，罪莫大焉。即启心祷天，开金关玉钥，集而为《悟真篇指要》、长生久视之书，及《辩惑论》《或问》《法语》；尤虑法象未尽，又述《羲皇作用》，以明符火进退，可谓泄天机矣。有志于道者，当自珍惜，所冀人人修炼，个个圆成，功满德就，同证仙果。或生轻慢，殃祸立彰。其中语句鄙质，无过入室中实事，好道君子宜细味之，倘有所悟，乃天所赐，不在仆区区之口传也。时景定五年岁次甲子四月圆望，宜春玉溪子李简易自序。

【说明】李简易，号玉溪子，袁州（今江西宜春）人。幼习儒业，不遂志。于道佛经典、星算医卜，靡不究心，尤爱金丹诀，有《玉溪子丹经指要》三卷。据《玉溪子丹经指要》录文。参见《全宋文》卷八二一〇李简易（第354册）。序文为道教丹道重要文献，故特录存。

259. 南宋·赵彦满：云堂记　宝庆至景定年间

天下大宫观，为国优老待贤之地，二在江西，玉隆、太平是也。其营建皆出特旨，规制时有不同。至于山川之胜，倾动古今，则庐山为盛。高人胜士，以不到为耻，而太平居之。然宫庭再造，今复百年，公界私寮，罔有不备，惟云堂独无。其所以接待四方往来之意，识者深咎其不广也。绍定戊子云云。乃举阙遗，辟斋堂之侧，以宿云来之侣。位置规画，既雅且便，虽博游广览之士，亦称喜之。

予以所学不入时好，投闲盖二十年。不以盛暑祈寒，多在山下，忘其留滞，独乐于斯有年。大风澄静，四气晏清，千峰万岩，拥卫宫宇，楼殿隐显于丛峦穹林之表。地发美光，上属昭回。览之外适内融，有凭虚驭空之兴。回视尘虚，何啻三十万里也。栖身胜境，灵襟冰净，况乎侍寿庭之灯火，真灵不违咫尺，有得于身，则长生久视，形神俱妙，登遐太清。推以及物，则云施称民，秘祝景命，方天之休。至于鸟引熊经，方伎吐纳，不足道也矣。大抵老子之道大，泽物之仁亦大，其用力省而见功倍。后世謏闻浅知之士，见其土苴仁义礼乐，率然多轻议之。是仁民爱物之未深，反经合道之不逮者。“犹龙”之叹，是孔子之言，人特未易谕尔。时天下大溺也，苟能载以清净，体乎天德，尽损文致，一尚质朴，斯民庶几其有生也。风可以清，弊可以绝也。家给人足，大盗自已，兵革可以不用也。然非有志念，可论此哉！

盖尝闻之：天下多事，则蒿莱间多异人。意者逸情云上，骄富贵，轻王公，如圯上老、盖公之流乎？此皆游方之外者，安知公辈不有时来此堂中乎？

吾今安得而见之!

【说明】赵彦满，宋宗室。理宗时长期投闲庐山。据《永乐大典》卷六六九八录文。参见《庐山太平兴国宫采访真君事实》卷八（题为“云丰记”，应为传抄之讹，文字有不同）、《全宋文》卷七□四五（第308册）。

260. 南宋·欧阳守道：跋《玉笥山名贤题咏》* 景定年间

余少时观诗话，见有称吉州玉笥山者，意忻然爱其名。观郡志乃无有，则属临江军矣，不能不为此郡失此山恨。里人刘君虚舟往为道士，集录山房诸名贤遗墨，而平园、诚斋、东山诸老之帖俱多。想山灵亦忻然曰：“是固吾东家夫子赠我。”近年黄庐束、李三溪、罗涧谷、胡古潭、徐西麓诸人赋咏又班班焉，则吾郡初未失此山，此山于吾郡正自两有情也，何壤地分画之隔哉！天下名山不得名贤不重。青原亦吾郡佳处，好事入山者不问七祖传曹溪法，而颜鲁公、黄太史之遗迹是问。僧曰：“六一公吉州人，有诗文润色此山乎？”曰：“无。”则相顾欿然，追恨当时之无能请也。玉笥虽仙境，亦何可无诸公屐痕！千古须此墨，虚舟此录有功山中多矣。虚舟名善，号虚舟，读老庄书、《黄庭经》，翛然有得，时时吟诗，有佳思。颜貌自余十六七年初识时至今一也，又未知更许时当何如。其最可敬者，素寡文，不知山中人本色应如此耶？抑为道日损，损之又损，此其候也？间归里，必一过予。予衮衮应酬中，望其衣冠，便凛然有尘外之想。嗟乎！安得移予与君泉石相近乎哉！

【说明】据四库本《巽斋文集》卷二二录文。参见《全宋文》卷八〇一三欧阳守道一四（第347册）。跋文记载了南宋名臣周必大、杨万里等均曾留墨迹于玉笥山，称赞道士刘善（虚舟）集录山房诸名贤遗墨，“有功山中多矣”，对研究玉笥山道教文化有史料价值。

261. 南宋·谢枋得：威显庙碑 咸淳三年丁卯（1267）

公讳卿，姓桂氏，鲁人，季孙氏之裔。其先讳仲武者，仕唐为安南都护；祖世昌，为睦州太守，始渡江而家焉。公少武勇，嗜书史，及长，尤通练兵法。仕南唐大司空。先是，数平盗有战功，军中号为“捉生虎子”。累官至银青光禄大夫、检校国子祭酒兼监察御史、上柱国。尝迁信州静边总辖使。时闽越边寇屡肆侵掠，驱掳男女，民不聊生。卿至，出奇兵芟刈叛逆，绥怀边境，故数郡民赖以宁。及后主即位，加殿中侍御史。开宝甲戌，国除，公犹固守信，既而得后主手书，谕以城降。公泣谓麾下曰：“我辈既不能效死保我国家，姑遁身避世可也。”遂跃马归贵溪隐焉。我太祖皇帝嘉其贤，欲赐以爵，屡征不起。太平兴国间，闽寇复作，朝廷诏公讨伐，乃率师克邵武军，静黄竹峒，而贼遂平。太宗拜为都尉，不就，乃抗表力谢，恬退之志甚恪，上亦莫能夺也。雍熙间，又剿除寇孽，郡邑由是奠枕。淳化三年九月，以疾终，敕葬所居桂店之井坑里，谥曰忠贞。内翰鄱阳洪公迈尝为传。民受保障而怀其德，相与构祠祀之。凡水旱凶患，螟螣札瘥，官民祷其祠下，莫不响应。于是州县部使者转而上闻。庆元间，敕赐“威显”庙额，侍郎曾文庄公渐为之记，有曰：“公死生咸能为民御灾捍患，其忠烈之气不可泯如此！”咸淳三年，大理卿黄公应龙复记新庙，迄今乡人子孙通祀之，非食其德，曷能享此？枋得谨再拜述赞曰：

公显于五季，特起行伍，屹为干城。主任其忠，民怀其德。洎宋受命，四方底平，神器有归，孰不敬应？公独誓众慷慨，退藏深密。不逞力以逆天，不随时以屈志，而从容出处之际。非知进退存亡而不失其正者，能若是乎？没而复著御灾捍患之功，血食是邦，宜矣。

【说明】据同治《广信府志》卷二之一录文，个别文字据别本有改动。参见康熙二十二年《广信府志》卷九、乾隆十六年《贵溪县志》卷三一、《全宋文》卷八二一八谢枋得六（第355册）。

262. 南宋·萧𣂏：书梅先生碑阴 咸淳六年庚午（1270）

丰城梅仙山道观有梅先生碑，唐诗人罗隐文也。昨观与碑俱毁，道士熊应祥叶力鼎新之，碑再立。友罗永之来，委予书之。问之曰：君昭谏远孙，扬前文人文勤如是，为楷书，竟思汉事，追叹之。乌乎！天欲福汉之天下，故生一福之贤畀之。汉弃天福，乃弃人之福，两自弃，是自祸也。金铁交飞，天无如汉何；老凤变妖，汉亦无如新之移汉何。乌乎！失士则亡，得士则存。存以从诤，亡以玩言。壮哉气节！贯于乾坤。视我泥土，藏我玙璠。辞汉去坐，隐吴市门。驰迹仙路，诉情帝阍。泯泯者刘，长空无痕。永永者梅，遍祠共尊。祠碑可灰，仙道不燔。青瑶重镌，可字可扪。昭谏有知，醒如冰魂。子真如生，日月不昏。

咸淳六年岁在庚午六月朔。

【说明】萧𣂏，字则山，号大山。新喻（今江西新余市）人。绍定五年（1232）进士。曾任新兴知县、史馆校勘、太府丞等。有《大山集》。据道藏本《梅仙观记》录文。参见《道家金石略》、《全宋文》卷七九五六（第344册）。按，《梅仙观记》还录有萧𣂏之兄萧泰来（字则阳，号小山）《书梅先生碑后》一文，附录于兹以资参考："读昭谏碑，非惟得先生心，抑增先生气。今梅坛在处有之，尊其人故多其祠。苏长公有云：'神在天下，如水之在地中，无所往而不在耶！'"

263. 南宋·徐安裕：樊真君墓志 咸淳六年庚午（1270）

真君豫章右族，昆季孪生三人，长公庆，次公常，又次公茂。开庆年间，徙匡庐五老峰下。昆季俱英武才杰，友于怡怡。游西山之灵溪，值岁旱，凿石疏涧，注田千有余顷，利泽汪濊于人者，亘古今而无穷。咸淳庚午，昆季约同日归寂，谶葬本乡之鲤鱼山。峰峦秀拔，截然屹立，江流吞吐，映带左右，诚天造之佳城也。夫阴阳二气，屈伸往来，其得真炁而变化灵显者，神之阳也；又得真炁而叱符以疗病唤雨以惠农者，又神之毅也。昆季殆庄列之流而有裨于世用者乎？城冈山各建祠宇，四时奉祭焉。里之父老惧世远无以昭示，请铭于余。予嘉真君功德之盛，遂述其略，用勒贞珉，以垂久云。

【说明】徐安裕，生平不详，弋阳（今江西弋阳县）人。据同治《安义县志》卷一四录文。参见《全宋文》卷八二五〇徐安裕（第356册）。

264. 南宋·周方：重建天师家庙演法观记

咸淳七年辛未（1271）

万物本乎天，人本乎祖，礼所重祭祀，报本及始也。上观下为观，下观上为观，《易》所谓重盥而不荐，以天之神道设教也。二者皆大君事。然商周有颂，鲁能祀后，帝皇祖亦颂后。以敬天尊祖为重，惟道家为然。然则托《易》《礼》中义，用颂中劝，非兴起人心之一机乎？

初，汉封同姓为诸侯，异姓为彻侯，以世袭崇报也。一子房不受三万户，乃百世祀；彼十八人者有是哉？功成身退，天之道也。子房心此训而世守之，故八叶而祖天师生焉。南之吴，融天地之英于丹炉，夜光烛天，郁郁纷纷，龙腾虎跃，因以名山。西入蜀，神与天游，造化功用，上下同流，有不可名状之妙。又叶孙讳盛复为南来，自是于其麓庙焉，奉烝尝于其左坛焉，奉箓篆以其可名昭其不可名。自时厥后，妙用翕张。国有候禳，驰使征召，未出境而天官敕六丁，响答如上旨；民有心告，虽千万里，应感亦如之。故特重真封，累沐徽号，为我朝盛典。政和中，升唐所赐真仙观为上清宫。崇宁中，升南唐新赐家庙为演法观。咸淳辛未，三十六代嗣教天师宗演本治宫先庙之义，乃即旧址，辨相协之宜于一百步之外，收融结之巧于数百楹之内，上帝是歆，先祖是皇，鼓钟于论，笾豆静嘉。凡佩剑印，虽千载异代，皆我祖考；凡具冠褐，虽四海异姓，皆家子孙。先代所存丹灶，先朝所赐土田，一从其朔。有岩焉，列百工所为于千仞上；有石焉，峙一柱特立于五云表。仙关虽旧，与新俱新；人心知向，非古亦古。既有永世传，且有系世教，宜记之。复颂之：

於戏子房，世本黄老，道虽心融，亦可迹考。先天而天，黄帝开古，雷天大壮，即我栋宇。以家观家，老子格言，百世祭享，在吾子孙。嗣教念兹，猷训丕式，以妥以佑，新庙奕奕。凡此居游，即是充溥，万善本原，惟天惟祖。

朝议大夫南城县开国男食邑三百户周方撰并书，资政殿大学士光禄大夫提举临安府洞霄宫王爚篆额。

【说明】周方（1216～?），字义山，南城（今江西南城县）人。宝祐四年（1256）进士。咸淳中官朝奉郎、添差浙东安抚司主管机宜文字兼福王府教导官。据元本《龙虎山志》卷下录文。参见张本《续修龙虎山志》卷中。

265. 南宋·文天祥：重修嘉济庙记　咸淳七年辛未（1271）

今天子咸淳六祼，大宗丞权侍左郎官李雷应被旨知赣州。赣地大而俗嚣，山宽而田狭。俗嚣故易以嗥，田狭故易以饥。侯未至以为难，将至以为忧。乃七月下车，膏雨霈流，嘉气坌集，民声大和，四郊以宁。侯悦，莫喻所从来也。百姓歌之曰："我土沨沨，黍稷芃芃。孰启我侯？我神之功。我氓蚩蚩，牛犊熙熙。孰相我侯？我神之威。"侯惊，召父老进而问故曰："是何神也?"父老相率告于庭曰："州之东有庙曰嘉济，自秦汉以来，血食至今。我民司命，匪神其孰尸之?"侯怃然曰："我何以得此于神哉！抑神实德我，我其有不致力于神?"乃肃笾豆，乃洁牲牷，晨起诣庙，以谢以祈。既竣事，周视庭宇，不遑于宁，始建议营度。刊木于厓，浮竹于津，厥材既坚，厥工惟时。植圮支仆，撤去庳陋。佣力奔走，咸劝于事。堂皇言言，廊庑严严，有门秩然，有亭翼然。于是神位具宜，庙制大备，王宫皇皇，衮冕裳衣。祠既毕，则以其余修道逵以便来游者，葺三浮梁以便绝江者。钱奇二百万，粟奇二百硕，悉出侯所节缩，故役成而人不知。

明年四月，侯除荆湖南路提点刑狱，未行，粟米在市，蚕麦满野，鸡犬相闻，达于岭表。讫侯去，视始至如一日焉。百姓复歌之曰："奕奕庙貌，我侯新之。侯为我民，匪神是私。田有稻粱，野无干戈。微侯之赐，胡以室家？屡舞仙仙，伐鼓渊渊。何以报侯？万有千年。"予时卧山中，州从事具本末来，属予言其事。

予按祭法：能御大灾则祀之，能捍大患则祀之。神之为灵昭昭矣，谨叙次下方、纳诸庙门为记。

【说明】据四库本《文山集》卷一二录文，个别文字据别本有改动。参见嘉靖《赣州府志》卷一一、同治《赣县志》卷四九之四、《全宋文》卷八三一九文天祥二二（第359册）。

266. 南宋·黄震：抚州灵谷山隐真观记

咸淳八年壬申（1272）

天开地辟而川流山峙，帝兴王起而画野分州，各于高山以定祀典，在四方则为岳，在九州则为镇，在诸侯之国则为境内名山。是为风气之聚，是为神明之居，是为兴云吐露，润泽万物，民生利赖之所从出。故圣人之所事，即造化之所在。至秦汉始以真仙称，实则不外吾圣人者矣。

若抚州之高山，其惟灵谷乎？灵谷在万山绝顶，隐真观又在灵谷山绝顶。此观其又祀典之寓者乎？咸淳八年秋，余劝民种辫麦，尝一到其上。道士丘守静惊喜出迎，谓自前太守张于湖后，此山猿鹤已百十年间不闻车盖声。此观危插半空，不堪飘摇，摧圮几尽。守静方一新其居，而郡太守适来，岂有数耶？愿为真仙记之也。余谓真仙非余所能知，然此山为此州之镇，此观寓此山之祀，犹州之祀典也，是宜书。青冥风露间，飞甍缥缈，下瞰人寰，仅盈一握，此绝境也，亦宜书。世之为琳宫梵宇者，依深山密林享安乐尔。此独人迹不到处，使世虑毫发有未除，殆不容一朝居。而子安之，此难能之事也，亦宜牵连得书。虽然，未也。顷余此来，呜呼难哉！扪萝踏蹬，分寸跻攀，悔而欲返者数矣。俄而登峰造极，豁如有得，便欲凌风，神游八极。士之求道，先难而后获者，独不类此哉！守静大笑曰："敢不勉。"因并请为记。守静能诗好修，创此观者丘佑，实其上世，其详见前记云。

咸淳八年八月，朝奉郎知抚州军州事节制军马兼江西提举黄震记。

【说明】黄震（1213~1281），字东发，慈溪（今浙江慈溪市）人。咸淳三年（1267）进士。历官史馆检阅、知抚州军州事节制军马兼江西提举、浙东提举等。有《黄氏日抄》。据四库本《黄氏日抄》卷八八录文。参见《道家金石略》。记文通过自己到访隐真观之所见所闻，阐发了"士之求道，先难而后获"之重要道理。

267. 南宋·傅可宗、李椿老：宋故高公巽岩先生圹记

咸淳九年癸酉（1273）

先师姓高氏，讳养素，字浩然，隆兴之进贤人。厌尘缘而乐清致。怡庵黎师侯先生开山南华，舅氏李公善时实其师孙，徒弟涂应祥、傅利正。先师从之游南华，山壁立高峭，无常住容众观宇，亦且湫隘，骨凡不仙者实难居之。李公善时与先师经营新塘，思欲为改创鼎新南华计。后遂所图，创立栖真楼、观藏殿。殿庑寮舍，应干器用，靡不齐备。惟真君殿拘于年月，未能新之。先师又为观宇可以容众而不可无常住，于景定庚申年，复以陆氏油灯之资，营置洪、抚田亩早晚计十二顷有余，拨入为常住，使晨钟暮鼓，可以安座而食。先师壮岁辞家，学业虽不深，而天性明达。喜教徒弟读书，常以怡庵乃其师祖而不能继其学为恨。故游谒士大夫之门，多与进之；作诗惠之者，皆板行世，藏殿之侧。创私寮，匾曰"畊道堂"，所居之室曰"巽岩"。晚岁以兴崇道门为惬意，故放怀杯酒。正期□□□而以疾逝。呜呼痛哉！先师生于嘉定乙亥，卒于咸淳壬申十一月□十一日，享年五十有八。以治命附葬于祖师李公之墓侧，泣血以纪岁月云。

时咸淳九年十二月十二庚申日，徒弟傅可宗、李椿老书。

【说明】碑1987年出土于进贤县，现存于县博物馆。高0.75米，宽0.4米。楷书，直行，14行，满行27字。据《江西出土墓志选编》录文，标点有改动。

268. 南宋·黄震：相山会灵四仙祠记

咸淳九年癸酉（1273）

咸淳七年辛未岁，余方救荒抚州。适岁又旱，吏以旧所祷者告，则皆淫祀也。余曰："有是哉?"改而祷于社稷若境内名山大川之神，雨幸辄应，然犹未洽。惟郡之西南山，余望之云日日兴，雨气常暗一方，佥谓此相山四仙之灵也，旱剧则迎以至。余用其言，雨均千里。明年旱，又明年旱，祷而雨，亦如之。每念一履岩巉之上，为吾民谢神休，未能也。一日住山道士罗端英谒余为《四仙祠记》。余惟四仙之灵昭昭也，余在抚三年，实身被其灵应，何幸托名以寄谢忱！然闻世之称仙者，谓乘彼白云，至于帝乡，盖超然于清都紫府钧天广乐之居，岂常常于此山哉？将遗迹固山灵之所呵护耶？否则神灵将无往而不在耶？又否则今所谓四仙者，即山川造化之神耶？粤自天开地辟，而山川疏列，云兴雾吐，而民物阜生，凡皆山川之神之为传。所谓鬼神者，造化之迹也，礼所谓有功于民则祀之者也。

相山在抚州，其高二十有六，其周三百有八十里，秀矗半天，巍绝四望，于境内为最巨镇，真神明之所居，真造化之所寓。今所谓四仙者，即造化之神之凭欤？我先皇帝理宗诏封四仙真人有曰："尔虽超世绝俗，而未尝无爱人利物之心。"嘻！其有见于山川之神之合者矣。四仙：梅仙福、栾仙巴，皆汉人；邓仙思瓘、叶仙法善，皆唐人。其始封以绍定四年之九月，其加封以端平元年之二月，凡皆见于前人之述备矣。惟四仙窃意非有外于山川之神，灵异窃意非有外于造化之迹，此则余所愿言，使抚之人士继自今常一其心之所向者也。初，祠在山半，祷辄风雷，守祠者恐而迁之山绝顶，晨香夕灯，登陟亦良苦。世犹以其有百姓秋报之微利，动思夺而取之，星冠鹤氅之流，常不得宁厥居。余观古者典祠山川，世世不易，如姜氏之于四岳，自五帝至三代犹存，此无他，诚积之久则神应之速也。敢并书之，以告后之长民者，庶几为吾民常主张是。谨记。

【说明】据四库本《黄氏日抄》卷八八录文。文中阐述了作者对仙灵之独特认识。

269. 南宋·刘辰翁：灵威庙记 咸淳十年甲戌（1274）

阴阳之气行乎山川，与日月合，其变化诡特，起伏盘礴，必有所为者，非通乎六合之故，游于万物之表，则不足以识其奇，而以为怪。倘所谓人物亦犹是也，况于神哉！山起西南，如青城、太白者几为五岭其趾，而高入云。今吾自章贡仰窥视，潇泷悬絙，如在山上，不知其流至此已入地万丈。凡出乎地中者为泉，皆窍而涌，其精达于海，勃如也，人见其下流而已。通大地而论，则涓涓者江河之祖，然其泉必出于僻远，往往忽之。吾测地于天，以泉知海，故于记灵威河口也如见，不敢忽也。

灵威庙，吉水永昌乡凤凰山下，义昌水横陈河口，西会潇泷，至此四十里，如瞬弭焉。盖天山之飞下，溪谷之上浮，气势融合，如絪缊中。其傍为灵岩，岩有寺，寺宋碑记庙在建隆以前石神像也，故曰石头王庙。初，赣大水，石乘桴卓篙止焉，江为却流，民不垫决。自石之来，旱祷辄雨，已而逐捕捕获，战盗战胜，护其乡如家室。官大其宇，郡异其功，历三百年尤信，故在淳祐为灵威，丕显哉！赐讵止此。庙自水西迁，迁者孙氏克顺。今其孙珏又与何仁叔、刘宏规率其乡人为石郎殿，其左廊七人，第七未可知，比尤显，盖王子云。或曰，石言耶？自立耶？而何从而知之也？余曰：不然。人之得于太虚也息耳，而为圣、为灵、为不可朽，则亦一天地也。彼其托于形，受于气，得于雷霆风雨、日星霜露者万变，乃与隤然确然同体而尤璞，故其感者或为月、为星、为龙、为大士。幸而不出于金玉而为人所戕，则贞刚之至，必将有所激烈，亦犹区区者化为石，诚之为物，必有至此者耳。而子以为怪，又安知今之南面者非谷城之老人与金华之仙子耶？昌黎韩公谓清淑之穷而高且远者，其神必灵，其为石英、丹砂不能擅当其奇。吾以是山川考之，抑高且远而尤奇，神之凭依其间者犹钟英于宇宙，自与南来踊跃而觱沸者为一都会。天道莫神于阴阳，而不自为。非是石也不能为其幽，非是山也不能为其明。未有非五合六聚而成者也，亦未有百年千年之久而无所为者也。暮夜病若产，聘医问媪，不出丘里之间，而生者每生，则众有司之者矣，非耶？是庙也，恨其出于幽远而无名，而亦幸犹伏于岩穴而与人相似，故其俗厚而民悫，其物产力作尤多且裕，而自见于功名亦三百年矣。有项氏士龙登甲戌第，其明年为德祐。

【说明】据四库本《须溪集》卷四录文。参见光绪元年《吉水县志》卷一二、《全宋文》卷八二七三刘辰翁一二（第357册）、《全元文》卷二七七刘辰翁一〇（第8册）、整理本《豫章丛书》集部五《须溪集》卷四。

270. 南宋·刘辰翁：朝仙观记　德祐元年乙亥（1275）

以香城山为南华，以南华为朝仙观，则自前吉州守天台叶丞相始。华盖者，北辰之宇也，山之穹然者象之，故为望。今言华盖山者何其盛哉！

初，临川郡有三峰云间，号江西高绝处。相传隐者浮丘公控鹤而上，顾尝约其弟子王若郭后见于此，是为华盖山三仙翁。而所至高山必有二弟子之迹何？盖昔者之皇皇其师也，于彼乎？于此乎？未可知，故所在而见之也。由临川溯永丰有西华山，又西至吉水东山为中华，由中华上五十里得庐陵香城山，又高为南华，皆二弟子徘徊白云之地。而南华三峰略与华盖山相似，其下有忠简公胡氏居之，又庐陵望也，故南华最盛。

余为记仙姓名，不求人知而知之者，曰浮丘公足矣；又求公之弟子而不可得，则曰是尝授诗申公，不乃与王子同耶？或曰控鹤在老子前，与太子晋同时，其授诗亦犹老子二百余岁见秦献公也。或曰授诗后有王褒、王乔，皆《列仙传》。殆是已，殆是已。而郭又未见闻也，则曰王之郭也，变姓也，盖从兄弟也。先后时代且不可知，而知其同姓从兄弟，变荒哉乎！方之外而不得，而方内败之也。某丘以地氏，氏浮丘者不一世，安在其为授诗翁？且授诗翁荀卿门人，彼知授诗之为人师，而不知荀卿之于浮丘又其师也。仙籍多王氏，古今王乔六，聋俗肤引，舛错无足证，而华盖山托为颜鲁公记如麻姑者尤俚。华盖者，北辰之宇也，山如华盖，可以出云致雨，斯望之矣。浮丘先生，古之隐者也，隐如浮丘则仙矣。自其弟子求之不可得，则隐矣，与之隐者不可知，为浮丘之役，则浮丘矣。王与郭且不必问，而为乔、为褒、为子晋，譬千载之后，吾知香城之为南华耶？南华之为香城耶？于此有云，其下为雨，吾不知谁为之雨，则归之天，而天又谁为之也？意者其帝也。反而取诸裳衣衮冕焉，圭璧焉，耳目具而高明者区区，犹夫人焉，犹夫人焉。今吾一举首而凛然临之，其明威，其明畏，其比人间南面，巍巍乎宫室之巨丽哉！羲皇尧舜氏，而天无称，虽有巫阳，莫之敢尸，而心之精神极其远。想寥阳金阙，紫微玉皇，崇高富贵，备物典策，神而明之也，若此陋矣。天无情，帝无形，仙无名。以帝为主宰则人之也，无物者有物也；以仙为某某则神之也，有物者犹无物也。仰而兹山兹仙也，犹仰而为天为帝也，其不可知也则亦至矣。太山之上有巨人迹焉，曰昔黄帝战于此，闻者隐然笑之。及至山之有昆仑也，星之有牛女也，招焉指其过客，纪其时日，辨其处所，如所尝睹，如家人语。古以至今山不崩，天不坠，厥亦若有持之者焉，而皆意之也。忧其崩且坠者为愚为诞，而知其所不可知者为智。穷无穷，极无极，吾将证之南华，而南华老仙复隐然笑之，悲夫！

吾闻韩子之论山也，曰最远而独为宗，其神必灵。余避乱方山之下，天大雪，望香城雪，倚天照日，如峨嵋西。其中峰高大，人指之曰："朝仙观也。"王玄洞其左，郭公岩其右，蝗旱祷焉，天灯出焉。道士钟允升掌观事，与其师张次良焚修祝曰：惟宋万万年，子子孙孙，惟王永作神主。自有天地，不知何年此山为香城，香城生忠简，以匹夫捍城郭，以编修官按宰执。吾所知者，其灵以此，其最盛以此。星沦岳踣，南北壅隔，近年始宗华盖，福华者无不在，则如忠简者尚有人也。是为德祐元年，吉州南华山朝仙观记。

【说明】据四库本《须溪集》卷三录文。参见康熙二十八年《庐陵县志》卷一三、乾隆四十六年《庐陵县志》卷四一、道光《庐陵县志》卷三

九、同治《庐陵县志》卷四五、民国《吉安县志》卷七、《全宋文》卷八二七〇刘辰翁九（第357册）、《全元文》卷二七五刘辰翁八（第8册）、整理本《豫章丛书》集部五《须溪集》卷三。

271. 南宋·刘辰翁：五显华光楼记 德祐元年乙亥（1275）

由南粤道赣右而下，由蜀江转重湖而上，左衡右庐，舟车百货之会惟樟镇。华光楼者，樟镇之巨观也，五王居之。五王祠，新安婺台最盛。而赫然清江之上者，则以风波厚载，数路跋涉，赴利之夫，临深之子，操心危而望走近也。然大兵大劫，与世同烬。乙亥六月，华光火，斯人憔悴之余，万无复旧理，矧胜旧？楼故依寺，寺僧师茂往来庐陵二州间不知其几，卒起故基，高前楼数尺，压江西，夸婺台。复道旁联，丽似华萼，为琴棋书画阁四，为钟鼓阁二。入市而市子来，叩远而远响集，宁惟灵场翕张所致，亦此僧坚苦，求者不多而信者众也。僧以予言语音声为倡，至此请复记其成。

予欲求五王之兴而不可得也，乃且通宇宙而言之。而不见夫陆终氏之同乳六者乎？而非也。神者，阴阳之不测者也。物莫大于五行，天而星，地而岳，如指于掌，孰非自然？虽星与岳之有名，未有非人为之也。故谓此五者其初一人之身亦可，其存神合变者遂以为五人五姓亦可。达则古今六合为同气，不达则五藏冰炭，其形其色且皆不可得而知也。吾不能知五王之为人，而知其所以神，所以神者未尝不与人同也。遂以其神也为灵于人，灵于我耶？则吾见夫神之为灵有不通者矣。故有以幽阴血食神者，有以淫威祸福神者。王则异于是，其车马衣服雍容文雅，宜与南面王者同其崇高富贵。然西州之灌口，江东之昭明，人貌而天，非不与王同。而王犹出入光尘，游戏人物，几无所不同其忧，亦无所不同其庆。则其神也，非独神于彼也，宜乎仙矣。吾以其仙也，岂非备帝王之福，出乎世而未离乎世者欤？则报尽重来，虽古之列仙有通乎命而不通乎性者矣，其仙犹未得为至也。仙之与佛，如隔一尘，而独王之所在必依于佛。其在佛也，亦命之为五通仙人。意者王之超然，又有非仙之所得第其高下也，是合阴阳五行、古今侯王帝子、神仙诸佛一视而无间然者也，其于性命福智不几于全矣乎？虽然，吾不能知王之仙耶？佛耶？其犹未得为佛耶？而尝见其复出于人矣。在昔道君得之，在宥惟肖，而绍陵之梦丕显大神之字，其灵爽又近而可证也。是何其往来变化之不可测如此，其神而明之亦存乎其人耶？老茂不逾中人，而所建立劳费万计，在人天小果耳，何足陈于其前。独王之通行千载，未有深著其何以通者，盖理有自然，而非必荒幻之谓也。

【说明】据四库本《须溪集》卷一录文。参见《全宋文》卷八二六七刘辰翁六（第357册）、《全元文》卷二七二刘辰翁五（第8册）、整理本《豫章丛书》集部五《须溪集》卷一。

272. 南宋·刘辰翁：建兴庙记 德祐元年乙亥（1275）

遁叟居永阳之二年，龙集析木之津，日在胃，二星聚，月重晕丈余。于是建兴庙寝成，族庐市嬉，泛如承平，曰将军之赐也。旁来择栖，盘桓树阴，曰将军之赐也。庙有三神，刘、召在焉，厥亦惟曰将军，将军者著始也。将军梅姓，庙上横，昔者胡氏望走而归祀焉，意其九江仙隐之子孙欤？而亦无所考已。提三尺，起风雨，没而庙食其土，其盛年事业如可想见。指其墓处曰万安邑人者，庆元戊午重修庙碑也。又八十年矣，逢时险艰，蕞尔生聚，而祠宇益盛，庭庑鳞鳞，带江如画，然犹溢而为寝，则吁者棘而报者称也。堂而两楹者五，翼以书室，像其子孙。网疏昼帘，古柏凝烟。道人宗超老于是役，而胡君奎沛然成之。君曰："众举也，族地也，吾何力之有！"顾所以扬神之声威光远者又他有在，过而求记于遁叟。遁叟曰："久矣夫！予之无报也，予报也能是。环东南数十大祀，西则金马、碧鸡、梓潼、射洪、武当二圣；又西为洞庭、吴城、旌阳之铁柱、集云之二龙；南则衡岳祝融、南海之神、飓风之母；其东则婺台祠山；又东钱塘如霆如雷，子胥之所旦而奋也。方盛时，冠冕大者帝号，小者王侯，其丹雘巨丽，拟于钧天广内，朝者万计，岂独十倍百倍于建兴草野而已。今其故地黯然使人流涕，不敢仰视，而安邑之丘，永阳之墟昧焉。以昔时将军闻者如生，独彷徨顾其乡曲，不忍其余民如孙曾妇子，尔汝而语。旦而卜曰毋动，已而渎者如旦，已而千百者亦如旦。开庆可也，乙亥之人何恃而不恐？乙亥可也，丙子、丁丑何恃而不恐？舍再舍可也，左莼溪，右江口，何恃而不恐？盖前国正王公橳为我言，去年禾川骑下之日，过舟数百，其并岸寸尺不泊，而去者如有所麾却。吾登阁望舟中，遥叩额过庙者无数，不知其何见也。是夜阛市闻铁马钬铮，悄然无一迹。盖神助如此！胡氏自五季衣冠盛，历中天己未以至今日，将军与之终始。是乡惟古木同时得不翦拜，使人如跂其故国，羡其寿俊焉。南望太和三十里而警，溯江而百有余里为永新号焉。虽吾四境时时有警有墟者，而胡氏里以弱见完。如予与王公焉依者尚十数子兮，琐尾蹙蹙乎无所可入，其不见摈于神幸也。於戏，其敢忘诸！在昔寝庙之作，有享歌焉，如灵均八九章者，岂必闳如王宫、大如官府哉！直传之其人，书之壁以著意，谅如昌黎所过昭丘茅屋者，楚俗也。矧是乡是庙又有功德可纪，实甚宜。”乃歌曰：

大风起兮故乡，马渡江兮甲若电光。长彗吾剑兮截若，横灵祠兮鼓鼓。举旗风兮偃旗雨，柳行行兮莫予敢侮。孝子兮忠臣，孝有鬼兮忠有神。过故居兮太息，飘顿首兮天门。将军归兮日晚，壶椒浆兮道远。

【说明】据四库本《须溪集》卷五录文。参见民国《吉安县志》卷七、《全宋文》卷八二七四刘辰翁一三（第357册）、《全元文》卷二七八刘辰翁一一（第八册）、整理本《豫章丛书》集部五《须溪集》卷五。记文对研究道教祭祀文化有史料价值。

273. 南宋·刘壎：大田广佑王庙碑 景炎元二年丙子（1276）

广佑王发灵樵郡之西乾，其庙于盱江之鲤湖、嘉禾之聿水、之大田，则支分者也。王欧阳其姓，祐其名，隋时为温陵太守。受代归，舟次大乾而溺，因葬焉。地人遂奉之为神，受王封，列祀典。世传其溺时事特异，余不能述，述今事而已。

大田之祀，盖自鲁氏始。旱涝寇疫，祷辄应。往绍定己丑岁暨至元丙子岁，著灵尤伟。妖氛以清，生聚以完，赖王之佑，且数十年。顾祠弗建，群心郁焉。鲁之族协谋，由马鞍山迁祠于村心，富者捐赀粟，贫者输力役，经始于丙子之某月，落成于某年某月。里中士侯君在复为之加丹雘，峙闳墉，犹以为未惬也，谒余文记其事。

余惟圣门家怪力乱神不语，余亦安知夫世有降灵附语，帕首曲踊，遂号之为神者。余独证诸实理，即传有聪明正直依人而行之说在。曰神矣，无形体，无声臭也，阴房鬼火，古木鸦声，昼欻杳冥，默若响答者何居？曰人耳，人而神，则神也又何居？曰心耳，是谓神舍，是谓灵府，豚蹄盂饭，俯伏呫嗫，叩若应，视若临，庸非吾方寸妙用实为之，而荒庭古屋绘形象偶直其寄也？今夫大田之地不接于西乾，王之马足不践于兹土，乃肸蠁著明之若是，无亦人赖神而安，神因人而灵，人心信奉之弗替，即庙祀亦千载勿替可也。大田之人勉乎哉！若夫侈神之灵，有贡士侯君舜举之述在，余故不书。特为赋乐神之诗，使岁时歌以祀云。诗曰：

大田之山兮青青，大田之水兮泠泠。神其来兮驾西乾之云，息兵兮殄疫，时雨旸兮多稼无蟊螣。有永千秋兮于兹庙食，鼓坎坎兮舞蹲蹲。莕韝鞠跽兮罗荐芳馨，神人相依兮百世是承。

【说明】刘壎（1240～1319），字起潜，号水云村，南丰（今江西南丰县）人。入元后历官建昌路儒学正、延平路儒学教授。有《水云村稿》等。据四库本《水云村稿》卷二录文。参见《全元文》卷三四九刘壎一一（第10册）。按，文中仅载经始之年，无落成之年，姑系于经始之年。

274. 南宋·刘辰翁：临江军閤皂山玉像阁记　景炎年间

江西葛仙迹为多，閤山最著。閤山玉像阁最大，像最小。按熙宁《双渐记》，隋开皇中基灵山馆，得玉像三尊，遂建台殿。隋乱，以铁钟覆而埋之，至唐贞观复出。而吾乡周益公记谓玉石像尺余，凭几而坐，二人跣足侍，咸通大火，像仅存，视铁钟则咸通铸也。与《渐记》已不合。余游属德祐火后再创，问三尊已无有，独小像可古尺半，须眉宛然，冯几欲言，玉色通明，琢制精绝，而又与益公记不合。此穆陵所书玉像阁者。因问道人，尚方之所锡耶？凿地之所得耶？盖老宿莫能言。然栋炎绝天，坠地地坟，钟销柏麇，无一物之覆以及此，此于吹万劫烬，末矣，难哉！

今临江道录李颖孙堂构旧基，其高六丈，广七间，霄极加隆，缭绕雄深。或谓：阁至高，像至尊也，藐山中之玉人，才仿佛乎冠裾，不似人中之有瞳子耶？安用神明通天而楼居若是？嗟乎！为是说者复何足以知至细之倪与至大之域哉！道生于一，一者微尘之为体，而毫末之为伦。以至一身一国一天下亦一耳，而以苍苍之色为有物于其间，亦如世有大人在乎中洲者耶？则虽鼓金铜以轩若士之臂，却龙伯以布巨人之迹，自达者观之，乃亦与牵丝抟土同戏，而何以相劣？大莫大于元气，而人间为小；广莫广于人心，而天为小。由元气为人，由人为天，得其精为赤子，得其道为婴儿。昔之为贤、为圣、为不可知之神，无不以此。是故玉女以黄英为黍米，元始又以黍米为玄珠。自其大者而大之，则虽崇高效天下，建五丈之旗而不为侈；自其小者退藏于密，则虽华盖之下，北辰尊居，仰而视之，犹如一星子焉。惟肖不待大，愈大似不肖。而况混沌之与形，太素之与朴，亦犹蚌隐泥沙而孕补陀之相，石含委核而献龟蛇之符，真复有物，在帝之先，而非人力所能就者。而自咸通火，熙宁火，德祐火，宫观无遗，而睟容俨然。颖孙以道力负荷，翼为千载，杰丽无前，则近世老聃之役不大于此矣。通达之中有魏，魏之中有梁，梁之中有王，近故小也。王何与于虚空之数，虚空亦岂知有梁、魏哉！如葛翁者，飘然六合，犹其壶中在在而见之矣。重来偃腹，毋拂梁尘。

【说明】 据四库本《须溪集》卷一录文。参见校补本《阁皂山志》、《全宋文》卷八二六六刘辰翁五（第357册）、《全元文》卷二七二刘辰翁五（第8册）、整理本《豫章丛书》集部五《须溪集》卷一。

275. 南宋·陈文蔚：府城隍庙记

城隍之祀，莫详其始。先儒谓既有社矣，不应复有城隍，故唐季阴阳

《缙云城隍记》谓祀典无之，惟吴越有之。然成都城隍庙太和中李德裕所建，张说有《祭城隍文》，杜牧有《祭黄州城隍文》，则不独吴越为然。又芜湖城隍建于吴赤乌二年，高齐慕容假梁武陵王祀城隍神，皆书于史，又不独唐而已。宋以来其祀遍天下，或赐庙额，或颁封爵土，或迁就傅会，各指一人以为神之姓名，如镇江、庆元、宁国、太平、华亭、芜湖等郡邑皆以为纪信，龙兴、赣、袁、江、吉、建昌、临江、南康皆以为灌婴是也。张说《祭荆州城隍文》曰："致和产物，助天育人。"张九龄《祭洪州城隍文》曰："城隍是保，甿庶是依。"则前代崇祀之意有在矣。

【说明】据道光《上饶县志》卷三一录文。参见乾隆九年《上饶县志》卷一三（题为《城隍庙圣政记》）、同治《上饶县志》卷二三、《全宋文》卷六六〇八陈文蔚七（第290册）。按，清秦惠田撰《五礼通考》（四库本）卷四五录有此文，文字稍有不同。且文后尚有以下文字："今国家开创之初，尝以京都城隍及天下城隍祀于城南享祀之所，既非专祀，又室而不坛，非理所宜。今宜以城隍及太岁风雨等合为一坛，春秋祀之。"此外，明俞汝楫编《礼部志稿》卷八一、钦定《续文献通考》卷七九、《明礼集》卷一四、明章潢撰《图书编》卷一〇二也录有相关文字。据此，则本文似非记体文，题疑有误，文中也无"记"之相关内容。

276. 南宋·释居简：江西后城观记

旌阳许敬之斩妖，剑血未洗，江西一道被其惠，奠枕者几何年矣。昔尝至处，莫不华观阙，严醮事，以系其思。某观则唐魏郑公读书处故基，曾此筑坛场，拜北斗，前台后城，山如髻鬟。水旱必祈，札瘥必禳，子息必祷，祷辄响答。唐某年赐额为观，住持者曰李大业，胡浚哲则为之副。居无何，递迭而逝。袁浚文又继之，振坠起废，殚力不小懈。胡绍宗则结万善人，聚施者，兴土木，营舂炊，栖道侣，择其善者分掌出纳。既罹兵火，堂宇复整整，稍刷向来狭陋之耻。松盖竹箭，幽草怪石，迥与人间世辽邈。年七十七，则畦芳浚碧，曲水泛罦，养恬育和，泊然颓然，游于造物之表，壶中有天，以佚其老。吾尝闻旌阳在时，言其身后当出八百地行仙。寻师豫章，江沙过井口则妖荐孽人，吾必再出。观夫楼居列仙，在天地间无别营。独排患难，殄灾异，安生人为己任，满足功行，为钧天广乐之归。昧者昧此，方疾其奉安之侈，不知崇德报功，不如是弗足以揭虔妥灵。辞曰：

道固在人，人则远之。人不即仙，惟仙即之。猗欤列仙，不与世绝。志存生人，隐显殊辙。巨妖既血，发蔀撤蒙。行不厌高，功不弃丰。剑飞上天，龙光敚日。迨今绎思，寻刻舟迹。风清玉虚，月满瑶坛。绛节霓旌，泠然往还。

【说明】 居简（1164~1246），字敬叟，潼川（今四川三台）人。著名僧人，工诗文，有《北涧集》。据四库本《北涧集》卷四录文。参见《全宋文》卷六八〇七释居简一〇（第298册）、《净明资料新编》。记文由释居简撰写，一方面说明了佛道和睦共处之关系，另一方面也反映了真君信仰在佛教中之影响，这对研究许逊信仰及净明道历史有参考价值。

277. 南宋·曾原一：宁都金精山记*

金精山在宁都西郊十五里。未至县一舍，外望镇石绝云，丹崖翠壁，烟霭明灭，知为神仙区宅。出北门，渡拱辰桥，折而西，入至苍山贳笪谷，石峰已渐献奇，昂首尻坐，作伏狮状。顶凑圆石如悬铃，是谓狮子峰。入青牛峡，清涧出嵌壁下，诸石魁岸拥道，山气清肃，愈前愈奇，不一名状。拏龙而骧马，困立而屏张。截者玉削，跂者鹏飞，锐者圭列，展者旗扬。界立者如剑剖锯分，壁峙者如铁城环门，冗聚者蜂巢燕垒，石脂摇光者膏凝液流，高岫出云者炊气郁蒸。千奇万异，骇目怵心。石之著名者十有二峰，狮子其一焉。微圆而长，承以盘砥，如菡萏出擎，盖中者莲花峰也。双峰合峙，中泐至麓，如僧作礼梵呗者，合掌峰也。双石颗中出孤木，枝叶扶疏，如带叶果饤者，仙桃峰也。削壁垩色，石纹墨缕拂布石面者，披发峰也。怒踞当道，眈眈俯视者，伏虎峰也。林木葱蔚，苍翠辉明者，翠微峰也。阚洞前立，与灵泉仙龛对者，望仙峰也。珑石迭琼，峦石丛珍者，三巘峰也。万条丛生，根柯特异者，瑞玉峰也。千仞峭耸，中通洞天者，凌霄峰也。丰首低尾，色如渥丹，状如腰鼓者，石鼓峰也。回峰有窦，出半壁中，裂修缝，垂缠藤，樵牧黠勇者攀藤猱升，窥洞中极宽敞，宛然厅堂房闼。旧传有金床玉几，是名碧虚洞焉。有石远睇如锯，近则团立，直上有金缕者，黄竹峰也。峰麓崎险，路绝梯登，两石倾轧，中仅线通。匍匐登其巅，广平可容千家，两泉涌出甚冽，极旱不涸，中更寇乱，避而寨居者，多得免焉。兹十二峰亦随见指名，要未尽兹山之奇也。阳灵观在群石间最佳处，自仙桃阁入，石为瓮户。启户穿行，曲栈环右，有一巨岩覆之。仰视天空，如规像真仙。其间层殿复阁，屋无陶瓦，雨不能侵。顶悬木鹤，能随四时转指。岩面飞泉潺湲，日夕如雨。自殿沿崖曲折下，石益蹙，气益肃，灵泉自石罅迸泻，乃委蛇出。味宜茶，游人不敢荤酒入。相传谓尝犯者，暴雷雨并至，要亦气森冷，令人粟肤。况仙灵祷辄应，人自不敢渎也。按《云笈七签》云："兹山乃三十五福地。汉初，女仙张丽英字金华飞升所。"志云："山下名家女生有异质，年十五，偶于山中拾桃二颗，以一奉母，化为石；自餐其其一，顿忘饥渴，遗核亦化石。"谓今仙桃峰。是后积功行乃仙。初，长沙王吴芮平闽越，道过邑，闻仙名，强委禽焉。父母欲许之，真人谓使者曰："吾名隶仙阶，暂混尘境，幸无辱。"使者还报，芮以兵入山求之。真人乘云空中，语曰："吾金星之精，降治此山，汝宜为民立坛祈福。"芮始惧谢，仙已冲天矣。仙屡以祈雨应，封灵泉普应真人。飞升时，歌诗十八章，今存其五。

【说明】曾原一，字子实，宁都（今江西宁都县）人。绍定四年（1231）举人。有《苍山集》。据道光《宁都直隶州志》卷三一录文。参见康熙二十二年《江西通志》卷四九、四库本《江西通志》卷一二六、乾隆六年《宁都县志》卷八、乾隆四十七年《赣州府志》卷六、同治《赣州府志》卷六五、《古今游名山记》卷一一、《全宋文》卷七九三〇曾原一（第343册）。

278. 南宋·马廷鸾：三十六代天师母倪氏墓志铭

晋真人许掾之母，登真度世而《真诰》纪焉。唐哀子李训之母，铸像刻词而《碧落碑》称焉。道家本以经功道恩拔亲超祖、度上南宫为事，无所蕲于文字之传。且其学幻言厖，非书生之所得闻也。然欧阳公、程伯子或读焉，或录焉，得非《五经》之外自有书，六合之表自有人，而孝子顺孙发于天典民彝者又自有所寄耶？

三十六代嗣教天师张君宗演之母倪氏，殁于其宫，谒铭于余。介其先人观妙先生所得于先正江文忠公之志，若曰：观妙异时驾风鞭霆，回渊却海，受知穆陵。玉珪象简，瑶扇宸章，照耀林谷。其所亲浙漕进士王君之状，则曰：倪氏齐家有序，主馈有则，相夫有佐佑功行之劳，教子有勤饬严整之规，妇道母仪，两无所愧，是观妙之室也。余读文忠宾天抱弓之铭：乾端坤倪，云徂何往？将伸纸濡墨，固已陷膺腐眦矣。是天典民彝也，尚忍续之铭乎？然怀雨露之明恩，奉金石之旧章，而托之山哀浦思之人，亦天典民彝也，又尚忍辞之铭乎？

张氏养素名山，董道垂教。自大中祥符以来，飙车羽轮，温纶促之；霞子云孙，嘉号录之；石粡芝田，上腴续之。瑶殿矗矗，银宫旃旃。握帝之符，佩神之诀。岳祇受职，星伯扬灵。去之千万世，思禹而河洛皆禹，逃尧而云天皆尧。《传》曰："纵子忘之，山川鬼神其忘诸乎？"且独不究其祖之所逮闻乎？圯上一编，佐兴炎刘，以仁义公恕统天下者四百年。其间当途受任者，奋身持危，与国俱敝。而家人女子，率为飞迁，固难为浅见寡闻者道也。琼英之兄，乘烟之父，彼皆何人？载在史册，汉德可谓允怀矣。张氏之教，源流于汉。既仿佛宣城、赤松之遗风，则生居灵宅、殁言仙姑者，宁无感于此乎？久矣！余之不托于文也。昔之人固有制形炼魄，遗俗独存，以究观无穷沓来之世变，则赋湘灵、记麻姑者，岂独女妇之云乎？呜呼！铭曰：

嗟时俗之迫阨兮，愿轻举而远游。窥前灵于往代兮，寻羽人于丹丘。身扶日而弗支兮，家蹑云而上浮。美琼英之遗则兮，羡乘烟之良俦。惟彼元君，卓为灵匹。含冲葆真，金堂玉室。往讯其人，呼之或出。

【说明】马廷鸾（1223~1289），字翔仲，号碧梧，又号玩芳病叟，乐平（今江西乐平市）人。淳祐七年（1247）进士。历官至右丞相兼枢密使。有《碧梧玩芳集》。据四库本《碧梧玩芳集》卷一九录文。参见《全宋文》卷八一九〇马廷鸾一四（第354册）、整理本《豫章丛书》集部六《碧梧玩芳集》卷一九。

279. 南宋·牟巘：送梅君遇入龙虎山序*

梅君遇居澄江，有诗书之业，水石之胜。以贫，故不能不出从斗禄，奔走尘埃，鞅掌独劳，非其所乐。一旦赋诗，拂衣径去，何其见之高、志之决也！自号云水道人。忽又弃其家，入勾曲山为道士，布褐芒屝，霞餐芝茹。见而识之者相与劳苦，辄笑而不答。尚喜为诗，好风凉月，时复朗吟，能自道其意。近寄声云，当由柯阜出冰溪，以访龙虎之仙山，而赠言者颇众。予老病日侵，强食息人间世，旦暮且尽，欲附六翮从之不可得，甚恨甚恨。君遇其子真之苗裔耶？仙山乃骑麟翳凤、霓旗绛节之所上下而往来，是行也，安知不与子真神遇？幸为我问之曰：自去九江隐吴市门，翩然遐举为仙，果乐否？虽无妻子累，然平生一念，惓惓忧国，能遂忘却？千载之下，谁与论此意？颇为我逌尔而笑否？

【说明】牟巘（1227~1311），字献甫（一作献之），井研（今四川井研县）人，徙居湖州（今属浙江）。历官浙东提刑、大理少卿。元兵陷临安，杜门隐居达三十六年。有《陵阳集》。据《陵阳先生集》卷一二录文。参见《全宋文》卷八二二七牟巘六（第355册）。

280. 南宋·姚勉：萧道士诗序*

弥明不作久矣。黄冠者流，挟吟卷游公卿间，类不见可人。一日，古洪道士萧君致道来，有诗贽予，纳之袖，未暇读也。退读之，有曰：“贵登芸阁近，贫止竹门清。”惊曰：“此诗人也。”夫“贵登芸阁”固不足道，而“贫止竹门清”一语，可谓能吟予之心事者，可与言诗矣。因尽取其诗而读之，篇妥句适。时南风初熏，予在湖舫中危坐，“芰荷淅淅响微雨”，缓吟萧君诗，盖真与藕花同一香也。

【说明】姚勉（1216～1262），字飞卿，号雪坡，新昌（今江西宜丰县）人。宝祐元年（1253）进士。历官平江节度判官、校书郎兼太子舍人等。有《雪坡文集》。据《豫章丛书》本《雪坡集》卷三七录文。参见四库本《雪坡集》卷三七、《全宋文》卷八一三四姚勉一〇（第351册）、整理本《豫章丛书》集部五《雪坡舍人集》卷三七。

281. 南宋·姚勉：饶道士诗序*

古洪道士萧君致道与饶君士隐皆以诗教予，予在湖舫中读萧卷毕，方隽永余味。因思二君偕来，诗必皆佳也。顾觉小倦，授童子读，展桃笙欹眠而听之，其卷首题曰《苍涧泉鸣》。予听其诗清圆响亮，如在庐山草堂听环佩琴筑滴沥，西风洒然，随风远去。今日何日，见此二妙。因书其端，且摘其句以玩。

【说明】据《豫章丛书》本《雪坡集》卷三七录文。参见四库本《雪坡集》卷三七、《全宋文》卷八一三四姚勉一〇（第351册）、整理本《豫章丛书》集部五《雪坡舍人集》卷三七。

282. 南宋·刘辰翁：紫芝道院记

曩日余方道庐山之上，林红涧碧，高下横斜，曳行竹间，渐秀而野，疏篱映路，得二精庐，时闻风香。直上二百余步即山半，为紫芝道院，又上为九子亭其颠。余问主人，其紫芝何？主人呼僮，以其芝视。余曰："箕山劚松，得之松根。其叶重晕而坚泽，其干交植而腾拏，高余二寸，通明扶舆，色如鼎砂。按石芝髓，土芝爪，肉芝婴儿。惟木芝出于茯苓者为威喜芝，生枝节间龙形为飞节芝。又五芝五色，惟得之中气而火成之紫为燕胎芝。由芝有道院，由道院有人物。东海而一异人生，南海而一异人生，其来游、其偕隐皆不可知，而蛰焉者已知之矣。子亦知之乎？此英雄气志之所不能有，国朝图瑞之所不能无也。而以为非耶？则已见贵于昔人矣；将以其小为不足，则将必有过此者焉，王氏之珊瑚犹是也。惟其出于应感，漠乎自然，达乎际会，则赤水之玄珠犹是也。是道院独不当吾记也？抑是芝也，以为宝不如玉，以为用不如谷，顾得而食之不饥。其始许由服之，不以天下易一芝之大。其后四老人服之，以其身为四百年宇宙之身。芝者不常有于人间，未有此人，已有此芝，及其为天下也，又若以此芝为此人有者。然子云以为世无许由，吾亦以为汉无四老。何则？子房在焉，东海君亦在焉，其为四老者此人也，其为黄石亦此人也。不然，商於之野，刘、项之际，岂其近于人而不闻于人，而其君臣者独知之也？子房每以世外用高祖，千载之下，惟杜子美如见其志，曰'时清犹茹芝'，谓必如是而后足以寤人主也。岁三秀而芝无穷，时闭隐而身有待。夷、齐采于山而不得，故饿。故太史公于传首无故而叹曰：'余登箕山，其上有许由冢云。'说者谓箕山多芝，许由不饥。盖伤夷、齐不遇，不得如许由也。于是世道人物出处系之矣。"

吾尝与主人登高而望九子，玉笥其西，梅子真是其选。自子真而下，之八子者犹子真也。仙道往来，一屈伸肘，如春木之芚，五百岁而犹存，又千岁而一成纯。后人想见眉宇，如闻歌声，在此犹彼。因相视而笑曰："与子为二老，亦足愿也。"

【说明】据四库本《须溪集》卷一录文。参见《全宋文》卷八二六六刘辰翁五（第357册）、《全元文》卷二七二刘辰翁五（第8册）、整理本《豫章丛书》集部五《须溪集》卷一。

283. 南宋·刘辰翁：玉真观记

自伯阳以来，大丹大法，又玄众妙，千门万户，单传密授，岩居涧饮，清修练要，杂以聪明人主，化人接引，常中道而坠，葬于不瞑之乡而惕于多岐之野，盖一离一坎而不能使之纯阳，亦无不以为恨也。而东家之寒女，西里之深闺，耳无闻，目无见，浩然尘欲之表，捐亲戚，弃人事，早自信而独行，若良知而悬解。起玉真观，为黄冠师，此华山女之所不坐讲所宫观，而奉玄帝前三间东偏。于是祷者复之东偏，日又日盛。希静求余记之。

按《天官书》，北方玄武虚危，朱文公熹谓真武为女真神，非也；今为真武者又像如道君皇帝，亦非也。虚危居方壬癸，天一生焉。为是一者，青龙、白虎、朱雀交会其所，是为龟蛇，与三物独异，而其名玄武，有不物之道焉。玄者，天也，天乃道也。此岂女真后人名号之杂，又岂天人福相想象之比耶？北极以为天，一阴一阳之不测也；南面以为君，二气五行之妙合也。黄帝以来，得之以立民极；伯阳而降，得之以善其身。求之形体愈远，求之祸福则又远。水中有火，先天地生，道家以为龙虎，而法家以为庞刘。吾日用饮食，真迹而心践之，顾恍耶惚耶？为是宫者物耶？龟于图于卦，戴负而北首，南方鸟火飞舞来并，雀化蛇，汞见砂，天地由此合，而万化从此出，故在太虚为关轴，其大无所不至，而灵亦可知，第言符咒执劾，浅矣。斗为江湖，去虚危最近，观剑气者常在焉，丰城者未尝失，延平者未尝在也。仙圣往还一气，遇物成形。西山之下有剑焉曰旌阳，东湖之上有剑焉曰真武，其地合，其宿近，故其神最灵。豫章、吴楚之间，又江湖也，斯堂也应之矣。希静经营二观，以其时，以其地，比于创造而天师者遥属之，灵应若升，殆有相焉。观成某年月日。

【说明】据四库本《须溪集》卷四录文。参见《全宋文》卷八二七一刘辰翁一〇（第357册）、《全元文》卷二七七刘辰翁一〇（第8册）、整理本《豫章丛书》集部五《须溪集》卷四。

284. 南宋·刘辰翁：玉笥山清音堂记

余初入玉涧，见其山泉曲折，草树依微，叹曰："使此泉生闽浙石壁间，皆当琮琤洗人耳矣。"既至承天，如万石公家，高明胪分，门巷周回，乃若与山不相接者，使人曳行所至，如见叔夜水边柳下而去，往往未离人间意也。未至清音堂门，木鱼道人已出，廖南山在焉。观其树立显敞，苏块丙舍，稍涉屏后，则山石苍寒，竹树层阴，有天竺呼猿雪后之趣。时主人理茶事，独二客从余坐，久悄无余声。客曰："宜琴，恨不令壁间琴语也。"余熟视壁间，耳目萧然，方悟无弦之妙。以不闻闻，殆又胜于闻也。此日此堂，初见此山。

后二年，木鱼以其师请记曰："堂后书堂峰，梁昭明诵左太冲诗处也。"余笑曰："山水不如是也。即'山水有清音'五字，亦世间常有，此语直托之太冲能道耳。是虽可诵，何必闻乎其声？凡音之起，由人心生也。惟得之天然者，可以意会而不可以言传。醉翁之听泉声也如操，而沈遵之谱琴操也如泉，政使高下一如泉声，而醉翁之醉远矣。又不知翁之于是操也，如当时所闻否？山间石上，尽日无人，鸟啼花落之外，属有泉声泠然若众音会，其断其续，犹之无可奈何，而山之为助也多矣。不知者以为湘灵之环佩也，抑点尔之鼓而希、铿而舍也。一入手耳，神情洒然，但觉余音之皆赘。复有雍门悲弹、华亭清泪，亦不愿听之矣。此岂可以寻声而谱、累句而作哉？吾尝谓陶弘景卧听松风，此于浩然之气为有悟入。松风往矣，而曲肱者犹从之也，此其在觉梦之间也。盖若浮若游，而不知其谁我，松耶？风耶？其亦出其山水之间耶？"于是木鱼跃然而起曰："未尝闻，未尝不可闻也。"归而刻之堂上。

【说明】据四库本《须溪集》卷二录文。参见《全宋文》卷八二六八刘辰翁一一（第357册）、《全元文》卷二七四刘辰翁七（第8册）、整理本《豫章丛书》集部五《须溪集》卷二。

285. 南宋·刘辰翁：太秀洞天买田记

太秀江西洞天而山田不满三百。其为宫观不知几何年，簪盍第增，环山十里，古以至今，无人焉居之。比年游山者、祷祠者、暮投宿者，日常数人食而田不加多，世乱恭奉币者益少。余绍禹之为道司也，独寸寸而节，岁收岁广，复市田七百余石，附旧籍于山间，耆老共祈乎一言以为记。

凡方外以嘘吸为乔、松，而世亦以餐花绝粒者望之。故其业视给孤乞食为寡合，虽有饥色，必将忍之焉。千年空山，甫及千斛，将来者笑人无能。则昔之居此者为已多矣，谓非才且贤者不及此也。当庚桑子之来，草根木实，淡然至足，徒遗后人以其处，而代兴赐焉，望走施焉。虽然，有隐有显。是山以杜真显，而又有法乐天王为鬼神司命，幽明证信，人物归往，而上不及阁皂，中不及承天，比于隐者，徒以贫无求、素无欲，今其辛勤积累，视他山能几。

然井田之世，上农夫数百人之食，百金之费，中人十家之产，此荜门圭窦之士所为庐舍而窃叹，而金堂石室之地，顾犹以蜀姜为未足也。继自今其俭其勤，其益思其始，计其终，于诸仙之过化为不享，于叔季之所蒙为侥幸，毋以给足傲蘋荐，毋以积实废饭刍，由百致千难，由千取百易。继自今其俭其勤，其十百乎其初，则吾言为陋矣夫，吾言且过矣夫。陋且过不论，吾又自有感也。

士大夫无担石负米而起，熙熙然家如婴儿，一日而置二顷，则身后有争焉者矣。政烦赋重，阡陌拟封君，念子若孙，有愿为窭焉而不可得者矣。而惟世外之人，皆宛然阅世而无患，非其能足以致此，所以致此者，其道盖是也。呜呼！大道之行与三代之英，吾党未之见也。见素抱朴，少私寡欲，道其道者，尚亦毋悔乎其言。

【说明】据四库本《须溪集》卷二录文，参见《全宋文》卷八二六七刘辰翁六（第357册）、《全元文》卷二七三刘辰翁六（第8册）、整理本《豫章丛书》集部五《须溪集》卷二。文中记述了玉笥山太秀洞天买田情况，阐述了道教“见素抱朴，少私寡欲”之思想，从中可了解道观如何解决自身生存与服务信众之矛盾与困难。

286. 南宋·刘辰翁：大秀洞天题钟

楚山气异，已飞燕地之霜；追蠡声沉，未觉洞天之晓。笑凫鼻之铸错，何庆掾之诚悬。欲嶷坎鞺鞳如石钟山，必震撼击撞有金刚杵。相求相应，龟贝辅金刀以行；大叩大鸣，鲸鱼与蒲牢共作。是为法乐，永镇北鄷。

【说明】据校点本《刘辰翁集》卷一五录文。

287. 南宋·刘辰翁：读易堂记

大秀洞天监宫道人曰鲁云窠，年七十五，聚山中童子挟书各异，而名堂“读易”，求“读易”之一言。余问：“《易》如何读？读安用？”道人不对。余笑曰：“具是矣。凡读《易》，与诵经等，不知诸天魔王神通变态与金书玉字说经功德，诵之又诵，何当于神明？何益于人理？而稽首空中，如有德色。今言《易》九六，利不利，彖某，象某，人天劓，鬼车载，鼓罢歌咷，眇跛无肤，噬胏刲羊，牛革狐尾，字不字，涉不涉，一见已决，厌再见，尚须读耶？徒元亨利贞，近身远物，不得其用，则亦与道经咒语无异。”或遂问如何用？余谢曰：“何用？《易》至邵康节初有用耳。康节四不出，出遇人云日有未佳，即返，顾不知数耶？此其所以知数也。今人语《易》，神异而日用之不知。古人开口必于《易》，故王子廖、知庄子、子太叔皆曰是在《易》也，某之某，尚须卜耶？通身皆《易》，通天地皆《易》，通古今皆《易》，而不知，知读而已，读何用？”又未有知无用之用也。余去年过大秀，鲁道人闻余至，穿林取疾，延客坐堂上，拾炭煮泉，焚香供茗。语小渴，复供，阅春雨数品。明日从余郁木，欲攀萝径，或曰雪未消，且住。此两日半共一卦气，至今再卜其胜，亦不可得。日异庵道人至，问鲁叟何如？曰：“日健饭，喜茗如昨。”余曰：“是真能读《易》者。”坐久，复听泉声琅然。

【说明】据四库本《须溪集》卷四录文。参见《全宋文》卷八二七二刘辰翁一一（第357册）、《全元文》卷二七七刘辰翁一〇（第8册）、整理本《豫章丛书》集部五《须溪集》卷四。从文中作者与道士鲁云窠谈论如何读《易》，可见道教与《易经》之密切关系。

288. 南宋·刘辰翁：西山云壑记

道录欧阳士鼎言：“祖师淳熙左右街道录、太一宫主皇甫居中以道行升闻，入内主醮事，对扬太平护国天尊圣号，声振帘帏，大见宠遇，御书‘云壑’二字，又赐以诗。今百有余年，墨色如新，宣押奏纸尚幅十余故在，藏阁昭回，西山夜光，而未有记，敢请。”盖诺矣，而未及作。

有问者曰：“此皇甫亦有何异，徒以音声动寤，而天听沛然，如有得于此，何也？”某对曰：“此大圣人之所以异，非可以闻而识也。李邺侯读书衡山中，闻高处懒残诵经声，前凄怆而后快乐，惊曰：‘此必谪堕人也。’将去矣，亟就之，得炉中半芋。人天哀乐，何与于经卷，而察之至此，此岂师旷六律五音之审、子期高山流水之知而已哉？惟邺侯知此僧，惟此僧知邺侯，而非蕲乎知也。孝宗天人也，其必有所感矣。明衣滥竽，前喁后于，空中遗音，何足回首。深宫蠖濩，龙见雷声，其彻重云而摇阊阖耶？帝亦俯然而听之矣，而谓圣人不知耶？则是师之精神气志有出于声前者矣。鲁君之呼而门者知之，彼微者之知君，况君之知微者乎！此固不足深论。独前代英君有愚于求神仙而荒于颂功德者，其究则甚于声色，而国命随之。天岂离于人而欲升，山何求于人而欲禅？下不可以语童子而高可以感帝王。惟我孝宗与诸老为师友，其于道心执中，知其一贯，故时时接于方外，足证自然，而所遇所求，亦不过如所闻而止，其不蔽不淫，不彼不此，可以贯彻宇宙，为万世法。若从是而合，儒者知耳入心通之妙，则物无不该；仙者知尽性知命之同，则理无不在。以此想见乾、淳之际，如孔老、孟庄同时，虽深山之中道家者流，犹有皇甫高士，而人不知。观其正大所感，岂肯如化人幻世，以亡国之音为月宫之乐，欺天辅乱？虽其事至微而意亦可识，无不足以为鉴。”于是问者称人天师而退，退命士鼎书之。

【说明】 据四库本《须溪集》卷二录文。参见《全宋文》卷八二六八刘辰翁七（第357册）、《全元文》卷二七四刘辰翁七（第8册）、整理本《豫章丛书》集部五《须溪集》卷二。本文借御书“云壑”之事阐发了前代英君对神仙之态度，赞赏南宋孝宗与道为友。文中“道心执中，知其一贯”“不蔽不淫，不彼不此”等所蕴含道教丹道思想和平等精神有价值。

289. 南宋·刘辰翁：赠韩道录序*

士患不入官，入官邂逅恶弱，残州冷邑，如囚寄枯悬，奉入不足以塞号啼之忧。回思士贵，至欲复为屠羊不可得。士官废兴如此，近年道官比士官则又甚矣。

庐陵韩道录自临川来客天庆。天庆异时置司兼住持，尚不乏厘为甲乙而来者。定巢托食殊窘，免于削伐僦赁，则幸耳。吾州寺十百，道宫十不当一，若与僧头会百处一，税缗计千处一。欧公谓老子数千年才一遇，遇必出于时君世主。然犹不胜，况今世称道官于不可为之时与寺至多、僧至富之处，破窗暗雨，落叶萧然，师方行吟向壁，扫地而坐。闻隔院饭钟，悟日已晚，饮泉自洁，惟北关候贵人驿骑即公事。予尝哀其穷，欲使有力者稍助薪水，顾师无求人之色，故当雅全之。然闻其师自燕归，则慨然故山之兴，若不可留者，独复捆屦宿舂，又逾月不能往。予笑曰：“犹待蜩翼耶？”师浩然径去。古云天上多至尊，相奉更若人间耳，是山中胜天上也。人能知山中胜天上，即天仙不与易也，况道官，况吾州道官！其归去来耶？其又胜来耶？

【说明】 据民国豫章丛书本《须溪集》卷六录文。参见《全元文》卷二六九刘辰翁二（第8册）、整理本《豫章丛书》集部五《须溪集》卷六。

290. 南宋·文天祥：送隆兴邹道士序*

新吴昭德观，或传西晋刘仙人飞升之地。其观前井，犹仙人时丹井也。今邹高士居其观，亦以炼丹名。或曰高士仙人之徒欤？予诘其所以为丹，则高士之丹，非仙人之丹也。仙人之所谓丹，求飞升也；高士之所谓求丹，伐病也。仙人之心，狭于成己；高士之心，溥于济人。且夫兼人己为一致，合体用为一原，吾儒所以为吾儒也；重己而遗人，知体而忘用，异端之所以为异端也。高士非学吾儒者，而能以济人为心。噫！高士不贤于仙人欤？

【说明】据四库本《文山集》卷一三录文。参见同治《奉新县志》卷一六、同治《南昌府志》卷六三、《道家金石略》。

291. 南宋·文及翁·永和清都观题字

仙关。

【说明】据明徐象梅《两浙名贤录》、清厉鹗《宋诗纪事》等文献载：文及翁，字时学，号本心，绵州（今四川绵阳）人，徙居吴兴。历官至资政殿学士、签书枢密院事。宋亡后，元世祖累征不起。闭门著书，有文集二十卷。据《东昌志》卷一“清都观台”条目下相关介绍录文，题为整理者所加。按，虽文及翁还写有与江西有关之《雪坡姚舍人文集序》《马洲山谷祠记》等文，但并未查到他曾任庐陵宰之相关记载。“仙关”与隔河相对之青原山净居寺题字“祖关”正相呼应。

元　代

292. 元·佚名：先考蒲窗彭公宣义地券

至元十六年己卯（1279）

谨状。青乌子《鬼律论》云，葬不斩草，买地不立券，谓之盗葬。乃作券文曰：

维大元国至元十六年岁次己卯秋七月丙午朔二十七日壬申良利，江西道吉州路吉安府录事司、庐陵县城外雍和坊西街九曲横巷面西为居，孤哀子彭道渊、道溥，重孙复亨，伏为先考蒲窗彭公宣义公，讳因，生于开禧丙寅三月初三日辰时，终于己卯五月初六日戌时。今卜吉日，动土斩草，以八月初九日甲申而安厝之。龟筮协从，州曰吉州，县曰庐陵，乡曰儒行，原曰青湖，坐申庚山，作寅甲向，为之宅兆。谨以冥货极九九之数，币帛依五方之色，就于后土阴官鬻地一区。左止青龙，右抵白虎，前极朱雀，后距玄武。内方勾陈，分治五土。彼疆此界，有截其所。神禹所度，竖亥所步。丘丞墓伯，禁切呵护。欧彼罔象，投畀兕虎。弗迷兽异，莫予敢侮。千龄亿年，永无灾苦。敢有干犯，神弗置汝。幽堂亭长，收付地下。主者按罪，弗敢云赦。乃命翰林主人，子墨客卿，为作券文。亡灵允执，永镇幽宅。天光下临，地德上载。藏辰合朔，神迎鬼避。涂车刍灵，是为器使。夔灵魑魅，莫敢逢旃。妥亡佑存，罔有不祥。子子孙孙，俾炽俾昌。山灵地神，实闻此言。谓予不信，有如皦日！梅仙真人时在旁知见。急急如太上女青诏书律令。敕。

太上灵符，镇安幽宅。亡灵永吉，子孙昌炽。邪精伏藏，蛇鼠遁迹。急急如律令。敕。【原有道符一帧】

太乙金璋，灵气辉光。六丁左侍，六甲右傍。青龙拱卫，白虎趋锵。朱雀正视，玄武当堂。川原吉水，善应凶藏。五方五煞，不得飞扬。

今奉太上玉女神秘券咒，急急如律令。敕。

【说明】 券石2006年出土于吉安县敦厚镇。青石材质，高0.82米，宽0.56米。据《庐陵古碑录》录文，标点、格式、个别文字有改动。

293. 元·刘辰翁：紫极宫写韵轩记

至元十八年辛巳（1281）

余旧过洪，游紫极宫，徘徊写韵轩上。虽江山明丽，而栋宇凋残，加以俗书满壁，类鲜不愧文、吴二才子者。后十六年，当闰辛巳之正月，余自庐山还，滞留过之，则殿角如飞，高出廊右，前栏俯月，澄景内彻。中分为三官之祀，谓吴氏故司江湖，水官附焉，亦安知水官之久不复为天官耶？皆未可知也。于是祀三官犹二仙。

按仙籍，吴彩鸾者以女子游许仙之会，行歌之次，文箫过之，感其词，亦知有已，迹其缥缈，与俱陟焉。坐顷几何而文书狎至，问而知其主舟楫覆溺也。又顷帝怒，谪向人间，则言语漏泄是罪，缘是下至紫极栖焉。文本书生，不自业，赖鸾书《唐韵》，每得数千钱，且书且罄。后各仙去。是轩其写《韵》处也。《韵》者人间书也，鸾也舍其仙都而降从于人士，其尘劳浊辱可胜道哉！今人知吴仙之游之为谪，而未有知文箫之生亦谪也。其幽明遇合，天也。不然，彼男子，女也何自知之？仙者知之可也。匹夫踽踽，何自从之？邂逅从之可也。皇皇上帝，何自成之？今人有爱女，且不肯以与凡子，矧是玷言而淫从其欲？堕而复召，且其谪不至是。非仙风道骨冥数玄契，娈彼玉女，宜不可以一朝堪。眷焉卑栖，静言出涕，而谓人间之游乐乎？则其惑亦不至是。此常道，非常道，以非常求道，故自不见其常耳。其为仙者常也，其谪亦常也，庸讵知吾之非常？又焉知仙之在人间世，不至今混混如常人哉？

吾且指是轩言之。韵之有字也谁为之乎？天为之乎？则吾未知。天之于字也识之乎？不识之乎？以其初制字者人也，则吾又未知声之为道，其先有声而后有字乎？抑因字以为声乎？其又谁告之？皆知声音文字之皆天，则我亦天也；其为我者天也，则我为之亦天也。必仙也而异于人道，则仙者非人为之乎？而又谁为之乎？自韩退之作弥明狡狯语，而谓天上为别有书；自侯道华为天上无愚懵仙人，而仙者遂又当遍读人间所谓书。而由达者视之，皆非也。吾与造物者为人，则书之出乎吾后者犹日阅人而成市，当亦何所不识。

凡吴氏《唐韵》，皆反复作叶子书，朱墨分部，精楷宛丽，开玩如新，近年犹数本尚存，世人不能效也，彼女子岂常习为此字哉？古所谓不死者复为人也，二仙故在，携手来游。

按彩鸾本晋将军吴猛女，父女俱登仙籍，距唐踏歌遇文箫时乃四百余年，其为并谪无疑。在仙籍，吴、文应其故偶也。或曰：何四百年之久而犹美少故态耶？曰：天上一昼夜，动经人间几岁月，未久也。或曰：仙矣，如淫何？曰：未离欲界，故应尔尔。或曰：天上自有文字，何必故作人间书？曰：人间那识天上书，书之亦不售。且晋人多善书法，其精楷宛丽，亦其余习故然。其不写他书而写《唐韵》，亦故留此韵事韵话以作人间一段风流话头耳。此神仙游戏狡狯处也，非《韵》本存，世鲜不以为子虚矣。

【说明】据四库本《须溪集》卷四录文。参见乾隆十六年《南昌县志》卷五五、乾隆五十四年《南昌府志》卷二六、同治《南昌府志》卷一三、同治《新建县志》卷七七、光绪本《万寿宫通志》卷一八（文字略去大半）、《全元文》卷二七六刘辰翁九（第8册）、整理本《豫章丛书》集部五《须溪集》卷四、《净明资料新编》。按，文章最后一段为原有文后按语，姑照录。

294. 元·刘辰翁：吉水洞岩朱陵观玉华坛记

至元十九年壬午（1282）

因泰山升中，于天近也。地载神气而产五行，其尤高且大者，风雨之所交，云龙之所兴，仙圣之所往还，故柴望通，请雩切，登封极，陟配隆。况第为洞天三百六十之一，古之真人尝修炼于此，后之学者又冲举于此，则坛为饰焉，植圭璧焉。其增高据胜，如东方明，如四郊合，岂直佳时远集，俯落帽以兴怀，迟暮同游，顾沈碑而横涕也？

洞岩在吾州南东吉水西，自贞元六年阎使君寀弃吉州锡名遗荣隐兹山。《唐会要》云，今岩石有若扉半阖、溜飞瀑者，相传入岩中石合。由使君前有谢仙，后有彭刘，又后有此山道童曾，俱无名，俱得道。而南唐徐锴开宝初记称浮丘、王、郭尝游此。道家《紫玄实录》遂称王郭洞为小华盖，指此古洞岩名宝寿观。治平改朱陵。涧水出东西两洞，入东洞，道古华盖阁，至瀑下。未至瀑数步，径绝顶，迂回腾拏出瀑上，今为玉华坛。坛在曾仙童升处，夜有光。按江西惟抚州华盖山巢三仙，而吾州稍高山辄称华，如瑞华、祐华、南华者不一，惟中华盛。然稽其实，如上所记无一有，而洞岩自阎使君外不见称。数方民之求福，草野勃兴，亦犹履巨迹而疑雨星，闻雊音而希陈宝，虽鸿蒙之与语，而汗漫之与期，要皆不可致诘。然仙骥未归，隐然下记其处；虹光上烛，夜中犹际于天。则兹山之为玉华又近也，其不可诬也。凡人间世质左契，彼凿空望走，此隐佚沉沦，则亦居其所者之有能不能也，而人物显晦犹是矣。使众真杂遝者，非浮丘翁与其丹犹在是欤？吾尝挟二三子与父老争道，指山而问，在芗城五峰，忠简胡公在其下居；永和清都，东坡、山谷游焉。佛塔其阴，钓台涓涓之所自出，前望快阁，章贡横陈，想见安期老人自此而入海，周王南征，虫沙猿鹤之后先也。仙好楼居，楼莫尚于此矣。既下，道人请记，余笑曰："宇宙兹山，谓自今日始可乎？"道人曰："兹山宇宙，自今日耳。"余谓二三子具笔墨，余为玉华记今日。自阎使君至今日四百九十二年，自宝寿观至今日三百三十一年，自朱陵至今日二百二十五年，自为玉华至今日乙丙丁二十有三月凡六百三十有三日。岁在娵訾，月旅蕤宾，丙丁统日，庚子御辰，余游山并记。

【说明】据四库本《须溪集》卷一录文。参见《全宋文》卷八二六七刘辰翁六（第357册）、《全元文》卷二七二刘辰翁五（第8册）、整理本《豫章丛书》集部五《须溪集》卷一。按，贞元六年为790年，据此推定本文作于1282年，即元世祖至元十九年。

295. 元·阎复：龙虎山大上清正一宫重建三清殿坛楼三门碑

至元二十年癸未（1283）

圣天子既定江左，首下明诏，招徕岩谷之士。闻嗣汉三十六代天师张君宗演居信之龙虎山，驿召赴阙。今玄教宗师张君留孙实佐其行，至元十三年八月见于正朝，礼遇优渥。居久之，天师南归，上特命宗师留侍辇毂。方春京畿不雨，民以病告。师洁斋致祷，嘉澍立至。上及中宫数有禬禳，罔不孚应。由是天眷日隆，太子、元妃，犹加敬礼，为制重锦法衣一袭。十五年春，从狩日月山，还授凝真崇静通玄法师，始置正一之祠于上都。寻进玄教宗师，总持两淮荆襄等路道教，江南诸路道教都提点，赐银印，秩视三品，仍赐玺书。凡所辖宫观布缕粟米力役之征，一切毋有所与。先是，京师无正一祠宇，乃敕有司度艮隅吉地，建崇真万寿宫，俾师主之。落成之日，中宫遣内侍授尚方所藏玉真仙像二，玉寿星像一，玉数珠百。又命领将作院事大司徒公冶昆吾利金为剑，上镂星台卦象，室以兼金，檑以珠璧，铭其背曰“赐张上卿”。上卿即师别号也。上亦遣侍臣授水晶玄武像。国家谓东北为幽方，故列玄坛真像以镇之。十八年夏，诏命及其徒陈义高承侍东宫。二十五年春，醮崇真宫，命守司徒集贤院使翰林承旨光禄公赐以宝冠、玉珪、金服、珠履、环佩之属。是年秋，加总摄江淮荆襄等路道教都提点、同集贤院商议道教事，申命蠲复所辖宫观。诏旨如前，仍著为令。师童丱入道，素行高洁，雅为众所推服。加之识虑精明，劳谦乐施，虽得时行道，自奉尤极清苦。初拜师号，制书有曰“严以自持，静而能应，顷留近侍，行业足嘉”。其被褒拂若此，用能振举玄纲，扶树宗教，俾羽褐之流均受其福。自惟荷国宠灵，无以报效万一，而故山祠宇，刓弊滋久，将撤而新之，永为皇家祝釐之地。乃悉所储，度材训工，属其师静安冲妙崇教法师江东道道教都提点李宗老纲领其事。一十五年七月寥阳殿成，轮奂壮丽，视旧有加焉。上闻而嘉之。一十八年春，诏加封岳渎海神，命师往摄祠事，且奉香币至龙虎山即新殿行庆赞礼，既毕，顾瞻玄坛，门阙腐挠漫漶，弗饬弗称。遂广旧制，为坛楼四檐，为门七十楹。坛之前为拜亭，门之前为碑亭二，于是中外闳深，金碧交映。起一十四年六月，迄二十年十月，先后兴作，土木之工以万计，縻钱九十万有奇而功始备。上为护以玺书者再。玄门盛事，十载之光，盍有以示来者？师遣其徒吴全节请识兴造之迹于石。

盖闻天师之道祖述老子。至于精诚感格，可以蠲祓灾沴，屏诸不若其教下为无补于世。由汉以来，千数百年，流传不绝。宋靖康后南北分裂，灵山奥壤，阻隔一隅。洪惟圣皇混一六合，遐想真风，夙诏贲于岩扃，龙光敷于玄馆，其崇尚可谓至矣。惟师虚缘葆真，适契亨嘉之运，必也表昆仑以为坛，张璇穹以为宇，以道德为粢盛，清静为蘋藻，上为皇家祈天永命，敛福锡民，措斯世于华胥之域。是宫之作，特其绪余耳。

师字师汉，系出贵溪望族。其父九德，官至太中大夫同知江东道宣慰司事云。铭曰：

於皇有元，钦崇至道。治本无为，化符轩昊。汉有留侯，赤松是契。流芳叶叶，运逢圣世。翼翼灵宫，众妙之门。谁其新之？留侯之孙。其新维何？清都紫微。载辟阊阖，载运璇玑。昔弊弗治，今也渠渠。瑶坛冰洁，绀宇云舒。维师莅止，霞冠珠履。佩玉舒徐，以歌帝祉。帝庸嘉之，载锡恩言。师拜稽首，天子万年。节彼仙山，龙盘虎踞。天子之祚，如山之固。沔彼灵川，其流汤汤。天子之胤，如川斯长。九土清宁，三辰炳燿。天子万年，诞敷玄教。

前翰林学士、通议大夫、江南浙西道肃政廉访使阎复撰，翰林侍读学士、朝请大夫、知制诰同修国史李谦书，翰林学士承旨、通奉大夫、知制诰兼修国史董文用篆额。

【说明】阎复（1236~1312），字子靖，号静轩，东平高唐（今山东高唐县）人。性简重，美丰仪。历官翰林应奉、翰林学士、集贤学士等。有《静轩集》。据元本《龙虎山志》卷下录文。

296. 元·丁□□：阁皂山瑞云堂王管辖墓志

至元二十年癸未（1283）

公姓王，讳惟，字勉仲，洪之丰城人。以儒世业。公幼读父书，冠而有弃俗之志，从瑞云堂邹公知常游师焉。壮而祠牒，遂泛湘涉沅，历名山以求异。时鹤山魏公闲居渠阳，公求见，与语善，以“楼云”二字赠之。归而为扁其室，遂无出岫之心。端居默坐，研究二教之书，以求性命之学。每曰：

“静以养神，默以养炁，饮食皆足以伤气。”故食不求饱，饮不至醉。谓布衫皆足以暖体，故衣不尚侈，未尝事修饰。又曰：“人不可以无礼，所谓绝灭礼学者，非吾所谓学也；人不可以无仁义，所谓捶提仁义者，非吾所谓道也。”故检身必严，无简慢，无放旷。应物必厚，故随寓乐施，与拔一毫而不为者不可同科。性介洁而实同流，外严峻而实和。为庚午宫阙主席，耆宿会众，公举年德，签于人而卜诸神，首得公名，上之郡。郡侯焚香签名卜诸天，公姓名自瓶跃而出。公力辞曰：“余静处三十年，安有闲心性作俗家事?”众力请。郡亦再四，公黾勉受命，曰：“既受之，不敢不力。”时公堂凋瘵，负欠如山，竭一岁之入，仅足偿一岁之债。公充以私帑，悉酬公堂所逋。乃节浮费，量所入，丝粟无妄，债坑始裕。三清殿、祖师藏殿岁久坏烂，乃举而重修之。以次正一堂、御书阁、丈室、廊庑、圣像，不三年间工力毕举，金碧错落，丹臒绚绘。公疲精神，竭心目，求无负于众，无负于神，无负于时贤。自是廉介之誉，内外翕然相孚，不待袖疏而争先乐施，顾以助成其志，至于积岁俸给，亦不以归私橐。复指以新鸣水台于宫之南，规模伟丽，见者叹羡。工既毕，尚余廪千硕，钱三千余缗，命以次掌之。诣郡丐闲，郡侯谓左右曰：“此山非此老主之不可。”不许。屡辞，元僚乃老侯曰：“此老真实，宜遂其志。”乃许。公欣然以归，为无心出岫之初心始白矣。

宫厄乙亥火，瑞云俱烬。公结茅三间，处之怡然。壬秋始构工，将落成。公气力强健，起居如常。癸未元日，会其徒，讲履端之礼，忽作而曰：“今日天腊，可以去矣。其为我办后事。”晚钟声断，溘然而逝。公生嘉泰辛酉四月之二日，寿八十三，以是年二月廿一日丙午奉柩葬于本宫之西原，坐乾亥向巽巳流水。度徒十二人，主圹事者蒋处泰，次范立之，元嗣熊仁寿先十年没，次黄良，嗣徐德孺、吕晞杂亦早世。余与公笃物外之交，往来二十余年，知其为人素。一日，蔡资深来为请铭，余何辞？铭曰：

玉蕴山辉，珠藏渊竭。至人动静，□元化俱。汗漫而游，逍遥而归。皎皎空谷，白云依依。

前褐进士丁□□撰，是□书。

【说明】碑2013年出土于阁皂山，现存于樟树市大万寿崇真宫。青石材质，高1.28米，宽0.77米，厚0.3米。据碑录文。按，各本《阁皂山志》未见收录。

297. 元·赵文：庐陵洞真观三清殿碑

至元二十年癸未（1283）

天人之际难言矣。《诗》《书》所称，曰天曰帝，尤盛。若有心知，与人相似。然儒者因是有形体主宰之论，然不敢正言名号之。而道书所谓玉清、上清、太清云者，以为出于气之所结，而又有元始、玉宸、混元之号。混元则尝生世而人矣，元始、玉宸亦人也耶？道无形也，而人之无不在也。而宫之道也者，其在于有无之间也耶？

庐陵城南之有洞真观也，道士罗日运实始基于淳熙之甲午，而居士刘安邵始建三清殿而像焉。又后三十有五年，道士周如椿撤瓦新之。又四十有八年，其徒郭宗仰又新之。又十九年癸未之冬，宗仰之徒萧绍宣慨然念正殿之卑隘，曰："吾弃家为老氏役，我则何事？"琴费药资，捐割靡爱。昼营夜度，如急寒饥。撤旧为新，易卑为峻，复殿轩突，宝盖坡陁，栋宇神扶，位置天设，山灵川后，来相厥役。晬容天衣，庄严洒濯，精焰炫烂，日月晶明，星宿浮动，鸾皇笙磬，响透空碧，骖朱驾玄，扬霓导羽，烟霏霞融，冉冉来下。先是道士郭若中、周如椿建法轮于殿后，岁久，内柱且朽，绍宣购材新之。至是因其架构，联络绵亘，与殿为一。靓净玄闳，引殿益深。殿宇既严，道气日泰，钟鼓清新，草木光悦，吉蠲祈福，四面麇至。洞真之建，于是为盛。

始景定四年冬，绍宣建文昌阁于左庑；其后十六年，建仙珍阁于东；又四年，建春雷阁于西；而其他营葺，所以为其徒讲道之地者不在是焉。绍宣之于道，可谓勤矣。绍宣数以殿记来请，且曰："凡吾之为此也，四方乐道之士与吾若徒实赞于成，微夫人之力不及此。"吾以此知绍宣之能集事也。系之以诗曰：

芸芸万生，谁实生之？共惟昊天，我覆我私。象帝之先，生生我者。暄春凛秋，明昼晦夜。吾侪小人，饮食作息。生于自然，莫谢厥德。夔夔绍宣，曰道吾职。有严殿庭，敬共朝夕。敬共朝夕，皇念我人。人亦劳止，宁莫之闻？其始自今，道与之福。衣裳冠履，桑麻谷粟。玄都玉京，大有所宅。反观吾心，不隔咫尺。存神守一，事我三清。三清在前，敢有弗诚？闷殿峨峨，万古不灭。臣仪作诗，以谂来谒。

【说明】赵文（1239~1315），字惟恭，又字仪可，号青山，庐陵（今江西吉安县）人。文天祥于福建开府抗元时，他与谢翱、王炎午等名士同入幕府。后为东湖书院山长，选授南雄文学。有《青山集》。据四库本《青山集》卷五录文。参见《全元文》卷三三六赵文六（第10册）。

298. 元·刘辰翁：阁皂山门记　至元二十三年丙戌（1286）

江西大宫观福地，惟玉笥、阁皂二山。而阁皂以楼居压山谷，高下如层霄，玉笥盖仰焉望之。乃乙亥六月火，并仙翁所手植灾。又明年国亡，空中烬余，知待何年复兴，其兴万一亦如旧贯以否？日余植杖过之，雾雨重重，隐见横斜，如吴山残雪，栏槛可画。入门，楼观伟然，凌空欲飞，危出半山。虽金碧未施而檐牙山节，工极诡丽，观者低徊，岂独为兹山胜绝。余问道人："此楼起于何时，视旧何如？"曰："丙戌之十月，彭师则诚之所为也，而过旧远矣。彭本无职，于时奋田。蜂房水涡，籍三周，如离便。而是间无门，如拱无冕。独抟手为众工倡，众兴助之。计粟石八百，泉币五千，木以千计倍，工以万计倍。山中之老，共欲求记于先生。楼成而先生实来，意者仙翁如有望也。"

余惟嘻嘻出出之烈，自汉白鹤、唐升元、宋祥符玉清昭应，一落则不复复。彼国也，犹屈于力，不屈于力，亦屈于言。未有以赤地之役，旁观一人之意，既为夫所不能为，而又求胜于鬼神，求多于前古，若取之左右，咄嗟不跲乏者。盛哉，志之为帅也，物从之矣！

按骊山兀出，垄上伙颐，覆戒后来。惟汉初萧相国欲以壮丽示威重，曰："使后人无以复加。"而茂陵粤勇之又言起火后厌胜必大大于前。斯楼高美，在家国宜抑，在世外宜隆，在火后宜尤隆，不隆无以极观览。然以穆满中天之台，遗世云雨，曾不足以易化人之一瞬。其乘乘所至，下视人力之巧，犹如积苏累块焉。况此山此门，西江之上以一二，京浙之间以十数，若中天之下，其能几何？而欲以揆昆仑，度蓬莱，则概乎其不知量已。虽然，吾尝人和宁备对，列丽正观赦，仰瞻觚棱，无丹楹刻桷，徒霞标城起，赫如也。嗟乎！此非人间所谓天上者耶？晚见道书言层城九重，高万一千里。诚高宜广，顾安所得大人居之？问其仙，则昔者山中之人也。凡吾所不得见而可以识想者，曰金台玉楼也，珠宫翠房也。其形容欲极人间所难得，而金玉珠珍卒亦人间所常有，岂天上故自不能不人间耶？吾以斯楼拟天上所闻则不足，比人间所见则有余。何物非幻？何幻非真？谓心胸耳目之外，它有所谓天上耶？亦吾所不信也。是山多木，皆如葛翁手植以遗今日，是宜千门万户。惟昔时御书昭回之光，龙凤之饬，不可复得。盖去而复顾，眷焉如见金门者久之。

【说明】据校补本《阁皂山志》录文，标点有改动。参见校点本《刘辰翁集》卷一五。

299. 元·刘将孙：吉水玉华观记　至元二十四年丁亥（1287）

江西山高耸处，往往祀华盖，称华山。吉水有中华，为四方望走，视太华埒。近年复兴玉华，号福地，在中华西同水乡南岭之近，栖隐原中。其地峰峦回环，百里一息，俯视支垅，表特而独尊。其势外高中平，望之超然，就之坦然，如玉枕然。其遗迹晋王真人尝学道于此，犹存雩坛仙石，有天仙感遇之会。《樵隐录》云：其应唐元和间旱，九鲤应祷山下。今为九龙象，时有鹤翔，三日不去，或见老人，如六十年期。比至元丙戌、丁亥，如期祷旱雨，如元和传闻。复祷疫疠，应如救旱。由是云物异焉，天灯灿焉。父老欲建坛其处，众谨趋之。山近为马驿，朝驰夕秣。公私尤欲以祈福，乃象玉枕名玉华，乃表三仙，乃奉三官，乃祀上真，请于宗门，锡名“玉华福地，紫宸元坛”。前府尹耐轩周公倡主之，吾先君子须溪先生题辞相之，郴阳总管养晦谢侯与府长贰及行省都镇抚交赞之。崇阁严殿，门庑道堂悉备。像设威仪，完具整丽，皆出里人罗氏父子之力。道士某实开山请记，则为玉华记曰：

夫至尊者天也，物无足以名言之。曰玉清、曰玉帝、曰玉京、曰玉楼，玉亦物耳，而必玉之，何居？玉者生于山，韫于石，皇皇高明，亦何假于是区区者哉？毋亦物之为玉，亦如人之成仙，脱于类萃而游高明，比物象德，非玉不足以为喻也。仙者谁为之？毋乃其人也。人者又孰生之耶？天与人隐显为一气，神与仙变化皆一人。于其事不于其迹，论其似不论其名。天、地、人为三才，天、地、水为三官，神而明之，浮丘、王、郭为三仙，玄之玄为北方之真武，庸讵知其初三者本一也。一者为三，而三未有已也，俱不可知者也。犹兹山之为玉华也，自开辟以来而有此山，山之为灵也久矣。及兹而显，显而与中华、太华鼎峙而争高，山未有异也。玉之媲于天上也，与玉之隐于地中也，亦若是矣。高而天也，化而仙也，神而通也，亦不能不在人间也，亦不得不与人事也。请而余答也，感而余应也，竭而奉之，亦何事乎此也。顾而福之，若相与为亡涯也。倘非是人者，苍苍冥冥，亦安所为哉？由是言之，地上者皆天也。尝试夜中而朝，星斗离离，如在山下，月明流空，万籁俱息，恍然对越，所谓玉华者，非此也耶？

【说明】 刘将孙（1257~?），字尚友，号养吾，庐陵（江西吉安县）人。刘辰翁之子，元代诗文家。历官儒教教官、临汀书院山长等。有《养吾斋集》。据四库本《养吾斋集》卷一七录文。参见《道家金石略》、《全元文》卷六二八刘将孙一〇（第20册）。从刘将孙文集所收文章看，他与道教、道士关系密切。除本书已收相关篇目外，集中尚有《峡山道院铜像玄帝铭》《龙兴路进贤县崇真观题疏》《高明宫题疏》《元通道院题疏》《大修法乐洞天清真宫修殿疏》《真常观题疏》等文。

300. 元·佚名：阁皂山隐岩法师地券

至元二十四年丁亥（1287）

隐岩傅法师，讳习隐，字商弼。世于临江郡清江崇学里人，家世为儒。

自幼入登阁皂福地万寿崇真宫白云堂出家。及授冠裳，自守戒律，为众推重。其发挥潜德，自有燕、许大手笔在兹，故不复书。隐岩生于宝庆丁亥六月二十五日酉时，殁于至元二十三年太岁丙戌三月十八日。越明年闰二月壬戌朔十有一日壬申，祖师徐景儒、孙嗣真，孝师孙黄平、孙熊宜秀、胡敬元、谭震亨、徐崇喜、蒋幼良、傅季清等，举柩葬于本宫西麓之原贲，高祖冲静王知宫墓侧。是原也，坎山癸龙，作丙午向，前有放生池水之流注，后有千岩万壑之拥护，岂天设此兆域为汝拈出欤？敢昭告于山川之神曰：

西麓之乡，冠剑所藏。山环水秀，虎踞龙翔。神之有灵，呵禁不祥。发我后人，百世其昌。

谨券。

【说明】碑2013年出土于阁皂山，现存于樟树市大万寿崇真宫。青石材质，高0.58米，宽0.39米，厚0.15米。据碑录文。

301. 元·曾子良：凝真观记　至元二十五年戊子（1288）

夫嵌空敻幽、寥天绝尘之所，将皆有仙灵高真翩然而栖息焉。而其废与兴，虽若有数焉其间，而吾以为存乎其人。何也？人则有以神之也。

信州贵溪县八十里为天下第十五洞天，而其山则世传谓鬼谷山者也。其说以为有战国权谋之士之所师者宅乎其中。吾读太史公书，则其所谓师者乃在扶风、颍川之间。而习其传者亦疑焉，而未敢质于神仙家。又以为今真人之先，盖尝于此炼丹者焉。吾意其未始数数焉耳。而其威神所使，或有驱除，则幽暗之寰，固其所耳，而世或未知之也。而其山，则有南唐保大十一年之记。盖有吴宝华者，实始荒之以能山林。而其所谓“凝真”者，又不知其得名于何代也。继以景祐、嘉祐之重修，所投之简犹在，见于治平之记。则兹山之尝兴盛，亦可知矣。中就圮夷莽，为榛苐啸唬之墟，惟像设两立。真人念其为先世过化之地也，则命吴君与顺主。君自上清紫微来，喟山废久，锐单楮以起之，真人亦相焉。庀工于玄黓敦牂，竣事于旃蒙作噩。有殿焉者四，正之外，曰真官，曰仙官，曰真君。有堂焉者四，讲之外，曰永思，曰库，曰厨。迎其仙有房，宾其旅有舍。内翼两厅，制构宏深，疏泉成池，缭以文楯，倒景游鳞，摇曳金碧。外伉三门，面势端直，藩垣孔修，百尔器备，翕乎赩矣。于是真人嘉之，乃砻石遗之，俾自谒诸其为士者记之。

吾闻君好修勇退人也，其从金应兰者旷逸甚，俯佐是役。又有郑万休者，家故儒也，闻君之风而高之，往归焉。乃奉其命，征文于余也。余既诺已，万休喜且言曰："观之外有涧，涧之上有亭，亦既名曰'涤烦'矣。观之东有道院，未名也，其为名之。"余久之，曰："可名曰'天乐'。"万休益喜。余乃言曰："人，天地之鬼也，天地不人则不神；万物，人之鬼也，人不万物则不神。故曰鬼神者，二气之良能也。保大以前勿论，自保大十一年以后至于今，且三百六十九年。世于人间者不知其几矣，而山之苍翠一日如也。而君之栋而宇之、金而石之，又适与其始者之氏不谋而自合，是岂偶然之故哉？兹山其遂神矣乎！而吾又以为，要亦山之愿也哉！而人于其间者，固不愿其复如昔之出没变化，以饕富贵于车驰卒犇之间，以累兹山也。亦有餐霞茹柏，吐内导引，飞升遐举，如传记所载之云云者乎？然由汩汩滓涅埃壒飞扬中者观之，则君之祖孙缥缈上下烟云日月之表，可望而不可即，庸非神人也耶？而余于是可以相视而一笑矣。余于太史方公一蜚夜半徐岩共论兹事，欲游焉，未果。时君未入此山也。今公已矣。余规一申独往之愿焉，而亦未可必之也，姑先以笔墨内余之交，以为他日相见之符云耳。"

著雍困敦三月望，前从政郎、建德府淳安县令主管劝农事南丰曾子良记。

【说明】 曾子良（1224~?），字仲材，号平山，南丰（今属江西金溪县）人。咸淳四年（1268）进士，曾官浙江淳安县令，入元不仕。有《易杂说》《桃源集》等。据张本《续修龙虎山志》卷中录文。参见娄本《重修龙虎山志》卷一四。按，"著雍""困敦"分别为戊、子之别称，据此本文应作于至元二十五年（1288）。文中所记"自保大十一年以后至于今，且三百六十九年"，与事实不符，实仅335年。若果为369年，则意味曾子良要活到1322年，已是一位近百岁老人，应不可信。据元刘壎《隐居通议》卷一五《曾平山序水云邨诗》载，至元二十八年（1291）刘壎往访时，曾子良六十八岁，序作于第二年即至元二十九年。

302. 元·曾子良：真风殿记　至元二十七年庚寅（1290）

天地亦大矣，而有终始。道无终始，而终始夫道者，道也。道生天地而行乎天地，无本末，无精粗，皆与天地相终始。若昔黄唐垂衣而理，神化使宜，然犹正名百物，绝地天通，在所不废。仲尼序书，舍大言常。青牛出关，不言之教显而无为之化隐矣。得其余者，犹能助创业守文之治。表章盛而罢黜严，眩名迷实，横流溢出，亦可成变化，行鬼神，世祀之绵与吾通天下得王祀者殆将埒，是岂偶然之故哉？若汉张氏天师之事是已。真风殿者，其祖师之祠也。

殿在信州龙虎山大上清正一宫，山盖祖炼丹处。祖开迹于信而著功行于蜀，其后四代居焉。至今三十五代天师曰观妙先生，驱雷拒潮有功，穆陵大书“真风之殿”以畀，而故殿庳敝弗称。今天师演道灵应冲和真人宗演三觐来归，衷忱启诱。都录黄崇鼎先意究图，善工瑰材，既饬既备。崇鼎羽化，其徒黄复亨继志讫役，既粟时称，般、尔劝功，深广倍昔，壮丽倍昔，芝栭巉险，藻井穹窿，縻千钜万。真人实主张是，丕有锡赉。今集贤宗师留孙亦切嘉奖而辅其成。经始于己丑之秋，告成于庚寅之冬。若夫漂梁久失，溯流复归，伐柱危压，反风不害，撤旧之际，恒霁倏阴，架新之辰，久曀忽阳，祥曦绚彩，皆有天相，非出人谋。闳侐聿严，视瞻咸耸。复亨以书抵余曰：“祖师功行之炳卓，累朝被遇之便蕃，观宫迁改之颠末，山川拱挹之奇异，皆有文字可以诏传。惟兹殿前是未有片石可语。今幸峻事，岂曰复亨能？抑先师艰勤不可泯。愿有述。”余嘉其意，答书曰：“神仙之事，非世所可详也。乃吾所闻，古先圣王所以参赞财辅，使民知神奸，不逢不若者，后世或未之讲也。尔祖祗遂陈于上以护我民，则是代有国有民者，代天理物也，用能崇极号称，度越怪力。是宜隆栋峻宇，拟帝王居，若斯之闳巨者已。而其克绍成绩，不坠前功，宜牵联得书。俾以兹说，用劖诸石，以诏观者。”徒孙孙彦纲而下宣力者众，名氏悉疏左方。

岁十有一月辛亥日南至，前从政郎建德府淳安县令主管劝农事曾子良拜书。

【说明】据张本《续修龙虎山志》卷中录文。参见元本《龙虎山志》卷下、《全元文》卷一四四曾子良（第五册）。碑目见骆兆平、谢典勋编著《天一阁碑帖目录汇编》（上海辞书出版社 2012 年 3 月版）。按，文中所云“般尔”，指古代巧匠鲁般（班）与王尔。

303. 元·刘辰翁：嗣汉三十六代天师简斋张真人墓志铭

至元二十八年辛卯（1291）

自昌意以来，号称神明之胄者，既无不历乱磨灭，独汉天师张氏祖讳良，以剑印传，如禹鼎，延至魏晋、六朝、隋唐、五季，逾久而著。其承承至此，必亦有尤异取信不惑者，然犹未至益人国也。入宋，祥符冠褐始召，崇、观符箓始盛，其时有虚靖先生，道始显。至穆陵赐号观妙先生可大，甫三十五代，其退潮拯旱犹信。由是龙虎山宫观压东南，为福地第一。化人之蒙袂四出者致方物，修士之赢粮访道者贾挚币，祈者谢者，不宁令者，膝行而踵至，居如市，市如邑，儿童下走，顺风而呼，赝而售者滋富，至莫辨，于是用物宏矣。乃三十六代天师宗演，起绍陵，讫德祐，且十年，方禁中奉秘祝谨然，不召。至乙亥、丙子间，金陵已不守，信未下，然北使已先传张天师召，召且亟。当是时，环江南之冰泮者无息壤，兹山独师是恃，而师不自保。然未几时，而锡冠剑，陟师号，予护持，免征发，掌教事，度诸品，若曰神仙子孙而不名。由是宠光赫然，又前代盛时所未有。由是士大夫有不能出者，贫无处者，阡陌之负耒往者，亲者故者，莫不挂冠易服，庇风雨寒暑。由是入其境者若华胥，军行而狼顾者曰“天师之四履也”，催科而旦适者曰“天师之所抚存也”。物之熙熙然者不惟不知陵谷，亦不知谁氏之子。如是者十又七年，而演道灵应冲和真人死。其君子曰：“是号简斋，真能简者也。”其弟子曰：“吾师度世解厄，非死也，殆天师复生。”先是，相传其教三十六代厄，故一终一摄，不以闰居正，惧及也。至师而遭讫箓之难，或谓道盈亦无所逃于数，然惟师以愚守智，惟师以俭致福，惟师以清静御外物，故能涉乎边境而不祸，抟乎九万而不中道夭，而又能以余力济世得名，又非特脱于其厄而已，乃至是始昌。若论其存亡绝续之际，有不可胜述者焉。其从容，若不得已而应；其寡默，善为上而不争。或曰，天师非世人也，盖必有出乎人间耳目之表者，独恨不尽知耳。闻其初至北也，不敢挟剑以行，及其呼剑而剑至。又云，北有二虎，抚之，“汝吾左，汝吾右”，皆靡然如命。凡流俗好怪，所传闻皆若此，皆如说东方朔者，非实也，亦非道也，道在平易，即简斋者是已。吾方以其简为近道，而彼欲以小夫曲说神之，以此胜魔，非魔道邪？然吾闻山中人言，其将逝也，亦不能无小异。最后北行之日，所居面里所山崩，辛卯得白兔，然不死，此其可信者。其三代见世系，其子孙见碑阴。生淳祐甲辰，死至元辛卯，葬里之澥田，实己亥九月癸酉。嗣天师与棣，赐号体元宏道广教真人，是为三十七代。前观妙先生铭，吾师庐山相国老笔也。今天师能不远介其徒以属我曰：“斯文托再世矣。”以吾从古心之后，为有愧也，乃依楚歌为辞以系之。辞曰：

山龙衣兮翠黄，英琼瑶兮五梁。俨归奏兮玉皇，我祖兮抚我大荒。途迷兮屏翳骖左，指穷于薪兮不穷于火。阳平兮赐履于讴，于讴兮山中之子。风枝号兮，老龙吉死。我祖兮在天，览揆锡兮兹万千，重斯文兮以传。

【说明】据四库本刘壎撰《隐居通议》卷一六录文。参见《全宋文》卷八二七六刘辰翁一五（第357册）。本文记述了第三十六代天师之生平事迹及其以愚守智、以俭致福、以清静御外物之处事风格，作者由此认为“道在平易”。文中提及第三十五代天师墓志铭由江万里撰写，然整理者查找了不少相关文献均未见收录。“庐山相国”为弟子对江万里之尊称。

304. 元·程钜夫：冲虚通妙先生王君祠堂记

至元二十九年壬辰（1292）

至元壬辰春，将奉母丧归于兆。薙草穿圹、畚土辇石事严，积雨泥潦，大惧弗克葬。遍走山川，家君曰：“此邦有王侍宸，人谓司阴晴柄，冰涧邓主簿实嗣其法，有祷辄应，盍求诸?”二月甲子朔，往叩。蚤犹阴晦，雨垂垂欲下，已而云破日漏，午大霁。自是再旬不雨，至甲申掩圹已，乃雨竟月。余叹曰：“异哉！”

一日，主簿君来，谓余曰：“侍宸道法，能呼吸为风雨，在宋尝被遇徽、高二朝。没而邦人事之如生。岁己丑旱，祷而雨；辛卯旱，又祷而雨。祠在天庆观庑下，卑亵弗称。今即其昔所寓地，于观之左而改祠焉，所以报也。”征余文为记。余寓盱未二十年，客外之日十九，不能悉盱故实。独识君久，知君为侍从家贤子弟，又因君知侍宸为此邦人所严事，且于余之有祷也，其应如响，是可记也。侍宸事迹具实录。主簿君名桂孙，字芳远，自号冰涧道人。

至元壬辰四月既望程某记。

【说明】程钜夫（1249~1318），原名文海，后改以字行，号雪楼，建昌（今江西南城县）人。历官翰林集贤直学士、侍御史、闽海道、山南江北道、浙东海右道肃政廉访使等。曾主修成宗、武宗实录。宏才博学，工诗文，有《雪楼集》。据四库本《雪楼集》卷一一录文。参见《全元文》卷五三二程钜夫一〇（第16册）。

305. 元·刘将孙：超燕堂记　至元三十年癸巳（1293）

超燕堂在玉山为佳处，与承天俱兴。唐季始揭然以名称。入宋渡江，茂、穆二陵盛时，堂中羽衣以数十，琴书道术，各有声当世。白玉蟾往来为赋玉笥，有“此小蓬莱”之诗，其盛丽可想已。然淳祐来，颓圮欲尽，堂空人去，败屋高寒。惟云隐萧元悊以休亭后裔，眷焉守之，不忍去。如是者几三十年，以待至元戊寅，乃得乌江士族陈思钦为之徒。又久而度萧之侄绍云，拮据经管。至癸巳之腊，复完旧堂，为新超燕。前记有太博李应中求所为碑，亦不复可得。惟是修复之业勤矣，请记超燕。

予反复其故，慨然为之言曰：“老子不吾欺也。世孰不志于荣观哉？方之内者毋论，即方外本弃人间事者，然金碧巍煌，丹楹刻桷，虬麟鬣角，犹谓清都钧天；视之如累苏积块，犹诿曰以事天人，宜尔。即闲居一室，稍废不自理，过者兴尽，固非以观美而栋宇相望，亦安能郁郁久居此，使来者寂寂笑人哉？故虽崇饰之而不为过也。虽然，燕处者不在是也。所谓超然者，在于物外，而后得其所以燕者焉。昔者穆满之游于化人之居者，盖若是矣。以其中天之台，土木之功，赭垩之色，无遗巧，而化人者犹庳之；一日执化人之祛而及其宫，出云雨之上而不知其据，望之者若屯云，既寤，而所坐犹向处也，视其前则酒未清，肴未肶。夫非御寇之寓言也，庸讵知夫神移之所睹，非今之坐忘而不屑者乎？且夫荣观者岂有极哉！尝试与子想象而言之。昔之神明通天，金茎露盘，以为一时之巨丽靡大而犹有存焉者乎？金门玉堂，珠玑琼瑶，洞骇心目，以为前千古之所未有而犹有传焉者乎？神霄玉清，千门万户，出天入神，以为后百世当复何如而大略皆可睹已。后者无前，来者无继，此皆所谓荣观者也，而未悟也。其时其人处于其间者，由今视之，不啻集飞蚊之睫而聚浮泡之沫，曾不得朝夕之安而忽焉俱尽。乃山中之漂摇，世外之建立，托于废兴之所不及，而听之盛衰之所固然，此昔之超燕虽一人守之而无不足，今之超燕自三以往至于万，且倍又倍昔而有，宜然者也。则以其荣观者无足以为之累也。呜呼！孰非继继承承者？安得？此吾以此记超燕，或者反复有省于老子言。”

【说明】据四库本《养吾斋集》卷一七录文。参见《全元文》卷六二八刘将孙一〇（第 20 册）。按，文章开始所言“玉山”，据文意及揭傒斯《临江路玉笥山万寿承天宫碑》所记，应为玉笥山。

306. 元·张与棣：解真三十六代天师圹记

至元三十年癸巳（1293）

先考姓张氏，讳宗演，字世传。曾祖三十三代天师讳景渊。祖三十四代天师讳庆先。父三十五代天师、特赐观妙先生讳可大。初观妙先生生二子：长宗汉，次为先考。岁壬戌，观妙先生解化，伯父让德弗嗣。先考年十九，嗣教为三十六代天师。至元乙亥，混一区宇，奉诏北觐，留阙下，逾年而归。授演道灵应冲和真人号，以二品银印管领江南诸路道教；复有王冠、霞服、宝剑、瑶圭之赐。庚辰再召，丁亥又召，凡三入觐，眷遇锡赉有加。辛卯冬，偶小疾逾月，然精神不衰。十一月既望，遽命与棣告庙嗣教事，俄顷解化。呜呼痛哉！不肖孤缅惟前猷，懔乎弗荷，乃告于朝，叨恩袭职，悉如其初，皆先考之遗泽。先考娶周氏。男二人：与棣、与材。女四人，婿王士志、周端信、邓方、聂锜。孙男一人：平孙。犹子二人：与绍、与纯。与绍以先考奏荐，授承务郎、婺州路治中。诸孤将以癸巳秋九月癸酉，忍死奉冠剑瘗于里之懈田。呜呼！若先考之高风遗行，既得表舅王公为之状，又得须溪刘公为之铭。谨详世代本末，纳诸圹为志。

先葬三日，孤子嗣汉三十七代天师与棣泣血谨书，亲末王元绍填讳。

【说明】张与棣（?~1295），字国华，号希微子，第三十六代天师张宗演长子，至元二十八年（1291）嗣教。圹石1951年出土于贵溪县，散佚于“文革”中。碑高1.22米、宽0.78米。楷书，18行，满行24字。据《江西出土墓志选编》录文。参见《全元文》卷一一四五张与棣（第36册）。文中提及“须溪刘公为之铭”，与前录碑文合。陈柏泉先生在文后对张宗演生平相关记载有考证纠误，可参看。

307. 元·刘辰翁：《历世真仙体道通鉴》序*

至元三十一年甲午（1294）

传闻异辞，所传闻异辞。况神仙狡狯，或亡氏名，变氏名，不可知，如《张子房传》。黄石公即赤松子，赤松子即圯上老人，圯上老人即四皓，四皓即东海君，东海君即力士。人自不悟，当时若非此一老人变化，岂有平沙旷野能自蔽并蔽力士？又岂有路傍兵革间有四老同处，为上所知，而人无闻焉？从是而推，八公能老能少，眇道士遽如许，遽如许，皆意生身，一一不足怪。又从是而推，《真诰》所称圣贤忠孝、文人才士，古今一气，有随化而无诚死，盖天地一人之身也，吾天地之身也。尝欲效班孟坚人名表，谱轩辕以来得道之士，虽有精有粗，有真有伪，然此为天仙，此为地仙，此为栖隐，如此而修炼成，如此而服食效，如此而无成与不幸，可师可慕，可警可惧，不得于其萃，则得于其类，如赵文子冠而受教，如诸菩萨一时对佛说法，至言满眼，诸门洞开，要为有益于无穷无量，非特记姓名事迹而已。

古瑞赵全阳高士乃能会聚刘子政、葛稚川至近年诸书，罢精竭力，朱窠细字，如虫蚀叶，不可为万计，虽传闻、所传闻异，而大略具是矣。予因是又见北方所谓作者，皆不为诡怪方伎与不可知，而自不可及，殆真教也。有蠹鱼者，不可谓知。然得仙字，食之如发；人者得其发，食之亦仙。全阳寤寐是间，食仙也多矣，非直蝉比也。倘得其一发，足与老仙共传敬哉！吾题是集，为顾将军人物点眼，凡质已飞，复欲疑武陵人云，我则不暇。

甲午五月庐陵刘辰翁书。

【说明】据元赵道一修《历世真仙体道通鉴》（明正统道藏本）卷首“序”录文。参见《全元文》卷二七一刘辰翁四（第8册）。按，同年同为庐陵人的邓剡也为该书撰写了序文，特附录于后，以资参考：

自昔得仙者，皆云名应图史。此图史在天上地下，名山洞府，不系世间。《度人经》言元始说法，始青天中十方无极无量品至真大神，无鞅之众，浮空而至。曰无极，曰无量，曰无鞅数众，正犹佛书说三世十方河沙数百千万亿，那由他不可说不可说。诸佛菩萨，欲人人而注名姓字之竹帛，殆不堪纪。更生《列仙》始赤松，终玄俗，上不及黄帝；稚川《神仙》始广成，至封君达，下不及晋代。沈玢《续仙》，谓人间得仙之人犹千不得闻其一。《真诰》载杨君笔受地下主者，谓有职位粗相识，其无位者不可一二尽知。如此，散者无限数也。要知玄间有仙籍，人间有史籍，人不能知仙，仙不求闻于人，故数目悬而详略异耳。浮云山道士赵全阳著《仙鉴编纂》，详考订核，可谓仙之董狐矣。抑余有疑焉。稚川传淮南王八公事甚伟，谓汉史秘之可矣；更生父德治淮南狱，得鸿宝枕中书，诵之以为奇。及著《列仙》，乃摈淮南八公而不列。江乡间相传旌阳事迹，焜曜耳目，及考《真诰》，载诸许真胄家世，谱系讳行，伯仲群从，上自司徒，下至虎牙玉斧，独一语不及旌阳，名不挂谱。《真诰》作于梁，距东晋不远，未应堕史之阙文，良可为怪。今全阳所纪刘安、许太史风绩，相望于《列仙》《真诰》，得无间然否？若天真列圣玄间地位已在经藏，若存之《仙鉴》之目，反似挂一漏万；一一具述，不可胜书，全阳笔削间试重思之。阏逢敦牂岁三月中浣，中斋叟邓光荐书于本一庵。（据元赵道一修、明正统道藏本《历世真仙体道通鉴》卷首“序”录文。参见《全元文》卷二八四邓剡，第九册。按，“阏逢敦牂”为甲午年之别称。）

308. 元·王义山：龙沙道院碑 至元年间

前临江路儒学提举尹棐创道院于洪之望仙门外五里许，像旌阳许君祠焉，扁曰龙沙。龙，灵物也。道院以龙沙名，与其地俱灵。按《豫章职方乘》，龙沙在章江西岸石头之上，与郡城相对，潘清逸有《望龙沙》诗。又按《神仙传》，旌阳君云，吾仙去后一千二百四十年，豫章之境，五陵之内，当出地仙八百人。郡江心忽生沙洲，掩过沙井口者，是其时也。尝闻旌阳君逐蛟至洪，洪本浮洲，蛟穴其下，震撼击撞，为人害不细。旌阳君絷之，锁以铁柱。后敕赐铁柱延真宫额。初，旌阳君与蛟约：“蛟来，吾力犹能肆汝，姑舍是；复出，吾斩汝万段。”蛟请命伏辜。噫！微旌阳君，洪其鱼矣。夫龙方其蛰而未骧也，需于沙；及乎嘘气成云，云上于天，夹之以飞，上下变化，鞭风驾霆，雷域中而雨天下，施于人甚溥。是龙也，泽物之龙也。旌阳君去害物之蛟，寄洪之人命于泽物之龙。棐为洪人徼福，故创是祠，经始于某年某月某日。工既，为屋若干楹，旁耸一楼，岧峣峥嵘，如翼斯飞，望之有蜿蜒而升之状。洪之都人士晨香夕灯，北面稽首向旌阳君者，至是又有其地。洪有玉隆万寿宫，亦祠所也。环数十里间，祠宇鼎峙。《记》曰：能捍大患则祠之。棐又屋于道院之旁，曰附庸。损己田以饭方外士，寅奉炉香，不懈益虔。是役也，中书左丞中斋杨公镇，宣慰使存斋胡公颐孙有力焉。棐庐陵人，寓洪，为人磊落慷慨，可撼以气。宋时客诸侯门，所交皆天下知名士。诗名江湖，可派江西。家贫而勇于义，人称为存吾先生云。

【说明】王义山（1214～1287），字元高，号稼村，富州（今江西丰城）人。南宋景定三年（1262）进士。历官新喻知县、永州司户参军、瑞安府通判。入元，授任提举江西学事。以老退居于南昌东湖。有《稼村类稿》等。据四库本《稼村类稿》卷八录文。参见《全元文》卷八七王义山一四（第3册）。

309. 元·王义山：龙兴重修敷佑中庙碑　至元年间

庙敷佑何始乎？敷佑旧名昭惠灵显王祠，在城北荐福院侧。宋元祐五年，郡人立庙，指马跑泉为圣水，人有疾，饮辄愈。庙于城者三，大观间赐名敷佑，西昌令蔡公颖又庙于新建县治之西，即中庙也。复罹于兵，郁攸从焉，庙毁而神之像岿然独存。郁攸能火神之庙，不能火神之像，虽数也，亦神之灵也。后八十年有奇，太守王公补之，庙其像而新焉。又六十年有奇，庙老而颓，上雨旁风。祝史萧思济既尽乃心，克殚厥力，惧东西庑之将压也，率好施者先东庑而新。后三年，并西庑而新。两庑翼乎旁，正殿俨乎其中，废者兴，圮者崇，完如初。工既，邦人纵观焉，且叹萧之才且办也。

初，神父姓李讳冰，秦时为蜀太守。灌口水怒溢，蛟龙为害，民几鱼。神父断石为三犀牛以压之。方凿崖时，操刀入水，与水神战，莫敢抗，水复故道，蜀人祠之。是役也，神为人子，与有力焉。唐贞观间，有蜀士以道术来洪，洪始有祠。若然，则祠又当在宋元祐以前。郡志逸其事，亡稽。果尔，则祠自唐始。或曰："神庙于蜀，又庙于洪，何有灵于我？"东坡云："神之在天下，如水之在地中。譬如掘井得泉，而曰水专在是，岂理也哉？"神无方，无在无不在。畴昔之以道术行于洪者，非神欤？维吾州名洪，世传为浮州，验诸铁柱可征也。江自梅岭发源，汇于湖，洪腰其间。唐人谓金陵为地肺，水至则浮，信斯言也，洪为浮州不诬。州浮于水而不水于水，安知非神阴相之力？《记》曰："能捍大难则祀之。"祠而庙，庙而复修，用敢徼福于神，俾洪世世无水患，以福蜀者福洪，讵敢忘神赐哉？又曰："庙其子，不庙其父，有诸？"义山尝闻蜀有崇德庙，崇德所以崇其父也。《传》曰："子虽齐圣，不先于父。"孰谓父而不庙哉？盖尝谓浮屠、老子之宫，延千百年而新者，缁黄之力；神祠宇延千百年而新者，祝史之力。然浮屠、老子之宫、神祠宇，有兴而无废，固缁黄、祝史之力，亦好施者之力。微好施者，虽修勿修。噫！天下万形皆有弊，惟常新则不朽。敢以告后之缁黄者、祝史者，并以告后之好施者，俾勿坏。神父子治水功，其事见汉《沟洫志》，唐杜工部《石犀行》及《陆海志》，晋常璩《华阳国志》载神父有功于蜀尤详。神与父累封王爵于后，赐神号为清源。

【说明】据四库本《稼村类稿》卷八录文。参见《全元文》卷八七王义山一四（第3册）。

310. 元·王义山：紫霞道人诗序* 至元年间

章贡卢君朝英以紫霞道人诗示予，且谓余曰："道人工于诗，且精于琴。"或曰："诗与琴一家乎？"余曰："一家也，诗假琴以鸣。《书》曰：'诗言志，歌永言，声依永，律和声。八音克谐，无相夺伦。'诗与琴一家也。道人戴华阳冠，披鹤氅衣，抱琴一张，于明窗净几间，或明月清风之夜，鼓有虞氏之《南风》，赓之以文王、宣父之操。一唱三叹之余，天地之中，一清无价。兴来赋诗，吟到'郁孤细哦，玉虹翠浪'之句，恍如东坡先生在焉。赣川之江山草木，凡可以供吾诗料者，尽入道人奚奴囊中矣。诗也，琴也，合道人而三之，坡所谓明月、清风、我也。吾闻《诗》三百五篇，夫子取而弦歌之。诗至于可以弦歌，正声谐《韶濩》，劲气沮金石，中律度之诗也。道人之诗，又当求其所以合乎弦歌者，诗与琴非一家乎？"道人谓谁？章贡罗谦父也。

【说明】据四库本《稼村类稿》卷四录文。参见《全元文》卷八〇王义山七（第3册）。

311. 元·赵文：葛仙坛记　至元年间

武功距安成百里许。其山自萍乡诸山蜿蜒而来，特起二峰，曰泸曰潇。武功当二峰之中，高耸而员锐，博大而顶平，号为三奇。然二峰之水皆出其麓，潇水南流入于洞庭，泸水东流汇于彭蠡，此吴楚所以分也。独武功之水出于其顶，渍激濡瀑，池面如芙蕖，闻人语则愈出。池旁有石臼人迹，相传为葛仙炼丹池。葛仙名洪，晋勾漏令，学仙于此，丹成往阁皂山去，此其遗迹也。

其山初与泸潇同名。晋时，有蜀人姓武者夫妇南来，求修炼之所。夫止泸潇，妇止西昌之武冈。后皆同日化去，故乡人以武功名兹山，而呼冈为武姥。至陈武帝时，侯景逼梁主于台城，帝从始兴入援，驻兵西昌。楚人欧阳頠由长沙率一军间道赴义，梦仙耆揖曰："吾家西昌而寓于此。公兴师助顺，当为公先驱。"頠以报帝曰："此武功之谶也。"遂进兵，下鄱阳，入金陵。平景后，受梁禅即帝位，遣人赍香帛祀焉，遂更名武功。

山南有大小二箕峰，亦员净耸削可爱。其北为雷岩，壁立万仞，云雨皆出其下。观者侧足倒视，毛发尽耸。环四山之麓，凡五百余里。多寒藤古木，阴郁葱蒨。地产名药奇禽，他所无者而此有之。坛处山巅，旧有石岩，后人磊石成之。每霜降木落，有金灯万炬浮空而下，旋绕坛界而去，岂仙人有时而聚会也欤？四方之士，闻其灵异，赍粮倍程，礼谒祷祀，鲜弗应者。宋时，贰令彭龟年以祷雨拜坛下立应，书石为纪。又信国文公之尊甫，尝躬禖于此，后丞相生而有紫气之兆。逮长魁天下，书"葛仙坛"三大字以额兹山，昭灵贶也。然则武功之感应，古今相传，非一日矣。

予弱冠与同宗赵原阳、羽士曾尘外遨游集云行宫，观琼海白玉蟾真迹，留三日别去。今逾寒暑二十年奇，而进士刘云章与同宗赵垲、邑儒周南瑞来，约以秋仲，如期皆至。升坛礼毕，跻峰顶而望焉。是日小霁，极目吴楚，皆苍茫云霭间，渺焉莫辨。其亦乏孔、颜之明？不然，则予衰也久矣。亭午将下，有道流迎谒，言新创图坪，甚整饬，候往栖焉。询之姓名，为史谷蟾，其世盖平章天泽之裔孙也。当元社既屋之后，声光稍敛，故沉晦于此。然观其风神道貌，信非凡品可及，葛仙之洒扫可继矣。复为留信宿，将别，指丞相所书坛额征记。予不能辞，为原兹山启迹之由而书之壁，俾来者考焉。

【说明】据同治《安福县志》卷十七录文。参见增修本《武功山志》卷七、康熙五十二年《安福县志》卷六、乾隆四十七年《安福县志》卷一九、校注本《武功山志》卷七、《全元文》卷三三六赵文六（第10册）。此外尚存有原武功山金顶白鹤观住持刘庚林道长手抄本《武功山志》。

312. 元·刘将孙：玉笥山承天宫新建钟楼记 至元年间

道宫之在东南者，玉山最古。天降玉梁，肇开汉茂陵时。宫殿楼观，计二千年间所阅多矣。及延祐之新钟楼，清江二刘君所成也。其先人清逸处士昔者于山中还往，后没葬水西，望兹山一舍，弟兄岁时展省，必徘徊焉。永念再世之游从，而二亲之坟墓皆密迩乎此。会宫门多兴葺而钟楼宜建，于是悉力叶言，度山选材，抡匠赋工，画宫经制，涓刚历吉，鼎来辐辏，壮丽有加。翚飞出林，瑰为伟观，神仙胜境，檐牙入云。大声发鲸，神灵欢喜，念谐传夸，是大功德。远求作记，刻之坚珉，以垂方来，以无忘兹大惠。

嗟乎！声之在宇宙间也，至矣。天之所以为天，鼓万物之动者，声也。莫神于风，莫妙于雷霆，而钟也实参之。凡声之不风雷若者，自下者不能以腾上。而风之号，雷之震，皆自高而临下，故怒万窍而惊百里。钟因悬而后声者也，非虚不足以传。况搁之大空之中，撞之百尺之上，其动天地而感鬼神者，固有造化之不可测者矣。运宇宙者气也，气之神为声，声之托也，于人为灵，于物也惟钟为大。是楼也，又载之霄汉而升，明章幽赞，真通合神，警一世之聋聩，发九地之阴潜，则建之之殊特，成之之利益，福昭昭而资冥冥者，岂但一时之钜丽可铺张纪载也哉！铿鍧鞺鞳，因名山而升中天；缥缈虚无，通蓬莱而溯阊阖。高灵顾歆，在云雨之半；人天出入，正昏晓之中。兹山兹楼，高明美大。孰不为力？力不遂其宜者寡；孰不为施？施之得其所者难。予之乐为记也以此。庄周氏以吹万不同为籁之天，林木为籁之地，比竹为籁之人。夫比竹亦小矣，若钟之叩即鸣，嚎叫于喁，何止于调刁？而乐之出虚，不知其所使。人籁则无以加钟矣，虽谓之天可也。或曰，其命于人也，亦比竹已。噫！天非人不同。

【说明】 据四库本《养吾斋集》卷一七录文。参见《道家金石略》、《全元文》卷六二八刘将孙一〇（第 20 册）。

313. 元·刘辰翁：灵应庙记　至元年间

凡方社数姓之祠甚明著尤异，有功于当世，群望不偶然。天高也而难攀，人近也故易求，其理一也。

旧见杭叟言，贾平章故狎游，尝深夜密期，窃负出巷口，遇邻老人止之曰："公年少，贵极未可量，何玷累至此？"贾愧悟，返之肆。及明，视其地，里庙也。因自喜。及武昌围城中拜右相，呵道巡城曲，见小庙碍车，止曰："梦是矣。"城隅梦其自道，若平康巷肆，则予犹及见。其既相后，所饰新庙浅甚。人之未达亦何所不至，神不能与人所无，而急人之病，导人之善，为人所归往，尤近尤信。不必有封爵氏号，泊然出于盛心感动，本无求与无功，而物之为报，自有不能忘者。里将兴，神必灵。陈宝之鸣，大横之兆，竟亦不知其何神而存之后世，异哉！此图志之所不敢遗，岳渎之所不能效也。

吾巷曲以西为灵应王庙，直三巷口，庙丈余，甚古，崇之者香炬尝接昼。比年前亭后馆，敞于鳞迹之所，不容斥，又盛图相顾求记。或曰凌王姓，或曰岁梦某某应，或曰庙褊矣。予惟混浊隐约之中，数步之近，如夷门生、市南僚、郑弦高、陶朱公友，类耳目所忽。不意而解纷救难如神明者，人事常有之。况名为神，建为庙，而求记是者非姻友则里人也，复何辞何择之有？

【说明】 据四库本《须溪集》卷三录文，文字据别本有改动。参见校点本《刘辰翁集》卷三、《全元文》卷二七五刘辰翁八（第 8 册）、整理本《豫章丛书》集部五《须溪集》卷三。

314. 元·黄应虎：龙王庙记 元贞二年丙申（1296）

县治之西北，距城一里许，有山名龙窟坑，以其地有龙，则名也。闻之昔时，有童竖樵牧其间，每见巨蟒，墨质而白章，其光烨然，其鸣琅然，或蜿蜒于野，或盘屈于穴，大与常虺异，故人知其为县龙也。然人知其为龙之形，而未信其为龙之灵。邑适有旱，群儿数十辈即其地乞灵以验之，喧哗呼嗽，但觉窟穴中有水 汗溢崭然露头角而出者，大为蟆，小为蟹，变化俄顷，即拂拂有云雾作。宋嘉定间，属邑久旱，时邑令汪孚闻其灵，集缁黄巫觋往祷之。祈请间，忽穴吐一气上升于天，果致随车之雨。令信其灵，立庙以祠。继此邑有旱必祷，祷必应，而龙之灵始彰。厥后庙虽不存，而龙之灵未尝不在也。

元贞丙申，邑大饥，令佐申请振济，斯民幸免转壑。至七月秋，久不雨，苗将槁矣。嗟夫！苗槁则饥荐，饥荐则狱繁盗滋，先民之忧而忧者谁欤？邑令王公筠适公出，邑簿尉潘公和以群情霓望之切，露香告天自责，请祷，未遽感应。遂进诸父老而语之曰："如炎如焚，旱势甚矣。且彼邑以早熟为先秋，此邑以晚熟为岁计，常岁少有旱，庸何伤？今岁饥矣，若再旱，如民命何？毋以有龙之灵而不知祷乎？"父老曰："彼某山某泽非无龙，然俱未若吾县龙之最灵且便也。"潘公诺之。是月十有七日率众躬祷，自彼至此，迎及公庭，不踵时而雨至，甲申一雨，乙酉再雨，丙戌大雨，田野沾足，生意盎然，苗之槁者兴，民之忧者喜，益有以见龙之验于昔者验于今矣。越八月初，复以旱告。是月丁未，潘公即旧基起庙，且谢且祷，至戊申又雨，日谷用成，此雨不宝于珠玉耶？呜乎！前乎请祷，既应于甲申；后乎致祷，复应于戊申，何龙之灵应若桴影之随形耶？夫龙县龙也，为群龙之宗；簿尉县官也，为百里之主；一以泽民，一以亲民，其责同，故宜此感彼应之捷也。簿尉不敢贱龙于既祷，思所以昭已往而垂方来，是故始则侈仪卫以荣其归，中则崇庙貌以妥其灵，终则勒坚珉以纪其实于不朽，其于龙可谓敬之至、报之厚矣。龙其自今亦思所以默相其时和？夫以岁丰，必五风而十雨，旱而雨，熟若无旱之可祷？祷而应，孰若不必祷而溥润于冥冥中？此则我簿尉之终恩于斯世也，此则簿尉之深望于我龙也，此庙之所以寓其敬于无穷也。庙之建，竣事于是秋。又在于庙成之余建庙立碑者，上犹簿尉潘公和，徐州人也。

【说明】黄应虎，生平不详。据嘉靖《南安府志》卷一二录文。

315. 元·刘玉：西山玉真灵宝坛记　元贞二年丙申（1296）

钟陵之灵，钟大宝于西山。厥维西山，萃古今精气，实上下神仙一大区宅，有道之士，率由是出。自吾得太上净明，吾与张洪崖、胡拔俗等其人也。龙沙有谶，松沙有记，一皆为是。西山中，灵宝秘。前鸾翔，后鹤峙。奠乌晶，绍仙裔。斯灵伊何？太素始名，太极判精，灵宝现形。故此一灵宝也，在天为中黄，在地为乌晶，在人为丹扃。惟宝斯灵，弗宝弗灵。有道之士克宝斯灵者，自有重重楼阁，内景黄庭，三五飞步，神奏玉京，符千年之嘉运，备八百之仙数。骑鹤玉府，烹凤瑶池，其视尘世宝珠，直天地间一瓦砾耳。

吾有弟子玉真子受吾记嘱，来寻旧迹，克宝斯灵，克灵厥晶。八百群真，一曰玉真，二曰隐真，三曰洞真。灵真宝真，一真万真。真真聚神，金乌诞灵。灵宝聚精，玉兔诞形。天降斯道，地升斯宝。珍之作之，天地为一。率是群真，克绍吾勋。有道之士，无累俗氛。式克辅之，斩蛇馘鲸。道穷宇宙，功超玉清，顾不伟欤？乃系之以铭，曰：

金乌流晶，洪井肖形。钟陵聚灵，龙沙首英。八百八百，灵宝斯获。玉真隐德，爰立厥宅。

【说明】刘玉（1257~1308），字颐玉，号玉真子，其先鄱阳人，始迁建昌（今江西永修县），再迁新建县忠孝乡，为净明道第二代传人。据道藏本《净明忠孝全书》卷二录文。参见明万历刊本《许真君净明宗教录》卷六、《重刊道藏辑要》危集四《太上灵宝净明宗教录》《净明资料新编》。据《西山隐士玉真刘先生传》载，碑为元贞二年冬十二月许逊降授刘玉之文。

316. 元·王构：敕赐龙虎山大上清正一宫碑

大德元年丁酉（1297）

天相皇元，惟德克肖；贞符灵贶，惟命克永。以之章明玄化，延耀丕图，礼仙宗，秩群祀，褥仪茂典，亦罔不克举。至元丙子，世祖圣德神功文武皇帝抚定江左，首降玺书，遣近侍征嗣汉天师于龙虎山。秋八月，三十六代天师张宗演入觐，今元教宗师志道宏教冲玄真人张留孙佐其行。上延问再四，宸衷允惬，若夙契然。授天师号演道灵应冲和真人，锦衣玉带，以华其归，佩银章，领道教江南。凡三召三至，礼遇如初。优制迭颁，崇尚科教，一切租徭勿与。宗师留辇下，江淮荆襄则总摄其教事，隶集贤者同议。春秋巡幸，靡行不从。招梗禬禳，靡事不与。止风获澍，累著奇征。勤毖益深而眷注益隆，赐冠服剑佩，备黄金珠玉之饰。寻敕有司建正一祠于艮方，赐额曰“崇真万寿宫”。上都复建灵宇，岁时祝釐，皆师主之。高弟陈义高侍春宫。其师李宗老授静安冲妙崇教法师、江东道道教都提点、住持上清正一宫。

三十一年夏四月，圣天子践祚之初，师奉香币为坛盟谢，赐瑶瓯璧环。太母中宫，申赉尤渥。师祖张闻诗谥通真观妙元应真人。陈义高授崇正灵悟凝和法师、崇真万寿宫提点。吴全节授冲素崇道法师、南岳提点。

初，三十六代宗演升化，师请于朝，以其子与棣嗣。授体元宏道广教真人，仍领江南，赐诏蠲租。至是来朝，孟冬吉日暨嗣。岁改元朔，命二师醮于内廷者再。鸣玉荐临，荣光昭烛。玉圭宝冠金服珠履珂佩之赐非一，诰封始祖天师正一冲元神化静应显佑真君，三十五代可大通元应化观妙真人。二月敕考工即崇真万寿宫置璇玑殿，师进今号，同知集贤事。未几，与棣化，师复请以其弟与材绍三十八代之传，制遣全节持冠服圭佩即命之。及召见，慰谕良厚，授太素凝神广道真人，褒锡如其兄。宫提点熊责实、李志立两膺绰命，给箓坛印四。元贞丙申春正月，宗师奏：幸逢昭代，载振元纲。鸿霈便蕃，靡间今昔。而旧山坛殿渐已即绪，愿勒金石以贲无穷。诏词馆撰述，而臣构直笔。

臣谨按：江东之龙虎山，上躔星号，斗牛寓其精；下镇巨泽，七闽借其润。中涵洞府，为天下二十九福地。又有仙岩，其悬崖嵌窦中，世适用之具略备，一曰仙人城。汉季天师道陵炼龙虎二丹，丹成而龙蟠虎踞，神光郁纷，遂以名山。后复入蜀，受大上印剑经文之秘，福国裕民，摄邪归正。其功著于国者大，其德及于民者深，故其教传于世者亦永，制赞褒美，闻于唐。至宋，则册封正一静应真君。嘉熙间，加谥显佑。芝检紫书，昭灼日月。进十字为极美之称，于今莫之京也。山有坛宇，唐因之，赐“真仙观”额。宋改“上清观”，升“上清正一宫”。高士留用光、易如刚继以住持，任兴建之责。星闱琳堂，规制浸侈。门曰“福地”，创于张闻诗。阁曰“紫微”，兴于毛允中。先后匡翼，克成贞构。越岁既久，弗饬弗称。而师每深念之，属其师，倡其徒，揆日庀工，各虑其事。起二殿，袭二门，坛有楼，拜有次，碑亭、丈室、斋庖，以序具举。明霞流电，轩陛萦环，殊庭之胜，视昔有加矣。由魏晋以降，千五六百年，表而章之，廓而衍之，寓诸形器者固多。至于珍图秘学，洪几妙用，蕴之身，不见兆朕，发为事业，与造化相表里，盖有系于人也。道之为教，其来也远，本乎无为而无不为，顺应于世，泽四海，利万物，不以累焉。轩皇访崆峒，尧奉姑射，汉孝文礼河上公，卒之地平天成，黎民咸雍，刑清国富，岂非善为道者辅世之明验欤？

我圣元之司左契一丈轨也，仙城之麓，辈出仙真。而宗师端和清慧，业尚轶伦。陪法从二十寒暑，以诚敬为心，拯济为务。始之日月山，命以优数，师则让于天师而不有。世祖韪之，所以眷礼宗门者日深一日。其后间一代，祀海岳，访遗逸，莅事恭而奉身甚严。人或德艺之可尚，及民情有未便者，还以上闻，即赐俞允。然居常自抑，云情薮思，不忘于中。萧然一庭，恬若世隔。世祖裕考愈器重之，恒被容接，不矜不怠，奖饬咨询，始终无间。今皇上御睿思阁，款接移刻，且谕侍臣曰：“宗师逮事祖考，言必有征。其恩纪蝉联，既隆且固，而进明退昧，与时翱翔，是亦无为而顺应之徒与？”夫号则称上卿，称真人，章秩视上公，若封若谥，若制授阶级，源源不已，虽古之善为道者不是越也。紫微拱于南，璇玑标于北，奏章授箓，岁以为常，益四海之富、生民之寿，上为国家，延亿万斯年之福。道门盛事，当不一书而止。臣构谨拜手稽首，申以词曰：

仙岩盘盘仙所居，左龙右虎纷相纡。藐真仙兮振灵枢，箕山外臣汾阳徒。乘飚忽兮凌虚无，肃然而回集轩除。增城突起昆明区，郁罗萧台亚方壶。璇题金格烟霞舒，鸣琴竽瑟斐然殊。茹琼芝兮咽琳腴，威摄魔兮帝命余。神丁奄冉兮前驱，侍臣暂归山灵趋。嗣仙间岁朝清都，演丹文兮阙琼符。祇德钦象龙叙图，翠妫缅怀河之隅。浩劫非人其旷诸，希夷之教昔可逾。皇极之言今可敷，乐人民兮高贤愉。坤珍输写来山车，圣皇寿与慈皇俱。治还三太三元初，紫微阁吏臣当书。

【说明】 王构（1245～1310），字肯堂，号安野，东平（今山东东平县）人。历吏部、礼部郎中，与修世祖实录。有《修辞鉴衡》。据娄本《重修龙虎山志》卷一二录文。参见元本《龙虎山志》卷下、张本《续修龙虎山志》卷中。

317. 元·程钜夫：通真观记 大德元年丁酉（1297）

道家无为，又曰无不为。犹之水焉，无为者其止，无不为者其流也。昔之人由其说，以之佐天下，以之全身，以之致时，载之当年，颂之后世。予郢人也，郢中父老为言长森有真牧先生者，持老氏之教，绝江而东，兴瑞庆靖于九宫山。孚惠先生其徒也，又兴寿圣靖于浔阳，于今弥昌。予闻而识之。既而驰驱王事，往往道出江淮间，见所善洞渊法师雷君，又兴通真靖于白沙之江浒，曰此吾先师故祠也。盖孚惠昔尝治疫有功，民德而祠之，且百年而毁矣。本江海故地，泥沙斥卤，君畚土辇石，峙板干而基之，由至元甲申，迄大德丁酉，积十四年而殿堂门庑、室房庖库、园田仓庾，罔不毕备，与九宫、浔阳相高盛矣。守其教者，顾可诿曰道无为而已哉。然而始基也予过之，观其烦而守之以一，劳而处之以安；成也又过之，观其处守，无异焉。然则无为无不为之旨，不在兹乎！

呜呼！学无大小，咸欲其传也。久而益非其宗，至或自畔所受。下至百工之事亦或然者，余每窃喟焉。今若雷君，体无为而用无不为，真老氏之徒欤。噫！传真牧、孚惠者雷君也，传雷君者谁乎？后无有窃喟者焉，斯传矣。君名希复，号凝和冲妙崇正法师，为通真第一代祖云。

【说明】据四库本《雪楼集》卷一一录文。参见《全元文》卷五三二程钜夫一〇（第16册）。

318. 元·刘将孙：安福州北真观三元阁记

大德二年戊戌（1298）

宇宙之大，可一言而尽者，天地水而已。日月星宿，风云雷雨，无非天也；四岳三涂，嵩高太室，无非地也；江河淮济，九湖八海，无非水也。夫固有司之者，而况其凡乎？秩群祀而观于正大若三元者，可以建而不悖矣。自开辟来，与生俱生，岂比于援而神之云云，号而人之某某，若鸿蒙溟涬云尔哉？虽太微玉清，郁罗蔚蓝，道言之所以妙而未有，若取之俯仰而已足也。呜呼！曷其奈何不敬？

古安成郡南道宫之有名者称北真，若昔海陵徐神公之所尝游。青山前屏，江水面带，平畴古岸，乔木宿云。入门左折，浮动翚飞，旁挟钟楼，对映道藏者，三元阁也。阁起大德戊戌，前瑞州路道判、月山欧阳至真实倡成之。至真掌教数城，兼领名山，萧然如初，得铢积寸，还奉昭事，首建是阁，言便祷祈。见闻欢赞，岧峣虚明，平步树杪，低昂献状，金翠丽晖，象服炜煌，旌旛婀娜，旋虫夹县，浮空动碧，香风绕檐，神具燕喜。里善士王鼎孙施其财，像饰展具，沛然成之。至真又连阁为楼七间，栋宇方由是一新，永惟斯役巨矣。然观兴百七十年，仅绍兴澹庵胡忠简公一碑。日余过之，宿阁下去，遂得闻创建本末次第，许之记。而王相霖以斯文碑具，谨待刻。

余寤寐北真久矣。往有朱道士善告斗，如斗与言；今又与欧阳游，清真简素，宜北真之方兴也。仙好楼居，天人感遇，往来一气，倘所谓神仙者如徐之不死，清风明月，其精神浮动，依乘回合，必当在是间，而况三元之不远人哉。群黎日用覆载生息而不知悟，故皇皇临之为近，兹固教之不容以已也。夫余受言记最，惟赞叹之不足，复长言之。月山本儒家子，今为崇正冲妙灵远法师领洞虚提点事。是观开山与神公游者，为欧阳日珣。今再兴，复欧阳，信不偶哉！其词曰：

北真左阁飞岩岩，千山两嶂高青巉。清江一环平纵衔，烟树荟蔚松桂杉。晴波平畴微风含，庆霄云低空明涵。太虚圆镜水月鉴，宝晖夜腾仙藏函。真游联翩降尘凡，俯视高敞神惠监。钟清鼓肃龙回髯，地灵山君杂沓儳。海陵仙裾和扬帆，三府启事臣奏缄。皇灵剡剡宸聪諴，林端缥缈旗斿縿。屏除庚甲质矫谗，尊气肃穆氛厉芟。屡丰颖同岐分崭，梵行道景风沨沨。阴阳无沴星无搀，多男寿富周遍咸。

【**说明**】据四库本《养吾斋集》卷一七录文。参见《全元文》卷六二八刘将孙一〇（第 20 册）。

319. 元·张伯淳：崇正灵悟凝和法师提点文学秋岩先生陈尊师墓志铭　大德三年己亥（1299）

余初入词林，与秋岩先生陈宜父为世外友，其纵谈三千年宇宙间事，亹亹忘倦。酒酣为诗文，意生语应，笔陈不能追，有谪仙、贺监风致，高古处可追陶、谢，类非烟火食语。今已矣夫！遗文有《沙漠稿》《秋岩稿》《西游稿》《朔方稿》。余承恩再入，吴师成季以建康教授张君特举诠次事状请铭。

按状，师名义高，宜父其字，生于宝祐乙卯九月。幼颖悟，年十二，作赋曰能。十有七，负笈四方，以畅其学。独慕汉天师教，走信之龙虎山，拜今玄教大宗师志道弘教冲玄真人于上清正一宫。真人器之，命礼其孙李仁仲立本为师，遂得道法，且于儒业有进。冠年著道士服。至元丙子，江南始附，三十六代天师赴阙，既还山，而大宗师留中。师至自龙虎山，日左右之。岁在辛巳，裕宗皇帝抚军，诏以师从。后七年戊子，被玺书提点玉隆宫。寻应召，以宫事付其贰。又三年，晋王在梁邸，迨改晋封，镇朔漠，师悉从行。

皇上初禩，大宗师所领大都崇真万寿恢拓加壮，制授师崇正灵悟凝和法师、本宫提点。元贞初，史馆纂修《世祖皇帝实录》，下郡国访求事迹。王邸异师文学嘉名，以其事属，得编摩体。明年冬，复从王觐，锡赉甚渥。大德改元，王就国，仍载之后车。越二年，请以其徒代，得还。至开平，次桓州南道，病增剧，无言端坐而化，时己亥六月二十有九日。闽有隐君子自号曰渔隐，于君为考。外氏欧曰澹庵、耐轩，皆负能诗声，学有渊源哉。其在朔方，浩有归志，以渔隐君故，痛不逮养，犹幸得请，力疾奔程，遽尔殒越，谓为太上忘情，则道未始去孝也。大宗师命即其乡葬渔隐君。

余谓晋许叔玄入道，时一还家定省，亲既终，后亦羽化。师以之。《传》曰："孝子不匮，永锡尔类。"大宗师以之。夫道本乎自然，而虚心所以求道。惟其然，是以胸中无固滞，学不劳而旁通百家，用于致雷雨、役鬼神，于卜筮推步俱有大过人者。盖万善由虚而集，至于尽其所受于天而无得见，亦虚而已。神气可忘，形骸可堕，何身外物之足计哉？师之轻财乐施，固其余事。然则身不必寿，为善不必名，而有不朽者在。

弟子云来相属，余以诚制授崇玄守正冲道法师、镇江路道录、紫府观提点住持，何恩荣、吴全节制授冲素崇道法师、南岳提点，加冲素崇道玄德法师、提点崇真万寿宫，孙益谦，冯道原，李奕芳，毛颖达，夏文泳，冯志广，薛廷凤，陈日新，张嵩寿，张必正，上官与龄，舒致祥，张嗣房。先是，钱塘王寿衍一见吻合，度以为徒，制授灵妙真常崇教法师、杭州佑圣观提点住持。制授隆兴路道录、提点玉隆，即师所举代，今袭其职。向归葬龙虎时，道于杭，余尝为文以酬，则于铭不可以荒陋辞。铭曰：

道匪可名，儒斯能明。集焉以虚，充焉以盈。幽而役鬼神，显而致雷霆。麾斥八极，模写万形。信笔行墨而泉涌，返观内照而白生。及乎参象数，先吉凶，盖洞究而咸精。用于世而不器，世胶胶而独冥冥。一瓢为赘，千金为轻，夫是以勿婴。乃若生事死葬，人子之大经。知亏恩坏礼之非道，则吾所谓忘情。九光前导八景迎，翩翩只鹤凌太清。龙虎云气护祖茔，去之千载视斯铭。

【说明】 张伯淳（1242~1302），字师道，号养蒙，崇德（今浙江桐乡）

人。咸淳七年（1271）进士。入元后历官杭州路儒学教授、翰林院直学士、庆元路总管府治中、翰林侍讲学士等。据四库本《养蒙文集》卷四录文。参见《道家金石略》、《全元文》卷三八一张伯淳五（第11册，同卷还收有《祭陈秋岩文》）。按，“孙益谦”之前原有“成季也”三字，《道家金石略》以为人名，恐非。成季为吴全节之字，上文已有“吴师成季”之语。张伯淳还撰有《加封许真君制》《加封汉天师制》《赠张宗师师祖制》（见《全元文》卷三七七张伯淳一）等与江西道教相关之文。

320. 元·刘壎：贞元万寿宫碑　大德四年庚子（1300）

道观仙宫有甲于南丰者，曰贞元万寿，盖故灵都观也。其初则魏真人元吉祀玄女，肇建观，号贞元。于宋治平中改赐额，号灵都。于今则大德庚子岁升观为宫，仍灵都、贞元之号，而加万寿焉。兹其建置沿革之大略也。其址则据州治之东，挹江山，倚阛阓，夷旷轩豁，为诸观宗。其派则支分于桑田，而建观者号长生；又分于石溪，而建观者号栖真；甲终乙继，咸祖灵都。兹其始基与析派之大略也。慨思往昔，观阙岧峣，像设俨肃，徒侣无虚寮，而经诵罕暇日，盛哉久矣。孰知夫丙子劫运，南北兵交，金文玉字，还于大罗，月地云阶，幻为焦土，仅存者寥阳一殿尔。环顾阒寂，惟觉景之异，心之悲。则有陇西冲真师出而拯之，当榛礫荒残中鞅掌仪图，誓复旧观，愿力感夫神灵，诚意动夫檀信。由至元戊寅讫大德戊戌，是营是度，弗完弗已，卒能俾修庑翼如，端门屹如，三元殿群道寮整如。即今之碧甃丹楹、雕珉藻棁，昔之断础荒烟、磷萤栖息者也；今之昏钟晓鼓、香熏烬辉，昔之空庭日永、人物罕景者也。兹其兴衰复古之大略也。师服勤至矣，乃思长生为观，实我同原，顾颓靡弗修，久即益圮。于是欲加葺完，而命其徒李以观嗣焉；复念栖真煨烬，则命其徒谢庭芝起废焉。一宫二观，鼎峙崇隆，论者无不多师之功，余亦谓师诚有功也。一日，其徒来前，曰：“吾师之功信然矣，后千载孰有知其然者乎？干文施垂不朽以观寿也，敢请。”吾闻圣经有曰“人能弘道”，又曰“苟非其人，道不虚行”。然则人其道枢矣乎？非宫曷阐是道？非人曷兴是宫？吾故为师著之，复作诗以侈之。师名逢庆，字冲真，历本郡道正。今提举本宫，为道教首。诗曰：

溟涬寥廓，大道之原。其宏也人，昭晳天渊。于皇玄元，教衍亿世。弥久弥昌，惟其有继。晔奕真宫，诞镇吾丰。昔何靡靡，今何崇崇。门阙穹华，径途坦辟。琁题干霄，金铺耀日。仙真列班，天丁卫阍。威凤盘旋，驺虞徼巡。西掖专祠，玄女吕祖。两庑分祀，百灵疏附。瑶坛整洁，琪树郁苍。人静月明，笙鹤来翔。霞服星冠，朝真礼斗。磬挟风清，鼓腾雷吼。谁克登兹？惟冲真师。劫运际逢，身翼卫之。启后光前，流辉著誉。由师愿力，威神协助。恢衍遗派，长生栖真。由师指授，缮饰咸新。众庶罔功，帝德天覆。老臣稽首，永祝圣寿。

【说明】据四库本《水云村稿》卷二录文。参见民国《南丰县志》卷三、《全元文》卷三四九刘壎一一（第10册）。

321. 元·刘壎：州城隍庙记　大德五年辛丑（1301）

大德三年春，燕山李公彝以前宪臣来守嘉禾郡。甫数月，威惠流畅，四履丕耸，则因事之废坠者补饬之，而城隍之祠以新。盖故祠毁未复二纪矣。斗室名存颓垣败甓间，断烟寒灯，幽隘寂阒，数议修，畏阴阳拘忌之说。公曰：“嘻，有是哉！城隍有神，列祀典，关政体，其非淫厉之谓。即废弗祠，将无以妥神灵，福民物。吾守臣何敢慢？复何拘忌之畏？”捐己俸以倡，协众力以助，选里望以分任。曰邓端汝其督修正殿，曰李定汝其督修香亭，曰陈拱、曰朱敬汝其督修庑与门，咸捐赀赴令惟谨，耆老率州民致助益谨。明年庙成。又明年正月丁巳迓神以居。崇阁飞檐，文砌博础，圭衮中峙，剑佩傍侍，祼荐丰洁，妖厉伏息，州民大和会，蕲余记之。

按周典，以吉礼事邦国之神。城隍有祠，其殆始此。又按史，吴以赤乌元年修芜湖城隍祠，至高齐慕容俨、梁武陵王纪俱祀城隍，其祠之浸盛又如此。而山阴陆氏谓唐始祠城隍，误矣。惟南丰徙邑自开元始，其祠城隍疑自兹始。古志谓故宰游侯茂洪功德在民，民祠以为城隍之神，余不敢知。余独以为画城郭，浚沟池，建官府，聚民庶，诛赏于是，歌哭于是，孕育长养于是，地载神气，安可无精爽以至神明？而又安可无栖神之宫、尸祝之庭邪？况是神也，实与官府分职事，共理民物。吾有司莅政而无所，聚居而无宇，则其心将惕然，不能以终日。彼聪明正直，依人而行，以捍御患灾，一郡寄命，乃风雨薄之，土草蚀之，王仪虚而民志郁，逾二十年，曾无一为之惕然者，独何心邪？惟公破群疑，搜坠典，构创一新而民不知役。继今官无废祀之讥，民有报祈之地，神安民亦安，是宜书也，故书。抑是役也，非其僚友和，谋虑一，微肆牵沮，其独无倦乎？盖主其议者有长官巴延彻尔，而协议者有佐贰杨泽、常泰也，故并书。若其规制广狭之宜，支费多寡之目，与夫用不足而取给于四提督者，刻于碑阴，故不书。

【说明】 据四库本《水云村稿》卷三录文。参见《全元文》卷三四八刘壎一〇（第 10 册），题为“州城隍庙堂记”。

322. 元·刘壎：丰郡三皇庙碑　大德六年壬寅（1302）

鸿蒙分，天地位，贞元细缊之气，旁薄郁积而无所泄，有圣兴焉，是为大皞氏。逮夫停蕴浸久，贞元复会，即有火土之瑞者出焉，是为炎帝，又为有熊氏。世俗第稔闻璧合珠联，口诵习熟，谓伏羲、神农、黄帝实接武以相继。逮考古志，乃世之相后先殊远，由黄帝溯神农，中间相去已三百余年；又溯而上之，盖不可知，亦悠远芒芴之极矣。而三神人者，或显卦画，辨阴阳，以露神机；或尝百草，品药性，以开医道；又或著医经，制针法，以救民生；俱能寿斯人欲绝之脉，补造化不及之功，世咸尊称之曰“三皇”。

三皇于江南故未有庙。至元混一，令郡邑俱建医学，始立庙。南丰由县升州二十载，犹未庙也。春秋祭，朔望拜，率侨寓于馆驿、于佛堂，佥曰弗称，顾卒无念及者。太守陇西公之来也，谓此弗祀，非所以承诏令、尊圣神。得故主簿厅废址于州东北隅，卜之食，诛茅运甓，募匠市材，捐己俸，率医人致助。大德庚子春始构创，中为正殿，旁为两庑，外为医学门，又外为棂星门。明年庙成，卫以椪柜，环以垂杨，甃砌洁整，丹垩明焕，三皇塑像南向，四正绘像东西向。公常躬程课，无倦意。月朔望，公常躬奠谒，无废事。命医官诸生审究脉病证治，交畅互阐，雍雍于于。又明年，公政成，众虑其久而忘也，请纪诸碑。

予尝叹流俗浅识，类目医为技术，乃未知医之济世，功配天地。何也?天地生人，而不能使人之无疾。人而疾，吁天天漠如也，叩地地默如也。疾弗瘳，则必反而求诸医。医得人焉，则痿痺痒痛者止，羸瘠者盛壮，而垂绝者不死也。曰功配天地，非邪？厥亦惟三神人者发天之机，启医之教，然后雷扁、和缓、仲景、华陀、叔和、思邈之流，与凡历代名医，得以继作迭兴，极神圣工巧之用，救虚实冷热之偏，脉有诀，药有方，十三科有传，亿兆生灵之命有赖，家祀祭而户尸祝，礼亦宜之。侯邦实司民命，可不祀乎？是故太守倡义创建，按令式，严祀典，于医道有光，于礼亦宜。余尝获从公陪祭，清晓班庭中，月星朗耀，枫桷翚飞，睹殿上烛光摇曳，灵风肃然，献官盛服端笏，降登祼荐如礼，群执事无不恪恭就位，讫燔瘗，罔敢惰。余叹曰："盛哉！祀由庙兴，庙由公兴，顾未有表显之者。"今诸君慨然碑焉，益盛已。因语之曰："庙存祀存，即公名常存。抑未也，继公者心公之心，修完缮饰，俾勿有坏。庙存祀存，亦与公之名俱存。"诸生曰："然。其述此以志不朽乎?"遂书以授之。李公名彝，字宪甫，安次人。尝佥浙西宪事，今以奉直大夫知州事云。系以诗曰：

三皇圣神，开天建极。肇基医道，跻世寿域。洗疴濯痌，植仆膏萎。造化同功，万国祀之。自丰曰州，医未兴学。贤侯莅止，新庙是作。广殿崇陛，威颜凛如。生徒在庑，时讲方书。庙千万年，名与俱久。勒诗坚珉，式克劝后。

【说明】据四库本《水云村稿》卷二录文。参见《全元文》卷三四九刘壎一一（第 10 册）。

323. 元·谢询：重修仰山祠记　大德六年壬寅（1302）

孚惠、宁康二王，姓萧氏，为瀑渊涌跃之神，云八荒，雨四极，玄功广博。出则为人，袁仰山其故宅也。记载起晋代，唐永徽至长安，作两书生，附彭蠡徐璠舟，鞭风驾霆，一日夕至分宜县。灵异变彰，施集云第一峰与小释迦寂公作庵，时听说法，即仰山寺古庙，在瀑水龙潭上，今迁堵田。圣化如徽婺源灵顺五显嘉惠宜春，又似旌阳仙福豫章。

万载县西半舍地名奇圃，山水佳丽，修梁鳌驾，远浦虹流，列青琐以前驰，交翠环而后涌。旧有仰山二王行宫，至元丁亥秋七月大旱，进义副尉达鲁花赤万奴、承事郎县尹王国用、进义副尉主簿李珪、县尉王仁合诚请祷，甘澍随足，一邑之民以生。官僚主盟，重建灵宇，委请阳俊、胡岩、孙周庚、张世茂、李一跃、袁辛、张逊、易寅翔、李俊、张祐、龙阜高、袁辛继、张程、王发、阳寿、周仁、徐信、乡老文兴贵等干缘修造，各施赀财，运木鸠工，十二月庚申吉创正殿，众心辐辏，真宰桴昭，士庶虔祈，遐迩丕应，祠庭日广，楼阁云齐，像设严，鼓钟备，修廊袤庑，灿碧辉金。左右寿山，庙前隙地，一是徐信置入，躬领众善友执锄于四围界内种杉松万余株，为后修造用。仍自捐金谷，辛卯鼎建竹渡桥，甲午年修建整潭埠桥，丙申岁修绍江桥、牟村桥，壬寅岁修本邑南备桥、瑞州府上高县上五里斜口桥、下二十里端港桥，处处兴修，源源利济，告天祝寿，上报圣皇，下为生民祈祷，善心充拓，定力坚信，可谓勇往精进、福德智惠人也。庐陵先生八十五岁由湘回，经张函，闻奇圃、仰山之盛，特进瞻谒。有揖予言信等半生精力，见于祠宇、桥架、神像，其官董其事，人緦其助，合有纪载，以垂永远。予谂之曰："子之功，子之行，非言可既，孚惠铭之久矣。如是因，如是果，受用无尽，赞叹之至，姑寓记云。"

【说明】 谢询，山阴人。举人。时任邑教谕。据康熙二十二年《万载县志》卷一三录文，文字据别本有改动。参见民国《万载县志》卷一二。

324. 元·戴表元：先天观记　大德八年甲辰（1304）

信之龙虎山以仙著，学仙者附之而居，枝牵叶联，不可胜数也。曾贯翁作先天观于其山之南，役最后，地最僻，境最胜。其初也人皆疑之，终也人皆奇之。贯翁曰：“噫嘻！吾何意于是乎哉。盖吾生而畸孤，年未衰而倦游，交虽多而寡谐。以为既不愿有求于世，徒得数弓之宅、一夫之田，奉吾师香火而休焉已不翅足。顾便近地不可得，会有以山麓售，喜而质之，则樵者扪岩而苏，耕者焚林而畲，其艰且劳如是，而何以为居。然不敢决焉舍去，为之尽力。攀陟一睆，忽然而堂皇开，突然而辅卫立，问其名，若仙人冈、麈山、台山、天应山之属，平时想像于烟岚渺没间者，一一近在目睫，心不能无动。遂乃铢累寸葺，自经始于庚寅，明年辛卯精庐成，又明年壬辰中堂成。越十有三年甲辰，祖殿、库庑、门台诸室俱成。涧径自水口甃至观前可三里，水萦萦四时不绝流。溯鹤飞台下少东，第一桥曰双清，其南曰月泉。益东第二桥，有成石如船，俯瞰涧中，曰云阙。而溯少南，第三桥曰桃花流水。益南又第四桥，□□北折，汇一巨池，曰长生。先天观门临焉。过门益北，造一亭，颜其扁曰一粒粟。中又折，益西曰自然亭。自然之西南曰深处巍屏。深处陡上，巍屏矗张，正与仙人冈、麈山相客主，曰雷坛。俯坛而西南曰云庵，曰逍遥，眺琵琶峰，可企而摘也。复南，俯一圆池曰鱼我，鱼我之顶曰天风云外。其东下曰玄圃，益下横二泉，椭而瓠腹者曰瓢余，流为丹鼎。出二泉，右可以第四桥，左可以长生池也。诸名或亭或不亭，诸亭或扁或虚，大略使人游其中如循环无端。观傍田可稼者余百亩，田上山破荒发坚，悉种花竹杂果木，今皆滃然成茂林。此吾居山之颠末次第，诚不料得至于此，而人何以疑之，复何以奇之乎！”吾始闻贯翁贤，愿亲之。及承其言，俭而慈，静而贞，信乎其有道高尚君子也。古之为仙者不择地，今所称琳馆往往为人指目者，其先固皆荒岩绝谷，不通车辙马迹之处。意有神物秘惜，待其人而居之。如贯翁之于先天，宁非是耶？请以是为记。大德八年九月日朔旦。

【说明】戴表元（1244～1310），字帅初，号剡源，奉化（今属浙江）人。咸淳七年（1271）进士。曾官信州教授等。有《剡源集》。据四库本《剡源文集》卷六录文。参见《剡源戴先生文集》（景上海涵芬楼藏明刊本）卷六、《道家金石略》、《戴表元集》（陆晓东、黄天美点校，浙江古籍出版社2014年版）。按，原有几处阙文，已据《全元文》卷四二八戴表元一七所录补齐。

325. 元·姚燧：妙化助顺真君殿碑

大德十年丙午（1306）

天下之人，有安居不为其事者乎？安居不为其事，古曰闲民，重其赋而刑随之。今也山林之间，羽服之流几何人哉？苟安居不为其事，人亦孰倡而致于其道、庸心其教哉？制授冲静真常凝妙法师、提点庐山太平兴国宫、录江州路道教汤德润储赢于俭、蓄细为大者十年，始田履亩才及三千，今万有奇。谋其徒曰："之宫，庐山名祠也。九天采访应元保运妙化助顺真君，明神也。殿实胜国所为，既冥且卑，妥灵弗称，其撤改为。"江西行省左丞吕公师夔，及其弟福州路同知师山，行金玉局总管师宽，淮西江北佥宪师顺，江浙财赋总管师谦，与诸子侄发米于庾，割田于郊，捐币于帑，为乡邻先。故富室佐财，贫者输力，如恐人后。为殿七楹，度高百尺，以祠真君。夹为翼室，右祠三官，左祠四圣，皆三楹。前为拜殿，合之衡广为尺百有四十，缩身不足于衡十八之四。若其攻金攻木、埏埴设色之工，殚极其技，无遗巧矣。遣其弟子熊应松、周祖清驰书龙兴，请燧曰："斯宫之兴，五百余岁。胜国盛时，加号应元，则皇元有天下之号已兆形于斯时。迨今海宇既一，大帝至元二十有一年、三十年、今皇元贞改元之明年、大德八年，凡四降诏：一赐提点周得一，余皆以赐德润。其于卫持斯宫，使人不敢杂揉渎侮略于其间，礼亦优矣。德润以是龙光洊至，庐阜载躬，重未云喻。惟有奖率道流，竭才新殿，奉安元辰，日夕祝釐，祈永睿算，维亿万年，庶几深山友木石者报上之智毕于如此，愿铭之碑。谨并上图经、匡庐得名与真君事实，惟择笔焉。”燧诺而思，真君灵贶数百年，为有国钦崇，章章传纪者无庸重述。未问而当告与疑而未莹者，敢用陈之。

其引朱子传书，排以历陵博阳山为敷浅原，其山卑小，惟庐阜在大江、彭蠡之交，最为高大，宜所当纪。然考《禹贡》，言原非一，冀之太原，徐之东原，雍之原隰，皆以高平得名，何独岑绝如此庐阜可名原耶？大抵是书载导河积石至碣石，其间所经如龙门、华阴、底柱、孟津、洛汭、大伾、降水、大陆、九河，逆河入海，又及其所会之水，澧、泾、漆、沮之入渭，涧、瀍、伊之入洛，亦何详也？至岷山导江，东别为沱，又东至澧，已跨蜀而荆数千里矣。又曰过九江至东陵，东汇入海，数语而止，亦何略也？故朱子论曰：以事情理势言之，洪水之患，惟河为甚。时龙门九河，事急民困，势重役繁，禹亲莅而身督之。若江汉则地偏水急，不待疏凿，或分遣官属往视。况洞庭、彭蠡之间，三苗所居，水泽山林，深昧不测，彼负险阻，顽弗即功，则官属之往者未必遽敢深入，是以致误者或多也。因思余昔拏舟成都，至夔门，其所未至，去秭归三百里耳。秭归而下至江阴，望海门而还，长江万里，浮游迨遍，然蜀荆之山，条脉联络、壮观天险者，如眉之峨眉、嘉之离堆、渝之瀛山、涪之铁柜、夔之赤甲、白盐、巫山及峡之黄牛，危岩绝巘，刺天入云，何啻千万？与三十六江水会夔门者，皆所不书，其见遗者岂独庐阜哉？要朱子之言，千载不易者也。其曰庐山始名南障，由周桓王世匡续学仙所庐，故名匡庐，《图经》已辨晋人纪者之诞。

所未问而当告者，自周而上，无为老子者何有乎？今之祝釐，时天子诸侯自求多福，皆有禋祀，禋祀多名，合而言之，天曰神，地曰祇，人曰鬼。神非直上帝也，日月、列星、风雨、雷电，凡本天而亲上者，皆神也。祇非直后土也，山林、川泽、丘陵、坟衍，凡本地而亲下者，皆祇也。人鬼则宗庙社稷，凡有功生民，死而庙食者也。天子既祀天地、圜丘、方泽，至于时巡，则又燔柴四岳，随其方山川皆望秩之，不遗无文。诸侯四时望祭其方，五官五行、山林川泽在封内者，亦岁遍之。后王德薄，不能时巡，既旷望秩于方岳；诸侯复不世其国，迁代无恒，而岁遍又废其封内。惟道流之宇名山川者，由祀其师以及其土之祇，虽未有副辜薶沉牲币之备，而洁斋以致忱者，晨夕至焉。国家以其依居崭拔奇峭，幽深缭郁，当地气粹淑之会，其神必灵，赐宫观名，置官领之。时大醮祠，庸以奏假赤章上帝后土，与本天而亲上，本地而亲下，凡曰神祇，可介祉导和斯世者，莫不致之，为位多至三千六百，亦几秩无文矣。实于时巡不举之典修之其宫，顾为有国者之所赖焉。呜呼！亦有功世教之大者也。然惜其知神之神，不知神之所以神。何也？由杂夫荒怪也。其尊无对、大无余者，皇天上帝一而已矣。有曰上天神后者，盖天言形体，帝言主宰，后君也，与帝同出而异其名。天子曰元后，人臣匹天子者亦曰后。《春秋》王与后之鞶鉴，《书》伯夷、禹、稷为三后，则后者又君臣同称。昧者不知上帝后土，视之巍乎其无朕也，听之漠然其无闻也，而造化之迹则体乎万物而不可遗，乃以形求肖人为之上帝，则冕珪衮舄，以为失耶？《诗》刺卫夫人玉瑱象褅，胡然而天而帝？屈原亦曰龙驾帝服，若真有是人被是服者，其来亦尚矣哉，甚于后土加笄珈褕翟。七政一也，日木火土服杀上帝，月金水杀后土。山林川泽之为王，为大人，亦若斯者，奚足殚纪？夫谁与祛之？胜国之谬，尤在增号淫昏之鬼，婺源祠山梓潼之属皆帝之。是则尊矣，其如降上帝与之班何？今事实所谓九天采访应元保运妙化助顺真君者，九天之属见于《天问》，注以九为阳数之极，固无大窒于理。唐李玭碑止曰庐山使者庙，南唐曰通元府。胜国太平兴国中易庙为观，以年命之。神宗进号应元保运真君。徽宗易观为宫，刊镂玉册，臣而进之。于时洪刍提点是宫，奉安玉册，实为之记，举《录异记》开元十九年明皇梦神人金冠朱衣乘车而下曰："我九天采访使者，当馆我于庐山。"明日又降于庭，命吴道玄图其真，建祠山阴，明皇亲书缪篆殿额以赐，其文惟曰"九天使者之庙"，无"采访"之称，后世加焉，其榜固在也。然原以求之，非必权舆有唐，东晋之前，方士辑《五岳真形图》，为书曰：嵩、岱、华、恒，皆有佐命之山；而衡岳孤峙，无有夹辅。黄帝请命上帝，建潜、霍二山为储君，青城山为丈人，庐山为使者。开元中，天台司马承祯请立五岳真君祠，使者之庙当作其时。其说详而正，据而不凿，谓可祛《齐谐》志怪之惑者，真知言哉。理宗又加"妙化"，惟"助顺"者无征焉。然使也衔君命以出者，惟人也不能周知善恶之实，彰之瘅之，故采以资人之见，访以剿人之闻。神祇何假人爵以为贵贱等威，佐上帝行四时，以运寒暑日月于上，触石而出，肤寸而合，天布大泽，云雨不终朝而施德博大，出百物而润泽于下。神变功能如是，其聪明正直而一，有不待夫视，宜无不见，不恃乎听，宜无不闻，正老子所谓天网恢恢、疏而不失者。如必采以资见、访以剿闻而始福善祸淫斯人，则不采不及知，不访不能通，失将众矣，乌在夫为天网耶？余故惜其知神之神，不知神之所以神者，此也。尽辨之，其说犹多，姑是举隅焉耳。非独使读书以缵文、造道而明理如德润者知之，可以仿佛鬼神之情状而不溺于所闻。鬼神闻之，亦怿豫于冥冥。是燧斯言，曰千载而下，特见有如之人不可以非道诬也。铭曰：

维天旰皓，下土是冒。群望降鳌，衡岳如卑。南服之山，匡庐莫夷。有巘其岑，有育其麓。衡虞材之，乌用不足？气聚金宝，腾辉中霄。上与列星，烂其昭昭。倏噫而风，随以云雨。千里崇朝，膏润斯溥。造化之迹，不掩如斯。皆本二气，良能之为。维古哲王，及始图报。由时岳狩，群望必告。嗟哉后王，旷不省方。或事云亭，侈愆旧章。维方外臣，窃取咸秩。大为醮祠，无文每及。盘盘之宫，负圣治峰。其师汤君，言出众从。设格普天，三千六百。为位勃磙，神祇安宅。撤构斯宇，高广异先。铁鸾金铺，尚副揭虔。爰奏赤章，媚于上下。不约而一，万福来迓。资我元后，山积川增。维千亿年，万方其承。走为之诗，俾尔羽服。鼓钟新宫，步虚是续。

【说明】姚燧（1238～1313），字端甫，号牧庵，河南（今河南洛阳）人。历官翰林学士承旨、集贤大学士等。有《牧庵集》。据四库本《牧庵集》卷一一录文。参见《道家金石略》、《全元文》卷三一一姚燧一三（第9册）。碑文叙述了庐山太平兴国宫历史变迁，还叙及政治、经济等事，对研究庐山道教和地方社会经济发展有史料价值。按，据《元史》本传载，大德九年（1305）姚燧官拜中奉大夫、江西行省参知政事，在任三年左右，姑系本文撰于大德十年。

326. 元·袁桷：昭真山水记* 大德十年丙午（1306）

广信昭真山，晋王仙居。山祖闽武夷宗，为天冠岩。翼行数十里，左右扈挟，悉至观乃伏，北俯贵溪，又正北当县。居中汇泉，曰寒月泉，与药池丹井通。遵井南，鳞瓦削列成庑，有泉悬溜庑下。拾级以升，曰金沙。益南至于升仙台，台石天设，空明无依，传言王仙化是。又南石室，坐可二十席，下视屋邑，蚁发旋缕，凡登是山者不尽适不返，故冠以逍遥焉。上巘为灵湫。逍遥西多故贤居。三山品列，徐绍宗隐益下，北麓陆文安公书堂奠焉。循西有吴缅石、潜谷岩、小隐岩，皆以处士著。吴缅石形成五岳，复曰五面。迤东为峰二，曰老人、石人。东屈而下，得名六，学堂以虚名，仙足、月岩以形名，鬼谷以真隐名。鬼谷东石壁中穴，环好风，出涌泉，曰风洞。辅东益高，有石箕瓢，器物成琢，潭深不测，以礤潭名。又东极下水钩盘，岩壁削立，旌阳许令刺蛟于是，唐名曰馨香观，道士祝丹阳绘图俾志，且言其山清刻深古，多异石名木，岁不识伏日，泉品与惠山同。自唐李商隐、刘大用、王荆公、毛泽民而下，著咏可传。信夫！山南为阳，主阳宾阴，钟其所极，郁之而不化，可慕可愕，不一以足。然神独啬之，使冲漠者专其静居，絜絜然好游之士少纾其耳目而卒不畀，何也？世言名山多方外居，益以昭真为信。

丙午二月袁桷记。

【说明】袁桷（1266~1327），字伯长，号清容居士。鄞县（今浙江宁波市）人。始从戴表元学，后师事王应麟，以能文名。历官翰林国史院检阅官、翰林直学士、侍讲学士等。有《清容居士集》。据四库本《清容居士集》卷二〇录文。参见《全元文》卷七二七袁桷二二（第23册）、《袁桷集校注》（杨亮校注，中华书局2012年版。以下径称书名）卷二〇。文中记述了昭真山历来仙迹及奇特自然景观，并提及李商隐、王安石等唐宋著名文人曾留下足迹与诗作，故录存之。

327. 元·郑玉：上清灵宝道院记　大德十一年丁未（1307）

谢君叔畊过玉，言曰：“本真不夭，蚤岁孤。及长，羁旅江、淮、闽、蜀间，险阻艰辛，历万状。久而后获归，以至于此，而无有子也。昔在大德五年，尝走龙虎山中，致谒太素凝神广道明德大真人，是为嗣汉三十八代天师，乞披度为道士，愿以城南居宅为道院，节朔赞诵，如宫观礼，隶上清正一万寿宫，本真将终焉。事下如请，俾礼凝和宏道玄妙法师刘公立中，甲乙相传勿坠。十一年，道院成，屋凡百余楹，太清殿居中，前则玉皇阁，左右奉群真，后重屋以处徒众，仪制略备，赐'上清灵宝道院'为额。乃割己田五十一亩，岁入租以称计者六百三十有六以供吾徒，而积其六之一有奇为缮葺备。复命吾兄之子曰安老为吾后，以奉先人烝尝。所存田以亩计者六十有七耳。愿记诸。"

玉惟三代以上，天下无遗材，士君子皆为有用之学。后世高见远识之士，或不为世用，辄相引去，山林藏遁，而人遂指以为仙。虽以子房之贤，及其晚年，且谓欲弃人间事从赤松子游，盖始显而终隐；汉初天下未定，曹参得盖公之一言而齐以大治，既隐者又为世用；是其清净合道，明哲保身，固非后人所可拟及。然其为学又岂必以捐绝世务而后为高哉？今观是举，既不畔吾先王之法，又得以尽其师之教，是可书。

谢君世居新安祁门县，叔畊字，本真名。其先君子讳及，笃学有声誉，与秋崖吏部方公为同门友，尝补太学生。叔畊今年七十一，童颜儿齿，行步如飞，盖得于所养云。

【说明】郑玉（1298~1358），字子美，歙县（今安徽歙县）人。博通六经，尤精《春秋》，学者称师山先生，有《春秋阙疑》《师山集》等。据四库本《师山集》卷五录文。参见《全元文》卷一四三二郑玉五（第46册）。按，上清灵宝道院虽在新安祁门县，不属江西，但因其与龙虎山有类属关系，故特录存。

328. 元·姚燧：太平宫新庄记　大德十一年丁未（1307）

真君殿碑，盖龙兴据其所见而作。及以疾归，留宫逾月，与身见而言传者或异，遂更订而丹书之。既入石矣，犹有一遗。其曰始田履亩才及三千，今万有奇，若合其旧为一而言。今则不然，由冲静真常凝妙法师汤君提点之宫，录江州路道教之后之致者，独万有一千。其道有三：曰货取，曰施入，曰力作。余叹其用志之确，亲劳之多，无文以彰之，世乌乎知为？目其诸庄与地在所，及其施入之主之名，自多裒之以及其寡。今最货取三千六百五十，惟石门千三百八十为多。其不足是者，启石二百八十，锦溪七百五十，石塘九百一十，龙冈九百六十，上龙溪千一百三十。惟启石居兴国、大冶，余皆江之德化。最施入者五千三百五十，惟翠麓二千二百为多，高岸半之，元山千二百，万安千七百，福兴千七百四十，赵陈二千一十。惟高岸居兴国之永兴，元山居蕲之黄梅，其故主则厉坚孙项至大，余皆江之属县。翠麓湖口，万安德安，福兴彭泽，赵陈瑞昌，其主周恕，胡荣、吕师山，则福州路同知者与齐永年。云力作者创茶磨四所，凡四十二盘于德化。庄曰义兴，又垦田二千。肇为五庵：宫之前三，曰东、西太平与紫元；宫之后二，曰涌翠、谷峰。其始皆菅茅朴樕，众所薪牧之囿。皆募人钱镈铚斧而出，高莳松杉柏茗，皆摘实揠子，畦而苗之，移置其地；下种姜芋薯茜，与水可塍稻者，皆令募人有之，其利不入公宫，以劝夫未至者。余闻之，肩舆历至其所而观焉。经始久者方五年，近者一岁，而木之布列冈阜，新者虽没草间，而生意茁然，久者已离立如人，将数万本。其畦而未分，犹盈亩焉。篁筱则斩梢而不伤其鞭，畚故土取诸他山，为箇不可计，意者倍蓰乎？木笋已丛出其下，特未林耳。君登高丘，指宫林以相语曰："闻之故老，之山始亦榛莽如是，吾所材而用者，皆基先民。今荒山可芟治者犹或数里，天假吾年而为之不置，可使尽辟。百年木皆连抱，后人以资治宫，亦吾于世生不虚也。"余曰："呜呼！君之所言，正古人所谓人弃我取，本富之要也。迹是为心，何事不可为？何功不可集？宜人之动荡鼓舞，割所爱惟惧施入之后。不然，彼其家田，民赖以食其力者也，将以尺帛斗米遗之，犹恋嫪移时，啕啕然收恩而后以授，况是连阡亘陌，非有动其心者能然耶？"余惟久此，又闻其将大众之法。道流非有故不入田民家，民之入钱取薪炭山者，皆给之券。恒遣力人持梃行逻林间，盗采者有罚。钱谷出入，井井有稽。舂磨之细，不遗糠籺。公宫大庖，日炊米十斛，可食千人。其徒皆就食公堂，来必道服，以示不亵。职宫事者各有子院，有釜鬲不作饮食，待煮茗頮水之须。其僮奴之守舍与诸庵远在数里者，为饮食皆日赋之。子院不得设塑像，旦夕惟即瞻礼于宫。余问其然，则曰：“子院强则公宫弱，强日益富，则公宫日益不足。不足势必下求子院，一则应，再而缓，三则柔者德之以色，刚者拒之以言，上下之情浸以离矣。不若同甘共苦，以公宫所廪养之为可恒也。”呜呼！他道流能远计若是乎？尝与一二知己私窃评之，白须猥䃁，有熊豹之姿，已见其力足任事，加以深沉有谋，寡言而信，威而和，诚而恪，视数百人黄童白叟，约束如一。使不为老子法，用世而为将帅，可以进退三军，立勋万里。今顾为九江黄冠师，枯槁山林，已是也耶！因叙田及此。君名德润，字季玉，号香涧。其左右君靡朝以夕，尽其劳勚，忠于其宫，同成功者，中外四十九人，纪诸殿碑，可考而知。尝观汉费凤、韩仁诸碑，书多不满石，或三之一，或半焉而空其后，岂待夫嗣有所书耶？故余例之，亦法古之一也。

【说明】 据道藏本《庐山太平兴国宫采访真君事实》卷六录文。参见四库本《牧庵集》卷九、《道家金石略》、《全元文》卷三〇七姚燧九（第九册）。按，据姚燧仕履及文意，姑系本文撰于大德十一年。

329. 元·佚名：清真观石洞记　大德年间

淦水之阳有山曰玉笥。山之麓，有巨峰石起平地，巉岩突兀，高八百余尺，周围四百余尺。中有石室，石室之南，有门如瓮，可入；石之中有石床，可仰卧。幽深空洞，风日不到，真瑰玮之奇观也。后不知何年，六丁破其巅，若凿混沌窍，而虚室生白。床之上，平如覆板。又深入，复可通数石，乃避秦人何君仙良以采药山中，归失期，不得与九仙俱升，乃留石中为地仙，人因名此为何君石。黄太史诗所谓“惟有邓公留不去”，其所谓邓公，即何君也。宋菊山赵公尝种桃环石侧，筑亭花间，匾曰“四时春”，时往游焉。山左又有五六石，率低小也。其小多为煅灰者所击敲，殆与昆明同劫。惟巨石巍然尚存，而樵木旁午，牛羊踯躅，胜迹湮郁，煅者亦睥睨之久矣。游观之士，莫不为叹息。

至元壬辰，云心道人从菊山诸弟子求此石为修真隐居之所，慨然得请，磐石之侧山地数百亩，悉以施之。于是开山创立祝圣道场，朝呵夕卫，此石遂免于煅。甲午，江西平章紫微史公为书“神霄雷坛”四字，俾揭于殿前。大德丁酉，三十八代天师晋国公为书“玉笥法海”四字赐之，揭于堂。集贤学士员峤李公来守临江，尝亲访石所，问师以大道。后公再入集贤，为给院榜护持，盖嘉云心学道之定力，而欲赞其久远也。裕轩刘公施屋五间，肖轩刘公亦施屋五间，潭步江信又施屋三间于石顶，以祝华盖三仙。所谓蝎虔妥灵而庇风雨者，亦可苟完。住成，求予一言刻于石，以遗千载。

吁！尝记昔金陵有三大石，夜见梦于守臣吴仲庶，免于灰烬之苦。嵇中散求访河东石室，徒得其素书之文，而竟失其处。由是观之，此石遇云心以免于蜃灰，云心又遇此石以成其道缘，岂不异哉！于是为序其源委而书之。云心，李其姓，吉安之文江人。出得王侍宸总摄五雷大法正传，又师西蜀道者唐懒牛，悟金丹要诀。尝坐圜于西山者十月，金光满室，火候冲冲。问诸大贤，遂撰为记。

【说明】据道光二十八年刊本《玉笥实录》卷四录文。文中所云“集贤学士员峤李公”应指李倜。李倜（?~1331），字士宏，号员峤真逸、员峤山人，元代河东太原人。据同治《临江府志》卷一六载，李倜于大德间任临江路总管，有政声，后为集贤学士。按，“石之中有石床可仰卧”一句后原有注云：“即龙床龙椅。”

330. 元·刘将孙：吉州路永和重修辅顺新宫记　大德年间

庐陵四境，神庙封爵，宠灵赫奕，未有若永和辅顺之祠者。自宋绍兴五年赐庙额，讫宝祐四年加王封，极八字，百五十年间，由侯而公，公而王，始二字，增四以极美名。上自王父母，下逮妃若子又孙，皆疏王爵，崇显号，八八而并，以及女姬子妇，无不累加逾尊。钿轴纲袋，高下襞积，命圭衮服，揆锡备仪。计东南累朝贶赐隆重，岂独庐陵四境所未有，虽岳渎外，若此者几无与俦。厥惟王之水旱应祷，神威震叠，民之所不能忘。而地灵人杰，寓公贵仕，交请靖献，有以发一时之丕显休命。

王本晋人，姓匡氏，与叔俱学道。叔已仙去，遗命王当为神，匡山其庙食处也。入宋避庙讳，称王山、王仙云。匡山在太和境，王之遗体在焉。而永和庙最盛，前后制书皆下永和王仙庙，而朝谒祷祈者皆之之，近年尤著南北。初，境有逃卒挟众窥城隟，私谓得吉卜，亟进，不则此乎穴。暨卜则吉，乃覆于城近，焚洗之骶，他所当之，则王诡以吉卜驱之也。又有寇夜闯境，见兵马无数，骇而走。他日寇执实云，如是者不一。雨旸时若，不枚书也。

庙旧有后宫，六六而备。乃壬午水，壁坏宇颓，里善士巽溪杨子贤既新台门及左右夹至后离宫便殿，轩伟严翼，戟卫马御，画士颜辉手自位置，见称绝笔。复倡建新宫。粤癸卯，自为东掖，则集以众力，增庳拓隘，高坚倍旧，绮疏玲珑，金碧缭绕。选按宫体名手，巧图棋博琴瑟，书册绣床，寒温帘帷。晓妆午浴，缦立匡坐，绝态负妍，弄娇扶姹，壶冰盘雪，鲛绡云锦，错落瑰奇，珊瑚交枝，水精立石，柘浆棠露，捧侍待宣。金猊宝鸭，笼衣香暖，乍凉新燠，颦碧断红，待月迎风，襞裙动带，严妆待旦。赐宴迎车，递宿倦扶，弄箫记谱，珠襦玉佩，佳节称觞，绿樽翠杓，闲奉斟酌。极时物之芳菲，情态之宛转，人间天上，事完理极。又分四时为四阁，对奕疏拊，考图阅籍，奉天一笑，清事日新，回环寝宫，燕娱曲折。钧天清都，则不可知，所谓南面王乐，无过此者矣。经始于大德，且落成，其费巨工夥，不可会。巽溪求予记之。予周还而叹曰：“往者不可及已。备物典策，昭示百世，其盛丽之奉若此者，幽明不同，崇高无二，岂必其平生所尝有哉！神明之道，类皆其德宜食其报，不得极于生前者，于是帝锡之而肸蠁格，朝命之而灵威彰，民烝尝之而报事严。虽极想像之工，绘事之巧，神之玩也，犹人之观也，孰非幻也？即所谓琼台玉室，临春结绮，倾城绝世，其与几何？亦有以异于图画间哉！故化人之宫，视中天之台，若累苏积块，而其游者神游而已，曾未离乎所居，则俯春宫而涉青云者，亦若是矣。夫仙者无与于人事，神则不能不在人间。王之志也本仙，而其事则出于神。凡世之所铺张扬厉，祀之所以闳大衍迤，皆人间意也，王则何事于斯？而人之所以资于神、神之所以惠夫人者，概可见矣。运数推迁，天有所不能违者也。阴骘其间，若私之二天者，人之望岂有极哉!”余既历纪其盛而折衷于理，宫碑庙乐，宜有声诗，复侑之以词，曰：

蓬莱云晓鸣佩环，诏迎仙客匡之山，龙车拱侍杳霭间，叔兮垂钓潭前湾。云中飞胡黯莫攀，遗竿化竹青珊珊，帝命封建名山盼，赐履接畛联阛阓。水旱疾疫销阨艰，魑魅罔两潜淫奸，仙者忘世神恫瘝，俯抚孙曾拯其孱。民戴朝锡森若班，宠眷四世圭璧贲，祎翟姬妇丝綍纶，美人列宫立望姗。珠笼翠裹宫髻鬟，鬓峨曼鬋蜷曲鬘，清矑的烁睇美盼，舞袖娜嫋腰弓弯。翳云拽雾舒斑斓，明珰组佩琮璜瑗，铿钟摇虡琴瑟娴，棋博五白姣且儇。瑶环瑜珥扶抱板，桂风梅雪芳秉蕳，炼金香玉照指镮，书云换绣觇轡瞷。王欢恣赏清燕惯，娭娱婉娈乐未阑，下土急诉恻遗患，前驱鸾鸣后虎䨲。乘云天门奏欲潸，皇览闵度命曲删，运数虽尔宁哀矜，还省三岛游芝关。丁宁校籍悲尘寰，永嘉而还数屡悭，人生实难勿弃管，每朝恳款如请闲。世衰道丧非民顽，紫云浮空王驾还，列骑清道车班班，东风灵雨泉流潺。坐朝冠冕春仗间，宫开乐作歌巧孄，王顾一笑民欢颜，千秋万岁无后艰。

【说明】据四库本《养吾斋集》卷一七录文。参见《道家金石略》、《全元文》卷六二八刘将孙一〇（第20册）。

331. 元·金旷：简寂观题识 大德年间

龙虎金旷送□，留此泉石之游月，及登汉王峰。

【说明】题刻位于金鸡峰下，简寂观油盐石路西。高1.2米，宽0.8米。直行，3行，满行。楷书。据石刻录文。《庐山历代石刻》评曰：“金旷可能是龙虎道士，到简寂观游。汉王峰即汉阳峰，传说汉武帝曾登此峰，故名。从山南登顶极不易也。字的结体方正而略显放纵，笔画瘦硬顿挫，布局疏朗空阔。”

332. 元·海山（元武宗）：加封张与材金紫光禄大夫封留国公　至大元年戊申（1308）

制曰：惟除邪辅正，关世教，以为多崇德报功，宜邦彝之具举。维圣祖夙钦于至道，而先皇屡款于真仪。兹嗣服之云初，岂疏荣之可后。正一教主嗣汉三十八代天师太素凝神广道真人、管领江南诸路道教事、主领三山符箓张与材，清伦伟望，博学通材。泓然理域之深融，泛若环中之善应。御民灾而辄效，持章犹虚靖之精严；祈福贶则随臻，饬戒具冲和之祇肃。动靡端倪之可见，劳奚章绶之能为。制则特颁，理于兹顺。於戏！封留足矣，益光炎汉之高风。自天申之永赞，有元之丕祚，往绥燕履，懋对鸿庥。特授金紫光禄大夫，封留国公。余如故。

【说明】碑为2013年重立，现存于龙虎山嗣汉天师府头门东侧。青石材质，通高4.5米，宽1.1米，厚0.3米。两层基座，一层方形基石高0.2米，其上龟座高0.8米，宽1.5米，长1.5米；再上碑身3米，碑首高0.5米，宽1.3米，厚0.3米。碑文位于前部（后部为明代圣旨），直行，共9行，行2~39字不等。楷书描金。碑首前后刻有两条盘龙，中嵌“圣旨”二字。碑刻基座四边、龟座两边、碑身两侧刻有精美花草图案。从碑文内容看，元代帝王对嗣汉天师极为尊宠，这对南方各符箓派道教逐步归并正一有决定性促进作用。今道教分为正一和全真两派，且龙虎山天师府为正一派授箓中心。据碑录文。参见元本《龙虎山志》卷上、娄本《重修龙虎山志》卷八。

333. 元·元明善：大元敕赐大上清正一万寿宫碑　至大二年己酉（1309）

我世祖皇帝聪明圣知，一万方而帝天下。惟聪也，故无所不纳；惟明也，故无所不照；惟圣也、知也，故无所不通、无所不辨。谓万方既一，当养民以清静。而道清静者，实老子氏。为老氏者，无贤于天师。至元十三年，宋平，即遣重使聘三十六代天师张宗演而问道焉。其道盖体于玄妙而用贵自然，其法盖翊卫真元而祓除奇邪，号曰正一教。其所祖曰道陵，云留侯子房七世孙。东汉末，学道于青城山。龙虎山者，在上饶之西，所谓第二十九福地，传箓宗坛在焉。世传天师炼龙虎丹是山，丹成见龙虎，因以名之。后还蜀，神授印剑经箓，使之济世。久而仙去。四世孙盛弃官学天师道，复在龙虎，始筑祠坛，世有嗣者。唐赐额真仙观。宋祥符间易曰上清。政和间加上清正一宫。留用光、易如刚、毛允中、张闻诗皆有遗世高行，继主宫事，日大以振。及是，天师奏对称旨，若合契然者。明年制曰：其授天师演道灵应冲和真人，赐玉冠缕金法服，刻银印章，主江南道教。仍刻上清正一宫提点铜印章，复诸宫观。岁无所与，时今上卿张留孙相之以来，天师还山，留使从跸，春秋还幸两都，敕凡祷禳辄验，上嘉异之。裕宗皇帝居东宫，尤所眷注。十五年，授凝真崇静通玄法师，从幸日月山，止暴风风止，旱祷雨而雨。上愕其神，遂加玄教宗师总摄两淮荆襄道教江南道教都提点。寻敕伯匠为建崇真万寿宫于两都，授上卿之师李宗老江东道道教都提点，住持上清宫。二十四年，命上卿载香币代醮龙虎、勾曲、阁皂三山。乃新上清大殿元坛、坛楼暨三门。道出上饶，又建万寿真庆宫。上清道士多效之，创宫观百余，学者殆千人，正一教大行。二十五年，加上卿总摄江淮荆襄道教都提点、商议集贤院事。天师还山后，十七年、二十四年两入朝。二十八年秋羽化。是冬，上卿请以其子与棣嗣主其教。与棣朝，明年授体玄弘道广教真人。

成宗皇帝加上卿志道弘教冲玄真人同知集贤院事，以其弟子陈义高、吴全节道行俱著，授义高崇真万寿宫提点，全节南岳提点。元年天师来朝，同上卿醮于内廷，若有灵瑞。上以为精诚所假，各赐玉圭宝冠、缕金法服、玉佩，加封一代天师正一冲玄神化静应显佑真君，追封三十五代天师可大通玄应化观妙真人，上卿祖师张闻诗通真观妙玄应真人。未几，天师羽化，复请以其弟与材嗣，遣全节持冠服圭佩锡命。及来朝，上顾遇甚厚，授太素凝神广道真人，授熊贵实上清宫提点，李志立上清宫提举。天师岁传符箓，事如旧，别刻符箓四印章。诏谕江南行中书省毋致不恭者敢于陵挠。大德二年，上清宫火，上卿以闻，敕所司与建。上卿谓役大民劳，奏以大殿、元坛、三门，必仰县官余资、宫之有所储者，臣与天师以倡。诏允。遂遣全节同近臣谕江浙省。逾年告成，为殿十有三，曰三清、玉皇、真风、真庆、太一、璇玑、琼章、南斗、雷霆、五岳、三官、旌阳、玄坛；为堂七，曰正一、□寿、星正、纪仪、蓬海、宿云、方丈；为楼三，曰玄坛、钟、宝奎。至于厨湢库庾、诸亭诸门、诸厅事、东西寮曰道院者，凡三十有一，悉视旧有加。加命曰大上清正一万寿之宫。四年，加上卿大宗师，全节为崇真万寿宫提点。初，盐官、海盐二州海潮日怒，激附城岸，岸辄圮。俄去盐官城不远，扞御无能为策。盐官、海盐视浙西坳若盘盂，是或被害，则浙西亦海。主者惧以闻，诏天师至杭，醮于佑圣观，丹书铁符，俾两州守投潮激所。顷之，风雨雷电昼晦。既霁，有大物鱼首龟背龙爪而肉两翼毙于海隅，自是潮道其常。五年，天师朝。其冬无雪，敕祈之，刻日盈尺。并录平潮功，加正一教主，领三山符箓，追封演道灵应冲和真人曰真君，号加玄静。迁上清提举李志立提点，以章似志为提举。十年，授全节江淮荆襄道教都提点。

武宗皇帝以上卿知集贤院事，加志道弘教冲玄仁靖大真人，全节玄教嗣师崇文弘道玄德真人，总摄江淮荆襄道教，弟子夏文泳事今上东宫，授崇真万寿宫提点。是岁天师朝，加太素凝神广道明德大真人、金紫光禄大夫，封留国公。追封二代天师太清演教妙道真君，三代天师太清昭化广德真君，三十代天师虚靖先生虚靖玄通弘悟真君，崇真万寿宫提点义高粹文冲正明教真人。至大二年，加上卿特进上卿，授吴以敬上清宫提点。今上语宰臣曰："上卿留孙佐世祖以逮于朕，纯诚蠲洁，众一口德之。上爵崇官，每辞于朕。祈天永命，盖亦有征。可特赐勋号曰辅成赞化，加文泳元成文正中和真人、江淮荆襄道教都提点。"遣使召天师。既朝，上顾太保曰："天师嗣道，他鲜与比。余一人嘉之，其优崇之典，一视昔者。"命醮于崇真宫。及还山，赐宝冠法服、银印章，秩一品。诏庇卫其教及名宫观五十余所。仍以高士董处谦为上清提举，追号上卿之师李宗老以至张思永七人曰真人，授其高第弟子徐懋昭葆和崇正通妙真人。上卿言："始臣受道于上清宫，辅天师入朝，历事六帝，荣显已极。由天师及臣，制授主名宫观者百许人矣。上清宫尝毁而官又兴之，臣以钞若干贯使买田入宫，图永教事，用竭报忱。然不勒诸石，曷以彰列圣之恩？曷以著玄化之盛？"集贤大学士邦宁、大都留守阔阔台以其言闻，诏臣明善为文。

臣拜手稽首言曰：谓天师肇迹东汉，其道传传，今而益盛。然国家崇正一教则自世祖皇帝始，天下大正一教亦自玄静真君始。而上卿立朝三十七年，若国若家，允有效矣。今勒碑名山，当从实纪。敢系以诗，形容盛事，迓续鸿休。文曰：

皇帝立极，仪我圣祖。圣祖武文，明出隆古。既一四海，中立天下。憯昔用钺，今皆赤子。毋饥寒之，我其安之。若烹小鲜，孰宗道言？曰嗣天师，用贵自然。礼聘之来，语契帝心。帝心清静，福彼群生。振古如今，化自北南。于昭上卿，始由偕行。风神尘表，帝目亦倾。曰尔还山，留是于京。上卿有造，一德以老。力扶教事，克弘厥道。天师三嗣，辅今四朝。穆穆玄风，邈与天寥。相彼名山，名侈龙虎。将作储材，以营神处。梁溪梯岩，填坳凿阻。有崇斯宫，有煌斯宇。像设尊严，筵帘清密。灵来倏忽，敢不虔一。英秀林如，玉如金如。效贤师资，庸对天忱。阴兹显相，圣历犹天。皇帝万年，振尔道玄。

翰林直学士、朝列大夫、知制诰同修国史臣元明善奉敕撰，集贤侍讲学士、中奉大夫臣赵孟頫奉敕书，嘉议大夫、礼部尚书臣郭贯奉敕篆额。

【说明】元明善（1269～1322），字复初，大名清河（今河北清河县）人。历官翰林直学士、知制诰同修国史、翰林学士等。有《清河集》。据元本《龙虎山志》卷下录文。

334. 元·袁桷：饶州安仁县柳侯庙碑

至大二年己酉（1309）

古昔祈报之礼，得行于州党闾里，民神相通，御捍于无形，厥有常祀。一有水旱疾疠为其所凭依者，尤卓然伟著。五行之精，成于太素，摩荡轇轕，主宰以名。国有典礼，莫得而僭，维神依人以行，实有姓字。烈山氏之柱，共工之勾龙，周之先后稷，死为其主，后人择其功德之高者代而承之。噫！

积虚以为气，气散以为变，居阴假阳，人鬼之化行，则凡今之列于祀典者，皆本于是。皇朝列圣，下制诏以通幽潜，遗德著功表见郡国，虽数千百年，皆尊显崇祀。

至大二年，崇文弘道玄德真人吴全节蒙被殊遇，推荣其亲。退伏自念："昔为孩提，党禜族酺，从我父兄，觞而祝之，繄神是赖。神之阐微，肇唐咸通。至宋宣和以来，由侯以王，肸蠁休嘉，乡大夫汤中炳志于祠下矣。今岁时阜康，神灵熙熙，祥风甘雨，莫穷其微，犬牙接壤，咸称神效，愿上其事于礼部，全节敢稽首。"集贤敷奏天子，以昭神惠。秋七月，武宗皇帝御朝，封显灵溥惠冲佑真君，命词臣宣制而褒锡之。是岁真人归至安仁县，以制书授神及饶国公、饶国夫人，吏士再拜，吴氏长幼亦再拜。礼成，还风交雷，挟雨来应，安仁之人咸言曰："明有礼乐，幽有鬼神。孝以扬之，诚以昭之。兹邑之美，一举而兼备。孝生于心，神之相之，孰使之然哉?"县长吏将刻神制书于祠，真人属为记。按旧记，真君姓柳，名敬德。乃为作迎享送神词三章以广民思。词曰：

结玄云兮文虬，的容与兮山椒。光晶荧兮横流，帝鼓导兮前驱。山之阿兮神居，迎群睇兮与留。俨素容兮絜贞，佩泠音兮始停。

笄席兮翠遭，棘匕兮紫摇。露零零兮陨珠，嘉荐湛兮以陶。挥上牲兮吸秀芝，巫扬廷兮灵之娭。灵娭兮心降，日简兮益康。

日悬车兮松冥，千童惨兮控軿。鼓坎坎兮轮砰，恍欲去兮心不宁。神居兮山承宇，汝居兮山下神，讵去兮愁汝。执玄德兮历九疑，超无为兮终焉以归。

【说明】据四库本《清容居士集》卷二五录文。参见《全元文》卷七三二袁桷二七（第23册）、《袁桷集校注》卷二五。

335. 元·刘壎：南丰州重修东岳行宫记

至大二年己酉（1309）

南丰东岳祠，壮丽甲东南，四方观者有是言久矣。若稽古志，祠创于宋嘉祐中，时刘宰令先尸其事，营度广袤，规制宏深。继以治平、宣和之充扩，又继以绍兴之缮饰，由是浸完美。故侍宸王真人文卿应诏归里，题于祠曰：“景物繁丽，颇类深宫。”诚哉是言。今仙墨犹存，可验也。逮淳祐辛亥复修，而咸淳戊辰水荡之。圣朝至元庚辰又修，而弗克终之。比岁诏书崇祀岳渎，东岱复加大生之号，其修理也宜益谨，顾犹缺焉。

大德丙午岁，前元侯正努与少尹李侯质数诣祠下，睹其湿漏堕圮，壁颓像仆，谓非所以承上意、尊大神也，谋一新之，捐俸以倡。前郡守聂侯从政、郡倅于侯时咸捐俸致助，属吏州氓亦如之，选干敏者董其役，而元侯躬莅焉。经始于大德丁未之五月，落成于至大戊申之三月，葺帝后殿，构疏妆楼，敞端峨嵬。两庑因旧而加盖覆涂塈者，为屋凡一百五十余间，鼎新创造者凡五十有五间。塑像因旧而增饰者，帝后而下凡五十有一，从新雕塑者，帝像暨诸像凡二百。丹垩辉华，甃砌整洁，其或未备，则今郡侯绰哈实足成之。是祠也，视嘉祐为有光，而壮丽诚为东南甲矣。州人属余记之。

余闻先王制礼，诸侯祭封内山川。今岱宗峙于齐鲁之境，其祀也宜无越其封也；后世庙祀乃遍郡邑，得无与礼经戾与？善为之解者曰：“东方生气也，民物所资生也，宜祀。”以祸福恐动者曰：“泰山主生死也，益宜祀。”斯言也，非愚所敢知，然而乐为之记者，有以也。凡祠庙兴废，系乎时尔。圣主如尧，甸宇清泰。丰虽偏州，落万山间，而天幸际乐岁，官无苛征，民无转徙，乃得以崇幽灵之宫，显升平之象，非时也乎？耋稚士女，瓣香拜庭，裴回笑语，第以资游观之娱，而孰知时和岁丰，民安神乐，皆上之福泽涵濡以致此也。倘如他州异邑，旱蝗频仍，流迁迸溢，即民有环堵且弗保，有司议赈救且弗暇，而暇及神祠哉？于传有之，先成民而后致力于神，信矣。吾人生此州，逢此时，睹此事，遂得为太平幸民。其为此记也，非徒侈祠庙之修，亦以贺世道之泰云。是役之初，镇守总管林侯应春亦助费，而提督某某助尤多。若诸乡人户题助者，别刻石以纪名。

至大二年己酉岁某月日记。

【说明】 据四库本《水云村稿》卷三录文。参见民国《南丰县志》卷五、《道家金石略》、《全元文》卷三四八刘壎一〇（第10册）。

336. 元·李存：道录张君墓志铭　至大四年辛亥（1311）

君讳元汉，字义可，番易安仁人也。幼慕老子法，入冲虚山中师事胡公可善。国初制，道家以上饶张氏之传为正一，宜主领其教事，凡郡县之宫若观，得以其徒之通敏于时者而官司之。由是义可判袁州，录太平州，咸用优称。它日，归谓其人曰："吾固慕夫玄默者也，而何乃驰驰然于从事为?"遂悉其钱财葺祠宇，增像具，暇则理花木果蔬以自娱。客至，整巾裾出，揖让进退可观，坐谈事有始末可听。然好面折人失过，至切切不少假借，人或不能堪。若比于中深而外和、含糊坐视短长者，其于交际益损为何如也。至大四年秋八月庚午卒，享年六十有一。冬十有二月庚申，葬于山左之马家原。其徒丘守中、朱云举、陈大荣、张申如、江以蒙、吴处诚，而陈大荣来请铭。当义可之淹于疾也，大荣必手药食之；其死也，则尽哀；其犹有所欲为也，受成命而经纪焉，亦可谓隆于情义者矣。宜为之铭，铭曰：

官不居，畏于愚，益于虚。没而余，得其徒。

【说明】李存（1281~1354），字明远，又字仲公，号俟庵，安仁（今江西余江）人。工文词。凡天文地理、医药卜筮，无不通晓。有《仲公李先生文集》。据四库本《俟庵集》卷二四录文。参见《道家金石略》、《全元文》卷一〇六八李存一三（第33册）。

337. 元·程钜夫：庐山重建广福观记

至大四年辛亥（1311）

庐山广福观，古匡先生祠也。宋南渡，毁于李成之乱。五十年，道士王大成始建正殿，其徒孙元道加堂庭、门庑、像设，而庳隘俭陋，苟备栖息而已。又百四十年，为大德乙巳，冲和明素弘远大师、提举观事陈启宗，观复大师、知观事王德修，首饬越国孟忠襄公珙所构道藏而更覆之，撤两庑及赞拜之庭而崇之，而殿益弗称。始丁未，讫辛亥，裒仁敛义，殚虑毕力，斩木绝谷，伐石它山，又大新之。既成，高明洞深，邦邑改观，陈君复捐岁给之田四十亩，茗园果林百余亩益观之稍。凝和冲妙崇正法师、教门高士、扬州玄妙观提点雷希复曰："是不可以不纪。"以请。

按匡先生名续，字子孝，事周老聃，得其道，庐于彭蠡之滨、虎溪之上，相传以为仙去。人即其居而祠之，山之得名曰庐曰匡，以此。晋惠远法师东游至虎溪，顾而乐之。太守桓伊夺其地为东林、西林寺，迁祠谷口。唐开元中，诏大其宫，遣使致祭，号曰仙庙。南唐主割都昌刘建营田以奉祠事。宋治平中，赐额寿圣观，后避高宗尊号，易以今名。匡先生初号大明公，建中靖国初，封四极靖明真君，凡水旱疾疫无不祷，祷无不应，邦人赖之。唯神仙之说肇自中古，览老聃氏之书，岂得已哉？秦汉之君，不务远德，广为祠宇坛场，以致神人，以求长生，惑矣。后世因之，又加侈之，非滋惑与？若匡先生既善其身，又大福其民，历二千余岁犹祀之，宜矣。陈君、王君，竭志兴复，以彰神休，以祝上釐，雷君不蔽人之善，皆可书，遂为之记。

【说明】据四库本《雪楼集》卷一三录文。参见《道家金石略》、《全元文》卷五三四程钜夫一二（第 16 册）。文中反映了程钜夫对道教之重要看法：应务德为善，造福于民，而不惑于"致神人以求长生"之说。

338. 元·虞集：著存阁记　至大年间

玄教大宗师吴公全节作明成观于其亲墓之近，奉其父饶国公、母饶国夫人之像于别室，使弟子治祠事。他日于心犹以为未慊，为重屋以庋之。取祭义之文，名曰"著存"之阁。谓其友虞集曰："子为我言'著存'之义，使族人、昆弟、子孙与奉祀弟子知予意焉。"

予乃为之言曰：集闻人之生也，魄载魂焉；其殁也，魄沦于地，魂升于天。魄降而魂升，则末如之何也已！《诗》曰："欲报之德，昊天罔极。"孝子之报亲也，夫安有纪极乎？先王于是教之葬，以宁其体魄；教之祭，以尽鬼神之情。辨仁智之极致，酌礼义之至当，使孝子慈孙得以尽其心焉。所谓使贤者俯而就之，不肖者企而及之者，非强之也。至乎无违，则其心安矣。然而以此诲民，时犹有忽而忘之者。若吴公致其爱悫者，可不谓之厚乎？

盖尝闻之：亲之始殁也，则升屋极而号焉以复之；其在行也，则升车而号焉以复之；往矣远矣而弗可以复矣，则又有牲杀之祭，接之以血气之感焉，时乎风雨霜露之变而有毛血腥熟之荐。度诸阴阳而遍求之曰：在彼乎？在此乎？盖无所往而不致其意也。吴公思其亲冥升而不返也，则登高望远，求诸冲漠之微，庶其往来于斯也。情之所存，何其周乎。《传》曰：“慎终追远，民德归厚。”厚在君子，归在民也。昔之人有无怛于死生之变者，丧亲沐椁，又从而歌之，圣人之徒弗与也。吴公之为本也，所以自致于其亲而又足以矫其流弊也欤！若吴公之厚于其亲者，吾深有感焉，而不敢易而少之也。

【说明】虞集（1272~1348），字伯生，号道园，人称邵庵先生，四川仁寿人，寓居崇仁（今江西崇仁县）。历官国子助教、集贤修撰、翰林直学士兼国子祭酒，与修《经世大典》。卒谥文靖。有《道园学古录》《道园遗稿》。据四库本《道园学古录》卷四六录文。参见娄本《重修龙虎山志》卷一四、《全元文》卷八四五虞集三二（第26册）。

339. 元·程钜夫：洞阳万寿宫碑　皇庆元年壬子（1312）

圣天子承熙洽，尚清静，天下之崇老氏号为宫为观者，废而兴，微而著，可数已。临江新淦之东二十里，有地曰洞阳，有山曰皇人之山。相传晋许旌阳所游憩，有观曰洞阳之观，不知始何代，传次住持道士郭务玄居之。

郭君秀朗迈越，好道术文章。大德六年，谒余武昌。东游龙虎山，见三十八代天师。天师奇之，授龙兴玉隆万寿宫讲师。三年，改惠州道判，未几迁临江。至大四年，诏天师入朝，郭君白言：“弟子所居洞阳，地复产薄，宋淳祐间几废，赖住持朱可道力振之。今幸遭圣代，非大有建树，能终保无他乎？惟师留意。”即日更定观额曰洞阳万寿宫，取道经“天真皇人”之语，名其山曰天真福地，以告玄教嗣师。师曰：“宜如天师命。”皇庆元年，上之集贤以闻，特降玺书，授务玄宏道通真崇教法师、洞阳万寿宫住持提点。是年秋八月，开宫布职，一如玉隆故事。官属虔恭，稚耋赞叹，咸韪上之赐，嘉君之勤。君又曰：“是徒美其名耳。非壮其栋宇，无以称上恩；非广其田畴，无以接四方。”而丰屋大厦，贤人达士，闻而效财效壤者，不谋而旁集。遂尽撤其屋而新之，其中曰金阙寥阳之殿，东曰开天之楼，西曰锦帷之阁，亢以重门，翼以修廊，会有堂，燕有室，寮次广邃，庖廪宏固，榜其关曰都仙之府。凡为屋若干础，费若干缗，经始于某年某月，落成于某年某月，辟田若干亩，曰万仙庄。居养并举，报称兼至，山峙然以大，水漾然以浚，人于于然而来矣。众益喜君之志有成，曰不可以不识，乃谒文于予。

予观老氏书，其言理身治人之道详矣，类非今所为者。若旌阳则世所谓列仙之流，然其功于人甚大，施之秩祀也固宜。郭君儒者，诚能去巫觋之末，求清静之本，俾天下翛然知老氏之为道如此，则是宫也，将必以君故名天下，亘万世，又奚止如今日之观哉！重为之辞曰：

迢迢洞阳，巍巍高山。上有玄云，下有流泉。洋洋新宫，内明外映。昔也何衰，今也何盛。郭当其世，初实病之。其师为言，天子命之。载经载营，亦既勤止。来游来憩，以养以食。我观世间，孰不可为？曷成匪公？曷败匪私？道以人弘，地以人胜。我未克正，物孰由正？既新尔宫，尔田亦丰。繄古有言，择善而从。晨钟杳杳，夕鼓考考，以祝圣人之寿，莫若有道。呼役神物，诃厉谴慝，以徇世人之欲，莫若有德。维道维德，可以上佐天子，跻天下于仁寿之域。咨尔洞阳，罔有弗钦。此非予之言，乃老聃氏之心。

【说明】据四库本《雪楼集》卷一九录文。参见康熙六十年《西江志》卷一五〇、四库本《江西通志》卷一二〇、《全元文》卷五四一程钜夫一九（第16册）。文中阐述了道教应清静为本、巫觋为末之要旨。

340. 元·吴全节：进《龙虎山志》表*

皇庆二年癸丑（1313）

臣全节言：皇庆二年三月辛巳，臣全节诣集贤院，言信州路龙虎山前奉敕重作太上清正一万寿宫成，有旨以其图来上。臣全节谨以封上山图，请具录为志。太保臣曲出、集贤院大学士臣邦宁以闻，敕翰林院侍讲学士臣明善编述《龙虎山志》。志成，以授臣全节者。臣全节窃惟兹山邈在江右，实神明之都宅，人物之奥区。道德之家，发迹自汉，以世相授，承流至今。然而传闻异辞，纪载无法，虽有名胜，隐郁弗宣，风气之宜，理若有待。臣全节诚惶诚恐，稽首顿首皇帝陛下：有相之道，无为而成。曰清净以临民，本玄玄之为教。自祖宗继承之际，盖上下四十余年。嗣天师臣与材子弟父兄传绪者三世，大宗师臣留孙出入禁闼承恩者四朝。施及微臣，嗣陪秘祝。香火瓜华之盛，衣冠章绶之荣。推恩上及其私亲，锡命旁加于子弟。其为荣宠，可谓至矣。而圣眷深重，欲其传远，与山无穷。乃因图上于新宫，爰俾更修于别乘，词臣涉笔，方册成书。云汉昭回，衣被草木；雷风鼓舞，发挥山川。垂之久长，信在金石。夫周官职方之载，泛及于方隅；汉家封禅之书，徒详于祠祷；未若斯志，专而不诬。臣全节感激遭逢，誓言报称。幸一经于皇览，得藏副于名山。益振玄风，少裨至治。其《龙虎山志》三卷，谨缮写成四册，随表上进。臣黩犯宸严，无任惶惧激切屏营之至。

【说明】吴全节（1269~1346），字成季，号闲闲，又号看云道人，安仁（今江西余江县）人。年十三学道龙虎山。至元二十四年（1287）从其师张留孙至京师见世祖。大德十一年（1307）授玄教嗣师。至治二年（1322）继张留孙任玄教大宗师，总摄江淮荆楚等处道教。有《仙坛记》。据四库本《江西通志》卷一一四录文。参见乾隆四十八年《广信府志》卷一五、同治《贵溪县志》卷九之六、《全元文》卷七六三吴全节（第25册）。

341. 元·马端临：太清观记 皇庆二年癸丑（1313）

地之胜以人而显者多矣。岩以傅，滩以严，斑斑相望，未闻在灵场之目，盖不如至人仙子所寓之为神也。

康山东七十里曰嵘崌，枝而南曰葛峰，又西折曰炉前。炉视葛峰不盈瞩而近，嵌空以答其幽，明峰以继其崇，抱朴子之从子元也，弭节焉，丹炉旧址，宛然犹存。山以得是而名，殆千余年矣。而猿猱之宅，榴翳之膇，蔑有好事而张皇之，是未知其所以胜也。清卿世居其侧，苍然幽屏，与山相凭。烟溃雾聚，露百色而授诸人也不蔀，故一笻俯仰，顾而乐焉，虽日近人群而不嚣，入奥境而不左，可以吸流光而谢蜉蝣之辈，俯倒影而探鸿蒙之初。夫超终古而长存，必有所寄。清卿乃抚遗躅而寿所寄于天地之樊。于是鸠工抡材，相山之基，踵以为观。谋诸蔡，曰："然。"经始于皇庆壬子，越明年落成。殿堂门庑，申申枚枚，楹也有丛，轮也斯翼，昼炀宵寝，百尔攸具。玉京十二楼，上界之宫府也。肖厥像以妥灵揭虔，命其额曰太清，盖有意于寥天一色。其所宗者玉局张氏，规以储祥产嘏，而请祝圣人掌香火之钥，命祥云、季德、祁贰，以真辅嗣之者序而进，虚心实腹，闻诸老聃云。遂授以亩之百者凡三，俾所寄非断灭相也。一日，清卿书来言曰："山可踣也，石可泐也，惟片文只字与古今之宙始终焉。"予曰："烟霞错综而章，水石镠镐而润，接于耳而会于目者，庸非自然之文乎？而何述之有？然吾闻君先世礼部尚书曰少封，钦州司户曰思忠，户曹之侄曰璞，官承信郎，为忠宣洪公之妹倩。君于尚书单传，而竹林兰阶，巉阴峻朗，固宜驾厥美而相与无穷，矧世之障麓者亡一毛如左股，孰能芥视千金，探幽胜而宫焉，卑膏腴以版焉，而又大书深刻，昭回远绪？增葛峰之高多矣，胶于俗者，岂此之能卓哉？"吴氏之为懿也，遂团记而记之。清卿名樾，轻财好施人也。视其所好，可以知其贤矣。

【说明】马端临（约1254~1323），字贵与，号竹洲，乐平（今江西乐平市）人。咸淳八年（1272）以父荫补承事郎。九年中漕试第一。入元后历官饶州慈湖书院、柯山书院山长，台州路儒学教授。有史学巨著《文献通考》348卷。据同治《乐平县志》卷二录文。

342. 元·程钜夫：《龙虎山志》序* 延祐元年甲寅（1314）

翰林侍讲学士臣明善奉敕志龙虎山，玄教嗣师臣全节属臣某序之。臣伏读终篇，山川之奇，人物之盛，前后宫宇之废兴，累朝恩数之隆尚，聚此书矣。然天下山之大者曰岳，水之大者曰渎曰海，顾以兹山先，岂无意乎？意龙虎之得名以张氏。张氏，老氏之学也，由东汉迄今，绵千数百年而益振，朝廷且尊而信之，此志之所由作乎。

嗟夫！治道贵清静。老氏之道也，原于轩黄，文、景用之，其所成就可睹已。然流而为神仙巫祝，岂本旨哉？若所载天师恒之对唐高宗曰："能无为，天下治。"乾曜之对宋仁宗曰："苟能反古之朴，行以简易，志虑清明，神气完和矣，奚事冲举？"政和中，访高士王道坚以修炼延年之术，曰："清静无为，轩黄所以致治；多欲求仙，汉武所以罔功；修炼非天子事。"已而命之禳厄，奏曰："修德可以回天，禬禳之事，不敢误国。"端平初，征留用光入朝，答使者曰："归奏天子：治天下，《道德》五千言足矣。山林野人，来将奚益？"若四人之言，诚祈天永命之贞符哉！庶几善学老氏者，可谓豪杰之士矣。今天子抚盈成之运，正清静无为之日，嗣师数陈老氏之本，上嘉纳之。此志之独先龙虎，宜也。臣故敢叙作志之意，以示后之学者。

【说明】据四库本《雪楼集》卷一五录文。参见张本《续修龙虎山志》卷首、元本《龙虎山志》卷一五、《道家金石略》、《全元文》卷五二九程钜夫七（第16册）。文中阐释了元明善奉敕编纂《龙虎山志》之旨，对理解道教要义有价值。序原署名曰："延祐改元正月之吉，翰林承旨、荣禄大夫、知制诰兼修国史臣程钜夫谨序。"

343. 元·揭傒斯：义成观记 元祐元年甲寅（1314）

唐洞真胡天师游憩南昌东坛，留琼馆焉。至宋天圣年间，里有善士罗仁政、仁嗣始建法堂，开山万公大法师构造殿宇，奉安真像，为四方士庶祈祷福地。其徒请于郡，闻于朝，额“义成”。渡江后，法堂中圮。隆兴二年，有居士复新之。后百余年，上穿下漏，莫庇风雨。时升阳法士王道忠当代焚修，募缘善士谌节乾鼎新飞天法轮，柱立而仙去。其法嗣崇道大师漆汝霖实继成之。金容玉相，天临星拱，神施鬼设，雷动风驰，以为乡邦禳祓祈釐之地。而隆兴二年重修之法堂，又东支而西倾矣。徒孙王益钦，升阳族子也，出其铢积寸累之资，拟为肯堂肯构之计。里人有愿以私成其事者，里长罗仲珍援手挈拾之。于是乡之仁者施财，勇者施力，运之他境，置之他堂室，天作地生，跂翼山立，法堂神像，莫不具备。玉楼有诏，益钦未几继世而仙。岁在丁未，汝霖再任住持，目击西楼梁柱朽坏，都仙祠宇四壁倾圮，于甲寅年募缘南乡善士仓官辜实夫、黄文高、罗伯清倡率檀信助施，付徒弟二三孙，万道判万振宗同知事罗克仁、谭必恭同心协力，鸠工率众，翻盖正殿西楼，修饬会仙堂馆，更换东楼柱植。昔之倾檐败壁，俄为琼馆琳宫，请记岁月，志颠末，以示来者。

予惟自昔有国有家者，废兴成败，如轮如云，必有扶颠持危之才，以为存亡绝续之计，然继继绳绳，罕相值也。今汝霖继升阳之志，益钦述汝霖之事，徒孙万振宗、罗克仁、谭必恭相与叶赞而成全之，补苴罅漏，张皇幽眇，既勤朴斫，丹雘一新，其前作而后述，如天造而地设，观之成日盛哉。余观升阳、崇道相继为住持也，道契虚玄，心存对越，神交精气，动合鬼神。其祷祀也，如响应声；其募率也，如取所寄；其法嗣习于视听，得于仪型，同寅协恭，重规叠矩，此所以庶民攻之、不日成之也。尝观诸《周易》，圣人以神道设教，盖取诸《观》。其辞曰：“观，盥而不荐，有孚颙若。”彖释之曰：“下观而化谓之时，诚意精专，颙然瞻仰，具其下观而化也。”今观升阳、崇道之终葺义成，其下观而化，用集大成。宜勒坚珉，以永无斁。是为记。

【说明】揭傒斯（1274~1344），字曼硕，号贞文。龙兴富州（今江西丰城市）人。著名学者，修辽、金、宋三史，为总裁官。有《揭文安集》。据《南昌文征》卷一三录文。参见同治《南昌府志》卷一四、《全元文》卷九二六揭傒斯八（第28册）、《揭傒斯全集》（李梦生标校，上海古籍出版社2012年版。以下简称标校本《揭傒斯全集》）卷五五。

344. 元·刘同普：南乡畲岭井塘庙碑记

延祐元年甲寅（1314）

天开地辟以来，此山有焉。倘无神仙居之，则山高九仞，何补于事？嵩岳降灵，非关乎天地之气数，必关乎阴阳之盛衰也。赣之古雩，乡曰丰乐。地有二山，曰祁曰禄。祥烟庆云，聚散于岩洞之间；朝云暮雨，隐然有高唐观宇之气象。冈峦耸翠，井水流泉，上下光辉，前后相映。

晚宋以来，恶虫猛兽，出没无时，人鬼混淆，显幽莫辨。而有张公兄弟出焉，钟山岳之精英，禀乾坤之正气，上应天时，下兴地利。兄则居祁，弟则居禄，筑室养亲，立祠修德，手足相助，心腹交孚，生而为人，殁而为神。孝子顺孙，绳其祖武，嗣守香火，代不乏人，自宋迄今，三百余年矣。地无远近，人皆敬慕。凡有旱魃为虐，蛟蜃兴娱，阴霾不开，禾苗不遂，山瘟作祟，疠鬼为殃，但有祈祷，无不应验。况有钟明亮之寇扰，公乃扬旗率众，助国除凶。夜枕觉醒，则曰到某处为某事。次日察问，果如其言，神通变化，不疾而速。辚辚其车，萧萧其马，视之可见，听之可闻。善则降之以福，恶则降之以殃；敬之福庆骈臻，谩之生死一间。凡有持瓣香，设豚酒，不远而来致敬，均得安生乐业者，此二公之惠也。

延祐改元，岁在甲寅，邑有前学谕巫法昌，职领阴阳，法行正教，为见二公有助国除凶之功，有收瘟摄毒之力，代天宣化，利国济人，飞申正一元坛灵宝领教嗣师，转闻嗣汉三十八代天师留国公门下保奏天庭，给敕赐以显灵将军张十八太尉、威灵将军张十九太尉为职，特颁仙秩，以奖神功。令嗣元孙张贵洪一新祖庙，改匾“威灵”，众悉听从，欢趋乐施，不数月而庙成，请书其事以记于石。

盖尝论公之德，远近敬之，鬼神服之。凡民间水旱疾疫之灾，阴阳风雨之变，能使斯民不受其祸，而得晏然于耕田凿井之间者，谓非二公钟天地之正气、禀山岳之精英不可也。由是而观，则二公之灵，得以庙食于祁、禄二山之中者，宜也。使二公之令子闻孙，绳绳继继，而得守二山之香火者，亦宜也。因为作歌颂德以纪其实云。其辞曰：

祖山有辞，灵迹久彰。泽及庶物，庙食四方。神功显赫，天相雩阳。绳绳继继，香火绵长。

【说明】 刘同普，雩都（今江西于都县）人，生平不详。据同治《雩都县志》卷一四录文。参见《全元文》卷一一六一刘同普（第37册）。文中所记反映了民间信仰转化为道教信仰之历史。按，卷九“井塘碑”条目下则载张贵洪新庙、刘同普作记勒石在天历二年（1329）。

345. 元·赵孟頫：天冠山碑 延祐二年乙卯（1315）

龙口岩

峭石立四壁，寒泉飞两龙。人间苦炎热，仙山已秋风。

仙足岩

窈窕石屋间，中有仙人躅。说与牧羊儿，慎勿伤吾足。

石人峰

巨灵长亘天，何时化为石？特立千万年，终古无相识。

雷公岩

雷公起卧龙，为国作霖雨。飞电掣金蛇，其谁敢余侮？

钓　台

仙者非有求，坐石不垂钓。咄哉羊裘翁，同名不同调。

洗药池

真人栖隐处，洗药有清池。金丹要沐浴，玉水自生肥。

炼丹井

丹成神仙去，井洌寒泉食。甘美无比伦，华池咽玉液。

长廊岩

修岩如长廊，下有流泉注。山中古仙人，步月自来去。

月　岩

月岩如偃月，风泉洒晴雪。仙境在人间，真成两奇绝。

馨香岩

山险通鸟道，水深有蛟龙。谁言仙乐鸣，高人方耳聋。

凤　山

山鸡爱毛羽，饮啄琪树间。照影寒潭静，翔集落花闲。

道人岩

道士本避世，问之无姓字。如何千载后，石室有人至。

长生池

竹实凤将至，水清鱼自行。着我草亭里，危坐学长生。

鬼谷岩

鬼谷岩前石，唐文字字奇。何当拂苍藓，细读老君碑。

学堂岩

仙人非痴人，山中犹读书。叹我废学久，闻此一长吁。

老人峰

有石像老人，宛然如绘素。稽首礼南极，苍苍在烟雾。

三石山

我有泉石癖，甚爱山中居。何当从群公，讲学读吾书。

一线天

醯鸡舞瓮中，井蛙居坎里。莫作一线看，开眼九万里。

金沙岭

攀萝缘石磴，步上金沙岭。露下色荧荧，月生光炯炯。

升仙台

仙台高几许？时时覆云气。一去三千年，今人每翘企。

灵 湫

灵湫不受污，深浅何足计。小憩松竹鸣，萧萧山雨至。

磜 潭

神龙或深潜，石洞通水府。勿遣儿曹剧，飞空作雷雨。

风 洞

石壁奇崆峒，中有风泠然。安知列御寇，不向此中仙？

逍遥岩

兹岩名逍遥，下可坐百人。岂徒木石居，真与猿鹤邻。

【说明】赵孟頫（1254~1322），字子昂，号松雪道人，吴兴（今浙江湖州市）人。入元后，以程钜夫荐，官刑部主事，累官至翰林学士承旨。卒谥文敏。诗书画皆自成一家，有《松雪斋集》。据同治《贵溪县志》卷九之七录文，文字据别本有改动。据同治《广信府志》卷一一之三载，天冠山碑所刻为赵孟頫诗，且由赵孟頫亲书。碑原位于贵溪县南门外河背，后佚。按，诗中所咏多涉仙道事迹，故录存。

346. 元·虞集：苍玉轩新记　延祐二年乙卯（1315）

阁皂山崇真宫中有竹轩曰“苍玉轩”者，宋淳熙中陈宗师元礼之所作也。宗师文雅名一时，凡公卿大夫士无不与之游，为之赋诗者多至三百人。其尤著者平园周公必大、艮斋谢公谔、诚斋杨公万里、野处洪公迈、晦庵朱公熹、枢密罗公点、待制徐公谊、尚书沈公诜、阁学萧公逵、月湖何公异、舍人张公涛、司封田公渭、知监徐公得之、盘园任公诏、澶渊胡公思成，皆见于宗师墓铭，尚书章公颖之所撰也。江右人物，于斯为盛。乃今于一轩之中，森然若尽见之，其为苍玉也，不亦久且大乎！

於戏！昔者群公道德文章之懿，非直矜一时而已者也。而元礼与群公相上下而无愧也，则其材识于蹈世用也何有？顾且游乎方之外，亦岂有求于群公者哉？然而群公之于陈君也，骈章累辞而不为厌；陈君之从群公也，历岁历时而不为谄。百年而下，犹使览者慨慕想见而不能已。此其高风雅致，讵可以浅浅论哉？噫！盛世之楷模矣。

延祐二年，玄德吴真人奉旨修祀。至其宫，憩于所谓苍玉轩者，乐其幽胜，而深感夫昔贤之事也，勉其徒葺之，而以其事示集。集惟先公在孝宗时，尝识天下之贤而荐用之，曰《材馆录》，其书故在。若平园、艮斋、野处、晦庵，皆其人，而诚斋、盘园，又门下客也。于是重有感焉而为之记，□□□年也。其徒□□□，于宗师为弟传云。

【说明】据四库本《道园学古录》卷四六录文。参见《全元文》卷八五四虞集四一（第 26 册）。文中记述了阁皂山苍玉轩得到玄教宗师吴全节真人眷顾而重修，并追述了南宋阁皂山宗师陈元礼与周必大、谢谔、杨万里、洪迈、朱熹等诸多儒家贤达“以诗交往”之事，从中可见道儒互融之迹。

347. 元·郭霆椿：辅顺庙重修记 延祐二年乙卯（1315）

至元混一区宇，怀百神，诸在祀典者，诏有司葺其庙。里有神匡仙，庙曰辅顺，宋绍兴乙卯赐额也。后十一年，爵神为侯，讫宝祐丙辰，屡封王至八字，施及一家，咸被锡命，休光赫然。而庙宇窄隘弗称，岁时东作，四方之祷者纷至殿陛，举难以容。于是乡人竞劝出力，更倡迭和，将易其制而大之。缘以谋广而事□终，役久而工弗绩。过其庭，入其宫，冰蘗其址，甚非天朝崇饰庙貌之意。巽溪杨公之居是土，心与神契，悯兹弗完，乃召匠计之。若路寝，若闷殿，若群祀之附庸，业已成者毋改作，他悉撤而新之。□端门，恢面势，承以杰阁，高而有严。左为便扉，宏壮轶旧。于奉亲燕殿后各为禁闼，联如两腋。中则彩绘壁落，数而离宫东西四堂。堂后为仙辑，皆增筑之以杜水患。护以阁楯，周以缭垣，涂以丹漆。起至元，讫延祐，凡历二纪而后规制备。费倡于公而助出于众，公所未竟而其子踵成之。事及成矣，众以余乡人也，命纪其事，弗敢辞。

按神以贞观间七夕日尸解，相传受敕为地仙。余闻神仙者流，驾云凌烟，出入寥廓。家玄都而宅洞府，侣天曹而友帝子。羽林中郎，虎贲扈其外；婕妤妍丽，趋侍充其内。容何事于此庙为？虽然，神如天，天体物而不可遗。出王游衍，如将见之，揭虔致妥，而谓其无事于此，可乎？庙有古樟，庭息其阴，神之庇斯也亦然。旱祷则雨，无事他求，外境螟蝗，此以丰收，疠无作，寇无侵，人知为乐土，而庸知夫神之默相者乎？余无事赘。岁丙子、丁丑之间，人凛凛惧不虞，兵交祸连，密迩吾境，寇焰赫赫，且火且屠。方是时，吾封之生聚，赖神之庇，咸获帖然。变虽近而弗之觉，事奠安而人弗知之。凡有血气，罔不蒙庥。余所谓神之有道者，其功讵可忘哉？若夫事土木，劳人力，固神未必然。而公与乡人之为是役，则当诸人心，即侈其壮丽，亦未为过。因笔之□□者有考焉。若神之系灵迹，则载监丞周公记中，兹不复述。

延祐乙卯夏五月，郭霆椿记。

【说明】郭霆椿，生平不详。据《辅顺庙志》录文。

348. 元·袁桷：信州自鸣山加封记　延祐三年丙辰（1316）

至元十四年，玄教大宗师张留孙扈从世祖皇帝于两京，言信州自鸣山神有灵状，敢诣阙下，敕礼官崇显之。是岁皇帝命侍臣李众、刘子中降香实银奁，旂以金锦，显其神。三十一年，成宗皇帝有诏遣使致祭岳渎，在昔登载者如式崇奉。大德三年，三十八代天师张［与材］平钱塘潮，言神以云雨昭著。自鸣山事见郡乘，宋元符始有庙号，由宣和迄咸淳，制书凡十五下。乞如今皇帝诏令。于是符于州，考证无异辞。

至大三年，玄教嗣师崇文玄道真人吴全节乃言曰："吾徒食兹山有年矣。阖辟摩荡，繄阴阳是资，变以行神，神由以兴。今天子禋奉祠祭，吾教益昌。自鸣于龙虎封畛相入，舍是其何言?"遂复请于朝，得加封为明仁广孝翊化真君。桷待罪翰林十有五年矣。嗣师曰："龙虎纪述，吾不以累子。兹山肸蠁，绍定之际，先正肃公尝纪之矣，子诚不得辞。"尝闻之：地秉阴，山川窍焉，通而后能鸣，石之征也。声生于空，因山以著。昧其初而以为神者，其诸异乎石之鸣也。风霆流形，神始出焉，神非妄也。兹道之妙，老氏深知之矣，予何敢语?

延祐三年四月，会稽袁桷记。

【说明】据四库本《清容居士集》卷二〇录文，文字据别本有改补。参见《全元文》卷七二七袁桷二二（第23册）、《袁桷集校注》卷二〇。文中三十八代天师名"与材"二字原缺，据后录赵孟頫《敕赐元真妙应渊德慈济元君碑》一文补。文中阐释了自鸣山之"鸣"和"名"："鸣"乃自鸣山之"天籁之音"，其妙与老氏道合；"名"则来自宋元两朝皇帝及玄教大宗师、玄教嗣师之崇显。

349. 元・刘将孙：霖岩道院玉皇铜像记

延祐三年丙辰（1316）

古人出入起居，陟降先后，无一息不如见上帝者焉。小心毋贰，斋戒沐浴，如睹其眷顾，如闻其言谓，如知其喜怒，岂惟志气清明者与之为一？昭昭之多，非戴盆无不望天，天岂止苍苍者耶？则有主之者矣。皇皇乎国之必有君也，明明乎家之必有长也。天地万物父母，此父母之父母也。乾为天为君，此则君之君也。日月星斗之所以章也，云霞霜露之所以神也，阴阳寒暑之所以时也，雷霆风雨之所以令也，元会运世之所以推也。凡仙佛神明之出于人者，皆其子也。其言语文字而谓之道者，皆其秕也。而谫焉者自私以为玄，眩焉者创奇以为博，不亦醯鸡之覆而川灌之欣哉！乃世人之所为事徼福于灵威者，徒知祷奥而媚灶；效灵于机祥者，往往祀海而忘河。不知巍巍荡荡，仰首而在其上，在其左右，生生化化之所自出，其简简穰穰者，岂块土之赐而肤寸之泽哉？吾为霖岩道院记玉皇铜像，嘉其知本，乐其能事帝，故论天于元气之始，尊帝于开辟之先，而壹不敢以人间意者意之也。

介庐陵、太和间，匡山之下霖岩道院者，至元癸巳曾氏所建也。霖岩云者，作霖父之所自号也。霖岩壮志轩豁，洒然方内外，远视高举。于所居对万松冈，施田造屋，仙山幽雅，梅溪萦环，茂林晻霭，中事天帝，旁为先祠。其不他取名而曰霖岩云者，所以志也。吾先君子须溪先生书之，与为不朽。今其中子以立夫妇令冶氏范铜为玉皇像，天师真君侍，不惟以承霖岩之志，辅之翼之，所以祈自今而始，绵绵延延者于此乎在。而住持道士明远大师罗以庄捐己所藏，铸为炉瓶，以奉上帝，怂恿圆满盛大之观。以庄具石请记，垂之永久。

夫至不息者天也，不息则久，久则大。道院之始也，至今而盛。由其所以盛，则子之能子，而居是间者之能其事也。因今之盛而继之以不息，后之嗣罗者皆能以罗之心为心，其久且大者，且与曾氏为无穷，则道院常如新也。

人事不能以日新，而人心之新者常与天而同流，则其事虽日又新焉可也。吾既以事之实者明其所以事帝，又以事之可新者望于方来，观者皆可以兴也。则斯言也，岂但记成观美已哉？霖岩讳良孺，以立名闻礼，妇刘氏嘉则。

延祐三年七月三日癸卯吉铸像。是日记。

【说明】据四库本《养吾斋集》卷一七录文。参见《永乐大典》卷一八二二四、《道家金石略》、《全元文》卷六二八刘将孙一〇（第20册）。文中记述了霖岩道院塑立玉皇铜像，侍立于玉皇大帝左右者为天师、真君，这反映了庐陵周边信仰之特点。

350. 元·吴澄：宜黄县三皇庙记　延祐三年丙辰（1316）

医有学，学有庙，庙以祀三皇，肇自皇元，前所未有也。夫上古圣人继天心，立民命，开物创法，以为天下利，至于今赖之者，莫如三皇也。然历代以来，未闻立庙以祠。唐天宝间，制立三皇庙，与五帝庙同置，命有司以时祭享。盖曰祠古圣云尔，非如今日医学之专庙特祭也。

当今路、府、州、县儒学有孔子庙，皆因其旧。医学立三皇庙，与儒学孔子庙等，则新制也。宜黄县儒学重修孔子庙，甲于诸邑。而医学三皇之庙无其所，每岁春秋，设主于废社之屋以行礼。延祐元年，资阳史君荐为宰，政治明敏，民用丕诚，乃及神祀。以三皇祠宇未备，慨然曰："是岂所以尊古圣、钦上制哉？"于是悫意兴造，辟废社之坛以为基，伐官山之木以为材，人乐助其费，身乐亲其劳。三年二月，礼殿成，又一月，左右庑、内外门成，不数月而功毕。缭以周垣，四围新甃，具完具美，设伏羲氏、神农氏、皇帝氏三圣人像，配享从祀名数位次悉如朝议。书来请记其事。

呜呼！吾闻诸韩子云：古之无圣人，人之类灭久矣。为之医药以济其夭死，其一事也。三圣人之功在万世，如天地之覆载、日月之照临，奚翅医药一事哉！然神仙医药之伎，往往根极先天之卦图，而《本草》之明品、《内经》之答问，虽或有后人之所依托增饰者，然至今为医家方论之祖，亦以圣人之无所不知，无所不能，故其聪明睿智之绪余，犹足以周于小物如此。皇元崇尚之制，类非议礼聚讼之流所得闻，而天下守土之臣钦承帝制，无敢不虔。若史君之为，可谓能官也已。抑君非独于医学为然。儒学西偏，局于地隘，莫可展拓。君为节缩冗费，市学外隙地于邑之大家而广其居。又累石作址，构书楼三间于明伦堂之后，扁曰“仰高”，书《儒行篇》于壁以励来学。史君之仕也，所至有能声。宜黄之政，此其可称可观者焉。

【说明】 吴澄（1249～1337），字幼清，号草庐，崇仁（今江西崇仁县）人。历官国子监丞、翰林学士等。有《吴文正公全集》。据四库本《吴文正集》卷三八录文。参见雍正《抚州府志》卷四三、《全元文》卷五〇三吴澄三一（第15册）。

351. 元·程钜夫：溥济庙记　延祐三年丙辰（1316）

延祐三年，诏封临江路中圣洲洞庭行祠故焚修道士谢宗寿为端惠灵济真人，赐号曰“溥济”之庙，从有司之请也。大川三百，支川三千，凭依为变化祸福者，往往而有。考论其最，莫江湖若也。南方之湖，洞庭为大；洞庭之神，君山为大，则湘君、湘夫人之神。今余不得而知之矣。彭蠡之逼而有洞庭之祠者，川行之人无所不畏敬，则无所不崇事也。且神既神矣，况又有异人者出，而以其所修习者震耀出没其间，人之视之，如在其上、其左右。由是杨、谢之功用日著，而洞庭行祠曼衍四布矣。杨著于白沙江口，今为九江孚惠真人。谢，杨之弟子也，著于昌邑山，则中圣之自也。

予弱冠行乎四方，今老矣，溯船风波之上，亦屡矣。尝以为福善祸淫，天之道也；行险而不失其正，人之道也。予虽守圣人之训，听造化之权，则聪明正直之谓神者，亦岂矫造化者足以为之哉？然则彼之所修习者，予虽不能知，若其功用之所被，虽余亦有时而利赖之矣。况欲旸而旸，欲雨而雨，御灾捍患，有出于风波之外者乎？是宜锡之玺书，跻之典祀，而恒为民福也。虽然，川泽之气，孰非能神？今以谢君之灵，又济以有司之请，非遇圣天子勤恤民隐之至，抑乌能延恩致命若是之侈哉？呜呼！山川鬼神，其毋忘诸。

【说明】据四库本《雪楼集》卷一三录文。参见《全元文》卷五三四程钜夫一二（第16册）。

352. 元・赵孟頫：敕赐元真妙应渊德慈济元君之碑

延祐四年丁巳（1317）

留侯称导引，不食谷，后数世而天师之教兴焉，传千数百年以至于今，何其盛邪！惟天师之道本乎老氏，其言则神仙符祝之事。后世为其说者必曰离而父子君臣，去而夫妇，乃可以成道。然古之号称神仙者，未必拘于是也。若张氏之先，以飞升尸解闻者踵接，其于父子之道，君臣之义，夫妇之伦，秩然其不紊也。呜呼！此张氏所以能久而独存者乎？盖自混一以来，道莫盛于三十六代演道灵应冲和元静真君。真君之配，元真妙应渊德慈济元君之德又盛焉，宜其后之益光且大也。延祐三年夏五月，驿召三十九代天师嗣成入朝，冬十月至阙。明年春正月，制授太元辅化体仁应道大真人，又召臣孟頫撰元君之碑。

臣谨按，元君讳惠恭，姓周氏，信州贵溪县上黉里人。曾大父讳文举，妣闻氏。大父讳深甫，妣留氏。父讳新，妣王氏，宋封孺人。元君徽柔渊懿，生廿三年而归元静真君。事舅观妙先生、姑倪氏，有妇道；训育二子，整齐阃内，有母道；至于振恤扶树，靡不用其极。备天人之福者五十年，而淡然冲素，恒有游于物外之意。元贞二年春三月，以三十八代天师入朝，制授元真妙应仙姑。至大元年夏五月，加玄真妙应渊德真人。明年寿七十，时今上皇帝在春宫，遣使赐上尊宫锦。又明年，皇太后降旨护所领真懿、华山二观。又明年二月癸酉，忽危坐，问日蚤晏，翛然而逝。九月藏冠履于琵琶峰之麓，既又作慈济宫于墓侧，以为栖神之所。皇庆二年，追锡今号。二子：曰与棣，嗣三十七代天师，号曰体元宏道广教真人；曰与材，嗣三十八代天师，号曰太素凝神广道明德真人，尝以治潮功加正一教主，特授金紫光禄大夫，封留国公。窃惟张氏自树教天下，受大封显号，稠恩叠数，炫耀照映，莫如我朝。以闺闱之德，被天子异眷，刻碑纪行，则又自元君始。上岂不以元君身育二嗣，充大其教，以辅我邦家，俾清静无为之化不失君臣父子夫妇之道？有是命也，不亦宜乎！铭曰：

元君昔下昆仑峰，狮子白鹤歌嗈嗈，龙神虎君卫西东，霞披雾散开灵宫。苍溪窈深山巃嵸，白薇花香露气浓，元君燕居百福崇，上帝锡命严且隆。七十之年颜如童，二十四岩春蒙蒙，倏而逝兮乘天风，云軿霓旌满虚空。琼裾飞步紫清中，琵琶之麓郁葱葱，千岁归来福攸同，物不疵疠年谷丰。微臣著铭书亦工，巨鳌负石厚以穹，死而不亡安有终。

【说明】据娄本《重修龙虎山志》卷一二录文。参见四库本《松雪斋集》卷九、《道家金石略》、《全元文》卷五九八赵孟頫八（第 19 册）。

353. 元·虞集：龙虎山道藏铭并序　延祐四年丁巳（1317）

道家以老子清静之言为宗。老子本周藏室史，故其流出于史官。今道家有藏室以藏书，盖有所因起矣。汉之时，去老子未远，其言最用世。然著于志者凡三十七家九百九十三篇，而伊尹、太公、管仲之书在焉，不皆本于清静也。后世神仙祠祷，凡方技悉系于道家，其书概谓之经。盖其相传最尊者三洞三十六部，凡万百千篇，世徒闻其名。而陶隐君《真诰》或著其目，多云“未降于世者”是也。其可知者，大抵出于老子之后。而老子至矣，今其徒尊而藏之以室，不亦宜乎！

龙虎山者，嗣汉天师居之。其上清正一宫者，道家之总会也。宋庆元中，冲靖先生留用光见知宁宗，使有司新其宫。而藏室之所谓经者，皆粉黄金为泥书之，后以宫火不存。皇元大德三年，有敕重建宫。嗣汉天师留国公曰：“不可以重烦县官也。”凡祠宇可为者，率其徒各以力为之。而余独见先生作藏室，木石坚美，缔构雄丽，规制益加于旧藏。以木为柜，置室中，高若干尺，内广围径若干尺。觚其隅为八面，面为方格，以次受盛经之函。刻木为天人神仙、地灵水官、飞龙翥凤之属，附丽其上，皆涂以金。中立巨木贯之，下施盘轮，令可关以旋转，言象天运焉。工未毕，先生去世，弟子孙景真成之，而奉祠先生于藏室之北，不忘其功也。先生之师曰黄君复亨，复亨之师黄君荣鼎。至元中，佐天师立道教，多所画诺，亦有祠。复亨尝铸大钟，起钟楼，施田益宫中。先生名彦纲，字叔纪，闽人，有文章。其道行见翰林学士元公明善所撰碑文。既为藏室，亦买田食其众，以备修葺，盖远计也。复亨弟子李谨修从三十九代天师至京师，来求铭其藏室。铭曰：

粤若太始，虚皇之廷。天真丈人，象气炼形。结画神丹，出图帝青。散芒垂角，振耀流霆。昭明三光，敷落九星。纵横自然，非有使令。变合亿万，出物宣灵。后圣有作，取以为经。五千其言，载之兼軿。示我清静，遂我杳冥。天根之门，牝虚元宁。配天作极，宰于化亭。胄孳绪余，袭武承馨。法言神方，枚数以莛。要其宗归，如器在型。上清有宫，万神攸停。乃作琼室，侠烈幽屏。题囊篆茂，刻石雕玲。龙韬括籍，虎带萦珽。玉气充达，金耀晶荧。阳卫雄毅，阴官娉婷。人不敢亵，鬼不敢听。慎尔授受，俾老复丁。宝兹万年，合增帝龄。下土小子，稽首述铭。勒作真符，后天不倾。

【说明】虞集（1272~1348），字伯生，号道园，人称邵庵先生，四川仁寿人，寓居崇仁（今江西崇仁县）。历官国子助教、集贤修撰、翰林直学士兼国子祭酒，与修《经世大典》。卒谥文靖。有《道园学古录》《道园遗稿》。据娄本《重修龙虎山志》卷一六录文，个别文字据别本有改补。参见四库本《道园学古录》卷四五、乾隆四十八年《广信府志》卷一五、同治《贵溪县志》卷九之六、《道家金石略》、《全元文》卷八六〇虞集四七（第27册）。

354. 元·张嗣成：解真三十八代张天师圹志

延祐四年丁巳（1317）

先考讳与材，字国梁，姓张氏，号广微子。曾祖讳庆先，嗣三十四代天师，赐仁静先生；祖讳可大，嗣三十五代天师，封通玄应化观妙真人；父讳宗演，嗣三十六代天师，封演道灵应冲和玄静真君；母周氏，讳惠恭，封玄真妙应渊德慈济元君。真君生二子，长讳与棣，嗣三十七代天师，授体玄弘道广教真人，元贞元年入觐，于崇真宫冲解。

先考被旨嗣三十八代天师教，承袭以来，历事三朝，四觐阙下，累承恩命，超迁至太素凝神广道明德大真人、领江南道教兼主领三山符箓。特授金紫光禄大夫，封留国公。覃恩祖父母、父母，上至嗣师、系师，洎三十代虚靖真君，皆膺徽号，光被宗祧，庆流后嗣，际遇之隆，自昔罕及。

先考生于至元甲戌十二月四日，性姿冲粹，器识宏深。事君尽祝釐之敬，养亲极报本之仁。以清静主教事，以慈爱接世间。光风霁月之襟，大川广谷之量。种德而不求获，尽己而不责人。生十九嗣教，四十有二岁当延祐乙卯除夕留颂，明年正月十一日解化。上而朝廷，下而台省郡邑，又下而四方冠褐、闾阎、田野，识与不识，莫不惊怛流涕而相告曰："三十八代天师逝矣。"

又明年冬，奉旨以冠剑藏于抚州金溪之名扬山中。不肖孤承恩承袭，大惧弗胜。痛念先考素行之懿，既有中奉大夫、礼部尚书元公明善奉敕撰碑以昭将来矣，谨摭岁月大概志诸圹。娶易氏，讳德琬，封妙明慧应常静真人，先二年解化。男二人：长嗣成，妇胡氏；次三德承孙，承孙命为侄文烈后。女二人：长圣宝，适王来瑞；次贵娘，幼。

是岁实延祐四年，孤哀子嗣三十九代天师嗣成稽颡谨志；眷弟将仕郎、汴梁平江等处田赋提举周良填讳。

【说明】张嗣成（?~1344），字次望，号太玄子，张与材长子，第三十九代天师。揭傒斯撰有《申命三十九代天师张嗣成制》（见整理本《豫章丛书》集部七《揭文安公集》之文集卷一）。碑现存于龙虎山嗣汉天师府厢房内。青石材质，略有剥落。通高 1.15 米，宽 0.52 米，0.26 米，圆首尖尾。碑额"解真三十八代张天师圹志"，篆书。直行，22 行，行 3~33 字。据碑录文。

355. 元·元明善：长沙王庙碑　延祐四年丁巳（1317）

饶旧有番君庙，范文正公为守时，改作于州治西北，距今盖三百年。庙日以坏，延祐四年，三山王君都中为守，乃重作之。庙旁又作芝山道院，馆道士以为庙守。番君庙者，祀汉长沙吴文王芮也。方秦毒虐天下，秦吏亦乘之而毒虐其民，存者嚣然，咸思覆秦杀吏。独番阳令得江湖间民心，号曰番君。及诸侯兵起，遣梅将军销助汉入关。封王长沙，功著汉令。然番奚有王之功高哉？徒知令之德我而已。后虽去，而饶郡世世不忘，庙而祀之，尸而祝之。此民之心也，此文正公之所为改作也。王君忠信而说礼，连治大郡，皆著能声。今守饶，又能迹前贤所为以为治。安知今日所思者，他日不以思王君哉？庙成图之，以寄郡人元教嗣师吴真人，曰："此真人尝劝我者，今成矣，庙当有记。"真人属笔于明善，遂作《汉番君庙碑》。其颂曰：

翼翼新庙，有寝有堂。荐我溪毛，奠我酒浆。灵舞灵歌，冀其来享。谁絷君驹？番山之嵎。谁维君舟？番水之洲。君不来游，增我百忧。灵风清凄，阴云冥迷。仿佛君旗，导以两螭。君其假思，使我心彝。君既醉止，锡我繁祉。库有稻粱，仓有丝枲。饱暖而嬉，疫疠不起。太守作庙，从民攸好。春而有祈，秋而有报。猗千万年，君子是效。

【说明】据同治《鄱阳县志》卷一六录文，个别文字据别本有改动。参见康熙二十二年《鄱阳县志》卷一三、康熙六十年《西江志》卷一五〇、同治《饶州府志》卷二七、《全元文》卷七五九元明善三（第24册，题为"汉番君庙碑"）。按，文后原有注云："碑系赵孟頫书，盛传于世。"

356. 元·刘壎：南丰州紫霄华阳岩三茅真君祠记

延祐四年丁巳（1317）

仙道行世无远迩，有人焉，慕尚崇信之弗懈，即远者迩矣。江左有郡曰金陵，金陵属邑有山曰三茅，盖茅仙兄弟成道之地，道书所谓华阳洞天者也。吾州僻左无知者，知亦惮远无游者。延祐甲寅岁，里善士谌济川楫慨慕元虚，始独造焉。帆重湖，航大江，一往复，凡三千里。受经箓于宗坛，分炉薰于灵琐，严奉以归。归而谋卜地以祀，未获也。其里之紫霄观侧，古称道人岩者，临流绝险，岁久榛芜，而地幽尘清，堪驻仙驭。观主张惟善启之，济川是之，乃铲乃芟，乃辟乃镵，乘夷旷而祠三像于中，构别馆而祀钟吕于后。苍翠环合，风露萧爽，咸稽首曰：“茅仙乃在是，何其近也。”济川征予记，顾予自幼服习孔氏书，于老庄氏懵未有闻，其何以记？则取其所纪载者为述。

曰：姬周公之嗣封于茅，后因以为氏。秦皇时，有讳蒙字初成者隐华山，师鬼谷，得道冲举。传四世而三真出焉。长曰盈，字叔申，生汉景帝时。初入恒山学长生，遇总真王君方平，授大霄隐书、九转还丹。爱句曲山，谓为真洞仙馆也，南渡居之。哀帝元寿二年，叔申年一百四十有五。后遇神人授以仙职，一日乘鹄去。次曰固，字季伟，幼曰衷，字思和，仕汉并为郡守。高年弃官，从兄得道，亦仙去。邑人为建坛宇祠祀。光武献金于庙，明帝敕修。由晋迄唐，帝咸受经箓于茅山。逮至前宋，崇敬尤谨。仙书宸翰，辉煌日星，鹤帔星冠，罗栖岩岫。其颐神葆真之士，依灵祐而获度世者，逮今无虚岁也。嗟夫！万事万理，一方寸尔。志所笃向，即丹邱玄圃，十洲三岛，且不远矣。济川之于道也，专且勤，故履危涉险而无倦心，道远费侈而无靳色，卒能使江左仙真之祀延逮乡邦，使一方寡闻之民翕加礼敬。茅峰烟霞，欻其在目，岂吾徒儒迂不化者能及是邪？是宜记。初，三真封号已穹，厥今运启圣明，弥加崇信，于是妙道冲虚圣佑增“真应”，至道冲靖德佑增“妙应”，微妙冲慧仁佑增“神应”云，宜并记。

延祐四年岁在丁巳十有一月吉日记。

【说明】据四库本《水云村稿》卷三录文。参见《全元文》卷三四八刘壎一〇（第10册）。文中反映了南丰三茅信仰传播之迹，有史料价值。

357. 元·吴澄：上方观记　延祐五年戊午（1318）

上方观在崇仁县之青云乡。崇仁，抚之壮县也。县之西北耸然特起而高大者曰罗山，罗山之阳，宋初时侍郎乐公父子兄弟接踵擢科，故名其乡曰“青云”。其后罗文恭公与丞相赵忠定公同时秉政，安宋社稷。山之灵异钟为伟人，其蜿蜒磅礴、郁积不尽者，往往为仙佛之徒。近年以来，道观之最盛者，上方也。俗传晋代尝有飞仙往来其地，因以立观，三徙而宅旗峰之侧，今观是已。中间道流传系泯绝。道士陈逢吉派出东京寿圣观，苦行清文，受知邑令范清敏公，嘉定季年来主观事，观之重兴自此始。数传之后至吴惟一，朴素直谅，为众所向。田园岁入增三之二，骎骎日趋于盛。继而陈次扌专、陈复宗志宏才优，同心协济，用克树立，世绪弥昌。广其所居，益其所食，不啻数倍于昔。炜然以光，岿然以隆，声实与巨室富户等，县大夫以下，莫不敬礼焉。复宗尝奉其师次扌专命来索观记，而予未暇作也。会有集贤之命，以予行之有期，督之逾亟。予谓家国之兴替，系乎其子孙臣下之能不能。虽游乎方之外者，与人家国一也。上方之盛，基于吴而成于二陈，非其才之与志合而能若是乎？视彼寄身清净教中而营营自丰，靳靳自私，不以一毫公于其徒、利于其后者，其用心之广狭为何如哉？予既有嘉于昔吴与今陈，而人之尊之也，各以号称。吴曰竹隐，次扌专曰林居，复宗曰袒山。袒山长于文恭公之族，其初以罗氏。若其构架之广凡若干楹，壤土之益凡若干顷，不能悉记也。年月日记。

【说明】据四库本《吴文正集》卷四七录文。参见《道家金石略》、《全元文》卷五〇七吴澄三五（第15册）。按，吴澄“有集贤之命”在延祐五年。

358. 元·刘岳申：龙泉江东庙记　延祐五年戊午（1318）

赣水东，神有祠，尚矣。庐陵邑故未有祠。按郡志，惟龙泉昭灵王庙在县东巫村，滨江，宋治平所建。神赣水东，名固巫也。吴封昭灵，宋嘉祐赐额显庆，建炎封广泽崇惠显庆，绍兴益封昭烈，又益忠祐而去广泽。龙泉庙仍吴封。乾道丙申中更水圮，徙福胜院。今延祐戊午，王叔材倡众建祠桥南南台，闳伟壮丽。于是邑人前不知有昭灵，后不知有福胜矣。庐陵所至有祠，又不独龙泉为然，而未有推论昭灵之旧者。志称绍兴中，寇李毒龙犯，空邑游逃，北望旌旗戈甲蔽江而退。他水旱疾疠，响应不可数。又称龙泉灵山以石名者三十余所，状类仙佛龙马狮象牛羊仓廪室屋者，往往有之。人杰地灵，固宜为聪明正直者之所依耶？尝试论之：人神一也。长吏受天子命，守封疆，牧养小民，治境内而止。虽贤牧，无越境而治者。不贤者境内且不治，甚者淫纵其欲，毒其民，民夫妇男女辛苦垫隘，无所底告，以为常。神庙食赣而治民以来，威灵著于兹土，历建、绍间，御火捍患，以及宋亡。越至于今，今所至皆龙泉矣。虽有神应无方而人灵万物，何独不然，岂民事长吏有不如事神？无亦人实不职而听于神也邪？水旱疾疠，人实召之。而既求于神矣，民有冤抑，宜得直；或遇眚灾，宜得释；皆求于吏，宜响答。而有不得直与释者，又相与求于神，而后直与释如响斯答焉。是神自为政也，是幽明皆有鬼神也，是哉！吏禄民之赋与神歆民之祀，一也。岂民以祀则歆，以赋则不恭耶？是邦由宋治平至今二百五十六年，庙三迁而祀神如一日，凡邦人答是贶者，无不毕用其至。孔子曰："斯民也，三代之所以直道而行之者也。"使长吏知爱其民，去就其欲恶，罢行其利害，则民事长吏有不如事鬼神者乎？

叔材求余记其成，余既辞之矣，则相与奉邑大夫刘侯之命以请，且曰："大夫有恤民之心，与民一无还往而悲伤之，贤长吏也。"余闻部使者治庐陵，不闻龙泉。曰龙泉有令尹，真台官也。夫民，神之主；长吏，民之主也。夫慢神者，必先虐其民；尹能深爱其民，以无困乏神之主，敬共明神之至者也。余将书前之说以为牧民者告，复书尹之贤以为牧民者劝，可乎？将见民事尹如事神，神之德尹，亦岂有涯哉！《诗》不云乎？"靖共尔位，好是正直。神之听之，介尔景福"。君名楫，字济夫。

【说明】刘岳申（1260~?），字高仲，号申斋，吉水（今江西吉水县）人。历官辽阳儒学副提举、江西泰和州判官等。有《申斋集》。据四库本《申斋集》卷五录文。参见《全元文》卷六六六刘岳申六（第21册）。

359. 元·谭善心：祈雨感应记* 延祐五年戊午（1318）

紫元真仙功行见于《广录》者，尚矣。宜邑东北二十里为刺桑山，旧有冲华观改招仙者，相传二真寻师过游之地，因以名焉。羽流薰修其间，而效封人之祝者，罔敢慢也。延祐丙辰，自六月至七月不雨，则苗槁矣。公私惶惶，靡神不举，而旱愈甚。丙辰，予与县学简师同往祷于华盖。丁巳登山，拜谒毕，道士以水授予，曰："请亟持往，雨将至矣。"戊午，扁舟东下，电光如火，违乡一舍许，有黑云自东南来，俄而聚合，甫及岸，细雨跳珠入船矣。简师捧水洒道，迤逦奉安于观之行祠，则大雨如注，二日夜乃止。岁获大稔。夫一雨三日，太空犹不可得而名，而于人何有耶？顾惟诚一亨通，发见于感格之际，有不可掩者，于是书于录。又华盖山与水东一峰相望，亦因岁旱，迎像请祷而获雨，遂留祠，今名大福山。并附书之。

延祐戊午六月。

【说明】谭善心，临川（今抚州临川区）人。延祐年间曾任宜黄县令。有《二程遗书》。据同治本《华盖山志》卷七录文。参见校注本《华盖山志》卷七。

360. 元·欧阳玄：上清万寿宫棂星门铭并序

延祐六年己未（1319）

夫天垂元象，门垣之设具存；道启真风，宫观之兴有自。惟此棂星之号，实居列宿之首。《周颂》之疏曰："天田左角。"《晋史》之志曰："天门三关。"以其通日月经行之衢，故以表神明往来之道。俗书从"木"从"靁"，未喻此也。

广信龙虎山大上清正一万寿宫，祝釐之胜地，学道之祖庭。碧瓦云连，秘殿宏敞。朱闳露立，道阃邃严。凡有良工，类求大木。然而雨雷霜凝，日熯风戾，裘葛几何，枨阑屡易。粤延祐五祀，仁宗皇帝将遣元成文正中和真人、江淮荆襄等处道教都提点夏公文泳祇奉玉音，丕承金箓，禬于龙虎、阁皂、三茅等山，给以浙江、江西两省经用。真人底厉清修，树立峻整，釐事既竣，素操弥笃，祭供金币，悉予本山，将迎筐筥，力却常馈。于是龙虎山住持提点吴以敬、提举知宫董处谦，追今住持提点程君静，时为直岁，请曰："顷者佥议斫太湖之石，为棂星之门，其志虽确，其赀无从。惟师以平昔之廉隅，诒永久之标准。愿辑祭余之费，式兴门材之役。"真人曰："诺。"既而审曲面势，方鸠僝工。继以私储，佐其不莸。众更大悦，率作兴事。凿山具区，贞璞斯献。挽舟大江，纤尘不惊。百牵委输，千指砻错。大门中直，其崇六寻而劣；两门旁峙，其衕卅尺而强。羲娥昭揭乎柱颠，虬鸾交骛乎楣表。落成维期，环观若堵。经构著雍敦牂之岁，完美屠维协洽之秋。算缗五万有奇，计日再期而就。于时道士曰陈处恭，祴康庄之途广数百尺；曰孙景真，创下马之亭袤若干楹；曰杨宇泰，载西蜀异木千株樛柏，植彼左右，蔚然葱倩；是皆慕真人之高风，所谓表立而景从者也。居无几，上清宫灾。惟此石门婴燎原之势，脱炎冈之厄，得至人不热之体，岿灵光独存之范。翼蔽蜀柏，翠奕车盖，青逾铜柯，俨坤维之后凋，俪震泽而齐寿，何其异欤！迨夫紫房猬兴，琳宇洊起，石门之左右石笋乃生。擢竹萌而无根，挺芝秀而有质，非资凝乳而集，非假结气而成，是又异之甚者。

嗟夫！门应天之象，石本星之精。稽图牒其足征，接耳目其罕有。石笋之瑞，何其至哉！洪惟我元，尊无为以辅教，乐至静以保民。导和召祥，特著于此。真人侍祠历年，代祀洁已。是门之作，非徒旌元运于悠久，实以资皇图之灵长。呜呼盛哉！是宜为铭。铭曰：

皇元八叶，仁庙践祚。钦天礼神，崇尚元素。惟师元成，祇若惠顾。代祀名山，慎守厥度。乐周九奏，礼毕三瓩。徒御不淹，郡县无酺。肃肃羽衣，皎皎振鹭。于昭上卿，宿昔承晤。作门象山，永息朽蠹。其费伊何？祭有嬴布。祭布曷嬴？无赆无赂。时惟元成，树德是务。归发已赀，相乃供具。岓笠泽神，于物莫锢。方舟彭蠡，天堑实溯。辇来山中，并手皆作。砻方为枏，削圆为柱。载雕载几，循顶注跗。骞鸾腾蛟，蹲乌伏兔。道施瓴甋，亭列陛桓。柏来自蜀，枝叶布覆。宫罹于灾，门屹外护。石笋耀祥，宫复其故。太和埏埴，元气煦妪。岌嶪灵星，法象天路。霞舒黄道，云止琼辂。俁俁飞仙，集佩鸣璐。葳蕤骈况，肸蠁膰胙。集釐皇家，锡羡国步。亿载万年，永保贞固。

【说明】欧阳玄（1274～1358），字原功，号圭斋，分宜（今江西分宜县）人。延祐二年（1315）进士。历官湖南平江州同知、翰林学士承旨等。有《圭斋集》。据娄本《重修龙虎山志》卷一六录文。参见张本《续修龙虎山志》卷中、《全元文》卷一一〇二欧阳玄一四（第34册）。按，宁波天一阁存碑拓片，碑文目录见骆兆平、谢典勋编著《天一阁碑帖目录汇编》（上海辞书出版社2012年版）。

361. 元·揭傒斯：安福州东岳庙记　延祐六年己未（1319）

五岳自古皆秩祀于天子，而东岳独为天下宗。今郡县不置庙则以为阙。延祐四年冬，吉安路安福州达噜噶齐哈喇丹始建东岳庙于城东门外之秀岭，知州郭恢台等协其谋，佐吏及州民之乐善者相其财，地利材良，工胥劝功，明年秋，庙成。重门复殿，高广丽深，翼以列祠七十有二。象设严畏，轩陛崇隆。上巢飞云，下瞰湍濑，旁引群山，俯视槛井。朝阳夕阴，如神往来。稚耋男女，蚁行而上，俯伏拜跪，如临父母。复伐石为桥，曰秀川，而屋其上六楹，以达望走；刊木为亭，曰一览，以休游观，而命道士姚某守之。民大悦。又明年秋，州人前肇庆路廉溪书院山长彭德昌请纪于石。

夫东岳鲁望而庙于兹，从民志也。民不知善而惟神之依，惑也。苟政不平，岁不成，欲事神，得乎？福善祸淫，天有常道；事神治民，国有常礼。礼不可黩，道不可诬。靡届弗至者神，无感不通者诚，诚神合而福禄降，惟君子能之。若夫修典常，正国俗，则国家之事而君子之心。

具官揭傒斯记。

【说明】据四库本《文安集》卷十录文。参见《全元文》卷九二四揭傒斯六（第28册）、整理本《豫章丛书》集部七《揭文安公集》之文集卷五、标校本《揭傒斯全集》卷五。

362. 元·虞集：敕赐玄教宗传之碑　延祐六年己未（1319）

延祐六年四月廿五日，开府仪同三司、上卿、辅成赞化保运玄教太宗师、知集贤院事、领诸路道教事臣留孙言：钦惟圣朝治尚清静，乃崇道家之言，谓之玄教，实始命臣典领，臣亦惟诵其师说以赞辅万一。国家幸稽其授受之绪而表章之：至元三十一年，制赠臣祖师张闻诗为真人；延祐元年，推臣本师李宗老以上七人皆赠真人；前五年，又尝赠臣弟子陈义高为真人，具以赞书载其美号。臣惟朝廷嘉惠玄教盛矣！请述宗门传次，所以克承宠光者，具勒金石，示远久。事闻，制诏太保臣曲出、集贤大学士臣邦宁、臣颢曰：其赐玄教宗传之碑，敕臣集制刻文，臣孟頫书丹并篆题。

臣集拜手稽首言曰：臣按道家本宗老子，老子以无为为宗，是以善理天下者常用其说，以在宥其民。然而千有余年之间，为其道者或隐或显，或用或不用，莫可详纪。今大宗师事世祖皇帝而玄教肇兴，更历四朝，日以尊显，其弟子十余人皆受真人之号，相为翼承，布在中外。又有嗣宗师臣全节总摄教事，赞之恢弘，则又推其所自传以为宗。顾瞻前后，莫不与被荣耀，斯固国家善其道之宜于治也，亦由其人谦让持守，善保其本要，以克臻兹也哉。

夫本固者枝茂，源深者流长。今玄教流行于世如此，溯其培积之厚，诚非一人一日之力矣。当事物之殷隆，必究其始初，忠厚之道也。小臣职在论撰，敢不具征列其事。宗传之初，由袭明体素静正真人张思永始得道龙虎山中，再传为集虚演化抱式真人冯清一，三传为广元乾化贞一真人冯士元，四传为象先抱一渊素真人陈琼山，五传为通真观妙元应真人张闻诗，六传为毓真洞化静复真人李知泰，七传为宝慈昭德泰和真人胡如海，八传为葆光至德昌元真人李宗老，大宗师实师之。故御史中丞崔公彧尝入山见宗老，叹其高岸冲远，莫测涯际，为留累日而后去。粹文冲正明教真人陈义高者，大宗师弟子也。倜傥有气节，居京师时，常读书大树下，学者就之，与论说不倦，贵人大官过其前，略不起为礼。每醉赋诗，累千百言，善为奇壮，一时学士多愧之，自以为不及远甚。遇贫士无衣者，辄解衣与之，己虽寒不恤也。初事裕宗皇帝东宫，又奉诏从梁王之国。王改封晋，又从镇北边，所陈多礼义忠孝之事。成宗皇帝即位，从王入朝，上识之，赐酒劳问甚渥。是时，史馆修撰《世祖皇帝实录》，问逸事王所，王假义高文学条上始末，史官叹其书有法，于大宗师诸弟子为最雄于文矣。

臣尝读《龙虎山志》，言宋景定年中，张闻诗真人治上清宫，门署表曰

“龙虎福地”。或疑其过大，曰：“后三十年，吾教当大兴复！”于山中掘地，得石镜一枚、石履一双，顾谓大宗师曰：“是奇征也，识之，玄教之兴，其在子乎！”今果然，可不谓之神异者哉！谨述赞以系之，其辞曰：

山川絪缊，升云于天。亭蓄久如，阙施沛然。猗欤道家，远有端绪。学匪中绝，长寄隐者。专气保神，动合无形。委顺阴阳，以为常经。应物泛宜，而不自宰。恒敛名迹，莫著于代。伟兹九真，违世往仙。由大宗师，溯录以传。其传伊何？天子有诏。匪私其人，表我玄教。维昔多方，会朝至元。人感遇逢，谁无献言！时大宗师，始来自南。不矜不扬，淳和一心。帝思息民，还复宁壹。师道允契，爰立楷式。庶乎希夸，神明自来。遂至休恬，无有疵疠。人既时雍，师日益贵。四朝缉纯，维我一致。臣工宠荣，岂不代兴？载观在廷，孰其同升？何显无微？何远无自？不有君子，曷征其系？上清之宫，真所游居。千载易迁，载辞不渝。嗣有闻人，服教无斁。钦于世世，以赞皇极。

集贤修撰承事郎臣虞集奉敕撰；翰林学士承旨、荣禄大夫知制诰兼修国史臣赵孟頫奉敕书并篆额。

至正四年岁在甲申八月望，特进上卿玄教大宗师、崇文弘道玄德广化真人、总摄江淮荆襄等处道教知集贤院道教事臣吴全节立石。

【说明】碑现存于北京东岳庙，高 2.80 米，宽 1.30 米，26 行，行 64 字，楷书。据乾隆十五年《贵溪县志》卷二二录文。参见乾隆四十八年《广信府志》卷二四、同治《贵溪县志》卷九之七、同治《广信府志》卷一一之三、《全元文》卷八八八虞集七五（第 276 册）、《北京东岳庙志》（宗教文化出版社 2018 年版。以下径称书名）下册。张本《续修龙虎山志》、娄本《重修龙虎山志》未见收录。

363. 元·虞集：玉笥山清真宫碑　延祐六年己未（1319）

玉笥山清真宫，在临江之新淦，其《实录》以为本名群玉山，汉武帝授上清篆于此，见有光如笥下之，改今名，而以上清名宫云。元封五年，武帝行巡南郡，登潜天柱山，出寻阳，浮江过彭蠡，所过祠名山大川。今山在彭蠡上游数百里，岂尝至而史略之？不然，则郡国望幸者或缮其治处矣。按图，其山起东南，稍行而南为三峰，名赤松、汉武、魏夫人三坛。又西为覆箱峰，特奇峻。又北为北峰，中引小隮而下，宫在窈窕中，与前三峰相值，上有石坛九，避秦人孔丘明等九人上升处，故曰送仙峰。又东为郁木坑，其东南出与初起山相值，两山之趾犬牙交，人缘涧水取径，二十四曲折始出山外，而中若环堵者矣。意者受宽而括约，笥之所以得名者与？其所祠神君曰九天司命，左曰洞天天王，右曰洞天仙官，盖古之得道者云。又曰：由其三峰之崇高严厉，故以名，此近是矣。其地多奇卉灵药，又有丹井、墨池、坛洞之属，皆托古仙神人以名之，信乎非世俗所得有者。每天高气清，有声出空中，如众乐并作，莫知其名物。然一时同在者，或闻或不闻，及夜间寂，又如闻车马金革之来，若神物有所劾治者。居民相传畏忌，远其家数十里外，独学道之徒居是宫耳。

宫之始末可知者，梁天监中杜昙永与其门人钱文咏来居。萧子云以钱百万助成之。今有石刻在宫中，云是昙永所撰上清宫碑文，而文咏书。然其署官文字制作不合，疑后人所重立，有改易失真者。唐长庆中，谢修通奉母隐此山，《实录》所著也。南唐时，皮羽南受知后主，刻木为印，使佩之以治宫事，徐公锴为篆上清宫额，此最可传信者矣。宋宣和中，敕改为清真宫。端平丙申，主宫事者李希白，故给事中大有之孙也，郡人重之，为请于朝，使度弟子，得甲乙相次传授，乃得涂绍禹、鲁道隆，皆名家子。又有道行法术为时所尊敬，故能大其宫而新之，益入田租以给众，来者日至，而宋亡矣。自是以来，相继治其宫者曰胡永年、曾卿胄、刘继贤、曾季谦、张嵩老、涂宏道，其方来则欧阳本一、聂立仁其人也。至元丙戌，世祖皇帝尝召卿胄至京师，咨问称旨，留之四年乃得还。既而宫之屋日敝，于是元贞丙申，永年作法堂。至大戊申，卿胄、嵩老又作冲妙堂，戊午，季谦又作三清殿。先后以其财来助者，郡人胡复、张日新，临川夏□□、庐陵曾德和、曾巽申、曾如圭，姑苏周静法也。其后继作，日虔不懈，而宫皆新成者矣。三清殿成之明年，聂立仁方从玄教嗣宗师，以其事来告曰："未有年而吾宫新，则昔之从事于此者多矣。然自杜君以来，姓名可考者寥寥数人耳，则其泯而无闻者，无文字金石之托也。不可自我之世无以示后人，子幸为我铭。”予既闻而叹曰：“山川之形势为豪杰所临依、众庶所会通者，历历可见，然而忽然之间，时往物异，则感慨系之。而荒闲寂寞之滨，乃有斯人据泉石之极致，以相传长久如此。”乃为次第其说而勒之以铭。铭曰：

大秀之山，群玉之府。廓兮有容，若笥将贮。不键而固，匪橐而盈。合冲纳和，神凭虚生。其神孔明，维大司命。参我左右，宰我众正。若瞻紫垣，罗络四周。表卫中居，旋制九州。文昌之宫，泰阶之上。灵气翕张，孰执其象？伟若降精，岿崟峙停。焫燎弗轻，食于殊庭。神君欲来，泠风与俱。乐出太空，合神于无。朝阳熙熙，夕灏肃肃。孰其迎将？孰其往复？精明粹融，潜滋密充。自然遂成，沴戾不逢。穆穆在朝，皞皞在野。我宫恒新，以昭来者。

【说明】据四库本《道园学古录》卷四七录文。参见康熙六十年《西江志》卷一五〇、四库本《江西通志》卷一二〇（文字有删略）、光绪《江西通志》卷一二二（题为“清真宫碑记”）、《道家金石略》、《全元文》卷八八六虞集七三（第27册）。

364. 元·吴澄：江州城隍庙后殿记　延祐六年己未（1319）

城隍，郡县之土神也。土神之祭有社，又有城隍，何也？社兼祭五土，而城隍专祭城隍也。夫祀典莫重于天地，然天尊而地亲，尊者惟一人得祀，亲者人人得祭也。故有天下者祭地于北郊，又祭之于社；有国者祭于社而已。大夫及士、庶人所居之里置社，其祭土神以报地，一也。而地有广狭之不同：王社、大社，天下之土神也；侯社、国社，一国之土神也；里社者，一里之土神。国立社，而家立中霤。中霤者，一家之土神也。蜡以祭四方百物，虽堤水之防，潴水之庸，咸得与祭。古人于报地之礼周且悉也如是。地之险，山川丘陵，而建邦设都必依险以为固。或因山与邱陵以为城，平地则累土筑城以拟山之险；或因川以为隍，燥地则掘土浚隍以拟川之险。曰城曰隍，其名肇于古史之造字，其用著于《周易》之系爻，所由来远矣。而《礼》经国典无祭城隍之文，儒者谓社祭山林、川泽、邱陵、坟衍、原隰，则城隍固在其中。然予窃有疑焉。防与水庸，尚于祭社之外有专祭；城隍以扞寇敌，以保人民，其功岂出于防与水庸之下，而独不专报其功乎？今郡县各有城隍祠，所谓礼，虽先王未之有，可以义起者，其若此类也夫！夫土神当祭于坛墠，而城隍祭于庙。予尝求其义矣。盖祭必有配，社以句龙氏，而爵尊、德尊、齿尊之人，往往殁而得祭于里社，俗称土神是也。里人或为之立庙。城隍之有庙，殆亦以栖配食者之灵。试以祀天之礼喻祭地之礼：祭社神于坛，而配以人，犹南郊之祀天也；祭城隍神于其配食之庙，则犹明堂之祀帝云尔。

江州地扼荆、扬之交，面崇蛮，背大渎，其城其隍，山川自然之险、形势之雄，他郡莫与伦也。城隍配食之人，相传以为汉丞相颍阴侯灌婴。《郡志》言，高帝六年，侯筑湓口城，即今江州地，则侯之配城隍也宜。或谓他郡城隍亦皆侯配食，岂以侯尝定豫章诸郡而然欤？旧江州城隍庙在郡东，东北民之祈祷不便。宋宣和壬寅，郡守迁于今所，岁久屋弊。淳祐乙酉，沿江制置使以其属帅郡民修完之，外门竖景福楼，巍然临乎通衢。有钱氏者，先世河北人，名安道，绍兴初，江淮招讨使张浚命之世掌城隍祠。其来孙大通攻阴阳方伎，涉三教绪言，熟谙人情世务，士大夫善与游。病庙地窄隘，弗可以恢廓，勤力经营。市庙后地数亩，兴造寝殿，材巨工良，视前构有加。修广穹隆，与外楼称，翼以两庑，规制伟甚。家无铢两斗斛之储，好善乐施者相与捐资，以就其志。非其诚足以感于神，才足以动乎人，何以能壮丽其神之居，以至于此哉？皇庆壬子创始，延祐己未落成。值予过江州，大通请纪岁月。予嘉其为人，遂不辞，而叙古今祀典之大概，以俟后之议礼者考焉。

【说明】据四库本《吴文正集》卷三八录文。参见康熙十二年《九江府志》卷一八、四库本《江西通志》卷一二七、同治《九江府志》卷四九（题为“府城隍庙记”）、《全元文》卷五〇三吴澄三一（第 15 册）。文中阐述了作者对城隍祀典之基本认识，有学术价值。

365. 元·朱思本：故荣禄大夫司徒饶国吴公诔

延祐六年己未（1319）

延祐六年夏五月二日丙辰，荣禄大夫、大司徒饶国吴公薨。呜呼哀哉！哲人云亡，民将畴依？悠悠苍天，胡不慭遗？呜呼哀哉！生必有死，此理之常。五福既备，令名孔彰。先民所称，死而不亡。行由谥显，德以诔扬。爰托旒旗，庸写忧伤。其辞曰：

伊昔太伯，至德作吴。绵绵洪绪，实基厥初。猗欤番令，美化宏敷。汉祖锡封，长沙是徂。庙食于番，世远益崇。昭穆繁昌，令闻攸同。自公二祖，积行在躬。养潜乐幽，食报宜丰。逮公显考，奕叶弥芳。持平闾里，言不否臧。宜显而隐，孰云不扬？笃生我公，乃炽乃昌。岐嶷其姿，贞固其操。学探渊源，理穷旨奥。温兮如春，时雨斯膏。肃如秋霜，匪怒伊教。礼贤下士，汲汲孜孜。扬善掩恶，遐迩寔师。仁亲为宝，劳谦自持。不矜于人，无兢惟时。年逾不惑，丧乱式逢。东西震惊，大小哀恫。不恒厥居，视天梦梦。屹然自守，亦惟我公。自守伊河，潭潭公府。义以为门，仁以为宇。莫之或欺，孰予敢侮？天道无亲，善人是与。惟公仲子，实掌元门。善服明训，有德有言。奉祠桂馆，庆会风云。于赫四朝，恩数骈繁。位以贞人，表以元德。永言孝思，《嵩高》维则。间岁归省，莫匪帝力。畴昔之岁，公及希年。锡命元德，束帛戋戋。侑以上尊，乘传言还。佥曰休哉，公则慊然。硕德升闻，诞膺明制。玉堂虚席，以企以俟。武庙龙飞，益隆孝治。擢拜司徒，位亚三事。即家开国，瑞庆大来。公与夫人，宠命寔偕。上及显考，爵同秩异。叶茂根荣，流长源邃。延祐之初，公寿八旬。若稽故典，惟帝时遵。帝曰俞哉，申锡惟均。明明元德，载驰载驱。式燕以衎，承颜悦愉。名动中朝，荣耀乡闾。桂袭其芳，兰森其玉。簪笏满堂，雍雍穆穆。五福攸叙，惟公备足。永锡难老，齐老逾难。公与夫人，攸处安安。天爵斯崇，如陵如山。曰惟晚香，堂匪虚构。乡以禄名，惟天所授。里曰具庆，地同恩厚。嗟嗟松柏，岁寒弥贞。仁者必寿，宜享百龄。如何寝疾，遽梦奠楹？呜呼哀哉！木落山颓，天降时丧。悲风兴感，零露方瀼。走兽狂顾，飞鸟失翔。呜呼哀哉！昔公之存，邦人寔依。如彼河山，以润以辉。如彼鸾凤，是则是仪。今公往矣，云胡不悲！呜呼哀哉！嗟嗟诸子，痛哉奈何！元德纯孝，泪如悬河。五内崩摧，孰知其他。燕吴万里，长路漫漫。欲济无梁，奋飞无翰。擗踊哀号，靡有夜旦。帝闵其衷，驿传斯卑。乃命奉常，易言定谥。慰彼孝心，以勖有位。仆之于公，东西其州。生发未燥，景行前修。少长学道，息影丹邱。乃遇元德，云滃龙游。拜公于堂，职由师故。温温其言，循循其度。佩公之训，感公之遇。云何六年，俯仰今古。堂堂遗像，目想心存。琅琅德音，胡可再闻？不吊昊天，殒凤摧麟。呜呼哀哉！日月遄迈，灵輀既迁。翩翩丹旐，于彼山田。素骥悲鸣，黯若新阡。呜呼哀哉！嗟予小子，承讳惊恻。目短凄风，魂飞凉月。百身莫赎，寸心如割。矢辞告哀，永慕增怛。呜呼哀哉！

【说明】朱思本（1273～?），字本初，号贞一，临川（今江西抚州临川区）人。有《贞一斋诗文稿》。据适园丛书本《贞一斋稿》卷一录文，个别文字据别本有改动。参见《全元文》卷一〇〇八朱思本三（第 31 册）。

366. 元·揭傒斯：冲元观记　延祐七年庚申（1320）

皇庆二年春二月，始作冲元观。夏六月，观成。实在富州之南第三十七福地丰山之阳五里所雕峰之下，因黄氏之故祠也。

西南维黄氏世盛。宋庆元初，朋党论起，朝奉郎干办行在诸司审计司瀛进谠议十二篇，历诋外戚韩侂胄蠹国乱政，天下诵其名。嘉定初，以寿终。其子通直郎知衡州常宁县直方葬于峰之南双井原，因建祠曰双井庵，命始丰之仙林观道士灵宝大师赐紫欧阳某奉祠事，且约世守之。未几，常宁之夫人徐氏卒，葬峰之东白竹原，亦建祠曰白竹庵。皇庆二年，常宁四世孙征东儒学副提举司自双井庵延礼聂爰静主之。师至即撤旧祠，辟地为观，不数月而工毕。飞殿壮丽，高广雄深，门庑端直，庖廪完固。飞云之楼矗其西，黄氏及后土氏之祠翼其东。文梁藻井之制，云房斋庐之次，煌扈于其内；钟鼓之声，笙磬之音，镗鞳乎其外。于是昼雾出楹，夕溜殷砌，古柏拒冬，长松无夏。神君仙人，倏忽往来。山川不改其旧，而十倍故祠矣。请名曰冲元之观。又尝与其师欧阳维新买田五顷有奇，至是尽归于观以养学徒，奉釐事。君子曰：惟不贪，故能忘其利；惟不私，故能成其功。忘利而有成功，非信道而勇于立者不能也。使聂君不为老而为孔氏，得志当世，所至宜何如？黄氏其知人矣。

延祐七年春，征东之子尚敬、尚忠请伐石纪功，因推道德之端，极内外之辨，而为之辞，以授其徒黄晞平、孙诚则等刻之。其辞曰：

猗欤邈哉！五千之文。上探无始，下酌黄轩。达性立命，执经御权。刚柔存亡，进退后先。糠秕天下，道德之源。玄门既辟，教道滋盛。水旱疾疫，祷祠禳禜。一呼一吸，一动一静。奔走雷风，鬼神受令。上好下效，此求彼应。乃道之文，匪道之性。志士长往，独善其身。炼形制魄，守精驭神。蝉蜕宇内，飞翔天津。匪道之隆，乃道之屯。孰行罔至？孰用罔治？萧曹以臣，汉文以帝。慈俭为宝，敦朴是贵。虽惭三五，终迈七制。迨于我元，总揽万国。国既殊俗，治亦异术。既尊素王，亦兼老释。或齐以礼，或道以德。化成天下，立治之极。豫章南境，丰城故邑。崇崇始丰，神明所集。跂彼雕岑，云蒸雾湿。有屋渠渠，有址岌岌。伟哉聂君，有此骏功！黄氏以祠，老氏以宫。居有所养，学有所宗。敬哉学人，罔或不恭。执德之恒，守道之中。祈天永命，万世攸同。

【说明】据四库本《文安集》卷一一录文。参见《道家金石略》、《全元文》卷九二五揭傒斯七（第 28 册）、整理本《豫章丛书》集部七、《揭文安公集》之文集卷六、标校本《揭傒斯全集》卷六。碑文记载了冲元观是“因黄氏之故祠”而兴作，从中可见道教发展过程中与民间信仰存在互动关系，有史料价值。

367. 元·刘岳申：玉清观记　延祐七年庚申（1320）

临江有阁皂、玉笥诸山，道家号为洞天福地。而城中老子之宫，自天庆外无闻焉，苏文忠所谓虽非事之损益而理有不当然者。或曰此临江所以近古也，又曰此玉清观所为作也。余尝爱郡治清江，而瑜、淦二州事得专决，其至于郡者盖无几，是故讼简。其上为淦州，其下为樟镇，舟车皆辐凑，而郡治在百里之中，如不与知，故其俗朴，其市少喧多寂，其官府蚤休，其民不事豪横，故吏之至者，类无所贪暴。或曰此临江所以洞天福地也，又曰此谁之赐也？玉清观虽欲不作，不可得也。自余见全阳道人赵某乞贷于城中故家，买地为观，为民祈禳，为臣子美报，盖谋惟之者数年矣。至延祐庚申，玉清告成。至是，求余文为记。

余惟三代以前见于《诗》《书》者，有昊天上帝之号皇矣。惟皇之称当是时，虽无延康、赤明、龙汉之纪，玉清、上清、太清之宫，民之疾痛不过乎呼天，天之聪明不过乎求民，君臣上下不过乎畏天命、闵人穷，使其民不犯于有司，其君用五福锡厥庶民，然后其臣用天保以报其上。自日月山川，凡高明悠久者，悉以归之焉。虽后世长生之说，何以尚此！使今之游玉清皆以上帝临汝，毋贰尔心为主，上无以偏党为政，下无以回遹为德，横政之所不出，横民之所不止，即无往非玉清之境，无往非洞天福地矣。不然，“惟天地之无穷，哀人生之长勤”，此屈子所以开天阍，排阊阖，而有太微清都之境、无为太初之想也，又岂待方士言而后为天皇、太乙、紫微、北极之祀也哉？

呜呼！六经以前，凡言事上帝者，其道皆出于圣贤；六经以后，其术皆出于神仙方士。盖宥密肆靖之功不自周召，而清静宁一之效又不自盖公。则长生不死之术，不得不自安期、羡门，亦其理也。于是玉清为超氛埃、遗众患矣。余虽欲无记，可得乎？

【说明】 据四库本《申斋集》卷五录文。参见《道家金石略》、《全元文》卷六六六刘岳申六（第 21 册）。

368. 元·吴澄：梅峰祠记　延祐年间

抚崇仁之境，环南、西、北百里间，山之耸起而高大者五，俱有仙灵神异之迹寄托其上。最南一山曰华盖，由华盖而西北一山曰芙蓉，芙蓉之北支迤而西曰杯山，杯山之东北曰罗山，芙蓉之东支迤而东曰巴山，巴山之东北为梅峰。梅峰者，世传以为因汉梅子真而得名。子真昔为南昌尉，而此地在汉隶南昌。或子真所尝经行栖息，或后人祠之于此而以名其山，盖不可详已。

子真讳福，九江寿春人，少明《尚书》《春秋》。成帝时，外戚王凤擅权，京兆尹王章以忠直忤凤，下狱死，人莫敢言。王氏愈炽，五侯僭侈，新都受封，宗室刘向极谏，成帝叹息悲伤其意而不能用。永始间，子真上书，引吕、霍、上官三危社稷为鉴，乞抑损外戚之势，其远识深虑，逆知王氏之必不利于汉。以遐方小吏，越职言事，可谓忠君爱国之至者矣。其后贼莽势成，遂弃妻子，变名而遁。有人见之于会稽，竟莫知其所终，或传以为仙云。盖贤人哲士沉困下位，不忍坐视移国之祸，而力不能救，则洁身全命，逍遥物外。高风凛然，犹将使百世之下闻而兴起，省想其遗迹所在，敬仰而祠祀之，此好德之良心不可泯没者也。人以仙祀子真，宋代封灵虚妙应真人，既合祠于巴山，又专祠于梅峰。故吏部侍郎李公刘家梅峰之阴，暨弟博古捐赀筑室买田，备诸器物，度胡守真为道士奉其祠。其子修、从子涛又度罗日新为道士以嗣胡，期于永久不替。而中更寇毁，守者失次，有乘间而据有之者。侍郎之曾孙允思言之于官，始克复旧。乃度邹嗣昌为道士以嗣罗，求余文记其颠末。

余谓子真忠清而仁，箕子、伯夷之流亚，固不以祠不祠为轻重。而梅峰峻拔特立，气之钟聚而秀美者。山之灵异配子真之名节，亘古亘今同其永久也宜。李氏子孙善继先志，能得道流之勤谨者世守此山，其事皆可书也。是为记。

【说明】据四库本《吴文正集》卷四六录文。参见四库本《江西通志》卷一二七、《全元文》卷五〇七吴澄三五（第15册）。按，《全元文》卷八五九虞集四六（第27册）据同治《崇仁县志》卷四收录虞集《梅仙峰记》，文中提及吴澄此文，然自“不利于汉”以后，几乎所有文字均与本文同，显有误刻或误录。姑附录于兹，以资对照。

梅仙峰前记，故翰林吴文正公澄延祐中国子司业时所作也。公言邑南有华盖山，东行为芙蓉峰，又东北行为巴山，皆大山也。巴山之支，东北行为梅峰，以祀梅子真之故。时子真尉南昌，兹地其所治之境，意者尝过之。今山中有石杵臼，相传为修仙炼丹遗迹。吴公以为成帝时，王氏之盛，必倾汉室，子真以遐方小吏，极言之。至莽时，遂隐去。忠清而仁，其箕子、伯夷之流亚欤？民之祀之，好德秉彝之良心也。配以山川之灵气，所以祀之久而不忘者乎？故淳祐间，中书舍人权直学士院邑人李公刘，与其弟博古居相近也，度胡守真为道士。从子涛贤而文，又度罗日新以继守真后，尽宋之世，祀事不废。归国朝，李氏之曾孙允思，即其先人之意，又度邹嗣昌以继之。吴公居近山，故为李氏记之也。嗣昌重度玉清观道士丁读易以次之。丁之居观也，竹木繁植，颇肆而倦，尽废其经营而去，祠宇荒落。允思之子震言诸领崇仁道宫之事余敏求，以失职而惧，敏求遂择乎其观之人，得彭致中，愿悫而修饰，尝求师四方，具文书告诸道教之主者张天师，而命之自度弟子以居。二年，躬耕石田以续食，诛茅伐木，支旧易新。以水旱疾疫祷者，无贫富，必致请如法。又稍垦田与其众共食。暇则屋巅涧曲，行歌坐忘，萝月松风，随所招至，有山居野人之意焉。

呜乎！昔李公以嘉熙中归自翰林，居乡甚久。我国家自不利于汉，以遐方小吏越职言事，可谓忠君爱国之至者矣。其后贼莽势成，遂弃妻子，变名而遁，有人见之于会稽，竟莫知其所终，或传以为仙去。盖贤人哲士，沉困下位，不忍坐视移国之祸，而力不能救，则洁身全命，逍遥物外。高风凛然，犹将使百世之下闻而兴起者，想其遗迹所在，敬仰而祠祀之，此好德之良心不可泯没者也。人以仙祀子真，宋代封灵虚妙应真人。既合祠于巴山，又专祠于梅峰。故吏部侍郎李公刘家梅峰之阴，暨弟博古捐赀筑室，买田备诸器物，度胡守真为道士奉其祠。其子修，从子涛，又度罗日新为道士以嗣。胡期于永久不替，而中更寇毁，守者失次，有趁间而据有之者。侍郎之曾孙允思言之于官，始克复旧，乃度邹嗣昌为道士以嗣。罗求余文记其巅末。

余谓子真忠清而仁，箕子、伯夷之流亚，固不以祠不祠为轻重。而梅峰峻拔特立，气之钟聚而秀美者，山之灵异，配子真之名节，亘古亘今，同其永久也。李氏子孙，善继先志，能得道流之勤谨者，世守此山，其事皆可书也。是为记。

369. 元·欧阳玄：洞渊阁碑　延祐年间

大极判，二气分，阴阳各究其变；后天设，六子出，雷风独彰其烈。阴阳究其变，而数行理气之中；雷风彰其烈，而神寓造化之表。迨夫世别醇漓，位殊幽显。札瘥水旱，若有握共柄者矣；生杀予夺，若有尸其职者矣。道也者，范围乎两仪；法也者，检押乎品汇。由是保制阨运，道称主宰；攘除凶妖，法入机用。考夫汉儒列五畤之名，而祠祷盛；《周官》书十日之号，而符咒兴。司厉有秩而祭于国，祛疫有典而傩于乡。其所由来，不既远乎？

斯则洞渊之阁，作于石晋之年，端有由矣。夫惟五季否塞，群黎憔悴，时有神人拯世者出，是殆昊天复下之仁。维伏魔三昧之尊，实神霄九帝之一。以无为制动，以不怒示威。观厥图回，漠然兆朕。爰自黄冠道士，肇迹天成；青衣道童，接武醇化。岁历四百，功施亿兆。稽诸郡志，酌以舆诵。御民大陵之患，已民雩坛之嗟。感应捷于鼓桴，枉直明于槐棘。至若树降魔之幢于云间，得斩鬼之符于地下。沴气以之而屏息，灵文由是而宣朗。继道童而神效者，有大夫曰章氏焉。创三层之神居，表一郡之杰观。虽焮邻寇，具存遗规。里人评事彭梅叟，独割已赀，追还旧贯。驱五丁之力以凿石，抡百尺之材以荷栋。揭“洞渊”于绝顶，用纵凡目；颜“寥阳”于上层，继曰圣境。中标“诸天”，冠宝阁之称；下扁“朝元”，著璇题之会。寥阳肖像七御，俨如天宫；伏魔专倈诸天，列叙帝驭。朝元距地而稍迩，飞仙齐班而上趋。直北面势，题“极高明”。绮疏透乎初日，藻绘留乎行云。阁后崇壝，其名“虚皇”，赞府欧阳确、旌表彭知微裒众力之所作也。壝后累榭，以奉三宝，居士周继祖、李必兴踵义士之所为也。三栋中达，两厢傍峙。左挟之屋重上，悬钟千斤；右挟之屋如之，鸣鼓百里。左庑则薰南刘崇勋作天师阁，右庑则潭东刘龙祥作三官阁。东为延真观，旧主洞渊，新侑元帝，北陂彭仁叟之所创，其神迁自壬癸福地者也。北为凤林桥，上引钤冈，下通青原，茂林杨学周之所建，其意比拟河汉阁道者也。神币燎而不炊，其炉曰“光明藏”；神泉引而无害，其井曰“清净源”。每岁上元，设斋半月。金碧炫转于西东，琉璃晃耀乎表里。张灯如汉太乙，踪迹通宵而可行；题榜若魏凌云，须发望空而欲白。叨利兜率，彼皆铺张。华林郁罗，孰得游览？

故夫地位之高，有若兹阁；神人之好，信在于楼乎？而况发武功，过孤州，山脉钟其秀矣。导攸舆，汇卢洞，江流蓄其灵矣。城濠通龙湫之穴，郡市布蜂房之居。要之地固以仙而名，境亦资人而胜。炼师云窗周孔鼎、静嘿萧宣德、西叟李应康，元门之梁梠，羽帔之冠弁，品登真录，功播珠庭者也。守约曾从龙、省斋欧阳庆祥、翠峰彭大同、坦庵施端履、斯立曾延晖、静学刘孔彰、矮窗萧惠通、无为王雷发，洎夫桂林可心之刘曰元亨、曰道宏，环中澂川之彭曰克恭、曰道明，尘外之曾曰贵宽，适吾之刘曰益新，皆宗证之干蛊，冲侣之衷谦，能使丹芝之茹有圃，青精之饭有田，扇离坎而液祥金，起般输而献神伎，然后声铿律吕之和，器备天人之供者也。贵宽幼从先人来敩真馆。及长，离俗之志勇，禔身之律严。佩混元之秘章，茹抱黄之梵炁。扐诃而百灵集，禜禬而诸福臻。为兹山而征辞，寿斯道于来裔，真其人也与！

嗟夫！赤明延康，坐更历劫。勾芒元冥，迭御四时。洪惟皇元，昭授神策。岁宗群望，代阐釐事。窃意洞渊之于明时，正犹希夷之于众物。人见主张之功，若无事者；孰知辅翼之惠，又振德之乎？虽然，商颜迩德人之居，当疵疠之年亦获免是；华封居放勋之世，舍富寿之祝则何以哉？载扬洪庥，请志善颂。铭曰：

粤若邃古，太和磅礴。柔刚相乘，饶乏纷错。情滋伪生，气羸沴作。道惟虚集，庶物橐籥。神由精聚，九围郛郭。闰晋非据，烝黎罔托。煜处江沱，昼火其爝。轸野遘灾，帝衷是愕。维时洞渊，受命碧落。相尔黄冠，抽我元钥。菿氛彗歒，禊秽哲恶。道心刳螟，善气辟蠚。三樟巢凤，孤笛舞鹤。爰款冲游，诞矗穹阁。琪树层柯，金枝重萼。翾升华拱，叠拟朱欂。飞廉霄骞，天禄云踖。赫曦雕栊，鲜猋虚箔。帝真燕娭，营卫挥擢。匽旌吴回，函琛海若。祝融灌烽，蓐收噤橐。年降屡康，岁兴长乐。士勤竹素，农力钱镈。商通任辇，工世椝矱。征行靡苦，疾疢勿药。皇风载熙，大道斯廓。罔俾仁圣，职忧民瘼。神之格思，万寿攸酢。

【说明】据同治《安福县志》卷一七录文。参见《圭斋文集》卷九（明成化刊本）、光绪《吉安府志》卷十、《全元文》卷一一〇二欧阳玄一四（第34册）。

370. 元·刘壎：赠黄道人序* 延祐年间

樵郡黄道人以地理术名，自盱造吾门。予奇之，为瀹茗，谈龙穴大旨未竟，一丹士自外至。再瀹茗，细语移晷，颇及烧炼点化事，丹士不应。予卒然问风水事有之乎？丹士曰："山中若有王侯地，何不归家葬祖宗？"道人凝然。又问点化事有之乎？丹士曰："道人若有烧金术，何不烧金养自身？"于是道人奋然大言曰："噫！误矣。未论风水点化事，安得言无？"予曰："何如？"道人曰："我十有七岁即知此，今四十有七矣。顷侍舅氏出入贾平章门下，目击方士造作，曰句庚，曰点茆，曰浇淋，曰椮制。贾公面试，无不成；予窃学，亦无不成。顾利有多寡，术有真伪耳，安得言无？"予曰："多寡之数，真伪之辨，可得闻乎？"道人曰："句庚利博，点茆次之，浇淋本三而利一，或不及一，椮制勿复道，此多寡之数也。真术不传，邂逅至人，得之者深秘而自养，间有宿缘契遇，即传而不售，售即非真也。神化秘诀，造化妙用，岂若百工技艺可轻传、市区货物可求售邪？是殆江湖骗局耳。请言情状：彼有平日知其人之好奇也，则先结一同志者游谈诱致，佯若效忠，名曰布水。及诱之而中也，则先试其术之半以取信，然后徼其重赂，卜日传授，曰我元传亦若是也，名曰整本。则又倾银以为母，厚赀以市药炉炭器，具酒肴缣帛，日费不可胜计。及究其效，则或有首而无尾，或屡作而辄败，日引月长，产荡家破矣。可怜哉！予近寓盱城，日见十数辈群来如狂，竞谈烧炼。亦有知吾之能此而乞传者，饮以酒，饵以财。予窃鄙笑，是何言之易也。而盱之人有乍学未精，相承缪种，急于取偿。及用整本、布水之策焉，张机设穽，陷人不少。若是者，天刑人祸所不贷，甚可惧也。我则异于是。我虽能此，不传也。苟得人可传邪，以心传不以利传也。此真伪之辨也。"予起拜曰："道人语真实，不愧天，不误人，可敬已。请序其言以表道人之德。"道人又曰："世间常业自足致财，顾命何如耳？毋拘烧炼，劳且费，又多败。阙命苟应富，商贾贸易利更广也。”呜呼！斯言尤真实矣，故并序之。彼有以炉火诱利而陷人者，闻之宜愧死也已！宜愧死也已！

【说明】 据四库本《水云村稿》卷三录文。参见《全元文》卷三四五刘壎七（第10册）。

371. 元·李存：芝山文惠观记　延祐年间

芝山文惠观者，因重修长沙吴文惠王之庙而作也。初，王庙郡治西北，岁久而圮。延祐间，三山王君都中来为郡，从而新之，且曰：“是宜有朝夕司管钥者，不然则圮毁随之矣。然有其人居之庑下则亵，无其人责之民则不专，皆非所以昭事神明之道也。”于是辟庙西隙地一亩，创屋数十楹而扁之曰“芝山道院”。谋召羽流居之，且以书抵京师告玄教大宗师吴公曰：“庙在公父母之邦，而神又公之先世也，公得无情哉？”于是大宗师欣然檄方君志远主之。未几，王公以代去，大宗师复檄玄妙朱君某兼领之。朱君捐己帑增西庑，且因饶民之德王公也，而又感激夫大宗师之拳拳于是祠也，像二公而奉之。又别为方丈若干楹，凡前工之未卒者皆完之。又入己田二百亩。久之，志远亦入田二百亩。某年间，志远被玺书提举玄妙观兼住持芝山道院。未几，大宗师复命于某主领之，且上其事集贤，得改今额。谓之“文惠”者，因王封也。

余承乏此来，每傍徨叹曰：“昔秦人刀锯鼎镬以待天下，而番令独得江湖民心。秦亡，宜其裂地而封，没而有庙，虽百世不可废也。今也得王公经营谋度于其始，得大宗师遴择奖劝于其中，观焉以辅其庙，田焉以饱其人，是宜与王灵民心相为久长者也。余虽不敏，敢不图所以不朽于其终哉？”谨叙其始末刻诸石，庶几来者知所考云。

【说明】 据四库本《俟庵集》卷一三录文。参见《道家金石略》、《全元文》卷一〇六五李存一〇（第33册）。

372. 元·朱思本：故保和通妙宗正真人徐公行述

至治元年辛酉（1321）

公姓徐氏，讳懋昭，字德明，世为饶之余干州社林里人。曾祖某、祖某、父某，俱以儒名家。积善所钟，至公而显。公生于宋淳祐庚子，总角就学，通经旨，知古今事，即喜读道书。训以举子业，则曰："是假圣人之言，为干禄之举，非吾事也。"弱冠，父命之娶，辄不乐。或数日不食，乃从其志，为老氏学。今赠通真观妙玄应真人松隐张公，时管辖信之龙虎山上清宫，道愈著闻，遂俾公从之游。松隐公见公风骨不凡，即命师今开府仪同三司、辅成赞化保运玄教大宗师、特进上卿、志道弘教冲玄仁靖大真人、知集贤院事、领诸路道教事张公。数年学成，著道士服，实宋之咸淳戊辰也。既而游衡庐名山，遇异人，授异书，能役鬼神，致雷雨，祭星斗，弭灾沴，所至人迎候之唯恐不及。宋故相古心江公、碧梧马公、尚书东涧汤公，皆以道学名世，少所许与，公出入其门，独加礼异，时人荣之。至元丙子，开府公从三十六代天师应诏入觐。明年，天师还山，开府公留侍阙下。又明年，公远来省侍，留二岁，亟请归，且曰："以清静无为之道佐圣天子致太平，某不如师；栖迟林壑，笑傲烟霞，师当无以夺某志。"遂翩然而返，纶巾葛履，上下仙岩山水间，搜奇抉胜，将构别馆为报上计。久之，得仙源冯氏宅，撤旧而新是图。越年落成，栋宇翚飞，金碧辉映，象设精严，鼓钟森列，视龙虎诸别馆为杰出，名之曰仙源观。居无何，又得故里张氏宅，易为观，亦如之，名之曰神翁。大殿之东庑为祠堂，岁时享祀其先世，示不忘本也。又以符水济人，获报礼则为观置恒产，积谷至数千万斛。人或诮之，恬不以为意。值岁荐饥，饶、信之民无所得食，公则出谷贷人，或直以遗之，全活者无虑数百千计。未几，仙源、神翁俱被玺书庇卫，公乃分命其徒主之。往来徜徉其间，以开府公所授宗旨觉悟后进，参以儒术品节之。故其徒皆颖异秀发，卓为道门师范。大德壬寅，制授提点常州通真观事，锡号保和通妙崇正法师。公升坐演法，常之人争先快睹，闻所未闻。观恒产不腆，公均节委积，权其赢为构玉皇阁，皆前所未有也。皇庆改元，制加保和通妙崇正真人，仍主通真观。公拜命，喟然叹曰："大名之下，不可久居。况黄冠野服之人，敢冒是以为荣乎？"是岁来归，惟以琴书花木自娱，余一无所问。延祐丁巳，开府公寿及希年，公入侍。逾月告别曰："师好住上国，弥千二百寿，某归老故山，不复关人事矣。"至治改元春，走介致书开府公，中多微辞，意复慷慨，且嘱玄教嗣师吴公全节以报国事师为第一事，大类诀别语。夏五月庚寅，居仙源丈室，以微疾屏药饵。越三日癸巳，倏然而化，春秋八十有二。远近闻者悲怆曰："是咒符水以卫我者，是储谷以食我者，今亡矣夫。"公天性孝友恭俭，事师如父，待其徒犹子。虽命为真人，秩视二品，以开府公为之师，其徒登金门绾银章者层见叠出，公恬处其间，草衣木食，无异昔时。户庭授受，语默以道，森乎其相承，焕乎其相辉，人莫能窥其际也。不龌龊为世俗小谨，居乡里，未尝乘马。齿益老，步履如飞。接姻朋尤称信厚，人有急，力振之。或悖理伤道，必奋怒挥斥，改而后止，人亦惮之而不敢为也。

呜呼！古之君子，道德充于内，仁义施于外，致君泽民，故天下后世闻其风而景慕之。今公寄迹老子法中，道德备于身，光于山林，仁义行于家，化于乡闾，而不求知于当世，岂《易》之所谓肥遁者欤？高第弟子法师云石李公立本，尝事开府公于京师；徒孙今赠粹文冲正明教真人秋岩陈公义高，事晋邸，著名当时，皆先公遗世。为徒孙而云仍系之者某某，以某年月日奉冠剑藏于某乡里，将乞铭于世之大君子。谓思本为开府公门生，且知公最详，俾述其行。思本辞不获已，敢摭事实，次其颠末为之状云。谨状。

至治元年七月九日，成德体玄贞弘远法师、杭州路玄妙观住持提点朱思本状。

【说明】据《续修四库全书》本《贞一斋诗文稿》卷一录文。参见《道家金石略》、《全元文》卷一〇〇八朱思本三（第 31 册）。

373. 元·朱思本：祭元教大宗师张上卿文*

至治元年辛酉（1321）

维年月日，某等谨以清酌庶羞之奠，再拜顿首，敢昭祭于故开府仪同三司、上卿、辅相赞化保运元教大宗师张公之灵：

呜呼我公！生有异质。道德昭融，威仪静谧。夙遇世皇，讦谟密勿。清静无为，民以宁壹。历事五朝，恩宠如一。手提元纲，措之安佚。秩视台司，乾乾夕惕。曰慈曰俭，动罔不吉。宜逸而劳，匪作奚述？中岁投闲，得请武庙。授大弟子，俾嗣宗教。濯濯其英，煜煜其耀。道统有传，宁赫斯爝。孰休而浮？孰寐而觉？七十四年，坐观元妙。脱屣尘寰，恭帝之召。白云在天，笙鹤长啸。哀哉斯人，谁能不吊！某等逃儒学道，景行真风。拜公于堂，寔开颛蒙。晶荧秋高，姁媮春融。逾三十年，燕鹄蛇龙。仰公之德，如山之崇。怀公之恩，如水之东。今公往矣，弟子曷从？式瞻仙斿，广漠长空。寄哀斯文，追慕何穷！

【说明】据嘉庆宛委别藏本《贞一稿》之《贞一斋文》录文。参见《全元文》卷一〇〇八朱思本三（第31册）。按，题下原有注云：“同卢彦迪，吕震亨，唐祠云，赵嗣祺，李师周，陈泰初。”张上卿即张留孙，卒于至治元年。

374. 元·吴澄：紫霄观记　至治元年辛酉（1321）

至治元年十月甲子，紫霄观道士张惟善来言：“紫霄观在南丰之西南八十里，岩洞之胜，世之稀有。而远于通都要途，故搜奇探幽之士鲜或至者。惟遁身绝俗之人保神炼气，栖息其间，而亦昧昧，鲜有闻也。其入山之径，石岩削立，中凿石磴百余级至梯云洞，洞之上右一径入华阳洞，正路逶迤而升，又石磴七十余级而后至观门。立正殿以礼天神，屋三分之二居岩下，其前宇飘雨所及，乃覆以瓦。正殿之左为屋以礼玄武神，右为屋以处道流，其前为法堂，又前为藏室，藏室与观门相直。正殿之后石窦中有蜕骨，色如金，长八尺许。又上小岩中有仙床。又上一岩形如瓮盎，名曰经洞。观之左有挂冠石、赤松岩及蛟湖、金坑之属；观之右有丹井，四时不竭。由丹井入中岩，有张丹霞读书山房；中岩而上至山顶为上岩，有浮丘祠；祠下有小岩，曰妙仙洞。踞高望远，军峰卓然，诸山耸秀，盱水如带，萦纡横陈。军峰之下，水流小涧绕观之前，如线通于山石之间，五七里内凡九曲，出双莲桥，合于大溪。观之后，方峰如屏；观之前，一山名香炉峰，前后左右小岩洞不可胜数。观肇自唐开元，名妙仙观。五代时颓废，宋大中祥符道士王士良重兴之，治平初改今名额。淳熙间道士吴源清知书能诗，锡号善远大师，赐紫，一新殿堂。今百余年，惟善忝主此山。大德丁未，善士施财修葺其旧，惟善已纪其岁月于石。延祐丁巳，又以善士施财创建经藏，正月兴役，九月毕工，十有一月开藏运动，施者王子茂、陈哲、谌檝暨远近诸善士。王应祥承父之志，竟所未竟。惟善昔年游江右江左，自两淮荆襄至武当而还。今老于山中矣，蕲一言以传久远，可乎？”予闻其言，泠然有御风之想，欲飞至其所，一观幽奇而不可得。惟善通儒家、道家书，朴素而不俚，逍遥而不诡，方外畸人也。以此地宜有此人，非此人不足以宅此幽奇也。予既以未获至为欠，则笔其所诵授之，以达予意于山灵，尚期他日往游而赋咏焉。

【说明】据四库本《吴文正集》卷四八录文。参见四库本《江西通志》卷一二七（文字有删略）、光绪《江西通志》卷一二四、民国《南丰县志》卷三、《道家金石略》、《全元文》卷五〇七吴澄三五（第15册）。

375. 元·袁桷：通真观徐君墓志铭

至治元年辛酉（1321）

开府玄教大宗师张公留孙，以玄道赞理，陟降帝庭，逾四十年。其承次授受，同流一源，罔有支别。故其弟子相传，多至六七十人。以文辞议论达国体者为之嗣教，其余彬彬行能，清整英发，林立辈出。或激昂自修则俾之挈纲振维，往来京师、山林间，重其名教。若是者，宁不备矣夫！

开府弟子之最长者曰徐君，余官翰林十有六年，未始识之。延祐四年，开府年七十，始来上寿。闭户不复出户限，邂逅于庭中，若相避然者。集贤大学士李公某传诏醮崇真宫，益避迹，隐奥中。集贤语开府曰："闻高弟在是，愿接颜色，可乎?"强之见，揖以退，复辞其师曰："弟子归山中，不来矣！愿师自重。"

至治元年，专价走京师，作诀别语，众咸疑焉。未几，讣至溧阳，以夏五月癸巳化于仙源宫，得年八十有二。于是，嗣师真人吴全节率其弟子为位以哭，皆不胜其哀，且以状求余铭。

维徐故士族，祖某，父某。君名懋昭，字德明，饶余干州人。饶为衣冠望郡，宋端明汤文清公、丞相江文忠公善衡鉴，幼获接识之。由是弃仕谱，为老氏学，以其道游江淮间。于时烽燧连警，百里土舍不相接，独涧饮草茹，以善劝励，俾崇信其法，后皆化之。开府公入皇朝，随侍二岁即归，且誓曰："释老以募众集施为能事。叩门嚅嗫，抑献笑，且取诮，吾不能若是，当益贬损焉。"积数十年，作仙源观。久之，复作神翁观。佳木奇卉，编缉垦治，山林垄亩陂塘之利，益充然衍裕，卒能遂其初言。岁饥，以余食饿者，不足则损直以售。葛衣布帱，十数年始一易，见者服之。

老氏之学，力本自治，退足无欲，其言黯以彰，不知者以虚无释之，邈不相涉矣。夫不丐于外，则必慎于内。宫室蔬谷丝麻丹漆之物，燕兴俯仰之节，酬酢进退之仪，人之生不能以缺也。今而曰吾无求焉，将何以取具？世以役鬼神窃服食为道，吾不能知之。不惑于众则害于民者寡，考其自治，则于吾道合。清净富强，昔之时君尝师之，则凡刻缮者诚得矣，夫何疑焉？

余尝侍开府公，言语绝臧否，耆而谦，默而简。退与嗣师游，弥纶损益，将以行其道。是非家庭之教，绩业纂素，能若是乎？盛矣哉！大德六年，制授主常州路通真观。皇庆元年，制加保和通妙崇正真人。二观亦以玺书尉镇焉。以是年某月日葬某山。开府再传，曰李立本、陈义高。义高明朗通豁，器行瑰特，赠粹文冲正明教真人，皆蚤世。今以次传者，曰余以诚、何思荣、吴全节、孙益谦、李奕芳、毛颖达、夏文泳、薛廷凤、陈日新，余若干人。

将葬，开府恻然曰："吾弟子蚤从吾游，其亡也，不宜以薄。"乃命奕芳归莅葬。铭曰：

林林生民，厥初一原。帝霸肇分，兵刑日严。维玄元君，治道不繁。节约寡求，罔有僭贪。荣观超居，导迎泰和。绝色屏味，日用不颇。后侈怪奇，风挥电诃。造舟构台，百灵迄讹。赫赫大帝，尊企清净。玄风恬寂，守贞自正。温温开府，不夸不佞。于帝左右，渊默无竞。在师承之，俭以绳之。泯泯自营，卒克兴之。道合古初，讫莫我病。铭昭真宅，是式是证。

【说明】据四库本《清容居士集》卷三一录文。参见《全元文》卷七三八袁桷三三（第23册）、《袁桷集校注》卷三一。

376. 元·赵孟頫：敕赐大宗师张公碑

至治二年壬戌（1322）

世祖圣德神功文武皇帝受命上天，混一四海，拔豪杰异材以自辅翼，盖不惟处之将相大臣。时则有若开府仪同三司、上卿、辅成赞化保运玄教大宗师张公，则以方外显矣。公讳留孙，字师汉，系出文成侯。至唐之宰相文瓘之子孙始居江南，其分居信州贵溪者，世为士族。公生宋之季年，因从伯祖闻诗学道龙虎山上清宫，受黄帝、老子之书及正一符箓、祠祀天地百神之法。羽衣高冠，修髯广颡，状貌甚伟。有相者过之，曰："异哉贵人！七分神仙，三分宰辅也。"

岁己未，世祖军武昌，已闻嗣汉天师张宗演名，间使通问。及得江南，亟召之。从其徒数十人以来，皆美材奇士，及入见，有锡予。上独目公而伟之，于是宗演归而公留。上时时召问，因及虚心正身、崇俭爱民以保天下之说，深合上意。裕宗在东宫，寝疾，上以为忧。诏公往护视，疾寻瘳，上悦。上幸日月山，昭睿顺圣皇后又寝疾，上命贵臣趣公祷祈以其法。中宫夜梦绛衣长髯之神朱毂行青草间，介士白兽拥道。以问公，公曰："青草，生意也，明疾以春愈。"果然。后从公求所铸神像礼之，见画者与梦契，益以为神。

乃诏两都各立上帝祠宇，皆赐名曰崇真之宫，并以居公。赐平江、嘉兴田八百顷，大都、昌平栗园五千亩给其用，而号公曰天师。公曰："天师有世嗣，臣不可称天师。"于是以宗师为天师别号，诏尚方作玉具剑，刻文曰"大元皇帝赐张上卿佩之"，号曰上卿玄教宗师，总摄道教，服宝冠金缕衣，玉佩珠履，执圭以奉祠事。即家起其父九德为信州治中，佐郡以愿谨闻，超拜浙东宣慰同知，又改江东，以便家。进其高弟门人，皆给馆传车骑，行幸无所不从。公或留禁中，至夜即辍乘辇使回，导以卫士，虽固却，不听也。上曰："古者天子皆亲巡方岳，今海内初定，恐劳吾民，上卿其乘驿马五十以代朕行。"是时上急欲周知遐迩，搜访遗逸，故以近臣介公而敕宰相百官祖饯国南门外。还朝多所奏荐，上籍其名聘焉。擢公商议集贤院事。初，集贤、翰林共一院，用公奏，始分翰林掌诏诰国史，集贤馆天下贤士，以领道教，置道官及宫观主者，给印，视五品，为其道者复徭役。或以道家书当焚，上既允其奏。裕宗以公言请曰："黄老之言，治国家有不可废者。"上始悔悟，集儒臣论定所当传者，俾天下复崇其教。而嗣汉天师之传，自宗演至于今凡四世，皆以公论建矣。

会廷议开通惠河未决，召问公，公曰："河成诚便利，愿敕有司毋重伤民可也。"武宗、仁宗之始生也，上皆命公拟名以进。仁宗五岁时，译为梵文，今庙讳是也。上将相完泽，命公以《易》筮，遇《同人》之《豫》。公曰："《同人》柔得中而应乎乾，《豫》利建侯，象为君臣咸吉。诚相完泽，天下幸甚。"明日，拜完泽右丞相。上不豫，谕隆福宫曰："张上卿事朕岁久，终始一德。宜令诸皇孙尊信其道。"又谕公善事嗣皇帝云。

未几上崩，成宗归自潜邸，隆福太后遣重臣从公郊迎，行至，公下马立道左。上令就马，且语之曰："卿家老君今犹尔睡邪？"意谓焚经后道教中衰也。公对曰："老君今当觉矣。"上悦。传驾屡亲祠崇真，敕留守段真益买民地充拓其旧。期年讫功，上临幸落成。明年，有星孛于正北，诏公祷之。公奏曰："臣闻人事失于下，则灾异见于上。愿陛下省躬修德以祈天也。"上曰："卿戒甚至，朕不敢忽。"未几两都及河东地震，复命公祷之。公曰："今命臣祠上帝，徒取故事，受辞于有司，臣窃为陛下惧。"上曰："卿言是也。朕之一心，天实鉴之，赖卿礼祠以达之尔。"遂祷于崇真，有白鹤数百翔集中庭，诏文臣阎复等作颂刻石。上尝御便殿，命公进讲《南华经》。公推广成子语黄帝之说。上感叹，加特赐上卿玄教大宗师。以公生日，赐玉冠、上尊、良马，隆福宫、中宫皆有锡赉。自是岁以为常。兴圣太皇太后还自怀孟，以公先朝旧臣，加礼尤重。

武宗践祚，升公大真人，知集贤院领诸路道教事。寻加特进，封其三代皆一品，以其兄弟之子二人备宿卫，命其弟子吴全节为玄教嗣师。

仁宗雅好文治，尝从容召公论道。公曰："圣人至德，保体清静，则永寿万年，庶类以成，而天下自治。"是时文学之士并进，而公言最为简要矣。加号辅成赞化保运玄教大宗师，敕将作院刻玉为印，文曰"玄教大宗师印"，以赐公。上御嘉禧殿，谓宰臣曰："知朕有耆德之臣乎？张上卿是也。"皆对曰："诚如圣言。"明日，加开府仪同三司，封其弟子七人皆为真人，其徒佩银印以宣命者十二人，赠其祖师八人、故弟子二人皆为真人。加赠其曾祖宏纲曰集贤大学士、光禄大夫、柱国，谥安惠；祖粹夫曰金紫光禄大夫、大司徒、上柱国，谥康穆；考九德曰开府仪同三司、大司徒、上柱国，谥文简；皆封魏国公，其妣皆封魏国夫人，其从子在宿房者皆授四品官。

公年七十，诏图其像，命孟頫赞之曰："道德之全，玄之又玄。时而出之，溥博渊泉。其动也天游，其静也自然。人皆谓我智，而我初无言。人皆谓我贵，而我不敢为天下先。赞化育而不居，宝慈俭而乾乾。故位三公，揖万乘，独立乎方之外，而坐阅乎大椿之年。微臣作颂，承命自天。穆如清风，万古其传。"

【说明】碑现存于龙虎山嗣汉天师府内宫保第东侧约30米处，建亭保护。碑由赵孟頫撰文、书丹、篆额，玄教大宗师吴全节立石。青石材质，高2.30米，宽1.60米，厚0.39米。底座高0.95米，长2.5米（龟长），宽1.60米。碑额有双龙戏珠纹，底座为龟形刻样，雕工细腻。碑文刻于阴阳两面，直行，楷书，共1639字。碑身断裂，字迹多有漫漶阙漏，底座龟头龟尾毁坏，以混凝土修补。1959年被江西省人民政府列为省级文物保护单位。据娄本《重修龙虎山志》卷一二录文，文字据别本有改动。"仁宗雅好文治"原误作"文宗雅好文治"，据别本改。参见元本《龙虎山志》（周召续编部分）、张本《续修龙虎山志》卷中、同治《广信府志》卷十之三、同治《贵溪县志》卷九之七、《道家金石略》、《全元文》卷六〇〇赵孟頫一〇（第19

册）、《北京东岳庙志》下册。碑题又作“大元敕赐开府仪同三司上卿辅成赞化保运玄教大宗师志道弘教冲玄仁靖大真人知集贤院事领诸路道教事张公碑铭”“仁靖真人碑”“大元敕赐开府仪同三司上卿玄教大宗师张公碑”“张留孙神道碑”“大元领道教事张公碑铭”等。按，该碑有两通，另一通现存北京朝阳门外东岳庙内，立于元天历二年（1329），近2800字，碑体完整，字迹清晰。题下署有“翰林学士承旨荣禄大夫知制诰兼修国史臣赵孟頫奉敕撰并书丹篆额”。在上录文字后尚有以下重要内容：

识以皇帝之宝，赐宴崇真宫，宣徽使光禄卿具酒馔，教坊备法乐，朝臣咸与。兴圣宫、中宫赐金帛、上尊有差。公谢曰：“臣师老氏之学，以满盈为戒。而臣蒙被恩数过盛，既耄，补报无日，愿乞骸骨还山。”不许。今上皇帝即位，待公如先朝故事。至治元年十二月壬子，公焚香室中，召诸弟子曰：“吾教以清静无为为本，慈俭不敢为天下先，其宗旨也。今玄教特被宠遇五朝四十七年，尔徒见其盛也，其亦知吾之战战栗栗至于今而后知知其免夫。尚思恪恭乃事以报称朝廷，毋坠成规，则吾志也。”言毕，端坐而逝，寿七十四。讣闻，中宫皆遣贵臣致赙，举朝会吊，巷无居人。比敛，容颜不变，体质轻软，如举空衣。㘬奠就道，云日晦冥，寒风惨恻，林木为之缟素，行路嗟异。明年三月，归其丧于故山。弟子七十五人：余以诚、何恩荣、吴全节、王寿衍、孙益谦、李奕芳、毛颖达、夏文泳、薛廷凤、陈日新、上官与龄、舒致祥、张嗣房、何斯可、徐天麟、丁应松、彭齐年、薛起东、李世昌、张德隆、薛玄曦、陈彦伦、詹处敬、于有兴、王景平、蔡仲哲、彭尧臣、张汝翼、冯瑞京、祝永庆、蔡允中、张善式、董袭常、王国宾、曹载静、余克刚、丁迪吉、张居逊、董宇定、王用亨、张显良、徐守勤、彭一宁、刘若冲等，将葬之山东之南山。于是皇帝告曰：“玄教嗣师全节，其袭玄教大宗师、知集贤院总摄道教事，予告归治丧。前翰林学士承旨孟頫，其著铭文，书刻表世。”臣孟頫再拜受命而言曰：“至元二十四年，世祖皇帝用荐者言，召见臣孟頫，以为兵部郎，数赐顾问。是时张公已贵，而南北故老儒臣，多在朝廷。臣去国三十年，复被仁宗皇帝收召，待罪禁近。而世祖时同朝略无在者，或仅见其子孙，独张公以高道厚德，服勤累朝，身受恩宠，超越常伦。而其心歙然，恒恐惧自持。至于服食起居之奉，才取仅给，初不知其贵且盛也。每进见，必陈说古今治乱成败之理，多所裨益。士大夫赖公荐扬致位尊显者数十百人；及以过失获谴，赖公救解，自贷于死者亦如之。公未尝言，惟恐其人知之，故亦不得而称焉。呜呼！先皇帝弃群臣，老臣伏在田里且三年矣。张公亦遂去世，感叹存殁，不亦悲乎！今上皇帝不以臣远去，老病且死，犹记忆之，命以论次公事。呜呼！旨意所及，岂直为张公哀荣哉？列圣涵煦之盛，可得而论矣，臣其敢辞。”故为之铭曰：

维昔圣神，化成无为，群工在廷，职效其思。厥有至人，克相之道，河润山辉，不宰而保。功力既兴，程能责文，至德闵嗟，邈其不闻。于皇世祖，智靡遗策，万方具来，将与休息。文议术权，并以治言，列教分宗，其端益悬。帝曰吁哉，畴若玄式，言信动化，静以为极。禬祠炼修，慨彼余支，和光致柔，维公得师。成庙承休，守若画一，式敬耆老，以永终吉。冠圭佩舄，道通神明，孰究所存？徒咨显荣。桓桓武皇，百辟维竞，曰予外臣，其位特进。极盛弥文，仁考之仁，多仪郁兴，为章如云。人华厥家，公又尚教，上溯下沿，旁泽兼造。圣皇御天，赫其有临，公不少留，以究皇心。生荣殁哀，公则终始，老成不遗，恫我后死。大道之行，传宗在人，令闻令望，蔚乎群真。天子有诏，伐石表世，玄风洋洋，永赞至治。

天历二年五月日，特进上卿玄教大宗师、崇文弘道玄德广化真人、总摄江淮荆襄等处道教、知集贤院道教事嗣孙吴全节立石。

377. 元·虞集：张宗师墓志铭　至治二年壬戌（1322）

至治元年十二月壬子，开府仪同三司、上卿、辅成赞化保运玄教大宗师、知集贤院事、领诸路道教事张公卒于京师，年七十有四。明年三月辛未，归其丧于广信之贵溪，将以泰定三年十二月十四日甲申葬于南山之月峤。其弟子吴全节以事状致书虞集曰：“维玄教本始于我大宗师，今忝承嗣之重，诚不敢怠。维大宗师有道行，愿刻石玄宫，以著无极。”

谨按公讳留孙，字师汉，姓张氏，其居贵溪自高祖戬始，上溯唐宰相文瓘十七世。公生有奇质，长七尺余，清峻端重，广颜美须髯，音吐如洪钟，周游四方，见者异之。相师曰："此神仙宰相也。"从伯氏闻诗学道上清宫。江南内附，与三十六代天师宗演入朝，世祖皇帝见而异之，召与语称旨，留侍左右，给廪饩供帐，从行幸。上祠幄殿，裕宗皇帝以皇太子侍，风雨暴至，众骇惧，诏公祷之，立止。上幸日月山，昭睿顺圣皇后病甚，诏公祷之，即有奇征，病良愈。自宫禁邸第大臣之家，皆事之如神明。上命公称天师，公言："天师嗣汉张陵，有世系，非臣所当为。"乃号公上卿，命尚方铸宝剑，刻文曰"大元皇帝赐张上卿"。两都皆作崇真宫，赐园田，命公居之，号玄教宗师，佩银印。用公奏，以天师宗演为真人，掌教江南，分集贤、翰林为两院，以道教隶集贤。郡置道官，用五品印，宫观各置主掌，为其道者复之，无所与。上用言者，焚道家经，裕皇以公言入告，上为集廷臣议，存其不当焚者，而醮祈禁祝亦不废。岳渎既皆在天子封内，即使近臣从公遍祠名山大川，访问遗逸，敕百官饯之国南门。比还，所荐论，上皆以名召用。有司议开河京城以便漕者，未决。上召问公，乃可其奏。大臣闻公论伤财害民之故，乃至躬负畚锸以为民先。河成，至于今便之。公非洗沐不得远去，帷帐每出，辄敕卫士载腰舆归公。是时天下大定，上思与民休息，公日论黄老治身清净、在宥天下之说，深契旨意。上将命相，召公以《周易》筮用完泽，得《同人》之《豫》。公曰："《同人》柔得位而应乎乾，君臣之合也，《豫》利建侯，命相之事也，愿陛下勿疑。"完泽既相，遂受遗辅，立身系天下之托者十有余年，诚由世祖之盛，宗社之福，然与闻赞决之密事亦重矣。是以世祖末命以公旧德属隆福宫，而隆福太后又以上意谕公善事嗣君也。成宗皇帝身复太平之盛，致意天人之际，以持保其盈成。谓道家醮设事上帝甚谨，既尊信公，则命为之如其方。终成宗之世，几岁修之，内在仁智殿、延春阁，外则崇真、长春两宫，上常亲祠，其上章皆亲署御名，每尽七日乃罢，致白鹤翔集之应，史臣颂之。然而星孛、水旱、地震之祷，公犹以修德省政之事，恳恳为上言之，则非徒祷矣。于是诏天下复用其经箓章醮，加号玄教大宗师、同知集贤院道教事，又加特赐上卿。武宗皇帝即位，公每入见。上望见，即亟召赐坐，升大真人、知集贤院事，位大学士上。寻加特进。时太皇太后在兴圣宫，仁宗皇帝在东宫，并待以优礼。武宗、仁宗之生也，公皆受命世祖为制名，兴圣宫记其事，是以赞书及之。进讲《老子》东宫，推明谦让之道。及仁宗在御，犹恒诵其言。上尝坐嘉禧殿，顾谓大臣近侍曰："累朝旧德，今为谁乎？"未及对，上曰："无逾张上卿矣。"进开府仪同三司，加号辅成赞化保运玄教大宗师，刻玉为印，曰"玄教大宗师印"，上手授公曰："以此传玄教之宗。"公年七十，上使国工画公像，诏翰林学士承旨赵公孟頫书赞进入，上亲临视，识以皇帝之宝，以赐公生日。是日，赐宴崇真宫，内外有司各以其职供具，宰相百官咸与焉。兴圣宫、中宫皆有加赐。明日，公入谢，因奏曰："臣以山林疏远，遭遇列圣，恩宠显荣，于臣极矣。深惧满盈，乞骸骨归。"不允。今皇帝礼遇一如先朝，重赐玺书护之。公年弥高，感上知遇，未敢求去，竟卒京师。卒之日，召弟子入室，戒嘱百十言，端坐而逝。三日始敛，颜色如生，手足温软，轻若委衣。事闻，上震悼，遣使赙赠以礼，兴圣宫、中宫使者继至，倾朝虚市来会哭，莫不悲恸。及出国门，送者填拥，接于郊畛，亭午霏雾翳日，冷风肃然，林木野草，人马须髯，车盖衣帽，簌簌成水花，缟素如一。自京师至其乡，水陆数千里，所过郡县，迎送设奠，不约而集。比葬，四方吊问之使交至，自王公以下，治丧致客，未有若此盛者。於戏！世祖皇帝既一海内，尽得其豪杰而用之。至元中，群策尽屈，用集大成，谋略商计，武勇工艺之臣，与公并立于朝者，其遗言成绩之存或远矣，而公岿然乃独至今，于是神孙圣子继继承承者五世矣。四十七年之间，大臣拜罢，亲近用事者更迭出入，其善者固已至其子若孙若曾孙，彼纷纷起灭于忽焉之顷者，又何可深计。天师，神明之家也，公为奏其子孙之传亦既四易，况其他哉？而公以一身对之，无一日之渝改，其于斯世何如也。盖尝见公以高年甚尊贵，每入朝，大官贵人或迎拜如事其大父，而公之接士，虽极困约者不为敖惰。累圣命公服，皆范金为冠，集重宝以饰，直万金，织金文为衣裳，佩绶剑履，贯络珠玉，而公常服，取具浣濯。上尊大官之馈，时至日备，而食饮不逾中人。朝廷有大谋议，必见咨问，其救时拯物，常密斡于几微，未尝以为己功。所荐用排解，皆死生荣辱之大故，而未尝以语人。其高弟门人，多聪明特达，有识量才器，可以用世，而退然奉其教唯谨，师友之间雍雍恂恂，如古君子家法。然则公之道德，其可窥测哉。公既贵，曾祖宏纲，累赠集贤大学士、光禄大夫、柱国，谥安惠；祖粹夫，累赠金紫光禄大夫、大司徒、上柱国，谥康穆；父九德，太中大夫、同知江东道宣慰司事，累赠开府仪同三司、大司徒、上柱国，谥文简，皆封魏国公。公尝以兄子荣祖、弟子熙祖备宿卫，后荣祖以邵武路同知赠其父庚孙秘书少监，熙祖以衢州路同知赠其父广孙玉山县男，而张氏称魏国世家矣。公之祖师八人，皆赠真人，事见《传宗碑》。故弟子十人，其二人为真人，徐懋昭、陈义高也。今弟子五十四人，号真人者七，佩银章者四，以宣命者一十六人，余以诚、何恩荣、吴全寿、王寿衍云云。公在集贤时，集尝忝论撰其馆，敢志而铭之。铭曰：

于赫世祖，受命维新。建德兴能，以遗后人。何文不扬？何武不试？靡靡时迈，畴克永世。侃侃张公，玉色长身。嶷其冠衣，作帝外臣。小大有位，瘁躬课效。我则无为，作宗玄教。日星宣明，尘渡不惊。我柔百神，佑命集成。穆穆成宗，肃肃武庙。历资保赞，仁考之诏。道维宾师，贵同孤公。彼有成亏，我无污隆。盛德不匮，宠亦随至。世多富荣，安尊孰拟？四十七年，坐观物迁。譬诸逝流，其来源源。圣皇御极，一是我顾。不敢宁老，弃屣俄去。回光敛英，飘风流霆。往来承乘，陟降硕庭。列圣在天，鉴于孙子。公在左右，申畅纯祉。大江南东，阜隆液融。升神返全，有识其封。皇锡篆玉，宗传之守。尚俾来嗣，与国长久。

【说明】据四库本《道园学古录》卷五〇录文。参见《道家金石略》、《全元文》卷九〇一虞集八八（第 27 册）。铭文记述了玄教大宗师张留孙极不平凡之一生。

378. 元·虞集：白鹤观记　至治二年壬戌（1322）

白鹤观者，唐开元道士刘混成故居，有丹井、药臼及手种杉犹存。杉本大丈余，然岁久中空上折，孙枝附生其间，亦数尺围矣。东坡先生尝独游，闻棋声于古松流水间，此其处也。初，唐高宗以老子降诏天下，皆建白鹤观。九江之观在德化之白鹤乡。景隆中，又诏天下建景隆观，又建隆兴观。郡即白鹤易名以应诏，复迁今观于山阳。宋祥符中，改名承天观。然后人仍名之曰白鹤，旧名古柏坛者也。后分九江置南康，故今隶南康。刘混成名玄和，其先彭城人，后迁都昌五穆里，刘氏其族也。居白鹤，久之，留其弟子何子玉守舍，自入五峰石室，种木瓜为食。炼丹成，年八十六，别其弟子，泛仙舟而逝，举棺将窆，空无有矣。人或从之祈祷，往往有奇应者。观自始迁至今，凡四更作。作之者，五代时则翁如侃也；绍定壬辰，则叶守成、王守白也；至元丁亥，则王可晟、余德忠、吴德显、陈德兴、余汝南也。其钟楼、经藏、廊门之属稍加于旧者，相迎道士也。予行山中，见山中奇胜，思古之所谓弘衍博大真人者，庶或见之。然而游涉日浅，尘累日深，莫得乘风于万一，乃徒见古人隐者与缙绅先生之遗迹于木石间，千古之慨，岂独其私哉！

【说明】据同治《星子县志》卷四录文。参见清文行远《浔阳跖醢》卷五、民国本《庐山志》目之二九金石目之碑铭镌刻类、《全元文》卷八五八虞集四五（第27册）。按，正德《南康府志》卷八所载文字更详，且文中明说“至治壬戌之三月予游山至焉”。

379. 元·吴澄：上卿大宗师辅成赞化保运神德真君张公道行碑　至治二年壬戌（1322）

周之中世，至人神人出焉。其心有得于天地之所以广大，造化之所以长久，而以无为自然为道。见而传之者关尹氏，闻而传之者蒙庄氏也。其说之衍，自周之末，阅秦之乱，至汉之初。遁身而避世之士，往往能仿佛其绪余。故张留侯受教于下邳之老父，曹相国受教于胶西之盖公；一则以之佐高祖而创业，一则以之佐惠帝而守成。孝文承其遗风，玄默恭俭，俗化笃厚，民底殷富，天下太平，几于刑措。明效章章如此，是以汉初知老子、关尹、蒙庄之道，而鲜获知有尧舜、文王、周孔之道也。当时叙学术，以道属之老子，目其徒为道家者流，列于儒家者流之上。学术既裂，宗孔氏者谓之儒宗，老氏者谓之道士，儒不得以与道之名，而道士得以专道之名。夫通天地人曰儒，儒而不通天地人，其不与得道之名也固当。名以道士而不稍闯无为自然之藩，其得专道之名也，宁无其实不称之惭乎？唐宋间，道士名存实亡，况其教与世而俱降，视无为自然之道霄壤矣。

皇元太祖皇帝开基，时则有全真道士托老子长生久视之说以自神。逮世祖皇帝混同海宇，而神德真君张公入觐，上悦，即两都皆建崇真宫居之。公鹤身虬须，川行山立，晨夕密勿，欲清静简易，与民休息。所言深契宸猷，于是宠遇日隆，比于亲臣。俾公号天师，公辞避命。议公称号，必极其尊，廷议曰“上卿”维宜，乃号公上卿。夫天子之卿六而冢宰第一为上，诸侯之卿三而司徒第一为上。冢宰者，天下之相也；司徒者，一国之相也。以古天子诸侯之相称公，尊之极矣。公之少尝值相者，谓公位极人臣，神仙宰相，至是而其言果验。未几，又号元教大宗师。成宗朝，加同知集贤院事。武宗朝，加大真人同知集贤院事，位大学士上。寻加特进。仁宗朝，进开府仪同三司，升辅成赞化保运勋号，玉刻“元教大宗师”印以授。故公掌教几五十年，天下宫观赖公徭役之奏、慈俭之化者，其何可言！及厌世，而英宗皇帝嗟悼，遣大臣临赙，敕有司礼葬于县之南山。公历事五朝，圣眷如一。越十年，而今上皇帝特封神德真君。昔公之存也，宫禁邸第，巨族故家，待公如神明；朝廷馆阁，大臣达官，礼公如父师。际会之荣，尊贵之极，从古以来，未之有也。而公视之若无，未尝萌丝发满假之意，潇然山间林下之臞仙，非其天质之美冥合老氏不欲盈之道，何能若是？且有长在已而不自矜，有功在人而不自伐，丁时之盛而不处其盛；都本教蔑加之名，跻官阶极品之位，而逡巡殿后，斯所谓去甚去泰，不敢先者乎？累圣锡公，皆范金为冠，集宝为饰。衣裳缕金织文，佩绶剑履贯珠络玉，其直不赀，而公平居常服，取具浣濯。上尊之酎，大官之膳，日有馈，而公饮食菲薄，不逾中人。观乎此，则知公以服文彩、厌饮食者为非道矣。予固怪公卑抑之过，而公终身弗改其素。接人不问贵贱少长，俱致优重，略无慢忽。噫！不可及也已。

老子言，王公以孤寡不谷为称，道之好下贱也。南华言，博大真人以濡弱谦下为表，道之恶骄夸也。公其亦然欤？公之弟子薛玄羲以予之善公喜公也，蕲予述公道行，予故摭公之行凡侔于老子之道者书。而道外之物，烜赫一时，炫耀流俗，人所共叹羡者，不书也。

公讳留孙，字师汉，信之贵溪县人也。其徒入室升堂予所及知者，嗣大宗师曰吴全节，行嗣师事曰夏文泳，有职掌者余以诚、何恩荣、孙益谦、李奕芳、毛颖达、舒致祥，主御前宫观者薛廷凤、丁应松、张德隆、薛玄羲，余百十人，载蜀郡虞集所撰公墓志。集曰：公门人多聪明特达，有识量材器，可以用世，而退然谨守其教，师友间雍雍恂恂，如古君子家法。则公之道，其可以浅近议哉？澄于公之道行既书之如前，复诗之于后。诗曰：

聃也犹龙，玄天为宗。本贱基下，忌高畏崇。欿焉不盈，维道之盅。挽世还淳，溯彼皇风。汉初救敝，爰蹑遗踪。休息疮痍，民和年丰。皇元混一，俊乂云从。有方外臣，自外留中。治务清静，谋协渊衷。出入禁闼，天宠日隆。圣子神孙，眷渥齐同。惴栗尊荣，感幸遭逢。纯诚报上，随事献忠。五朝一心，善始善终。繄神德君，卑让谦恭。不居其成，不有其功。敦兮若朴，符德之容。懿兹行实，与道混融。愧修孔道，畴克如公？述公道行，以勖我躬。

【说明】据四库本《吴文正集》卷六四录文。参见《全元文》卷五一一吴澄三九（第 15 册）。按，本文无具体写作时间，因文中所引虞集之语出自《张宗师墓志铭》，姑系其后。

380. 元·吴澄：抚州玄都观藏室记　至治二年壬戌（1322）

玄都观者，前道教都提点张师次房之所肇创；观之藏室，则其徒孙黄仁己之所新作也。师本临川梅仙观道士，至元间从天师北觐，留侍阙庭数载，宣授崇道护法弘妙法师、江西道教都提点，住持浮云山圣寿万年宫、抚州梅仙、玄都观以归。凡得近日月沾雨露而复还山间林下者，宠渥焜煌，位望殊特，人人夸之以为荣。师乃不然，曰：“皇泽诚优，非吾徒所宜蒙，非吾教所宜有也。”二教设官一如有司，每日公署莅政施刑。师曰：“吾教清静无为，奚至是哉？彼有司所治，地大民众，非政不整，非刑不齐。今吾所治，皆吾同类，何事当讯？何罪当惩？而以势分临之，而以囚挞待之乎？”其时主教天师简易不扰，所在宫观晏然宁处，师之言已若是。既而习渐变，道流不胜困苦。夫然后知师之远识先见、仁心厚德不可及也。道官出入，驺从甚都，前诃后殿，行人辟易，视都刺史、郡太守无辨。唯师不改其素，闲不骑乘。或以勿太自卑为讽，师曰："吾岂乏马？然故旧满眼，不下马则人议其傲，数下马则己受其劳，孰若缓步徐趋，遇所识则肃揖而过，于身甚便，于心甚安也。"

玄都观初在郡城南隅，后徙今所。按唐时旧观，其中止有玄元一像。逮宋中叶，装塑天神，增益名号，矫诬亵慢，莫之或正。玄都观独循唐旧制，即此一事，师之定是非、审取舍高出千万人之上。师既厌世，其徒周秉和将营藏殿于玄元正殿之左，盖以玄元尝为周藏室史故也。市材未毕，而周亦逝。仁己克承其志，至治辛酉始构，次年壬戌底成。崇深宏伟，耸动观瞻。中藏圣贤经传、历代史记，与夫诸子百家之书，靡不存贮。仁己请记。

予谓佛寺有藏，藏诸品经。佛经蔓衍繁复，而贵其多，非藏莫可藏也。老氏以约为记，以不博为知，而贵其少，《道》《德》二篇，五千文尔；虽《南华》之汪洋，亦不过六万余言。非若佛说之蔓衍繁复，而何以藏为？故道观之有藏，追仿玄元所守藏书之室，而非拟释教之经藏也。虽然，玄元务约不务博也。及至答孔子之问礼，纤悉细微，详尽曲当，则其上智之知兼该普偏，岂寡陋以为约者哉？张师道行纯美，默契玄元慈俭让下之宝。其徒世世相传，不忝祖教，亦匪纷纷道流所可例观。是以备述张师之善，而为玄都藏室之记云。张师字绍隐，号松谷道人。一初者，仁己之字也。造吾门时，与徒孙毛允执俱。

【说明】 据四库本《吴文正集》卷四七录文。参见《道家金石略》、《全元文》卷五〇七吴澄三五（第15册）。文中阐述了抚州玄都观藏室创建之旨及道佛之藏之异。

381. 元·朱思本：圣治太平宫神龙记

至治三年癸亥（1323）

至治三年冬十一月，予被元檄至江州圣治太平宫，宫中人为予言：去年夏秋之交，霪雨弥月弗解。乃七月十二日夜二鼓，宫之东山相距可十里所有龙出焉，破仙公塘并北山，缘涧而西，过深秀堂。欧阳道士方寝，觉山水骤至，室中汩汩有声，抚床水已及席。亟揽衣起，将呼同居人走辟，忽睹窗外红光，绚烂如昼，流黄气袭人，欧阳心知其龙也，即屏息立水中，俄顷光灭水退。又西过云无心堂，堂之北叠石为墙，甚坚壮，至则彻底冲决。又西坏墙壁，经漆工万荣甫兄弟寝室中，觉水及膺，如温汤。方惊起，有物若巨木拂床而过，红光闪烁，夺人目睛，瞬息间已在户外，异香芬馥良久。又过斋堂后，循檐而西，檐十楹，中一柱独摧毁，意其微转身所触也。又过一室，屋坏东西壁而出，逾竹林，则及涧中矣。旁一室有锻者胡道士奉母偕寝其中，暴涨及席，窗外红光皆如欧阳所见。又西至宫前，过朝真桥，涧南酒家篝灯未灭，儿啼咿嗄，遂违而北去。经田中，曲折复西，乃入大溪。明日，视所经行，草木咸无所伤，惟流黄气经日不散。予师桂心渊弃绝人事，修道兹山二十年，不他适，主深秀欧阳师，时趺坐别室，谓所见与欧阳同。予师生平无妄语，是可信也。

吾闻龙必居深山大泽、人迹罕至之地，积数百千年，时至气化，乃乘风云雷雨而徙居长江大海焉。然其名有二：曰神龙，曰应龙。其应有二：曰瑞，曰妖。其居也，休征备至，人和年丰；其出也，不犯人畜，无损室庐；其在江海也，岁为霖雨，以泽万物；斯神龙也，瑞也。其居也，沴气所感，灾害并臻；其出也，发屋拔木，伤人害稼；其在江海也，岁大旱，若罔闻知，日以覆舟杀人、磨牙吮血为事；斯应龙也，妖也。今是龙之出，恂恂若畏辟然，其为神龙瑞应也，审矣。《易》不云乎？见龙在田，利见大人。《传》曰：二与五应大人者，君德也。飞龙在天，同声相应，同气相求之谓也。方今天子龙飞，异人间出，吾知夫是龙之瑞之应，贤主人宜当之，见宣室承龙光不远矣。是为之记。

【说明】据嘉庆宛委别藏本《贞一稿》之《贞一斋文》录文。参见《全元文》卷一〇〇八朱思本三（第31册）。

382. 元·赵镇远：浮梁州城隍庙记

至治三年癸亥（1323）

浮梁州城隍庙在州治之左，岿然特峙，西山环揖，双溪回抱，俯视阛阓若几席。距州治三十步，仅隔一垣，公堂之嚬笑，吏舍之喧寂，讼辩之枉直，狱系之淹留，神视听在焉。国有诏命，长吏致祝，必先诣庙下。境有水旱疾疠，必祷焉。岁久宇陋。延祐二年八月，札帖木儿监郡公事，至邑，初谒庙，蹙瞻若有廸于己者。由是度用费，鸠集众力，伐木负植，佣就事。时知州高公翔、同知史公荐、州判黄公端皆乐为之。至治二年壬戌经始，重盖前殿，改作东序，增重楼，广内外翼。先是未有寝室，谋创四楹。以六月丙辰立柱，畚土累基，甃石环堵，涂以丹雘。庙前行路偪仄流水，建瓴注。公率众力开地，袤五尺许，修六十丈有奇，培筑坚阜，址势益隆。群公不烦，事逸功倍。三年癸亥正月望日，陈奠告成，栋宇既壮，笾豆孔嘉。

【说明】赵镇远，生平不详。据道光《浮梁县志》卷九录文。按，康熙十二年《浮梁县志》卷八收录时题后注有“略”字，说明所录已非全文。

383. 元·邓文原：送黄可玉炼师还龙虎山燕集序*

泰定元年甲子（1324）

世传渊明、修静入远公社，盖渊明未之言也，或疑好事者为之说。夫交道贵心知，岂复计形迹之异哉？而世徒以形迹分尔汝者，此交道之所以薄也。王、谢、支、许，其出处大不同，而当时论交者歆羡以为美，盖忘势与？忘人之势，虽晋宋世而古风尚未泯，矧渊明、修静高蹈物表，而独何疑于远公相好哉？窃意匡庐之胜，岂无若斯人者游息其间？而余方宦游北南，莫获邂逅与交。乃今还杭，得交黄君可玉。甫其学典丽该洽，贯儒名老而同归。其文章由古训，诚若扒金石而奏《韶濩》。钱塘固多胜士，而余居甚迩，情义尤款密。一日语余曰：“吾将暂还龙虎山。（缺）七月复来。”于是吾党暨方外之士凡十有六人釃酒而与之别，雍容谈谑，羽觞屡集，仿佛莲社故事。乃用祥月师咏远公诗，分韵以纪胜集。夫古者会盟燕集，各赋诗道志，义相劘切，于风教深有助。远公离情证空，于释氏不为异，而能为二老破戒过溪，此义乃甚高。余既序其事，复以发同志者一笑云。

【说明】邓文原（1258~1328），字善之（一字匪石），人称素履先生，绵州（今四川绵阳市）人。因其父早年避兵入杭，遂寓居杭州，或称杭州人。又因绵州古属巴西郡，人称其为“邓巴西”。历官江浙儒学提举、集贤直学士兼国子监祭酒、翰林侍讲学士等。文章、书法皆工。有《巴西集》《素履斋稿》等。据四库本《巴西集》卷上录文。参见《全元文》卷六四七邓文原一（第21册）。按，文中无具体撰作时间，据《元史》本传载，邓文原于泰定元年“以疾乞致仕归”，而文中有“乃今还杭”之语，故暂系于泰定元年。集中尚有《祭黄可玉炼师文》。

384. 元·吴澄：华盖山雷坛碑 泰定元年甲子（1324）

风雨云雷，均之为有功于民也。祀典有风雨而无云雷，然屈原《九歌》有《云中君》，则楚俗固祀云神矣。今黄冠师祷祈必礼雷神，礼虽先王未之有而可以义起者，此类也夫。

吾家之南三十里，有山崒然而高，曰华盖。能兴云，能致雨，常多迅雷烈风。山峰卓立，下临悬崖，崖石空洞如颐。天将雨，云气一縷如炉烟直上，俄而雷声殷殷由空洞中出，以升于天。此予之所亲见，而雷震之威，俗传其神异，可骇可怖，不可胜计。山祠仙灵，祷祈不绝，徼福之人往往不吝财施。祀仙有屋，祀雷无坛。吾里郑子春命工琢石累坛三，成为礼雷神之所。考之古礼，祀日、祀月、祀星，曰王宫、曰夜明、曰幽禜，皆坛也。风师雨师亦于坛而祀，以义起之。雷为天神，其有坛也宜。邑贰令李粲嘉之而记其事。郑之友陈种为予言其严敬天神之诚，予之嘉之犹贰令也。为作迎享送神之辞，俾有祷有祈者歌以祀焉。辞曰：

起岩穴兮行苍冥，腾腾以上兮远迩闻声。神之来兮雨八纮，砉然大震兮天下惊。苏困蛰兮发屯萌，翼元化兮趋万灵。云收兮日晶，神功若无兮藏阏其鸣。山共长天兮万古青青。

元泰定元年甲子六月二十七日。

【说明】据四库本《吴文正集》卷五〇录文，文字据别本有改动。参见康熙六十年《西江志》卷一五〇、四库本《江西通志》卷一二〇、同治本《华盖山志》卷七、《全元文》卷五一〇吴澄三八（第15册）。

385. 元·虞集：黄中黄墓志铭　泰定元年甲子（1324）

黄君元吉，字希文，豫章丰城名族，父某，母吴。年十二入玉隆万寿宫事清逸堂朱尊师。朱殁，其师王月航尊师而教之。王尊师严洁清俭，有古人之意，善医药，施谢之积粗赡，即闭门绝来求医者。希文请授其术以为业，王尊师不可，曰：“吾非有靳于子也。顾医道甚精微，识虑稍不至，则人由我而死，非易事也。将以此为利，益不宜。若幸得舍此不为，冀寡过耳。诚虑返累子，不如归求清静，以自致也。”王尊师殁，久之，西山中有刘玉真者，本质行老儒，隐居深僻，有神明之遇，曰晋旌阳许公千年龙沙之记，今及其时，而刘则八百仙人之首云。独重希文，以为可托。及去世，以其传嘱焉。盖其说以本心净明为要，而制行必以忠孝为贵而已。希文事刘先生如父，事其夫人如母，苟远去，饮食必祝之而后尝。奉其言如临天地鬼神，乃即其山作玉真、隐真、洞真三坛以授弟子。至治三年，又以其说游京师，公卿大夫士多礼问之，莫不叹异。明年泰定改元，嗣汉三十九代张天师朝京师，廷臣荐希文者曰：“中黄公刚介坚鸷，长于干裁。向尝都监其宫，治众严甚，人或不乐。而土田之入，庐舍之完，公而成功。昔为忤者，更交誉之亲之。其后从玉真翁得旌阳忠孝之教，益折节就冲淡，为达人讵公前席，宜表异之。”乃为书请希文为某法师、玉隆万寿宫焚修提点。未行，玄教大宗师留之崇真宫。期年，将以其名上闻，奏且上，有玺书之赐，而希文翛然高居，惟以发明师说为己事，古所谓清虚日来、滓秽净尽者，盖庶几焉。十二月十一日，为书寄别其弟子陈某等，而命其从者曰："今夜子时当报我。"及期，从者以告，希文曰："吾返玉真之墟矣！明日，用火净吾骨于城东门外。薪尽火绝，有风南来者，吾报汝也。"已而果然，从者负其遗剑归藏西山。

希文在世五十五年，为道士四十年，度弟子若干人，授净明忠孝之教者人众，不可备列。赵中山尝与希文俱来，为之言曰："子为铭其藏。"予重赵君之请，故为铭曰：

西山之墟古仙宅，奇踪一隐两五百。阳晶发挥表灵赫，我兴受书继玄德。长生不死为世则，忽焉去之不可测。锵金为音玉为画，表归其土填无极。

【说明】据四库本《道园学古录》卷五〇录文。参见《全元文》卷九〇〇虞集八七（第27册）。文中记述了黄元吉之生平事迹，赞扬他毕生以发明尊师"净明忠孝"之说为己任。

386. 元·刘岳申：永丰县重修三皇庙碑

泰定元年甲子（1324）

皇元广土众民，配天其泽，嘉与海内，咸跻寿域。爰著令式，郡县通祀三皇，外暨遐方僻壤，职守小臣，罔不以宣德意崇明祀为重。自唐以来，于斯为盛。惟皇开物成务，德并天地，功施古今。自《易大传》推论制作之功在尧舜氏上，千万世考古者折衷焉。其后《月令》以著于少昊、颛顼之上，其尊且严如是，未有如今日郡县通得以医家专事之者。夫岂以《三坟》无传，而独据《本草》《素问》所借重，侪圣智于方技，屈大道于专门也哉？盖尝思之：天地之德，莫大于生；神圣之功，莫大于好生。医也者，以天地父母之心，用神圣工巧之术，厥初道术未裂，医卜种树，皆生人之急务、上圣之能事。末世轻生，庸人妄大，胥贱艺命之。其徒亦妄自菲薄，弃圣哲而祖妖淫，甚乖古谊。孰知天以阴阳五行化生万物，三皇实开阴阳五行之妙以惠利万世。凡今之林林总总者，皆三皇之子孙也。自天下郡县通祀孔子，而二帝三王之祀已如亲尽，久矣。世俗口耳有不能习知尧舜禹汤者，而况能有尚论皇坟之邃者乎？向非昭代追古醇庬，求民疾苦，使生民尊祖之意遍满天下，几何其不以迂阔废则以尊严废也哉。

永丰自大德庚子始建庙，至是两星终，已敝陋。出入委巷，县尹何侯仲温披图考籍，得侵疆于民间者四亩有奇，始复旧观，改筑故殿基而加高广，改为今肖像而加严饰，自东西庑达于外门皆一新。又浚池种莲其中，树松柏其上，耋老欢呼，咸愿刻石。谓是役也，信为侯功。又谓余宜为记。余惟侯始能以美化善政治其邑，又能以明德恤祀佑其民，顾瞻庙貌，使民怀书契之初，而思耒耜之功，想衣裳之化。其君子学道爱人，其小人农力事上，将见年谷顺成而疵疠不作，相与咏歌侯之遗爱，以无忘圣明之泽，岂不美欤？是可歌已，乃作铭诗曰：

于维三皇，开天建极。创物之功，生民是力。去圣既远，以杀为嬉。所贵功利，而贱农医。于昭圣代，视民如伤。天下郡邑，通祀三皇。岂维医师，亦示群牧。庶几子民，克勤庶狱。于穆新庙，何侯所作。新庙奕奕，民罔不恭。惟此邑民，愿见皇风。兵寝刑措，时和岁丰。佃渔耒耜，衣裳室屋。天子万年，永锡五福。臣拜稽首，作此铭诗。以鸿厥爱，以永厥垂。

【说明】刘岳申（1260～?），字高仲，号申斋，吉水（今江西吉水县）人。历官辽阳儒学副提举、江西泰和州判官等。有《申斋集》。据四库本《申斋集》卷七录文，文字据别本有改补。参见《全元文》卷六六八刘岳申九（第21册）。据吴小红《江西通史·元代卷》介绍，江西13路、2个直隶州、1个路属州及所属48县基本都建有三皇庙或三皇庙医学庙，为元代培养医学人才之一策。

387. 元·朱思本：谢东碧哀词* 泰定元年甲子（1324）

故玉隆提点宫事教门高士东碧先生谢公，洪之新建县西山古源人也。世为儒家，厥祖、父俱有时名。公自幼颖异，未弱冠，从父命，为老氏学于玉隆宫，师碧潭刘先生，经史百家之书，靡不该综，性命之学，尤所明达。善为文章自娱，诗律清新，文法条畅而已，不为刻深险怪语，本乎天性冲淡，发于篇翰，理则然也。貌庄而气和，词婉而理胜。其事上也，顺而不谄；其接下也，肃而不威。信于朋友，仁于仆隶，盖有道君子也。由掌书记、元学讲师、提举知宫，累迁至提点。职是宫凡三十年，人虽甚安于公而公之志未常一日不在投闲。至治二年夏六月，得请归所居景福堂，日与琴书为友，晨香夕灯之外，无一毫役心事。余闻公名久，南北驱驰，暨来主玉隆，始识面，谈笑如平生欢，益信公名不虚得也。泰定元年春正月丙申，以微疾翛然而化，春秋六十有一。其徒熊君通复某某，如丧父母，哀动人人。将葬，远近之人能文辞者，皆代挽者作歌。予识公虽未久而知公则深，故作哀辞以诔公德，以遗熊君，以解其悲哀云。其辞曰：

墨名儒行兮自古所推，公生儒门兮黄老是师。惟经惟史兮造次弗违，贯通古今兮何有群疑。诗词洵美兮文采陆离，幽居元默兮厥闻四驰。执经论道兮妙析精微，鬼神奔走兮恒拥卫乎皋比。仁以为居兮弗崇以卑，义以为路兮弗峻以夷。春兰秋菊兮郁郁菲菲，卿云朗月兮霭霭辉辉。仁者必寿兮胡然我欺？甲子甫周兮溘埃风其遄归。厥徒蒸蒸兮惟慕师其以悲，声呜悒以怫郁兮涕泗涟洏。识与不识兮累扼腕而歔欷，夫身为大患兮患将何施？悟浮休之妙旨兮讵终然其肯迷？嗟今之人兮识者为谁？纾悲哀兮作哀词，以道抑悲兮夫何思。

【说明】据嘉庆宛委别藏本《贞一稿》之《贞一斋文》录文。参见《全元文》卷一〇〇八朱思本三（第 31 册）。

388. 元·朱思本、李世安：新庵里摩崖石刻

泰定元年甲子（1324）

天宝观天下十二洞天，依甲乙住持。隋仁寿二年，诏洞立观。大中祥符，遣使以金龙王简投锁洞府。政和，诏修玉隆。千余资，修天宝。至大庚戌，

本山徒弟住持提点支宝慈募缘修造，蒙□江西行中书省平章龙川李公，参政麦山杨公，参政员峤真逸李公达达，万户柴公孤峰，万户罗公二山，同知邓公思敬，府判张公松江，兰国熊公，琚塘竹逸程公，赤土敬轩陈公，牛角坑义堂万公，塘下月心熊公，丁塘杞山丁公，嵩岗震轩万公，本都桂堂胡公由斋、胡公仲芳、田公舍田，介石毛公，支宗卿，胡君正，四方檀信高僧战友，施财修造。及宝慈衣盂，殿堂从舍，内外一新。洞天祠殿，万古半山派玉会，万四亭，罕王庙，文见本山住基。山飞水急，架石放水，堆土为山，抵塞水口竹山门风水。计幸勤一十余年，悉遂成就。后之子孙，继绳予斯志，修而遵之，幸勿肥己瘠公，捶关绝学，衍派度人，勤修香火，清规各守，和睦邻檀。又将自己续买到田租五十石，竹山一十余段，施入常住。又将田租五十硕，竹山一段，施入玉隆宫常住。田段号亩，俱载本山砧基。后之子孙，毋违斯志，衣盂丰厚，重光前烈，庶几此山日见光大，与洞天相同久。

长师孙道生、支世隆、熊自道，道士程天祥、李道济，小师阙寿孙。

时大元泰定甲子，洞灵冲道广玄法师、教门高士、龙兴路逍遥山玉隆万寿宫提点宫事、天宝极玄观住持支宝慈募缘修造记实；宣授成德体玄贞一法师、教门高士、龙兴路逍遥山玉隆万寿宫住持提点、领本路诸宫观事朱思本主盟；银青荣禄大夫、江西行中书省平章政事李世安主盟。

【说明】摩崖石刻位于南昌市新建区石埠镇红林林场新庵里村田垅中，背靠大山，坐北朝南。1987 年 12 月被公布为江西省文物保护单位。花岗岩材质，高 4. 2 米，宽 2. 5 米，厚约 2 米。阴刻楷书，共 16 列。除数处字形难辨外，余皆清晰可认。据石刻录文。文中记载了朱思本与江西行中书省平章政事李世安二人主盟“募道修造”宫观之史实。

389. 元·吴澄：玉华峰仙祠记　泰定二年乙丑（1325）

吾家之南有山名华盖，祠浮邱、王、郭三仙，远迩祷祈，奔趋如市；竟岁弥月，无休息时。抚、吉两郡之境，山之秀特者必设分祠，往往以“华”

为号。清江郡东南之三十里，玉华一峰，耸立拔起，水旱疾疫，有求辄应，里俗相传，亦曰王、郭二仙所憩，则与华盖所祠同此仙也。然华盖有屋以祠，而玉华之祠无屋。山近郭氏敬神好善，父子再世拟构仙殿而未果。及孙汝贤、汝敬继承先志，乃聚木石，乃兴工役。泰定乙丑九月丙辰垦辟基址，十月乙未竖架楹栋。山形险绝，俯睨岩壑，跂翼翚飞，冠冕其巅，不劳人力，若或阴相。俾陈道人掌其洒扫。吾友人皮溍、范梈为之请记。

予家华盖山之下数世矣，祷祈之盛目见耳闻，而莫能究仙迹之实。窃尝思之，自古名山有功于民者受报，而唯诸侯得祭境内之山。今下逮士庶既皆可祭古诸侯之所，祠其人不祠其山，庶犹未至于黩乎？盖山气之郁发，众心之归向，必有所寄寓，故其灵托诸超离氛埃、翱翔寥廓之仙，始能与山之孤峭峻削者称。唐诗人谓山有仙则灵，予则以为仙因山而灵也。玉华之峰予虽未至，而尝至者言葛仙之岫、令威之坛拱其左，雷公之壁、瑞云之巘揖其右；扆其后者圣岭、烂柯，卓其前者凌云一峰暨三十六峰也。奇花幽草，嘉生之祥，不类凡品。其尤足以骇人观听、起人敬信者，旦暮之圆光、静夜之天灯也。夫其灵异之迹大率与吾乡华盖同，而郭氏兄弟近亦有出而从事于时者，克成其父之志，孝也。予又重皮、范之请，是以记之云尔。

【说明】据四库本《吴文正集》卷四六录文。参见乾隆四十五年《清江县志》卷二六（题作“玉华峰祠宇碑记”，文字有省略）、《全元文》卷五〇七吴澄三五（第15册）。

390. 元·吴澄：崇仁县仙游昭清观记

泰定二年乙丑（1325）

仙而曰游，何也？以仙之能飞行乎六合之间也。游者飞行之谓，阴质销尽，阳精浑成，倏往忽来，无所滞碍，咫尺八极，瞬息万里，漆园真人所云逍遥游，楚国骚人所云远游，郭景纯之称为游仙，佛氏书之目为十行仙，概以仙之飞行者为游也。夫仙游之翱翔空虚也，或值天际孤峰、海中绝岛而栖止。故凡世间山之崇峻而特起、人之隔远而稀到者，往往以儗仙游栖止之地而建祠宫。

崇仁县百里之内，山之高出群山者四，曰罗，曰巴，曰芙蓉，曰华盖，皆于山巅祠仙灵，而华盖之祠，人之信向虔奉尤众。山形之近似者辄为行祠。县东五里有山，虽不崇峻，然南望华盖诸山，崒嵂奇耸，上接寥廓，眼界所极，昭昭太清无纤尘微滓。予每一至其处，泠泠然，超超然，有御风乘云意。则此山虽在人境，实同仙居，名仙游，宜哉。前代有昭清道观，占地五亩。环观之山亩二十有奇，赡观之田亩三十有五。观无碑刻可考，不知创始之由。传闻观基山田俱邑人吴氏所施，开山道士汴梁周觉之也。中间重修，建炎丁未秋，贡士吴沔为记，而碑断缺不可读。国朝有此土以来，居之人既死，居之室亦坏。至元中，玉清观道士姚时升起废，畀其徒居之，买田二十五亩益其食。大德乙巳，北里谢录出力葺仙殿。逮泰定乙丑，居者非其人，观复敝。东里陈祥协从姚时升之谋，与祥符观道士黄守正公举道士余希圣掌观事。陈施财新三门，黄施财新道寮，余又自新庖厨等屋。施粟、施田、施山者累累有人，别载碑阴，于是观再兴盛。希圣，宜黄县南华盖山招福观道士也，遍历罗浮、天台、武当、东岳等处，亦尝一造京师。澹净持身，通变谐俗，兹山可藉以永久，而仙游之胜迹，庶其如仙道之无堕毁时也。陈祥、陈毅及上方观道士彭南起求予文记始末，予因言仙游之游，以俟夫有志仙道者印证焉。

【说明】据四库本《吴文正集》卷四七录文。参见《道家金石略》、《全元文》卷五〇七吴澄三五（第15册）。

391. 元·袁桷：有元开府仪同三司上卿辅成赞化保运玄教大宗师张公家传* 泰定二年乙丑（1325）

公讳留孙，字师汉，系出清河东武城张氏。留侯良之裔孙歆为司徒，歆弟协为卫尉，生魏太山太守岱，自河内徙清河。七代孙彝徙魏州昌乐，为后魏侍中，谥孝侯。子始均，复谥孝侯。孝侯生晏之，北齐兖州刺史。生虔雄，为隋阳城令。是生文瓘，相唐高宗。子潜，扬州刺史。扬州生介，为杭州刺史，始居江南。至公十五世，今为信州贵溪县人。曾祖宏纲，集贤大学士、光禄大夫、上柱国、魏国公，谥安惠；祖粹夫，金紫光禄大夫、大司徒、上柱国、魏国公，谥康穆，皆以公贵赠。父九德，太中大夫、同知江东道宣慰使司事，累赠开府仪同三司、大司徒、上柱国、魏国公，谥文简。公兄闻诗学道龙虎山，见而慕之，遂服道士服，以汉天师所传授游江淮间，仪观颀整，见者尊异，咸愿受其说。有相者曰："当贵极人臣。而清奇绝俗，视陶弘景、叶法静，殆将过之。"

世祖皇帝平江南，召嗣天师宗演，选公从行。北方地高寒，皆不乐居中，遂委任其事，门室清泊，处之晏如也。世祖祠幄殿，裕宗入侍。风雨卒至，召见于上，见其貌异常士，而奏对简异，益器之，风雨随止。遂赐廪，给裘服，俾岁从北巡。上与昭睿顺圣皇后驻日月山，后疾甚，召至，命愈其疾，若有神人献梦于后，遂愈。上大喜，命为上卿，铸宝剑，镂其文曰"大元赐张上卿"。敕两都各建崇真宫，朝夕从驾。日昃，命卫士提舆以归，内侍强登舆，谢不受，即步出禁门。十五年，加玄教宗师，授道教都提点、管领江北、淮东、淮西、荆襄道教事，佩银印。明年，奏复宫观，令自别为籍。有献言者："道藏经多殽杂，宜焚去不录。"遂密启裕宗："黄老书，汉帝遵守清净，尝以治天下，非臣敢私言，愿殿下敷奏。"后上大悟，召翰林集贤议定上章祠祭等仪注，讫行于世。十七年，奉诏祠名山川，给驿马五十，令访遗逸以进。敕辅臣设宴崇真宫，复饯于国南门外。回朝，以所见闻剡于上，上悉用之。十八年七月，皇曾孙生，是为武宗，上命择嘉名以进。是岁分翰林、集贤院为两，道教专掌集贤，始自公议。二十二年，仁宗生，复召命名。今二帝庙讳虽用国语，皆以公名义释之。二十五年，预议集贤院，赐七宝冠、金锦衣、玉佩、珠履。二十八年，丞相桑哥败，上欲相完泽，卜之，得《同人》之《豫》。公曰："《同人》柔得位而应乎《乾》，《豫》利建侯。《同人》为得位，《豫》为建侯，《彖》《传》之辞也。陛下所拟为无疑。"未几拜完泽公为相，后卒受遗辅政。二十九年，开通惠河，上问："果便利？"对曰："漕为国本，孰敢议非？是诚减民力，取实效，民必趋之。"由是河役卒不为民病。三十一年，上不豫，遣内侍谕隆福太后曰："张上卿朕旧臣，必能善事太子。”太子由军中归即帝位，是为成宗皇帝。成宗慕道家说，藏祀弥盛，在宥十年，岁辄祠上帝，侈甚，秘祝御名，皆上所自署。后有白鹤翔云中，命词臣叙纪，付史馆。元贞元年，同知集贤院道教事。大德三年，加大宗师，别给银印，视二品。上御便殿，命讲《南华经》。七年，上京旱，两京、山西地震，复命祠祝，谢曰：“祠祝实臣职，祭不欲数。地道主静，厥罚惟旸，见于五行传。灾由人兴，愿应天以实，布德赈惠，臣敢稽首以请。”上深颔之。八年，上御玉德殿，赐玉冠为寿。十年，制授上卿。十一年，兴圣皇太后自怀孟还宫。武宗即位，加大真人，知集贤院事。至大二年，领集贤院，位大学士上。是岁，再加特进。时仁宗在东宫，进讲《老子》，自是入侍必赐坐。皇庆元年，锡号“辅成赞化”。二年，命将作臣制玉，刻文曰“玄教太宗师”，手授曰：“以是传教，俾永远。”延祐二年，群臣侍嘉禧殿，上曰：“先朝备陟降持保无瑕缺者孰在?”咸未有对。上语曰：“张上卿其人乎?”众唯唯。遂制授开府仪同三司，号加“保运”。四年，以七十特敕设于其宫，伎部毕列，宰辅以下咸奉寿。复命图像镇崇真宫，赐玺文曰“皇帝之宝”，命翰林学士承旨赵孟頫为赞，两宫传赐。翌日入谢，俯奏曰：“臣际遇累朝，惕惕顾念，罔有替。今年且衰耄，不去，辱圣世，愿归老乡里，即死且不朽。”上不允。七年，英宗皇帝即位，尊累圣优褒礼，再降玺书。至治元年，益求去。十二月壬子，酌酒会弟子，少顷入寝室，修静端坐以化。敛之日，颜色完好，举体如蜕羽。两宫震悼，赙赠有加。宰辅至于士类，咸曰：“福人逝矣!”倾城耄稚则曰：“善人亡矣!”皆吊哭尽哀。及启輀，木冰载路，观者嗟愕。始从日月山，世祖即命公为天师，却立以谢曰：“嗣天师，汉张陵之裔，今居龙虎山，愿正其传。”

由自三十六代嗣师宗演至于今，凡四传，皆公所匡翊。美须长大，癯然冲退，不择贵贱，倾下承接。奏告广殿，音声激镛钟，闻者凛竦。赉锡无虚岁，未尝奉己，屡锡田园以食其徒。当至元末岁，成宗新嗣位，时宰不快于御史台，成宗是其言，让责中丞崔公彧。崔惧，问策安在？曰：“当见丞相，释所以。”遂与俱诣相府，相怒霁。又与同谒近臣，言御史台世祖皇帝建立，专以惩奸慆，势尊则纲纪明，削之则台不能立矣。近臣大惊，入言于上。明日，大宴大明殿，谕崔曰：“台为朕耳目，朕曷不知。忧卿等不职，故告谕，宜勿惧，其尽心焉。朕行为汝增重矣。”崔顿首拜手谢。其弥缝国体，婉顺若是。至于排解荐助，人不知所自，亦不肯自以为功。绝口不言朝政。贵客至，争短长，酒尽三爵，即假寐。客去，礼复初。

暨丧还，州郡县接祭以俟。今葬某县某乡。祖师八人，皆赠真人，事在传宗碑。今嗣玄教为吴全节，授特进、上卿、玄教宗师、崇文弘道玄德真人。以真人佩银印者三人：夏文泳，江淮荆襄等处道教都提点；曰毛颖达，掌道教事；曰王寿衍，领杭州开元宫。以真人制书命者三：曰余以诚，领镇江路诸宫观；曰孙益谦，领杭州右圣观、延祥观；曰陈日新，承诏兴圣宫。以玺书命者九：曰何恩荣，提点信州真庆宫；曰李奕芳，提点南岳庙兼衡山昭圣宫、寿宁宫；曰张嗣房，提点潭州岳麓宫；曰薛廷凤、舒致祥、张德隆、薛玄羲、徐天麟、丁应松，皆奉两宫崇真祠事。其它弟子三十有八：曰上官与龄、何斯可、彭齐年、薛起东、李世昌、陈彦伦、詹处敬、于有兴、王景平、蔡仲哲、彭尧臣、张汝翼、冯瑞京、祝永庆、蔡允中、张善式、董袭常、王国宾、曹载静、余克刚、丁迪吉、张居逊、董宇定、王用亨、张显良、徐守勤、彭一宁、刘若冲、彭师尹、张逢吉、赵有立、程某、施某、叶某、童某、倪某、上官某、李某。公兄子荣祖、弟子熙祖，亦以公故入宿卫。荣祖为邵武路同知，熙祖为衢州路同知。泰定二年，今上召全节曰：“玄教汝祖阐立，其为朕祈永。”遂大祠于长春，复追赠某官。

前史官赞曰：世祖皇帝，阖一海宇，搜遗逸，选艺能 ，靡然踵来。江南持政柄者不一二人，率不能善终，何哉？在御三十四年，命相几二十余人，或解罢，或斥逐。独张公无少疵病，目睹成败，至于五朝，难矣哉！盖其行无迹，曲焉以全，得老氏之旨，五福斯备，前古鲜著。《诗》云：“昭明有融，高朗令终。”张公其近之。

【说明】据四库本《清容斋集》卷三四录文，文字据别本有改补。参见《道家金石略》、《全元文》卷七三一袁桷二六（第 23 册）、《袁桷集校注》卷三四。

392. 元·汪泽民：南康县新建三皇庙记

泰定二年乙丑（1325）

泰定初元甲子春，南安大疫，属邑三，南康尤甚，逾冬不少衰。盖其俗尚巫事鬼，屏医弃药，踵相蹑就，弊弗之悔。明年闰正月，亚中大夫、佥江西湖东道肃政廉访司事郭公弭节兹邑，恻伤动色，进县官而谓之曰：“国朝创医学，崇三皇，设博士弟子员以精其艺，春秋牲币，朔望行舍菜礼以严其祀。训饬有司，著于令甲，由京师达郡邑，罔不钦承，将以迓续民命，广至仁也。今是邑庙制，弊在僻陋，不中式程，邑人之不知医也固宜，大非所以副上意。吾纠绳是司，民疫苦是问，吾曷敢怠，其亟图之。”乃相县治西偏，得丞署故址，亢爽夷衍，割俸入为吏民先。闻命感激，趋事咸恐后。陶旊梓材，攻工献技，越三月而告成。殿舍中严，门庑如制，斋祭有室，讲肄有堂，髹彤黝垩，焕耀视瞻。公又曰：“惟继天立极，三圣一揆，开太平于万世，仁生民于无穷，丰功盛德，固不专于医药，而医药于仁民为切近。皇元重熙累洽，覆载同仁。凡可以惠我黔黎，靡不致。其至岭海荒遐僻绝之域，皆建学隆祀，阐教报功。矧南康豫章旧境，民不幸遘疾而巫觋是求，可不可乎？札瘥疢疾系乎天，宣调攻疗存乎人。夫开蔽祛惑，导之卫生，跻之寿域，繄谁之责欤？是举也，视听聿新，民其劝矣哉。”夏四月，省宪命官大赈饥疫，绝崖幽谷、穷庐败垣之氓，莫不假息觊医，一投以齐，起死俄顷，生者凡数千人，用是始知医之利大以博。又明年秋，邑人士怀思公功，相与伐石请刻诸庙，而求文于新安汪泽民。

窃谓公之政，可谓通变以知务，中机而从宜者矣。邑长金金实董是役，恪勤壹志。尹蒋某、簿揭某、尉张某协恭始终，用集厥事，法皆宜书。公名某，字文卿，汴人也。廉公岂弟，练达敏勤，中外践历，所至有遗爱。今为庆元路总管云。某谨叙其实，而又为之颂曰：

鸿蒙分，宣人文。数本一，象凶吉。耒耨功，市日中，食货丰。味草木，图纪录，命斯续。通车舟，行马牛，威蚩尤。轩裳备，贵贱位，天下治。三圣人，生生民，同一仁。皇祖诏，祀崇报，际覆焘。庙揭虔，列圣传，亿万年。

泰定乙丑岁在仲秋良月吉日，前进士、承务郎、南安路总管府推官汪泽民撰。

【说明】据嘉靖《宁国府志》卷八中载：汪泽民，字叔志，其先徽之婺源人，为汪藻七世孙。元延祐甲寅领乡荐，署宁国路儒学，因家焉。戊午擢进士，授岳路平江州同知，迁平江府推官。后召修三史，拜国子司业。书成，除进贤直学士。寻乞归，以嘉议大夫、礼部尚书致仕。后因不屈而遇害，谥文节。所著诗文甚多，并《春秋纂疏》行于世。据元邓文原《编类运使复斋郭公敏行录》（元至顺刻本）录文。按，郭公即郭郁，号复斋，官至福建等处转运盐使司运使。

393. 元·吴澄：南山仁寿观记　泰定三年丙寅（1326）

开府张公际遇世祖皇帝，待诏阙庭，晨夕密勿。历事五朝，宠眷如一。秩号崇进而弥不自高，锡类稠数而弥不自泰。天子视之如腹心，宰臣视之如宾友。近依日月而退然类山林之隐逸，接微贱不异显贵。在朝垂五十载，上下之交，人人心服其德厚。以冲虚不盈为里，以慈俭不先为表，妙契玄元之教。生质固然，非学而后知、利而后行者也。

至大辛酉，年七十四，翛然悬解，嗣教子孙奉委蜕还故山，今圣上敕有司礼葬。泰定丙寅，嗣教宗师特进上卿吴全节将旨祠信州、建康、临江三名山。既竣事，乃以十有二月甲申藏公冠剑于贵溪县南山之月峤。阴雨连旬，是旦忽霁，风和日暖，明丽如春。信、饶二郡及所属诸县军民官奉敕护督唯谨，官僚、士庶、僧道会葬不翅万人。生荣死哀，可谓甚盛也已。其地北距龙虎山十有五里，两山旁峙，一水中通，仅一径可入。行至其中，划然开豁，平畴广衍，四山环拱，如列屏帏。月峤西北创仁靖观，殿名“混成”，堂名“玄范”，开府公之祠以“辅成”二字扁，其南轩曰“悠然”。总为屋若干楹，库廪庖湢、器物具备，命其徒世守，供香灯，省茔兆，有土田给其食。

山之东又营别馆，缭以外门，榜曰“南山道域”，落成于是年治葬之先。董其役者，李奕芳也。凡特进之所以报事其师，悉如孝子之于父。开府公欲有所为而未及为者，一一继承，靡或废堕。

予尝论人心之天，唯亲所亲者能尊所尊。特进昔也于父致其孝，今也于师致其隆，亲亲尊尊，同一心也。或乃以为道家者流游方外、出人间，人纲人纪，有不屑屑。为是说者，岂知道者哉？特进虽以玄元之道立教，而其亲亲也，本乎恩以尽其义；其尊尊也，本乎义以尽其恩。盖与周公、孔子之道符，予所深嘉也。是以因其徒之索观记而特为之书。

【说明】 据四库本《吴文正集》卷四七录文，文中观名仁靖，题为仁寿，不知何故。参见《道家金石略》、《全元文》卷五〇七吴澄三五（第 15 册）。文中概述了一代玄教宗师张留孙“生荣死哀”之盛。作者对特进吴全节虽以玄元之道立教而尊师之行却能合于周孔之道深表嘉许。

394. 元·祝彬：丹霞观记　泰定三年丙寅（1326）

丹霞观在龙兴路宁州之奉仙乡吴仙里。龙兴，古豫章。宁州，古西安也。州治南七十里有废观旧址曰真元。距真元五里而近有观曰丹霞。父老相传曰：真元乃昔西安令吴猛故宅，丹霞乃其炼丹之所，当时炉鼎之上常有霞光烛空，后羽士创馆以祠，遂以丹霞名焉。按东晋《艺术传》，吴猛，豫章人，少有孝行。年四十，邑人丁义始授以神术。尝不假舟楫，以羽扇画豫章江而渡，观者异之。吾观陶隐居修《登真要诀》，以择地立馆为先务。今乡名奉仙，里名吴仙，流传遐迩，匪今伊始。岂非择地立馆、丹成登真遗迹史传略而未备欤？在宋政和，褒崇玄教，特封神烈真人，诰词谓大江之西尚存故宅，盖指真元遗址而言也。惟兹丹霞形势特异，内宽外密，自为一区，平田中卓立三山，如覆钟釜，山下平洋延袤，龙盘昂首，一溪界其旁，萦纡如练，遥岑列嶂，层立间出。每大明东升，云气解驳，群山缤纷，轩豁呈雾。前有神岭，犹在空蒙杳霭间，久乃示现。盖图画之所不能写，真一方之胜境也。立馆之初，莫记年代，中更劫火，莽为荒墟。宋绍兴十年岁次庚申，道士高执中、游思补仍旧基立馆。于是民之疾疫，岁之水旱，有祷辄应。监庙韩迪功为之记，今刻梓犹存。自宋绍兴庚申至景定甲子，累传而得道士栖云黄公。至元戊寅，绿林挺乱，民居兵毁，观独无恙，栖云保护之力居多。又历甲乙五传而明斋郑公继之，聚材营缮，经十九年，心不退转。于是文昌阁设，丹井建，正殿及圣像重新，方丈与钟楼鼎创，题匾焕然，晃耀夺目。以泰定丙寅下元落成。是日也，转法轮，奏璈演，诵真诠，步虚之声与松风涧水相为扬抑，祥云绕空，白鹤翔舞，傍观擎跽，古未曾有。咸嗟叹曰："异哉此景！非人世间也。"顾兹观重兴于高、游二公，历一百八十六载，至明斋郑公然后完美，非其才志之过人能如是乎？后之羽流于斯安居而暇食，诚能养粹保和于五千言而有得焉，则刀圭入口，白日羽翰，蓬莱、瀛洲不在蓬海而在丹霞矣。

【说明】祝彬（1260～1336），字文夫，号悠然，宁州（今江西修水县）人。进士。历官崇仁县丞、江西主考、翰林文字征仕郎同知制诰兼国史院编修。据康熙十九年《宁州志》卷六录文。参见嘉靖《宁州志》卷一二、同治《义宁州志》卷三一、光绪《江西通志》卷一二一、《全元文》卷一三九三祝彬（第45册）。记文反映了净明道早期传播之迹。

395. 元·吴澄：瑞泉山清溪观记　泰定三年丙寅（1326）

抚州西南二百里外，其山之高者华盖，上有浮邱三仙祠。华盖而西北，曰芙蓉，芙蓉之东一支为巴山，西一支自上阜岭而为杯山。杯山之下，溪水分而二，不一里复合而一。二溪之间有道观，以清溪名，无碑记可考，莫知其兴创之由。俗传以为华盖三仙祠之分也，且谓尝有异人甘其水味，号之曰瑞泉。后人立观，因曰瑞泉山清溪观。小钟一，宋咸平辛丑岁道士徐玄德所铸；大钟一，宋宣和壬寅岁道士萧延宰及其徒邓处谦、陈处正所铸。传系中绝，宋南渡后，临江阁山道士詹季立来主玉山观，而其徒一人李拱辰者留居玉山，一人邹指南者往居清溪。邹之徒黄，黄之徒陈。陈后七传至今，观复保真大师李泳沂。李之徒康绍庄于延祐丙辰创一殿，甚伟，不百日而归德流民止宿于观，遗火焚毁，左右前后新旧屋庐靡孑遗者。越三年戊午，李师自出己资建法堂。次年己未，康师再建寝堂等屋，俱丙向，道寮、厨库咸备。泰定丙寅，康之徒黄文静劝率好事有力之家建金阙寥阳宝殿及三门，俱庚向，装塑神像，圬墁甓甃，具完具美。康师、黄师奉李师之命来请记。

予向闻清溪罹人火之厄，共为惋恻。迨今不十年间，营缮克底周悉，非其心之公、力之坚、才之优，何以能若是！呜呼！卷怀世间有用之才，寄迹方外无为之教，而有未见者，安能使人不慨然思其人哉？幸而获见其人，又安得不深喜乐道而奖与其能乎？是以为之记而不辞。

【说明】 据四库本《吴文正集》卷四七录文。参见《道家金石略》、《全元文》卷五〇七吴澄三五（第15册）。

396. 元·吴澄：仙岩元禧观记　泰定三年丙寅（1326）

信之山水固奇秀，而龙虎山都其最。山之西十余里，崖石嵌嵁，下瞰溪津，洞穴百数，有名者二十四，号为仙岩。地势险绝，人迹不到，阳显阴幽，若或宅于其间。龙虎胜境，寄身老子法者宫之。逮及国朝，盛极甲天下，一本三十六支，冠褐千余，其崇隆丰厚，位望侪于亲臣，资用拟于封君，前代所未尝有。盖其地气之积郁发达而然。

开府大宗师以龙虎道士际遇世祖皇帝，依日月光，历事五朝，眷渥如一。嗣其统于神奇者若而人，演其派于故山者若而人，分设宫观，布列朔南郡县者不可胜计。至若仙岩之卓诡殊特，自应乘其旺气。而开府之徒孙张师嗣房始建观于岩之阴，面玉屏、钵盂、天马诸峰，名元禧观。师恢廓慷慨，刚直自立。人有过，辄面折；人有急，周之无吝情。好读书，能吟诗。每谓富贵浮云，死生夜旦尔。倘不闻道，如未出世。择地营构，俾其徒安内养、忌外想，蕲守清虚谦让之教，前传后续，永不失坠也。尝从开府入觐仁宗皇帝，制授体道通元渊静法师，主潭州路岳麓宫，乃以元禧观事属其徒何斯可。致和元年，制授斯可明素通元隆道法师，主仙岩元禧观。何之孙薛玄羲具建观始末，薛之诸孙曾吾省诣予求文载诸石。羲曰：“元禧观，延祐三年丙辰肇建，六月己未落成。殿名宗元，钟楼、鼓楼翼于左右；堂名元范，东西二厢曰楚樵、曰爱梅，东西二馆曰清真、曰宝元。外设听事之所，其二庑曰兴仁、曰集义，中门扁曰‘渔樵真隐’。一池前泓，曰环翠池；一涧横绕，桥以便往来，曰通德桥。观之后有闲机洞，有芳润圃，有玉泉井。茂林修竹，名花异果，罗簇葱蒨。买田若干亩以饭众。经画四五年而功大集。泰定三年丙寅，张师化去，何师继绍先志，凡营构未备者一一修完。观之阳诸岩耸峭，或呀而中空，或瑰玮而外见，川流中贯，风帆上下，探僻搜怪者时时而至。昔陆文安公偕文学士七十八人游览，留其名氏。今元禧之建，可无记乎？愿得一言与文安公之记并刻，以志后观。”予夙闻仙岩之名而足不一履，末由摹写其态状之仿佛。因慨龙虎上清关系地势，然亦有天焉，亦有人焉。天运将昌其教，而教门之继继承承，莫非人才之杰，人才之杰有以当地势之灵，地气之灵有以符天运之昌，天、地与人三者合一，龙虎上清之极盛于今也，岂偶然哉？仙岩之元禧观，则杰才之衍、灵气之波、昌运之潴也。

【说明】据娄本《重修龙虎山志》卷一四录文，个别文字据别本有改动。参见四库本《吴文正集》卷四八、四库本《江西通志》卷一二七、《道家金石略》、《全元文》卷五〇七吴澄三五（第15册）。文中记叙了龙虎山仙岩元禧观创建始末，作者由此认为“教门之继继承承”，关键在“天、地与人三者合一”。

397. 元·吴澄：相山四仙祠记 泰定三年丙寅（1326）

凡山之巍然高峙者，其气盛；其气盛，则其神灵。大而五岳，次而五镇，下而一郡一邑，苟有挺拔耸起之山为一方之望，往往灵异，而祷祈者趋焉。古礼惟诸侯得祭境内名山，今庶人以上俱有祷祈。然其所祠不主于山之神，而假托于人以为灵。若山之所托必曰仙，其所谓仙，非必御风乘云飞腾天宇之中，或其功行术法有可济人利物，则祠之矣。

抚州之西南，其县曰崇仁。崇仁之南六十里，其山曰相山，所祠之人曰梅、曰栾、曰邓、曰叶，谓之四仙。考之史传，梅尉南昌，栾守豫章，山在所治境内；邓、叶皆唐开元、天宝间道士，方伎之流也。山初名巴，唐时号临川山，而俗称不改其旧。巴乃栾仙名也，佥曰宜避。而栾尝为沛相，故易名相山云。山巅有祠屋，其地高寒，雷风之迅烈，云雾之湿润，冰雪之凝冱，木石不能堪，易于朽腐摧裂。屋虽频修而不久复敝。住山道士黄守正集聚材木，未及营造而去。泰定丙寅六月，黄本初来贰其职，增益所储之材。七月己未，构新屋十有八楹，从之深四寻，衡之广如其深而羡一尺。适上清孙庆衍被旨长是山，遂底完美。本初来言曰："仙祠一新，黄师实肇其始，孙师实成其终，本初获效微勤相其役，愿刻石记岁月，以为后之葺治者劝。"予观宋咸淳之季，郡守黄侯震为道士罗端英作《仙祠记》，叹典祠之人攘取微利是思。今山之提点、提举不私其利，不私其名，公其心为永久计，是可书已。况此山迥绝人境，超出物表，有地之灵，宜有人之杰。居山者倘虚吾之心，不使有一毫埃壒尘滓之留，六合内扶舆清淑，唯所收拾，以实吾之腹，逍遥远近，坚固久视，且将与四仙合灵兹山，亦道家分内事也。因及之，以为今之奉祠者勉。

【说明】据四库本《吴文正集》卷四六录文。参见四库本《江西通志》卷一二七、《全元文》卷五〇七吴澄三五（第15册）。按，黄震之记文见宋代部分。

398. 元·吴澄：金华玉山观记　泰定三年丙寅（1326）

乐安乡之栎步，澄先茔在焉。茔面金华山之阴，山之阳有道观，名玉山。旧观在东华山之下，久废。宋建炎间，阁山道士谢居义创道院于金华山麓之金石原。谢之徒冲隐大师杜行正工诗善弈，清江谢尚书谔摄乐安尉时甚礼貌之，广拓道院，迁于山麓之左。或谓道院不属官，终不可久，乃为请玉山废额。而杜之徒詹季立言于官，以为东华山山下旧基形势迫隘，地僻人稀，难以建观，遂以旧额施之于金华山麓之道院，今观是也。詹之徒李拱辰自出力首营殿宇，而好施者为造门庑，自此道院升为观。嘉泰甲子，构经藏。嘉定己卯，乡士邬克诚为之记。后四十年，景定庚申，李之徒丁寅宾始刻记文于石。观旧无恒产，丁三传至谢若玉，于国朝至元丙子以后，买田数百亩以食徒众；竖楼一所，以礼天神，观浸兴盛。至治辛酉，游泳祥装塑诸像，益美观瞻。观之道士保真明素冲静法师邹嗣昌分处崇仁梅仙峰，受天师命提举华盖山崇仙观，数过予，请玉山观记，予未暇作。

泰定丁卯，予省先茔至玉山，与邹之祖师陈文亨、邹之徒孙康仁寿按察其地，观其人而觇其观之兴盛未艾也。金华山一峰，崔巍特起，气脉至观而尽，水绕其前，山环其外。泛观诸处道流，有悠悠废务者，有汲汲营私者，有悻悻好事者，有荡荡逾闲者，是数者倘有其一，不免于败道而招愆。而玉山一无有也，予是以知其兴盛而未艾也。杜师之字曰正甫，詹曰孳斋，李曰筠窗，丁曰苍桧，谢曰石屋，游曰沧州，陈曰山居，邹曰梅窗，康曰虚碧，嗣康者姜兴渭，再传则邹性善也。而清溪、南华二观，亦皆玉山道士分处，故称玉山为祖山云。

【说明】 据四库本《吴文正集》卷四七录文。参见《道家金石略》、《全元文》卷五〇七吴澄三五（第 15 册）。

399. 元·朱思本：开府大宗师张公诔*

泰定三年丙寅（1326）

维至治元年十二月壬子，开府仪同三司、上卿、辅成赞化保运元教大宗师、知集贤院事领诸路道教事张公薨于大都崇真宫。明年二月庚申，嗣宗师元德真人吴公奉敕，戒其徒真人陈君、提点薛君以丧归于故里。今天子即位，嘉念旧臣，敕有司具葬事。泰定三年冬十二月甲申，葬公于南山。公官第一品，宜得谥于太常。元德公以公未葬，弗敢请也。门生朱思本感公既厚，知公亦深，惧盛德之或泯，敢斯文之有缺，乃作诔云：

在昔炎汉，天作元辅。功成不居，飚翮遐举。追彼赤松，保厥宗祀。枝庶分流，益大以固。自河徂江，乃乐兹土。峨峨象麓，清淑攸贮。笃生安惠，实纂洪绪。康穆克绍，奕奕俣俣。礼义舟舆，诗书干橹。无竞于时，德施斯溥。爰暨文简，其大有容。内韫修能，外示朴恭。既积既厚，乃启乃崇。粤有仲子，实惟我公。圆精辉降，方祇秀融。孝友天至，允执厥中。韬光隐德，伯父是从。眷此龙虎，实为公宫。世祖文武，车书混同。乘时奋发，上下云龙。密勿对扬，曰惟清净。帝曰俞哉，克底文定。遂藏竹宫，式彰神应。昭事上元，期集于正。曰雨曰旸，无爽惟令。肇锡嘉名，上卿定命。银章锦衣，以表德行。安车朝夕，礼异朝请。佥曰休哉，公亟推屏。劳谦自持，脗合前圣。乃眷文简，试郡允臧。于蕃于宣，于浙于江。赫赫厥声，煜煜其光。实启信封，俾炽俾昌。伯既纯雅，季亦温良。晦迹弥固，宜寿而康。犹子令器，联璧为郎。扬历中外，玉振金声。曰族曰姻，必取其长。由公筮仕，朱紫辉煌。逮事成庙，宠锡益稠。玉冠大圭，周爰咨诹。匪伊祀事，惟道是求。公益冲退，密赞皇猷。武皇御极，无德不酬。谓公元老，鲜克与俦。秩以特进，位冠列侯。公则引年，愿返丹邱。武皇曰吁，卿为朕留。勿烦以事，慎尔优游。授大弟子，事我明辟。人亦有言，弗虑胡获？其获维何？帝命元德。维此元德，孝思维则。实总元纲，小心翼翼。敬恭明神，以佐王国。克长克承，载振载奭。于公有光，四方是式。煌煌仁宗，恩数弥极。秩亚台司，赐逾万亿。上逮祖考，恤典大行。迁国于魏，潜德昭明。八世惟师，徽号诞膺。厥徒锡类，濯濯其英。或秉懿德，或负才名。维公之故，均被宠荣。或佩银章，或锡珠璎。或栖岩谷，或侍阙廷。克绳祖武，靡骄靡矜。公则乾乾，大惧满盈。佑治之间，历事五帝。眷遇弗衰，公实厌世。辛酉维夏，滦京告瘁。元德克孝，吁受帝祉。返我神都，遽绝人事。维莫之冬，翛然永逝。帝命元宰，率尔多士。祖道于郊，哀荣亦备。白云悠悠，元景翳翳。飞霙散花，缟素孔异。元德攀号，将奉与俱。皇帝曰嘻，尔其辅予。往送于南，申饬尔徒。英英冠剑，在彼中途。靡闻不骇，靡见不趋。式遄其归，乃返故庐。人亦有言，旷世所无。元堂未掩，日居月诸。王事鞅掌，朔南其居。元德纯孝，痛甚刺肤。岁在丙寅，得请于上。爰敕外廷，俾以礼葬。羽葆峥嵘，凤棋宏敞。白骥连山，素车弥望。南山崔嵬，既叶蓍龟。灵风振音，皓月流辉。白鹤朝唳，元猿夜啼。我公永归，无复还期。思本于公，信抚壤接。亦惟世姻，幼慕明喆。庚辰拜公，公归自北。时方龆龀，诸父是挈。长生抚顶，实怀旧恩。少长学道，素志获伸。聿来京国，幸奉晨昏。温温我公，厚德深仁。约我以礼，传我以文。出入禁闼，惟公所援。使于四方，训辞是遵。再膺明命，荐剡攸陈。义则师友，恩犹至亲。吁嗟我公，胡遽而仙？惟公之精兮，揭日月而丽之；惟公之灵兮，峙山岳而萃之。惟公之道兮，超元气而出阴阳，其莫追；惟公之德兮，盖昭代而举流俗，其弗违。蓬瀛返乎故居兮，讵尘世之可縻？荣华溘其朝露兮，公含笑而奋飞。悟庄生之微言兮，齐死生于无涯。苟予怀之既达兮，奚惆怅而共悲？酹清尊以长啸兮，诔盛德于旐旗。破群迷于当世兮，旷恨恨而不疑！

【说明】据嘉庆宛委别藏本《贞一稿》之《贞一斋文》录文，文字据别本有改动。参见《全元文》卷一〇〇八朱思本三（第31册）。

400. 元·吴澄：仙原观记　泰定四年丁卯（1327）

仙原观者，乃宜黄县仙原邹氏之所创建也。邹儒俗，世居县市之西隅，宋治平丁未进士，讳极，官至度支郎中、提点江南西路刑狱，殁葬县南之小麓。墓近有赤松，僧寺掌其汛扫，至今二百余年，得所托。度支公生湖北转运永年，转运又数世而生石城县丞，子宜黄县丞两与乡贡，晚以五举推恩就禄。伯子次传，叔子次陈，咸淳癸酉联贡于乡。甲戌，次陈登进士科，未授官而宋祚讫，徙家刺桑。贡士君次传三子，其一友直，仕国朝任韶州路儒学教授，从事广东宪府；其二众，武冈路儒学教授。俱先贡士君而卒，无子。其季明善，承父命嗣伯兄。众子其甥。明善娶同县乐氏，相夫毕伯兄伯嫂若父若母之丧，无阙礼，颇务生殖。夫年四十，得疾革，顾谓妻曰："以弟后兄，于礼不安。且吾亦未有子。"乃求族兄之子寿珍继伯兄之后，而己归奉贡士君之祀，鞠叔父次陈之孙荧萎为己子，遂以疾终。乐氏遵夫遗言，一无所违。夫卒之明年，泰定丁卯二月，葬待贤乡之萧家原，营双穴，以俟同藏。请于道教所，得“仙原观”额。建道观，直墓宅之右，前有殿，后有堂，像设钟鼓如仪，左庑右庑、外门内庖悉具。堂之后祠屋一间，以祀其舅姑与夫。施水田计亩七十有五，并畀陆地山林以资守观者之食用。予孙女婿谭观来乞文，将俾贻诸永久。

呜呼！予与县丞君、贡士君父子兄弟交游，见其一门之内敦睦慈良，宜无人非鬼责。而世珍无传，可为恻怆。度支公之墓幸托于佛寺，贡士君父子之祠仍托于道观，匪礼之经而中事之权，其可也。乐氏名德顺，孝敬舅姑，贞顺于夫。年未四十而嫠，存其夫家之祀于既绝，思深虑远，不以盛隆衰替二其心，从一而终，有古今女节妇之风，书之可厉薄俗云。

【说明】 据四库本《吴文正集》卷四七录文。参见《道家金石略》、《全元文》卷五〇七吴澄三五（第15册）。

401. 元·虞集：看云道院记　泰定年间

玄教大宗师吴公既作崇文之宫于番阳云锦溪上，后廿余年，又命其弟子于有兴作道院于宫在而语其友虞集曰：“吾十有三，以父命学道龙虎山。廿，先师以之朝京师。廿五，见世祖皇帝，即被眷遇，赞先师治其教，历事列圣数十载。五十，而我先公、先师即世，奉遗训以从事于朝。又十数载，而吾益衰矣。使营此者，将归老焉。昔柳城姚公燧尝为吾书‘看云’字，因取而表之。吾于是观乎天地之盈虚而与时消息，不亦可乎？子其为我言之，使来者有所观也。”

集闻之：《易》象有之，《坎》之中爻，《乾》之中爻也。天道以时而来降，陷乎地中，其象为《坎》，其物为水。阳气不能以不升，与地气相持，上行而云气生焉。是故重卦百廿有八，《坎》之象十有六，唯《屯》《需》之上体为云，是其亲乎天而乘乎雷也。《震》之阳，《乾》之阳也。《乾》为龙，《震》亦为龙，明阳物也。《传》曰“云从龙”，以其类言矣。是以云之为物也，仰而观之，无定象也；俯而求之，无成质也。起乎芒忽而不可以为始，充乎六合而不见其为终。覆被施与，极乎至溥，而不有乎名；变化参错，极乎至文，而不滞乎迹。时有时无，与天为徒，不其神乎？噫！非至阳之精，孰能与于此！古之为道者，有以知夫生化蠕动莫不由乎是也，独能时其复而有得焉。取其甚信甚真之实，以易其有数有质之常，守之笃而致之极，纯焉而无间焉，粹焉而无杂也。故能与太虚同体而无所亏，与造化同用而无所私也。虽然，孰得而观之哉？

集又闻之：《艮》之阳，亦《乾》之阳也。必有止也，而后能有得焉。外物不接，内欲不萌，止之道也。《艮》也，阳之见乎阴者也，其纯者《乾》也。君子之道，得乎其中，时止时行，至于纯《乾》而后极，此《易》《老》相通之要也。不然，看云者将心弛目穷于漭泱无涯者乎？故诵所闻，以就正于有道，因以为记。

【说明】据《全元文》卷八五二虞集三九（第26册）录文，标点有改动。按，据文中吴全节所叙履历，推定本文应撰于泰定年间。同时胡助撰有《看云道院铭》，见《纯白斋类稿》卷一八。

402. 元·虞集：写韵轩记　泰定年间

龙兴紫极宫写韵轩，高据城表，面西山之胜，俯瞰长江，间于民居官舍之中，特为夐绝。眺望如此者，亦或有之；至于秋高气清，望见上游诸郡之山，若临江之玉笥、抚之华盖，寸碧天际，森列户牖，此则他处之所莫及也。

西山神仙窟宅，得道之士往来城府，致其悯世拯俗之意，而游览燕息于此，盖必有之。郡人相传唐文箫、吴彩鸾二仙，岂其人欤？世传吴仙尝写韵于此，轩以之得名。予昔在图书之府及好事之家，往往有其所写《唐韵》，凡见三四本，皆硬黄书之，纸素芳洁，界画精整，结字遒丽，神气清明，岂凡俗之所可能者哉？要皆人间之奇玩也。登斯轩而思其风采，亦足以寄遐思也乎！而世人尘俗之想沉溺于胸中，意谓高仙幽栖者不异于己，而书其遇合之事，殊不经也。盖唐之才人于经义道学有见者少，徒知好为文词，闲暇无所用心，辄想像幽怪遇合、才情恍惚之事，作为诗章答问之意，傅会以为说。盍簪之次，各出行卷以相娱玩，非必真有是事，谓之“传奇”。元稹、白居易犹或为之，而况他乎？遂相传信，虽为其道者，若文、吴之事，亦久而莫之察，良可悲乎。盖所谓仙者，形质化泯，神明昭融，岂复有分毫世俗之念而有可以受谪者乎？昔陶隐居著《真诰》，载李夫人少女降杨生之事，犹言玄契遇合，真道不邪，示有偶对之名，初无弊秽之迹，从容接对，礼意森严：此一证也。借曰以凡念之起见谪于天，自当恐惧修省，一息不敢缓，而可以因循衽席之燕暇以至十年之久乎？诬吴君也亦已甚矣。而使庸人孺子，无所知识，更得以藉口。吾党之士其可吮墨弄翰、扬澜而助之波乎？因书此，以贻其观之主者余君玄谷，无重遗愧于兹轩之高明云。

【说明】 据四库本《道园学古录》卷三八录文。参见万历《新修南昌府志》卷二九、康熙二年《南昌郡乘》、康熙二十二年《江西通志》卷四九、四库本《江西通志》卷一二八、光绪本《万寿宫通志》卷一八、《全元文》卷八五二虞集三九（第 26 册）《净明资料新编》。道光十年《新建县志》录载此文，但作者误为吴澄。

403. 元·袁桷：空山雷道士墓志铭　泰定年间

孔子曰：“文胜质则史。”班固亦曰：“道家者流，出于史官。”岂其然乎？老子为周藏室史，酌古今治乱，成五千言，致用以准《易》，较其治，良不诬也。噫！为老氏者，其知此与？《河图》《洛书》，圣人则之，《易》《书》诚经纬也。微言既湮，传注门户各立自胜，《易》与《书》迄不能并。士方断断然，不可参错，进老子之说，焉得力而胜诸？士患无恒心，遇不遇，命耳。

旷百世而相感者，吾得一人焉，曰雷齐贤。始予读其书，益知其所以言病乎世莫知其涯也。齐贤所为书，援据切至，感厉奋发，不蹈世俗绳墨，合神以穷变，尽变以翼道，申言广指，其于力诚至矣。今知齐贤者不若是，则齐贤之意将终无以自表。齐贤于书无所不读，悉资以为是书者，其道然也。道散于九流百家，同归而殊途，唯老子最近。然则《易》《老》诚相表里邪？呜呼！齐贤之志，予深知之矣。齐贤著书曰《易图筮通变义》《老子本义》《庄子旨义》，所为诗文二十卷，和陶诗三卷。齐贤名思齐，家世临川人。幼弃家居乌石观，晚讲授广信山中。暨终也，复归乌石，治其窆而先表焉，表曰“空山雷道士之墓”。卒时年七十有二。番阳吴成季，广信弟子也，尝曰：“空山先生承绝学于荡裂，缮刻志意，却甘茹苦，光景变幻，皆隐慝不道，飞伏控握，愈昡愈远，道无有矣。今遗书具在，匪吾徒私彰确者。”如是则行若艺犹其粗也。陈郡袁桷以是铭。铭曰：

入而不出，神不可以物。通而不塞，用不能以怵。膏轴御轮，其行弥踆。无适不宜，曷问其津。生以道为枢，死以天为徒。有隆空山，泉流舒舒。矫尔后人，抑华食实。弗绘弗雕，我铭是质。

【说明】据四库本《清容居士集》卷三一录文。参见《道家金石略》、《全元文》卷七三八袁桷三三（第23册）、《袁桷集校注》卷三一。

404. 元·袁桷：送陈道士归龙虎山序* 泰定年间

往岁见福唐张君见独于京师，貌清气完，语简而意消，察其退静，泊然无求者也。山中之人曰：“张君居室靓邃，滋兰艺松。藏善本书盈庋，督教其弟子，恂恂卑让，见之者必知为其徒也。”至治元年，嗣天师入觐。君死且十年，侍剑印者曰陈某，桷初一见之，甚似吾张君也。问之，则曰亦福唐人也。闽为儒林，《经典释文》陆公德明所校定，天下遵守，莫敢异。夫闽昔为荒陬，言语不合于中土。六经表章，旁及诸子，由唐世始定而独取于闽，何邪？九州岛之士，未始以南北限。陆公书积六七百年而不废，则其疑息而无可议者矣。今则曰扬以南为蛮夷，吾不知其何所自也。其亦有所激也欤？余将有言焉而未之能也。

尝闻龙虎山尊崇吾圣人书，弦诵之声，接于两庑。往铭空山雷君，其于书，若饥之于五谷，朝暮不敢弃，故其门人树立伟著。推张君蓄书之心，观陈子之甚似，知其刻厉，宁能以中画也邪？两京雄富，夫既身履而目受之，豪劲庞错，可夸可愕，接于歌谣。风气之盛，必将矢言沈深以鸣夫太平。身安道充，必不戚戚以求外也。老子尝曰“无为无不为”，国之本也。愿归以究之，异日询咨，以承专美于前者，将有继矣。勉乎哉！事豫则备，若然，则其宁有不能者邪？凡我同志，宜为诗以饯。

【说明】据宜稼堂丛书本《清容居士集》卷二四录文。参见《全元文》卷七一六袁桷一一（第23册）。

405. 元·邓梓：元真观记　泰定年间

自世传许旌阳伐蛟于洪，而洪之封内，往往指其遗迹以为祠。观之设，其大者为玉隆万寿宫；次专总奇胜、崇构宏敞者，不可悉数。新吴邑郊之上二十里为芦茨山，山之下溪水黯然，大鱼潜处其中，若有神物呵卫者然。人曰旌阳尝历是山，折芦为矛，翦茨为镞，以御蛟于此，而山以是得名。昔祠焉而废，今其址可按而索也。

泰定甲子冬，延真观道士胡明德与其徒往观焉，顾视林木泉石，真仙人居。明德曰：“旌阳以大泽施于洪，洪之人戴之祝之，靡不虔矣。而此独废，何居？吾闻里有谌君德澄，称乐施长者，可义动之。”于是德澄喜曰：“沂有志久矣，弗果为。今又得君主之，可立具也。”乃相与度其旧址而经营之。既来请名于教所，榜曰“元真”。割田园以养其众。已而叹曰：“人以起废属我，而我以卤莽成之，庸可视久远耶？”复搜群材，鸠众工，楩楠豫章，以斧以锯。殿堂、门庑、廪厨以次而庀，黝垩丹漆，剖劀雕镂，百手皆作。崇其像设，备其器用，既数载乃成。大抵规制崇雅，金碧骇观，使人见之如登蓬莱，如入化城，良可乐也。于是明德悉其始末，请余记之。

余谓旌阳以忠孝得仙而有德于洪之人大矣！千载之下，苟能创一祠，营一宫，假旌阳以号于人，不旋踵集事。矧兹山之灵迹可征而故祠之遗址犹在，则其兴之也固宜。然不有明德以启其机，德澄之乐于施，其兴固无由也。或曰：昔旌阳师谌母以得道，今谌君复崇祠宇以祀旌阳，谌氏之有功旌阳哉！旌阳有知，其福谌氏也审矣。又安知明德非八百仙之一人，本为谌氏来耶？噫！是固不可知也。姑为记其梗概，使来者有以考焉。明德族出华林，有儒者气象，教所授以“文逸元同法师”之号云。

【说明】邓梓，字文若。元统元年（1333）进士。历官南丰州判、信丰知县。为官重名节，以廉洁称。据同治《奉新县志》卷四录文。

406. 元·柳贯：玉隆万寿宫兴修记

天历元年戊辰（1328）

郭景纯与许旌阳同时，尝为旌阳相宅，得豫章西山之阳曰逍遥山者居焉。后于其地拔宅升真，即建游帷观，改玉隆万寿宫。游帷者，昔旌阳上升时，尝飘堕锦帷其处，名之即以其实也。玉隆者，《度人经》三十二天号有太释玉隆腾胜天，谓是宫为群帝所馆。安知玉隆腾胜不在兹乎？实之欲以其名也。观肇兴于晋而盛于唐，尤莫盛于宋。宋祀将四百，而是宫之营缮见于纪载者二：大中祥符之缔构，其力出于郡人光禄寺丞胡公仲容，而王冀公实记之；政和丙申之恢拓，其费出于系省之官钱，其图准西京崇福之旧制，于是内出玉册，遣帅臣加上尊号，又诏侍从升朝官为提举宫事，其祠秩之次，浸比隆于岳镇矣。然则祀隆而宫盛，非以昭应之受书，玉清之定鼎，适会乎其时哉！

至元丙子，宗社既屋，有司上江南名山仙迹之宜祠者于礼部，玉隆与居其一。故凡主是宫，率被受玺书如令。至治元年，临川朱君思本实嗣居其席。始至，见十一大曜、十一真君殿、祖师祠堂摧剥弗治，位置非据，谋将改为，则以状请于教主嗣汉天师。会元教大宗师吴公亦以香币来祠，因各捐赀倡首，而施者稍集，抡材庀工，有其具矣。盖宫制二殿中峙，厢序参列于前而分画其中，以左右拱翼。乃相藏室之北，撤故构新，作别殿六楹。东以奉十一曜真形之像，西以奉吴、黄十一真君之像；夹辅面背，各有攸尊，亦既无紊于礼。又即十一真殿旧址筑重屋一区，上为青玄阁，下为祠，凡自唐以来尝有所施与，尝主兴造之官僚，以及历代住持、同袍、士庶之有功有绩者，皆列主而祠。每三七日集众焚诵，岁时洁羞荐飨，视子孙妥侑之意，无弗逮焉。经始于泰定二年之八月，阅三年而考其成。朱君过余请记。

余与君有雅故，知其猷为敏裕，而信其成此不难也。然余闻鬼神之交，古有其道。而若受明新永，则固帝王一心运量之所致，民无与焉。降秦及汉，礼坏乐崩，黄老最先出，一时怪迂之士乘其淫昏，剿之以祈禬禳却之方，大抵末矣。然而曰宫曰观，犹不过踵夫寿宫、交门、棫阳、蜚廉之迹而更斥大之，坛席文镂，黼黻极盛，人以为宜然耳。呜呼！其去黄老为治之本何其远哉。古者明于神事，必皆精爽不贰、聪明齐肃之民。而今之为道士法者，抑岂其徒欤？不然，所谓重黎氏之遗胤而果能胜夫宗祝之任者欤？旌阳晋人，是尝有德于吴楚之民。及其功崇行成，超然上征，而山川炳灵，鼎灶斯在。今虽去之千载，霓旌羽盖犹时临睨乎故乡。则夫骖群帝之御，挟飞仙以遨游，不即于是而奚即哉？十一大曜天神也，十一仙真神人也，吾无间然矣。乃若列主于祠而享有烝尝之奉者，又安知不出于八百地仙之籍也哉？虽然，精爽不贰，必朱君而后足以当之。自始有宫，迨今何啻千年？营缮之功不一，而独祥符、政和得传，以其有记故也。然则朱君之为是役，绩用章灼如是，欲不记，得乎？无其时而有其人，天下之事乌不可哉！朱君字本初，受道于龙虎山中，而从张仁靖真人扈直两京最久。学有源委，尝著《地舆图》二卷，刊石于上清之三华院云。

【说明】柳贯（1270~1342），字道传，婺州浦江（今浙江浦江县）人。历官江西儒学提举、翰林待制兼国史院编修等。有《待制集》等。据四库本《待制集》卷一四录文。参见四库本《江西通志》卷一二八（文字有省略）、同治《南昌府志》卷一四、同治《新建县志》卷七六、光绪本《万寿宫通志》卷一五、《道家金石略》、《全元文》卷七九一柳贯八（第25册）、《净明资料新编》。文中主要记述了西山玉隆万寿宫之历史变迁及泰定、天历间重修落成之况。尤其提及殿堂除奉祀祖师、十一大曜天神、十一真君外，还对“自唐以来尝有所施与，尝主兴造之官僚，以及历代住持、同袍、士庶之有功有绩者，皆列主而祠”，这种注重传承不忘本初之行对道宫兴盛有重要影响。

407. 元·柳贯：云从山崇真观记

天历元年戊辰（1328）

介豫章江山间，多古神仙窟宅，而许旌阳之迹最显著。旌阳晋人，晚得道，以灵剑歼逐蛟蜃，辑宁吾民，遂阴役鬼工，铸铁柱置郡牙城南，钩锁地脉，使永永无害。今铁柱延真宫是其处也。地胜故法隆，而其徒亦滋以盛。宫有华隐堂，真静大师杨君湛然实居之。嗣其法者周君克恭尤修行成信，既谢提点宫事，则谋相宅别营真馆，得琉璃门外亢爽之墟，考筮惟吉。崇基杰构，坚密邃严，若化若涌。而殿庭藏室，广庑高闳，象乎明灵之都矣。甫就功，会玄都大宗师张公代祀名山，为著额崇真观，登诸祀籍。即命杨、周之徒是承是主，以毋易世迷宗，示有先也。

初，父老言兹地故为云从山，旌阳未升真时，盖寓药炉丹灶焉，至今字其山而未有著其迹者。然储精凝神，则未必不在乎是。是周君虽名作新，其于志古，有合乎哉！杨、周君先后化去，继以吴君德新，而道纪堂成。又继以徐君希真，而观制无一不具。吴、徐君皆尝专席延真，退隐是观，游恬入漠，如执左券以相畀授，亦称夫华隐之多贤而崇真之有述矣。自至元二十二年，其岁丙戌，始兴观役，逮今至戊辰，历载四十。而凡聚族于斯，栖息有容，饔飧有继，稚松重篁，加围合把，径幽林蔚，屏却氛壒，步跬城闉，侔乎嘉遁。方徐君耆年厌事，而雅欲余叙次本末，既重为其辞，则介余故人子王渐以请曰：“昔吾先师规作别馆以祠旌阳，不自意云从遗址之偶于其卜，谅哉仙者之灵也。然吾犹及见吾师树立之勤而底法之不易。使更数传则委之不知，孰明其源？此吾愿记于石而有祈于后之意。吾今且以祈吾子矣。”余曰：“子之道宜传，奚区区取必于吾？乃入关著书上下篇总五千言者，子之教盖本是。本之如何？曰虚无，曰清静，曰慈俭，曰柔弱，无余智焉。彼其初欲人深自啬缩以全其生，而至于寂感之机，不离动静，则固神矣妙矣。然所谓绵绵其若存者，既足以植其宗，寿其后，而况旌阳之灵，超遥乎九清，玄览乎八极，顾云从鼎灶之迹而时一下之，有相斯祜，尚肯薄其乡、遗其世哉！”曩余幸承泰雍展采之泽，周旋圭璧牲币间，颂歌瑞应，归怀黄老之日盖久。而徐君不鄙托记，故执笔为辞，其上以昭圣人在宥之仁，其下以开方来纂绪之重。然则因余辞而观之名以闻，与夫因是观而余之辞并以弗坠，其有凭乎？其无有凭乎？余亦不知其至也。呜呼！天下之事，要于所终，凡若是而已。宁足觊哉！宁足觊哉！

【说明】 据四库本《待制集》卷一四录文。参见《道家金石略》、《全元文》卷七九一柳贯八（第25册）。

408. 元·郑玉：龙兴观修造记

天历元年戊辰（1328）

老子设教，清静无为而已。秦汉以来，乃有神仙解化飞升之说。至于正一之宗，冠鳖以为饰，宫观以为居，行符水以救疾病，设斋醮以祀天。今唯其徒独盛于天下者，以感应之机在人为易动，祸福之语入人为已深也。然求精修不懈，足以传其师之教而副世人之所祈请者，盖亦未之见也。

不老山龙兴观，自昔高君景修以法箓炼度为四方所尊信，诛茅于此。逮奚君岳卿得观额而名之，乡先达郢守罗公为之记。遗宋末造，鼎迁物改，世异事殊，重以山高气寒，风雨侵蚀，檐颓壁压，支柱不仆而已。至今住持提点元素冲妙真一法师陈君崇正，乃始有意兴复而加充拓。十数年间，心憔力悴，铢累寸积，克底于成。内外巨细，靡不完好。三清像、玉皇像、七星十一曜像、诸天神王像、琼章宝藏，饰以金碧，光彩相射，照耀人目。添甍易栋而加整饬，则三清殿、藏殿、东西两庑也。其重建者，为法堂、为玉皇阁。其创建者，为东华楼，为屋十五间，凡若干楹。合修造之费，钞以锭计若干，米以石计若干，畚锸斧斤之役以日计若干。出于己者十之三，化于人者七。起皇庆元年壬子，讫天历元年戊辰。又虑其久而将不继也，裒田积谷，置籍以稽出入。立修造之局，使其徒世守勿坏，用心勤矣。师字真空，邑西人，颀然长身，目光如漆，诚意悬悬，专事禳禬，诸公贵人争相迎致之，用是有所树立，盖予所谓精修不懈者。因其谒记，略叙梗概，使刻之石。若夫山川之胜，沿革之故，罗公已著者，此不复书。

【说明】据四库本《师山集》卷五录文。参见《道家金石略》、《全元文》卷一四三二郑玉五（第46册）。

409. 元·虞集：陈真人道行碑 天历二年己巳（1329）

善为老子之学者，泊然而通，介然而容，烛乎几而不作于用，适乎变而不阿其从，至自外者漠焉不为之动，存乎中者渊焉不见其穷，冲冲乎，充充乎，执之则无方，建之则有宗者，吾得一人焉，崇玄冲道明复真人陈公先生也。公弱不好弄，静居若思。昆弟三人，既丧父，伯氏以儒显，仲氏能治家以为养，其母某夫人知公志，使从师龙虎山。玩心希夷，为学日约，人莫测其所至，而其所造亦莫自知也。及来京师，天下英俊咸在，从而缔欢者若饮醇而饫甘，豪者靡，机者弛，有其能者莫不慊然自失而退。若公者，非古所谓德人者耶？公始辞母出家，虽远去而未始顷刻忘，尝思报亲之大者而尽心焉。而人所见者，晚岁归，为亲寿，燕乐亲戚乡里累日，人人感动。及殁，奔丧治葬，哀毁如礼。故开府仪同三司张公留孙殁，公以弟子诸孙护丧归。开府朝之大人旧臣，丧所过，倾官府，走士庶，吊奠无虚日。公摧尽中情，凡役具办，人又以为难能。然公再罹巨创，形气向茶，而为生之道伤矣。盖还京居五年，淘炼清虚，一旦化去，隤然委顺，弗挠弗怛，天历二年四月四日也，年五十二。师友哭之恸，大夫士来吊者皆失声。凡为其道者，哀思之不忘，无间言。

初，开府公受知世祖皇帝，肇设玄教，身为大宗师，择可以受其传者，非奇材异质不与也。今大宗师吴公全节，元贞、大德中为天子祷祠名山，见公于上清正一万寿宫，归以告开府，遂召以来，深得开府心，岁从车驾行幸。尝察罕海，有旨祷雨，大应。故武宗皇帝、仁宗皇帝、兴圣太皇太后皆知公道术，宣授某法师提举崇真万寿宫，进授提点，遂封真人，兼领龙兴玉隆万寿宫，又领杭州宗阳宫。开府之师弟子得封真人者十数人，而张公、吴公、夏公文泳以真人居大都崇真万寿宫，典司玄教。公之封真人也，赞书以四传属之而遽止，此其命也夫。

公好读书而不乐接世务，其居在宫中最幽迥处，庭中草木无所剪治，花实时成，云以观化。好为诗，清丽自然，有足传者。道书丹经、大洞玉诀、灵宝黄箓斋科等书，皆极精诣，其徒受而习焉。尝道杭，杭方旱，遍祷弗应。行省丞相达尔罕候公以为请，公坐为致雨告足，杭人至今道之。公又能论人生甲子，推之以言其祸福寿夭奇中，人异之，公不以为事，亦未尝言也。公殁时，箧中有书数卷耳，几无以为敛。自附身以至于还葬，皆吴公出私财给之。奉丧归其里者，冯瑞京、徐慎初。其墓在某处，葬以某年月日。提点舒某张某来求铭。舒、张、冯皆公以次相传之弟子，徐从游者也。予与公为方外之交者三十年，最知公，故宜铭。公讳日新，字又新，饶之安仁人。祖讳某，父讳某。铭曰：

真人乘鸾，忽其登天。上薄太霞，下蹴紫烟。宝化而消，名在世间。我哦其诗，琅璈相宣。秋高露零，素华娟娟。松有茯苓，石有醴泉。来食来游，待以岁年。雨人于田，云复于山。泯泯漻漻，曷窥其玄。城郭孔固，何日一还？燕乐曾孙，有教有言。我铭在兹，百灵守虔。

【说明】据四库本《道园学古录》卷五〇录文。参见《道家金石略》、《全元文》卷八八二虞集六九（第27册）。

410. 元·吴澄：抚州玄妙观碑　天历二年己巳（1329）

（原阙）门中豁，三夹旁附。正殿之西竖西阁，与东阁对峙。东庑、西庑以间计凡一十。前后左右，既周且备，乃作正殿。抡才于远郊，砻石于邻郡。为柱为础，必良必坚。四阿巍巍，四宇翼翼。阿之所峙，方五寻有半；宇之所环，其室十有二。规制朴伟，视昔相倍蓰。正殿之北、居屋之南造法堂及东西房，负柱之楹六。惟西偏东向之屋八间仍其旧，余皆一新。像设坛位，辉赫整肃。自丁巳之冬至己巳之夏，十余年之所经画，而玄妙之精神气象，奚翅复其旧而已哉！非意度之广、才具之优，能若是乎？会其费，当缗钱一十二万。昌祖，临川彭塘人，礼师受业于仙盖山之龙堂观。善继善述，轮奂其居，充拓其产，有光于其先矣。往住绕山观，振极于颓败之余，内外构架具足，舍所买私田百五十亩赡公厨，其所进益一如罢堂焉。永崇观废，旧额犹存，重为启立，度人嗣守其所，完美又如绕山焉。以至白云开山而乐界观近之土，相山兼职而大筑仙祠之宫，最后再兴玄妙，优为之也。盖长于理财而不私所有，凡诸观营造，悉用其私积，一毫无所取于公帑。玄妙之役，城中诸善士施助约万缗，此外无所资于他人也。呜呼！群动总总，终身孳孳，利身肥家是图，贪其入，吝其出，重外物尤重于一己，达者固痴之；而况弃家遗身游方之外，非有仰俯之事畜，非有世胄之縻系，而货殖辟地，靳靳自私，靡异流俗之编氓，则其痴殆有甚焉。若全迹昌祖之达，千有不一二也。世之士大夫学孔氏，以治国平天下自许，授之以事，鲜或能办。私其一身一家者，比比而然，孰能于己无私、于事有成如全师者乎？师以其法嗣万得一、连学礼分掌玄妙观务，来请记营造始末。予因是叹士大夫之有不如师，亦贱土苴而贵其真（缺）称绕山道人云。

【说明】据四库本《吴文正集》卷五〇录文。参见《全元文》卷五一〇吴澄三八（第 15 册）。

411. 元·康瑞：重修灵济庙记　天历二年己巳（1329）

龙泉敕额祀典，惟龚溪一庙，实为境内主宰之神。邦人严祀，家有其像，里有其祠，水旱、疾疫、饥馑、兵革，祷辄响应。岁时伏腊，蒸尝弗替，亲若祖祢；神之所以福于其邦者，亦不啻若子孙焉。稽之志乘，盖四百余年于此矣。而灵迹益著以远，环境千里之内，骏奔伏谒，稽颡乞灵。远而江湖舟楫风涛之恐，亦靡不号呼祈佑神灵，盖甚盛也。

神姓龚，世居邑之田塔，兄弟七人，皆隐居弗仕，以德义孝友称于乡人。唐天祐丁卯，办上供枋木，兄失足堕水，诸弟迭救，相继而殁。因葬石龙双溪之口，见梦于乡老廖九翁，曰："吾兄弟死而为神，当血食此土。汝其立庙祀予，予将自致材焉。"已而雷雨大作，潦水暴涨，木奄至墓所。乡人神之，即其地建祠。今禾蜀乡罗团之庙，乃灵迹之所由起也。自后显著灵异者又二百余年。当宋绍兴年间，叛卒刘十九等为乱，所过焚戮，独环庙数十里居民安堵。大将岳公飞领兵讨之，岳素钦神德，先诣祠虔祷，即得吉卜，尅日歼殄而还。淳熙二年，茶陵贼赖文政入境，率其徒祷祭祠下，卜袭治，不许。比出庙门，昏雾四塞，如见甲兵旗帜，遍野成阵，乃成垒自固。夜闻金鼓有声，因骇惧宵遁。知县事范德勤新其祠以报焉。邑进士郭俊等摭其尤显异者数事列状上陈，部使者考核如状，闻于朝。玉音嘉之，开禧元年六月敕赐"灵济"庙额，始末俱载水南行祠石碑。国朝至元二十七年，洞氓广据险为暴，朝委李佥枢督捕。比至，率官僚致祭祈佑。迄用神助，扫荡窟穴，俘馘无遗。事平，捐己俸倡率，命项振宗新其庙，以彰其庥。岁旱远近有祷，神驭所至，甘雨随之。其余异迹，亦非笔墨所能尽也。

邑境所至有祠，惟罗团、田塔二庙为盛，盖罗团乃神显迹之地，田塔则神所家也。四方来谒，于田塔为近，故祖庙尤盛。庙后神之先茔在焉，地曰仙鹅形，茔后有池，曰仙鹅池。林木苍郁，合抱干霄，山水四周，萦合回抱，气脉之所融会，天钟其美于是，以储神灵之源。茔庙相依，萃厥祥祉。其十世孙通甫尝新是祠，舜甫、逢辰继之。今振甫大捐钱粟撤祖庙而新之，自以田易庙前邻壤四亩以广庙址，伐木辇石，百役具兴，比旧基纵横各增六尺，栋增七尺，庭堂靓深，阶宇显敞，门庑翼卫，诸舍整列有序，檐阿翚飞，丹垩明焕，像设器备，端洁如礼。以泰定四年丁卯五月二十二日经始，天历二年己巳正月落成，縻楮币五万五千缗有奇，费皆自振甫。庙成，众咸请记其事于石。

惟山川精灵之气，挺生明哲，奋为明神，宣威扬灵，佐兴国家，捍御灾患，功在生民，庆流后裔，演迤而未艾也。神灵无疆之休，与山川相为不朽，将大布其福泽以丕承国家宠锡之庆。新庙奕奕，此其兆也。论摭其事，以纪岁月。其龚氏近派，自通甫以来可详考者，具于碑阴。

【说明】据康熙二十二年《吉安府龙泉县重修县志》卷七载：康瑞，字端玉，龙泉（今江西遂川县）人。至正甲申（1344）举授新淦州学教授，改赣州府照磨，升龙兴路富州判官，以清白闻。据同治《龙泉县志》卷一六录文。参见《全元文》卷一四二五康瑞（第46册）。

412. 元·揭傒斯：抚州灵感庙记　天历三年庚午（1330）

临川西南行九十里，有山巍然而高大，隆然如波涛蔽于一州者，曰连珠之山。有谷焉，苍峭深窈，若与世隔。谷之口有寺焉，名如其山。南唐升元中，肉齿和尚曰智通者，尝居之。入谷数十步，有庙焉，曰灵感之庙。宋庆元四年所赐额也。天历元年，寺住持如海、知事从善改作大殿五间，丹楹藻井，崇阿飞甍，涌殿壁为海潮庆云之状，仰烛承尘，俯镜广庭，自夏徂秋，遂底于成。神享其祀，人乐其功。明年，介予女兄之夫陈君用清请予记。

按图志，其地初有古杉一株，常闻笙箫之声，飞绕其上。杉下有泉，人汲而祷之，能苏旱而愈疾。一日，神附童子语及梦告肉齿和尚曰：“我朱森秀才也。兄弟三人，皆隐于此。汝庙祀吾，当福汝民。”乃伐杉为三神象，冠服形貌一如所梦者，庙而祀之。揭灵著飨，余二百年。至景定三年，始得封为净感、净应、净佑三真人。余谓神有曰“朱”者，株也；“森”者，杉也；“秀才”者，美木也；“兄弟三人”者，三乃木之所以生也，盖木德之钟。木主仁，故为善不为恶，为祥不为咎，而能大庇斯民也。其兹山之灵也欤？山非神不立，神非山不留。惟兹山与天地无穷，兹神亦与山为无穷，其必与我元相为无穷也。然非兹殿不足以壮神之居，以称此山，敢不敬志其事焉。呜乎！尔民其益务为善，毋使见弃于神哉！

天历三年夏四月朔，揭傒斯记。

【说明】据四库本《揭文安集》卷十录文。参见《全元文》卷九二四揭傒斯六（第28册）、整理本《豫章丛书》集部七《揭文安公集》之文集卷五、标校本《揭傒斯全集》卷五。

413. 元·李存：云锦观记　至顺元年庚午（1330）

上饶龙虎山二十四岩之下，有方石焉。望之烂然而纹，相传曰云锦石。汉天师张君尝炼丹其下，后之学者从而庐焉。宋崇宁中，得赐额曰“云锦观”，已而废于兵。绍兴间，有周昌臣者始葺于铁炉原。未几而昌臣死，遂以复废。淳熙间，都录刘君用光以道术显于时，有拨赐没入田而以食其众。庆元间，倪元兴病其卑隘，迁于杨家塘，旁有古井，谓能时出五色云气，似更与云锦之名宜者，然苟合而未完。

世祖皇帝一天下，贵清静之教，上清宫道士叶君继靖住持兹山。他日，因循观而南可百步，顾而左台山，右麈湖，前为应天诸峰，而后则云锦石也。因喟然叹曰：“兹岂非天与神授者邪?”遂议以改为，请于主教真人而许之。大宗师吴公亦亲为之按行，耆德傅君应辰又助之役。为殿堂门庑，凡若干楹，庖湢库厩，各以次举，共为工一万二千有奇。嗟夫！吾尝经行兹山间，亦甚爱其廉厉洁削，洞穴秘怪，而草木蒨润，宜乎慕道高世之士捍焉而居之。殆纷华之境不交于前，而尘垢之事罕及也。然兹观者，再废再兴，凡五迁而始定，其无乃有冥漠之相，为幽胜之尤者耶?夫如是，则其于制炼吐纳之事，将益静而益专，成于己而及于物者必矣。叶君字克承，儒家子，其先古睦州人。秀而通，茂而有恒。大德中，尝从开府大宗师张公于京师，玺书授全德纯素通玄法师、教门高士、绍兴路瑞应宫提举知宫领本路诸宫观事。既又捧表阙下，再命提点云锦观事云。

至顺元年八月十五日书。

【说明】据四库本《俟庵集》卷一五录文。参见《道家金石略》、《全元文》卷一〇六六李存一一（第33册）。按，李存与龙虎山道士关系密切，集中尚有《饯陈又新真人赴京序》《送龚太和随天师入朝序》《送玄卿入朝序》《复送薛玄卿入京序》《和吴宗师眼明识喜诗序》《薛玄卿诗序》等文章。

414. 元·柳贯：金溪羽人查广居墓表

至顺元年庚午（1330）

查君临川人，姓查氏，讳居广，字广居。少入金溪望仙观受度为道士，复去之上饶龙虎山中，从庐阜黄尊师石翁学为诗。尊师爱其类己，授之彀率，裁以尺度，君更感激自奋。尝东游至鄞海上，还渡浙，憩虎林山。久之，得杨推官仲弘诗七言今体，服其雄浩；又得范太史德机诗五七言古今体，服其清峻，皆手抄口诵，心领神解，期与之俱化。

泰定丙寅，余以提举学事莅豫章，君将游匡庐，过之，与极论诗道。而余锐欲翼君以进，会时暑，不果往。因橐其诗，西之清江百丈山，求太史之庐而卒业焉。太史亦欣然定其可传者五十余篇，序为《学诗初稿》，以张君之志。明年，君即馆豫章，还往益熟，论议益切。又明年，余受代去，君悒悒不胜情。余曰："君方外人，岂不能复入东，谋一再会乎？"君强笑颔之。初与君同为诗者危素太朴，后与君上下颉颃者王渐玄翰、揭车子舟。余最善是四人，以为江右后来之秀，而素乃以书言君死矣。余为之西向哭，哭已则曰："天果不欲昌吾诗乎？胡为使君之驾将骋而遂蹶乎？又胡为不葆君之玉未磷而已缺乎？余壹莫知其故也。"君早孤，质厚而近迂，所交多畸人静士。雅嗜佳山水，杖屦所历，揽结奇秀，资之赋咏，无遁思焉。使幸至中寿，则不懈而及于古，独诗乎哉！君以天历己巳秋得疾，卧铁柱延真宫，其冬十二月，道友邓居明与其徒葛世蕃迎归仁寿观，卒其月庚戌，年四十六。明年正月戊午为窆葬屏原。临川处士孙君履常、奎章阁郎官揭君曼硕、武夷征士杜君原父尤知君。君之葬，素既铭而纳诸幽矣，又欲余言表墓以贲君于地下，素之善君有始终哉！

是年至顺改元，岁阳庚午秋九月既望，东阳柳贯述。

【说明】据四库本《待制集》卷一二录文。参见《道家金石略》、《全元文》卷八〇二柳贯一九（第25册）。文中详叙了羽人查广居之诗才及勤奋学诗之历程。

415. 元·吴澄：西阳宫记　至顺元年庚午（1330）

文章之传世，虽圣贤之余事，然其盛衰绝续之际，实关系乎天地之气运。周秦以前尚矣。先汉贾、马二子以来八百余年，而后唐有韩子；唐韩子以来二百余年，而后宋有欧阳子。天之生斯人也，固不数也，是以百世之下万口一辞，称为文章之宗工。尊其文则敬其人，尊其人则敬其亲。苟敬其亲也，则其敬无乎不在，而况其坟墓所在乎？此予所以不能已于西阳宫之记也。西阳宫者何？欧阳子之亲之坟墓所托也。

昔韩子三岁而孤，先世坟墓在河阳，时或往省。欧阳子四岁而孤，二亲俱葬吉永丰之泷冈，终身不能一至。盖其考崇公官于绵而生子，官于泰而遽终，妣越国太夫人郑氏以其子依叔父随州推官。越一年，崇公归葬于吉，葬后还随。欧阳子年二十，预随州贡，年二十四，登进士科，历事多在江北。及留中朝，年四十六而太夫人丧，次年归附崇公之兆，葬后还颍。崇公之葬距越国之葬逾四十年，越国之葬距文忠之薨又二十六年。六十年间欲如韩子之一省坟墓而不可得，其坟墓之托，幸有西阳宫焉。

宫在永丰沙溪镇之南，旧名西阳观，莫详何代肇创。宋至和乙未，道士彭世昌起废，掘地得钟，识云“贞观三年己丑西阳观钟”。崇公讳观，声异而字同，乃请于朝，改观为宫。宫之后有祠堂，合祠崇公父子。阡表、世次二碑竖于一亭中间。祠堂敝，里人陈氏新之。淳熙丙午，诚斋杨先生为之记。其堂后复敝，陈氏子孙重葺。咸淳丙寅，巽斋欧阳先生为之记。莆阳方侯崧卿守吉，出钱十万，命邑尉陈元勋修筑泷冈阡之门与墙。绍熙辛亥，艮斋谢先生记其事尤该备，独西阳无片文可稽。祠堂初记丙午，至今一百四十四年矣；祠堂续记丙寅，至今亦且六十四年矣，而宫之道士鞠文质始遣其徒萧民瞻来请记建宫本末。民瞻之言曰：“宫面山枕溪，拱抱明秀。金华、桃源翼其左，龙图、凤冈峙其右。地之广袤六亩而缩，礼神安葬，室屋俱完。宋南渡后，道士赐紫者四：刘师禹、陈宗益、彭宗彦、曾若拙也。田之岁入米以斗计三百而赢，则宫之可藉以永久宜也。”而予窃有慨焉。尝闻诸礼：士去国，止之者曰："奈何去坟墓也？"子路去鲁，颜子俾之哭墓而后行。然则古人未尝不以不得守其坟墓为戚也。而唐宋二大文人栖栖无所于归，末年就京、就颍而家，悉不得归近坟墓，岂其心之所乐哉？今泷冈之阡，岁时展省如其子孙者，西阳宫道士也。据礼之常，揆义之正，虽若可慊，倘非欧阳子之文上配韩子，如丽天之星斗光于下土，与天无极，人之尊仰推之以爱敬其亲者，亦将与天而无极，则亦何以能使其亲之得此于人哉？夫能使其亲之得此于人也，其不谓之孝子哉？夫得谓之孝子也，而但谓欧阳子为文人，可乎哉？噫！此予所以不能已于西阳宫之记也。

【说明】据四库本《吴文正集》卷四八录文。参见万历《吉安府志》卷三五、明吴讷辑《文章辨体》卷三一、康熙二十二年《江西通志》卷五〇、四库本《江西通志》卷一二七、光绪《吉安府志》卷九、《全元文》卷五〇七吴澄三五（第15册）。

416. 元·虞集：敕封显祐庙碑　至顺二年辛未（1331）

至顺二年夏，江西行省以文书白于朝曰：吉安守臣言其所统吉水州中鹄乡，有神庙食于石砻之里者。相传神姓刘氏，讳焕，盖长沙定王之裔云。旧志以为隋时始有庙，至唐而益大，历五代及宋，灵异甚著。建炎初，金兵蹂江南，隆祐太后入赣避之。舟行为石所碍，有巨人翼其舟以出于险。后物色之，则神良是也，遣人祠谢之。自是百数十年之间，岁或旱祷之，则必有云起其东以为雨；有蝗祷之，蝗不至其旁近；有群盗犯其境祷之，贼恍惚有所见而散去。当是时，州固县也，而郡守之祷之也，必具官位姓名，谨书祝辞于版而致敬焉。敕赐其庙曰"孚应庙"，又封其神曰"顺惠侯"。盖当时之制，神灵之有功于民者，有司核实其事以闻，始赐庙额；又有功，则封之以王，其号自二字以上，累封至八字极矣。自入国朝来，凡水旱、疾疫、盗贼，无有祷而弗应者，而神封犹仍前代之旧，非阙欤？圣朝怀柔百神，德意至渥，诏书每下，则有司长吏必谨具牲币，奉祠境内诸神之在祀典者。是以石砻之祭，岁月相望也。请更大其封，以答神庥，而以慰民人。敢以为告。

于是中书下其事礼部，礼部移书太常，而博士议曰：宜因其旧而更其庙号曰“显祐庙”，加封神曰“昭烈王”。吉水州道士某法师提点某观事刘学仙，来请书其事而刻诸石，且曰：“为神求封者，州民李从大也；奉成命以归报神者，李思用也；新王之庙而大之者，某某也。”学仙尝游西北诸边，为宗室诸侯王客，多见神异之事。至京师，达方言于好事者，甚多有之。若至亦集乃路蹇占山北，见有烹羔桐酪，祠龙湫，数皮而沉之，祝曰：“神为我鞣而治之！”为期日而去。至期，复祠之，则得成革矣。若有鬼工然，不可测也。其地往往有人在京师者，或从质学仙言则信，盖其人习以为常而又不能言诸人耳。志怪若此者犹因学仙之言而传，况石砻之事，书而识之，何靳焉？学仙好文学，能为歌诗，故又为享神之辞曰：

坎坎伐鼓，石砻之下。注醪盈觞，解牲在俎。神其来思，胥乐于舞。我东曰瞻，云来如雨。谁其从之？昆弟如侣。神固王孙，长沙伊祖。惠我孔仁，亦厉而武。是耶非耶？来即于所。神之享我，自我祖父。昔侯今王，天子之祜。裳衣有章，丹楹朱户。肃肃孔容，孰敢予侮？驱我疠鬼，去我蠹鼠。丰我大田，宁我屋宇。尔妥我依，至于终古。

【说明】据四库本《道园学古录》卷四八。参见康熙六十年《西江志》卷一五〇、四库本《江西通志》卷一二〇、乾隆四十一年《吉安府志》卷六六、光绪《吉水县志》卷一二（有删略）、光绪《吉安府志》卷九、《全元文》卷八八七虞集七四（第 27 册）。按，“亦集乃”为元代路名，至元二十三年（1286）置，治所在今甘肃省额济纳旗东南。

417. 元·揭傒斯：临江路玉笥山万寿承天宫碑

至顺二年辛未（1331）

天下称大名山在大江之西者三：曰匡庐，曰阁皂，曰玉笥，玉笥又为天下绝境。按道书及图志，于洞天则大秀法乐，于福地则郁木。凡为老氏之宫二，为观二十有一，而皆统于万寿承天之宫。宫在洞天之西，三会峰之下，玉涧之上，云即梅子真隐处。汉初，覆箔之麓有观曰玉梁，言初为观时，天降白玉梁，因以为名。晋永嘉中，徙号于此。唐之季，道士刘潜谷建老君院观旁，曹处明亦建精思院，而王处士遂以观为灵宝院。南唐保大中，用灵宝姚文质议，合三院之田复为玉梁观。刘传陈绍规，王传丁守玄、姚文质，曹传宋怀德、汪希声，皆有道者，号玉梁八祖。宋大中祥符元年，赐观额曰承天。宣和初，升为宫。宫之众几六千指，为友寮五十余。而唐宋之君，数设金箓醮于此。故玉笥之名震天下。

大观庚寅，宫灾，各出建坛场以居，寮之存者仅十有三。灵宝之友曰超燕、浩然、水竹、养真，老君曰智仁、玉洞、玉山、寿玉，精思曰清音、清隐、桐涧、道冲、云庵。建炎、绍兴之际，管辖刘思齐、知宫杨得清始复其宫，何道冲、何守元继之，宫日以修。咸淳中，管辖李允一之兄珏为阁门宣赞舍人，得幸上，为请以甲乙传次，从之。入国朝，至元二十六年，诏加万寿承天宫，给五品章，以允一为本宫住持提点兼本路道录。与知宫谢景巽谋大新其宫以称上赐。景巽乃种树积财以待之。

大德三年，初作东西庑，而允一卒。刘寿翁、周源深、刘居敬、何应仙等继之。皇庆二年，寿翁、源深建寿春阁，主宰三宫三殿。延祐改元，建三门及正统堂、钟楼、斋堂、庖库之属。至顺二年，居敬、应仙建三清殿，费以巨万计。居敬及李师周各以私钱五千缗倡之，余皆出诸宫中王宝仙等。木惟栋材得巨树十株于郡人邓守一，余皆取之谢景巽所手植之者。于是，栋宇之制，金碧之饰，象设之严，莫不度越于前矣。又增饭众之田，合新旧为亩万有奇，而宫始大备。

君子曰：大江之西虽有三大名山，惟此山兼洞天福地之重。峰有太白、云台、群玉、秦望之属三十有三，坛有太清、太一、曜明、白鹤之属三十有九，台有东华、赤松、白云之属十有二，谷有彤霞、丹阳之属五，井有丹砂、玉乳、醴泉之属十，至若三溪、八池、七潭、六源、四坞、二十四涧，皆胜绝之处，高摩天关，深入地轴，载之莫究其名，穷之莫极其源。云雨所都，雷电所家，金芝灵草之所囿，神龙异兽之所窟宅，天钟其英，地储其灵，磅礴扶舆，非遗世绝俗乘虚驭景之士不能遍睹也。

古今隐居得道于此计不可数。其幸知名者，若秦孔丘明等十人，汉梅子真，梁杜昙永、萧子云，唐罗子房、罗公远、谢修通、刘道平，宋沈鳞、毛得一、李思广之徒三十有八人，皆磊落奇杰，世不常有。其不肯名于世者，不知其几。且神禹，大圣也；汉武，英君也；言皆尝应符受箓于此。使天下人披图志，听游士谈说，孰不延颈稽首，矫然如在弱水之外？信天下之绝境矣！而万寿承天宫实统此山，不亦重乎！今宫庭之丽不独可称上赐，又足以称此山，不亦美乎！然是宫也，兴于汉，盛于唐，毁于宋，虽复于南渡，又二百余年以至于今，始完且美，厥惟艰哉！为之后者，当何如其继也。

今住持提点是宫者，通玄冲素明远法师教门高士何君应仙也。宫之浩然堂邵天麟念其修复之难，何、刘以上诸老之勤，请文刻石。余与邵善，又尝识何君。序已，复系以诗云：

大江之西洞庭东，三山鼎峙争长雄，玉笥嵯峨与天通，千回万转重复重。十人避秦入山中，池养十鱼为九龙，九人乘龙上虚空，赤帝飞入为九崚。四海照耀何烘隆，三疏不救莽贼凶，曹瞒欺天塞帝聪，玉梁白昼随霣霳。寿春真人抗灵踪，玉坛佳气常郁葱，璇题翠羽开神宫，九霞照地光熊熊。急涧鸣玉相撞舂，群峰四合如朝宗，承天万年亮天工，太秀幽诡郁木同。重岩洞壑守鬼工，白猿夜啼宝气冲，我欲求之白云封，金阙先生碧两瞳。弟子文咏敬以恭，巢云驾雾留飞踪，玄洲长史白玉容，八十二口来相从。一入不复世莫逢，忽而见之若发蒙，朱宫玉堂绣帘栊，青童素女清而丰。桃花杏花相映红，忽而不见空溟蒙，或闻玲玲磬与钟，或如金鸡晓啼风。何刘沈谢数十公，遗声逸响犹沨沨，霓旌羽节何当降，霞衣飘飘佩琅璁。下与世人哀瘝恫，身为风牧常先鸿，上佐皇羲播时雍，还淳返朴服孝忠。物不疵疠年谷丰，气酣飞上三会峰，周览四极摩苍穹，前有天柱如华嵩。落日返照金芙蓉，三峰东出号赤松，云台太白相横纵，群玉金扇远更浓。两峰相倚如駏蛩，紫薇高阁紫霞冲，石桥金柱争巃嵸，长江外抱如白虹。束以惊峡轰奔洪，千今万古声淙淙，百神歆集元气融，超凌蓬莱轶崆峒。仙来不来我心忡，山中有草名碧茸，食之千岁颜如童，我欲求之不可穷。愿佩含影从仙翁，紫袍白马来两骢，夺取神君一尺铜，坐阅绝景忘春冬。

【说明】据《揭文安公集》卷一二录文。参见康熙六十年《西江志》卷一五〇、四库本《江西通志》卷一二〇、乾隆三十三年《峡江新志》卷一一、光绪《江西通志》卷一二二、《道家金石略》、《全元文》卷九二八揭傒斯一〇（第28册）、整理本《豫章丛书》集部七《揭文安公集》之文集卷七、标校本《揭傒斯全集》卷七、整理本《玉笥实录》。文中记述了玉笥山承天宫之辉煌历史，是研究道教洞天福地之珍贵史料。按，《峡江新志》收录此文，题为“承天宫记”，文字有所不同。

418. 元·吴澄：抚州重修三皇庙记　至顺二年辛未（1331）

自李唐以来至于今，天下遍立孔子庙于学，以表儒道之所宗。国朝继金、宋而兴，郡县各设医学，与儒学并，乃立三皇庙于医学，以昭医道之所祖。夫天生亿兆人，而人类之中有圣人者，卓冠乎众，天命之以司亿兆人之命。一元混辟，几百千年而有伏羲氏、神农氏、黄帝氏，是为三皇。纂其绪者，少昊氏也，颛顼氏也，高辛氏也，而尧、舜焉，而禹、汤焉，而文、武焉。此十有二圣，南面为君者也。北面为臣，则有周公焉。此十有三圣，达而在上者也。穷而在下，则有孔子焉。此十有四圣，或以其道而为天下之主，或以其道而为天子之宰，或以其道而为万世帝王之师。德天德，心天心，而生天民之命者，位不同而道一也。体其道之全，俾世享安靖和平之福，而民得以生其生者，儒道也；用其道之偏，俾世免扎瘥枉夭之祸，而民可以生其生者，医道也。曰儒曰医，其道圣人之道，有偏全之异；而其生斯民之生，固无彼此之分也。

国朝之设医学均齐以儒学者，岂苟然哉？以其同囿乎十有四圣之一道也。三皇于十有四圣为最初，孔子于十有四圣为最后。儒学之祀其最后者，尊其集群圣之成也；医学之祀其最初者，尊其开群圣之先也。《易传》叙三皇之制作，起自画卦，讫于书契。民之食饱而衣暖，生养而死藏，利兴而害除，与夫礼乐刑政、纪纲法度，凡以生斯民之生而《易》所未言者，何往非三圣人开先之功？圣人天锡之上智，曲艺无不通也。试即《易》卦三百八十四画观之，何所不包，何所不备？《本草》之辨药性，《内经》之究医理，今世所传虽不无托附，而大率必尊归于圣人。以此见三皇之有功于人之生，如天之大，荡荡乎莫能名也，恢恢乎莫能外也，奚翅医之所祖而已哉！医学祖之，尊其所尊，蔑以加者矣。

抚称江右名邦，儒学雄于他郡，而学之建亦已数十余年。至顺二年秋，佥宪聂侯巡历至抚，谒三皇庙，相老屋弗称报祀，民牧刘侯承意重修，戎帅章侯一力协赞。适官有所废所积之材，可以为资。二侯首捐己俸，近而僚属，远而士庶，谋从志合者欣然共给兴役。每日当政之暇，郡牧躬自督视。木之朽蠹者革，瓦之缺檩者益；隆隆其栋，翘翘其宇；盖覆之密、涂墐之周，雨凌风震而无虞。庙殿中峙，后耸一堂，前敞三门；殿傍达两庑之翼室，二庑由门而北绕殿东西各七间，斋舍左右各五间，外门之号棂星者其楹六。既完既美，炜然光华。从祀配神之肖像十，昔无今增。坛席于东序，西序新构易服之馆。一费不取于民，一劳不及于民，秋季肇土，冬孟底绩。郡从事南丰李士宏实董营缮，事毕，勒石纪重修之岁月。二侯述宪官之意，征予文。

聂宪、刘牧，予所未识。窃闻聂侯之行部也，肃肃然正己律人，恂恂然明伦化俗；韬袭威棱，慎审弹击，而奸贪懔懔，警畏敛戢，可谓才部使已。又闻刘侯之治郡也，拳拳然鉴古得失，谆谆然询今利病；皎洁如秋，慈祥如春，而禁令必伸，狱讼无滞，可谓良郡守已。章侯，余故旧也，门胄而尚文雅，军职而谙民务，其谋人也忠，其与人也和。前后宪官之暂临、郡官之淹处，乍见久交，靡不隆礼貌、孚心腹焉。三贤吉德，参会斯役也，为臣而钦圣代之所崇重，居今而思太古之惠泽，莅官而知民命之所关系，一举而三善具，予之所以乐书其事也。聂侯名延世，怀孟人，奉政大夫、佥江西湖东道肃政廉访司事；刘侯名承祖，东平人，亚中大夫、抚州路总管兼管内劝农事；章侯名伯颜，汝宁人，明威将军、镇守抚州万户府万户。医学三皇庙在郡城东隅之庆延坊。

【说明】据四库本《吴文正集》卷三八录文。参见雍正《抚州府志》卷四三、《全元文》卷五〇三吴澄三一（第15册）。

419. 元·揭傒斯：天华万寿宫碑　至顺二年辛未（1331）

唐贞元中，吉州刺史阎侯隐于城东十五里天岳山之芙蓉峰，后传以为仙云。其山世为阎氏业，子孙世为郡人。山高广可十里，俯览郡中诸山。或言古仙人浮丘伯及其弟子王、郭二人亦尝往来其处，及称山中多光怪，倏忽变化甚异。

延祐三年，侯诸孙弘毅即其地祠浮丘，以其二弟子及侯配。广殿大庭，高门修廊，皆合制度。又割田廪有道之士以奉祠事。明年，郡人曾编修巽申为请于玄教大宗师，命为天华观。至顺元年，升为宫。明年，正一教主三十九代天师加天华万寿宫，并书其额。咸谓君子作始，宜具金石刻，请为辞。

按《庐陵志》，侯名寀，初隐芙蓉，后得道山东南三十里之洞岩。临江《玉笥山志》又言，承天宫西南十五里南障山葆光观有吉州阎使君别墅，后得道衡岳。学仙之人，固芒忽不可知，而《戎昱集》载《送吉州阎使君入道》诗，此尤足征者。浮丘事见《列仙传》。天下高山绝境，类有浮丘遗迹，要不可诘。然古之士君子负德行才艺不见用于世，或著书立言以传其道，或躬耕采拾以乐其志，或依托佛老以寄其迹，若此者世多有之。后世至有因之以为富贵利达之途，赫然与王公大人并驰争先者。

侯之孙自壮岁抱其才游京师，数荐不合，去。最后受知集贤诸学士，荐为甘肃儒学副提举。又翩然叹曰："即见用，以逾五望六之年，驰数千里之地，逐尺寸之禄，智者不为也。"曰："天华吾故土，吾将老焉。"其犹有乃祖之风与！其辞曰：

瞻天华之岩岩兮，前青牛而后玄武。乍蜿蜒而回伏兮，忽骞腾而轩翥。丹霞烂其高兮，白云缟乎在下。俯城郭之鳞蓐兮，览平原之膴膴。香城郁其在望兮，乃匡仙之故居。枕黑潭之黕淡兮，大江淘而右趋。步灵皋而造神澳兮，顾列仙之攸馆。浮丘既厌世而高驰兮，阎仙又摈余而不返。召青鸾使驾辂兮，俾丹凤以调笙。抗文龙之云旗兮，仍析羽以为旌。冀神君之来降兮，余将肃其并迎。孔子欲乘桴浮海兮，老聃亦度关而西游。知文武之不可作兮，道凛乎其莫留。何盛世之孔明兮，亦高蹈而远引？矧兹邑之巨丽兮，乃英贤之所组。君子固难进而易退兮，亦因时而显隐。神君既有此灵宫兮，曰高明而又爽垲。山丛丛以四周兮，缭青川之浼浼。抚下人而顾怀兮，历千岁而犹未改。起倚槛而浩歌兮，将毕景而靡悔。

【说明】据四库本《文安集》卷一二录文。参见《揭文安公全集》（《豫章丛书》本）卷一二、康熙六十年《西江志》卷一五〇、四库本《江西通志》卷一二〇、乾隆四十一年《吉安府志》卷六六、乾隆四十六年《庐陵县志》卷四〇、《全元文》卷九二八揭傒斯一〇（第28册）、整理本《豫章丛书》集部七《揭文安公集》之文集卷七、标校本《揭傒斯全集》卷七。

420. 元·刘诜：玄妙观经坛买田记

至顺二年辛未（1331）

自有天即有帝，自有人即知敬天而事帝。故尧、舜、禹、汤、文、武、周、孔之书，其警戒惕畏，必曰天曰帝。盖临之在上，昭然而日监于出王游衍之间者，莫非是也。而道家者流，则又推言帝之所居玉京金阙，峨峨非世可狎，而又有群仙五老骖翼乎凤盖鸾车以来人间。又言每月二十五日，周览四方八极以察善恶邪正之辨，谓之胜游。虽未可究其实，然大抵皆言天威不违颜咫尺，所以起人之敬而不敢忽，诱人以为善而不敢怠也。呜呼！此与唐虞三代圣人之言何异。

吾乡玄妙观，有胜游诵经坛，所以祷圣寿祈太平也。有田若干石，道士陈逢吉铢积所置。中为住持者所鬻，道士刘宏大集陈九龄众资归之，然尚不给。会至顺辛未，郡大疫，死亡相属，临川李君长翁来任郡知事，意恻然悯焉。与宣慰周公志仁、州判萧某、儒学正阮某、提点某暨诸府掾，裒费得中统钞七千缗有奇，于玄妙观建洞渊醮会十一，朝诸命于上帝以逭众灾。暨蒇事，连雨忽霁。朝告之初，有白鹤四浮空翔舞集殿隅，朝罢乃去。由是四城疾骤愈，民始知有生。醮余尚存钞缗六百七十五，适周如京宿有出质田十三石七斗，为钞一千三百七十缗，俾经坛返业以及益。知事复倡捐己俸续所余缗返之，通前为田三十九石七斗，而胜游坛浸浸可广矣。嗟夫！一醮之成，天之显于民者如此，谓其不日游于人间可乎？于是众皆曰：“是不可以不记。”记田之所由创增，所以示后，使知所守；记醮之大感格，所以警民，使知所畏。醮若无与于田，田之增自醮始，记田而后醮以重坛，此记之所以不可已也。余惟知事之设醮，使民无疵疠；买田经坛，复使民恒有肃心。虽若神道设教，而其用心厚矣。士君子为善固不计天之出游与否，而天道福善则不可诬。共保是田，以永是坛，则善之道也。

【说明】刘诜（1268~1350），字桂翁，号桂隐，吉水（今江西吉水县）人。有《桂隐文集》。据四库本《桂隐文集》卷一录文。参见《道家金石略》、《全元文》卷六八四刘诜四（第22册）。碑文记述了庐陵玄妙观以建洞渊醮会祈福消灾而获信众支持，遂购买田产以彰为善之道。

421. 元·傅若金：赣州江东神庙记　至顺三年壬申（1332）

祭法：能御大灾、捍大患则祀之。赣之雷冈有神祠曰江东嘉济庙者，相传其神姓石氏，讳固，自先秦时已血食兹土。汉颍阴侯婴过而祀之，神遂显名。由是历唐宋迄今，灵异益著，累封显仁元庆思烈灵惠王。恒阴佑有国而大庇覆于民人，其事具前后金石刻文。今南尽岭海，北达京师，莫不有庙食，而吴楚之间为尤盛。独祠在岳阳上清观者，则赣之录事达鲁花赤曲思不华公始创立焉。公前在赣，为政忠孝，诚敬率人，以身遇民。水旱疾疫，躬有所祈，神应响至。故虽去，赣民犹朝夕不忘其德。公亦夙夜思报神之惠焉。乃至顺壬申，公既还至巴陵，即自为疏遣人以香币迎致其神，祀于上清，心有所为，祷之神以卜其休咎。而岳阳之人咸得有事于祠而徼福于无穷。公于神人之交，庶几曲致其诚者欤？

呜呼！神不可测也，而可格矣；可告也，而不可渎矣。善者福之，恶者祸之，祸福人所自为，神岂利夫享祀而阿比于人哉？君子之立祠像神，亦以警夫世之不敬而作人之善心尔。《诗》云："神之格思，不可度思，矧可射思。"观于是祠，有不惕然而惧、蹶然以兴者乎？郡人张孝子琦为述其事来求记，予既次序始末，又申之以神人交接之概，作迎享送神歌，使并刻之，庶来者知所事焉。其辞曰：

洞庭浩兮汤汤，赣之山兮路阻长。登崇丘兮候神，杳将下兮乘阴阳。远若见兮静若闻，精剡剡兮忽亡以存。有陈兮在几，芳菲兮若茝。神愉愉兮既闲，众安歌兮又喜。缤既御兮我堂，逝将游兮不遐我乡。岁无凶兮神之庆，世修祀兮民弗忘。

【说明】据四库本《傅与砺文集》卷三录文。参见《全元文》卷一五〇二傅若金一（第 49 册）。记文阐释了“神人接交之概”：神不可测而可格，可告而不可渎，福善祸恶，不阿比于人；立祠像神之旨在“警夫世之不敬而作人之善心”。

422. 元·吴澄：紫极清隐山房记　至顺三年壬申（1332）

夫心不溷浊之谓清，迹不章显之谓隐。古之清静无为隐约无名者，予于周室守藏史老聃氏见之。粤稽聃书，渊兮湛兮，清之极也，小而隐于柱下，大而隐于西徼，隐者孰能及之哉！汉初尊其教，目为道家言。张留侯、曹相国拾其绪余，犹足以佐汉，以之治一身，宁不绰绰乎？后之道流，寄身老氏法中。

豫章诸宫观，紫极独擅江山之胜。其道流之派分而七，一派自玉隆管辖孙师元明始，孙传章、传孙、传魏，而至余师永和，尝名其堂曰清隐。余传胡、传汪、传刘，而至余师天熙，其于清隐之余，在家为同宗之从子，出家为继祖之玄孙，号称玄谷道人。宅通部阛阓之地，静坐块处，不愿与事接，不愿与物竞，将虚其心以期于清，晦其迹以期于隐。其徒傅以诚善应世缘，远近士大夫无不与之亲厚，优优于应者，其师之所以得安安于定也。至治辛酉，余命傅创楼而扁曰“太古”，意甚深远。至顺辛未，傅又命其徒萧自颖于堂之前筑丹室奉其师，缭以中门，而榜曰“清隐山房”。予观前余师昔标“清隐”之名，而后余师遂蹈“清隐”之实。傅又善事其师，俾无或挠其心、滞其迹者。虚之又虚，进进而无为；晦之又晦，骎骎而无名；玄谷师之能全其高可待矣。

予每客豫章，必造紫极，获识孙师安定。泰定乙丑，还自禁林，泊舟宫门之外，而留信宿，与余、傅二师聚谈，嘉其师弟子之不相沿而互相成也。

后八年，至顺壬申，傅师过予，叙其清隐山房颠末。于是喟然叹曰："予读《易》，窥圣人洗心斋戒者，其清也；遁世潜藏者，其隐也。然圣人之心常清而迹之隐显随时，不必于隐也。"老氏与夫子同生周季，专守无为无名之道。固亦吾夫子之所尊，至今能立其教，与夫子并允谓博大真人哉。囿于其教，味于其道者殆鲜。道流之宫而睹清隐之名，已可惊喜；况又有睎清隐之实如玄谷者焉，恶乎而不敬异之也？昔尝为诗太古楼矣，故今复为记清隐山房云。傅者，梅岩师也。

【说明】据四库本《吴文正集》卷四八录文。参见同治《南昌府志》卷一四、《道家金石略》、《全元文》卷五〇八吴澄三六（第15册）。文中记述了作者与豫章紫极宫诸道士之深厚友谊及其才学，反映出当时道门人才济济，对研究江西道教有史料价值。

423. 元·吴澄：抚州路达鲁花赤祷雨记*

至顺三年壬申（1332）

至顺三年六月，不雨。至于七月，水田旱坼，稻苗萎瘁，早熟之稻仅收，已损其半。民情惶惶，所在祷雨，俱未应验。抚州路元侯塔不歹，蒙古人也。自总管刘侯致仕而去，郡事丛于一身，忧民之忧，日不遑食，夜不遑寐。六月二十一日以后，日领管属哀吁上下神祇，弥旬弥月，食素宿外，内讼自责，誓不雨不止。迨及七月下旬，旱势愈剧。侯曰："吾祈泽于道观僧寺，心虑殚矣。崇仁华盖、相山，其山高峻，兴云致雨，夙称灵应，盍往祈焉？"乃于二十四日午离郡，行百余里，三更至崇仁县。分遣崇仁令崔显诣相山，躬诣华盖山。四更而起，行百余里，憩山之阴，距山巅四十里而宿。二十六日癸巳晨兴，及山麓，草屩步行而陟，午至山上，达诚于山灵，忽雷声震动，午后下山，旋得雨。二十七日二更，还次崇仁县，又得雨。二十八日乙未子初刻，离崇仁县，午至白虎窑，距郡城三十里，大雨。至龚家渡，距郡城十五里，再雨。未时还至元妙观，阴霭四合，又雨。其夜一更后，密云布空，风雷电交作，雨大降。二十九日五更，雨大降亦如之，经一时之久。三十日辰时，雨复降。侯之诚感山之灵，应如响之答，可谓神速已。侯曰："雨虽应祈，恐远近旱甚，有未沾足，吾其申请于社稷。"命郡士检寻天旱祈社稷坛礼。八月二日己亥昧爽前，率僚佐祭于社稷坛，儒生赞相，一遵礼典。侯拜跪进退，心敬容肃，终事不忒。祭华，四日、五日、六日之夜皆雨，或滂沛，或淋漓，渐而不骤，膏润浃洽而雨意未已也。七日之昏，大雨达于八日之旦，竟日绵绵而不断绝。三日以往为霖，其此之谓欤？郡之父老咸曰："此郡四、五十年以来，未见有郡侯如此忧民、如此敬神者。亦未见有祈雨得如此灵应者。我民咸愿纪其实，以无忘侯之德。"澄之子京窃禄郡庠，每日奔走从侯之后。予就养于子，亦留郡城，亲见郡侯忧民之仁，敬天之诚，祷雨之应。因父老之言，顺郡民之愿，而叙其事如右。

噫！旱暵天数也，祈祷人事也，以人事回天数，岂易哉？诸侯得祭社稷及境土山川，古之礼也。旱而求雨，则祈于其所得祭之神。侯不惮勤劳，触冒炎暑，躬造名山，且为百姓请命于侯社，既协于礼，又尽其诚。自登山之日，以至于七月晦，一雨、二雨、三雨、四雨、五雨、六雨、七雨、八雨；自祭社之日以至于今，亦复一雨、二雨、三雨、四雨、五雨、六雨，而遂竟日以雨，涸浍通流，枯泽满溢，千里之旱顿苏。前己巳岁大旱，庚午岁大饥，民之莩死奚翅数百千人！今兹之旱弗救，将复如前矣。侯竭其力以活数百千之民命，其心也诚之笃，故神之应之也速；其德也仁之谌，故民之感之也深。予素居田野，稼穑是宝，与斯民同感侯之德者也。

【说明】据四库本《吴文正集》卷三五录文。参见同治本《华盖山志》卷七、《全元文》卷五〇一吴澄二九（第15册）。按，"达鲁花赤"为蒙语，意为掌印官。

424. 元·虞集：灵惠冲虚通妙真君王侍宸记

至顺三年壬申（1332）

至顺三年夏，乐安县尹蒲君汝霖以书来告曰："在延祐庚申，汝霖同知南丰州事。六月，州境大旱，祷诸山川弗应。州人言，有侍宸王君祠在神龟冈，所谓妙灵观，去州数里。侍宸宋徽宗时归而没于其乡，其神至今有灵异，盍祷诸？汝霖以雨为己任，亲往祷焉。既得卜，乞灵水于缶，登舟以还。有蜿蜒浮水而来者，红光赫然，云气随之，州吏以器迎之，即就器蟠不动。及州门，雨垂降，至公署而大作，是岁稔。明年又旱，吏民以汝霖前祷之应也，诿汝霖仍往，其应如去岁，岁又稔于是岁。州之父老来告曰：‘侍宸之恩，不可不报。生有道术著于时，殁又惠泽及其民，宜白朝廷，有以表异之。’南丰，下州也，而不统于郡，得专达行省，乃以侍宸事为文书上之。既闻于朝，事下太常博士议曰：‘君故宋时已封冲虚通妙真人，宜加赐灵惠，易真人曰真君。’是时有临川道士唐乐真以法术承应内廷，是年以侍宸教法祷雨京师有应，集贤院亦上其事，故朝廷知之而得封甚速也。命既下，而汝霖学制锦于乐安，去南丰三百里而近，增封之命至，斯所以侈上赐而系民心，犹汝霖之贵也。公在太史，幸为书其事于石，汝霖以乡人请私焉。”

按临川《盱江志》：宣和间有南丰人王文卿字予道，号冲和子，生有异质，尝为诗告其父有方外之志。父殁，辞母远游，渡扬子江。既济，行野泽中，雨暝迷路，见若有灯火者，就之，有老妪为逆旅者，得文书数卷，篝火读之，雨霁火绝，天且明，乃在大树下，无逆旅也。其书盖致雷电、役鬼神之说云。以是济人甚众，名闻江湖间。当是时，徽宗崇尚道教，尝梦得神人，以形求之，得侍宸焉。赐见，大称旨，拜太素大夫、凝神殿校籍。其官，道君别置道教官也。大夫、校籍，位已尊矣。赐其父承事郎，封其母曰宜人。京城有狐为妖，人为立狐王庙。瑶津池又有妖，盖黑鲤也。奉诏劾之，狐、鲤皆雷击死。将有事于明堂而雨不止，君祷之，立霁。有诏奖谕，拜金门羽客，自校籍升侍宸，赐号冲虚通妙先生。淮南北以无雪告，上忧麦，以知侍宸，遂大雪。麦熟，赐金帛不受。盗起山东，徒党号巨万，郡县不能制，声势张甚。召见便殿，上以为言。对曰：“当以神力助讨。”他日献捷者言，天大雷雹，贼乃溃。而道君遂归功于侍宸矣。而侍宸实预知天数，数数以修政炼兵为请，不暇听其说，乞身归田里，求去不得。一日，拂袖径还南丰。未几，宋南渡。绍兴二十三年八月二十三日，为酒食召乡里饮别，书颂翛然而逝。既殓，举棺而葬之，甚轻，盖尸解云。神龟冈其墓也。其灵异之事，相传不绝。侍宸殁而能福其乡之民，蒲君去他官不忘其旧，民尝受侍宸之赐，其仁惠皆可录，故书之，使邦人有所考焉。

予既为前南丰倅蜀人蒲汝霖著侍宸王真君碑，后六年，为至元庚辰十月，上清外史薛玄卿以书来告曰：有番阳胡道玄先生，人间所谓神霄野客者也，得侍宸之真传。年二十余，道行关陕、荆襄、江汉、淮海、闽浙之间。当己巳、庚午之旱，旬日之中，郡县争致之，所历或一日，或二日，嘻笑怒骂，雷雨随至。官吏畏而民爱之。环四五千里之间，所至无不应者。至于妖怪之作，劾治如法，人以为神。遇异人于武当大顶天柱峰，得修仙之道，遍游名山洞府而归江东西之间，从蓬头金公游，甚相契许，他人莫之测也。于是收敛神异之迹，将求名地以归隐，是以谒浮丘君于华盖之上，道过黄茅之冈，故使予得见焉。既见，则为余言曰：神龟冈碑所载事有未备者，请述之云。

若侍宸自南丰辞亲而至扬子也，所遇而得书者，火师也。火师者，盖上古神人而世传为汪氏子华者，盖其化现尔。其嘱侍宸之言有曰："吾身一天地，天地一阴阳，握其机者在我而已。子当以是应玄征，佐明主，吾待子于神霄之上矣。"侍宸退而修诸其乡军峰之阳，所坐磐石犹在。及事道君皇帝，位至侍宸道官之尊贵与文官侍从等。其后又迁冲虚大夫，赐金方符，使叩以入禁卫。加赠其父曰承议郎，母曰令人。宫中人多病者，上以问侍宸，侍宸曰："此有物怪尔，当劾之。"坐未退，天忽晦冥，雷电交作，顷之霁，一白龟甚大，震死矣，病者皆起。扬州守臣以旱告，祷雨不应，道君以问侍宸，对曰："下民多罪，上帝震怒，水不可得。"道君强之，侍宸曰："无已，惟黄河水可借二尺耳。"数日，扬州使至，奏得雨，皆泥潦，计其时，乃奏对之日也。侍宸既以国亡妖孽为奏，不见听而还。上思之，画其像而亲为之赞。既居乡，乡里无水旱、疫疠、妖怪之事，千百里间虽乱离而帖然。高宗定都江南，将二十余年，闻侍宸犹在，命守臣物色之。有诏曰："敕王文卿先朝高士，退隐林泉，枕石漱流，多历年载。兵戈之后，杳不闻音，朕甚思之，其出山一来，以副虚伫。"又敕守臣以礼津发，辞以老病，不复至阙。使人画其像以进，亦亲题赞，世人多传之。殁既久，侍宸之从孙以贫从商人入蜀，亲见侍宸于道中，弗识也。执手江浒，多所传授，曰："明日渡江，某观中可相寻也。"明日，至其观，悄然无人，一高堂中有画像，则侍宸之祠也，始知其所遇传授者，乃其大父也。又明日，又遇之，以幅纸与之曰："此孙至家，上官甥以吾书尽授之。"妙济归告上官，上官弗信，出其书视之，上官识其手迹，号恸仆地，尽以教之。际遇宁宗朝，法亦大显，赐号妙济先生，名嗣文。盖妙济初年不甚识字，嗣文亦侍宸江浒所命也。又有萨守坚者，亦酷好道，见侍宸于青城山而尽得神秘，游东南，祷祈劾治其神怪，有过于侍宸者。游江西，入闽，过神龟冈，乃知侍宸为数十年前人云。昔侍宸在汴京，居宫观，见为黄冠者多谄事权贵以自炫，恶之，故多不得其说。其在乡，既老而得其传者，则新城高子羽，授之临江徐次举，以次至金溪聂天锡。其后得其传而最显者，曰临川谭悟真云。人不敢称其名，但谓之谭五雷。内附后，谭君犹在，浮沉人间，隐显莫测。庐陵有罗虚舟者，故宋时名士涧谷先生之诸孙也，得五雷之传，甚有符契。然谭君诵侍宸之戒曰："每传不过一二人，若广泄之，则速死。"是以罗之弟子虽多，而自以为得之者惟萧主簿雨轩，其后则有周司令立礼两人而已。周与予有姻联，然终日言之，未尝及此。萧君清文雅学，中罹忧患，然甚通至理，泊然无所累其心，予敬爱之，而亦未尝言及之也。周之说惟授之其子，游其门者，或得或不得，予不知也。萧君儒者，择人至谨，而人亦不知其有此道，独传之道玄胡君一人而已。神异之事，已见于前，其客于予者，顶分三髻，一剑自随，练衣短裙，危坐终日，风雪极寒之夜，灯火不继而温煦满室，目神炯然，神观洞彻，纵横自在，物外无拘而刚介不可犯也，此亦真修仙者乎？有侍宸手书诗一首，盖谭、罗相传之符契也。且曰："吾将隐矣，当求人而付之。必也戒行若冰霜，立志如铁石，胸次如水月，气象如阳春；又虽生尊贵之家而世有阴德，学乎清静之门而身有福力者，则以授之。"果尔，其亦难得也哉！雍虞集记。

【说明】据四库本《道园学古录》卷二五录文。参见四库本《江西通志》卷一二八、光绪《江西通志》卷一二四（均仅录载前半部分，即止于"使邦人有所考焉"）、《道家金石略》、《全元文》卷八五四虞集四一（第26册）。

425. 元·揭傒斯：仙茅述* 至顺三年壬申（1332）

豫章之新建黄堂隆道宫道士罗君大年，为予言仙茅事甚异。其言曰：“昔晋之乱，有神人许旌阳者出于豫章之境西山之下，能以忠孝积功累行致仙道。师事谌母于丹阳之邑黄堂之墟。母既授以道要，旌阳感之曰：‘吾必岁朝母。’母曰：‘吾即从此逝矣。去汝居南五十里，吾有飞茅在焉。汝能得茅处即祠我，岁八月一至，足矣。’已而谌母果仙去。旌阳还，得茅，亦丛生，而地亦曰黄堂，即建祠祀谌母，岁如期往朝之。旌阳寻亦仙去，其徒岁八月四日具幢盖仪卫鼓乐，奉旌阳像朝母如旌阳存时，以为常。其后嗣其学者扩其祠为观，复为宫，至今行之不衰。茅在祠前，剪而后生，如扬州琼华，不易其处。茅具六味，能致六养：碱能养气，辛能养节，酸能养筋，滑能养胃，甘能养肉，人得茅煮而饮之，可以已疾疠，和荣卫，延年却老。余家距祠百里，未尝至其处，然尝得茅煮而试之，言不虚也。”夫茅著于《易》《书》《诗》《礼》《春秋传》，祭则以缩酒，封则以藉立社之土，以其物虽薄而用可重也，未尝言能神异如此。世称神仙遗迹，奇诡荒诞，不可致深诘者以千数，而谌母特以茅著称，其师弟子精诚之感，不可掩如此。夫古之言得仙者，或以服食，或以导引不食谷，独称许旌阳以忠孝积功累行致仙道，盖足尚矣。夫可以动天地、感鬼神、贯金石、亘古今而不泯者，惟忠孝为然，况其师弟子之间乎？然嗣其学、守其坛而无谌、许师弟子之心，则樵牧残之，牛羊践之，茅虽神，能历千岁而独存哉？因罗之拳拳有感于忠孝云者，述以传之，作《仙茅述》。

至顺三年秋七月日。

【说明】据四库本《揭文安集》卷一四录文。参见《道家金石略》、《全元文》卷九二三揭傒斯五（第28册）、整理本《豫章丛书》集部七《揭文安公集》之文集卷九、标校本《揭傒斯全集》卷九。

426. 元·吴澄：乐安县招仙观记 至顺年间

抚之支邑，乐安最后创。县虽小，北郭有僧寺曰郁林，南郭有道观曰招仙，其地幽雅，可隐处。招仙旧基在今县境之东五里外，及其创县，乃迁今所，是名铅田招仙观。绍兴以来，道士杜、谭、李、曾、詹、陈、董、许相继主祈禳事。许当宋之季，新其栋宇。于时市叟有归生业于观而托以终身者。未几，国朝得南土，遐僻之陬，兵寇躏跞，观亦凋敝。许虽受灵远大师掌其教而未遑营造也。太和诚一仁静法师曾德贵始竭己所储，合人所施，构殿堂两庑。太虚冲妙高远法师黄有大协志同力，不怠不啬，肇建藏室，善士各致助。而军官夏镇抚夫妇崇信尤笃者，界田以丰其食，捐资以益其居，度人以永其传，而观之兴盛倍于昔矣。曾法师妣，澄祖姑也，为内外兄弟，偕徒孙谢师程过余，请作观记。乐安县内旧额之观有南真焉，县外新额之观有石泉焉，招仙实为之总，而其徒分处之，三观道众十八九人，一派之流演也。观占胜地，而子子孙孙皆能，观之兴盛而未艾也宜哉！

【说明】据四库本《吴文正集》卷四七录文。参见《道家金石略》、《全元文》卷五〇七吴澄三五（第 15 册）。按，吴澄还撰有《赠道士谢敬学序》，敬学为谢师程之字。

427. 元·揭傒斯：乐丘碑 至顺年间

余尝读老聃氏书，至长生久视之说，曰：此世所谓神仙者，非耶？又有能以术役鬼神，召雷电，祷雨旸，已疾疠，亦曰出老聃氏。老聃氏果何道哉？

庐陵高敏则君者，博达深识之士也，有所善颐浩先生。颐浩先生者，郡之安福人也，名同寅，字惟寅，姓陈氏。宋咸淳中，弃家入清真观为道士。至国朝，天下郡县置道官，又置南北道教所以领之。其教所号之曰明素葆真大师、教门高士，以为郡道录，即为之不辞。历住冲虚观、梅峰道院，所至祷雨旸，已疫疠，崇栋宇，辟土田，至于起居饮食，莫不与人同也。然今年八十矣，颜如春花，步履飘飘然，才如四五十人。又善为歌诗，一字不作俗下语，不知何道以致之。及察其所读书，皆老聃氏书也；观行事，皆非老聃氏所尝言者，岂守其真而溷其迹耶？

高敏则君又常闻其言曰："天地果无终乎？则累累乎莽苍之野者何为而有之？天地果有终乎？则炳而为日月星辰，峙而为山岳，流而为河海，何为而莫之易也？故圣人能存其所无终，而不能存其所有终；众人常欲存其所有终，而不能存其所无终。彼累累者，吾独且奈何哉！今求吾之道者，曰老聃氏也；求吾之行者，曰老聃氏也，彼乌知老聃氏者？天地存亦存，天地终与终，天地而有不终者存焉，彼又乌知老聃？吾方且为乐丘以待天地之终也。闻有揭子者能言，孰为我使志之？"高敏则君以告，乃为之志而歌曰：

猗颐浩兮，不与我好兮，而使余告兮。猗颐浩兮，不与我期兮，而谓余知兮。天地廓廓，不可以度；日月烁烁，不可以约。吾非老聃，安能志斯丘之乐！

【说明】据四库本《文安集》卷一二录文。参见《道家金石略》、《全元文》卷九二八揭傒斯一〇（第28册）、整理本《豫章丛书》集部七《揭文安公集》之文集卷七、标校本《揭傒斯全集》卷七。

428. 元·刘岳申：寿圣观记　元统元年癸酉（1333）

元有天下，嘉惠黎庶，怀柔百神，凡前代所以为民事神者，有举无废。惟九江有江湖之险，而寿圣观祠通慧真君为盛。真君姓张，名正夫，始家临川，尝游襄汉，遇异人。当宋庆元乙卯，诛茅结屋九江之泥沱觜，救民水旱疾疠之灾，江湖河汉之厄，次第众建道院。嘉祐初，赐观额，封通慧先生。咸淳甲戌，观毁于火。皇元大德乙巳，始建殿。皇庆癸丑，观门建桥。延祐甲寅，藏殿而下以次成。戊午年，改封真君，加以孚惠仁佑徽称。泰定丁卯，玄武殿成。元统癸酉，三门成。凡民事神与国家从民之欲者备矣。九江张鉴、赵某为士，请记庐陵，乃为之言曰：

昔者圣人治天下，自天地日月、五行四时、山岳河海、丘陵坟衍，皆听于一人，而类禋望秩，咸编民。《诗》《书》《礼》《乐》，各保有其帝衷，以无获戾于上下神祇。有诵之者，曰五日一风，十日一雨；又曰风不鸣条，雨不破块，概未有知其善诵者也。当是时，天清地宁，海晏而不波，河翕而不泛，民生其间，不知帝力。其后德衰，灾害并至，始有盲风怪雨，旱干水溢。其后德愈降，灾害愈至，有民社者不足御灾捍患，而一切听于神，物怪神奸，愈益众矣。嗟乎甚矣！难乎其为后世之民也。方今圣人作为舟楫以济民车马之所不通，而民利赖之。孰知乃有中流一旦号呼天地鬼神以乞其父母妻子之身者乎？人非管幼安，谁能济海自讼其过？惟三日不梳头，一日晏起而止。又非程叔子，谁能渡江正襟危坐神色泰然者？则其不免于号呼一旦，亦其势也。于是为政者不知先成民而后致力于神，为士者不知修身以事天，为民者不知迁善以远罪，其来久矣！使又无明神以御灾捍患其间，民将若之何？昔人有言："吾其鱼矣。"呜呼甚矣！难乎其为后世之民也。自今九江之士与其乡人父老，率其子弟，益务修其隐慝，讼其内疚，以庶无罪悔于俯仰间，神其有不佑之者乎？此明神之至愿，而善为政治民事神者之深望也。《诗》不云乎："岂弟君子，神所劳矣。"

【说明】据四库本《申斋集》卷六录文。参见《道家金石略》、《全元文》卷六六七刘岳申七（第21册）。

429. 元·冯翼翁：天华山玉皇阁记

元统元年癸酉（1333）

庐陵郡城西焦冈山自安城百里蜿蜒而来，踊跃而止，为郡治上流形胜。南眺神冈，北睇云腾，青原拱其东，龙须揖其西。矗为龙坡，蛰为龙窟，浤为灵泉，发为云霞雨泽，实仙真之所宅也。

皇庆壬子岁，道士易多福始拓地开基，建坛以祀华盖三祐真君。掌教天师立名天华，宗师真人赐额嘉惠，俾掌祀事。无诚不感，无祷不应，合郡士庶奔企瞻拜坛下。不逾时正殿成，三真圣像立，廊庑、斋庖、寮舍分修并建，共施田租以供香火、二庆节。元统元年，郡人龙必富独建玉皇阁，塑帝像，修山门，然后殿宇焕然，辉映林麓。遂感天灯见，白鹤翔，灵验毕至。其嗣请记其事。

惟华盖真君，以嵩洛之英而钟为至人，以道德之宗而位列仙真，故能掌握风雨，坐高明，所居必严，所辅必正，福不妄俾，祸不轻宥。《传》曰："鬼神之为德，其盛矣乎！"《书》曰："惟皇上帝降衷于下民。"夫以天帝为之主宰而群仙为之班秩，斡旋机轮，分主河岳，署官府，列将吏，人间世亦若是矣。不知道者，以为孰主宰是，孰纲维是；不知命者，以为罪可苟免，福可苟求；是以真君为帝阐教，不以崇建而私福，不以谄畏而免戾，所以儆群愚，怯众惑，灵验尤著。故自华盖弭节而祠祀遍江南诸山。庐邑居民十万家，祈丰祷安之请，悔罪修善之诚，惟山临之鉴之。建置岁月，不可以不记。

【说明】冯翼翁（1282~1349），字子羽，永新（今江西永新县）人。延祐间举于乡，泰定元年（1324）进士。历官湖北汉阳县丞、知江西抚州。有《文章旨要》《性理群书》等。据乾隆四十六年《庐陵县志》卷四一录文。参见康熙二十八年《庐陵县志》卷一三（文字略有不同）、道光《庐陵县志》卷三九、光绪《江西通志》卷一二三、《全元文》卷一二二二冯翼翁（第39册）。

430. 元·刘诜：佑圣观殿宇题名　元统二年甲戌（1334）

五云佑圣观道士萧独清，方外之秀杰也。以诗闻四方，所交多公卿贵人。曩岁尝过余曰："佑圣之为观，创基宋淳祐间，为奉真堂。国朝始得请今额，光泽簿刘君尚友尝记之矣。其后里大姓刘毋仇复建正殿，而山门廊庑又赖众力以完。独旧有迎客道院，久未复。尝谒临川吴公为题辞，公曰：'吾性不喜骈俪，吾宁捐资为子倡。屋成，且为子记。'"今年二月，君再过余，介友人张汉英请曰："往吴公赐之倡，由是多乐助而屋以成，正殿之后作一区，高出于殿，扁曰‘山水胜处’。又后为堂，高明与前称，扁曰‘风月吟所’。东西为客馆四，扁曰‘霞栖’‘云卧’‘深省’‘易安’。又旁为庵，曰‘半山’。役起元统甲戌秋仲，毕是年冬。四方于此乎馆，无不足者。顾欲吴公记之不可得矣，敢以为先生请。”余惟世间山水，凡胜概闻于天下者，率为神仙所庐。又必有巨贤翰墨为之发挥而后其地益胜。今君之心胸既足与兹山之山水俱胜，杰栋高堂，曲栏华槛，日增于昔。余想君焚香对客燕坐其间，大江横陈，万山罗立，烟涛之浩渺，晴雨之变态，与夫汀花沙树，风帆水翼，参差上下，皆可娱悦。或朗吟弄月于冠、悠二潭之滨，或吹笙骑鹤、骖候群仙于许卓诸峰之外，其胜致固不可悉数。然向使吴公遂为之记其胜致，又岂特如是观哉？顾余陈人，猥当斯笔，岂独愧其山水？君复请曰：“夫使兹山遂为世间胜处，而四方施与之姓名遂相为不朽，不可以无述。先生幸无多让！”呜呼！推君之心，千载犹一日也。后之居兹山者，尚克念之。君号独清，先后相其役者，其徒张永年、萧素也。

【说明】据四库本《桂隐文集》卷一录文。参见《全元文》卷六八四刘诜四（第22册，题为“佑圣观殿宇题名记”）。按，江西万安因城对岸山上常有五彩祥云腾起环绕山城，被视为福地，故又名五云。据吴澄《萧独清诗序》所叙，知萧为万安道士，“其诗莹莹如冬冰，瀼瀼如秋露，湛湛如石井之泉，泠泠如松林之风”。

431. 元·揭傒斯：翠微观记 元统三年乙亥（1335）

应真之山在盱、汝之交，是为金溪之南鄙。清川长薄，林谷深窈，神人真士所游萃焉。唐天宝元年，有道士结庐其下，号曰谷林。后三百七十有八年，为宋宣和元年，赐额“翠微”之观。又二百有六年，冲素疑妙宏道法师、本观住持提点周君应悌撤而新之。殿于中以祀上帝，列祠两厢以祀群臣。斋厨神廪，各有攸次，钟鼓器物，各有攸设。会有堂，燕有室，内外完好。其视旧，地加辟，屋加广，而雄丽咸过之。时为有元泰定二年也。初，周君之来也，敝陋甚矣。观之计，既不足与有为，又以资檀施为耻，而蚤以为方得盛名，凡四方有疾，饰车马，具金币，争相延致，而治常十全。用是力日裕，心日广，志日锐，而改作之谋乃合。及筮日，程功度材，而美木坚石，丰赀重货，无趾而交集，然莫出乎医之应、诚之感也。观既落成，登应真而望，东则云林三十六峰，巉巉若剑戟出武库；西则灵谷，层峦迭嶂如旗纛观阙峥霄轧汉；南则秦人、白羊诸峰，如天风海涛偃蹇云表；北则二十四岩，澒洞变化，如五城十二楼出没烟际。而应真立乎其中，郁为神皋奥区，灵气之所交，真境之所会，不知犹在人间也。则谷林之建，必有深契；翠微之锡，不为妄施。而周君之改作，亦必山川之所启而有默相之道也。故观之成也，元教大宗师授君凝真守一元妙法师、本观住持提点，以为诸方劝。君字仲恺，性笃孝，虽寄迹老氏，未尝顷刻忘父母。及父母没，复买田奉祀观中。予闻古之学仙者，以忠孝为之本，累功积行为之基。若周君者，既孝于其亲，又有惠泽以及乎人，则所以进夫仙者，本立而基定矣。况明老氏之学，神仙又有为者耶？姑与记翠微观重建始末如此，庶后之人思有以继之。

元统三年十月朔，文林郎、艺文监丞参检校书籍事揭傒斯撰。

【说明】据康熙二十一年《金溪县志》卷一一录文。参见乾隆十六年《金溪县志》卷三、《全元文》卷九二六揭傒斯八（第28册）、标校本《揭傒斯全集·辑遗》。

432. 元·虞集：紫山全真长春观记

元统三年乙亥（1335）

元统乙亥春，抚州宜黄长春观住持刘天素志元，以奉新尉谭君霖之书来求记修观始末。谭君，予表兄也，故为叙次其事云。

观在县治西，有林麓之胜，邑人紫山邹廷佐之所作也。廷佐世为邑大家，皇庆初游于临川，见有为全真之道者作宫以客其同学，有堂以游息，至日如归，曰云堂。又为静坐修习之处，以檠水置大盂，穴其底如针端，引水上升，俟水满以为坐者起止之候，曰钵堂。瞻顾叹息而曰："善哉！吾邑未有是也，我当为之。"盖归而经营屋室数十间，请全真之有声闻者永嘉金君志阳以为师表，处之环堵之室。谓武当王道行刚方有守，请主木石之役。其规制特草创耳。而金君名著四方，清侣川至云合。廷佐度不可已，乃充大之。廷佐求事闽神挐元帅者祠之于中，而老君玄武殿、云堂、钵堂、方丈环室、门垣库庖之属以次而备。特买田五百余亩以为之食，约王观者世掌之，勿敢有所变易，吾子孙亦勿复问也。未几，金、王二君先后去，刘道源、谷道玹继之。改延祐之年，嗣汉卅八代天师名之曰长春道院。而神仙演道掌教苗真人自京师出文书护之，名曰长春。廷佐遂弃家累，制黄冠野服而服之，食饮寝息于其中而终身。当谷道玹之时，遭岁侵，租入不完，谭君夫妇出私田六十亩有奇增益之。谷殁，邹世资、世杰率邑人与居其观者请天素主之。天素者，金君弟子也。后闻许旌阳净明之旨于西山刘玉真先生，与金说契，居豫章五灵道院，不肯来。请之力，乃曰："吾不能以曲谨事施主家，吾择人共事，不以私自利者，如吾约则可。"既至，期月之间，众废尽举，居缮而众安。乃曰："教必有所自出，而混元之祠不居正位则不知尊。"乃迁挐祠他所以奉老君。谭氏为塑老君像及全真传教诸司与护卫者，金银丹碧之饰炜如也。又为制年灯几案，祠供之具，备极坚好，皆天素之志也。天素曰："吾全真之教，自重阳王君一传为邱神仙，首为太祖皇帝所知，召见龙墀，启神武不杀之旨，有功于中原生灵多矣。其教之盛，非偶然也。金君早游江西，遇异人有得，遂入宜阳周山而居。稍为人所知，为立坛宇，来趋之者成市。有隐人简君子者，直入坐上坐，众人愕然，不识也。而金君识之，敬谒惟谨，简君子视之漠如也。即相携而出，简不知所往，金亦不复还。遂至于临川，从邹氏之请矣。居年余，往龙虎山先天观后石崖上，结草以居。人迹罕到，而慕道参学者穷日力始得一造，亦不能久也。或得其一语指示，信之而自守者盖亦有之。如此者将二十年。山下人有痼疾，扶携请救，君问而视之，即愈。自是有疾苦者不惮勤劳而至，君又去之。今在武夷山中。君不髻不冠，人谓之金蓬头云。"天素又曰："唐颜鲁公为抚州刺史，凡管内名山仙宇，皆为之大书，深刻于石，故五六百年之间莫敢有废之者。今后出者适公寓此邦，当出一言以传信于四方，俾勿坏焉可也。"是为记。

元统乙亥春，学士崇仁虞集记。

【说明】据光绪《抚州府志》卷二一录文，文字据别本有改补。参见康熙四年《抚州府志》卷三三、康熙二十二年《江西通志》卷五〇、《全元文》卷八五七虞集四四（第27册）。康熙十九年《宜黄县志》卷七录载此文，题后注明为“删本”，经比对，文字删去不少。

433. 元·虞集：抚州路乐安县新建三皇庙记

后至元元年乙亥（1335）

三皇庙者，祠伏羲、神农、黄帝之神，自国都至于郡县，皆立诸医者之学，我国家之制也。元统癸酉之冬，前进士锡哩布哈来为抚州乐安县达噜噶齐，下车谒庙于委巷，叹其圮陋弗虔。为政期月，简易明恕之效，民安而信之，遂以无事。乃度县治之所当为者次第为之，民听从，无留难。卜地、择材、庀工以改作斯庙，其一也。既告成，进其人而告之曰：“古者饮则祭先酒，饭则祭先食，示民不敢忘其初。开物成务以兴民用者，有祭道焉。专宫为庙，象人而事之，则自后世矣。然而有其举之，而莫之能废也。上古圣神继天立极，斯民生生之道，万古赖焉。祀典之重，礼亦宜之，而不特专为医者之宗。夫求尽民之生养而思救其害之者，莫要于医也。医之为学，推所自起，舍此将安所宗哉？昔人谓吾邑之地去官府远，无以抚镇吾民也。置县于兹余二百年，而衣被我国家之仁泽亦六十有余年矣。天子之命吏代至，以时辅吾民生者无间也。今吾之来，获承事于治教休明之日，年谷无甚灾害，上无征调之急，外无枹鼓之警，苟有少厉于民者，上请更之，必不见违，庶乎与吾民之少休息也。斯庙之作，岂特为观美而要誉乎？岂将使吾民谄事以干福祷罪，如他淫祠之为乎？盖以广我国家推本圣神之道，以道吾民之生养而已。吾民俗刚而好义，其君子强于敏学，于观感为易焉，吾何言哉？虽然，庙因于医，请以医喻。为吾民者，奉其父母所生之身而敬保焉，务本而力作，安分而定志，则得其常矣。察夫四时寒暑之变，五行灾异之沴而谨避之。又察夫嗜欲之陷溺，忿狠之触兴，矜胜之烦耗，机穽之幽刻，毋使有以害乎其中也。残斗压溺，蛊乱腊毒，搏噬蠚螫，毋使有以婴乎其外也。修叙伦理，受业服事，以老子长孙于圣世而无穷焉，区区之志也。”既而具以来告，请文记之以刻诸石，以示来者。其庙之殿崇二十有二尺，深广皆二十有四尺，殿门之崇十有七尺，庑之崇亦如之，都宫有垣有门，其成则仍改至元元年乙亥之冬也。

【说明】据四库本《道园学古录》卷三六录文。参见《全元文》卷八四一虞集二八（第26册）。文中借知县之言阐发了建庙祠三皇之神之由，颇具深度。

434. 元·虞集：九万彭君之碑 后至元元年乙亥（1335）

九万先生彭君南起者，庐陵人。六岁能记诵经史，其父携之至豫章西山。又六岁，入城府学于紫极宫，遂为道士。稍长，游湖湘。既归，有文名，尤长于诗。临川崇仁西北四十里有仙祠曰上方观，观之主者陈复宗见而异之，延而客之，亲之誉之，使其长老友之，其卑幼事之为父兄，时人盖莫知其意也。故翰林学士临川吴公澄，搢绅儒宗，海内之彦及其门者甚众，方外士以清通博雅见知遇，则未有如君之无厌无倦者也。予虽寓临川，而居家之日少，徒从君于文墨议论，不知其他。在史馆时，有自江南来者言，君得神仙术，闭门修之三月，觉有气汩汩从中起，稍引之，其动如风，其暖如火，以次周其身如贯珠然；久之有归，如明镜止水，身心泰然，若与太虚为一。或啸咏以乐，或简默以居，凡俗疑其为狂病云。

释氏之宗，本卑因果之说，而其徒修仪范，为世人求福田，灭罪业，其文甚多。君见而笑之，取其所为金刚供仪者，一笔数千言，依其节奏而开以法要，佛理粲然，凡情豁然。予见之，固异其有所得矣。后闻其东出闽峤，过武夷，至于海际，以为古仙奇药，往往在是，盖有所访云。予既归田，始得至所居，留久之，乃敢问之曰：“予闻近世有成仙者，宜春玉溪李简易先生其人也。信国赵丞相之子淇尝面授其说，予偶见其书。子之游湘州，闻其说乎？”君哑然笑曰：“吾危得仙矣，不欲与世俗为异也。文心之老，愿进其方。”乃扁其室曰“青城真寓”，以待予来，而予未之能从也。邑中有富家，弃妻子，变居室为道家祠宇，教之师采其意上闻而请君主之，从之。居三月，忽往紫极宫。留三月，与所知别，遽归上方所居之山房而委蜕焉。时仍改至元之元年十一月九日也，年五十有二。有诗文若干卷，道释仪文若干卷。西去山房数十步，有支陇焉，隐然其隆，廓然其容，松柏楩楠，郁乎苍苍，良田清水，隐映左右，盖尝与予采兰于斯也。其弟子陈子靖、龚致虚请予观之，师尊康克明、袁用宏以所遗冠剑藏之，其友戴衎、其从子从之学道者大年请予书其遗事而识之。

君族本出唐吉州刺史玗，君在时尝求予识其父墓颇详。上方为郡邑之望，车马至者不绝。自得君也，声闻日重。部使者张策以大儒卓行自居，历所部救荒，过之，留君舍，论民事疾苦与政令所宜，泛论经史古今治乱、天文地理之说，至于儒行道要，语至达旦不能相舍去，叹曰：“道家乃有斯人哉！”至京师，为予诵之，则吾九万君也。陈复宗将老，出黄金散诸弟子，皆有所嘱；亦有以与君，而笑曰：“惟子所为。”复宗殁数年，君集众而告之曰：“师向所与金，有客化易，致息倍蓰，具在此，其为观中买田以食众，吾无用也。”然后人服复宗之知人云。戴衎曰：“公幸为诗以招之，去之千年，必能为其人一来也。”乃为之赋诗，诗曰：

天之苍苍，其有涯耶？九万其程，孰羽仪耶？大罗之鹿，旂峰旆旆。膏田丹井，灵气所会。有芝有兰，为秋为春。子去不来，白云谁邻？噫后之人，善视松柏。我作新诗，永镇玄宅。

【说明】据四库本《道园学古录》卷五〇录文。参见《道家金石略》、《全元文》卷八八七虞集七四（第27册）。碑文记述了庐陵彭九万弃家从道之人生历程、处世风范及师尊、弟子之传承关系。

435. 元·揭傒斯：孝通庙记　后至元二年丙子（1336）

临江新淦之上游，有镇曰峡江，镇有龙母祠，曰孝通之庙。古祠在今德庆之悦城镇。峡江受吉、赣、南安诸水，又豪商大贾之所会，两山如束，水势湍悍，岁数坏舟楫，必有尝受神赐于岭海之间而分祠于此以厌水患，然不可考矣。凡舟楫上下，水旱疾疫，必祷焉。至大二年，镇民唐文寿既倡义以敞其楼，延祐改元，王友忠复新其殿。至元二年丙子之夏，余扈从上都，庐陵龙立忠始介临江孔思济及其郡人李源请志丽牲之石。

夫作于始封之庙，则有唐宋之碑；今作于分祠，必概见神之始末，俾乞灵者知所本也。按唐李景休、赵令则碑，神为秦温氏之媪，渔于程溪，得巨卵藏于家，生七龙，五雄二雌，从而豢之，鳞角既具，乃放之江。媪日候江次，龙辄荐嘉鱼于媪，若致养焉者。始皇帝闻之，召媪，媪行中流，龙挟舟而还。媪死，邻人葬之程之左滏、绛水之滨。后有衰麻而杖哭诸墓，且恶其迫潮汐也。一夕大雷电，迁之高冈，乡人祠之始此。自唐天祐历宋，由永安郡夫人五命为崇灵济福妃，五龙子皆爵彻侯，二龙女皆夫人。额由永济改曰孝通，大观二年所赐也。

夫物于天地，莫神乎龙；有功于天地，莫大乎龙。故其德配乾，为鳞虫之长，出入变化，不可测度。媪非产龙，徒以豢育之恩，生则荐鳞食以养之，死则为衰麻以丧之，迁宅兆以宁之。士大夫之子孙有所不能而龙能之，则知忠孝之大节又莫过于龙也。龙之德其至矣乎！夫龙潜于深渊之中，待时而动，所以感雷电，降雨泽，鼓涛浪，摧崖裂石，皆龙之能事也。而谓善覆舟溺人，非龙之心也。有违孝悖忠，贼仁害义，自绝于天者，适与之遭耳。宋之时，吾里有孙先生伯温者，摄象州守，部饷襄淮，渡巢湖，大风涛几覆舟，先生朝服拜于舟，龙若出答拜水上，风立止。龙之佑助善人如此，苟为善，龙有弗佑之者乎？由是观之，人之遇覆溺者，非龙也，人也。福善祸淫，天之道；求福不回，人之道；天人之际，龙知之矣。媪以慈致龙之孝，庙食千五百余载，龙其可诬矣乎！敢书以告乞灵者。

至元二年丙子六月甲辰记。后二年己卯，乃求重书刻之石。集贤直学士、朝列大夫揭傒斯志。

【说明】 据乾隆三十二年《峡江新志》卷一一录文。参见康熙二十二年《江西通志》卷五〇、四库本《文安集》卷十、同治《峡江县志》卷二、

《全元文》卷九二四揭傒斯六（第28册）、整理本《豫章丛书》集部七《揭文安公集》之文集卷五、标校本《揭傒斯全集》卷五。文中对龙性之认识，对龙文化之阐释，颇具思理。

436. 元·虞集：吉安路三皇庙田记

后至元二年丙子（1336）

今天下自国都至于郡县得通祀者，惟社稷之神与学之先圣先师。而医学有伏羲、神农、黄帝之祠，居其一焉。郡县儒学有田以供祭祀之牲币粢盛器皿与师弟子之饮食，或因前代之旧，或取闲田给之，虽多寡不齐，而食与祭可不尽取诸有司矣。医者之学，国朝之制始遍天下。其初，庙祭祀教养率依仿儒学。然而岁以春秋之季修祀事，有司取具而已，或至醵诸医者，而师弟子之廪稍无所从出。夫国家制为通祀，有司之重事也。伏羲、神农、黄帝，所谓上古开天立极，其神贵且尊矣。医者掌民之疾病，察四时六气之沴、五藏九窍之变，养之以食饮气味之宜，攻之以砭焫膏液之毒，其系于生死甚大，而其术亦精微矣。顾无以资其为学之具，差其全否之食。是故良有司凛然，惧无以称圣朝之意；而为医官而知所重轻者，恒惧不能称其职焉。

吉安之为郡，土厚而物殷，论人材文物之盛，则必称焉。然而医之为学，犹未大有所兴发者，则时力有所未至耳。仍改至元之二年，其守张侯浩介其郡人医愈郎辽阳行省医学提举谢缙孙，以其修理医学之事来告而请书之。云其郡始建医学在城南，去庐陵县狱为近。延祐七年，郡治中多尔济率庐陵县丞冯克敏迁庙学于庐陵县旧治，于是新学之成十六七年矣。张侯之来，有民邓明远请以其所得赏田之半归诸医学以备用。状上，侯与同官议，许之。乃命吉水州达噜噶齐色佛埒与其学校授邓师泰经田，定其顷亩之畔，计岁租之入得米一百五十石有奇。而耕者姓名，府乃为之文书而授诸医学。师泰乃白诸府，以所收大修三皇殿与门庑及其讲堂，作斋舍及其庖，自是祭祀有备，师徒有居食矣。今郡县有司，事无大小，必咨禀于上，无敢少得自遂也。故若医学之田，诚在所不可阙。然因时制之宜，为久远之计，则必有事会之来而后得以致其力，成其利，则张侯与其同官之志、师泰之劳，亦可见矣。是年张侯告老去官，记未及成。今年夏，师泰又以其府官之意来请书之。其府同僚官某人某官也。至若三圣人南面参坐而食，配享从祀之位，祭之时日，牲牢之数，议定于国家始制庙时，此不具书。赏田之故，则存诸府史云。

【说明】据四库本《道园学古录》卷三六录文。参见《全元文》卷八四五虞集三二（第26册）。按，“授邓师泰”原作“授邓思泰”，据下文改。

437. 元·揭傒斯：铁柱铭　后至元三年丁丑（1337）

晋太康中，有蛟孽窟宅豫章江中，大为民患。许旌阳以方士术治之，蛟逃去，追斩之长沙。还，役鬼工铸铁柱郡牙城南井中以镇之。功成，许公拔宅飞去。今镇浮福地铁柱延真万年宫，其处也。宋徽猷阁直学士、江西安抚使胡公世将尝为《铁柱铭》，新住持、提点闵君德源复以铭请。其辞曰：

汉置豫章，三面江流。下堑无极，地皆上浮。晋失其纲，陆沉九州。蜃奋于渊，蛟腾于邱。或幻而人，或斗而牛。乘涛鼓浪，吞野欲洲。民忧为鱼，城虑为湫。神君赫怒，心与天通。磨剑石上，呼雷地中。出蛟与角，万变莫穷。蛟惧遁逃，蹑景追踪。斩之长沙，湘流为红。还望故乡，江水溶溶。昔有逋诛，久将为凶。何以镇之？忧心忡忡。神运其铁，鬼输其功。炼以日月，鼓以雷风。于提砥柱，投之庞鸿。下贯地轴，上当天枢。维以八索，奠之四隅。屹如四极，巇焉中居。功侔造化，德媲堪舆。神君去之，拔宅元都。江流既安，地道既宁。山岳有摧，此柱弗倾。神功盘盘，灵泉澄澄。有德罔极，有功莫名。载思神休，载念民生。神其归来，毋久玉京。虽圣不语，吾著斯铭。

【说明】据乾隆本《万寿宫志》卷一七录文。参见光绪本《万寿宫通志》卷一七、《净明资料新编》。

438. 元·虞集：崇仁县重建医学三皇庙记

后至元三年丁丑（1337）

《传》曰："天地之大德曰生。"盖言乎天地之心，生物而已矣。笃生圣神，代天工以前民用，开物成务，世以益备。因其人伦之常而教之，惧其不率也，则有刑威之设焉；因其生聚而为之井里保息，又惧其无以待凌暴也，则为之城郭甲兵焉；为之宫室以蔽其风雨，为之衣裳以宜其燠寒，为之食饮以时其饥渴。犹惧夫六气之沴害于外，七情之感伤于内，或不得以全其生也，是以有医药砭焫之事焉。凡所以因其事而制其变，思尽其道以遂其生物之心而已矣。自是有其德而有其位者，莫不述焉。

我世祖皇帝混一宇内，兼取古今之制，百度修明，以天地之德为德，以圣神之能为能，凡所以为民物虑者周且悉矣。若夫所谓医学三皇庙者，盖其一焉。天下既以治安，遐迩一家，仁德所被，兵息刑措。而万国生聚之众，其痒痾疾痛不得不以为忧。是以郡县无间内外皆设庙学，置师弟子员而教以其艺，使推本其先圣先师而祀之，作伏羲、神农、黄帝之像南面参坐，而以昔者神明之医与凡为其学而著名者，以次列坐，配享从祀，略如近代儒学之制。常以岁春秋季月之吉，守令具牲礼行事，著为令，受民社之寄者罔敢不恭。然而在官者或不足以尽知国朝圣祖之深意，狃于故常而忽其事者，盖有之矣。非知治体者，孰能职思其忧乎？

初，崇仁县始以制书创医学。大德八年，得旧社坛之地于邑南东门之内，计地之直，邑之医士醵金上送官府，更置医学以祀以教，因陋就简，三十有余年于兹。仍改至元之二年岁在丙子，承务郎达噜噶齐阿里仁甫始至而谒祠焉，顾瞻而叹曰："百里之邑，天子置命吏，托以民社，而祖宗累世嘉惠民物之心无以显扬而宣布之，微远小臣不敢不尽其心也。"既上事，县政以次修举，风节廉厉，未数月而民信服。事或仓卒，至皆从容处之，旁邑方骚然图回而事已告集，均平有度，民不加病。方伯、郡守、部使者察其能而嘉与之，乃得以其优假以行其长民之事，出俸金以作新斯庙焉。县令丞、簿尉、僚吏克相成之，无间言。于是邑士尝为掌医之官者，与夫习医以为业、售药以为生，与凡有力而好施者，谨趋而辐辏，不待驱率，各效其功。经始于是年之三月，为庙三间，基之崇若干尺，深若干尺，广若干尺，屋之高若干尺，凡轩楹神门两廊称之。其都宫有墙，前有门，庙之后有讲堂，医之师弟子讲学在焉，邑之长邑有祀事则斋焉。其像设尊者像之，其次者绘之。凡屋之柱门户牖，神之室若座，有丹雘梁桷而彩饰。阑楯以石，唐皇以甃，祀享食饮各有器。以明年丁丑之岁九月告成，而行其时事焉。邑之吏民以予尝待罪国史，老而归寓于斯也，请执简而书之。

集乃为之言曰："所谓天地生物之心，即人心而可见矣。今吾长民者有以知乎天地之为德，圣神之为能，我圣祖之为制作，思有以遂其心焉。凡为吾人者，何可不尽其心以求生生之理乎？盖尝闻之：善养心者莫若理义。修其孝弟，使无逆理败常之萌；修其忠信，使无险薄放辟之发，则善良相熏，和气洋溢，安分受职，幼幼老老。虽有燥湿燠寒之变，情欲事物之感，其所伤亦微矣。是以上古之世，无奇邪之疾，不待砭灼其肌肤，苦毒其肠胃，而泰然委顺，登上寿而不衰，此三皇之所以为盛也。若夫人欲胜而天理灭，良心丧而百体随之，内邪外害，万窍并入，虽和缓并生于十室，其若之何哉！此又吾贤令长之意，不徒在于宫室之美、观瞻之崇者。集不敏，安得不为吾邑之父老昆弟子孙言之哉？"

【说明】据四库本《道园学古录》卷三六录文。参见《全元文》卷八四一虞集二八（第26册）。文中作者认为，善养心，明理义，有助于减少疾病对身体之伤害。

439. 元·虞集：羊角洞天记* 后至元三年丁丑（1337）

洞天之说，盖出于神仙家所传。记多名山异岭，敻绝人世，高明空洞，故以天名之。而抚州谯楼前左有一卷石，长三四尺，高二尺许，郡人谓之羊角洞天，不见其空洞可名天者。世俗相传，有人自青城山来，扣石暂开，得入见洞府云。所谓羊角者，盖郡城形势南来，东行而转乎西，昂然若首，有石上出，进而不遂，所以有角之名乎？

故宋绍兴中，守王侯秬覆以小亭。后久之，守林侯某掘地而观之，未数尺，大风起穴中，惧而止。景定癸亥，守家侯坤翁更新其亭而为之记。后八十五年，皇元仍改至元之三年也，监郡中顺大夫塔布台侯谋于同官僚佐，作新亭于其上，既成，使来求记。

夫府治之所在，非若荒闲寂寞之滨而有林壑之美、神明之交也。自守将以下，有民社之寄，贡赋之事，治教之托，狱讼征徭、营缮力役之繁，承藩府司臬之莅治，接宾客军旅之往来，一州千里之事，日不暇给，又安有仙人道士逍遥徜徉于无为者乎？侯之为此，岂非因其超世之嘉名，将以涤烦濁于休暇之余，得幽深于跬步之近，与其僚友出门而观之，行庭而抚之，以自托于高明之临、清静之极者乎？噫！吾闻神仙之境，虽海峤绝域，初不出乎六合之内。居其间者，熙熙然无外物之接，无内欲之萌，饮食淡泊，无血气之争，长子老孙寿年长久若是者，洞天之所以为胜者乎？今熙洽之世，年屡告丰，吏民相安于无事，岂徒仕于此者得以优游闲暇、超然埃壒之表？而吾百万之民，乐至治而安其天年，不异于无怀、葛天之乡者，是即洞天而已矣，盖不必指羊角之一石而言之也。噫！结绳之俗微，三王之迹熄，有志于治者，庶几黄老之绪余，以息民于水火，不胜幸矣。岂若方今天下沐浴圣化若是其盛，吾安得不慨然于洞天之说乎？

【说明】据四库本《道园学古录》卷三七录文。参见康熙四年《抚州府志》卷三三（仅录载部分文字）、四库本《江西通志》卷一二八、同治《临川县志》卷八、光绪《抚州府志》卷九、《全元文》卷八四八虞集三五（第26册）。

440. 元·陈旅：龙虎山繁禧观碑铭有序

后至元三年丁丑（1337）

江左之山曰龙虎者，仙圣之玄都也。太上清宫既据神气之会，旁为支宫无虑百十，又尽得地势之所宜矣。而善用夫地者，又往往得遗胜于百十之余。

造物者常以其不可穷者待天下也。

上清李君谨修，尝自念曰："吾得超乎编民，优游长年以业吾清净之道者，谁之力也？宝俭以养生，积其赢将焉用之？惟益立祠畤以茂致景贶于国家，庶几周人所以赋《天保》之忠乎！"乃度地山南，溪上有大园，倚乎雷坛，而象山、仙岩在其右左，琵琶、麈湖、云林诸峰又皆在乎其前，津华之钟，见于草木，岩姿川艳，布写几席之上，殆灵祇秘之以有待也。李君亟以资得之。延祐四年，始治地为观，中起三清大殿，旁作列真之室，有二楼以递钟鼓之声，有三门以严中外之节。临溪之门榜曰"溪山胜处"，翰林学士承旨赵文敏公所书也。门内有堂曰清辉，其西有亭曰回鸥，殿后之堂曰见山，堂后之堂曰依竹，东轩曰咽日，西轩曰巢云，若宾馆，若廪库，若庖湢，与凡所宜作者，亦莫不当其所。观成，又实之以宜稻之田焉。于是李君与其徒言曰："吾与若承清暾，藉素云，而徜徉乎溪山竹石之间，所以善体而清心也。清心所以通神明而修吾职也，夫岂徒为美居以乐吾私哉？"嗣天师与玄教大宗师闻之，皆表之曰"繁禧之观"。元统甲戌，上遣使以旛香来。至元丁丑，又降香并赐玺书护持，授谨修明远冲妙崇教法师、教门高士、开山住持提点，又命其弟子陈自诚为至正元嘉文泰法师、教门高士、提点知观事，俾嗣其道。于是观者以甲乙传次。李君属上清外史薛君玄羲来征铭文，以章宠光于无极焉。

余闻之，天惟高也故无所不覆，地惟厚也故无所不载。一人之身，万福之基也，惟其万福之备于身也，则有以及天下矣。此皇极所以有敷锡之道欤？李君求胜地以祝繁禧于天子，其意之所及，又益远哉。铭诗曰：

雷坛之阳，山川开明。中有玄圃，翠水所经。煌煌寿宫，殖殖福庭。琪林绀齿，珠葩丹晶。崇竹北翳，列岑南屏。结影西谷，含光东琼。云澜迎户，溪羽并亭。浊祲遥戢，冲华空凝。匪怡我私，穆愉鸿灵。鸿灵戾止，从以众星。兰皐椒丘，猗靡绛旌。藏我熙事，肸蠁若征。天子神圣，格乎清宁。介福孔多，式嘉群生。

【说明】 陈旅（1288~1343），字众仲，莆田（今福建莆田市）人。历官闽海儒学官、国子助教、国子监丞等。有《安雅堂集》。据四库本《安雅堂集》卷十录文。参见《道家金石略》、《全元文》卷一一七六陈旅一〇（第37册）。

441. 元·陈旅：毛先生碑　后至元三年丁丑（1337）

先生毛氏，讳惟谦，字仲益，其先衢之江山人。后迁信之永丰，又迁贵溪之鹰潭，后又迁其邑之宜阳里。曾祖讳季，大父讳克贤，父讳子祥，皆以善称于人。先生姿爽朗而雅志冲淡，束发入龙虎山事曾贯翁师。师爱其有操，奇之，欲试其为人而器成之。先天山介龙井、琶琶峰之间，巉绝辽阒，人迹罕至也。时方薙榛秽为观宇，俾先生居焉。人谓其方去父母而栖之空山，将不能堪。先生则欣然若所素处，与烟霞相周旋，浩乎其忘世也。师大喜之，即令衣道士服，授以其道，声称日闻。于是嗣汉三十八代天师用为益扬州道正。州之为老氏者皆喜而言曰："是宜长我也。"今嗣天师又使之掌其文牍。天师总道教江南，有官府政治之体，非清慎明敏者不足以任承赞之责。先生从容酬应，未尝有所缺失，而凡与之接者，莫不誉其美焉。泰定初，奉表诣阙下，玄教大宗师吴公复嘉重之，为请于朝，授冲真通妙素法师，主永嘉广福灵真宫事。久之，叹曰："吾出家为道士者，将以缮吾性也，而役役不休，可乎？人固有不得不勤力者，吾事师如干年，事亲又如干年，生而养，殁而葬矣，吾又何为乎？吾旦而起，则祝釐于吾君，又何必熙事于其所乎？"乃宴休于龙虎山之旧居，黜智敛才，泊乎无营。而时与客引酒咏诗于华竹泉石之胜，不与物忤，亦不流于物。逍遥浮游，盖十年许。人以其神情之清旷也，号之为秋宇先生云。

仍改至元之三年六月八日，晨兴，正衣冠，翛然而逝，年六十二。某年八月丙辰，藏蜕于贵溪县仙源乡之高陂山，弟子刘存耕以状来征铭。余谓先生能致勤三事而后退休以葆其所存，又未尝离世绝俗，矫亢以为高，所谓游方之外而履其道之中者欤？铭曰：

维昔至人干道枢，启阳阖阴时厥居。道不缘督人朱愚，出此入彼颛奇途。先生冲气以为车，夷庚安驱辞窒迂。祝君事师春欲归，为父母谋甘师腴。亲既终于怡愉始，用吾□□纾前劬。岩房左右蕊笈书，十载燕坐观玄初。太空云气行双凫，陂山所窆仙之余。

【说明】据四库本《安雅堂集》卷十录文。参见《道家金石略》、《全元文》卷一一七六陈旅一〇（第37册）。碑文记述了先生毛惟谦自龙虎山入道之人生轨迹，赞其为“游方之外而履其道之中者”，故屡获天师及玄教大宗师之器重。

442. 元·陈旅：陈高士寿藏记 后至元三年丁丑（1337）

陈高士预为归藏之所于信州贵溪县之三坑李墩，使人来言曰：“吾百岁之后，子孙志吾墓。与其志于我所不见以示乎他人，孰若即今志之。子必志之，使我与人皆见之也。”余不得辞，乃为叙其大较，为《寿藏记》云。

高士福州之长乐人。祖晃，咸淳名进士。父实翁，母高氏。第三子名自诚、字物初者，高士也。八岁入学，警敏异凡童，有日者筮其生时所值之六物，谓是儿方外人，年三十六当见天子。龙虎山之太上清宫，其地衍奥而冲谧，高蹈之士多寄迹其间。闽人若陈公义高、张公彦纲、王公澧翁，皆其宫之杰特者也。张公家长乐，知陈氏多贤，以书来求宜为弟子者。高士年十七，闻之欣然欲往，父母不欲其远去，又重违其意，姑使至福州城西之冲虚宫。冲虚宫者，五代时仙人王霸故宅也。有白龟泉，泉上有龟归亭。高士居七日，郁郁不乐，指龟归亭曰：“吾他日过此，今决去矣。”众皆笑之。遂去，游上清宫，见张公于宫之崇禧院。公使从李则阳受学。大德九年正月元日，度为道士。延祐七年，嗣天师太玄公以高士入觐，时年三十六，果符日者之言。名卿才士爱其清醇，皆为文章赠之。及归，遂领冲虚宫，龟归亭之言又验矣。泰定元年，复侍嗣天师来朝。三年春，制授灵悟玄宁文泰法师、泉州路报恩光孝观住持提点。元统二年，奉表至京师。明年，有旨使持节还乡祠上清。仍改至元之二年，召嗣天师，高士又从之，制仍提点光孝观。明年制授至正元嘉文泰法师、教门高士、龙虎山繁禧观提举知观事。是年夏病，因自念曰：吾以贫出家四十余年，夙夜畏饬，不敢毫发侈肆以负成我者之意。又数奔走道路，与接世故之不得不在己者，亦良勤矣。今吾病作，其亦可以少自纾乎？崇禧传序若张公与李公谨修等，皆高士师祖也。昔李公作繁禧观于溪上，高士因筑室其西曰清辉堂，堂前筑亭曰回鸥。至是悉屏去人事，阖户静坐移日，或至夜半。或鼓瑟读书赋诗以为乐，或凭虚亭，或步溪渚，抚云霞而搴芳草，不知白日之将晏也。尝语其弟子曰："吾字物初，物久则敝，而为之初者不与之同敝也；其有敝者，吾亦末如之何也已。虽然，是物也，吾托之以生于物百岁之久者，又乌得无情哉！向吾所为于李墩者，亦以待夫是物之敝也。故所以虞燥湿而谨闭藏至矣。又作归云之室于旁，近有田，岁收禾百九十斛，析而四之，以入上清宫、崇禧院、繁禧观、归云庵，所以厚吾之所自而及吾之身后者，靡不具矣。汝等宜体吾志。"弟子周成大等识其言唯谨。余闻古之王公豫为送终之器焉，与所谓岁制时制者，皆不以早为讳也。盖有始则必有终者，理之常也。制事于未然者，君子之能成其终也。虑不足以周其身，则事之有未备者不鲜矣。高士事师能尽其道，去家虽久，归而执亲之丧能致于礼，他所为又多可称。至于为乎此也，则平生之所欲为者，将无有遗之而弗为者矣。

【**说明**】据四库本《安雅堂集》卷九录文，文字据别本有改补。参见《道家金石略》、《全元文》卷一一七五陈旅九（第 37 册）。

443. 元·李存：重修崇真阁记　后至元四年戊寅（1338）

崇真阁者，抚州金溪县后居里之后土祠也。宋初，吾何氏某世祖员外府君由邵武徙居于是，有后居之名。相传员外避乱，随兵后车而至，事远莫可考。当其时，斯里盖榛莽也。历数世，生齿既盛，于是始有聚居若市井然。建炎间，从祖三十六府君始自维扬蕃釐祠迎后土之神归而祠之。祠在市之南，凡水旱疾疫，祷辄应。皇元大德初，祠宇凋零，祀事几息。我先人南唐府君复因旧基而新之，中为正殿，傍设两庑，外为门，门之外竖双石像日月，左右列之，后为阁，阁可坐四五十人，垩其壁，画星斗像，故号为七星阁。馆学道之士以洒扫之。岁三月十八日设醮祭，远近至者甚众，率为常。由是后居之里往往物不疵疠而民无札瘥。

我先人即世，祠事日以废弛，栋宇日以倾欹。窃惟后土虽不在国之祀典，而是祠者乃上世之所创建，厥庙宇又先人之所改作，岂宜废坠而弗顾？至元戊寅，出统钞若干买其基于族党，施而公之，可永为后居不废之祀。既又得族之乐善者某人等议同而力协，由是规模粗复其旧。既毕，众咸谓是祠之完，一足以安神祇，次足以慰祖宗，宜书于石。余谓区区之是举也，政恐不足以绍述先志，又奚以刻石为？然尚虑吾之宗属里之居人，犹以斯庙为吾家之私业，视其废兴，忽焉不加喜戚于其心也，是宜勒诸石以告来者。自今以往，苟有倾毁，人得而葺之，庶斯祠之不朽云耳。

【说明】据四库本《俟庵集》卷一四录文。参见《全元文》卷一〇六五李存一〇（第33册）。

444. 元·虞集：黄堂钟楼记　后至元四年戊寅（1338）

黄堂隆道宫，旧传旌阳真君得仙道于丹阳谌母，岁往谒诸黄堂之馆。久之，母谓许君曰："无勤数来也。"因掷灵茅空中飞去，曰："子归，西山之南得此茅则立靖室，岁与子相见于是矣。"许君归豫章，寻得此茅，已丛生，则今之黄堂观也。曰黄堂者，因丹阳之旧云耳。或曰许君与郭景纯择地而得诸此。余尝过之，前宋石曼卿作观记而不言飞茅事，岂疑于飞茅之说，而不察地之丰美则至灵至洁之物生焉？夫何疑之有哉！

自许君仙去，里中父老子孙相传，岁以八月初四日载真君像至黄堂，北面谒谌母，如其在世时。仆徒衣帻，歌谣之声，时为奇赏。噫！犹是当时之遗制，千余年而不废，其遗俗亦可称也哉。夫神仙道士之宫，多托诸灵山奇阜；而黄堂乃在于良畴沃壤之间，平远夷旷，无所障碍，重冈复岭，隐隐隆隆，比极于玉隆之虚、大家之族居、聚落之成市。林丛水曲，星罗棋布，可平视者百数十里。风气温燠，民事淳简，水旱扎瘥之厉盖鲜闻焉。其为宫也，清流环之，花木巨竹，深静萧散。中有三清之殿，谌母、许君之祠东西对立。宫有门，道士之居列布两翼，盖湛湛乎古仙人之馆也。其东廊旧有钟楼，则前道士皮惟新作之，岁久倾圮。里人廖君时亨，其居在数里之近，数年游，宫之士谓之曰：“子得无意于斯乎？”时亨曰：“有父母在，不敢专也。”其父南昌县主簿，讳幼清，曰：“是吾责也。”即命工庀材，得异木四，皆长五十余尺，因大水，沟港无所曲折，皆得至宫下，尽其高以为楼，构致坚密，甍桷比栉，不侈不朴。飞阶三折，乃至其上。楼成，其旧钟弗称，更铸之，用铜二千余斤。既成，主簿没，道士祠之钟室下。宫之道士浮云、提举罗寿远及余门，求为之记，未暇也。

至元之三年二月初吉，余游逍遥山，过而登焉，彷徨踌躇。所谓仰观宇宙，俯察品类，而思夫古仙神人及物之深，师弟相与为礼之盛，使人没世不忘如此，其孰为而然哉？楼益高，钟益大，声闻益远，晨夕之间，訇铿震动，梦者以觉，昏者以警，于斯人之耳目心思，其有所益哉！廖时亨尝以儒业游京师，受知亲王，奏而命之官，非所乐也，归而隐居教子。其族亦多好事者云。

至元四年岁在戊寅三月十五日。

【说明】据《黄堂隆道宫志》卷一二录文。参见同治《新建县志》卷八四、王令策整理《黄堂隆道宫志》卷一二（江西人民出版社2008年1月版，以“外一种”方式收入整理本《万寿宫通志》。以下简称整理本《黄堂隆道宫志》）、《全元文》卷八五九虞集四六（第27册）、《净明资料新编》。文后原有按语云：“此记《逍遥山志》所阙，余于廖姓家谱得来。至于宋石曼卿有记，尚俟采访，以补其遗。”《黄堂隆道宫志》由清代胡执侗等编纂，南昌新风楼藏有道光二十年（1840）刻本。

445. 元·刘时懋：玉局堂记　后至元四年戊寅（1338）

庐陵永和清都观，在昔东坡、山谷二先生尝过之，留诗其间，为山增重。凡观之得名，地之择胜，穹碑先后，具有可考，不待载述。旧有紫微阁，上奉三皇，下祀玄帝，神威显赫，皂纛美影，龟蛇现真。后至元丁丑，观之道士刘如鼎曰凝然者，惧登陟之扬尘，非所以尊事上帝，遂鼎创殿宇于阁后，改祀焉。以阁下为玉局堂，亦取坡翁“未似西归玉局翁”之句，学士揭公为书三大字，求予记之。

予曰：“玉局之始，道书所载，乃老君昔在西蜀说经之时，地神涌出为座，于是老君登座而受经。蜀之父老传为奇事，虽若不可诘，而亦岂妄语哉。其曰‘未似西归玉局翁’者，盖坡喜其被命出处，又冀其投老返蜀，比于敕赐镜湖之宠，不若提举玉局之荣。想清都于默存，寄春梦于羁枕，殆将神遁八极，鞭霆驭风，追老子于汗漫之表，尚何屑乎尘世之驱驰哉！□园玉局遗基，至今神物呵护，灵光晔然。推老君说经之要，谓北辰在上，众星环拱，有尊君之义，欲使下民亦知所尊，取则于天而为范于世，其于名教岂无补乎？且《道德》五千，亦皆垂世立训之言，岂真渺茫幻化之语？后之师黄老者，但谓其虚无，不明其实理，是焉能得老子之真哉？兹堂以‘玉局’名，当必得老子之遗意，追思坡翁，而与祖谢泰定道士神交道契，流传千载，使人缅想无极，因经而记老君，因堂而忆坡翁。游戏乎鸿蒙之海，调笈乎莽苍之乡。接北斗以酌天浆，抚玉局而玩倒景。天人交庆，尔我两忘。招白鹤之来归，望青牛之枉驾。重面上古，一返真淳。为盛世开太平，为斯堂融瑞气，顾不美欤？况凝然愿晦守真，任缘玩世，飘飘意度，溘风尘而上征，故能为前人出色。后有来者，尤当继之。”

至元戊寅，推官刘时懋撰。

【说明】刘时懋，生平不详。据民国《庐陵县志》记载，至元六年他在总管府推官任上还曾作《因果寺记》。据《东昌志》卷二录文。

446. 元·谢升孙：鹤仙观剑阁记　后至元四年戊寅（1338）

昔汉帝作楼观候神人，观之名昉此。新城鹤仙观旧在郭外二十里，荒废湮没，仅存虚名。宋绍兴间，道士黄道全承邑宰命徙之郭内。又百三十年而江南内附，法师江希逵者首以符水遭世祖皇帝，屡奉玉音顾问，特赐宝剑以归。其徒邱允经新作楼七间，为方丈楼，上立宸光阁奉安宝剑，东西小楼翼之。西复建一楼，扁曰“静斋”，盖其修真立静地也。

至元四年戊寅正月记。

【说明】谢升孙，号南窗，南城人。由进士官史馆编修。以文学鸣世，人称南窗先生，有《诗义断法》。据乾隆十六年《新城县志》卷一四录文，题中观名为整理者所加，原志录载时已明言有省略，非全文。参见康熙十二年《新城县志》卷二、同治《新城县志》卷二。

447. 元·虞集：袁州路分宜县新建三皇庙记

后至元五年己卯（1339）

国家置太常礼仪院以奉天地祖宗之祭，外则山川鬼神之祀典咸秩焉。其长贰参佐十数人通领之，典故议论属诸博士，而郊社宗庙，执礼治乐，器服牲币，各有攸司。而审时日，庀物数，治文书，以达上下中外，分隶职事者，则存乎府史矣。是故干羽舞蹈之容，律吕始终之奏，玉帛品物之节，醪醴牲杀之仪，笾豆鼎俎之实，升降进退之宜，鬼神享格之义，凡从事于斯者，莫不通习而具知焉。故其出为外有司，以其见闻施诸行事，则有非他官所能及者。

若分宜县令周君益臣，自户部史擢为太常掾者，数年岁满，宰晋宁之安邑，又宰袁之分宜，所以能惓惓不忘于三皇之庙祀也。郡县之祀境内山川鬼神之在祀典者，有诏令则修祀焉，有故则祷焉。其定制，通祀惟社稷与夫子。我国朝始建三皇之庙以祀伏羲、神农、黄帝，自国都至于郡县，通祀为三矣。祭于春秋之季月，有司守令行事，医诸生执礼致拜，告享仿于儒学，而器服牲币亦视以为法，我圣朝之制也。

昔者分宜始奉令立三皇庙，因县簿之旧厅以为庙，在县治之左，今令居之右。岁久屋坏，迁神于门，既弗妥，又寓神于他神之废祠。朔望谒拜与岁时祭祀，大不恭肃。守官于此者视为故常，谩不加省。周令以尝从事于太常也，独知惧焉。而邑无他赋可以庀役，而心无一息之安也。为政年余，岁丰民安，粗有余力，乃撤故祠而新之。度故祠之基，东西得一十六丈，自通衢达于市，深十有二丈，作开天之殿以奉三圣人，刻贞木以象之，容服之饰如京庙所定。殿有开天之门，外有棂星之门，殿前有三献官之次门，左为惠民药局，右则守庙者处焉，而都宫环属于外门矣。作于仍改至元之五年三月，告成于八月六日。

嗟夫！为国之以礼者尚矣。习于其文者，尚能有所感发如此，况乎深知其本而得其意者乎！噫！圣人之为斯民虑者周矣，医之为义，其一焉。人之生也，有形体血气之养，七情伤乎内，六气沴乎外，与夫变异伤残之不虞，随而救之者，其职也，是以我国家重之。若夫推本于三皇者，盖欲斯民涵泳于至和之中，休休焉以安，雍雍焉以居，以乐于无为而永于天年也。而至于不识不知，顺帝之则，岂非圣祖神宗设庙祀之初意乎？长民之君子，尚因是而思焉。

至元五年岁己卯九月，具官虞某记。

【说明】据四库本《道园学古录》卷三六录文。参见正德《袁州府志》卷一四、《全元文》卷八四二虞集二九（第26册）。文中借记叙三皇庙新建阐发了国家重视并设立庙祀之“初意”。

448. 元·虞集：非非子幽室志　后至元五年己卯（1339）

汉代所谓道家之言，盖以黄老为宗，清静无为为本。其流弊以长生不死为要，谓之金丹：金表不坏，丹言纯阳也。其后变为禁祝祷祈、章醮符箓之类，抑末之甚矣。昔者汴宋之将亡，而道士家之说诡幻益甚。乃有豪杰之士，佯狂玩世，志之所存，则求返其真而已，谓之全真。士有识变乱之机者往往从之，门户颇宽弘。杂出乎其间者，亦不可胜纪。而涧饮谷食，耐辛苦寒暑，坚忍人之所不能堪，力行人之所不能守，以自致于道，颇有所述于世者，不无也。为其学者，常推一人为之主，自朝廷命之，势位甚尊重。而溯其立教之初意，同不同，未可知也。

予在北方，数闻有为其道者而不可得见。如书楼、大方两孙公之掌教，略尝与之游。其山居者，有汝州赵先生尝奉诏至京师而得见之，服羊皮大布之衣，曾不掩胫，而肌肤洁白，玉温而雪明，食饮甚寡，而其气充然如春，与人语，辞简而意远。贵富盛气多智术者见之，莫不泊然自失。予是以知为其道者常或有人也。

归田江上，闻有蓬头金先生者甚高洁，接其徒极严峻。间尝相闻往来武夷、圣井诸山而不获相见，则予贸贸尘土，岁云暮矣，能无慨然于中乎？昔人云：千里空谷，闻足音而喜，亦人之情也。崇仁仙游山在邑东郭门外，晋王、郭二仙人求其师浮丘伯之所历也。有余岫云师者居之，终日与人相接而不失其介，其中毅然不可犯，而未尝与人有竞意。日使童子挈一箪入市，人家见为岫云僮也，辄与饭一小器，日向中，箪稍满即还。师弟子主仆烹水瀹而食之。而江东西高雅之流，或道过，或径诣，无不即岫云之室者，分箪食共食，无愧容，无德色。山下薄有田数亩，邻人多助之耕，获给不给，亦不经意。故常往来予舍，久而不厌。问其生，则道华盖山南谷人也。年十五，辞亲入道于宜黄县南华山昭福观。既而叹曰：“托兄弟以养亲，从师以入道，果为何事耶?”辞其师以去。遍历江汉淮海，渡河循山，东游乎齐鲁，至于燕赵之间。西游华阴，入终南，登太白，而后还乎武当、衡岳、罗浮，出武夷，过天台，计其所见，必有异于人者矣。在温州，寓同学者之舍。州郡命方士祷旱不应，或曰：“此君不凡，当可得雨。”群起之。岫云曰：“欲雨乎?”是日雨沾足，亦不见其有所为也。郡中先有教人学道者，出妻子，破家产，乃可。岫云曰：“非道也。复尔家室，治尔田畴，行人道之常而不累于心，可也。”及归临川，祥符观道士黄执中闻其风而悦焉，率玉清观之人处之仙游山，破屋数椽耳。居亡何，信向四至，仙殿门庑，陶甓竹石，不约而辑。有山本阁者，凭虚丈尺耳，士大夫、仙人、过客就是以信宿而去，或至兼旬月，亦不知其瓶粟之无储也。岫云未尝读书，而所言平易雅正。故翰林学士吴公之夫人余氏，岫云之从姑也。仙游修葺略成，吴公为之记。公尝问尔之为学何如？以“颜子喟然”章对，始则恍惚难象，而卒见卓然自立，时至而自化尔。公曰：“占毕终日，未有如是举者。”盖深许之矣。有为作钟楼者，岫云来告曰：“楼成，丐一言。”予游宜春之仰山，以十一月至家，而岫云前一月化去矣，至元五年己卯岁之十月二十七日也，得年六十。未没时，遍与所识书别，略无怛意。其弟子彭致中瘗诸山下，予至其墓前，致中以志幽为请，始悟钟记盖自为也，乃使求石罗山之阳而刻斯文焉。岫云讳希圣，一字非非子，有偈颂普说等。致中，山下人，年少淳谨，今系籍玉清，亦尝游方江南，道教之师署为仙游山昭清观住持提举云。铭曰：

六十而化藏斯丘，孰云非仙乃其游。微风落月山木秋，箪食屡空吁不留。

【说明】据四库本《道园学古录》卷五〇录文，个别文字据别本有改动。参见《全元文》卷九〇一虞集八八（第27册）。

449. 元·陈旅：孙高士碑　后至元五年己卯（1339）

孙先生讳景真，字久大，信之贵溪人。曾大父讳清夫，大父讳朴，父讳晞之，乃宋迪功郎，仕江东为节度司干办官。先生丰颐广颡，硕干皙肤，居如山凝，动如川融。幼时有善相者抚其项曰：“是儿不凡，殆非人家所能留也。”孙氏所居曰筱岭，距大上清正一万寿宫十余里。束发即学道于宫之崇禧院，礼讲师张公彦纲为师。孔老二氏之学，若所素习，不待刻砺，自臻玄微。祖师都录黄公崇鼎、宫主黄公复亨皆器重之。世祖皇帝既平宋，遣使入龙虎山，聘嗣汉天师之三十六代者。嗣天师入觐，择才而贤者从行，先生与焉。及还，有诏开道教于江南，四方之为老氏者日集龙虎教所，逆旅非所安。都录公为筑真元宫以馆之，而主以先生。先生念是宫亟成，非宏远之规，复改作之，而增田以饭来者。大德七年，有旨授通真凝妙弘道法师、真元宫提举知宫事。初，讲师公欲更卜吉土为坛畤，以颛祝祠，厚报本也，志未伸而卒。先生既尽送终之道，为作崇禧观于天冠之山，殿堂门庑、钟楼藏室皆高广如志。又作祠宇以宁其师，度弟子以衍其传，给良田以舒其用。玄教大宗师以闻，天子下玺书护持之。至治二年，上清宫灾，先生发私帑作大三门及福地之驻马亭、崇禧院之真元阁，皆雄丽称地望。天历元年归主院事，即院北为屋以居，人号其堂为隐德。盖以先生虽数被宠荣，而含光弗耀，有古者遁世高士之遗风焉。至元三年，有旨加教门高士，使复主真元宫，遂新宫之道纪堂。其年秋，于故宅旁近得地曰榆原，顾而喜曰："吾其遂首丘之心乎！"于是作榆原真馆，割田若干亩入焉。又以田益上清宫、真元宫、崇禧院、崇禧观、筱岭之崇贤馆各若干亩。五年五月，忽感余疾，即语弟子曰："死生夜旦尔，不死不生者无夜旦也。吾将了，吾之有夜旦者矣！承先迪后，则汝曹之事也。"是月八日，蚤作盥漱，正衣冠，夷然而逝，年七十有七。弟子曾日省、李谨修等以其年九月壬子，奉遗蜕藏于榆原，以临川吴庆熙所述道行属余为碑铭。

先生庄重而谦冲，静默而畅达，持己以约，遇物以厚，名不求闻而名日章，财不求殖而财恒足。凡所作为，若无意于其间，而诸福之物皆不踵而自至。终日燕坐一室，或问之曰："公静乎？"则笑曰："有意于静，则非静矣。"盖深有得于其道者。居天冠最久，山之左右，雨旸时若，五谷常熟，草木葱蒨，居民不知有凶荒之虞，而先生又每推其有余以赈助之。人见其出游，往往指之为福仙云。呜呼！世有劳心神，弊体肤，穷年规规，泽不足以自濡，遑及其他哉！不见用其智力，而身与物恒相遭于泰和之囿者，固盛德之所感应，亦天厚之福、休祥之征随所至而著也。使若人有位于时，所及顾不益广？而每厌薄世故，高蹈物表，仅及其所能及者而止耳。故君子之于若人，常叹其赋受之美，而惜其不为世用而去也。虽然，凤凰麒麟，非以其用于世而贵之也，郊薮之间有是二者，必至治之时哉！铭曰：

湛乎若无思而趣无不通，漠乎若无言而教无不从，休乎若无营而人惟见其成功。物与我何心？本自然以为宗。亦造物之与谋，钟其身以善祥。故居姑射则屡丰，处畏垒则大穰。慨若人之邈悠，上榆原以相望。藏衣冠于斯丘，庶不忘乎故乡。

【说明】 据四库本《安雅堂集》卷十录文。参见《道家金石略》、《全元文》卷一一七六陈旅一〇（第 37 册）。

450. 元·李炳：紫府观重兴法堂记

后至元五年己卯（1339）

南昌柏冈有观曰紫府，实天师胡长仙炼丹之道场也。观创始于唐武宗会昌二年，嗣葺于宋徽宗大观四年。殿宇廓如，廊庑翼如，后有法堂俨然，置天师圣像居其中，木本水源，示专敬也。栋挠楹腐，积有岁月，上雨旁风，无所盖障。主观周君绍仙一日会其徒曰："兹堂敝漏，大惧震陵，非一新构架，则晨香夕火，无以展敬严祀事。"众咸曰："诺。"于是缩赢为余，积微至夥，而复四出走谒檀施，持志益坚。乃鸠工庀材，用底于成。位置规画，一仍其旧。既毕工，将记其事，镵诸珉而垂诸不朽，遂求记于予。

予与周君，盖方外友也，以为宜得当代燕、许笔，非雌伏林壑者所宜为。固辞不获，予遂为之言曰：夫灵宫秘宇，所以传道德之风，广神仙之宅也。稽诸秘传，在天则有清都太微金阙玉房，乃上帝之攸居；在世则有海上蓬莱五云楼殿，实列仙之攸馆。则世之所谓神仙者，岂果无家客者耶？然则斯堂之改作，不为无谓。今夫含齿戴发血肉之躯，类皆志逐气移，情随境变；彼仙家者流修炼之法，固以清静无扰为事，一或不然，则溃败而不可收拾。继自今升斯堂者，拜遗像而作礼，则因思其初，炼合神丹，济人度物，得道飞升。其必气专容寂，严恪端庄，祇祇畏畏，肃焉加敬，嗜欲躁竞忘之于心。固将驾恬淡以为车，铺冲虚以为席，由是体元入虚，炼真阳，合冲气，久则离形出神，与道合真。自是以还，固当有人接踵也夫。然则斯堂之作，岂惟严崇奉，辑羽流，五色云间纷纷鸣吠？胡仙将不独有千载矣！

仍至元五年岁在己卯十二月圆日，本干缘道士徐宗儒、冲和玄静法师提点焚修黄以洪、当代住持月溪周绍仙立石；朝列大夫、江西等处行中书省理问相副官岳至篆额；承事郎、常德路同知龙阳州事李炳撰文；西昌陈瑞书丹。

【说明】李炳，新建（今南昌市新建区）人，元统进士，曾任承事郎常德路同知龙阳州事。据《南昌文征》卷一三录文。参见《净明资料新编》。

451. 元·刘岳申：延真宫铁柱殿记　后至元五年己卯（1339）

豫章铁柱延真宫，祀晋许旌阳有年数矣。道家以铁柱为旌阳所铸，以镇伏妖孽。入宋，祥符为景德观，政和改延真宫，嘉定加“铁柱”二字。中更建炎兵火，至景定庚申，如建炎。国朝大德癸卯火，其仅存者惟道士徐希真之庐。越四年丁未，宫成。泰定丙寅又火，宫以次修葺，其左有殿岿然者，其下铁柱也。铁柱出井数尺，与江通，江涨落高下为出没。豫章环四面皆水，独至今无水害，皆曰铁柱力也。郡有玉隆宫，宫本旌阳故宅。道家载旌阳事，本以忠孝积功行，以正直驱物怪，柱出旌阳，理必不诬。余尝谓自开辟而有怀襄之祸，此后世所不及见者。向微夫子定《书》，则神禹之绩，犹将疑之。刘子曰：“美哉禹功，明德远矣。微禹，吾其鱼乎？吾与子弁冕端委以治民临诸侯，禹之力也。”当时赵孟号为贤卿，且惑其言。今之知有禹绩者，徒以孔壁书存故耳。孟子论三圣之功，以驱蛇龙为首，犹《书》意也。使是说而非孟子，则且众咻之矣。自汉以来，河决之患载之信史者，不知其几，每读《瓠子之歌》而伤之。方决河时，天子自临决河，沉马与璧，群臣从官以下皆负薪置决河中，亡艺甚矣。岂惟远绩禹功之不敢知，使遇旌阳，何忧河决难塞，至取欺方士，为世笑也哉！传记载锁支祁事，世以不经见而怪之。铁柱与支祁事颇类，彼锁得之流传，此柱征之目击，以锁支祁为不经，以驱蛇龙顾不近欤？苏子瞻谓今人不复见古事，反以所见疑古人，见古人之不可望，而今人之益可伤也。祭法曰：圣王之制祭祀也，能御大灾则祀之，能捍大患则祀之。若铁柱者，非能御灾捍患乎？宫屡毁而屡复，其复也常不旋踵，人心之所向，有物司之矣。自景德而后，有建炎、景定之变，此宫之所不常有者也。当是时，使旌阳临睨旧乡，其无有城郭人民之感乎？

嗟夫！虽有标杵，不至滔天，城陷之祸，未必如陆沉之甚也。虽以宰物者为生民择祸，亦莫若是矣。柱者，洪涛巨浸之所不能冲，劫火之所不能烬，宫有毁而柱无虞，如砥柱碣石之在水中，其为连城久远计虑，岂可涯哉？吾友集贤直学士文逊志尝大书“铁柱”二字并求余记，未暇以为。清江徐鉴与道士罗嗣周及门勤求，又十许年矣。余老且耄，窃伏叹周处为长桥下去一时之害，《晋史》书之以为伟绩；旌阳为豫章捍连城千余年之灾患，而未有书之者，欲使余不记铁柱，可乎？故乐为之书。

至元五年后己卯。

【说明】据四库本《申斋集》卷五录文，文字据别本有改动。参见《全元文》卷六六六刘岳申六（第21册）、《净明资料新编》。

452. 元·傅商俊：重修南安府城隍庙记

后至元五年己卯（1339）

城隍神姓氏虽殊，忠烈则一。宫室器服，同于王者。按《豫章志》，神姓灌，汉颍阴懿侯，南唐封辅德王，政和四年敕号显忠。临江、庐陵志亦云灌侯。然元祐庚辰长乐林通作县图经，于城隍庙曰：汉御史大夫周苛守荥阳，为项羽所烹，高祖思苛忠烈，令天下州县附城而庙之。今《南安志》故老相传言，郡城隍汉初纪将军也，敕号显忠、辅德王。盖纪将军亦为项羽所焚，其忠烈无愧于周、灌二者，祠之宜也。

南安城隍庙建于岳祠之东。淳熙甲午夏四月旱蝗，太守孙昌言祷于庙，一夕风雨驱螟螽槁积庙庭，岁大熟。庙之旧路，由左出入，无直道，限于民地。孙侯以公地疏筑，四户洞辟，刊木为桥，以达康庄，择地浚井，以济民用。元统癸酉，厄于回禄，庙堂门庑，一炬成尘。监郡所都率邑人以成正殿，弗克完。至元后戊寅秋，奉训大夫、南安路同知黑的儿顾瞻庙庭，岿然独立，垣墉颓﨣，乃思增构，以妥神栖。遂捐己俸，赞于同寅，协谋捐赀，以相其成。并庭门台，重门列祠，凡为屋几百二十楹，正殿龛座，后殿轩陛，像塑六卿，石甃阳路，彤紫文华，黼黻具备，会木石工役费若干。门植青松，欲其清蔽黕肃，永格神休。经始于戊寅，告成于己卯。父老来谒记勒石。

余曰：古者土地之神，社稷而已。今以纪将军祠于城隍，是教民以忠。治民事神，国有彝典。《书》曰："鬼神无常享，享于克诚。"故有其诚，则有其神；无其诚，则无其神。凡祀典之祭，分不可□□□以立庙，从民志也，水旱疾疫必祷焉。舍是他求，则人心不正，浮伪日滋，不沦于虚空，则委于茫昧，神安在哉？惟智者能穷其理以克其私，则人心正而神亦正。神受其享，官受其福，民受其惠，皆思纪将军之忠而继葺之，俾勿坏。董民役者，府掾周大佑、郡人王奕、郭仪孙、王彧、周康伯也。

【说明】傅商俊，曾任大庾县学教谕，能文。据嘉靖《南安府志》卷一一录文。

453. 元·虞集：崇仁县显应庙冲惠侯故汉栾君之碑

后至元六年庚辰（1340）

崇仁县治南望七十里，有山焉，广大高厚，嶷然其前。其颠峻而并锐，能出云雨，蓄神明，凡水旱灾害之祷，无不通焉。盖邑之望而吏民之所依也。谓之巴山，后易称相山。巴山者，相传云东汉尚书栾巴，字叔元，魏郡内黄人。而《神仙传》云蜀成都人。史称巴好道，顺帝时给事掖庭，仕至黄门令。性质直，学览经典，虽在中禁，不与诸常侍交。擢拜郎中，迁桂阳太守，始为桂人定婚姻丧纪之礼，兴立学校以奖进之。虽干吏卑末，皆课令习读，程试殿最，随能升授。七年乞骸骨，用李固荐，拜议郎，守光禄大夫，与杜乔、周举等八人巡行州郡。巴使徐州，还迁豫章太守。郡土多山川鬼怪，细民尝破赀产以祈祷。巴素有道术，能役鬼神，乃悉毁坏旁祀，翦理奸巫，于是妖异自消。百姓始颇为惧，终皆安之。是时方分豫章郡东地置临汝县，则今抚州之境也。而相传以为巴治妖民尝至此，故民间思之不忘，以巴之名名兹山云。其后尝置巴山郡，在县西南四十里，遗迹犹有可考。而县西门曰巴陵门，巴山至县所从入也，则山果以巴得名久矣。巴后迁沛相，征拜尚书。顺帝之葬，有司多毁民间墓，巴上书切责，禁锢还家二十余年。用窦武、陈蕃荐，征拜议郎。蕃、武之祸，以党谪为永昌太守，辞病不行，上书理蕃、武冤，下廷尉，自杀。而相传巴有墓在山下，而立祠焉，今为广教僧寺。而山颠并祠南昌尉梅子真与叔元，而唐邓、叶二道士配之，盖出近世云。故宋绍兴二十六年，有宣教郎知县事郑圃孙懋为令以告民曰：“周人以讳，事神而名不以山川。名山曰巴，惧民久以为未安也。洞庭有山，以洞庭君之所居而谓之君山。栾君自豫章为沛相，独不可谓之相山乎？”乃酌酒以告神而神悦，暴之于民而民从，遂更名相山矣。咸淳元年，县寓公朝奉大夫知邵武军事师得遇等言于朝曰：“县有汉光禄大夫栾豫章之神祠墓存焉，其神名在史册，守郡有功，立朝有节，讼陈、窦之冤，竟以身殉，风节凛然，可以谓之神明者矣。吏民祷祈必应，而淫巫瞽史，名称鄙野，非教民事神之道。”按祀典，崇宁三年，赐东明县柏梁桥栾巴庙曰显应庙。大观四年，封巴为冲惠侯显应庙矣。其山颠之祠与梅子真同命得赐妙济灵纯真人之号者，则用道家之言也。栾君生时灵异甚著，人人能道之，而斯邑之民有求辄祷，有祷辄应，千百年以来，殆不胜纪，而图志无古文字金石可征考。而邑民饮食必祝，则不诬也。

国朝大德丁未，予留斯邑。是年大旱，八月旦迎神至县治，大雨连夜，尝识其事于庙中。已而庙毁，予文亡焉。后三十四年，为至元庚辰之岁，其旱尤甚，苗有未入土者，民甚惶惧，乃四月三日也。承直郎达噜噶齐鄄城巴图斋肃民望，遣其簿将仕佐郎豫章舒文琰疾驰诣庙，迎神像至县以祷，拜跽未终，芗燎方炽，而林风四起，阴云以兴。簿至祠下，悃愊之词方伸，要迎之具未起，震电已作于门庑，骏奔不及于猋驰。巴图率其属奉迎于西郊，祝史未及成礼而沛泽滂沱，衣冠尽湿。随至邑治，雨连三日夜乃止，四境以沾足告。大家细民具牲蔵醪酒，大享相继，神之冠服、舆帐、旌旆炜煌一新，不待劝而自至。乃命典史豫章胡天祥伐石于城北，使教谕新城朱礼速予文以传之。予曰：“诺。”又使税副济南魏渊奉神像还祠，所过旄倪，留恋欣感。渊乃周览祠墓之旧迹，适山川之奇伟，而归告得神之情焉。既而五月又不雨，遍祷群望，神在祷中。是年会府又郡祷，皆苦，而县六月三日雨，十二日又雨，而旬日之间，云雷并兴，四郊在望者，或十里，或数十里，或百里，或一日，或二日，或一时，随地而足，稽诸旁近，最为沾渥焉。是时巴图悉力祷祈以为己任，斋戒兼旬而不间，严屠宰之禁，厉不虔之俗，家有疾苦而不顾，身受劳苦而不辞。忠翊校尉县丞缙山张荣与簿及典史实协心焉，必得雨而后止。为吏者其忧民如此，其必有以鉴其诚者乎。天祥以石具告，乃序其事而传之，为迎享神词曰：

有敦维崇，其阻九陵。时翕时舒，与云俱兴。降丘作神，朱绂赤舄。尚书邦君，司命司直。自古在昔，于我故怀。我识其来，尝与雨偕。公宇斯穹，私宇斯洁。神君假思，无怒伊悦。高山峻严，孚与禴禋。禴禋不违，俯依我人。我人何有？有尊有俎。黍稷既阜，酒醴维醹。捭豚为羞，有胾有羹。神来顾歆，百物之精。神昔故乡，父老燕喜。千载在斯，不醉无起。乃大乃神，硕彦乃生。为嘉为乔，为栋为楹。为美为英，宝藏兴殖。无有远迩，来被来泽。仰其虚矣，穹窿休明。就其奥矣，流动满盈。时有序代，神不可极。曾孙孙子，有祀无斁。

【说明】据四库本《道园学古录》卷四一录文。参见康熙六十年《西江志》卷一五〇、四库本《江西通志》卷一二〇、《全元文》卷八七〇虞集五七（第27册）。

454. 元·虞集：河图仙坛之碑　后至元六年庚辰（1340）

今上皇帝以特进上卿吴公全节年七十，用其师故开府仪同三司神德张真君故事，命肖其像，使宰执赞之，识以明仁殿宝而宠之，赐宴于所居崇真万寿宫。近臣百官咸与，大合乐以飨，尽日乃已。既拜赐，公坐于承庆之堂，召门人弟子而告之曰："吾在髫龀，志翔寥廓。稍长学道。弱冠从先师谒世祖皇帝，遂留不归。五十年间，以天子之命祀名山大川，东南西北，辙迹咸至。一遇泉石之胜，辄旁皇而不可得。而我父母被宠光，封乡国，高年偕老。时优诏使归为寿，而我曾不能晨夕在侧，吾终身之不安者也。今老矣，为我图地，必吾父母之茔是近，庶体魄有所依焉，则我之志也。小子识之。"于是命弟子归饶而求之。明年，得地于安仁县，去饶国公之墓左数百步，其山曰河图之山。书以图来，公叹曰："吾昔闻诸异人云：河图，八卦也。今人所传河图，盖五位相得而各有合之图也。儒家颇骇其说，然即卦以指视先天位数，吾得金吾之旨焉。故宋江东谢公枋得得其说而隐去，世祖力致之，在道不食数十日而神气益完，迫授以官，乃化去。吾受其书而藏之，今得山曰河图，告我之兆久矣。”乃命作石坛，据风气之会，将以栖神焉。则又叹曰：“予平生以泯然无闻为深耻，每于国家政令之得失，人才之当否，生民之利害，吉凶之先征，苟有可言者，未尝敢以外臣自诡而不尽心焉。而恩赉之厚，际遇之久，则有非人力所能至者矣。”其从子集贤待制善窃知公之意，录其平生之事略，已成编，会善卒。公得其书而感焉，乃遗书江南以告集曰：“吾蚤岁犹得见国朝诸大臣及宋之遗老。逮其中年，公卿之重，士大夫之贤且仁者，无一人吾不见焉。览观四方，逝者如水，知心之友，其文可以传者莫若清河元复初氏，而云亡亦已久矣。区区之迹，他日将何所托乎？人生不可期，相望数千里，子必为我著仙坛之记，使千载之下，犹或于此乎知之，则亦故人之情也夫。”乃为次第善之所录以遗之。

云：吴氏系出太伯，为吴子之国，子孙散处吴楚间，多以国为氏。其在番者为番君，番之吴皆宗番君矣。其居安仁有龙坡居士讳岳者，墓在桂溪前仓之曾源，其高大父也，世居寿栎山，屋于礌石之上。故宋咸淳己巳，有泉出东楹之础，润液之脉理直如贯绳，上升梁间，达乎西楹，乃生灵芝，光彩映日，久而不坏。是岁十一月七日公生，丹光盈室。生七月而能言，其父抱膝上，因坐假寐，梦神人告之曰：“高仙托体君家，尘中不能留也。”四岁能诵诗，七岁其叔父教之，日记千言。十岁从其兄游乎仙岩之下，慨然有遗世之意。十三学道信州路贵溪县龙虎山太上清正一宫之达观堂，堂之尊师李君宗老尝有异征，得公而应焉。临川有雷空山先生者，隐居种湖之上，深明《易》《老》，以其所学著为成书。公往师焉，他从学者莫之能及也。李君避舍，延致雷先生，而公得以专受其业，虽休沐不出。每得新瓜果之属，必即以归献其亲，无有旷阙。十六度为道士，于其传系，则居何君恩荣之次。国朝初得江南，嗣汉三十六代张天师宗演入朝，张公留孙在行，奉敕留禁近，始赐名上卿，其后位特进开府仪同三司玄教大宗师者也。至元十四年，作崇真宫以居之。二十四年，开府征公至京师，公辞其亲，别龙坡君之墓、新墓田之舍以行，是年得入见。二十六年，奉诏祠南岳。二十八年，奉诏从开府遍祠岳渎诸山川。二十九年，赐崇真宫于浙西，公奉诏宣谕江浙行省。三十一年，成宗皇帝自朔方还纂大统，公从开府率其属北迎，召见，赐公古琱玉蟠螭之环一。有旨设醮于上都寿宁宫五昼夜，公专主章奏，特敕命公每岁侍从行幸，所司给庐帐、车马、衣服、廪饩，著为令。元贞元年，制授公冲素崇道法师、南岳提点。二年，奉诏祠中岳、淮渎、南岳、南海。大德元年，奉诏祠后土、西岳、河渎、江渎。二年，制授冲素崇道玄德法师、大都崇真万寿宫提点。三年，大上清正一宫灾，公奉旨与近侍驰驿命江浙省臣更作之，公请与宫之人各以私财佐有司之不及。四年，命有司作三清殿及观门廊庑，于崇真宫设醮庆成，上斋而临幸，赐开府及公黄金白金重币有差。五年，公奉旨召嗣汉三十八代张天师与材过扬州，为守臣祷旱，雨。至京师，为答剌罕丞相、哈喇哈孙王祷旱，又雨。八年，公父母年皆七十，奉旨降御香于江南诸名山，赐对衣、上尊，为其亲寿于齐老之堂。九年，作崇真观于安仁县，赐名曰万寿崇真观。十年，制授公江淮荆襄等处道教都提点。十一年，武宗皇帝自朔方归纂大统，制授公玄教嗣师、总摄江淮荆襄等处道教都提点、崇文弘道玄德真人，铸银为印曰“玄教嗣师之印”，视二品。封其父克己翰林学士、中顺大夫。至大元年，以岁歉，禁民间酒，特敕光禄寺日有赐尊。上赐公七宝金冠，织金文之衣为朝真之服。仁宗皇帝在东宫，所赐冠与衣贵重华异如上所赐。公从驾至中都，中秋锡宴，上顾其貂裘弊，改赐黑貂三百以为衣，镂金文之锦以为缘。二年，制授公弟子夏文泳元成文正中和真人、江淮荆襄等处道教都提点，赐银印，视二品。三年，公奉圣旨设醮于龙虎、阁皂、句曲三山，制赠公大父鉴昭文馆大学士、资善大夫，追封饶国公，谥文靖；祖妣陈氏封饶国夫人；父翰林学士克己加授荣禄大夫、大司徒、饶国公，母舒氏饶国太夫人，仍赐对衣、上尊。有旨命公奉赞书归乡荣其亲，因命设醮于安仁县之崇真观以庆成。皇庆元年，仁宗皇帝命设大醮于大都南城长春宫。公奉旨投金龙玉简于嵩山、济渎。是年，敕翰林学士元明善修《龙虎山志》，著序进入，改赐崇真观额为崇文宫。延祐元年，公奉旨设醮于龙虎、阁皂、句曲三山，因请归庆其父母八十之寿，对衣、上尊之赐如初。是年，传旨江浙行省促公还朝，制授公弟子毛颖达正德弘仁静一真人，嗣掌遁甲之祠事，赐银印，视二品。四年，有旨名其乡曰荣禄乡，里曰具庆里，降玺书护其家。六年，饶国公之讣至上京，集贤以闻，敕翰林侍读学士元明善著碑文，翰林学士承旨赵孟頫书字，太子詹事郭贯篆额，给传奔丧。十一月太夫人殁。十二月葬父母于其县崇德乡之山田，作明成观以奉祀。明年，召还京师。英宗皇帝至治元年十二月，开府张公观化于大都崇真宫，上闻，有旨归其丧于龙虎山，百官送诸上东门外，所过有司治办舟车祭遣。公请归职丧，不许，命弟子崇玄冲道明复真人陈日新、薛玄羲奉丧还。二年，制授公特进上卿、玄教大宗师、崇文弘道玄道广化真人、总摄江淮荆襄等处道教、知集贤院道教事，玄教大宗师主章一，一品银印一，总摄道教事二品银印一，并授之。敕省台百司谕以传宗之事而大护其教，用开府之志作东岳仁圣宫于齐化门外，重修太一延福宫。三年，大上清宫又灾，公率其属更作之。泰定元年春，长春掌教真人阙，上用公荐，以汴梁朝元宫孙公履道主之。二年，公奉旨设大醮于长春宫，又设大醮于崇真宫，护教之诏如故事，制赠饶国公光禄大夫、大司徒，谥文康。三年，奉旨设醮于龙虎、阁皂、句曲三山，奉敕葬开府张公于南山之月峤，作仁靖观以奉祀。四年，改造开府所建溪山真庆宫。天历改元冬，公还自上京。明年，北迎明宗皇帝，谒见之次，赐对衣、上尊。及归，天历护教之诏如故事，追封故开府张公曰神德真君，敕改仁靖观为神德宫。至顺二年，公进宋儒陆文安公九渊语录，世罕知陆氏之学，是以进之。有旨设醮于长春宫，公告老，请以弟子夏文泳嗣玄教，诏留公。三年，有旨设普天大醮于长春宫，又设大醮于崇真宫。元统元年，今上皇帝即位，护教之诏如故事。仍改至元之元年，京师旱，公奉敕祷之，雨。冬无雪，公奉敕祷之，雪。三年，公重建饶州芝山文惠观于永平门外，迁番君之神以居之。四年，与神德宫、明成观皆被玺书之赐。五年，畿内田有虫孽，执政请公祷之，三日尽除。而仙坛之成则在六年矣。皇元初有中原，五岳之四在天子封内。既得宋，而后南岳之神得而礼焉。是以世祖特命开府张公领其祠，至是属诸公矣。长沙有故宋相赵信公葵之子淇，博学多识，尤好神仙金丹之事；有宜春李先生简易者，故玉溪李觏诸孙，遇异人得丹道，盖以为遇刘海蟾而得之。淇每师问焉，未尽其旨而李先生化去。后遇之玉山道中，始得其说。既内附，命为湖南宣慰使，辄欲弃官行其道，忧患多故，不能如其志。公为天子使南岳，道过长沙，赵公见而敬焉，曰："神气冲爽而有福德，可以受吾道。"乃焚香密室，出其书以授之，则皆海蟾、玉溪之秘云。世祖尝曰：

"天子当礼五岳，而朕年高不能往。每遣近臣忠信而识察者分道祠岳渎、后土，戒之曰：神明之使，马不至喘汗则善矣。"盖归而问其所闻见人物道里，风俗美恶，岁事丰凶，州县得失，莫不参伍以周知疏远之迹焉。公之连岁被命而出，每辞以为臣不足以当大事之重，上曰："敬慎通敏，谁如卿者?"遂行。他日，成宗遣祠岳渎使还，顾问如世祖故事，曰："卿过郡县，有善治民者乎?"对曰："臣过洛阳，太守卢摰平易无为而民以安靖。"上曰："吾忆其人。"即日召拜集贤学士。公使过浙西，时故翰林学士阎公复为按察使，老成文学，誉望甚重，公时才逾弱冠，议论明正，阎公客之，不敢忽也。后阎公居翰林，益加重焉。成宗既崩，仁宗皇帝在怀孟，未至而阎公典诏令，有狂士危言以讦阎公，事罔测。公力言诸李韩公孟，仁宗意解。及武皇即位，遂以平章政事归老高唐，如世祖待王鹿庵磐故事。朝廷得敬大臣之体，不以口语伤贤者，则公深有以维持之也。故翰林学士吴公澄，始用董忠宣公士选荐于朝，自布衣拜翰林应奉，召至不拜，去。后又召为国子监丞，升司业，与时宰论不合，又去。公启于集贤贵人曰："吴先生大儒天下士，听其去，非朝廷美事。"集贤贵人听公言，超奏吴公为直学士，吴公虽不赴，而天下韪之。至元、大德之间，重熙累洽，大臣故老，心腹之臣，莫不与开府有深契焉。至于学问典故，从容裨补，有人所不能知。而外庭之君子，巍冠褒衣以论唐虞之治，无南北皆主于公矣。若何公荣祖、张公思立、王公毅、高公昉、贾公钧、郝公景文、李公孟、赵公世延、曹公鼎新、敬公俨、王公约、王公士熙、韩公从益诸执政，多所咨访。阎公复、姚公燧、卢公摰、王公构、陈公俨、刘公敏中、高公克恭、程公钜夫、赵公孟頫、张公伯纯、郭公贯、元公明善、袁公桷、邓公文原、张公养浩、李公道源、商公琦、曹公元彬、王公都中诸君子雅相友善，交游之贤，盖不得尽纪也。荐引善良，惟恐不及，忧患零落，惟恐不尽其推毂之力。至于死生患难，经理丧具，不以恩怨异心，则尤公之所长也。公博览群书，遍察群艺，而于道德性命之要粹如也。尝作环枢之堂，书先天诸图于壁以玩心神明，有诗曰："要知颜子如愚处，正是羲皇未画前。"其所造盖如此。故其述作，光明痛快，足以见太平之盛；而深存忠厚，于人伦有所感发。自幼至老，尤好吟咏，皆出其天性之自然，而非有所勉强。尤识为政大体，是以开府每与廷臣议论，及奏对上前，及于儒者之事，必曰臣留孙之弟子吴全节深知儒学，可备顾问。是以武宗、仁宗之世，尝欲使返初服而置诸辅弼焉。道家醮设之事，是其职掌，故于科教之方无所遗阙，香火之费无所简吝。然而朝廷耗费过重，则每曰事天以实不以文，弭灾在于修德，而祷祈特其一事尔。全真之教，叙其祖传，有所谓《玄风庆会录》者，大德中尝使人译之而莫达其意，有旨命公论定。公曰："丘真人之所以告太祖皇帝者，其大概不过以取天下之要在乎不杀，治天下之要在乎任贤，修身之要在乎清心寡欲，炼神致虚，则与天地相为长久矣。"译者如其言奏之，上大感悦，不惟丘公之心事明白，而太祖皇帝圣学之渊微亦从可窥其万一，是以君子深有慨于公之言也。公之执亲丧也，自奔丧至家，水浆馇粥仅足以延息，涕泗滂沱，继以血衄。丧葬之后，力之所得为者，无不尽其力焉。山田之域，伐石江滨，山为洞穴，掘泉下锢，深广高厚。葬之日，郡守王公都中亲助丧事，送葬者连数郡，车马毕至。时方寒雨，泞淖载途，一夕北风结冻，坚冰在地，行者无苦，人以为孝思所感也。明成观有著存阁者，以致其严祀之意。方外之士感其孝思，知慎其亲之存殁，自此始矣。其事开府也，先意承志，周思广虑，所以事朝廷、尚道教，无丝毫有所违咈。开府泰然委之而不疑，确然信之而不惑，所以能有立于圣世者，非惟运数则然，而其诚心相孚，亦有以致之也。其葬开府于南山也，饶、信、抚三郡守将以其官属会葬，江南诸名山之主者皆来，竣事伐石，题名而退。择卜之慎，营缮之劳，工力之博，宾客之盛，东南数十年间未有能仿佛其万一者。公之尽力于其师，与所以奉其亲无二矣。久之，作南山诸诗，沉郁哀慕，识者读而感焉。东南道教之事，大体已定于开府之世，而艰难险阻，不无时见于所遭，裨补扶持，弥缝其阙，使夫羽衣黄冠之士，得安其食饮于山林之间，而不知公之心力之罄多矣。公之宗系别居于达观堂者，尊显独隆于他支，封真人者凡数十人，奉被玺书主宫观者尤不可胜纪，其姓名别有述。公平生画像之赞，及大父母、父母与其身之所奉被赞书及诸堂室记颂，皆一时名笔，别类为书，曰《天爵堂类编》，并其所为诗文曰《看云录》者，通若干卷。集贤直学士揭傒斯奉旨作序以传于世。皇上即位之初，亲御翰墨，书"闲闲看云"四大字，题曰"赐吴上卿"，识以明仁殿宝，敕御史中丞马祖常、太常欧阳玄为之赞。至元六年九月初一日，大驾自上京还，次怀来，燕坐幄殿，集贤大学士不答失利等以上卿之言入奏曰：“御书四大字，臣全节既刻诸乐石，又模勒于文，梓为四巨榜，涂以黄金，周以云龙之饰，以其二赐崇文宫阁而庋之，请锡名曰‘龙章宝阁’。又以其赐达观堂。先朝尝赐玉璞，命攻玉之工，拟太上说经之像，刻数年而后成，请以归之达观阁而祠之，请锡名曰‘玉像之阁’。而御书二榜，揭诸其上矣。”有敕命臣某为之记，而文惠观、河图仙坛，并命臣某铭之。臣某先已记仙坛之记如右，谨再拜稽首，奉诏而为之著铭曰：

巍乎兹山，厥名河图。地辟天开，孰究始初。则图示卦，庶圣历述。山藏无闻，传者《周易》。《易》《老》之通，同原殊宗。或隐或彰，闷在道宫。有崇丹丘，仙坛是作。玄契夙符，龟筮从若。门人弟子，作之三年。天子致问，有贲其园。清静佐理，启自神德。维帝外臣，历世无斁。在今宗师，有为有文。孝亲敬师，致忠于君。宠光道家，冠代迈古。白发苍颜，长侍帝所。遗老故臣，沛然从游。纪德论交，金石不渝。量弘智周，用世何有。却而不居，有相其道。天子圣明，昭惠老成。龙章凤书，玉质金声。有怀故乡，有栋有宇。神明攸居，山木翚举。盛德孔容，象其粹冲。聿严敬共，以报显融。有嘉丰草，呦呦鸣鹿。天降甘露，灌濯神谷。维昔广成，宅乎空同。千岁不衰，穆其清风。肃肃吾坛，圆方平直。奇耦参两，俯仰有则。修名度方，天子命之。刻词孔贞，来者敬之。

【说明】 据四库本《道园学古录》卷二五录文。参见《道家金石略》、《全元文》卷八六九虞集五六（第27册）。碑文记述了一代玄教宗师之生平事迹，尤称道其“有为有文，孝亲敬师，致忠于君，宠光道家”之品行与影响。

455. 元·虞集：大元敕赐饶州路番君庙文惠观碑铭

后至元六年庚辰（1340）

番君之有庙于番易久矣。旧庙在郡治之厅事，故宋郡守范文正公迁之城西北。至国朝延祐初年，郡守王都中以其庙之久弊，更新之。郡人玄教大宗师吴全节作芝山道院以主其庙，故翰林学士元明善为书其事，作迎送神曲以祀神焉。郡人以庙隘弗称所以尊敬番君者，袁仁庆之别业在永平门外，平衍宽阜，因玄妙观住持王仁近致诸大宗师，以为番君庙，仍作宫于其侧以守视之。仍改至元之三年，自旧庙奉番君之旧像以居，仍以梅鋗将军侑食，守将吏士各率其属，庶士庶民后先奔走，不约而集，道迎有序。至庙，具少牢醴币，大合乐以飨之，民大悦。明年，大宗师言于朝，天子遣使者封奁香织金文之币为之衣以赐，敕翰林院书旨赐文惠观，俾有司勿敢有所挠。因命颐神凝素文教真人于有兴及朱道冲、方志远治观事。而太常议番君当易名曰文惠王，文因汉旧谥，而惠者著其流泽故乡之无穷也，观以是得名。庙有故守臣颜鲁公及范公之祠，郡人以为故万户齐某世以其兵守饶，亦有别祠。前太守、今浙省参政王都中能治郡，亦画像而事之。而施田度弟子甲乙治观事者，志远也。六年九月朔旦，天子清暑上都，还次怀来，集贤大学士不剌失利等用大宗师言，新庙之宫宜勒铭，有敕以命臣集。

臣谨按：番君事见史策，世能言之。汉诸侯王惟长沙最久，国分而微，而庙祠在番易，千数百年不绝，得民心者兹是其久乎？抑神明之感有所在乎？昔徐偃之得民，避穆王而去之，民祠之太末，太末之徐皆宗偃。李唐时徐氏子孙有守其郡者，大新其庙，韩愈尝书其实焉。吴泰伯世家，春秋末，吴益大，与中国会盟，季子之贤，仲尼犹称之。既亡，其后子孙散处，盖以国为氏。番君又以吴氏兴，名最著，至德之传，其不可以名称如此哉！大宗师从其师受知世祖皇帝，事列圣五十余年，尊荣安久，卿相莫及，位特进，号曰真人。其大父、父有武宗皇帝之锡命，若曰世祚饶国，建立为公。于是大宗师因祖父之赐履远推本于宗家，再作番君之新庙，极其盛大，其亦仿于徐氏之故乎？臣集敢不拜手稽首，奉诏著铭以遗之。其词曰：

有吴世家，于赫番君。相是有归，克涣其群。江南之东，惟番惟大。洪源盛流，彭蠡其汇。大纳有容，保和以冲。含生所资，神明来宫。额额千里，中城听治。民之来享，出入多制。神道尚幽，人道尚明。别而理之，新宫乃成。既迁既好，岁久而弊。东门有田，万神攸萃。自堂徂基，栋宇言言。灵之洋洋，来享来安。顾瞻故乡，孰非吾土？随感有见，宁滞方所？相方度新，在我曾孙。曾孙孙子，思著思存。道家之宫，以祀上帝。则具是依，曷其有替？文惠之褒，人无异辞。有炜裳衣，天子锡之。神之格思，食尔旧德。勿私尔邦，惠我四国。史臣修词，丽牲有碑。百神敬共，明诏在兹。

【说明】据四库本《道园学古录》卷二二录文，文字据别本有改动。参见康熙六十年《西江志》卷一五〇、四库本《江西通志》卷一二〇、《道家金石略》、《全元文》卷八六九虞集五六（第27册）。

456. 元·李廉：集云庵记　后至元六年庚辰（1340）

安成以仙名山者，有浮山之魏，洞阳之黄，清化之胡，武功之葛，皆著于《图经》，而莫盛于武功。其山延袤八百里，跨吉、袁。或曰：大江东南三巨镇，衡、庐、武功也。武功以僻远，不见经传，不得与衡、庐并显。然究竟脊脉，则实首衡尾庐而屹然高耸，雄踞荆、吴之间，谓之三巨镇亦宜。

其最尊曰白鹤峰，昔日白鹤仙人所止。望之隐隐中天，云雨皆在其下。东南则空峒诸山，西北则长沙湘水。一望空际，苍茫无极。峰顶有厓，玲岈洞嵌，可容数万人。或窥触之，则震雷随至，盖雷所居也。厓之下奇石万状，石床丹室，列奠杂峙，乳香灵药，雪竹龙草，黄精仙茅，居人皆扳援梯系以入，然不可亵。盖龙湫风穴，环卫出没，晦明变化，在倏忽顷。

仙坛在雷岸之南、丹泉之上，世称东吴太极灵坛。按《晋书·葛洪传》，从祖玄，吴时学道得仙，号仙翁，以秘术授弟子郑隐，洪悉得其法焉。后以年老不仕，闻交趾出丹砂，求为勾漏令。至广州，为刺史邓岳所留，乃止罗浮。年八十一，与岳书，谓当远行寻师，刻期便发。今东南洞天多所经从，最著者阁皂，次则武功。然则今坛为孝先、为稚川，虽不可必，而其为炼丹成真之地则信矣。过化存神之妙，虽百世犹未泯，矧佐真宰，领枢省，变元化？果如道家所云，则夫兹山之上通天极，下镇地轴，能致甘泽，阐幽异，甦枯去厉，敛福赐民，何极哉！

普立之经营，集云庵也，始于至元丙子，明年庵成。又明年后殿成。又明年仙径成。自五坊行殿为桥以渡叠石夷阻，几三千丈。又明年，为至元庚辰，仙公殿、玄帝殿、注生殿次第成矣。千石之钟，万石之簴，楼观翚飞，像设而严，器精而坚，高明钜丽，行有坦衢，止有洁庐，渴有精饮，神器歙欻，为大道场。总其木石、陶甓之用十余万贯有奇。庵趾旧曰小桃源，前有金灯塔，生成石刹七层，稍上为棋盘石。又上有炼丹灶，或曰垆底尚存也。后有大小箕峰，隐约仙翁像、大士像。又有石若盘，三伏有水则其岁不旱。侧有龙潭，投筞简者从之，若授受然。

嗟夫！山川之灵，奋泄有时。使得如孙兴公、苏子瞻一过从之，独不与天台、罗浮并耶？余家近一舍，尝察其形势，询其实，皆曰：五坊有泸洞王祠，水名泸，至耒阳汇为潭，有二十四石房，皆龙穴之出。平田石径，余里之外，东为峡万石，如滟滪堆，然后达于卿云之里，受上田水而趋郡之北焉。安成称泸溪，以北而高峰之下亦有泸、潇，山盖南北二流，同出武功而名之也。其隶袁者有石笋崖、州字崖，亦奇胜。水西出亦自泸，下六十里为秀江。余非能文，因其请，为书其事。

【说明】李廉，字行简，安成（今江西安福县）人。至正二年（1342）进士。历官信丰县尹等。有《行简集》。据增修本《武功山志》卷七录文。参见手抄本《武功山志》卷七。乾隆四十一年《吉安府志》卷六〇、同治《安福县志》卷一七（题为“集云行宫记”）、《全元文》卷一四一八收录时文字省略较多。

457. 元·刘岳申：吉安路高明宫旋玑阁碑　后至元年间

皇帝于天下养之初元，命以庐陵益奉兴圣宫汤沐。圣人仁达孝爱，自昊天上帝、日月星辰、山岳海渎，与仙佛之宫布在天下者，凡所祈天永命宁慈寿者，虑无不一用其志，壹不敢以天下俭薄，海内外壹是兴孝。

翰林直学士曾德裕，身荷国厚恩，当追先帝殊遇，忠报陛下。顾臣驽钝，臣母王有笃疾，乞骸骨归养。臣沐浴圣化，耕凿圣世，为太平幸。又幸生庐陵，实出慈仁覆焘之下。顾臣子事君父，虽越在草野，乃心罔不在国。臣所居郡，有瑞华云腾之山，近城名山也。东粤高要簿臣林浚弃官，因山为高明宫，祀晋许旌阳，爰以祝釐。臣德裕建璇玑阁其上，以与滚朝夕祝两宫万年。臣德裕敢不昧死以闻，皇天后土实鉴临之。

郡民刘岳申实闻斯言，窃以为天保报上惟福禄寿，臣虎拜稽首曰万年寿是共。盖自昔人臣当国休明，宇宙宁谧，无以效犬马微报，惟以天之所以仁爱人君者，使其君高明悠久，配天地日月，是虔是祷。矧惟神母圣子，千载一时，圣孝纯至，度越古今。以天地祖宗之灵，使三光全而寒暑平，五谷熟而人民育，普天率土，无不有仰事俯育之乐。是为天下纯被圣人之泽，以为庐陵百万生齿凡为人子者，永依两宫万年之庆。臣德裕所祈，久合古谊，宜纪其成。敢拜手稽首而献铭诗曰：

圣人在宥，方敦孝理。文母万年，从以孙子。天佑圣人，亦佑文母。及其赤子，罔不黄耇。老者不独，少者不孤。我祝二圣，亿载怡愉。二圣之福，与天齐寿。二圣之寿，与民同富。矧是庐陵，慈仁所覆。维此璇玑，维天其右。凡民有母，亦俾寿康。臣母君羹，一饭无忘。我作铭诗，神之听之。

【说明】 据四库本《申斋集》卷七录文。参见《全元文》卷六六九刘岳申九（第21册）《净明资料新编》。碑文记述了吉安路高明宫璇玑阁奉祀许真君，强调其孝道之社会价值，并期待“老者不独，少者不孤”之愿景。

458. 元·陈旅：《道藏经》跋* 后至元年间

荀卿子以人心之危、道心之微为出于《道经》，则古之所谓《道经》，盖儒书也。司马谈所习于黄子者，则异于此矣。然余幼时尝见《道藏经目》一卷，中间多儒家古书，其黄帝、老子之言，固有用以治国者。它如巫医卜祝之说，亦儒者所不废。而凡栖神导气之方，则又遗世独立之士得以善其身焉。故崆峒邵氏亦尝传《参同》而深有取远游者之言也。然则《道经》亦世之所不可缺者。

庐陵真常观道士李俊迪刻《道藏经》若干卷以广其传，可谓勤于其道，又足以备夫世之有取焉者。吾党善其所为，而旌德县尹刘性为征余言识卷末云。

【说明】据四库本《安雅堂集》卷一三录文。参见《全元文》卷一一七一陈旅五（第37册）。按，刘性，字粹之，庐陵人。至顺元年（1330）进士。曾任旌德县尹，时在后至元二年。

459. 元·虞集：敕赐龙章宝阁记　至正元年辛巳（1341）

今上皇帝改元元统之二年，御书“闲闲看云”四大字，以赐特进上卿、玄教大宗师吴全节。受言藏之，摹勒金石。仍改至元之六年，重锓贞木，作大阁于饶州路安仁县云锦山之崇文宫以庋之。九月一日，上自上都清暑还，次怀来。集贤大学士不剌失利等以其事闻，请名之曰“龙章宝阁”，而诏臣集执笔以书。臣集伏退草莱，深惧不足以奉扬一代之盛典。而明诏所临，敢不再拜稽首，而谨书其事云。

臣闻我国家祖宗以来，德意深厚，嘉惠臣民。凡其报功敦族，进贤使能，兴利恤患，怀远厚往，下至一善一艺之录，庆赏德施，必称其事。爵禄、土田、弓矢、衣服、车马、金玉之赐，无所爱吝。若夫诏告臣庶，训敕师旅，赞词雄文，日盛日炽，蔑以加矣。至于机务之暇，亲御翰墨，心画之妙，成章于天，以赐臣下者，则未之见也。皇上天纵圣学，发自宸衷，笔为此书，超越前圣。呜呼盛哉！然而宗亲戚畹之近，将相功臣之家，以及禁卫台阁之臣，外而雄藩巨镇之府，未尝有所赐也。而臣全节独被异恩，群臣莫及。此御史中丞臣祖常、太常臣元所以欣忭舞蹈，奉诏歌颂咏叹于无穷者也。然藏副于名山，严奉以崇构，此臣全节区区之忠，报称于万一而不能自已者也夫。或谓臣曰：“日月运行，次舍周矣。皇上君临万方，覆帱广矣。云锦之山，邈在东南湖江之表，何独得此于圣明之世乎？”臣对曰：“景星丽天，垂光必有所注；醴泉发地，流润必有所达。和顺积久，神明来钟，有在于是，岂常情之所可测哉？”

臣全节自其先师神德真君臣留孙事世祖皇帝，为道教之宗，以清静宁一之说赞乎列圣重熙累洽之治者，亦深远矣。臣全节嗣而传诸其徒，相为长久。顾其师弟子父母之邦相去百里而近，恩光之所被及，不于此而何适哉？“闲闲”者，臣全节自幼至今所自名也；“看云”者，臣全节言将归隐之处也。

旨意之微，岂不欲其在朝在野，随隐随显，无适而不自得，是以特书以遗之也乎？臣又闻之，明有礼乐，幽有鬼神，其理一也。凡而继道教而有作者，尚克清慎笃敬以率其众，无忘圣天子明显之恩。守土之吏，观风之使，仰而观之，见龙章在斯也，他郡莫之有焉，其兴感严奉之意，当何如哉！川灵岳祇，凡百有神，依乎上帝贵神之所治，呵禁护卫，毋敢厌斁，则幽显之道，不亦交著于亿万斯年乎？

至正元年五月丙寅谨记。

【说明】据四库本《道园学古录》卷二二录文。参见娄本《重修龙虎山志》卷一四、《全元文》卷八三九虞集二六（第26册，题为“龙章宝阁记应制”）。记文反映了道教在元代政治、社会中之独特地位与作用。

460. 元·虞集：相山重修保安观记　至正元年辛巳（1341）

抚州崇仁之南六十里，有高厚博大之山焉，曰巴山。唐名临川山，今曰相山者也。循其麓，三百里有余不能周；升其巅，廿余里而后至；歧而上锐，自郡城南出已望见之，邑之官舍民居当阳者，莫不面对。云如缕出山中，盘礴覆冒，膏润充溢，衣被草木。阬谷之容，沟浍之通，堰埭之潴，节宣蓄泄以为稼穑之备，其利无穷矣。是故吏民朝夕瞻仰，一食必祝，设不幸有旱溢妖沴之变，土木螟蝗之孽，无小大远迩，奔告稽首，得所愿欲乃已。巍乎高哉！穹窿嵚岑之在望也，其神明焉可诬哉？

而邑之父老言，先汉时，地本南昌西南之境。梅君福尉南昌，有所捕治至焉；栾君巴为豫章太守，亦有所劾治于此；二君有仙道方术以辅其政化，辟除邪暴，禁止淫黩，使民不逢不若，离其灾害，是以德之而不忘，皆有遗迹祠宇在山之支陇。唐邓君紫阳，本郡人；叶君法善，缙云人，亦曰南城人，皆常往来修真山中。故宋时即山巅并祠此四君者，而使道士守之。梅、栾山下之祀祭不废，乞灵之人以四君为归矣。绍兴中，郡守历阳张公孝祥尝刻石著其灵应，而石亡久矣，其文亦仅传。开庆己未，用漕臣、守臣言，祷祈之应，封四君为真人。端平甲午，加封真君，皆有褒称。咸淳辛未，守臣四明黄公震，端严有识士也，至郡连旱，大究荒政，斥罢淫祀，独祷于社稷山川，就郡城望拜兹山，遣吏迎四君之像，果得雨，岁乃熟。去为祥刑使者，犹属文道其事，刻石山中，俾后来者知敬恭明神而不陷昵于邪淫云。

内附国朝，仍用道士主祠。天子有诏书祀名山大川，则守令奉诏敬祠。岁侵，守令迎祷如故事，民间之祷祠无所禁也。然山高以险，祈报尝在夏秋时，冬未寒，山气已凝为冰雪，守者非清苦不能恒居。四方冠褐者夤缘文书，污合苟瓜华之微利，人迹罕至，则鸟鼠散。祠宇颓圮，像设暴露，农民顾瞻伤怛，不知所出。今监邑承直郎唐古巴图大用尝奉诏书致祭，见而感焉，未暇及也。在官之明年，为后至元庚辰，四月旱，种不入土，祷于山麓栾君之祠，其应滂沛，甚异。七月又旱，合群祀而祷之，亟迎四君之像皆至县治，又得雨。郡吏以旱之迎祷四君者，雨亦应。而送神还山，目其荒凉，以惧以愧。究诸其故，则主祠者无固志之弊也。邑中景云观道士黄处和，事玄教大宗师吴公于京师，吴公命处和归主华盖之山，而正一三十九代张天师已令王应真主华盖，得度弟子以居。既有成绩，乃移处和理相山。苦四至者争利而弗恤也，巴图君乃为文书言诸主道教者，请以处和自度弟子嗣守而葺之。未数月，张天师、吴大宗师还书，悉如巴图之请。相山先有上清法师孙庆衍受玺书，领相山而留侍上方不能至，处和遂次庆衍为相山甲乙之始云。巴图告诸近山之士民曰：姓某者各出财以施。黄处和耕石田，饭疏食，披榛刊木，躬先徒工，遂以至正辛巳岁九月克修四仙之祠，道众之舍，门庑庖库，以次而举。监邑通敏有才器，治事有方略，久而民益信服之，是以作兹山也不烦劳而迨其成焉。山之人不敢昧其更始，乃相与伐石而篆其事云。巴图之同官前令奉训大夫、新知宁都州益都丁也先、今令承务郎鄄城任果、前丞忠显校尉同知宁都州缙山张荣、今丞从仕郎某郡张友谅，始终共任其事者将仕佐郎主簿豫章舒文琰、今尉楚国程世臣、典史豫章胡天祥。代胡者，汴梁石成玉也。

至正元年岁辛巳十有一月朔旦，具官虞集记。

【说明】据四库本《道园学古录》卷四七录文。参见四库本《江西通志》卷一二八、《道家金石略》、《全元文》卷八五五虞集四二（第26册）。

461. 元·妥欢帖睦尔（元顺帝）：封显济庙敕

至正元年辛巳（1341）

上天眷命，皇帝圣旨。礼不忘其初，祀典盖明于施报；爵以驭其贵，国恩何间于显幽。神为六州之尊，礼宜百世之祀。江州路显济庙孚泽福瑞侯，生而先几之知，没而及物之仁。有感遂通，无远弗届。箕风毕雨，阴阳听其翕张；瀼水浔山，春秋安其耕获。故聪明正直而一者，凡水旱疾疠必祷焉。爰易显称，庸光休烈。尚期体兹敬共明神之意，庶无忘夫阴骘下民之功。式克敬歆，以承茂渥，可改封孚泽福裕仁烈英显王。主者施行，儒林郎江州路瑞昌县尹亦剌马丹立石。

至正元年闰五月。

【说明】亦剌马丹，生平不详。据碑文知曾任江州路瑞昌县尹。据同治《瑞昌县志》卷二录文。参见康熙十二年《瑞昌县志》卷五。

462. 元·佚名：竺翁布施原由　至正元年辛巳（1341）

竺寿翁，字端祖，居武邑仁义乡二十都贾家畈。一生纯朴，毫不非为，克勤克俭，其家丰裕。娶妻朱氏，贤德无比。夫妇年近六旬无嗣，夜与朱氏对坐，忽然叹曰："吾素守本分，平生所行，未有差谬，何以尔我命蹇而乏后嗣乎？"朱氏曰："夫君勿急，儿女乃前世所修，尔我无嗣，必前世未行善事，以致于斯，怨命何益？为今之计，莫若大舍家财，多种福果，济世利人，以修来生。"翁曰："善哉！善哉！老身即行矣。"次日带一随仆，捆就包裹，广备银钱，遍游远地，布施数载。一日，游近太平山境界，遇一黄袍道人，坐于草坡之上，呼曰："寿翁长者，吾与尔言。"翁曰："唤老身有何言？"道人曰："闻尔舍家财，布福果，成人之美，济人之急，可能大布施否？"翁曰："吾周游布施数年，资财已尽，只有业产而已。尔何方道人，修甚功果，而欲我大布施乎？"曰："贫道太平宫章真人之后裔，欲修功果，奈少香火之赀，难保久远之计。翁可能大布施乎?”翁曰：“尔欲多少?”道人起身指曰：“周围田有百亩，山有数顷，俱属尔之产业。今日天晴日朗，万里无云，凭天意定，若能陡起乌云蔽日，所遮之山田，可施与我否?”翁曰：“若然，天赐与尔，吾何敢违天意!”言未毕，忽然太平山顶起一股黑气冲天，即刻即化成乌云一朵，将周围田山遮而不放。道人不别，乘云而去。翁与随仆观其奇异，乃喜曰：“吾一生未见神仙，今日见之，可信为善自有报矣。”即开囊出纸笔，将乌云所遮粮田百亩，周围茅山数顷，书成布施文契一纸，着仆前去宫中报闻道等。宫中李则太、童玄义、章应元诸道人，衣冠齐整，洒扫宫门，迎接施主先生。寿翁亲入宫殿，将文凭付与道众承管为业，以保万年香火。立即建醮领凭，同堂礼毕，陪奉施主满山游玩。翁曰：“此山真乃仙境也。”往来观看，宫殿华美，独少大钟一口。祖师古貌森严，无不称奇，灵威赫赫，仙骨姗姗，吴楚人民纷纷朝谒，真所谓千古活佛也。寿翁居之数日，遂辞道众回家，与朱氏言曰：“吾周游布施多年，此次得遇神仙。”将日前同仆游近本邑太平山境界，在草坡之上得遇黄袍道人，布施粮田百亩、周围茅山数顷，与太平山为香火之费，一切情形，概叙于朱氏。朱氏闻而喜曰：“善哉！善哉！世人果能立心行善，岂有不遇神仙乎!”翁以宫中缺少大钟一宗，随即命仆请良匠铸成大钟一口，扛送宫内，悬挂楼前，音响十方之外，永镇名山。俾宫中代代道徒普食其施，永保香火，以垂后世。一日祖师念竺翁布施之大，忽化身度其夫妇，同登仙山，飞身为神，宫中呼为施主竺翁真人，合受香火，万古不磨。此其所以为盛德也夫!

大元至正元年辛巳岁刊石立。

【说明】 作者不详。据民国五年广慧堂《太平山志》卷三录文（以下径称书名）。参见《太平山典籍汇编》（江西人民出版社2016年版。以下径称书名）。按，碑文为民国时期《太平山志》编撰者据原碑抄录。

463. 元·虞集：敕赐玉像阁记　至正元年辛巳（1341）

至正元年五月，臣集得集贤院文书云：去年九月一日，大学士布拉实哩等奏，特进上卿、玄教大宗师吴全节，尝蒙先朝赐白玉之亚璞，命工琢之，拟为太上老君说经像，刻沉水之香以为山而居之，奉以归之龙虎山上清正一宫达观堂之阁，请名之曰“玉像”。而皇上宠赐“闲闲看云”四大字，模以文梓，饰以云龙，奉而置诸其阁矣。有敕汝集其作文以志之。

臣集谨沐浴斋宿，北望受命，再拜稽首而言曰：臣闻之，天不可得而知也，而圣人与天为一，求诸圣人，则天或可得而窥矣。圣人远矣，拟之形容而象之，或可得而见之也欤？均是人也，有一人之人，有十人之人，有百人之人，有千人之人，有万人之人，有亿人之人，有兆人之人。以一人而当兆人之人者，其惟圣人乎？圣人犹天也。道家之言，以为圣人不足尽之，又有至人、神人之云者，极圣人之盛，至于不可知者以为言也。均是物也，有一物之物，有十物之物，有百物之物，有千物之物，有万物之物，有亿物之物，有兆物之物。以一物而当兆物之物者，自非天下之至刚至纯，至粹至精，至贵至美，其孰能与于此？可以比德于君子之盛者，其惟玉乎？《传》曰“乾为天”，又曰“为玉”。玉，天之类也，是以礼天者用之可以通乎天也。道家宗老子，尊老子，而谓之老君，犹以为未足，而推之谓太上焉。名其所不可名，而事之与天一矣。玉像之作，其知道者之所为乎？上古圣人以为天之无言也，而其所以无言者，亦不可得而名言也，则画以示之，然后日月星辰之所以运行，风霆雨雷之所以变化，仰而观之，天之所以为天者，无不在是。今上皇帝按笔结字，昭宣人文，平直方圆，辉光流动，原乎性情之正，极乎神明之妙。心画之所示，不亦高朗著见矣乎？求之天者，观于此而有得，则于其斋明盛服之有临，粹面盎背之可象者，必有不言而喻者矣。以此事天，岂非玄教之所以为宗者乎？

夫上清正一宫者，道家之会归，而嗣汉天师张君之所治也。按《龙虎山志》，宫有堂五十以分处其徒众。达观其一也，命玄教大宗师之弟子世居之。而大宗师自神德真君以来，羽翼天朝，柱石道教，朔南相望，表里不二，继继绳绳之传，方未艾也。噫！玉像之所奠，天书之所临，非特一堂之荣也，一宫之荣也；非直一宫之荣，天下四方修老子之学者，皆与有荣者矣。然则斯阁也，有千载之系焉，故书以为记。

至正元年闰五月己卯日谨记。

【说明】据四库本《道园学古录》卷二二录文。参见娄本《重修龙虎山志》卷一四、《全元文》卷八三九虞集二六（第26册，题为“玉像阁记应制”）。

464. 元·危素：桂先生碑　至正元年辛巳（1341）

信之龙虎山，为汉天师张氏之学者恒千余人，其卓荦瑰奇之士亦间有，其间若桂先生者是已。先生讳义方，字心渊，世为信贵溪人。母孕先生时，梦李淳风寄宿，因名李寄。长从上清宫熊尊师学。元贞元年，从天师张公朝京，授蕲州道官。归而散其衣资，飘然有远志。周览名山，由武至匡庐，夜宿太平兴国宫。龙出屋后，无犯先生居，蜿蜒辟易而后去。数飞蹑层崖，与豹同行，好事者莫能踪迹之。樵人有见之山南，同日又有见之山北者。山中人酒熟，曰：“顾安得桂先生饮之？”俄先生至，欣然就饮，所饮者家以为吉征。尊官显人过江上者咸愿见先生，先生见不见，人莫测也。江州守某乞诗，惟书一“闲”字与之，逾月以事去官。先生率意成诗，书座右铭，类多警世绝俗语。有金蓬头者居圣井山，先生致书，封题甚谨，启之白纸耳。金大叹曰：“至此果无言说矣。”道士吴李诚作浑沦庵，迎先生居之。先生叹曰：“明年吾当归矣！”明年至正元年正月朔，翛然而逝。越三日，山南北道士率遗蜕葬诸圣治峰麓。道士方从义为余言先生之族有公武者，号抱瓮先生，得仙术，卒葬分岭中。夜家闻有声，诘旦视之，但空棺耳。有仲勋者，号“闲闲子”，通内外典，与丞相陈福公为布衣交。先生之兄与信，号“默默子”，学道终南山，缄口不言，升座而化，三日容色不变。岂其山川之所钟然也耶？余昔游浔阳，见先生，听其言，无过高难行之论。吁！有道之士哉。铭曰：

柱史度关骑青牛，五千遗言增隐忧。更秦逮汉习益偷，燕齐方士相讶咻。道人隐居恒内修，漆园尚友天同游。一朝委蜕去莫留，太史作铭表其丘。

【说明】危素（1295～1372），字太朴，号云林，金溪（今江西金溪县）人。历官国子助教、翰林编修、工部侍郎、礼部尚书等。入明后，曾官翰林侍讲学士、弘文馆学士等。有《说学斋稿》《云林集》《危太朴文集》。据《危太朴续集》卷二录文，文字据别本有改补。参见《道家金石略》及四库本元杨维桢《东维子集》卷二四、《全元文》卷一三一七杨维桢三五（第42册）所录《改危素桂先生碑》一文。

465. 元·黄溍：玄和明素葆真法师陈君碣

至正二年壬午（1342）

君讳彦俭，字鹏举，姓陈氏，世为鄱阳望势。父某，隐居弗仕，君其仲子也。大宗师开府张公用清静宁一之说密赞世祖皇帝无为之治，历仕四朝，为国元老。其门人高弟冲粹玄素贞静真人何公恩荣、献肃文贞元范先生薛公玄羲，并以材猷学术克左右之。故家子弟思自拔于流俗者，多乐从之游。君年十五，至龙虎山，何公见其音吐洪畅，风神秀朗，深加器重，遂使受业薛公所。薛公精于玄学，尤善为儒家者流之言。君朝夕咨叩，务究极其旨趣。然于酬酢世故，亦未始惮烦。何公得李氏旧居于贵溪之英林，令君躬莅土木，创置祠宇。成宗皇帝赐号曰“万寿德元之观”。凡屋室物器在其法所宜有者，靡不毕具。何公以君为能，为君曰：“吾遭值盛时，蒙被君师之力，常恐弗克负荷，将以是为逆釐储祉之地，庶几补报万一，非直是观美而已。汝其择人以图永久。”既而得詹处敬、于有兴、王景平等，命以次相授受，且延名儒淑其徒，俟成人而簪褐之。处敬等亦能与君同其甘苦，铢积寸累，买田若干亩以益其食。岁饥，贫民多赖以活。植巨杉数万株，俟它日有所兴葺，于此乎取材焉。泰定三年，集贤以君名闻，将授玄和明素葆真法师、提点观事。今上皇帝至元元年，荐被玺书，迁提点龙兴玉隆万寿宫，辞不赴。其丈室四旁多古梅，扁曰“梅雪”。观之东有处敬所作天隐堂，而其西有景平所作茂修馆。空山野水，萧爽靓幽，名花珍木，交映森列。君日与高人胜士酣嬉其间，不知老之将至也。

至正二年七月二十九日，俄示微恙化去，春秋五十有四。君所禀承，自正德弘仁静一真人毛公颖达、元成文正中和真人夏公文泳而下九人，继君者处敬、有兴、景平等七十有五人。薛公冒炎暑，历崄巇，卜善地于兰溪，将以某月某日藏君遗蜕，乃为书俾弟子赵宜裕请勒铭以昭玄踪。方今寄迹老子法中而受知朝廷者无不取贵显，君独深自韬晦，休休焉青云白石之间。盖其所存有非世俗所得而窥者，是不宜无铭也。铭曰：

用其勤道之园，安其邃德之宅，以返于冥极。

【说明】黄溍（1277~1357），字文晋，婺州义乌（今浙江义乌市）人。延祐间进士。历官台州宁海县丞、侍讲学士知制诰等。有《黄金华集》。据《黄金华集》卷一五录文。参见《道家金石略》、《全元文》卷九六八黄溍三三（第30册）。碣文记述了鄱阳籍龙虎山道士陈彦俭勤道达德之修炼历程，突出其为龙虎山道教传承所做贡献。

466. 元·揭傒斯：天乙池记　至正三年癸未（1343）

至正二年，信之龙虎山大上清正一万寿宫提点程君静、提举李谨修，请命于三十九代天师张公、玄教宗师吴公，凿大池宫南门之外二十步，纵二百尺，衡倍之，深二寻，而去其一尺，砻石为防而栏其上，外为周垣而缺其北涯，以纳拒焉，以拱乎宫门。渠其东南以受诸水，闸其西北以制夫蓄泄之宜。于是琵琶、麈湖、藐姑诸峰倒景其中，与天光相摩。清风微动，神物出没，云雷雨电，澒洞镠镐不测，而龙虎诸胜不可名状。池成，使道士彭元鼎至京师请名吴大宗师。大宗师曰："夫生天地者，道也；载天地者，气也。无形曰道，有形曰气，气者，道之用也。道为万物之祖，气为万物之用，道与气一而已。故天一生水，一者万物之所由生也。一之生无穷，万物之生生亦与之无穷，故一者万物之始终也，宜名曰'天乙'之池。因其静可以见道之体，因其动可以见道之用，一静一动而生变化，不可端倪而莫不本乎一也。"既书以名之，又请余从而记之。

在宋景定中，有管辖尊师闻诗者，宫之有道者也。尝有异人立宫之南，下临通衢，曰："宜于是为大门，据山川之会。前为大池以蓄风气，则其教必大兴，其道必盛行，而郁攸之灾，永世无患。”尊师如所指而既大作南门，而未暇及池也。及皇元混一，天师树教于南，玄教大宗师领教于北，其教果大兴，道果大行。初，吴宗师尝施田宫中，曰特进庄。至是程君追念或人之说，会其数岁之入以为凿池之费，不烦于公，不病于私，遹溃于成。亦惟主乎上有道，惟明克断；作乎下有道，惟勇克勤。继以提举周复礼、副宫戴永坚及宫之众又克左右之，故不待涉岁历时而有成功。至若汪汪湟湟，上下天光，窈窈冥冥，云雨降升，千岩增爽，润及四壤，而不知谁之掌；洋洋悠悠，鳞者以游，超超摇摇，羽者以浮，矰缴不施，网罟不持，而不知谁之为。风乎其浔，泠然若闻咏归之音；临乎其深，懔然而有战兢之心。修其天以求其一，即其功以懋其述，岂徒为厌胜如或人之说哉？且闻程君之主是宫也，靡不尽道，弗止斯也。

【说明】据娄本《重修龙虎山志》卷一四录文。参见张本《续修龙虎山志》卷中，文后注明撰作时间为至正三年二月。按，国家图书馆藏有碑文拓片，有缺字。

467. 元·危素：《山庵图》序* 至正三年癸未（1343）

圣井山在信之上清宫东南，上为神龙所居，岁旱祷辄雨，盖人迹罕至之处。延祐中，永嘉金蓬头先生修其学于先天观，风月良夜，乃游圣井。扪萝而上，乐其深邃高远也，徘徊久之。其门徒颇为构室庐以待先生之来。余家虽邻境，距其地不过十里，朝发而夕可至。且余性嗜佳山水，而先生故心所敬慕者，然仅能相从于先天。所谓圣井山者，未能一游，徒见其积翠千仞，高入云汉，则其幽夐可知矣。

方外之友曰方壶子者，蚤弃尘事，深求性命之学，从先生最久。先生既去人世，方壶子稍出而游观天下之名山。至京师，曾未旬日，即思南还。与之交游之素者争挽留之。张君彦辅知其志之所在，乃取高句骊生纸，作《圣井山图》以慰之。彦辅鲁国人，隐老子法中，而善写山水。向者侍臣以进其画于延阁，上览而说之。余数从讲官入直，尝与古画并观，几莫可辨矣。然其画人所罕得，虽从游之久者亦不能强求也。初，鲁国大长公主好名画以自娱玩，欲得其画，张君终不肯与，他人可知已。今独嘉方壶子之高趣而为是图，方壶子谓余本山人，恋禄于朝，去其田里甚久，故持以相示，使不忘乎樵牧之事，亦反招隐之道也。方壶子将结庵于金先生故隐之东偏，约余为投老之计，其亦古之交谊然耶？欧阳子思颍之诗曰："及身强健可为乐，莫待衰老须扶携。"则予之非才，乞身而返其初服有日矣。方壶子其俟我于仙岩之上游哉！书其后以要之云。

【说明】据乾隆二十三年芳树园刻本《危学士全集》卷四录文。参见《全元文》卷一四六九危素二（第48册）。按，危素还写有《〈仙岩图〉序》等，也多涉道教人和事，可参看。

468. 元·张九诚等：武宁县仁义乡廿都桃林居竺寿翁古石碑志　至正三年癸未（1343）

盖云竺氏，生长茅草，性不青华靡，敦敦笃人也。七十亩以安身体，叨温饱耳。仓庚于飞，同仆于耜举趾；蝉鸣矣，芒芒垄亩而易耨。非我种者，锄而去之，而筑场，而纳稼，则在金风催梧叶时也。田舍一老叟，不敢作奸犯科。及至接人，浑厚者爱之慕之，窃欲尤而效之。贪顽夫则拂吾情，岂得引而近之，必欲推而远之。平生素履，似乎可对人言。即偕妻朱氏，亦性端肃慈惠，不负巾帼中母教。胡天不吊，艰厥息而不昌我裔？噫！非前世之多丑行所遗，或亦今生之吝乎而不乐施所至也。转辗反侧，深我长思。忽夜梦间恍惚真人打化，更鸡唱晓，果有黄冠募缘。一缕善念其兴也勃焉，遂不禁探囊捐金，新铸钟成，以具香烟，觅仙山下土名田坵百亩置焉，又买江、湖两省仙山侧旁山场一百二十二亩，施香膏有赀，终而复始，老髦之善，发而可舒矣。非敢冀幸，亦啻如谚云"不作今生之福，难结后缘"云尔。特为勒石，以垂不朽。所有田山数目界限，分明列后。

喜施洪钟一口，又施田百亩。山一百二十二亩，梅洲四十亩，共一百六十二亩。余功不记，将田山界限列后：

一、开载田坵水田百亩，四止界限，俱系业户自山。

一、土名建富洞山四十亩，东止大坳，南止合港，西止三仙坳，北止热水口、洗澡盆为界。

一、土名大源洞山二十一亩，东止三仙坳，南止大港，西止龙门颈，北及鸡冠崖。

一、土名黄株坳山十二亩，东止烂柴坑、大港，南止山顶，西止山顶，北止田坵。

一、土名田坵山二十二亩，东止烂泥垅，西止盘嶚坳，南止胡家屋背，北止菖蒲塘山顶。

一、土名吊桥山四亩，上至山顶，下至大港，东至竹窝仑，北至倒挂岭。

一、土名热水沟山十三亩，上至太平，下至洗澡盆，东至喜窝，外至双港口。

一、土名罗坪洞山八亩，东至石洞坑，西至亭子脑，下至了林，南齐平港，北至山顶。

以上田山俱载分明，恐后无凭，故仝勒碑，以为永远之记也。

大元至正三年，道正司张九诚同徒章道洪、善士竺寿翁仝立。

【说明】张九诚，生平不详。曾为南昌府武宁县道正司道官。据《太平山志》卷三录文，碑文为山志编撰者据原碑抄录。参见《太平山典籍汇编》。

469. 元·虞集：抚州路重修东岳庙记

至正三年癸未（1343）

古者诸侯祀其封内山川，盖其形体之载，神气之通，有感应之道焉。而方社之制，牲币之数，品节之宜，致敬尽礼，以行其秩祀，不可加，不可诬也。今郡守受社稷人民之寄，与封国无异也。得祀其山川，春祈秋报，有水旱疵疠则祷之，揆之有其义，接之有其道，神人之间，岂有间哉？

抚州有东岳之庙，其来久矣。邈乎南邦，而泰山之云，盖有瞻望而弗及者。而精神流通，何所不至，则立庙貌，荐腥血，有其举之，莫敢废也。又从而新美之，其出于忧民之意乎？夫天地，一生物之心而已，分四方而论之，东则主生。岳也者，地之高而山之尊者也。推其盛而及之，是以有此乎庙。旧记曰："子城之东有高阜林木，怪异时见，人用弗宁。庙始作焉，以胜之也。"古之圣王铸鼎象物，使民入山林，不逢不若，则此祠之立，其亦可哉。临川之俗，衢巷鬼神之祠与民居相杂，大夫君子宜有以大正之。是以存其可者，以示其不可者，则亦可矣。

至正二年三月，监郡曲薛捏，同知郡事亦怜真，治中周德林，判官张克明，推官于公说、李德芳，以时有事于庙而屋室圮坏，于揭虔为弗称。五月，洛阳杨侯益来守是邦，同寅协和，郡以无事。于是郡经历赵雷泽、知事夹谷立、照磨王坚孙相与言曰："人心之所向，神明之所萃也。斯庙也，其有庇民之功乎？民以为可以庇己而有司弗加葺，则非郡人之意也。"上谋于府公而府公从之，下暴于闾里之民而民应之。三君者各出月俸以为之先，城居之有力者争相施与，属邑之人闻之，率其赋以助。郡录事之长曰："和尚居近于庙，有干材，以是役属之。"出纳必谨，朝夕必勤，材必美，工必良，未期月而告备。上栋下宇，故弊咸革。丹青黯晦，一变炳耀。像肖之设，狞威惠慈，各当其状。祸福惊动，稽首畏服。牲蔵醴币，远近狎至。其民以为为政者之抚己如此！噫！幽明一理也，礼乐具于此，休咎征于彼，受斯民而牧之，其可以苟乎哉？

明年十月己未，圣天子见帝于郊，升配太祖。诏书宣布，恩泽滂沛，山川神明之祀，居其一焉。郡守以下稽祀典，具牲杀器皿，冠服执事，属吏咸在，升降俯仰，众乐并作，迎休导和，以称明诏。千里之内，耄倪感叹而言曰："幸哉！先事而庙成，不然，其何以答今日之盛哉？时和岁丰，安土乐业，仰事俯畜，奉公上之供，上以知帝力之我加，次以见官政之我惠，当与神明之祀相为无穷，岂不盛哉？"予方东游匡庐，道过郡，赵君以为言。至西山之麓，又使人速之，故为之书。是岁之十二月三日也。

【说明】据明景泰翻元小字本《道园学古录》卷三八录文。参见《全元文》卷八五五虞集四二（第26册）。

470. 元·萧宪孙：复建吉安城隍庙记

至正四年甲申（1344）

吉安城隍，相传为汉颍阴侯灌婴，高帝六年略定江南，筑城豫章等郡，其后祀以为神。今中宪公纳速儿丁当四方叛乱之日，致恢复平定之功，筑浚城隍，以固疆土，与侯无异。侯庙在郡城门外一里许，故有宫有殿、有亭有庑，至今壬午春火于寇。明年，录事张元祚率郡民复其庙如旧制，越明年告成。神妥其祀，民和而神降之福，众谓复庙之力。录事曰："微我中宪公复我城隍，则民有不得保，神有不得祀，奚暇复斯庙哉？神明具依，我公之功，我公之德。"众于是欣然曰："保我城隍者即主城隍矣，可不纪其功德，刻石于庙，以告方来？庶几报美于公，犹报祀于神也。"录事是其请，俾属笔于宪孙。

【说明】萧宪孙，字克有，太和（今江西泰和县）人。据四库本刘岳申《申斋集》所收《桂杨县尹萧宪孙妻周氏墓志铭》所载，知其曾为郴州路桂杨县尹。此外，刘诜有《赠萧克有赴兴国税务》诗、《送萧克有偕曾从吾赴瑞州永平簿》文，袁桷有《萧克有字序》。据光绪《吉安府志》卷十录文。参见《全元文》卷一五七四萧宪孙（第51册）。

471. 元·危素：端静冲粹通妙真人黄君寿藏碑

至正四年甲申（1344）

至元十有七年，世祖皇帝诏征女冠炼师邵君于临川。昭睿顺圣皇后说其言，留居禁中以主秘祠，赐号广城灵妙演法真人。再传而得黄君焉。黄君名居庆，字庆远，别号石庭散人，饶之安仁人。父明德，母张氏。君生于至元十六年九月朔，幼而敏慧。年十有三，慕玄虚之学，父母弗能止。舅氏逍遥观道士张宜叟引诣东庭观，从管辖左君得度为女冠。东庭者，邵真人受业处也。大德七年，邵真人命之至京师入觐，成宗皇帝即命祠北斗。邵真人亦嘉其志行纯备，尽以道术授之，复使师事葆真持正渊素真人卢君。于是佐卢君服邵真人之丧，尽其诚孝。泰定二年，中宫留卢君内廷，黄君遂摄祷祠事。明年，卢君化去，如丧邵真人者，且各建石阁墓上。自是承应宫壶，日不暇给。乃召女弟仁实于东庭摄祷祠事。天历初，皇后尤加敬异。集贤以闻，授渊靖冲素崇道真人，住持玄元万寿宫。元统二年，今皇后有旨，命加真人。集贤以闻，授端静冲粹通妙真人、江南诸路女冠都提点，住持大都玄元万寿宫、抚州路东庭观、常德路乾明观事，特命文臣行词表异之，又降玺书护其宫。先是，成宗赐地西成坊以作玄元宫，而邵、卢二师尝在禁庭，故构筑之事未遑毕举。程文宪公、元文敏公尝承诏为文，赵文敏公书之而未有石刻，黄君卒次第为之。若夫正簿书，立规矩，竭其心思，无所遗阙，复俾仁实等经营以建璿玑殿，素天神像，香灯之具，无一不备。至正四年，豫作寿藏于西山祖堂之后，至于含敛之须，靡不悉具。使其族弟冲真元素明德法师仁己谓余曰："吾藏剑处将刻石以识，愿有以述之。"

余家临川，与东庭同郡也。是邦自昔麻姑、魏夫人遗迹多在焉，故女子至今闻其风而兴起，脱去尘俗，超乎万物之表，岂非难哉？邵真人以来，三世受知帝后，褒赞之勤，锡赉之厚，有不胜书。非洁白其行，精勤其学，不足以致此。黄君恬澹而慈和，以为起自山野，受国厚恩，恒以满盈为惧。每勖其门人以敬天事君，无忘师训。故记其寿藏而并及之，且系之以铭。铭曰：

学本黄老，在葆其真。孤骞尘浊，与天为邻。世隆风移，众说滋起。仙术可传，从者云委。昔魏夫人，飞行临川。黄华戚姑，照映后先。及我世皇，大廓封畛。贤豪登庸，亦及幽隐。有嫕女师，修练东庭。翩然来朝，驾其云軿。脱屣如遗，岁历三纪。真人再传，懿德趾美。出入禁闼，锡命光华。优游珍馆，若栖烟霞。宛平之墟，豫作幽宅。达视死生，何有欣戚。茫茫宇宙，孰控抟哉？独立物表，超乎端倪。后百千年，征其遗迹。铭著弗忘，勒在燕石。

【说明】据《危太朴集》续集卷三录文。参见《道家金石略》、《全元文》卷一四七九危素一二（第 48 册）。碑文所记抚州地区女道士传承之迹具有史料价值。

472. 元·李存：榆原真馆记　至正四年甲申（1344）

榆原真馆者，龙虎山孙公久大之所作也。公幼入山，为清静言。他日游其东北之支，得深谷长源，丰草茂木，水石萦护，人迹罕至，顾而乐之，曰："吾死，其以此为归乎？"于是命弟子营之，其蜿蜒而丰润者则虚以为公藏，其宽衍者则为屋以守。既成而扁其堂曰"榆晚"。榆晚之左曰久轩，公往来所燕息也；右曰兰雪斋，古书画器皿所陈也。外为门而总额之曰"榆原真馆"云。又五年而公卒，葬焉。

至正癸未之秋，余登古象山，遇其徒周微之于碣石。微之曰："计子及山下莫矣，其宿吾榆原乎？"从之，食寝如归。明年夏以书来曰："曩宿子榆原者，意必有以记之也，敢请。"因叹曰："吾见人之营其墓地者，孰不欲美且固久也。但既没，后之人或汲汲于其私，而累岁不一迹焉。甚者贫无行，黜其守而夺之利，曾不旋踵而瓦砾其屋、狐兔其丘者有矣。今孙公盖老者也，生而乐于斯，死而安于斯，夫亦何所芥蒂？然而承葺之者唯恐其或驰，扫除之者唯恐其不时，无以异于公之平日。是固出于福德之余施，亦由其所付托多才而能贤者也。"

【说明】据四库本《俟庵集》卷一四录文。参见《全元文》卷一〇六五李存一〇（第 33 册）。

473. 元·李存：秋碧先生孙公墓碑　至正五年乙酉（1345）

至正乙酉夏六月某日，龙虎山叶某来曰："某之师孙公也，受业于公之门者多矣。某虽最后，然自髫龀至成人，皆公德也。当公之没而葬，志在其圹者概而不详，每病之。敢述其平生以请，将刻诸墓上。”某曰：“死事而缓，《春秋》所讥。”曰：“缓，固罪也；有美而不传，亦罪也。”顾无以辞，按所述而文焉。

公讳某，先自汴徙金陵，既徙上饶。曾大父某，大父某，父某。公儿时有成人风，父曰：“此儿岂尘埃中物！”命入龙虎山中师事薛公某为黄老言。既长，美髭髯，长身，旷如也。三十八代天师张公与材而置之幕下，尝乘传奉表京师。大德间，判广西静江道司，未几，升道录。曰：“吾舍亲从师果何为者？而碌碌低昂若是！”弗就职。至治间，里火，私室为之烬，公即白其长而新之，不期月而完。既乃谢诸事，惟日稽经史历代帝王纪年，为纂要数十卷。又孜孜求善言行，若日不足者。每曰：“人生欲仰俯无愧耳，岂徒以遁林谷为名高哉？”他日，忽卧疾，左右进药，曰：“吾疾病以何药为？”奄然而逝，时至顺壬申四月某日也。生宋咸淳戊辰，得年六十有五。弟子凡三十有八人，以其年五月壬申祔城门先茔。公事亲孝，事师恭，待下以和，与人交有信。功于人，未尝自言且德色也，人皆高称秋碧先生云。复系之诗曰：

世有勋爵，身亡而亡。曷其亡然？后茶弗张。繄此孙公，林下之纲。幼实颖雅，长而轩昂。德则陵阿，蓼蓼菁菁。才可历试，岂惟肯堂？宜俾其人，深怀孔伤。嗟尔师友，已外于方。相视脩然，率理弗荒。乃托斯文，森森天常。乐育之风，有继其芳。山高水清，衿佩锵锵。视此贞刻，永矢勿忘。

【说明】据四库本《俟庵集》卷二四录文。参见《全元文》卷一〇六八李存一三（第 33 册）。

474. 元·黄溍：弘文裕德崇仁真人薛公碑

至正五年乙酉（1345）

公讳玄曦，字玄卿，姓薛氏。其先在春秋时为列国，至唐而河东之族尤著。有仕南唐为其司徒者，宋秉义郎习，其后也。秉义于公为五世祖，尝官于信州，因留居贵溪县之仙浦里。曾祖讳瑑，太学进士。祖讳士亨，晦迹不显。父讳勉，以学行见称于乡，私谥文清先生，四明袁公志其墓。公生而颖异，举动不类常儿，雅不乐纷华。年十二，辞家入道龙虎山，师事故开府大宗师张公及今特进大宗师吴公。始至京师，即出游渤海碣石间，纵观古灵仙之迹，人莫知其所在，久之乃还。仁宗时，用荐者得召见侍祠。延祐四年，制授大都崇真万寿宫提举，居三岁，升提点上都崇真万寿宫。一时巨人元夫、俊游之士皆在朝廷，公周旋其间，接闻绪论，学日益粹。泰定元年，奉诏征嗣天师，既至，被旨住镇江之乾元宫，未行，扈从滦阳，还至龙虎台，喟然叹曰："楚云江树，遐阻万里，引领亲舍，宁无恻然于中乎?"即日辞归，士大夫咸送以诗，蜀郡虞公为之序，三年八月也。公既归，则辟清宁斋、见心亭、熙明轩，筑琼林台于龙虎山之西，高爽靓幽，各适其宜，日与学仙者相羊其间，而密修大洞回风混合之道，盖尝遇异人而有所授云。由龙虎山抵贵溪，惟筱岭最为峻绝，乃作屋其上，号崇贤馆，东为振衣亭，仍割私田，具茗饮以息过客，临川吴公为作文以记之。初，公所祖真人孙公住杭之佑圣观，孙公仙去，法席久虚。至元六年，外宰相部使者暨诸官僚具书币迎致公补其处，辞不就。至正三年四月八日，上御明仁殿，集贤以闻，制授公弘文裕德崇仁真人，佑圣观住持，兼领杭州诸宫观。公不得辞，乃拜命而遣弟子摄其事，以遂高举远引之志焉。公性孝友，父殁，自京师奔赴而归，犯霜露，越草莽，哀号顿踣，若罔克生，专意致养，以慰其母而恤其弟。母年八十有三，尝与公俱感微疾，既瘳而见母，喜极以悲。五年正旦之日，公将复见，惧伤母怀，使人请曰："愿母安，意毋戚，继此当数来省也。"自是历造山中之耆旧及常所与游者，若诀别然。俄一日，酬酢咏歌如平时，坐及夜分，具舆濯毕，语弟子曰："天地之间，何有非幻，吾其逝乎!"厥明，翛然而化，是年二月七日也，春秋五十有七。异时公尝游所居东五十里之辰虹岭，爱其冈峦回复，林木苍润，澄潭前汇，秀峰外峙，神气翕聚，宜为乐丘，乃筑坛其处，名之曰栖神。至是，弟子陈彦伦已卒，诸孙詹处敬、于有兴、王景平及赵宜裕等七十余人，卜以某年某月某日奉冠剑而窆焉，遵治命也。宜裕故宋诸王孙，清修文雅，尤为公所爱重，念无以伸罔极之报，爰伐石以铭为请。

惟公夙负才气，倜傥不羁。读书日记万言，自孔老之学，至于天文地理，阴阳数术，靡所不通。善为文，而尤长于诗。豫章揭公留琼林月余，斋三日，乃为作序，称其老劲深稳，如霜松雪桧，百折莫能挠；清拔孤峻，如豪鹰俊鹘，千呼不肯下；萧条闲远，如空山流泉，深林孤芳，自形自色，不与物竞。人以为知言。公书札极丽逸，片楮出，人争欲得之。有闻公之风而未之见者，或使图其像以去。见心亭后有土阜隆然，人称之曰薛公墩，其见重于时如此。公自号上清外史，所著有《上清集》若干卷、《樵者问》一卷，会粹群贤诗文为《琼林集》若干卷。谨因宜裕之请，摭张君天雨行状所述，序而铭之。铭曰：

二气细缊，降灵合真，钟粹姿兮。超世拔俗，秉端抱独，自得师兮。诞启玄秘，运行天地，执元机兮。金符玉章，阖阴开阳，彻万微兮。缤其来下，感契鸿化，际昌时兮。侍祠竹宫，肸蠁丰融，辑藩釐兮。飞佩珊珊，颉颃群仙，同宴娭兮。幡然高蹈，含光弗耀，谢羁靮兮。山英川灵，前驱屏营，遄其归兮。泊乎其休，与造物游，葆醇熙兮。熏陶所至，动植生遂，不疠疵兮。显晦自我，无可不可，人莫窥兮。穹岩邃谷，崇台列屋，乐莫支兮。以身为累，蝉蜕而逝，忽若遗兮。寥寥上清，渺渺玉京，邈难期兮。方坛密室，千岁一日，闷音徽兮。弟子摧慕，返壤而树，尚何为兮。谒辞扬芬，篆兹贞珉，表时思兮。

【说明】据《黄金华集》卷二九录文。参见《道家金石略》、《全元文》卷九六四黄溍三〇（第30册）。按，数种《龙虎山志》"玄曦"均作"玄羲"，因避讳写作"元羲"。

475. 元·黄溍：龙虎山仙源观记　至正六年丙戌（1346）

仙源观在信州龙虎山之冯原，葆和通妙崇正真人徐公懋昭之所创也。初，徐公得度于太上清正一宫通真院之达观堂，其师曰通真观妙玄应真人张公闻诗，实开府大宗师、辅成赞化保运神德真君之伯兄，且开府所从受道也。开府之弟子数十百人，传次之序，以徐公为首。徐公性笃实而耿介，非义不苟取，攻苦食淡，由勤俭而致丰裕。至元二十二年，始辟地于冯原以为观。冯原者，南距上清三十里，异时有大姓冯氏居之，遂以得名。冈峦回复，林壑靓深，泉甘土肥，风气完厚，欧公岭、龙湫在其东，琵琶、麈湖、云台、藐姑、象山在其南，其西北则宝带诸山也。凡殿堂门庑，位置高下，悉因地势之自然，而不以人力参焉。其幽邃可以奠神明之居，其闲寂可以栖来学之士，有田数百亩可以资华芗饘粥之具。得请于朝，赐以今额。徐公竹冠布袍，晏息其中，而往来乎上清，日与仙翁道侣徜徉于万物之表。方是时，开府以清静无为之说上承访问，褒大尊显，无与为比，执弟子之职而列侍于左右者，往往被玺书，绾银章，号真人，而主治乎名山。惟徐公间来展省，而未尝久留。中朝达官贵人，至有欲识其面而不可得，泊然无愿于世者垂二十年。大德六年，诏强起之，住持宜兴之通真观，赐号葆和通妙崇正法师。居十年，洊膺制命，进号真人。又十年，寿八十有二，乃乘运而化于仙源，至治元年也。传徐公之道者冯君志广、上官君与龄、徐君天麟、彭君齐年、薛君起东、李君世昌、蔡君仲哲、徐君守勤、彭君一宁，自志广暨天麟而下，皆以次领观事。

元统元年，与龄始奉上命为住持提点，仍赐号冲和持正明素法师。祗事云初，有废必举，病其栋宇局于地势，乃改卜其西十步，外平而无险，中宽而有容，程工役，略基址，诹日之吉而迁焉。越三年，大殿成。明年，法堂及钟鼓二楼成。又明年，三门两庑成，东有阁曰东阁，西有楼曰西楼，斋庐寝室、库庾庖湢之属次第毕备。冲真明远玄静真人张公德隆，开府之犹子也，少尝学道其处。从开府来京师，侍祠于明庭者四十年。至正六年，将使指奉香币还故山，睹其轮奂聿新，念构兴之难而充拓之不易，爰伐石，属予书之。大抵人之常情，乐因循而惮改作。仙源之建置，几年于兹矣。一旦有能舍其旧而新是图，缵先业于方隆，植法基于永固，有功于其教甚大。而况不凭国家之力，不求民间毫末之助，一以身任其事而遹观其成，是皆可书也。于是乎书。

【说明】据《黄金华集》卷一四录文。参见《道家金石略》、《全元文》卷九五七黄溍二三（第 29 册）。

476. 元·黄溍：玄静庵记 至正六年丙戌（1346）

冲真明远玄静真人张公元杰筑室于信州贵溪县之金鸡山，曰玄静庵，用所受赐号为扁名也。元杰之先有为唐宰相者，与汉天师同出于留侯子孙，家于贵溪之上礤里。有仕宋至刑部侍郎者，于元杰为六世祖，尝与里人共构精舍于所居之西，延陆文安公讲道其中，俾子弟受学焉。文安以山形如象，命之曰象山，人因称文安曰象山先生。象山又西十里，则龙虎福地也。元杰学道于祖庭而侍祠于帝所，从其伯父大宗师开府公及其所礼嗣师吴公，居京师之崇真万寿宫，逮今逾四十年。数被上旨，函香代祀岳镇海渎、汾阴后土，龙虎、武当诸山。

至正六年夏，竣事于上清正一宫，退而徘徊乎家林，由上礤沿大溪折而西行，睹重冈复岭支于象山之东南，被荆榛而进，得胜处焉，即所谓金鸡山也。旧传有金鸡自石穴中飞出，因以得名。其地外广衍而中宽舒，泉深壤夷，草木幽茂。乃据其风气之会以营乐丘，且凿山累石，创置兹庵，将俟他日退休而与名人道侣相羊其间。百岁之后，遂以为栖神之所。追惟侍郎为时名卿，有传在史氏，而金匮石室之藏，世莫得见，乃谒文于史官豫章揭公以表其墓，并请志其先人隐君之墓而铭之。以侍郎徙居鄱阳而葬于其城东北之凤凰冈，去故山远，乃立石于庵东而覆以屋，隐君之兆域则相距五里而近，并以志铭附于其左。开府公受道于其兄通真观妙玄应真人，溪之南曰石龟渡，冠剑在焉。清风拱木，蔚乎相望，云台、藐姑、龙井诸峰，二十四岩山云之伏兴，朝暮晦明之变化，千态万状，交呈互献于其前。溪水来自七闽，萦为三折而掠山之右，汇为澄潭，浮光静影，可坐而挹也。元杰既图其怪奇伟丽之观，求内翰虞公为之赋诗，复疏兴作之详，属予以记。

予闻有道之士，必乘天地之正，御六气之辩，以游无穷而未始有所待。视夫以泉石烟霞为膏肓痼疾者，固未易同年而语也。至于变幻出入于灵仙飞化之术，直其余事耳。翛然而来，莫知其所始；翛然而往，莫知其所终，尚何乐于兹丘乎？夫亦寓意于物、与人为徒者也，又岂世俗文笔可得而记乎？

所可记者，皆其名迹之粗而已。

唐宰相曰文瓘。侍郎讳运，政和中进士，终于左通奉大夫、敷文阁待制，累赠少师、开府仪同三司。隐居讳某。元杰名德隆，元杰者其字也，自号环溪云。

【说明】据《黄金华集》卷一五录文。参见《道家金石略》、《全元文》卷九五七黄溍二三（第29册）。

477. 元·危素：玄儒吕先生道行记　至正七年丁亥（1347）

先生讳虚夷，字与之，姓吕氏，奉化人。世传其始生时，母以吕氏上世止一子传家，否则必为浮屠道流，不浴者三日。嫂胡怜之，自为乳哺。少尝执事鄞、象山二县廷，冀得微禄以养母。母没，遂谢去，入天台之桐柏山崇道观，著道书，益治经史。皇庆间，诣庆元报恩观吴尊师受祈风雨役使鬼神之法。有王翁者筑馆象山之郁溪，盖岛屿孤绝处。先生祷雨而应，王翁因留共处，是为大瀛海道院，翰林学士临川吴公为之记。至正元年，庆元旱，五月己酉祷雨郡治，云起西北，状如天神执仗，官吏惊呼再拜，顷之大雨。临江路同知总管府事赵侯由松招之主福顺观，建大阁以奉四明洞天之神。先生好义而质直，端谨而和易，安贫守道，不事华饰，不趋势利。素好客，常典衣以具食。通禅观之学，沙门师恢大章、噩无梦、铭古鼎俱有倡和之作。尝与翰林侍讲学士同郡袁公、僧岫云外坐松阴讲老子。或绘为图，吴公又为之赞。其待乡曲至厚，喜必庆，忧必吊。博士袁士元有疾，经岁不愈。先生冒寒暑，履冰雪，求医请祷，久而不怠。他日来视疾，度河，风浪忽作，舟覆而溺。先生徐起，色不为变，曰："无使病者闻之，为我惊也。"同舍生项诚之，久客杭，老而无依，先生亲往迎之，愿终其身与处。然既隐居，无求于世。至杭之吴山，见古梅及藤蟠曲奇怪，乃以为益友。四年二月丙辰，无病而卒。

先是郡人金谅有山在鄞东湖之西亭，预为先生营寿藏，至是其徒奉冠剑瘗焉。倾城往送，虽军卒小夫，亦设祭道次。授法者谅及钱津与诸交游作天坛道院，筑誓坛以藏其书，曰《老子讲义》□卷，《啬斋文集》□卷。先生所自著；曰《瀛海纪言》十有七卷，皆一时名人为先生所著。初，吴尊师别有馆在城东，门人吴某毁之。先生尝受遗命于师，力欲复之。在势者阴庇吴某，不能直。故其没也，犹以为憾云。

素弱冠始识先生信之龙虎山，若神交者。后四年，偕徒步往见吴公于抚之华盖山。时吾郡处士孙君履常、吴君仲谷，相与登临啸咏，意欢如也。又十有八年，素以事适鄞，而先生化去逾月矣。呜呼悲哉！葛逻禄乃贤与其徒郑守仁请书先生之遗事并藏焉。

【说明】据《危太朴全集》卷三录文。参见《道家金石略》、《全元文》卷一四七三危素六（第48册）。按，题后原注明作于“丁亥”，即至正七年。

478. 元·王礼：赣州路重修城北黄箓坛记

至正八年戊子（1348）

老氏之教有坛，安所稽乎？古者祀郊庙则坛，祀社稷则坛。唐祖老子为玄元皇帝，宜其教之有坛也。曷为而屋之？其犹祀帝于明堂，以人礼事之，亲之也。

赣城北有黄箓坛而咸称曰下坛，何也？城内坛者三，为斯民祈禳之地，尚矣。顺流上、中、下别之，斯在下也。此何以独兴？昔紫阳张真人治妖猿于梅关，尝此焉信宿。仙真之所过化，意必有阴佑而默相之者。谁与新之？真常冲静大师周君常静暨其侣孔君道清也。成之何时？费将焉取？我元至顺三年，里民刘英可礼请二人主坛事，二人尽祷祀之诚，兼岐黄之术，所活既众，人益信之。乃竭平日锱铢之积以供兴作，无求于人。于是事神有殿，燕居有舍，井厨庾廊，靡不完缮。实至正八年也。然则孰主张是？太守正议伯都呼丹、通守宣威哈都尔也。求文于石者何？欲来者知兴废在人，勿替引之可也。噫！使凡有名教之责者能如孔、周之用心，其道有不昌矣乎？

【说明】王礼（1314~1386），字子尚（后更字子让），自号清和道人，庐陵（今江西吉安县）人。自小聪慧好学，有声名。至正十年（1350）以《诗经》中江西乡试第一。历官安远县教官、兴国县主簿、广东道宣慰使司都元帅府照磨等。晚年教授乡里，因所居之乡有憩麟山，学者称为麟原先生。有《麟原文集》。据四库本《麟原文集》前集卷七录文。参见《全元文》卷一八五六王礼八（第60册）。

479. 元·危素：送郭真人还玉笥山序*

至正九年己丑（1349）

世祖皇帝受命自天，非独一时豪杰，文武异才，并为之用，而山川百灵，罔不率职。方是时，常山王刘文正以沈机大略，最为亲幸，且通秘术，行师用兵之际，役使鬼神，多著奇效。乃作祠宇于宛平之西山、开平之南屏山，以祠太一六丁之神，俱号曰灵应万寿宫。常山王既薨，嗣居之者，非操履贞白、明于道术者，不得与兹选。

至元五年四月己丑朔，今皇帝敕玉笥山道士郭君宗纯为第八代祭遁真人，降玺书宠嘉之，其所馆两都靖治，所在戒严。真人厖眉皓首，深居林壑，时人望之，已若古仙异人，未易狎习。既十年，乃言于朝，将归隐于故山，则其高风益邈不可攀矣。名卿大夫士闻真人之知止自足，有契于老子之旨，为诗歌以送之，而属予为之叙。

盖至顺初第六代真人毛君退休于龙虎山，杜门简，绝人事，翛然自得，余固已叹其浮游尘埃之表，非世俗所能汩没者；及今观郭君之归，后世将益羡遁祠之多贤也。惟其轻世故，薄功名，然后心无所累，而可交于神明，吾于二君子见之矣。抑常山王初尝寄迹方外，及其遭圣明，超拜上公之爵，然处之泊如也。二君子无乃闻风而兴起者欤？不然，何其去就之从容如此哉？

【说明】据四库本《说学斋稿》卷二录文。参见四库本《江西通志》卷一三六、光绪七年《江西通志》卷五一、《危学士全集》卷五（四库全书存目丛书本，第 24 册）、《全元文》卷一四六八危素一（第 48 册）。

480. 元·黄溍：特进上卿玄教大宗师元成文正中和翊运大真人总摄江淮荆襄等处道教事知集贤院道教事夏公神道碑 至正九年己丑（1349）

玄教第三代大宗师夏公既顺化归真而迁神于故山，其大弟子张公德隆袭掌教事，以状授溍曰："先师之道行德业，当援故实请命于朝而勒文丰碑。惟是体魄之所安，不可无以表于封树，敢属于吾子。"溍固辞弗获，则按状所述，序而铭之。序曰：

公讳文泳，字明适，别号紫清，世居信州贵溪县之唐甸。曾大父讳如愚，大父讳英夫，皆业儒而不仕。父讳希贤，宋末举进士，未第而德祐失国。入皇朝，特授昭文馆大学士、中奉大夫。母杨氏，封江夏郡夫人。兄弟四人，长文□，次文深，次文济，公最幼。生而开爽英发，丱岁就学，读书日记数千言，不喜徇世俗纷华之习。一日，凭高四望，忽若有省，慨然起求仙之兴。年十六，学道于龙虎山之崇真院。初，开府仪同三司、上卿张公入觐世祖皇帝，肇立玄教，命为大宗师，建崇真万寿宫以居之。公素清慎博雅，为开府公所赏识。大德四年，始至京师，与大宗师、特进上卿吴公同侍开府公左右，日相切磨而学益以进。八年，开府公以上命遣公抚视诸道流于大江之南，比还，制授元道文德中和法师、崇真万寿宫提点。至大四年，仁宗皇帝在储宫，闻公贤有道而其法又多灵验，乃召见，命独任本宫承应法师。有司岁给车马扈从，往来两京，出入禁卫无间，奏对率皆称旨，甚敬礼焉。仁宗正位宸极，皇庆元年，首降制特授元成文正中和真人、江淮荆襄等处道教都提点，赐以银印，视秩二品，天语褒嘉，恩意隆厚，非常典也。延祐元年，公父遂拜昭文之命，兄文□亦特授某阶，中政院判官。五年，奉上旨代祀龙虎、三茅、阁皂三山，竣事，悉以祭供金缯分施各宫观，秋毫无所私。上清宫灵星门岁久腐坏，抽己囊伐石于太湖而更新之，内翰欧阳公为之记。既又度地筑宫于龙虎山北一里，得请于上，赐额"元成"，魏国赵文敏公为篆其扁，榜曰

“敕赐元成之宫”云。七年，开府公示将解化，以教事付吴公而命公继之。至治三年，晋王入践大位，所居便殿，每至中夜庭户辄有声，两宫为之不宁。近臣拾得驴国公等传旨，俾公以符水祓涤之，是夕肃然。翌日适当元旦，即命设醮于崇真万寿宫，仍出玺书赐元成宫为大护持。今上皇帝以公累朝宿德，宠待尤渥。元统二年，亲洒宸翰，作“元成宫”三大字以赐焉。至正六年，吴公乘化而终，以开府公治命属公嗣领教事，中书、集贤同奉上旨，授特进上卿、玄教大宗师、元成文正中和翊运大真人、总摄江淮荆襄等处道教、知集贤院道教事，玺书护持，佩以先朝所赐开府公玉印宝剑，他恩数皆如旧制。

公既登教席，一意精白以佐清静无为之治，综理庶务，悉尊前人成规，众咸安之。九年春，俄感微恙，饮食起居不异常时，祝赞祷祠之事未尝倦废。二月十四日乙亥，呼弟子毕集于前，语之曰：“吾留京师五十年，早荷圣朝眷遇之隆，晚膺宗教承嗣之重，未知所以报称。今大期已至，当与汝曹永诀，其尚勉旃!”遂语张公德隆曰：“宗门教位，四传至汝，吾可无身后之虑矣。”十七日戊寅，晨起舆手焚香，整衣端坐，翛然而逝，世寿七十有三。卜以十年某月某日，奉遗蜕窆于贵溪某山之某仙坛。弟子薛廷凤、上官与龄、薛起东、詹处敬、于有兴、王景平，蔡仲哲、彭尧臣、蔡允中、董载静、丁迪吉、董宇定、王用亨、徐守勤、彭一宁、刘若冲等若干人，居元成宫者张从圣、倪善成等若干人。

公惟介洁，不妄取与，自奉殊简薄，名宴休之室曰素朴斋以见其志。三教九流之书，无所不读，而深明于儒先理学之旨。又尝受《河图》于隐者，有昔人未睹之秘，而于皇极经世之说，亦了然胸臆间。所至名山洞府，必穷探极讨以广见闻。道法斋科，悉加考订折衷，下至医药卜筮，莫不精究其术。一时贤士大夫、馆阁名流，皆与为方外交。公风标俊伟，谈辩绝人，其语国家之因革废置，古今之成败得失，与中原故老之遗言逸事，历历如指诸掌。或有可疑，必就问焉。盖状之可见者如此，其阴功密行，固有非人所及知者矣。溍之生也，与公岁月同而忝先一日，顾独后死，衰朽荒落，何能发扬万一乎？汗颜执笔，存其梗概云尔。铭曰：

显显开府，世皇外臣。佩玉琼琚，其从如云。矫矫夏公，盘桓丘壑。以时而至，祥麟一角。遐观道妙，默赞化机。右我仁庙，格于穹祇。民跻寿城，物不疵疠。飞飙走霆，直其余事。涣扬制策，竣陟仙班。出陪巡幸，入侍燕间。历事累朝，逮今天子。人惟求旧，洊加优礼。岿然乡山，神明别都。昭回衣被，百灵森扶。传次所归，天子有诏。畀以文阶，冠于师号。贵先九列，荣亚三司。时有久速，道无成亏。嗟世溷浊，超然高举。金支翠旗，上升帝所。□□之墟，巍巍仙坛。真游憩止，孔侐且安。承之有人，永世无斁。祇荐石章，用表玄宅。

【说明】据《黄金华集》卷二七录文。参见《道家金石略》、《全元文》卷九七二黄溍三八（第30册）。

481. 元·王祎：元故弘文辅道粹德真人王公碑并序

至正十年庚寅（1350）

至正十年庚寅十月十六日，弘文辅道粹德真人公仙化于湖州德清县百寮山之开玄道院，春秋八十有一，其徒以十二月二十日奉遗蜕葬于玉麈山之原。今洞玄冲靖崇教广道大真人薛公廷凤实嗣公，住持杭之大开元宫，乃述公道行，使来取铭，勒之兹碑。

公讳寿衍，字眉叟，姓王氏，其先河南修武人，宋建炎初从渡江，遂家于杭而著籍焉。曾祖云，武翼大夫、保信军承宣使。祖显宗，右武大夫、某州观察使。考子才，武功郎、判修内司干办御酒库。公生而颖悟，迥然有拔俗之标，自幼笃志于道，人莫不以远大期之。至元甲申，玄教大宗师开府张公之弟子陈真人义高为梁王文学，以事至杭，馆于四圣延祥观，见公即器爱之，遂度为弟子。年甫十有五，从陈公至京师。乙酉，至上京，入见裕宗于东宫。陈公从梁王北行，公与之俱，止于哈奇尔穆敦，驱驰朔漠，备殚其勤。丙戌，还京师。丁亥，从开府公代祀诸山川，至杭，俾公提纲四圣延祥观事，寻侍开府公还朝。戊子，三十六代天师授公灵妙真常法师袁州路道录，未任，改杭州开元宫提举宫事。壬辰，三十七代天师加授崇教之号，仍提举开元宫。是岁至京师，奉诏访求江南遗逸，举永嘉徐似孙、金华周世昌引见于香殿，奏对称旨。甲午，成宗登极，命公召天师龙虎山。比至，蒇醮翠华阁及万岁山圆殿，竣事，锡赉优渥。元贞乙未，被玺书提点住持杭之佑圣观，观宇久弊，一新之。大德丁酉，奉香诣阙下，隆福太后有旨命公求经箓江南。戊戌，入朝，扈驾至上京，赐衣三袭，赉及其徒。己亥春，诏公从呼喇珠妃北行，梁王既改封晋公，继被旨代陈公事晋王。陈公还至桓州，化去。公茕茕然扈从而归。庚子春，侍晋王入觐，蒙两宫锡予加厚，寻得旨南还，仍给佑圣观印章，视五品。辛丑，制受龙兴路道箓、玉隆万寿宫住持提点，实嗣陈公之职。莅事之日，开堂演法，听者翕然，道价弥振。壬寅，入朝，玺书加护玉隆。癸卯，回杭，以佑圣观事传于孙真人益谦，而屏居开元。甲辰，制授开元宫住持提点。丙午，举吴真人以敬代居玉隆。丁未，武宗御极，从三十八代天师入觐。至大戊申，开府公辟公佥议教门公事，被玺书及兴圣太后旨，加开元等九宫观，且代祀诸名山。己酉夏，还居开元，居三年，凡宫制之未备者悉完之。皇庆壬子，请谢宫事。仁宗即位，特授灵妙真常崇教真人，遣使赍制书即开元命之，使不得辞，就召诣阙，赐见嘉禧殿。因具疏言："臣闻道家以无为为宗，古之言真人者闳邈矣。今为其道者善传上意达诸神明，导况祉存著专一其事也。惟大宗师、大真人及嗣师真人久侍中被宠遇，有号名命数，其贵视公卿侯伯，于玄教显荣极矣。夫名者实之宾，泰甚则忌。真人非远臣所可得名，臣请固辞，不敢称真人，得还山奉祠事以报圣明，志愿诚足矣。"上称叹其言，以为先朝旧臣，深敬礼之。先是，杭之九宫观财用出纳隶都财赋府，及是，太后有旨，都府勿有所与。延祐甲寅，改授弘文辅道粹德真人，领杭州路道教诸宫观事，住持开元宫事，敕词臣为赞书褒扬之，仍给银印章，视二品。陛辞之日，上御嘉禧殿，赐坐与语移时，以字称之曰"眉叟"，且曰："老子《道德经》不特为道家书，其道足以开物成务，治天下者所当用。今命近臣颁示中外，尔尚有以布宣朕意。"公顿首称谢。又赐宝冠金服以备真人之服章，别降玺书，使代祀江南诸名山。比还，复移文集贤，乞免"真人"号，不报。乃建开玄道院，为栖真佚老之所。丙辰，三十九代天师入觐，公从偕行。时晋卯在朝，特命内史府设宴以礼公。其冬，以金箓醮事告成，受白金楮币之赐。丁巳，元会朝见，奉旨代祀北岳、济渎、天坛、中丘及汴朝元宫，道由修武，展省先茔而还。复奉旨求东南贤良，两宫锡予加厚。朝臣祖饯都门外，供帐甚盛。冰合舟胶，以法祷之，冻则自解。戊午，得永嘉戴侗《六书故》、鄱阳马端临《文献通考》二书，表上而颁行之。历江南四省之境，所至奉行上命，无所不及。回杭移疾余不溪上，适天旱，县令耆老来请雨，命弟子彭大年祷于百寮山上，甘雨随应。至治辛酉冬，开元毁于灾，公即图起其废。省台百司，悉来致助，规制巨丽，有加于昔。开府公以是年仙去，嗣师特进吴公嗣为大宗师，于公尤加亲敬。泰定甲子，诏遣使函香为新宫落成，就召诣阙，见上于宣德府，劳问甚至。会天师继至，同建大醮者三，出内府道经并金币赐之。乙丑，有旨赐金织法衣，遣使卫送南归，且被玺书，开元以甲乙传次，庄田所在咸加护之，中宫东朝锡赉尤厚。丁卯，天师至杭，蒇醮禳海患，公与同行事焉。至顺辛未，集贤移文请公往龙虎山提调醮事。至元乙亥春，今上命黄真人崇大函香至四圣延祥观建金箓大醮，特命公主之。夏，玺书赐大开元宫额，加护如前。公自以平生宠数逾分，乃裒上所赐冠服及所蓄图书琴剑之属，簿送宫藏，以传诸后。至正辛巳，宫复以灾毁，委提点毛子敬任兴创之功，而公亲为之谋画，曾不逾岁，旧观复还。乙酉，即宫中造阁，有白鹤飞绕之异，因表曰胎仙。自是益倦与物接，退居开玄，有终焉之意矣。庚寅十月望，宾客集开玄，以公生辰相率为寿。弟子陈子浩后至，公笑曰："吾迟子久矣。吾将就休息，汝其为我款诸宾。"明日夙兴，气息稍促，及日昃，奄然而逝。弟子遵治命，以时服敛焉。所度弟子自陈子浩而下若干人。

初，公念开元之传未有属，而绍玄教正系者实惟薛公，预署传授之文致之。时薛公方辞大宗师之传，逊让再三，不获已，乃勉承其甲乙之次。于是集贤以闻，有旨特加薛公大真人之号，领杭州路道教诸宫观事，主领住持大开元宫事，自提点马志和而下咸正其次序焉。公器识高朗，局度弘旷，履贵盛而能谦，处满盈而能虚，以故历事累朝，昭被帝眷，躬辅玄教，光扬祖风。至其应物接人，尤不滞于形迹，上而王公显人，下而韦布寒士，遇之以礼，曾无间然。性好施予，禄廪虽厚，未尝周其用也。其所为诗，闲远典雅，为世所传。尝扁居室曰"玄览"，且以自号。晚岁寄傲溪山间，又号溪月散人。平居戴华阳冠，白羽衣，朱颜鹤发，爽气生眉睫间，洒然乐方外之趣，望之者以为真神仙也。呜呼！若公者之高节轶概，诚无愧乎古之真人者乎！是宜为铭。铭曰：

老子之道，弃崇执谦，去盈留虚。抱一不二，不为物先，能安以舒。为而无为，损之又损，何有何无。维修于身，其德乃真，爰与道俱。猗欤真人，情冲气和，列仙之儒。服勤王家，致力祖庭，功常有余。出入内外，翼赞玄化，助宣皇图。光而不耀，动而能静，其行徐徐。帝曰汝来，陟降左右，玉佩璚裾。蔽自渊衷，便蕃赉予，恩优礼殊。号以真人，帝命有赫，形于赞书。真人抗言，名忌泰甚，臣实逖疏。维是徽称，孔闳且硕，匪臣宜居。愿归奉祀，以祝鸿釐，以逸微躯。亦既归止，葆精养粹，味道之腴。维谦维虚，涤除玄览，与天为徒。谓将逍遥，后天不老，胡不少须。奄弃尘世，其神何之？紫府清都。玉尘之山，冠剑所藏，闷兹幽墟。揭辞扬芬，载勒贞石，永世不渝。

【说明】王祎（1321~1372），字子充，义乌（今浙江义乌市）人。历官至翰林待制。有《王忠文公集》。据四库本《王忠文集》卷六录文。参见《道家金石略》、《全元文》卷一六九二王祎一一（第55册）。

482. 元·危素：文始道院记　至正十年庚寅（1350）

信之龙虎山距余家一舍而近，余少读书其间，与了然子居相迩。及留京师，闻了然子已弃家为老庄氏之学，宿留于东方，出沧海之上，会稽之人往往见之。余以恋禄于朝，不遑裹粮访求而叩其所造，有怀其人，辄怅然久之。客曰：“子之于了然子，殆区中之缘而情好之牵尔，曾不满了然子之一哂。”盖了然子善推明其师之说，其与弟子言有曰：“太虚无所间，玄妙无所为，杳冥无边际，生育无定期。是道也，天地因此启，日月因此明，万化从此生，宓牺得之而画八卦，轩辕得之而说阴符，尧舜得之而有天下，大禹得之而治洪水，吾太上得之而演道德，青灵君得之而出洞玄。”又曰：“天即地也，地即天也；阴即阳也，阳即阴也；一即万也，万即一也。不可谓之在彼，不可谓之在此；不可谓之非此，不可谓之非彼；不可谓之在内，不可谓之在外；混然融然，贯通而无间者也。”余于是叹曰：“了然子之所造至于是乎！”其学者赵守真与其弟守玄请余记其居文始道院，其状曰：“吾之先于宋有属籍，家于海盐州之安仁桥。大父□，州签书判官，厅公事，某之所卜也。吾父讳时亨，遭宗国颠覆，乃著道士服，舍宅为崇真庵，祠玄武之神及高曾以来神主。至正五年，吾兄弟闻了然子栖于越上，遂延礼以居之，幸了然子之不吾弃也。已而更曰文始道院，庵故有土田，悉以供道院之用。州之好道者潘大成、王安孙皆欣然相其成，道院之规制为之一新，四方来学者若还其家。所以绍承先志，无敢或怠。”呜呼！世之人梏于血气之私，囿乎器数之末，孰知天道之广大而窥其全体？然则了然子之言，粲然而易见，洞然而无疑，故余记其道院而并书之。了然子姓倪氏，名守中。

【说明】据四库本《说学斋稿》卷二录文。参见《道家金石略》、《全元文》卷一四七四危素七（第48册）。按，题后原注明写于“庚寅”，即至正十年。

483. 元·危素：云台大隐记　至正十年庚寅（1350）

昔余好游观名山，往来广信之境，由龙虎山东行二十五里，望见云台之山，苍翠插入天际，意其下必有遁世之士栖息其间，不然，宜为珍馆以居仙者。乃至正二年，上清宫周君孟章，始即云台之下曰奇扎尔者作石室为寿藏。明年，构屋若干楹，中为观极之堂，堂东为丹室，而为临清之轩，左庑为神祠，右为宾位。石室之下，积水为池，大旱不竭，曰还原池。总名曰云台东麓。

初，君以儒家子少从上清之奉真西院陈尊师某学老庄之道，而果于违世而绝物矣。昔楚大夫悲世俗之迫隘，思轻举而远游，慨然有志于方仙之学。然其术甚微，其言甚秘，非余所知也。若周君退藏山林，可谓心迹俱超而身名无累。人间爱憎喜怒休戚之感，是非荣辱得丧之役，举不能入其中矣。是故古之为其学者，其迹多在于荒厓绝谷人迹罕至之所。信乎！云台之胜，惟仙者能居之。君识量高远，机辨过人，善治烦剧而解纷挫锐。筑斯馆也，将以佚其老焉。陈尊师尝作大隐道院，尊师既没，而君主之。至正九年灾，而君又为之更新，所以敬其所承传者，果若是其重也。君之门人徐廷杰，余同郡人，属予为之记。

【说明】据四库本《说学斋稿》卷二录文。参见《全元文》卷一四七四危素七（第48册）。按，题后原注明作于“庚寅”，即至正十年。

484. 元・危素：送道士李九成序* 至正十年庚寅（1350）

余未弱冠，读书于贵溪卢氏之馆。时卢尊师自闲处玉清道馆，每休暇，辄过其室。尊师为之陈豆觞，从容竟日，而退则与其徒嬉游茂林修竹之间，弹琴焫香，翛然不知世虑之牵人也。后数年，再过之，尊师已仙去，徘徊久之乃行。及客京师，驱驰尘土以求升斗之禄，每读剡原戴先生所著《拂云楼记》，思玉清之胜，茫乎若弱水之不可度矣。

李君九成，尊师之弟子也，与余别几三十年，相见于辇下，其齿后于余，握手道旧故，惊其须发亦变。余于是浸寻将老，问向时游从诸子，则多物故。吾视人世为何如哉！昔者向子平、宗少文志在山水之间，以自娱适，好爵不足以縻之。余之不肖，窃尚友其人于千载之上，苟得乞身以去，名山大川，可以游目而骋怀。一日复寻旧游之迹于玉清之馆，期与君践斯言于他日，未为晚也。

【说明】据四库本《说学斋稿》卷四录文。参见《危学士全集》卷五（四库全书存目丛书本，第24册）、《全元文》卷一四六九危素二（第48册）。

485. 元・黄绍：龙兴路城隍庙碑 至正十年庚寅（1350）

豫章郡新修城隍庙成，郡安侯命属吏黄绍为之记。

按庙在子城之东，其神则世传以为汉将军灌婴也。岁久祠坏，侯下车谒奠，周视感叹。亟图新而大之，召工会所费，度非百万缗不可。乃谋于监郡阿思兰不花，捐己俸以倡，好事者欢趋之。宁夏杨公继来持宪节，亦以莅事告于神，偕宪幕议，各以俸助。于是凡有禄在官者一无所靳焉。赀用以充，度材庀工，以辑以慎。经始于至正八年之四月，竣事于十年之二月。正殿中峙，施及两庑，表以三门，以楹计之，凡二百有五十。像设之旧，悉涂绘而完之，栋宇宏丽，檐阿矫如，丹碧焜燿，象服森列，神灵攸栖。盖奂然足以为江右之伟观而民不知劳，非侯之善于营措，孰至是哉？

稽之《易繇》有曰："城复于隍。"城隍之名见于经者昉此。神而祠之，则若诿以专城之寄，而未知所从始也。传志称汉高皇帝时，将军南略地至此，壮其山川形势，首请于朝，筑城以控引海峤，屏障江淮。高皇帝嘉其功，封颍阴侯，俾世祀斯郡。将军殁而人思之，立庙以祀。然则将军之庙食于兹，自汉开国初固然，岂当时已有城隍之号也欤？殆未必然也。夫将军奋匹夫佐高皇帝扫平天下，功烈懋盛，雄武英爽。殁有遗灵，而又首创兹郡，历千百余年，久赖其休，显有应验，更唐迄宋，爵秩益崇，王封庙祀，世主兹土，礼亦宜之。古之祭法：能为民御灾捍患，大有功德于人者则祀之，以报本也。人固谓是祠之修复，侯知所以报本之义矣。然绍以为侯之心犹若有在者。圣天子方严司牧之任，饬风纪之臣勉励之。而豫章为江西列郡之冠，会府臬司之所临莅，素号难治。侯以闽海佥宪来为守牧，其所以上体宵旰之忧而抚摩其民人者，靡不究极。然而方地数千里，民物之殷庬，事变之轇轕，忧思所感，有不得于言者众矣，言而有不得于行者又众矣。矧夫灾沴之流行，札瘥之间作，旱涝螟螣之或兴，有莫之为而为者。兹神之灵，阴相默佑，其何以凝泰和而考休征哉？吾意邦侯是心，惟监郡兰侯有以契之，惟监宪杨公有以知之。而或昧焉，故绍不敢以荒芜为辞，辄述梗概并系以诗，勒诸丽牲之石，俾后之来者有以知吾侯之用心也。先是，倅临川郡金陵李汉杰尝以私帑率众人为正殿而功弗竟，因附著于此云。杨公名文书讷，今为崇文太监。兰侯西域人。前郡监安侯名谦，河间人。诗曰：

相此大邦，左江右湖。殿以西山，寔为奥区。溯观周秦，邈在荒服。其谁郡之？颍阴之绩。崇城言言，下有深隍。颍阴之功，终古不忘。不忘维何？威灵濯濯。世主兹土，庙食王爵。嶷嶷寝庙，载经寒暑。上雨傍风，神逝勿顾。我侯南来，载谋载度。煌煌新宫，不日而作。肃肃宁夏，议协而同。兰侯弗爽，集此肤公。新宫清穆，众服赫奕。左右我民，时万时亿。我庐于廛，我稼于亩。惟神之休，终善且有。广牡清酒，报祀以时。神之来兮，赤豹文螭。既妥既侑，坎其伐鼓。神其不留，雷震风□。岿然新宫，神之安宅。孰诏无穷？丽牲有石。

【说明】据万历新修《南昌府志》卷二八录文。参见《全元文》卷一七八四黄绍（第 58 册）。

486. 元·危素：江州路玄妙观碑　至正十一年辛卯（1351）

至正十一年七月戊申朔，皇帝降玺书赐江州路玄妙观。观之学者王崇大虔奉之以还，而来属素著其事于碑。素惟昔唐翰林供奉李公及宋苏文忠公、黄文节公，皆以年四十有九过斯观赋诗，传之后世。素虽藐然晚出，于三君子无能为役，而其行年适同，殆非偶然者。

按崇大所闻，参诸郡志，观始于东晋，初名老君庵，在郡治之东北薛家坡，则郭璞所卜。唐开元二十年，作紫极宫，尝冶铜为玄宗像，侍玄元皇帝侧。宋祥符五年，改天庆观，建炎间毁于兵。入国朝，改今额。漕使、邦侯、武帅大小之臣祝釐于此。民之水旱疾疫者亦祷焉。延祐七年，主山戢君复礼新作通明殿。至顺三年，王君义敬新作斋堂。至元四年，王君之弟义昭作方丈室。六年，王君复作混元殿。至正四年，正一堂坏，住持提点詹君泰琼请义昭之门人王道忠、詹复殷、詹复立出财更作之。若本命、舍田二祠，则六年欧阳道聪、李复璋作。钟鼓二高楼，则十年今住持□德久、张泰德等作之。于是规制大备，栋宇穹峻，伟然神明之居，为一方之望矣。我国家崇尚道室其说，将以祈天永命，盖亦异乎秦汉之君溺志于荒忽缪悠之小数。凡居于斯观者，处有师友之讲习，出有山水之游观，天光照临，恩宠斯被，猗与盛哉！素既叙而铭之。铭曰：

眷兹琳宫，肇兴东晋。惟吕惟黄，绵绵胄胤。逮及唐宋，玄元是宗。紫极天庆，观阁摩空。昔贤来游，载言载笑。丽句雄章，山川有耀。锡额玄妙，自我世皇。继志述事，惟皇之明。明昭诞扬，玉章云篆。山君川祇，储休锡羡。屹屹匡阜，仙圣攸居。玉芝龟设，藏弆丹书。窥道之秘，宅心幽贞。天保定尔，式衍修龄。栋宇岋岋，新宫奕奕。庸移上恩，刻示无极。

【说明】据《危太朴集》续集卷三录文，文字据别本有改动。参见《危学士全集》卷一一（四库全书存目丛书本，第24册）、《道家金石略》、《全元文》卷一四七九危素一二（第48册）。

487. 元·危素：《先天观诗》序* 至正十一年辛卯（1351）

《先天观诗》一卷，自翰林学士承旨楚国程文宪公而下，总若干人。方曾尊师贯翁为此观，择山水之胜，而亭台高下，位置各适其宜，游山之君子不及至者以为恨；学道之士尤乐其喧嚣之远，可以离世而独立也。素之叔父功远，甫少从尊师学，在京师以观之图及四明戴先生所为记，求题咏于朝之名卿大夫。清河元文敏公与先叔父为莫逆交，得记文，手书一通，南望再拜，曰："江左之文章，犹有斯人乎？"太史临江范公德机之诗曰："玉堂学士危与吴。"谓先叔父及元教宗师番阳吴公也。元公亲题其后，深加赞赏。元公学问杰出中州，然挟其才，不多让人，即此可以观其扬人之善，常有古人之风焉。当此之时，国家承平，以文物相尚，名人钜公，毕集辇下，虽一诗之出，必各极其所长，期于必传而后已。故范公与太史浦城杨公仲宏、豫章揭文安公之诗，皆作于布衣之时，其后虽为显人，今读其诗，亦非率尔而为者。先天观闻于四方万里，岂不以其诗而传欤？

自薛真人元卿以来诗若干首，则尊师十世孙毛遂良叔达所求。初，叔达至京师，俾素赋之，素辞不敏，安敢继诸公之作，求免于瓦砾之讥。后十年，叔达将请于其师遁教宗师刘真人耕隐刻梓以传，又属素叙之。唯尊师行谊甚高，与开府玄教宗师张公居同邑，定交贫贱时。张公既遭逢国朝，宠遇甚盛，数招之不至。其没也，仅藏宋高宗书《阴符经》及此卷耳。张公祭之，文曰："伟哉斯人！秉是正直。"则尊师之为人可知矣。他日，仙者金蓬头结草庵观旁，独居二十有六年。素屡宿庵中，闻松风涧水之音，清清泠泠，有高举远引之志。顾窃禄于朝，侵夺华发，读诸公之诗，恍若梦游麈湖之上，其能无感于其中乎？

【说明】据乾隆二十三年芳树园刻本《危学士全集》卷四录文。参见《全元文》卷一四七一危素四（第48册）。按，“金蓬头”即著名道士金志阳，浙江永嘉人，号野庵。羽化于后至元二年（1336）。张宇初有《金野庵传》。

488. 元·朱夏：大铜钟铭文　至正十二年壬辰（1352）

至正十有一年正月乙丑，信州龙虎山上清万寿宫灾。宫之道士相与谋曰：“今将构新宫以还其旧，然殿堂门庑，工多役钜，其能独完乎？宜乎各致其力，以相其成也。”于是东隐院道士祝光义乃曰：“昔提点黄公复亨为大钟，建重屋而悬焉，其制宏壮工巧。我将缵黄公之功，若何？”众咸曰：“善。”乃以是年九月庚申经始，越明年闰三月辛卯告成。凡用赤金九千斤，钟长寻有二尺，中围视其长加一寻。俾乡贡进士临川朱夏铭于于鼓之间。其辞曰：

维昔王宫，金奏于下。玄元既崇，仪视王者。乃诏凫氏，煽金于冶。以毓至和，以祈醇嘏。杰阁隆隆，于序之东。既成大庸，悬以旋虫。匪由虡鸣，厥声以鸿。不石不播，震于新宫。

【说明】朱夏，生平不详，金溪（今江西金溪县）人，乡贡进士，有《鸣阳集》。铭文由元代著名道士书画家方从义书写。钟现存于龙虎山嗣汉天师府仪门东侧，已建亭保护。钟上端铸有双龙盘顶图案，向上弯曲之龙身为悬挂铜钟系钮。钟面有太阳（金乌）、太阴（玉兔）、八卦、玉皇诰等道教图案文字。中心四方铸有“皇图巩固，大道兴行，风调雨顺，国泰民安”等篆体文字。钟由嗣汉四十代天师张嗣德主持铸造，主要用于大型醮仪活动，为重要法器，历代天师沿用。现已轻度锈蚀，龙头残断，其余保存较好。据钟录文。参见《龙虎山志》（《龙虎山志》编纂委员会等合编，江西科学技术出版社2007年版。以下简称2007版《龙虎山志》）。

489. 元·王礼：游洞岩记* 至正二十年庚子（1360）

予儿时闻郡城士女仲春多游青原洞岩，有畅叙之乐。稍长，尝至青原，惟洞岩未始有一迹。庚子秋，与亲友龙同翁子元避地明德江口李家步，万载黄钟钟英同邸。暇日，钟英、子元约游洞岩观。值夏儒生胡章文焕、臧梦良尚弼偕行，予二儿亦在侍。经邱寻壑，萦纡而入，得遗墓榛莽瓦砾间，令人兴“尘世转堪哀”之叹。仙童道予至东岩，循谷至尾，石壁峭立，莹罅有若掩关状。相传唐贞元年中，吉郡阎使君宷自表入道，暨得戎昱代，隐岩下。久之，石渐合，其家人犹见门内桃花半树，不复可得入。泉滮滮自巅而下，自藤萝垂瀑中，类龙须，俗号龙须草。泉可咽不可嗽，味甘而烈。绝顶有玉华坛，乃曾仙化处，有棋枰、药臼，微雨未往。观西洞清幽，通净居寺钓台下水，所谓六仙者。阎君前有谢仙，后有彭、刘、曾，皆无名。曾此山道童，而杨仙师在东山者亦与。传者云，昔天师尝定天下名山三百六十以应天度，此居其三百三十五焉。观有徐锴记，自宝寿改名朱陵。其后忠简胡公铨丁大中丞公忧服除，与兄蓬山居士筑柏舍于洞岩，从名儒萧楚讲学观门殊庭，丛书阁多忠简与周文忠公题匾，其解牛庙壁题云：“省庵居士周子充、淡庵老人胡邦衡同款朱陵，饭蔬食啜茗，听鸟弄，甚适。乾道庶子启前志。”忠简又诗云：“夜久岩壑寂，默坐祠宇岩。瓦响松落子，磬声风入檐。月晴添涧净，云散露峰尖。对景发遐想，莫肩梅与阎。”属和赋咏满壁，今皆烟飞影灭，诸老声光无所窥寻矣。少焉出山，坡外有碾涡磨室，乃羽士侨所，肃客烹茗。因得《洞岩初集》，中有唐戎昱《送阎使君入道》诗云：“闻道桃源志，尘心忽自悲。予当游宦日，君是去官时。金汞封仙骨，灵津咽玉池。受传三箓备，起坐五云随。洞里花常发，人间鬓易衰。他年会相访，莫作烂柯棋。”又一律云：“庐陵太守近隳官，月帔初朝五帝坛。风过鬼神迎受箓，夜深龙虎卫烧丹。水溶入境纤埃静，玉液添瓶漱齿寒。莫遣桃花迷客路，千山万水访君难。”与荒幻之说往往合。约山朱涣有《齐天乐》云：“白云封断仙岩路，重重洞门深窈。翠竹笼烟，芥崖溅瀑，古木阴森回抱。坛空石老。锁一片莓苔，几丛莎草。试把桃源较量，风景是谁好？　乘鸾人去已久，只今惟有鹤飞猿啸。树拥青幢，泉敲玉佩，疑群仙重到。尘氛可笑。久志慕丹台，梦思蓬岛。愿把真游，细参梨与枣。”鹤田李珏诗云：“苔径入东西，苍崖不可梯。硐分泉脉远，云护石稜低。瑶草春烟湿，桃花客路迷。阎君成道后，谁复此幽栖？”予曾伯祖衡州史君南山翁季雍亦有句云：“神仙所迹人难诘，宇宙初开熟与谋？”最后须溪刘先生依同年萧献可于虎溪，与巽吾彭元逊亦有登览之句。刘诗云：“古木荒烟阖又开，洞门无锁有谁推？瀑泉未受徐凝涴，石壁犹留叔夜来。黯黯苍苔开宝宇，高高华盖化人台。日斜钟动山门雨，不见林僮放鹤回。”又云：“洞府由来自有真，绿扉半阖劣容身。山中黄石避逃我，城郭令威憔悴人。桑海何如麻谷水，桃蹊只是正元春。道家藏室书何在？风雨荒祠认垫巾。”彭次韵云：“五百年间石壁开，偶然约候不须推。古今乱世神仙出，风雨空山客子来。六士飘飖专洞壑，三华离使拥萧台。御风更上千山顶，又见乖龙抱耳回。”又云：“从来疏懒任吾真，自省三生见在身。石室旧书应待我，半山长啸更留人。白云下抱苍崖雨，野草时通洞府春。城郭遗民今老矣，史君应复识纶巾。”阅之尽卷，子元作而叹曰：“昔之游此者名流多矣，非藉歌咏，何以畅一时之雅怀，为异日之佳话？况兹游实濯濯文翰之侣，盍赋诗以纪斯会？”于是用“江山留胜迹，我辈复登临”为韵分赋。卷成，人藏一通，一通授羽士鹤皋草楼。予故纪其概以见一时游心方外、仰止先贤之意云。

【说明】据四库本《麟原文集》前集卷七录文。参见《道家金石略》、《全元文》卷一八五六王礼八（第60册）。文中记录了不少先贤题咏之作，具史料价值。

490. 元・宋濂：镇蛟灵柱颂并序

至正二十二年壬寅（1362）

豫章郡铁柱二，旌阳令南昌许逊敬之铸以镇蛟者也。郡地滨于江，水虫骋妖，故民多江祸。旌阳与西安吴猛世云用正一斩邪、三五飞步之术，追歼其神于长沙。复惧遗孽荐兴，使物冶铁，压其窟宅。一在西山双岭南，湮没已久；一在牙城南井，迄今犹存。柱出井外仅尺，下施八索，谓能钩锁地脉云。唐咸通六年，节度使严譔来为郡，将发视之，未及咫，烈风雷雨，江水暴溢，譔恐而止。其见于道家书者如此。

濂窃闻之，周有壶涿氏掌取水虫。若欲杀其神，则以牡橭午贯象齿而沉之，则其神死，渊为陵。神谓龙、罔象之属也，古盖有其术矣。矧单阳则飞，制以重阴，乃伏而不动，铁阴而蛟阳者也。斯柱之建，其亦沉橭象之遗意与？於戏！豫章之民与蛟不两立，微旌阳、西安，民其鱼矣。濂不敏，谨徇郡守叶君琛之请，勒文柱下，以颂神功于亿万载。颂曰：

吴楚合域，翼轸分经。南昌巨都，蛟孽所庭。咮攙波潏，脽运涛萦。夫诸兽验，胜遇禽征。沈灶蛙产，蚀阜泓成。灵伯应历，鬼宪宣刑。岳筴三辰，斗剑七星。挥斥电战，刓割霆升。河眚黑廓，川液红腥。轨天设镇，冶金建楹。祝融主焰，阏伯司型。八神锡羡，五官储精。上旋圜枢，下键方扃。溟妃捧鉴，渊后持衡。飙笙鹤籁，月吹凫汀。仙旍回紫，童节流青。元勋潜沕，素牒晶荧。龟山铁緪，龙鼎文铭。翊扶鸿宰，斡运清宁。泰山可砺，灵柱勿倾。

【说明】 据万历《新修南昌府志》卷二八录文，个别文字据别本有改动。参见乾隆本《万寿宫通志》卷一七、嘉庆刊本《宋文宪公全集》卷三九、同治《新建县志》卷八二（题作“豫章铁柱颂”）、光绪本《万寿宫通志》卷一七、整理本《宋濂全集》（第一册）、《净明资料新编》。按，“牡橭午贯”一作“牡棒牛贯”。按，据同治《南昌府志》卷二六载，叶琛知洪都府事在至正壬寅（1362），同年因降将叛变，“迎战死之”。

491. 元·刘崧：长春道院记　至正二十三年癸卯（1363）

古遗世长往之士，恒有休憩修习之所，彼岂择而取之哉？感化而冥合，闻风而景从，盖有非偶然之故者。若今长春道院之建是矣。

方之外，有蒲衣道者曰方邱生，早游临川吴文正公之门。既而师事李西来于武夷山，学全真之学。西来者，故金蓬头之高弟子也。久而去之，居龙虎圣井山之天瑞庵。又去之，浮游江湖，见东鲁能仁叟，参明性命一致之要，其说与金契。复历丛林，究竟宗旨。后得安成之武功山，筑室其巅，若将终身焉。一日，忽弃之去，众咸骇之。未几兵起，武功尽毁，去而之豫章。又将历崆峒，逾梅岭，登罗浮，以绝于南海。其言曰："吾教以清静无为为宗旨，以一瓢一笠为身具。昔有邱长春吾宗师者，其教自北而南。"他日，由赣之兴国，见令尹陈侯，与语，大奇之，乃止之曰："子云水徒也，一山一水，无不可以游息者，何拘拘乎罗浮之求哉?"一日，游南郭，登金鸡冠岭而眺望焉。人云其下尝为钟氏圃，曰芳所长春者，废矣。生闻而叹曰："兹长春遗谶乎？瓢笠之缘，其有在矣。"时钟氏有某者闻之，即慨然以其土施之。侯乃卜日理基，为营宫室。一时材植工徒之盛，若川输云委，无不翕若。中为正殿，祀天神者凡九楹，高若干尺。前抱广廊，旁翼两庑，殿后为堂，曰"会于一"。东为小厅，曰"有何不可"，又东为小室，曰"幻寓"，西曰"葛藤窝"，皆休息谈燕之所。前东总为高门，榜曰"长春道院"。两山之崖，缭以长垣，引以广途，带以松竹，蔚然深秀。其院南少西数十步，有大池焉，方广数亩，起亭曰"清碧"，可临可眺。而翼乎其前者则慈佑寺，僧振远之所作也。振远庞质而习静，类有道行者。而邑之名士曰罗君某，尤以文辞著称。生与二人游，甚欢。他日，又将于殿之西作新祠，设陈侯之像于中，为己与二君像于东偏，以著一时会遇之雅，志不忘焉。夫钟氏之圃池，固尝盛矣，然卒沦弃为无用之地。一旦起而栋宇之，其名号之符，虽若适然，而陈侯营创之功，要不可泯矣。昔颜鲁公为抚州刺史，凡区内名山仙宇，如《麻姑坛记》，皆为之大书，深刻于石，故五六百年莫敢有废之者。生之昔去而远游，其所得于先达异人之余论，宜不得而遂隐矣。来者因是有闻焉，则长春之教，所以演于东南而倡于兴国者，其在兹乎！经始于癸卯三月之九日，休工于某月日。董其役者曾可武、张茂德，而嗣其业者则郭宗元元素也。

【说明】 刘崧（1321~1382），原名楚，字子高，号槎翁，泰和（今江西泰和县）人。至正十六年（1356）乡贡进士。二十三年避乱至兴国。明洪武三年（1370）举经明行修，改名崧。历官兵部职方司郎中、吏部尚书、国子监司业等。有《槎翁集》《职方集》等。据同治《兴国县志》卷三八录文。参见《槎翁文集》卷五（四库全书存目从书本，第24册）、康熙五十年《潋水志林》卷二〇、乾隆四十七年《赣州府志》卷三七、同治《赣州府志》卷一六、光绪《江西通志》卷一二五、《全元文》卷一七三四刘楚五（第57册）。按，文中所言“癸卯”，据刘崧生卒年推算，应为元至正二十三年（1363）。方志所录，文字多有省减。

492. 元·刘崧：旌阳道院记　至正二十三年癸卯（1363）

三台山在兴国县西一里而近，有三峰焉。其中峰蜿蜒委蛇，东北行而西，复折而南峙，故谓之三台。或曰三台山故为道观，有遗迹焉。先时土人居其旁，见夜尝有火光，乃去之。既而邑人有钟生者，颇慧而好修，与洞清治平观之道士曰杨质以诚、曰王谦顺圣、曰刘会时宪者游。既而得净明忠孝之学，将施其地，结茅其上，祀旌阳而讲习焉。既辟地矣，会兵乱而钟生亦捐馆，乃不果。癸卯春，邑尹清江陈侯某观射于西郊，过而登览焉，爱其深窈高旷，因赞之曰：“是可以祀旌阳矣。”乃卜日审向，夷高塞圮，斫地数尺，得古铜器于熇壤中，人咸以为异。既而植表而灵鹊翔，抉石而甘泉发，元风始倡，嘉应咸集。乃度材庀工，首为正殿三间，祀旌阳许仙其中，而从以玉真刘真人暨诸宗师。前为三门，旁列两庑，东为讲堂，后为道寮，又东北为亭曰放鹤。又为雷坛于后山之顶，复为亭曰看云。然后是山之胜，无不毕献，而元宇之成日备。经始于某月日，告成于某月日，侯纲维之力，盖勤勤焉。

余闻西山玉真刘先生初传净明忠孝之说于许仙，其所谓降临会遇者，余不得而详之。惟忠孝者，天之经，地之义，而民之行，亘古今天下人之所以为人，仙之所以为仙者，修此而已矣。此而弗修，人且不可为，而况于仙乎？故净而明之，又学者之微旨也。而陈侯所以表创于兹山者，亦曰诚心之发而忠孝之感焉耳。则后之居是山而奉斯祠者，宜益有所兴起于方来矣。以诚元悟颖异而疏放不羁，与人交，其语默去留，恒不可测；然闻有高尚之士，虽百十里，不惮风雨寒暑以求即之，否则终岁与居而名姓不知也。又平居好援古今陈说忠义，人有过，至面折不忌。时喋若醉语，及与之饮，乃终日未尝醉。常揽一布袍，飘飘然行歌市中，童子或指之曰颠道，往往大笑而返，其类有道者欤？顺圣、时宪与其徒黎日升又能力耕山下田以自给，至辍耕即读书不休，其才质之美，盖故儒家子云。

【说明】据同治《兴国县志》卷三八录文。参见《槎翁文集》卷五（四库全书存目丛书本，第24册）、康熙五十年《潋水志林》卷二〇、同治《赣州府志》卷一六、《全元文》卷一七三四刘楚五（第57册）。按，文中所言“癸卯春”为元至正二十三年。

493. 元·宋濂：同虚山房记　至正二十五年乙巳（1365）

临川傅炼师若霖谒予于銮坡，揖而言曰：“元黄之间，所贵者虚，廓落无象，空洞无隅。火不能爇，水不能濡，元精攸宅，仙灵所都。参之于身，吻合无殊。南乾北坤，西坎东离，其中轩然，如悬黍珠。一气阖辟，万化发舒，非迹所系，无形可拘。真人游行，精光烨如。而虚之为义，亦大矣哉！走自得斯秘，凝神于静室间，三田流慁而百灵为之翕集。既而受洞元之文，传太乙之书，驱云役雷，以苏旱暵，布气分神，以禜除人灾，灵响颇著，是皆虚之功用使然。其或窒塞弗通，则粗浊芜秽乱之，何以接溟涬而极高明乎？近者乙巳之秋，建山房东山故居，遂以‘同虚’扁之，昭其义也。先生以为何如？”元真子輾然笑曰：“几则几矣，然犹不至也。二而未能一也，离而未能合也，有迹而未能无间也。夫同者，异之对也。同虚者，谓其虚相似而不异也，而非纯虚者也。纯虚则合，合则一，一则无间，无间则凝于道矣。”若霖曰：“夫所谓凝于道者何居？”曰：“至道无形，契真于天，后观无后，前观无前。不欲泊之，听其自全，不欲张之，惧其或愆。贯乎窈冥，凝乎太元，出其遗余，亦可延年。瑶池之曲，具茨之颠，饮浆茹芝，飘如蜕蝉。其视驱役禜除之法，其尚何言哉？然而事有大小，道无精粗，皆吾一神之所管摄，欲升则升，欲沉则沉，皆随其力之所加，与其时之所届。及其成功，则亦一而已矣。”若霖恬淡而好读书，皦皦霞外，诚韵胜之士也。屡随嗣天师朝京师，天师还龙虎山中，若霖独留侍，祠于竹宫，则其超诣者可知矣。予故创为新说以记其山房。至若庄周之论元德，有谓同乃虚、虚乃大者，不敢蹈袭而陈之也。或曰同虚之义非是之谓也，盖大同而元虚云。

【说明】据嘉庆刊本《宋文宪公全集》卷七录文。参见正德刊本《宋学士文集》卷二〇、《道家金石略》、整理本《宋濂全集》（第二册）。按，文中所言“乙巳”应为元至正二十五年（1365）。文藉对话阐述了炼师傅若霖与作者对“同虚”含义之独特理解，深具辩证思想。

494. 元·陈宗舜：归去来亭铭并序

至正二十五年乙巳（1365）

归去来亭者，清都凝然刘炼师所作也。曷为而名？师之厌世栖影所也。孰为名之？前庐陵令淮南孙君子林也。亭创自旃蒙大荒落之岁，实为重修观殿后之二十年。薙以开基，朴以为制，崇卑延袤，各丈有奇。面阳土刚，池光漾其前，苏黄台挹其左，卉木藤蔓，影映罗络，山川磅礴之气钟，烟霞云月之胜萃焉，诚有道之所归息者。亭成，友人谢矩具巅末致里士萧同文之词。余惟师之偃息乎清都之境，逍遥乎苏黄之台，一对越即驾风云，御寥郭，真若历九关而见帝者。其归也，固将起鸿蒙，入冥洋，迹还乔松于沧洲玄圃间，尚何以亭归为？而亭之必建者得无意欤？余固谓以虚无为归者，神也；以迹为归者，迹也；神不可名而迹可寓。师以亭而寓其归，后之人因亭而寓思乎师，亭不建可乎？

按师生大德癸卯，授道皇庆癸丑，伟标格，有气概，奉教慕道，始终一心。居山五十年，创造设施，多出诸己橐，至尽鬻其簪褐不靳。由是殿堂门庑，宾馆庖廪，甃甓绘饰，像设供具，靡不毕备。今年六十四矣，颜童发漆，视听言动食息，视昔归山时一也。而斯亭之建，亦见师之达也。师名如鼎，道者贵严重，故尊称曰凝然。前进士莘乐吴先生既纪其创造之绩，复为赞其像云。是宜铭，铭曰：

匪诚之超，孰立之像？神之所归，太空冥冥。惟迹之寓，姑以亭名。归非可名，亭非可归。来者之师，庶几在兹。

【说明】陈宗舜，字材民，永新（今江西永新县）人。元至正十年（1350）解元，授赣州路儒学教授。明初任江西乡试主考官。后又任会试同考官，录取解缙等当世名士。晚年居家吉水，文学为远近士子所宗。据《东昌志》卷二录文。按，撰者原作陈舜宗，应误。据文中所纪相关时间，可推定本文作于至正二十五年。

495. 元·吴师尹：重修清都观三清殿记

至正二十六年丙午（1366）

庐陵之南十里许，有观曰清都。凤冈屹其东，神冈峙其北，庐冈横亘乎其西，苏内翰、黄太史遗迹在焉。岁丙午，重修三清殿。既成，里士萧书命其弟扔具巅末谒余记之。

余尝寓永和，为清都游，瞻苏、黄遗像，再拜起敬。今重修是观，得无记乎？观肇基后唐保大间，相传为白鹤仙飞升之所，有石坛穹窿，凡祷祠禳祟，必造于是。宋太平兴国二年，道士萧德元结宇修炼其中，请于朝，赐号西台观。治平间，改赐“清都”之号。内翰苏公归自海南，闻清都殊胜，留寓累日，与道士谢子和为同年友。黄太史宰白下，亦不远百里来游。二公留题，珠联璧叠，增重万世。子和拓旧规，即石坛之南建三清殿，高阁岩峣，轮藏瑰伟，周以长廊，列以堂宇，台亭庖廪，一一具足。至正间，殿浸圮，今住持刘如鼎偕同道钟弘远、张惠观、刘以言谋新之。诹于里士萧拱所，拱所以己资倡，乡人咸集翕响应，辑楮币凡七千缗，抡材鸠工，日有以就。第惜未尽完美而兵乱作，拱所亦相继逝矣。如鼎以初志未毕，每喟然，踧踧焉寝食不安，曰：“吾不当吾世新是殿，吾有愧焉！”乃整其簪褐，经营拮据，复致请于里士萧瓒、刘彬、晏仁卿、于从龙、罗观孙等，众皆慨然捐金，且相与纲维程督，不少懈。榱桷棼橑之腐弊者，改斵焉；盖瓦甓砖之疏漏缺坏者，重复甃焉；黝垩丹雘岁久而漫漶者，填治焉，绘饰焉。高甍杰栋，鳌负翚飞，像设端严，金碧焜耀。复以其羡遍葺堂宇寮舍、门塾廊庑，辟其宾馆，完其庖湢，片瓦尺材，罔有遗缺。经始于至正乙酉，落成于今丙午。盛矣哉！微拱所，孰倡之？微里诸君，孰相成之？微如鼎刘炼师专心殚力、始终无倦，则四百年之道场孰与兴之？于是清都焕然若再造矣。

嗟乎！璇宫琳宇，何所独无，果能有前贤遗迹如苏、黄者乎？苏、黄为清都万代眉目，住清都，可一日颓堕废弛乎？可不振奋作兴为千载计乎？清都千万世不圮，则苏、黄芳躅亦千万世不泯矣。如鼎晨兴宵寐，自任为观门梁栋矣，岂无见欤？是观也，德元创其基，子和广其制，如鼎绍述祖意，弘远其规模，可谓代有人矣。后之人益思无忝其祖，将见清都之盛，前后如一日也。殿制东西广四十步，南北袤三十步，高六丈三尺有奇。凡木石工役之费，计用钱一万五千缗。里人简居信特割田四十亩施焉。如鼎标格魁岸，音韵铿锵，周旋对越，有严有翼，道流称为凝然师。暮年，筑小室丈许于清都台近，为归息地。维扬孙君子林扁曰“归去来”，为书古篆揭之。

龙凤丙午仲冬吉日，前进士吉安路永丰县丞吴师尹撰。

【说明】吴师尹，永新（今江西永新县）人。至正八年（1348）进士。曾任永丰县丞。据《东昌志》卷二录文。按，据陈宗舜《归去来亭铭并序》所载时间及文中所纪“经始于至正乙酉”，颇疑落成时间与撰作时间均应为至正丙戌。然不能确定，姑仍其旧。

496. 元·宋濂：刘真人传* 至正年间

刘真人思敬，吉之青原人。少落魄不羁，嗜酒，好长年术。及长，游蜀中，从灵宝陈君受丹砂诀，行混元之法，遍历海内诸名山。年垂五十，始入龙虎山为道士，自号为真空子。寻出主毓和道院，遂依诀炼铅汞为丹砂，得服之者疾良愈。

至元十八年，世祖遣御史中丞崔彧至江南搜访异人，遂以真人应诏，召对延春阁，语颇称旨。上恒苦足疾，真人进六甲飞雄丹，上吞之瘳。复召问曰：“卿寿几何?”对曰：“逾七十矣。”曰：“卿颜何童耶?”对曰：“亡思亡虑，勿挠其气；唯一唯纯，以守吾真；油油与大化俱，有不知春秋之高矣。”上悦，赐葡萄酒，饮之。后每赐饮辄醉，醉辄仆地而卧，上亦不之责。由是出入殿廷无禁，上与群臣言，以真神仙称之。时有赐予，辞不受。居八年，乞还山中，上怜其老，许之，赐以铜简铁笛及百衲袍之属，且曰：“此旌卿之素志也。”陛辞，上方以金瓯饮马湩，亟辍以赐之。

暨还，结八卦庵于琵琶峰右，神情超朗。当月白夜晴时，出坐磐石上，持铁笛吹之，依稀作鸾凤鸣。间凿浴丹池，疏水一派入池，泠然也。二十八年八月日正中，呼陈炼师与之剧饮，饮已，曰：“我明日将死，故今与子醉别尔。”明日，叩门无应者，力排而入，真人已侧卧而逝矣，寿盖八十又一。所传丹经十二方，授弟子章希平等，迄今行之。至正间，玄教宗师董公上其事，制赠凝妙灵应真人云。

史官曰：《周礼》训方氏诵四方之传道。所谓传道，世世传说往古之事也。史传之得名，殆法于此，岂细故之云哉？夫事不可传而传之者，非也；可传而不传者，亦非也；要在精察之而已矣。真人之殁，李君存为序其书，方君从义又属予作传。二君精察，皆胜于余，必确然有征，因为著诸简牍，以俟他日修元史者。

【说明】宋濂（1310~1381），字景濂，号潜溪，别号玄真道士。祖籍金华潜溪（今浙江义乌），后迁居金华浦江（今浙江浦江）。元末明初著名政治家、文学家、史学家。历官翰林院学士、知制诰兼修国史等。有《宋文宪集》。据罗月霞主编《宋濂全集》（浙江古籍出版社 1999 年版，第 2 册。以下简称整理本《宋濂全集》）录文，标点有改动。参见明正德刊本《宋学士文集》卷二〇、《道家金石略》。

497. 元·李存：散木亭记* 至正年间

龙虎山中道士周君微之筑亭于其后圃，缭以崇垣，环以明窗，古书名画，罍爵鼎炉之属，无所不设，将以自宴且以安宾客也。而每有取于庄周栎社之喻之言，而扁之曰“散木”。他日，以书来命余记。

余曰：庄氏殆亦欲行其所无事而恶夫凿者耳。不得其旨者徒取其糟粕秕糠，由是或恣睢放纵，坏烂而无所检束，似高而不中、似激而非和者之所为也。然吾又尝谓夫众人之视木，梁栋若可贵而薪樵若可贱也，然则梁栋吾所以避燥湿寒暑者，薪樵吾日用衣食之所资也，未必梁栋可有而薪樵可无也，亦何必梁栋之贵而薪樵之贱乎？然则孰谓之散？孰谓之不散？故曰智慧之流，是非如戈矛，勿事分别，则亦无所议说。此又庄氏言外之旨也。余尝及识微之于其山中，其神峻以清，其气深以弘，其于三教之书无所不览。又尝从师于穷崖绝壑之端以讲夫道德性命之微，而复能以其余力赋诗鼓琴，为大小二篆书。不汩汩于俗下，不踽踽于方外，故余特求夫庄氏之所未发者而为之记云。

【说明】据四库本《俟庵集》卷一四录文。参见《全元文》卷一〇六五李存一〇（第33册）。文借记散木亭称赞龙虎山道士周微之神清气弘、博学多艺。既博览三教之书，得道德性命之微，又能“赋诗鼓琴，为大小二篆书”。

498. 元·李存：叶真人祠堂记* 至正年间

友人叶行叔曰：“里之王宗岭旧有叶君祠。君，吾祖也，以能致风云雷雨，役鬼物，事唐玄宗，拜鸿卢卿，封越国公，后为神。宋崇宁间，锡号真君。岁久祠且圮，偕从弟克承改筑于青山之阳，为屋若干楹，中祠越国，夹以两室，有门有庑。尝聚族谋曰：‘吾叶氏得姓尚矣，其散在四方者不可考。近自晋苍梧太守，六世而为越国，又五世而为唐信州雄石镇军民镇遏使。由雄石至于今凡十五世，日析而日远矣。纵吾与若辈不敢忽而忘，其若他日何？吾欲自高曾而下，主而列于东室；高曾而上，溯而至于苍梧，列诸西室。岁正月三日集祭越国以及于东室，其西室礼而不祭，昭不忘也，可乎？’众欣然曰：‘诺。’吾且入田以赡，惧其久而隳也。敢请记之。”余曰：“祠祭古有法，乌可苟。”曰：“越国，江闽间通祀之，顾吾子孙乃不得祠耶？”“祠越国，水旱也，疾厉也。苍梧、雄石以下，何为？”曰：“祠吾子孙祚也。且昔之镇，今贵溪县是也，雄石因家焉，是为贵溪之初祖。”“然则苍梧于越国先也，何以旁室？”曰：“祠为越国作也。”“东、西室何以祭、不祭？”曰：“远近也。”“高曾而此焉，食寝则废欤？”曰：“从越国于岁始也。”余于是不能诘，从而谢曰：“子之宗诚贤子孙也，余小人不足以及此。世固有谩不省其所自出者，亦有视同气如途人者，又有崇私积怨操同室之戈者。今子之为，不唯兴夫尊祖敬宗之心，深足以厉尔后之人；不唯厉尔后之人，亦足以厉夫世之薄且偷者。《传》曰‘礼虽先王未之有而可以义起’者，非此之谓欤？”

行叔名必勉，克承名继清，为老子法龙虎山中，尝被玺书，赐号全德纯素通玄法师云。

【说明】 据四库本《俟庵集》卷一四录文。参见嘉靖《广信府志》卷九（有删略）、《全元文》卷一〇六五李存一〇（第 33 册）。记文反映了道教尊祖敬宗之思想。

499. 元·黄溍：云巢记　至正年间

羽士叶君学道龙虎山之上清宫，而结庐于宫之东五里，号滨洲庵。其西偏为屋以款四方真游之侣，名之曰云巢。清溪横陈，俯见毫发，茂松密竹，左右蔽亏，麈湖、圣井、琵琶、藐姑射、象山诸峰，华润峭拔，若夸奇而竞秀，林霏晻霭，隐见伏兴于户牖几席间。仙者金蓬头多来游其处，方外之交咸附集焉。滨洲有记，虞公伯生实为之文。所谓云巢者，则范公德机尝大书其颜而未有为之记者，君来俾予记之。

古者生人之初，未有家室，昼拾橡栗，暮栖木上，是为有巢氏之民。向之橧巢，今既易以厚栋广宇矣。矧兹名山奥区，仙圣所宅，璇台琳馆，挟日月而抗星晨，不知与人间隔几风雨，顾犹有薄蓬莱而羞昆仑者，指天路以孤骞，度重云而一息，托名于巢以喻其离世异俗之意，此岂寻常怀居之士所能窥其仿佛哉！虽然，是固有待以为依者也。若夫无所待而足，无所依而安，逍遥于万物之表，而以无何有为乡、太虚为家，则回睨夫云层之峨峨，又在履舄之下矣。然则君之所以寓其迹者，安得以予之寓言尽记之乎？予闻危君太朴时携书就读其中，姑以予言与之商而刻焉可也。君之名字与其师弟子之源流见于庵记者，兹不复云。

【说明】据《道家金石略》录文，标点有改动。参见《全元文》卷九五七黄溍二三（第29册）。

500. 元·周霆震：琴隐铭并序　至正年间

黄冠冲和师姓颜氏，以善琴行四方。曰琴隐者，托也。兵革甫定，求至音于焦爨之余，盖极少矣。石初周霆震闻之，跫然而喜，遂为之铭曰：

海风吹万，天其谱欤？世无人收，土之不如。伯牙钟期，古今奇遇。未习安弦，焉知其趣。冲和道士，若世外来。寓名琴隐，岂真隐哉？泠然鼓之，天趣远引。遗音蓬莱，妙处自领。南薰解愠，垂拱岩廊。单父之化，治不下堂。圣贤养心，所贵及物。被之丝桐，可以观德。历旷大劫，熟为伶伦？声多杀伐，绝唱阳春。凡此从游，异于畴昔。宜奏和平，变其气质。弦次风雅，推广此心。仁民爱物，成治世音。教化所关，岂云小补？毋曰退藏，为我再鼓。

【说明】周霆震（1292~1379），字亨远，安成（今江西安福县）人。有《石初集》。据四库本《石初集》卷八录文。参见《豫章丛书》本《石初集》卷八、《道家金石略》、《全元文》卷一二二四周霆震二（第39册）、整理本《豫章丛书》集部七《石初集》卷八。按，《石初集》卷十尚有《琴隐写真赞》云：“潜心自远其神全，寓物恒平其志先。飘飘乎一琴一鹤，殆无入而不自得焉。”

501. 元·周霆震：旸谷丹室铭并序　至正年间

罗君朝阳，谦谨好学，少有能诗声，雅为士流所敬爱。遭世险阨，闵阴阳寒暑之失序，斯人呼吸疵疠不能自存，慨然修其世业，若安期生、壶公之为者，藏丹于室，旸谷其名。厚哉朝阳！天地生物之心也。是心也，在天为元，在人为仁，于时为春。春者，四时生物之始，而旸谷又一日之春也。以心之仁，体天之元，验四时生物之始，而发挥乎一日之春，斯其为丹室也大矣。是宜铭，铭曰：

《坎》《离》妙用，虎降龙升。是为铅汞，九转丹成。达人内观，道进于技。恻隐满腔，物我兼济。有美逸士，爰世其家。盎然一室，玉札丹砂。旸谷肇名，于昭秘旨。乾以一元，而为物始。庶札瘥者，如夕达晨。厥施斯溥，与物为春。猗嗟斯人，丧乱羁縶。展转中宵，万感交集。阴阳后日，知复何如？匪寐伊寤，怛焉长吁。海色东升，丹霞射牖。载瞻彼苍，拜手稽首。丹室之我，视此弗违。哀哉憔悴，匪阳不晞。寅宾嵎夷，容光奚择？谷云乎哉，苍生命脉。虚生白室，烨烨其光。降福孔偕，集于休祥。斯咏斯陶，介我春酒。俾寿俾臧，克昌厥后。

【说明】据四库本《石初集》卷八录文。参见《豫章丛书》本《石初集》卷八、《全元文》卷一二二四周霆震二（第39册）、整理本《豫章丛书》集部七《石初集》卷八。按，据元李祁《云阳李先生文集》卷十《题罗朝阳诗后》一文载，罗为“庐陵佳士”。

502. 元·韩准：灵桐庙碑　至正年间

江西既解围之四年，大司徒、平章政事道童上言：“前逆贼侵犯，逾年始平。虽吏民殚力所致，然百神效灵，不可诬昧，谨条陈事迹以闻。”又二年，诏封晋旌阳令许逊为帝君而下有差。城之南灵桐显惠神石九郎既被封于信州，事下浙省，配祀黄四郎、五郎封忠辅真人、忠佑真人，熊登威烈侯，李汉卿敷泽侯。行省遣检校官哈珊、南昌县丞月朱木致牲币祭告。父老感激上恩，鼓舞欣忭，作新祠宇，端大严钜。耆宿陈绍英等状录郡士范相所撰《灵迹纪》诣宪司乞文，刻之柱石，昭示悠久。

记言所祀鸣山忠烈仁孝王晋石勒弟勤之第九子，为信州路贵溪县孚惠庙，累封至明仁广孝翊化真君，事载国史，配祀曰天仙、地仙。晋御史黄辅之二子，新建县旧祀之方冈庙，事见豫章记志。又言宋绍兴初，郡大疫，有道士三人来城南，咒施奇药，病皆立愈，忽不见。疗者迹其所止，方列坐松下不顾，骑鹤西去。前视，惟桐枝植地，牓三绘像，光彩昼炫，傍署鸣山及二仙姓名。已而桐枝叶蕃生，旬日逾拱。城南之民立祠其地，号灵桐庙。时小蓝里熊登与少年格力，指祠之翚檐超跃而过，身殁发祥为神，称太尉，陪祀庭右。李汉卿经界郡邑，曰：“是神在法，宜祭。”特广祠基，请名于朝，赐额“显惠”。汉卿卒，亦寘从祀。开禧间，徭民为盗，散掠村落，有司逮捕甚亟，徼灵于神，其首方道亡，有飞火焚行人笠，诘之斯得。端平丙申，里人畜饥病，神汲以符水，旋告苏息。化身施食，存活尤众。自凡岁旱涝、江湖波风、崖谷蛇虎、邪厉祟害，禳禬者无不获福。方贼围城时，剽杀亘野，燎延庐舍，里民惶惶，神降曰：“其安尔居。”后所祀之境，烽燹无及。义士姜晋、龚文各率民丁赴援，祷于祠，许以吉兆。比及城下，见骑拥神光烛阵上，遂大捷。又追贼进贤，大有功。明年九月，左丞火你赤征袁、临西道，驻节祠下，谒神诅盟。自高安火你赤遥见黑云蔽旗，槊有“显惠”字，贼众大败。咨报行省，道童以闻，遂领被封祭告之典，祠宇奂于民间。

准谓鬼神之德，福善祸淫，阳舒阴惨，体乎人道。先王制祭法，使民知趋向，报本返始，尚矣。顾兹显惠由宋迄今，殆三年捍灾御患，有征不诬，所以承明诏，膺嘉号，不亦荣乎？城南之民，饬其祠宇，洁其牲醑，敬陈而毋谄渎，匪惟灵神是昌，实乃敷扬宠光，开太平之祥也。新祠前后各四楹，两庑十楹，东则祀石氏五子，西则熊登、李汉卿及登之从孙国华在焉。谒拜有庭，揽胜有楼，背峦面溪，驿道中贯，桐阴蔚然。道童为题曰“灵桐显惠之庙”。而准赋诗以遗耆宿，曰：

大江之西，藩屏攸建。翊赞皇猷，以安以奠。荆舒窃发，肆彼凭陵。神人协勇，干戈底平。皇心载愉，策勋加礼。表章百神，纪于常祀。粤兹显惠，登彼鸣山。侯王嘉号，允其宠颁。忠辅忠佑，伯仲有序。威烈载彰，敷泽迭纪。在昔南宋，疫疠煽灾。阴佑生民，神欻来哉。肇建真迹，城南之山。灵鹤既远，灵桐实蕃。威烈之生，曰惟其理。轻身飞步，死全生气。经界聿正，敕命疏封。有求必应，无感不通。火捕徭寇，药苏耕畜。化食赈饥，虎蛇戢毒。承休迪庆，循及昌朝。百里清泰，物无祲妖。荆舒之难，益尔忠勇。义夫勃兴，神兵划动。东及彭蠡，西及瑞阳。远近克捷，师行允昌。蟠蟠黑云，林林旗槊。奸孽望风，心摧胆落。元戎告捷，事彻宸听。徽谥延锡，景命赫隆。邑人欣忭，作新祠宇。感时皇恩，克报神惠。中堂有严，重门有构。香胶清明，丹碧炯耀。先王制礼，秩祀典文。俾为民福，久而益尊。显惠有神，特表南邑。诰封重新，殆年千百。邑人事神，必敬必诚。神示邑人，曰中曰正。是合祭法，匪渎天常。与国悠久，福庆无疆。桐阴在傍，鹤驭来下。我诗载刊，永保贞固。

中奉大夫、江西湖东道肃政廉访大使韩准撰；资德大夫、江西等处行中书省右丞廉惠山海牙书；大司徒、金紫光禄大夫江西等处行中书省平章政事道童题额。

【说明】韩准，字公衡，福州（今福建福州市）人。进士。历官德安府推官、太常博士、监察御史、中奉大夫、江西湖东道肃政廉访大使等。据《南昌文征》卷二一录文。参见同治《南昌府志》卷一三、《净明资料新编》。按《全元文》卷一七七九（第58册）据同治《南昌府志》卷一三收载，题为“桐树庙碑”，所录仅止于“昭示悠久”。

503. 元·陈衡：葛仙祠记　至正年间

永平之西乡，有山曰葛仙。自趾而升，旦及日中，始得其巅。地形如堂，隍隍之中有栋宇隆焉，则葛仙翁祠也。按道书，仙翁琅琊人，字孝先，与汉更始将军同名。高祖卢，后汉骠骑将军，封下邳侯，世辅炎运。父儒，为大鸿胪尚书，尊事黄老。桓帝延熹七年甲辰岁四月八日生仙翁，二气凝妙，灵台湛如，云格近乎太清，龙标宜于沧海，大道宣朗，玄驾攸居。于是奉太常天真木公金母之教，修黄庭内景之法，寄情云壑，收功丹鼎。或曰：自其高祖来居丹阳之句容，故上饶灵鹫山，葛溪桃花台，皆仙坛所在。得非广信之境，笙鹤遗韵，独为多欤？兹山之胜，巨鳌耸体，与乾象为邻。霖雨交集，浑然太极。两间阳明，一目千里。道左有上马石、试剑石分裂峭壁上，有仙井，蛟蟠凤蓄，尘坠芥抵，郁怒奋号，病饮则愈，旱祷则霖。有求之类，洗心洁服，奔走亟拜。霓裳羽披，托于斯宇，不事耕耘，金芝玉饭，取给于享祀之余。自孙吴至今几二百岁，昭明肸蠁，所谓其神凝欤？幅员数百里，寿民廪食，所谓物无疵疠五谷熟者欤？至于陟降帝所，执万化之枢，制群生之命，非人所敢知也。旧碑谓有净饭地，辟于宋绍兴间甲子，经营于淳熙丁酉，祠成于嘉熙辛丑。其营建士则杨子先、王应韶，道士则刘悟真、游道真也。又百余年，皇元混一，悉构更新，凡植若干楹，一庙三室，作于某年。其人则某人也。旧碑漫裂颓仆，而仙翁之灵，贞宅之久，不可以无记。古杭沈祥甫居永平市宅，乃以其赢命工买石刻辞，举而致之，则众相劝以力，其意咸欲昭今而垂后。呜呼！天地其有终穷哉？后之代今刻，亦若今之述故碑，其庶乎永有传也。

【说明】陈衡，生平不详。四库本《江西通志》卷一〇九载："葛仙祠在铅山永平乡，宋元祐七年建，祀仙翁葛玄。元至正间塑像，陈衡记。"原碑佚，1999 年重立于葛仙山玉虚观碑林正中之位。碑材为三清山罗纹砚石，通高 1.9 米（基座 0.4 米，碑身 1.5 米），宽 0.7 米，共 4 块，分四面嵌于碑塔之上。据碑录文。参见嘉靖《铅山县志》卷一二、乾隆《铅山县志》卷一二、同治《铅山县志》卷三、《全元文》卷一七七八陈衡（第 58 册）、《葛仙山志》（宗教文化出版社 2001 年版）。新碑拓片见《葛仙山碑林书法作品集》（上海书画出版社 2001 年版）。

504. 元·程钜夫：太一观记

太一尚矣，灵均歌之，茂陵祠之，曰此天之贵神也。迹效不可得详，而后之尊信有加焉。是诚可贵矣乎！不然，何其微而著，仆而起，莫能尼之也。太一，黄老言也。学黄老者类贵之，往往托为名高。新城梅峰之祠，浮丘师弟子之祠也，而曰“太一”。昔者炳灵，中以火废，道士饶元初复起之。觉庵道人朱明远请记之。

人之言曰“物之成毁有时”，又曰“有数”。时也，数也，皆有所制而非人所能为者也。非人所能为，而物之毁者，又必人也然后乃能起而成之。然则为人者，不亦又可贵已乎？是以列于三才，灵于万物，而裁成辅相之功，天地犹将赖之。圣人惟虑人之不能践其形而失其类也，是故指之仁义之途，教之君臣、父子、夫妇、兄弟之懿，以纲纪幽明，垂裕无极，此圣人之道不可一日熄焉者。今其起此废也，凡一土一木，能悉取具于身之肤革筋发，初不蕲于人乎，则人之类诚可有无矣。然吾闻明远之言曰：“观已无屋，王冲和者募财与材而为之屋；观本无田，元初以所得于其父母与明远之田而为之田。”然则非能不假人矣，人之类亦诚足赖而诚可贵矣。民，神之主也，不其然哉！不其然哉！而人必自弃其类者何？元初之为黄冠师也，明远与其室实资之。其兴太一观也，又经纪而佽助之。嗟夫！人之于神若此，吾不知神之于人何如也。幽者不可知，其可知者终又当何如也。明远名通，安陆人，室陈氏。

【说明】据四库本《雪楼集》卷一二录文。参见《全元文》卷五三三程钜夫一一（第16册）。按，新城即今江西黎川县。据正德《新城县志》卷一三载：梅峰太乙观在县北二十五里，宋绍兴中建，明洪武十六年重建。本文撰作时间暂未能考定。

505. 元·吴澄：仙城本心楼记

龙虎山形势之奇秀，莫可与俪，自宜为神仙君子之所栖止。其后冈名象山，金溪陆先生亦尝构室而讲道焉，至今使人尊慕而不忘。上清道士刘立中致和，生长儒家，寄迹老氏法，好尚迥与众异。得地于龙虎山之仙城，筑宫以祀老子。若仙岩，若台山，若琵琶，左右前后，森列环合，一览在目。而象山直其东，乃相西偏作楼三间以面之。楼藏书数百卷，扁之曰“本心”。焚香读书其间，俨然如瞻文安在前也。

致和来京师，语其事且请记。予嗟曰：“致和之见，固及此乎？”夫人之生也，以天地之气凝聚而有形，以天地之理付畀而有性。心也者，形之主宰，性之郛郭也。此一心也，自尧、舜、禹、汤、文、武、周公传之，以至于孔子，其道同。道之为道具于心，岂有外心而求道者哉？而孔子教人未尝直言心体，盖日用事物，莫非此心之用，于其用处各当其理而心之体在是矣。“操舍存亡，惟心之谓”，孔子之言也。其言不见于《论语》之所记，而得之孟子之传，则知孔子教人非不言心也。一时学者未可与言，而言之有所未及尔。孟子传孔子之道而患学者之失其本心也，于是始明指本心以教人。其言曰：“仁，人心也。放其心而不知求，哀哉！”又曰：“学问之道无他，求其放心而已矣。”又曰：“耳目之官不思而蔽于物。心之官则思，先立乎其大者，则其小者不能夺也。”呜呼至矣！此陆子之学所从出也。夫孟子言心而谓之本心者，以为万物之所根，犹草木之有本，而苗茎枝叶皆由是以生也。今人谈陆之学，往往曰以本心为学，而问其所以，则莫能知陆子之所以为学者何如。是“本心”二字，徒习闻其名而未究竟其实也。夫陆子之学非可以言传也，况可以名求之哉！然此心也，人人所同有，反求诸身，即此而是。以心为学，非特陆子为然，尧、舜、禹、汤、文、武、周、孔、颜、曾、思、孟以迨周、邵、张、程诸子，盖莫不然。故独指陆子之学为本心之学者，非知圣人之道者也。圣人之道应接酬酢，千变万化，无一而非本心之发见。于此而见天理之当然，是之谓不失其本心；非耑离去事物，寂然不动，以固守其心而已也。

致和朝于斯，夕于斯。身在一楼之中，心在一身之中。一日豁然有悟，超然有得，此心即陆子之心也，此道即圣人之道也。夫如是，则龙虎山之奇秀，又岂但以老子之宫而名天下也欤？

【说明】据四库本《吴文正集》卷四八录文。参见娄本《重修龙虎山志》卷一四。

506. 元·傅若金：送道士李环闲序*

清江多名山，其最神秀而大者曰阁皂、曰玉笥，仙者所宫焉。玉笥之西数十里有山曰西峰者，相传南昌尉梅子真尝隐于其上石室，故又曰石室山。山能兴云雨以泽其土，有司岁致祭，遇民水旱必祷之。夫有仙者之迹而能兴云雨，致祭祷，其山灵矣。灵秀之发，固亦钟乎人哉。

西峰观有李尊师环闲者，吾友平江文学尚宾之兄之子也。清修力学，攻为辞章。将游京师，览乎舟车人物之会，庶几遇名人真仙，发挥其道妙而大其观，盖其志不欲浮湛山中，局于旧所闻而已也。吾识李氏诸父昆季，文雅宏博，其出仕多儒者之政，师承文儒之风。居乎灵秀之境而力学攻词章，不局其旧闻，有不出，出而进于道，必名其山矣。人之杰固与地之灵相发哉。昔师之先世，周柱下史聃尝著《道德》五千言，后世有用之而治者。师之出，毋亦有意于用世乎？他日归，益得其家学，吾将就之问礼焉。

【说明】傅若金（1303~1342），字与砺，新喻（今江西新余市）人。历官湖南宣慰使、广州路学教授等。有《傅与砺集》。据四库本《傅与砺诗文集》之文集卷五录文。参见《道家金石略》、《全元文》卷一五〇三傅若金二（第49册）。

507. 元·陈旅：玉壶堂记

冲粹玄素贞静真人何公作万寿德元观龙虎山中，以山水之空清，而神仙家所居之异于人间世也，名其堂曰玉壶。真人之言曰："人生于造化者之囿，而宛转熏垫于歊熇滓浊之境，何曾一日招泠风而近素湍也。彼其以奎蹄曲限为广宫大囿，固已陋矣。然而抟扶摇而上者九万里，则亦何所底止乎？吾闻古之所谓至人者，造化者所不能囿，而未尝离乎造化者之囿。故其所为宫也，居其中而何有乎中？极其外而何所乎外？至虚而非虚也，有象而非可为象也。匡郭之体立，上下之用通，含抱光景，廓落冲漠，日月恒往来吾壶之中，又孰知夫造化者之囿我乎？我囿造化者乎？”京师有游方之士，访其友琵琶岩，而采芙蓉石湖之上，日莫矣，造玉壶堂宿焉。闻真人是言而信也，归质于玄教大宗师吴公，公曰：“真人吾师，其言信然。”陈旅曰：“余尝读范晔《汉史》，汝南市掾费长房从卖药翁入壶中，见玉堂严丽。翁即何真人耶？然考其时，至今已千余岁。”

【说明】据四库本《安雅堂集》卷七录文。参见《全元文》卷一一七三陈旅七（第37册）。文中借玉壶堂命名之由，记载了何真人充满辩证之思想言论，寓含作者对真人之称赞。

508. 元·刘诜：吉安重修三皇殿

自古有天下者，莫不以医药济人为重，然未有使医庙三皇若儒庙孔子者。医庙三皇，自国朝始，洪惟累圣欲胥纳天下于仁寿可见已。按《史记》所言三皇不同。而《帝王世纪》以伏羲、神农、黄帝为三皇，历代从之。尚论三圣人功德之大，与天地同。流其阴阳医药开示万世，特一事耳。仁者见之谓之仁。圣朝仁天下之心，重见三圣人仁天下之心于医药，故亦庙三圣人于医药，而非以是概之也。就其仁天下者而论，使民有寿康而无疵厉，有欣愉而无呻吟，庞眉皓首，不见期功之戚，四海九州，不逢病弱之人，是则三圣人之心也。我朝列圣乃与三圣人此心合于万世之上，民之得生于今日，何其幸哉！

吉安曩因庐陵旧治为庙，岁久圮坏日甚。监郡按达拉嘉议始至，既谒庙，顾瞻内外，喟然叹曰：“三圣人之大如此而庙弗称，岂圣朝尊祀之意与？”厥明年二月，首议修葺。自内殿达外门，自左庑达内庖，自神之所栖达人之所息，柱之挠者易，甍之折者完。桷栌瓦甓，增密益新；墙壁涂砌，甃严圬洁；丹垩素绘，整翼焕明。而又自三圣人而下，四配十哲，像塑颙邛，加美旧观。于是人心咸共赞颂，盖圣天子寿民之美意，必牧民者有以体而行之。今监郡发施善政，既已大苏民瘼，又忧民之疾病而崇其医药之本，其布朝廷之仁至矣。《诗》曰：“岂弟君子，民之父母。”侯其有焉。

【说明】据四库本《桂隐文集》卷一录文。参见《全元文》卷六八四刘诜四（第22册）。

509. 元·佚名：龙虎山石匾

龙虎天关。

【说明】碑原存于正一观。青石材质，高1.9米，宽0.6米，厚0.06米。

江西道教碑刻辑录

（下册）

陈雅岚
戴训超
辑录整理

社会科学文献出版社
SOCIAL SCIENCES ACADEMIC PRESS (CHINA)

目　录

下　册

明　代

清　代

中华民国时期

中华人民共和国成立以后

明代

510. 明·朱元璋（明太祖）：定江王庙敕文碑

洪武元年戊申（1368）

加封显应元将军。

【说明】朱元璋（1328~1398），濠州钟离（今安徽凤阳）人，明朝开国皇帝。有《大明太祖高皇帝御注道德真经》等。碑现存于都昌县定江王庙，为省级文物保护单位。因供奉元将军，百姓也称“老爷庙”。青石材质，重千斤。两层基座：一层方形基石，高0.2米，其上为龟座，高0.6米，宽0.8米，长1米。碑身高1米，宽0.3米，厚0.1米。为朱元璋御笔，行书描金。据碑录文。按，定江王庙位于鄱阳湖北岸，据县志载：当年朱元璋与陈友谅鏖战鄱湖，朱元璋败退湖边，湖水挡住去路，舟破无舵，难以前行。险急之时忽有“巨鼋”衔船为舵，助其渡湖。朱元璋得天下后不忘旧恩，封巨鼋为“元将军”，并于湖边修定江王庙。康熙二十二年、嘉庆十五年、光绪七年均曾对庙进行维修和扩建。每逢农历六月十三日元将军诞辰，各地信众争赴庙会。

511. 明·王礼：重修永丰观记　洪武元年戊申（1368）

庐陵郡治之西二舍而遥，有华盖山，上祀浮丘、王、郭三仙，实临川大华之别馆也。里之巨室胡公殿机始基之，而命道士李敏中职祠事。山之麓，江抱溪朝，风气藏蓄。宋咸淳癸酉，李君始即其胜而观焉。李君派自吉文十华之云怡堂，式辟斯土，请观额于朝，敕赐曰“永丰”。岁修世葺，继继承承，百事完善。元季，山巅古殿洎于观宇毁为虚莽。内附初，海宇辑宁，观之住持萧与吾谂于众曰：“吾徒朝营暮用，曷尝不给。而吾教所事曰天曰帝、曰圣曰真，乃无殿宇以栖其神，不有可愧者乎！山巅纵未遑观，亦不可后矣。”于是咸韪之。温务立即货己田，市材与瓦，以复旧观。吴元年丁未，正殿成，丹雘金碧，圣像咸具。明年，曾日升又求众施以建法堂，而私补其费之半。于是门庑废庖，幽室闲院，以次各就。乃相率谒予以记兴复，以励后人。

予惟昔年读史，见汉初苦秦苛法，思与天下更始。曹参相齐，尽召长老诸先生问所以安集百姓，言人人殊，参未知所定。闻胶西盖公治黄老言，厚币请之。盖公为言治道贵清静而民自定，参遵其教，齐国大治。其后入相汉廷，属其后相曰：慎勿扰狱市，及择郡国吏取谨厚长者，言文刻深，务声名，辄斥去之。一遵何法，日夜饮酒不事事。有顷百姓歌之曰："载其清静，民以宁壹。"非得老氏"我好静民自正"之意与？陈平信有智矣，亦尝曰："我多阴谋，道家所禁。吾世即废，亦已矣，不能复起，以吾多阴祸也。"

嗟乎！汉初挟书之律未除，民间少见经籍，圣人大道概乎未闻，一时英杰多事黄老，尚清净，务简易，犹足助成汉家四百年之治，则其功用岂可少哉！曹、陈所语，要亦孔氏尚德化、薄谲谋之绪言耳。然今之学老子者，并忘其本而惟以祸福动人，则末流之弊也。而能修其宫以兴其教，又吾儒中或所未及，岂不有可敬者耶？予言及此者，欲其徒知教之本，而后之治天下者，倘有取焉，黎民亦职有利，岂敢以道不同而遽废公论哉？况先子岩泉居士尝买田山麓，仙侣至今犹食旧德。予执笔于斯，恶得无情耶？是役也，其徒王大有、周道诚、胡悠久、叶大观、刘大知励勤其间，是可书。

【说明】据四库本《麟原文集》后集卷七录文。参见《道家金石略》、《全元文》卷一八五八王礼一〇（第 60 册）。按，洪武十七年（1384）王礼还为永丰观铸钟写有《钟铭》，文曰："某年甲子，华盖山永丰观道士刘大智化缘众姓，铸洪钟于法堂。前进士庐陵王某为作铭：华盖之山铸大镛，鞴金炼液丹砂红。伶伦凫氏奏厥功，铣于篆景法制同。信善乐施禧无穷，千古万古镇永丰。一撞上彻天九重，再撞魑魅难潜踪，三撞呼旦儆群蒙，允矣金奏开神通。"见《全元文》卷一八五九王礼一一（第 60 册），可参阅。

512. 明・梁寅：仙驭观记　洪武二年己酉（1369）

观之肇建，当晋安帝义熙二年。其初在水南，距今观基三里，名曰白鹤观。其所宗者为许旌阳。宋太祖乾德五年，观始迁是山，仍名曰白鹤观。徽宗宣和五年，诏赐额曰“仙驭”。其历代主领者谓之甲乙住持，其田粮之籍，以次传付。于宋之世，称曰管辖观事，其符帖尚书礼部所给。于元之世，称曰本县威仪、本县住持，皆道教所札付。当其盛也，栖真之宇，上摩层霄，下瞰浚壑，金碧焜煌，黝垩鲜焕。正殿以奉三清，而傍列紫微、三宫等殿。前辟三门，翼以两庑。讲道之堂，静居之室，闳丽深窈，位置有序。其徒之多至二十人，其传派则析而为二。食众之田亩四顷有奇。近代之领观事者，自雷震山而下曰宋天池、雷德翁、吴紫云、文信中，皆甲乙相传，而霆震则信中之徒也。霆震之于德翁，德翁之于震山，皆以兄子而事叔。当兵之兴也，霆震暨其徒施元静历艰历险，守道不易，而观之居宇，鞠为荆榛。岁乙巳，始因州长之命，以吴岭之闲宇为奉祀之所，名之曰崇真道院。既逾岁，迁于西苍岭之闲宇。又逾岁，乃撤其庐而构之城东，观之基与名，始皆复旧。而成其事者，前知县黄侯允之力为多也。

余观夫仙驭，大而且盛，县境之观凡九，咸系属焉。其为皇家祈永年于是，为乡民御水旱于是，岁时禳灾厄、集福庆于是。按郡志，新喻旧治在龙池墅，而观亦近之，即前白鹤观之故址也。唐大历，袁州刺史李嘉祐以县圮于水，命县宰杜臻徙治于虎瞰山之上，而观至宋初亦迁焉。虎瞰即县也，元并宋后，升县为州。今洪武二年，仍复为县。观之既复，与县相因以久亦宜也。以霆震、元静崇道之心，值圣朝维新之运，贤令丞更政之始，观之益盛于后，克继于前，将见人与天合，而道与时隆。故为之述其首末，庶慕其道者有以知之也。

【说明】梁寅（1303~1389），字孟敬，新喻（今江西新余市）人。元末辟为集庆路儒学训导，明初以名儒被诏修述礼乐。有《石门集》等。据《梁石门集》卷一录文。参见同治《新喻县志》卷三、《道家金石略》、《全元文》卷一五一八梁寅一〇（第49册）、《净明资料新编》。

513. 明·刘崧：北岩祷雨记* 洪武二年己酉（1369）

北岩在武山礼斗石下，最阴寒，中空洞如屋，有泉注焉。其东西南三面皆峭壁，惟北向可眺望。相传古陶、皮二仙人修炼之所，唐晓了禅师亦尝憩焉。或名曰观音岩，有石像石炉攲倾其中，不知创自何时。近岁遭兵乱，草木蒙翳，豺虎入宅，人迹罕至。国朝洪武二年夏，不雨逾月，民走坛庙，至迎龙湫潭，越数十百里外咸不应。南溪士族有萧君鹏举独愍而悯焉，乃询父老往时祷雨故事。或有以北岩告者，君曰："然。"即斋戒出宿三日以俟命，以六月戊辰具芗币，洁粢醴，望岩而行，且行且拜，进至岩下，乡民闻而来会者复数十百人。将事既毕，始下岩隧，望见云气自西南稍稍来，合雨数点洒淅过。将抵庙山，复有黑云如车盖起岩上，会疾风，引而西，雨骤下如注。祷者咸俯伏山下，眉发沾浃、衣巾淋漉泥潦中，不敢去，自午达申不止。明日，山下田陇间水潦交流，塍路漫不可辨，禾鲜翠挺挺起立。丁丑复雨，岁以大稔。萧君则曰："繄仙灵之赐，不可不报。"乃八月辛未，相率翦彩为金币，为幡幢，复结草为车舆亭台，作鼓吹以报侑之。又明日，合钱为牲酒赛田神，因以劳赏从事者，无不欢欣醉饱，感谢明赐。而萧君独歉然若不能以自致者。余时留馆中，见其报之之勤，而益信其祈之之悬也。又闻自萧氏之祷既应，凡四境皆望走，即无不雨者。夫位无崇卑，事无大小，惟至诚可以贯金石，通天地。由是观之，则凡有民社之寄而诿曰非其责，可乎？或者不知尽己，顾乃屑屑焉以求媚于虚无灵怪之末，则亦过矣。作《北岩祷雨记》。

【说明】据四库本《江西通志》卷一二九录文。参见光绪七年《江西通志》卷五二、乾隆十八年《泰和县志》卷三二、乾隆四十一年《吉安府志》卷六八、光绪《吉安府志》卷四七、《全元文》卷一七三五刘楚六（第 57 册）。

514. 明·伍庠：南安府城隍庙记　洪武三年庚戌（1370）

天下郡县城隍之神，著在祀典，尚矣。南安城隍祠距城三里许，岳祠东，社稷坛南。自戊寅尝一葺理，迄今三十余年，值兵革繁兴，公私匮竭，故日就颓圮。洪武戊申初元，郡守于公润珪、同知蔡公允中，庙谒之际，蹙然曰："是不可缓。"遂协议捐俸集材，鸠工历吉，始事于是年十一月，竣事于十二月。凡门台桥亭、庙门两庑、祭拜之亭、正殿寝室、栋梁桷榱、门棂墙壁、木石竹瓦之材，腐蠹朽折者易之，攲者正之，倾者扶之，缺者补之，黣黑漫漶者镘之饬之，梓人圬人并手毕力，不逾月而丹垩黝素，焕然如新。将讫工，通判苏侯谅来，佥议协济厥美。既落成，庭陛崇雅，像设有仪，瞻望肃然，神若肸蠁。次年之春，雨旸以时，莳艺滋茂，而沴气不作。郡之民士，睹郡侯之诚感明祇之灵，亦曰："修废理弊，以揭虔妥灵而福我黎庶者，皆郡贤侯之赐也，其敢忘诸？"遂相率求记其事于石。予惟郡之贤守二佐可书者不惟是也，窃观其廉以律己，恭以接物，政治明，号令肃，故属邑之吏，举命惟谨，征敛有法，科役以时，民忘其劳而乐于从事，盗息讼清，弦诵之声洋洋乎盈耳，治人以时，事神以诚，其郡贤侯之谓乎？辞不获，故著岁月而书之。

【说明】伍庠，天历间任南康县学正，能文。据嘉靖《南安府志》卷一一录文。

515. 明·陈谟：泰和县新修城隍庙记

洪武三年庚戌（1370）

洪武三年六月，皇帝若曰：载稽祀典，城隍庙貌，宜从改作。庙在府者，如府治之制；在州若县者，如州县治之制；旧有土偶像设者，胥毁为涂塈；在两庑者，还以涂两庑壁；在正中者，还以涂正中壁，而图画云山于壁上。凡神座几席，悉如官廨仪，署其主第曰某所城隍之神。大哉制乎！一洗末俗之陋，以从祀典之正。于是省部斟酌格式，移诸外省；外省钦承惟谨，下诸属郡，罔不虔奉。

泰和令尹、嘉议大夫、前御史刘公宗启，政肃人和，令行众趋，刻日庀工。暨厥僚佐县丞陈君举善、主簿杨君鼎禹、典史许君宗礼相协后先，度地之宜而斥大之，取材之良而谨施之，量氓之任而分界之，旦省而暮程，宽抚而严督。纵广崇庳，纤悉如法。门庑、庭室、幕舍，靡不宏伟轩朗。上以称睿旨，下以悦舆情，远近耸观，叹未始有。盘盘翼翼，美轮美奂，实为庙貌之甲，岂直一邑之巨丽而已哉！亦既落成，耆老祝史等来请文刻石。

仆尝读吴文正公庙记，盖曰城隍亦后土之类也。古者八蜡，若水庸，若邮表畷，莫不祝而报之。况城与隍，域民而卫物，捍外以集内，厥功懋焉，不有以严祝之，可乎？礼虽先王未之有而可以义起者，城隍是也。其所以庙而不坛者，又以栖配享之神。昔汉高祖以灌婴下江南，而江南祀城隍，类以灌将军配是也。文正公之言渊博明通，足裨礼典之未备。而我圣天子断自宸衷，黜刬昏俗，致城隍之神有高明穆穆之居，无淫瞽屑屑之黩，诚旷世之盛美也。抑《传》有之：先成民而后致力于神。民和而神降之福，邑长贰有焉。盖其勤宣上德，茂植民功，殆与庙貌相为久远。而神之降福斯民，永永无疆者，孰非惠化之所敷遗乎？皆不可不书，以是刻于石，用昭示方来。

【说明】 陈谟（1305～1400），字一德，号心吾，泰和（今江西泰和县）人。有《海桑集》等。据四库本《海桑集》卷七录文。参见乾隆十八年《泰和县志》卷三〇、《全元文》卷一四五〇陈谟六（第47册）。

516. 明・宋濂：赣州圣济庙灵迹碑

洪武四年辛亥（1371）

圣济庙者，初兴于赣，渐流布于四方，所在郡县多有之。神盖姓石氏，名固，赣人也。生于秦代，既没，能发祥为神。汉高帝六年，遣颍阴灌懿侯婴略定江南，至赣。赣时属豫章郡，与南粤接壤。尉陀寇边，婴将兵击之，神降于绝顶峰，告以克捷之期。已而有功，馆神于崇福里，人称为石固王庙。唐大中元年，里民周谅被酒，为魅所惑，坠于崖下；符爽行贾长汀，舟几覆；咸有所禳，谅即返其庐，爽见神来护之。于是卜贡江东之雷冈，相率造新庙，塐石为像奉焉。相传庙初建时，天地为之晦冥，录事吴君暨司户萧君令康、黄二衔官先后往视，皆立化，二君亦继亡，逮今祀为配神云。自时厥后，神屡显嘉应。

州之东北有二洲，曰蓝淀，曰乾渡，每当长夏，水易涸，隐起若冈阜，舟楫不通。宋嘉祐八年，赵抃报政而归，适遘焉。亟徼灵于庙，水清涨者八尺。清涨，俗谓无雨而水自盈也。元祐元年夏五月，不雨，遍禜山川弗应。郡守孔平仲迎神至郁孤台，烛未见跋，甘霖如泻。四年，东城灾，风烈火炽，将延于库庾。林颜正佩郡章急呼神曰："盍悯我烝民!"俄反风灭火。六年，复灾，耄倪遥望雷冈而拜，月明如昼，忽阴云四合，大雨骤至，虐焰顿熄。建炎三年，隆祐太后孟氏驻跸于赣，金人深入至造水，仿佛睹神拥阴兵甚众，乃旋。绍兴十九年，鄱阳许中为郡，欲新神之祠，召大姓二十人立庭下谕之。众推张锐、郭文振心计开敏，宜为纠率。二人谢不能，许乃分一番纸如其人之数，书二为正副字，杂封之，令自得墨者职如书。各取其一开之，则得书者二人也。众以神与心通，不日而祠成。二十七年，禁兵合山寇据城逆命，子女金帛，驱攈殆尽。高宗命都统制李耕歼之，阴霾挟逆飙为患，士卒弗能前。耕私祈焉，顷之，风顺天朗，一鼓而城平。自是王师南征，无不祈以牲牢，乞阴兵为助者。淳熙十六年，岁当大比，州人士刘文粲以梦征于神，梦三十人执高竹而立，因更名筌，遂入乡选。嘉定十年夏，大霖雨，江水暴溢，城不浸者三版，民惧为鱼，泣祷甚哀，水寻退，亡害。绍定三年，黥卒朱先帅其徒陈达、周进、蔡发以叛，有旨擢荆襄监军陈岂提刑江西，仍护诸将致讨。夜驻庐陵，梦神告曰："先将窜番禺，尔宜速图。"岂密命胡岩起、李强疾趋至赣，合三寨兵戮之。淳祐七年，湖南夷獠曾旨啸聚倡乱，声摇江右，部使者郑逢辰檄王舜进攻，如有神立青霄，凶徒沮骇，卒就殄灭。九年，安远崔文广为变，倚石壁作窟穴，潼川姚希得来持宪节，驻兵守之，久且弗拔。寇见云中若旗帜飞翻，其胆遂落，渠魁乃擒。景定三年，郡有黎氏狱，胥吏受赇，拷掠良民使之承，左司吴革疑焉。神告以生兆，卒白其冤。元至元十七年，闽卒张彦真入庙吐舌数寸，足悬半空，自述其阴私颇悉，类有人鞫谳之。盖神之显灵，其事不翅数百，而于雨旸疫疠之祷，验者尤夥。濂唯各举其著书之，所不书者，可以例见也。

宋宝庆间，莆田傅烨为赣县东尉，艳神之为，撰为繇辞百章，俾人占之，其响答吉凶，往往如神面语之者。此亦阴翊治化之一端也。吴杨溥时，以神能御灾捍患，有合祭法，署为昭灵王。宋五封至崇惠显庆昭烈忠佑王，赐庙额曰"嘉济"。元三易封为护国普仁崇惠灵应圣烈忠佑王，复更之以今额。

其褒扬光著，可谓备矣。至若高宗所锡赭黄袍、缠丝码磁带及南唐李煜五龙砚，至今犹藏庙中云。

濂稽诸经，国有凶荒则索鬼神而祭之，士有疾病则行祷于五祀，先王必以神为可依，故建是祠祝之，制也。世之号为儒者，多指鬼神于茫昧，稍与语及之，弗以为诬，则斥以为惑，不几于悖经矣乎！有若神者，功在国家，德被生民，自汉及今，孰不知依之？虽近代名臣若刘安世，若苏轼兄弟，若洪迈，若辛弃疾，若文天祥，亦勤勤致敬而弗之怠。是数君子者，将非儒也邪？何其与世人异也？濂初被召而起，神示以文物之祥，后果入翰林为学士，心窃奇之。今祝史韦中及弟志勤以灵迹散见唐宋之文，使从子法凯请濂通述之。因不欲辞，造文俾刻焉。或谓高帝未尝伐粤，第遣陆贾赍玺绶立佗为南粤王。濂按传记所载，婴之略定豫章在六年庚子，佗之称臣在十一年乙巳，其未臣之前，恶知不来侵境而婴击退之耶？恐史家以其事微故略之尔，敢并及之。系之以诗曰：

神雷之冈翠嵾嵯，五螭夭矫含精微。丛祠四阿俨翚飞，像变翕赩五采施。阴爽袭人动曾飔，发祥传自炎刘初。粤氛侵徼告捷期，岂或天星陨魄为。降灵于人赞化机，以石为氏理则宜。大中卜迁墨食龟，有声沨沨达四垂。风霆号令疑所司，斥逐厉鬼旸雨时。禾稷穟穟岁不饥，民氓鼓腹酣以嬉。建炎火德值中衰，宫车驻跸赣之麋。完颜黥卒大步追，神兵暗树云中旗。卷甲疾走如窜狸，莫徭啸呼引獠夷。禁军荷祋据城池，屠刘壮健到婴儿。威神有赫助王师，一歼凶竖无孑遗。贡江水落洲如坻，巨舟皆胶牢弗移。鞠躬再拜叩灵墀，赤日火烈云不衣。鸿涛清涨没石矶，阴翊王度功何疑。紫泥鸾诰自天题，爵为真王手执圭。风马云舆时往来，赭袍笼黄带缠丝。五龙宝砚角矗奇，袭藏山中夜吐辉。阳阴斡运无端倪，焄蒿悽怆如见之。休咎有征神所持，委以恍惚邈难知，奚不来索庭中碑。

洪武辛亥春正月国子司业金华宋濂撰。

【说明】 据整理本《宋濂全集》（第一册）录文，文字据别本有改动。参见嘉靖《赣州府志》卷一一、天启《赣州府志》卷三三、康熙六十年《西江志》卷一五一、四库本《江西通志》卷一二一、《道家金石略》。按，府志均题为“江东庙记”。

517. 明·刘崧：永新重建灵应观碑 洪武四年辛亥（1371）

洪武二年六月，诏天下郡邑凡文武官吏各修居第以聚处于公署，示民有尊严也。然官有常数，室庐宜无所不备；制有常度，公地或有所不充。由是隘者以辟，短者以益，规者以方，缺者以葺，循规奉公，无敢或后。明年冬，吉安府永新县守御官俞侯某，新作千户所于县城之西偏，其东适界于灵应观之故址，不足以成制，乃并包而营之。又明年，廨宇崇比，军士攸宁，政通时和，思举百废。首念灵应观之未复也，乃捐俸若干，购民地之旷闲者于公署之东南，赎邑民重屋之欲售者凡若干楹。即日徙构其上，召故观之道士吴克仁等俾还居之。他日，与其幕属金汝霖、孙驯等谋曰：“凡吾所以为道徒之居则可矣。然疏朴简陋甚，非所以奉神天而昭祈祝也。盍相与增广而图大之，可乎？”咸曰：“然。”以某年月日鸠工庀材，前为正殿若干楹，高深广各若干尺，外为三门，夹以两庑，与夫官厅道寮、庖库湢匽之属，莫不毕具。高敞宏丽，有加于前，神天赫奕，如睹旧观。于是克仁之师祖江元谷，今居南昌妙济观者，闻俞侯之能兴复以有成也，乃具兹观创立之始末与兴复之岁月，来求予文，将勒石以为记。

按灵应创始于南宋乾道间，有法师包守乙初建佑圣阁以崇真武之祀，后不知燔废于何时。元至元二十一年，邑人周子与等议起废，乃礼请希夷道正谭士宁主其事。三传而至陈震岩，慨然有志于更创。首捐经资为之倡，邑士江廷秀、刘贵和等共成之，命其徒萧内观、刘洞阳、萧德符等相其役。由是缔构绘饰，轮困炳焕，巍然为一邑巨观矣。自至正甲申至壬辰，九年之间，工甫毕而东南大乱。已而兵挺于州，观则尽燬。迨乙巳冬月，天兵赫临，涤荡凶秽。版图既入，正化聿新，爰命新安俞侯领兵以藩捍是邦者，于今七年矣。抚循士民，招徕流窜，综理庶务，罔或不周。而灵应兴复之役所以见于公署落成之余者，盖内无废事而外无遗敬者也。此非法修令行、惠溥诚著，其能然乎？维天无往而不在也，故亦无所往而不可以致吾之敬。昔旌阳许君既拔宅上升，不可得而见之矣，乡人往往即其居近之地而立祠焉。祠之所在，神之所存也，则灵应又焉往而不得也哉！惟名存则实存，则凡外物之亏盈消息、往来倏忽者，宜有不足计者矣。矧桑海尝三变矣，而道固未尝变也，天地固未尝易也，人心固未尝忘也，又何患焉？此俞侯心也，而兴复之功为不可泯矣。余既述以文，复系之以诗，曰：

玉京崇崇，禾山迤东。赫敞下临，灵应所宫。厥初虚危，降精摄极。有峃其阁，佑圣是立。由宋迄元，逾二百年。举废骞华，翕登真仙。曾不十霜，兵燹告难。顾视灵宇，土焦石烂。龟返于渊，鸾翔于天。有愆者墟，郁为荒烟。瑶图天阐，神圣受命。四海一家，文武奉政。探时拓地，作我兵衙。爰包络之，广斥有加。我楹我堵，我戈我橹。侯曰噫嘻，神天何处？乃营闲旷，乃购材植。工师绘史，次第授职。如霞斯蒸，如云斯兴。晃朗屹峨，旧观是仍。岁时揭虔，水旱来祷。升中祝釐，邦国是保。巽南其峰，乾北斯冈。水秀以环，山灵发祥。元宫有焯，俞侯所作。匪作伊复，士民是若。幡幢森罗，钟鼓铿锵。歌以镵之，百世不忘！

【说明】据康熙六十年《西江志》卷一五一录文。参见《槎翁文集》卷六（四库全书存目从书本，第 24 册）、《全元文》卷一七三五刘楚六（第 57 册）。

518. 明·朱元璋（明太祖）：加授永掌道教事诰

洪武五年壬子（1372）

奉天承运，皇帝制曰：朕惟道家者流，本于清静无为，其来尚矣。龙虎山张氏自汉以下，宗派相继。其四十二代孙正常存心冲淡，葆德纯和，远绍宗传，以守正一，朕用嘉之。是宜锡以真人之号，尔其益振玄风，永掌其教焉。可授正一嗣教护国阐祖通诚崇道弘德大真人，掌天下道教事宜。令张正常准此制诰。洪武五年十二月日之宝。

【说明】碑重立于 2013 年，现存于龙虎山嗣汉天师府头门东侧。青石材质，通高4.5米，宽1.1米，厚0.3米。有两层基座，一层方形基石高0.2米，其上龟座高0.8米，宽1.5米，长1.5米。碑身3米，碑首高0.5米，宽1.3米，厚0.3米。文刻于后部，直行，9行，行2至39字不等，楷书描金。碑首前后刻两条盘龙，中嵌"圣旨"二字。基座四边、龟座两边、碑身两侧刻有精美花草图案。据碑录文。参见元本《龙虎山志》卷上、娄本《重修龙虎山志》卷八。

519. 明·宋濂：赠云林道士邓君序*

洪武五年壬子（1372）

临川有山曰云林，列三十六峰，延亘五十余里，其降势旁魄，压闽峤而凌麻姑，拱华、相而望龙虎，灵气参会，非乐道者莫能居之。在唐之初，有邓师自鄱阳来，采药山中，筑瑞云观以为炼大丹之所。既没且瘗，忽从罗浮寄书还，启棺而视之，唯剑履存。其后裔多山羽人，若仲修君亦其诸孙也。

仲修生有出尘之趣，遂入上清宫为道士，探规中天根之穴及抽添沐浴之候，遵而行之，用志不分。忽遇异人仙岩之上，出青囊灵书增益其所未能。太乙真人知其然，又授以清净无为之说，使合诸至道。仲修欣然言曰："吾本粗云立矣，当思有以利于物乎！"乃习召雷役鬼神之术，昼夜存心，若与明灵居。岁丙申，钱浦大旱，土毛尽焦，县大夫遍走群望，日愈赤如火。仲修杖剑登八卦坛，叩齿集神，飞符空蒙中，云肤寸而起，刻顷霮霸，几不辨色，迅霆一声起坛东，大雨如泻。自时厥后，六七年间，东浙则兰溪，西浙则严陵，江东则贵溪，或值亢阳，越部风纪之贤，总戎镇戍之将，州邑长贰之官，无不致辞仲修。仲修出而应之，其致雨咸如钱浦时，人奇仲修，谓有弭灾之功云。

洪武四年秋八月，上召嗣天师冲虚真人至京，仲修实辅行。九月晦入觐，赐食禁中，既而辞还山。五年二月，复诏中书征有道之士六人，而仲修与焉。未几遂选仲修专祝祠之事，留居朝天宫。会天不雨，京尹请仲修祷之，仲修入室，凝神而坐，雷雨又随至。上悦，出尚方白金以赐焉。

呜呼！天地之间，不过阴阳二气而已，有能知其化机而转移之，则雨旸可得而求矣。昔者董仲舒以《春秋》灾异之变，推阴阳所以错行，故求雨闭诸阳纵诸阴，其止雨反是行之，当时未尝不得其所欲，此盖吾儒之事也。奈何古学失传，章甫逢掖之徒弃而不讲，而道家者流得以仿而行之，亦可以一慨矣夫！然而天地一太极也，吾心亦一太极也，风霆雷雨皆心中所以具，苟有人焉，不参私伪，用符天道，则其应感之速，捷于桴鼓矣。由是可见一心之至灵，上下无间而人特自昧之尔。仲修游方之外，得诸师秘文行之至久，翛翛然不为物役，其能感鬼神御灾难也，宜哉！所以昭被宠渥、道光前人而令闻长世也。且不忘其本，以云林自号；不忘尊师，绘三十六峰图遗之。予因为叙文系于图后，盖图以昭其先而序以著其行云。

【说明】 据整理本《宋濂全集》（第二册）录文。参见正德刊本《宋学士文集》卷二〇、嘉庆刊本《宋文宪公全集》卷八、《道家金石略》。

520. 明·宋濂：太上清正一万寿宫住持提点张公碑铭有序　洪武五年壬子（1372）

龙虎名山，蟠踞上饶之区。重冈复峦，自中闽来，若翠葆戎旃，环卫其背。而云林三十六峰森列内向，如拱如趋，如冠剑面迎，至琵琶之峰止焉。大川西泻，仙岩拔起，天半而绝其冲，灵气翕合，郁为仙人所都。历代以来，其侍祠行宫而峻陟崇班者，相继乎后先。或葆熙餐醇于岩谷之下，声光烨然，多与名荐绅相埒。及其终也，飞腾解化，游神丹台，下上埃氛曾不得以浼之。如吾张公修文，盖亦其中之有闻者欤？

公讳友霖，修文其字也，信之贵溪人。父汉良，有驯行，人称文穆先生，母汪氏。公之生也，有霞光香气之异。居亡何，老父秋发缤纷，忽曳杖而至，顾文穆言曰："尔儿方外之器也，宜谨视之。"言讫，失老父所在。年十二，志恬虑冲，皦皦如孤鹤独立。文穆以其生有玄征，俾入龙虎山从周尊师，复礼游尊师，学行融洽，贯《老》《易》为一途。公昼夜穷研而受其说，以九经为渊源，百氏为支派，缕析毫分而极其根柢之所会。阅六年，始著道士服，事周君贵德为弟子。时桂心渊隐匡庐，金志阳居武夷，二人者世号为真仙翁，修丹之士依之者成市，公皆蹑屩担簦，往拜其坐下，传其三皇内文九鼎丹法所谓延龄度世者，颇领其幽玄。归参天道运化、三洞四辅、海岳洞府、日月星斗诸书，或合或离，类有以取舍之。复自叹曰："吾春秋方盛，抚世微权要不可无见也。"乃出力于诗章古文辞，课之于虚无，扣之于寂寞，盖混混乎其不可竭矣。虞文靖公集以文雄海内，公为书千数百言暨所为《杂著》一编，遣其徒张自宾往质之。文靖深加敬叹，与之相辨难者甚至。自是及门受业者日众，其从之求文，户外亦屦满矣。公则又曰："此当寘之，二毛已在颠，其尚不求归宿之地乎？"于是刊落葩叶，与道夷犹，至和熏蒸，四体盎睟，泉渟谷虚，冥契玄极，有不知岁月之易迁者。嗣天师太乙明教广玄体道大真人张公嗣德，嘉公玄学渊邃，辟为教门讲师。修文辅教简正法师兼元坛修撰。

太乙之绪再传，实为四十二代，而张公正常起承之。入我国朝，锡以护国阐祖通诚崇道弘德大真人之号，累诏至南京，公皆为辅行，翊辇相导，靡不备至。洪武辛亥秋八月，更辟教门高士，寻提点太上清正一万寿宫，而诸宫观之事咸莅焉。未几，与高行道士黄裳吉、邓仲修同被召，公奏对称旨，赐食禁中而退。冬十月，大驾幸钟山崇禧寺，复燕劳有加。明年壬子春，公屡乞还山，上欲属以禜祈之事，命中书留之，且有白金之赐。秋七月，公示微疾，于朝天宫谓仲修及丹霞炼师周玄真曰："盍趣宫主宋玄真相见乎？"既至，正襟危坐，从容言曰："自非我有，性本虚空，生浮死休，处世一梦，吾将观化于冥冥之中矣。"遂操觚赋诗一章，翛然而逝，是月十又七日也。颜貌鲜泽，肌体柔弱，仙经所载尸解者，可信弗诬。仲修力营其后事，往白仪曹，因以其事闻，上为之恻然。后三日，奉遗蜕焚于石子冈，执绋从者至数千人，火既炽，有五色祥烟盘旋于其上云。

公自呼铁矿子，有文集若干卷，亦以铁矿名世，寿六十又七。所度弟子即自宾，自宾纯饬好修，与翰林群公游，交誉其贤。今崎岖道途，函灵骨以归，将与其子若孙吴保和、张敬安谋，以某年月日葬于龙虎山之天峰。件系群行，来征濂为之铭。

濂闻《老子》之旨，可以治国，可以修身，可以炼真，其大者与孔氏或不异也。公以超颖之资，屡求贤师，思兼孔、李之学而通之，其视死生若旦暮，泊然无所系累者，固宜也。岂古所闻有道之士非耶？濂也不敏，何足以铭冠剑之藏，勉徇自宾之请而述之。山中有方壶真人，高风莫攀，君子拟其为陶隐君之伦，当能为濂删而正之。铭曰：

大道之文，洞玄玄兮。八角垂芒，太极先兮。天真皇人，授而传兮。龙虎之君，环以千兮。探其灵秘，道乃全兮。上清道士，古列仙兮。洞达悬解，协玄筌兮。内天外人，蕴坤乾兮。出入孔墨，孰后孰前兮？玉室金简，列戋戋兮。彩霞丹景，交相鲜兮。溢为篇翰，五色宜兮。有声鍧然，闻九天兮。龙光下逮，势回旋兮。一旦解化，同蜕蝉兮。腾凌灭没，行翩翩兮。白蜺青凤，扶羽軿兮。无象有物，形神迁兮。达人何累，止若渊兮。冲漠无为，合自然兮。其迹虽泯，名则绵兮。冠剑之墟，勒苍坚兮。山灵㧑诃，久逾虔兮。

【说明】据《宋濂全集》（第二册）录文，文字、标点据别本有改补。参见正德刊本《宋学士文集》卷一五、嘉庆刊本《宋文宪公全集》卷一一、《道家金石略》。碑文介绍了张友霖一生屡求贤师，修身炼真，终臻无所系累之化境，成护国有道之真人。

521. 明·黄似山：吉水城隍庙记　洪武六年癸丑（1373）

圣人之治天下，制礼乐，享鬼神，禆可方物而无杂揉也。夫法施民，死勤事，劳定国，御大灾，捍大患，此五者在祀典，然报功居三焉。汉高皇刑白马，誓曰：“使黄河如带，太山如砺，国以永存，爰及苗裔。”厥后易姓以有天下者，所列司城之祀，多封西汉之臣，如灌婴祀吉，纪信祀虔，樊、郭、周、曹，各食其所。而在吉者庙榜“灵护”焉，尚矣。

大明奄有九有，怀柔百神，缛典隆礼，夐出前古，一统郡县。凡城隍神皆更爵号，所以昭新制，第位秩，报丰功，崇明祀也。吉安之吉水县，封其神为鉴察司民显佑伯，此洪武二月之制诰也。于皇宝篆，焜耀纹绫，诰辞文雅，诏旨敦庄。大哉，皇言一哉！皇心惟天，聪明惟圣。时宪真可仰荷上天之宠，永底蒸民之生，克典神天，有其举之，垂亿载矣。宜颛摹勒，以寿贞珉，三代守臣，因循弗果。六年，山西李侯恒甫来，守廉自持，凡有典则，一皆遵守。乃咨协寅寀，诹谟耆士。殿堂门寝，庑廊署司，几格案席，云山有图，钟鼓有位，缭以周墙，疏以禁闼，求良工以从事，不日具举，会具书于石。

惟皇建国，辨方正位，体国经野，设官分职，以为民极。幽则神明之封，明则公署之建，公侯伯子之班，守令宰司之众，星罗棋置，并视同观。故风雨雷露、吉凶祸福与中正仁义、赏罚政刑同其符；劝休董威、化民成俗与御灾捍患、辟阴阖阳合其辙。其神之有能，民则求之焄蒿怆悽之中；吏之有为，民则求之听断颦笑之下。则聪明正直者，城隍所为显佑；洁廉慈爱者，守令所为循良。声名洋溢，即其发扬昭明者也。若古轩辕接万灵于明廷，神禹会玉帛于涂山，太史公皆以为神明之封居其半。乃知圣人首出庶物，敷天之下，裒时之对，幽明一致也。中庸，君子之道，本诸身，征诸庶民，考诸三王而不谬，建诸天地而不悖，质诸鬼神而无疑，百世以俟圣人而不惑是也。况奈制治保邦任才德者，以礼自服知廉耻者，以节自持，利不苟就，害不苟去，久安长治，不失其用，是即贾生所谓圣人有金城者，可不务乎？谨录其由，述诸其后，俾览者知所自。癸丑初视篆，前居官者县丞单执礼、典史秦本，后同官者主簿李诚，皆良吏云。

【说明】黄似山，生平不详。据四库本明杨寅秋撰《临皋文集》卷二《与黄似山副宪》一文可知，他曾任副宪一职。据道光《吉水县志》卷三一录文。参见光绪《吉安府志》卷九、光绪《江西通志》卷七五（均有省略）。

522. 明·宋濂：傅同虚感遇诗序* 洪武七年甲寅（1374）

洪武七年十一月二十三日，皇上御东皇阁，以灵宝斋科失于文繁，诏朝天宫道士提点宋宗真等纂修，以适厥中，而傅君同虚与焉。上既面授以芟擿之要，复赐之坐，设筵以宴享之。酒半酣，命赋“严冬如春暖”诗，同虚与邓仲修次第成，跽奏上前，龙颜大悦，且亲御翰墨，成长句一首，内史读示至再，既而留中不下，遂令各沉醉而退。同虚自念岩穴微臣，上承天日照临，光辉赫艳，诚千载之奇逢，乃自撰古律二十韵以纪感遇之盛。才华之士，歆艳弗置，从而属和之。同虚聚为卷轴，以濂侍上左右，亲睹其事，来征序于首简。

濂闻道家者流盖出于古之史官，而其为书，有《黄帝君臣》十篇，《力牧》二十二篇，《伊尹》五十一篇，《太公》二百三十七篇，《管子》八十六篇，皆言治国之道，非但如老聃、庄周之所谈而已。故或者称其术与《虞书》所载者合，良不诬也。不然，汉之用盖公言，何以致清静无为之治哉！斋科之行，符箓之传，特其法中之一事尔。钦惟圣皇垂拱法宫，凝神穆清，方之廷臣，屡蒙宠眷，上之所以遇下者，其礼甚渥。同虚感激奋励，中心弗能忘，形之咏歌，亹亹不已，下之思报其上者，亦无所不用其情，猗欤盛哉！虽然，君臣之际如此，上之有望于同虚者，岂直斋科之文哉？同虚诚能以盖公自期，使世之人咸知道家功用足以济世而安民，信为伟丈夫矣。前所谓千载之奇逢者，实在于兹。同虚尚勖之哉！和诗者，自邓次宇而下凡十又三人云。

【说明】 据《宋濂全集》（第三册）录文。参见正德刊本《宋学士文集》卷六一、嘉庆刊本《宋文宪公全集》卷二九（两种刊本均将宋宗真误作宋真宗）、《道家金石略》。按，傅同虚（1321～1398），字虚堂，号同虚子，金溪（今江西金溪县）人。师从吴性安学洞玄法，尤精符咒科仪，以道法灵验著称。洪武七年，他与宋宗真、赵允中、邓仲修、周玄真等编订《大明玄教立成斋醮仪范》。

523. 明·王礼：廖冈铭有序　洪武八年乙卯（1375）

庐陵之西，有廖冈焉。相传李唐时，有廖仙姑栖神岩石，祷雨辄应。四方徽灵，无远弗届。绍兴二年，里士萧廷珣、胡子美重修治之。自绍兴迄今，又四百余年矣。斯民蒙其福泽以有生者，不知其几世，神之贶，乌可忘耶？岁甲寅，萧氏之裔民则，暨其侄用和，合里族之力市砖甃其内外，俨为一室。而槛闭之使，翼翼绵绵，则神之厚我民也愈远矣。岩上尝产异香良药。乱后嘉植，则翠柏十章云。明年夏，前乡贡进士王某过之，其弟寿春，俾从子权来请铭。为作铭曰：

廖冈有仙，其原邈悠。雨旸失序，靡祷弗酬。山川出云，烝民乃粒。子孙裕蕃，莫匪尔极。岩构幽幽，以永神庥。福我佑我，天地同流。

【**说明**】据《全元文》卷一八五九王礼一一（第60册）录文。

524. 明·宋濂：《汉天师世家》序* 洪武九年丙辰（1376）

嗣汉四十二代天师张真人以《世家》一卷，命上清道士傅同虚征濂序其首简。濂闻古者名世诸臣，史官必为序其世系表次以传，所以敦本始、昭功伐也。况于神明之胄，理有不可得而阙者。今所辑《世家》，但始于留文成侯，而其上则无闻焉。濂因据氏族群书补之，复用史法略载其相承之绪，使一阅辄知大都，而其详别见于左方云。序曰：

张出自姬姓。轩辕子青阳氏第五子挥，为弓正，始造弓矢，张罗以取禽兽，主祀弧星，世掌其职，赐姓张氏。周宣王时有卿士张仲，其后裔事晋为大夫。张侯生老，老生君巫，君巫生趯，趯生骼，其孙曰抑翔。至三卿分晋，张氏事韩。韩相开地相韩昭侯、宣惠王、襄哀王。开地生平，相釐王、悼惠王。平生良，字子房，汉太傅留文成侯，居沛之丰邑。生二子：侍中辟强及不疑。不疑嗣侯，生二子：典、高。典生默。默生大司马金。金生阳陵公千秋。千秋字万年，生嵩。嵩生五子：壮、讃、彭、穆、述，其后多以功烈著。传至于唐，列为安定、范阳、太原、南阳、燉煌、修武、上谷、沛国、梁国、荥阳、平原、京兆等四十三望族，中出宰相凡十七人。高生通，通生无妄，无妄生里仁，里仁生皓，皓生纲，纲生桐柏真人大顺，大顺生汉天师道陵，是为元教之宗。其传绪悠长，倍前望族之盛，论者弗察，见留侯再世国除，即意其绝嗣，殊不知流裔南北如斯之繁也。

道陵字辅汉，建武十年生于吴之天目山。暨长，博习群书，从学者千余人。寻中直言极谏科，拜巴郡江州令。弃官隐洛阳北邙山，修炼形之术。章帝以博士征，不赴。和帝即位，召为太傅，封冀侯，亦不就。乃杖策游淮，入鄱阳，上龙虎山，合九天神丹，访西仙源，获制命五岳、摄召万灵及神虎秘文于壁鲁洞。俄往嵩山石室，得黄帝《九鼎丹书》。及道既成，闻巴蜀沴气为人灾，锐意入蜀。初居阳平山，迁鹤鸣山。感元元老君屡授以经箓之法，于是分形示化，复立二十四治，增以四治，以应二十八宿，妖厉为之衰熄。如发盐泉、破鬼城之事甚多，不能备载。永寿二年，复迁渠亭山。出三五斩邪雌雄剑二、阳平治都功印一，授嗣天师衡，使世世相传。乃乘云上升，寿盖一百二十有三云。

衡字灵真，有长才。诏征黄门侍郎，辞隐居阳平山，誓以忠孝导民。君子谓其有继宗开绪、纳俗安善之功。衡生鲁，字公祺，益缵前人之烈，以鬼道教人，自号师君。其来学道者初皆名鬼，卒受本道已信，号祭酒，各领部众，多者为治头大祭酒，皆教以诚信不欺诈，有病者自首其过。复设义仓，置义米肉其中，任人量腹取饱，过取则有祸。人归者日益众，遂雄据汉中。诏授镇民中郎将，领汉宁太守。其后归魏太祖，拜镇南将军，封阆中侯。五子皆为列侯，女归太祖子彭祖。鲁卒，谥原侯。生盛，字元宗。魏太祖封都亭侯，弗受。始自汉中还龙虎山，创三元日升坛传箓。盛生昭成，字道融，端坐石室，虎豹逢之皆伏。暨化去，或见骑鹤游空中，启冢验之，唯冠履留耳。

昭成生椒，晋安帝召之，不至。椒生回，回生迥，迥生符，符生祥。祥字麟伯，隋洛阳尉，能吐丹置掌中，光芒穿屋，复吞之。祥生通元，岁大疫，以标植水中，汲饮者咸愈。通元生恒，唐高宗问治国，恒对曰："能无为，则天下治矣。"上嘉之。恒生光，光生慈正，慈正生士龙。士龙忘玉印于长安酒家，一少年尽力举之不动。明日，士龙笑携去。士龙生应韶，应韶生颐。颐生士元，字仲良，瘠而多髯，居应天山四十年。山多虎，人莫敢谒焉。每大风雨，遥见乘黑龙往来诸峰间。士元生脩，脩生谌。谌生秉一，字温甫，目光如电，夜能视物。尝负剑行山泽间，叱一老树，雷即震裂之，击死二巨蟒及小蛇百余。秉一生善。善生季文，五代之季，受其箓文者颇众，乃铸铁环券数万继之。季文生正随，宋大中祥符八年，召至阙，赐号曰真静先生。后凡称先生者，皆赐号也。吏部尚书王钦若为奏立授箓院。正随生澄素先生乾曜，乾曜生虚白先生嗣宗。嗣宗生象中，字拱辰，生三月能行，五月能言，七岁朝京师，锡以紫衣。象中生葆光先生敦复，敦复无子，从子葆真先生景端嗣。景端亦无子，从弟虚靖先生继先嗣。继先字嘉闻，五岁不能言，闻鸡鸣，忽失笑赋诗，人异之。崇宁初，瀣盐池水溢，遣使者召见，书铁符投之，怒雷磔蛟，蛟死水裔。一日随上入寝殿，宫嫔竞以扇求书，继先以经语书之，皆密契其意。中举一握，稽首书曰："保镇国祚，与天长存。"乃上所御者也。上奇之，命祷雨，三日乃止。授大虚大夫，不拜。诏江东漕臣即山中度地，迁建上清观，改为上清正一宫，从其学道者恒数十百人。靖康初，上复召，时金人犯汴，行至泗州天庆观，索纸笔写诗，隐几而化，葬于龟山之麓。后十六年，西河萨守坚游青城山，遇于峡口，继先以书一封、赤舄一只令达嗣天师。嗣天师家大惊，使人启龟山之窆，唯一舄存。

继先无嗣，以象中之孙时修嗣。时修曰："继先，吾从子也，乌得后之?"众曰："法统所在，孰得而辞?"乃从。时修生正应先生守真。守真在母胎，历十九月始产。毗陵有妖凭树，诏劾之，一夜风雷拔去。后定江涛冲决，高宗赐以象简、宝剑，《清静》《阳符》二经。守真生景渊，景渊生庆仙。张公洞有井甚深，庆仙戏折木叶掷之，俄波涛腾涌，有一老翁从中出，庆仙呵戒之而去。庆仙无子，从子观妙先生可大嗣。可大守真之曾孙，其祖伯瑀、父天麟皆尝摄教事。鄱阳水涨，坏民庐无数。袁提刑甫请可大治之，殛死一大白蛇，水遂平。又遇旱蝗，可大禜之，雨作而蝗殪。敕受提举三山符箓兼御前诸宫观教门公事，主领龙翔宫。时当宋季，元世祖闻其神异，密遣使讯之。可大授以灵诠，且谓使者曰："善事尔主，后二十年当混一天下。"逮至元十三年，果验。可大生宗演，字世传，长而颖异。世祖平宋，忆其父言有征应，遣兵部郎中王世英、刑部郎中萧郁赍诏召之，赐玉冠玉圭，授以演法灵应冲和真人之号，仍给三品银印，令主江南道教事，俾自出牒度人为道士。

宗演生与棣，字国华，世祖时宣授体元宏道广教真人，赏赉优渥，竟卒于京师。与棣无子，弟与材嗣。与材字国梁，元贞初入见大明殿，制授太素凝神广道大真人。大德二年，海盐、盐官州潮水大作，沙岸百里蚀啮殆尽，延及州城下。与材投铁符于水，符跃出者三，雷电晦冥，歼怪物，鱼首龟身，其长丈余，堤复故常。五年，冬无雪，上曰："冬无雪，民间得毋有灾害乎？"与材为建坛祷之，是夜雪下盈尺。上大喜，命近臣赐酒曰："卿能感神明一至此邪！"八年，录平潮功，加授正一教主，兼主领三山符箓，给以银印，视二品。九年，崇明州海堤崩，俾弟子持符往劾之，民梦有神填海者，遂安。至大初，加赐宝冠金服，制授金紫光禄大夫，封留国公，给以银印，视一品。与材生太元子嗣成，其道行显著，褒赐于朝者，不减父风。嗣成卒，弟嗣德嗣。嗣德卒，子正言嗣。正言卒，太元之子正常嗣。正常字仲纪，即今天师。国朝六觐京师。洪武初，制授正一嗣教护国阐祖通诚崇道宏德大真人，领道教事，给以银印，视二品，赐白金及金襕法衣。赠其父太元宏化明诚崇道大真人，母胡氏封恭惠慈顺淑静元君。复宠以褒文，称以瞳枢电转，法貌昂然，时以为荣。盖历代相传，以眼圆而巨者为元应，故上因及之云。

濂闻文成侯年少时学礼淮阳，东谒苍海君。苍海君，先儒学士以为海神是也。后又见异人黄石公下邳圯上，则其未达之际，固已能交通于神明。至其晚年，名遂功成，乃欲辟谷从赤松子游，实其初志，非曰托之以自逃也。故其九传至汉天师，感慕兴起，学轻举延年之术，祓除阴慝，一以善道化民。而嗣师系师继之，修其业而弗坠，唯恐有人横遭夭阏者。当汉之季，天下云扰，唯巴蜀之间民生晏然，行者不裹粮，居者不捍关，官府赖以成治，如此者垂三十年，其功之及物可谓侈矣。宜其世有令人出禅至化，奚翅古诸侯之国。天之报施，不亦彰明者哉！或者专归于名山神气之所秀结，故能演迤盛大如斯，其论亦浅矣。呜呼！文成侯子孙南北在在有之，其以功烈显著者，小则充侍从，大则至宰辅，非不光明俊伟也。曾未几何，降为皂隶者，有不免焉。其视元裔相仍，历千二百有余岁而未已者为何如？盖必有其道矣。嗣是而兴者，尚知勖哉！尚知勖哉！

【说明】据娄本《重修龙虎山志》卷一五录文，张本《续修龙虎山志》

卷中文后载撰时为“洪武九年正月十五日”。参见正德刊本《宋学士文集》卷三六、嘉庆刊本《宋文宪公全集》卷一七、《道家金石略》、整理本《宋濂全集》(第二册)。按，张宇初、苏伯衡也撰有《汉天师世家序》，兹录张文于后，以资参考。文曰：

《易》曰：“显道神德行，是故可与酬酢，可与佑神矣。”盈天地间古今不息者，道也。能显明于道，则功用之神具见而合乎德者，故可与应万变而赞佑于神矣。是所谓参赞天地之化育者也。太史迁曰：道家无为，精神专一，动合无形，赡足万物；而与时迁移，应物变化，立俗施事，无所不宜。良有以哉！太上生于殷，为周藏室史。复迁柱下史，以神化莫测之迹代降于世，为玄教宗。我祖汉天师蒙留侯遗泽，尝亲受道于太上，由是仙经洞箓秘劫不传者，悉降于世。继以降治妖魅，服炼神丹，功成冲举，以剑印传于奕代者，今垂千五百年。虽运移物改，继承不替，其非以清静无为之教，功用之神，有合乎天德而足以赞化育者欤？迨今凡名山奥区，灵迹具存。此其子孙流芳之远，荣达之久，信有以阴翊王度、博施生民者，盖可见矣。汉末而下居龙虎山者，岩栖谷隐，修炼以自寿。宋初，渐以道行称于时。暨大观、崇宁间，虚静真君出焉，其神功妙应，一发于御气炼形之实而后益振，有足方驾于前矣。其下莫显于曾大父薇山公、大父太玄公也。凡其禜禬祷祈之著，遭际宠渥之极，当是时，奇征茂迹，虽簪缨缙绅之士，莫不礼敬之，视前或有所未逮焉。及我朝，先君冲虚公光际圣朝，混一海宇，其崇资伟望，昭赫一时，荣被终始，又岂昔之可伦儗者哉？其为神明之胄，必若是乎！某以匪材庸质，仰绍先烈，惟忝窃是惧，代蒙圣恩，犹深战栗。间以世家颠末未白于世，惧有遗缺。昔侍先君，手旧编一帙，授传高道同虚，谒宋太史濂序其首，而未暇整缉以行。然旧文辞意冗腐，僭用删校增次，以广诸梓，庶以成先志也。呜呼！物理之有盛衰也，思所以承先启后者为难哉！末降以来，弃实趋华，竞于势利者众矣。苟不能造诣其学，辉光其德，以亢厥宗，可得谓之克缵前人之绪乎？是岂足知夫昔之授于太上者？德行之隆，勋烈之大，其相传之无穷也，果何使之然哉？抑神而明之，存乎其人，后之来者，尚必自励，其有以章述者焉，斯为不坠其教矣。其曰《世家》，则本诸史云。(四库本《岘泉集》卷二)

525. 明·宋濂：龙虎山大上清宫钟楼铭有序

洪武九年丙辰（1376）

钟者，八音之宗，律度量衡，大小器用，皆倚之为则。是故先王铸为十二辰大钟，以应一岁之律，施诸特县，协其中音，所以顺承天道，而号为乐祖。夫天为群物之衣，若以乐之祖感焉，则天之百神可得而礼矣。道家宗老子，其流居中夏九者之一，本以清净无为为治。及其后也，兼禜雩交神明之事，以乐钟而感召阴阳之和，诚先王之遗法，不特警昏而已也。

信州龙虎山大上清正一万寿宫，实为符箓宗坛。元至正十一年春正月，宫灾，金碧之区，一旦化为煨烬。东隐院道士祝光义奋曰："宫之役侈矣，非一夫可独成，盍各分其任乎？昔者提点宫事黄公复亨曾铸大钟，今不幸祸于火，吾将新之。"经营于其年九月之庚申，讫功于明年闰三月之乙卯。凡用赤铜九千斤，高十尺，围十又八尺。钟成，而光义蜕去。后十余载，当国朝洪武之元年，宫之徒众相与协心，穹殿邃堂，崇门夹庑，大略已完。道士邓仲修复奋曰："宫之役幸略具，而钟之重屋未称，非缺典欤？夫遵轨而修事谓之趾美，修事而有成谓之合功，古之道也。苟惟安逸是图，而弃前人之遗烈，譬犹稽田焉，既勤敷菑矣，而不陈修为厥疆畎，无乃不可乎？"乃白于四十二代天师张真人，必欲遂其事乃已。会朝廷下诏征高行道士，天师以仲修应。诏仲修至南京，即召见，应对称旨，赐食禁中，遂留居朝天宫以祝釐为事。仲修犹念前故，孳孳不能忘。六年秋七月，暹罗斛国遣使者郭原恭来贡方物于朝。仲修闻原恭好施予，乃往告之。原恭欢然施以白金，以两计者凡三百。仲修持归龙虎山中，即其宫之东偏六十步筑九成之台，覆以重楼。台广若干尺，崇若干尺，楼视台之崇增若干尺。中架华簴，上悬旋虫。以八年十二月某甲子庀工，九年某月某日甲子落成。考击之间，华鲸谹发，不石不播。古所谓物得其常曰乐极，极之所集曰声，声应相保曰和，细大不逾曰平者，殆是之谓欤？

濂颇与仲修交，故来征文以记其事，遂据其实而书之。仲修，字敏成，抚州人，通龙虎金碧神丹之旨，而于劾掠鬼神、呼召雷雨尤精。曾奉敕与修《灵宝斋法》以行于世。其与仲修同心而协力者，道士傅若霖；朝暮祝役，则倪崇本、周允升、汪天泰；赞助成功，则住持提点张昭燧、提举陈日新、副知宫李弘范也。系之以铭曰：

大道无象，一气自然。由气有声，上通九天。矧兹金奏，旋虫在悬。大音铿如，众乐之原。其方为西，商声之先。一考一击，化机回旋。混合神人，中音弗愆。龙虎名区，灵气郁绵。丹光夜发，白虹连蜷。神宫嶷如，金辉碧鲜。铸为新镛，法象承乾。乃命凫氏，料拣精坚。太乙守炉，朱陵唬咽。凉飙启籥，赤液流泉。篆带萦绕，卦文飞翩。一鼓即就，冥符化权。层基九成，崇构高骞。楼覆攸宜，功用昭宣。乐极相保，发于和平。滞阴散阳，不倚一偏。群物充萃，嘉生繁妍。非有真士，前引后延，曷致鸿绩，相继蝉联？灵器所在，万神致虔。玉女散花，金童执綖。以诃弗祥，以拱帝轩。太史作铭，琬琰是镌。显示玄功，永世其传。

【说明】据整理本《宋濂全集》（第三册）录文。

526. 明·张宇初：建昌府武当行宫记

洪武九年丙辰（1376）

盱为江右郡治之首称，且多名山川。若麻姑之著于唐，王侍宸、丘河南之名于宋，皆他所莫伦拟，其亦仙真之奥区也欤？

武当行宫在府之南，去百步而近。始南唐昇平间，以阴阳家拘忌，或谓不利午水之冲，因以祀玄天上帝而镇之，且传帝尝降武当太和山，示创于盱，若有默符云。已而有司请于朝，赐今额。逮宋咸淳五年，安抚使西鄞程公飞卿命郡之延禧观道士宋养浩主祠祀，而朱冲虚继之。已而宋社既屋，废兴亦靡常。元至正元年辛巳，翰林程文献公钜夫有声于朝，宫赖以振。予叔母，公之四世孙也，施水田若干亩以祀其先大夫敬甫公，而众藉以安。至我朝高帝有海宇，凡郡治释老之宫总辖者咸新之。时嗣领者则张太古、危本初、危大有、利洞玄，皆以行能称于人。洪武九年，大有惧其创始之艰泯而弗举，命其徒王思微具颠末请文刻诸石。

思微善科典禜禬，克志葺治，凡象设法器，靡不缮饰之。增赡水田若干。予少游盱，尝即其地，虽处阛阓而爽垲可栖息，故仙真显著之久，其亦宜矣。然盱之繁丽常甲于江右，自宋元之更，累冒兵燹，虽昔所谓大姓巨室鞠为灰烬者有之，其亦造物者消息盈虚之常理也。而宫乃岿然独存，废兴相续，则上帝灵庥神贶信有自也。若叔母昭祀之孝，其不有所感而至焉。今兹增益之备，犹先志也。后之继者守而勿坠，时能格神明，辟氛滓，以贮其陟降，则俨然云旌霞旆凌厉乎埃壒之表、霄汉之间，若盱之人必皆蒙其休矣。则其宏久之规，又岂亚于麻姑诸峰也哉？

【说明】张宇初（1359～1410），字子璇，别号耆山，第四十三代天师。明洪武十三年（1380）敕受正一嗣教道合无为阐祖光范大真人，总领天下道教事。奉诏与弟张宇清编纂《道藏》。有《岘泉集》。据四库本《岘泉集》卷二录文。参见段祖青点校《岘泉集》上（中华书局2022年版。以下简称点校本《岘泉集》）。

527. 明·梁寅：延真宫铁柱序* 洪武十年丁巳（1377）

豫章延真宫铁柱，相传是晋真君许公所建。真君尝为旌阳令，师真人吴猛，得斩邪之术。妖蛟既诛，云余孽匿于牙城南井中，乃役鬼运铁铸柱植井下，施八索，而患由是熄。唐严譔牧是郡，令人掘视之，掘未及尺，雷雨作，江水溢，城郭震，吏民咸怖，譔焚香谢咎，乃止。其所传如是。旌阳之所以彰神术，捍民患，其功信伟；而铁柱之立，绵千载而久，其见之纪述，形之歌咏，宜也。熊炼师常静精于其道而嗜文好古，方将以铁柱之纪述咏歌刻之梓以传，乃致书石门山中，蕲序之。

夫山之怪曰夔、罔两，水之怪曰龙、罔象，盖自古有焉。旌阳之戮妖，所谓除去天地之害，乃义之大也。豫章之民崇其道，睹铁柱之屹立，坚如金城，安若磐石，河山带砺而波涛无虞，妖孽屏息。斯柱也，亦圣人神道设教之意哉！诗文所存，皆宋迄今朝之作。晋至唐五六百年之中，岂无篇什？而皆泯焉，是可惜也。常静以所存刻之，其用心至矣。嗟夫！古作之泯也，今既惜之矣；而今之所存者不泯焉，庶无使后之惜于今，犹今之惜于古也。常静之心所以惓惓也。

洪武十年岁次丁巳仲秋月，临江石门老人梁寅序。

【说明】 据光绪本《万寿宫通志》卷一六录文。

528. 明·熊钊：《铁柱延真宫纪录》序*

洪武十年丁巳（1377）

《铁柱延真万年宫纪录类编》者，豫章炼师熊君常静取宫之历代文字、石刻编次之，使来者有所考征也。按：是宫祀晋旌阳令许君，自晋时其德已及于民人，功施于国家。厥后尊崇敬奉之笃无明显上下者，以其用智如神，合阴阳之理，灭除水孽，冶铁为柱，下植诸地，以永镇遏之用，迨今无虞也。前代封号为至道玄应神功妙济真君，宫额赐“铁柱延真万年宫”，褒赐隆重。在《礼》：能御大灾、能捍大患则祀之。其亦出于人心之所感慕而爱敬者乎？朝廷诰命之录，非止一代。公卿大夫士过者，无不咏赞表志。铁柱有铭、有颂、有诗，宫祠有记，观者一览无遗。信乎！旌阳遗化之迹无朽也。

嗟乎！典章文物，非载籍无以寓。是编之作，岂惟旌阳功德有稽？凡帝王咨命所至，有司为民祷祈旱潦灾患祥应之效，玉册之降，宸翰之颁，无不存乎其中矣。是宫之在豫章也，以铁柱之镇而地益胜，严旌阳之祀而道益尊，老氏之流来游来瞻，若统之有宗、会之有元也。因文以征诸往昔，纪述方来，固亦为道者之志也。来者其亦以常静之心为心而继续编之。是为序。同郡熊钊。

【说明】 据万历《新修南昌府志》卷一八载：“熊钊，字伯几，进贤人。

至正甲申以《春秋》领乡荐，授崇仁学，迁进贤。适徐寿辉兵犯江西，钊与樊明仲合谋，倡义立营栅以守。时江西被攻甚急，外援不至，乃出奇兵，与战连捷。夜遣壮士持羽书入告城中，得报，乃并力出击。围解，授临江路知事。入国朝，洪武取校书会，同馆赐宴。所著有《学庸私录》等行于世。”据光绪本《万寿宫通志》卷一六录文，因洪武十年梁寅也应熊常静炼师之请撰有《延真宫铁柱序》，而洪武十一年熊钊撰有《南昌府图志书序》（见万历《新修南昌府志》卷首），姑系本文于洪武十年。序文介绍了豫章铁柱宫历代文字、石刻丰富，“有铭、有颂、有诗，宫祠有记”，藉此可“征诸往昔，纪述方来”。

529. 明·朱绰：《太极仙公传》序*

洪武十年丁巳（1377）

仙道尚矣。由神农氏雨师而来，代有人焉。至周老氏，以清静无为为宗，学焉者奉之以为教父，其道益显白于天下。秦汉之君好长生，方士云集雾布，飞腾变化者亦班班有人，载之传记，不诬也。吾邑葛仙公，吴时得道而仙者也，距今盖千二百年矣。种民相传，观宇祀事，逾久而逾盛。香灯晨夕，崇奉如一日。然非夫道德有在，亦乌能臻此欤？

余宦山东，秩满，丁家艰，还乡里。青元观高士谭道林偕其同门友五人过余，袖书一通，出以示余曰：“此吾仙公传也。观本仙公故宅，仙公仙举之后，即宅为观以奉之，几将千载矣。闻风访道者恒至而问焉，患未有以语其详也。先师竹岩翁有志于此有年所矣，间尝语吾曰：‘夫荫其树者犹爱其枝，矧学其道而可不知所自哉？昔吕先生尝撰《仙公传》一卷，道藏之毁有间矣，访求未之获也。世远而事逸。事之逸，兹非吾山中之甚阙典欤？仅得阁皂山所记《仙公传》一卷，此书是已。将锓诸梓，病其弗备而未果也。’既而先师厌世羽化，弟子将图踵成先志，以无忘先师平素眷眷攸念。惟先生为加润色而传诸好事者，则岂惟山林是幸，抑亦一邑神明之观也。”余再三辞，不获命，乃受书。读数过，顾其叙次繁芜而尚多放失，于是重加编次，为传一卷。

《易》曰："神而明之，存乎其人。"仙公之道神矣。学其道者，能修而明之，则真其人也。仙道亦乌有不可几哉！道林勉之。竹岩翁，姓贡氏，名惟琳，世家丹阳之柳茹。通儒书，善鼓琴，慕仙公之道而学焉者，道林受业师也。道林名嗣先，世家丹阳之於溪。师弟子皆丹阳望族云。岁在丁巳二月朔，朱绰序。

【说明】朱绰，字克裕，句容（今江苏句容）人。曾官平阴主簿，后归隐，自号下隍山樵。据光绪《续纂句容县志》卷二〇载："（朱绰归隐后）以学淑其乡子弟以及其后嗣，闭门授受，户屦常满。暇则腰镰背斧，群从队逐，不登茅君之仙阶，则访宏景之遗迹，浩歌长啸，出没乎烟萝月树间，悠然有世外之乐。"善诗文，尤长于楷隶。据《正统道藏》洞玄部谱录类录文。参见江西铅山县统战部等编《葛仙山志·艺文》（宗教文化出版社2001年版）。按，因序中内容涉及江西阁皂山、葛仙山，故录存之。

530. 明·宋濂：四十二代天师正一嗣教护国阐祖通诚崇道弘德大真人张公神道碑铭有序　洪武十一年戊午（1378）

洪武丁巳冬十有二月五日，四十二代天师张公薨于龙虎山之私第，年甫四十又三。礼部尚书张筹即为奏明，皇上嗟悼者良久，且曰："朕欲命其遍祠五岳，今方一至嵩山，何期大数止于斯耶?"遂亲制文一通，遣前浙江行省参知政事安庆为吊祭使，仍令其冢子宇初袭掌教事。戊午春二月十六日，宇初奉公冠剑权厝南山先墓之次，冬十有二月某日，卜宅兆于某而瘗之。宇初恐遗德未能大白于世，与群弟子辑为成书，使张致和即金华山中请铭神道之碑。濂幸辱与公游，义不可辞。

公讳正常，字仲纪，姓张氏，信之贵溪人，汉留文成侯四十六代孙也。重纪至元乙亥夏六月十三日，其父太玄真人坐而假寐，忽见神人飞空而至曰："予自华盖山来游君家，愿见容也。"及觉而公生，紫云覆庭，红光照室，人以为祥征。年七岁，双目烂烂如岩下电，容止异群童。后三岁，太玄出游五岳名山，指相传雌雄剑及玉刻阳平治都功印曰："龙星再集于亥，吾儿当持此大振玄风。"太玄渡淮化去，而公之仲父嗣德继主其教。仲父薨，众论咸属于公，公力让仲父之子正言。正言薨，公始嗣其职，实至正己亥之岁，太玄之悬记至是始验。公升广筵，开演道家玄旨，四海学徒，闻者耸然领解。时天下大乱，经箓秘而不传者十年，公乃启黄书赤界紫素丹刻之文，授其徒胡合真整比以行，奉贽来受者川赴云蒸。剑失其一，流落鄱阳李氏家，夜生光怪，公访而合之。辛丑，上统大将，亲取江西，公知天运有归，洊遣使者上笺述臣顺之意。乙巳，公朝京师，上一见悦曰："瞳枢电转，法貌昂然，真汉天师苗裔也！"下诏褒美之，锡燕者再，兼有金缯之赐。丙午，复入觐。京城士庶人求灵符者日以千百计，侍使不能给，闭关拒之，乃相率毁关而入。公叩齿集神，濡毫篆巨符，投朝天宫井中，人争汲之，须臾水皆竭，见土弗止，饮者疾瘳。上嘉之，令作亭井上，号曰太乙泉。及还山，复诏中贵人赐以织文金衣，仍下中书给驿券畀之，以便朝觐。洪武戊申，上登大宝位，建号改元，公入贺，锡燕于便殿，内降制书，授以正一教主、嗣汉四十二代天师、护国阐祖通诚崇道弘德大真人之号，仍俾领道教事，给以银印，视二品，设其僚佐曰赞教、曰掌书。久之，陛辞而归，上御谨身殿从容谓曰："卿乃祖天师，有功于国，所以家世与孔子并传以迄于今。卿宜体之，以清静无为辅予致治，则予汝嘉。"赐白金十二镒，新其宅第。己酉春，上召公入朝，逾月承顾问者四，锡燕者一。三月十三日，上将通诚于天帝，致斋三日，御衮冕服，亲署御名于章敕，太常设乐，手授于公，俾祝而焚之。礼成，燕公于文楼，群弟子飨于别馆，复有金缯之赐。庚戌夏，上录公之功，特敕吏部改赠公父三十九代天师太玄辅化体仁应道大真人嗣成为正一教主、太玄弘化明成崇道大真人，改封公母明慧慈顺仙姑胡氏恭顺慈惠淑静玄君。玄君时年八十，朝野以为荣。是年秋，上复召见，问以鬼神情状，更给银印。壬子秋，复颁制诰以宠之。冬十又二月，复召入觐。癸丑春，将还，上命留弟子以司秘祝之事。丙辰秋，上遣使召公，公忽先期而至，上喜曰："卿之来何与朕意相符耶！明年之秋，朕将遣使祠海岳诸神，卿当妙柬清修之士与其偕来。"丁巳夏，公率群弟子汪弘仁等入觐，锡燕午门之城楼，上举爵谓公曰："卿宜罄此一觞。”敕内侍出御制历代天师赞示公曰：“他日当书以赐卿。”翼日，诏公从太师李韩公善长祠嵩山，分遣重臣与公弟子代祠群望，自公而下赐衣各二袭，楮币有差。既还，锡燕如初。公自返故里，志趣颇异常。一日置酒与昆弟酣饮，慨然叹曰：“五岳名山，先子欲游而不可得，嵩山中峰乃吾祖得太清丹经之所，今借天子威灵，幸一至焉。曦曦景于层霄，邈浮埃于浩劫，吾志将有在矣！”群子疑其言，未几示以微疾，端坐榻上，属弟子方从义曰：“吾无以报国家宠恩，尔等宜左右我子孙，以赞宁谧之化。”命取剑印授其子曰：“我家千五百年之传在是，汝其勉之。死生数也，吾之不死者，其光赫熹，四烛寰瀛，先天地不知其始，后天地不知其终也。”举手作一圆象，嘿然而化。是夕，大崖石崩，声闻数十里云。

公幼警敏，灵箓文秘之属，皆不习而通。岁屡旱，禹步召风雷，精神达于冥漻，甘霖即降。或有为魑魅所凭者，授以片符，辄潜景不见。公悯兵戈疫厉之余，沴气不消，举行玄坛旧典，修坛埠，建阴阳鼎而炼度之，其征验尤夥。然其天性夷旷，洁而不缁，如超万物之外，故以冲虚子自号。最爱佳山水，仙踪灵迹所在，必穷幽极深，动至累日忘返。当适意时，欲乘白鹤与群仙翱翔紫清之上，其于人间事未尝因此少辍。其奉玄君，备极孝养，暨殁，葬祭咸尽礼。度兵祸相仍，倾赀募人为兵以捍御乡井，人赖以安。公之玄裔备见《世家》，兹不载。其曾大父讳宗演，三十六代天师、演道灵应冲和玄静真君，妣周氏，某玄君。其大父讳与材，三十八代天师、太素凝神广道明德大真人、金紫光禄大夫，追封留国公，妣易氏，妙明慧应常静玄君。其考妣则太玄真人与胡氏也。公字观宇，娶盱江包氏宋宏斋先生恢之五世孙。子男子四人，长宇初即今天师，颖悟有文学，人称为列仙之儒。近者入朝，上召见奉天殿，反复谛视之，笑曰：“绝类乃父。”宠赉有加焉。次宇清，次海鹏，次胜佑。子女子二人，一归鄱阳王岳，一在室。惟公生乎神明之胄，简素端凝，用道为体，而缪辖游氛无自入于念虑，澄静之久，天光自发，所以受知圣君，八朝京师，天宠使蕃，声闻四达。至于死生之际，又能不动声色，超然坐脱，如行者之返故庐，非真有道者，岂易致哉？是宜铭，铭曰：

天开日明，真人上升。周流九霄，驾锐作軿。卿云英英，刚飙泠泠。绛节翠旛，恍其来迎。载稽玄裔，岁逾千龄。五彩交绚，玉笈金经。矧有剑印，奔星走霆。非人莫授，恐干鬼刑。华盖神君，于焉降精。圆目青瞳，闪如电荧。入朝帝京，照耀殿庭。进退有仪，金衣霞赪。帝曰俞哉，尔方外臣。辅朕鸿化，凝真集神。巍巍高山，岳之中尊。尔往代祠，执礼如存。庶集灵和，以绥兆民。皇用褒锡，玺书金缯。君臣遇合，玄德之征。胡为弗留，飞神窈冥。崩崖坠雷，百里震惊。圆光有赫，四烛寰瀛。在天为清，在地为宁，在人为贞，是谓三灵。此乃道枢，中黄之扃。公能守一，精聚气凝。不死维神，所蜕维形。白鹤来归，辽东露零。洞视万古，后天弗倾。

【说明】据整理本《宋濂全集》（第三册）录文。参见正德刊本《宋学士文集》卷六一、嘉庆刊本《宋文宪公全集》卷五五、《道家金石略》。

531. 明·宋濂：邓炼师神谷碑　洪武十一年戊午（1378）

皇上既抚有方夏，修天地百神之祀，为生民祈福祥，弭灾疠，以为非有道之士不足以交神明。洪武四年，乃诏龙虎山嗣汉天师张公正常择其徒之可者以名闻。诏至阙下，问以雷霆鬼神之事，于是邓君仲修等述感化之由以对，上说，赐坐锡燕，诏馆之于朝天宫，祠祷之事多属焉。五年春三月不雨，上以农病播种，忧之。仲修奉诏设坛场，行驱召风雷之法，天大雨，赐白金若干两。后三年秋七月，复不雨，御史大夫率仪曹承诏临视，祷三日不效。仲修退坐斋室，默运玄化，出杖剑一叱，云合雨如注。是岁冬无雪，诏李韩公及丞相致上命以祷，期以三日雪，至期果然。上甚宠异之，每召见与语。尝赐以诗及御注《道德经》，命与住持朝天宫宋宗真修祠祝科仪行于世。十年，奉命之会稽祭帝禹及宋阜穆二陵还。明年，张公卒，于是仲修请归视张公葬。而仲修亦老矣，乃请于公之子嗣师曰："吾身虽处辇殿下，然兹山师友之所居，吾心未尝违去也。"嗣师知其意，畀以琵琶之峰、郭坞之原，仲修更名曰神谷，顾其门人曰："吾仙游时藏吾遗蜕于此。"既而复来京师，与余言其故，而曰："吾幸从先生游，吾冢必得先生铭。然孰若及吾存而见之。"余曰："仲修学长生久视之术，固蕲不死。余将托仲修而长存，而仲修乃欲属余以不朽乎?”然余厚仲修，不敢辞。

仲修名某，今以字行，临川人。曾大父某，宋某官，大父某，父韶。仲修生时有双鹤飞翔之异。年十二，入山之紫微院师留君敬斌。十八，服道士服。尝出游，见道人于仙岩石上，授以纵闭阴阳麾斥鬼物之法。又从隐者野庵金志阳传性命之说、龙虎大丹之秘。世之硕师，皆礼重之，累赞其教于山中。尝提点温州玄妙观，主杭之龙翔宫，四方人愿传其道者甚众。其所得者盖深矣，余固不能尽知也。然仲修弟子为余言，仲修丧父尽礼，嘉禾生其陇上；哭母哀，泉为之涸；其行又有出于所见之外者。而余与仲修交甚久，观其卑让不伐，言语若不出口。呜呼！学道者固如是哉？铭曰：

老子之道充以夷，显可用世微守雌，厥文五千意易知，今之宗者皆其支。汉留侯孙号天师，玉章宝剑大绛衣，指麾呵叱运化机，驱役鬼物如群儿。东南名山雄且奇，左龙右虎相委蛇，涵灵蓄怪郁靡施，天使道术鸣于斯。传世四十嗣不衰，前者既倡后辄随，百千弟子杰者谁？邓君挺然熊豹姿。弱龄恍遇生安期，授以宝诀行如飞，野庵之叟发垂颐，穷崖屹坐辟两扉。稽首长跽叩幽微，语以一气凝丹基，心得其意忘其辞，虚极静笃中赫熹。赤光射牖如渴蜺，小试余技为世推，呼吸雷电囚蛟螭，玺书下征祝国釐。禜祈旱涝捷斯须，龙颜每为兴叹咨，岁时行宫常侍祠，霞裳瑶冠光陆离，功利默默被烝黎。容色不老难端倪，寿命岂与恒人齐，胡为此丘穴深巇？欲藏冠剑诳后来。神仙不死谁谓非，所示者幻同人为，游行八极常来归，千载弗朽征斯碑。

【说明】据整理本《宋濂全集》(第三册)录文。参见正德刊本《宋学士文集》卷六三、嘉庆刊本《宋文宪公全集》卷三〇、《道家金石略》。

532. 明·刘崧：重修松青观记　洪武十二年己未(1379)

庐陵东南多名山，距城六十里而近，为小水，有道观曰松青，介于匡山、洞岩二境之间，世或罕知之者。洪武十二年春，予道匡山之阴，将游香城，乃过而憩焉。重冈周延，平畴沓布，泉流萦注，草木丛茂。而玄宇宅中，凭高据胜，若夷而深，若拱而合，若掩而密，盖行者虽过之而不可见也。故其幽敻足以远俗，饶沃足以给耕，而风气完固，境象舒旷，又足以道和宣滞，事清贞而纳虚玄也，岂偶然哉？

道士曾恭礼者，余乡人也，揖予升自西阶，谒其谓新殿者，则告之曰："余之为是也，已十四易寒暑矣。而岁月之记，隐若有所待者，公能爱于一言乎？"余诺而去之。既夏五月，恭礼遣其徒某请记，则为叹曰："自丧乱来，未几三十年，凡神仙窟宅之在江右，其势崇力巨，当四方形胜之会，足以凭藉扶树者，今其废兴何如也？有数亩之宫如松青者，乃汲汲于修复而尤不忘于记述，如此欲不书，得乎？"则书之曰："观创始于南宋之嘉定四年，道士刘智可者实修建之，其名义无所考。或传其始在今山中，不知何时遭兵乱，乃徙今地。其可知者，当元贞、大德间，观之祖师梁冲虚始化其里大姓邹氏倡而修之，持六十年而毁于至正丙申之变。后有胡居敬者谋修之，未果而卒。今继而成之者，恭礼也。中立正殿三间，通为一室以居天神，旁设寮舍以居其徒，外为正门，翼以两庑。经始于丙午之十一月，落成于吴元年丁未之十月，材良制宏，工力齐裕，无废于前，有开于后。故其层栋邃宇，寥廓而承辉；嘉林秀阜，焕绚而改色。高真昭赫，麾仗森罗，远近来观，叹未曾有。嗟乎！事无大小，成功为美；愿无后先，因时为上。使非恭礼之端静有守而修教精虔，则安能与其众服劳苦，出患难，以成其兴复之功如此哉！是可记也。"于是其徒某闻言赞叹，踊跃欢喜，请勒诸石，以告来者。

【说明】据四库全书存目丛书本《槎翁集》卷七录文。原题作"重修青松观记"，据正文改。参见《全元文》卷一七三六刘楚七（第57册）。按，文中所云"吴元年"为明代建立前朱元璋曾用年号，即1367年。

533. 明·苏伯衡：耆山庵记　洪武十二年己未（1379）

贵溪上清溪之阴有山曰南山，南山之背西一小峰隆然孤起，曰耆山。考其地脉，则由藐孤而来，忽伏如踞，倏起如骛，靡迤不绝，亘十余里，乃奠为鹿湖、琵琶诸峰，而兹山又支于琵琶。溪水来自七闽，若长虹蜿蜒走其下，即上清溪。溪之北东为正一宫，北为宜阳市，北西为龙虎福地，又北西为二十四岩。兹山对峙其南，盖由琵琶俯视，特其支阜；由南山而仰视之，但见其据乎要会而独擅其尊，不知其为支阜也。及至其处，穹峦沓嶂，交揖互拱，圭拥簪盍，层出叠见。人以其若祖父中坐，而子姓之属咸盛冠服、撰杖屦而列侍也，故名之曰耆山。南山之有耆山，犹泰山之有大人山云。地势敻绝，长林古木，郁乎相望，傍多沃壤，可以树艺。至于天朗气清，望见邻郡之山，若抚之云林，盱之麻姑，森列可指，无有碍障，他处皆莫能及。非抟扶摇而凌倒景者，乌足以居之哉？

嗣四十三代天师张公顾而乐之，爰以洪武己未八月，即其地作草庐三间，扁曰耆山庵，因山以为名也。而静得轩在焉，鹤松荫其前，松之下有鹿车墩，墩之右有芝园，距真人府四里而近，距先世坟茔二里而赢。公谢遣谒请逢迎之烦，而日于斯逍遥，或渊默以居，或啸咏以适，或焚香读《易》，或弦琴临池，或勘道书。《丹经》《大洞》《玉诀》《灵宝》等书，闲则低徊延览，以寄其千载之思焉。使来，求为之记。

伯衡惟龙虎之区，越自汉天师阐道以来，其人搜占形胜，不遗余力，琳宫璇馆，错峙栉比。耆山近在目睫间，顾至于公而庵斯建，盖天地闷藏以有待也。不然，晦于千数百年之久而一旦以显，何哉？公柄法祖庭，道枢内握，德符外形，行峻而学广。灵仙飞化之变幻，禁祝禳祈之灵异，儒经释典，靡不该贯，诸子百家，多所涉猎。其绪余见于文词翰墨，一时亦复鲜俪，岂惟玄学之士之宗之也？犹山之于恒岱，水之于江海而已。天子礼貌焉，王公敬信焉，缙绅歆慕焉，郡县仰望焉。其春秋甚富而其誉望甚隆，凡厥耆俊，风斯下矣。君子谓山以耆名，莫详始自何代；其名实之孚，则自公始焉。地必以人而重也，尚矣！此天地之有此山，必如公者然后畀之也欤？虽然，有道之士，天地之正是乘，六气之辨是御，与造物者游于无穷，倏往倏来，无所囿而亦不能囿也。是知公亦致夫悯世拯俗之意，而聊弭节养素于此云尔，岂膏肓泉石、痼疾烟霞者可同日而语哉！乃叙其名迹之粗，而诗以系之。诗曰：

耆山斗拔蔚巃嵸，下压后土上摩空。崭然削出金夫容，坐据要会擅独雄。群峰四面翼且宗，何分高卑与横纵？势如诸孙拱一翁，巨灵奠兹自太蒙。视犹至宝帝所悰，朝呵夕扮劳鬼工。一旦轩豁露其踪，上帝有敕畀我公。我公得之乐融融，芟除荐莽木石攻。作室简朴膝仅容，不藻不绘不树墉。太霄黄文玉检封，卫以龙剑藏其中。山兮俨若增而崇，岩花涧草生春红。香雾飘洒气郁葱，公斯宴处百神从。抱一不二道自雍，盛德生色纯粹冲。叱为雷霆嘘为虹，曰雨即雨风即风。手斡元化天无功，疵疠不作年谷丰。延康浩劫历数通，圣人抚世公际逢。骈蕃宠锡来九重，王侯卿相罔不恭。令闻令望何卬颙，星冠之徒暨掖缝。趋风固宜若聚峰，佥言广成宅崆峒。千一百岁颜如童，眷此奥区崆峒同。大药罗生夥于蓬，石有髓兮鹿有茸。有泉盎若甘露浓，服食灌漱虚以充。愿公乐胥春复冬，鹤算天地相始终。为国荐釐万福鸿，肖翘蠉动钧被蒙。史官作诗昭无穷，我公何必非乔松？兹山何必非华嵩？

【说明】苏伯衡，字平仲，金华（今浙江金华市）人，苏轼九世孙。有《苏平仲集》。据四库本《苏平仲集》卷九录文，文字据别本有改动。参见四部丛刊本《苏平仲文集》卷九。

534. 明·刘芳：南安府城隍庙记　洪武十三庚申（1380）

维大明洪武三年六月二十有三日，中书省钦奉圣旨：各府城隍庙，依各府公廨起盖，其座椅书案，并如官府置造，写某府城隍之神。旧有泥塑神像，水浸了泥。在正中壁上，都画云山图。钦此考定式样，俾如法改造。

南安府知府于公润珪被命守土，事神保民之礼，敢有弗虔？首躬董其任，庀材孱工，即郡西南旧城隍庙之故基，拓其界畔，塞其窊池，撤其挠腐，筑寝宫，起殿堂，雕甍绣楯，属之两庑，如官曹之署，凡廿有二楹。乃立应门，裓以东西厅；乃立皋门，揭标榜其上。缭以土墉，涂以丹垩，陛级秩等，甃墄砥平。经始于洪武庚申八月，迄工卜二月庆成。

钦惟圣朝崇祀报功者，为国之大典也；守臣钦承体制者，恪遵上旨也。故其周爰执事，敕法考度。内外高卑，修峻穹窿，视前构有加，区域之胜，形势之雄也，他郡莫与拟伦。阴阳相方，绳直版缩，袤广合度，纤悉靡遗。

命使督程，至则歆羡，绘图上闻，告厥成功。过者动心，观者易虑。是役也，同知邵惠、通判丁铎、知事李惟政先后继至，协赞其报祀之诚，故不日成之。栋宇华丽，位宁崇严，拱卫周环，枢键启闭，山川鬼神，莫不咸若，民物奠安，神人以和，大称明时制作之盛。猗欤钦哉！衅兹新宫，上下来格，灵贶斯答，万世永赖，与社稷人民垂无穷焉。愿志而刻诸丽牲之石。

【说明】刘芳，字弥章，大庾（今江西大余县）人。洪武初以辟举任南安府儒学教谕。擅诗文，有《刘氏诗文集》。据嘉靖《南安府志》卷一一录文。

535. 明·胡行简：重建喻公真人溥济庙碑

洪武十五年壬戌（1382）

太极判，鳌极立，峙而为山，流而为水。其山水回合之处，必有神主之。郡城东三十里有芳洲曰中胜，前俯大江，后枕溪流，葛峰屹其东，蒙岭矗其西，湄湘、玉峡襟带其南，丰水、锦江绵亘其北，互相映带，而洲居其中，若翠水环蓬岛。英华清淑之气挺生人杰，不为烈士，则为明神。若太尉陶公侃、真人喻公法先，生于斯，居于斯。太尉之先鄱人，而随母湛氏长于是，皆为乡邦之光，与山川相为悠久也。真人生而聪颖，笃孝于亲，潜心造化，思与神明居。富商巨贾舟楫往来，即真人问休咎，敏发捷中，如响之应声，莫不悬合。郡县上供之物运输京师，公私懋迁之货经涉湖江，猝遇风涛之险，致祷于真人，即拔之颠沛之中，措之安全之地，威灵烜赫，四方之闻见者，无敢不敬也。临郡以其事白之于省宪，转以上闻，制封公为神功溥惠真人，庙额曰“中胜洲溥济庙”。敕翰林学士承旨程钜夫文其事于石。楼台殿阁，栋宇翚飞，穹碑雄文，光采焕发，蔚为江右伟观，遐迩所共瞻也。岁壬辰悉毁于兵，举目惟荆榛瓦砾，过者莫不尽伤。郡人爰募众力建数楹，奉真人香火，为庶民乞灵之所。至大明洪武十有五年，里之耆德膺众请典供祠事，遂畚瓦砾，辟荆榛，重建水府龙君之殿，真人之宫、致敬之庭暨分祀之祠，以次第成，规模位置，悉复其旧。里老父啧啧称叹，咸曰："新庙翼翼，虽神灵所致，兴造岁月，不可泯也。宜勒之贞珉，以彰神之丕绩。"乃相率征为之文。

余惟望于山川，遍于群神，有虞犹然，宜历代敬共神明也。稽之于礼，凡为民御灾捍患，必崇祀以报。北暨河淮，南连荆益，吴樯楚柂，咸宥庇蔡。而神霄督府晏公代天宣化，灵应昭著，又真人之高第弟子也。崇德报功，咸载祀典。严庙貌于所生之乡，俾人知水木本源之意，宜也。真人生于宋开禧甲子三月，至元景定壬戌二月端坐而化。子仲昭有道术，人信向之。真人孙曰权曰衡，咸克世其家。洪武七年，朝廷闻神之灵迹，遣使致祭，恩宠隆厚，与庙俱新。吁，盛矣！铭曰：

大江之西兮，豫章上游。仙水孕秀兮，中胜之洲。地既灵兮神所都，护国庇民兮扬天休。神依人兮人依神，安厥止兮将奚求？民戴神兮为其司命，神佑民兮降福孔遒。庙貌再严兮祀事修，云风帆樯兮百无忧。神之出入兮龙为辀，水不扬波兮安流。归安斯庙兮绥我民，瑶图同久兮万岁千秋。

【说明】胡行简，字居敬，新喻（今江西新余市）人。至正二年（1342）进士。历官国子监助教、翰林修撰、江南道御史等。有《樗隐集》。《四库全书总目提要》云："考《明史·礼志》载，洪武二年诏郡县举高洁博雅之士同修礼书，至者八人，而行简与焉，是明初尚存，故集中晏公庙、喻真人二碑俱有洪武年号。然《明太祖实录》又载，征江西儒士刘于、胡行简等至京，欲官之，俱以老病辞，各赐帛遣还，则未尝受明官也。"据四库本《樗隐集》卷六录文。参见《全元文》卷一六九七胡行简三（第56册）。

536. 明·张宇初：赵原阳传* 洪武十五年壬戌（1382）

赵原阳，名宜真，吉之安福人也。其先家浚仪，宋燕王德昭十三世孙。某仕元为安福令，因家焉。原阳幼颖敏，知读书即善习诵，博通经史百家言。长习进士业，未几试于京，以病不果赴。久不愈，夜梦神人曰："汝吾家人，何望世贵?”父遂命从道。已而笃嗜恬淡，学益进。初师郡之有道者曰曾尘外，嗣诸法要，间有缺文，必考述尽详。复师吉之泰宇观张天全，别号铁玄张。师龙虎山金野庵，得金液内外丹诀。后复师南昌李玄一，玄一荐之师蒲衣冯先生。冯亦师野庵云。尝游白鹤山永兴观，乃西晋匡仙故迹，遂居焉。间以所授致雷雨，度精爽，皆有异感，闻者越千里走从之。会壬辰兵兴，挟弟子西游吴蜀。暨还，游武当，谒龙虎，访汉天师遗迹。时天师冲虚公深嘉礼之，欲留不可，宫之学者多师焉。还至赣之雩都紫阳观，因居焉。凡道门旨奥，皆缀辑成书，或为诗歌以自警。尤以医济人，且绝交游，寡言笑，闻者愿礼不获，其高行伟操为时所推慕，从游者益众。

岁壬戌正月朔，谢众曰：“吾将逝矣。自今日始钥静关，慎无有干。”迨四月三日夏至启关，祝弟子善自立，漱浴更衣，趺坐。适县导诏至，乐鸣，即书偈，掷笔而化，雷电骤作，白昼晦冥。明日，官庶瞻敬者群至，门人衷德渊辈请以棺殓，肢体若生。既毕，汗出周浃。越三日，瘗观后之凤冈。久之，草净，鸟不巢。其徒则曹希鸣、刘若渊尤入室焉。有诗词若干篇已行世。凡奥密言论，则见诸法要云。

赞曰：玄门之书千万言，内圣外王之道既备，其神仙长生语，特曰虚静恬淡，寂寞无为，可谓易知易行矣。故代之出世拔俗者，必苦行峻节以自持，信非志见卓异所不能造，又孰可一以眇漠病之也乎？若原阳，言足范世，道足启后，曷可无以纪欤？然其昭昭不可泯者，亦何俟信乎是耶？

【说明】据四库本《岘泉集》卷三录文，文字据别本有改动。参见点校本《岘泉集》上。

537. 明·高让：道纪司记　洪武十五年壬戌（1382）

老氏清净之教，其所由来远矣。人趋其教者日益众，如水之流，不可止也。洪武十五年，诏天下各府置道纪司，选道流有道行耸望者为之。吉安举玄妙观高士周仙授为都纪，洞真观高士曾用柔为副都纪，至京考试中式，如所举授职，领符契，绾铜章，秩九品以归。既归，集道众语之曰："吾钦奉朝命领九邑玄教事，而公厅未建，无以示观瞻。"于是捐己资为首唱，副纪亦赞成之，道众暨□教之民愿以资粮助者接踵而至。乃即三境殿西南隙地构地厅三间，前有门楼，左右有庑为掌书记理案牍之所，规模中度，不丰不约，与职位称。曰："俭不中礼，奢以逾分，吾不为也。"既落成，来请记。

余观古高蹈远引之士，甘为黄冠野服，游方之外，独善其身，声迹俱泯者多矣。惟汉之王生、盖公能以其所学语汉庭大臣，一言切时，有裨政治，民到于今称之。昔旌阳令许君能以神功妙行阐教于大江之西，至今为玄学者莫不宗之。许君以所授门人传后裔，其要在于净明忠孝，求明诚意正心之学也。忠孝天理，民彝之重也。未有外纲常、乖实行而可以为训者。许君以是垂训，宜其为玄教之所宗也。今道纪领一郡之教，后进之士云合雾集于厅下，唯唯受教，道纪以许君之所以教者教之。诚意正心，德业之基；忠君爱亲，彝伦之大。修实德，履实行，是谓务本，本立而道妙自此而生矣。是则皇上设官领教之本意，而亦道纪祖老宗许之初心也。是为记。

【说明】据康熙《庐陵县志》卷一三录文。

538. 明·梁寅：祥符观记　洪武十六年癸亥（1383）

大江以南，宫观多由许旌阳而始。新淦大中祥符观之初建也，按县志，旌阳以逐蛟至是，郭景纯从之，指其地以为真胜，景因止居而炼丹，后人乃建祠宇祀焉。初曰太虚观，至唐改曰冲真。宋真宗好道，改元曰大中祥符，遂赐额，改冲真为大中祥符。观有圣祖殿，祀赵之始祖。监司时巡历朝谒，他邑所无也。徽宗宣和初，尝梦二道士立殿前，问其姓名，曰天上道士郑化基，地下道士何得一，乃居祥符，化基则其师也。郡礼遣得一诣阙下，授以主管龙德太乙宫，赐号冲妙大师、丹林郎，迁左卫监义。时所置道官多仕于州县者，生事为民害，得一上言道家本以清净无为为贵，岂宜与州县事？请一切罢之。道流之贵幸者不悦，嗾言官攻之，乃夺得一监义，故归。建炎兵燹，城邑为墟，而观之台殿巍然独存，时人以为灵异。淳熙间，复撤而一新之。此皆县志所纪也。元之世，观为堂者二：东曰潜真，西曰仙会。提点何莹然、刘季用以宣命住持刘端友常赍御香改祭大秀洞天。其次陈南逢、胡天德、孙雪窗、彭大同、李愚溪前后相继领观事，其人物之盛，为元门之重，皆众所推者。至正壬辰兵变，观宇悉毁，徒众亡逸，惟边君可亭年盛而操不移。迨岁戊戌，避地而归，始营葺以奉祀，养弟子数人，至是士庶推为当代住持。甲辰兵又毁，群侣寓居城堙。

我国家既定江右之二年丙午，州守礼致承天宫王君默渊来掌焚修。洪武庚戌，边君再构宫室。丙辰，建造屋八楹。辛酉，以其观之事付其高弟弟子张炼师子璋。明年壬戌，钦遇明廷崇隆元教，府州县设官以统道流，内举才德修者膺之。王君乃辟临江道纪，而张炼师膺淦道会之选，趋京领符印，遂署司于观焉。癸亥，边君易置重屋为元武殿于法堂之址。张炼师名重持，栖霞子别号也，卓然任兴创事，冠裳捐赀助之，其素行孚于时，故能广致乡士君子之施与也。作大殿，树三门，盖已复乎旧制，而栖霞之筑尤嘉。其东额曰栖霞，前礼部周文瞻氏篆也；西立祠，又请道纪无隐郭君榜其楣曰拱辰。下辟二堂，仍署以潜真、仙会焉。则为庑为阁，必次第而成。其观额，中书舍人詹孟举书之；台名冲真，邑令杨君子山书之；半山亭扁曰丹林，前翰林宋公景濂篆之；山门题曰旌阳福地，则汉四十三代天师无为君真人所题也。观在治西南隅，右近大江，左为南津桥，而秀水前绕。殿之西庑，旌阳故丹井尚存。斯诚为栖真之胜景也。

寅尝观天下之洞天福地，固有定数。而凡为宫观者，据山水佳处，有名人魁士为学元者所宗，则其为山也，因人而若愈高；其为水也，因人而若益深。惟大中祥符观，世以道德文学相为承继，昭于前者启其源，绳于后者接其派，兹山而谓之福地，亦宜哉。

周征士存诚于张炼师厚善，乃以李贤良文宪所述观之首以属寅为记。寅常以游兹山之未果为慨叹，今获以文词托不朽，固所愿幸，遂为纪其概，且属存诚为书而刻石焉。

【说明】据光绪《江西通志》卷一二二录文。参见《全元文》卷一五一八梁寅一〇（第49册）。

539. 明·张宇初：新城县金船峰甘露雷坛记

洪武十七年甲子（1384）

江右真仙灵迹之胜，莫著于盱。若南城之麻姑仙坛，南丰之神龟冈，新城则金船峰甘露雷坛居其一也。峰高逾百仞，蜿蜒支阜数十里许，去县十里而近。日峰削其前，香山挹其后，峰之颠为三济禅师坛。元至正甲申，有为白莲师者虞觉海，闻闽之杉关戴某延武夷山月闲汪真人禁禬有奇验，遂迎居焉。真人姓汪氏，讳道一，字朝道，世为信之龙虎人，父文富。真人生有异征，暨长，超悟不羁。丙子秋，武当山张真人守清来游龙虎，尝旅文富家，一见异之，谓曰："是儿非庸质，幸侍我，后当为令器。"遂挟入武当。守清授以金丹雷霆秘诀，一语有省，复往武夷礼蓬头金公野庵，卒其业。

元季兵兴，闽多疾疫，光泽、杉关为甚。戴某、黄某闻其贤，首致之，皆验。一日登高叹曰："盱之新城，山水差秀丽，吾当往焉。"未几，觉海果延居之，所治辄神。邑大姓若范、张、王、刘者，皆礼之于家。以是凡雨旸疾魅，叩之皆验。一岁三月不雨，士民遍祷弗应；县令苗侯命释道祷，复不应。时达噜噶齐特默齐独延真人祷于灵山寺，真人穴地而坐，烟松叶为云，须臾雨大注，士民争迎之。间乘竹舆，从数十童歌呼而行，雨随至。祷毕，即火砖抚身，自谓假以补真阳云。县北石硖龙潭深灞莫测，一日褰衣跃入，竟日乃出，衣不濡袂。或问故，语皆神诞。厥后言辄隐异，人莫之悟。迨辛卯，民罹兵燹，言皆验。或复叩之，默不复语。壬辰兵愈炽，觉海延真人居三济坛，登山右，低徊久之，见山势奇绝，曰："此胜地也，宜居之。"因藉茅栖焉。其徒陈觉坚复欲募众充大之，真人笑曰："焉用是为？异日自有成者，是岂久耶？"翌日果灾，随复新之。山素不泉，或请之，曰："但居无忧也。"一日酒酣，踞山阴巨石，注酒其下，曰："是当出甘泉也。"旋命工起石，泉奋出且甘洌，虽旱弗竭，因题曰"甘露雷坛"云。已而或数日不食，或一日辄累食，人莫能测。癸巳二月，久不食，惟饮荆汁数斗，仍火砖抚身，起谢众曰："吾从此逝矣。"乃端坐而化，二月二十有六日也，世寿五十有三。众瘗于山侧，其徒卢济川居焉。

逮我朝洪武癸丑秋，盱江李大颠同邑人黄德继裒略，庀材度工，创正殿两庑，未毕工，邑人裘可大募瓦石完之。大颠从子道弘克绍先志，礼裘为师，力修饰之。甲子，建飞天法轮于堂后。凡殿庑像设，皆邑人江兴翁、李黄琛成之，且甃路百丈以便往来，复置水田若干亩以给众。戊午秋，众起藏塑饰事之，像俨若生。今年秋，道弘走谒余文，将伐石刻之。

余尝闻于闽人曰："真人居武夷时，民有女疾瘵，叩之，诺。命辟密室，抵足卧榻上。女号甚，逾顷虫出于口，疾随愈。时有为邪所冯，亦叩之。召健儿数十人，以椎交击。真人欣笑若常，冯者旋愈。"其怪诞神纵多若此，惜未能尽述也。予读《马湘传》，观湘狡狯奇诞，若投深渊，逾日乃出，自谓项羽召饮而酒气犹逐人，未之尽信。今观真人灵悟旷迈之迹不异于湘，始知其言之不诬也。呜呼！吾道之士一志于超脱幻化，必外形骸，绝氛垢，其视埃壒纷华若蚁膻蚋腐，乃一切屏斥，卓然高举远引而游乎物初，是以饿寒颠困不足动其中，日与太虚溟涬为徒，所适者惟恍惚寥廓而无一发之可拘也。故乃云驭风行，而乘天地之正，御六气之辨，而超乎无穷，与后天而终者，其亦灏气之专而然欤？其真人之谓乎？宜其委形若蝉蜕，初不系乎迹之存亡也。兹雷坛之建，葺饰弥备，岂不使真人若游神阆风玄圃间而或来归也哉？此予闻而乐道之。后之人尚克谨其承，使悠远弗坠，乃经始者之志焉。

【说明】据四库本《岘泉集》卷二录文。参见校注本《岘泉集》上。按，新城县即今抚州市黎川县。按，文中所纪时间"戊午秋"疑有误，而"今年秋"又不明，故暂系于洪武甲子。

540. 明·刘敦信：重修青华观记 洪武十七年甲子（1384）

庐陵城西有观曰青华，前安成寿昌观道士张天全所建。肇基元世延祐庚申，有芝草之祥。时郡城高侯志上其事以闻于朝，敕赐"泰宇"之号，而观由是益盛。天全每于其间为国祝釐，为民祈福，无不用其极。元季毁于火，天全亦羽化矣。

皇明启运，百废具举。有朱熙明为天全弟子，不忍其师之勤、观之毁，得庐陵陈氏允文等乐捐以助其力，乃于洪武甲子规画为殿，下逮山门廊庑，凡所以栖神者，朽则易之，可则仍之，务为久远之谋，不计速成之美，岿然焕然，何殊天全之存日乎？于是熙明与其徒谋曰："延祐去今仅百年，而青华如此而兴，如此而毁，又如此而复，不有以述其事，何以昭示来者？"遂具本末求记，而托进士李兼善来请。

余惟道家以清净为本，自书契以来，莫盛于汉。故孝惠之世有曰"载其清净，民以安一"。太史公曰："盖公言黄老，则道之为教可知矣。"观于《诗》，有曰"昊天上帝"，又曰"敬恭明神"，则帝之临下，神之不可掩，又可知矣。故尝以为道之言帝，即《诗》之所谓帝也；道之言神，即《诗》之所谓神也。何昧昧者必以黄冠紫衣为道士？必以道士而后可以祀上帝？是盖不知天之可畏，而不能斋明盛服以承祭祀也。由此而观，何怪乎以道为异端虚无哉？熙明年老悟道，且为宋太守朱公约山之后；天全世本曲江张文献公之远孙，故并纪之。铭曰：

道家者流，匪一朝夕。传自崆峒，至道之极。黄帝广成，议论精密。要命昏默，人未易识。惟兹青华，天全所植。上栋下宇，如跂斯翼。阅历沧桑，得而又失。慨彼异人，久坐环立。飘然乘风，庾岭一息。始信两尘，可为警惕。咨我熙明，善踵前接。爰立穹碑，琢以坚石。后有作者，永永无斁。

【说明】 刘敦信，生平不详。据乾隆四十六年《庐陵县志》卷四二录文。参见康熙二十八年《庐陵县志》卷一三（文字略有不同）、道光《庐陵县志》卷三九、光绪《江西通志》卷一二三、民国《庐陵县志》卷一三下。

541. 明·胡行简：清江镇晏公祠庙碑

洪武十八年乙丑（1385）

清江镇旧有晏公庙，历世滋久，莫之改作。谒而祀者，见其隘且陋，欲撤而新之，不果。洪武甲子，里人彭士宽慨然曰：“神食于斯，永福我民，而庙貌不足揭虔妥灵，非缺典欤?”凡徼福者，闻其言，或助之金，或输之粟，以相其役。乃度地于宝金山之侧，建殿庭，立门庑，规模位置增其旧数倍，既逾年，弗克就。郡守钱恕还自京师，过而叹曰：“独力之难成也如此!”乃捐俸以为之倡。于是乡邑官吏咸相率鸠赀以相其成，不待劝而能也。远近之见者闻者争効其力，逾数月竣事。里父老士庶击牲酾酒，告成功于神，咸愿勒石以纪成绩。前守以属予，因次第记其说以为之文。

按郡乘，镇之地，故金阳县也。山川英淑之气，代产异人，以庙食于斯。聂公友、喻公法先是也。公生乎是镇，与二公匹休，祠而祭之，亦宜也。稽诸《礼经》：能为民御灾捍患，则列之于祀。公之威灵，始乎乡里，著于江右，南至湖湘，东暨京口，以至川峡河海，莫不仰其英风，钦其肸蠁。上自朝廷，下逮士庶，舟楫之行，材木庶物之运，卒遇风涛之险，往往叫号神明，其免于危难之余而措之坦夷之际，易危而安，如履平地。祠宇所在，晔然相望，矧公桑梓之乡，可弗加之意乎?礼莫大于报本，不于祠祀致恭，不可也。公生有异质，善事父母，人称其孝。生为孝子，殁为明神，故宜默扶世道，与天地相为悠久也。若其始生，其卒葬年月，勒之碑阴，兹不续为之书。乃为之铭，铭曰：

鹿渚之滨，江山胜处，葛峰南来，萧水东注。挺奇毓秀，猗地之灵，笃生异人，为时之桢。济物以慈，事亲以孝，为己为人，克全其道。生为孝子，殁为明神，功在国家，泽在斯民。河海湖江，惟神所职，舟楫无虞，咸戴神力。御灾捍患，崇德报功，神溥其惠，人效其功。宝金之山，新宫所在，桑梓之邦，万世攸赖。神灵有赫，庙貌斯虔，护国利民，永矢弗愆。

【说明】据四库本《樗隐集》卷六录文。参见《全元文》卷一六九七胡行简三（第56册）。

542. 明·陈仲述：灵山庙祀记 洪武十八年乙丑（1385）

赣城东北有灵山庙，凡大札大灾，禬禳祠祷焉，以神司善恶之应也。庙创于后唐应顺间，迄今四百余年，民祀神如祀其先。地本赣陆氏所居故址，有陆平远者雅诵道家书，虽寝食弗辍。有异人造焉，善相其地之宜，谓其居弗利，因为厌之。乃抟土肖像以遗，俾祀焉。授以神水，愈厉疾。因忽不见，由是灵异日著。周显德中，祠增创崇丽，若帝者居。陆氏子孙甚夥，世掌祠祀弗替，岁时则合其族以展祀事，以尽敦睦之道。祠宇忽遭兵燹颓圮，陆氏暨赣人先营之，不敢后。祀事载丽牲石，历历可考。洪武乙丑，平远之裔孙陆仲车氏以进士拜监察御史，与予同寮，道其事颇悉。谓赣人事神且久，至我朝始登祀典。岁则官致牲币行礼祠下，益敬以虔，民心翕然向仰。祠宇之挠蠹低压，族之良者复鸠众力完旧而图新之。殿堂门庑，黝垩丹漆，光溢人目而未有记。宜书于石，俾来者罔敢坠厥绪。既而其兄仲行又以状来请，予辞不可。

祭法曰：圣王之制祭祀也，能御大灾则祀之，能捍大患则祀之。神非能御灾捍患乎？不然，民之敬神何若是其至也？况善恶之报，神实司之，非徒疾病行祷而已。所以阴翊王度、潜淑人心于不言之表，尤非细故，则神之载祀典非苟然矣。呜呼！天典民彝既坏，人心之存，或因于神。譬有人焉，行如盗跖，衣裳冠冕所不能化，刀锯𫓧钺所不能怵，父兄师友所不能导，一旦过祠则俯首丧气，苶然如不胜衣，若神之临乎其上，改行不敢为非义者有之。故曰明则有礼乐，幽则有鬼神，理岂二乎哉？诚使赣人因事神以启敬畏，乡有父老率先，子弟修其操履行谊，质诸鬼神而无愧，神之听之，将福之佑之不暇，况有大札大灾之祷乎？此朝廷祀神治民之典所以赐福于赣人者在是。陆氏世世子孙，沐神之贶，亦宁有已哉？乃作迎享送神之曲，俾歌以祀焉。辞曰：

陈瑶席兮湛清酤，缤纷纷兮灵起途。风为马兮云为车，胡之弓兮秦之卢。绣衣濯濯兮龙文裾，流苏高张兮红氍毹。戈甲生火兮神兵趋，傀形殊貌兮声魏魏。倏而来兮忽而徂，佑我民兮矢弗渝。梗神化兮神所屠，羌好修兮神所誉。我民报祀兮无怠厥初。

【说明】据万历《吉安府志》卷一九载：陈仲述“名继先，以字行，泰和人。少从刘槎翁学，洪武十八年进士，授监察御史。笃志洁修，居官十年，一布被犹书生时故物。时进士名能古文者皆推仲述第一。”据同治《赣县志》卷四九之四录文。参见四库本《江西通志》卷一二九。

543. 明·张宇初：福庆观记 洪武二十年丁卯（1387）

吾道之谓洞天福地者，皆据东南山水之奇胜，故非人迹所宜栖息，而必仙真之奥区也。信之玉山又曰晖山，盖尝产玉而有辉，因以名焉。旧之宫宇益废，黄谷山始于道会李颜则也。

洪武十五年壬戌，皇上聿兴玄教，诏天下府州县皆设司以隶从道者。吾山佑圣院李颜则以法术称于人，有司檄至，命趋阙，授县之道会，以董治之所未宜。十九年丙寅秋，予入觐，间指示之曰：“溪南之峰特秀整，下宜居，必往择焉。”道会遂旋登之，遇樵者，因问诸樵，曰：“此黄谷山，昔谓大王峰也。”其地去县二里许，崇亢耸拔，高可数十步。山之半折径而上，有泉出石窦中，布石为井，曰冰壶。径左一石洞，去洞数步，有石若锣鼓状，击皆有声。石前近溪为大黄潭，溪之滨曰功曹山。山之下为龙洞，唐相国阎公立本宅其东，禅师贯休寺其西，东岳祠创寺之右，即怀玉山也。寺之北为三清山，峰秀若笔立，吴葛仙公玄暨德兴李尚书某修炼其间。宋端明殿学士汪泽亦居其下，青鳌峰拱列其北。二十年丁卯，道会乃剪芜芟秽，中建三清殿，后为法堂，堂之东曰紫云轩，若廊庑庖庾皆毕备，翳以杉松竹柏，风磴云檐迂回隐约轩之前。下俯鄘邑阛阓，近接衽席间，而其平洲远水，奇峦秀巘，皆层见迭出于云烟出没之际。惟身与太空为邻，不知其有尘世，信所谓仙真之境也。余趋京还辄登，而乐其成。道会请以旧额合而命曰福庆观。观乃宋侍郎韩公某创于乡，废且久，因复以名云。

玉山之东岳祠也，山水雄丽甲他郡，由怀玉山之金砂玉龙洞，为江东发水之源，闽水逆出其东，而风气会焉。故世称其祠为泰山之贰。余尝谒其下，必低徊不能舍去。而黄谷山近在目睫间，其爽垲幽胜，不亚外祠，是岂非宇宙清淑之气发而为山川也？待其人而后兴焉。矧道会光际天朝，优眷非昔伦比，其统隶乎一邑也，必发扬吾道之玄德灵休，上翊皇祚于亿万年，则山谷相与无穷期也。使吾徒涵泳乎鸿鳌之间，虽居阆风玄圃，殆不是过也。后之继者亦必是志乎？则黄谷之谓，岂非吾老子谷神之旨也欤？道会名颜则，字自勖，为番阳令族。其秋还山，状其实请记。因嘉山水之胜，是不能无以纪之。

【说明】据四库本《岘泉集》卷二录文。参见点校本《岘泉集》上。

544. 明·张宇初：诒善亭记　洪武二十二年己巳（1389）

吾山上清宫之寮院凡三十有六，其源同而支异，故毁而复兴者有先后焉。至正辛卯宫灾，越数年，延焰而毁者更新之。紫微李君仲冶作旷逸堂于丁巳冬，己巳岁复构亭堂之南，友人周君孟启为颜曰“诒善”。仲冶揭扁于上，请记于予，曰：“吾鼻祖都监洪公始得于淛之紫微阁，因号曰‘微叟’。宋天圣间，入道于吾山。嘉祐间，知上清观事，度弟子王太素等。时徽庙崇道益笃，太素尝侍天师虚靖君，领祠事于朝，宠赉有加。及易观为宫，赐田亩，蠲赋税，筑圜靖通庵成而院亦就，因曰‘紫微’者，示不忘也。派久益盛，五传为冲靖镏公，道著孝、光、宁、理间，宫赖以显重。元戊戌、壬戌院灾者二，隐居史公倡诸徒拟新之。尝以上世旷逸金公有光于院，宜揭号于堂，致存思焉，言未就而殁。未几兵兴，先师汪君伯清迁安山堂，同草创故址间，方如治命也。而祖觉庵朱公尝建玄润斋以训其后。亭之建，尤不忘金、史二公虑迪之意，亦将若觉庵之有所资焉。故孟启谓虽君之祖诒谋之善，而君亦善继之，宜寘是扁欤？非赖一言以警勉吾后可乎？”亭成，余闻而善之。

仲冶具告其志，此受托于其先者之盛心，能无言乎？抑心为身之灵府，善吾所固有。其或欲蔽物夺而有弗善焉，苟能克己自反，制诸外无移其内，则善固存矣。虽然，仲冶学吾道者，其以祸福之戒之为善，则与孔、孟、荀、扬施之事为者异焉。然发乎心而复反乎心，理一也。是必抗节励行，汲汲于自修，则蕴诸心而存诸躬者无不善焉，则福不待希而集，祸复何自而至哉？然人人之宗祖期于将来拯于已废者，莫不欲善而福，而后卒以不善而祸，古今何纷纷也？故凡为人后者，视其先诒谋之善，岂不甚可畏哉？非慎持而敬守，其可谓之能嗣乎？矧仲冶敏厚而文，于孟启雅交厚，是扁深有契夫望于其后也。其必求诸实，积深而培远，则不徒继乃祖之训，亦以副孟启之命，于余言岂不重有勉焉？是为记。

【说明】据四库本《岘泉集》卷二录文。参见点校本《岘泉集》上。

545. 明・张宇初：故上清宫提点朋山张公墓志
洪武二十二年己巳（1389）

有笃厚君子曰张公如愚，讳迪哲，福州长乐邑三溪里人也。其先叔祖见独公为教门讲师，会元盛，辅翼居多。公夙质慕道，年十六以亲命入龙虎山，师事山外孙公于崇禧院。越数年，孙殁，哭尽哀，治祠墓。且其时院徒尤众，公以廉谨称，有命俾董院事。不逾年，蓄廪有加，众悦服。岁壬辰兵兴，上清宫灾，院亦毁。时各散处，公叹曰："人生若梦泡。父生师训，曷能忘耶？"请还省亲墓，且悲不能舍去。虽奔走间，未尝弃书。其里有观曰朝元，公先世所茔，祠张氏系。时兵势浸隔，因葺旧构，广门庑，树墉植木，辟岩洞，得深谷曰归愚洞，钓鳌石，汲古泉，日与文士觞咏其间。时清碧杜公、泰甫贡公来闽，交益厚。适岁旱，邑请祷。公嘿坐一室两三日，官庶神之，居六年乃还。先宫之推名者玄卿薛公、兰雪周公、客翰林曼石揭公、诗士均瑞黄公，公因师礼之。由是诗文篆隶书俱精，尤究儒释家言。若丹旨法奥，秘篆洞文，亦极探讨。至正间，山之有道者野庵金公、心月何公尝参叩之，故其平素涵泳自得，处得丧未尝改容，而学且不辍。

洪武十七年，予擢为宫住持。仅四年，请疾居榆原庵。常瓢笠杖屦，旷意林壑间，虽樵竖值之，皆疑为仙。间寻流而入，得僻奥地，乐之，结茅其麓以与朋共，曰朋山庵，室曰蚊睫窝，因以终焉。廿二年春，予蒙上眷许募力新上清宫。及还，以公端厚，宜谒显贵者。秋八月如京，寓朝天宫。请命有次，辞翰尤动一时，上尝优问焉。久之，谓弟子董仲玑曰："吾志报公家，恐日衰，不能见宫新，汝宜促还。”翌日就途，及抵山，不逾日寝疾。予往视之，语对如平常。越二日，疾且愈，言别侧卧而化，闰月某日也。生延祐乙卯，享年七十有六。以是年十二月某日奉柩葬于外石垗。其弟子上官某等录其实，告曰：“知公辱素厚之，其学行不可以不铭，愿有请。”予怆其辞且感焉。闽世为诗书之邦，公生世胄，温厚博学。予辱交有年，不惟克辅教枢而讲习居多，惟其德操之纯，无贤愚皆慨悼之，可不彰其潜曜也哉？是为铭曰：

张氏著姓，族蕃于闽。公禀天质，学优行纯。被艰际盛，佐弼温文。发用玄造，雨布霆奔。师古克粹，誉显志敦。出勤报功，问下明君。适还而逝，厥真常存。遐佩灵躅，归神峡原。铭石斯立，庶贻后昆。

【说明】据四库本《岘泉集》卷三录文。参见点校本《岘泉集》上。

546. 明·张宇初：故上清宫提点乐丘王公墓志

洪武二十三年庚午（1390）

予友王君乐丘卒之二月，其犹子无逸状君事行，泣以请铭。予辱知君厚，义不辞。

君讳某，字亦显，福州长乐人也。王氏世为闽衣冠家。君自儿时无凡俗志，年十九，以兄足事亲，请从道。父命择师龙虎山，遂礼崇禧院李公见山。性敦厚警敏，公甚器之。暨公营繁禧观于溪滨，未完而殁；毕工而增大者，君力也。时予先大父太玄公遭际元盛，任才慎许可，以君淳谨，命为侍职。若吴大宗师之门南野毛真人、盘中李真人，皆声耀特著，俱勉进之。晚谒翰林虞文靖公、揭文安公于临川，皆美以诗文。无何，运移兵兴。壬辰，闻四方溷扰，以君善保持，观赖以存。洪武初，以租赋繁剧，累以颠困，尝倾私帑力扶树之，尤汲汲以葺衰废、度嗣人为志，故殿庑益拯，徒不下数人，他所莫及。先君冲虚公尝嘉其善，欲擢用之。君以宫才能让，一志闲旷，间徜徉溪南麈湖、琵琶诸峰，间得胜地，编茅为舍，引泉为池，植竹树，辟田圃，日陶写自得。素不妄与人交，乡先生张公孟循、周公白士独相契善，间过之，必乐饮而告曰："乐哉！斯丘真子所居也。"有诗若干篇，因名其居并自号焉。十四年春，予举为宫住持。公谨不少怠，以修治为己任。仅二年，辞老，肆意山谷，延名师训育子弟，营蜕藏于庵北。暮齿虽贫窭，接宾客，济贫困，闻义乐为，其敦厚每若此。少通经史大义，尤以古贤德性行为慕，或为古诗以自见。盖尝从山之有道者金公野庵、何公心月游，时有闻焉。晚则倪君子正、周君孟启皆雅相厚。二十二年春，予蒙上眷许新上清宫，以莅事非君不可，是年冬，致书千余言强起之，君倡义复出。今年春，有以观役诬之者，如京事明，以疾卒于朝天宫，九月某日，享年七十有五。无逸扶柩还，讣闻悲悼，不能已已。或谓旧茔不宜，迁兆于其左，以是年十月某日葬焉。

呜呼！予齿龆龀，知君为温厚君子。及辱交垂十年，出辅教枢，端谨自居，处忧患进退犹一日也。矧受知予家已三世，其所推重，宜有在焉。惜乎！既逸而出，未久遽止，竟以是而弗终于家乎？然得其寿，有其善，是固不足掩也已。其潜德信不可泯，况有请焉？遂不辞而铭曰：

世远道晦言益坠，美质温粹笃操砺。夙跻盛隆沐先惠，克昌厥犹慎终卫。晚蹈林泉绝氛翳，玄枢振纲肃浮逝。邈焉天游廓无际，刻铭幽宫昭百世。

【说明】据四库本《岘泉集》卷三录文。参见点校本《岘泉集》上。

547. 明·刘三吾：清都观三门记

洪武二十四辛未（1391）

庐陵永和镇之清都观，其来尚矣。肇基于李唐，得额乎赵宋英宗之时。前后住持萧德原、谢子和，功是观不少矣。苏文忠、黄太史、周益国文墨留题，亦不可多得矣。在元朝，嗣为主者三：曰道冲，曰凝然，曰默存。以是观殿有三清、有玉皇，阁有紫微。像设俨如，金碧辉煌，钟鼓在悬，敲击以时，楼观岳峙，洞户蜂缀，庖湢有所，学人有居。惟是三门，前临青原，诸山环拱，献秀效奇，实为眉宇，人事奔输，幸成间架。今大明朝观主刘玄同，劝相题助，随补随葺，迄未溃于成。默存学徒谢我同，其下罗务学、刘敏学诸贤，相继倾帑为之。会我同征诸太常肄习乐舞，留居神京。则弁髦升所，沥熏矢心，谓学道玄门，一念通神，前修何人，焕其成功！若今观宇，顾此三门，历几寒燥，而玩愒岁月，有始罔终。初心谓何？神明谓何？乃以崇修。所得恩赐所余为缗二十万二十升闯，便寄归以底成绩。其同学安城刘常清谒于琼署，谓："我同在观，淡泊是甘，精勤不懈，学徒来者，延余教之。兹复己资是捐，三门是念。惟学士念苏、黄诸前闻人，为纪其事，观门幸甚。"余惟我同在其里之观中，诿曰："朝夕出入是门，动心前功，所宜然也。今也离乡井，来京师，里观三门，其完与否，在它人秦越相视，邈然无所关其念矣。顾能捐终岁之积，不远数千里寄归其观，以完是门，迪厥丕，毋负倡而图肇事之意。於戏！孰知宇宙之气至此一泰杰出。我同其人不以身不以其乡忘情是门，管子所谓始不足见，终不可及，欲举所美，必观所终。我同始终于是观三门是已。抑闻苏公留题是观，以与子和同年丙子，故诗有'笑问行年与我同'之句。常清谓我同得名，实取斯义。呜呼！谢之得同于苏，以年也。我同之期同其谢，有不以其道也哉！古之至人，知道非时之所能拘，方之所能碍，人即我，我即人。固有以一日为百年，百年为一日；一里为百里，百里为一里。虽它人肺肝不可窥，我同之期同子和，必如是乃可也。且又安知我同之心是观门不置，非其同前修学道一念之所及也哉？若夫门之作三，知《礼》者所不能捐，知《春秋》者所太息，则南丰所记仙都观备矣，奚庸赘？"

洪武辛未春，翰林学士、奉议大夫兼左春坊左赞善刘三吾撰。

【说明】刘三吾（1313~1400），初名昆，后改如步，以字行，自号坦坦翁。湖南茶陵人。仕元为广西静江路副提举。入明后任左赞善、翰林学士等。有《琼署》《春坊》等集。参见朱彝尊编《明诗综》卷四"刘三吾"条。据《东昌志》卷二录文。

548. 明·谢矩：重修龙吟观记　洪武二十四年辛未（1391）

龙泉据吉郡上流，仙宇之最殊特者，名曰龙吟观，神气之所盘结也。溯观原名奉真坛，列县治东偏。唐贞元间，道士蒲志明开创。绍兴二年，毁于盗。庆元六年，邑侍郎孙献简公重创，改今额。县尹王公命康子真主持之。嘉兴三年，道士萧宗让重修，前为太上阁，后殿并立，翼以两庑。元至正间，观主宋鹤山以殿隘不足以称阁，改而拓之。而其徒王一峰、萧一闲又以庑陋不足以称殿，合谋而加修之，于是堂构巍然，称福地矣。至正壬辰兵兴，观踏为墟。我朝奄奠南服，泉归版图，道士李居辰遂得清旧而复修焉。洪武庚戌，诏郡县道教设官分署，居辰首膺其选。居辰羽化，其徒萧珍字九和克绍师志，袭乃职，置田租四顷五亩，积税粮四十二石六斗有奇。与其徒萧如一谋拓厥基，以增盛概。议既定，邑人士咸喜而赞之。于是鸠工抡材，廓旧宇而恢新图。于是元养有室，庖廪有次，丹霞绮雾，掩映窗棂，天风徐来，琳琅振响，实由境地之高明爽垲，以成观宇之寥回壮丽也。经始于洪武庚午秋，落成于明年辛未冬。泉士蔡钥具颠末征余为记。

予昔闻龙泉有观，龙吟其名，而足未一履，末由摹写其情形。今知是观之兴，始拓者有鹤山，继事者有一峰、一闲，改造者有居辰，述志者有九和、如一，是固天时之泰，地气之灵，有以启人事之昌。将见真风教雨，宏被广狭，而龙吟观之胜概，殆有夐出世表而莫与比论者矣。

【说明】谢矩，号易庵，庐陵（今江西吉安县）人。曾任翰林院编修。据同治《龙泉县志》卷一六录文。

549. 明·刘三吾：重修元妙观记

洪武二十五年壬申（1392）

庐陵四忠一节之邦，玄妙祝釐都会之所。山川钟奇，往往地重人杰，相须以胜。虽代有废圮，而代有修举其人。盖由国运方兴，是观亦兼是方兴之运以兴。此则有数默行乎其间，其由来尚矣。

揆厥所由，肇自唐开元之辛酉，时则属紫极宫。继兴于宋祥符之庚戌，时则为均庆观，天禧戊午，改天庆观。元至元癸巳，始改今玄妙观。其时道力阴翊王度，住持有人，士民乐输。一变而兵燹，再造而大明甲辰之岁，住持赵渊泉为是小三门真官堂。洪武壬子，前住持袁泰亨与当代住持刘碧峰及尊宿刘无心等，集议以图故规。先是郡侯守帅首倡于上，士庶同袍者皆捐金乐助。然本观亦以田易金，庀工度材，作三清正殿，鸠工癸丑十二月，落成甲寅三月，时则住持萧履实焉；作门设扉，陶瓦盘石，时则住持宋云从焉；起正三门，作四将殿，时则住持周吾与焉；始终赞襄，则知观萧明元、副观刘性渊、萧处敬焉在。住持徐孚忠时开设道署，同力募缘，涂塈砻砌，缋塑像设，华盖香案，供器鼎创，雷坛藏殿，举以次完，时则都纪周仙授，乃癸亥甲子之岁也。回施金资，募缘乐施，东西两廊，举以次就，时则道纪萧明元，乃辛未、壬申之岁也。敞翚延髻，耸隅植疏，甲然林然，还复旧观矣。

嗟夫！道以清净无为为宗，教以像设祠祀为主，其学之从则以兴造焚修为事。道匪教无所寓，教匪其徒无以行。继自今，邦人士本皇上之教，无忧而有寿，下之人皆无恶而有善。其学之徒以其道力阐是道教，与斯世斯人相安相乐于太平之世，如游玉清、上清、太清三境之天，故一自人心之萃之得之。不然，唐、宋、元前日之巍乎在吾目者，今曷从而来哉？以此见废兴之由者，数也。数之不能制者，又心三境之天是也。不然，郡之官守、泰亨住持与二道纪，诸人心之境涣乎其不一者，又胡为不约而同也哉？观之百废具兴，其观之羽士葛清隐以职奉常居神乐，领道纪萧明元之命，征文于玉堂老人。是为之记，并系以诗曰：

庐陵忠节为名邦，祀鳌有观肇李唐。元圃翠水流汤汤，琳宇金碧辉煌煌。历宋连元几海桑，代有作者遥相望。昭代日月天中央，再造寰宇世阜康。仙宫羽客参翱翔，募缘乐施争颉颃。髻延翚敞凤翼张，上有三境摩穹苍，下有廊庑纷低昂。簪裾环列钟鼓镗，山川为之发祥光。曰雨而雨旸而旸，民物欣欣福穰穰，感兹帝力何能忘。昕夕吁天薰愿香，皇图万万永无疆，玄教与之同久长。

【说明】 据康熙《庐陵县志》卷一三录文。参见道光《庐陵县志》卷三九（文字省略大半）。

550. 明·朱元璋（明太祖）：周颠仙人碑

洪武二十六年癸酉（1393）

颠人周姓者，自言南昌属郡建昌人也。年一十有四岁，因患颠疾，父母无暇常拘，于是颠入南昌，乞食于市。岁如常，颠如是，更无他往。元至正间，失记何年，忽入抚州一次，未几仍归南昌。有时施力于市户之家，日与俦人相杂，暮宿闾阎之下。

岁将三十余，俄有异词，凡新官到任，必谒见而诉之，其词曰："告太平。"此异言也。何以见？当是时，元天下承平，将乱在迩，其颠者故发此言，乃曰异词。为数年，元天下乱。所在英雄据险，杀无宁日。其称伪汉陈友谅者，帅乌合之众以入南昌，其颠者无与语也。未几，朕亲帅舟师复南昌，城降。朕抚民既定，归建业，于南昌东华门道左，见男子一人拜于道旁。朕谓左右曰："此何人也？"左右皆曰："颠人。"朕三月归建业，颠者六月至。朕亲出督工，逢颠者来谒。谓颠者曰："此来为何？"对曰："告太平。"如此者，朝出则逢之，所告如前，或左或右，或前或后，务以此言为先。有时遥见，以手入胸襟中，似乎讨物以手置口中。问其故，乃曰："虱子。"复谓曰："几何？"对曰："二三斗。"此等异言。大概知朕之不宁，当首见时即言"婆娘歹"。又乡谈中常歌云："世上什么动得人心？只有胭脂胚粉动得婆娘嫂里人。"及问其故，对曰："你只这般，只这般。"每每如此及"告太平"。终日被此颠者所烦，特以烧酒醉之。明日又来，仍以虱多为说。于是制新衣，易彼之旧衣。新衣至，朕视颠者旧裙腰间藏三寸许菖蒲一茎。谓颠者曰："此物何用？"对曰："细嚼饮水，腹无痛。"朕细嚼水吞之。

是后，颠者日颠不已，命蒸之。初以巨缸覆之，令颠者居其内，以五尺围芦薪缘缸煅之。薪尽火消，揭缸而视之，俨然如故。是后复蒸为五尺围芦薪一束半，以缸覆颠者于内，周遭以火煅之。烟消炎灭之后，揭缸视之，俨然如故。又未几时，以五尺围芦薪两束半，以缸覆颠者于内煅炼之。薪尽火消之后，揭缸视之，其烟凝于缸底若张绵状，颠者微以首撼，撼小水微出，即醒无恙。命寄食于蒋山寺，主僧领之。月余，僧来告颠者有异状。与沙弥争饭，遂怒不食，今半月矣。朕奇之。明日，命驾亲往询视之。至寺，遥见颠者来迓，步趋无限，容无饥色，是其异地。因盛肴羞，同享于翠微亭。膳后，密谓主僧曰："令颠者清斋一月，以视其能否。"主僧如朕命，防颠者于一室，朕每三日一问，问至二十有三日，果不饮膳，是出凡人也。朕亲往以开之。诸军将士闻是，争取酒肴以供之。大饱弗纳，所饮食者尽出之。良久召至，朕与共享食如前，纳之弗出。酒过且酣，先于朕归道旁，侧道右边待朕至。及朕至，颠者以手划成圈，指谓朕曰："你打破个桶做个桶。"发此异言。当是时，金陵村民闻之，争邀供养。

一日，逢后生者，俄出异词："噫！教你充军便充军。"又闲中见朕，常歌曰："山东只好立一个省。"未几，朕将西征九江，特问颠者曰："此行可乎？"应声曰："可。"朕谓颠者曰："彼已称帝，今与彼战，岂不难乎？"颠者故作颠态，仰面视房之上。久之，稳首正容，以手拂之曰："上面无他的。"朕谓曰："此行你偕往可乎？"曰："可。"询毕朕归。其颠者以平日所持之拐擎之，急趋朕之马前，摇舞之状若壮士挥戈之势，此露必胜之兆。后兵行带往。至皖城，无风，舟师难行，遣人问之。颠者乃曰："只管行，只管有风；无胆不行，便无风。"于是诸军上牵，以舟泊岸，溯流而上。不二三里，微风渐起。又不十里，大风猛作，扬帆长驱，遂达小孤。朕曾谓相伴者曰："其颠者无正语，防闲之。倘有谬词，来报。"至马当江中，江豚戏水。颠者曰："水怪见前损人多。"伴者来报，朕不然其说。颠果无知，弃溺于江中。至湖口，失记人数，约有十七八人，将颠者领去湖口小江边，意在溺。众去久而归，颠者同来。问命往者何不置之死地，又复生来。对曰："难置之于死地。"语未既，颠者猝至，谓朕欲食，朕与之食。食既，颠者整顿精神衣服之类，若远行之状。至朕前，鞠躬舒项谓朕曰："你杀之。"朕谓曰："被你烦多，杀且未敢，且纵你行。"遂糗粮而往，去后莫知所之。朕于彭蠡之中大战之后，回江上星列水师以据江势。暇中，试令人往匡庐之下颠者所向之方，询土居之民，要知颠者之有无。在荒人无，惟太平宫侧草莽间一民居之。以颠者状云之，谓民人曰："是曾见否？"对曰："前者俄有一瘦长人物，初至我处，声言'好了，我告太平来了，你为民者用心种田'。语后于我宅内，不食半月矣。深入匡庐，无知所之。”朕战后归来，癸卯围武昌，甲辰平荆楚，乙巳入两浙，戊午平吴越，下中原、两广、福建，天下混一。

洪武癸亥八月，俄有赤脚僧名觉显者至。自言于匡庐深山岩壑中见一老人，使我来谓大明天子有说。闻其说，乃云国祚。殿廷仪礼司以此奏。朕思方今虚诳者多，朕驭宇内，至尊于黔黎之上，奉上下于两间，善听善见，恐贻民笑，故不见不答。是僧伺候四年，乃往匡庐。意在欲见，朕不与见，但以诗二首寄之。去后二年，使人询之。果曾再见否其赤脚者？云“不复再见”。

又四年，朕患热症，几将去世。俄赤脚僧至，言天眼尊者及周颠仙人遣某送药至。朕初又不欲见，少思之：既病，人以药来，虽真假，合见之。出与见，惠朕以药。药之名二：其一曰温良药，两片；其一曰温良石，一块。其用之方：金盏子盛着，背上磨着，金盏子内吃一盏便好。朕遂服之，初无甚异。初服在未时，间至点灯时，周身卤内搐掣，此药之应也，当夜病愈。精神日强一日。服过两番，乃闻有菖蒲香，盏底有丹砂沉坠，鲜红异世有者。其赤脚僧云：“某住天池寺，去岩有五里余。俄有徐道人来言竹林寺见，请往视之。某与同往，见天眼尊者坐竹林寺中。少顷，一披草衣者入。某谓天眼曰：‘此何人也？’对曰：‘此周颠是也，方今主所询者此人也。即今人主作热，尔当送药与服之。’天眼更云：‘我与颠，已和人主诗。’某问曰：‘诗将视看？’对曰：‘写于石上。’某于石上观之，于悬崖处果有诗二首。”朕谓赤脚僧：“还能记乎？”曰：“能。”即命录之。初见其诗粗俗，无韵无联，似乎非诗。及遣人诣匡庐召致之，使者至，杳然矣。朕复以是诗再观，其词其字，皆异寻常，不在镌巧，但说事耳。国之休咎存亡之道已决矣，故纪之以示后人。

【说明】碑存于庐山仙人洞白鹿升仙台御碑亭内。方首方趺，额篆“御制”二大字。高 4 米，宽 1.66 米，厚 0.2 米。直行，39 行，小楷。碑已漫漶严重，字迹较模糊。据碑录文，并与民国本《庐山志》卷一一、《庐山道教初编》互校。参见同治《星子县志》卷一二（题作“御制周颠仙人碑”）。按，民国本《庐山志》载：碑为明太祖撰，洪武二十六年岁次癸酉从事郎、中书舍人詹希原奉敕书丹并篆额，碑阴刻明太祖祭天眼尊者等四人诗文。碑于2014年7月21日列入全国第七批重点文物保护单位。

551. 明·朱元璋（明太祖）：祭天眼尊者周颠仙人徐道人赤脚僧文　洪武二十六年癸酉（1393）

昔者具色相空万物而空法，外色相而离之以存一灵，斯若是历苦劫于无量；今者神神妙用，幽隐于庐岳，独为朕知而济朕难，然朕终不佞于利济之恩，当以礼谢。虽然，神已灵妙不测矣。寻常无碍于上下，逍遥乎两间，周游乎八极，玩阅人情，猝然礼至，杳然弗应，岂不为世所嗤？故先期京师已告诸祠，又遣使至庐岳之下祷于庐岳之神，方以礼进。礼不过谢而已矣。今世之人知幽明之理者鲜矣。敢请倏然而显，倏然而隐，使善者慕而不得，恶者见而难亲，岂不有补于世道者欤？

【说明】碑存庐山仙人洞白鹿升仙台御碑亭内，位于周颠仙人碑之背面，阴刻。方首方趺，题额“御制”二字，横写，楷书。高4米，宽1.66米，厚0.2米。直行，19行，满行。碑文前有碑题，分两行刻写，第一行刻“祭天眼尊者周颠仙人”，第二行刻“徐道人赤脚僧文”，楷书。据碑录文。参见同治《湖口县志》卷九上、同治《德化县志》卷四九、同治《星子县志》卷一三、民国本《庐山志》卷一一。碑于2014年7月21日列入第七批全国重点文物保护单位。按，“不佞”一作“不忘”。

552. 明·张宇初：故上清宫提举矩庵胡公墓志　洪武二十七年甲戌（1394）

世生大有为之君，其承运而际者多出类拔萃之才，故协赞其成者亦必雄鸣潜跃之士，岂非时符气合而然哉？先君冲虚天师国初受知皇上，凡宫之称才者皆佐以行，而佑圣院胡公叔直披艰竭智之功居多。暨予袭教，尤协传有年，此天之所以启玄教之隆而产是人以辉大之也。代固不乏其人，而岂不足方之其先者哉？洪武二十六年冬，以疾卒于京。明年冬，将营葬。其诸孙李某状其实以请铭。鸣呼！予若先君皆公辅成焉。先君既往，赖公以夙勋元旧，足以传焉。方喜其康健，岂遽衰者？未几竟逝矣。惟哀之无穷，尚忍铭哉？

按公姓胡氏，讳某，字某，号矩庵。始祖讳某，自南唐从歙避地饶之乐平梅浦，因家焉。世业儒，为昔衣冠家。暨宋，擢进士第者相望，高宗赐里曰“梅府”。淳祐间，昆弟四人同登甲科，是建联登书舍，乡里荣之，因以训砺其族人。公十五世孙也。曾祖某，祖某，皆隐德弗仕。父某，元皇庆间历宣徽院使。公仲子也，幼颖敏嗜学，即有出尘志。年十五，辞亲入龙虎山上清宫佑圣院，礼焕文朱公为师。年十八，度为道士。弱冠，卓立有誉，尤究儒玄百氏之言，善歌诗骈丽，为时所称。若先辈李先生仲公、前博士胡公士恭、前翰林危公太朴、乡先生张公孟循、卢公伯良、夏公柏承，宫之能文者董君兰深、柯君天乐、张君铁矿，皆所师友焉。岁己亥，先君始袭教，公披草昧，每身任之，无难色。凡道家经箓科典皆缀饰之，因命掌焉。洪武元年戊申，诏先君入觐，公侍行。越逾年，又召。凡祷祠禜禬问鬼神之事，皆赞翼之。礼部给符，任教门掌书，谨静有谋，先君深契厚之。十二年，新本院。十三年，予蒙召，首相行，承宠锡如旧典。十四年，升玄贞文肃渊静法师、教门赞教法箓局都提点。十六年，皇太后崩，有召予及道录建黄箓国醮于京之紫金山，公职监斋，纠劾有文，众咸传伏。十七年，教疏升上清宫提举，其柔退谦畏常度越人。二十三年，予入觐，又侍行。奏建上清宫，上嘉纳之。二十四年，道箓司承旨召赴阙清理道教，公复相焉。奏护符箓，赐铜印，示六品，命公掌之。廿五年秋，以宫事如京。十月十又三日示微疾，终于寓舍。生延祐己未九月二十四日，享年七十有四。其孙朱某侍侧，负柩还。公职教幕几三十余年，侍行几十余觐，及新宫宇，其协谋宣画靡不致力焉。若天师世家族氏谱系及宫之仙籍，皆考订详尽。其里之联登书舍，经兵尽毁，出己帑新之，择族之良子祀焉，又求当世名士大夫文以志之。予数擢以本宫提点，力让未遑。诗文若干篇，名某集。以廿六年癸酉十二月十又三日，奉冠剑葬里之寿春观祖陇之次。

鸣呼！予观古之人身达而业举，足以托不泯也，岂虚玄之教独不然哉？若公之遭历前后，于吾世有勋劳，而文彩尤足著其绪余，此岂世之多得者哉？

是次其实而为之铭曰：

维胡之宗，文德是基。公挺玄胄，克赞明时。被荣际耀，实天人师。嗣爵既袭，曰传曰持。金科宝诀，鹄旆鸾仪。领袖名山，温言淑姿。诬吝孰翳，游神天倪。空歌灵音，云霞与驰。潜德弗泯，昭于铭辞。

【说明】据四库本《岘泉集》卷三录文。参见点校本《岘泉集》上。

553. 明·张宇初：灵谷山隐真观记

洪武二十七年甲戌（1394）

洪之曰名山福地、仙真灵迹之奥区者，莫甲于盱、抚；而抚之奇胜必华盖，三真君居焉。按传记，真君为秦人，即古浮丘公也，王、郭其弟子焉，往从之游，已而俱升真矣，世谓三仙云。

灵谷山在抚之临川，三峰峭拔，去郡邑三十里而近，高峻雄峙，冠于他山。山颠东有古牛石，南则漉酒泉，西为石门关、退心石、瀑布泉，北连文印峰。山之半有南北二井，水清冽不竭。井傍立驻云亭、棋枰石，灵鹤常集其下。西南第二峰为谢灵运洗墨池，盱江之水萦回于前。西若龙虎之麈湖、琵琶、云林诸峰，暨巴陵、华盖、芙蓉、军山、麻姑、羊角诸山，皆环峙互拱于目睫间，其层见迭出，一举而皆仙都真境也。

宋大观己丑冬十月，山人丘祐樵于山巘，遇星冠霞服者三人弈于地，遗祐以桃。弈毕，叱祐归，徐莫之见。祐及家，越三载矣。祐复往弈所，掘地得陶灯器三、香炉一。众异之，即垒为龛，像三仙祀之，疑弈者即三真君云。正和丁酉，道士易安宁始建观其上，请于朝，赐额“隐真”。凡民之旱涝疾疫，祷之辄应。元盛亦显著。累毁于兵，旋复修创。我朝众日益繁而举废为多。观之张大顺氏洪武十五年壬戌授府之道纪，叶良贵氏二十七年甲戌授山川坛署丞。或谓皆山灵之阴有祐焉，而皆以法术名。间请记于余，余方退偃林壑，有高蹈远引之志。凡仙真灵异之迹，岂不愿游而乐道之？故不辞。

然余尝观堪舆家之言，凡山川风气所会，皆合乎天之星曜、地之精英聚焉。是故扶舆清淑之气所钟，亦岂苟然哉？若灵谷之胜，虽相去不数舍，闻而未即，而三仙之灵休伟觋在在有之，其著于是也，宜必与山川之壮同其无穷期矣。士产其间，亦岂非宿修预植而然哉？良贵温实夷靖，知其必能大先业矣。尚当挟冷风，撷飞佩，一览其上，或将有异遇焉。乃记其概以俟。

【说明】据四库本《岘泉集》卷二录文。参见点校本《岘泉集》上。

554. 明·张宇初：义渡记　洪武二十八年乙亥（1395）

南丰之为州，山水崇秀，人物繁夥，而商帆贾舶常往还为市。其道则上通南、临、袁、赣，下达盱、抚、闽、广，而义渡适当其要冲，舟不可不设也。

溪去县五里而近，溪上重冈叠楚，引映若环带。北面军峰之秀，是为神龟冈也。宋崇宁间，侍宸王真君以道行之著受知徽庙，晚瘗蜕其地，而神龟之征益名。邑之贤良有邹铁壁者，尝受法于上官氏。上官，侍宸甥也。已而复遇侍宸，亲授其奥，而道亦显。时有知南丰州事王质尝师事铁壁，及付受之顷，忽雷震坛上。邹曰："吾将度矣。"王惊喜，遂倾资奉之。邹谢曰："吾云水徒也，用此奚为？"王乃请以广妙灵观以祠事侍宸。故旧观在他里，乃迁而新之。以是凡旱涝疾疢者，居民祷之必应。恳谒者日至而渡犹病涉，有不惟利趋之弗宜也。是设舟于渡而亭其上，因有以憩息之地焉。元季兵兴，亭废而舟亦毁。洪武庚午春，予尝谒真君祠，时妙灵芜秽弗治，是命盱之嗣法章恢募力新之。工既毕，岁乙亥复新候仙之亭，设舟以为义渡，且施水田若干亩以赡舟师而备易舟之费。其为悠远之计亦至矣，而恻隐病涉之仁具存矣。数征文以记之。

夫义者，事之宜也。舟之象涣，以济不通，此圣人于物取象之宜也。虽凡溪渚不通者，皆得设而济之，矧南丰为之上县，而神龟乃仙真之遗迹，流泽在焉。使无商贾往还之剧，舟故不可废也。今彦宏推其慕道之心传于仁爱，其亦功用之勤且笃矣。尤将托之以义，其为悠远孰大焉？盖义之所在，会众心而一于久者也。众必持乎义以成彦宏克绍之志，尚何废兴云哉？然嗣其守者必公是心以慎其出纳，则虽久而勿坠，必资弊者可集，守失者可易，岂不仁人之惠无穷也哉？岂徒便于趋谒之一而已耳？予闻而乐其成也，遂为之记。

【说明】据四库本《岘泉集》卷二录文。参见点校本《岘泉集》上。文中记述了妙灵观设义渡以便百姓往来之善举。按，“南丰之为州”一句后原有注曰：“今为盱之上县。”

555. 明·张宇初：妙灵观记　洪武二十八年乙亥（1395）

天下名山川，古今真仙之名迹，在在有焉，而大江之东西，尤为仙真窟宅。晋许旌阳兴于豫章，以地灵而法阐，既祛蛟孽，遗五陵八伯地仙之谶。尝游郡之建昌，道过南丰州，望军峰之秀，曰：“异日当产一地行仙也。”迨宋王侍宸以道著，则其人矣。

按行实，侍宸姓王氏，名文卿，字予道，号冲和子，世为抚之临川人。后徙居建昌之南丰神龟冈，去县五里而近，大溪南环，军峰北峙，支阜蜿蜒而气集，昔尝产异龟，地因以名。母梦赤蛇蟠于庭，紫云覆上，因蹑其首，蛇奋起，化黑云腾空而去。觉而有娠，生宋元祐癸酉二月五日也。幼卓异不凡，事亲以孝闻，尝为诗以告其父有方外志。父殁，辞母远游。将度扬子江，行野泽中，雨暝失途，微见若灯明。前就之，有一老妪若为逆旅者。得书数卷，篝火烛之，乃致雷电役鬼神之说，因录之，纸尽，继以木叶。雨止，天且明，乃息大树下也。及渡江，遇异人舟中，神宇超逸，遂前礼之。叩其姓名，答曰：“吾乃玉府火师也，今治华阳洞天。子既得法，当佐君佑民，以应玄征。他日俟子于神霄玉清之天。”复出绛囊秘文以授之，竟失所在。已而还军峰，密修大洞回风合景之道，飞神玉京，遇徽宗驾于帝所，顾目之，进曰：“臣昔为天都史掌文吏陶伯威，降世为王文卿，乃臣也。”会上梦亦然。召侍宸林灵素讯之，对曰：“臣向所奏王文卿是也。”即诏求之。时方以法称验，名闻江湖间，累召莫可得。间游高邮军，皇叔祖廉访巡历淮南，且卧疾，有请，疾徐愈，遂闻于朝。诏真州守臣贾公望以礼聘之，力辞不赴。复诏道箓董冲元同监司守臣厚礼之，乃行。时天子崇尚道教，入见，以肖前梦，问对大称旨，拜玉府右极仙卿，宠赉益厚，每固辞不受。时宫人疾，诏劾祟禁中，俄雷震击白龟一。上饮之酒，拜太素大夫、凝神殿校籍。父肇赠承事郎，母江氏赠宜人。京师有狐为妖，率祠祀之。又黑鲤为妖，奉诏劾之，即筑坛埠，置铁瓮，雷震狐鲤皆磔死，奏建司命府于坛上。未几乞还，上命修炼度斋于内廷，若有现于前者，上神之。是年冬，将有事于明堂，雨，命祷之，立霁。有诏奖谕，拜金门羽客，由校籍升侍宸，赐号冲虚通妙先生。加赠父曰承议郎，母曰宜人。淮南北以无雪来奏，上忧麦，以命侍宸，遂雪。麦且熟，赐金帛，辞不受。盗起山东，徒党号巨万，累遣师不利。上召见便殿以为言，对曰："请醮于内廷，命神力助讨。"他日，献捷者言，交战之顷，天大雷雹，贼乃溃。上遂归功侍宸，转冲虚大夫，奖赉有差。扬州守臣以旱告，上以命侍宸，对曰："下民积罪，凡川泽帝命悉禁，惟黄河水可借三尺。"乃仗剑役之。数日，扬州奏得雨，皆泥潦，上悦。侍宸知天运有变，数以青犬之兆为奏，请修政练兵，不听，遂请归。时三十代天师虚靖先生、林侍宸灵素、刘宗师混康会于京，侍宸尝请于虚靖先生甲庚混合之道，深奖语之。复力请还，上绘其像，亲为之赞。会金人犯京师，钦宗受禅。靖康元年，赐还山。将上道，京师有于元夕为妖妇冯者来告，亟与符，遂愈。暨还，惟怡神山水间，郡有妖怪，皆顿息。高宗都江南，闻侍宸犹存，累征弗起。绍兴二十三年癸酉八月二十三日，为酒食召乡里饮别，命弟子视，云起西北，俄雷震，书颂而化。既殓，遂葬神龟冈，举棺甚轻，盖尸解云。后或遇于龙虎、川蜀，其神化常莫测。凡经箓科法秘奥之文传于世，嗣其法系者，若上官氏而下，靡不显异哉。侍宸殁数百载，凡水旱疾疠，祷之辄应，是能福其一乡而泽乎无穷者也。

元至顺三年夏，同知南丰州事蒲汝霖祷雨应，上其事于朝。时临川道士唐乐真以法术承应内廷，亦祷雨应，复闻于朝。加赠灵惠真君。在元盛，法大阐，由乐真发之也。

洪武二十三年庚午，予谒神龟冈，时祠墓榛秽弗治，遂命建昌之嗣法者章恢彦弘募官重构葺之。彦弘志惟谨，余仲氏彦玑克赞其成。以洪武甲戌某月某日始工，而是年某月某日落成，凡殿宇、门庑、像设之具皆毕备，仍题曰妙灵观。旧址在城之南，久益废，因更名是祠云。其明年，伐石请记其概。惟仙真灵化之迹所以相传弗泯者，盖其至神与天地并行而不息焉。侍宸之功行是也，代祠于其乡以昭其惠，宜矣。今幸易弊以新之，孰知其神之不格降乎烟霞空漠之表欤？异时一乡之人将千百世蒙其灵贶，神休之被又岂前之显著而已哉？主祠者必慎其操束，善保其废兴，以相承而弗坠也，则其悠久尚何啻璇宫琳馆之无穷期哉！是不获以芜陋辞，为之记。

【说明】据四库本《岘泉集》卷二录文。参见《净明资料新编》、点校本《岘泉集》上。按，“后徙居建昌之南丰”一句后原有注曰：“今为县。”

556. 明·邹瀚生：重建白石庙碑记

洪武二十八年乙亥（1395）

洪武乙亥夏五月不雨，常州赵君彦宏簿龙泉，遍祷不应，夙夜忧惕，不遑宁处。邑耆老乃进而请曰：“马山之阴为白石庙，相传为龙神显灵之地。自唐、宋、元以来，凡祈晴祷雨于兹者，无不感应。俗有谣曰：‘白石龙灵，祈雨得雨，祈晴得晴。’前代褒封为四圣公。”赵君闻此语，乃斋沐，率众走祷于庙。庙毁于山水，惟存基址而已。乃伏地祝曰：“神能从我愿耶？当重建庙宇以答神庥。”返及半途，大雨随至。于是命匠购材，建庙于旧址之旁，以七月一日戊戌庙成。事咸一新，不可不勒之于碑，以表神之灵异，以纪邑簿之诚心焉。维时从祷者训导李存诚、龚子兴，巡检刘祥、冯信，税使薛敬昭也。

予既记其事，复为歌以侑之，曰：

白石齿齿兮山巍巍，水泠泠兮清且漪。望神之来兮俨若思，风为马兮电为旗，云为盖兮霞为衣，雷填兮雨霏。神入庙兮肃容仪，敬如在兮跪陈词。坎坎鼓兮箫并吹，酌桂醑兮奠琼卮。格此诚兮翕受之，曰雨旸兮咸若时。愿神之灵兮妥于兹，仰止神德兮矧可射思。

【说明】邹瀚生，饶州（今江西上饶市）人。曾任龙泉教谕。据同治《龙泉县志》卷一六录文。

557. 明·苏伯衡：重修上清宫碑文

洪武二十九年丙子（1396）

嗣汉四十三代天师张公宇初请于今上皇帝，作大上清正一万寿宫，庆成于洪武二十六年十月。告完，公以谓首尾四载而兴起三纪之废坠。昔者云屯雾蔽之区，今也丹台璇室之炳焕；昔者猿吟鹤唳之境，今也金声玉振之砰訇；岂吾之所能为哉？国家之威灵也。愿勒丰碑，纪成绩，侈上赐，扬皇休，而属笔于伯衡。

按张氏之在龙虎山，肇自第一代天师。而创坛宇其间，则第四代天师。唐会昌间，初赐名“真仙观”。宋大中祥符间，更“真仙”为“上清”。政和间，又更其额曰“上清正一宫”。庆元、嘉定间，皆赐钱货，斥大其宫。新于元之至元乙酉，事具阎复记。大德戊申重新之，事具王构记。越明年，毁而寻复，加名“大上清正一万寿宫”。皇庆癸丑又新，其事具元明善记。至治壬戌洊厄于灾。作之十有五年，重纪至元丁丑始完，虞集记之。而不戒于火，又以至正辛卯鞠于煨烬。国初岁丁未，四十二代天师以上所赐金币作三清殿，一时草创勿称，余者迄莫能兴。

公嗣掌教事之八年，集众而告之曰：“皇上受命开国行幸金华之岁，戒事方殷，不忌元教，辄遣使抚慰。先天师再入朝，赞美之懿，燕劳之丰，锡予之渥，前所未闻。上登大宝，洪武建元之春，先天师入贺，赐宴便殿，铸银印赐之，制授正一嗣教护国阐祖通诚崇道宏德大真人，赐金缯以华其归。自后召见者四：命通诚于上帝，命即奉天殿阐事，命入内问鬼神情状，命从重臣祠中岳。前御文楼，后御午门之戍楼燕之，皆有金缯之赐，优及弟子之在行者。先天师之薨，上自制文，遣省臣吊祭，立命宇初袭教位。十三年，宠以正一嗣教道合无为阐祖光范真人之号。入谢三接之勤，便蕃之锡，如先天师。召使建金箓大醮于紫金山，七昼夜竣事，赉以内钞。间入庆天寿圣节，至有宴，归有赐，来往得乘驿。著令典清问道书丹经玉诀，奏对未尝不称善。至于道官，亦使论荐上之。假宠我父子若是而属，莫不见而知之者也，而岂徒哉？盖以祖师之所以为国荐釐、为民作福者望之耳。今也坛宇荒榛，废砾充积其中，苟不图兴复，且将隳教基而损先烈，则何以称塞旨意乎？”提点张迪哲对曰：“信矣，夫莫此之为急也！然事大而费浩，非广募何以为资？非禀命何可擅募？今者朝廷拥树吾教，为计莫若请之，幸许以募，天下居富盛谁不有以助我？助我者众，即事蔑不遂矣。”公以为然。二十三年春，入觐，且白礼部以闻上。即日许可。公还山，使掌书郑元羲、陈宗元谋度之。分遣迪哲及郭友直、孙芳大、周彦文、倪履顺、王嗣宗、何允名、孟道成等三十八人方行募之。神乐观提点傅同虚、道录司左演法曹大镛、左至灵吴葆和乃心祖廷，克匡赞之。诸亲王皆厚施之，官僚士庶响风而乐助者噏然。

明年春，迪哲等相继来归。乃具木石丹雘髹漆之属，佣梓匠锻冶陶绘之徒，以四月乙丑始役。董之者二十四人，曰魏汝名、官原衍、陈仕荣、李循祖等，起高道郑宾周、副知宫事汪天泰为之领袖。揆日之吉，龟筮协从。公以六月入奏，上奖谕，赐宝钞五千贯速其成。乃以十一月戊申首建真风殿、元帝殿、元坛祠，而次第从事余者，至是而毕告功成矣。中为阁，阁之上为玉皇殿，下为经堂，其前为真风殿。真风殿者，祖师祠也。祠之前有三清殿，又前为元坛，覆以重屋。坛之前为三门，门之前为虚皇坛。坛之前为棂星门，而东西各属以周庑，表以层楼。左楼悬大钟，右楼悬大鼓。东为东庑，内外方丈，上下库司，元坛祠、蓬海堂、宿云堂在焉。西为西庑，寿星堂、元帝殿、斋堂、藏室、上下官厅在焉。而钟台又在其东，通为间若干，为楹若干，规制悉如其旧。而雄杰壮丽，视昔有加焉。

伯衡闻尧有九年之水，汤有七年之旱，禹铸鼎象物，使民不逢不若。是知旱干水溢，虽盛世所不能无。呵禁不祥，亦保民所当务者也。而天人感应之机存乎其人，汉天师继黄老而作其术，以臻宁一之治。又能交通灵明，斡旋风雨，驱役鬼神，扫除妖孽，使斯世斯民得有年谷焉，得无疵疠焉，得遂生育焉。自汉以来，人主莫不有之，宫观相望，达于海内，有以也。

夫龙虎山乃其发祥之地，而其胤胄世守之。上清正一宫，道家会归也，神祇愿歆，宜莫此若，朝廷崇奉，亦宜莫此若矣。皇上建中和之极，天地以之而位，万物以之而育，初无俟乎彼之阴翊幽赞也。然犹尚其教而修其祀，公以建宫为请，亟命募众以为之，又出内帑以成之，遂使炽然建立。至此圣虑渊微，非疏贱所敢知。窃意亦不自神圣，欲其通诚于上，均釐于下，俾高深广袤之壤，生成蠢动之类，举囿清静无为之域，并受安靖和平之福而已矣。於戏休哉！星冠霞衣游息于此者，盍亦思圣心圣德，天地侔大，若何以报帝力？去而健羡，甘而寂寞，一而志虑，全而清明，无感不通，无幽不格，无祥不降，无求不获。迓景贶于方来，保丕基于永固，则庶几无负上意，而是宫尚亦为悠久哉。伯衡既述其兴造颠末，乃系之铭，俾知所自。铭曰：

于汉天师，道本老氏。行满乘成，诞启元秘。握化之机，运行天地。播其阴功，于以辅治。飞符建章，百灵受制。有患斯捍，有灾斯御。曰旸而旸，曰雨而雨。无得而名，利及生齿。翩其上升，御彼六气。有篆有箓，传诸元裔。元裔多贤，久而弥炽。自汉逮今，岁以千计。有天下者，孰不褒异？闻孙宇初，出当圣世。褒异之隆，昔无与俪。显号涣颁，以昭纂序。时节入觐，金衣朱履。龙颜咫尺，温其天语。若曰元门，汝为梁柱。凡为学徒，悉统于汝。密裨正化，用继汝祖。宇初再拜，言于当宁。正一有坛，亦有祠宇。臣祖攸作，上为天子。敛福敷锡，实在于此。而厄于灾，世逾三纪。不及昌辰，有坠必举。臣且弗克，绳祖之武。龙光赫奕，矧克有负。言达睿聪，惠然嘉许。申锡钱币，济济亲主。莫不有施，若公若侯，洎厥士女。荐货输财，川委云聚。群材足用，六工奏役。乃涓吉日，乃构乃缔。寒暑四更，功告就绪。龙虎之区，延袤千里。珍馆琳宫，如栉之比。丰栋华榱，丹楹朱户。碱砆铅阶，雕甍绣础。金辉碧鲜，翼映五纬。旧观顷还，人天俱喜。吹以祥飙，洒以甘澍。翠华缤纷，玉戚旁午。仿佛上帝，来格来下。山英川灵，后先呵扈。羽流肃肃，佩服楚楚。于焉会朝，有万其侣。尔考尔钟，我伐我鼓。琅璈相宣，琴瑟抟拊。一诚对越，不贰以二。导迎景贶，茂集蕃祉。釐皇之余，亦民之暨。皇正南面，优游逸豫。受天之荣，永作神主。民乐时康，蕃阜富庶。居寿之域，罔间遐迩，和同天人，此维其所。与国同休，至于终古。

【说明】据娄本《重修龙虎山志》卷一二录文。参见张本《续修龙虎山志》卷中、嘉靖《广信府志》卷一九（仅录载部分文字）。按，文中“当宁”一词中之“宁”，非“寧”之简化字，读 zhù，为古代群臣朝见君主之地，指殿上屏风与门之间。《礼记·曲礼下》有“天子当宁而立”之说，后世因称君主为“当宁”。

558. 明·张宇初：故上清宫提点了庵李公墓志

洪武三十年丁丑（1397）

有学道而文之士曰李公仲冶，讳弘范，号了庵。其先世居成纪，唐为著姓，李卫公靖之后也。建中兵乱，上世南迁新安。有讳某者，避黄巢于黄徒。仲子讳德鸾，因迁婺源之严田。南唐散骑常侍之后，讳仕言，宋嘉祐间复迁番阳之万源，遂隶番江书院儒户，十一代孙也。曾祖讳梦科，咸淳贡元。祖讳又新，元县教谕。父讳雷启，隐德不仕。

公少颖敏，年十三请于亲，从外兄金君兰石学道于上清宫之紫微院，受业史公隐居。至元乙亥，得部牒度为道士。会乡先生祝直清父创陆文安公祠于里之象山，因从之游。仲丁与舍菜礼，以是遍究儒道家言。其秋，偕宫之方壶方君、叔祚吴君拜金公野庵于圣井山，复从蘧先生西州游于鬼谷山，请益朱公觉庵。戊寅冬，谒李先生仲公父跋板桥阡表，因命万源祖祠曰思堂，是师事之，吴待制养浩实记之。己卯春，觉庵授玄学。尝游金溪之祈仙观，会黄先生殷士偕儒彦讲学半山池上，公极谈陆氏本心之说。或异之，指曰："此小鹅湖也。"至正辛巳，奔祖母丧。适母疾且亟，公奉汤药惟谨。未几母卒，丧祭如礼。庚寅，太乙天师张公命掌符箓。辛卯，上清宫灾，公奉祖命新其院，立紫微西院法派。其秋，归葬父于板桥。壬辰兵兴，建策宫之耆隽举义保障。丙申，避兵于闽。蒙副都元帅吴按台不花咨闻，东华天师保充延平路玄妙观主领。壬寅，族议以元中仲子为公嗣。甲辰，以师命买田若干，立儒、道二书院。时先公冲虚天师命掌宫之文籍。丁未，迁安山旧居于院之故址。

洪武戊申，复买田附祀宗远。乙卯，升副知宫事。属院有出祖陇者，公争于有司。逾明年，复入于宫。丙辰，作肇堂于琵琶山阳，翼以文润斋以祀亲。丁巳，易邻院基以新旧构，并建玄润斋于西，承旨宋学士濂实记之，诒善亭则予记也。戊午，预卜兆成，复以白金构水田市屋入宫，以祀木主。癸亥，尝嘉号玄文真士。甲子，谱序成，携孙侄拜万源祖墓，会族而还。辛未，升宫之住持提点。时朝廷以清理给印，视六品护宫，公掌之。越三年，以疾辞。乙亥十二月某日，公无疾，适自外还，徒且出。既还，笑曰："吾待久矣，尔还斯往矣。"遂端卧而逝。生延祐丙辰，享年八十。惟公少有大志，有文尚义。累从名师，考德问业，而端厚笃实，为时推慕。故于出处，不易其操。予雅交厚，非忠谨之言不相告也，其匡赞之益不少矣。丁丑六月某日，葬里之山田。诸孙状其实请铭焉，予知公为深，义不辞。是宜铭，曰：

李盛于唐，番为令族。公质纯明，问学惟笃。早味玄言，嘉训弥敦。莅职公敏，拯毁复存。广业勤本，以绍以葺。克大仪刑，耆耇罔及。默探道腴，不疾而遗。允式后裔，永昭铭辞。

【说明】据四库本《岘泉集》卷三录文。参见点校本《岘泉集》上。

559. 明·张宇初：翠微观记　洪武三十年丁丑（1397）

抚之翠微观道士严与敬氏间持揭文安公所撰《翠微观记》，请重纪其修创之颠末，谒余文，余未遑执笔。今春谒南丰侍宸王真君祠，道过翠微。其膏田沃壤，溪山回揖，皆层青迭翠，蜿蜒十余里，而冈阜支麓，起伏不已，信风气所会之佳处也。

按文安公记，应真之山在盱、汝之交，是为金溪之南郡。唐天宝元年，有道士结庐其下，扁曰"谷林"。宋宣和元年，赐额"翠微观"。元泰定二年，住持周君应悌复撤而新之，是为之述焉。岁久弊陋，元季已为榛莽之墟。我朝国初，金溪后车何氏以资力雄乡里，尝延盱之南城延禧观道士罗则铭住持延寿观，其徒则熊益谦、严与敬也。与敬于洪武六年请部牒度为道士，七年礼部起充太常乐舞生。未几，丁母忧还。八年起服，仍就乐舞员。十二年，以故得请赐还。益谦则居青州齐府，十七年，道会疏延主翠微观事。二十二年，则铭解化，与敬厚葬之。遂率徒黄用素、李用光领延寿、翠微二观事。凡殿堂廊庑，多缮葺之。三十年秋，构亭山之颠，松竹荟蔚，颜曰“翠涛”，且得文安公记于里之李尹诚所。抑符其增创之志，因重有请焉。

余闻古之仙真灵迹，率据山川之雄秀，所谓地因人胜者，信矣。吾郡山水丰丽，莫过盱、抚。而翠微始于唐而兴于宋元，岂非地胜而人杰也哉？矧获托不泯于当世知名之士有如文安公者，可谓盛矣。而与敬以俊敏之姿，善鼓琴绘画，其兴创改作，必尤有侈于今日也，则主观事为得人矣。余岂不乐道其成而记之？其山川观宇之规制，已备前记，兹不复赘。

【说明】据四库本《岘泉集》卷二录文，文字据别本有改补。参见康熙二十一年《金溪县志》卷十一、乾隆十六年《金溪县志》卷八（均题为“应真山翠微观后记”）、点校本《岘泉集》上。

560. 明·张九韶：重修崇真观记

洪武三十年丁丑（1397）

崇真观在临江郡城东北三十里，地名杈湖。东晋旌阳令许真君敬之弃官而远游也，道经于此，乐其山水之胜，凿井得泉，饮而甘之，遂炼丹于此，植樟一株，以识其处。其树上分八枝，大围六丈，阴蔽一观，因名之曰“樟阴”。宋大观初，管辖公灵远自閤皂来主是观，艮斋谢公为方外友。谢公为尚书时请于朝，赐额曰“崇真”。至宋之季年，住持喻公丹崖请于丞相文信公，为题曰“敕赐崇真观”。至元初，栋宇以朽腐将压，主观事杜公吾信撤而更之，自三清殿以及楼阁廊庑，皆为一新。至正壬辰，观宇悉毁于兵，而古樟亦羽化而去，独根株存焉。住持杨公定昭乱后与其徒陈志顺等畚瓦砾，薙蓁荆，重创殿堂以奉香火，未能复承平之旧贯也。国朝洪武二十四年，诏遣道官分行天下，清理道教，并寡归众，而崇真遂隐然为一大丛林矣。今住持杨公茂林奉制往广西清理一道七府之宫观，竣事而还。既复命，归与其徒罄囊中赀得若干贯，不足则叩诸乡邻素封之家、乐施之士，以求助焉。合是二者市材庀工，首建三清正殿，次及真君法主之别殿，以及祠堂、寝室、门庑、庖湢，靡不举备。经始于乙亥十二月十三日，讫工于丁丑年十月望日，为屋以间计者二十有五，缭以周垣，甃以瓴甓，亦既完且美矣。书来谂余记之。

余惟老子之教行乎天下，通都大邑，洞天福地，琳宫瑶宇，兴废靡常，或坠而弗举，或久而愈昌，虽曰有数存乎其间，然亦系乎荷任其事者之才与志何如耳。夫有才而无志，则不能以有为；有志而无才，则不足以有为。今茂林之在是观也，以有为之志，当可为之时，而又有能为之才，则夫为之在我者未尝委之数也。故其建立成就有可书者，吾故为序其事以记之，俾后人继是而居此者相与扶植而修葺之，使永世可也。

【说明】张九韶，字美和，清江（今江西樟树市）人。历官清江县教谕、国子助教、翰林院编修等。有《吾乐山房稿》。据乾隆四十五年《清江县志》卷二六录文。参见崇祯《清江县志》卷八。按，原文后署撰作时间为“洪武乙亥仲春吉旦”，显误，故删去。

561. 明·张宇初：故道录司演法朝天宫提点曹公墓志

洪武三十一年戊寅（1398）

道录司右演法曹公以洪武三十年十一月十五日卒于京，其徒吴某奔讣，舆柩还。明年十二月某日将葬焉，乃状其实，请铭于予。予于公雅相善，义弗辞。且公之持安扶危，友谊最笃，吾道日就凋落，方赖公有克匡辅者焉。曩予免朝还，期必再会，遽尔遐弃，遂不一面，宁不深抱无穷之戚，尚忍铭哉？

按公讳某，字希鸣，号冲阳子，别号光岳道人，世为鄱之余干人。大父巨川，元以儒学授本州学正。父庆善，隐德弗耀。家世业儒，为鄱之右族，尤明阴阳家言。公幼颖特，不偶尘习，貌奇古不常。父异之，命学道龙虎山，师事仙隐院太虚薛公，凡道家仙经，洞箓玄奥，靡不精究。初，乡先生孟循张公、伯成夏公皆师友之。尤善诗歌。时赣之紫阳观元阳赵公以道行闻，公事之谨，尽究诸法品，益名于时。

洪武十年秋，上有祀于岳渎，北岳遣公代之；明年，复代焉，皆有异征。十五年，设道录司，命下抡材赴选，上目之，知为纯谨者，授司之右演法。逾年，正一员缺，公掌司事，并授朝天宫提点。公性素纯笃，尤慎于焚诵，虽寒暑不少怠，众遵服之。故于禜禬之顷无不应，上益嘉之。二十五年，公以宫之玉皇殿弗如制，请于上，敕官新之。未几，复广三清殿，廊庑、三门毕具。二十七年春，赐洪钟一。二十八年，赐寿星像凡若干轴。其年大祀，命分献天下神祇。廿九年，分献南岳。三十年，分献历代帝王，岁如式。是年春，宫中有初育儿夜辍啼，敕内侍索符，夜即止。上嘉其应，每誉于朝。廿八年，以科典试天下道士，悉度以文，未习者命再至，人皆德之。居职凡十五年，世累一不系其中。凡道家内文秘授若《太上实录》《玄史》，皆捐赀广其传，四方闻者尤歆慕焉。盖日潜心虚寂，处己敛约，有高视远引之志云。故于易画动静，亦善知来也。多寝疾，自视若常。卒之前三日，会宾僚，酌酒极欢，语若有违世意，众异之。未几，示微疾终。十六日，左至灵吴葆和闻于朝，上嗟悼久之，即御制文，遣礼官祭于宫。遂殡焉，执绋者以千数，时人荣之。是年冬，吴某达京，至灵亦闻之，上悼之如初，赐楮若干为道里费。生元辛未十有一月十八日，享年六十有七，葬里之通真桥某山。

呜呼！公生诗书家，是于玄学之有闻也。洎官于朝，遭际宠荣，虽一时之穹赫者之所弗至，而王公贵卿皆以敦厚礼之，其终始晖耀若此亦宜矣。及柩还，而上眷不已，赉以内金。当是时，能蒙眷渥之厚迨此复几何人哉？吾道孰不光焉？是宜铭。铭曰：

有文之裔，克志虚玄。洞篆天章，志纯学渊。夙被殊渥，昭祀名岳。旋佐道枢，益范先觉。于皇圣神，宠锡骈臻。缯衣纨绸，嘉誉如纶。奥论宏旨，广探密启。霓盖云珂，式降繁祉。巍巍贝宫，厥迹孔隆。帝曰俞哉，镇以金镛。荣焕其逝，神应斯契。刻铭幽扃，永昭百世。

【说明】据四库本《岘泉集》卷三录文。参见点校本《岘泉集》上。

562. 明·朱敏：金精山记* 洪武年间

金精山在赣宁都县，距县西十有五里而近，自县北郭门出未十里而抵苍山，历筼筜谷，宋曾唯庵父子读书之遗址在焉。西入而为狮子峰，又入而为青牛峡，其状固已怪特。又稍入，见有圆修而展盖者，为莲花峰；其有石自巅底麓，中泐为二，而匀圆特立者，为合掌峰；又有双石类削壁植圭焉者，为仙桃峰。世传张真人入兹山得二桃，一以奉母，化为石；自餐其一，遗核亦化为石也。自仙桃峰为试剑石，为披发峰，盖石似力划断为半，而峰崖之蔓延蒙茸，溜纹碎黑若披发然，因其状而拟之也。伏虎峰峙于双桃之左，望仙屹于披发之右。其翠微、三巘、瑞竹、凌霄、石鼓、黄竹诸峰，又其魁迥者也。其岩之最近者曰月岩，曰道人岩，曰休粮岩。泉之最清者曰灵泉，曰浴仙池，曰崖瀑，合流入于涧中，百折而出，清澈若蓝，毫发斯鉴，可溉可濯。凡诸峰之效奇献秀，奔骤起伏，迎揖拱踞于左右者，莫能悉，此特尤著焉者也。其两崖融合，中则嵌砑洞豁者为仙洞，有阳灵观在焉，有真人祠在焉，有御书阁、葆光亭在焉。相传谓长沙王吴芮求俪真人，诱令凿洞者是也。观之场有飞升坛，谓真人遐举之所也。坛侧有亭翼然而翚奠者，则前守菊潭王君之所作也。至若道语石刻，在在有之。灵泉之下有石平坻而敞，好事者引水为觞泳池，环坐可六七人。敏与邑士石泉令温琮伯琮、监生聂庄伯夔、太常从事孙琳仲宝缘磴而入，跂于泉下，仰视而峭险临压，相顾愕视，魂悸胆慄。惟觉寒气淰淰逼肤，令人有思挟纩意。仲宝试以瓜渍泉流间，少顷取剖而食，则已冰腭弗敢咽矣。亟还，入老君岩，就曛而坐，时六月朔日也。

敏惟太古之初，天地混合无间。自判辟以来，阳升而阴降，清而在上者，气积而为天之文；浊而在下者，质聚而为地之理；融结则为海为岳；其怪奇险邃，固亦宜然也。且丽天之宿，有若箕者焉，有若斗者焉，有若鸟蛇牛鼓者焉；至日月亦谓有乌兔之兆，是岂人力为之者哉？岱、华、衡、嵩，峨岷、庐阜，山之尤著者也，岂闻有所谓幻说者哉？兹山乃天造地设，为大江之西诸山之冠。意昔人有西方之属为金，故名之曰金精，所谓有宇宙则然也，岂有真人食桃而化、诱王启凿之事乎？王与真人俱西汉人，若然，则虞夏、商周、秦之际，谓为有此山非邪？其谬妄也，审矣。夫不贪者乃识金银之气，绝欲者始得托仙道之真。设使王欲求俪真人，乃感物而动荡欲之人也。真人视其贵富若蠛蠓然，岂屑以见其姿邪？盖神仙乐岑僻，好楼居，或者真人修炼积功于是，脱屣高矫于兹，世之愚者欲神其事，乃假山之形以附会其说邪？

宋崇宁间，徽庙以兹山之灵，祷雨辄应，封真人有“灵泉普应”之号，诰词遗刻尚存。我朝膺命以来，稽古明禋，表正祠事，登录兹山，寘诸祀典。有司岁时蒇事，弗懈益虔，有祷斯遂，岂非神被丰功盛德于兹邦，故今得以食其报邪？山川出云，有劳捍患者，法所当祀也。国之凶荒，尚索鬼神而祭之，矧此山之灵应，福及蒸黎，泽加永世，崇德报功，其可后乎？敏也来戾之日阳亢稍久，因默叩神于心，而是夕即雨，其应之昭昭也若是，谓非斯民之依可乎？谓为茫昧而弗之信可乎？既还，越四月复来行县，因请纪其游之岁月。遂追忆次第而书之，并辩其相传之妄，勒诸贞石以告观者云。若夫道书福地之次，歌诗之古，骚人墨客赋咏之多，别有刻录，兹不详著。

【说明】朱敏，金华（今浙江金华市）人。洪武间任赣州知府。据嘉靖《赣州府志》卷一一录文。参见明何镗《古今游名山记》卷一一下（嘉靖四十四年庐陵吴炳刻本，仅录前半部分）、乾隆六年《宁都县志》卷八。本文在纪游之中述及诸多道教事，“并辩其相传之妄”，对了解金精山道教发展历史有价值。

563. 明·梁寅：延真观记　洪武年间

渝北二十里为黄峰。黄峰之阳曰龙岩者，其下敞平而冈阜回抱，水泉清冽，环以良畴，荫以岑木。古之尚元者居之，是谓延真观。观之创也，由许旌阳而始。有阙公者捐基而构焉，盖没而祀之至今。其初曰仙台观，后乃更今名。观之钟铸于开元间，而乡曰敦教。然则观有敕额，而乡更曰崇教，皆在于宋之时也。

嗟夫！世有盛衰，道有隆替，理之常尔。而扶之掖之，护之振之，其系于人乎？处兹山者，前莫得而考。至于近代，有余炼师空空、吴炼师无无，俱能究元微之旨，兼文辞之学，以扬教范，以起敬向。今则其徒黄君其有，复能绍先师之传。当夫风霜之时，乃见松柏之操。二十余年，劬躬劳思，剪荆榛，扩瓦砾，构堂宇，复塑像，翼然焕然，竦人观听。所谓山川之灵有待于人，讵不然哉？观之田总若干亩，其周围之山苍翠如画，诚栖真之胜地。空空讳济民。无无字无一，又字明德。黄君名奇一，于予为同里。其有徒王明学、杨仲元于观之中兴赞助为多，而于道亦善继。观之本末暨重修之功宜有述，以示夫后人，遂为之记。

【说明】据同治《新喻县志》卷三录文，题为整理者所加。参见康熙十二年《新喻县志》卷一四、光绪《江西通志》卷一二二、《全元文》卷一五一八梁寅一〇（第49册）。

564. 明·王祎：灵谷书院记* 洪武年间

灵谷书院在麈湖山中。麈湖者，贵溪之名山，崇峻而幽邃，最为奇胜，与龙虎山相距十五里。相传昔有学仙此山者，尝见群鹿饮湖水。麈，鹿之大者，故山以得名。由饶岭之阿，从山址东陟，有大石中判，离立涧隈作门焉，曰龙磜关。由龙磜行数十步，北过涧，两崖壁立。从崖隙仰见青天，如横石梁，白水两道迸落崖底，蜿蜒数仞若龙状，曰青天白龙。由涧北往东行，俯瞰龙湫，湫前百十步，两石偶立如削者，双剑石也。径折经石下，逦迤过濯缨涧，涧流至是泓渟而深冽，可濯可沿。过此而行，稍就夷旷，有峻峰出涧南，峰下石室可坐数十人。别取道涉涧，乃至其处，曰得道岩，有仙者祝氏尝居之。又东过云门，隔涧列嶂如幨帷，其下有石拔起数十丈，绰约秀整，状若飞仙。洞左群石盘踞为台，遥睇飞仙石，如将迎之，曰迎仙台。至是径阻绝，劳攀跻。折而少南，径出台上，俄而回眄，向所见飞仙石乃在下矣。复东去，径益峻，风泉益驶。有大石约十许围，高可四五丈，峭崒峙涧北，其址无所附着，曰飞来石。自是长林乔木，蒙密蔽翳。行二三里，复有两崖削立，瀑流喷薄下注者，峡口飞泉也。稍进有门焉，曰云雷之关。入关度桥，曰问津，而桥北则为鏖湖矣。湖东北筑堤，湾环如偃月，曰驻鹤坛。坛北有屋，曰天游庵。由庵东南入桃坪，溯涧流西转，涧侧皆树桃，坠红泛碧，演漾可爱，曰流花屿。复益西入庵中，壤土甚膏润，异草苯蓴，曰玉苗坞。坞西行百步，攀援而上，有亭翼然，攒崿迭巘，皆在履屐下。而仙都阛阓，平畴远水，参错乎烟霏渺莽间，举在目睫，曰一览亭。又北经庵后，上凌绝巅，望彭蠡潋滟如杯，云林三十六峰若荠在地。自山址至是约行十余里，而山之峻极矣。乃循来径还庵前，沿涧东北行，过漱芳桥，入东谷，两山相并如负扆。其内则廓然以虚，所谓灵谷也。入灵谷而望，第见峰峦旁拱，清泉怪石与古树长萝相映带，邈然若与世隔，而书院在焉。

书院者，里人桂先生之所建也。初，桂氏在其乡最为著姓，自司空公显于五季之世，其后往往擢儒科，跻仕籍，诗书文泽，继继绳绳，凡十世而先生出焉。先生讳本字林伯，承家学之渊源，覃思经术，推其所得，托诸述作，以卫翼圣贤之道。其所著有《四书通义》《五经统会》《三极一贯图》《金精鳌极类纂》《道统铭》等书，皆能致力于前儒之所未及而自立于不朽者也。故其讲学兹山，知道之在己者为既重，而不以世好动其虑，一时学者翕然从之游，书院所为作也。书院成于延祐中，为屋三楹，东为端彝斋，西为钝斋，而讲说栖息暨庖湢之所咸备焉。

自昔君子之为学，必居乎深山幽遐寥阒之境，纷华盛丽无所接于耳目，故能精神澹而志虑专，而于道为有得也。宋如皋胡公翼之及平阳孙公明复、奉符石公守道，实相与读书泰山者十年，学既成矣，故出而用世，皆卓哉圣贤之为道者也。今先生之居兹山，可谓古人之为学，虽终隐不出为世用，而其立言亦足以绍前哲而垂后昆，其于圣贤之道复何愧焉？且鏖湖之东有象山者，陆文安公之所讲学也。陆氏之学简易正大，然与新安朱氏并立而异趋。先生固继陆氏而兴者，而所学则本之朱氏为多，盖庶几会朱陆之异而同之，学术之懿，不有其可征者欤？呜呼！九原不可作矣。而先生之子孟元方尤力学善文章，号能称其家。自先生没，元方与其徒仍讲习于兹，丽泽之益，久而不替，何其盛哉！元方属余书其颠末，故为之记，而并道夫山水之胜，俾来学者知其所自云尔。

【说明】据四库本《王忠文公集》卷八录文。参见娄本《重修龙虎山志》卷一四、四库本《江西通志》卷一二〇。记文从一个侧面反映了龙虎山儒道相融之文化特征，故录存。

565. 明·宋濂：天师寿母颂* 洪武年间

嗣汉四十二代天师正一护国阐祖通诚崇道弘德大真人张公正常，其寿母恭惠慈顺淑静玄君，广西部使者盱江胡公梦魁之女也。乃今年正月二十又八日，玄君之寿实开八秩。于是州里宗姻之贤，洞馆真游之侣，簪绂名胜之流，咸集素华台上，法酒旅列，琅肴互荐，咸皆鹄立奉觞而候，再拜为寿。玄君戴九晨之冠，服赤霜之裘，带六出火玉之佩，腰凤文琳华之绶，出坐中筵，引酒微咽，雍容虚徐，不动声气。时春日始融，祥飚微兴，灵璈凝太霞之韵，仙篪度金珰之曲，洞禽和鸣，埸鹿若舞。邦之人士无不欢欣抃豫，以谓员峤、蓬壶之宴，三千年后复见于斯世。歆艳不足，继之以咏歌。咏歌之不足，复介黄君国宝远征濂文，垂示于后裔。

濂闻龙虎名山为七十二福地之一，敷祯茹珍，郁勃絪缊，往往钟为列真，统领百神，以辑纯熙于国家，使物无疵疠，政用平康。非有懿冲之姿，曷足以上配仙仪而诞育灵胤者哉？有若玄君，挺生神明之胄，茂衍汪濊之泽。绣衣朱斧，充溢其阳问；彩帨丝鞶，擩哜其阴教。覆迪滋久，匪一朝夕。由是太和所会，克生贤子，峻陟崇班，增辉先烈，神愉情恬，介兹眉寿，夫岂细故也哉！然而西龟金母，授长生之箓；紫微夫人，存难老之方。按辔紫府之署，弭节太清之家。霓旌控具茨之野，鹿幡经翠水之区。与道为徒，脗合无间，修真之士，至今犹或见之。则其神变无方，未易窥测。玄君仰续真轨，俯循世荣，游戏人寰，终老日月，妙赞同乎金石，遐龄逾于龟鹤，则其势有必至者焉。濂也不敏，学未知玄，恶足以言文？辄为颂辞一十四解，以相碧落空歌之音。苟使金童摠瑶瑟而度之，玄君其有不破颜而微笑者乎！颂曰：

大江以东，信为名区。正一之宫，仙人所都。解一。惟彼仙人，抱一弗贰。功存黄宁，长生度世。解二。由汉逮今，绵历岁年。何芳弗继？何丽匪贤？解三。闾闾玄君，出自华胄。作配真阀，持德之茂。解四。左矩右矱，阳倡阴随。懿哉阃仪，蔚为女师。解五。青龙之迁，集于作噩。八帙开祥，灵猋回箔。解六。孰不悦怿？孰不咏歌？孰不举醽？以昭太和。解七。有客栗粟，有筵秩秩，有醪苾胇，有羞郁郁。解八。乐成三终，礼洽四筵。载颂载言，受禄无愆。解九。人亦有云，岂无黄耇？似此尊荣，千不一觏。解十。况有令子，式跻真阶。拓祉覃休，以相国家。解十一。百顺之臻，宁不渥只？何渥如之，宁不乐只？解十二。古有神母，后天长存。御气驾风，出入昆仑。解十三。今谁追之？玄君是武。久视人间，以畅斯祜。解十四。

【说明】据整理本《宋濂全集》（第三册）录文，标点有改动。

566. 明·宋濂：至乐斋记　洪武年间

至乐斋者，嗣天师冲虚真人张公燕息之所也。其所谓至乐者何也？取庄周氏之言也。庄周氏之言曰：“至乐活身，唯无为几存。”夫以无为为至乐几矣，而未免有名迹之累。盖道本无名，有名斯有迹矣。苟名我以无为，是将求我无不为矣，奚若无无为之名而后其乐为至矣乎？虽然，有乐则有忧，吾既无乐矣，其忧曷从而至乎？无忧则至乐矣。然而所谓乐者，犹因乎忧而为言也。因乎忧则凭乎物也，凭乎物则有内外也，有小大也。吾不为内，孰能为之外？吾不为外，孰能为之内？是内外两冥矣。我不为小，孰能形诸大？我不为大，孰能形诸小？是小大两齐矣。内外冥矣，小大齐矣，欲求至乐且不可得矣，不可得则不可名矣，不可名则有不可测者矣，夫是之谓一。一则明，明则宁，宁则万物莫敢撄，万物莫敢撄，谁能与之争？其乐不至矣乎！

或者则曰：真人之所谓至乐，非此之谓也。中扃至虚，混合百灵，火龙东出，水虎西迎，三华缭绕，五气升腾。真人瞑目而坐，心存黄宁，反视却听，物我齐冥。截然而高者，何有岱岳之形？轰然而震者，何有迅雷之声？

是谓身中至乐。而列仙之所经营，其视区区所安贵富寿名，又乌足论哉？吁！此长生久视之要诀也。涉乎有为也，涉乎有为则羡生之心未忘也，而非道之至者也。道之至，乐斯至矣。予尝见真人鸿蒙之墟，圆矑而秀颐，其神超然，其貌充然，是盖几于道者也，名其燕息之所曰至乐，不亦宜乎？

龙虎之山，灵气宣通，紫芝瑶草，纷然而罗生，闻有古神人者，明月之夜每骖鸾鹤而下采之。他日当与真人候于岩阿涧滨，倘获见焉，叩以至乐之旨，其有发庄周氏之所未发者乎？

【说明】 据整理本《宋濂全集》（第三册）录文。按，张正常为第四十二代天师。

567. 明·宋濂：方壶子玄室铭　洪武年间

方壶子春秋六十而加六龄，豫择地白云坞之阳甓为玄室，去大上清宫不二里而近。且顾谓弟子曰：“它日解所佩剑及吾遗蜕藏焉，金华宋濂为勒文其上。”方壶子名从义，字无隅，姓方氏，方壶其自号也。苗裔出歙之方仙翁后，累迁桐庐、弋阳、贵溪者三，今占籍贵溪，人称簪缨家。父持正，母桂氏。方壶子生而颖异，超然有绝尘趣。父命入宫之混成院为道士，三洞玄文无不周览。已而有隐者蓬头跣足炼丹琵琶岭上，屡著灵迹，世目之为金仙翁。方壶子事之甚谨，受其龙虎大丹秘诀。仙翁移入武夷山，结庐最高峰顶，人鲜谒之者。方壶子冒蛇虎之险往访焉，仙翁与之剧谈，凡水火交媾之征，日月高奔之道，莫不尽其说。方壶子声称翕然动群公间，佥谓仙翁入室弟子，惟方壶子一人。

至正癸未，方壶子被鹤氅衣，佩长剑，翩然游燕都。王公贵人见其气貌充充然，以为真神仙中人，授馆致气，殆无虚日。而辨章公朵尔直班、余忠宣公阙慕之尤切。忠宣公尝戏之曰：“京都声利之场，子有道之士亦复一来耶？”方壶子笑而不答。越再期，拂袖还江南。词林巨公留之不得，争倡诗以饯。忠宣公最靳与人文，欣然操觚为序其首。后数年，都人士艳其高风不能致之，辄南望曰："方壶子何时复至斯乎?"于是集诗相遗，以寓其遥思。方壶子誉望益隆蔚，集贤院以其名闻，制授致虚贞白惟一真人，主领杭州路宗阳宫事。方壶子叹曰："吾发种种矣，恶用是哉?"弗赴。遂闭关不出，以道自娱。

方壶子刚介高洁，不能随俗浮沉。与中书左丞危公素游，不翅金石，始终无变迁。临川葛君元哲性不容物，一言不合，辄白眼相视。独许方壶子能外生死，超有无，如古仙异人之流。同馆道士薛君羲，善行草，拔俗之韵士也，素不服人。每见方壶子，终日谈玄不休。方壶子通道家言，尤深于关尹子之说，辩析精微，发前人之未发。工诗文，秘不轻示人。善隶书，飘逸清丽，有汉魏意，而章草尤精。性复好画，初师集贤学士商琦双笔之法，既而沉酣于荆、关、董、李四家，而旁及于米芾父子。四方求者甚众，或得片纸，宝之如金玉。虞文靖公集为作画记，极推赞之不少置。其所度弟子，则陈德新、董鸣汉、李光辅云。

濂闻修真之士，炼阳明而祛阴翳，积功之久，神上升而魄下沉，继有凌空飞腾，亦蜕解悬崖而去。此必然之理也。方壶子道高一时，其神当永存。豫治玄室，抑亦示人以常道也欤？可谓达人大观者已。铭曰：

维玄室，昭如白日。密而渊，神功则全。辟乾合坤，一气存存。长生度世，与道合真。

【说明】据整理本《宋濂全集》（第三册）录文。按，方从义约生于大德六年（1302），据此推算，本文应作于洪武初元前后。

568. 明·宋濂：了圜铭　洪武年间

嗣汉天师张真人宇初筑室龙虎山中，修炼琼丹，动静两忘。已而神聚气凝，混含为一，至和坱圠，返乎太初。真人既获睹内景之秘，因题其室曰"了圜"，所以识也。元贞道士为原元牝之旨而勒铭曰：

高上洞玄，阳阴之根。凝和摄真，是谓昆仑。中有三关，七蕤守阍。上绝霞表，下沦洞冥。溯而索之，黄房绛庭。灵明潜通，空澄净泓。真人之居，规中为城。龙帔凤舃，灵裙飞翻。左挟元英，右卫白元。仰睨太朦，嘘气成云。化生万神，合妙为真。升真玉虚，朗契洞清。哀厥下士，粗秽莫澄。神随形化，降于北阴。乃敕雷电，指麾六丁。授以赤书，制魄摄魂。还乎混沌，闭绝九门。南阳熙真，爽朗秀英。三灵发曜，八素启琼。出入泥丸，翱翔紫清。羽葆先导，飙台后登。与天为徒，振古长存。

濂既作是铭，或谓假象取喻而多廋辞，曷若著明言之？呜呼！斯岂言之可明哉？然而人身之内，有至虚焉，丝络之所群凑，命蒂之所由生，不倚八隅，巍然中居，此谓神之庭、气之母、真息之根也。人能存神于兹则性自复，养气于兹则命自正。神与气未始相离，分之为二，合之为一，其殆化源也欤？然欲了之，则未易为功也。鸟之伏彀，不足以言温；陶之烹瓦，不足以言凝；鉴之照形，不足以言明；胜是三者，庶几气神混合，自然成真，而犹未忘乎迹也。盖有非神之神而行乎九天，非气之气而超乎九地，方所不能拘，小大不能计，而了之名且不立矣。了之名苟未泯，如隔纱縠而观明月耳。著明之言，固无越于此。然亦糟粕而已尔，土苴而已尔，何足以言了哉？或者一笑而去。因不欲弃而书诸铭后。

【说明】据嘉庆刊本《宋文宪公全集》卷二九录文。

569. 明·宋濂：送黄尊师西还九宫山并序* 洪武年间

双井黄尊师中理，文节公庭坚之八世孙也。年弱冠，以门资袭爵，为光之固始尉。寻患半身不遂，弃官来归。有神师号金华君者谓曰："吾能疗而疾，疾愈，当为道士。弗听，吾将去。"尊师曰："倘能起废疾为全人，敢不受命？"金华君以帛粘其体，爇灯遍灼之，越七日起行。尊师曰："神师之言犹在耳也，小子其敢忘？"乃去学老子法于钦天瑞庆宫。宫在兴国九宫山上，即真牧张真君道清炼丹之所。居十余年，遂主其徒。其徒凡一千人，咸服其教，恂恂有道行。当皇上西平江汉，尊师拜迎于鄂，应对称旨。后八年，上思其人，复召至南京，所以宠劳者甚至。既退，命仪曹设宴享之。荐绅家以为尊师幸逢盛际，上简主知，龙光赫艳，山中泉石当被余辉而绰有喜色，不可无咏歌以夸张盛美。其西还也，相率赋诗饯之，而请金华宋濂序之。诗曰：

崔崔九宫山，翠蕤倚层青。飞观峙后先，宸奎烂晶荧。中有遁世翁，霞衣佩葱珩。仙徒一万指，执简听使令。年来遘兵燹，散走如流星。翁独牵青牛，寻云自躬耕。翠华幸江汉，扈从森幢旌。俯伏黄鹤矶，再拜陈中情。天日下照临，簪裳受余荣。今又奉玺书，翩然觐神京。太官给珍膳，法酒双玉瓶。祇因逢景运，重瞻泰阶平。致使方外士，恩宠沾鸿灵。一旦赋归欤，行裾逐云轻。自言当弱冠，绿袍佐山城。风露感末疾，离家炼黄宁。药烹日月鼎，符参龙虎形。经中气象昭，玄览极窈冥。欲期起泥丸，翀飞出孩婴。名花满皇都，春风语流莺。景气非不饶，归思竟缠萦。芳岁去如矢，逝波日堪惊。纯阳一销铄，重阴遂相乘。余闻重自愧，颠毛类枯茎。逐物尚役役，栖身亦茕茕。幸有一寸丹，能与万化并。何时滴秋露，相期注《黄庭》。

【说明】据四库本《文宪集》卷三一录文，文字据别本有改补。参见嘉庆刊本《宋文宪公全集》卷八、《道家金石略》、整理本《宋濂全集》（第二册）。

570. 明·钟启晦：真常观超然堂记　洪武年间

超然堂隶吉之城东五里许。粤自三国时，有杨仙师者自谓关西伯起之裔，云游来兹，适岁大旱，仙师祷雨灵应，乃植竹表其地为坛，谓乡人曰：“后当有道人于此阐元教。”由是乡人凡遇旱辄祷之，无不响答。仙师后隐于吉之东山，蜕化，至今悬崖石上有迹可征。宋乾德中，有玉笥山道士尹抱元始诛茅立观，劚地得石像，俨肖仙师，遂庄严而敬礼焉。一时四方之簪戴者交集，羽流日盛，乃佥议拓其地为四堂，颜之曰超然，曰养浩，曰养真，曰养素，令观之士四面居焉。是以元风丕畅，道法播远迩。至治平间，始赐今额。元初，超然堂刘志坚与其徒郭野堂、周艸庭等重修三清殿，且买田以赡众徒。其徒黄芳所又创经阁于殿后。明洪武改元，其徒孙夏必泉复即堂之后基，重为正厅以栖讲说真诠之流。于是美奂美仑，规模益宏丽矣。

予来京师，留神乐观，会乐生郭永祺、孙敏常，讯其自，则知为真常举选住神乐且十年矣，为予历道观之盛美，且惧前人之功或泯，遂为今上清四十三代真人所篆堂扁，求予为之记。

嗟夫！予役于尘劳者也，恶足以语超然之事乎？然尝闻沧海之上有三神山，为神仙所都，有弱水三万里之限，是境固超然矣。今是堂不能离乎人世间，奚足谓之超然哉？虽然，境寂则心寂，心寂则不能挠于外物而超然矣。今是堂虽不能离乎人间世，然岂不别有人间天乎？即其山川之胜，则青原峙其前，天华挹其左，而螺川映带乎右，殆不啻三神山之限弱水。斯境之既寂矣，则凡服所服、道所道者，其心有不寂哉？此超然之堂宜皆出乎人间世也。尝见世之学老子法者夥矣，其能服所服而道所道者鲜矣。若永祺、敏常，日趋太常之庭，侪乎钧天广乐之俦，乃汲汲焉不忘其所自，惟恐其观之盛美不传。信乎其能服所服、道所道而为超然之高士也欤！予不能去喧而就寂，故不暇于文，遂据其实，笔而识于堂。

【说明】 钟启晦，泰和（今江西泰和县）人。曾任国子学录。据乾隆四十六年《庐陵县志》卷四二录文。参见康熙二十八年《庐陵县志》卷一三（文字略有不同）。

571. 明·张宇初：《白鹤观志》序* 洪武年间

自黄帝获鼎学仙，丹成而上升，继则周穆王作草楼召仙，而其说始殷。逮秦汉，求仙之盛而方士迭出，谬以神异夸诞取惑好慕之君，淆杂虚元之授，招时讪议者亦宜。然岂无真仙者潜遁穷僻、遗名弃迹以修之？故其丹炉药臼，灵书奥诀，或秘诸岩洞，或留世隐显，虽其迹不同，自古相传，代有之矣。

江西丰城之白鹤观，在陈太建间，其地真仙甘君之灵迹也。甘君幼笃孝，以行闻于乡里。学道有年，闻旌阳许君善，往师之。许君与偕往师丹阳女仙谌母，得秘授，法行日著。乃从许君积功江汉间，若其图松御怪，斩蛟蜃，祛蛇孽，以三尺剑致功，可益万世，其名迹垂之无穷，必然矣。况其功烈尤有不能具录者乎？而许君尝有净明忠孝之法行世，其说皆本大中至正之理，非他符诀咒步比也。甘君以孝行之著成仙蹑空，其功与道岂不得之忠孝尤多？矧仙之为超脱凡俗之径，未尝去人道而必独善也。此甘君道既成，事母终而脱去，则可谓两全矣。抑凡仙真区宅，必山川雄胜。而丰城之佳秀，宜有以毓其质炁而然也。

予今春谒西山玉隆宫，还经白鹤观，虽风雨之夕，探采遗逸，尤有足起慕焉。其地虽处阛阓间，景物幽丽。询其两楹，乃吾祖虚靖真君。洼盈方丈，其前龙潭，真君飞幻处也。道会邬某、耆士熊某主观事，且出甘君所为丹经洎观志，及真君与任首座书，言尤足以有发，而事毕名存，宁不重为感惜者焉？越夏，某来山中，以观志请序。余幼嗜名山水，间以穷幽索胜，尝歉古今名迹不获遍览。若甘仙之神德优著，乃获读其言，履其境，叙不可辞。矧尤吾祖之遗声逸迹，间可以详夫纪载者哉？然某克尽其职，且编次成书，欲寿诸梓，可谓善究其本矣。使他日真仙之灵踪异化与是录同其弗泯，于吾道岂不甚盛事哉！继者勉之。

【说明】据四库本《岘泉集》卷二录文。参见四库本《江西通志》卷一三七、同治《丰城县志》卷二六、点校本《岘泉集》上。

572. 明·张宇初：正一玄坛题名记　洪武年间

道书所载洞天三十有六，福地七十有二，而吾龙虎山居福地之一也。山川雄秀，风气融会，有非他山比者，是以名闻天下，为道门之洙泗。东汉之季，我祖天师丰功神德，亲受太上之传，肇业伊始。而子孙世继之，今凡千有余载。自宋崇宁间迁真仙观为上清宫，阙后莫盛于元。而上世之传，以正月、七月、十月三元日建斋于宫以传经箓，愿受持而有请祷者居其首焉。凡其泽幽济显，则随所请而从于首者祷之，此其代传不息，四方皈仰之众愈久而愈著焉。

余不敏，袭教以来，上际熙朝，垂绅抚运。凡故家巨室愿有请者，岁无虚日。或联驱并进，不期千里而同者有之，是按前制为之建斋三日。而其斋明盛服，通诚天帝，羽节霓旌，星裾霞佩，敷阐玄范于陟降之间，恪尽寅敬，务竭孝感。若雨而月霁，晦而日丽，严烈而风和，皎亢而露润，所谓祥鸾瑞鹤飞绕乎上下，祥风庆云升腾乎远近，时若有之。而形乎梦寐，见乎薰蒿，皆精神之所感，其祥祉之集、禬祈之感有兆焉。是盖由乎神而通之，其冥合非可以法术征测之也。然而所藉者国朝之鸿禧，祖宗之宏烈，山川之神灵，有以默符潜运而至，是又岂余之行能足以致焉？因恐其岁月之久，姓名无所记载，日至迷坠。是仿古官署题名之制，刻石于亭，记其氏名岁月之先后，用昭一代之盛典，非欲矜己之私以取誉于后世也。抑其默运玄机，阴翊皇祚，因以识之，抑亦惟恐有弗逮焉。间询之故老，曩尝立石而后废于兵燹，迨不复举矣，亦甚有足慨者焉。而四方之善士，其睹夫是也，尚必思夫吾名山之重天下，在在闻之，欲一叩而莫遂者有焉，矧获纪名无穷也哉？然其趋善之泽，宜有以跻乎不泯者焉。

【说明】据四库本《岘泉集》卷二录文，文字据别本有改补。参见娄本《重修龙虎山志》卷一四、张本《续修龙虎山志》卷中、点校本《岘泉集》上。

573. 明·张宇初：三清殿上梁文* 洪武年间

伏以三境神洲，珠黍现虚无之上界；五陵福地，宗坛开龙虎之名山。昨逢尘劫之推移，复睹龙虎之壮观。帝恩罔极，道化无方。钦惟皇帝陛下，乾坤同大，日月并明。经纶正始于万方，文轨会归于四海。丰功盛德，大成至治之基；圣子神孙，益广皇猷之永。玄门推重，华构维新。仰惟三清三境天尊、虚无至真上帝，位三界之元尊，为万天之主宰。玄元始成文而有象，梵清景结气于无穷。紫检丹书，阐十极九霄之内典；金科玉律，衍七经八纬之文章。是龙文凤篆之彰，致虎卫鸾骖之会。象贝阙琳宫之遐仰，耸旋台蘂阁之雄瞻。不日而成，于斯为盛。再惟神乐观仙官、本宫住持提点傅，蓬阆仙姿，烟霞仪表。振青琐紫宸之步，领云门大頀之音。多贵达之经营，实山林之柱石。再惟道录司主领提点、左演法尊师曹，黼黻文章，宰玄纲之枢辖；嘘呵风雨，握秘笈之机衡。日承宠锡之繁，深竭谋为之力。又惟住山提举李，玉韫山辉，珠藏渊润。探玄科于法海，辅教席于清都。暨总务之群才，及施金之多士。佳声俊望，尝光霁于明时；美誉芳馨，共清扬于化日。斯神道之设教，而风霆以流形。焕然绣柱雕甍，凌空耀日；伟矣彩楹绮户，拥雾回风。高明合景于始青，空洞混真于大赤。奇峰灵岫，俨蛟腾凤翥之仪；叠毂高幢，耸霞绕云蒸之势。宜万灵之环拱，实千载之宏规。爰举修梁，敬陈善颂：

梁之东，五云瑞气霭空蒙。日华烜耀金银阙，山岳交辉万寿崇。

梁之南，千峰万岫翠堆蓝。霓旌羽节浮空下，一黍高悬北面参。

梁之西，琼林瑶草白云齐。灵岩列秀青城表，万劫丹光接太微。

梁之北，象麓圆高天一色。汉坛玉局万灵尊，福著皇鳌朝万国。

梁之上，雾辇霞车鸾鹄仗。玉京缥缈太清家，神明区奥非无象。

梁之下，洞诀神经遵妙化。虚皇坛上月华圆，灵璈四拥真仙驾。

伏愿上梁之后，皇图益广，玄教增辉。四宇八荒，均被涵濡之泽；群黎万姓，咸资清静之风。道域无穷，仙宗有永。

【说明】据四库本《岘泉集》卷四录文。参见点校本《岘泉集》上。

574. 明·张宇初：敕建祖师殿上梁文* 洪武年间

伏以炎汉教兴，龙虎乃神仙之官府；留侯系出，圭璋为世胄之典仪。夙崇天道之归，宁拒劫尘之换。人谋注久，帝力维新。

钦惟皇帝陛下，九五开图，一元正统。宏模巨智，立皇极以建中；盛德丰功，总天官而授历。汤武之鸿基益振，汉唐之茂绩斯彰。怀禹贡以来庭，集虞韶而制礼。而储器正元良之望，兼亲王隆国社之安。宜华夷咸乐于雍熙，而道域特沾于殊渥。谋猷日广，柱石天开。

恭惟祖师正一冲玄神化静应显佑真君，道尊玄省，教阐清都。神气风霆，实冠冕三山之重；簪裾剑佩，著源流奕世之宗。累敛福于邦民，是培芳于嗣胤。矧际天朝之优眷，顿宏神宇之雄瞻。千载洪规，一时壮观。

再惟将相良才，阃垣英质，及四方之硕德，同一代之休光。斯道其有在焉，至神而无方也。六合天经而地纬，五城日烜以云从。尝驱龙吏以运伟材，旋捧鹤书而求碧瓦。奇木既成于月府，南金时至于云庭。紫府十二天幻成蓬阆，瑶京三万户移自方瀛。宛然贝阙丹台，廓矣蕊阶琼殿。凤麟洲渚，春融三岛而回；鸾鹄旌幢，乐彻九清而下。骈虹驾雾，耀电摩霄。非山川壮丽，无以表师相之尊；由地位高明，是足冠人天之仰。故灵祇拱卫，风雷长挟于仙都；而珠璧鲜张，星汉上通于帝所。琼书琳札，惟许葛之可方；璧薤金茎，或茅丘之足拟。当披承四十三传，复建立千五百世。虽神运之有孚，亦地灵之所至。因时而就，不日而成。六伟敬陈，双梁用举。

梁之东，气分光岳道犹龙。春回历象朝暾丽，尽在春风长养中。

梁之南，麈湖高与华衡参。云旌雾节排空翠，日护长生白玉函。

梁之西，仙台岩岫与云齐。碧池琼树烟霞表，时有天书降紫泥。

梁之北，道祖飞神超莫测。绛衣鱼鬣俨层霄，汉家自古神明宅。

梁之上，列帝高居千仞广。灵璈时谒太清游，玉府枢机传世掌。

梁之下，虎卫龙翔罗凤驾。玉书光照五云中，亿劫空同非昼夜。

伏愿上梁之后，圣寿天长，皇图鼎盛。辅东储之光大，济寰宇之谧宁。勋名期将相于萧曹，家业冀士民于杨郭。福弥川海，玄风克振于丕基；德著璠玙，教脉益隆于震器。宗坛有永，道化无方。

【说明】据四库本《岘泉集》卷四录文。参见点校本《岘泉集》上。按，集中尚有《三门上梁文》《正堂上梁文》《后堂楼上梁文》，可参看。

575. 明·危素：金灯金船记* 洪武年间

三真礼文既成，敬录一帙，焚于金炉，仍具简附求见金灯。焚罢，天色将晚，又祝云："如蒙不薄菲文，下鉴鄙意，愿见金灯，以示人神相感之兆。如或弗宣圣德，弗如圣意，即当自焚其稿，不敢流传于世。"时宿山数十辈悉皆拜叩，同愿睹此祯瑞。须臾，微光发见，三三五五，渐至百十，由是愈拜愈多，至于千万。及夜分，又见一金船，中载鼓乐，旌节幢幡、宝盖花台、如意方壶，悉自紫元洞门继继而出，遍满虚空，尽成金色，辉煌四达所在，见者莫不惊喜交集，不胜踊跃。予感荷无已，因作古风一篇以志感云。

积念撰俚文，投献冀灵异。去天咫尺间，可以通上帝。焚香敬百拜，星明夜不寐。请仙见金灯，以酬平生志。宿山数十人，果然愿皆慰。须臾清风生，微光发祥瑞。顷刻更渐盛，三五作遥势。欻然变千百，磊落环巨细。众目悉瞻之，感叹获神契。有生曷尝观，把笔宜相记。我欲命丹青，图之以传世。圣德所感召，自可书国志。作诗纪其由，摛词愧工丽。我将斯濯缨，脱去功名累。于斯卜终焉，常作玉皇侍。

【说明】据手抄本明崔世召编纂《华盖山志》之艺文志录文。参见校注本《华盖山志》卷七。

576. 明·张宇初：故神乐观仙官傅公墓志

建文二年庚辰（1400）

龙虎之称福地也，为道家之奥区。凡学道者皆名宗美质，斯足以翊辅教枢者焉。神乐观提点住持傅公，讳某，字若霖，号同虚子，抚之金溪人。傅氏五季为县著姓，大父文二，元学录，父艮斋，广东路教授。公幼颖敏，有出尘志。甫九岁，艮斋命入山之崇玄院师仁斋冯公习道业。既长，通经史，尤嗜符法，凡玄科真典，靡不该究。年十五，嗣洞玄法于性安吴公，事之敬谨，尽授其要。元辛卯旱，公默坐，间若有神命其出，乃登雷坛召役天雨，已而有祷辄应。复嗣天章灵宝法于复斋戴公。公以梦号为验，徐得之。久复得"黄发"二字，复斋异其符，遂悉授之。是年职宫之玄坛书记，凡科典讹谬者咸正之。丙申冬，本院灾，公之祖与龄祝公寓居东山，家益贫，公养之尽志。既祝殁，公以高道留京，闻讣还葬，祭尽礼。庚子夏复旱，祷亦应。教檄授教门掌书记、法箓局书记兼靖通庵焚修。乙巳秋，捐己资新本院，录诸徒。相先君冲虚公入觐，燕赉皆预之。洪武五年壬子，先君入觐，有旨选高道侍祠，以张铁矿、黄象南留京。六年癸丑，公亦应是选，居朝天宫，数召对，锡燕者再。尝应制赋诗，讲《道德经》，修较道门斋科，行于世。教檄且授教门讲师，祷雨雪，复应。凡侍祠八年，宠眷有加。十三年庚申冬，请老还。十五年壬戌，诏设道录司，复召赴阙，以老辞。是秋孝慈皇后崩，召予建黄箓大醮于紫金山，皆公赞协之。十七年甲子，教疏授洞玄文素贞靖法师、教门高士、龙虎山大上清正一万寿宫提举知宫。十八年乙丑，有旨于龙虎、三茅、阁皂三山选道行之士充神乐观提点，佥推公，应召赴京。上悦，授格神郎、五音都提点、正一仙官领神乐观事，敕礼部铸印如六品，命掌之。仍依阶给俸，公固辞乃已。十九年丙寅正月三日大祀南郊，公导驾趋前，上顾曰："卿年几何?"公对曰："臣年六十有五。"又曰："卿出家年几何?"曰："时甫年十一。"上笑曰："诚老山人也。"每岁乘舆大祀，辄道拜于前，上必呼曰"老仙官"。及还，目送者久之。是夏六月，有旨免朝。二十六年癸酉，教疏升充本宫住持提点。二十八年乙亥，上致斋别宫，趋召仆地，上悯其老，赐还。越五日，颁诰奖之。暨辞阙，上眷，饯之。居神乐者凡十年，蒙眷如一。八月及山，始任本宫提点。逾年谢退，恬养自适，捐己帑新钟台楼，作归来轩于院南。己卯夏六月，公遍谒谢，语诸徒曰："尔等善自立，吾将返吾真矣。"未几，示微疾，端坐而逝，七月二十有一日也。生元至治壬戌闰五月八日，享年七十有八。尝于石硖原筑藏蜕所，建祠曰老山人庵。前翰林编修苏公伯衡实记之。故凡当世名卿硕儒，若翰林宋公濂、中书朱公孟辨，皆相善，咸美以诗文。公能诗、鼓、琴，有《观光》等集若干卷。其徒李唐真以明年某月某日葬焉，状其实请铭于予。唐真笃厚，善继其志。

呜呼！若公也，赞辅我先君暨予二世矣，其嘉猷善迹居多，敢不诺而铭诸？抑公遭际宠荣，发扬道典，始终之眷弗替。及以老而归，夷犹泉石，乐天而终，岂世之所多见也？惜公之逝，予方卧疾，不能问吊之，岂不慊然而悲乎？铭曰：

抚在五季，傅为令宗。公生盛元，道器是充。早受玄旨，挥叱旸雨。克禅教模，累祠皇坻。宸眷益曦，秘宫郁巍。启奥演范，乐音礼仪。匪曰优耄，殊恩弥造。言旋故丘，鸾跃鹤导。再宏祖庭，金奏孔鸣。高逝悠邈，永昭斯铭。

【说明】据四库本《岘泉集》卷三录文。参见点校本《岘泉集》上。

577. 明·张宇初：崇仁县玉清景云观记

建文三年辛巳（1401）

抚之崇仁以山水穹秀，道家所谓洞天福地者多居焉。凡邑里皆浮丘、王、郭三真君显化之地，不啻数十区，辄据风气之会而获悠永者也。景云观居县之西，不数里而近，巴山屹其前，浮黎峰耸其后，由峰之陇蜿蜒数十步，观建其支也。其南则澄溪激湍，北则方池涵碧，平衍虚旷，林木四翳，虽居阛阓，犹处山林之幽寂也。观创于唐景云间，因以是名。既成，额未之书，忽一道士夜至，篝灯大书而去，笔光焕动，急追之，顾曰："吾萧子云也，其识之。"因珍饰以为门扁。后危太傅全讽为州，将夺寘黄田寨，乃逸去。盖以子云尝为梁黄门侍郎，以善书名，后于玉笥山仙去而异焉。旧悬大钟，一夕遁去，渔者或睹溪潭间，取竟弗起后鸣者，开元二十七年物也。殿设大炉，上题旌阳许真君名，相传皆以为异云。昔之穹檐广宇，自黄巢之变讫为灰烬。显德间，彭城刘元载尹兹邑，乃延道士蒋道玄辟而新之。道玄善科典祈禬，乃复振焉。遂谒前进士乐史记之，皆开宝九年江南李氏未附时作也。暨宋复兴。迨元，道士黄养素力新之，未仍旧观，其徒傅自成克相之。洪武初，以乐舞员召赴阙，居祠宫者三十年。辛巳春，始获请老还，复新其未备者。授教檄某法师采遗文，以记来请。

予尝谒三真君，两过其地。今年秋复叩焉，则删薙榛莽，建立殿庑，曩之狐兔霜露之墟，一旦豁然高出烟霞之表，是亦灵踪奇迹晦于昔而著于今也，殆亦有定在矣。其非自成才能干济，将亦终为荆棘埃壤也矣。尚能使山之秀者益明，水之丽者益莹，草木之芜蔽者益挺拔矣乎？矧自成尝受法于仙官傅公同虚，究灵宝雷霆之奥，尤以道术称焉。则他日之缵承先业者，能不失所托矣。后之人尚必是志焉，则其悠远弗坠也必矣。又孰知其虚寥冥寞之际，不有若浮丘公者擸飞佩，御泠风，自华盖、巴湘之山飘然而来下也？而其玄休灵贶其有涯哉？可无以纪之也欤？是次其实以记。

【说明】 据四库本《岘泉集》卷二录文。参见道藏本《岘泉集》卷三、点校本《岘泉集》上。

578. 明·张宇初：《龙虎山志》序* 建文年间

道之潜于至微而显于至著也。天地之大，阴阳周始，而理著焉；事物之众，盛衰循环，而文著焉。此其至微之机潜于至著之间，人不可得而见矣；迨夫历千百载之下而不泯绝者，而后知也。道之谓虚无元默者，原夫天也。杳冥恍惚之内而精粹朕兆存焉，是不可见而可知也欤？吾太上之教，自轩皇文景之下，率尝用其清静无为之说验于世矣。或方之申韩刑名，或辟之方术怪诞，盖将有不得而毁斥为异端者乎？故太史迁以其动合无形，澹足万物，指约而易操。道家者流则古有之也，必矣。是以关尹庄列之言，有以发其未尽；而柔弱谦退之言，有足以拯周衰之弊而范世轨俗，焉得以幽元视之？且神道设教，岂将诬后世以取惑哉！迨列国而下，秦之茅君，汉之我祖天师，吴之许、葛，皆其尤著者焉。

天师钟不世出之姿，亲受于太上，由是三洞经箓符法之传秘于九霄十极者，灵诠奥旨，尽降于世。乃游蜀之吴，而炼丹龙虎山。山之名于天下者，居福地之一，而与三茅、阁皂并称焉。我张氏留侯而下四十八世矣，有非二山之足儗也。历魏晋、唐宋，代有褒崇，典秩具备。若山川之胜，宫宇之丽，人物之繁，仙迹之异，道行之神，爵望之显，代之慕拟歆艳者，或美之于诗文，垂之金石，相传逮二千余载。而嗣之者愈久而愈昌，栖之者弥远而弥广。孰非上世之济物利生，御灾捍患，其元德绵远，有以阴佑生民，上裨王化，故能传之不息若是之久且著哉？抑亦山灵川后，有以呵护资毓而然也乎？是山志之不可无述也。

元皇庆二年春，元教嗣师吴公集为三卷，进于朝，诏词臣元文清公、程文宪公实序之。而予曾大父留公、大父太元公遭际宠光，烜赫当世，获纪之典籍，荣亦至矣。我朝先公冲虚公在先皇之始元，累觐天颜，眷渥尤至。而予之鄙陋，早袭教章，上承殊遇，宫宇易新。已而今上嗣位，首承召命，蒙恩两朝，博厚之仁，鸿厖之泽，莫得而尽纪也。间病旧志多疏浅凡近，窃有慨焉。或谓值兹盛世，非加以稽古索隐以成一山之盛典，岂不使奇芬伟躅湮郁涣漫，若珠玉之蔽于渊薮，其质可珍而忽不收袭，亦岂不自弃也哉？予虽笃志，而学有未逮焉。讲师李唐真清修笃厚，乃命搜访其遗缺，而仲氏宇清志锐而才敏，力赞成之。遂析为十卷，将完而善士某愿寿诸梓，能无一言以志之哉？

惟道之在天下，与天地并行而不违；其存于人者，昌大之而已矣。能志是而弗替，则善承其已著而垂裕于将来，宜与山川同其悠永，其有已哉？然世远代异，或不能尽其纪载，而后之慕其余风遗烈者，未必不有取于是焉。敬僭序于首。

【说明】据娄本《重修龙虎山志》卷一五录文。参见四库本《岘泉集》卷二、四库本《江西通志》卷一三七、张本《续修龙虎山志》卷中、点校本《岘泉集》上。据文中“已而今上嗣位”一语，撰作时间姑系于建文年间。

579. 明·胡广：冲虚子传* 永乐二年甲申（1404）

冲虚子姓饶氏，名正道，字中正，吉之文江人也。生有奇相，目光炯炯如电。比长，神采清癯，有道士见而异之，曰：“是子不凡，非尘垢中人。”语其父母，携入崇道观为道士，受以金丹秘要，悉领其妙。尤能运精气，书符篆，驱役雷霆。水旱疾疠，人有求之者，其应如响。于儒书亦兼通，工为七字句诗，往往有奇语。洪武辛酉，征为太常乐舞生，一时名公爱其才，皆与纳交。会夏久不雨，有以冲虚子言之高庙，即日命建坛神乐观。冲虚子凝神默坐，期以三日必雨。及期，日色如赭，无纤毫翳，众咸骇愕，冲虚子独怡然自若。俄有云勃然从东方兴，云际闪闪见旌旗状，旗上隐隐有“青云”二大字，众复大骇。已而云阴四合，阳光渐敛，雷殷殷作声，风冷然而起，须臾大风，又须臾雷电交作，雨下如注，众乃大悦。缙绅士多赋诗美之。永乐元年，授北京祠祭奉祀。皇太子同汉王命修醮于白云观，凡七昼夜，皆有异征，喜其有诚，遂赐以真武像、剑印、星冠霞服诸物，而冲虚之号，亦当时所锡者。又作冲虚庵，记予之人遂称之曰冲虚子云。明年鹤驾来京，冲虚子忽忽感疾，遂溘然而逝。殿下闻而甚惜之，特令中使往取所赐物，付其徒太常赞礼郎傅霞岫。霞岫顿首受之，珍藏什袭以传来世。谓幼事冲虚子，得其师说，乃叙其事，求予为《冲虚子传》。

太史氏曰：予尝与冲虚子交，与其相对终日，不问则不言，言必中理，略不以人事接于心耳，此盖有得而然。夫炼精葆和之士，用志专而神完固，故能超出于尘埃之表。若冲虚子者，其几于是乎？

【说明】胡广（1370～1418），字光大，号晃庵，吉水（今江西吉水县）人，南宋名臣胡铨十二世孙。建文二年（1400）中状元，赐名胡靖，授翰林院修撰。靖难之乱后归附朱棣，任太子侍读，恢复原名胡广。永乐年间，历任太子右庶子、内阁学士、翰林学士兼左春坊大学士。曾随明成祖北征蒙古，官至文渊阁大学士。卒谥文穆。有《胡文穆公文集》等。据乾隆十五年刻本《胡文穆公文集》卷一四录文。

580. 明·张宇初：重修紫霄观记　永乐四年丙戌（1406）

天下山川之名胜，老释之宫常居什一。而江右闽浙，灵踪异迹昭赫者甚众。庐陵紫霄观距城六十里，昔东山杨仙炼丹所也。或曰三山，曰龙山，曰枫山、橘山，势若金龟出匣，玉兔望月，左丰溪，右长塘，两水夹出山麓。宋治平甲辰，玉笥山廖思闵来此，始创基焉。里故姓彭氏，割地为观。淳熙丁酉，周益国公、杨文节公请于朝，赐今额。废于绍定壬午，郡之天庆观萧苍雪来此重兴。元泰定甲子，不戒于火。其时毛丹隐、彭庆堂协图兴建，揭文安公傒斯记之。至正丙申，毁于兵。明洪武庚戌，郭克禋为之倡，其徒次第葺之。凡殿堂廊庑，寮院庖庾，仍旧规而增壮焉。

永乐四年夏，予承旨纂修道典，秋澄以与荐来吾山，状其概，请曰："是观创基迨今三百余载，凡废兴者三。兹幸少加振，愿有记，伐石以示不泯。"予尝异吉之为郡，有道文明之士多产焉，抑亦山川之储灵毓秀以致然邪？故道宫元宇，凡去阛阓而负形胜者，必将远熏垫歊熇而获游神虚明爽垲之表，若玕琪之植，翠黛之览，交会目睫间，诚欲与安期、羡门之徒神交迹合，非若俯城阓鄽井之辐辏者。然则紫霄观之累朝悠远，非神庥元贶其能然乎？秋澄以耆年优学，编校之勤居多，此予乐记之以垂将来。

【说明】据乾隆四十六年《庐陵县志》卷四二录文，文字据别本有改补。参见康熙二十八年《庐陵县志》卷一三、道光《庐陵县志》卷三九、光绪《江西通志》卷一二三、点校本《岘泉集》下。

581. 明·解缙：重修青原洞岩朱陵观

永乐四年丙戌（1406）

古有洞岩观，创自东晋。时云郭璞尝至其地，此传闻也。至宋开宝四年，徐锴为撰碑记，称张道陵定天下名山三百六十五以应天度，而兹山第三百六十，则自汉已知名矣。

青原山势蜿蜒，自芙蓉、天岳而上且百余里，起伏蹲踞，如龙腾虎跃。分三脊而下，中峰踞峙，趾顶皆石，如屏帐然。下特广衍，盖观殿堂之所倚也。其东山脊屹然，为使君岩，岩下两山逸出，回抱于观之左。其曰"使君"者，唐贞元中阎寀守庐陵，表请入道，诏遂许之，且赐其观名"朱陵"。今唐诗《戎昱集》有《送阎使君入道》二诗是也。相传寀入岩石中，石门渐长，始犹或出，后妻子引其裾，石随手合，衣纹在焉。岩之瀑布流沫有声，锵然左右，溅射如洒雾雨。其下草树凌冬不凋，草根在岩上，有根下垂，白如银丝，长与崖竞。其西一支山脊复出抱观下洞，曰西陵，深数十里，有棋坪石当涧上，其界道井然。其东洞曰青帝。其南曰云崖峰，北真坛在焉；曰玄秀峰，震灵坛在焉；曰对剔峰，回风亭在焉。溪水支回观前，有滩迹，曰沙涌，曰鹿渡，桥横其间，皆可眺玩。而震灵坛者，唐先天中谢行仙之所蜕骨也。至宋，忠简胡公与其孙两尚书曰规曰矩，皆读书观中，学业遂成。一世名士，无不登览，题咏具在。想其弦诵相闻，朋来自远，从容讲道之乐，又非但方外之士而已也。终宋之世，而传有杨、郭、彭、曾四人者于此仙去。大中祥符诏改观为“宝寿”，治平中复为朱陵观。有堂曰据梧，使君岩曰自雨，则又皆见之《澹庵集》中者也。至元季，忠简裔孙鹤皋总观事，举义兵与贼血战，贼皆畏之，乡郡赖以保障。此又卓然有显于六人，光明俊伟，忠义激昂，与仙游白日何异？况其自始至今，终迥无瑕类，虽精修苦炼，何以如此，是诚无愧于其观者也。当其出师江上，贼不胜其愤，袭焚其观，靡有孑遗。而鹤皋励志愈奋，遂以破贼。今数十年于此矣，其犹子兰畹继总观事。鸠工积大木，建殿宇，内外焕然，悉复其旧。葬鹤皋于观旁，治墓甚饬，而与余言及，未尝不流涕沾襟。兰畹尤老成，有道术，今京师名士多下之。

余尝夜大雪过其观中，于是别十年矣。兰畹大喜，炽炭置酒，尽出其图书，痛饮沉醉。明日竟去，许为记，未暇。今又几十年，而观之修造益备，兰畹益老，鬓发皓白而精神烨然。奉诏来京华，将归，复求记。余不得而辞，书其事如左，俾勒之石。

永乐四年丙戌冬。

【说明】解缙（1369~1415），字大绅，号春雨、喜易，吉水（今江西吉水县）人。洪武二十一年（1388）进士。历官翰林院侍诏、侍读、翰林学士兼右春坊大学士等。曾主修《永乐大典》。有《文毅集》等。据同治《庐陵县志》卷四三录文。

582. 明·解缙：吉水崇仙观记 永乐五年丁亥（1407）

吉文水西白沙九江之上有观曰崇仙，肇自宋景定庚申，元季始毁于兵。

至国初，复以次完葺。今永乐五年，殿堂门庑，罔不咸备，垣墉涂塈，罔不咸美。昔余尝游于兹，睹其溪山回合，乐其道流文雅，焚香鼓琴，赋诗饮酒，醉卧于兹，不知其几朝夕。予与游者，宾客骑从旁午，观中之人未尝厌也。其始与予交者吴元虚，为道官，复于京师为文送之归乡，数与相见，忘情尔汝。而观之旁多大家世族，若螺陂萧，溢塘杨，山原罗，前修后进，辈行相望，来游来歌，必于此观。观之创始者道士黄志林，元潭之髦俊，萧氏之甥也。萧氏自柳州通判联堂先生施舍田地，创立观场，及为屋以祠先王。既而谓不可无住持者以主之，因命其甥以供祭祀，是为志林。乃能阐大其教，远近附之，至今遂为丛林。志林之才有过人者，而微萧氏则亦莫能兴也。按萧氏自定基御史得三瑞齐名，厥后子孙接武而盛，终宋及元，未尝落寞。近年萧氏祠堂复完，余既为之记；今观中复来请记，是岂非相与盛衰者欤？其与志林同时至者严绍永、刘可山，皆有道行。国朝复兴者，道士郭楚川、陈椿年等。椿年为神乐观舞生二十余年，笃厚甚文，元虚之徒也。今元虚死久矣。余至神乐观，与椿年话旧，其徒刘志乐在焉。志乐之徒戴九霞遇建金箓加恩，亦度为道士，将与志乐南归。余于是又有感焉，为之记于碑阴。

【说明】据光绪《吉水县志》卷一四录文，文字据《解学士文集》有改补。

583. 明·王伯贞：辅顺庙重修记　永乐五年丁亥（1407）

永乐五年春，东昌士友曾子鲁以书致辅顺事实来请曰："匡仙庙食于兹，自周显德至今垂五百年，其威灵赫奕，肸蠁潜通，所以福吾民者犹一日。然祠宇荒落，肖像昏翳，虽晨钟暮鼓，幡幢罗列，而尊严或亏于瞻望，崇高或惧于震凌，殊不足以彰神威而答神贶者也。乃率里之士庶萧立敬等，裒财命工，撤而新之。起自前棂星门，止于后宫，悉皆修理。正殿之左，原有奉亲殿一所，寝殿之左，原有夏景池亭，往年坏于洪水，今又创以补之。庙之神像，凡几躯剥蚀者饰而完之；累朝封诰，其存而可辨者装褫之；供神之器，缺者增之；实录、大夫士所歌咏者，锓梓以传。自永乐丙戌正月至今丁亥九月始落成焉，庶几延灵祚于久远，祈茂祉于无涯者乎！用陈其梗概，敢请记之。”

余惟天地之道，发生万物而不息。辅顺学道以为神，其有得于天地亦如此。故能御大灾，捍大患，保障斯土，随感而应，弥久而弥彰。是亦将与天地同其悠久，使人有所依归。则庙之重修宜也，可不记其实以传于千万祀哉？董是役以底于成者，子鲁也。若夫施财效力、工匠之用、姓名之纪，则具之碑阴，兹不复缀也。

永乐丁亥，中顺大夫、知琼州府事王伯贞撰。

【说明】王伯贞，名泰，以字行，泰和（今江西泰和县）人。洪武十五年以明经聘至京师，策对第一。历官佥事、户部主事、琼州知府等。有《琼州集》。明梁潜《伯庵集》卷一二有《王伯贞传》。据《东昌志》卷二录文。

584. 明·胡广：重修崇道观记　永乐五年丁亥（1407）

吉水崇道观，旧传吴赤乌间，玉笥山道士江大师始开基于此。尝有一人携瓢笠来游，以瓢贮饮。一日，置瓢于斋房中，以笠覆之，竟去，莫知所之，咸以为异。后闻于吴主，赐额曰招仙，由是观宇日崇，众至数百人。至唐时，有曰田真人者，赐紫随朝，人呼为田紫衣，主观事，视前为盛。宋治平中，始赐今额。南渡末，道流益众，度不足容，始建太初观于北门外，分东寮以居之。元时崇道为祝寿道场，道士艾文吉提点观事，一时人物之盛，有加于昔。又于文水西午冈峰建仙坛，分其徒数辈以主香火。元季兵乱，观废，众散处。道士刘方春、匡崇高率弟子游本源、周通玄，于午冈西上小陂建焚修道院。

皇明洪武初，方春、崇高相与协谋，图复旧规。州守费侯震慨然曰：“兹观祝釐之所，不宜废。”乃率耆民助力修之，始建真武殿，将次第新之而费侯去。后方春谋建三清殿，崇高即出己藏充工费，拘忌阴阳家说而止。二十四年，清理道教而崇道为丛林，复并太初为一。二十七年，方春出己赀，命其徒刘止善越江湖求良材构殿，是冬殿成，凡若干楹。三十三年，道会游本源新其山门。永乐五年，道会张节亨重加修饰，黝垩墁墍之工始毕，殿堂廊庑及宾客之位，宴休庖湢之所，一如其旧。观居阛阓间，去县治三百余步，前面东山，后俯文江，接青湖蟠溪之胜，揽山水之会，不出户庭，举目有云峰烟岛之奇观，故学道者出于其间往往多秀异，今之人物，视前为尤盛。予官京师，始识太常赞礼郎彭永年、北京奉祀饶中正与其徒廖敬昭、傅霞岫，皆敦厚谨饬之士。一日，永年谒予曰："崇道观废，自经营修葺以来，积累四十余年方克成就。前代废兴，碑刻湮毁，无以考见其实。今无文，则何以示后世？"乃购石砻之，求予为记，刻而载归。永年之志，可谓勤矣。

予惟老子之宫，散处于天下者不可胜计，然未尝无废，废则辄兴，朝为而夕集，盖不出于公家之力，则必资于富商巨室，故其成之之易。崇道观独复于数十年之后，何其若是之难乎？求其故，盖道士推己力为之，无所资于人。惟其无所资于人，是以其成之难也宜矣。夫天下之事，易成则易败，难成则难废，亦理势之必然。而崇道观成之以难，不肯苟且以图近效，则其志在于久远者也。世有取资于人以殖其家业，曾不知其为难，而欲为子孙长久之计，宁不愧于斯乎？余与永年，乡人也，求予为记，有不可辞。以乡人而记其难成之事，宜乎永年有取于予之文也。

【说明】据乾隆十五年刻本《胡文穆公文集》卷十录文。

585. 明·解缙：清潭集虚观碑　永乐六年戊子（1408）

新淦玉笥山，自秦时有九人者避徒役来隐于此。后稍稍散去，数百里之间，名山胜迹皆其所占。若吉水清潭集虚观，其一也。观额自唐乾封元年道士高士宁所奏请。前白覆之峰，常有白云覆之，瀑布垂虹。亦传有白云仙者于此得道。自观中出而望之，如玉笥然。观后东山绵延，如列屏障。世传山顶晋时有杨仙于此冲举，石上履迹宛然，余尝游而见之。观之左，有北华山之秀；其右则清潭白沙，澄江如练，有渔人数家。濑溅溅如鸣琴，长松覆之，鸥鹭并集于其间，虽画图之工有不能及也。但观相传为危仙炼药之所，而观前有亭曰南阳，以为邓仙而设。余尝观玉笥何君六石，有太史黄庭坚诗云："九仙同日上龙湖，尽是骊山所送徒。惟有邓君留不去，松根揞鼎煮菖蒲。"亦但云邓君。凡丹灶之墟，亦皆其所遗也。而石又独云何君，与诗不相应。又疑"邓"乃"何"字之误，抑二君固在九人之列欤？夫所谓仙人，固能往来人间，又以清潭集虚山水之清华若此，安知九仙者不尝往来而至于斯欤？

观之兴造在宋犹盛，殿堂楼阁，岩岩翼翼，长廊曲径与复壁重门相为掩映，诚斋杨文节公题字具存。余尝过之，未尝不周回观览而慨然吊古于斯也。其诸老宿若欧阳绍先、黄通言、李道一、刘如云，皆能修葺观宇以为其徒庇依。入国朝，住持道士周若川，班首若愚，知观李希白、郭尚阳，皆能自树立。观为丛林东西道寮之盛，又有过于前者而未有记也。永乐五年，某征为神乐观舞生，以记为请，余未暇也。又明年而成之奉诏来京师，循禋事毕，将归，具观之始末复以请，乃为之记而系以诗曰：

洞天郁郁仙所都，避秦亦有骊山徒。九仙同日上龙湖，世传此事应模糊。汉皇求仙温诏敷，筑坛除道通蜀车。玉笥天降仙冠裾，环山百里草木荂。清潭上有丹鼎炉，危仙陟降来此图。有唐中叶谁所庐？大宁高君起集虚。白沙翠竹相萦纡，琼林瑶树枝扶疏。文节大书照金铺，鸾停鹄峙霞采俱。塑像俨若天神趋，观者起敬生怡愉。祈灵集禧灾害除，上应列宿斗牛墟，万岁永奠东南隅。

【说明】据四库本《江西通志》卷一二一录文。参见康熙六十年《西江志》卷一五一、乾隆四十一年《吉安府志》卷六六、光绪《吉水县志》卷八。

586. 明·黄淮：故四十二代清虚冲素妙善玄君包氏墓志铭 永乐六年戊子（1408）

奉政大夫、右春坊大学士兼翰林院侍读黄淮撰；

翰林院学士兼左春坊大学士、奉政大夫胡广书丹；

资善大夫、吏部尚书兼詹事府左詹事蹇义篆盖。

予视草禁林时，无为真人张公亦蒙诏入阁，纂修道典，日遂探论辇毂之下。间泣以告曰：“宇初祸不自殒，不幸违养，愿铭诸幽以慰。”翌日，蒙其徒以状贽焉。予于公雅故，不获辞。

按玄君姓包氏，讳澍贞。其先以偶显于五季。迨宋，文肃公恢以资政殿大学士知枢密院事，赠南城县侯，族蕃且振。元初，簪组蝉嫣，门第相毗，居盱之首。大父观，詹事院左右司郎中，夫人童氏。父若芳，建昌路同知，夫人鱿氏。玄君生有异征。夫人梦紫云覆室，若有神姥降于庭，异香浃日，觉而玄君生。年五、六，警敏异庸儿。凡女红、妇则，不习而能，犹嗜谈诗书。及笄，归四十二代天师护国阐祖通诚崇道弘德大真人冲虚张公正常，闺范雍肃，姻族皆贤伏之。元末兵兴，玄君披艰历危，众赖以安。洪武初，我朝一海宇。戊申，上登大宝，公入朝，旌膺爵命。玄君克相于内，府凡毁而新之。聘名师笃教诸子，旦夕严励，不少怠。辛亥，姑三十九代恭顺慈惠淑静玄君卒，玄君哀礼尽孝。丁巳，公薨，莅丧事尽礼，朝廷遣使予祭。长子宇初袭教。咸择俪以室诸子，戒诸妇以勤俭。躬事纺绩，老且不倦。辛酉，推恩封清虚冲素妙善玄君。乙丑，葬公于里之南山。丁卯，创弘德真馆于墓侧，翼以轩亭庖庾。玄君间味黄老言，怡神燕景于斯。戊辰告成，建黄箓大斋以荐先度幽，人咸戴焉。四方游者，亦尽款遇。翰林编修苏公伯衡实记之。己巳，上清溪决，命工御以陂，水复故。辛未，舟毁病□□佥为渡。癸酉，三十八代妙明慧应常静真人易氏祠倾圮，役工新之。凡道家经像，辄刊梓以施，岁时犹谨于祀事。乡里老疾，周急若不及，远迩德之。永乐四年丙戌正月廿有一日，示微疾，起坐告子孙曰：“吾年亦至稀矣，吾殆逝，若等勉之。”趺坐而卒。生前戊寅十二月初二日，享年六十有九。子四人：长宇初，嗣四十三传，素蒙眷渥；次宇清、宇理，宇理先八年卒；幼宇铨。女二人：长徽柔，适王氏，先十八年卒；次徽善，适梅氏，先十五年卒。孙男五人：长懋哲，后一年卒；次懋承、懋孚、嘉进、宇裕。孙女十三人。兹以戊子十二月乙酉厝南山，从治命也。

呜呼！玄君生衣冠家，早勤嫔则。及归仙胄，事姑相夫，下字子姓，靡不贤之。而冲虚公适际天朝维新，恩数累加，方以祷祠致崇显。而玄君综理闲家，以右其始终，可谓能妇矣。矧晚节旌拜徽号，乃屏斥奢靡，游心虚玄，而卒终遐龄。其视沉溺纷华而于福祉有弗逮者，不暨远矣哉。敢不铭以发其幽光潜德者乎！是宜铭。铭曰：

于惟玄君，文肃令裔。克相仙宗，曰昌曰裕。揂危益安，兰玉森炽。皇朝聿新，累膺光贲。穹厦广畲，祠葺烝饩。皇眷益熙，姑养耆显。机训弥笃，传授良师。真人天游，绍业赫曦。紫泥荐颁，尊荣孰跻？玉诀琼函，适资燕怡。养真遐龄，九五宜寿。孙曾骈蕃，甘旨组绣。黄封绯绶，献彩辉昼。懿德沂仪，垂裕欣后。铭辞孔昭，百世斯佑。

永乐六年岁在戊子十二月乙酉，孤哀子宇初、宇清、宇铨泣血拜立。

【说明】黄淮（1367~1449），字宗豫，号介庵，温州永嘉（今浙江温州鹿城区）人。洪武三十年（1397）进士。历官中书舍人、翰林院编修、翰林院侍读、武英殿大学士、户部尚书等。有《自省录》《省愆集》《介庵集》等。蹇义（1363~1435），字宜之，巴县（今重庆市）人。洪武十八年（1385）进士。历官中书舍人、吏部右侍郎、吏部尚书、资善大夫兼任太子詹事、资政大夫等。碑存于龙虎山天师府厢房，保存状况良好。青石材质，高0.88米、宽0.49米、厚0.4米。碑体呈长形，碑首半圆形，额篆“故四十二代清虚冲素妙善玄君包氏墓志铭”，6行18字。碑文为楷书，直行，33行，满行48字。据碑录文。

587. 明·钟温：冲真靖记　永乐八年庚寅（1410）

昔者圣人治天下，爰自天地、日月、五行、山岳、河海、丘陵、坟衍，皆有所司，而类禋望秩咸遍，各保其常，无获戾于上下神祇。为士者不知修身以祀天，不知改过以归真，将何以通神明之福佑？东昌刘舜南风采峻爽，意气诚悫。受法以来，惟讲道德，燃柏子，正襟危坐，默运五气，祈晴祷雨，芟邪辅正，素无吝容。不惮寒暑劬劳，无责人之报，昭然在人耳目。众所爱慕，素无骄矜之色。冲真勤力弗懈，相与辅成，得其所托乎？上清张真人大书“冲真靖”扁其楣，遂征言焉。

予惟冲欲飞举，真欲守正。冲则神游太虚八极之外，真则身存太和保合之中。惟冲惟真，归于大无之宅；惟真惟冲，广济大无之庭。入乎大无，百怪不能窥其涯涘，庶几冲真之俦，抑造物之与同流也。遂书以为《冲真记》。

永乐庚寅春，里士介石翁钟温撰。

【说明】钟温，生平不详，庐陵（今江西吉安县）人。据《东昌志》卷二录文。

588. 明·吴谦：重修城隍庙门楼记　永乐八年庚寅（1410）

犹之城隍庙前旧有楼，上冠山巅，下临江浒，是亦下邑游观之胜概也。颓圮已久，不屑观。予惟柳子云：君子必有游息之物，高明之具，使之清宁平夷，恒若有余，然后理达而事成。然则是楼岂无益于政欤？欲广而新之，顾鲁以千乘之国，为一长府，闵子犹非改作，况犹为残惫之下邑乎？遂因而修之，瓦之老者易之，水之蠹者更之，面势高深，皆仍其旧。经始于永乐八年九月丙寅，苟完于是月辛卯，以其旧无扁也，名之曰阜民。孔子尝谓富而后教，孟子亦言有恒产者有恒心，盖礼义生于富足故尔。移风易俗，长民者之务，苟不富之，教何由施？我曹公余载登其上，会冠缨，集父老，宓子之歌，南风之诗，襟怀潇洒，兴趣超然。见民居之落落，则思所以煦育而蕃其生；田野之未辟，则思所以节用而爱其力。虑民情之郁也，询之故老，采之刍荛，以去其宿蠹藏奸，而使之各得其分愿，则家给人足，民安物阜，教化行而风俗美矣。其有益于政也不既大矣乎？岂徒为游观之具哉？况是楼当神祠之前，县官为一邑之主，事神而治民者也。苟徒纵耳目之欲，惟思所以竭民之力而网民之利，以肥其身而厚其家，殆亦贱丈夫之登龙断而已，人怨神怒，可不惧乎？

【说明】吴谦，生平不详，永乐间由举人任上犹知县。据嘉靖《南安府志》卷一二录文。按，“贱丈夫之登龙断”出自《孟子·公孙丑下》。

589. 明·宋公尹：东洲庙记　永乐十年壬辰（1412）

夫圣王之制，法施于民则祀之，能御大灾则祀之，能捍大患则祀之。惟其水旱疾疫有祷必应，是宜载在祀典，历久而弥彰焉。邑东擢秀乡万全里东洲神庙，世传由宋欧阳公宦游东洲，移来香火。非有功德于民者，岂能致巨公之诚敬而永其庙祀哉？庙始建于宋，元大德间里人廖二英、艾清淑增修之，元季毁于兵燹。国初重构，岁久渐坏。永乐壬辰春，有典礼之士李文隐、梁子建相与祗谒神祠，有作新意。既而天久不雨，众祷于神，转歉成丰。邑里大悦，乃聚财鸠工，不日落成。凡其倾挠者易之，狭隘者辟之，漫漶缺漏者涂塈而黝垩之，腋门之未创者从而新之，殿楹之未峙者从而增扩之，屋以间计者十五，皆增其旧制。属余为记。

余思夫神者圣而不可知也，矧可以像求乎？且神为阳之灵而造化之迹也，像之者目之所存，仿佛而睹之也，自无形至于有形，皆诚之至而敬之尽也。自修身以至于事亲忠君，能尽其力，尽其职，皆所以事神也，况赫赫而临、濯濯厥灵者乎？《诗》有曰：“神之格思，不可度思，矧可射思？”请以为祀者告。

【说明】宋公尹，新喻（今江西新余市）人。宣德中曾任新喻训导。据同治《新喻县志》卷三录文，文中“廖三英”原作“廖二英”，据康熙十二年《新喻县志》卷一四改。

590. 明·王克义：灵应记　永乐十一年癸巳（1413）

崇邑治南百余里，三峰巍然，特出万山之表，曰华盖。群巘环列，若拱若揖。其巅有三神仙祠，乃晋王、郭二仙与师浮邱翁炼丹之所。元康中，功成升举，遗言乡人曰：“灾旱可祷，忠孝之士，吾当应之。”厥后岁有旱涝，有疾疫，祷则必应。由晋、唐、宋、元以至我明，千有余年，历世弥远，灵光弥著。

予为崇仁令七载矣，旱祷则雨，涝祷则晴，病祷则瘳。苟诚敬之已至，则灵应肸蠁，捷若鼓之答桴，不以远近而有间也。予牧兹土，慕其元风，无得而名。一日僚尹岳宗甫氏告予曰："邑遭水旱屡矣，民之得以无险厄者，仙之力也。宗甫尝婴剧疾，不绝者如线，赖兹灵贶，得以再生。愿祈一言，勒之金石，昭示四方，亦庶几感报之万一也。"予曰："三仙康世利物之功既溥且远，欲托吾言以彰之，奚啻泰山而加篑土，河海而加勺水，讵能助其高深也哉?"虽然，不形之文，则无以表宗甫感德之意；不勒之石，则经岁久远，惧其淹没而不传矣。故因其请，纪其事以著之坚珉也。若夫出处颠末，则既备于颜鲁公、李冲元之记与录矣。

【说明】王克义，琼山（今属海南海口市）人。永乐四年（1406）进士。历官崇仁知县、建昌推官等。据同治本《华盖山志》卷七录文。参见校注本《华盖山志》卷七。按，据嘉靖《广东通志初稿》卷一三载，王克义中进士后授崇仁知县，故系本文于永乐十一年（1413）。

591. 明·余鼎：南康郡元妙观记　永乐十二年甲午（1414）

匡庐峙于吴楚之交，甲秀于江南。自匡俗、董奉之后，慕幽胜者往往栖迹其间，如秦之三将军于灵溪，晋之陆修静于简寂观之类，至今遗迹在焉。胜国时，山南老氏之宫数十区，其徒千余人，为浮屠氏者，又倍之。南康郡城天庆观、元妙观，名曰谷岩洞天，又名瑶玉洞天。世传何真人得道之地，自昔为山南元教之领袖。壬辰之乱，庐山宫殿毁于兵。国朝平定之初，惟白鹤周元隐自避地来归，始寻元妙观故址结庵居之。洪武壬子，星邑令金华朱悦道劝邑人助之，始构法堂。洪武末，元隐年八十余，日治其殿庑遗址，语人曰："吾法嗣必有兴者。"未几长逝。其弟子张碧霄住持兹山，授都纪，偕道侣龚碧渊、钱融观协心度财庀工，重建三清殿，恢拓旧规。其崇五丈六尺，广八尺，其深如其崇。经始于洪武壬午秋八月庚午，落成于永乐元年十二月。甲申塑像，不数年，黝垩绘饰咸备。题其额曰“洞清之殿”。永乐甲午秋，余以内艰服阕，将还京师，碧霄特请余文以记之。

余惟往昔山南诸宫观多据于奇绝幽迥之地，薄烟霞而倚巀辟。然欲一即其间，则必梯崖架壑，攀萝扼石，逐虎兕，披榛莽，穷日而后至。虽在当时亦鲜有履其地者。今其废址皆委于荒烟宿莽，为狐虺猿鹿之场，径路湮没，乡之故老亦已零替，好事者虽欲按图经而物色之，亦不可得矣。曷若兹地擅山水之胜，占平壤，临垣衢，岿然独立，为匡南之伟望？非灵迹绵衍，神祇叶相，其能复振于废坠之余耶？夫元隐启之于前，碧霄继成于后，恢灵境于名胜之邦，阐宗风于太平之日，可谓有功于元教矣。庸言以为记。

【说明】余鼎，字正安，号南坡，星子（今江西庐山市）人。永乐二年（1404）进士。历官翰林院修撰、监察御史、翰林院侍讲等，与修《高宗实录》。有《南坡文集》。据正德《南康府志》卷八录文。参见同治《星子县志》卷四。

592. 明·胡俨：上清宫北真观记

永乐十二年甲午（1414）

上清嗣教真人四十四代天师张公宇清作北真观，既成，具本末，告于俨曰：“上清正一万寿宫所宅者，龙虎山也。宫之后有象山，象山之支为台山，台山之阳为后源，峰峦秀拔，岩谷深窅。相传有古仙人尝醮星于此，后即其地为北真观。历年久，观废而故址存。永乐十一年秋，至北京，得北斗像于崇真宫，极精妙，盖宋画苑良工笔也。遂持归，以明年三月某日，乃于其地择胜复营观宇，祀北斗。为阁高若干尺，奉祖师；为祠广若干楹，东西周以廊庑，以奠雷岳诸神。至于息游之所，有丹室，有药圃，又其东有云坞，其西有林泉，南则有鸪峰，北则有松壑，烟霞明灭，岚光吐吞，乔林阴森，微风远响，四时之景不穷。子为我记之。”

余尝读太史公《天官书》：北斗，天之玑衡也，分阴阳以建四时，移节度以定诸纪，天地万物，无所不统。故曰天之有北斗，犹人君之有尚书，其所系岂细故哉？真人际遇圣明，眷顾深至，宠锡骈蕃，恩礼之厚莫加焉。故居山林之间，未尝一日忘报上之心。登斯阁也，对神明之如在，望九重于天上，思所以报者，惟有祝吾君盛大光明之福、万亿年之寿，而圣子神孙，永保民于无穷。然则斯观之作也，岂徒然也哉！至其山水之美，足以栖神保真，而登览吟咏，寄高情于物外，真人必有自得之者，余不复道。

初，观之经营，道录左演法邓景韶实赞襄之。今主其观者，道士张原芳也。

【说明】胡俨（1360~1443），字若思，号颐庵，南昌（今江西南昌市）人。洪武二十二年（1387）中举人。历官余干教谕、侍讲、国子祭酒等。重修《明太祖实录》及编纂《永乐大典》《天下图志》，胡俨皆任总裁官。有《颐庵文集》。据四库本《颐庵文选》卷上录文。记文反映了道教重视天文之特点。

593. 明·梁潜：洞慧观记　永乐十四年丙申（1416）

庐陵城四面山之踊跃而出者，如虎豹麟凤之壮丽，虽数百里外皆可见也。独附城隐然如偃月之状者，曰月山，山之小者，最近而其地实胜。附山而为之居者，洞慧观也。

先是元大德中，郡人刘宜中为营此观。既成，又尽施其赀，且弃家从观之道士陈秋崖者，学道其中以老焉。宜中号无隐。时又有徐石心者，山东人，闻无隐名而来为之徒。于是洞慧之胜，层宫邃宇，渠渠然，游览之士相接迹于其时。及元之乱，栋宇像设，日就毁剥，历数世，几七十年。至今，主其观者欧阳梅溪也。梅溪不溺于其流，读书赋诗授学徒于月山之中，而于驱馘邪祟之术尤高。一日，发其所有资复营建之，自殿而庑而门，以及三清群真之像，皆完而饰之，缭以周垣，树之松柏。既又为燕息之所，宾客之庐，凿地为池，引流而注之，艺兰于室，种竹于阶，聚图书于庭，凡可以资其奉养者无一不具焉。加以太平之久，松柏之植者日以茂，宫室之营者日以备，四方之游者日以广。于是洞慧之胜，视旧为有加。

永乐十四年冬，其里吴道弘来京师，因胡绍武求予文为之记。予固同郡人，而未尝造月山，闻道弘、绍武道其事，为跃然，想见其处。夫道家之说，以虚无恬淡为宗，以炼气化神为本。至其为法以呼召风霆，驱役鬼魅，祷祈寒暑，则亦欲以兼济乎万物以为之用，著其功于冥冥之中而不欲自逞于时。此其教之所以然，亦其流习之久，非一朝一夕之故也。若其广大宫宇以自植，又系其徒之材如梅溪者是已。梅溪，欧阳氏之贤者也，虽放迹黄冠而志有足尚。欧阳氏之在庐陵者无闻矣，而梅溪又失之此而彼得焉，吾重为欧阳氏叹也。书以镵于石，俾后之人知洞慧之废而能兴者，自梅溪始。知其废而兴之之难，则知继而守之者，其不可以易也夫。

【说明】 梁潜（1366～1418），字用之，号泊庵，泰和（今江西泰和县）人。洪武二十九年（1396）中举人。历官四川仓溪训导、四会知县、翰林院修纂等。有《泊庵集》。据四库本《泊庵集》卷三录文。

594. 明·胡广：石屋真武阁记　永乐十五年丁酉（1417）

广家沧洲，航章水而西有山曰牛首山，秀峰峻岭，峭崖千丈，形势飞动，来若螭虬之纠蟠，去若犀兕之奔饮。突横大江约数十丈许，谲怪奇幻，不可具状。上有苍松翠柏，绿竹紫萝，下临深渊，澄潭邃谷，杳难测度。鹭水络绕其趾，玉峰耸峙于前，为吉郡之关障，作赣水之砥柱。而真武神阁，巍然在上，诚胜境也，亦仙境也。

广少时闻父老言，此山系瑶埠夏姓祖茔也。洪武初，夏讳文通公，感真武帝兆，捐坟傍隙地建阁于上，每岁孟春，祈谷于斯。此亦仰体天子元日祈谷于上帝之遗意。嗣是阁神灵显，凡四方祈名寿子嗣与祷旱涝疾疫者，胥敬谒焉，而神皆答之如响。及广拜夏君希宗岳翁门，正月之吉，随夏族众祈谷于阁，备尽款洽之欢。尔时并窃自默祷，卒赖神眷，得魁于国，官于朝。每念不忘，常思奉命旋梓，重谒神阁。值蒙天子恩，备参枢密，虽不能至，心向往之。今内侄昂以永乐丁酉孝廉出宰长沙，解组归里，增修加廓。工竣，介书京署，征文为记。

广因忆此山奇拔甲河西诸峰，昔高祖由芗城卜居山麓之西畔，址基宛存。而曩时登阁默祷仰赖，至今位居辅弼，莫非神助之力。则是阁神之护国庇民，福利天下，宁有既耶？广居京师越十余载，久疏登谒，而山址原委，建阁始末，知之最悉，故不辞而记，以俟后考而世修勿坏。庶神阁声灵，与山俱高，与水俱长，而夏姓捐建功德，永垂不替也。记之如右。

【说明】据乾隆十五年刻本《胡文穆公文集》卷十录文，原题后标明阁在“庐陵瑶埠”。参见民国二十六年萧庚韶纂《吉安县河西坊廓乡志》（铅印本）卷五。按，夏昂“解组归里”确切时间不明，本文撰作时间姑系于其举孝廉之时。

595. 明·庄震孙：博济庙记　永乐二十二年甲辰（1424）

洪武八年十有一月，郡士温宗善、陈德元踵门请曰：“灵济昭应王懋功硕德，载于碑记。自宋逮今，灵贶昭彰，斑斑可考。独至正壬辰事迹未有记之者，愿阐扬之，以修采辑。”余因询其详，二士曰：“熊天瑞据赣，是年五月十八日，率众攻宁都至螺石，望见城外兵多（此处有18字不清）团营，使人窥觇无兵，乃进。邑民（此处有缺字）御外，攻益急。飞（此处有缺字）城（此处有缺字）御灾捍患，朝廷必加封赉。自是邑中水旱必祷，疾疫必祷，神皆响答而救援之。宋崇宁四年乙卯，以神有功于国，有劳于民，始赐庙额曰‘博济’。邑之耆儒暨官若吏状神之功，屡请于朝。越明年，敕封两字侯。乾道四年，功德益著。嘉定十年，进封功爵。端平三年，又进王爵。淳祐七年，赠曰灵济昭应王。而夫人刘氏亦赠慈祐助顺妃。上下百有余年，诰命迭至，恩宠隆赫，皆由神之精爽在天，御灾捍患之功，弭灾安民之泽，昭灼显著，远近尊崇，上下敬畏。延祐乙卯，兔子寮蔡五九窃发群聚攻城，赖神阴却之。群寇骇散，溺死者多，遂至平宁。”

呜呼！事虽涉于神异，苟为不然，何以庙食一方，使之敬而祀之哉？余惟盈天地间浩然之气也，人禀是气而生，养而无害，则塞乎两间，与天地相为悠久。故其生也，德器超异，事业烜赫；及其卒也，英灵如在，故能惊动祸福，不随死而亡者矣。昔柳子厚为柳州刺史，其死也（此处有9字不清）罗池（此处有缺字）侮慢，扶出庙门即死。韩昌黎撰碑，谓子厚生能泽其民，死能惊动祸福，以食其土。又作迎送神曲曰：“下无苦湿兮上无干，黍稷充羡兮蛇蛟结蟠。福我兮寿我，驱厉鬼兮山之左。”盖神之事，雅有类于此者，顾非浩然而独存者乎？矧为神之曾孙曰昊者，以边功授银青光禄大夫、内殿崇班御史；曰渐者，以驱疫疠、救水旱功赠衍庆侯者，祀食于庙；曰埜者，八行兴趣教授，婺州方寇构乱，合郡奔窜，公独不遁不降，一门受戮，事宁赠官覃恩，今祠于学宫。部下有二将：曰丁权，曰吴卞，辅神以助阴功。丁封显灵将军，吴封助德将军，侍于殿上。此又神之余泽沾溉后人，久而靡替也。邑人以神楼遭毁，乃相与捐资，度材鸠工，申构正殿，右庑祀银青公，左庑祀衍庆侯。经始癸卯年十二月二十日，以次年九月毕工。（此处有缺字）美，犹有俟后之人嗣而营之，俾复（此处有15字不清）。

【说明】 据清李清馥《闽中理学渊源考》卷三六载，庄震孙，字元振，晋江（今福建永春县）人，庄夏之玄孙。元末荐授郡训导。又据同治《赣州府志》卷四四载，庄震孙长子庄济翁“洪武辛亥由儒士知宁都，以教化为先务，朔望召诸生毕赴庠序听讲。恤贫均赋，力锄豪猾，修陂塘，立津梁，升员外郎。人为筑思庄台。”颇疑本文作者应为庄济翁，且经始时间应为“乙卯年”，即文章开始所记“洪武八年”。因无确证，姑仍其旧。据道光《宁都直隶州志》卷三一录文。

596. 明·解缙：庐陵城西玉虚观记　永乐年间

庐陵郡以山得名谓螺冈，形如屋庐也。而城西之山尤峻拔可喜，望之嶷然神岁者，五岳也。世传西晋时，江夏黄辅紫庭与二女子于此学道仙去，鼎剑丹灶存其故庐，人号其处曰黄真坛，学仙之徒往往依之。至宋祥符、天禧中，道士徐保凝以次修其屋宇，始名三官院。治平三年，彗见于壁，复见于昴，保凝诏禳之，彗入于张以没，真宗大悦，赐劳之甚厚，敕赐所居院曰玉虚观。山故有五岳祠，俗以其山而并呼为五岳观，盖自是而盛于前矣。政和五年，省札许披戴十有八人，有曾守静者得道尸解，遂列仙籍。主治朱陵洞天玄刘美成者，见梦吉郡守，风送其舟达郡，启棺如生，塑像祠之。守静在时，辟谷导引，弟子甚众，分为四寮。至元兵乱，幸而不毁。至国朝而复盛。今项如师者为郡纪，来京师请记，诘其所以兴废者，皆不能道也。予惟庐陵，故长沙分野地，去茶陵、郴州境土，皆一日程，自轩辕黄帝以来，属车之音在人耳目，其所源流远矣。至汉武帝，诏天下名山备巡幸，而玉笥山有避秦人何君六人者于此仙去，遂表为洞天。晋许逊、葛洪之徒接迹于斯，而俗视仙者如常人，传其节食服药之法以致康少病者，比比而是也。故庐陵之人，方拔丹鼎之说，皆不足以惑之。呜呼！此所以多淳厖寿考欤？然则所谓学仙者之居，以为恬淡□息，闲静而嬉游，亦不可得废也，宜其代有兴葺之欤？为之记而系之以诗曰：

庐陵城西有黄坛，五岳秀拔当天关。黄君昔年此炼丹，瑞雾倏烁霞采殷。龙光腾腾霄汉间，井水玉液温可餐。丹成白日游区寰，陟降佩玉声珊珊。余光下烛疑可扳，星冠云集振鹭班。栋宇金璧垂云烂，祝釐祈祥夷险艰。福庆大来若河山，稽首上帝不违颜，五风十雨如循环。

【说明】据《解学士文集》（明嘉靖四十一年遵化古松段刻本，佚名校）卷七录文，撰作时间不明，姑据已录解缙两篇碑文之撰作时间，推定其应作于永乐年间。

597. 明·曾棨：玉虚观记　永乐年间

玉虚观在豫章城北，去城五十步，其址广三十丈而纵倍之，盖唐开元二年管辖都提点揭公野拙所建。始名开元观，历五代，至宋建炎年间，因移城池。有提点萧公竹轩，于修仁坊得本郡周知府舍地一区，立为观宇，以度徒属，亦曰开元观，即今之开元观是也。后竹轩复归祖地建立殿堂，以奉元天上帝之祀，遂改其额曰玉虚观。至正壬辰兵燹之后，鞠为荆榛。癸卯，道士戴真空始即其故处，畚瓦砾，剪芜翳，重创室庐以栖其众。洪武甲寅，真空一旦集众留偈为别，端坐而化，时年八十有二，人皆异焉。其后道士陈自然募众作三清殿，将暨讫工，奄忽而逝。既而道士罗素行与其徒罗道从，同心协谋造玉皇宝阁，法堂廊庑、钟楼三门、寮舍库庖，以次毕备。及今先后三十余年，而土木绘事，焕然一新，栋宇宏丽，丹碧照耀，诚元门之盛事、江右之伟观也。今素行之弟子涂省躬承诏至京师纂修道藏经典，间谒余，请备书其事以记。

惟老氏以虚无清净之说为教，学其道者惟欲翛然冲举，蝉蜕污浊，期以超越溟涬之外。而世之所以崇其侈靡，殚财竭力，以致饰于其宫宇者，岂为教之意哉？盖历世既远，其法滋盛，斯民之所以向仰而崇信之者益众，则非有高壮奇伟之居以栖神灵而宣教法，抑何以称斯民之瞻望哉？然而干戈煨烬之余，嗣其教者非得瑰杰通敏之士，以扶植而振起之，则斯民虽欲致其皈依瞻奉之诚，有弗可得矣。南昌为江右会省，地灵人杰，著于古昔。开元观肇自盛唐，历至宋始改玉虚之额。于是其徒乃有若真空、自然、素行、道从辈，倜傥奇迈，相继而作，卒能使轮奂重新，悉复其旧。其徒既得所栖止，而天帝群神之灵皆有所凭依，斯民之所以钦崇而祈禬者，亦莫不有所利益，此岂非所谓瑰伟而奇特者有以阐扬其教而然欤？用是具书其本末，俾刻于石，庶几后人得所考焉。

【说明】曾棨（1372~1432），字子棨（又作子启），号西墅，永丰（今江西永丰县）人。永乐二年（1404）状元。历任翰林院修撰、《永乐大典》副总裁、侍读学士、右春坊大学士、詹事府少詹事并入直文渊阁等。工书法。有《西墅集》等。据同治《南昌府志》卷一四录文。参见光绪《江西通志》卷一二一。

598. 明·刘球：重修城隍庙记　永乐年间

今天下有司得兼致祀事，不为谄，惟先圣贤、山川社稷与城隍之神尔。然社稷山川皆位乎坛，岁不过再享。其巍然正席而庙处，月朔望须上致虔，则惟城隍与先圣贤。先圣贤教尊万世、通四海，城隍灵显当时及一区，为道有常典，所被有广狭。然先圣贤垂教无非欲人归善、去不善，而城隍能祸福、善不善，惟其均欲善世，均有益于国家，有功于斯民，故并加礼欤？

圣朝秩祀典，诏命我安福城隍为显佑伯，于爵既崇，于号实嘉。庙故在县治之西百步，完而复圮，久弗逮修。覆压墁穿，风雨不蔽，垣堕径通，人畜趋便。庭枝剪而无禁，祠器迁靡有常，祀事修不以时，神不康处，人莫捍其患。永乐中，前兵马指挥天台赵敏学林来知县事，能以去败就完为己责，饬躬连岁，材庀有赢，力忖无歉，乃进耆耋，俾敦营工。惟厥中寝，无易旧贯；其后为灵室，其前为参廓；又其前为阁门，其东西为庑，咸以次更新。覆墁坚而风雨却于外，垣扃固而人畜不得通其中。槐柏树庭而日茂，簨虡设庙以不迁，牲醴以时而上荐，神用顾享，无或有瘥札而人以宁。邑里歌曰：“昔公未来，神往祠颓，致我民灾；今公莅政，神乃有定，民实蒙庆。我愿我公，主此庙宫，靡有攸终，永绥我耆童。”盖公尝新学宫先圣贤庙，然后勤兹。工起民颂，于序无失，有足书者。

初，庙之坏，故碑徙于势家，毁灭文字，畏不敢处，纳之学宫。不久复入于庙，人以为神威所回。至是耆耋请砥以刻诰命并庙兴替之由。适贰令江汉徐君才来摄公职，能继其成。以记嘱球，故得专笔书之。

【说明】 刘球（1392~1443），字求乐，安福（今江西安福县）人。永乐十九年（1421）进士。历官礼部主事、翰林侍讲等。有《两溪文集》。据同治《安福县志》卷一七录文。参见乾隆四十七年《安福县志》卷一九、光绪《吉安府志》卷十。

599. 明·梁潜：延真观紫微阁碑记 永乐年间

泰和之西有冈曰黄茅。冈之上旧为白鹤观，宋太宗改洞虚，英宗始赐名曰延真。环观东西为七堂，其东北曰仁静之堂，今道士赵希老、萧奉吾，因其地度为紫微宝阁，上以祀北斗九皇之神。按《天文志》，紫微即紫宫也。北极最尊在紫宫中，曰太一；居其南，曰太微；在太微北者，北斗也。北第一星曰天枢，二曰璇，三曰玑，四曰权，五曰衡，六曰开阳，七曰摇光。杓携龙角，衡殷南斗，魁枕参首，以辖九州岛。而以雍属魁，冀属枢，兖、青属玑，徐、扬属权，荆属衡，梁属开阳，豫属摇光。至于十干、十二支辰，亦皆有所分属，以为七政之枢机、阴阳之元本也。而道家又有谓尊帝二星者，通号九皇，昼夜运建，与天同行。故曰斗为帝车，运乎中央，临制四海，分阴分阳。及夫建四时，均五行，移节度，定诸纪，一系于斗。盖凡星者，体生于地，精成于天，列居错峙，各有攸司。故斗之功用，神化有不可掩者如此。

於乎！九州岛之氓，茫乎如埃尘虮虱，然而谓其命莅于斗之次，彼岂知之哉？况动作非道，速戾于其身，妄祈非分，以僭干于常度，沉迷胶固，终身有不可释者。由是而修真行道之士悯之而为之祈祥请命，斡移灾咎。又以其所生之辰亦莅于斗，加精意而祷之，夫岂徒然哉？盖以为是足以启其迁善改过之端也。至希老之为阁，又取象于太一紫宫，敬恭而奉承之者亦至矣。而民尤或懵然不知所以为迁善改过者，其速戾于躬，岂不尤重乎哉？阁高几丈，广若干，深若干。经始于永乐某年月日，某年月日则其落成之时也。希老之师祖萧公省庵，省庵之后曰韦公志庵，志庵之徒三人，曰王用相，其二即奉吾、希老也。奉吾与希老捐己赀，命徒某往南市美材，遂成此阁。而能始终相其成者，长道会彭公海云、提典观事萧公惟中也。希老求予文记之，予为著其事以记之矣，复系之以诗曰：

黄茅之冈，神光离离。紫阁凌霄，上瞰虚危。贝户天开，金桷霞飞。仰瞻太一，尊居巍巍。太微四门，大道逶迤。九重独运，七政迭施。三台四辅，后先导随。斡旋万化，平分四时。嗟哉生民，彼昏罔知。茫茫九土，孰统辖之？福善祸淫，孰参其机？巧讹构煽，孰察其微？权衡默运，节度潜移。赏之罚之，为民命司。绛节丹幢，仙童玉姬。飒然戾止，百灵卫持。牖彼僻愚，释其缪迷。阴翊皇度，与道同归。皇道巍巍，皇风清夷。于万斯年，降此蕃釐。

【说明】据四库本《泊庵集》卷四录文。参见康熙六十年《西江志》卷一五一、乾隆十八年《泰和县志》卷三二、乾隆四十一年《吉安府志》卷六八、同治《泰和县志》卷三〇、光绪《江西通志》卷一二三。

600. 明·胡俨：重修高明宫记　永乐年间

庐陵西林之高明宫者，昔宋郡民祀许旌阳之祠也。其地尝有蛟为患，因祀旌阳，患遂息。至元、皇庆间，郡人林浚梅臞者为高安主簿，慕老子法，弃官学道于此。乃往豫章西山之玉隆宫，求得旌阳遗像归于山顶，广祠为道院，有瑞鹤神灯之异。于是郡邑守宰、远近居民，凡水旱疾疫祷请得所愿欲，因相率捐赀为殿宇。殿之后有阁曰璇玑，以祀星，乃翰林直学士曾德裕为兴圣后祝釐所建也，刘岳申为之记。德裕复以其事闻于朝，大宗师吴公为更其号曰高明宫，而其额则嗣汉三十八代天师张公所署也。梅臞年七十四而翛然羽化，嗣之者陈上渊。时士民倾赴辐辏，宫不能容。上渊于半山更为别室以主之。继是主其宫者曰袁袭裳、潘真静、萧明慧、胡自昌、杜嗣庭、聂冲高、袁大方、周启原、徐能静、林一诚、康致福，皆清修绝俗之士。冲高又能以道术动人，作新宫。元季毁于兵，复竭力经营，得邑人王仁英为之倡率，而殿堂庖寝皆复其旧。迄今五十余年，栋宇腐挠，彩绘漫漶，其徒相视而惧，乃告于刘宽、刘裕，谋所以新之。宽时居京师，为籍田祠祭署丞，裕亦从事神乐，二人慨然曰："此吾之责也。"即合同门之士发所蓄及四方之人所施予者，撤而新之。正殿五间，高二十五尺，广视高倍二十尺，深不及广者十有二尺。又作照殿、后殿，广如正殿，高深则杀焉。正殿旌阳居之，后殿三清居之。廊庑斋堂以及山门焕然一新。正殿曰高明，山门曰西林，皆今所署额也。相是役者，道上萧玄音、欧阳廉、李原本、刘原翰、彭闻善、彭从善、罗上善、李明善、彭生善；董其事者，紫极宫道士易方外、王方丘。既落成，来征记。

道家者流，本清静无为，而旌阳之教独尚忠孝。余尝得其书而观之，有以一念不欺为忠，一事不苟为孝，深叹其辞旨切而操修严也。使为其徒者奉其教不失，岂不可以进于高明也哉？呜呼！世之人孰有外忠孝而为行者？此余于是宫所以为之记者。若夫山川秀美，无不可爱，有刘霖之记在，观者当自得之。

【说明】据《颐庵文集》卷二录文，文字据别本有改补。参见康熙二十八年《庐陵县志》卷一三、乾隆四十六年《庐陵县志》卷四二、道光《庐陵县志》卷三九、同治《庐陵县志》卷四五、《净明资料新编》。

601. 明·胡俨：集虚庵记　永乐年间

集虚庵者，道士许全义修真之所也。庵在干越之玄明观，其曰“集虚”者，取庄周假托之辞“唯道集虚”之义也。以余昔教其邑，乃来征记。

余进而问焉：“虚之为言空也，道何由寓？既虚矣，庵何以居？且方外之士，黜聪明，去健羡，外形骸，又焉事余文？”全义对曰：“吾尝观诸水矣，虚则流，实则滞；观诸火矣，虚则明，实则暗；观诸室中，虚则通，实则窒；物皆然，心为甚。初吾之未入道也，驱驰乎俗务，奔走乎尘劳，胶胶扰扰，困于物者屡矣，曾不与之化者几希！幸而去此，托迹方外，翛然独处乎是庵，以修吾道。审一气之存，固天地之根，涤除玄览，八荒洞达，恬淡希夷，虚空生白，固知真道实集乎虚也。此吾南华老仙盖将以其虚而虚天下之实，岂徒为是荒唐之言、无端崖之辞也哉？然亦述仲尼所以告颜子者，心斋之要，不外是矣。昔吾得于师者如此，愿有以教之。”余告之曰：“子之言，子之道也；周之书，周之言也。必曰吾道率性者是已，反身而诚，乐莫大焉。子虽游乎方之外，归而求之，必有得于性分之内者，亦非余之所能强也。”虽然，彼有徇于外者，日奉其教，应酬乡井闾阎之间，往来屑屑，终身而不悟者，视全义大有径庭矣。余旧与其师徒游，观其居山林之幽，萧散闲旷，皆能攻苦食淡，勤于其业，以兴废举坠，有可尚者。故为之记。

【说明】据《颐庵文集》卷二录文。文中所记道士许全义修真感悟独到，有助世人深入理解道教思想。

602. 明·李棣：葛陂仙翁祠记　永乐年间

葛陂之水溉田二万余亩，历年既久，人事间有不及，不获如旧。某岁，邑人鸠工修筑，俾棣董其事，力辞而不获命。亦既督工修理，俾此方之民资其灌溉，得以服勤稼穑矣。而陂之旁旧有仙翁庙，年深庙毁，遗址尚存。前邑宰牟君允中尝有志鼎新，适承省檄核实潮右荡田，言还则瓜代已及。既而西蜀刘君锡来贰兹邑，又从而作兴之。邑宰刘君冕慨然捐己俸，命工师求木，祠宇不日而成。典史沈君德新亦捐俸立葛、壶二仙像而祠，则甃石崇座，以成其美。于是庙貌森严，观瞻齐肃。为斯民者，居此土，乐其利，思所自来，当知邑之令贰与宾幕之德之功，如此其深且至也。

【说明】据同治《弋阳县志》卷一二录文。按，县志记载刘冕、沈德新任职均在永乐年间。

603. 明·胡广：赠道士徐真常归临川序*　永乐年间

方外之士徐真常，临川人也。幼颖敏，从其师以学老子之学，得其说，遂见称于其流。洪武甲子，以太常乐舞生选居神乐观，迄今二十余年，靡有愆失，可谓谨恪之士矣。乃者以疾谒告还其乡，介其友某来丐予言以为赠。予固辞之，而其请教坚，乃为之言曰：“临川为江右望郡，贤才之生，代不乏人。虽释子道流，往往敻绝。在昔晏元献公，起童子，入秋阁，入翰林，为学士，遂管国枢要，任政事，位宰相，书奏论议之文传天下。惜真常生其处，不得以闻公之盛，慕之而兴起焉者，是可憾矣。真常今幸得归，凡公之出处见于载籍者，不必道；若公之居于乡党，处于家庭，而其事之可以为师法，非载籍之所有者，或有在焉，幸于暇日访求于遗老，或者得其一二，足为久远之传。如此则先正之休美益著，而庶几不愧为是邦之士矣。虽然，元献公距今亦远矣，而其事之遗落者，知之有弗可强。至于吴文正公，以卓绝之才，豪杰之见，宏博之学，幽深微妙，以赞翼朱子之道，上究伊洛之传，以窥夫孔孟之说，为四方学者之宗，以其时则甚近，其道学之懿必有得其要领者。子如未之闻焉，归宜谋诸故旧，试询其说为何如，亦必有欣然而为子道者，则后之所得，其必有异于今之所闻。毋徒诿曰'吾所闻者异乎是'，则子之惑滋甚矣。真常归矣，尚无忘斯言。"

【说明】据乾隆十五年刻本《胡文穆公文集》卷一一录文。按，洪武甲子为洪武十七年（1384），往后推二十余年，则应为永乐年间。

604. 明·胡广：张宇清真人画像赞* 永乐年间

雍容乎舒徐，云冠兮霞裾。粲瑶林之玉雪，濯秋水之芙蕖。抱一守真，宴虚息无。轶前辙之高踪，挟飞仙以为徒。橐钥阴阳，翊赞化枢。运风霆于掌握，凌倒景于八区。趋跄委迤，逍遥清都。每邂逅而一笑，睹若谷而若渝。盖常观徼妙以为道，诚已造夫大方无隅者乎！

【说明】据乾隆十五年刻本《胡文穆公文集》卷一五录文。

605. 明·金幼孜：重修宝台观碑系铭 永乐年间

距赣东七里许，山秀而峻，水清而迅，居民列阛阓而处者如蠭次，如棋布，如乔林森立，如雾滃而云矗，信古虔福地也。五季之乱，邑民痛于疫疠，祷祠无所验。有天台氏以邑之汶山至德观丘真人之徒曰曹侨年、钟居厚者，能以其术役鬼物济人，人遂迎而致之，以祛所痛。众既康食，不忍去二师，朝夕则相与即赣江之渍、镇市之中，背阴而面阳，建道院以居之。宋治平三年，始克迄工，名之曰宝台观。于时讲道有堂，藏经有阁，祝釐有殿，幽禜有坛，于凡门庑寝室、庖湢井灶，靡不备具。元末毁于兵，于是向之胜迹鞠为茂草已。天朝洪武初，道士谢兰石与其徒谢瀛洲慨前规之零落，乃相与披荆棘，剪芜莱，畚瓦砾，除樀翳，经工庀材，图复其旧。岁己未正殿及前经楼成，辛酉山门成，辛未东经堂成，癸酉法轮宝藏成，乙亥前殿、左右庑、真官祠偕成，积二十余年而规模大观，几复其旧矣。既而兰石、瀛洲相继沦逝，完美之任乃诿之丹霞氏焉。丹霞，瀛洲高弟子也，盖能委心力，捐赀财，裒施金，以建功德。勤勤焉几三十年而前后崇真之殿、通明之阁、丹霞之洞天、清虚之坛、法靖、朝阳之轩、云馔之厨、鼓钟之悬、延宾集真之所，始克就绪。其时同志之士若刘道常、陈元纲、张玄理、刘仲江，皆能经营赞理，殚力竭虑，以相其成。于是宝台之伟观岿然一新，非复昔时可比矣。既落成，郡守建阳张珂将为琢石立碑以图不朽，乃命丹霞具兴继颠末来请文于予。

予尝考之图志，江右山水名天下，古虔居江右上游，际闽广之交，扶舆磅礴之气，或凝而为层冈，融而为洪流，散而为人物。其奇绝怪古，郁积而不得尽泄者，又往往为灵异窟宅。若宝台者，其天作地藏，又所以名江右而最胜，以为有道者泄耶？观之兰石、瀛洲之精勤至道，丹霞之葆啬冲虚，所以增重玄门而为山水之光者盖可见矣。《传》曰“地因人而胜”，其斯之谓欤？

丹霞邑之每林人，字清虚，姓桂氏，貌清而行洁，神闲而志完。自少知读儒氏书，及寓迹道流，又尽得其师之学。曩岁尝被征纂修《永乐大典》。及今再领祠事，登玉箓之坛式，能光阐宗风，敷赞妙玄，以不坠其教。吁！信可谓贤也已。

余既次第其事而序之，俾观者有所考征；复为之铭，以遗其后之人。铭曰：

牛斗之墟参井东，控瓯际越地镇雄。虎头峭拔金芙蓉，锦屏十二连崆峒。章贡之水贯当中，势挟江汉俱朝宗。宝台福地清淑钟，天设地藏神所宫。越从五季司祸凶，毒流痛结民命穷。汶山异人参化工，祛逐鬼物麾苍龙。拯垫汛熇扬清风，师席攸止民景从。琳宫瑶宇禋祀崇，谁其毁之元祚终。皇明典祀严寅恭，规模壮观夙昔同。披榃畚砾芟蒿蓬，兰石高士瀛洲翁。丹霞绍述志愈攻，堂构弗负勤垣墉。载丹载雘金碧重，楼观突兀摩青空。仙轺星槎南北冲，揭虔秉虑来憧憧。农工台背鬐龀童，晨钟暮鼓粢盛丰。它山翠琰新琢砻，螭首蟠结龟趺窿。丕示功载昭和衷，万年香火皇化隆。刻文有光齐景钟，凡厥来裔希玄宗。

【说明】金幼孜（1367~1431），名善，以字行，号退庵。峡江（今属江西新干县）人。建文二年（1400）进士。历官至太子少保兼武英殿大学士、礼部尚书兼大学士。有《北征前录》《后北征录》《金文靖集》等。据四库本《金文靖集》卷九录文，文中纪年“乙亥”原作“己亥”，据文意改。参见康熙六十年《西江志》卷一五一。按，卷十还载有金幼孜《赣之宝台观道士丹霞子画像赞》，文曰：“盎乎其气，粹乎其容。练真保和，探赜玄宗。玉佩云裾，振扬天风。上朝紫宸，遐观鸿蒙。与道为徒，何始何终？”

606. 明·包彦孝：四十五代天师母故留国郡张宜人刘氏墓志铭　宣德二年丁未（1427）

文渊阁秘书郎、□正儒士钟陵包彦孝撰文；正一嗣教清虚冲素光祖演道崇谦守静洞玄大真人、四十四代天师、堂伯张宇清篆额；赐进士出身、中书舍人邹郡章文昭书丹。

故龙虎山存存张公妻刘氏□□□□□□实开国翊运守正文臣、诚意伯刘公伯温母弟讳陛之女也。世居处州，□□□□□，讳迟槐，赠中奉大夫、中书参知政事护军，追封永嘉郡公。祖讳瀹，赠□□御史、中丞上护军，追封永嘉郡公。伯当元季阐昧之初，尝望金陵之云曰：“世□□□□□□□也。”居无何，太祖高皇帝下金华，定括苍，□□□□计，欲仗荣从之。众犹犹豫，母夫人富氏曰：“大丈夫当辅真主。”伯即以所从兵众付弟陛掌之，俾家人参焉。陞善守境土，不为方寇所掠。伯从间道趋金陵，陈策略，既而忱兴大业，功施社稷。天下宁，谥封爵食禄，致身替补，而家之政则委弟陞治之。陞才力有为，善克厥家，孝友恭顺，礼不违闲。配曹氏，生宜人于洪武丙午六月十四日，姿瑰质伟，性朗行懿。女红之巧，不俟母教。而承祖母永嘉郡夫人之家范，仰其规模，宪其典戒。事父母，孝诚出天。虽生贵室，无骄侈习，温恭柔惠，安默庄一。伯奇之，曰："闺门珍也。"乃严择配，遂归于嗣汉四十二代天师弘德大真人之季子宾正焉，即存存公也。既婚，礼节尤谨，祀养燕馈必躬，□在视事。故妙善玄君婉□□□，□雍其仪。闲居崇向清素，不以华绞自奉。相夫勉以德义，理家饬以俭勤，舅姑与其娣姒悦其和，中外戴其慈，宽裕信厚，闺壶穆如也。

存存公以己卯岁卒，丧祭尽哀敬。孀居教子，严而有法，俾亲贤务学以成己。耆年贞□，神情泰然，人咸曰："□能光乎诚意伯门楣也，允不负乎张公子之良偶也，妇道母仪有所立矣。"子二人：长曰懋哲，先卒于岁丁亥，唯遗女一人在室；次曰懋丞，出继于四十四代天师洞玄大真人为嗣，学有造，炳然有光。女二人：长珍仪，适临川余濖；次琼仪，适临川何谅。孙男二人：曰椿寿，曰耆寿。孙女三人：曰兰英，曰云英，曰寿英。宣德丙午五月廿九日以天年终，寿六十有一。以明年八月三十日葬于按峰之阳。资政大夫、礼部尚书毗陵胡公濙暨当世名顾咸发哀词，述德以美。复谋彰贞石以光玄壤，乃分亚婿谅奉状请志。故叙而铭之曰：

生贵戚之闺，禀清淋之姿。瑛瑛玉质，郁郁云仪。嫔神仙之府，为君子之妣。吁！其清心映玉者之俦欤？欣晚节于手，遐举徐徐。按峰之虚，魄居其居。于维神予，游于太虚。

宣德二年岁舍丁未秋三十日乙酉良吉镌之。

【说明】包彦孝，钟陵（今江西进贤县）人。历官文渊阁秘书郎等。碑存于龙虎山天师府文物室。青石材质。高 0.88 米，宽 0.49 米，厚 0.4 米。下部两角有缺损。据碑录文，惜部分文字已难辨认。

607. 明・吴溥：重建雷坛记 宣德二年丁未（1427）

吴兴方侯廷献莅吾邑之明年，夏五月不雨，民方忧之。适侯自宜邑还，睹田畴之涸拆，夙夜惶惶，以民之忧为己忧，问计于邑之贤者。予友黄士遇言于侯曰："邑有名山华盖，三仙冲举其上，能司雷雨以泽下土。"侯闻之，即日斋沐易衣，徒步登山致祷。少顷，闻雷声殷殷，侯心益虔，遂迓仙像归治所而祀焉。甫下山，有云气如盖覆仙上。至祀所，云益盛。翌日，雷雨交作，三日乃止。侯即冠服恭谢，命吏民具幡幢、鼓乐、旗彩，躬送还山。会殿傍雷坛渐废，侯乃率邑之好善者新之。且叹曰："坛故邑人郑子春所建，而草庐吴先生尝记之矣。则斯坛之修，所以继郑之美而起其颓，可无名笔以志岁月欤？"遂驰书金陵，属予记。

予闻曩岁有牧吾邑民者，亦尝以旱祷于仙，或以素食覆肉馈之，食未既，雷劫其居，至今犹传以为戒。今侯当亢旱，乃素食致斋，求仙之灵以苏民困，易其忧而锡之耕凿之乐，较前之馈肉震居、不恤民瘼、使人传以为戒者，其贤否何如哉？因书以为记。

【说明】吴溥（1362～1426），字德润，号古崖，崇仁（今江西崇仁县）人。建文二年（1400）进士。历官翰林院编修、翰林院修撰等。有《古崖文集》。据同治本《华盖山志》卷七录文。参见天启本《华盖山志》"艺文志"一。按，"吴兴方侯廷献"指方琛，归安（今浙江吴兴）人，永乐年间任崇仁知县，据光绪《抚州府志》卷一九载，洪熙元年方琛仍在崇仁任上。原文后所署撰作时间为"明宣德丁未孟冬"。

608. 明・张彻：重新修建东岳行宫记
宣德三年戊申（1428）

五岳天地间最大，神最灵，前代有国土者以其能兴云雨、利民物，极以帝号。皇明洪武初，虚其号而不用，咸以神祀之，所以示敬也。

临江郡城西二里，旧有东岳行祠，通祀五岳而东岳无专位。每水旱疾疫，吏民祷之虔则应。祠之建置年月不可考，经岁滋久，日就倾圮，吏祭不恭，民慢不敬，盲风怪雨并作，水旱饥馑相仍。宣德元年夏四月不雨，百姓无所诉，呻吟遍野。适郡守宝坻朱侯得归自京师，与僚吏谒祠下，祷曰："守不德，无以格于神。幸奉圣天子明命，作民牧，典神祭。神聪明正直，悯我民以雨，我其新是祠。"明日，复谒祷如初。于时玄云勃兴，雷电交作，灵雨随至，入府庭，大如注，官吏相庆，士庶腾欢。溪涧有涌泉，土田无龟坼，连三日，万亩沾足，百谷有秋。向之呻吟变为歌谣，逵路之人莫不曰："太守雨！"守蒙神惠，谂于众曰："愿新庙者，无食言。"于是命耆民谈子建等以庀工鸠材，经始于宣德元年秋八月，息工于宣德三年冬十月，规制一新，金碧辉映。位其中以奉东岳与其侍从，旧之五岳为寝宫于后以栖。前之左右分善恶为二十四司，又其前作三门而翼以从屋。神各肖以像，垆瓶香案之属，亦各极其整备。祠成，宜有石以登载事迹，守以文属余。

余谓昔也神不以宇则无所降依，今也神受其献则有来景福，非郡守能尽爱民祀神之敬，其能致新庙有翼而神祀有永如是哉！故为文俾刻之，并系以词，使工祝歌以祀。词曰：

神降兮泰山，灵皇皇兮两间。乘云气兮往还，与日月兮相与循环。作民兮威福，十雨五风兮焦以沃。侯之祠神兮畴景贶，神之报侯兮荣宠禄。佑我民兮以繁祉，丰我嘉谷兮驱我厉鬼。我民报祀兮无穷已，自今兮延于永世。

【说明】 张彻，字玉莹，新淦（今江西新干县）人。永乐二年（1404）进士。历官庶吉士、吏部考功司郎中等。性刚介，不畏权势，时人称"铁板张"。有《退轩集》。据崇祯《清江县志》卷八录文。参见乾隆四十五年《清江县志》卷二五。按，康熙六十年《西江志》卷一五一载张彻《临江东岳行祠碑》，文字多有不同，特附录于兹：

五岳于天地间最高，神最灵。前代有国土者，以其能兴云雨，利民物，崇极以帝号。皇明洪武初，虚其号而不用，各以神礼之，所以妥其灵也。临郡城西南五里，旧有东岳行祠，通祀五岳，而东岳无专位。岁久雨坏，神无宁居，民祭不供，水旱无节。洪熙乙巳，永嘉叶侯尹贤奉圣天子命来判是郡，始至进礼祠下，瞻顾咨嗟。越明年为宣德丙午，夏四月不雨，民亩秧且老，判掌郡事，大为民忧。适郡守朱侯得归自京，判与首谒行祠，祷曰：“神悯我民以雨，我其新是祠。”守曰：“无易言。”判曰：“责在我。”明日复谒，祷如故。忽元云四起，甘雨如注，农忭于野，官庆于庭。守曰：“无食言。”判曰：“诺。”是岁终，判有事于朝，虑言之失，减路费，命父老掌之，欲以成初志。守与贰守吴侯复初曰：“祠以答神惠，吾与若等宜新之。”于是清江县官吏耆老皆相与乐助之。自岁之丁未八月始事，至明年戊申十月息工。祠成，中事东岳神及其侍卫，旧之五岳祠于后以栖之，作两庑，凡左司右司二十四案，皆以神次之。神各有像，门屋之设，炉瓶之具，亦各极其整备。工匠以力助，执役者无告劳，百废皆新，观者骇目，四方朝仰者日众。有水旱疾疫，祷无不灵，咸曰：“是祠之新，由叶侯以始，太守诸贤侯以成，巍然焕然，功宜归于大府。”大府不有，以为天相神助，非人力也。侯以书示彻，曰：“愿有文于石，以传不朽。”彻以郡侯于神民能各尽其敬，乃为纂其事，俾刻之。并系以词，使工祝歌以佑其祭。词曰：“神毓秀兮泰山，与天地终始兮日月循环。享庙食于兹土兮绵越百祀，捷灵响于桴鼓兮昭著两间。皇皇兮既降，乘白云兮往还。侯之祠神兮答以佳惠，神之报侯兮禄以崇班。佑我民兮以繁祉，丰我嘉谷兮驱我厉鬼。我民报祀兮又自今始，后之来者兮无废成美。”

609. 明·宋原端：重兴大秀宫碑记

宣德三年戊申（1428）

鸿蒙肇判，两间奠位。而山川景物之开辟，造化神秀之钟萃，斯风气通而人文著矣。由是地以人而名，神依人而立，此玉笥大秀宫所以建也。

粤自三代以降，至秦，玉笥西南孔邱明偕淦西吴天印等凡十人避地于此，踵迹结庵立坛，修真炼道。九人白日飞升，惟何紫霄入洞为地仙。厥后汉武躬至授箓，更大秀上清宫额。迨梁天监丙寅，致仕学士金门羽客杜昙永营宫殿，置田产，撰文立石。宋天圣辛未，给事郎守太子舍毛应佺、朝奉郎守国子博士萧律重建。元季兵燹，基业荒废。迄于我朝龙兴，永乐壬申，道人杨惟心开基住持。惟心本汉太尉杨震之后，世为乐安河源人。壮游江湖，好持斋奉佛，礼金陵牛寿山海谷老禅受戒行，离俗出家，遍寻名山胜境，直抵峡江。适逢同志张观善、丁子贯，果得玉笥大秀古仙遗迹。遂剪荆棘，划瓦砾，翦茅卜居。越数月，远迩闻名，悉往取焉。岁甲午，肇创庭宇三间于基右，以延宾友。丙申，复造法堂、方丈五间于基左，崇奉经典。历年募缘，四方豪贵以至鳌溪、北坑、石下诸道友，协力捐赀，越庚子，居中鼎建三清宝殿一所，其崇三丈有六，其广九丈有四，其深五丈有奇，翼然翚飞，高明壮观，克就兴复之功。当时士庶之来恭礼者咸曰："宜有文以志之。"

仰惟圣皇混一区宇，五岳之外，大江之西，论洞天福地之名胜，当以淦之玉笥大秀为首称，乃群仙得道之真境也。宜其为清修之士若惟心者所居，重复兴拓，扩充制作，以示将来，且俾后之人有所瞻仰，嗣葺而传之永久。则惟心之用心亦勤，而成功亦难矣。嗟夫！惟心其贤乎哉！

宣德戊申冬，惟心以记为请，特书此以识岁月云。并为词曰：

于维大秀，天地储精。三十六峰，群玉开屏。二十四涧，碧练带萦。神秀钟萃，人物并兴。帝真肇基，驾轶万灵。主宰洞天，考较幽冥。巍巍台阁，翼翼殿廷。前烈规制，后徒继承。晨钟暮鼓，谷鸣山应。日精月华，雾滃云蒸。噫！道德惟馨，文献可征。昔屡见于梁宋，今复盛于皇明。至祚悠久，乾坤清宁。

【说明】宋原端，永丰（今江西永丰县）人。查四库本王直《抑庵文集》有《封御史宋公墓志铭》，文中提及宋原端曾任监察御史。据乾隆三十三年《峡江新志》卷一一录文。

610. 明·王直：赠张真人还山序* 宣德三年戊申（1428）

宣德三年八月，正一嗣教、清虚冲素光祖演道崇德守静洞玄大真人张君宇清既仙去，遗命以符印副侄茂丞，俾嗣事。于是茂丞奉遗蜕藏之山中，遂来朝天子。如其志，封茂丞为正一嗣教、崇修至道保素演法真人，仍领道教事。茂丞既受命，将归龙虎山，其素与厚者太常丞张以清，吏部郎中程南云，中书舍人黄振宗、章文昭，求予言赠之。

予闻汉张天师修正一法于蜀青城山，以不已之诚而致无为之化，其所以能兴福祥、去疵疠者盖非一。今其书具存可考也。后之嗣者，多能推行其道而有惠泽及民，故历代礼之。至于我朝，圣圣相承，笃意民事，凡其所行，盖纯乎仁义之懿。然他苟有利于民者，亦未尝不重，盖无所不用其至也。况云有道之士，能为民捍患兴利则爵命以荣之，亦宜矣。抑所谓有其举之而不废者也。予尝识道合无为阐祖光范真人宇初及宇清君，其所以修于身、惠于人者，人皆能知也。今茂丞以清俊拔俗之姿而嗣其教，盖于汉天师为四十五世矣。盛矣哉！其传之久也。自汉以来千余年，虽陵谷有变迁，而张氏之传如此其久且盛，固作于前者道德足以启之，亦岂非继于后者能承藉而光阐之欤？茂丞益修其道，持之以诚，守之以中正，斯亦美矣。予又闻龙虎之秀甲东南，虽天台、雁荡、匡庐、罗浮不能过，真神仙之所处也，宜必有乘云驭风翩然而来者。茂丞倘遇之，其进于道而能施利于生民，无愧于爵命之荣与祖宗之副授也，审矣。予老且病，思自放于山巅水涯寂寞之滨。然国恩未报，不可以遽去。他日倘乞身南还，尚当从茂丞问之，有可以已疾而引年者，亦庶几得之也。

【说明】 王直（1379～1462），字行俭，号抑庵，泰和（今江西泰和县）人。永乐二年（1404）进士。历官翰林院修撰、礼部侍郎、吏部尚书等。有《抑庵集》。据四库本《抑庵集》后集卷二二录文。

611. 明·张彻：天符庙记　宣德四年己酉（1429）

天符庙在峡江，与龙母祠皆东向。相传数百祀，莫详厥初。父老云，有宋时神大响应，吉、赣、豫章诸郡皆来朝。皇明洪武初，庙厄于火。二十年，苟且复其旧。涉世多故，人力少休，祀不以时，神不顾享。水旱疾疫祷之以虔，则岁丰人和，食厌鱼稻；否则风雨灾沴，发作无节。虽气数有以迎合，抑神之使然也。

宣德三年秋大稔，里人郭仪政言于众曰：“神幸惠吾土以丰乐，庙不修且坏，奚妥宁神？愿相与成之。”于是众皆翕然从其志。神有黄衣忠恪使者，能惊动福祸，感人尤速。出则合市无少长号称为忠公，瞻礼虔诚，舍财唯恐后。有过客慢侮不敬，凶于舟，其人大惧悔服，得不死。由是信奉者众，皆欲庙成以邀福。自其年戊申十月兴事，越明年己酉七月讫工。为瓦屋五间，高三十有七尺，广逾其数十又三尺。榜其门以新额，崇其亭于街，以待往来祭拜者。先是，栋桷陡峻，瓴盖多不合度，至是稍损益之，使高下相称，甍桷相附，可经久无患，神人安之。中位金容，文武异状。东西左右，各以神次之，像设显严，等威有辨。进礼祠下者莫不称叹曰：“大哉功乎！”仪政曰：“斯庙功成，实由神助，宜载其事于石。”乃以文属余。

余惟自昔有功于民者则祀之。天符以功德专世祀于兹土，固宜矣。兹土之民食其德，成其庙，以崇其报，孰曰不宜？故一念之萌，神有显助，百废具举，工无告劳。人事既修，灵贶斯答，丰我百谷，驱我厉鬼，使我民仰事俯育，安业利生，优游笑歌。储峙有余羡，则将绵越千纪，庙食无穷矣。愿为记以宣成德，著之永年，俾岁时致祀者有以敬其事。

【**说明**】据同治《峡江县志》卷二录文。

612. 明·张彻：城隍庙记　宣德六年辛亥（1431）

凡天下郡邑通得祀者，惟城隍与社稷为然。左司右司之神，则佐城隍之享，非得专祀。且城隍以庙，非如社稷以坛，盖城以保民禁奸，通节内外，有功于民最大。隍即城下池。自古有功于人者，法当祀。则城隍在祀典之列，宜哉，故当祀之。时郡邑守长皆躬自盥荐，无敢慢。且邑人四时皆当常祀，非如社稷之止于守土者春秋二祀也。

新喻为邑，土厚而民风醇。学者执经书，诏仁义，不绝日。不事淫祀，水旱疾疫惟祷于城隍。旧有祠在县署西十步，元末毁于兵。明洪武三年，知县黄允迁于中街，距署百步。永乐元年，杨成为知县，复加修葺。岁月经久，风雨残剥。宣德五年，大尹洪公来知县事，首谒祠下，草莱不翦，大惧倾毁，不安燕息，喟曰："吾吏于兹土，神人具依。苟神祭不供，人事不治，罪无可辞。"乃日导其民以德礼。民既日趋于善，可与共事。凡县治廨宇，以至传馆桥道，咸一新之。越明年，人力有闲，财用有羡，木植瓦甓，皆可取给。召父老周师秉等率匠作先事于正祠，命之曰："非整齐坚久，无以称邑人尊祀之意，亦岂吾心所安哉？"于是众志大同，群工效力。栋楹梁桷之挠腐者易其旧，门屋廊庑之荒颓者更以新，赤白之漫漶者润色之，砖石剥落、墙堵颓缺者补治之，旧所宜有而未备者悉皆备之。尊城隍于中，建拜亭于前，左司右司列于东西偏，左右六曹分以东西庑，后为寝堂以安神栖，前揭庙榜以起人敬。神各肖以像，各正其位。巍然焕然，不三月而事集。进礼以乞灵者万口一辞，归功于尹。尹曰："吾无以格于神，尽敬焉尔。"主簿东昌施智自京归谒，喜其成之速，请纪尹之绩。予即按其实而书其事，并作侑神之乐歌，使并列于丽牲之碑。尹名钧，字惟衡，武林东安人。歌曰：

神之来兮以风以雨，惚兮恍兮不知自何许？高城深池兮实所主，福祸淑慝兮血食兹土。尹之功兮迈前古，作新庙兮兴百堵。铿鍧其钟兮坎坎其鼓，荐时物兮洁樽俎。神之格兮锡纯嘏，驱厉鬼兮丰稷黍。居以安兮民歌舞，皇风清平兮遍寰宇。

【说明】据同治《新喻县志》卷三录文。

613. 明·张懋丞：《灵宝济度大成金书》序*

宣德七年壬子（1432）

盖闻太极未分，浑沦未判，已有道焉。夫道也者，生育天地，长养万物，无极无穷焉，可以文词而有备载者哉。自龙汉开图，无始说经，皆口口相传，或隐或显，微妙莫测。至我祖天师受道鹤鸣山而经科渐著，受授始明。若灵宝金书，自有宋来，虽诸家著述不一，而编集亦各有序。将以昭示古今，利济存亡，感天动地，与道合真，何其盛欤！予尝披阅诸品经科，未有若是明且尽者也。

大德观高士周思得遭际明朝，栋梁吾道，恭沐圣恩，屡修金箓。其坛壝典仪，一依此式，莫不感应骈臻，诸天称庆。常恐其文词浩瀚，蠹朽篇帙，后人难于笔书，遂命工锓梓，广而传之，以示悠久。请序其端。

予惟吾道如水之在地中，无处不到，无处不通，至于海隅之地，莫不知尊而敬之。矧夫高士沐三朝之宠，为法海之梯航，积此善功，永传于世，是大有功于名教也。噫！此书乃乾坤之橐籥，造化之枢机，微言奥旨，不可轻传，后人有志于道者，宜宝而敬之，奉而行之。上可以祝圣寿于万年，下可以跻群生于仁寿。可不慎欤！可不慎欤！是为序。

宣德七年岁次壬子秋七月中元日，正一嗣教、崇修至道葆素演法真人、领道教事四十五代天师九阳子澹然书。

【说明】张懋丞（1387~1445），字文开，号澹然，又号九阳子，第四十五代天师，宣德元年（1426）嗣教，封正一嗣教崇修至道葆素演法大真人。据张金涛主编《嗣汉天师府志》（中国国际文化出版社2015年版）第十七章录文，标点有改动。

614. 明·萧镃：重修紫阳观记　宣德八年癸丑（1433）

龙泉紫阳观废而复兴者，道士尹务元所为也。今年春，务元率其徒请度牒，来京师，因都府经历项公名棐具观始末，谒予求为记。

予考是观，前临大溪，后枕蛇长岭，对面玉泉山，拱葛仙凝岚，其地势高敞幽邃，松柏郁然，诚佳境也。距县治十余里，宋咸淳间，里人郭忠臣创建。忠臣之后，有曰祖禹者复施田以佐费。初名崇真道院，元延祐丁巳始敕今名也。前予县州判萧公所为记，石刻具在。元季以来，迭遭兵火，观日倾圮。国初有道士郭丹泉、蒋万春、金从德仍其旧而葺之。迨三人殁，复沦于隳坏者三十年矣。今始得务元与其徒郭元珍、元瑛、洪元珉、李元俊等剪榛荆，除瓦砾，拓故址而广之。度私财不足，乃持簿求民间，得袁用正为之倡，出银钱以助。不期月而会计有余，遂抡材购工，作三清殿、旌阳宫，建东西廊，前为重门，后启寝室，庖廪之庐，寓客之馆，次第并兴。经始于宣德五年庚戌岁，而讫工于壬子之冬，为屋凡若干楹，制度宏深，金碧辉焕，装塑神像、钟鼓铙磬之具，靡不毕备。

噫！天下事未有久而不废者，惟得其人则废者可兴。今紫阳之废久矣，一自务元作之于前，元珍等赞之于后，遂使数十年已废之地复与维新，岂非得其人而兴者耶？继自今主持之者皆以务元之心为心，紫阳不患其不兴，而天下之凡为紫阳者可知也。予特为详著之，俾归镵诸石以告来者。

【说明】萧镃（？~1464），字孟勤，泰和（今江西泰和县）人。宣德二年（1427）进士。历官至户部尚书。有《尚约居士集》。据同治《龙泉县志》卷一六录文。按，据文意，“今年春”应为重修完工（宣德七年冬）之第二年春季，故系于宣德八年。

615. 明·王直：紫霄观碑　宣德年间

紫霄观在赣雩都紫阳山，崇文广道纯德元阳赵真人之仙蜕在焉。真人宋燕王德昭之后，世家浚仪。大父仕元为安成令，因家安成。真人生有异质，博通诸经，欲取进士，未果行而神人警之以梦，遂绝意荣进。请于父，愿入道，往从郡之有道者曾尘外学，得清微灵宝诸阶雷奥，补其遗阙，发其旨趣。清微久不行，至是大显。复深慕神仙出世之说，遍礼诸师，从张广济得长春丘真人北派之传，又师南昌李玄一得玉蟾白真人南派之学，博极其妙而会于一，骎骎乎大成之器。

尝游郡之白鹤山永兴观，居晋匡仙遗址。以其法泽枯槁，济幽冥，愿学之士远近云集。遂率群弟子往游青城、峨眉、武当、龙虎诸山，访仙真素履而仰其高风，翩然有凌厉九霄、超越八极之意。冲虚天师深礼之，上清学者亦请学焉。既还雩都，乐紫阳山水之胜，遂居之。真人道行益高，而诱接不倦。时冲虚至道玄妙无为光范衍教庄静普济长春刘真人渊然深究玄学，笃信力行，真人一见，以法嗣属之，授以《天心帙》而语之曰：“此吾受之于师者也。人心即天心，欺心即欺天。故以‘天心’标帙。凡日之所为皆书帙中，不可书者则不可为也。”又尝示之书曰：“道法之要不外乎此心，而道即心也、神也。我之主宰一身，开张万法，莫不由之。”盖使先明诸心，后乃尽以其道付焉。复语群弟子曰：“诚者天之道。克诚则天地可动，鬼神可感。天心相孚，在一诚耳。其存诸中，行诸外，显微无间，如此而济世利物悉有明效奇验，不可殚纪。”洪武壬戌元日，忽语众曰：“吾将返吾真矣。”遂钥关谢事。夏至启关，沐浴更衣而坐，索笔书偈讫，投笔于地，雷电风雨大作，而真人化玄矣。三日始敛，肢体如生，瘗于观东之凤冈，禽鸟莫敢集其上，若有神呵护之者。长春刘真人欲建祠冢旁，有志未遂，亦化去。至是，守玄冲靖秉诚专确志道衍教妙悟静虚弘济真人邵公以正谓：“元阳之道，传之长春，长春则以传于我，水木本源，实有端绪。以正无似，不能大有所立，徒窃其绪余以事列圣，徼玄功而褒封加焉，皆师荫所及也。若又不能崇教基，严祀事，岂非所谓忝厥祖哉？”乃具其传道本末闻于上，而请以所赐金币作观宇。上嘉其义，许之，赐名曰“紫霄观”。乃作正殿以奉道祖太清道德天尊，殿后为堂以奉祖师元阳真人，翼以廊庑，周以门垣，总之为屋若干楹，经幄神栖，香花钟鼓，斋厨寝室，小大毕具。金真人玄孙雩都道会罗秀奇董其役，秀奇之徒黎常兴住持其中。而邵公欲为远图，来求予文刻诸碑，俾后之人相与维持于永久。乃为序次其事而系以铭，俾刻焉。铭曰：

巍巍仙宫凌紫霄，琼楼宝殿山之椒。鸿名肇锡自圣朝，太清道君何逍遥。弥罗梵炁通泬寥，元阳参侍神独超。霓旌绛节风飘飘，授以玄文金玉条。斟酌元气斡斗杓，雨旸顺序寒暑调。妖孽屏息疵疠销，百谷蕃膴岁丰饶。养心存诚德乃翘，辅翼皇化逾宣昭。道行三世憺不骄，凤冈骞翥郁岧峣。钟灵毓秀匪一朝，期尔后嗣皆松乔。

【说明】据四库本《抑庵集》后集卷二四录文。文中所述赵元阳真人对人心与天心及道与心神关系之阐释颇具深度，有价值。

616. 明·胡俨：豫章许韦二君功德碑

正统元年丙辰（1436）

豫章许、韦二君者，晋旌阳令许君、唐江西观察使韦君也。按道书：许君名逊，字敬之，其先汝南人。汉末，其父避地豫章之南昌，因家焉。敬之自少博学，于天文、地理、阴阳、律历、经纬之书靡不通贯，尤嗜神仙修炼之术。初得西安吴猛所传，精修不懈，道德日尊。乃以晋太康元年起为蜀之旌阳令，表忠孝，除烦苛，开谕善道，吏民化服。点石变金，代民输赋；标竹施水，病者以苏；慈惠之政，流闻远迩，感慕之至，形诸歌谣。既而弃官东归，游嵩阳，闻丹阳有女师谌母者多道术，往师之，得宝书符券、斩邪飞步之法。于是诛海昏巨蟒以除民殃，斩江湖老蛟以息水患，川泽无罔象之虞，山林绝魑魅之怪。复冶金作柱以镇昏垫，环千里之间民物奠安，其功大矣。

韦君名丹，字文明，京兆万年人。周大司空孝宽六世孙，唐秦州都督琨之玄孙，太师颜鲁公真卿之甥孙也。文明以世胄之华，又从学鲁公，故其识见才器，超于等伦。其历官迁次，所至政绩，具见《唐史》及韩文公《墓铭》。今独以其观察江西者书之。文明之治江西也，罢八州冗食，以纾民财；教民陶瓦，以免火忧；筑堤捍江，疏斗门，以走潦水，民不陷溺；开浚陂塘，以灌田畴，而民足衣食；又为南北市营，以舍诸军；岁旱募人就工，而民不病饥；复为长衢夹两营，东西七里，而人去湫污；凡为民去害兴利，殚厥心，无遗佚。所以垂裕于后者，其功亦懋矣。

二君于民功德若此，而报祀不举，岂非旷典欤？祭法曰：法施于民则祀之，能御大灾则祀之，能捍大患则祀之。由此而言，二君之祀于礼为宜。然举而行之，则存乎其人焉。按察司临漳石公璞，有猷有为，刑清政简，乃举二君之事封章上闻。遂命礼官具祝册，每岁春秋，方面重臣，揆时备物，行事祠下，诸公奉命唯谨。许君仍旧观以祀，即铁柱延真宫也。乃作新祠于郡城儒学之东，以祀韦君。噫！国之大事在祀与戎。表昔贤没世之功德，举千载因循之旷典，达思慕无穷之人心，石公之言，朝廷之命，一举而并得之矣。俨，郡人也，报本之心，同于齐民。复系以词曰：

粤若旌阳，天赋非常。积仁洁行，规圆矩方。制锦于蜀，岂弟慈祥。化金代输，民归流亡。标竹置水，沉疴获康。作民父母，颂声洋洋。解组而归，送者裹粮。神母授受，金篆玉章。呼召风霆，阴阳翕张。毒蟒据穴，百里罹殃。耄倪蹙额，君心闵伤。老蛟变幻，江湖茫茫。人将鱼鳖，绐我慎郎。化犍卧沙，匿潜湖湘。诛蟒斩蛟，神化无方。耕桑奠居，厥功莫量。表表武阳，郧公之孙。教育外祖，鲁公之门。高朗振迈，出类超群。扬历中外，益茂厥闻。爰来豫章，观察八州。罢除冗食，财用以周。易茅陶瓦，民无火忧。筑堤捍江，疏窦走潦。水患永息，民获相保。原野瓯窭，时罔有秋。涤陂浚塘，禾稼满篝。生遂乐利，斯民之休。千里湖山，惠施仁流。元和政绩，卓然罕俦。简在帝心，琢碑以留。尘世滋久，浮屠遗邱。侃侃石公，论世尚友。昭兹祀典，实贻诸后。神功休德，同垂不朽。

时正统元年秋八月。

【说明】据四库本《颐庵文集》卷二录文。参见隆庆刊本《胡祭酒集》卷一二、万历《新修南昌府志》卷二八、康熙二年《南昌郡乘》卷五〇、四库本《江西通志》卷一二一、乾隆本《万寿宫志》卷一四、同治《新建县志》卷八一、光绪本《万寿宫通志》卷十、《净明资料新编》。

617. 明·王直：延真观正一堂兴造记

正统元年丙辰（1436）

泰和延真观正一堂道士黄仲真修治其堂宇既完矣，乃具书币，遣其孙黄兰隐来北京，告予曰：“仲真之初入道也，获从先生同授儒业于曾公仲章，以年相若，幸相好。今先生用儒显，仲真于道亦粗有闻，知嗣先师之教，不敢坠。惟其所居堂宇，计其始作之时，及仲真已四世，岁久而弊，大惧不足以奉神祀，藏教法，为国祝釐，为民祈福，以承师之志。思尽撤而新之，乃悉出私帑及斋醮祷祈所得于人者，命弟子渊微、渊潜往湖广经营市众材，而渊默亦出所有以佐之。经始于宣德丁未十月。戊申正月甲申朔，先作后堂五间，重堂七间，左右厨屋库庾凡二十余间。辛亥十二月壬子，作正厅五间，法堂一间，及东西厅、前廊回庑。正统丙辰正月甲戌，师弟曾永迪作西楼一间，附屋一间。十二月戊寅，仲真又作东楼四间，前厅五间。高广有度，式称具瞻，垣墙四周，次第皆备。仲真既与永迪率众徒妥神祇，香花、钟鼓，朝夕严祀，摅诚尽敬，以为国为民。闲暇之际，讲道有位，修炼有所，宴息有舍，宾客往来亦有以自适，盖无不可于意者。惟吾道以清净为宗，无厚产丰财可以如其志，凡所兴作，盖甚难。今幸而成功，岂仲真之能哉？赖上下一心，少长同力，故如此。是宜有记，以示后人，俾善继之，永勿坏。敢以为请。”

嗟夫！仲真诚可尚也哉。凡今学道之士，自以为出世间，游方外，非澹然而无为，则弛然而自放，前人之业，不少概于心。又其所以为父子兄弟，皆非天属之亲，鲜有不顾其私者，恶能殚心以共谋、悉力以相助哉？今仲真汲汲于承其师而欲侈其业，永迪、渊默辈皆与之协而能有成功，究而论之，虽本于仲真，要之众人皆可谓难也。世之为父子兄弟，何莫非天属之亲也。然或父兄欲有为，而子弟不能顺以成之，甚者顾私自营以拂逆其意，盖远矣。观于仲真辈，其贤不肖可知也。嗣仲真者尚当继其志，惇雍睦之义，尽维持之力，相与保之于无穷，斯善矣。予闻仲真尤孝于母，所以致其养而申其敬爱者无不至，此尤学道之士所难者。抱朴子曰：“仙道以仁孝为本。”果然，则丹台紫府可至矣。予与仲真有旧，而喜其为人，故为记其兴作之成而并书之，亦庶几有劝也。

【说明】 据四库本《抑庵集》后集卷五录文。文中记述了正统年间在道士黄仲真带领下，“上下一心，少长同力”，兴建泰和延真观正一堂之艰难历程。

618. 明·胡俨：建德观记　正统二年丁巳（1437）

建德观在豫章子城之北，乃上真司命紫虚元君魏华存修真之所。按郡志，元君即晋司徒舒之女，生而秀异，乐慕仙道，感格神人，授以元旨。尝见斗牛之间紫气上腾，遂踪迹其处，至于豫章，掘地得金铜神像，乃筑坛修炼，即今之观所也。初炼丹井七，今所存者一耳。元君以咸和九年九月上升，豫章之人因建祠宇，历世祀之。而建德之名，则自徐平庵扩祠为观始也。宋建炎中，罹兵燹。淳祐二年，胡松年重修之。后李天然者相继兴作，殿庭门庑，法堂轮藏，钟磬幡幢，以及燕居之所，靡不具备。元季复失于兵，道士徙居城北旧城隍庙，而观之故处没为断事司。未几，断事官夜得异梦，诘旦乘马，如有物拥至其地，其人惊惧，白当道者，撤断事司于他所，以其地复归本观。于是李景叔重葺理之，其徒张性湛、张豫镇又加创建，而熊嗣仙、黄道宁、喻大中、李景惠、李大常、杨景德、罗福初、胡景明、石道坚相与协谋。永乐乙未作正殿三间，高深各三丈，广五丈，以祀上帝暨张、葛、许、浮邱公。宣德己酉作三门，庚戌作轮藏殿、钟楼，壬子作元君阁，又三年作法堂，而东西二廊则作于正统二年。规制一新，轮奂美哉！出资费而始终成就之者李公瓚、石汝正也。

余尝阅《真诰》，见元君品秩列上真之位。又尝见其垂训之文，辞虽近而理切实，诚有道者之言。使无神仙则已，如有之，若元太史公论六家之要指而独贵乎道家，彼岂无所见哉？余因公瓚之请，故为记其本末，俾嗣其教者知兴废之屡更而成功之不易，则相与守之者毋忽焉。

【说明】据同治《南昌府志》卷一四录文。参见光绪《江西通志》卷一二一。

619. 明·张懋丞：重建黄谷山福庆观碑记

正统四年己未（1439 年）

诰授正一嗣教崇修至道葆素演法真人领道教事嗣汉四十五代天师张懋丞撰；玉山县儒学教谕东吴陈宣篆额；训导南剑郭泰书丹。

正统元年春，予还自京师，道经玉邑。吾弟子揭敏中请登黄谷山之观宇，巍然一新，乃知邑宰林君岱之赞成也。敏中请记其事，将勒诸石以示弗忘。予即因之言而为之记。

黄谷玉光亭南峰峦特秀，水萦回出其下。洪武壬戌，我太祖高皇帝聿兴玄教，制诏州县咸设官分职以隶属之。吾山佑圣院高士李颜则应有司举，授兹邑道会。始至，未有署所，寓居东岳祠之左。十九年丙寅，我先代无为真人入觐法还，曾谓颜则曰："溪南之峰秀整，宜居。"颜则后遇樵者曰："此黄谷山也。"崇亢耸拔，可百十步许。山之半，泉出石窦，味甚甘，兹井在焉。左有石洞，不数步，屹二石，击之恍惚若锥鼓声。右近溪曰功曹山，唐相国阎公立本宅于上。今为普宁佛寺，武安塔耸其后，太甲山峙之前，三清山又峙太甲山后，皆古名人葛仙翁、李尚书、汪端明辈栖息之所。颜则徘徊顾瞻，得其胜绩。乃芟芜开址，中建三清殿，后为法堂。山之上为玉枢阁，山之西建紫云轩。方丈斋厨，廊庑庖湢，次第以陇。环□松竹蓊蔚，回至廓，呼神仙境界也。经始二十年，丁卯年落成。无为真人复大书之，颜曰"福庆"。盖宋侍郎韩公祥尝创于乡，废且久，因以名云。

永乐六年戊子，颜则以疾告归，休吾山水。揭氏敏中继袭道会。揭氏读书通古今，善三礼、篆隶，精玄究微，德誉日著。由是上下翕然敬慕，遂捐资募众建会心亭，作步月坛，鉴涵星沼，甃石为路，引水通渠。永乐甲辰，钟楼成。戊申，外山门就。宣德癸丑，七闽林君鲁望奉命来宰是邑之初，忠君爱民之心拳拳在念，犹且立心吾道，首捐己俸重建三清大殿、祖师宝殿外，重塑三清及各殿圣像，咸已庆成□之前。己未岁，仍建香亭以为礼拜之所。又立内山门。故其规摹宏严，金壁交映，上以祝延圣寿，下以福及生灵。□□盛矣！

於乎！吾道在天下，若江汉之流，四时之运，法者流逝，复者渎，旦夕源源而未尝少息。今颜则作之于前，揭敏中继之于后，□□□□继续光明□此之谓。次□之人若继其志，善述之事，作而兴之，□功□重不朽而裕无穷□黄谷之□□胜概，将与乾坤同其永久也。二君实当时□□□。颜则字自勖，为□□。揭敏中□□□临川，儒者文安公之后，□□功于吾道也。□□□于石平记。

大明正统四年岁在己未中元吉旦，广信府玉山县道会揭敏中□□□□□□立石。

【说明】碑现存于玉山县武安楼。青石材质，高 1.63 米，宽 0.9 米。直行，26 行，楷书。额篆“重修福庆观记”。碑题“重建黄谷山福庆观碑记”。碑文由玉山县钟魏威道长据碑抄录、标点并提供。按，碑漫漶严重，文意时有不明不畅之处，疑有误刻或误读之文。相关内容可参看张宇初《福庆观记》。

620. 明·阙名：玉笥山□　正统五年庚申（1440）

斗宿躔分，石阳地属。古访名山，屐留芳躅。镇百里兮□□，□□方兮眺瞩。耸秀据临阳之上，高冠诸峰；易名在汉武之时，事存《实录》。彼金砂相耀之所，江曾号为黄金；而玉笥未降以前，山尚称为群玉。夷考昔年，多传神异。梅福、杜昙之辈，尝因学道而来；邱明、天印之流，亦为求仙而至。或凿重岩之石，池洗砚以淋漓；或赋四韵之诗，水流觞而酣醉。炼丹留捣药之泉，养鲤志化龙之事。迹有可寻，景无不备。足开游客之心胸，收入文人之腹笥。（按，此处原缺一面文字）梁观，谓观成之日，天降玉梁，后化蜿蜒以去。又行数里，为承天宫。宫有元揭文安公碑记在焉。直北出，石坛隐隐在空际，秦人孔邱明九人升仙于此，与大秀初起之峰脉络盖相续也。玉笥诸峰，排闼而立者，不可以数记，得名者凡三十有六。其涧凡二十四，折外与淦水合，东入于汇泽。此又环洞天福地之胜迹，可一览而具见者也。又按《玉笥实录》，禹平水土，尝埋玉龟金鼎于坛侧。汉武亦受上清箓于此，世远不可考，惟元待制邵庵虞公碑云：“武帝巡游南郡，所过祠名山大川，或尝至其地而史失之；不然，亦郡国缮治以俟临幸。”或然也。其可征者，若宋大宗祥符间之屡设金箓，宣和之降赐宫额，与夫汉之梅子真、梁之杜昙永、唐之罗子房、宋之沈麟、李思广等，皆修炼于此，以道鸣世，具有仙传可阅也。元季壬辰兵焚，羽服散于四方，宫观坛壝邱墟者六十余年。

天朝隆兴，山川草木，皆献精彩。永乐初年，寿法派弟子杨惟心，以禅宗夙学恍慕道缘，于是入山启土，追寻旧规。以洞天莫胜于大秀中峰，岁丙申，首建佛殿，以翼前左。至庚子，复建三清殿，以当峰秀。惜志未大就而入于圆寂。其徒如山居士李景椿，以名系归真，贯通二典，继承师志。于宣德丙午岁，起文昌殿于前左，而三殿始并列焉。又谓旧址有玉皇、天王二殿阁，宜复其制。乃与提典李悟仙，缁流张如本、周昌隆、张如海，劝首陈旭、吴宗明，纠集善象，经营于辛亥，迄正统丁巳，而二殿又落成焉。由是炼真有所，禅定有寮。山门桥道，莫不整饬，黝垩丹漆，焕然一新。每羲和浴驾，玉笥收云，金碧之辉，上腾霄汉。真天人之宫阙，名山大川之壮观也。景椿又自谓知觉有限，元奥无穷，非大观不足以广见闻。于是躬诣京师，受真戒于今道箓左正一法师大节吴公之门，得所授清虚元范之文，归于名山。朔望良辰，上祝国禧，下为吴楚之民祈年谷，消疵疠，用康区域，而洞天福地之宏规益大备焉。

嗟夫！玉笥海内山之最胜者也。遇兵乱而废，遭世治而兴，以今日之兴，思昔日之废，可不知所自耶？景椿于告厥成功之日著法门之规，而不忘华封之祝，可谓知所自矣。方之游食以息者，其贤矣乎！景椿尝因武选员外毛俊、太常博士孔初来，以纪工之石求序于予。因为叙其始末，并系以诗曰：

玉梁郁木分东西，中有大秀峰巍巍。芙蓉削出青天低，朝阳荡射生葳蕤。洞天之宫象紫微，云房贝阙白云墀。常真端拱环旌麾，仙官峨弁手秉珪。轸辖宇宙造化机，宰制下土罗疆维。吴山楚塞在朵颐，赤光洞照穷毫厘。冥曹籍箓有所稽，善恶报应如筮龟。山居海士修觐仪，文昌真君乘素蜺。招摇释驾骖象狮，诸天庆会立两扉。师尊高谈麈尾挥，法音琅琅散珠玑。琼编锦轴盈玉笥，三教一理可贯之。九天仙乐来参差，飒然冷风飘翠旂。诵经行道尊法规，共取宝木焚金猊。郁罗兜率香云扉，上祝圣寿如天齐。休征协应风雨时，百谷蕃庶物不疵。人民乐业歌雍熙，十真拱手帝曰咨。嘉汝志愿允汝祈，谷中有草名紫芝。服之不死亦不饥，九仙去后白玉肥。萧真遗鹤亦堪骑，洞天之乐不可支。禅宗道侣相游嬉，淡然清净何所为。勤修果行得指归，玉龙载汝升天飞。

正统五年庚申岁夏五月吉日李景椿立石。

【说明】 作者不详。据清道光二十八年刻本《玉笥实录》卷四录文。序文述及玉笥山曾有三教并立之发展阶段，阐述了“三教一理可贯之”之思想认识，值得注意。按，题目原缺一字，据文中“求序于予”一语，似应为

“序”字。题下原有“以玉笥晴岚洞天福地”九字，意思也不完整，据后文推测，似是以“玉笥晴岚洞天福地”八字为韵。李景椿（一作“春”）号体元法师，曾重建玉笥道观，重梓《玉笥实录》。

621. 明·尹凤琰：重修南安府城隍庙记

正统六年辛酉（1441）

南安控江西上游，为两广必由之冲，山雄水驶，风气清淑，民各简朴。为郡能以德行政，公平正大而廉洁无私，则民皆欣然以趋令，翕然以从化，功岂有不成而事岂有不就也哉？太守通州郭侯诚受朝命来知府事，下车之初，视祠宇学校、公廨驿传、桥梁道路皆颓圮倾毁，慨然叹曰：“此守土者之责也。”乃即同知高谅、通判邵鼎、推官彭公暕及诸僚属相与谋曰：“为政之道，莫先于祀神。况城隍庙者，一郡之所瞻礼，凡封内山川神祇，莫不于兹而妥灵，允为当务之急，是岂可后乎？”乃计工度材，裒费命匠，不旬月，圬墁绘图，焕然而一新。以次而修夫子庙及圣贤像，葺平政桥，开辟田亩，平治道途，凡驿传递运，大小衙门、坛场，悉皆整饬坚完，其经费赀用，一出于官，民皆欢欣鼓舞以赴工，未期年而百废俱兴。若大庾等县，义新等都，其田最高，遇旱暵例乏收。侯躬历其所，得山中水源，俾疏导灌溉，民获其利。又若上犹金坑□民李志清等素不服役，闻侯督收预备粮，躬送稻谷一千余石以实义仓。侯以德服民类此。然非有卓绝之识，通敏之才，岂能致是哉！

予较文东广，道经南安，父老相率告予曰：“我侯岂弟君子，父母吾民而恩泽深厚，取一毫于民而有所不为，其所创理而民若不知，其功可谓博矣。今城隍庙告成而丽牲之石未刻，愿以文为请。”予知侯素，验诸民言而益信。惟昔先王制为祭祀之礼，法施于民则祀之，以死勤事则祀之，以劳定国则祀之，能捍大患则祀之，能御大灾则祀之。凡有功于民物者，载在祀典，以时而举祀。盖其监观冥冥之中，善者降之以福，淫者降之以祸，而不爽锱铢，故为人所敬畏而尊奉。况城隍主宰一郡之生灵者乎？宜夫郡守以之为首务而崇饰其祠庙也。予故为书其事，且制为迎送神词，俾歌以祀神，庶乎侯与民均受其佑而具昭示于悠久也。辞曰：

神之来兮风冷冷，遍宇宙兮云溟溟。弭降节兮曳霓旌，歌祀事兮濯厥灵。阴阳和兮寒暑平，百谷登兮群生宁，揭日月兮昭大明。神之去兮风飕飕，回辇辂兮云悠悠。驾赤兕兮骑苍虬，归紫府兮往瀛洲。留沛泽兮覃洪休，惠我民兮福我侯，历万祺兮垂千秋。

【说明】尹凤球，生平不详，曾任侍读。据嘉靖《南安府志》卷一一录文。

622. 明·王英：道录司左正一吴公墓志铭

正统七年壬戌（1442）

太宗文皇帝临御天下，以纂辑释道二经，大召僧道至京师，而南昌玄妙观道士吴公大节应召而来，时永乐十七年也。明年，授道录司左至灵，主管洪恩灵济宫。洪熙纪元之初，升右演法。宣德间，建朝天宫于城西，诏大节经画其制。宫成，命为住持。皇上嗣登太宝，升左正一，仍兼朝天宫住持，领天下道教。初，大节修经典，四方羽士云集，而讨论考索，纂述类聚，悉属于大节，为朝廷所重。自是国有祈祷，必命之。尝设醮于武当及闽中，所至精诚孚达，多有感应。

大节性和厚，以恬淡自守，京师人皆敬慕。而志愈谦退，非趋朝，未尝出城市。作西深堂于宫之西，终日焚香端坐，读儒书，味老氏之言。又作清真观于玉泉山之麓，乐其地幽胜，命其徒王希言居之。间往游适，登山临流，徜徉吟咏，其志超然出于俗尘之外也。大节世居钟陵，父某，母魏氏。大节幼颖异，不乐居市井，父母令师事郡道官吴文祯，由是励行勤学，博览群书，于道家所谓三洞四辅、清微灵宝之秘，尤得其蕴奥。耆山、西壁二真人授以上清经箓之秘。既掌道教，祇事四朝，宠赐弥厚，不自矜喜，接人待物，从容和乐，学道之士未有逾于大节者也。正统壬戌三月戊寅，忽微疾，语弟子曰：“当逝矣。”甲申，沐浴衣冠而坐。乙酉，翛然而逝。讣闻，上遣官赐祭，弟子杨某等奉冠剑归葬南昌之山。大节临终手自致书，以墓表请于尚书胡公。而右至灵颜公与其徒李独清谓予知大节，以状来请铭。乃叙次如右，而铭曰：

吴公于道极探索，葆和守冲道斯得。入朝拜恩领道职，倏然仙去何所适？浮云孤鹤海天碧，剑履归瘗故山侧，刻铭兹文示无斁。

【说明】据清朴学斋抄本《王文安公诗文集》之《王文安公文集》卷五录文。

623. 明·胡俨：赐南极长生宫碑记

正统九年甲子（1444）

南极长生宫，在豫章西山之仙源。峰峦奇耸，蜿蜒盘礴，冲气之所钟，灵秀之正脉也。西山乃道家三十六洞天之十二洞天，而仙源之水出自萧峰，潆洄六十余里，凑�河而会大江，山川环合，天造地设，非寻常山水之可拟伦。然造物者隐秘久矣，必有大福德然后当之。宁王殿下建寿宫于兹，岂偶然也哉！盖神之所相，龟筮之协从也。其寿宫之前，创造琳宫一所，以祀南极。于是请命于朝，奉敕赐额曰“南极长生宫”，亲亲之眷遇隆矣。王乃命俨为碑以记之。俨既奉王命，悚息不遑，乃秉翰而书之。

《汉志》云：西宫瑶池，其东有大星曰狼，狼下四星曰弧。直弧北地有大星曰南极，常以秋分之旦见于丙，见则治平，主寿昌。此南极之主寿征者，尚矣。是宫之建，前殿曰南极，后殿曰长生，左曰泰元之殿、冲霄之楼，右曰璇玑之殿、凌汉之楼。长生后是为寿星阁，阁之前置石函，以记修真之士。六十年之期，遂于遐龄峰顶建飞升台，以俟冲举者。宫之前曰遐龄洞天，中门曰寿域，宫之门曰敕赐南极长生宫。宫门之外有醉亭，以为群真乐道燕享之所。阁之左有圜室焉，以居云游修真之士。又筑神丘于宫之侧、萧仙坪之下。而宫之制，地位高明，规制宏敞，美哉轮奂，超出尘氛。近供以层峦，遥挹乎飞翠。金芝瑶草，远迩苾芬，白鹤珍禽，翱翔上下，灵光发舒，隐见莫测，诚所谓仙真之窟宅、灵秀之攸钟也。其创造也，经始于正统戊午之孟秋，告成于正统甲子之季秋。凡是邦得于瞻仰者，咸谓犹方壶蓬峤飞落，青天烟云缥缈，不可得而亲也，惟有赞叹而已。

俨乃再拜，复推本而为之言曰：昔太祖高皇帝龙飞淮甸，仗黄钺，秉白旄，扫群凶于艰危之际，救生民于涂炭之中。诞膺天命，以抚方夏，思覃万类，功德大矣。是以垂裕子孙者永之无极，而王乃高皇帝第十六子也。聪明雍肃，本乎天性，敬慎威仪，出于世表，端居静念，默契神明。尝告俨曰："初永乐壬辰仲夏之月，精神感通，若有天真告曰：南极九十宫之位，即尔位也。可以萧仙坪曰缑岭者建南极宫，求有道之士住之。其宫若成，世之人白发扶杖者多矣，亦可为尔终焉之计。此宫之所以作也。"於戏神哉！俨每观《真诰》陶隐居所录杨、许诸君与群真接待授受之事，意谓修真之士超见得道者固如此，隐居之录，必不虚也。今王高出世表，其神明之友，盖未易浅近窥焉。既书其本末示后世，乃为之铭曰：

大江之西，山川盘礴。斗牛之墟，昭兹方岳。维王更封，式佐家邦。维藩维屏，永世无穷。王克敬恭，荷天百禄。时庸展亲，茂应百谷。维王端居，默通神明。天真告祥，是曰灵征。灵征维何？征在寿宫。郁草茂林，缑岭萧峰。冲和之会，灵秀攸钟。左环青龙，右踞白虎。远武回旋，朱雀翔舞。金精融液，实虚上元。惟德是君，事岂偶然？王不自专，请命大廷。南极长生，敕赐之名。维王拜赐，受命于天。王曰噫嘻，作善降祥，寿考斯延。以保子孙，无替厥服，于万斯年。

【说明】据四库本《颐庵文集》卷二录文。

624. 明·宋拯：赣州府城隍庙记 正统九年甲子（1444）

正统甲子岁秋闰七月，圣天子降明诏，凡岳镇海渎暨宇内应祀之庙有倾圮者，有司咸为鼎饬之。驿骑星驰，纶音雷动。赣郡守土臣祗奉休命惟谨，顾瞻郡之城隍庙，曰："嘻！斯庙构有年矣，而栋楹朽，棁桷腐，盖瓦级砖破缺，赤白漫漶，曷足以揭虔妥灵？”乃相与为鼎饬，计用赀之乐于助者，用人之隶于官者，用工之巧于思者，抡材琢石，陶甓畚土。中葺正庙，傍葺两庑，外葺山门，葺其四墉，涂以丹垩。庙既落成，具重修之颠末俾予识之，将刻诸石以垂诸后焉。

予惟幽明殊途，翊乎世道，寔相表里也。斯庙之饬，岂但贲玉帛、锵钟鼓、耀尸祝之观听而已耶？盖将俾人推事神之诚以一其心也。继今分符吏于兹土者，推事神之诚，以仁恕字乎黔黎；分阃官于兹土者，推事神之诚，以义勇捍乎疆域；以至受廛耕于兹土者，荷戈戍于兹土者，与夫士焉、工焉、商焉，各业其业于兹者，莫不推事神之诚，内笃孝友之行焉，外惇忠信之俗焉，罔黩货以相攘窃焉，罔健讼以相诪张焉，不识不知而帝则之是顺焉，无偏无党而皇极之是归焉。于是则神介尔福者，庸有既耶？此则明诏崇祀之德意，而守土臣祗承罔敢或怠。余既为识其事，复系以铭，俾歌之以侑神。歌曰：

赣实江右之名都，章贡东驶当城隅，层峰对立张画图。崇台中屹曰郁孤，俯视层峰培塿如，清庙有侐台之陬。厥础爰琢璠与玙，厥楹爰度楠与槠，于粲绮疏及金铺。去年天上颁玺书，一日万里风霆驱，守臣祗承罔敢徐。乃集烝徒召般输，构此厦屋何渠渠，神居既奠神心愉。锡我乐岁乐且孺，秔稻充羡疫疠祛，我民报祀吹笙竽。大樽有苾倾醍醐，高俎有楚罗膏腴，水则此祷旱则雩，敬哉千祀恒如初。

【说明】据嘉靖《江西通志》卷一七载，宋拯正统间官赣州同知。据天启《赣州府志》卷二〇录文。

625. 明·赵杞材：分宜仰山二王祠记

正统九年甲子（1444）

夫神之为德，不可以形声求而可以诚意格，不可以谄媚祀而可以庙祠享。盖有一方之人物，必有一方之神为之主宰，所以捍御一方之土地而福一方之人物焉。蒙其福者，可不思所以尽其诚敬之心而立祠以祀之哉？

袁之一郡，据乎吴楚之间，隶乎江西之域。以其山之高大而为是郡之镇者，曰仰山。仰山之神有二，始未知其姓名，不敢强为之说。及考志书，自汉文帝时，始立祠于仰山之阿以祀之矣。至唐永徽二年，贾人徐璠归自维扬，有二书生称萧姓，叔字大分，季字隆，托载而还。历江涉湖，溯秀水而上，风利不可泊，一日夜至水南。二生登钤冈，策马石穴，卓篙泉涌，顾望久之，与璠语别曰："家仰山之阴，石梁之右。子暇访我，盍叩石而呼。"知二书生为仰山之神矣。后人于二生与璠别之处立祠而祀之，曰钤冈庙。别立一祠于正庙之傍，曰徐公祠，以祀璠。至唐元和十五年，刺史韩愈以旱祷于古庙而有感应，由是仰山之神灵益著。其祠在堵田者曰正庙，在獭径者曰古庙；在郡曰宜春台庙，在分宜曰钤冈庙。天祐间，锡爵通侯。叔大分积封佑德显烈福善宁济王，季隆积封敷德威仁英显康济王，庙号孚惠。考妣王妃皆五字封，二妃与公夫妇皆八字封，锡予典册，于兹为盛。钤冈者一水自新泽而来，流于山之东；一水自长寿而来，流于山之西；两水夹一山于中，故曰钤冈。万山环拱于其外，一水潆洄于其前，台殿隐映乎林木，楼阁崇凌乎霄汉，真神所居之地也。其庙宇自汉唐至于宋元，不知几兴废，不可复识矣。

我朝自洪武初，邑人李成叔重建宫宇。后被野火所毁，邑之人葺一小室以祀神，聊蔽风雨而已。至永乐八年，岁旱，邑之贤令尹、徽之黟县汪侯澍，为民祈祷于祠，大雨，方百里以苏。吾民遂令邑之老人赵邦鲁、胡礼中，遍募于分宜、新喻两县人民之赀，以重建祠宇。规模壮丽，固足以祀奉于神矣。至于祭祀赛会，盖有古典。古庙亦有春秋二祭，钤冈缺典。前令姑苏周侯瑛、二尹浏阳李侯忠、临汉刘侯英、判簿光化刘侯鼎、长史陈侯瑄，使民春秋二仲月望日，自备牲醴而祭，以为常典。后又有卢陵道人彭敬道求奉祀，竭力募缘，增建观音阁、南岳注生注禄注寿之祠于两傍，俾上足以奉祀乎神而阴骘于下民，下足以容夫官民之祭拜而尽其诚敬之心，晨夕瞻仰。夫神之威灵烜赫默运于两间，洋洋乎如在其上，如在其左右，无往而不在。凡民有事，至诚以祷之，无不感应以福于民者，斯其所以为民之福主也。古有旧碑，元末兵燹之后，旧碑所载祠之始终兴废事迹遂皆残毁。住持庙祝黄及坊乡之老人遂以志书所载之事迹告于官，请勒于石，以纪夫神之灵贶，而及祠之悠久，与国咸休焉。并具春秋二祭之祝文，迎送神之乐，岁以为常典，俾勿毁焉。

【说明】据民国《分宜县志》卷八载：赵杞材，城东人。自幼颖悟超群，受业石门先生梁寅，遍究六经之旨。建文壬午，以邑诸生贡大学，选授湖广长沙校官。永乐间，任四川什邡司训。居职教育有方，人材辈起。任满考绩最优，擢翰林院检讨，力求退休不允。乃以诗上少傅杨士奇，有“老去思乡井，归心寄故园”句。少傅为请于朝，遂得归。为文古雅宕逸，邑之碑铭序记，多出其手。有《正庵集》行世。据同治《分宜县志》卷二录文。

626. 明·张懋丞：故道录司左演法始名宫邓公墓志铭

正统十年乙丑（1445）

正一嗣教、崇修至道葆素演法真人、掌道教事、四十五代天师张懋丞撰；翰林左春坊大学士兼修国史汝川吴均篆额。

按公邓氏姓，字景韶，如如道人其号也。世为抚之金川云林巨族子，古今衣冠蝉联，代不乏人。公自幼颖敏不凡，早失所怙，奉傅氏母命师事龙虎山大上清宫三华西院芝山俞真人，学老氏清静无为之道，凡儒道经书皆通贯之，威有声闻。历职宫教，咸以贤能称。至洪武三十一年戊寅岁，奉高皇帝令，命仪曹起取高行道士，四十三代无为天师以公与选，除道录司右至灵。永乐改元癸未，奉旨降香太和山。既还，升左演法。永乐十八年，钦取往住北京，侍同四十四代西璧天师建金箓大会。竣事毕，礼部奏道录司缺官署事，奉旨就著邓道官官印，遂留崇真万寿宫，开设衙门，署道录司事。历洪熙，至宣德丙午，皇上以其年耄，赐老还山。凡居京南、京北三十余年，钦蒙眷赏赉殊厚。养老山中，睹其徒属繁夥，楼居窄隘，乃捐己帑辟而新之。以其余资置膏腴之产若干亩，岁收租米四十余斛，助赡徒众。

呜呼！公之显耀国家，功成名遂身退，玄流之辈如公者几人？公生至元戊戌五月初三日，享年八十有七。动履不杖，正统九年甲子岁三月二十五日，示微恙，端坐呼其徒洪汝征等曰：“吾不以死生为恨，元始如终，皆夜旦尔，何足芥蒂哉?”遂正寝而逝。以乙丑三月十又二日具冠剑葬于本都仙源乡彭师巷，坐北向南为茔，从吉兆也。其徒张用真泣血状其实，请余为铭，勒坚珉藏于幽宫，以传不朽。铭曰：

云壑苍苍，□□□良。高尚清静，□国之光。位尊道录，有宠无辱。既寿且福，□□林泉。二十余年，一新居室。更买良田，八秩又七。□□□□，□□□□。□□□□，有耀玄□。永安祠魂，祜祐后昆。

正统十年乙丑□□□□□□□吉日，徒弟洪汝征、张用真、邓宗善、汪□□、邓用□、艾□兴、夏禹端、□愈迪、周愈道、雷应时、郑庆源、万中□、艾愈□、孟嗣文、金大根、黄孟□、何贵良、黄致中、周致文、龙大华、洪文□、周文□、洪文轨、陆永初、黄镇中、陈永璋、杨胜暹、□□□、田□□、王光范、洪文节、方文宜、汪继才、曾振□、周□□、□□□、□□□、吴辰英、王子□、万□招、夏象明、□□□、□□□、□□□、□□□、□□□、戴德兴、周□衡、庐广清、□□□、□□□立石。

【说明】碑现存于天师府文物室。青石材质，方形，额篆“故道录司左演法始名宫邓公墓志铭”。高 1.35 米，宽 0.93 米。直行，27 行，行 24~43 字，小楷。碑有剥蚀，左下部断裂，文字不完整。据碑录文。

627. 明·萧镃：佑仙观兴造记　正统十年乙丑（1445）

佑仙观在武山东南武姥冈下，龙王洞之上。俯而旁视，大江走其前，焦原、阆川、王山诸峰环其外。盖自泰和县治左右百里间，求寺观形胜若此者，不多见也。观基于元仁宗皇庆壬子之年，前殿相传高明坛所徙，后殿则国朝洪武初新建者，皆极壮丽瑰杰，土木坚好，非若近时苟简之为。然历岁既久，日入于坏。正统戊午，观主道士刘厚峰竭己赀修葺之。辛酉，其徒戴道渊乃建三官殿于后，殿之右为屋三间，周以回廊。既完已，岁乙丑，萧紫虚又建玉皇阁于后殿之左，为重屋三间，护以砖壁，而朝碧虚前所治之凌虚亭，附其旁，无改作焉。初，观之兴，里大姓张氏、涂氏，皆与有力。然始终扶植之者，吾萧氏之功为多。比年来，有所兴造，资实萧氏辄居其半。盖道渊之殿，其徒温曰常实相之，而主其事则吾兄西轩也；紫虚之阁，其徒郭道弘实相之，而主其事则从兄季广也。费或不敷，则紫虚、道渊各持簿募诸里中，有得辄记之，锱铢积累，以至于成。而经营规画，萧氏长少往往周旋其间。以故观之旧废坏者，今皆焕然一新；所未有也，乃今有之。椽摩栋揭，言言翼翼，盖佑仙之壮观于是胜于昔矣。

方武山盛时，寺则有梵云、云峰，观则有高明、天宝，钟鼓之声相闻，不特佑仙也。兵燹后，相继隳废，独佑仙自开创至今百三十余年，岿然尚存，岂无故哉？观之前辈，吾未之识，而获识其所谓谭以善、黄与玄者，二人皆八十余，超然尘物之表。而与玄尝为齐号府乐舞生，尤端谨守戒法。今在观长少凡十余人，皆与玄之徒，则世之欲以智力取胜誉者，不足言也。自以善、与玄之没，观之几废者数矣，赖厚峰一人辛苦支立，使其绪不坠于地。而紫虚、道渊等又能相与继承之，得以复振于今日，则佑仙所以不废独存者，岂不以其人乎哉？是宜表而出之，以为凡为道者之劝，使佑仙之后人，自今以往，益勉力不怠，以嗣以继，则虽长有此观可也。前年吾展墓南还，道渊尝从亡子彦朝乞记，未暇作也。至是曰常领牒京师，复以请。念吾子夙愿也，乃为述其大都，俾持归刻之。若其里人尝出赀力及诸道童姓名未及备载者，则列之碑阴。

【说明】 据光绪三十一年萧氏趣园刻本《尚约文钞》卷三录文。

628. 明·张益：重修灵山庙记　正统十年乙丑（1445）

国初诏天下悉去其神庙之不当祀而举其当祀者，由是赣郡之灵山始登祀典。庙在郡东北，背江面山，其地盖为郡著姓陆氏所居。当后唐应顺间有曰平远者，奉道惟谨，遇异人言其宅弗利。为厌之，乃俾构庙塑像其中，曰："慎事此，不独陆氏永昌，而一郡之民将获神贶于无穷焉。"自是以来，郡民疾病必祷，水旱必祷，一切祷求，无不应感。功利在人，人争趋之，香火时盛，而其庙之楼殿廊庑，极为宏丽。尝毁兵燹，则再构，宏丽有加。而神之事迹特详于宋李谦所书。

洪武中，平远裔孙仲车以进士拜监察御史，因其兄仲行有修葺之劳，乃请同官陈仲述载词于石。距今既久，向所修葺，兹复不能已于力焉。而郡之通判钱塘郑君暹有事于神，徘徊瞻顾，乃喟然曰："惟神福庇吾民者厚，庙宇所以栖神，不饬何以揭虔？"爰谋于僚寀，共捐己俸，命陆氏存芳并募众缘为之。曾不逾时，而庙之朽且败者焕然一新，实正统甲子岁也。

今年春，致书来京，赍所需费征文以示后来而勒诸石。惟夫善政者必务于安民，载在祀典。庙宇之新，岂非守土之所责哉？诸君尽守土之责，知崇乎神，则其笃于安民可见矣，特表著之云。

【说明】张益，据天启《赣州府志》卷一四载，曾任修撰。据前志卷二〇录文。

629. 明·滕惟发：重修乌石观记　正统十年乙丑（1445）

乌石峰，剑西名胜也。山环水绕，狮象缠围，上有松竹青葱，下有湖光掩映。其地土肤石骨，壤接西昌，旧为何公故宅。晋永嘉中，旌阳公弃职归真，拜募结庐，以为炼丹之所。插剑红崖，丹泉始出：此观之所由名与观之所由肇也。至南宋永初中，法嗣万石泉者广募十方，构殿阁三重，塑绘许祖金容、三清圣像。递及真士张开先，道法益著，福国殄灾，召见赐敕。贞观中，敕建旌阳宝殿，形势峥嵘，苞桑巩固。逮我皇明，世远年湮，绸缪日替，宫室殿庭，不无摧折，风雨露雷，阴霾惨淡，黯然之际，未尝不叹继起者之难也。一旦，熊子叔寅与林子贤及艾世盛、廖庭春等十一人会友以文，肄业其所。维时叔寅商谟，睹殿庭之摧颓，览榱桷之倾圮，喟然曰："业无主，其能久乎？何氏其既斩矣，而嗣教者流又复萍踪靡定，谁其缵承而一振之乎？"座友咸曰："子之言善矣，此亦吾党之责也。苟乘时共襄盛事，殿宇重新，则何公之善，庶不没焉。"由是各率黄白，仍募十方，约千金，修葺诸殿，并饰圣像。于墙垣则制砖以封之，于阶地则凿石以平之，刻桷丹楹，梁栋蔚起，盖骎骎乎与大唐之建齐观矣。正统乙丑孟夏落成，友人叔寅请予记其重修岁月。

予维功不足以历久远者不可以垂世，德不足以孚神人者不可以示人。叔寅与诸君子功德既足以垂久远，又足以孚神人，其勒诸石以传世，书其绩以示人，又奚不可之有哉？爰乐得而记之。

【说明】滕惟发，生平不详。据乾隆本《万寿宫志》卷七录文。参见光绪本《万寿宫通志》卷一八、《净明资料新编》。

630. 明·汪敬：新修城隍庙记　正统十三年戊辰（1448）

国家统一百神，百神祇恭受职，降康锡祉，罔敢或愆。国家于是悉用昭报，曰山川，曰社稷，曰风云雷雨，曰城隍，曰群厉，诸祀遍天下。坛壝有别，疏数有节。坛壝则社稷于西郊，西阴之成也；山川、风云雷雨、城隍于南郊，南阳之盛也；群厉于北郊，北阴之极也。社稷、山川、风云雷雨、城隍岁二祀，群厉则三祀。而又以城隍主之，是城隍亦三祀。而于坛祭之外，又为庙以专祀。长吏莅任，必斋宿读誓，然后见吏民。而朔望必谒，水旱必祷，疾疫必祈。民之祀神，如事严吏，抱冤抑而不获伸于有司者，往往呼吁以求阴助。有司者亦遂为之严庙貌，具钟鼓，以慰民之所向。

婺源故有庙，在东关天泽门内。岁久不戒于圮，栋摧梁折，神栖无所。山西贾君以长材来治婺事，谒庙而心惕然，修建惟恐或后。听政之暇，聚材鸠工，相余地而拓之，视旧加广。前为大门，内为中门，上为堂，严密深靓。塑神像而龛之，傍列侍从，如官府仪。两阶下为廊，廊外树佳木，盘郁葱蒨，俾为神丛。百姓群趋，以事以报。因求记于余。

夫筑城浚隍，所以体坎。先儒谓祀既在社，不应复有城隍。故唐李阳冰《缙云城隍庙记》谓其非祀典所有，惟见于吴越。载考之古，芜湖城隍建于吴赤乌二年。慕容俨、梁武陵王祀城隍，皆书于史。唐张说《祀城隍文》

曰："致和产物，助天育人。"张九龄文曰："方隅是保，民庶是依。"则古人崇祀之意可知已。国初封爵群祀，于郡城隍为监察司民威灵公，县为监察司民显佑伯。未几，诏群祀悉从本号，去所为封爵，其于城隍亦然。丕赫圣明，夐出千古，百神之受职固宜。夫坛而事之，尊之也，其道使民敬之而不敢狎；庙而事之，亲之也，其道使民近之而不敢欺。国家既以此道民，使之见神如见严吏。而民也阳以颛其心于不敢狎，而阴以摄其神于不敢欺。有司者亦且惴惴严事，一听谳，一施设，如临如陟，不敢闻于神者，必不敢见诸事，且不敢萌诸虑。上下相保，下为良民，上为良吏。而神岁受有司之祠，亦专心于昭假，罔有怨恫，福不待祈而臻，戾不待禳而寝，熙熙然民如春台之登，老恬幼嬉，斯又出于威灵、显佑之外者。余固知贾君修建之意或在兹也。倘曰仪而事之，聊以修职，岂徒非国家崇祀之意，抑亦为神灵之恫，余恐庙虽修而神罔鉴矣。君名瑛，山西太原人。今上丁卯受命来牧，廉慎坦直，其为政率知所先。庙肇于正统戊辰正月，成于八月，费不赀而不扰于民，盖神相之云。

【说明】汪敬，字益谦，一字思敬，号梅边读易老人，婺源（今江西婺源县）人。宣德八年（1433）进士。曾奉诏纂修《宣宗实录》，后官户部主事。有《易学象数举隅》等。据民国《重修婺源县志》卷六七录文。

631. 明·佚名：宁献王朱权圹志

正统十四年己巳（1449）

宁王讳权，大明太祖高皇帝第十六子。母杨氏。王生于洪武十一年五月初一日。二十四年四月十三日册封为宁王。二十七年三月二十三日之国大宁。永乐元年三月初二日移国江西南昌府。王天性惇实，孝友谦恭，乐道好文，循理守法。皇上绍承大统，以王至亲，恩礼加厚，而王事上，益谨弗懈。正统十三年九月十五日以疾薨，享年七十有一。讣闻，上感悼辍视朝三日，赐谥曰献，遣官致祭。先是豫营坟园于其国西山之原。比薨，以正统十四年二月二十一日葬焉。妃张氏，兵马指挥张泰之女，先薨。子六人：长庄惠世子盘烒，次未名，皆先卒；次临川王盘烨；次宜春王盘烑；次新昌王盘炷；次信丰悼惠王盘熿。女十四人，俱封郡主。孙男八人：宁世孙奠培，临川长子奠堎，宜春长子奠增，镇国将军奠垾、奠垒、奠堵、奠壏、奠埦。孙女十二人，封县主四人，余在室。曾孙十人，未封。

於乎！王以帝室至亲，藩辅老成，进德之功，逾老不倦。敬上惠下，始终一诚。比之古昔贤王，殆不多让。正宜藩屏朝廷，永膺多福，而遽至于大故，是固有命。然福寿兼全，哀荣始终，亦可以无憾矣。谨述大概，纳诸幽圹，用垂不朽云。谨志。

正统十四年二月十一日。

【说明】 志碑1958年出土于新建县，现存于江西省博物馆。高0.91米，宽0.91米，正方形。楷书，22行，满行22字，周边刻有云龙纹。据《江西出土墓志选编》录文。按，墓主朱权（1378～1448），自号臞仙、涵虚子等。笃信道教，著有《天皇至道太清玉册》等，故录存。

632. 明·习嘉言：重建新淦县德领观记

正统十四年己巳（1449）

老氏之宫，峙之以穹堂，崇之以奥殿，翼卫之以重门修庑。自通都小邑以达于深山穷谷，莫不岿焉奂焉者，虽由其徒之智猷才辨足以振起之，其赀则出于富室而后能以有成，否则未见其就绪也。

新淦秀峰山之德领观，元季毁于兵。洪武庚午，玉笥之承天宫道士郭景贞暨其徒罗引年来住持焉，殿堂门庑，存从鼎创，岁月既久，滋底颓弊。正统丙寅，引年之徒刘嗣汉意谓维扬实醝司所临，巨商大贾，云集于彼。遂持疏往叩檀越，廖延昌偕侄昭旸、李厥初为之倡，且为之劝。廖与李，固新淦名族也，众以其劝，乐为之施。嗣汉所得，殆不赀矣。于所谓峙之、崇之、翼卫之者，归而鼎创之，无难色。构架于丁卯腊月廿又一日，落成于己巳冬。凡斋宿之舍、庖湢之房以及像塑之妆严，率为之一新。远迩瞻睹者莫不相羡，谓兹观乃葛仙翁修炼之所，丹台井灶，示异迄今。四山环抱者，皆玉笥之分支。玉笥为洞天、为福地，实神仙之宅，其环抱兹观者，亦存异迹。东曰鸡笼峰，三佑真君道场在焉；南曰大圣山，唐真君道场在焉；西即秀峰山，丹台井灶，具于其麓；北曰刘仙观，刘仙飞升之处也。兹观屹然其中，前俯清溪，风气完翕，讵无神灵为其庇护？观之几废而辄兴者，孰使然欤？栋宇垂成而延昌遽尔物故。其子鲁汶继其志而完美之，复捐赀跨观前之溪为石桥。其孙建中者上北京述祖父所成于予，求为之记以示久远。

嗟乎！前世以来，南面君天下者必躬理万几，委之有司而后得以少逸；公卿大夫暨于百执事必夙夜靡懈，修其职务，而后免诮夫素餐；士农工贾，必世其生业以给其身家，而后免罹夫冻馁；老氏之徒乃衣食其间，施施焉自如，又能侈丽其宫以尊礼所师，其故何邪？岂独老氏哉？释氏之徒为尤盛焉。余于是犹莫知其故而不能无所惑矣。因记兹观，故云然也。

【说明】 习嘉言，名经，以字行，号寅清居士，新喻（今江西新余市）人。永乐十六年（1418）进士。累官至太常少卿、詹事府詹事。有《温室稿》《西垣漫稿》等。据四库本黄宗羲编《明文海》卷三七二录文。

633. 明·王直：送道士王贞白序* 正统年间

兴国县治平观，普觉玄成炼丹之地也。玄成仙去后，人尊其道者为立观以祀焉。地既奇胜，故居者往往多俊拔之士，王贞白其一也。贞白常尝从今长春真人刘渊然学道，造其阃奥。县之人凡有祷祈禳禬者必请贞白，贞白亦尽诚为之，由是人多嘉礼焉。兴国虽赣属邑，而与吾泰和境相接。故其邑之贤者刘君溪逸，尝请予大父竹亭先生以道义训其子，所尊事者甚至。于是邑之名人秀士多以诗酒相往来。予大父与溪逸君相继没后十四五年，予亦偶游其地，过治平观，识进士康自成、王常清暨贞白。访予大父所与游者，仅一二在焉，盖已不能无盛衰之感矣。

去之二十余年，予备员近侍，从幸北京。过德州，见溪逸君之少子敬孚。

盖敬孚为百户管军，在德州，大有才望。与予道旧故，相得欢甚。问其昔之一二在者今亦已矣，独贞白辈超然尘外，故无恙，相与嗟叹。岂劳于物役者果易衰，而离群逸居真足以自养邪？

去年冬，国家建黄箓大斋，征天下道流，而贞白亦来。既毕事，受赏而归，留德州。德州之人因敬孚而皆重贞白，为出钱作三清像，以金涂之，又为刻诸神位，皆髹漆而金饰其字。贞白将奉归观中，敬孚领军营造来北京求予文以华之。嗟夫！予之去兴国也久矣。所谓治平观者，盖仿佛记其处而不能道其详矣。因敬孚之请，而嘉贞白之为人，能精修以昌其教也，故为文以赠之，而并道予之所感者焉。

【说明】据四库本《抑庵集》卷一三录文。参见《净明资料新编》。

634. 明·王直：长春刘真人祠堂记　正统年间

南京栖真观新修长春刘真人祠堂成，盖守玄冲靖秉诚专确志道衍教妙悟静虚弘济真人邵公以正，命其高第弟子道录司元义李希祖为营建。希祖则守玄之法嗣而长春之孙也。祖孙相承以报德垂远为事，其用心厚矣哉。

长春刘氏字渊然，号体玄子。其先徐州萧县人，祖伯成仕元为赣州路总管，因家赣州。次子元寿生真人。将生之夕，祖母谢夫人梦紫衣道者入元寿室，既觉而真人生。总管以梦祥祈佑于元妙观，因许道士陈方外，俾为徒。年十六，遂入道受符法。元阳赵真人见之，喜曰："此子形全神清，真良器也。吾法嗣无过此。"留之座下，授以诸阶玄秘，携归金精山。复授以《玉清宗教》《社令烈雷》《玉宸黄箓》《玉箓》等书，及金火返还大丹之诀，栖神炼炁，呼召风雷，驱役鬼神，济拔幽显，动有灵验。尝游龙虎山，过南昌，值岁旱，为祷雨，立应，声闻益彰。洪武癸酉，征赴阙，上深嘉奖，赐号高道及剑一具，命于朝天宫建西山道院居焉。上尝幸朝天宫，幸道院，加抚谕。或入谒，则赐坐论道要，礼遇甚至。且以其玄悟宿契，命为寻真之游，冀益有所遇以致其神化，赐袭衣楮币，俾乘传以行。于是上匡庐，过鄂渚，至武当山。召还，擢右正一。永乐初，迁左正一，建金箓大斋，有醴泉甘露鸾鹤之祥，而宠赉备至。未几，谪居龙虎山。寻徙滇南，居龙泉观。滇南之民有旱疫求祷，无不应，化大行。仁宗即位，遣内臣召还，封冲虚至道玄妙无为光范演教真人。真人顿首辞，不许，寻赐诰加“庄靖普济”四字，有“辍侍于九重，往化导于南服，亦使息劳于闲叙，实将遗朕于今兹”之语。赐以银章，领天下道教事。以制词观之，则真人之被命于南者，意有在也。宣德之初，眷待益隆，赐之剑。问曰：“此剑当谁传?”对曰：“臣法得之浚仪赵元阳，继者惟邵以正耳。”即遣中使召还，使继其后。乃请立道纪司于云南、大理、金齿，以植道教。凡有请无不从。其所服用，皆出上赐。宣德七年二月，恳以老辞，乞归西山道院以终余年。上洒翰作山水图，题诗其上送之。遣中贵罗智护行。既至道院仅半岁，一日昧爽，沐浴更衣，结跏而坐，语弟子曰：“吾将行矣。”弟子请遗言，曰：“气聚而生，气散而死，固恒理也。吾何言?”引手作一圈，象太极，曰：“呵呵。”遂化去，寿八十二。比敛，举体柔软如生人，以为尸解云。上遣官赐祭，工部为治茔域，葬于江宁安德乡之园子冈，所居西山道院赐名栖真庵，正统间改赐名栖真观。

真人志行高洁，由儒入道。凡其所行，必依于忠孝，惓惓为国祝釐以济民利物。凡可以布德施惠，使人得乐其生如医药之类，皆盛行于世。初，赵真人得《天心帙》于其师，举以授长春，曰：“人心即天心，欺心即欺天。日之所为皆书之，其不可书者勿为也。”长春复以授守元，而举以自代。此其相传之要道，盖与吾儒合，非如世之所谓游方外、出人间、腾九霄而隘六合者也。守元感训诲奖拔之勤，念授受承传之妙，尝建祠祀于滇南龙泉观。至是复以栖真观乃先朝所赐，长春始终所寓，其精神流通，焄蒿凄怆，常若有见焉，不可以无祀也。乃复出金币命希祖建祠于观之左，香花钟鼓，朝夕严祀焉。予观元阳之授长春，长春之授守元，其所告语者惟曰心曰天，与其所行必以忠孝仁慈为本，不汲汲于其它，是以德懋位高，受荣命于累朝而衍元化于无穷也。后之学者推是心以事天而不违师真之训，则教基之崇，将永久而不坏矣。守元求予记，故为记之，俾刻石以告来者。

【说明】据四库本《抑庵集》后集卷五录文。按，刘真人祠堂虽在南京，但真人刘渊然为赣州人，且其修道历程多与江西相关，故特录之。

635. 明·王直：王山仙坛砖室记　正统年间

王山在泰和东南七十里，蔚然高大，盖一邑之望也。其始名义山，晋华阴王子瑶修道于此。其后仙去，因改名王山。唐贞观中，长安匡智慕子瑶之道，乃弃官与其侄偕来隐山中，诵习修炼，久之亦仙去。自是常有显异。山旁近诸县之人，凡祷水旱疾疫求嗣子者，皆向往焉。然坛在山顶，自下而升，可二十里。有事坛上者，多获风云雷雨之应，人无所庇依，往往病之，而莫知为功者。桃源萧德通，奇士也，亦求嗣于神，乃独计曰："是既有飘扬震凌之患，惟砖室可以久。"乃自山下炼砖而佣工转置山上，度为屋一间，深一丈，广八尺，而高如之，凡用砖若干、用人之力若干而后成。于是凡有祷祈者，可以从容就事也。

古者山林川泽丘陵能出云为风雨、见怪物者皆曰神，诸侯在其地则祭之。而欲子者则祀高禖以求焉，礼也。今兹山崇高广大，瑰杰俶诡，且有三仙人之灵变不测，其能出云为风雨以利泽万物也固宜，而又能锡人祚胤如此，岂非尤神异也哉？然则德通之惓惓于神，而神之有以答其求也，审矣。因其属为记而系以诗，使歌以祀焉。诗曰：

奕奕王山，邑之望兮。匪山独灵，仙所相兮。仙坛峨峨，逼昊苍兮。风雨云雷，山之常兮。我室新成，利祷禳兮。维灵顾之，聿来康兮。虹旃雾幢，纷扬扬兮。或骑麒麟，翳凤凰兮。享于克诚，降福祥兮。煦其灵气，焕景光兮。惠泽汪洋，为丰穰兮。永锡祚胤，嗣续昌兮。如坻如京，我囷仓兮。芝兰玉树，久弥芳兮。神之锡予，阜而臧兮。我民瞻仰，永弗忘兮。配乎天地，奠此邦兮。于千万祀，保灵长兮。

【说明】据四库本《抑庵集》卷一录文。参见康熙六十年《西江志》卷一五一、乾隆十八年《泰和县志》卷三二、乾隆四十一年《吉安府志》卷六六、光绪《吉安府志》卷四七（府志均题为"王山仙坛砖室碑"）。

636. 明 · 王直：栖真道院修造记 景泰三年壬申（1452）

栖真道院在泰和县五十一都上保山壦之东莱山。其初无碑碣可考，中有殿，祀祖师浮丘、王、郭三真君像，岁久漫漶勿治。正统戊午，道士陈用柔修饰之，于师腹内得书，备述开创之由。盖元泰定乙丑，县北门曾起滨，别号雷渊，以儒业来授徒，又精通道法，数为人祷禳。岁大旱，远近祈雨皆不应，禾悉就槁。曾公乃建坛致祷，闭纵阴阳，驱役鬼神，雷奔电激，飙骇云合，随所号召，无不如意。三日雨大澍，境内陂池皆充满。是岁大熟，一乡之人皆笃信而尊礼之。曾公亦自念神灵于己若有深契然者，遂舍家绝俗，专攻道术，往谒龙虎山，请于三十九代天师张公，得分授栖真化香火而归。于是方溪里人萧熙舜请于父，舍东冈岭地基一所为道院。又舍严家地背上水田一石凡十三丘以食之。至顺癸酉，山壦桥庵彭道人请共作二教法堂，曾公乃徙居桥庵，其地以法堂中心为界，东属道院，乃池下萧春池之土；西属桥庵，乃桐井萧宅之业。而于堂背岭上筑华盖斗坛，专为民祈丰稔，而曾公之道益大行。曾公化去，其徒刘道元复以其法显。而桥庵当永新、安福道，元季寇随机数被扰。道元之徒刘开宗谋避之，以社溪刘一中有地在岭背，幽雅闲旷，诚学道者所宜处，乃往请焉。一中已卒，妻萧氏与子观复割界之，又舍山壦社边水田八斗以食焉。开宗与徒陈克成遂徙居此，洪武己未冬也。书之所载如是。历七十余年，殿宇复坏。

永乐丙申，用柔师祖陈绍先、师父刘青霄化缘，诸善信出资财，撤前殿大门而新之。又三十年，绍先老，青霄亦化去。用柔适主院事，其为人淳实，不汲汲外骛，惟以利济为心。人有以水旱疾疫祷祈诸事求之，必至诚尽敬，亦多获奇验，故无不爱重之者。由是栖真浸盛。而后殿又坏。予子稹尝有事属用柔，乃出赀市材为改作。其兄秬、弟稠、侄仁亦助之。用柔规画布置，命徒萧真元、胡和元协力治其事，以正统丙寅十一月某日兴作，丁卯正月初六日成。复以旧殿材为屋联接乎殿东。用柔与师弟谢用成别营居室附于其旁者，亦次第皆成。

予陈氏婿，嘉用柔之行，而用柔亦特厚予。前年省视来京师，相与处者久之。因语予曰："道院之建三易所，今一百二十七年。乡之善信，割地舍田，崇殖之意厚矣。先师雷渊及诸嗣师，经营缔构之力亦勤矣。吾侪安处于此而阐其教，事岂可忘所自哉？兹殿宇一新，若无文字备载其事实，使后之人得以考见而思维持于永久，非缺典欤？敢请于先生。"予嘉其能光大乎前，而又欲振励乎后，不可以不书，故为书之。凡捐赀产为助者，则具载名氏于碑阴。

【说明】据四库本《抑庵集》卷三录文。按，据文中所记，道院始创于元泰定乙丑（1325），距本文撰作之时已过去 127 年，则应为景泰三年（1452）前后。

637. 明・陈勉：清音韶坊卢王庙记

景泰三年壬申（1452）

太尉卢公光稠，字懋熙，生于虔化之韶坊。唐末梁初，值黄巢僭乱，群盗蜂起，天下骚动。公甚忧之，乃与邑人谭全播议，欲为保障之计。公豁达大度，宽仁爱民，受唐敕命，为节度使太尉。自握兵符以来，匡服南蛮，未尝妄杀一人，厥功懋焉！屡朝封隆爵，至昭宗乾宁四年诰封为王。秉麾仗钺，竭忠辅国，吉、赣二路，民赖以安。复敕建郁孤台，受禄万钟，功名富贵，显赫当时。公殁，士民慕之，立祠祀之，饮食必祭。清音卢氏族姓繁盛者，实皆公之苗裔也。

祀公有祠，水旱疫疾，凡有求祷，必感应焉。前辈欲新公庙，未果。景泰辛未，公之嗣孙彦伦等暨里之善士和议，曰："近年四境多难，惟吾一方，独无疾疫，雨旸时若者，岂非太尉公神相之欤？宜新厥祠，以扬神休，以彰神德。"于是询谋佥同，卜择辛未十二月之吉，爰鸠匠师之精，聿兴鼎建之功。木石钱谷之大费用动数百计，期年而祠成。前祠两廊咸撤而新之，栋宇翚飞，高明爽垲。至是，栖神有所，祀飨得宜。世孙受广来征予文勒石，俾后之人知太尉之大勋、作祠之本末，以垂永久。

嗟夫！太尉卢公生于前朝，身都王位，手握重兵，御防奸，奠安内外，造福于民，不为浅矣。殁为明神，庙食万世，驱疾疫，卫生灵，丰功盛烈，刻于金石，耿耿不靡，实所宜也。况彦伦等以世孙之贤，又能新祠以敬祀之，其贤于人为何如哉！是用志之。

【说明】陈勉，字希进，宁都（今江西宁都县）人。永乐四年（1406）进士。历官广东副都御史、南京右都御史等。据万历《宁都县志》卷八录文。

638. 明·韩杨：城隍庙记 景泰三年壬申（1452）

国朝自洪武戊申，制令天下府州县皆立城隍庙以祀城隍之神。夫高城深隍，有神司之，赖以保障吾民而捍御灾患也。

南昌，古豫章，乃《禹贡》扬州之域，实为西江列府之望。城隍神庙在府治东北隅，为之神者，故老相传以汉颍阴侯灌公讳婴为之。按《高帝纪》，五年神以御史大夫将车骑追项籍至东城，破之，渡江破吴，遂定豫章。盖神尝有功南土，况豫章为所定之地，而旧城亦以灌为名，庙食于此，理或然也。奈何庙由前代所创，矧洪武迄今，历年滋久，风雨震凌，冰霜剥蚀，梁柱为之朽摧，瓦甓为之残缺。先此亦尝修焉，第小补治，寻复毁坏，弗足以妥灵揭虔。景泰辛未，西广苏仕宣以通判擢知府事，庙谒之际，顾瞻咨嗟，乃捐赀为倡，夙夜经画，亟欲新之。邦人素蒙神惠，咸乐趋助。木瓦鳞集，斤斧猥兴，工善吏勤，不烦程督。始事于景泰辛未之春，告成于明年壬申之夏，上栋下宇，前殿后寝，罔不完美。吁！官民一心，说而不知劳也；神人一理，感而有其应也。庙貌既新之后，千里和平，四境宁谧，八邑有丰登之庆，一方无旱涝之灾。巇巢西山，而郡城为之益高；汪洋南浦，而郡城为之益深。于以保障斯民，于以捍御灾患。匪为捍御为然，抑使郡邑之内，吏之贪酷者不得以虐于民，民之强暴者不得以戕夫众。若是，则神之为德其盛矣乎！矧神之为神，忠贯古今，义安社稷，寔前代之英豪，载当今之祀典者乎！未几，同知府事周时雍等上思朝廷立庙祀神之重，下念前人修废举坠之劳，请文刻石以适将来。予也忝职兹土，知神之灵应为悉，且乐其庙之成也，遂书此为记，并系之以诗，俾四时享祀者祝而歌之。其辞曰：

昔称豫章兮今曰南昌，洪都新府兮江右名邦。其高为城兮其深为隍，既固且深兮如金如汤。神能主之兮奠此一方，御灾捍患兮时雨时旸。家家耕凿兮户户蚕桑，黎民安乐兮饱食暖裳。皆神之惠兮人其敢忘？岁时享祀兮国典有常。瞻之如在兮望之洋洋，神之赐福兮悠久无疆。

【说明】韩杨，生平不详，府志载其曾任按察司副使之职。据万历《新修南昌府志》卷二八录文。

639. 明·杨崇：重修朝元宫记　景泰五年甲戌（1454）

武宁县治东距三百步许，有老氏之居，名朝元宫，又名下清观。其创置颠末，无文字可稽，或唐或宋，未可知也。元季兵燹，道流散去。国朝正统间，县丞殷君景暹，以每岁遇祝圣寿既就县厅行礼，而前期习仪复于是焉，近于不严，非两京与他州县制，期得僧舍道院之雄丽显敞者为之。邑之人咸谓县唯朝元为近治，基宇犹有存者，俟其植之。君乃廉得玉台观方士王凌碧，奏给道牒，俾任起废。凌碧至，遍叩邑之富室，得工材之费若干缗，殷君助之若干缗。居亡何，殷君物故，何君清继之，其志如殷。由是梓人甓工，并手偕作，殿廊楼阁，次第俱成，金碧丹垩，焕然一新。实落成于景泰四年正月也。一日，凌碧介其徒吴新立、徐希仙羽衣翩跹，款门乞记。

呜呼！余不妄，而于此则有可言者。天下之事，若不必于有而实不可以尽无，若少近于损而卒能至于大就者，君子固在所与也。今老氏甍栋，跨名山，蟠胜地，指不胜屈。彼朝元者似不必屑屑然矣，而朝贺大礼于此行焉，否则有未□焉。土木之兴，虽不免乎蠹财，然而敛之于众者甚微焉，而萃以成之者甚巨焉。则夫殷之倡，何之和，与夫凌碧之能充厥任、不负举主者，固自有可书哉。殷君乌程人，何君彰明人，其于兹役也，挈其领。余如知县马君荣、张君臻，主簿吴君子谋，教谕王君金渊，训导李君泉、卜君溥，义民徐仲器氏，皆尝有力焉，故并记之。时景泰五年岁舍甲戌秋七月上□记。

【说明】杨崇，字尚贤，丰城（今江西丰城市）人。景泰元年（1450）举人。曾官永州知府等。据雍正《武宁县志》卷七录文。参见乾隆二十年《武宁县志》卷二三、乾隆四十七年《武宁县志》卷二四、同治《武宁县志》卷三〇。按，各志所载，文字有较大出入，如“下清观”一作“上清观”。

640. 明·佚名：周宽与田氏地券　景泰五年甲戌（1454）

据祖贯北京顺天府通州武清县灰埚口社人氏，见任淮府仪司仪卫正，今寓江西饶州府鄱阳县南隅延宾坊下棚巷居，奉道孝孙信官周源等，伏为祖考武德将军周宽，神主存日，享年八十一岁，原命前辛丑年十月二十四日未时受生，大限于正统辛酉年三月初三日戌时身故。再为祖妣赠宜人田氏妙贞，香魂存日，享年六十九岁，原命前丁未年六月二十日辰时受生，大限于宣德乙卯年三月初三日子时，在广东韶州府曲江县东门里拔萃坊身故，焚化停寄于妙果寺至今，理宜投请安葬。据词得此，谨依先天地理阴阳诸书，择选年庚山向，大利代迁。用价银六两买到鄱阳县东北关后山坠芝山寺山园地一大段，坐落寺前西边山脚下。东至高堑，南至土井相并，西至山脚堑路，北至本寺园地，四界分明，凭中人交足，从便迁葬。仰寺坛土地龙神，毋得阻截地脉。其地坎艮山行龙，乃是麒麟狮子大座之地；震甲山庚向，合得水星来到星金之穴。阳山阳向，午水来潮。上金星作案，左青龙回顾。叠叠高峰，挂榜御街，水流辛戌，荫益五万年，家道兴隆。亥子寅辰年月，主生贵子，加升官职，世代延洪。自葬之后，仰烦东岳城隍，本境里社土地长，风水龙神，毋得阻当穴道等因。如有此等，仰周宽、田氏妙贞宜人一同执此地契碑牌，径赴三天门下陈告，依女青天律施行。须至出给者，右给付武德将军周宽、赠宜人田氏妙贞神主。准此。

大明景泰五年四月二十八日，孝孙信官周源。

先天出卖地人：白鹤大仙人；先天引见人：东王公；先天依□代书人：西王母。

先天太上敕旨：今日今时，情愿领地价，龙神守穴，土地领见，钱六千贯，交足无欠。

神霄玉府上卿、掌雷霆省府院便宜事曾道兴押。

【说明】券石1988年出土于鄱阳县，现存于县博物馆。青石材质。直行，24行，额篆“先天一炁雷府”六字。据《江西出土墓志选编》录文。

641. 明·萧维祯：重修徊仙观记 景泰七年丙子（1456）

吾家庐陵之曲山，南行五里许，有观曰徊仙。相传其地旧有豫章，大可十围，晋元康中，王、郭二仙烧丹其下，迭显灵异。至五代晋开运间，道士戴玉成即其遗胜创为观。元季兵燹，仅存其基。明初，道士刘天祐经理修建，岁久弊坏，渐失其旧。道士吴环朏慨然以兴复为己任，其徒属鸠工庀材，首事泰清阁，次三皇殿，次三清殿，而讫工于三门。梁栋榱桷，易其朽腐，覆甃墁绘，更致完美。自正统己未春，越十有七年，景泰乙亥冬告成。盖环朏不须外助，维节其冗费，制其稍余，一待己赀，循序为功，未尝一毫干人，故就绪之难，迟久如此。今年秋，环朏不远数千里领徒孙萧德崇谒南台，请予记，将归勒石。

於乎！环朏之用心亦勤矣哉！而其徒更足以维持之。予观今之道士，挟修造之名，四出题疏干谒，往往匿所得以济其私，能归众惟事之趋者几？安望其割己之长物哉？惟环朏挺出常流，廉守教规，岂非修行中之贤者乎？予学孔子者也，然老怀乡土，徊仙之胜概不能离去心目间，因述其故与环朏用心之勤，俾来者有所考。

【说明】据民国《庐陵县志》卷一七载：“萧维祯，曲山人。宣德庚戌进士，授刑部主事。历郎中、大理寺丞。正统己巳，从驾北征，升大理寺少卿。

寻升大理寺卿，转南京都察院副都御史。迁刑部尚书，寻转兵部尚书。景泰间，加太子少保，升左都御史。为法官数十年，练达事理，老于断案，诸法吏皆敬惮之。”据乾隆四十六年《庐陵县志》卷四二录文。参见康熙二十八年《庐陵县志》卷一三（文字略有不同）、道光《庐陵县志》卷三九、民国《庐陵县志》卷一三下。按，“徊仙”又作“回仙”。

642. 明·佚名：三清宫记　景泰七年丙子（1456）

（三清宫）在本都，地名少华山，土壤接玉山界。昔吴葛仙公、李尚书、李仙姑炼丹飞升登真之所。凡遇祈弭雨旸，无不显感。乾道庚寅岁，远祖二十八致敬翁讳霖，捐资营建殿宇，因世乱荒芜。至明景泰丙子岁，本族永禖乐善好施，偕弟永羽、永优同族中长者景阳等重整基址，起建宫殿并后阁、两廊、门牌额、膳堂、斋舍、卧房及圣像等项，一新完美。特书以记始末，仍勉后昆遇捐，宜体继葺。

【说明】据黄上祈著《三清山道教文化考略》（江西人民出版社2006年版）录文，标点、个别文字有改动。文中“三清宫”三字为整理者据文意所加。

643. 明·康庄：宁都县城隍庙记　天顺二年戊寅（1458）

赣之宁都城隍庙，去县治西百步。肇建于洪武之初，其地周回八十丈，中为正殿，后为寝殿，左右廊庑各七间，仪门在正殿前，大门又前于仪门。岁久塑像剥落，殿宇朽坏，间有修葺者，不甚坚固。天顺二年春三月十有三日，洛阳白侯良辅以进士御史来尹是邑。明日谒神，以为观瞻弗称，尊敬不至，顾谓义官杨汝器曰：“汝能修乎?”汝器唯唯。于是鸠工匠，运木石，塑像剥落者重塑之，圬土不者易新之，求修葺者修葺之。以诰封有“鉴察”二字，则立门横街，以金字揭之。经始于是年夏五月二十八日，落成于秋九月初十日，费白金百余两。既而王睹其庙之改观，乃伐石欲纪修葺之功。适予至其邑，汝器以记为请。

惟天子为百神万姓之主，古昔帝王为治，必先之二者。然神不能以遍祀，民不能以遍治，故祀之司。又必敬为之本，则神享而民治。我祖高皇帝临御之初，首先诰封宁都城隍之神曰“鉴察显佑伯”，司于我民，鉴于邑政，其即纪礼者所谓民命以为黔首则百众以畏、万民以服之意欤？白侯临政以来，存心行事，对越神明，实无所愧。故言出其口，而汝器即唯而修葺者，以其大夫敬有以感之也。白侯所谓贤有司矣。今兹庙貌翼翼，以安城隍之神，而享祀事之典。宁都之民尽体侯心以敬为事，则神必佑于冥冥之中。濯濯厥灵，司民而鉴邑，福善而祸淫，无水旱疵疠之灾，有民康物阜之庆，乃所谓黔首，则百众而皆畏，万民皆服之，城隍之神享祀典于无疆矣。庸书以为记。

【说明】康庄，吉水（今江西吉水县）人。历官大理寺卿等。据道光《宁都直隶州志》卷三一录文。

644. 明·金铣：圣塘江公祠记　天顺四年庚辰（1460）

天顺戊寅夏四月，予始视广信府事。是月旱，郡老相率走告于大守曰：“信僻在东南，地不中和，岁不旱则涝。《图经》称土瘠民贫，其有以夫。然而民之所恃以养者，有土神焉，曰雷霆雨部驱龙黑面都元帅江公者，讳显，字则灵，以宋大观四年庚寅五月七日生。自幼不类，长恶女色，绝荤茹。暑日阴云护，降雨不张盖。居之南有山曰湖古巅，有龙池。公生年二十有四，是为绍兴癸丑之岁，道成易肉于池。未几，发祥于闽之浦城，有匠求其骨和以香土，塑肖其容，俨然如生。于兹三百四十有余载矣。信水旱螟疫，靡不祷于神，祷辄响答。前大守四明姚公著其绩以闻，赐建庙宇，春秋有祭，封号如故。今其庙去郡百二十里而近，公以礼往迎之，祷必有征焉。”予慨然叹曰：“《周礼》：水旱必索鬼神。《云汉》诗曰：‘靡神不举。’况圣天子锡以徽号、庙食百世者乎？”乃遣人迎之至斋祝，信宿果雨。越明年己卯，郡再旱。神先降于山，与使偕至，寓城南之普庵堂。凡两越月，雨旸时若，农功告毕始归。今年庚辰，旱如昔。予致词遥祝于神，五月雨，六月又雨。上饶令王谊砻石为碑，率其僚属乡老拜于大守之庭，固请书其事。

噫！雷无形也，及云肤寸而起、震惊百里者，依云而发，以类相感也。神无体也，叩之而辄应者，以吾之精神诚一，交孚吻合，故神依吾之神而感应焉。所谓有其诚则有其神，所谓精明之至也，然后可以交于神也。虽然，民之属望于公者如此，国家之封食于公者如此，神之克庥于人者如此，而其所以报乎国家者又如此，予何惜一言哉？因书此以归，俾刻诸石，以大振显江公之威之德之灵。且俾凡有祷于公者，知以诚敬为本云。

【说明】据宣统续纂《山阳县志》（民国十年刻本）载，金铣字宗润，号省庵。正统辛酉（1441）举人。天顺间任广信郡守。上饶郡志、县志均载其“廉干有异政”。据同治《贵溪县志》卷十之一录文。

645. 明·李贤：重新许真君神像记

天顺七年癸未（1463）

伟哉！真君之为人也，异于天下之士矣。夫天下之士，为儒者不复留意于仙术，为仙者不必允蹈乎儒行，以其道之不同故也。若真君，博通经史，待聘而仕，是乃儒者之行也；传授秘法，飞步而游，是乃仙人之术也。然则真君兼得儒仙之道如此，岂徒然哉？盖一念之诚，惟在济人除患而已。济人之德著于为令之时，如点砾为金以助贫乏，置符于水以愈疾病之类是已；除患之功显于为仙之日，如斩蛟诛蟒，馘除殃害，出泉立靖以安生灵之类是已。蜀人仰之，为立生祠，至有从之而不舍者，以真君济人之德厚也；羽士慕之而愿学焉，而有随之而飞升者，以真君除患之功大也。其所居之乡若南昌者，铁柱之迹尤伟。假使真君止为县令，虽不失为循吏，其名未必若是之显；止学仙之道而不先为县令，又何以见心之仁耶？惟其兼得儒仙之道而功德迥出乎寻常，所以见重于天下后世也。

是方藩臬诸君走书告予曰：“豫章铁柱延真宫，乃供奉晋旌阳令许真君之所也。历年既久，像貌剥落，盖以木刻之制、埏植之功弗坚故也。兹者镇守太监叶公及我官僚睹其像貌如此，欲为坚久之计，遂各捐俸资，以铜铸之。由是容服辉煌，俨然如有生气，庶不负朝廷赐享之盛意。愿乞为文以记之。”余惟祭法曰：能御大灾则祀之，能捍大患则祀之。真君于大灾大患悉能御之捍之矣，其祀之也不亦宜乎？今又一新其像，吾知真君在天之灵得以享国家无穷之祀，而庇境安民于冥冥之中，亦必悠久而不替矣。是为记。

天顺七年岁次癸未春二月吉，资政大夫、太子少保、吏部尚书兼翰林院学士南阳李贤撰。

【说明】李贤（1409～1467），字原德，南阳（今河南邓州）人。宣德八年（1433）进士。历官户部侍郎、翰林学士、吏部尚书等。有《鉴古录》《古穰集》等。据乾隆本《万寿宫志》卷一五录文。参见光绪本《万寿宫通志》卷一五、整理本《黄堂隆道宫志》卷一一、整理本《万寿宫通志》卷一五、《净明资料新编》。按，“余惟祭法”原作“余推祭法”，应有误，故改。

646. 明·姚林：重修南康城隍庙记

天顺七年癸未（1463）

《周易》载“城复于隍”，则城隍之号始此。夫高城深池，所以卫民也，而神实司之。凡天下郡邑守土者，皆得为庙以尸神焉。南康城隍庙旧建于郡治谯楼东百步许，元至正壬辰兵燹，明洪武三年郡守孟侯钦迁建于郡治东南一里许，今庙是也。时天下甫定，疮痍之民甫起，而庙制未遑宏丽，迄今垂九十稔，风雨侵寻，日就倾圮。前之官于此者，虽时加修葺，率仍旧规。天顺庚辰，西蜀彰明雍公浩，由大理寺评事出守是邦，谒庙日顾瞻颓敝狭隘，叹曰：“事神治民，为政之务也。今幸际我圣天子在御，为天下神民之主，四海承平，百灵效职。凡在祀典之神，尤当注意，而庙制卑陋若此，责其在余。”然不欲以是勤民也，乃命耆老陈瑛募民之好义者，若建昌义官杨素观、杨观察，都昌义官徐希通、谢叔权等，各出金帛有差。于是岁九月十日经始，量财计工，度地相宜。首建正殿八楹，高明爽垲。司狱卢思聪继出赀像其中，翊以侍卫。直后穿廊寝殿，惟承旧而加修饰焉。栋宇飞翚，金碧交映，诚足以尸神而严其祀也。二守浙之山阴沈公肃、推官西蜀叙州蔡君韶，协议捐俸，因宜敛材，后建仪门八楹，左右列祠十有四楹，环拱内向，有翼有严。总命耆老官琇、梁冲、黄总、何源董其役，隅奥阔深，周阿崇穹，藻绘丹青，文不胜质，视昔盖倍蓰矣。是役也，工罔愆其素，民不知其扰，阅癸未五月始落成焉。郡之诸公佥嘱记刻石，以垂永久，林不敢以固陋辞。

盖闻有功于民则祀之，此古祭法六祀之一也。神之绥庇一方，功烈在民，其血食斯土也固宜。而诸公先后一心，又能崇大庙貌于颓敝之时，谓非政之所当务者乎？即其事神如此，其治民可知矣。继自今神享孔嘉，阴佑默相，以致年谷丰登，民物康乂，吾兹卜哉。因摭始末为记。凡役是役之姓氏，悉载诸碑阴。复制迎神送神歌，俾民岁时歌之以乐神云。其歌曰：

箫鼓兮维蕤，旌盖兮如云。神之来兮倏忽，民望神兮欣欣。神降灵皋兮慰斯郡，左驺右从兮扬清芬。停骖驻节兮如在，焄蒿凄怆兮若闻。欣欣兮伐鼓，扬扬兮合舞。神之享兮克诚，水陆杂兮麟之脯。三进爵兮酌醍醐，乐再奏兮协宫羽。神欢悦兮著灵，俨肸蠁兮斯普。黍稷兮既尝，式荐兮苾芳。神受享兮回驭，民仰神兮曷忘？福吾民兮庆源长，五风十雨兮均下方。庙孔硕兮储祥，神永世兮南康。

【说明】姚林，生平不详。据同治《南康府志》卷七录文。

647. 明·孙原贞：铁柱延真宫许真君铜像记

天顺八年甲申（1464）

都仙许真君从儒入道，得以传教法，为民御不测之灾、捍将来之患，成功济世，遗德保民，至于今而人心不忘，此祠所由建而像所由设也。按道书，真君名逊，字敬之，其先居许昌。父肃，汉末避地南迁，至豫章而家焉。吴赤乌二年，真君生，自少秀敏。及就学，淹贯经史，涉猎子集，象纬律历，靡不习知，阴符道经，尤嗜参究。始从吴猛，得授神方。晋太康初，应聘而起，出宰旌阳，严明以驭吏，忠孝以教民，点石化金以输民逋租，符水神方以救民疾疫。吏民咸悦，形诸歌谣。乃辞禄而归，问道于谌母，得孝道明王之秘法；证道于帝君，得净明忠孝之大教。是以道术高妙，学者宗之。捕巨蛇于山穴以诛之，追老蛟于江湖以戮之，其遗类未歼，铸铁以镇之。于是环千数百里之地无妖毒之灾，居数万家之民无昏垫之患，得耕凿之利，遂生息之乐。其功德之懋且久如此，故自唐宋以来，建祠于铁柱之西而设像其中，宫之道流，邦之人士，敬祀唯谨。

正统初，因守臣言，皇上命礼官具祝册，每岁春秋备牲牢，方岳重臣主祀，斯定制也。今钦差太监叶公达镇守于兹，监察御史刘公敬、吕公洪、苏公燮、陆公平按治于兹，暨兹方岳群公，钦承纶命，罔不遵崇。见旧塑像弗称，谋铸铜像，各出俸赀，命副道纪刘一真募诸士夫长者，皆欣欣乐助，聚铜至万余斤。召巧冶铸真像，其形俨然，其神超然，形神俱妙，妙合自然。属记于余。

余惟蛟乃龙属，或水而潜，或陆而见，或变而为人，或化而为异物，非智虑可除，非威力可制。真君用剑诛之，铁柱镇之，非常情可测。曾有州牧严譔弗信，令人发掘铁柱，俄有风雷之变，譔惊谢乃止。殊不知上古有豢龙氏、御龙氏、屠龙者，然必有豢之、御之、屠之之法，而世莫传焉。蛟为民患，宜真君诛之镇之，岂得其术哉？抑闻东方青龙之神，属木，木忌金克，昔有铸铁牛以镇水族之怪者。真君铸铁柱，镇之于兹。铸二铁符，一镇之于鄱阳湖口，一镇之于庐陵元潭，由是水患以息。其济世保民之功于斯为大，宜朝廷制祀以报之，官民立祠肖像以奉之，于斯万年也。

天顺八年甲申春二月朔，资政大夫、兵部尚书德兴孙原贞撰。

【说明】孙原贞（1388～1474），名瑀，以字行，德兴（今江西德兴市）人。永乐十三年（1415）进士。累官至兵部左侍郎、兵部尚书。有《岁寒集》。据嘉靖七年《岁寒集》卷上录文，文字据别本有改动。参见乾隆本《万寿宫志》卷一五、光绪本《万寿宫通志》卷一五、整理本《万寿宫通志》卷一五、《净明资料新编》。文中记述了天顺八年许真君神像铸造情况及铁柱万寿宫祭祀制度，是研究道教与地方祭祀之珍贵资料。按，作者一作

"孙原真"，题为"铜像记"。

648. 明·何乔新：城隍庙记 成化二年丙戌（1466）

天下郡邑通得祀者，惟城隍之神惟然。盖筑土为城，凿土为隍，凡以为民之卫也。高城浚隍，固风雨，捍寇攘，必有司之者。察民淑慝而祸福之，非妙万物而神者欤？

建昌城隍，《盱江志》谓其神乃汉颍阴侯灌婴。考之于史，侯起布衣，佐高皇帝定天下。垓下之战，蹙项羽东城而追之，遂渡江平吴，定豫章诸郡。凡大江之西，皆侯提戈斩级所立功处。生为元功，没为明神，其功大者则司此城隍而庙食无穷者，非侯其谁哉？庙旧在郡之西北。宋绍定四年，回禄煽孽，郡人聂子述始迁于城南通会门内太平寺之故基。元至正壬辰，为郡寇所毁。明洪武十年，知府王偁重建，自堂徂基，罔不毕备。永乐二年，知府潘荣仲因其旧而修之。迨今八十余年，栋楹榱棁，渐以腐折，瓴甓丹垩，日滋刓泐。成化二年，郡守谢仲仁谓庙宇倾陊，不足以妥灵。将事，爰咨郡僚下暨有众，相与捐金楮，市木石，鸠工徒，撤而新之。易腐折为坚良，革刓泐为端洁，若堂若庑，若左右司及三门，凡为屋二十间，崇广得宜，文质中度。又抟土以肖神像，琢石以为坐。别创虚白堂院，使守庙道士居之。肇事于是岁夏四月，至冬十一月乃讫工焉。侯则征羊豕，率僚属，告成于神。阖境民庶，聚观赞颂。凡旱涝之变、疫痢之兴，必祈焉报焉禬焉。将祀益虔，灵贶斯答，物不疵厉，岁累登丰。侯乃具庙之本末，遣耆民胡以荣属予记之。

予以为守土之职，神人具依。侯自下车以来，留心庶政，民既大和，又饰兹神宇，用妥其灵，所谓惠于神人，罔怨罔恫，其古恺悌君子者欤？乃作迎享送神之诗遗之，使并刻于丽神之碑，岁时荐献，工祝歌之，以侑牲醴焉。是役也，赞其成者同知萧允恭、通判苏浩、推官张安，董其役者府吏裘献、耆民陶益祖、胡以恭也。其诗曰：

神之来兮泠然以风，绛旑旖旎兮驻斯宫。眷威灵兮有赫，孚佑我民兮无穷。牲腯焉酒馨，鼓坎坎兮瑶瑟和鸣。神之所享兮在寅清，我之将事兮敢弗齐？明神既享兮犀迟，风马云车兮倏何之？姑山之巅兮盱水之湄，俨神驭兮娭嬉。神不我顾兮我心悲，家有鸡豚兮野有秔稌。神惠我民兮俾蕃以庶，驱厉鬼兮锡我纯嘏。春祈兮秋报，岁复岁兮敢忘神佑！

【说明】何乔新（1427～1502），字廷秀，号椒邱，广昌（今江西广昌县）人。景泰五年（1454）进士。累官至湖广右布政使、刑部尚书。有《椒邱文集》等。据同治《南城县志》卷九之三录文。参见康熙十九年《南城县志》卷一二、乾隆十七年《南城县志》卷九。

649. 明·赵敌：葛仙山飞升台记　成化五年己丑（1469）

铅邑西去五十里许，有葛仙山。自麓而升几二十里，达其巅，形势奇秀峻绝，玉笋瑶篸，旁列无际，林木蓊郁，云雾迷蒙。泉流之声如怒雷冲激，涵云注玉，穿岩越壑，为铅山第一胜境，与池之九华，歙之黄山，括之仙都，温之雁荡，夔之巫峡，皆同谓天下所珍重者。汉葛仙翁道成飞升于此，因名焉。

按仙翁讳玄，字孝先，姓葛氏。其先琅琊人，后汉骠骑将军僮侯庐让国与弟艾，遂南游江左，逍遥丘壑。适丹阳句容，见其山水秀丽，因居焉。祖矩，安平太守、黄门郎。父讳正儒，历主簿、山阴令、散骑常侍、大尚书。仙翁生于汉延熹七年甲辰四月八日，自幼秀颖振发，坟典不学而知。居常安闲淡泊，内足无求。年十五六，名振江左。遁迹灵岳，遐求异人，乃著羽服入赤城山，精思念道，常服芝饵术，能绝谷不饥。恒周旋括苍、南岳、罗浮、金清、玉笥、盖竹、天台、阆风诸山。时还京邑。汉光和二年正月朔，仙翁于天台上虞山得遇真人，授以炼气保形之术，行之三年，化遁无方，后驰涉此山。赤乌七年甲子八月十五日平旦上升，时年八十一矣。考之其详，躬往谒之，见道左有上马石、试剑石，东有飞升台之所，深岩穷谷，为草木所塞。归与郡守王翰及守御千户孙鹏图之，构一亭，其匾曰“飞升”，下立一石门，题曰“飞升台”。落成，征予文记之。

成化五年六月望日立。

【说明】赵敔（1427～?），字叔成，武进（今江苏常州武进区）人。景泰五年（1454）进士。曾官江西按察使。碑佚，1999年重立。方首方趺，有基座，高0.5米，碑身高1.44米，宽0.8米。直行，15行，行17～30字，楷书。据碑录文。碑拓片见《葛仙山碑林书法作品集》（上海书画出版社2001年版）。参见同治《铅山县志》卷三、《葛仙山志》（宗教文化出版社2001年版）。

650. 明·佚名：天华万寿宫管业碑记

成化八年壬辰（1472）

天岳山天华万寿宫创始于元大德四年。住山蓝贵华等化缘吉水县东厢陈东轩，界定可立永舍左畔边山二顷：东至五雷闪电山坑，直至乌石下；西至仙坛座；南至五十都分水埈脊过埈山一截；北至观音坑水圳，直下仙坛右畔山，广十里，为阎氏刺史业，孙弘毅立有碑铭。皇明洪武初，坝坛上萧伸明、庄上彭以顺，又共舍南边老虎岩畔山一片，计三埈，至坑心。成化八年三月，又买到大洲胡崇典山。合上二，面对仙坛，将军山半山，玄坛庙一所，前山一片，庙后山一片，坑内田一所，该民粮一斗，官俱载古砧基簿，以凭掌管，永充香油之用。其三真铜像，中位一百一十五斤，左位九十五斤，右位九十五斤，乃宣德五年大洲千户敏同黄齐亨劝缘刘惟经、侄刘澄等所舍也。

【说明】碑现存于吉水县天玉山。红石材质，高1.02米，宽0.65米。据《庐陵古碑录》录文，标点有改动。

651. 明·陈其选：重葺天华万寿宫记

成化八年壬辰（1472）

通奉大夫、吏部左侍郎、前都察院右副都御史泰和陈其选撰；文林郎、云南等处提刑按察司经历泰和姚翰书并篆；通议大夫、南京户部右侍郎、前通政司左通政泰和萧□□书丹。

吉郡城之东半舍许，有山隆然而起，瞰大江，阴隐日月而摩霄汉，洞岩峻峭，踞虎豹而憩莺眉，为郡邑山之冠者，曰天岳。其山秀拔，类池阳之九华、匡庐之五老。人亦以山巅玄坛求嗣灵异，祷雨利泽民物，因其传汉浮丘伯与其徒王、郭二子尝寓山修炼，俱以仙去，由是山益显。唐贞元中，吉州刺史阎侯寀慕浮丘之炼，退隐于此，亦以仙逝。延祐三年，侯诸孙弘发由知者荐引，受儒学副提举。厌烦思静，慕先祖之风，弃职驰修，即其故地建殿庭门庑，合浮丘伯师徒与葬而祀焉。又割田招数有道之士同修。明年，郡人曾编修槃申请于玄教宗师，命为天华观。至顺元年升为宫。明年，三十九代张真人实莅其地，改为天华万寿宫。内阁学士揭文安公为文记之，备载其灵显之异。郡中凡祷雨祛疾，凡求嗣继者，不分老倪贵贱，无不鱼贯跻攀而登之，灵于无虚日。久之，世运推移，气化更改，而遭元季兵燹之祸，基垣瓦砾，芜没矣。

逮至大明洪武之初，淳风复古，偃武修文，生民富庶。是时道士江维岳、胡原果剘除榛秽，拓基营勘，图复旧规。绍而成之者，有陈济永、袁思聪、阳道昌、刘颐、刘炫通也。宣德己酉，遭厄于火。而振文辈也躬瘁神，以兴复为己任，遍叩四方好善之士，而皆慷慨。更得俊杰夏君子勉为倡，独捐白金百两有奇，建立正殿。经始于宣德庚戌十月，同一载而毕工。继而道流刘颐辈化缘敛金，修葺皇殿。余皆思以报本，各发诚心，出己赀，若夏玄道之造三官殿、真武阁，戴情愫之造祈和殿，阳道昌之构观音阁是已。第基虽妥，不免风雨侵蚀之患。情愫乃与李大林、张大安等佥谋市材陶砖，于殿宇之稍入于弊者则亟葺之，神之图像，涂丹绘饰。复建之功，于是而有继矣，但未有记之者。间因余侄婿王稠祷嗣于山，感神之贶，并述始末，走书求记于予，将买石刻之酬神。王稠，前少傅冢宰、赠太保王文端公之子，予则公之门生，况又世联姻好，未敢以不文辞。

於戏！名山大川能兴风云致雷雨者，虽守土之侯伯、被泽之民黎犹思祀也，而况能祛灾弥患、锡嗣赐福之神者乎？若阎侯者，要必有仙风道骨，即不待用窥之明而保身远喧嚣者。其退隐之时，适运也。宰相卢杞奸邪用事，叛乱相继，一旦倏然暴浮止之风屣，脱贵富而运僭也，非能与阎侯识相伯仲也。然三四百年之间民获神侑，求贤子孙得嗣以事，复划良壤以廪方外之士，俾以崇奉玄教而作兴神灵，神民得共享于悠久也。

宫之建，始于元仁宗延祐三年，距今一百五十七年，屡圮而人屡新之。此皆浮丘诸仙及阁侯传为流揄，才赫然为人弥灾患、锡祚胤而致此。然则王桐乏嗣祷于神，而神之有以答其求也。盖记述如右，若灵异实此，则并载之碑阴，使有所考也。

明成化八年岁次壬辰春正月既望。

【说明】 陈其选，泰和（今江西泰和县）人，曾官吏部左侍郎、都察院右副都御史。碑现存于吉水县天玉山，红石材质，高 1.02 米，宽 0.65 米。据《庐陵古碑录》录文，标点、文字有改动，如“阁侯密”应为“阁侯宷”，“庚戊”应为“庚戌”，“俭谋”应为“佥谋”等。按，文意时有不畅，疑刻写或抄录时文字有误。

652. 明 · 章廷圭：重修江东庙记　成化十年甲午（1474）

成化壬辰十月癸未，予奉命尹兹邑。视篆越三日，例谒境土神。邑南西百步许有江东王庙，建自元至正，迄今垂二百年，倾圮甚矣。窃以朝廷设官，以敬神恤民为职，神弗敬，民将焉恤？今庙貌颓弛，风雨不蔽，神虽在天，吾有司何职耶？汝众独无同我心者？时王叔连氏唯唯，无吝色，捐重赀以倡诸首，闻风而乐助者以次而集。乃命道士萧玉韶职厥事，老人胡克让董厥工，兴于癸巳八月己未，迄于甲午三月庚寅落成。前后宫殿一新，周匝结以砖石，计其费总白金七镒有奇。祠宇既新，装饰丹雘。有罗彦渊甃砌堂陛，有阳仲昱、陈纲维独增其步廊，胡克珣、阳仲曦又架其海顶，木石良固，丹青辉映，殆非前造者比。工毕，咸请记。

予惟王之出处感应之迹，翰林学士宋公濂记之详矣，毋容赘。其于人之所以敬神，神之所以福人，此感彼应，一自然之理也。《易》曰：“寂然不动，感而遂通。”矧王迹于斯，庙于斯，环宇内皆被其福，岂无福于斯乎？吾民无惑焉。因书乐助姓名于后方，以为后之为善者劝。抑亦后之稽古者，于兴废之故有所征焉。

【说明】章廷圭，字文瑞，石埭（今安徽石台县）人。成化间知兴国县，以兴学务农为首务，有政绩。后迁赣州同知。据同治《兴国县志》卷三九录文。参见康熙五十年《潋水志林》卷二〇、同治《赣州府志》卷一三。

653. 明·蒋铭：重修南安府城隍庙记

成化十年甲午（1474）

尝谓明则有礼乐，幽则有鬼神。故先王制，凡有功于民则祀之。况城隍主宰一郡，载在祀典，昭昭感通之理者乎？南安居江西上流，府治有城，城隍有庙，居管界都登瀛坊之前街，建于洪武二年，制度规模与府治等。历岁既久，风雨漂摇。成化癸巳连值水患，门墙坍塌，廊庑倾欹。太守姚侯旭、二守施侯奎周视徘徊，且慨且叹，以为事神治民，政化之首，乃各捐赀为倡。推官张侯志继至，克相成之。乃命耆老何谦、梁俊等兼督其事，各抽己财为首。斋人文静庵化缘境内，善士量力出办有差。市材于赣城，伐石于游仙，经始于是岁之秋，讫工于次年之冬。朽者易之，欹者正之，绘画、圬镘、甃砌各得其宜。由是正厅后堂，弘敞壮丽，门台两庑，以次坚完，栖神座位前琢磨莹石，构以檀□，装严成就，有光于前。钟鼓供器，则增大样范，壮观声光，整饬一新。供用全美，百废具兴，而观瞻称情矣。遇岁旱，则祈神转达天府而雨应；遇虎患，则告神祛之而患息；民有疾疫，欲知吉凶，则祈签以报，其应如响。乡耆历言其详，属予记以勒坚珉。

予惟鬼神为德之盛，载之于经，以其监观于冥冥之中，善恶之报，祸福之基，不爽也。然赫厥声以照其感通，则人崇庙祀以妥其威灵者，非过也，宜也。阴阳表里，厥征显然。于是述其始末兴废之由于前，而凡出力以助成其事者，则俾次第其名于碑阴，用昭于永久。是为记。

【说明】据嘉靖《南安府志》卷三一载，蒋铭字公杞，大庾人。宣德八年（1433）进士，授南京工部虞衡主事，升验封郎中，谦恭有守。后升云南征江知府，清介不阿，民不忍欺。比致仕，尤以风节自持，非公事足迹不及公门。据前志卷一一录文。

654. 明·罗伦：罗浮庵记 成化十四年戊戌（1478）

伦自幼则闻玉笥之胜，欲一往而不可得。一日梦游焉，至山门，榜曰“法乐洞天”，流水萦带，群峰玉立。童子出迎，延入庵中。道士睡方起，良久谓曰：“若所游者梦耶?”予瞿然曰：“是。”“若之梦真耶?”“余今之来者，直真游矣。若乃指实为妄，是若之梦未觉耶？何若语之魇也?”道士笑曰：“东海之东，南海之南，西海之西，北海之北，上自无始，下至无极，皆梦境也。伏羲九籧，神农轩皞，熙穆无为。尧舜禅让，汤武放伐，刘项争雄，君者吾不知其为君，牧者吾不知其为牧，百世一梦也；朝菌不知晦朔，旦夕一梦也；蟪蛄不知春秋，时月一梦也。上古大椿以八千岁为春秋，八千岁一梦也。前混沌死，后混沌生，天地以十二万九千六百年为死生，十二万九千六百年一梦也。庄子曰：‘方其梦也，不知其梦也。觉而后知其梦也。’若梦犹未觉耶？若谓予梦，梦也；谓若梦，亦梦也；予与若皆梦也。若见卢生乎？方其适也，知其适而已，不知其为梦也。及其欠伸而寤也，适安在哉？若起草莱，登金门，步玉堂，名震天下。不三月而南窜荒徼，然后去袍笏而蓑笠，远城阙而山林。视昔之有，其梦也耶？其非梦也耶？乃不悟此游之非梦，非固耶?”予方谢道士，道士辞去，蹶然而兴，曰：“其真梦也!”自是往来于怀。

成化丁酉春，林缉熙自罗浮来，成真游焉。黄时宪、王忠肃、许济川自吉水至，陈符用自庐陵至。自玉峡舍舟而陆，暮抵大秀宫，宛然梦境矣。翌日，约道士徙宫于天王阁。约符用结庵于阁后最奇处，名曰“罗浮庵”，符梦也。予顾诸君曰：“是游非梦矣。”缉熙曰：“安知其非梦乎？谓为非梦，恐复为道士笑也。”明日，各下山辞去。明年，见缉熙于芗城，相与太息曰：“昨游成梦矣。”符用来告庵成，书梦语刻于庵中，庶来者知人生之所遇无非梦境也，以得丧而欣戚，何为?

【说明】罗伦（1431～1478），字彝正，别号一峰，永丰（今江西永丰县）人。成化二年（1466）廷试状元。历官翰林院修撰、南京翰林院修撰等。有《一峰集》。据整理本《玉笥实录》卷四录文。参见明嘉靖刻本《一峰集》卷五、乾隆三十三年《峡江新志》卷一一。按，题一作“云腾飚驭祠记”。

655. 明·谈纲：重建石人庙记　成化十六年庚子（1480）

灵山，信之镇也。山有峰曰石人，以形似人。三国时，胡隐君隐于此，既仙去。厥后刘、李二神人，祷之应若响。自是庙廊闾里，罔不德之。唐贞元中，庙祀峰下。逾五代，入宋灵迹懋著。宣和间，赐“鹰护”额。绍兴，封灵助威济侯，刘、李封将军。咸淳，进公进王，是为灵助威济显惠正佑王。历元，我朝称之曰石人灵峰之神，称二神如昔，春秋祀之，著在令典。然石不能自神其用，藉王神之。以惠利于国于民，显名天下，拟王是峰之神祀之，可也；世或谓石人即王，可乎？成化庚子，耆老以峰下祠倾圮告予，乃蠲庙租及劝助父老，鸠材命工，图维厥新。父老愿记岁月，乃书此当书者以破疑，他不及赘。而近世庙之废置，列诸碑阴云。

【说明】据明毛宪《毗陵人品记》载：“谈纲，字宪章，无锡人。举成化己丑进士，授南京刑部主事。出守广信，移莱州。敦尚教化，每暇辄诣学集诸生讲论经史，竟日不倦。念母春秋高，遽引疾归。凡官中外二十余年，囊无余资。性嗜书，老不释卷，所著《祠堂考》《愚虑草》，多独得之见。”据乾隆九年《上饶县志》卷一四录文。

656. 明·谈纲：石人庙行祠记　成化十六年庚子（1480）

古者诸侯祭封内山川，岂崇神事哉？盖民资水土以生，而山者土之积，川者水之聚。先王制礼祀之，正以重民事也。石人为灵山之灵峰，而灵山为信州之镇山，祀石人，所以祀邦镇也。祀典神祇，孰正于此？然昔祀峰下，礼也；后人改祀城北，以便祀事，已非旧贯；而祀于峰，又失望祀意。故予改作于此，取其与峰相应，于礼似宜，近社稷坛，于祀尤便也。虽然，神固当祀也。不知为民而惟媚于神，以求福田利益，则諂耳惑耳。不然，亦渎耳，神未必享也，安可与语先王制祀之初哉？

【说明】据乾隆九年《上饶县志》卷一四录文。参见康熙二十二年《广信郡志》卷九。

657. 明·秦夔：麻姑山观瀑亭记*

成化十八年壬寅（1482）

当麻姑绝顶，有泉自丹霞观西北来，蛇行斗折，伏流篁竹间数十里，经仙坛下与神功泉会。其流瀰瀰，不疾不徐，至三峡桥，崖谷忽破裂，其下乱石森立，泉自上堕坑谷中，下与石斗，不胜怒，则汹涌作秋涛出峡声，奔放冲突。不数百步至石梁，忽作两白龙下垂，飞雪洒洒溅人，其声清越。而天风引之，乍细乍高，若士女裂帛，明珠落盘；又若铁骑突出而刀枪戛击，响振林谷。诚山中之一伟观也。

成化辛丑，予承乏是邦。又明年，适禋祀麻姑，始获观是泉而爱焉。因命道士曰："洞渊者作亭其旁，匾曰'观瀑'。"或谓予曰："子身为二千石，莅盱甫数月，教逆未宣，泽壅不流，不思握发吐哺，以尽厥职，而惟瀑是观，殆非政之所宜。"予曰："不然。子之所谓非宜，乃予之所谓宜者也。予素愦愦，昧于临民之术。曩自尚书库部郎中出守武昌，当西南剧都，不胜簿书期会之劳，兀兀穷昼夜不息，而气烦志乱，政愈以庞。予惧夫志之烦而政之庞也，则施施焉登樊山，临夏口，眺大江之流，以荡涤其胸臆。既而洒然而归，若醉而醒，病而苏，壅者以决，滞者以通，而于政或庶几焉。今盱为江右僻郡，其政之繁，减武昌之三之二。而兹瀑之胜又有足观者，清而不污，直而不挠，体柔而用刚，可以激贪起懦，类皆有益于吾之政。夫所临者既简而所观者益胜，则兹瀑者真攻予病之万金良剂，庸可废观乎哉！"或人唯而退。遂书以为记。

【说明】秦夔（1433~1495），字廷韶、中孚，号中斋。无锡（今江苏无锡）人。天顺四年（1460）进士。历官南京兵部主事、建昌太守、江西布政使等。有《五峰遗稿》《中斋集》等。据黄氏本《麻姑山志》卷五录文。参见校注本《麻姑山志·记》。

658. 明·史临海：四十六代仙姑吴氏墓铭

成化十八年壬寅（1482）

尚宝司卿、直内阁经筵侍读广平程洛孙、嗣教大真人掌天下道教事张公元庆母仙姑停柩在堂，八年始得葬地与岁月。仙姑为衣冠大族，大父讳胜，由进士知滁县，莅事以古循吏为，终于官，民至今诵其守业。已而弃去，究性理学。倜傥尚义，寒者衣之，饥者食之，疾不能医者与之药，丧不能葬者与之费。隐有贤德，梦素娥乘白凤拥幢节来家而生仙姑，实正统四月十一日也。讳柔惠，声和气温。然殊常三岁，知止五天，宠日新屡至。体玄悟法渊默静虚阐道弘化妙应大真人、赐金印、开府妻吴氏封志顺淑静元君，妇道甚修，以贰室助中外亲故。故感曰："洞庭朱某庆门而旧，女子有淑善闻雅之德，伉俪天人也，宜哉。"媒者复曰："然。"上者贺曰："祥。"于起居节适早暮寒眠之宜与不，不少怠。事妙应大真人义以顺，相时祀则竭其诚敬，供服用则极其精致。友吴玄君媵其恩，靡不悦服。好善乐施，虽奁箧所贮，罄发无靳，州闾道内德之贤者，必仙姑是称。无何，妙应坐事二玄君宁府，卢陵郡主之子田公曰景隆，母家洪都，至是迎来，资其调护。逆境之际，事变起，仙姑揆理裁制酬七年，虽颠沛中，教之爱而严，子应感奋，进学不辍。一夕方饭，有星如弹丸盘，光芒照席，亟吞之，母语子曰："天之申佑吾宗，降此休征，汝拜觋，敬而勉之。"成化十岁，朝廷敕有司举宜袭真人者，吴玄君挟之见天子，授今官。南还，再次临清，会太玄君至自甘州，人以为孝感所致，岂偶然哉？其不幸者，未抵家先七日卒，闻者莫不叹。卒之又明年，妙应奉诏归府第完聚，而仙姑俱不见矣。呜呼！以仙姑之懿德淑行，宜齐夫寿而纳佑，宜见乎贵而受封，一而不克享期，良可慨矣。夫啬于往者必丰于来。仙姑享种其德，不获享有其羊，将见子若令子，今在垂龆，握帝之符，执帝之枢，五年四觐，玉音赐问，奏对称旨，六宫召见，锡赉烂盈。上复嘉其颖异，欲广其见闻，命中贵侍之遍观大内及二十四监，留便殿，其宠荣可谓冠绝当时矣。嗣子复于成化丁酉岁觐京，寻回，奉命赐币礼娶成国公仪之女朱氏，幸莫大焉。吉知仙姑有子如是，宜瞑目而无憾。相地者得今五日壬寅安厝大唐岭瑞庆观之西，从乾向巽，从吉兆也。铭曰：

坤德隆厚，储丰蓄富。曰含章兮，作配天人。相敬如敬，淑而良子。事姑而孝，爱子而教。门祚光含，母仪克备。妇道维懿，言行臧子。令子耀然，天田冲天。总玄嗣兮，教统有方。軿上升，瑞庆依。金屏玉几，奠玄堂方。外固内容，踞虎蟠龙。节祯祥，嗣教大。

嗣教四十七代天师孤哀子张元庆泣。

【说明】史临海，生平不详，为赐进士出身。碑存龙虎山天师府内厢房。青石材质，高 0.86 米，宽 0.49 米。据碑录文。

659. 明·桑悦：重修城隍庙记　成化十八年壬寅（1482）

天地之灵，烟旋禺荧，万有化生。其在于人，心为栖灵之所，是故触而山崩，拜而泉涌，泣而霜降，非气也，心之所射也。心之所射，谓之灵；灵之所聚，谓之神。邑有城隍，则一邑之心所射；射心重，则其聚灵也强；聚灵强则其为神也涣劭；神涣劭则其答也无言，其应响也无音。声不周而普遍，不动而运用，不宰而主张，故曰“神之格思，不可度思，矧可斁思”。先王制礼，自天子以至于庶人，祭各有所宜之神。郡州邑于城隍，必设庙以虔祀事，非以为人沐神灵而祈福祐者欤？

龙泉城隍，旧有庙在五厢内。洪武元年，邑令高德贤鼎建。景泰三年，知邑事黄中修饬。衄漏岁久，梁宇倾压，苔补丹青，尘蒙香火，意神脉脉，若有侦者。成化己丑，今南畿监察御史池阳张侯大信前宰是邑，拔邑耆宿之尤，谋新其制。民皆乐输，金成喜雨，帛无愁缕，工伸豫指，两改岁星，门庑殿宇，填填翼翼。嘉兴姜侯一臣以名进士继侯为政，又加仑奂，一楹莫蠹，三瓦不遗，神罔怨恫，阴夜淋漓，瘴解夏霜，旱进陵泉。岁事告成，邑大夫士洎小民咸若曰："神福吾民，二侯之功，不可湮没。"因求予言勒于丽牲之碑。

呜呼！明则有人，幽则有鬼神。神不能自灵其灵，资之人；人不知自灵其灵，要之神。是庙聿新，凡民罔不钦肃。善有所凭而敢为，恶有所畏而不为。神灵益彰，则人心益聚，天人交通，神我一致，不显亦临，无日不祷，是岂常人之所能及耶？或曰："生为异人则没为明神。请伯夷则致雨，怒樊侯则降雹，慢柳宗元则仆客，古今所传，不可谓无之。夫为臣死忠，为子死孝。方其为人，得天地全灵以生，取物宏而用精多；及其没也，真源不散，承天之符，与民救灾捍患，上下风云，叱咤雷霆，以血食一方，亦有之乎？"予应之曰："妙用不测，是之谓神。使人可测，安得名神？人或为神，理容有之。"佥曰："先生善识鬼神情状，即以是言令石工从事。"

【说明】据同治《泰和县志》卷五载：桑悦，常熟人。成化十六年任县教谕。博学擅文词，有《思玄集》。据同治《龙泉县志》卷一六录文。参见《思玄集》（四库全书存目丛书本，集部，第39册）卷四（题为"重建龙泉城隍庙碑"，"成化己丑"作"成化辛丑"）。按，据康熙二十二年《吉安府龙泉县重修县志》卷六载，姜学夔（字一臣）于成化十八年（1482）任知县，故撰作时间系于是年。

660. 明·刘定之：续修东华观记　成化年间

永新县东门外有山岿然，临水而止。其上群植苍翠、层构耸峙者，东华观也。始县内老氏之宫，昊天最大以富。其徒析于东华，历世滋久，殿宇渐备。今所续修，则三仙阁，以奉其教之所自出者张、葛、许。阁之下，揭其来徙者之旧，号曰月堂。阁旁为松岩楼，下为煮石山房。若是者，道官王虚碧捐赀粮，率俦党，劝官私以为之，其功居多。

予自登仕，不至东华观已三十余年，然未尝不时忆其处。盖是邑山水遐僻，非驿道所经，冠盖鲜至，稀闻胜迹。然皇朝初，东瓯汤襄王和提兵削伪，住观峻岭以临城郭，将坛阶级今尚可辨。而解内翰缙、李方伯昌祺经从留题，有“吹笛引龙”“倚阑似鹤”之句。即兹文武三杰遗迹，观之胜可见矣。虚碧擅而有之，而又意所经营，时俗助之，以克有成。升堂应务之暇，即楼阁以寄览，则万室之盛衰，百里野田之作息，一溪舟楫之溯沿，举集目前，感斯人之劳生，亦何多也。顾己之教，差若寡系绊而常丰美，降而栖止于山房，未必无跃波之鳞、啄峦之羽、供尊俎之荐，与客共之。然且惟以煮石为言，用诧其清，亦何幸哉。居其胜以享其幸，惟圣明德化在上覆帱如天，长治久安，以致兹也，可无知所自欤？予他日归里，尚与虚碧继曩游焉，故为记之。

【说明】刘定之（1409～1469），字主静，号呆斋。永新（今江西永新县）人。宣德十年（1435）举人，正统元年（1436）进士。官至工部右侍郎兼翰林学士、礼部左侍郎。有《呆斋集》。据同治《永新县志》卷七录文。

661. 明・黄谦：白鹤观题识　成化年间

道岸。

【说明】黄谦，字扮之，号紫芝，江宁（今江苏南京）人。成化八年（1472）进士。官至工部主事。工诗，善书法，行草遒劲古雅。石刻位于白鹤观后山，高1米，宽0.8米，楷书。据石刻录文。《庐山历代石刻》评其书法“纵伸横逸，健拔有神，笔力刚劲爽利，洵非俗笔”。

662. 明・戴珊：重建浮梁城隍庙记
弘治元年戊申（1488）

浮梁县治东，城隍岭在焉。庙据岭之巅，祀城隍之神，面阳背阴，右隆左杀，山溪萦回，与县等开创，旧矣。在元为浮梁州庙，我国朝复州为县。正统中，庙久入于敝。岁乙丑，知县晋江赵君应撤而新之。既而吏怠民欺，庶政缺失，环庙而宅者蕃以逼，厥址日蹙。成化丙午，堂庑门道敝甚，人神两涣，而灾害如所谓水火盗贼者适有。羊城何君文英以进士知县事，重为此惧。偶按察佥事钱君山来巡时，何君具白之，以为然。黄瑛辈相与誓神而后从事，自城市以达于乡镇，一唱百和，施予得银若干两，易竹木砖石、灰铁油漆及食粟各若干。根块觔石、佣工役徒又若干。日用调度有方，出纳有稽，虽木屑竹头，残砖折栋，一切不弃于无用。中为正堂，后为寝室，而联以过舍二十三间。前置重门，旁翼两庑三十二间，饰以杂采，缭以周垣，树以佳木。门左右故址，悉复如额。弘治改元岁戊申讫工，规制均适，大异旧观，神栖以宁，人心以摄，涣散以萃，而灾害平矣。

【说明】戴珊（约1444~1505），字廷珍，浮梁（今江西浮梁县）人。天顺八年（1464）进士。累官至南京刑部尚书、左都御史。据道光《浮梁县志》卷九录文。

663. 明·范兆祥：重建延真万年宫疏*

弘治二年己酉（1489）

铁柱宫乃晋旌阳令许公斩蛟毕事、铸铁为柱、下施八索、钩锁地脉之址，江西藩省赖作镇焉。兹者宫观出于不测遭毁，神灵不可顷刻无栖，咸乐速成，永远同福。伏以许真君晋代斩蛟诛蟒、拔宅飞升之仙令，铁柱宫列朝崇德报功、竭诚妥灵之道场，敕赐庶繁，宠渥隆重。辉煌殿宇，极流丹施垩之工；高广门墙，罄砥石砺砖之力。规模壮丽，气象尊严。奈劫缘之既满，致变故之遂生。回禄遽尔以兴灾，封姨适然而嫁祸。神固至显至灵，而威不可犯；物则有兴有废，而数实难逃。千古洪基，一时焦土，人心伤切，道众恓惶。既然革故，必须鼎新。唯栋宇非一木所成，江海须众流之助。上丐国王郡主，呵气而成云；下赖士庶官僚，闻风而动色。捐金捐帛，与粮与浆。美哉轮，美哉奂，若七宝之合成；俾尔寿，俾尔昌，听诸天之朗咏。诵《老子》五千言，愿皇帝亿万岁。四民乐业，九有同春。谨疏。

弘治二年孟冬之吉，丰城范兆祥撰。

【说明】范兆祥，字廷和，号半松，丰城（今江西丰城市）人。弘治九年（1496）进士。历官翰林院庶吉士、翰林院检讨等。有《半松遗墨》。据乾隆本《万寿宫志》卷一六录文。参见光绪本《万寿宫通志》卷一六、整理本《万寿宫通志》卷一六、《净明资料新编》。疏文颇具文采，有鼓动性，想能使国王郡主、士庶官僚同心协力，重建一座美轮美奂之万年宫。

664. 明·尹直：延真观正一堂羽士郭槐隐寿圹记

弘治二年己酉（1489）

羽士姓郭，名惟正，字槐隐，世居邑城南，距二里许，大族冠朝之巨胤也。至宋，分徙于五云之苻竹。元□仙瑞潮，思人繁地迮，仍分徙邑之附郭高城，遂家焉。羽士之父泰安，生昆季四人，其三名槐隐，即羽士也。少而颖敏，事上以敬，接下以礼，不尚浮华，惟小学诸书日记数百字。甫一纪余，其师太原毛公洞静与其有瓜葛之好，见其动履不凡，归于白鹤山，谓其师祖曾公允迪曰："予昨往高城访亲，见其季子举止异众，言谈端确，欲求为徒以继道业。"允迪闻之欣然，卜日备礼仪，以宣德辛亥之秋接归于观。凡在正一堂，长幼之序，靡有轻忽。及长，若檀门应奉，皆恪勤不垢。正统壬戌之冬，其师祖允迪寿旦，欲续道脉，乏曾孙，遍求良家裔，遂得邑城南罗坑之巨姓罗氏子与羽士为徒，立名宁寿。既冠，时本山素乏主宰，后绣衣陈公按临，择道中堪任者补职，惟宁寿中选，领一邑道教事。师徒虽□□成亲，齐同慈爱，凡堂中器服家具有阙，益增之。岁邑宰祷祈，则道人中庭辄燕以醇酎，倾扶而归。及延士夫者，亦然。成化丁酉上元次日，羽士一周花甲之辰，慨然叹曰："予年已衰，况高城祖宅二里许有地曰风龙山众穴一所，巽辰山戌乾向之原。人所未免之事，鼎甃为寿藏焉。"是日，集二族众，群聚交庆，羽士设丰筵以款，时诸叔侄仲郁、仲金、召伦、仲敏、仲忻、召章、召敷、召本、召希、召仁、召堂、纯艮、纯申辈立券帖，与本堂子孙为百年记。羽士之师太祖胡公闲所，洪武初始任道会，羽士之徒宁寿继任其职。於戏，道德何其盛哉！羽士生永乐戊戌正月十六日未时，于殁则弘治九年九月初二日戌时，有冢。徒即道会。次孙徒二：长阔溪罗光和，儒道稔习，亦早逝；次光耀，凤冈萧氏子。曾孙二：谢玄珂、郑玄瑛，俱云亭望族也。玄孙徒，罗坑罗性端，二原中罗德端，三东门曾四端，四塘西尹正端也。六世孙曰郭天爵，云亭南畲族也。羽士恐后人未知所自，预求铭以记之。

予尝观世之嫡传者，稍或毫厘之弊，分门各户，患若贼仇。今斯教中过于孔育之恩，不肖之辈可不愧乎！吾喜其恩义兼尽，其羽化之期未卜，乃援笔为之铭。铭曰：

卓哉羽士，敦厚纯朴。事上以敬，抚下以恪。言不妄诞，举不轻谑。水火练功，虎龙交作。檀信尊崇，鬼神骇愕。高城之原，水秀山清。我铭于斯，千载磅礴。

太子少保、兵部尚书兼翰林院学士同邑尹直撰；乡贡进士、直隶大名府南乐县儒学训导邑人李穆书丹并篆盖。

弘治二年龙集己酉仲春月吉旦立石。

【说明】碑现存于江西省泰和县博物馆。青石材质，长方形，长 0.46 米，宽 0.315 米。额篆“郭羽士生圹铭”。正文为楷书。据萧用桁编著《石上春秋——泰和古碑存》（江西人民出版社 2013 年版。以下简称《泰和古碑存》）录文，标点、格式有改动；参照所载碑照，个别文字有改动。按，据文意及字迹，“弘治九年九月初二日戌”十字为羽士殁后所补刻。另，铭文中“清”字失韵，原碑字迹不清，疑有误读。

665. 明·徐威：上犹县城隍庙记　弘治五年壬子（1492）

国朝立城隍庙，从古典也。御制祠文，眷眷为民之意。凡广郡狭邑，率营祠庙焉。上犹县属南安，今隋阳章侯爵舜卿来为尹，初下车，谒庙如礼，见其恒宇倾圮，同瓦砾场，乃叹曰："神为民立，奚容溃慢若是邪?"因询及羽流中有善行可以职事神者，众皆举万年观王凤呈以对。侯遂进之曰："吾将新斯庙，故授汝视务。然涨以滴水添，裘以众毛完，尚义之人，岂无有成其美者？汝其图之。"凤呈喜而趋事。侯遂捐余俸为之倡，次而儒学，次而生儒，次而巡司阴阳，又次而一邑良士，皆跃然从令。肤寸之云，积可致雨。乃肇工弘治四年十二月，至次年八月庙成。凤呈请文刻石，用垂不朽。

昔子路以事神治民为学而孔子非之，非非其事神治民也，非其不学之言耳。章侯发身湖藩解元，其所学者已入孔子门墙，故今莅政，上不负朝廷，下不负斯民，而神攸宁。呜呼！神其知章侯所以作新斯庙之意，其能福斯民也必矣。因作诗，使犹人歌以祀神。辞曰：

维神之灵兮，驷云霓兮骖风霆。维神之响祀兮，乃德之馨。福我民兮翊我皇明，雨旸时兮百谷成，犹人千载兮歌承平。

【说明】徐威，字广威，泰和（今江西泰和县）人。弘治五年（1492）举人。曾官郧西教谕。有《徐畸所漫稿》。据嘉靖《南安府志》卷一二录文。

666. 明·吴晟：熊巢庙记　弘治五年壬子（1492）

本里熊巢庙扁曰"灵佑"，去邑治仅二舍许，里人崇奉，以为祈祷之所也。历宋至国朝初，建于望华峰后，地名花园岭。至宣德间，迁于望华峰上，风雨高急，岁久倾圮。台山陈尚锐同里人入庙，叹曰："庙宇所以妥神灵，今若此，乌足以妥神灵耶？神灵既不足以妥，安望其能福乎人耶?"成化丙午秋，偕里之众复迁于故处，各捐赀募工而新之。凿石为柱，间以为枋，余枋梁棁榱桷之属，一以木工，覆以瓦，周匝砌散石为垣壁，盖欲其坚久且完美也。今年冬，锐等嘱予记。

予闻祭法曰：法施于民则祀之，能御大灾能捍大患则祀之。庙神郭太尉，其像肖于宋淳祐间。且太尉秦官，汉以来与三分列。其在当时，必泽被生灵，可谓法施于民者矣。没而为神，凡遇岁旱及人罹祸灾者，祈祷辄应，甘泽降而年谷丰，灾害除而士民乐，可谓能御大灾能捍大患者矣。立庙以崇奉之，俾时享民祀也，宜矣，况古县志载焉。立其所当立者，兹建以悠久之观，神灵恒妥于斯，祈祷必应，人常蒙其福佑也，岂不伟欤？

明弘治五年岁在壬子季冬戊申重建，赐进士第观大司马政里人吴晟撰。

【说明】同治《弋阳县志》卷九载："吴晟，字克明，弘治三年进士。由郎署擢泉州守，忤阉瑾，被黜罚米五百石，泉民竞为代纳。瑾诛，起四川参政，督储有功，赐银牌。随请致仕归。"据前志卷三录文，文后注明"据庙碑增"。

667. 明·胡易：重修集仙观三清殿记

弘治六年癸丑（1493）

赣巨邑为宁都，道家流建宫室以崇老子之祀，环城之观唯三焉。盖人知大伦，俗勤农事，故綦其教者少，而道观宜不多也。三观之中，惟集仙为盛。予尝及见先道会古今传，昂然癯然，有方外丰度。传之周员成，敦厚高洁。成之徒赖继真又克承之，坚忍清苦，累积铢才，务以振玄关、阐宗风焉。其所事玉皇阁、朝元厅，各助资以次修成。惟三清殿阅岁滋久，椽摧栋挠，日就圮敝，罔称丛林之观瞻，祝圣寿于遐永。乃罄己积，乃裒众施，乃伐乃陶，经画其规制，受成于匠工，悉撤其旧而新之焉。工肇于弘治壬子，阅再寒暑始落成之。岿然中立，杰栋碍云，疏棂通月，重檐构木，四殿皆砖，而椳栌宋楔，惟朴惟斵，材良坚美，视前有加，经久则固。崇为丈者三尺者三，横增高二尺，缩损横二尺。中严法像，外列香亭，敞如也。予即吉上京师，继真踵门恳言，以纪其成。

惟立天下之事，以实心为实行，则事未有不立者。否则汲汲于炫名，逐逐于规利，差缪苟且，事之隳也。厥惟艰哉！故曰事豫则立，不豫则废。继真之立兹事也，其亦诚矣乎？尝见其方有为也，图得材之良者，凡邑之山林，无不著足，其采伐之勤，辇运之劳，悉躬任之。而他所办集，每类此。寒炎不倦，险阻备尝，靡有暇佚。其视炫名规利而缪妄苟且者，相去远甚，非有是真心实行能若兹耶？事之立也，宜矣。

或曰：诚为儒者道也，老子之道虚矣。窃儒者之诚道老乎？援道援儒入墨者类也（此处有缺字）哉。噫！道外无事。继真之为是，固其有所恃也。然圣贤事之所以立者，论之夫其能外乎吾道哉？外吾道则有为也，则虚无矣，恶乎立？且使其兹事之立本吾道之诚，因而反诸身，物物皆道，事事皆诚，将脱沉冥而一归公正也，必矣。仰吾儒之训，政不必以其既公正而复招之。然则继真之事，非予之私务也。爱之者，吾儒之训也。于是乎书。

【说明】胡易，字光祯，宁都（今江西宁都县）人。弘治三年（1490）进士。历官礼科给事中，吏、户二科左、右给事中。有《易学渊源》等。据道光《宁都直隶州志》卷三一录文。文中记述了赖继真等竭尽心力重修集仙观三清殿之艰难历程，阐述了作者对儒者之道和老子之道关系之独特看法。

668. 明·彭纲：玉华峰重修祠宇记

弘治十一年戊午（1498）

玉华峰在郡治东南，秀起特立，与閤皂相表里。相传王、郭二仙尝憩于斯，水旱疾疫，随祷随应。元大定间，士人郭汝贤兄弟构仙殿山巅，未几毁。洪武初，汝贤之子伯谦挈家赴庆远千户任，山之租赋遂属其外孙黄氏经理。成化己丑，黄氏得断碑于山麓，实临川吴文正所为文、乡先达范太史隶书也。因悉建置之详，乃即附近姻戚皮氏等谋各出己赀，集木石，仍故址而重新之。专命女僧清慧董治工役事。清慧有戒行，朝夕从事，惟慎惟勤。暇则躬织纴以助不给。未逾年，三仙雷殿成。既而修治玉皇、三官、天符、注生、元坛、大雄诸殿，合之凡若干楹，经营三十年始得完美。郡庠黄文夫请予为记。

夫事神之道，以诚为本。先儒谓有其诚则有其神，无其诚则无其神。盖神之有无，系心之诚否，不徒求之恍惚间也。玉华峰虽神仙所憩，感应之机其亦由于事神之诚乎？郭氏倡于前，黄氏续于后，冥冥之中，灵响通焉。《传》曰“至诚感神”，以庶几矣。设非神也，则山之在兹千古不移，而神之昭格奚肇于前元，阏于国初，又复见于今日哉？若夫祈祷之盛，遐迩奔趋，人皆以为神之庇佑所及，而不知人神相与之际，具在方寸一念耳。因次予言勒诸石，俾观者知所劝云。

弘治十一年岁在戊午冬十月。

【说明】彭纲，字性仁，清江（今江西樟树市）人。成化十一年（1475）进士。历官汝州知州、河南按察司佥事、云南提学副使等。有《云田集》。据乾隆四十五年《清江县志》卷二七录文。

669. 明·周津：重修城隍庙记　弘治十七年甲子（1504）

弘治壬戌，咸宁刘君用齐守瑞州，余承乏九江，当道者以劳逸弗称，奏更焉。九月一日，余至瑞。越三日，谒城隍，视庙制壮丽，询之同寅，曰：“初亦简陋，刘君之来也，当盗贼充斥，白日杀人。君夙夜惶惶，凡人力可为者，罔不殚厥心。其依险阻，踪迹诡秘，非人谋所能成功者，君必默祷于神，辄有奇应。辛酉岁，盗发下观，周法仔尤号骁悍，君率众征之，马蹶，为贼所执。君叱曰：‘我刘太守也，奴辈敢尔？’众投刃曰：‘几害我清慈父母。’舁至平地，跪进饮食，送至新陂，再拜号哭而去。时中秋日也。闻者咸谓君盛德至诚所致，君谢不居，归助于神。无何，贼众亦就扑灭，君益神其事。于是维新庙貌，用彰神休，经始于十月，告成于壬戌六月。方欲刻石纪之而九江之命下矣。”余闻而叹美之，乃以为己任。又二年甲子秋七月，始克登石以识岁月云。相余者贰守商水王君卿、判府醴陵施惟中、节推仁寿刘廷壁。凡有劳于修庙之役者，备列下方。

【说明】据正德《瑞州府志》卷七载：周津，字文济，慈溪人。成化进士。历行人监察御史、九江知府。以才望更瑞州，莅政清敏，不徇权贵。后升江西参政。据前志卷一三录文。

670. 明·刘节：玄妙观记 弘治十八年乙丑（1505）

南安郡南，老氏之宫曰玄妙观，创于有宋，迄今几百年，殿陛廊庑森如也。入我皇明，因以道纪司莅之，岁三大节于此习朝贺礼。若雨旸弗时，则为坛以祷焉，固非专为羽流设也。造作既久，木甓蠹颓，日不可支。乃弘治甲子，吾郡侯南海邓公以地官大夫出守兹土，甫阅岁，举前事至而观焉，且叹曰："牧郡者上则君，下则民；君虽远而敬无不存，民至近而爱无不寓，固职也。斯故道家者之居，然吾辈为君而习礼焉，为民而行祷焉，所系良不细矣。而倾废若此，以上则亵，以下则渎，非所以敬吾君爱吾民也，修葺可后乎哉？"乃谋诸僚寀，宣诸士庶，愿备赀以从事者，或倡或协，惟力是视。于是经始于弘治乙丑冬十月，下者崇之，颓者葺之，毁者更新之，而规制仍旧，不为多侈。先事于通明殿，次则殿之南为殿曰寮阳，又次为东西庑。有官者给以禄米，余则金帛、木石、谷粟，而首举实维公焉。将落成于某年某月，先以纪事属某。顾某无似，初试仕事，奉使于南，因暇归省，获睹盛举，不容以不文辞。

惟今之修老佛之宫为徼福计者，往往是而，即此一意，已悖正矣，余弗暇论。公自下车来，兴废补弊，设施之间，风采百殊。首学舍公宇，城池桥道，而又及兹，其大义固自有在，已非悖正徼福者比，此所以一倡而从者如响，争先恐后，不待督责。岂非爱民之仁、敬君之义，有以鼓人心之同然邪？敢不执笔为将来告。抑是举也，奉命率先者义官朱鰲，协众以助者民耆黄子章辈，而始终效力则道士蔡永明也。其赞成者之爵位、姓名与夫经费之出，别有纪述，兹不及云。

【说明】刘节，字介夫，号梅国，大庾（今江西大余县）人。弘治十七年（1504）中解元，次年成进士。累官至刑部侍郎。有《广文选》六十卷、

《梅国集》四十一卷等。据嘉靖《南安府志》卷一八录文。

671. 明·朱祐樘（明孝宗）：赐张元庆书　弘治年间

皇帝书致正一嗣教致仕大真人张元庆。

朕惟元风丕振，三极建于春台；化雨均沾，八荒跻于寿域。派延仙谱，庆衍皇图。业惟精于净修，功斯显于赞翊。惟尔丰标散逸，气质纯诚。传祖宗百世之休，扬天地万年之誉。方其分符受命也，既尝尽职于委身；及其解组还山也，辄乃归真于遁迹。一尘不染，莹三尺之冰壶；万虑咸消，澄九霄之霁月。超凡入圣，伏龙降虎。泉石养高，琴樽适兴。顾冲虚之妙道，实利济之真元。矧兹绕膝斒斓，嘉袍笏之有托；满前花木，幸荣辱之无干。伫想清容，益怀远况。致言重复，注意勤虔。惟其谅之。

【说明】朱祐樘（1470~1505），即明孝宗，明朝第九位皇帝，年号弘治（1487~1505）。据同治《贵溪县志》卷十之一录文。

672. 明·戴铣：游灵岩洞记*　弘治年间

邑治西北百二十里有通元观，观外山多灵洞，其最佳胜著灵迹者四。

东曰卿云洞。由观东稍北，度石门，行里许，涉小涧，入洞门。高可十丈，上盘古柏，苍翠倒垂，相传仙者所插。门左右石坛甚敞，幡盖覆崖，成五色。石壁峭峻，凿级以通，上有玉佛堂，堂上有天尊。合涧水淙淙飞流溅壁上。稍入，巨石拔出洞中，可坐人数十，曰聚仙台。再入，益广，人语相答如雷，石多奇状。又有石曰绣墩，芝田环布，两石谺然错峙，曰雷公洞，曰九真阁，曰乌龙洞。愈入，暖气勃勃，曰拥春台，其深直窍北麓以出。

西曰莲华洞。观西崖行，度小桥，登山可二里。洞门颇隘，门内伏石如龟狮象状，溜丹错悬，扣之别钟鼓声。稍进，石室益宽，地益夷，纵横数十亩，中有方台，曰丹垆。垆上有石十余，小者琐碎，皆圆秀光润如丹垆。石左蟠如龙，右踞如虎。前行折西，有玉莲台。石人南向坐，高丈七八，修囟隆背，龙绕臂腹，如老君。台后夹峙两山，左曰荔枝，右曰菰蕈。绝罅漏日光，圆石俯首，曰和尚拜天窗。东越石门有井，乃郑真人逐鹿，下见老父舣铁船欲渡处，绠迹尚存。横木其上，扪崖侧度，甚狭。井东北密房曲屈，不可穷极，细沙布地，龙蜕骨角其间。丹垆南稍东，邱塍井井，有仙田。田东方枰圆子，曰仙棋。又东，偻入石室，方广仅四五丈，尤爽雅，曰仙人书堂，修炼之士多居之。

南曰涵虚洞。观前登山，近顶处划开巨门，左右小门二，视莲华尤隘。左入势陡复平，亦有石曰丹垆。垆傍石如龟如海兽。南数十武，导者举火烛地，见履迹锥痕泥淖中，甚巨且新，指曰："仙现也。"复东数十武，巨石撑崖如宝塔。却行，北有仙厨，则异石落落如果肴；有茶房，则瓶樽铫磨具列；有候门迎仙童子，则两石如对立。东瞰石门，下有重洞，乃缒二丈许梯绠身而下。地如浮沙，举足稍重，闻声如雷，崖石甚洁。稍南，有浴龙池。池南有仙云帐、雪崖、香岭。极南小洞三，傍四石龙，并昔人所画，为五画龙，逼真灵物，撄其半体。前有洪崖，深不可测，投之金钱，间闻鸡犬声。寻梯绠上行百余武，由石门以出。

北曰琼芝洞。由卿云西北，历重岭抵洞，约五里。门隘，与涵虚敌。半壁障天，工巧如画。内门犹隘，至侧体重跰而下。东行折西南，愈峻，如蹑万仞梯，乱石利侔剑斧，稍失火，莫能移足。石质或青或黄，或白或赤，或蓝绿苍紫，色色不类。联者为帷，覆者为盖，觚者为台，架者为屋，拔者为柱，簇者为笋，坐者为人，蹲者为兽，融且渗者为脂髓。正南绝壁，高数十丈，傍有石门，南井洞黑窄，不复可越。导者曰："兹洞最长，路亦最险，故罕深入者。"

此四洞之大概也。西、南、北三洞皆在山顶，游者必披荒履巉，汗喘而至；惟东洞近在山麓。其曰卿云，曰莲华，曰琼芝，以崖石奇秀如云如莲如芝；惟涵虚以洞二重；盖各以形似名。洞中物象，盖多乳溜所融结。然千态万状，神雕鬼琢，非偶然者。洞皆有井，井有龙物居之。卿云、莲华，入数十武尚有光，其深窈处始需灯烛。涵虚、琼芝，一入门，非列炬不敢扶曳以行，犹或蹉跌。古今游者四洞皆题名，涵虚尤多。闻莲华有仙吕诗，寻未获。

琼芝南壁，有朱夫子姓名，字体亦类，考之文集、年谱诸书，兹游无所见，不识果否。涵虚亦有予先数老暨唐宋人题名，宛如昨笔。夫以四洞灵迹之多，虽道书所称三岛，疑不是过，而不载洞天福地数中，非阙典与？或引《山海经》云，三天子都山在率山，即今张公山，疑此即三天子都也。按今四洞在张公山西南，《经》果指此，则当曰率南，不曰率东矣，是未可据。郡邑志止载三洞而遗琼芝，且以灵磨、集仙、鱼龙、张公、垂钟、会仙诸洞合称为九。予第琼芝当在卿云上而反见遗，其灵磨等洞，今虽不知所在，计必陋小，不足为四洞奴隶而得并称，何耶？旧传观后一洞尤佳胜，苦于游者窒其门，此当不妄。然自唐世已无之，必窒之久，而事犹传至今也。

余家桂岩，距通元密迩。自为儿时，闻父祖话诸洞辄心醉。比长为儒生，以至登第后家居，约游累矣而屡弗暇，盖往来于怀垂三十年。昨以观省，与逊之副郎弟适归过家，欲游，暑不可往。秋，逊之还部，余亦趣装，因笑曰："兹为积逋，尚可宿留耶？"乃九月望后连阻于雨。壬子雨霁，遂偕弟钦、炼、鋐、侄清诸儒生晨治游具，出里门，骑仆相属，北行六七里，驻山庄。又数里，抵长冈岭，陟降峻甚，独其上平坦，然皆樵径，人马出没丛薄间。高处眺，百里内咸在指顾。已乃憩野亭，龁干糒，诵马上诗句，甚适。既下岭，涉观前溪流即洞出者，土人方桥其上。日晡抵观，时观主广伦思仁适自外归，迎坐饭毕，斋沐就寝。明旦，思仁与其邻汪氏、何氏之好事者率仆治道，具燎烛梯绠，次第导游。先卿云，次莲华，次涵虚。既出，日已暮，宿观。明旦，微雨旋歇，乃御行舆从诸导者游琼芝。出，雨复作，然不可留，遂归岭上。苍烟白云，混混一色，信马所之，不知身在何境。出源头坞，天昏黑燎。行经广福寺，寺僧迎挽甚虔，余辈亦苦饥，遂过饭。少顷促辔，抵家夜半矣。

噫！予之是游，亦迫且劳矣。夫所为不惮劳者，亦岂惑神仙而事荒唐？诚搜奇揽胜、荡涤襟抱焉耳。盖慕朱子武夷、衡岳、庐阜之游而兴起者。向非君父宽假之恩，何以得此！且以四洞之奇胜，不产于通都大邑，使王公贵人争跻而竞赏。而顾伏于深山之中，幽冥之地，樵牧之所依凭玩亵，其名几没而仅存，非不幸与？然天下事宜然而不然者何限？宁独此哉！念兹游之不易，诗之不足，特详记之，将以告夫远近之游者。

【说明】戴铣，字宝之，婺源（今江西婺源县）人。弘治九年（1496）进士。历官兵科给事中、南京户科给事中。有《朱子实纪》等。据民国《重修婺源县志》卷六八录文。

673. 明·李东阳：明故四十七代仙姑宋氏墓志铭

正德三年戊辰（1508）

荣禄大夫、太子太保、户部尚书兼谨身殿大学士、知制诰、经筵国史官会典总裁长沙李东阳撰；赐进士、朝列大夫、广西布政使司左参议同邑詹玺书并篆额。

龙虎山张真人彦頨丧其母宋氏仙姑，介其门人李希邹自信州北走三千七百里至燕京。因中贵李瑾诣阁下谒大学士，赍四十七代真人玄庆先生手书示东阳，求志其墓。玄庆初娶故守备南京成国公朱仪之季女，实为东阳妻之私，用是相往还。久乃闻朝廷累遣内臣自龙虎山还辞，又质同邑刑部主事杨泮语，咸曰仙姑贤，若出一口。所谓名下无虚士，良可据信也。

仙姑名惠聪，其先山东滕县人。曾祖旦，太宗定鼎燕京，初以武功授锦衣卫指挥佥事，始居燕。祖瑜，袭指挥同知。考玺，指挥使。母张氏，生仙姑于成化戊子二月十一日。婉娩幽闲，出于天性。琴书史奕，通该大义。针指刺绣，尤勤女红。为父母所钟爱，尝自谓曰："德曜必欲配伯鸾，吾女岂肯嫁凡子！"故择对几年，贞不字。年十七，抅疾亟，微见一女子如世所谓观音者，素衣，慰之曰："尔黾勉跃此，必有善处。"是冬，玄庆先生上觐，始得而归焉。至是，父母之志毕矣，神女之语符矣。

仙姑既归，阃内之政悉任己而不干于夫君，阃外之政仙姑虽不之预，亦克相于夫君。御僮使治，居第生产，井有条理，居卑尊间，靡不顺适。霞披僮僮，承祀孔时。弘治己酉冬夕，梦神人金冠绛衣，巍然高座，盘其二明珠甚莹，仙姑取其巨一而吞之，觉而有娠。庚戌五月十八日生彦頨，是非玄应乎？年少长，延师教之，必严杠楚，收其威。以故壬戌春二月叨圣恩袭职，入谢举止有度，兴俯有程，惊骇满朝，莫不啧啧。时年方十三，讵非仙姑慈训有方耶？以例当膺紫诰有日矣。夫何年不称德，未及被封而卒，此在天之理胡可问耶？卒之年，实壬戌五月七日也，享年三十有五。子男二：长彦頨，袭真人职；次彦翼，尚幼；俱未娶。卜以戊辰十二月初八日葬龙虎山门社之原。丙山壬向，从吉兆也。昔刘向传烈女，盖所以昭德美、树世防也。今兹仙姑，幼从父为贤女，长从夫为贤妇，教养厥孚黼黻皇猷而为神明主，又为贤母，得不书之以阐其幽，以示将来乎？志而铭之，亦刘向用心之一二也。铭曰：

男主外事，治不为易。施于其家，难甚吏治。又况薇垣，族大其贵。仙姑是专，厥声惟懿。生子睿明，神明主器。指日恩封，奄忽仙逝。所以与情，太息者是。宅荷之源，吉人之地。昭德贞珉，有光永世。

皇明正德三年岁次戊辰十二月上浣吉日，哀子彦頨泣血立石。

【说明】 李东阳（1447～1516），字宾之，号西涯，茶陵（今湖南茶陵县）人。天顺八年（1484）进士。历仕英、宪、孝、武四朝，官至少师、大学士。以台阁大臣地位，主持诗坛，为茶陵诗派领袖。有《怀麓堂集》。碑现存于龙虎山天师府厢房，青石材质，高 0.93 米，宽 0.53 米。据碑录文。参见《嗣汉天师府志》第十七章。

674. 明·朱宪：城隍庙记　正德三年戊辰（1508）

古之有国家者必务利民，利民者必祀神。凡神之有功于民，若山川社稷以及坊水庸、门井之属，悉载祀典，岁尊祀之。而城隍之祀不经见，三代而下，萌于唐，历宋元而渐盛。天启我高庙皇帝，绥靖寰宇，即大正祀典，以为高城深池，巩固疆域，不戢者不敢睥睨以肆侮，民赖以安，厥功不在山川社稷下，非门井之利一家、坊水庸之利一乡者伦，不可不祀也。故著于令甲曰庙，而天下郡县皆立之。庙之高广，视郡邑厅事为差。职郡邑者将视篆，必先谒庙誓神，有事于山川社稷，则载其主以配享焉。夫圣人重神之旨，所以崇其功，抑欲司牧德与神合，为民利不为民病也。

万载旧有城隍庙在邑东北隅，去邑治不一里，岁久堂寝门廊俱倾圮。予自弘治丙辰视学篆，目其废坏，常致慨焉。己未冬，洛川张公道显来令邑，诧曰："庙废若此，曷称神栖？更新之举，不可缓矣。"义宰辛润宇延仁闻而起曰："此吾素志也。"遂出私帑若干缗，市木石砖瓦，觅工役作中堂五楹，后寝三楹，又作东西各五楹为堂之翼，作内外门各三楹为堂之限，月台丹墀夷以砖，堂寝门廊覆以瓦，与夫龛坐几案之设，黝垩金碧之文，司曹马侯，靡一不具，坚好藏密，足垂悠久。经始于庚申春三月十二日，落成于辛酉春二月吉日。道显公奉神像中座，每祗谒，顾谓僚佐曰："美哉！庙之更新也。赀不出于官，役不及于民，幸其克成吾志矣。"将记其事以贻后，会以艰去，乃请予记之。而予以校文南部，旋考绩北上，不果。后八年戊辰，延仁走书来征文，予与延仁交之久，知之深，义不容默；况数年心诺，不敢不践。

窃惟人生世间，有财不能施者为吝，能施而于无益者为滥，皆非义也。夫人心易惑莫如淫祀，相率崇奉之，峻厥殿庭，侈厥台观，虽倾囊倒箧而不恤，由不知义耳。城隍之神为圣朝所重，延仁仰尊朝典，成邑侯之志，不吝捐若干缗，撤其废而一新之，诚可谓知义而尚焉者也。其视惑于淫祀，以其赀为无益之施者，不亦远哉！神用永歆，监吏民之臧否而祸福之，兹邑其享久安长治之福矣。自是而后，星移物换，庙貌不能恒新，不知任起废之实亦有如延仁者乎？予故记之以俟。

【说明】朱宪，山阴（今浙江绍兴市）人。举人。弘治间任万载县教谕，该洽端重，训诸生以经学为要，人咸奉为卒业师。以秩满离任。后官南安府同知。据民国《万载县志》卷一二录文。

675. 明·佚名：地券文　正德四年己巳（1509）

盖闻青乌真人曰：按《鬼律》云，安葬不斩草，埋地不立券，谓之盗葬。乃作券文曰：

维大明正德四年岁次己巳二月朔日癸亥越二十二日，□□□利贯江西承宣布政使司吉安府泰和县千秋乡六十一都□庄里进士第居住，孝男康忠虑、悠、恕，孝眷等伏为亡父康□，元命前癸亥年七月二十日巳时生，于正德二年五月二十六日未时终于正寝。今择本都栖龙九曲池祖坟次，改傍辛山乙向，谨以帛货极九九之数，币帛依五方之色，就后土阴官鬻地一区而安厝之。东至青龙，西抵白虎，南极朱雀，北距玄武。内方勾陈，分治五土。彼疆尔界，有截其所。神禹所度，竖刁所步。道路将军，夷厥险阻。丘丞墓伯，禁切呵护。驱除魍魉，投畀豺虎。弗迷兽异，莫予敢侮。水秀山明，生气旺聚。亡灵执之，永无灾苦。安厝斯丘，呜呼千古！子子孙孙，为祭祀主。敢有干犯，神弗置汝。山灵地祇，明听斯语。一如太上混洞赤文女青律令。

【道教符箓一帧】

元始符命，普告十方。部卫形魂，安镇玄堂。水土旺聚，精邪伏藏。五方五炁，不得飞扬。如子若孙，世世其昌。

正一盟威秘箓混元一炁法师南昌受炼真君律令敕承诰奉行。

【说明】 券石现存于江西泰和县博物馆。青石材质，长方形，高 0.51 米，宽 0.37 米。楷书，直行，13 行。稍有剥蚀，有的文字已模糊不清。据《泰和古碑存》录文，标点有改动。

676. 明·邓从善等：解真师父悦华傅公墓碑

正德五年庚午（1510）

公讳悦华，姓傅氏，乃抚州之金川三十七都□西□人傅正次男也。于天顺元年凭父送入龙虎山上清宫混成院永清观，□□师父杨震举为师，习正一教。有徒邓从善、徒孙朱光远。其为人也，颇读诗书，克敦道义，□师以孝，待徒以慈，待人以恭，接物以礼。生于正统己丑正月二十日，享春秋六十有六，不幸卒于今正德五年庚午四月二十七日。□□□于卒之三日甲寅，奉柩盖于庙岭下祖坵之次，坐甲□□庚酉。其地林水畅茂，山环水绕，乃吉穴也，是卜居焉。今也窀穸，乃严□□□文，姑述其概，以为攸久之记者耳。故为之铭，铭曰：

卜墓南庄，祖垅之旁。林麓芬芳，郁郁苍苍。□□□良，其玉深藏。幽灵千载而有光，子孙百世而愈昌。

正德五年庚午岁四月二十九日甲寅吉时记。孝徒邓从善、徒孙朱光远泣血拜书。

【说明】碑存于龙虎山天师府文物室。作者生平不详。青石材质，方形，高 0.76 米，宽 0.45 米。直行，13 行，行 14~23 字，楷书。碑已部分漫漶，字迹模糊。据碑录文。

677. 明·佚名：旷公信古翁地券　正德七年壬申（1512）

大明国江西道吉安府庐陵县宣化乡三十五都梅花社社背居住孝男旷造、旷遹、旷速、孝妻王氏，洎于孝眷人等，伤心痛念先考旷公讳钰，字弘信，号信古，生于正统戊午年三月十八日午时，不幸于正德壬申年八月初六日未时，缘为在家，出不择日，行不选路，□往□□□□花□，遇仙人赐酒，玉女献香，不觉乐陶忘返归路，抛弃□□，享年七十有五。是乃生用阳宅以住居，死作阴坟以安厝。遂将阳钱九万九千九百九十九文，凭牙保买到地主东王公、西王母鬻地一区，巽巳山乾亥向，所在地名东庄田。东至甲乙，南至丙丁，西至庚辛，北至□□，上至皇天，下至黄泉。据青乌子、白鹤仙化卜，今吉辰，安厝之后，□□□坟，二十四时，龙神奠妥。千年逢吉，万古无凶。富贵绵延，儿孙昌盛。或有山林草野、竹木精灵侵夺，□□仰守坟将军为墓使者擒拿拷问，并依女青大律，毋得轻恕。

为此，今恐亡人无凭，故立券文，永久为照用。

大明正德七年岁次壬申十二月十四日甲寅良吉，秉告于东王公、西王母。

牙保人：张坚固；为书人：李竟渡；证见人：□□□；读契人：□□□；寻地人：青乌子；迁穴人：白鹤仙。

敕。【太上九尊破地仙师灵符一道】

【说明】券石现存于吉安县敦厚镇，吉安市博物馆存其拓片。青石材质，高0.4米，宽0.35米，厚0.03米。据《庐陵古碑录》录文，标点、格式有改动。按，券文原有注云："嘉靖乙酉改葬罗侯壬山丙向。"故券石应立于嘉靖乙酉即嘉靖四年。

678. 明·吴廷举：武山真武神祠记

正德八年癸酉（1513）

嗟夫！人心真有向慕之诚，何所在而弗神哉！是故挥戈而回白日，修德而荧惑退舍，呼天而六月陨霜，刻木像亲而扑地流泪，化形结草以抗秦将、以报魏君，若此者，非史传所载乎？此皆推无为有待不可必者为可必也，况求为有者、求于可必者，能无感通之机乎？元武本北方昴宿，是谓在天成象者也。世传其神能捍灾御患，佐国庇民，祷之者每得奇应。往古弗论，以我高皇帝改殿于武当山，亦圣人神道设教之意乎？

江右武山石旧隶贵溪，今割万年，即隶万年也。正德癸酉四月，予提兵讨姚源诸峒残寇之复叛者，立营武山。山高数百丈，山岭有庙。五月朔，余登高望远焉，问其主香火者，道人曰："是真武神也。旧在民村，正德初附鸾云：地卑污，人畜相混，祠非其地，吾弗享也。民能移祠武山石，吾亦能福民。民从而徙祠，携家于祠之前后下上者，盖万余口。群寇环武山，五攻不克，皆哗然，曰：'是神默助也。'时民困于兵燹，无余资，故祠作而苟完。"余令道士曰："神之灵，能为余生致王浩八于麾下乎？"越二日，道士曰："神与矣。"又五日，浩八成擒，实是月初十日也。予乃出白金市民故宅为完其祠，且祷曰："渠魁三人尚稽诛，神能再与予乎？"祷以六月十八日，而刘昌三、蔡六一、胡浩三于七月八日又成擒。予乃令雕銮者装严像设，神居中坐，东西侍而立者二十位，盖神偏裨云。七月十九日，司戎务者大合北边闽广兵讨浩三弟浩四罔克，就功武夫诬予漏师，冀掩己失。二十二日，予往祷神曰："予被诬，心虽无愧，人未必谅也。神幸为予致浩四如浩八，予必砻石为碑，以彰神之灵于不朽。"亡何，竟如斯祷焉，实七月二十六日也。

此五人者，皆渠魁也，三年讨之弗克，两月之间先后授首，神之效灵，兵之戮力，皆有可纪焉。

昔苏子瞻贬儋耳，渡海呼神，往返有济，归为作安澜词。朱晦庵祷旱于白鹿洞卧龙潭，因于潭侧立神祠，祀诸葛武侯事之。今兹山以武名，民因而祀真武，以义起也。真武每符予祷，予辄琐琐以报，情之所钟也。故曰“礼以义起也”，又曰“礼缘人情”，又曰“至诚动天地，贯金石，感鬼神”。复为迎神送神二章，属于碑左，俾有事于祠者声歌之。迎神歌曰：

神之来兮云路长，旗有旆兮剑有光。驾龙凤兮驱辛张，执旛幢兮玉女双。善柔亲兮寿而康，凶狡望兮悸欲僵。进茗碗兮奠桂浆，民安枕兮化无疆。

送神歌曰：神之去兮巫屡舞，载考钟兮乱以鼓。左骖龙兮右驾虎，导朱鸟兮从元武。天阙高兮民莫睹，神代民兮诉疾苦。去复来兮更何阻，来斯应兮民之所。

【说明】据同治《万年县志》卷四载：“吴廷举，字献臣，广西苍梧人。成化丁未进士，任江西参政。时贼势方炽，赖公捍御之。正德八年，公陷贼所，濒死，志益坚。卒能保身剿贼，经理城池，居民安堵。众立生祠于武山，扁曰‘民母’。”据前志卷九录文。

679. 明·唐寅：铁柱碑记　正德十年乙亥（1515）

天地开辟而分阴阳，抱阳负阴。人民与龙蛇魅魑并生其中，糅杂不分，妖害为患。黄帝氏兴，战蚩尤于阪泉而灭之，而后天地定位；神禹继作，役庚辰锁巫支祁于龟山之足，淮水乃安；铸为九鼎，以辨神奸，而后龙蛇魅魑之患息。然其统绪之传，莫不先受精一之道，而后禅邦国之位。抱精守一，盖所以通天地之神灵；建邦立国，盖所以阜民物之生命。及乎圣迹绵远，世德衰微，阴阳乱淆，天地草昧，攀胡之号无余韵，龁指之鼎沦于河。向所以为妖害者，无有忌惮，驰骋淫毒以害生民，凡此中区，靡有宁止。

旌阳许真君生于斯时，修精一之道以达天地之神灵，遂诛龙蛇以安江流，馘魅魑以定民命，铸铁柱以系地脉。玄功告成，神道昭应，乘风上征，合瑞紫宫，以续黄帝、神禹之传，而延民物之命，功绩懋著，惠泽迄今。

盖天地之间，一阴一阳：阳好生而阴好杀，故阳为德而阴为刑。凝德为神，淫刑为怪，是故神道高明，怪性幽厉，环旋升降，相为始终。阴阳和畅则神安怪息，阴阳两极则神怪并见。然而独阳不生，独阴不成，阴阳神怪，常为表里。故黄帝之与蚩尤，神禹之与巫支祁，许真君之与蛟精，皆并生一时。盖阴阳两极而为神怪也，故有至变之怪生，则有至神之圣出以御之。设使特生蚩尤、巫支祁之与蛟精，而无黄帝、神禹、许真君，则天地之间阴阳偏滞，而人类亦几乎其或息矣。

正德乙亥，予游豫章，躬睹灵迹。窃感真君道合黄轩，功配神禹，世昧正论，多援荒唐，欲明斯理，辄撰为记，以示将来云。

乡贡进士苏州唐寅熏沐拜书，时正德十年岁次乙亥月日。

【说明】唐寅（1470~1524），字伯虎，号六如居士，苏州人。明朝著名画家、书法家、诗人。据乾隆本《万寿宫志》卷一五录文。参见《黄堂隆道宫志》卷一一、光绪本《万寿宫通志》卷一五、民国本《唐伯虎全集》卷五、整理本《万寿宫通志》卷一五、《净明资料新编》。文中所阐关于阴阳神人之“正论”，颇具思理，有助于消解道教传说中非理性之因素。

680. 明·张九逵：重修龙母祠并石路记

正德十年乙亥（1515）

龙母祠去南安郡城五里许，与吉祥、嘉祐、广化三寺相连，而祠独居崇岗之上。循祠而东，皆石壁峭立，连络不绝，若屏障然。下即大江，有路如线，履者甚危。考之郡志，云祠神甚灵感，有司遇旱干之际，凡有所祈雨雪皆应；民患疾疫，祷于祠下，取泉水而饮之，多愈；近来乞嗣息者尤验。又云石壁长八十余丈，为舟人挽舟之处，斜侧不可容足，且临深潭，春涨多陷溺。以此观之，则祠之与路所当重也明矣。

成化丁亥，吾庾夏侯玑尝修其祠矣。壬寅，文侯志贵又辟其路矣。岁月既久，祠渐倾圮，而路亦多崩裂，仍如其旧。正德乙亥，今侯陆君瓛谋重修辟，少尹杨君汉、莲幕张君铉、医学正科李君廷玉、儒医邓君绍遂承其意，各捐己资为倡。而郡之好事者若何君景芳辈皆乐助之。张君三人身任其责，朝夕罔懈。先从路始，募良匠氏大施斧凿之功，拓其狭隘，直其湾突，约五尺余阔，坦然周道，虽暮夜之间负乘轮蹄，可以往来。次及于祠，增新易腐以崇其栋宇，饬容理服以肃其像貌，炳然焕然，顿改旧观。经始乙亥二月，讫工是年六月，诸君可谓能知所重而尽力者矣。夫天下之事，轻重有伦，缓急有序。斜蹊曲径，往来弗通，民甚病之，路固所当重。若夫野祠小庙，祀典弗载，修葺之功，似可少缓。而神灵所在，有祈必应，钦福锡民，若兹龙母祠者，又所当重而非可缓者矣。兹焉二者，并举无遗，俾神人胥安，为一郡之计，诸君用心，亦已至矣。所谓知所重而尽力者，非与？是不可以无记。遂因诸君之请，书以勒于碑。

时正德乙亥岁秋七月吉旦。

【说明】张九逵，字天衢，大庾（今江西大余县）人。弘治十二年（1499）进士。历官广东揭阳、安徽休宁知县、南京礼科给事中、湖南参议、广西督师，卒于任上。据民国《大庾县志》卷九录文。参见嘉靖《南安府志》卷一二。

681. 明·费宏：葛仙祠题额　正德十二年丁丑（1517）

大葛仙殿。

【说明】费宏（1468~1535），字子充，号健斋、鹅湖，晚年自号湖东野老，铅山（今江西铅山县）人。成化二十三（1487）状元。历官翰林院编修、礼部尚书、太子太保、户部尚书、吏部尚书、谨身殿大学士等。有《费文宪集选要》《鹅湖摘稿本》。据民国三十七年《葛仙山志》录文。据志载，额文为纪念葛仙祠大殿落成而题。葛仙祠扩建，经始于正德十一年（1516），次年落成。费宏于农历六月初一参加落成典礼并祭祀。

682. 明·王仁该：江滨水府庙记

正德十六年辛巳（1521）

水府庙者，祀水府一切神祇，其敕封杨将军最为得名。将军莫详所考，世传屡有护国庇民之功，御灾捍患之劳，故膺是隆号。而民间得为庙祀者，答神贶也；祀之而有司弗禁者，顺人心也。是庙之在江滨，旧矣。自我上世来迁，乃缮缉其圮，芟夷其蔓，辟隘饰陋，焕然改观。一方之人藉其庥荫者，有祈有告有报，其应速若雷风然。庙之名益广以远，于今百余二十祀。其间更修凡几，严饬凡几，灵感而祥庆于民凡几，流韵故老，耿耿其不可诬。

正德□□，庙宇复剥不治，不克堪香火。神阴巫小民谢荣端者，置之麾下，代所欲言，于是团方群信翕然应之，解囊出力，无敢有后时者。暨诸遐迩居民疾病者、祷失脱者、讼是非者，皆挟财而适远道，持镈而事田畴，及身其身而利其利者，咸愿有事于庙，骏奔踵接，若驱之使然。未逾月，资聚告盈。又未逾月，工告讫。其□□□□益加严密，而神之昭假于下者愈验愈广。岁癸酉，修龙头庙成。丁丑，修城西水府庙成。二庙俱□□□□烬兵燹，地虽远绝数百里，邑民景向神慧，自不以迎致为劳，神亦不以地非所尸而间，益求在人□□□，故所至率克举事如制，信昔人谓神在天下，如水行地中，无求不得是已。其在龙南，犹其在□□，□□□神之力，其真可诬哉？庙基前滨大江，遇春涨辄冲决。向尝相其便宜，并力筑堤以捍之，其□□□□□□复圮，又假手于群有力者，仍甃石以固之。既乐其成，首事者语曰："是庙之建，我等一方之出资出力者固众，而输运转劳，神实相之。矧岁无怪风剧雨，人不夭厉，谷果完实，其惠康我民加至，宜有镌石以示久远。"乃以文字属该。该非笃古而达于词者，然人而服神之贶，出有事神之责，义不可以无言。

盖神灵之祀，行于天下；祀典之载，遍于群神。故社稷五祀有祭，山林川泽有祭，四方百物有祭，其为类□□□□□□□异，然侯禳祷祠，见于《小祝》，所司者所谓祈福祥，顺丰年，逆时雨，宁风旱，弥灾兵，远罪疾，而所以祈神庇佑则一也。今庙以神建，神以人显，肸蠁冥冥，其果有是数者之责耶？筮诸人心可知已。观其地无远近，有诉必动；人无知愚，过焉必式；事无巨细，质焉必白；其所以作福于人人者有自。视古司祝之于蓍龟，必有所感应也。此庙貌之祀，揆之人心固不拂，参之祭法亦无戾，况咸秩无文，正当今之盛典，又人所乐道而祗承者哉？该故敢略其事之可信与其功之可纪，并援其庙之成毁修复原委，镌之以永其存。

时皇明正德十六年岁次辛巳秋九月戊午，草堂王仁该撰、篆额并书；四川永宁宣抚司吏目致仕王正英、正丽、正获、正升、正徐刻石；事□□□□□□立石。

【说明】 作者生平不详。碑现存于江西省泰和县博物馆。青石材质，高1.51米，宽0.65米。圆首方趺，额篆“江滨水府庙记”六字。碑首和整通碑文周边刻有精美祥云图案。正文为楷书，直行，25行，行7~46字。据《泰和古碑存》录文，参考碑照，标点、文字及格式有改动。

683. 明·欧阳云：重修泰霄观记　正德年间

龙泉据吉郡上流，山明水秀。距治而南，去城隍祠十数步，有观曰泰霄，前耸华峰，后峙金山，左抗马寨，右控梭冈，其地阳明爽垲，擅一邑之名胜。往来朝谒祈祷，迄无虚日，虽处尘嚣，亦修真处也。考观之始末，原自五都常木坑，肇创于唐贞元中，初名太乙仙坛。宋建隆初，迁三都新林。至淳祐七年，移县东北之银山，乃改今额。景定元年，县令尹陈公名升拓其址而营造之，并建梓潼祠，文信国公有记。复给田以膳众。元至元五年，为兵所毁，厥后迁徙靡常。

至国朝洪武三年庚戌秋，诏天下道教立官分署。道士罗如泉与其徒扶礼真、胡悟真择遂南六厢今地而徙建焉。宣德间，观主王肇伦起而葺理，既久复倾。今住持有萧智诚者矢志重修，以弘治甲寅岁撤前殿两廊而次第新之。又以后殿观门未修，奔驰募积，复于正德辛卯六月兴工，腊月落成。太上有宫，紫微有阁，玉皇有殿，文昌有祠，真武有像，墨刻不朽，仙游有迹，而观之中外焕然改观，岂直楼阁为一方巨丽哉？智诚自天顺间来游兹土，寻奉例赴京，受度牒，性尚清静，扶翼道教，卓为元关中巨擘。其平居讲论，乃与闻吾儒之道以大启其元关。夫以老氏之徒，以贤而兴，则世之居家败类，不能负荷其前人之析薪者，从古所深惜也。虽然，智诚之为人固贤矣，吾愿后之在泰霄者，不徒羽衣谷食、让贤于智诚焉可也。

【说明】 据清曾燠辑《江西诗征》卷五六载："云，字从龙，号碧溪，泰和人。生时父雍梦云中龙见。七岁能韵语，日记数千言。弘治十二年进士。正德间官御史，巡视南城，用法不避权贵，忤刘瑾褫职。瑾诛复官，无意复仕，家居四十余年，卒。著有《碧溪集》。"据光绪《江西通志》卷一二三录文。参见同治《龙泉县志》卷一六。按，查正德间无"辛卯"年，原刻应有误，或应为"正德丁卯"。

684. 明·邹旸：铁柱宫玄帝殿记

嘉靖元年壬午（1522）

"玄帝"之义何居？玄，北方正色，一六之数也。天一生之，地六成之，为水。夫水，内明外暗，朱子谓其黑洞，洞地位在西北，西北多肃杀之气。而以水为阳者，以水阴根阳尔。帝则最尊之称，非有肖像、音响之可接，盖以主宰而言，谓之帝也，乃所谓玄帝也。道家者流援其义设真武，有龟蛇据伏之异。屡朝用兵，尝有征应，遂进以玄帝之封，而玄帝殿建之者广矣。

我江西铁柱宫，为旌阳净明真君而立。真君驱罔象，活生民，厥功甚懋，载之祀典，千二百四十余年，宫之也固宜。夫天地间一气而已，气无往而不在，则神无往而不有。此玄帝之殿所以得附于宫。附之者谁？太监黎公安也。

公以正德辛未来镇兹土，越四载甲戌，华林诸寇平。公谓此举赖朝廷之福，致神阴佑默相而然，其精神梦睫之孚感，有若身亲见之者。顾瞻真君之宫无以加矣，而玄帝之神未有栖所，捐资鸠匠，命道纪邓继禹即宫之兑方，增创玄帝行殿。殿设铜像及瓶几贲镛，凡既备矣。黝垩丹雘，侈以金碧。周缦以甓，前限以门。门外左盘龟趺以树碑，右为炉冶以焚楮，峥嵘壮丽，美矣至矣！殿高四仞有奇，深杀其一，广称之。以钱计者若干缗，以人计者若干工，以时计者若干日。经始于是年四月十日，告成于六月朔日。附于延真，庶乎四方士民徼福乞灵于无穷。此则黎公之初意，而亦继禹勤勤焉丐文以记之之诚心也。义不容辞，书此以归之。

嘉靖元年孟冬之吉，南京翰林院孔目乐安邹旸撰。

【说明】邹旸，字善复，乐安（今江西乐安县）人。弘治五年（1492）举人。历官景宁知县、翰林孔目等。据乾隆本《万寿宫志》卷一五录文。参见光绪本《万寿宫通志》卷一五、整理本《万寿宫通志》卷一五、《净明资料新编》。文中记述了铁柱万寿宫玄帝殿之创建过程，反映了铁柱万寿宫除主祀许真君外，还附祀玄武大帝。

685. 明·魏良辅：修黄堂旌阳殿碑记

嘉靖四年乙酉（1525）

新建之有黄堂隆道宫，其地一水外阻，中宅平旷，去邑之松湖不三里而近。相传以为晋旌阳令许逊祠事其师谌母之所。地以黄堂名，因母丹阳土著之旧，崇信尚也。且其飞茅一事甚异，岂古之道者？其台殿宫室所自奉，皆欲比拟王侯，因引古分茅胙土之义以自广。若曰是故其术所得为云耳。

地故有旌阳殿，又后人所以师事旌阳者也。惟旌阳之道得之谌母，母得之兰公，上溯孝道明王，盖于教为方外曾玄之嫡。孝道明王之言曰：“孝通于天，日月为之明；孝通于地，万物为之生；孝通于人，王道为之成。”此于吾儒之所谓事父孝则事天明，事母顺则事地察，与夫人人亲其亲、长其长而天下平者同耶？异耶？又曰："烝本于道，道本于孝。"此于吾儒之所谓一孝立而百善从者异耶？同耶？故吾尝谓旌阳之道虽得之神仙，而于吾儒之大致有同者三焉。是故旌阳之令有民人焉，有社稷焉，有君臣之义焉。志在用世，则非绝世者矣；斩蛟缚邪，为民御灾捍患，则非专以清净无为为尚者矣；一日而拔宅升天者四十二口，则非离伦者矣。是其人未论其教，即以古列仙之儒论之，固亦当在许由、务光之次，况有功德在民，于祀典又所得举者哉？

正德十一年，炼师万广成慨念旌阳殿摧毁而不修，曰："是非所以严象教而答人心也。"缘化以图重新。既讫庸之日又十年，是为嘉靖乙酉，广成丐言于予以纪其成。予因以明许君之道于千载之上，又嘉广成之能昌其教，盖不知于许君又为几世曾玄也？

【说明】魏良辅（1489～1566），字师召，号尚泉。新建（今江西新建区）人。嘉靖五年（1526）进士。历官户部主事、山东左布政使等。据光绪本《万寿宫通志》卷一八录文。参见《黄堂隆道宫志》卷一一（文后署名曰："嘉靖四年赐进士出身、承德郎、工部主事魏良辅撰。"）、整理本《万寿宫通志》卷一八、《净明资料新编》。

686. 明·朱厚熜（明世宗）：大明世宗皇帝敕谕

嘉靖六年丁亥（1527）

朕以亲躬，君临大宝。每切敬天之念，特倾奉母之诚，兢兢业业，于兹有年余矣。倏于往岁春，母氏违和，遂成疮疾。朕躬持汤药，实剧忧虞。虽诸法疗治，迨今未痊。思求救于神，庶臻安复。武功仙山乃葛真君之福地，敬沥丹诚，尚祈师造。命正一嗣教天师张彦頨、知事郭宗远斋捧真香，诣玉山朝谒一会，用保母疾早安，寿年延永。恩须师造，即除见患之灾；仁降神威，施护勿药之喜。转殃为福，去旧从新。嘉靖六年月。

【说明】据增修本《武功山志》卷三录文。参见校注本《武功山志》卷三。

687. 明·刘溉：改建城隍庙记 嘉靖六年丁亥（1527）

都昌县治滨于彭蠡，左学宫，城隍祠去东南二百步许，此旧制也。入我明洪武癸亥，汪君敬中来令，乃迁学于祠后，因循迄今百六十年，无知议其非者。嘉靖丁亥，宪副林公大辂行部，谒文庙讫，询曰："兹前障者何居？"佥以实对。公愕然曰："国家祀神，礼因义起，爵以分隆，人固昧之，神岂苟安？且学宫迫隘乃尔，规制未具，盍亟择善地改祠之。"众曰："唯唯。"随以是状语大守罗公辂，且谓兵荒之后，兴作维难，在任得其人，为庶几耳。时少尹顾君巩以公务在府，罗指曰："顾丞廉而能，宜委是役，以责其成。"顾归，谋诸大尹刘君旷、三尹胡君贵，及掌庠教史君云程、贰教王君镗、姚君继崇。周视城中，得废庙址于来苏坊之东，缩计十六丈有奇，衡计得三之一，其地宏敞僻静，宜神所栖。遂卜日请于神而迁焉。始事于夏四月，越三月告成。正祠中建，后寝堂，傍两庑，达于仪门，仪门之外数十步而大门峙焉。绘以丽采，甃以砖石，缭以土垣，其庙貌视旧为已盛矣。

先是，邑人以迁庙之议出自学校，群聚而讪之曰："适己事以勤斯民，殆人情所不堪。"顾君知其然，乃捐赀以助其费，稽义民之隙役以借其功，故庙成而民不劳。及是，卜诸神而神安，视诸学而学辟，揆诸理而理顺，一举而三善备焉。故民亦乐其便。信乎！民之难与虑始而可以乐成。不有君子，天下事之拂理而惮于改图者盖多矣。是役也，吾慕副宪公之特见，嘉顾君之善于集事，而邑侯诸君之协赞有成，故并述而记之。

【说明】刘溉，字一清，都昌（今江西都昌县）人。曾官山东藤县知县、安徽望江知县。据同治《都昌县志》卷一二录文。

688. 明·刘廷篚：上城观重修殿堂阁记

嘉靖九年庚寅（1530）

嘉靖六年春，上城观住持左美贤谒余，请曰："先伯师尹道亨修三清殿，未有记；父师颜道模修会仙堂，未有记；美贤今修玉皇阁苟完，愿赐一言并记之。”余曰：“记传信于来者，无征不信；不信，无传焉。道家之事，吾未之闻也。无以，则子诵其事，而余记之乎？”贤曰：“观之肇建也，宋嘉定中，君上城刘之先人富辰翁、季达翁、应祥、应瑞翁三世经营力也。观建金溪山下而匾曰‘上城观’，以此，岂但为一方之总名哉？观之有道行而闻者，自祖师罗十君而下，役将如顾止安，遇仙如左潜虚，六月祈雪获应如左洞渊。继是而朱碧溪尤精炼法，克承教门，以故代不失为丛林。碧溪之后，两世不克述继，殿阁与堂，百尔皆废。乃伯父师则愤然相谓曰：‘伊谁之责？’矢心共以兴复为任。成化乙巳，始事于玄帝殿，越明年成。刘佥愚公伦正嘉其事，有记。弘治甲寅，有事于三清殿，乙卯成。气象巍峨，焕然新美。辛酉，伯师故。越十一年，正德壬申，父师独事于会仙堂，规制较贬，清爽胜之。癸酉，父师故，初志玉皇阁未就。惟贤无良，惟隳先志是惧，惟勤慎一纪罔怠。乃刻日于乙酉之冬，贷众费，倾己有，庀工以事于阁。彭美莹共襄焉，于兹苟完矣。若夫山门更而退之，道更而左之，从君见也。此其观事之大略也。”余曰：“子追思夫观之所肇建，可谓不忘本矣；历诵其有道行而闻者，可谓心乎教矣。莫为之前，后无所承，子伯父师可谓作之前矣；莫为之后，前无所传，子可谓述之后矣；门道宜更，而子不胶于旧，可谓速于从善矣；众美咸备，儒家者流且鲜是，况道家流乎？”贤闻之喜，曰：“如君言，观庶几哉！”曰：“未也。业难成易败，数有隆有替。碧溪之后，才两世皆废。子伯父师迄子，更数人手，历数十余年始成，子省之乎？子可喜矣乎？”于是勃然变乎色。曰：“未也。余为子记之，俾子之徒众读斯文者，思其败之之易，知所戒；知其成之之难，知所勉，斯其庶几哉！”贤定色而谢曰：“其庶几矣！”遂为之记，而且为之歌。歌曰：

瞻彼殿兮巍巍，瞻彼堂兮爽如，瞻彼阁兮如翚斯飞。更几何人兮经之营之，成难败易兮古语非虚，勉戒尔徒兮居安思危。信余言为然兮，谅尔观之庶几。

赐进士出身、侍经筵事、文林郎、监察御史里人刘廷簠撰文；四川保宁府梓潼县儒学教谕里人刘天相书丹；迪功佐郎、鸿胪寺主簿厅主簿里人刘时芳篆额。

大明嘉靖九年庚寅孟冬之吉，当代住持道士左美贤偕师兄刘志霄、彭美莹、徒弟尹真淮颁真诰，徒侄刘真沆、徒孙彭安道同立。永新龙镇镌。

【说明】刘廷篮，字器重，安福（今江西安福县）人。正德六年（1511）进士。历官河南杞县知县、监察御史等。据原碑拓本录文。碑现存于安福县上城观内，青石材质，高1.49米，宽0.69米。楷书，直行，22行，行7~55字。圆首方趺，额篆“上城观重修殿堂阁记”九字，碑首有双龙戏珠，碑文周边有祥云图案。碑底两边稍有剥蚀，部分字迹已较模糊。

689. 明·佚名：义宰周公云崖地券文

嘉靖九年庚寅（1530）

青乌真人曰：按《鬼律》云，葬地不斩草，埋地不立券，谓之盗葬。乃作券文曰：

维大明国江西道吉安府泰和县千秋乡六十都栗塘里居住孝男周鹤、鹏、凤，伏为亡过父亲周公义宰贵高，别号云崖，元命生于成化戊戌二月十七日，不幸没于嘉靖己丑六月初七日，享年五十有二，停柩于家。兹卜次年庚寅十二月廿八日，奉柩安厝于五十八都瓦子地螃蟹形卯乙山酉辛向之原，以为栖神之所。谨以冥钱极九九之数，币帛依五方之色，就于后土买地一区。东至青龙，西抵白虎，南极朱雀，北距玄武。内方勾陈，分治五土。彼疆尔界，有截其所。神禹所步，章亥所度。道路将军，夷厥险阻。丘丞墓伯，禁切呵护。驱除魍魉，投畀豺虎。弗迷兽异，莫予敢侮。水秀山明，生炁旺聚。亡灵安妥，永无灾苦。敢有干犯，神弗置汝。山灵地祇，明听斯语。子子孙孙，为祭祀主。急急一如太上混沌女青真人律令。敕。

出卖：东王公；来去：西王母；证见：李定度；依□为书：白鹤仙。

【原有道符一帧】妥镇。

元始符命，普告十方。部卫形魂，安镇玄堂。水土旺聚，精邪遁藏。五方五炁，不得飞扬。尔子若孙，世世其昌。

上清三洞五雷经录九天金阙御史玉府左尚书便宜事臣朱一清承诰奉行。

【说明】券石存于泰和县博物馆。青石材质，高0.45米，宽0.34米，字体为正楷。稍有剥蚀，有些字模糊不清。据拓片录文。

690. 明·夏言：叩仙灵（诗碑） 嘉靖十五年丙申（1536）

危磴入青冥，凭高驻鹤亭。四山暗风雨，半壑响雷霆。龙起西潭雾，山围北斗星。长生如有诀，吾欲叩仙灵。

【说明】夏言（1482～1548），字公谨，号桂洲，贵溪（今江西贵溪市）人。正德十二年（1517）进士。历官兵科给事中、礼部尚书兼武英殿大学士、首辅等。有《桂洲集》《南宫奏稿》等。据《葛仙山志》载：夏言奉旨护送费宏灵柩归葬铅山故里，登临葛仙山。期间所行三事对葛仙山道教发展有重要意义且影响至今：一是题有一诗一词，即《叩仙灵》《沁园春·登葛仙山飞升台》；二是捐金铸葛仙翁神像以供信众奉祀；三是与道观当家议定，每年农历六月初一日与十月初一日开山门。开山门传统延续至今。1995年铅山县委统战部面向社会征集书法作品1100多件并从中选择99件刻石立碑，中有三件书写《叩仙灵》。这三件当代书法碑刻作品现存于葛仙山玉虚观碑林，其拓本照片见《葛仙山碑林书法作品集》（上海书画出版社2001年版）。

691. 明·陈煦：加封显应元将军庙记
嘉靖十五年丙申（1536）

《禹贡》“淮海惟扬州”首言彭蠡既潴，彭蠡即今之鄱阳湖也。其地为斗分野。传注所载，谓合饶、信、徽、抚、吉、赣、南安、建昌、临江、袁、筠、隆兴、南康数州之流，以达于江。今考其山川，揽其形胜，盖分东西二湖。其全势自东而趋汇于西，至都昌左蠡之沙山，则流益驶，浪益激，轩波巨浸，震荡奔腾。而湖神元将军庙适临其冲，日星晦明，昏旦变态，离合万端，而不可名状。通省岁漕五十万石有奇，连樯接舰，取道出，屹入北江，以达天庾，而怙恃之。往来行舟之上下，扬帆助风，有祷辄应，惟神之临，实式凭焉。其有功德于人，可谓巨矣。神庙为前曾公鼎建，孔宁且硕，日踵以增。

煦以嘉靖十四年调任都昌县。越明年，天子赐神之封号曰“显应”，有司春秋致祭，著为令，从大府之请也。于是表扬褒称，聿新神主。太守奉檄，诹日敬安。器币有加，牲醴具备，执事齐赴，工祝告虔，钟鼓既设，磬管斯锵，万众趋瞻，欢欣鼓舞。邑令实襄举祀事，以妥以侑，乐观厥成。煦自奉职于斯，邀神之庥，安澜有庆，涉险无虞，田功土膏，咸资润泽。兹奉怀柔之明诏，孚崇奉之舆情，祠宇巍峨，享祀不忒。神之灵异，至是而益彰；神之食报，亦至是而滋大也。自今以往，亿万斯年，卫输转，利涉川，其所裨于国计民生者，宁有极哉？是举也，大府有记，太守有文，既镂之贞珉矣。煦复就所见闻者，纪之石而揭诸碑，为邑人庆祀典之有光，且志煦之官此而躬逢其盛也。

【说明】陈熙，生平不详，曾任都昌县令。据碑录文。参见同治《都昌县志》卷一二。碑现镶嵌于都昌县老爷庙门左侧墙上，青石材质，高 1.3 米，宽 0.99 米。直行，23 行，行 4~26 字，楷书。

692. 明·方涯：重严黄堂元帝神像碑记

嘉靖十七年戊戌（1538）

新建之黄堂有元帝殿，莫稽所始，久而将圮，像岌岌几余年矣。道士艾晋显、万广成者相奋而起，扣四方，仅得木百余楹，而顾像怅然，未有应者。丰城河西松湖李廷雅，盖尝斋明厥心、笃于信神者，往睇之，慨然弗辞。于是肆力营具，商工授谋，诹日戒事，然厥像视旧巨且崇，饰以丹金，岿然至尊，旁列将士焉。惟道士殚于力，殿构乃弗克完。廷雅尤虑缓且弛而乘以亵也，更为充厥乏，且督且劝，工庸就绪，载新之日，远近改观。呜呼！神其复振也哉。虽然，神之在天下，犹水在地中，岂待是而复振耶？说者谓元帝出净乐国后，据理本天一之精，北方坎位之神，此不暇详论。厥神之显，护国卫民，天下崇祀之不衰，是殆所谓微之显、诚之不可掩者，要非淫祀者比。考诸祭典，凡能为民御灾捍患者得祀之，况著而神乎？

先是，厥地有飞旗之异。或者慕道真诚之感，仿佛而见，未可谓厚诬也。廷雅蚤艰于嗣，梦寐羹墙，罔非神者，真诚一念，历初终不渝。夫克感神明者，神将感之。厥功肇庚寅正月念四日，毕辛卯九月初日，男子洪诞壬辰十二月六日，其应速如取携，神之赫厥灵也可想见矣！虽然，神不歆非类，而曷感斯人之深也？感神存乎诚，诚思存乎心，尽心存乎行，故曰有其诚则有其神。廷雅之心之行，固有可对神明者，不专于其功也。

予方归省之暇，廷雅叙厥巅末，偕友氏拜于宛水别墅，丐为记之。予叹世人之惑，徒知媚神以徼福，而不知事神之道在此不在彼也。故为记。

嘉靖十七年戊戌岁仲夏月，赐进士出身、巡按福建、云南道、监察御史宛陵方涯撰；赐进士出身、征仕郎、南京户科给事祈门蒋贯书丹；赐进士出身、嘉议大夫、云南按察使祈门程昌篆额。

【说明】方涯，生平不详。据《黄堂隆道宫志》卷一一录文。参见《净明资料新编》。

693. 明·欧阳德：重修城隍庙记

嘉靖十八年己亥（1539）

明称秩百祀，府州县祀城隍神，与云雨风雷同坛，位山川神下。又建庙设祀，祷禳禜禬必之焉。吏始至，斋三日，祠以少牢，矢厥辞而后临民视事。月朔望，僚属耆民，盥爇肃拜，退而听治。岁时飨郡厉神，摄召镇控，为主重矣。而庙之崇严系乎吏。吏或呰窳玩愒弗问，或务侈哆饬饰，暴才美厉，人事神，神弗休享。惟贤者用德，是故诞作神主。

瑞金城隍庙在县治西，旧靡记，莫知所创。卑下湫隘，陋甚。数葺率袭旧为功，莫或改。明兴余百七十年，令前后无虑数十人，恤此者奚鲜哉？嘉靖戊戌，龙江王君自明部郎佐官兹邑，祠神而暂，动色兴叹：“令与神，表里阴阳佑助下民者也。庙若是，顾弗若令之堂。爽垲宏靓，故足以重威肃政，神道则有以异乎？”时方理敝苏瘼，缓弗即图。明年季夏，惠信通浃，人士协和。爰始命耆民杨孟雅、危万霆、李茂通、钟文重营财鸠工，庀徒揆日，培卑为高，辟隘而广，崇栋邃宇，垣楹梃桷，周垣重门，哙哙哕哕，枚枚如也。时维仲秋，刑牲沥酒，与众落成。士庶骇观，疑昔无庙。神若飞动，有风飒然。君自始暨今，日乾夕惕，进致其虔，如将质之；退平其政，如或鉴之。策殄剧寇，计禽大猾，咸逢机遘会，触擭投罗，若启若翼，若夺其魄。频岁山水暴涨，稼不为灾，蝗旱疫疠，匪驱而除，冥惑昭格，厥类惟彰。于是校士乡耆合口言曰：“弃祀覆殷，毖祀兴周，不虚哉。夫寅恭迓祥，慆慢遘凶，其孰能违之！抑敬神勤民相因，慢神虐民相因。是故帝临无二，神格靡斁，君子未有不如此而能兴道致治者。弗记，后曷示矣？”乃相率征文镌之石。问财费所出，相视莫对。盖民睹其成，不知其役，于是乎可以观政。后之君子爱人，敬事鬼神，其依而玩而窳，而侈而饰，则将奚赖焉？庙规制工役，实同新创。然基仍其故，故曰重修。龙江名鈇，字公仪，闽人，举嘉靖壬辰进士。今兹三稔，擢知东平州，名位将日进云。

【说明】欧阳德（1496～1554），字崇一，号南野，泰和（今江西泰和县）人。嘉靖二年（1523）进士。累官至礼部尚书。有《欧阳南野集》等。据道光《瑞金县志》卷一〇录文。参见嘉靖《瑞金县志》卷七。

694. 明·佚名：郭母高氏地券文

嘉靖十九年庚子（1540）

谨按青乌真人曰：《鬼律》云，葬地不斩草，埋地不立券，谓之盗葬。乃作券文：

维大明国江西道吉安府泰和县六十二都荐溪里居住孝男郭怀爽、怀朗，伏为亡过先妣高氏锦凤，元命生于成化庚寅六月廿八日，不幸没于嘉靖甲午七月廿一日，享年六十有六。兹卜嘉靖庚子正月廿六日安厝于万安十七都泥塘寅山申向为栖身之所。谨用冥钱极九九之数，币帛依五方之色，就于后土阴官买地一区，东至青龙，西抵白虎，南极朱雀，北距玄武。内方勾陈，分治五土。彼疆尔界，有截其所。神禹所度，章亥所步。道路将军，夷厥险阻。丘丞墓伯，禁绝呵护。驱除魍魉，投畀豺虎。弗迷兽异，莫予敢侮。水秀山明，生炁旺聚。亡灵安妥，永无灾苦。子子孙孙，为祭祀主。敢有干犯，神弗置汝。山灵地祇，明听斯语。急急一如太上混沌女青真人律令，敕。

出卖：东王公；来去：西王母；证见：李定度；为书：白鹤仙。

【原有道符一帧】妥镇。

元始符命，普告十方。部卫形魂，安镇玄堂。水土旺聚，精邪遁藏。五方五炁，不得飞扬。尔子若孙，世世其昌。

正一盟威经录九天金阙御史金部尚书北拯斩邪使便宜行事丁崇霖。

【说明】券石现存于泰和县博物馆。青石材质，高 0.56 米，宽 0.40 米。正楷。据《泰和古碑存》录文。

695. 明·汪佃：城隍庙记　嘉靖十九年庚子（1540）

城隍之名，昉《易繇》，而祠不经见，自唐以来始著。我太祖高皇帝统一天下，首正礼乐。凡前代淫昏之祀，诡正之号，厘革殆尽。而于城隍独致隆焉，秩诸祀典，与山川社稷并。山川社稷，坛主不屋；城隍则像设庙貌，衮冕峨然，天下诸省郡邑咸有之。凡吏其土者，长贰以下，始莅治所，必先洁斋宿祠下，质明誓神而后视事。予初谪倅宣城，继丞云间，佥书闽臬，每听誓词，毛发耸竖，俨若神鉴在上。乃知大圣人神道设教，意微矣哉。

吾弋城隍庙据县治西北隅，岁久颓圮，栋倾桷摧。乡老郑诏等大惧无以揭诚妥灵，系百里士女瞻依喁喁之忧，相与协谋矢心，捐家赀，庀私徒，鸠材募工撤新之。乃崇厥基，乃闳厥规，甍栋岩岩，丹垩辉辉。若督在公，若趋我私，众睹落成而费曾罔知。时嘉靖乙未年孟冬乙未也。予时家居，闻而嘉之。某等来请，愿纪成迹，予固乐为之言。适奉命起废，方治行，未暇也。兹将赴南符台，众耆敦趣数四，且曰："祠成五年矣，及今不一言，后将何稽？"予不克辞，乃记曰：

夫神，民之主也。祭祀，凡以为民也。是故山川能兴云雨以利民用则祀之，社阜万物、稷蕃嘉生则祀之。若夫城隍，设一方之险以为民卫，功与山川社稷等。祠祀虽于古无所考，然我高皇帝以天纵之资，建中和之极，浚发圣心，令其与藩臬守令分幽明之治，均长民之责。且万姓之所望走，雨旸水旱病疫之所祷祈，冤愤沉郁无告不平之所赴诉，皆于是焉，可视为茫昧不可致诘而无神司其间哉？春秋秩祀，夫岂无谓而大圣漫尔作古自我欤？所谓义起之礼，殆此类也。夫邑大夫祝侯始至，斋于庙，睹其轮奂，而善趋事者之勇于公也，叹奖不已。于是又知侯能崇明祀，协神人，以遵祖训者也。故视篆以来，惠政多可纪，不可不书以贻后人。侯讳继伦，字师圣，浙之海宁人。其肆力而卒成之者，诏洎李太也，法当率连附书，庶举议者有所劝云。

【说明】汪佃（1478～1538），字有之，号东麓，弋阳（今江西弋阳县）人。弘治十一年（1498）举人。正德十二年（1517）成进士，选庶吉士。历官翰林院编修、礼部郎中、太常寺少卿、詹事府詹事等。有《东麓稿》。据同治《弋阳县志》卷一二录文。

696. 明·张彦頨：明故玄君柳氏墓志铭

嘉靖二十年辛丑（1541）

玄君讳白，表玉卿，乃平安南钦差总督军务、征夷副将军总兵官兼镇守两广地方征蛮将军、少保兼太子太傅、安远侯柳珣母弟也，特进荣禄大夫、柱国、少傅、安远侯景之孙。父特进荣禄大夫、柱国、安远侯娶夫人游氏，乃宪宗纯皇帝驸马泰之女。夫人因梦月在怀而孕，玄君既生，瑞光满堂。甫长，不由师教，即兄弟不同席，才仪迥异。父钟爱之过男子，常抚其髻曰：“不得其家，不轻许之。”

嘉靖丙戌，予先室襄成伯女李氏丧。六卿合仪玄君，纳采毕，上伞驰驿行亲迎礼。归府一十六年，虽世禄之家，略无富贵德色，以礼自慎。宗庙有事，必亲理之。与予相敬如宾，每食必举笏相揖。或公出，虽日昃不先食焉。下至左右男女，皆有恩以恤之，厉言不出于口。卒之日，长幼贵贱，哭声震地，宫观市民，相率祭者千百朋。

予疏上，诰封庄惠志道玄君。并葬。生于弘治辛酉七月初八日，卒于嘉靖辛丑五月十三日，享年四十有一。哀哉！生女三，季许贵溪汪侍御似仲子。生子一，甫岁余。适当天下诸侯朝会之期，予例与焉。上命下：“朕念卿中年方得一子，矧在襁褓，或难远离，特遣行人黄如桂赉敕往谕，今次暂免卿一来，俾卿得享中亲，以见朕保慎汝嗣之意。卿其钦承之哉。”得与玄君永诀者，上命之及也。今年癸卯，以玄君丧，子尚幼，夏六月仍差锦衣卫百户乔鉴免朝。冬十二月初八日得闲，奉克襄事于仙池后。欲丐铭于贤士大夫，恐文流于史，非玄君之心也。姑志其略云。铭曰：

玄君之归也，上命予还之；玄君之殁也，上命予葬之；玄君之有子也，上免予朝之。自古所未有而有之，荣之不可尚已。惜夫！今之诀也甚速，昔之归也何迟。子之幼也劬劳，未之知子何心哉？恶忍拭泪为之铭辞？

诰授正一嗣教怀玄抱真养素守默葆光履和致虚冲静承先弘化四十八代大真人张彦頨自撰。

【说明】张彦頨（1490~1560），字士瞻，号湛然。第四十八代天师。碑现存于龙虎山上清镇居民家。高 1.06 米，宽 0.49 米，厚 0.4 米。据碑录文。参见《嗣汉天师府志》第十七章。

697. 明·佚名：祭罗山文* 嘉靖二十一年壬寅（1542）

大明嘉靖二十一年岁次壬寅十月丁丑朔，越祭日庚寅，三十九世孙僻、僮、位、价，四十世孙文魁、文爵、和阳、良臣、良恭、沔阳、良世、朝会、良献、良茂、良颜、良弼、良谨、朝衮、良木、良政、良碧、良材、文溥、良明、良速、文山、良珍、良高、文博、文审、良华、文靖、良劲、良节，四十一世孙珂鸣、邦阳、时望、曰萃、曰济、曰敬、曰沛，四十二世孙懋显、懋贞，谨以牲体庶馐之仪，敢昭告于远祖晋征士文通之墓：

于惟我祖，学正而固，行修而介，抱义而处。抑又何悔？敦恬处退以自励，黜纷华而不浼。教淑八百，而当世之学者有师；求道书成，而后世之斯文有赖。呜呼！志非不欲以泽斯民，不幸而遭无君之会。故敦贼之檄虽迫，而梅仙之游益坚；晋室之征虽殷，而池山之迹益晦。是故有托而逃以贞静之节。夫何云霄之说，致今蒙人之疑。盖所可信者，避世之心；而不必泥者，养晦之迹。读求道之篇与夫世谱之笔削，其弗获已之心概可见矣。嗣是或以忠孝，或以节义，或以文章，或以政事，或以道学著名，或以庙祀百世，孰非我祖垂休之远也哉？僎等不肖，尚承遗德，不陨其世，兹修岁祀之常，用勤报本之意。则夫鸢鱼之地，树柏之巅，盖有千载如一日者也。瞻扫之余，不胜感慕而已。暨我晋汉府尚书文慧公惟兹合食。尚飨！

【说明】据《剑出丰城》录文，文字、标点有改动。祭文记述了丰城罗文通后裔公祭罗山及其与道教之关系，反映了儒道合一之文化特征。据毛静研究，罗文通是晋代著名征士和学者，他曾在池山（后以其姓改名罗山）讲学，弟子八百。宋高宗绍兴三年赐额“罗山书院”，中有云霞观，明代改为谌母观，以奉祀许真君师父谌母。本文与前录魏少游《罗山书院记》《晋征君诏贤墓碣铭》等是研究儒家书院与道教宫观关系之珍贵史料，故录存。

698. 明·莫遗贤：重修南康县城隍庙记

嘉靖二十一年壬寅（1542）

我太祖高皇帝即位之三年，诏天下立城隍，封厥神为监察司民，革去初年公侯伯之号，毁其像，易以木主，一切杂妄，悉命屏之。其庙宇俱准公廨，设公座笔砚，如守令然。岁祀则奉主附享于山川坛。京师京尹主其祭，府、州、县则守令主之。到任之日，即与神誓，俾不敢以非理厉吾民也。我太祖所以相上帝而绥万方者一何至哉！

维时南康虽江右小邑，咸得以建庙秩祀。历年既久，典司不常，木者朽矣，石者裂矣，土者圮矣，甚无以称明诏。乃丁酉孟夏，邑令龙塘陈子徕进义民吴安邦、赖养庆等而谓之曰："明有礼乐，幽有鬼神。守令治民生，城隍司民命，其义均也。兹庙貌弗饬，振起而修复之者，非吾令责耶？吾当捐己从事，尔等其相与成之。"邦等乃执簿遍告于邑民，愿出金者，无问多寡，书之于簿。不数日而得银若干。陈子曰："是可以事事矣。"乃诹日鸠工聚材，始事于丁酉之夏。中为堂，左右为两庑，前为门，又前为石坊。功未及成，明年戊戌，陈子已擢漳州别驾矣。嗣是而晋江杨子尃、龙州王子询，皆仅仅续为之。而耳房外垣，迄今未就，是亦功亏一篑者也。

今岁壬寅春，我贰守莼江张公来掌县事，凡百废坠，皆捐俸修治，如家政然。复睹兹庙未完，又捐银若干，命耆民奚汝魁、蔡甫伯等往理之。先耳房，次外垣，木以百计，石以千计，迄中秋而庙告成，伟然城东之壮观也。夫以兹庙之修，为年已五矣，为尹几四矣，而今日适成，得非成数之有定乎？庠士奚元吉等乃以为是不可以无记，因属记于予。

予窃以城隍之名不经见，史亦不书。惟唐李阳冰有当涂城隍庙记，则在唐开元已有之矣。盖以天地间有一物则有一神，况聚一方之民而为高城深池以卫之，其无所以主之者乎？此城隍庙之修所以不可废也。前令陈子造之于始，我莼江张公成之于终，皆所当书以诏来世者也。张公讳铨，字秉道，号莼江，如苏人，掌县事方半稔，政流讼减，士奋民康，所可颂者不止此。陈子讳徕，字世德，号龙塘，山阴人。予官也晚，未获识荆，然而询其为贤令也。是为记。

【说明】 莫遗贤，苍梧（今广西苍梧县）人。举人。时任府教授。据康熙四十九年《南康县志》卷一四录文。参见乾隆十八年《南康县志》卷一四。

699. 明·吴希孟：建灵雨祠记

嘉靖二十一年壬寅（1542）

嘉靖壬寅夏旱，予以除职赴省，取道归万年，往还以身请。一夕，梦天神曰："善能雨之，守其祠吾否邪？"予曰："诺。"至郡，入谒老父，即坛所，率僚属徒步凡三日。郡黎罗号户衢，声嗷嗷，予心如焚。乃告于神，符梦语，协之卜，再告曰："神为信城镇，夏相公具奏天子，列祀大高玄殿。君相之意，为民祈报耳。神宁忍负吾君吾相吾民吾守若而僚属邪？守有罪，罪在守，民何辜？"语毕，阵雨檐溜，喜若弗克胜。迄夜，雷电风云，大雨如注，四郊咸足。民裂谷神之岭隙祀焉，名曰灵雨，盖行祠也。神在唐守信州，沈邱人，以祈雨灵山下化去。其泽民无斁如此，讵可忘乎？故作神记。

【说明】吴希孟，武进（今江苏武进）人，时任郡守。据乾隆九年《上饶县志》卷一四录文。

700. 明·卢琼：重建浮梁城隍庙记

嘉靖二十一年壬寅（1542）

汪侯少泉为政二年，工首学校，次阅阴阳医学，申明亭与县治后凡侵地皆复之。一日，持城隍庙碑刻与图示予曰："周礼颁祀于邦国都、家乡邑，今之城隍其一耳。筮仕有司者祭而誓，誓而后任，制也。其官之廉墨仁暴，政之善恶，惟神是司，其关匪轻。斯庙也，初年朴素卑陋，基址空散。弘治戊申改作之，暨己未火，惟建一堂两庑，视初年卑陋空散尤甚。庙之内外隙地为环居之民侵逼尤多，有司漫不之禁，岂以神不灵于廉墨仁暴、善恶之报，故置而不问欤？按图，地形裕于前而杀于后，南北为纵，计三十丈，横四分，为中度之，寝前檐下东西若干，正堂前檐下东西若干，盖取复之额如旧矣。

兹于北边筑土环堵而覆以瓦，南则葺旧门而饰其扁，一面皆抵通衢，无足虑者。于西也，官运砖若干，砌垣高若干。于东也，民地卑下悬绝，自相为限。东南旁地官以砖垣三围之，立社学于中，通门与路。于学东卑地署为别次，以翊于庙。西南旁地令庙丁治圃以司香火。又新两庑十八间，是欲四维而联属之，侵窃之患庶几免乎哉。”予曰：“免矣。然物之成毁有时，官吏贤否不一。昔也门堂寝庑，森严缦回，刻石以防，必谓无恙，安知今日之为颓垣败壁、榛莽瓦砾？虽碑石，恶其害己而毁之，而官不之恤哉。侯修废复旧，焕然截然，是必无恙，又安知后日之不为今者哉？然则如之何可守也？夫人者心也，神则理也。昔卫迁帝邱，夏相夺康叔之享于数百年之后而卫卒不竞，盖居非其有也。天下岂有不爱子孙之祖考者哉？又岂有不欲祖考享祀之子孙者哉？无是心与闻是言而不惧者，皆非人也，则神夺其享，理也。其家之不竞与卫之不竞，一也。虽然，侯尝毁康王等淫祠，市乡共五百余所，悉改为社学，独于此是崇何？吁！此为政之所以善也。予见其治民，淑者赏之，贫者恤之，弱者扶植之，恐陷于有过则训以约之。至于义刑义杀，一无假借，善恶之分也。凡神有功于民则祀之，不在祀典者逐之，邪正之辨也。去恶，恐其伤善也；去邪，恐其乱正也；邪去则正益崇，正崇而官之廉墨仁暴、善恶之报自有不容掩者。以是二者守之，则民之侵窃庶几免乎哉。然则斯功也，可以摄伏人心于不朽也哉。”

【说明】卢琼（？~1567），字献卿，浮梁（今江西浮梁县）人。正德六年（1511）进士。历官河南固始知县、监察御史。为人饬躬厉行，博洽能文。有《归来稿》。据道光《浮梁县志》卷九录文。参见康熙二十二年《浮梁县志》卷八，文字省略较多。

701. 明·陈克昌：神功泉葺亭记*

嘉靖二十一年壬寅（1542）

神功泉去郡城西十五里，路傍小石池，广仅尺许，深称之。虽瞬息顷百余人饮之，不少竭；终岁不汲，不见泛溢。其水极清而甘，比凡水稍重，最宜酝，故盱江有麻姑酒之名。洪武中，同知梁君书有匾，寻坏。景泰初，通判荆君碑诸石，复覆以亭，迄今百年，半欲就圮。嘉靖辛丑，予谪兹盱。明年秋，祀姑祠，偕太守朱公、判倅李君、节推方君往，并祀三忠，因有所谓武穆之议矣。返观于泉，询其所谓神功者，道人曰："山顶有灶，昔葛仙炼丹之井，故名。"各汲饮。方君好事，取一罂权之，如人称。因叹曰："实胜境灵迹，洞天福地也。可无葺？"诸公曰："吾所取独异是，盖山下静清之义。兹可与征志，可与言政矣。"予曰："然则兹泉其有益乎？汩则乱，可惧也。"遂葺其亭，为记。

【说明】陈克昌，浙江仁和（今浙江杭州市）人。嘉靖五年（1526）进士。时任建昌府同知。据黄氏本《麻姑山志·记》录文。参见乾隆十七年《南城县志》卷九、校注本《麻姑山志·记》。

702. 明·江一川：重修黄冈山紫庭祠记

嘉靖二十五年丙午（1546）

真君姓黄，名仁览，字紫庭，晋怀帝时人。居高安，与蜀川陈勋、庐陵周广等师事许旌阳。旌阳尤属爱真君，以子妻之，尽得其道术。尝任青州从事，青去高安数千里，有竹杖化龙、夜骑归省、日出还署之异。后与父辅举家三十二人侍旌阳白日升天。宋政和壬辰，册封旌阳师弟，称紫庭为冲道真人。其肇祀吾乡岁月无考，但闻诸父老乡人，岁旱车戽河水，忽来一木沿流抵车前，上有黄仙刻文，知为神。祝曰："尔果有灵，当降大雨活我，我即祀神。"大雨随至，众因立祠祀之，即今团山祠是也。后有飞鸟衔钱鸣于高山之巅，此山之祠所由立。山之后里许，平阜之原有行祠，山之前原有新祠，距前五七里有河塘之祠，祠虽不一，无非所以便报事、祈福祥也。高山之祠为诸祠冠，远近咸称黄冈山焉。明兴以来，环山而居者多安富而好礼，故祠宇壮丽，甲于他祠。弘治癸亥，以淫受诬，革于官。自后寻建，不及往昔，加以凌风宿雨，尤易圮毁。

嘉靖壬寅，川堂伯相溪翁登山谛观，梁桷陊剥，庭木秃缺，几筵默昧，无以妥灵，民因以懈，祥庆不下。作而曰：“忝长乡士，不即图之，罚其可逭乎？”乃商诸家君子子虚，偕里之耆彦吕甫韶、汪大海等，佥谋重修。疏告远近，一时神灵奋扬，人心孚感，咸有施舍。遂贸木斵石，因旧为新，建楹五方，广数十丈，四垣砌以红石，而凡水瓶香鼎皆石制，将图久远之规，以昭事神之悫。风烟雅淡，草木苍翠，悠然神仙之宫焉。工始于癸卯，讫于丙午之冬，中阻于龙蛇二年大旱故也。相溪翁讳鲥，字子时，别号相溪。循古尚义，好善乐施，与兄霍邱掌教强恕翁讳鳌者并老林下，而事神一节，尤为谨严。因命川为记，川不敢以不文辞，遂并记之。

【说明】江一川，字体行，号两崖，都昌（今江西都昌县）人。据县志载，他“天性高明，器识宏伟，由进士任宁国府推官。政治有声，升刑科给事中。风节峻厉，遇事敢言”。据同治《都昌县志》卷一二录文，题下原注云：“旧遗，照祠中碑补。”

703. 明·佚名：故周母熊氏孺人地券文

嘉靖二十六年丁未（1547）

青乌子曰：葬不斩草，埋地不立券，谓之盗葬。乃作券文曰：

维大明嘉靖二十六年丁未岁正月旦日甲寅良吉，贯江西吉安府庐陵县城西宣化乡二十六都淳溪图安原社建普济雷坛居住，孝男周启良法号正玄、启巽法名端、启兑、启图，孝媳黄氏凤秀、黄氏闰玉、刘氏善玉，孝孙子学、子享、子孝，孝女桃娇、孝眷等，痛念明故先妣女官熊氏清秀孺人，原命生于弘治庚戌年五月十六日丁卯戌时，曾于嘉靖丁酉年十二月望日庚申，状投法官周震，王静忠、周愔玄保举，引诣平原法师周道正门下，奏授灵宝升玄曲赦血湖宝箓紫府侍真夫人，辅正驱邪、护身保命之职，为任当给束身文凭二道阴阳执照，不幸殁于嘉靖丙午年十二月十九日壬寅午时，享年五十有七。

生居华屋，死用冢宅。今备冥钱千贯买到本里二十七都义平里灶长岭之原吉地一穴，东至甲乙青龙，南至丙丁朱雀，西至庚辛白虎，北至壬癸玄武，上至皇天，下至后土。以上六至为界明白，于内修建茔墓一穴，作卯乙山酉辛向，以为女官万年之安宅。矧□年月，禀列宿之精灵：葬后儿孙，钟山川之秀气。人兴财旺，屋润家兴。若此境之内，倘有邪妖不正之神妄来侵夺者，凭此山家太岁押赴阴司，依女青真人律令治罪施行。

今恐无凭，立此与亡人执照。故券。

出卖人：东王公；同卖人：西王母；西来人：张坚固；为书人：李定松。

泰山都省萧真人律令。【原有道符一帧】

【**说明**】碑现存于吉安县敦厚镇。青石材质，高 0.40 米，宽 0.38 米，厚 0.04 米。据《庐陵古碑录》录文，标点有改动。

704. 明·佚名：故曾母王孺人地券

嘉靖二十六丁未（1547）

青乌真人曰：按《鬼律》云，安葬不斩草，买地不立券，谓之盗葬。乃作券文：

维大明国江西道吉安府泰和县千秋乡六十一都长塘边住人，孝男□□□□为先母王氏孺人讳魂，原命生于弘治己未年三月初一辰时，不幸殁于大明嘉靖乙巳年七月二十九日申时。于直隶庐州府儒学官舍扶榇南□□□□。今卜嘉靖丁未年正月初一日辰时大吉，安葬于本里南陂塘，其地辰巽山戌□□□□□北。谨备泉币极九九之数，币帛据五方之色，就后土阴官鬻地一区，东至青龙，西抵白虎，南极朱雀，北距玄武。内方勾陈，分掌四域。彼疆尔界，有截其所。神禹所度，竖立所步。道路将军，夷厥险阻。丘臣墓伯，禁切呵护。驱除魍魉，投畀豺虎。弗迷兽异，莫予敢侮。水秀山明，生炁会聚。亡灵执之，永无灾苦。敢有侵凌，神弗置汝。山灵地祇，明听其语。一如太上混洞赤文女青律令。

【原有道符一帧】

元始符命，普告十方。部卫神魂，安镇玄堂。水土旺聚，精邪遁藏。五方五炁，不得飞扬。而子若孙，世世其昌。

皇明嘉靖二十六年岁次丁未正月一日。

东王公，西王母。

灵宝洞玄仙卿奉行济度事萧承诰奉行。

【说明】 碑现存于泰和县博物馆。青石材质，高0.49米，宽0.34米。楷书，稍有剥蚀。据碑录文。不清晰之文字依文意并据其他券文有补充。

705. 明·游震得：婺源县城隍庙记

嘉靖二十九年庚戌（1550）

城隍古今世祭而冢土有社，其事该焉。高城深池，设险蓄众以威四方，神气炳灵，后世有专祀，宜矣。然号以人爵则非焉。皇明稽古，惟曰某府县城隍之神，以风云雷雨、山川、城隍同埠合祭，而城隍又有专祀。守土之吏始至，则合群祀读誓命于其庭。郡厉、邑厉、乡厉有祀，则牒城隍摄群厉于其祭日。盖害盈福谦之柄若专畀者，四时各宣其气而百神各一其用。是故祀社稷以功，祀孔子以德，祀城隍以法，所以食之、教之、治之。明于其礼者，达于政矣。

岁己酉某月，婺源城隍庙火。明年，汉阳梦鹤王侯来掌邑事，誓命无所，民之将事者暴瓦砾。侯悯而新之，捐俸先之，役不逾时，民欢趋之。经始于嘉靖庚戌闰六月，落成于是冬十二月。其地在县东门，前临通衢，左右阛阓，方山以为屏，绣水以为池，隆栋翚飞，威灵焕赫。民之游者处者，求弗获而祈者，有孚窒惕而卜者，咸趋而礼焉。相与言曰："王侯治人以明，事神以期，嚚讼革，侵暴息，民业安。《诗》曰：'恺悌君子，神所劳矣。'城隍之神，惟侯焉依；吾侪小人，惟侯焉怙。瓜期信宿，惧侯之去我而位于朝也。"其耆老则酌而祝曰："愿侯入秉三事，而使婺源官必得其人，邑无秕政，神不佚罚。善有庆，不有殃，敲朴辱死之祸不滥于无辜，而和平之福不僭于淫人。则邦邑有维城之固，而无复隍之忧，神以显于世世也。”再拜而退。有来山中语其事，山人载其语，用俾邑人刻于石。

【说明】游震得，字汝潜，婺源（今江西婺源县）人。嘉靖十年（1531）中举人，十七年成进士。历官监察御史、赣州副宪、副都御史等。据民国《重修婺源县志》卷六七录文。

706. 明·王邦用：重修惠济祠记 嘉靖三十年辛亥（1551）

盈天壤间皆气也。气有正有灵：气之正者，在人为忠臣孝子，纪纲世道，泽流生民；气之灵者，为明神，为肸蠁，以赞阳道之不及。故曰□□□在人之一气，此之谓矣。

吾王氏食指浩繁。旧有威武侯祠，水旱疾疫，祷无不应。考旧有之迹，肇自隋唐开基之初。显道金山，尝从忠仁王擒蛟斩犍，水以平，黎民咸赖。故其灵在天地，不与世俱没。《传》曰：“能御大灾则祀之，能捍大患则庙之。”侯祠在吾王，能以诗文道祸福，能以医药济死生，不蓄羡赀，不求淫祀。则侯之有祠□□□吾王氏，自吾祖至吾兄弟子孙，至吾隶人，凡数十世，于侯之灵是凭是依。譬之慈母，赤子求无不应，则吾王氏之祠之也亦宜。

祠旧在祖祠宁神堂左厢。丙午秋，延毁于火，而侯之像巍然独存，则其灵可验矣。甫越月，众谋新之。经始于十月□日，落成于□月望日。仍祀匡仙、忠仁王于中，祀翊善侯于左，祀威武侯于右，合而称之曰惠济。祀祠之建也，财不敛而日聚，工不驱而自来。翼如肖如，枚枚渠渠。广二十丈有奇，寻倍之。众谓予曰：“汝仲子魁第，今年春病疹疮甚，蒙惠实淹。盍记之，以报景贶？”粤忆于时有诵之者曰：“灵神赫赫，祠宇翼翼。完矣美矣，伊谁之力？”敢从而和之曰：“匪侯弗萃，匪人弗集。维侯之绩，维人之激。人杰于灵，灵显于杰。不有申甫，嵩岳弗彰。侯耶人耶？妣美则昌。猗欤休哉！不可尚已。惟修厥灵，丕振厥声。黍稷非馨，明德惟馨。精爽在天，英气在地。彰善瘅恶，降福流惠。感之斯通，祷之斯应。族斯聚斯，维侯斯听。洋洋在上，乃右乃左。我民报事，无荒无惰。矢自今日，钦于世世。爰勒诸石，以为祠记。”

邑学士思泉王邦用拜手撰文；文澜匡裕湍书丹、篆额。

大明嘉靖三十年辛亥岁冬十一月壬辰之吉立石。进士王达书，泰和蒋魁责刻。

【说明】王邦用，生平不详。碑现存于吉安市青原区富田。青石材质，碑高1.04米，宽0.64米。碑拓片存吉安市博物馆。据《庐陵古碑录》录文，格式有改动。

707. 明·周汝员：翠竹祠碑记　嘉靖三十年辛亥（1551）

灵祠在赣之会昌县南二里，祀封元帅赖公庙也。翠竹者，环祠皆竹，翠郁可爱，故邑之八景而翠竹与焉。盖尚神之灵，庆竹之翠，而景最一方也。碑之者，江生材纯也。生以易学授徒于其地而馆于祠侧，得疾而药弗效，乃乞灵于神而愈，遂盟神镌碑，以昭神贶焉。乃求记于予。

予闻赖神有御灾捍患而作福斯土斯民矣，又尝以广寇王宵养之叛而显助官民之功，获元帅之封矣。又显助兵之功于闽寇邓茂七之平矣。阳明王公班师上杭，民苦大旱，道经祠而祷焉，遂大雨。其他居民之疾患，岁时之旱涝，舟车之往来，凡所以假贶乞灵，无不响应。而江生之病，乞灵而愈，尤江生亲验之而亲言之，而余亲闻之也。此翠竹所以托祠之灵，得并山川，协水月，齐寺观，会嘉萃美而名此一邑之景也。不然，竹之植于兹邑者多矣，而兹独称翠，岂会邑之竹皆不翠欤？

昔二妃泣帝舜而泪竹成斑，人祠之而竹生焉，遂名曰湘妃竹。寇莱公之归榇也，民祀之道傍而折竹复生，后人依而祀之，为名曰莱公竹。夫二妃为舜哭，而为国为民而哭也，诚之极也，于泪竹生斑，天显其诚，故祠立而竹显；莱公为臣为忠，德之至也，其折竹复生，天显其忠，故祠立而竹显；今赖公之为国为民，功之大也，故垣竹翠郁，天彰其神，故祠灵而竹翠。

今特碑之于石，名于一方，将显于天下，则江生之所以答神贶者至矣。原祠之灵，彰竹之翠，而系之诗曰：

濯濯厥灵，维祠之神。神灵同天，阴骘下民。御灾捍患，为国之祯。为忠为烈，为惠为仁。祠哉灵哉，猗欤厥蓁。维祠之竹，翠实紫筠。凝碧结绿，似桂似松。卫邱淇澳，凤尾摇摇。琅玕簇簇，竹哉翠哉！

皇明嘉靖辛亥，福建按察司副使、前浙江监察御史吉水周汝员撰。

【说明】周汝员，吉水（今江西吉水县）人。嘉靖间进士。历官浙江监察御史、福建按察副使等。为江右王学人物之一。据同治《赣州府志》卷一四录文。参见《赖公庙碑刻选辑》。

708. 明·夏民：明故张母杨氏夫人墓志铭

嘉靖三十三年甲寅（1554）

讳玉，姓杨氏，抚州府巨族也。少聪慧材智，父母艰求其配。贵溪县上清大真人张玄庆仲子曰自然，历娶未嗣，曰："先人宗庙之托，岂可若是而已乎？"复求娶，佥曰："杨氏旧门，承守不失其□，子女敦训，有幽闲之德，择娶莫若此。"夫人年方笄，入门媪妪皆喜，宗人克贺，曰："母有多子，克受成福。"既生子曰永绍，女曰圆真。翁疾，祝曰："宗庙之托，固遂其愿。朝夕训诲，光大门户，汝之责也。"翁遽卒。后勤以理家，严以训子，宗族乡党，咸仰慕之。绍娶唐甸夏氏女，未聘，夫人疾卒。生于正德甲戌，卒于嘉靖甲寅，享春秋四十有一。今扶柩葬本里南极观，背正向东，傍翁墓也。丐铭于予，庸书此以记岁月，以彰盛德云。铭曰：

孰非女？女无妒，女之贞。孰非妇？妇而能，妇之贤。孰非母？母而教，母之道。卓卓夫人，三□克□。刻铭志石，万古昭□。

赐进士第、奉政大夫、翰林院学士江汝璧篆刻；乡贡进士、承直郎、断事司断事夏民撰书。

皇明嘉靖岁次甲寅仲秋月吉旦，孝男永绍泣血立石。

【说明】夏民，生平不详。碑现存于龙虎山天师府文物室。青石材质，圆首方趺，高 0.79 米，宽 0.55 米。直行，16 行，行 11~24 字，楷书。碑首刻有祥云图案及“日月”二字，额篆“明故母张夫人杨氏墓志铭”。碑下半部漫漶严重，有模糊难辨之文。

709. 明·张乾泽：建城隍庙记　嘉靖三十五年丙辰（1556）

铅山据江右上游，隐然江南一形胜区也。在昔朱、吕、二陆四先生尝讲学于兹，至今鹅湖与匡庐白鹿并称。又乡先哲之道刘公、健斋费公辈，后先继起。信乎！人之杰者地必胜，地之胜者神必灵也。

铅山城隍庙在治之东，隘陋不足以称祀事。嘉靖三十四年八月，寒峰尹侯实议新之。明年夏，新庙告毕。前为大门二十四楹，次为二门十八楹，中为大堂二十六楹，堂之柱皆以石，后室十楹，亦以石，堂之左右翼室共六十八楹，高朗轩豁，规制备具，比旧加崇严焉。使来请泽为之记。

予惟天下之道，感与应而已矣；感应之几，心与义而已矣。在城隍，为一方之保障，固所谓有功德于民者。今令尹之心如此，义士之心亦如此，交相孚契，不言而信，不令而从，是岂神有求于人而人媚神以要福哉？义之所在，不可得而已也。使凡为一邑者，知民心可以诚感，可以义动，其所以捍灾御患、布德施惠一出于诚，而不以己意与乎其间，则民之应之又将有加于神者，昭昭之感格，岂独悖谬乎哉？是役也，寒峰尹公始之，槐峰程公终之，薄城内外暨诸乡鄙又输助之。其董理厥役以司出纳者，则义士吴旺、刘廷辅、徐旻、查玘、张锐、王廷玘、周元輝、傅天禄、王诚、王仲卿等，皆与有劳焉，因并镌于石。

【说明】张乾泽，字伯霖，铅山（今江西铅山县）人。嘉靖十二年（1541）岁贡。历官和州学正、桂林府教授。据同治《铅山县志》卷二三录文。

710. 明·高旸：重修城隍庙记 嘉靖三十八年己未（1559）

明制：郡邑之尊崇祀典莫先于城隍，盖以其保障之功、名义之正耳。安义自正德丁丑分割以来，立有庙貌于县治之后，民咸祀之。其后威灵日著，民益尊信之。

至嘉靖甲寅岁，知县陈君良谦率士民好善者刘俊等二十人重修后殿，规制森然，丹垩粲如。惟正殿两庑及拜殿尚皆倾圮，风雨不蔽。予丙辰八月之任，是夜宿于斯，于心若有不豫然者。即图构葺，恨乏赀用。延至次年春，县之南昌乡有谋故人命者赴质于庭，出自暮夜，茫无可证，予愀然。密察者已经旬日，不得其情。乃斋戒，越宿控诉于神曰："惟神阴府，彰善殚恶，虽细微幽独，靡不鉴察。兹以民间大故，何为不暴著也耶？"恳祷者数四。一夜有神冠幞头，执象笏，衣赪袍，乃就余而拜曰："汝部下杨福七之罪，即狱中李寿祥之俦也。"言未毕，遂忽然乘风两袖飒然而去。予因而感曰："神之示予，盖得其似矣。要之，李寿祥夺争杀人，与杨福七之妒奸谋故，其事虽异，而致人于死，其归则一也。"乃集县之有众明谳于庙庭，断之不疑，福七亦输服无枉。其中有未逮数人知谋而未加功者，罪之恐流于刻，释之则几于纵，因其轻重而罚之，各出山之木植、家之陶瓦，为正庙及两廊拜殿修葺之资。是辈感其得生，乐献所有，不数月而庙貌焕然，神灵妥矣。《诗》曰："神之格思，不可度思，矧可射思？"予感其事而三复斯言。因上其事于监司，诸公亦骇其发摘之异。立有案牍，以示各属。

夫明有法度，幽有鬼神，虽暮夜无人之境而为谋之不臧者，终若朝市之著，神人罔不交恶之。然则人其可不自慎而丧其身于非礼也哉？是文成稿于戊午冬，予以入觐北上，未得永其传。至己未，复之任，县之耆民皆愿出石请文以纪之。予因出旧稿以彰其感应之故，以为一方之劝戒云。

【说明】高旸，湖广蕲州（今湖北黄冈）人。时任知县，为人慷慨不羁，才干素裕；为政大有作为，政绩显著。据同治《安义县志》卷一三录文。

711. 明·斯正：重建城隍庙碑 嘉靖四十年辛酉（1561）

城隍有庙不经见，始见于唐李阳冰集中，盖唐以前祠祀矣。高城深池，必钟巨灵。灵之所司，康民阜物，御灾捍患，于是祠以祀之，礼以义起也。太祖高皇帝釐正百祈，典礼咸秩，革除淫黩，而天下城隍庙皆用其郡邑本称。每厉祭，谕告有词，出自宸翰，圣谟宏远矣。

永丰山邑也，连冈迭嶂，周环四封，水源沄沄，汇流萦带，山嶓水壑，恃为地险，故无城池。乃城隍庙则在县西百步而近，有司奉之如制。岁辛酉秋，广贼袁三辈数百人自玉山入寇，县以残破。逾时余来为令，入境观民，民方殄瘁；斋宿于庙，庙宇亦颓，廊庑半毁，顾瞻忉怛，大惧无以治民事神。夙夜兢惕，劳抚凋伤，安集流散，境内稍宁。余承上德，咨下情，创近祻，怀永图，而城池建置之役兴矣。大工肇建，迄今告成，不泐不圮，百雉崇坚，阴若有神助焉。余窃谓明有典制，幽有鬼神，相协而交应也。城池设矣，而神休是赖。神祠弗治，非所以示崇报永昭事也，遂捐俸倡之。簿见山王君、平川徐君，博士南池潘君、云磐刘君、山泉陈君，亦捐俸和之。令洞玄道士住持庙事，募乡士大夫各捐赀襄之。扐材集匠，起庳易陋，庄严殿堂重作，廊庑门阶咸饰，庙貌一新。维士与民，欣趋敬观，皆有喜色。告成之日，有拜而祝者，曰：“惟天惠民，惟神奉天。自今以始，民用平康，物滋阜蕃，庙祀永虔。”又稽首拜祝曰：“民有斯城，神有斯祠。自今以始，灾害不生，外患无虞，庙祀永宜。”又稽首申祝曰：“明明皇祖，谕训有严。自今以始，监兹吏民，福善祸淫，庙祀永安。”众亦忻敬，如神照临，再拜而出。余闻之喜，曰：“始祝徼福于神，众志也；再加者，有戒心焉，念时也；三加至矣，善恶之报，助赏罚之所不及，神有显道，民无慝心，兹福之基而灾患之障也。允若兹，治民事神无疆，惟休矣。”庙旧无碑，不详其创始。于兹举也，爰书其事，纪其祝辞而勒之石。

【说明】斯正，东阳（今浙江东阳市）人。嘉靖间中举人。时任邑令。

据同治《广丰县志》卷九之十录文。参见康熙四十一年《广永丰县志》卷二三（文字略有不同）。

712. 明・王咏：明故诰授正一嗣教怀玄抱真养素守默葆光履和致虚冲静承先弘化大真人掌天下道教事嗣汉四十八代天师湛然张公墓志铭

嘉靖四十一年壬戌（1562）

天以我皇上克肖其德，申锡眷命，亿万斯年，将与天悠久无疆矣。夫乃又畀之哲人，俾之宣畅秘典，祝延景贶，式迓滋至之庥。若大真人张公者是已。《传》谓圣哲并时而出，在昔轩辕帝，有皇人广成之属，是以帝之神圣愈为莫及，而悠久之筭，万世称隆焉。若真人者，盖今之皇人广成子也，所谓千载一时，非邪？

按状：真人讳彦頨，字士瞻，湛然其别号也。系出姬姓，其上世实有大功德于民。至汉文成侯力复韩仇，名著三杰，天鉴其忠，故九叶而祖天师出焉。其神异之迹，备载《世家》。自时厥后，代有异人，俱袭天师之号。世居龙虎山，至公则四十八代也。

初，四十七代仙翁在宪庙时，奉旨娶郕国朱公仪之女，不育。复娶锦衣都指挥宋公清女，是为公母，以弘治庚戌五月十八日生公。先是仙翁梦有星冠剑佩之神入寝室，且曰“愿植翁梓”，已而生公。公之生也，瑞香满室，弥旬弗散，人咸异之。在孩抱日，即岐嶷迥出常儿，若昔人所称投戈取印者。比长，则端雅凝重，屹若成人，见者谓神明之胄，固自不凡，所至辄争睹，若麟凤云。岁辛酉，公年始十有二，有诏侍亲入觐。敬皇帝一见奇之，赐坐便殿，赉宠甚渥，三宫亦有殊锡焉。寻以公父致仕，诏袭真封，秩视六卿。既归，则承欢唯谨，问安视膳，雍如也。既而师事致一真人邵公元节，益知向学。凡三氏典籍，靡不该贯，尤肆力于玄宗。工于书法，有晋人体制，得之者珍。

毅皇嗣极，诏加翁为怀玄抱真养素守默葆光履和至虚冲静承先弘化大真人。正德戊辰，公以普度羽士为请。命下礼部给牒，四方响风，玄教大振。越明年己巳，仙翁羽化，公哀毁骨立，绝而复生。制丧一以文公礼为式，人谓公于是乎能子矣。岁时入覲，屡荷蟒玉之赐。有诏陪祀太坛。岁庚午，上诏若曰："先帝崇事上玄，欲修大上清宫，以为祝釐之所，不果。朕当丕承厥志。"于是命太监李文修之，复纪其事于石。岁庚辰，驾幸南京，有言牛首山及后湖妖者，辄公赴行在治之，至则二妖俘献。上大悦，随命扈从还京。

今上即位，召公入见，首以清心寡欲为对，上甚嘉之，赏赐殊厚。已而命公还山，请太上诸阶法箓兼延至一师以进。岁癸未，有豪宗凌公者，上怒，诏逮京师罪之，自是人人知上重公矣。先是，公以襄城伯李公鄘女早卒，复娶锦衣吴公珍女，又卒。乃奉诏聘安远侯柳公文之女，敕南京内外守备官陪公亲迎，一时观望，咸为旷典。

岁丙戌，诏有事于泰岳太和山，遣太监李瓒、潘真、清平伯吴杰及湖广抚按官陪公将事。礼成，有金箓大斋之碑。公尝慨大上清宫田粮为豪民所侵，乃以疏闻，上下户部清理，复其差徭。寻有护禁之敕。复遣内宫监少监吴猷会同江西抚按官鸠工聚材，建大真人府第，并建敕书阁，以贮列圣诰敕。东建家庙以祀历代真人，西建万法宗坛以享上帝上真，又建北极殿以奉玄帝。余悉更建有差，金碧辉煌，琳宫焕然一新矣。仍命司礼监太监鲍忠传谕，以御用三清四帝列曜范金为像，遣吴猷赍祀于坛焉。赐掌法仙卿银印及牙刻"宗传"各一颗。岁戊子，公以入朝得陪祀星辰之坛，有御札文绮之赐。岁辛卯，复值覲期，公以乘传稍后，因自陈不职状。有诏弗究，且罪有司之违慢者。寻降敕护行。明年壬辰，遣内官监监丞曹玉督修大上清宫。岁乙未，公以本宫庄田寄于别邑，有司违例编差。奏下户部议，照品官例优免。有旨切责该部，命悉蠲之，仍著为令。岁戊戌，入覲。上以冬久无雪，命公祈于大内，如期而应。上大悦，有蟒玉文绮之赐。明年春，命建金箓大醮典，有白鹤绕坛、祥云捧日之瑞。复遣公往齐云山谢答神贶，且以祈圣母之万寿。事竣，南京抚按而下赆金币，悉却不受。间有礼意殷恳不得已受，随以施贫赈乏，由是人益贤之。

岁己亥，嗣子生，上闻之大悦，赐洗儿汤饼金币。九月，公复疏请齐云山如太和山例，除授官道管理。得旨，赐名"玄天太素宫"，仍给本山香钱，授以护敕。上念圣母上仙，赐公手谕，申述孝思，且褒公为张真君云。上复念公中年有嗣，诏免来朝。

岁辛丑，公配柳氏卒。讣闻，诏赠嫡母朱氏为端柔顺德玄君，生母宋氏为柔慈崇善玄君，前妻李氏为冲虚景惠玄君，继妻吴氏为安妙善常玄君，柳氏为庄惠志道玄君，赐诰命五道。

岁壬寅，公复有度牒之请，上允之。仍敕都察院禁约抚州民私出符箓。岁癸卯，上命公嗣尚幼，诏再免朝。岁己酉，始携子入见。舟次浙江，沙淤江浒，民甚病涉。公书符投江，沙即荡去。进次徐州，水涸舟胶，复以诗投河中，水忽夜溢。诗曰："吕梁碛下疾如飞，一派神栖接古徐。愿借红袍三尺水，官航稳载上京畿。"清洒流丽，真仙才也。比入见，上遣太监高忠赍赏慰劳，且命公录历代真人名讳以进，上亲赐嘉名曰"永绪"云。寻准承袭世职，驰驿还山。命聘定国徐公延德女为家妇，以郧国朱公希忠、遂安伯陈公鏸议婚行礼，工部寻赐伯爵服色、蟒玉彩币。岁壬子，诏免嗣真人来朝，令得昕夕侍公。

岁癸丑，公以祖庭回禄请建，上赐内帑银三百六十锭，遣锦衣卫千户赵虎同本府赞教罗元清赍发督造焉。改赐旧额曰"正一"、曰"万法"、曰"静应"、曰"祥符"。岁庚申，三观落成，公遣方日中谢上。上方喜公疏至，遣锦衣户李铉护送以归，且慰劳公。比至，则公已化去一月矣。呜乎痛哉！

公以嘉靖三十九年十一月十六日卒，距其生，得寿七十有一。以四十年辛酉十二月十八日葬于弋阳县之城东。子一，即嗣真人永绪。女三：长适魏国公勋裔徐公天锡子；次适太常博士崔继宗；次适监察御史汪君似子。公之殁也，上悼甚，谕宰相传示宗伯，视侯爵例给以葬资甚厚。且遣李行人琦、王锦衣正亿、温锦衣尧民，一以谕祭，一以督视丧礼，一以监造坟域焉。祭以十三坛，坟以万余金，又皆前所未有，盖异数也。

公生有慧质，且笃于忠孝大义，生平无所嗜好，唯究于性命之学。居尝以圣躬为念，或焚香礼斗，或杜门诵经，祈天永命，惓惓焉不间寒暑，可谓忠矣。性乐交士大夫，然未尝语及时事。尤喜云水，至则接遇以礼。不靳馆谷，尤加意于有道之士。其在朝，与公卿言则退然如不胜衣，谦和可掬，人以是亲之。尝语其子曰："吾志求服食，今不克进，儿当继志以图报效。"盖公之志，必欲精进此道，弘绍祖风，为白日上升事，不独尸解也，故其言如此。公尝念厥祖子房功德之隆，疏请免山东滕县差粮，朝廷谕之，可谓能追远睦族矣。至其神颐葆和，静极而虚，未逝之先，豫知化期，从容泰定。南华老仙所谓其生也天行，其死也物化，公得之矣。斯非有道之士能然邪？语曰："能体纯素，谓之真人。"公无愧乎其名矣。

余素慕公，顷来江西，至上清宫上万年祝，得晤公之子嗣真人永绪君，见其秀朗敦笃，有公之风，余于是益叹公之世泽灵长，盖本诸世德之盛，乃堪舆家尽归诸山川之气，未可也。世人谓长生飞升为难，余家食时，曾闻异人言：人生于阳而死于阴，故积阳之极则升而为仙，积阴之极则沉而为鬼。要在得诀精练，则长生可学，飞升可致。唯知道者识之，未可与俗人道也。旨哉！旨哉！余素欲谢去学之，惜余未及问公，公未及见余也。嗣真人以状乞铭，余嘉其孝，乃为之铭。铭曰：

苍姬抚世，德厚流光。云仍相继，奕叶弥昌。爰有至人，作于汉代。秘耀含灵，神功实大。世居龙虎，法运雷霆。诞膺爵号，名扬帝庭。真人绍之，祖风载见。澹素希夷，唯道精炼。祈天永命，为国祝釐。忠孝流芳，大江之西。入觐以时，夔龙班列。殿头鹄立，帝心嘉悦。乃涣渥宠，秩视元公。若彼轩皇，致敬崆峒。真人承之，小心翼翼。旦夕焚修，昭事上帝。曰我圣皇，万寿无疆。受天之佑，宝祚灵长。有臣如公，硕人君子。黄冠者流，安能公比。福德纯备，七袠其龄。翛然厌世，乘彼箕星。帝用悲伤，爰咨宗伯。恤典是将，天章赫奕。弋阳之东，郁乎佳城。帝命冬官，域兆是营。玉蕴名山，鹤归华表。生荣死哀，如公实少。美矣令德，稀世之珍。我作兹铭，焕于嶙峋。

赐进士、朝列大夫、江西等处承宣布政使司左参议、奉敕提督粮储、前湖广道监察御史、翰林院庶吉士、清微洞天主人、嘉州太朴子王咏谨撰。

嘉靖四十一年岁在壬戌寅月吉日，孝男永绪、孝媳徐氏、王氏、孝孙同泣血立石。

【说明】 王咏，嘉定州（今四川东山市）人。嘉靖三十二年（1553）进士。官至江西左参议。墓志铭1986年5月14日出土于弋阳县民政局福利厂，现存弋阳县博物馆。青石材质，高1米，宽0.69米，厚0.65米。碑刻分为阴阳两面。阳面额篆“明故诰授正一嗣教怀玄抱真养素守默葆光履和致虚冲静承先弘化大真人掌天下道教事嗣汉四十八代天师湛然张公墓志铭”，阴面为碑文，楷书，42行，满行70字。碑保存完好。据碑录文。参见《江西出土墓志选编》，（文中“与天悠久”误为“兴天悠久”）。张彦頨对道教发展做出了重要贡献，然史传中记载极为简略，故铭文极具史料价值。

713. 明·桂荣：重修城隍庙记

嘉靖四十四年乙丑（1565）

信郡为山水之都，地势从怀玉山而来，溪流窍于其址，复东折，屹为灵山，迤逦百里而出。郡治由之以建，山汇城下为冰溪，清峻秀雅，郁然望之可挹。然脉自东来，气从西布，故城之西偏为和为动，而风气为钟。城隍庙适当其胜，其神灵视他郡尤著。郡有守有佐，视古诸侯卿等。而城隍所司之神，位望体制与郡之职守同等。此王者之制，以神道设教辅郡治之所不及。是庙在城革袭往号旁，列二十四司以准岁二十四气。凡祟祀祷告，朔望虔谒，郡斋咸肃肃惟谨。民有疵疠札瘥，斗争捕诛，辄相控乞庙下，倏若有感而应，盖得山川之灵为盛。年来怀玉山污潴其宫，龙灵不妥。城之东岨复浚辟弗忌，风气稍亏。忽寇攘披猖，属邑之市里为墟焉，矢石几薄于城。上下乞灵于神，卜之繇言，则若厉无咎。逾年，府治灾，城之西诏构之堂亦灾，民情惶惑，辄亟徙避，亦惟于神是祈，其灾亦旋以熄。既而郡守近山王公由工部郎至，暨节判犁阳胡公由翰林侍御迁客至，访灾变之故，始知怀玉山蓄灵或泄，及后辟土又近府为虞，未免事多妨政。遂恳请于上，稍宽其所不急。于是罢怀玉书院，撤分司畚筑，而公私始有宁宇。是故明有礼乐，幽有鬼神，人神相依，政道乃行。祀典以御大灾捍大患有功于民则祀之。信郡依于明神，神大有功于民，岂可不敬恭洁饬以尽其礼？先是毁于造军器之工，象设之剥蚀弗严，祠庑之杂蹂弗洁，阶陀廉隅之漫漶弗整，匪有司职守之责奚诿？岁甲子秋，近山公与犁阳公言曰：“人民、社稷之事，是亦学道之方。揆阴阳之义而幽赞神明，治道行赏善罚恶之法，神道示福善祸淫之威，相须而章，有不可诬者也。”乃相计度财费，勿勤其民。凡涂塈丹雘，圬墁甃甓，咸取之羡积，而次第就绪。明年乙丑之夏，则遂得以完报。于是严洁整饬，敝陋改观，焕神功于城隍，通灵气于山泽，则又羣阳公躬为调度之力。四时展祀孔明，有叩其向应哉。

嗟乎！河岳精灵，官治凭之以立金汤保障，民生赖之以安天地人神，其相为流通者哉。故观于法象昭明，可以知鬼神之情状矣。谨记。近山公名陈策，字思董，直隶泰州人；羣阳公名晓，字东白，直隶绩溪人；同嘉靖丁未进士。

【说明】桂荣，字君用，以举人历官至监察御史。按部湖广，摘发如神，自旦至暮，断狱百宗，立释疑狱，民人以为神。善诗歌、古文辞，有《桂轩诗》。据乾隆九年《上饶县志》卷一四录文。

714. 明·喻以正：隹山庙记　嘉靖年间

唐时江西大疫，有道人携一稚子一犬至洗马池。以柳枝指智井，水遂溢。行数十步，皆不见。人就汲，疫立愈，因即道人没处祀之。道人巾服，稚子加冠带，呼太子，犬旁侍焉。后道人献药京师，冒崔姓。朝使来加封，离其姓曰隹山庙。使者病，云道人呼偕去，遂死。人因范其像曰张大将军，旁立，右增一立像相峙，无姓名。

明正德初，廉察使某，云南人，就神占母疾。神降庙中，书“明日有家使至”六字，果验。嘉靖中，一宦者毁庙，弃像江中。汲水媪拾太子像祀之，就祷者多验，媪喜。越二年，神见梦于郡守，因复建庙。来迎像，媪抱太子像哭，郡守乃别范一像于庙。智井至今存，时枯时溢。泥犬夜杂众犬出，儿童值之多病，焚楮即愈。然今寂然矣。

【说明】据同治《南昌府志》卷四八载：“喻以正，字中立，南昌人。孝友诚至，每读书夜分，整衣冠，焚香默祷，愿减己寿益亲算。与章潢、朱试善发明性理奥旨。”有《易臆》《书臆》《诗臆》。据《南昌文征》卷一九录文。参见同治《南昌府志》卷六六。

715. 明·夏可范：白龙泉庙碑记 嘉靖年间

予浔江之水为东南巨汇，其源出于白龙山。山有泉，惟神司之。凡遇旱，祷辄应。宋以来锡以侯王崇号，取古四岳视三公、四渎视诸侯之义。我皇明受命迄今垂二百禩，侯王之号，人辄知之，而不知其即龙蟠土主也。土主之神，功德世远，人虽竞相迎社，而莫知其谓长春洞天也。是岁七月十有六日，予与耆老邓君、万君因搜寻山谷，步得一洞，在龙山之右。嘉其奇胜，因命人翦芜辟塞，烛入其内，广虚可容数百人。得二石碑，其一刻土主追封侯王之事，其一刻元封诰于其上，乃邑令亦剌马丹之所立也。遂相与骇视愕然曰："异哉！"据石，土主讳修，字君长，姓万氏。其先豫章人，究习韬略，辅汉世祖，拜云台上将，与首邓禹同功。功成，隐居江州庐山神龙洞，遨游赤乌龙蟠里白龙泉长春洞，自号长春洞天主人。所著有《云台遗稿》《江州存稿集》。以建初丙子旱祷于泉而解，后人立祠，绘像祀之，称龙蟠土主福瑞之神。宋建显济庙，敕封孚泽福瑞侯。至元二年闰五月，诏封孚泽福裕仁烈王，刻宸翰六通树于庙以表之。复湮没。今得碑读之，土主之功昭昭在人耳目。

嗟嗟异哉！夫圣王之制祭祀也，能御大灾则祀之，能捍大患则祀之。其所谓福瑞者，以其能御大灾捍大患，作福于瑞民也。侯者其本封也，王则因其本封而又追崇之也。若其以长春洞天主人自号者，则又子房游赤松之意，功成身退，又超出于云台诸将之上焉。其风高伟烈，至今犹可想见，矧予生于其间。稽之邑志，询之父老，无所谓长春洞者。今乃知洞以长春得名，神以长春寓号，岂土主之功待今日而显，而山川之美亦待人而有光耶？八月朔日，适予北上，与邑侯骆君、司训张君告别于泉之亭。骆侯，浙人也，性好佳山水，重有感于予言，遂请予作碑，勒诸不朽。予不诬夫神，岂敢诬夫人耶？遂为之赞曰：

白龙有精，濯濯厥灵。施沛甘霖，用福斯成。惟神相依，正直聪明。孚远孔昭，对越来歆。云台茂绩，槐里奇勋。勒名鼎彝，遗稿犹存。庐山之麓，瀼水之滨。龙蟠在中，洞口长春。历宋而元，徽号隆名。宸翰奎章，炳耀乾坤。洞中之石，百年斯湮。表扬自今，以妥神人。

【说明】据同治《瑞昌县志》卷八载："夏可范，字子极。性介。攻举子业，以礼经魁江西。丙辰登进士，授刑部主事。转员外郎，奉命录囚，见桁杨相望，为求生不可得，垂泣曰：'真匍匐入井，伊谁之咎？'隐痛成疾，未竣而卒。所著有《龙溪集稿》。"据雍正《瑞昌县志》卷五录文。参见同治《九江府志》卷四九、同治《瑞昌县志》卷二（录载于"显济庙"条目下）、同治《德化县志》卷五〇。

716. 明·彭澄：玉虚宫记　嘉靖年间

按《志》，邑有道场九仙宫，旧矣。基肇自唐，迄元，道人黄竹关氏解官蹑玄，卜是栖真有觉，倏附八仙乘云去，因得名九仙云。人以遇化，地以人灵，道以地阐，沿斯相为弗替，厥相遭讵偶哉？特其地杂处阛阓嚣尘间，其坛宇环垣尤敝圮殆甚，匪惟无足起瞻式，繄重贻玩媟焉。予昔读书于兹，每憾臻葺无其人，使胜地萎落若此。先是，有道冲应者砻石作门，予为题其额，自余仍故辙也。嗣予宦鞅十数年，每举念桑梓，则此地辄复往来于怀，亦昔人不忘旧游之意也。

顷余被命督漕淮、徐间，属乡先辈袁君介石等忽并寓书予曰："观坏不修，视君睹记时无改。今其门以内旧匾真仙之居者，其观之徒浩然既勉庀之，聚甓为殿，以祀真武，倚殿为亭，以列九仙，颜其门曰玉虚宫。钦崇仰正，视昔有加，参前觌后，维缜维肃。由门以趋通衢，则又悉甃以石，坚整坦夷，延袤数百武许。综其费无虑百金，凡皆出其祷禬捐施所获，锱累铢积，靳靳剂量以有成，宜得君一言以重之，俾永勒不磨，庶其有劝乎？"予闻之忻忻，为之色喜。夫浩然者，其志殆伟矣哉！恒谓今之莅官者，类以其居署为传舍，置仆立不为意，无感耳。乃世千金之家，厥祖父毕力殚劳，谋堂构以贻孙若子，其孙若子曾不一再传，支分派析，则视其先之所创不啻若道旁然，漫不致珍恤于其间。至缁黄者流，谁复以成毁校之？乃浩然能不啬其私，殚其力之所能逮，加意于人所不为意，以为人之所不遑为，为殿为亭，神获所奠，为径为途，人获所履，率尔改观，亦难矣！亦难矣！乃予将有深望于将来之或感而兴者。斯举也，浩然能先之矣，安知不有感而兴，思辟其庭庑而恢廓之者乎？安知不有感而兴，思周遭其垣墉而环屏之者乎？安知不有感而兴，思壮丽其杰阁危楼，俾干霄而耀日者乎？即无感而兴者，有志如浩然，又安知不思所以图其终乎？浩然慎图之，予日望之。是为记。

【说明】彭澄，字一清，别号龙溪，万载（今江西万载县）人。嘉靖元年（1522）举人。历官永州推官、工部员外郎、河东副运、福建延平知府等。有《恕庵遗稿》。据康熙二十二年《万载县志》卷一三录文。参见民国《万载县志》卷一二。

717. 明·隐德　隐云：上清宫虚靖祠重建碑记

隆庆四年庚午（1570）

道祖三十代天师虚靖玄通弘悟真人讳继先，字嘉闻，号翛然子。降诞于宋元祐七年壬申十月二十日也。盖以童真修炼，克证仙道，际会道君皇帝，召拜虚靖先生。凡求福利民，斩蛟诛蟞，祈祷雨旸，御灾捍患等事，皆余绪耳。至于应召对越，一出乎正，积功累行，媲美老祖，载之版籍，斯不重述。尝游闽浙，高弟云从。归结茅庵龙虎山正中之顶，钤记曰凤凰窠。首以为修炼之所，嗣徒十人，分为十院，各立名额居之。至靖康丙午十一月二十三日，跨鹤翀举。既而鹤归，诸弟惊异，即构鹤归亭于茅庵之前，建祠于鹤归亭之右，塑像于内以隆祀事。数百余年，悠崇无替。

缘以阴阳代谢，风雨相侵，祠宇既颓，礼仪亦废。於戏！清气返乎太虚，无从而觅；遗迹寄于尘世，获永怀思。于是十院有八十翁宋冲霞等辈，会众捐资，载新轮奂，合祖灵于未散，振斯道于无穷。其捐资者虽多寡之不同，亦当与之镌名于石，用垂不朽，使千百世之下有所观感而兴起焉。是为记，时大明隆庆四年庚午春三月也。

钦授赞玄近御供事、官道录司左演法佥书管事、奉诏还山焚修嗣法派元元孙隐德、隐云方日中顿首再拜撰记。

【说明】据同治《贵溪县志》卷九之七录文，原题后有注云“碑存靖通庵”。

718. 明·周邦辅：大唐萧七真人庙记

隆庆四年庚午（1570）

余邑割自建昌，而县治之内有大唐古庙一所，盖境主灵应真人庙也。按郡志，真人姓萧氏，名七。先是，伊父嵩字符礼，在六代时为陈都督。陈亡不事二姓，遂匿名隐修于余旧邑寿安乡回城山三田一湖之间。已而物故，乡人神之，为立庙以祀，时必有以感之者。自是历隋唐五季以及宋元，厥灵丕显。每遇使臣征讨至此，或告之梦，或有萧氏旗号现于云中，阴兵变化，助国有功。具实奏闻，敕封顺利侯王。有子三，而我境主居其长也。由唐代祖回城分司安义，血食一方，其来不知几何。故尝考之县志，稽之世俗，曰：“大唐庙者，缘此也。”迄今年代弥远，威灵益著。凡岁时旱涝、札瘥、疾疫与夫霜雹、虫蝗之类有累于人者，神悉为捍御，辄祈辄应，立能转祸为福，捷如桴鼓影响，境民咸赖以安。前余叔祖阳山翁暨邑侯芘源李公、少崖高公、仁峰薛公，迨今署县事郡伯蒋公，无弗敬信奉承，有事则祷于祠下。且尝召而致之，佥曰：“此正直福神，所宜崇祀。”

神之祠始分于城北，距县里余。继迁于南，即今布政分司之右侧也。复因割县之后断自神衷，迁于城隍祠右。夫隍社当境，本相表里，从而居之，不再易者，正其幽明翊赞、彼此协恭之义也。原庙稍隘，无前后堂宇，凡我境民，春秋享祀，不便瞻拜，兼以年久，日就圮坏。会民余邦奇等相议醵资重修，增大规模。旋复粉画而妆饰之，视昔旧址，焕然一新。则余境民之于境神，可谓格之以心，秩之以礼者矣。时诸务并举，未及镌石，至是始属予文以记其盛。

余亦境中人也，乃应之曰："庇乎人者，神之所以示信也；丰乎神者，人之所以示虔也；登诸铭而竖之石者，神人胥悦，所以示守而为永久不忘之计也。"事关里社，义弗容辞。余故复之说，曰："庙貌维新，万代如见。余因知其存乎神，以享以祀，以介景福。而尤幸其利乎人，岂徒为观美之具而已哉?"是庙修于嘉靖癸亥之岁，而记则成于隆庆庚午之仲秋也。备书之以纪岁月云。

【说明】周邦辅，号石泉，安义（今江西安义县）人。由嘉靖己酉乡荐任盐城令，清介果敢，有古名臣风，卒于官。据同治《安义县志》卷一三录文。

719. 明·刘珹：峡江县重修城隍庙碑记

隆庆四年庚午（1570）

先王疆理天下，各有分土，而所以保釐厥土者，有司有令以司民纪，有城有隍以卫民命。城隍之神之于民，即守令之官之于民也。天下都邑，祀典所先。而祀必有庙，所以尊瞻仰，起祇敬，倚毗斯民耳。

峡江旧为巴邱邑，废于五代，迄唐宋元至我国朝，历千余载而旧邑城隍祠宇屹然中立，水不至圮，毁不及延，民以为异。水旱疾疫，有祷辄应，士客商旅，往往踊跃趋拜，谒求签筊，验如桴鼓影响。峡有县，今又四五十年矣。凡官民之少有差忒者，或梦觉之，甚则殛罚之，隐然峡中一监司也。人过祠下，凛凛若恐，呵责惩艾勃然。顾历岁滋久，栋宇微敧。白下黄侯尚质来为令，朔望瞻拜，顾而叹曰："是民之所依也，宜急为缉理。"遂捐俸先导，长贰咸兴，各出所羡，推邑之耆硕唐用六、吴颜九、阮国正、廖光三、毛祝二、刘杲一、廖宠七、王谟三、杨宇二、邓十五、姚陛一董其事。于是士民乐助，纤微累积，木石日以备，工师日以鸠。颓者振之，敝者易之，规制之湫隘者扩而更张之，栋宇峥嵘，焕然一新。适郡倅顾侯应贞来署，谒神之始，即进诸耆硕而申饬之曰：“兹庙之修，观美固备，而垂远恐未也。盖修之所以易其旧而坚其新，苟弗培其基，弗固其垣墉，而徒事于榱桷丹雘之饰，是故久而斁焉，而朽腐摧落乘之。其惟缭之以砖垣，则夹辅之固，可以杜欹侧之患，功虽伙而利则永矣。若曹其勖诸!”于是首捐十金而民益用劝。市砖甃垣，周完坚好，不图新美之至于斯也。今令赵侯道隆又以地非深邃而门无树塞，彼杂沓喧哗者，莫知所避，殊不足以妥侑神灵。爰鼎建枋门，然后内外以蔽，等威以峻。若夫前殿后寝，制度益增，丹垩翚鸟，百废具举，签牌布置，检阅不劳，兹又前此所无者。

旧志所传，庙中四异。以“正殿”二大字，为宋文文山公遗墨。“城隍庙”三大字，为白玉蟾亲翰。殿内一柱，昔经损坏，众抡得大材，尽法举易而不可得，一夕风雨晦冥，旧者出而新者立焉，忽贯一目可方寸许，无斧凿痕，至今具存，咸相传诩以为鲁班神输。取石于江则得宋高宗御翰遗碑，举新淦之田以锡韩忠彦者，今竖于庙廊之东。兹四者又各修饬如故。

城隍之神，旧传为汉纪信，至立柱联，皆扬其事。或又曰江西城隍之神灌将军婴也，峡宜同之。大抵今之为城隍，岁时享祭，俱昔之有功民社。或忠义照耀，其精神在天壤，其恩泽在黎庶，皆得血食，与郡县并存，如封建侯国然。然则何择于某位某神哉?

庙既新，诸耆硕咸谓宜有所述以昭示来许。比因族兄入京，乃录其颠末而属余记之。余素拙于文，然重违桑梓之情，遂书而归之，以著厥绩，俾后之观者知斯庙之为古迹，当以时修理，斯神之为民卫而可严可畏也。凡致力于斯者，遂以次列名于石云。

【说明】刘珹，峡江（今江西峡江县）人。曾官翰林。据同治《峡江县志》卷二录文。

720. 明·曹天佑：浮梁五王庙记　隆庆五年辛未（1571）

景德有陶厂，以陶器贡京师，或时限迫而器不良，督陶使濒危殆者数，惶惧致祷，然皆赖国家威灵，百神呵护，器得利用。广东故有华光庙，民所倚庇。嘉靖辛丑，部使者以验器至，改庙为公署，民犹严事之，不敢忘。越岁癸亥，兵宪涂任斋公莅镇，宿公署，夜寐若有牖其衷者。明日，进太府观海顾公、节推城山饶公而告之曰：“部使时临斯土，虽有公署，乃废庙为之。规制湫隘浅露，远御厂，无以谨关钥、勤监督也。其议更创之。”于是议以广东旷地建九江道，而庙地仍归于民。民乃相与谋曰：“兹庙其来久远而器不苦窳，民以安堵，皆神明之贶也。愿集工。”上请城山公，檄曰：“建庙报赛，顺民情，遵宪谕也。听民复建如旧。”隆庆五年，陶务日急，职司以器不中度且逋限为忧，民又共祷于神。无何，巡抚中丞徐公请改式宽期。及牒下，如所请。民益喜，曰：“兹神贶大矣。”乃请命明府元初龚公协群力更新之。工竣，耆老来请余言。

余闻唐光启中有灵官华光者，神明赫然，民居横田社者奉之数百年。余观《外纪》言，华胥童子授王简以赞天地，令在灌坛而神不敢疾风暴雨。自古记之，宁独今哉？若陶范型于土，人力可为；既入冶中，烟燎变幻，不可豫测，造化甄陶，有默司焉，匪神之为灵至是耶？凡祀非直崇报，亦以知鬼神之情状而顺民欲也。兹上登器贡而下保室庐，厥功甚著，事神得毋谨乎？以镵于石，以志永祀。

【说明】曹天佑，生平不详，曾官按察使。据道光《浮梁县志》卷二〇录文。

721. 明·王鸣臣：西华山重修殿宇碑文

隆庆六年壬申（1572）

二五之精结为山岳者，则胜异奥恺托焉。青原朱陵，连嶂如屏。章贡泸阳，汇注为川。西华踞张渡而迎风涛，道家洞天福地，盖其一矣。相传唐末紫气腾空，倏而雷电。居民构宫以祀上帝，曰崇先观，而诸仙附之，历代显应。山腰渍雪，能祓百病，四方骏奔，走无虚日。庙士藉利，工祝弗戒。一夕灾，唯真武殿岿然独存。隆庆辛未，父老欲葺理，谋于庙。忽见真武左趾陷，掘之得髑髅函，急徙置之。是夕，雷雨交作，光焰迅扫，环麓之氓，相顾惊愕。善士张佩琏、吴哲、刘铉等以氛秽所触，乃致震撼，兹不重新，将何以妥神威、彻神惠哉？曾春积作疏乞民间，期月而用足。若玉皇、九皇、真武殿、文昌阁、崇元、华盖宫、观音玄坛、雷神堂，一时鼎新，翚飞鸟革，焕然神区。斋宫、宿庐、庖湢之房，布列有序。复于左隅建精白堂，以备士大夫游焉息焉。余时登山，佩琏等属余作记。

嗟夫！神无所不在，而灵有凭依。独感者固灵，众聚而矚矚然尤灵。不思议熏，惟心体物，可使由而本不自知也。不见须溪之记三华乎？衮冕焉，圭璧焉，以帝为主宰则人之也，无物者有物也；寥阳乎？金阙乎？以仙为何人则神之也，有物者犹无物也。三华于此方最盛，盖指香城、南华，而近年始宗华盖。夫青原之称华盖、西华也，亦犹是也。福华者无不在，则如香城，忠简者尚自有人。取精多，用物宏，大人所熏，据摇在上，至诚于穆，理自冥应。孰非大觉金仙，而顾以朱陵六入尸祝，西华尹杨起和耶？长生者艳之，无生者化之，生即无生。大人与民，泯于自尽而已。盛衰兴废，时也；髑髅之见也，几也。神非人不因，人非神不成，其以福力持，以心华显，一也。至道默存于浊劫，元功自启于康时，孰能违之？《礼》曰："名山大川，能兴云雨，利济一方，则祀之。"又曰："法施生民，以劳定国，能御捍大患，则祀之。"维兹华神，保佑生聚，奠兹方镇，仰鸿荫，报明贶，崇庙貌，盛祠荐，绵世不□。神之□□也无怍，民之对越也非谄，于礼得祀，于法得纪云。复为之歌，歌曰：

龙盘虎踞西华丘，岿然下镇双江流。中有奥区藏春秋，琼台珍宇腾空浮。庄严象教森幢流，灵徕禯禯风飕飕。路祷庙祝交绸缪，神明福华惟自求。水旱灾口无复忧，成毁代谢祝蚍蜉。感兹岳降天酢酬，生香伏火民心休。

隆庆六年壬申秋。

【说明】王鸣臣，号阳冈，泰和（今江西泰和县）人。嘉靖二十三年（1544）进士。历官至贵州参政。有《阳冈遗稿集》。据乾隆十八年《泰和县志》卷三九录文。

722. 明·熊騤：重修梅仙太平观记

隆庆六年壬申（1572）

皇帝御极，隆庆岁次壬申，东台福地重修毕，请予为之记。

予按本地名太平观，祀梅仙并真君许。梅当西汉末，尉南昌，见王氏擅权，剀切奏疏，屡上不悟。遂挂冠长往，遍游名山。而此地乃其修炼之所，有胜筶石、马足石遗迹尚在。后人得石像神，遂立坛刻像祀之。许在晋时令旌阳，见朝纲不振，弃官救世。值蛟精为患，挥剑斩之，铸铁柱以镇洪州，复葬亲西山。而此地实其游息之乡，故里人刻像与梅并祀。予稽南康郡旧志云：太平观在依仁乡，梁大通二年道士周月潭建。唐贞观废，上元中重修。宋季废，元至正间道士廖道澄再修。洪武初，遭兵燹。永乐庚寅，里士迎东岳刘真人大加修葺。至景泰庚午，堂楼房屋悉备。又据本观世记，永乐初，道士余守真、里人熊大全等仗神求施，前建正殿以奉二仙，左祀真武，右祀圣母夫人，各有宫。后作洪山殿以祀侍卫诸神。正统甲子，补坏葺颓。景泰庚午，移房舍殿之左作堂楼，以处竹香，暂止士庶。永宁太尹控鹤万公记其事。成化六年，道士皮正心化缘创轮藏并后殿。正德甲戌，道士熊秀南复修之。嘉靖庚寅，熊一宁、杨一正、皮元和又增修之。嘉靖戊申，袁元会捐资备砖石，甃砌四围。隆庆庚午六月始，复化四方善信，购木伐石，陶瓦冶铁，鸠工集匠。迄壬申正月，前后殿阶级、正殿墙壁、牌坊瓮门绘画一新，复于正殿后多所创竖。

夫旧记虽撰于万公，惟表扬刘真人之威武灵应，始于永乐，止于景泰。騤稽府志，列其兴替之由，上自梁唐，下历宋元，虽时阅千载而本观之颠末了如指掌矣。且今有司长至圣诞元旦，令其随班呼万岁，而在观老者倡，少者随，咸对神祝圣寿，盖知尊君之大义。郡中丁祭，令其乐舞而登歌之，咸和、宁和、景和之曲，皆讲读于平居，盖知崇圣之大礼。四方有以疾祷告者，则为祝安康以全其慈孝友恭之仁；有以嗣祷圣母者，则为祝多男以成其奉先传后之美；雨旸不时，则祈丰保稔以释众供输俯仰之累。旁建小楼，延诸俊髦，藏修游息，期其学博业广，有好贤乐士之诚。道童入观，教以文公小学，

《论》《孟》《中庸》等书以次传授。是虽本于虚元之教，实不离乎圣门中正之矩。盖景慕梅、许二仙之高风大节，其关系正教，岂浅浅哉！景泰之修，起庚午至壬申。今之庚午始事，壬申告成，意非有求合于昔，而岁时之良，山岳之灵，神人之悦，有不谋而自同者，良非偶然。袁公殚心力，更寒暑，劳亦甚矣。功已成，誉已著，神灵之相助，善信之乐施，均可无负后辈。太元、元龙、万嵩等协心干理，继之者咸乐，是为天壤俱悠也何疑。袁名元会，号倚云，小田名家子云。

【说明】据嘉靖《太仓州志》卷六载："熊騑，江西安义人。由岁贡任，五年迁将乐教谕。"熊騑应即熊騤。据同治《安义县志》卷一三录文。

723. 明·万恭：玉皇阁记　万历二年甲戌（1574）

汉城豫章于章水之东，贸迁居而至者辚辚也，然利于陆，不利于水；市之人率为行室于章水之滨，乃贸迁舟而至者洋洋也，然利于水，不利于陆，民日与蛟龙争旦夕之命。晋敬之先生者，修净明忠孝之教，天神降，地祇出，驱蛟龙而戮之西安，亡垫溺之虞，事在《旌阳传》中。力徙城于章江之浒，而水、陆始兼利矣。洪之民德敬之先生甚厚，即其所维铁柱所而祀之西湖之阳，第曰福主而不名，非祀仙也，祀功也。

迄千二百年而祀事益严。嘉靖中，帝有事于薄海名山者八，以铁柱宫为万寿宫，盖珠宫琼宇，彤殿绀阁。于是焉居先生以博殿，则冠佩锵锵，仙幢洋洋，若镇铁柱于无疆，且令蛟魔褫魄于九泉之下，何千万年系之颈而投降也？又居玉皇以崇阁，则宝雾溟蒙，琉闼玲珑，若招先生之灵上与天通，寥阳之中，广汉之内，将偕豫章之人凌空御风，飞言笑之融融，鸣环瑀之玐玐也，都人士说焉依我祖祢。无何万寿宫灾，都人士又戚焉丧我考妣。帝曰："吁！有司其缵我真君之故居。"顾有司严于将命，取贮真君耳，而栋宇仅十二焉，都人士大戚。而故玉皇阁则瓦砾填委，益漶漫凄楚，亡复栋宇之制，都人士又大戚。乃长老匍伏诣余及左司马吴公，号召于都名藩、都衮绅、都旎倪，以万历二载撤阁而新之。阁崇五十尺，博七十四尺，大五十二尺。上空其中为回廊，为金屋贮玉皇，飞甍长棁，神楼天阙；下为周垣，为云堂贮元帝，丹青错落，檐牙高啄，命之曰天宫，值凡三千金。又循殿而益以阁，栋楹榱题节棁称是，饰以元垩，缭以陶甓，以贮福主，命之曰九州岛都仙宇，值凡八百金。统为万寿宫，殆千二百年之规制于斯为盛，我世宗皇帝之德于今为烈矣，都人士又大说。

司马氏曰：余少游西安兜率，见敬之先生试剑石于涧中；又游西山，见许母冢、化金冈及黄堂观飞升所云。道经所纪述皆不虚。且万寿故宫柏枝委地矣，历有年所矣。而崇净明忠孝之教者日以密，何以故？夫一返道，道返真，真返神，神返妙，至妙无返，变化息，最上入于无始。夫有始生息，无始生无息，故无息者非以我之精气神为神为妙为真也；以我之精气神为神为妙为真，如列炬密室中，直不为风速息耳，非真不息。何者？盗天地之精气神以自私者也，是乔、松之徒也。敬之先生以净明忠孝之教福社稷，利苍生，是不以我盗天地之精气神，而以十二万九千六百辰人之精气神为我之精气神，又以十二万九千六百月人之精气神为我之精气神，又以十二万九千六百岁人之精气神为我之精气神。夫有我有息，无我无息，是合宇宙而列之炬也。则斯阁也，斯殿也，其先生之委蜕也夫！是谓真神，是谓真妙，是谓真真君。

【说明】 万恭（1515~1591），字肃卿，号两溪，南昌人。嘉靖二十三年（1544）进士。历官考功郎中、光禄少卿、兵部右侍郎兼右佥都御史等。有治水专著《治水筌蹄》。据同治《南昌府志》卷一三录文。参见万历《新修南昌府志》卷二九、光绪本《万寿宫通志》卷一四、《南昌文征》卷一五之记三、《净明资料新编》。

724. 明·胡东阳：城隍庙记　万历二年甲戌（1574）

城隍者，气本地而通于天神之正也。自国都达于郡县，莫不有庙以虔其祀事。凡吏于其土者，始告于庙，然后莅政。春秋必祭，朔望必谒，载在祀典，赫赫也，非以其默有保障功耶？壬申秋，予奉圣天子命来令武宁，盖俾我保障乎斯民也，其责任同。民有欲恶求遂于余，余为之聚所欲而勿施所恶；祷于神者亦如之，其感应同。民之善者余彰之，恶者瘅之；神则福善而祸淫也，其权力同。余顾高其堂，严其卫，道其门。神之庙独隘且蔽焉，其何以答神贶而缴神之福也？甲戌冬，乃庀材鸠工，撤其旧而重建之。为厅，犹夫吾之听政也；为重檐于厅之前，犹夫吾之容参谒也；为翼室于两阶，犹夫吾之有掾曹也；为内门于翼室之前，为外门于通衢之左，犹夫吾之有仪门、重门也。工始于今年春正月，告成则栋宇巍焕，规制恢豁，视昔不啻十倍。庶几阴阳表里，庙貌伟观，其莅临之体均之为不亵也。然神之灵虽不阿余之私，以求同于余，亦不可徇人之私，以致异于余也。水旱而祷，疾病而卜，吉凶而告，神于是乎转祸为福，易危为安。余深为民愿之无异也，乃问民有是非曲直质成于余。本非也，邀神使直，是欲神枉吾之公以若所私，神如徇焉，无乃求同于人，不求同于余也，神不为也。

去年春三月，不雨，苗不入土，民咸凛凛焉，朝不谋夕。余祷于神，寻即为霖。秋七月，禾垂实，又不雨。再祷之，神再应之。神不异于余，有明征矣。审如是，则祀典之隆与予尊礼乎神者，曷有已哉？是为记。

【说明】据县志载："胡东阳，字升之，四川建昌卫人。由岁贡为令，政崇大体，不矜明察而发摘如神，人无敢遁。莅治凡九载，置学田，葺公署，辟青云街，修大成殿，土木岁兴而民不扰，真良吏也。"曾续修县志。据乾隆二十年《武宁县志》卷一五录文。

725. 明·胡东阳：北楼源朝天庙记

万历二年甲戌（1574）

北楼源去邑治仅三里，有张许庙，祀南阳张公巡、高阳许公远。武宁遐僻邑也，二公灵于此者，亦苏子谓魏公之神如水在地中，无所求而不得也。邑之人水旱疾疫祷焉，行旅往来祷焉，辄应。癸酉冬，余将入觐，循故事备牲醴礼神。式瞻遗像，见耦席于上者不二而三，右则被服衮冕，疑非臣子所宜尔。讯之，曰："唐帝明皇也。旧惟小像置楣间，适有祈嗣而得者，肖其像而并大之。乃以成像之后先序左右耳。他盖未之知也。"余闻而惕然。念睢阳城陷之时，公力竭就戮，犹西向再拜，愿为厉鬼以杀贼，忠义之性之死不忘。岂没而有灵，聚坐于一堂，安忍僭易若此乎！亟欲正之，弗暇。

明年春三月抵治，捐俸金，与北楼源耆民刘姓者撤其旧而修之。为殿以栖神于后，为堂以肃衣于前，启闭有门，环固有垣，于是进明皇之位穹然居尊，二公则翼如于左右也。庙貌崇而观望美，尊卑辨而名分正，人心安而神灵妥，其殆默有以起余也欤？工始于孟夏，讫于仲秋。刘氏丐余以识岁月。

余谓水旱疾疫诸贻民害者，神之力能去之。人有害于民，视水旱疾疫等焉。余受民社之寄，直欲除其所以害吾民者而已。名分未正，余推二公之心为心矣。民害未除，二公其以余之心为心，作善者阴有以相之，作不善者阴有以殛之，俾宁人父慈子孝，兄友弟恭，强无凌弱，富无虐贫，各安于伦理而不速戾于有司，余有司亦托有令闻，则帝臣之庙食兹土也，俎豆不惟馨也哉。书之以质于神。

【说明】据乾隆二十年《武宁县志》卷一五录文。

726. 明·王继孝：重修义勇武安王庙

万历二年甲戌（1574）

邑故有义勇武安王庙，在东门之外。地势喧杂，殿宇颓剥，雨露所注，泥泞渐深。先令普安邵公曾一修之，未竟而去。余以万历二年至，过而进谒，独慨于心，曰："王宇宙正人也，不庙则已，庙则可若是亵哉？制非敕建，礼可义起。百里之内无文者，令因得咸秩焉，矧惟王哉？"于是鸠材于山之巅，取石于山之麓，拓地于民之隙，庸力于民之余。移寝殿于后，而移堂廊于前，高其门闬，固其垣甓，丹漆赭垩，用致工洁。已乃绘王像于中，虎视熊威，俨然南面。诸仪卫侍从，罔不藻绘。市嚣既远，殿阁靓严，阒寂森阴，如有肸蠁。已举牲醴，告成于王，士民咸来，瞻仰欢喜。或有谂于予曰：“王生于解州，发于涿沛，提戈跃马，驰骤于襄汉、武昌之间，而赍志饮憾于江陵、建业之上。平生纵迹，固未尝一至于此，庙而祀之，王将栖之乎？”余曰：“不然。神也者，妙万物而为言者也。而神之所以然者，则气也。天地正宜刚大之气流荡于覆载，而得其纯粹之至者则为伟男子，为烈丈夫。其发之而为忠义，建之而为事业，磊落震迅，至以摧鬼域之胆，挫奸雄之心。万不幸而死焉，其精爽明灵自上闯九阍，下游万世，为神明，为英物，耿耿乎，浩浩乎，无所不在。焄蒿凄怆，随所至而著见焉。若王是已。人有言：当其无在也，敛万为一，如太虚月；及其无不在也，散一为万，如众水月，月落万川而神体万物。斯言也，其知鬼神之情状者矣。矧王之精灵显赫，又为时所传播希诧者乎？”众咸稽首曰：“令君之言是也。”令因作歌遗之邑人，俾岁时歌以祀王。其词曰：

天门兮九重，赫奕奕兮云之中。窈黄屋兮陆离，灵霾霿兮长空。雷为车兮电为驭，轻霞动兮江色曙。羌若来兮倏不见，徒怨苦兮谁与语？振金鼓兮弹竹丝，肉载俎兮酒满卮。莽萧萧兮神合，女巫坐兮来思。舞大刀兮飞赤兔，恍临闼兮风泠泠其在户。纷总总兮可奈何，水悠悠兮山欲暮。神之享兮惠成，欻远游兮扬旍。心有爱兮庇我黎民，雨旸时若兮禾麻以生，千岁万岁兮惟王之灵。

【说明】据同治《苏州府志》卷九三载：王继孝，字子忠，昆山人。举嘉靖己酉乡试。万历二年官龙南知县，平贼有功。据乾隆十七年《龙南县志》卷二三录文。参见同治《赣州府志》卷一五。

727. 明·唐伯元：龙池庙碑记　万历三年乙亥（1575）

余官万年之明年乙亥夏，大旱，祷于龙潭者二：一在史家桥，一在荷源村之贵溪界上。界居县百余里而远，止于遣吏行事。史家桥附郭外三四里许，余倡僚属吏民步至焉。潭深不可底，溪流回合。上有地百丈，洁幽且胜。凡有祝祷必验，吾将阁之。越数日雨，各为坛谢。而里人史氏独记忆余言也。

先是万斛峰有道宇，亦史氏所捐建，堪舆家言非利。及是移来其所，益恢大之，瓦石题柱诸堪用之物仍焉。其秋阁成，是为龙渊阁。余尝聚都民读法其中，史氏父老请曰："兹阁初成，祈者辄应如响。阁后余基，民等仍拟一构以休来人。虽然，君侯命也。完日乞记，可乎？"余姑诺之。未几，调泰和，岁时邑人有至者，具述兹阁美观及诸灵异状。尝考龙渊水出鹤岭、万春峰二源，走柴源，泻九芝，而汇乎是渊。经流于贵、余、安、万四邑出境，秋冬水涸，不可以舟。独此渊窈然而深，时有龙隐见其下，岂不昭昭灵矣哉？顾天地间称神物者莫如龙，或在渊，或在田，能为云，能为雨。惟人有德则亦象之，非如世俗所谭灵异者也。余来牧日浅，泽物之怀竟虚负焉，盖深有愧于龙。追思当年，辱神赐澍，故至今犹不能忘情于兹阁也。天生神物，终惠一方，来游来瞻者可不敬与？遂书以复史氏，以寄余恋恋之思焉。

【说明】唐伯元，澄海（今广东汕头）人。万历二年（1574）由进士知县事，笃行讲学。其驭吏待士，听讼化俗，一以古道行之。历官至吏部郎中，立朝以公直著。据同治《万年县志》卷九录文。

728. 明·范涞：偃盖松记* *万历五年丁丑（1577）*

予尝观颜鲁公记仙坛，知诸胜概，藉巨笔益重，每愿一游览之。适视篆兹邑，越二载，从过客登焉。相摩挲刻石，询道士，觅石崇观、高石中螺蚌壳及华子冈为谢灵运所题处，逶迤薄暮不及到。独瀑布悬崖数百尺下，犹然玉龙吐珠玑，与古今过客相狎也。坛东南仍有池，池之中俱为灵运春草梦矣。所谓红莲变碧又变白者，不得见。其傍古松一株，苍皮黛色，背负鲐甲，如龙脊，项下鳞鳞染肉，红如龙腹，道士指为唐人所植。观垂枝已摩地，又将仰而起，则《记》云"松皆偃盖"，或是物欤？因与客席其荫而坐，浮白举满，客微醉。予谓鲁公忠义冠宇宙，文章黼世。其刺抚州时，南城令获在约束中，必自以为幸。予今犹得令公所约束故土，苟易世，视之亦属吏也，幸也！而况席荫于公所尝游之物，尤幸也！顾九原不可作，徒仰止于勒石间。

而所纪录者，又不可悉见，徒见之乎松盖。松之劲节，与公正气类，故幽而弥光，久而弥芳，其致一也。公为唐刺史，松亦植于唐，秩得为大夫，宜本其世爵而题之，使后之游者，知此松出于公之世，曾入公品鉴，故为人所爱。斯知陵谷石木之所以胜者，不胜于物而胜于人也。客曰："然。"遂题之。仍命石工护以石楯云。

【说明】范涞（1538~1614），字原易，号晞阳，休宁（今安徽黄山市）人。万历二年（1574）进士。历官南城知县、南昌知府、浙江按察司副使、福建右布政使等。有《范子咙言》《晞阳文集》。据罗氏本《麻姑山丹霞洞天志》卷六录文。参见黄氏本《南城县志》卷九之三、校注本《麻姑山志·记》。按，范涞万历三年令南城，故本文应作于万历五年。

729. 明·杨时乔：东岳行祠记　*万历五年丁丑（1577）*

我郡溪南南屏山右，有峰巉峭崚嶒，望之若狼牙。峰而环拱郡治，适在巽隅，亦名文笔峰。峰之下有谷，谷之外有原，其遥约去郡五里，去溪一里。地至深邃岑寂，多沙石，不可居，不可耕，惟道书所称于神宅最宜，故尝建有东岳行祠在焉。东岳实泰山本封，凡宇内，东岳皆有行祠，不隶祀典，肇起未知何时。而兹祠则旧记宋绍兴、淳祐间，郡民叶汉卿、徐司空堑山堙谷而拓广之也。自宋元入皇明初，即于祠前立雩坛，以狼牙能兴云为雨，旧谚盖恒言之："狼牙云生，南岩电烁。一时二时，霖雨自落。"是所取于忧旱望雨者之验，至今尤信然者以是，故于行祠为重。然当其兴也，宫亭楼阁、门墉坛壝为层千间，守祀羽流、户籍田园为产千亩，郡之远近乞灵祈报至者亦无虚日；否即屋渐惫裂，产悉攙废，祈报者亦稀至，羽流因以逋，而雩祷则阻于道远，必旱甚间一至焉。

成化间，守郡山阴金公偕佐宜兴蒋公始募好事者增修，亲出赎锾量复祠中旧产，令羽流居之。其后又为他观所有，而祠且几废。嘉靖壬寅，少师夏公略加饰葺，未竟。甲辰、庚戌而后，郡邑诸公岁常来修祷事，亦常雨，然议增辑未暇。今万历乙亥岁旱，明年丰和。医官林魁请于守郡平湖姚公、佐郡莆田林公、邑令昆山王公，允募重建。三公各捐资以倡其役。又明年，守郡漳浦林公、佐郡宁国诸公、饶阳李公、闽州陈公来观，各益资以赞厥成。祠旧在半山，柱木易坏于湿蚁，今易以石。又构文昌祠于祠后山脊，慈明殿于天堂故址上，凡坛壝皆加葺整。而生生泉则祈祷者谓山高不见水，开之以通泽气者，亦加深浚。自是祠貌复为增重。夫重兹祠实以重雩事，重雩事实以重民事也，非止于为乞灵祈报者洁香火、皈依之所而已也。诸君子惠民之谊其至厚也哉！初议日，魁宿祠中，夜梦若有示之者曰："寒山胜建不须忧，一年之内定须周。"工起于初年仲冬望，就于次年仲冬望，一如梦语。此非言异以示验山灵，乃魁积诚所存，期偶速符者矣。祠前有石亭，右有忠烈庙，庙下有清泉；雩坛下有天医案，案前有橘井、杏林；行祠门下有肃容亭，亭下滨溪有詹公祠，祠前有太乙池；皆魁同医官黄鸣韶等合郡士大夫而润成之者，并著于记。

【说明】杨时乔（1531～1609），字宜迁，号止庵，信州（今江西上饶县）人。嘉靖四十四年（1565）进士。累官至吏部左侍郎署部事。谥端洁。有《杨端洁集》。据乾隆九年《上饶县志》卷一四录文。参见乾隆四十九年《上饶县志》卷三。本文与夏言《东岳祀记》是研究上饶东岳庙历史变迁重要史料。夏言曾于嘉靖二十一年主持重修广信府东岳庙。

730. 明·金枝：重修城隍庙记　万历八年庚辰（1580）

城隍之神，依水土而拥名号，自国都以至郡邑，守土者在在祀之。东乡故有城隍祠，初创草昧擘画，大都周遭枕民居而中峙，门宇湫隘，扃钥弗严，病者丐者寄宅焉，亵甚矣。楚江双峰杨君先予佐东乡邑事，谋于同寀庄君，扩而新之。乃属其邑之民士商焉，佥曰："城隍有大造于吾民也。"争趋事焉。双峰乃收四面之侵地而广其制。往祠卑浅，朔望展谒，肩相摩而足相蹑，殊为失容。今因其址而拓之，广视旧以倍。北为寝殿，南设两亭于露台之上。台之前辟三门，门之内右为宿幕厅，前此未有也，左为羽流栖室。台左右翼为两廊。二君惧其虚设，不旋目丐者病者复宅焉。于是托为劝善惩恶之义，题所谓十王者之像于其中，王置一龛，前限以栅，可窥而不可入。且备列报应家状，事不必经见，理不必天地有，主于使人趋善避恶已矣。金碧辉煌，夺人耳目，睹者靡不人人毛发竖、淋淋惊汗下也，可以征天理之在人心者未尝亡矣。兹举也，双峰捐俸倡义而庄君力相其成。寝堂清穆，门屏巍然，斋戒有室，而又饰以黝垩，缭以周垣，制度森严，规模轩豁，裒然一邑奇观。神灵攸奠，民休益隆，猗欤美哉！告成万历庚辰季秋之朔。

【说明】据同治《东乡县志》卷十二载："金枝，字德茂，浙江崇德人。由万历丁丑进士知东乡，严明简肃，搜剔精核，于吏毫无假借，故巨奸靡不屏迹。甫期年，以才调同安，行李如儒素然。"据前志卷十五上录文。

731. 明·邵陛·庐山仙人洞道院题识

万历八年庚辰（1580）

洞天玉液。

【说明】题识后有跋云："万历庚辰岁正月廿二日，姚江邵陛同沔阳□遍、桐□李大植宿天池寺，晨起至佛手岩，苍崖翠壁，真一洞天也。若有泉从石滑中滴下，饮之清澄可爱，因书'洞天玉液'四字以识之。"石刻高0.35米，宽1.1米。楷书，横行，描红。据石刻录文。参见《庐山道教初编》第四章"石刻"。

732. 明·朱应奎：建元山庙记　万历八年庚辰（1580）

县东北数百步许为冠山，其余脉突起高邱，峙县治左。民因□家，亦莫识其为灾者。岁庚辰，麻城刘侯量移余干令，政暇遍视邑中规制，既改创高冠门于冠山之后，乃又俯视形胜，喟然叹曰："邑中故得无火灾乎？民故得无目患乎?”左右者对曰：“然。县治上下率数十年一毁，毁辄千家。岁丁丑，谯楼、仪门皆烬，其微者则岁岁然也。且夏秋之间，民多病目。而令兹土者，亦或罹之。”侯曰：“其信然哉！其信然哉!”因公事稍暇，遂偕乡大夫章君世祯、庠生张良辅辈登是山而博谋之。侯曰：“冠山西北，于县治为艮，是山脱艮剥寅，峭石嵯峨，宛如燃炬，盖火星也。创元帝庙其上，可乎?”佥曰：“善哉!”遂出帑鸠材，召工集事，公输戒墨，丹雘时成。广三丈三尺，袤三丈七尺，为楹一十有八。中严帝座，旁列侍官。其外坛轩，大设缸鼎，天棓荧惑，投之有北。盖取北方元武之义，而以水胜火也。庙成，咸谓盛美，宜章示不朽，侯乃属笔于奎。

窃闻元帝之名，见于《曲礼》。虚危之状如龟，而腾蛇在虚危度之下，位正北方，身有鳞甲，是名元武。盖有神以司之，矧其精爽粲然列于上者，未始不为吾民计也。洪惟我太祖高皇帝鼎建十庙而真武之祠与焉。成祖文皇帝尊太岳为帝畤而净乐太和之制尤盛。惟是阴翊皇图而默佑生民者，至今赖之。曩侯家大夫中宪公令宜春时，尝以袁郡屡弗戒于火，亦铸鼎宜春台上以消灾眚。今制则视袁有加，盖其仁孝夙著而得之家学者有自也。夫有司者，大都苟且岁月以需迁转，视官如传舍，置民事罔闻，况侯乃迁客也。莅事未期，政通废兴，影随响应，其大者啧啧在人口碑中。是役也，则天象，协地宜，尊国典，承家法，宜民情，一事举而数善备，将必荧惑退舍，枪棓顺度，绩用既彰，神功斯赫。校彼火政，子产讵专？吾见旅颂康谣洋洋乎四境矣。民之所利赖于侯者，曷已哉！侯名谐，字凤和，宏原其号也。起家名进士，读书中秘，给事谏垣，佥闽宪臬，谪昆山丞，稍迁今官云。

【说明】朱应奎，余干（今江西余干县）人。举人。据康熙二十三年《余干县志》卷一一录文。参见同治《余干县志》卷一六。

733. 明·张程：重修图坪庵太极宫记

万历九年辛巳（1581 年）

武功山距安福西百里，万山丛绕，高冠吉、袁两郡诸峰，而图坪庵实据其胜。盖世所传东吴太极左宫仙翁葛玄炼丹之地也，故其宫以太极称云。葛公自吴大帝赤乌二年丹成，往阁皂山，冲举成仙。嗣后史谷蟾以释迦之学来游其地，卓锡建刹，是山遂大彰显，四方祷祀登览，往来不绝，称江右福地。乃其所祀虽崇尚葛公而仍以庵名，从其教也。嘉靖丙辰毁于火。道人悟铨、元柱等率其徒与仙公木像募化四方，四方人士争先布施，凡得钱若干。刻日鸠工庀材，逾年而成。中为葛仙殿，仍题曰太极宫。其后为观音堂，左为玄坛殿，又左为玉皇殿，殿后为敕书阁。而道人私庐若观妙、飞仙、白鹤诸楼，以次环向而举焉。往予读礼山中，得尽睹之，盖金碧髹垩，峥嵘绚烂，蔚为巨观矣。则叹曰："固人力之致，抑神之休哉！"越九年，为万历辛巳，予复造之。道人日以记请于予，且曰："吾徒日衣食于斯而文献不征，将何以应四方？"予乃稽其建置始末而为记曰：

神仙之学，始于黄帝鼎湖之说，而大著于老君函关之书。故世之言道家者必曰黄老云。然其道以虚极静笃、无为寡欲为本，则既仿于吾儒主静无欲之论，而观老氏上、下二书，其言凿凿，可施之国家。后世若汉文帝躬修玄默，几致刑措；曹丞相用其清净，而民以宁谧，皆由其道致之。则其于吾儒体用之理盖相出入，非判然二致也。而世顾目之为异端，何哉？独其于死生之际则大异焉。夫吾儒之学，当其较量于身与外物之分，则保身为本，而物非所徇。比其取譬于熊鱼得失之间，则取义为先，而死不足恤，此大中至正无可无不可者也。而老氏之教，乃专主于长生。故刘向取古今至人不死若赤松、羡门飞仙缥渺之事撰为《列仙传》，以歆羡于世。而方外之士又增为黄白男女之论，以故世人浸淫其说，争相羡慕。而虽所谓蓬莱弱水人迹所不得至之地，亦欲庶几见之，则其长生之说惑其衷也。下焉者不得其说，至以崇饰宫观、持诵经文为好道之大端。如真仙解蜕脱迹之场，辄有祈灵邀福，捐金施帛，冀以感通于冥漠而得不死之妙应，虽漫无证验，乃其用意则诚笃矣。呜呼！如吾夫子之道，大如天地，昭如日月，其垂宪万世之功较之长生之术孰久近也？彼章缝之士，岁不一造其庭，而黉舍颓圮，漫然无有加之意者。矧其虚谈相高，不复知有躬行之实？遂使持衡者执申商之法，起而取海内一切学院残而毁之，而生徒之额裁削殆尽，若相雠然。海内有志之士，弃诗书而明农，甚则泄其志于不逞，流毒甚矣。岂其神化感通之妙不在此而在彼耶？

是则吾徒之过也。故使圣人之道不掩于二氏者，在吾徒信之之笃而已。予既嘉道人之志，又有感于吾儒通道之不笃也，遂书以记之。

【说明】张程（1537~1598），字扶九，号见洛，安福（今江西安福县）人。嘉靖年间进士。历官翰林院庶吉士、尚宝司少卿等。据增修本《武功山志》卷七录文。

734. 明·紫霞真人：游白鹿洞歌

万历九年辛巳（1581）

何年白鹿洞，正傍五老峰。五老去天不盈尺，俯窥人世烟云重。我欲揽秀色，一一青芙蓉。举手石扇开半掩，绿鬟玉女如相逢。风雷隐隐万壑泻，凭崖倚树闻清钟。洞门之外百丈松，千株尽化为苍龙。驾苍龙，骑白鹿。泉堪饮，芝可服。何人肯入空山宿，空山空山即我屋，一卷《黄庭》石上读。

辛巳三月，紫霞真人宿此洞，编蒲为书。

【说明】据《白鹿洞志》记载，作者为道士。碑现存白鹿洞书院大门西面碑廊，镌刻于两块大碑石上。高1.7米，宽2.8米。草书。据碑录文。参见《庐山道教初编》第四章“石刻”、《历代庐山石刻》（其点评曰：“此碑刻书法可谓白鹿洞书院乃至庐山最有名之行草，跳荡腾挪，大小错落，撇捺摆荡，舒展开张，潇洒畅达，奔放不羁，似从黄山谷书法中来。”）。

735. 明·李伯廉：城隍庙记　万历十年壬午（1582）

泸邑城隍庙，旧以土神庙为之，移土神像其后，而奉城隍木主于前。是城隍寄土神而居也，即谓之无庙可也。又其庙故卑隘，纵横不数武，堂下即通衢，郡童市竖日征逐其前，恣所嬉狎，若不知有神者。陈侯至，喟然太息曰：“此岂所以妥神灵而示民敬哉？”谋新之，财罔给。乃下令邑中有能奋义为此者，吾能以义报之。有傅汝楷者应声起曰："愿附君侯之义。"于是捐赀若干，任其事。外为大门，次为仪门，中为堂，后为寝，殿左右两庑各如制。塑诸神像其中，金碧辉煌，巍然大观矣。

时李子方输什一税于境，侯乃造李子而问记焉。有客诣李子者曰："天道远，人道迩。新造之邑，百务莽莽，政岂无急于此者而安急是为？"李子曰："客不知政。政孰有要于此哉！夫人之所以不相信者，以其中有可窥者也。人之所以不敢欺者，以其中有不可测者也。今坐官长于上，三木在前，五刑在后，赫赫然捶楚其人，乃其人之情伪至于垂死不输者，何也？彼谓官长亦人耳，即不输，彼亦安能洞我之衷曲也？至于神则不然，有不善，孳孳向神前剖肝肺，愿慈悲哀怜赦宥，无即谴，当改行，不复为，是改过迁善之机也。夫在人者以法驱之而不率，在神者以默运之而有余，岂非以人犹有可窥而神不可测者乎？是故必新其宫，高其闳，峻其垣墉，使人望之而战栗焉。入其门，足缩缩不敢前，净虑而后进；升其堂，见其像，临其庑，窥其情状，莫不毛发悚竖，屏气息而怵然于心。故曰鬼神者，所以济王法之不及者也。侯之意，其在是乎？客何足以知之。"客于是肃然改容而起曰："山野之人，茫若于君子之政矣。由今乃知之。然则有郡县即有城隍，令甲炳然具在也，其幽明相须之义乎？请以复于陈侯而镌之为记。"是役也，计工自万历辛巳十一月，至壬午五月工成。侯乃为汝楷请当道给散官华其躬，人曰："此侯之所谓义报矣。"其址计横若干，直若干，则乡民林树、茔田而以其旧址易之。县尉时中与有相度之劳也，法得附书。

【说明】据康熙二十一《金溪县志》卷七载："李伯廉，字登之，号清源。嘉靖甲子经魁，授郴州知州。历岁歉且旱，枕疾死者无算。伯廉悯之，斋戒步祷，忽大雨浃日，五鹤从空飞绕，士民欢呼。升四川叙州府同知。五夷构兵，廿载不宁，伯廉单骑入其穴，谕以祸福，弭耳俯首，莫不归命。寻以军功擢按察司佥事，分巡马湖。会摄酋蠢动，以劳卒于官。"据同治《泸溪县志》卷一二中录文。按，泸溪为今抚州资溪县旧名。

736. 明·万恭：重新万寿宫化缘疏* 万历十年壬午（1582）

窃惟南浦不扬波，设教实资于神道；西山能爱宝，推恩必藉乎玄功。唯洪崖洞弥弥洋洋，流蛟蜃之血而白日升天；故萧仙坛蜒蜒蜿蜿，挺松柏之枝而青春委地。非圣母，吴其沼也；微真君，人其鱼乎？千年香火定乾坤，瑞凝金壤；万寿宫庭开日月，灵绕玉隆。顾江河世变之推迁，致景物时移之消歇。仙幢委蔓草，伤哉禾黍秋风；神剑没澄沙，怆矣猱猿冬夜。虽冠履远驰乎蚁阵，而报功报德之无阶；抑宫墙近绕乎蜗涎，而肯构肯堂之莫助。神靡宁居而莅止，于女安乎？人得平土而居之，是谁赐也？登泰山而捉奇货，即以其神之物还治其神之身；跃浩海而献明珰，遂以吾人之藏而造吾人之福。白鹤将云来碧落，重栖万户千门；彩鸾分月下清都，再启玉函金检。杞可榱，梗可梁，楠可栋，不日成之；天之时，地之利，人之和，在此举也。明难众谕，幽有神知。毋谓虚化神，神化气，气化形，八十五玄功昔存于铁柱；会看穷则变，变则通，通则久，千二百载师今出于豫章。谨疏。

【说明】据乾隆本《万寿宫志》卷一六录文。参见光绪本《万寿宫通志》卷一六、《净明资料新编》。

737. 明·张位：修玉隆宫疏* 万历十一年癸未（1583）

许真君乃江西福主，玉隆宫系拔宅灵基。仙柏低垂，时应千年之谶；龙沙拥峙，地符八百之期。顾殿庭颓废于草莱，致庙貌震凌于雷雨。施资随喜，工望鼎新，普结万人之缘，共修最胜之事。银自一分一钱以上，即与十两百两者同功；米自一升一斗之多，亦与十石百石者均福。今日但请书涣，他时总牧注完。各起信心，同成胜果。

【说明】张位（1533～1605），字明成，号洪阳，新建（今江西新建区）

人。隆庆二年（1568）进士。历官翰林院编修、徐州同知、礼部尚书、文渊阁大学士、吏部尚书、武英殿学士等。有《闲云馆集抄》《丛桂山房条稿》等。据康熙培风堂重刻本《闲云馆集抄》卷五录文，题又作“慕化重新万寿宫小引”。参见光绪本《万寿宫通志》卷一六、《净明资料新编》。

738. 明·许孚远：麻姑祷雨纪事*

万历十一年癸未（1583）

万历十有一年夏五月，盱恒旸，自六月壬子至于癸酉，不雨，民情孔棘。太守许孚远率僚属斋戒，祷于城隍者三日，不应。则偕士大夫既百姓徒步而哀祷焉，越三日，又不应。于是佥议祷麻姑山。遂以甲戌清晨走麻姑山。从之者别驾薛子瀚、司理傅子国珍、南城令王子以通，余戒勿往。

初出南郊，见田间龟坼，禾将焦枯，早禾登矣，弗获嗣播。农人在傍，蹙额告曰：“及兹而雨，可艺菽麦，否者绝望。”予心恻恻，迤西行数里，近麻姑。田多晚禾，稍得泉灌溉，下润上槁，如饥渴然。俄转入松径，挽舆而上，憩半山亭。林间涓涓，水流不绝，田有从卑历高，如塔级相似，当兹炎赫，生意犹存。予念曰：“山泽通气，其妙乃尔。”又徐行，陟崇岭，至观瀑亭。见峡中有飞泉两道，势若悬河，降危崖而下深涧，其来无穷，其往无际，凝睇徘徊者久之。嗟乎！天地之间，以水为血脉，万物不得则不生，兹吾民所谓皇皇者欤？由观瀑亭可数十武，至三峡桥，逾桥而南，复折而西，有亭覆碑，曰“神功泉”。泉自石罅侧出，不盈斗，而汲之不可尽。味极甘洌，山中人争取以酿酒，故酒以麻姑名。转盼间，仙都观忽在目，一望皆平畴宽衍，而四山环绕，森罗旷然，若别一世界。泉源不知几千万丈，浃于田中，禾黍芃芃，绝无枯槁之色。予不觉色喜，顾谓诸君曰：“使盱城咸若兹，吾无忧旱矣。”爰入谒麻姑仙，行祷祀礼。礼毕，读颜鲁公碑记，或云麻姑与王方平会于蔡经家而传其名，或云麻姑于此得道。神仙家踪迹变幻，吾不能知。乃其精灵炳于山川，历数千载而不可磨灭，必也先得道于此，方平之会又其后者也。日当午，饭于洞天别室。

饭已，复整衣冠，趋庙右谒三贤祠。三贤者，一为颜鲁公，一为李忠定公，一为文丞相。再趋庙左，谒胡庄肃公祠。予尝为庄肃公属吏，因与诸君谈公生平操行，怆然有感。祠前有一古松，偃蹇若虬龙形，好事者勒石，以“唐大夫”名之。门外一山，截如屏嶂，五峰隆起，人呼为五老峰。此仙都观大概也。将行，辞于麻姑仙。予前祝曰：“神仙有灵，惠我甘霖，救此一方民命，予能为尔仙鼎新庙宇。”诸君同声曰：“诺。”遂出门登车，复过三峡桥，俯瞰盱江缥缈，在烟霞之外。遥指从姑石，特青螺一点耳。行及山麓，牵舆北向，欲访所谓麻源三谷者。忽见云气飞腾，覆过山顶，雷声隐隐闻霄汉间，雨如骤至。驱役人急趋，度石岑而下，两山夹出，中有流泉湍驶，浩如长渠，询之，正麻源也。走数百步，过小桥，将止于云门寺，乡先生张斗旸、王实庵二公者出竹林相邀。罗生怀智以乃祖近溪翁之命，亦来候于此。南城令王子于是先辞去。云门地最幽胜，然殿宇逼仄，不堪避暑。二公具肴酒以进，聊数酌乃行。复逾桥散步，观石壁篆书，且西探山中来脉处。王实庵曰：“此山来自宜黄，颇深奥，有佳气。”指二小阜，似双鱼形，堪舆家以为水口山也。予曰：“有是哉！”

日已酉，雨欲作者逾二时而未至。然云雷之势益以猛矣。仓皇就道，奔华子冈。华子岗者，盖灵运访华子期处也。谷口有一石洞，穿洞而入，又斜转百余步，登观音岩。甫入门，则雨大至。予党三人与张、王二公者不觉鼓掌大喜。因对雨围棋数局，饮酒各尽，醉始归。归途犹有细雨沾冠盖上。儿童父老欣欣相向，无似向者之蹙额而告也。越翌日乙亥，又雨。丙子，东北郊雨。丁丑，四郊大雨。或谓麻姑之仙，果有灵应；又或谓吾党一念之诚，庶几有格于神明。予应之曰：“天人之际，良不易言。贪天功以为己力，不可。且夫祷于城隍者，七日而应，祷于麻姑者，片时而应，彼神灵岂有迟速乎哉！”予等幸藉神助，以纾民忧，姑纪其始末如此。

【说明】许孚远（1535～1604），字孟中，号敬庵，德清（今浙江德清县）人。嘉靖四十一年（1562）进士。历官南京工部主事、两淮盐运司判官、兵部郎中、知建昌府等。有《敬和堂集》。据同治《南城县志》卷九之三录文，字句据别本有改补。参见罗氏本《麻姑山志》卷六、黄氏本《麻姑山志·记》、校注本《麻姑山志·记》。

739. 明·林廷赞：瑞昌显济庙记

万历十一年癸未（1583）

岁在万历癸未六月，大旱将杀稼，余为主祷，不雨。或进曰："古有白龙泉，先时旱祷，无弗应。"余随载牲絮酒，自为辞，临泉而祷之，果应如响。泉之左有庙，额为"显济"，碑碣磷磷，皆历代所封敕也。今为风雨所侵，颓然倾矣。余询耆老，指言为槐里祠，或言为龙王庙者。翌日取《白龙泉志》阅之，果槐里侯之事。查槐里侯乃东汉功臣万修爵号。凡人生长爵禄，必仍其地。侯居于瑞者何哉？余思古之豪杰，功成身退，惧为祸难所乘，托为采药修真，云游山水，结庐采胜，随其意适而安处焉。如留侯之从赤松子游，范蠡之扁舟入湖是也。后世重其迹而封敕之，俎豆之，理之常耳。《祭统》有云：为民御灾捍患则祀之。斯泉也，能沛云雨之施，却李成之寇，其为民之庇也大矣。将谓泉之神与？未必非侯之佐其灵也，从而祀之，谁曰不宜？有为龙王争者曰："近民万氏宗万修，故为无稽之说以惑人。"噫！此皆循名而未核实者也。细玩碑碣，载宋始敕为福瑞侯，元加封仁烈英显王。因其王爵而昧者以龙王目之，职此之由乎？余于庙之重修而落成也，援其事理，知仁烈英显王为血食之主，使后人秉为成典。至于地里山川，峰峦潭洞，年代阅历之数，封号加进之由，幽明孚应之异，则有旧乘详之，兹不重述云。

【说明】林廷赞，婺源（今江西婺源县）人。举人。万历间官瑞昌县尹。据同治《瑞昌县志》卷二录文。参见雍正《瑞昌县志》卷五，题为"重修白龙泉显济庙记"，文字略有不同。

740. 明·万恭：重新玉隆万寿宫碑记

万历十三年乙酉（1585）

豫章西山耸起萧峰，高入云天，锐刺空蒙。有石室据其巅，宋淳祐时所建。凌八荒，御八风，折而南图，控天而下，或播为大阜，或歧为迅涛，若万马奔腾穿峡者，为飞空火，为翔云鹤，六十里驻于玉隆之基，许敬之先生炼丹故处也。

万历四年春，余偕李司寇迁、吴司空桂芳、李学使逊，溯萧峰而息于其故宫。寻唐垌，登宋封，则苍薜峨峨，顽石嵯嵯，而千百之复道遗迹、书检留琼，皆不可复识矣。已乃围手植之耆桧，索点金之遗扃，无不可见敬之先生者。而寂寂仙幢，萧萧钟鼓，彼所称“千二百年枝委地，吾复兴，即令师出豫章”，竟安所凭藉哉？折而东，有古树焉，高可数寻，风霜万剥，肤理尽落，窍为虚中，内可容五人，外一窦，可俯而入也。余危坐树中，仰视则窍中云影霞光，若鼎彝翡翠；旁视则四壁峰层障拥，若追蠡奇绝。余倚而歌之，歌曰：“炼得身形似鹤形，古松枝下两函经。我来问道浑无说，云在苍天月在坪。”声泠泠上彻天窍，下震地窦，三公者凛然，招余而出之。余声犹在树中，皆大恐。余笑曰：“此于敬之先生，固入其玄牝而鸣其仙籁者耶？”然故宫禾黍，不可复见矣。

归而谋诸张学士位，乃以万历十年中秋觅仙迹，吊颓宫。载谋之谢大理丞廷杰、邓太史以赞，而万司马恭为之疏券，遂纠值正殿而新之。乃抚院曹公大野以五十金率而至，按院贾公如式以五十金率而至，合之乡好行其德者，约七百金有奇。始事于万历十一年七月，而学士复藉胥太府遇下檄新建县丞张濯董其事。十三年秋乃成正殿，凡七楹，缭以石垣，华以赭垩，广袤规制皆若故，而堂构则更新矣。

司马氏曰：世传旌阳丹灶、金井及胡詹东门、柏枝遗迹种种可异，比读《旌阳传》，则先生为令，若化良善，诛恶逆，有循良风，一之以净明忠孝为本，亡他玄秘，大都神仙家所称说精气神。太上混化之，其次修炼之，其下分理之。儒者何尝不遵是道哉？故以净明为基，则混精气神存吾无；以忠孝为施，则炼精气神守吾有；有无相生而变化出矣。是旌阳所为，乘有无而行变化也，盖儒而仙者也。余故著之贞珉。彼井灶、柏枝、东门，皆先生之委蜕也夫。

【说明】据乾隆本《万寿宫志》卷一四录文。参见康熙十九年《新建县志》卷三〇、光绪本《万寿宫通志》卷一四、《净明资料新编》。

741. 明·张位：重建玉隆万寿宫上梁文*

万历十三年乙酉（1585）

天作丹成，日月启三台之亮；地宏鼎构，乾坤大六合之春。万寿重隆，四方来贺。仰惟江西福主九州岛都仙神功妙济真君宝殿下：道高九御，德配三清，为古今民物之宗，作天地山川之主。宰宣异政，世立奇勋。鼎理阴阳，养就阳和之气；炉开造化，炼成化育之功。乃净乃明，丹点处岂但千金；惟忠惟孝，教思余总皆八宝。伐蛟蜃而泯其迹，驱蛇孽而放之菹。剑上带锋，喷出龙泉飞白雪；柱头铸铁，镇宁洪省凛青霜。稳奠堪舆，坚同磐石。历代崇报功之典，英灵懋显绩之微。三十六宫，都是一盘春色；百千亿祀，期瞻万寿恩光。神应参三，运羁于数。宫墙萎旧，楼观靡新。虽拔宅以遐升，幸遗踪于故址。会丁鸿运，城拥龙沙；岁值千余，谶符八百。志存恢复，幸有感于诸公；材展经纶，喜重新于三老。相土定方，爰考中天之日景；因时举事，载宣上苑之阳和。神契有归，仙宫再造。集公家之宝树以作栋梁，决宦海之洪涛而归材木。神力协于人力，化工纠作群工。不日观成，自天其佑。两廊拱斗，盛符台阁之资；四柱擎天，卓耸栋梁之望。宇揭翩翩鹤翼，玉色辉扬；瓦缝迭迭龙鳞，金光铧现。仰瞻红日，俯瞰清流。文明而紫凤呈祥，蔼著九苞瑞气；武靖而扬鹰献爪，凛张八索威风。气象改观，规模振旧。钟亮数声狮子吼，雷轰四海衮龙朝。陟降在兹，依然天上神仙府；福履绥只，允矣人间宰相家。桂斧暂停，且丽歌声于六纬；葵丹用献，愿符葆合于千祥。

梁之东，桃香浪暖起潜龙。春满皇都花绚锦，文明胜簇状元红。

梁之西，鸣岐彩凤复来仪。月桂秋香传万里，昆仑稳作上天梯。

梁之南，坎离既济露垂甘。虞弦两洽熏风调，万国咸熙舜日酣。

梁之北，炳耀斗牛光帝德。天枢稳奠圣明兴，柱石岩岩擎日月。

梁之上，飞龙在天垂古象。光连万国彩云腾，霖雨苍生符众望。

梁之下，玉烛长调春不夜。神功永奠物凝成，万里熙熙覃圣化。

伏愿上梁之后，八荒皆晓，万历长春。双凤来仪，重建九楼八阁；六鳌稳载，盛传奕叶万年。地维经络于南维，天柱高擎于砥柱。北宸飞渥，南海献潮。苍虬捧出宝珠来，星光灿灿；白鹤祥呈丹顶现，春色融融。翠柏甘棠，后先一致；红桃紫李，远近相辉。麒麟殿上烛高明，快睹江西福主；鸾凤坡前花拥道，咸瞻上界神仙。焕乎文物一新，锡尔麻祥百集。盈止宁止，大焉久焉。三辅表光，飞兆衔环之报；四民喜助，同膺种玉之荣。万寿万年，凯奏丰年之庆，而禾抽九穗，谶先白水真人；三清三宝，位崇大宝之隆，而槐植数株，颂美黄扉元宰。仁推麟趾，化广驺虞。良干有资，巩护厉北门之锁钥；维藩永固，森严肃南国之干城。从教金阙朝真，不必铜盘捧露。大展调元之手，而鼎构重华；宏宣济世之才，而丹台铧建。远有望，近有宗，胜越泰山荣巨镇；仰可观，俯可视，攸同嵩岳奠贞元。灵允柏台，香传桂子。

【说明】据乾隆本《万寿宫志》卷一七录文。参见光绪本《万寿宫通志》卷一七、《净明资料新编》。

742. 明・张嵿：重修麻姑山仙坛记

万历十三年乙酉（1585）

郡西南十里而遥，盖有麻姑山云。山由半山、观瀑二亭折而上，为龙门桥。历神功泉，则平陆矣。泉稍东，为仙都观。唐颜鲁公记王远公、麻姑事，谓不识为何代，则兹山开创莫可诘矣。玄宗开元间，道士邓紫阳栖焉。道士所著灵异甚籍，玄宗为增饰宫观至数十区。今皆湮没，独神女祠尚存，《十洲记》所谓“小有洞天”是已。土人水旱灾侵，辄祷辄应。世传神以七月七日降，有司岁一祭之，纪在祀典，长远矣。

嘉靖丁酉，天台王公谓颜鲁公，又宋李忠定、文信国二公，皆尝有事兹土，立祠祀之，匾曰“三忠”。辛酉，闽广兵连旁邑，郡士民谓胡庄肃公松当抚辑之，乃于祠东偏事庄肃公。迨今若干年，诸皆倾圮，芜弗治已。万历乙酉夏五月，不雨，民惴惴恐祲。太守许公悯然念之，究泉源所由，乃偕别驾薛公、节推傅公、邑尹王公祷于麻姑神女祠。礼既告成，徘徊祠下，公怃然曰："予闻麻姑著灵兹地久矣。即如三忠，其精爽固浩然在两间。今荒圮若此，谓守土者何？第今不雨耳，岁幸免于祲，吾将有事兹山矣。"公遂驱车云门，顷之，雨至。明日，再雨，岁乃大获。山民里妇颂公爱民格天者，揶揄遍井邑也。

居数月，公不忘前语，将鸠工程材，诹吉以告兴事。一日谓乡先生罗公曰："君拮据从姑，不啻如家，丈人能不为麻姑擘画耶？"先生遂唯唯受公计。公谓神女祠第因旧为新，三忠祠稍增廓之。又徙庄肃公祠与三忠并，以便祀事。庄肃公祠故圮，距古松不数武，为亭覆之，颜曰"太古"。三忠祠西故有停云堂以舍游客，命撤余材饰之，浚渠治缭，易腐改倾，芜者芟之，洼者燥之。坛殿门庑，罔弗质良。一切经用，皆公裒俸以帅郡人，工取诸募，木取诸山，而民未尝费一钱也。再逾月而厥工告成，公偕薛公邀罗公与予再一往观之，翚如翼如，丹雘云霞，递相掩映，平畴千亩，一水带之，宛然洞府之在元邱也。公輾然色喜，复属予记其事。

张嵿氏曰：尝闻之人言，宁学百川，不为涓涓，语务大也。今世仕者悦过客庭馆厨厩无不鲜备，至坛壝古迹，往往避不为，即好事者为之，不过为佳山水增胜耳。欧、苏大儒，不免蹈此，他无论已。敬庵许公，古心直道，取祀典所不废者修之，使往来兹山者，觌神贶则知天人感应之机，仰三公则作人心忠义之气，其系于化理岂小哉？公诸善政，郡士民皆能记之，兹不具述，述重修始末云。

【说明】张嵿（1458～1531），字时峻，号枫丘，萧山（今浙江萧山区）人。成化二十三年（1487）进士。历官江西左布政使、总督两广军务、南工部尚书等。有《苍榆馆近稿》。据罗氏本《麻姑山志》卷六录文。参见黄氏本《麻姑山志·记》、校注本《麻姑山志·记》。

743. 明·范涞：重修城隍庙两庑记

万历十五年丁亥（1587）

豫章城隍庙胜国时在子城之东，今在府治之东南，庙址殊而府治所创亦异。云庙故有两庑，前为重门，门外出大道树木枋一，巍然玉题，昭揭灵贶。此中三老相传其神即汉颍阴侯灌将军，《龙兴路碑》载之颇详。庙之或圮或修，亦数见于前人所为记，而两庑之饬未及也。

余守是邦以来，每朔望循故事谒神，感于庑之倾者、朽者、漶漫弗蠲者何称庙貌，顾民务是急，亦未遑也。逾岁而巨浸为灾，民亟吁于神，不得命。臆计前所建枋去大门辽远，灵气或未续。爰咨梓人，移其枋进十四丈有奇，堪舆家言吉。又逾岁，巨浸复作，民吁于神益亟，谋及两庑。而黄耇时为余言："神之尊，统乎省会。犹及见旧庑壁间绘十二郡城隍像与诸善恶所作所受状甚悉，幽有辅翼，明有劝戒，盍图之？"余又从所请。于是南昌何令选、新建佘令梦鲤相与庀工涂拉，辉煌五色，軨轩周流，东西森列相向。凡为楹各以九计，步櫚称是。瓴甓以二千计，版瓦以六千计，一切取给于官帑及肺石之羡。工始于万历丁亥六月，竣于九月，为日匝一季。艰食诸民亦稍稍赖是役以举火。余昔之所感于衷者，莫不如画，得藉手以妥神矣。乃偕少府黄公、别驾章公、郑公、司理吴公率二令三老诸人士拜于庙，祝曰："维帝主民，闿阖冲漠，宣化者臣；维天生民，斡旋亭毒，妙物者神；维兹神宫，毖肃焕赫，有显其灵。孰非民力？用昭普存，以遍以禋。"再祝曰："喁喁宇下，庙食攸依。谁尸保障？亦惟高灵。奠厥畛畮，膻芗具飶。时雨时旸，嘘呵降嘏。郊国春盎，千万斯仓。千万斯年，维神之相。"诸三老亦率其群姓稽首而祝曰："维公侯大夫士因民事神，因庙庑之崇，幽明缉志，神顺天休，臣成帝功。维富岁笋簴，明信无斁，乐只融融。畴不去逆惠迪，奉教尽式，以底于仁风？"祝既，或欲载书以为左券。余谓神之佑吾民，尤有甚于民之所自佑者。《书》曰："天矜于民，民之所欲，天必从之。"《易》曰："天且弗违，而况于人乎？况于鬼神乎？"请以此代神之祝以答民，佥曰："愿并志之。”乃次第其事与其岁月，勒诸丽牲之石。

【说明】据万历《新修南昌府志》卷二八录文。

744. 明·詹标：城隍庙记　万历十五年丁亥（1587）

国朝初，混一海宇，宋太史请考证《周礼》，诏天下郡邑，爰立城隍之神，专祠祀焉。有司岁举行之，盖以阴阳表里，有明拊其民者，有幽鉴其民者。旱涝祷之，疾疫祈之，孰非为元元造福除眚以遂厥生乎？

兴安设置嘉靖末，百凡草创，利在速就。其城隍祠宇既湫隘，而材木、陶石诸物，又率取便一时，非堪历久远者。乙酉邑侯刘公任兹土，先一日设坛，宿于祠，见其颓圮，乃慨然曰：“城为国而设，神为城而祀，奈何令圮坏尔尔哉？”然不欲辄烦吾民也，遂捐俸鸠工新之。后又因阴雨滴沥，至用雨器盖神像。父老以通变顺民请，于是仍出余俸以先之，寮佐以次致俸助焉。乃属幕僚蒋君董其役，倾者植之，隘者宏之，固其基址，鲜其涂塈，中建殿宇，辅以夹室，两庑旁翼，藩墉四周，而貌像幢幔，足以肃一方瞻仰矣。是役也，经始于丙戌之季冬，落成于丁亥之十月。于是缙绅士庶谋勒诸贞珉而属记于余。

愚谓节财爱民，固王政之大端，然亦顾其时何如尔。能因陋于可因之时，而不能坐视于极敝之日。况民禀异宜，习俗异尚，上之人布德意，宣令甲，善者赏劝之，不善者敕罚之，彼其赏罚所不及者，一见神威之俨赫，未尝不竦而栗者。故有逸刑赏于官司而不能免果报于冥冥，则兹祠之建也，岂无裨于王化之万一哉？侯讳一贯，字子唯，号省吾。

【说明】詹标，黄冈人。岁贡。时任训导。据同治《兴安县志》卷五录文。

745. 明·阮镄：重修城隍庙记　万历十六年戊子（1588）

夫邑之有城，所以卫民也。环城址凿为隍以注水，则城不可犯。其势始尊为卫，始坚而匪瑕，神实司之也。神有卫民之功，民妥神于庙，时其观盥，礼起于义，情亦笃至哉。然邑之令，其分与神等，公署规制与庙等，民从听治焉。此阴阳表里之司。

余承乏德兴，谒城隍之神。已而进公署，俯仰顾盼，觉庙弗若署。朔旦复谒庙，觉弗若甚。彼茂林芳树，飞鸟枝栖，废屋颓垣，逆旅弗宿，矧号为一方之神耶？跃然欲起而新之，力有未逮。乃具之籍，俾乐施者登焉，亦十夫扛鼎之举也。未几而诟语至矣，遂焚籍寝其议。维时有余士宗、陶洪、余尚绅、胡守义各捐二十余金以首事，余有画虎之喻。四子志益坚，一时鼓舞向义之气云蒸，输将辐辏。丙戌十一月八日，正庙屹然竖矣。特建一门华表，光禄余宗熹也；仪门亭，同知笪用中也；寝室层楼，则朱可久、孙梯；钟鼓两楼，则万汾、万显、万勋。石为堂阶，则王应佐、王元气；石为柱，则余明章；砖为地，则余宗程、朱廪；而劻勷之力，徐天佑与焉。肇工，又明年戊子十月望日，事竣落成，计千金始就规图体势。净饬完坚，窄也而实廓也，嵋也而实彝也，穷如阒也，翼如拱也，而斋焉宿焉，报告与祈焉，无乎不宜。自是朔望谒拜也，沾沾而喜，殊觉赧心生焉。何者？向则庙弗若署，今则署弗若庙多矣。明于谋神，暗于谋己，不可谓智。顾为神所以为民也，神民举安，国家之福，令之心也，署曷计焉？

噫！千金之裘，非一狐之腋。人心好义，其趋也若赴。甚哉！兴人之好义也，余惟拱手聿观厥成而已。凡与庙事，并称义举，皆镌其姓名于珉以流休风。庙成之后，好义之心犹然未已，镕铜一千余觔铸钟一口，其姓名悉附之钟矣，当不复赘云。

【说明】阮镄，宁德（今福建宁德市）人。举人。万历十四年官德兴令，重新城隍庙，建义仓。据民国《德兴县志》卷九录文。

746. 明·田琯：北帝庙记　万历十九年辛卯（1591）

余始莅南康，循故事，谒白鹿洞，礼先圣。行可十五里，原野萧条，无一神祠、旅舍，心厌苦之。既而聘章布衣主洞教，予时偕二三僚佐往候之，途遇雨，卒无所舍，至濡冠服而归。既抵郡北五里许，有山形如龟，外两山腋抱如蛇，会意必有古迹在焉。询之舆人，曰："此故五里牌候亭址也。"余停车观之，谓僚友曰："此一佳风水也，惜官道破山脊，行成坑堑，譬碎结绿残悬，黎民弗宝贵矣。倘建一官亭为迎送所，庶资鹿洞小憩乎？"然灾沴频仍，公私告绌，力弗支矣。会作白鹿桥门，时往来其处，陟山原，见石门犹故亭址，仿佛尚存有遗础四，刻垩三，左右茔累累，阅其封，则有窃故亭石节棁以甃砌者矣。盖官亭既毁，浸寻没于民，势固然也。余观毕，叹曰："此前人之旧迹而余讨之，岂偶然哉？"时有愿输所侵地而复之官者，余曰："民瘵久矣，藉令暴其枯骨，仁者不为也。"乃降观山磡下，地盖底平，箕踵漫衍，后有坳，实龟之肩穴而茔莫之及者。于是诛榛莽，披荆棘，视之则有断石残甓焉。或曰此故颜家山，为唐颜鲁公遗事，上有冯孝女墓，下有颜家桥，中有楔棹为之表，则五里牌所由名哉。及考之郡志信，予津津喜，益信人言为有征而事之兴废有时也。乃即其地为亭，列大小楹十六，上下诸结构称是，缭以土垣，而移旧石门蔽其外。制甚隘陋，盖惟取足于候憩而已。复计独馆孤悬，必假奉神者为守，而地象龟蛇，且直北，宜禜祀真武之神。则博求于香山之荒庵，得神像焉。卜以辛卯春正月望日之吉迎神入祠，于旁置一家，檄道流居守之。未几，两学之士及耆民百十辈集庭下，以状请曰："我郡频年水旱疫疠盛行，民不堪命久矣。今春祠祀真武之后，则雨旸时若，灾害不生，物阜民安，大有丰亨气象。且也灵异殊常，民有祷辄应，无敢戏渝者。岂惟是？即香烬烛沥，暨井涧水，民求之以已疾，无不立效。今其神通四境，声溢八埏，望影星奔，藉响川骛，屈膝交臂走祠下，祈吉祥善事者雾滃云集，人人各得所欲去，此其灵应盖方驾武当而上之矣。吾侪愿捐赀拓大之，以妥神灵答神贶焉。"余闻言惊讶，曰："异哉！神自肇祀至今甫阅月，何遽称灵异？"乃使人觇之，则见朱火煌煌，越香掩掩，棉帛充栋宇，远近至者首相属，祠不能容，则环门外而罗拜。余令之稍节柴燔费，岁可得若干金。乃议以其半存赡祠，而以其半入白鹿洞为养士费。乃诸生又谓颜家山为颜鲁公所居，其孙颜翊又授经于白鹿洞，后先济美，宜祠祀之而附入于洞志。状白学使朱公，亟许之。至是祠成，则群然请曰："此胜事也，宜有记。”

余谓国家之慎祀典也，禁其近于淫。吾儒之辟异端也，惧其叛乎正。维兹真武之神，古所称水正者也。自轩唐以来，列于五祀，莫敢废。而我朝敕祀于太和山，诚重之也。《记》曰：有功于国，有劳于民，则祀之；能御大灾，能捍大患，则祀之。今既藉神灵以庇民，又席其余惠以养士，是有大功于名教者也。况主之以颜公而客之以真武，则其神无不在而永为斯地称灵也，岂独今哉？先是，祠制苟简，故士民请高大之。余欲祠与山称，高大非宜也。今于祠宇上权加栋梁作重檐状，两旁为披叶，稍张广之。其下则仍旧贯，加采饰而已。祠前增建拜堂一，以便祈祷。祠之右更建祠宇，祀颜鲁公及土神。而移昔所置小房于右隅，以居道士。左官路为亭榭覆其上，以憩往来。拜堂前颜曰武当行宫。又前为门，左右各为便门，以通出入。左颜曰颜家山，右颜曰鲁公祠。祠前后广筑墙垣而围官道于其内，路上下各设门，时启闭。别为桥梁于涧左以通行，其颜家桥则重砌之，加亭焉。桥北为甬道三，折以入宫之门。左右凿二井以取汲。此皆一时经画之权宜，故备书之，俟后有作者考镜焉。是为记。

【说明】据同治《南康府志》卷一三载：“田琯，号竹山，延平人。由进士知南康。补筑紫阳堤一百余丈，人呼为田公堤。建北帝庙于颜家山，收香资以赡书院。修《南康志》。”据前志卷七录文。按，田琯于万历十七年（1589）知南康府。

747. 明·佚名：阁皂观田地碑

万历二十一年癸巳（1593）

道众不得其人，亦系官府未经查□之故。先该道士彭略告鸣□道，本府清查，断给田贰百四十捌亩及观基俱存，责令彭略同徒众仕一、仕二、仕三各承众收租，看管香火。外又查得彭略自将山地卖与生员徐敏，随该本府责令彭略备价取赎，问拟罪名，案存本府。诚恐后来道众复踵故辙，私买私卖，失上人查复古迹至□，合行立碑禁示。如有道众将系官山地得财私卖，及势豪人等强买□夺者，许即赴官陈告，各拟重罪，原价入官，决不轻贷。至示者。

临江府知府高从礼立

万历二十一年十月日

共该官民米贰拾叁石壹斗捌升壹合陆勺叁抄捌撮玖圭。

一、上次□塘堀贰亩肆分贰厘五毫，每亩科正耗官民米柒升五勺壹抄贰撮六圭，共计官民米壹斗柒升九勺九抄七撮八圭。

一、下则荒地壹分六厘六毫，每亩科正耗官民米贰升柒合七勺肆抄壹撮捌圭，共该官民米肆合叁勺玖抄捌撮陆圭，已上通共该官民米贰拾叁石叁斗伍升柒合叁抄伍撮叁圭。

清江县知县龙起雷同立

一、号土名考鬼坛一段，坐东，至凤凰山界。

一、号土名凤凰山一段，坐东，至茶子□界。

一、号土名茶子□坟山一段，坐东，至土地背界。

一、号土名土地背坟山一段，坐南，至老相公庵界。

一、号土名老相公庵坟山一段，坐南，至横山界。

一、号土名横山一段，坐南，至鸣水亭出（路□）界。

一、号月角坟山一段，坐观外，东至杨宠山，南至黄利田界，西至黄利界，北至山顶埈界。

一、号土名下西坑一段，坐西，鸣水亭出起，至小山界。

一、号土名小山界一段，坐西，至宋公山界。

一、号土名宋公山界一段，坐西，至上西坑界。

一、号土名上西坑山一段，坐西，至著棋峰界。

一、号土名著棋峰一段，坐北，至骆驰御宝山界。

已上四至周围山，则共计贰拾贰亩陆分整，每亩科钞壹拾文，共计钞贰伯贰拾陆文。

【说明】碑现存于阁皂山大万寿崇真宫。青石材质，高 1.83 米，宽 0.6

米，厚0.07米，圆首方趺带榫头。直行，29行，楷书。碑已断裂为二，额篆"闷皂山田地碑"，碑文周边有精美图案。据碑录文。

748. 明·孔人龙:《华盖山志》序

万历二十一年癸巳（1593）

大华山之胜，盖自浮邱真仙浚其源，王、郭二仙导其流，暨列仙扬其波。余尝思挹其概，为生平快，竟以耋倦中止。乃儿轼以虔谒至山，羽士王显出志一帙，付儿携归，余珍若拱璧。讵山观毁于万历辛卯秋，板刻灰烬。爰命儿轼考究初终，翻刻弗遗，越期成帙。敢谓扬厉圣迹，昭耀金石，特以致父子一念敬恭之忱云尔。

原夫山于天地间一撮土耳，必仙灵载修，往哲过化，乃称福地。天降时雨，山川出云，必祥瑞时见，彰善而人劝，瘅恶而人惩，各以类应，锱铢弗爽。余观三仙升举之时，拳拳以忠厚孝敬为训。是刻不独昭仙灵，实可警人心。乃付羽士，印授四方。后之君子若能因志以求训，因训以求心，则是志也，永永乎与天地相为悠久矣。

万历二十一年癸巳，宣圣六十世孙、判福州府事峡江孔人龙撰。

【说明】据同治本《华盖山志》卷首录文。参见校注本《华盖山志》卷首。序文于2011年刻石立碑，位于乐安县华盖山山顶，崇仙观附近，题为"华盖山"。青石材质，碑身高1.5米，基座0.3米，宽0.8米，方形。直行，14行，行3~26字，有标点。

749. 明·彭梦祖：祀天后文* 万历二十二年甲午（1594）

惟鄱湖之风浪，天下莫不闻也，而往往有覆舟之厄；惟神之赫赫灵爽，亦天下莫不闻也，而往往拯人于沉沦危迫之时。是以天子每遣使者册封岛夷往来大海溟洋之区，惟神是祷，而亦惟神是佑，咸得竣事，而归此神之功彰彰较著者也。

甲午之春，余守兹土，堤工告成，宜有祠镇之。余曰："请毋他祠，惟神是祠。"实以扬澜左蠡暨青山神灵湖一带，上下几百余里尤称汹涌，而冀神之有大造于往来舟行者也。一二年间，颇无他虞，不意三月二十七八以后，狂风连日夜不休，而覆沉者无虑数十艘，溺死者亦无虑数百十人，男与妇与？老与稚与？东西南北何方人与？客死洪涛，家乡未知，遗骸飘泊，暴弃沙泥，阴风苦雨，冤魂悲啼。吁嗟痛哉！尚忍言哉！余小子恻然，食不下咽，眠不贴席，已捐金命星子县典史吴国宁遍野瘗埋。间有恶少乘人之危，抢人之货，各各绳之以法。而犹恐继此复有是厄也，不诉于神，人力何施？则与道士约曰："每有迅风，急诣神祠，诵《解厄度人品经》。"而余小子亦匍匐叩首，惟神是祈。伏愿普施元贶，救此颠危，以佐上天好生之德，以慰余小子区区不忍之私，且以彰神之灵感于百千万禩，而兹祠之香火亦烜奕永永无既矣。惟神庙貌俨然，格斯鉴斯！

【说明】据同治《南康府志》卷一三载："彭梦祖，全椒人。万历间由进士擢守南康。善诗文，匡庐山水，多所题咏。重建府学尊经阁，鼎新星子县学宫，移建王忠文公祠，创建永镇塔以聚风气，皆为文以记。升浙江副使。"据前志卷七录文。

750. 刘旬：峡江重修城隍庙碑记

万历二十三年乙未（1595）

峡江始嘉靖间，即故镇建置之，而城隍庙实为巴邱之旧。世传巴邱今邑厉坛相去若干武，庙不宜在今治凤凰山下。及按传，城隍古无祠，惟吴越多有之，至汉唐始通祀。峡故吴越地，庙称东汉永元二年，岂当时创祀之始即有是庙？择地妥灵，非今制，庙与邑相犄而并建，然耶？否耶？此其事亦邈矣。予儿时侍家君，见诸长老往往谈神之灵。及补邑弟子员，遇诸祷祀者，舆马舟楫，不远数百里，率斋宿而后敢入。出入谋虑，壹禀命于神，若古之卜筮然者。窃嗟异，以为天下郡邑城隍等耳，其祈禳报赛、御灾捍患将无同？岂尽感人于遐迩而应响之若是？说者乃谓庙封爵，为汉将军纪信。而正殿、城隍等，额宋文文山、宋白玉蟾手泽。有柱凿方目深径尺，传为鲁人公输子故迹。汉去周时已后，疑未必公输，恐亦公输之流亚欤？若其屡经兵燹，岿然独存，栋宇瓦埴，欲绝未绝，似真有神物护持其间，则神之灵异也固宜。顾汉距今又千五百年矣，卒未有能新之者。撤而新之，自黄侯始。何也？时固有待也。

黄侯以蜀中名进士来莅兹土，凡五阅岁，政通人和，百废具举。至于斯祠，尤属意焉。二十三年，侯诣祠，见父老百余人执香庭下，率召问之曰："若曹兹兢兢乎神之叩，必有以也。夫萃涣先于革故，好义莫如终事，吾民岂有意乎？"众佥曰："唯唯。"未几，大木横江而下，商闻，大呼市木者三，即岸求之，无有也。闻者以为神。明日，出侯所捐俸及民间所醵金若干，果得木。率作考成，不遗余力，谓非默助不可矣。甸睹斯役，因益感于古今幽明之际也。夫以楚汉荥阳之围，非信以死脱高帝，奚所谓藉嘘四百之炎祚？而史失其行事。司马、班氏，不少概见，何哉？彼其不崇报于汉世而血食于兹土，是宜有永。若信国公之大书，无亦曰"吾尚论之"耳。更数百年后，邑复有练中丞亦以死事膺祀典，黄侯乘是役一表而出之，其于事神治民何如也？总之，匪偶然耳。若曰"子不语"，而至诚感神之说，书不茀废矣。旧制正殿后为寝，前为门廊，今改饰，轮奂视昔有加。增置枋一，修理宋御制世忠碑一。经始于万历乙未岁秋七月，至是始竣事。而董其事者先二尹张君建功、今李君菹，三尹孙君文英、今毛君凤仪，四尹先马君义才、今蒋君禹民，如署教事孙君子忠、周君礼、李君佺、郭君思赞，各捐俸有差。黄侯四川邛州人，名得贵，号冲宇，己丑进士。于来趋事者若干人，而士民王汝忠、廖子奇、邓焕、吴吉、邱永、钱桂、阮淮、杜松、邓爆、萧九叙、杨勋、朱富、萧儒、朱国龙等，尤能捐私奉公，不避寒暑，因得以姓名附载碑阴云。

【说明】刘甸，峡江（今江西峡江县）人。万历四年（1576）乡试中举，曾任丽水知县。据同治《峡江县志》卷二录文。

751. 明·徐之孟：北极行宫记

万历二十六年戊戌（1598）

城之中有春台，其南下旧为栖隐古刹，形家者称控压焉。嘉靖间，没于宦族，以故融风作，袁人相惊，议复之，不克。无何，灾焰遂炽，有司禳于回禄，祈于四鄘，俱罔效。乃从民祷于元帝之神，果心星远徙，胥用以安。盖帝位北，有相制之义也。嗣是家祀户祝，诸事必祷。万历戊子霪，害苗及疫。明年旱，辄祷辄应，不啻响之随声。父老相率治舟裹饷，泛彭蠡洞庭，直跻太和之巅谒帝，爇沉顶礼，若面生神然。旋即各捐金二十两，贸复刹基建宫。状白吴郡公，公始不许，曰："我高皇帝定鼎，英庙北狩，仗神威力底平。后敕赐金殿，宫观以重臣主之，聿有专祀。倏兴斯举，例有禁。"父老垂涕叩首，备陈感应之迹，公方俞曰："有是功烈于民者，听祀之。"时郡倅杨公、司理顾公首颁俸以助。乃卜吉鸠工，剪芜抡材，无论遐迩，输财效力，蚁聚麇集，趋赴恐后。至傅郡公、尹邑侯，亦先后协赞。额以"北极行宫"，谓其止辇散跸于斯也。铸金为像，数昭灵异。宫之中祀帝，后阁祀玉皇诸神，阁之下则观音，东伽蓝，西地藏，用存古刹意。其规制一准武当而焕然改观。自辛卯年冬月，历戊戌年春甫成。猗欤！此都一望祀也！

余补李官来袁郡，即耳神应，得楚报。诸首事者叩余识巅末，因知兹宫之创，民藉御灾，同予所以建珠泉亭意也。且尝读神所垂训，靡非欲人人迁善，与圣谕相发明，其阴翊王化居多。遂忻为之言曰：

神自净乐越东海，择福地，葆真炼神，功毕冲举，摄元武之位，镇北司水。夫天下惟水为至德，故大不可极，深不可测，息耗减益，通于不訾。包群生而无好憎，泽蛟蛲而不求报。靡滥振荡，与天地鸿洞；蟠委错纷，与方物始终。惟是至德，所以两在无方，应感不爽。汝民岁时伏腊谒神之宫，对神之容，则当佩神之训，惕然猛省，求无内疚。则一善所格，神必陟降左右，永绥于此，福禳当不替矣。不然，纵飞阁流丹，盘纡刻俨，恐不歆也。愿吾民勖之，庶几无负于建宫之盛云。

时万历戊戌仲秋之吉。

【说明】据民国《宜春县志》卷一五载：徐之孟，字养浩，德清人。进士。万历间任袁州推官，介直不阿。据前志卷二一录文。

752. 明·陈嘉谟：清都观山门正殿改正东向记

万历二十八年庚子（1600）

永和为庐陵巨镇。清都观三清殿之崇高巨丽，盖相埒云。自三清宫而下，奉北极真武道家尊称玄帝者。主之存，烈焰中得不毁。

予自蜀归，为先封树，越丘陇，再至其地，惜不复见曩时所称崇高巨丽者。道士桂乾元（下有缺字）指对峰问乾元：“此何山?”曰：“箕冈岭也。”岭□□寅方，左低右昂，予窃疑之。会萧山人远峰自剑江至，谛观之，岭接云汉，逆收大江之流不咫尺，移步胜景概增，顾乾元之力仅仅移山门而止。久之，得贡士刘君题疏，合□□乞予言记其事。予哂之曰：“乞于未成功之日，不岂早乎?”盖三年之久，屡请未已也。予姑为记其□□□协者，非偶然也。

予尝夜宿永和念初堂之横玉楼，梦谒一道院，其崇高巨丽若清都者。郡侯内江余公与一青面伟丈夫执大轮转舞殿下，观者惧而退。予心念“得此伟丈夫执轮向我一试?”此心一动，果得丈夫赋诗为赠，诗云：“羡汝平生无所求，暮年晚景更悠悠。”余拜谢云：“诗甚佳，胡不赋四句?且暮年已至。”轮者曰：“暮年晚景自有说，不变更也。”既觉，殊不知所谓。今思之，其一一合乎郡侯余公。立殿上者贡士，即予廷试落甲也；诗半成，第业功及半而止也；暮年晚景者，犬马余生，逾七跻八，不自期也。嗟乎奇哉！□□□□□□□暮祠。一夕，有面金色者牵二黄犬惠余，其身高似鹿。予问道士：“二鹿从金，门对庚辛?”道士贺我：“君所对宝山，其下有小山，乃金狗山也。”予恍然□□□□可喜甚以（下缺）兼戊戌，于（下缺）舍，类金狗也。两犬者与二黄犬合矣，独不知道士所□□鹿者何谓?徐思之，山人拟暮□内向者，予不谓然。丙子（下缺）鹿也，其奇□□□，遂移祠侧。肃皇帝御驾南巡，袍幸吉郡，学（下缺）方正二尺许。明年春，构念初之方丈室，今颜“乾愓斋”者。江山秀美，粹然正也。袍幸郡学时，独予与御使毗邻，启新钱公近侍。时方丈室新开，又辛向也。其事愈益□□，故备叙之。一以见观之中兴待其时，神固不得而强之，而况于（下缺）。予□□鄙陋，神且眷眷□劝而为善，而况世有笃躬励行之子，神岂一日忘之乎？彼谓天道茫昧，不可测知，恣淫肆暴，惟吾意之□□□者，佛岂一日庇之乎？日月星洋洋在上，何者非神？暮夜怀袖，暗相照应，岂谓无知？奈何以茫昧疑天道也。

清都鼎建自何年？兴废废兴凡几？苏黄台之径草犹茂，金钱池之烟水如昨。道士谢子和、刘义士之恢拓缔造，事往而名传。昔贤坚砥，名章具在也。览者当自得□□老□□□功成崇巨，自有能言美者，载穹碑，以副乾元之求。乾元俟之，毋俾子和我同擅美前闻也。

万历庚子孟夏之□□赐进士第、亚中大夫、布政使司右参政在告、诏起左参政上书、前吏兵二部左右给事中、册封益府副使邑人陈嘉谟撰。

【说明】陈嘉谟（1521～1603），字世显，号蒙山，庐陵（今江西吉安县）人。嘉靖二十六年（1547）进士。累官至四川按察司副使。有《山斗云居集》《长春堂集》《念初堂稿》等。碑现存于吉安县永和清都观，拓片存吉安市博物馆。青石材质，高 2.4 米，宽 1.1 米，厚 0.06 米。据《庐陵古碑录》录文，标点、文字据文意有改动。

753. 明·范俊：重建元妙观北极殿记

万历三十三年乙巳（1605）

今上岁乙巳，道人复拟建北极殿于寥阳之西偏。计殿北正与东序、三元阁等踞，而谋始于余。先是址故有殿，已化为乌有。余笑谓：“天下事，因者其功半而创者其效难。寥阳、洞天、三元之三者，虽难易较殊，咸有故可因。因而新之，然费且欲近万缗。而北极鼎建，不啻再三倍之。况汝历祀以来，筋力拮据，可谓勤矣，而创画不已。吾七札强弩之末，如鲁缟何?”道人曰：“筋力之劳，吾分也，敢有爱。”于是复疏募，得若干赀，鸠工集材，布方定制，崇巨政与阁相埒而工巧溢焉。再期而就，对峙两序，品立寥阳，并为吾筠一大观。道人乃复谒余片言藉不朽。

夫天下化有为无，复化无为有，岂有常然者耶?观兴自唐，迄今千余年，无能新之者。匝殿多黄冠，凋敝满眼，兴隆法事竟出一道人手！初道人客庑下，若拙若木，建疏题募，佥曰：“此邋腴朝夕，是乌能成事者?”徐而新寥阳矣，已新洞天已，又新三元矣。乃稍骇异之：“是铮铮佼佼者也。”至谋始今殿，则又杂然笑之。夫道人一幺麽之身，能数为祇园长者之行，非有黄白内外之药而聚粟如砂，聚金如砾，以成吾事，道人亦有心者乎。昔方辩止解塑像曹溪，证为人天福田。道人又得微类是乎?然其成功也，似无而为有；其居成功也，似有而无有，道人犹若解焉?北极祀紫微大帝，仍其故云。余既倡其成，复为之纪其颠末若此。道人即普天，俗姓晏也。

【说明】范俊，字国士，高安（今江西高安市）人。万历五年（1577）进士。历官浙江义乌知县、湖广道御史。有《蠹余漫录》。据乾隆十九年《高安县志》卷一一录文。参见光绪《江西通志》卷一二二（有删略）。

754. 明·黄汝亨：重修崇真观记

万历三十三年乙巳（1605）

江右自张、许两真人华山元元之教行而老氏之宫十居六七，释氏不敌也。钟陵寺与观亦称鲁卫之政，邑民人多俭而惑于理，俗好神其鬼，而解禳祈祷之事无日不有。道教亦差胜，城以内惟白云海智寺稍稍宏敞其宫，而聚溷市巷。庶几出文明门迤而东，有所谓崇真观者，踞山麓之僻，其高则香炉、紫霄、三台、文笔诸峰相睥睨可眺，其下则三江九曲之水所环而带也，其中则林木蓊郁而蔚荟。去市不远，大饶元畅之致，客每顾而乐之。

按志，创自汉元鼎，而山则先贤臧嘉猷所施也。有优游井一，白玉蟾炼丹于此。王、郭诸仙飘笠杖履而至者，代亦不乏。宋乾道有戴道士登己丑进士，累官尚玺卿，敕重建，有碑有制。我朝自嘉靖甲辰毁而后新三清、祖师二殿，道众廊房可三十余舍，今且剥苔藓而颓风雨矣。山田或没于豪，而闾巷俗子，第饥则寄生，饱则飏去，教益以陵夷矣。不佞学宫礼先师，与诸生论文之暇，时过而憩焉。因为之慨然太息曰："人能宏道，非道宏人，信乎哉！名山仙迹，耳目所未历而荒落于兵燹荆榛之间者，何可胜道？昌黎氏为火其书、庐其居之说，益以扃俗士而沉痼其疾，无赖子且以为是托宿蘧庐地，则真人清净之居，钟陵遂不得而有之乎？"于是召坊里父老，讨其故而一新之，汰其道而淫者，清其产之转徙而干没者，殿宇廊舍加庀焉，还旧观而止。山前峙大树为门，而榜之曰"咫尺元门"。月下小坐，苍翠四落，则余所创也。余捐俸钱十之一，而丞胡君来贡向道有干济才，所捐助十之三四，抑亦三生夙因而千里比肩乎。工竣于乙巳仲夏，不可无记，以托日月。

本观四至、山塘、人丁、产粮列碑阴。

一、观基北计直二十丈，横三十丈，东至民居滴水，西至本观山门前空地，南至李宅山，北至民居民园为界。

一、观前案山一段，东至本观前空地，西至本观田及万田，南至万地，北至塘塍地，计一亩五分。

一、观前大塘一口，东至行路，西至本观田，南至山脚地，北至城墙，经丈计一亩六分九厘。

一、观后元隐塘一口，坐本观山墈下，面马颈塘。

一、观外地田三号：一号坐城墙脚下，直六弓，横二弓；一号相连，直十一弓，横四弓；一号坐案山西脚下，计直十四弓，横六弓。

一、山脚地二十片。

一、五都油塘常住田五亩七分。

一、下分灌塘祭田三亩九分。

一、一都鸩戏坟山一段。

一、五都蛇白坑坟山一段。

一、四都黄鳝头坟山一段。

一、南岳坟山一段。

【说明】黄汝亨（1558~1626），字贞父，号泊玄居士、寓林居士，仁和（今浙江杭州）人。万历二十六年（1598）进士，授进贤知县。累官至江西布政司参议。有《寓林集》《天目游记》等。据同治《进贤县志》卷二三录文。参见光绪《江西通志》卷一二一。按，“去市不远，大饶元畅之致”两句及“人能宏道，非道宏人，信乎哉”三句原略去，据《江西通志》补。

755. 明·邹元标：吉水县新修城隍庙记

万历三十四年丙午（1606）

我太祖开天立极，丕正祀典。城隍之祀，著于令甲。诸郡邑大夫至，必誓而后临民。有事山川，载主合食；有事于厉，位主于中，镇群祀焉。凡誓词，皆太祖手自裁定，盖谓神与百司相峙而典幽明淑慝之权，神人合德则民休，不则为民螯。其所以鼓舞万物者，厥意渊哉。

吉水故有城隍庙在邑治前，年深渐以腐败。惠安陈侯初下车谒庙，叹曰：“会典载庙制，视邑厅事高广为差。兹何卑卑也！”即有志更新而适以事止。又二年，政大行，民大悦，侯乃拓地市木石鸠工，委少尹李子汝昌等董其役而新之。中为堂，后为楼，若廊若门若坊，崇广有宜，文质中度。始于甲辰冬，落成于丙午秋。费约数百缗，侯俸与士民乐输者各半。自是物不疵厉，年谷丰熟。诸凡以事至兹庙者咸赖美焉。侯乃过邹子求记。

予窃闻先儒常致疑社与城隍祀，为复不知社言养谷，在五行中居木数，而神禹别列之为六府，粒我蒸民，谁之功欤？高城深隍，宁无有隐然固于金汤者为民之卫？不然，即中霤门井有功一家者，庶民尚且祀之，矧神有功郡邑者哉？大哉圣祖！真礼乐神人之主，可为万世极。侯惠于幽明，神享民安，真得大圣人制礼严祀之意。均宜记，遂记之。

【说明】邹元标（1551~1624），字尔瞻，号南皋。吉水（今江西吉水县）人。万历五年（1577年）进士。历官刑部观察政务、吏部给事中、吏部左侍郎等。有《愿学集》《太平山居疏稿》等。据道光《吉水县志》卷三一录文。参见光绪《吉安府志》卷九（有省略）。

756. 明·张位：重建万寿宫记

万历三十六年戊申（1608）

万寿宫旧名铁柱宫，嘉靖间世庙赐以今名，岁岁祝天子万年也。宫址坐洪都城南广润门左，为江右香火最胜。自晋肇基，历朝崇奉。至昭代益重厥祀，列圣赐金修葺，世庙亲洒宸翰，有“神仙抬世”之句，今上颁给《道藏经》。顷江右漕士建庙京师，疏请名额。上亲赐“灵佑”祠名，盖异数也。当道莅兹土者，必致虔礼谒。民间遇节令朔望，赍香朝拜，肩相摩，趾相错，至无地可容。水旱疾苦，事无大小，必恭诣乞灵，争前密祝，煦煦若婴赤之恋慈嫠，咸称江省福主，无不系心。

万历庚子仲冬，遭回禄毁。一方万姓，惶惶若失怙恃。乡绅三老，朝夕聚谋，因谒予首倡修建之事：费将安措？制将安善？役将安兴？人将安托？余曰：“闻嘉靖间曾经两毁，俱朝赉帑金为助；今时诎矣，孰敢以请？凡地方之事，必先有司，示民重也。”因质诸开府夏公、直指吴公以及藩臬、郡邑诸公，共力相成。由是集乡绅三老偕诣其地会议，然后从事。置募籍十三，请郡篆付羽士驰赴列城，且折简通诸司道郡邑长吏乡彦。凡公私捐助者陆续辐辏，可无虑费。众谓欲计垂久，规制是宜朴素浑坚。余曰：“然。柱必用石，可免后灾，洪都上蓝寺藏经阁制可仿也；不则以砖为之，若金陵灵谷寺无梁殿亦可效也。”诸公欣然。寻工师以为不便，已之，第门廊用石柱而已。图式凡经数易方定，咸称尽制。遂卜吉于本年冬十二月兴工，咸曰：“大工以钱粮为重。掌记出入，孰可倚任乎？工役繁夥，孰稽勤惰乎？材料美恶，价值低昂，孰与榷算剂量之乎？捐助之登，散给之费，物料狼藉，虑有窃攘，施为次第，时有禀度，孰为主张而总其凡乎？有斯人也，方可议斯役也。”由是访绅衿三老，又细询诸闾巷舆论，遂属公廉才力之士，共相委托焉。更择会首十人偕道士二轮守记籍，一钱一粟必纪之，日有登，月有记，出入之数又载月总、岁总，朔望籍数告神，悬牌示众。送余较验，皆笔记而图识之，纤毫罔所遗漏。首创真君殿一重，高若干，方广若干，悉从旧制，惟是南檐稍浅，风雨侵凌，议增廊加栏，且便扃钥。继前门、二门；继诸仙两廊、铁柱池、钟鼓楼；又继圣像，易铜以塑；继画四壁仙迹；继建玉皇阁；继前街，门外用墙围之，左右开瓮门；又前辟小沼，深三尺，宫以内诸水皆潴焉。至万历戊申冬告成，费凡若干。庙貌宫墙，美哉轮奂，叹未尝有。乡绅三老因请余记之。

余谓豫章地脉，自五岭北来，入会城，回转面南，至祠宫独踞其胜，人杰地灵，亶不诬矣。千秋崇本，夫岂偶然？万事一真，方能不朽。或有问者曰：“以真君在天之灵普济群生，胡不自芘一亩？”余曰：“真灵廖廓，奚恋故土？鬼神呵护，显应发祥，固有不可私议者。且巨室梁栋，必诹美材，火生于木，烟灯助燥，琳宫梵宇，岁久皆然，兹复何疑？天地间惟虚空无毁坏耳。若涉象数，有起必灭，理之常也。”问者曰：“御灾捍危，神功允协祀典矣。至其人品，尚论者犹似未定，未审何以折衷之？”余曰：“衡千古之人品者，必先学术而后论功德，必考功德而后论崇报。真君学术视孔门修身应世，何如也？有能净不染，明不眩，忠不欺，孝不违，非圣德乎？有能居官而利济于众，捍灾而援救一乡，非圣功乎？其以祀仙言，非也；以祀功言，犹未尽也；盖祀德也，祀功也，儒而仙、圣而神者也。若拔宅之事，邱里之言，则吾不知之矣。窃观上古至人，通幽明之故，具识鬼神情状，乃其驱邪救患有非恒情所能测度者！世儒少所见，多所怪，遂谓圣人之外更无神人，何其暗于大通？昔者蚩尤作乱，能纵虎豹，为五里雾，轩辕与战不克。后得玄女天符，乃破妖涿鹿之野。禹获淮涡水神名无支祈，形似猕猴，力逾九象，水怪丛绕千数，遂命庚辰制之，锁于龟山之足，水患乃息。可谓二君非圣神乎？试观黄帝、神禹之事，而旌阳之品固可衡矣。”因记之以验于众，昭示于后。若其当路、乡众出谋效力，诸姓名尽列碑阴，用纪一时共事之懃，永垂来禩。

【说明】据光绪本《万寿宫通志》卷一五录文。文中详述了重建万寿宫之艰难经过。尤可注意的是，阐述了作者对道观祭祀与儒家关系之独到认识。

757. 明·张国祥：静恪玄君张母夏氏墓碑

万历三十七年己酉（1609）

（右书）万历三十七年己酉四月十六日。

（正中书）诰封静恪玄君张母夏氏之墓。

（左书）孝男正一嗣教大真人张国祥立。

【说明】碑现存龙虎山天师府文物室，保存完好。青石材质，方形，高0.76米，宽0.25米。楷书。据碑录文。按，张国祥（？~1611），字文征，号心湛，第五十代天师，万历五年（1577）袭爵。

758. 明·邬鸣雷：重修麻姑山记

万历三十九年辛亥（1611）

建武之有麻姑仙坛也，不谂肇自何年，自颜鲁公记之，而其迹烂然至今。顾灵踪秘躅，幽邈阻深，无人乎武陵渔父之遭。而有祷必应，捷于影响，固非凡心所能臆度矣。且其山奥衍无极，夷险迭呈。双流喷瀑，从空而下，周折潺湲。斗绝之巅，平畴宏敞，登高四顾，峭崒嶙峋，争显奇而贽爽，令人应接不暇。其胜景也如斯。又去郡治可十里而遥，杖藜命屐，无烦远涉，诚骚人韵士游客荐绅览胜所必到者也。乃由唐以来，修废不一，至国朝而废坠已甚。万历乙酉，郡守许公雩雨立至，为稍加葺理，旋就荒落。

岁庚戌，予以政事之暇，偕司理开仲陆公问奇至焉。徘徊览眺，遍访故迹，无论风亭月榭，绀宇雕阑，已灭没于苍烟翠霭之间。一二断碑残碣，兔葵燕麦，蒙茸其上，神殿数楹，萝薜纵横，蜗蚓杂沓，猥慢不可观。予慨然谓开仲："祀典称，名山大川能兴云致雨者，敬无亵；境内神祇能御灾捍患者，敬无亵。是山兼而有之，而仅仅孟秋一祭。故事是修，其妥灵之所乃听芜秽至此，即予守土者何责之逭？胜绝地谅将为游戏者所噱矣。"于是各捐俸鸠工，命司狱宋良佐经纪其事。而良佐亦精敏有巧思，料理曲当，费省功倍。山由麓而至巅，为路、为栋梁、为墙壁、为泉坛；由门而至室，为亭、为殿、为厅事、为廓、为祠、为道寮器；由神座而至供具，为香几、为钱炉、为桌、为椅、为床、为幔、为屏障、为扁额、为赭垩，无不周密坚致。落成而予与开仲复登，轮奂修楚，神像庄严，朱丹烂熳，游目爽心，若有以增兹山之胜。而山色岚光，飞扬映带，恍鹤驭翩翩从云中来集也。因念迁化无常，虑贵经久。惟兹黄冠二三，饘粥不给，而复为浮税所苦，聚散不可保，又何以责其典守？乌知今日之举，不转盼而化为乌有耶？辄为尽汰其浮丁与粮，且捐摭羡镪赎还田地若干亩，庶焚修之有赖耳。开仲复谓："是举也，盖太守之意微矣！昔者曹参舍盖公而默襄清净宁一之化，今太守凝精元默、化行不扰而拳拳是山，夫有所寓意乎？将后之人不得其意而徒谓是选胜怡情、流连光景已也。是不可以无记。"予曰："逊哉！开仲之志也。顾予谋实不及此。惟是循习旧贯，董其废弛，遏其侵越，俾不遂即于隳以为神羞，则所望于后者亟也。"故为记其颠末，以垂永久云。

万历三十九年岁次辛亥中秋吉旦。

【说明】邬鸣雷（1566~1621），字长豫，号齐云，奉化（今浙江奉化）人。万历三十二年（1604）进士。历官建昌知府、江西按察司副使、临江知府、江西布政使司参政等。有《浮槎阁集》。据罗氏本《麻姑山志》卷六录文。参见黄氏本《麻姑山志·记》、同治《南城县志》卷九之三（题为"麻姑山修造记"）、校注本《麻姑山志·记》。

759. 明·聂铉：重修齐云亭记*

万历三十九年辛亥（1611）

麻姑古有齐云亭，不知肇自唐耶？抑唐以前耶？历世凡几更？徒寄空名于志籍，不知湮自元耶？抑元以后耶？俱不可考已。读王文卿诗有云："报国有谁能仗节？升天由此可无梯。"惜不见全诗，即此犹可想见其空视宇宙、参两造化气象。嗟夫！事有兴废，神无存亡。丰狱之剑，合浦之珠，夫物且然，况于人乎！夫人禀天地之精，含日月之明，奋乎千百世之上而非古也，后乎千百世之下而非今也。盖古今时也，神所察也。神无往而不察，则时无往而不著。不佞于齐云亭而深有感矣。

盱麻姑据西南上游，层峦叠嶂，盘旋百余里。其间含灵孕秀，献美吐奇，未易名状。神仙窟宅，纪载于颜鲁公碑，可读也。耸壑凌霄，足以当西南半壁。中有齐云亭，说者云为颜鲁公建，王诗似有所指已。夫云何物也？游气上升，横霄薄汉。时而日星著见，登斯亭也，身可依而手可摘；时而烟霞掩映，登斯高也，暮可宿而朝可餐。云乎云乎？何心于亭，而亭适与之齐也；亭乎亭乎？何心于云，而云适与之拘也。乃不意数千载后，时不相及也；数千里外，居不相近也；复有所谓齐云主人者与之默合而复兴起耶？主人为郡伯大夫，长身山立，修髯玉润，矗乎若千仞之绝壁而莫之即也，赫乎若大明之当空而莫之蚀也，乔乎若苍翠之凌腊而莫之凋也，浩乎若奔澜之东逝而莫之挽也，飘乎若孤鹤之唳天而莫之羁也，倏乎严霜冻雪，又倏乎煦日和风，而莫之执也。身坐堂皇而情周四境，心劳期会而神游八极。暇日与二三僚友同四方宾客举酒相属，讨山川形胜，阙者补之，颓者饬之，官民不扰，悉捐己赀。念麻姑盱第一名山，仙都道观雩祷辄应，诸胜概修举废坠，焕然一新。观后最高处隐隐有亭址状，时太学生某等相与谋度，未有以也。忽某生某曰："尝读麻姑旧志有齐云亭，夫非其址欤？郡大夫正号齐云，适与亭符，似当新之，吾侪责也。"不佞闻之，曰："有是哉！事相成而名相待也。夫事有相续，不问今古；名有相因，不嫌异同。诸生仰前朝之遗迹而续于今时，感大夫之徽称而因夫旧址。表壮观于中天，飞崇甍于鳌首。日星犹故也，身可依而手可摘，日星有异于昔乎不？烟霞犹故也，暮可宿而朝可餐，烟霞有异于昔乎不？览群峰之峭厉，则曰此大夫之仪可像也；仰赤日之行天，则曰此大夫之威可畏也；抚唐松之郁翠，则曰此大夫之节而不可改也；观飞瀑之悬泻，则曰此大夫之气节百折而不回者也；见玄鹤之翩跹，则曰此大夫之清高闲情以自适者也；时而风雨相薄，时而虹日相贯，则曰此大夫之改容而霁威者也。振衣瞩目，意与象会；登高眺远，神与景融；此正所谓神著而常存、时运而不息者也。"

亭始事于万历辛亥六月某日，告成于七月朔。有某日，诸生来问记，不佞为之言曰："颜鲁公值唐运多艰而忠义随触辄奋，大夫席国家承平之世、履亨嘉之运而忠义之情每形于政事之间，夫非王诗所谓'报国'者耶？不佞尚能搦管赓文卿之韵，以鸣大夫之盛。然不佞尤有私幸焉。今省会及诸邻郡在在告旱，惟建郡仰大夫之庇，甘霖赐溢，百谷用成，适与之云亭会，此亦云腾雨施之一大验也。"诸生复进而言曰："大夫于郡诸胜概无不修复，独于麻姑置赡观田若干，汰旧虚粮若干，则公之神与山神相凝聚久矣！兹亭当为兹山永千万年镇。"不佞然其言而纪之。

大夫浙宁之奉化人，邬姓，鸣雷名，甲辰进士。

【说明】聂鋐，广昌（今江西广昌县）人。隆庆元年（1567）进士。历官辰州同知等。据罗氏本《麻姑山志》卷六录文。参见黄氏本《麻姑山志·记》、校注本《麻姑山志·记》。此文记述了万历三十九年麻姑山齐云亭之重修，并提及唐颜真卿及麻姑仙坛碑之影响力、宋王文卿诗之价值、明邬鸣雷重修之功德，他们或为官员或为道士，然皆具"忠义之节，报国之志"。文中同时隐含立碑纪事之重要性。

760. 明·徐大相：重修樊真人庙序*

万历四十年壬子（1612）

自周礼定祀，凡捍大灾恤大患者则祀之；非是族也，不在祀典。灾莫苦于旱，令疏凿无自则四野为焦，又莫底焉。灵溪一派浚龙江水，势逼凤凰山，突乎若万骑之西来，一孤城之环道。幸真人樊一公昆弟不遗余力，斩石浚流。自有宋迄我明几五百六七十年，而山高水清，千余顷灌注不绝者，樊公之力也。泽虽一方，功实不在禹下。既已崇祀数百载，而宫室、廉庑、茔寝俱兴。至万历，四十年来，庙宇圮坏，蓁莽芜秽，行道伤之。计我众居民谁不饱天和，饮地德，而灾患无侵，抑知樊一公调护赞相之力耶？余惧且愧，思欲起而重新，第独力难肩，不得不告之社中同志者，俾矢乃心，集乃事，计材具若干，工资若干，共督厥成，以崇世祀，亦我人念功报德之一助也。夫周礼如在，流水依然，微特我明祀之，直与天地同休矣。至于徒祝其茔，为第二义矣，何必为诸君道耶？

【说明】徐大相，字觉斯，安义（今江西安义县）人。万历四十四年（1616）进士。历官国子监博士，兵部主事、员外郎，吏部考功及文选司郎中。后因言事忤旨，遭贬归。有《四书讲义》《灵溪文集》等。据同治《安义县志》卷一四录文。

761. 明·萧承露：重修城隍后殿记

万历四十年壬子（1612）

邑治西百步许，于穆清庙享祀城隍之神，钦洪武庚戌诏令也。庙有后殿，有像冕如庙，元妃并丽二使者，鵕鸃贝带，印剑左右。侍神罔攸考，父老言汉纪将军信解沛公荥阳厄，天下忠之，因宗祀为城隍，以致身之日作载育之辰，推隆所生于后，似也。然诳楚之举，实丁酉季冬，非五月廿八日。且汉爵克咸，信遗恤录，千古留憾，谁下有司庙祭乎？惟元吴草庐先生澄谓颍阴侯灌婴配食豫章。侯提骑兵下豫章七十余城，不血一刃，百姓讴吟，世世俎豆，则今后殿配享者颍阴也。初，汉高帝欲署李必、骆甲骑将，必、甲推侯冠军，已副之。转战克捷，则左右侍者秦人必、甲也。经史无明文可证，第按《周礼》，司民之神有祀。金汤卫民，无竞维烈，载在典礼，仅见唐李阳冰《缙云》一记。令甲改题木主，一洗繁称，岂著姓氏？至有功德于民，法应永祀，公侯干城，又安在非高深？

喻俗近古，邑无淫祠，民瞻仰庙貌如父母，吉凶同患，动昭奇应。壬子夏四月辛巳，殿震靡若斧斯，而肖像巍然完好，以赫厥灵。邑侯警凡李公讳时启捐俸重新，礼也。喻人慕义，争输粟镪，助成大工。殿广袤视旧崇加什之一，栋南台龛一座奉置神位，栋后构轩，北向，轩前隙地盈二丈，横亘称殿址，虚以生白。殿东西有房，胥新宰大戒斋居，砖甓周遭，区别民舍。规模宏敞，加以光明，俨雅仪容，升堂作肃，颜曰“聪明正直”，李侯题也。

先是，承露讲业清江程大参万花谷中。一夕梦神投刺，古篆金章，莫可辨识。发副本，始解以殿记授简。晨起，白孝廉程从谦，异甚。亭午家僮至，谂殿震四旬矣。即趋装归谒祠下，见匠石方鸠材，经费粗庀，有待也。今岁六月而事竣，露谨斋沐焚香，拜手稽首而记曰："设险守国，捍御备矣。时雨临戎，险莫尚矣。纠核吏民，彰瘅善恶，权莫尊矣。倏荡于震，倏新于鼎，倏萃于涣，谁为为之？神其或者欲垲爽其湫隘乎？将振起颓敝而更张之乎？亦将训定是邦而大悚吾党惧也。惧则善心生，戢骄悍，化机智。《诗》《书》仁让，以无负慈明贞惠。长吏师帅，庶几纷若无骄而嘉德日溥。直司阴教者，职也。神方大有造于喻而命末学执其文役，无能网罗旧章，幽赞神明，微有据援，亦复景响。且又既于厥衷煌煌秩祀以觉美报，旱潦蕲焉，考钟发鼓而不知雨旸，恒若各有司存，禜于庙，暴于郊，亵以巫觋，慢甚也。即谓先王勤国，龙见而雩，《春秋》纪之。然雩者，吁也，吁嗟其声而祷之是也。若之何渎以非礼如叔季者哉？兹当改崇殿祀，稽古怀柔。作神歆顾，宜必有道。露故敷陈疑义，昭揭丰碑，用列岁月，知无以仰称神旨也。宫中晓寒，衍波裁赋。念昔先人，露滋惕矣。"

【说明】据同治《新喻县志》卷十载："萧承露，字吉云，新喻在城人。早孤且贫，母氏纫绩，食而课之。比长，补郡学弟子员。万历戊午中式，三上公车不第。授零陵县令，未到任卒。承露未隽时，甘贫嗜学，操行刚方。清江柱史程达延为西宾，得阅藏书，自是为文益峭。著作等身，尤工诗善弈。惜未获大用。"据前志卷三录文。参见康熙十二年《新喻县志》卷一四。

762. 明·吴道南：重修山门记　万历四十二年甲寅（1614）以后

吾崇华盖山，自晋迄今，香火不绝。其堂阁殿宇，盖不知几经修废矣。近日如万历辛丑，二门圮，羽士吴玉明新之，冢宰蔡见麓公记其事。其门仍标以"崇仙"赐额。门之左有福地门，不知圮自何年。岁辛亥，玉明之孙徒吴希周者独力复建之，谏议罗匡湖公改题曰“紫气”。癸丑春，头门复圮，希周聚众而谋曰：“此非仅二三门可比，不亟修之，何以绵保佑而壮观瞻。念我师祖一生功德，不敢私其所有。希周敢不祗遵，勉图此举，而尚烦公费为?”第旧制稍隘，气象不宏，于是属工匠访规制于名山。各观前后柱石各四，左右掖而瓮其中，深一丈二尺，广四丈一尺，高二丈九尺八寸。门内外扩道深广，其护门左偏之砖墙计直长三十八丈八尺，右偏亦如之，高各一丈六尺。仙殿前月台高五丈五尺，横减五之一。靡不一一加新，体势巍峨，而宝唐华盖山门之胜，若与阆苑、蓬壶相埒矣。是役也，始事于仲夏之初，竣工于季冬之半，计砖石、竹木、油铁、灰筑、丹漆之费不下六百金，而饩廪犒赏之费不与焉。希周遵何道而若是？溯其先世，本名贤环溪先生之裔。自幼岐嶷，翻然有欲仙之意。谒师入华山，得吴玉明而祖之。凡三教诸书，颇悉大义，又能亲章缝之士，相与质问参证，以故所见益超卓。其造诣所臻，夫岂无自哉！

越落成之明年正月元旦后三日，合观长幼肃币丐予言以记。予以朝命，有南京之行，时值纷匆，未遑握笔。兹忧居多暇，希周复申前请，兼悉其笃志潜修，正予心所嘉赏，能无一言以垂于不朽？予维世之缁流羽衣，类皆思拥厚赀以自封殖。希周独捐赀鼎建，庶几乎无欲之界矣。进而求之，则又有无无欲界者，斯其尘念净尽、圣谛日超者乎？希周其勉之，予日望之。

【说明】吴道南（1547~1620），字会甫，号曙谷，谥文恪，崇仁（今江西崇仁县）人。万历十七年（1589）进士。历官至礼部尚书兼东阁大学士。有《曙谷集》《吴文恪公文集》等。据同治本《华盖山志》卷八录文。参见天启本《华盖山志·艺文志二》、校注本《华盖山志》卷八。

763. 明·郭子章：太虚观净圣堂二长明灯田碑记

万历四十四年丙辰（1616）

予归田后，始建净圣堂，重建太虚观，次第落之矣。观与堂俱当置长明灯，予为之倡，仿白马庵例，自十金至一钱、二钱皆可，为灯田赀。醵之云亭一乡，得若干金，置田若干亩。观之殿题曰“高玄宝殿”，置一灯；堂之中题曰“普明照世”，置一灯；宛若日月，双明于二刹间。灯之义，详载白马庵碑。虽然，犹未尽也。日月灯，三佛埒如矣。《易》曰：“明入地中，明夷。”夷，昧也。灯也者，即明入地，夷而不夷者也。《孟子》曰：“日月有明，容光必照。”灯也者，即光不容处，如丰屋覆盂，皆所必照者也。在《易》曰“大明”，在《老》曰“常明”，在佛曰“慧炬”，其灯之谓乎？虽然，有灯无田，犹之无灯，其明犹夷，其照不必。故灯也者，日月之继明；而田也者，又灯之传火也。故予醵金必置田，田必近水，而后可敌旱；必稍近观与堂，而后缁徒可耕；田租必分属堂与观，而后二氏不溷。则里人刘文采与有劳焉。灯、田亩、田租并施金檀越姓名具载碑下，以垂永福。

大明万历四十四年丙辰仲夏吉旦，里人郭子章相奎父撰并书。

（阳刻“郭子章印”）（阴刻“相奎氏”）（阳刻“青嬴山人”）（阴刻“三十一尚书”）

宛少云摹刻。

【说明】郭子章（1543~1618），字相奎，号青嬴，泰和（今江西泰和县）人。隆庆五年（1571）进士。历官浙江参政、山西按察使、湖广右布政、福建左布政、兵部尚书、右都御史等。有《豫章书》《蜀草》等。碑现存于泰和县博物馆，为一通二品，青石材质，高分别为 1.23 米和 1.43 米，宽分别为 0.55 米和 0.44 米。行书，直行，40 行，行 8~10 字。据《泰和古碑存》录文，参阅碑照，文字、标点有改动。按，同治《泰和县志》卷二二“金石”目下有记载。

764. 明·程应龙：重修城隍祠记

万历四十四年丙辰（1616）

郡置守莅民，而守视听劝诫有所不得及，乃以神道设教祀之。神曰城隍，实惟聪明正直而壹与守共土。是故守始至，谒庙而戒，民有祈请，叩庙而求。庙倾颓圮坏，民以告守，守修葺惟亟。然闻之曰："神道远，人道迩。"或者其守实甚良，烛靡不周，叩靡不应，则民毋庸听其神，而修葺独在官。其反是也，民无所如，争乞灵于神，于是神始赫厥灵，而民亦竭赀奉之，则修葺时在民。又其变也，丛神假焉，钱神灵焉，之二神者，可以必有应，而民亦遂谓神未足据，则修葺又复俟之官。

临江有城隍，旧溷迹天宁寺后。洪武三年始迁今地。前守应公琚、戴公瑶后先鼎新扩地，直三十五丈，广三之二，为屋四十余栋，前堂后寝，赫赫翼翼，足生民共。于时修葺，盖在官焉。岁久民玩，群聚嬉游，鸡豕溷秽。值攒造则蓬荜而公据之，甚焉而置寄柩椟，又甚焉而钉树符咒，官不与知，民不以告，此于向三说者不知何居？惟孰是之？祠宇而堪以渎亵，且容此不祥之器及邪魇为也？侍御朱公所以慨然发愤，谋诸程公，共白有司而严其禁，并为新厥庙貌、亭槛、神龛。复营退息数楹，塑埴为像者三，俨然人道事之。洫乎清莫，神足栖也。顾守实未遑而至勤劳郡长者，守则愧矣。抑侍御毋亦悯岁之多艰，临民之不可轻动，姑倡谊焉，而以佐守未逮也。守嘉赖之，因记其事，树之祠下以告。后之吏兹土，其务使民谓守若神，毋庸听诸神，不亦谓守尚凛神之昭鉴，可对诸神，不亦谓守犹未厌弃于神。走谒神者，神犹足据，不至他神独有灵，则善其有修葺，时为拯焉可。抑有贤士大夫能告我而佐我所未遑，乐其成焉可。若亵渎如前，诫吾郡父老子弟，慎毋复蹈。朱公名琏，程公名达，郡清江人，皆名侍御，执法殿中者也。守龙溪程应龙也。

万历丙辰仲夏日。

【说明】据乾隆二十七年《龙溪县志》卷一三载：程应龙，福建龙溪人。万历三十五年（1607）进士。累官至江西副使。时任临江知府。据乾隆四十五年《清江县志》卷二八录文。参见崇祯《清江县志》卷八。

765. 明·叶熙囊：石案记　万历四十五丁巳（1617）

万历乙卯秋，予谒山归，获再生之赐。越岁，复有金灯现示，仙之歆予者至矣。今秋再谒，会大殿于已烬后落成，予建石案于座前，以表向往。石留余地尚多，遂勒之铭。铭曰：

巍巍华盖，厥灵濯濯。天地常通，造化在握。维此良人，景福以介。维彼不顺，小惩大戒。愧予碌碌，屡沐仙仁。一诚可格，千里明禋。亡何沉疴，游魂九泉。仙鉴予忱，为予祈天。天旨既得，畀以车徒。导之宝幡，言旋而苏。阅岁谒谢，雨雪其滂。夜半金灯，飞空煌煌。嘉贶频仍，降神孔易。石案奉仙，乞灵是寄。敢曰报德，庶几溪毛。灵所凭依，载瞻嵩高。

万历丁巳八月朔日。

【说明】叶熙囊，生平不详。据天启本《华盖山志·艺文志二》录文。参见同治本《华盖山志》卷八、点校本《华盖山志》卷八。

766. 明·李调鼎：仙潭祷雨记*

万历四十七年己未（1619）

邑北八十里有仙姑潭，其事迹具详邑乘仙释。每遇水旱，祷辄应。己未岁大旱，令公子桑孙先生忧之，却驺屏翣，跣行赤日中，以祷于所谓仙潭者。予实从。未至三十里，山若环连，中包肥壤，水贯其中，人从缺中入，如此者十五里，乃得小径石弇出，或隤下如宇，山势微转，虽有一线，终不使远视者从弇中见隙光也。又十五里，乃至潭所。水从高飞注潭中，瀑之上路绝人区，杳然天际。潭可广半亩许，下莫得其底，窥之正碧，临其上精爽淫摇。先生再拜，敛笏磬折立，为民默告所以来者。投书潭中，凡纸贴水，为水所鼓，不即沉，是其常也。惟此潭书入水，反卓竖，类有物取之而下者。且二姑异潭，相距十余里，而此潭所投之书，往往从彼潭中得之，又不濡，绝可怪也。报之者从其类，用钗环之属而识其款。有乞者往往浮水畀之，视其文，二三十年物矣。凡求雨，必从水隈伺物，随所得辄诩之曰："此龙也。"奉以归，事之惟谨，辄得雨。既得雨，谨护还之。有妄男子浴于潭，俄大雷雨，五脏溃裂以死。其灵异如此！先生既投书，更默祷。余人不复知，再拜辞出。

出行道中，炎晶如故。抵县，望西北，有云如车盖。久之，少女风动，悲于巽林。至日晡，大雨如注，四郊沾足，神有其灵，侯有其诚矣。雩而雨，犹不雩而雨，殆非仁人达理之言也。先生曰：“天下事，有可知，有不可知。达人高致，不以理相格耳。仙之生尝为父灌田，千载而下，卒以其心悯桔槔之劳，所谓君以此始，亦以此终也。夫民于仙，有子道焉。以子感父母，其相感也甚微。而仙视民如子，推爱亲之心以爱民，而不啻父母之爱其子。故其恩之所及，无远近一也，矧于区区之弋水哉？其为我记之。”余不敏，因书其事以示后人，盖欲弋之民德仙与先生俱无已云。

【说明】李调鼎，弋阳（今江西弋阳县）人。万历四十年（1612）乡试中式第二名。据同治《弋阳县志》卷三录文。参见乾隆四十九年《弋阳县志》卷三。

767. 明·熊懋官：重修东岳庙记　万历年间

石城治列四隅。郭中有坊曰进贤，氓畂独甲一邑，且彬彬质有其文，俗称驯雅。旧以进贤名之，世祠东岳行宫暨唐臣张忠烈公巡，大都能造福于民者。每春秋赛祷，牲毛醴帛，狼藉二祠之庑下。岁祠不辍，顾日月积久，风雨蠹淫，楹腐桷摧，几将堕焉。且殿之四寰地高而中洼，当春雨骤注，辄水腻庭中，经旬不可泄。众议新之而患无财，计递岁剧燕之费可缩节以充之，又不足。一方之髦士复输橐金以盈其券，甫阅岁而数百金具矣。乃简乡之耆老而能者董其役，鸠工之巧，聚财之良。高者坠之，洼者培之，木石之窳者更之，方隅欹侧者或贸之官，或易之民，以恢宏之。中帝宫，左王祠，右土地祠，栖神有寝，礼拜有阶，肆设有厅。以绘以涂，且坚且致。工不越期而成，刋石且有日，众乃索予言记之。

予乃骈乡人而告曰：“而知修庙严神祀矣，抑知修行以迓神庥乎？彼东岳职降生之柄，其神类好生；张君死难于唐，其神尚节。予里中人能植僵起仆，睦族和邻，毋虐寡，毋噬贫，毋跳梁角触而健讼，即仁厚一腔，与东岳好生之德符矣；能砥砺名节，树植纲维，不刓廉，不毁耻，不机械儇谲而诡度，即正直一行与东平尚节之心合矣。彼神之英爽，若悬照，若持衡，若秉钧，歆尔庙貌，复鉴尔贤否，其贶之多福可蠡测欤？藉令新以庙，不新以行，神明其貌，不神明其德，虽天宫云构，祇作神羞。予闻太岳之灵，即秦封勿昵；睢阳之守，至罗雀鼠勿移。琐琐兹一营膳，欲缘此以徼福，左矣。且而坊称贤，而俗旧称雅，即无论冥录，谓何第一？顾名感旧，宁不惕然思崇乡党之训哉？金石可腐，斯谊不磨；簋豆可湮，斯理不爽，愿里中共勖之。”诸耆耄举忻然稽首曰：“敢不佩厥规以代工祝之告！”遂书以畀之，为新庙记。

【说明】熊懋官，字思守，石城（今江西石城县）人。由拔贡中式，万历四年（1576）丙子科北闱第八名。历官铜陵知县、庆元知县、漳州府通判。据道光《石城县志》（光绪十五年刻本）卷八录文。

768. 明·佚名：汉仙岩题刻（一） 万历年间

汉仙岩。

【说明】石刻题于会昌县汉仙岩，高 1.04 米，宽 2.64 米。楷书。汉仙岩自古就有“虔南第一山”“江南小蓬莱”之称。据刘为民主编《探寻汉仙岩》（中共党史出版社 2014 年版）介绍，汉仙岩原名君山、汉溪岩，后当地民间流传八仙之韩湘子、钟汉离故事，遂易名汉仙岩并刻字。明天启《赣州府志》已用汉仙岩之名。汉仙岩有佛道共处之圆宁庵，中有北极殿、紫极殿、聚仙亭等。还有腾云洞、仙姑鞋等自然景观。这反映了汉仙岩道教雷法和八仙文化传播之迹。

769. 明·佚名：汉仙岩题刻（二） 万历年间

钟汉离得道处。

【说明】石刻题于会昌县汉仙岩，高 0.43 米，宽 2.53 米。楷书描红。

770. 明·佚名：汉仙岩题刻（三） 万历年间

仙人亦乐。

【说明】石刻题于会昌县汉仙岩，高 0.85 米，宽 3.05 米。楷书描红。据刘为民主编《探寻汉仙岩》介绍，此石刻与民间传说“王梓求仙”有关。传说提及韩湘子曾在汉仙岩修道并度化王梓，王梓炼丹台遗址至今犹存。

771. 明·陈文烛：万寿宫碑 万历年间

江西有铁柱宫，昭代颜曰“妙济万寿宫”，盖许真君故里也。四川有旌阳观祠祀真君者，不佞两谒之，俨若遇云。往读《列仙传》，如晋葛洪、扈谦同真君羽化，世号神仙。何从祀之？而祀典所云“法施于民则祀之，能御大灾则祀之，能捍大患则祀之”，善乎！万司马氏曰：“祀功也，非祀仙也。”唐子伯虎配真君于黄帝之与蚩尤，神禹之与巫支祁，悉归正论。道士徐碧云请予文碑焉。忆真君上升谶云：“吾仙去后一千二百四十年间，五陵之内当出弟子八百，师出豫章，大扬吾教。时生沙州，过沙井口。”今时将及矣。岁祲苦水甚于蛟蛇，安得真君之灵福民乎？守土者祷焉。

按真君名逊，字敬之，详玉蟾《传》中。其先盖颍阳由云。博极群书，尤嗜神仙家。卜居西山，有售铁灯檠者，知为金而返之，里人化焉。晋太康元年，为旌阳县令，除烦去苛，谕民于道。岁饥，点丹输租；岁疫，持法愈病。知晋室将乱而归焉。送者居而营垒，号许家营。至变幻莫测，如授剑于童女，问道于谌母，飞茅为祠，画松于壁，运风雷以拔社，出灵泉以济旱，驱蛟于龙山，驱蛇于海昏，再驱于西安、鄂渚，召社伯，书符文，铸铁柱镇之，故聚骨洲、钉蛟石，名并天壤焉。其谶记云：“铁柱镇洪州，万年永不休。八索钩地脉，一派通江流。天下大乱，此地无忧。天下大旱，此地薄收。

地胜人心善，应不出奸谋。若有兴谋者，终须不到头。”其虑深矣。宁康二年冲举，生自吴赤乌二年，得年一百三十六，此八十五化之大也。

所称净明法者，盖玉京隐书也。在上为无上清虚，在天为中黄八极，在人为丹元绛宫。服炼者中正而玄黄，摄意归身，摄想归正，以心达心，以性达性，净而绝尘，明而烛幽，忠孝廉谨，宽裕容忍。故大舜终身以成孝，比干谏君以成忠，善卷杀身以成廉，南容复圭以成慎，荣期安贫以成宽，颜回箪瓢以成裕。是仙之冠者，岂山泽之癯哉？不本忠孝而思服炼，是舍厦屋而入炎火也。万法皆空，一诚为实。内景黄庭，三五飞步，神奏玉京，符千年之嘉运，备八百之仙数，可瓦砾尘世珠宝矣。上士得道，真在心性，而妄者远矣。远于妄，所以成功也，此八宝垂世之训也。夫道无而有，道有而无。真君超腾隐化，比广成子、河上公矣。即言中黄，固居正位而通理，文在中而元吉，《易》道也，其儒而仙、真而诚者乎？故曰：唯天下至诚为能化。此吾儒济世之功，何得仙概真君也？余因述之，以镵于石。

【说明】陈文烛（1525~?），字玉叔，号五岳山人，湖北沔阳（今湖北仙桃市）人。嘉靖四十四年（1565）进士。历官淮安知府、江西布政使等。有《二酉园诗集》。据光绪本《万寿宫通志》卷一四录文。参见万历《新修南昌府志》卷二八（题为“许真君庙碑”）、乾隆本《万寿宫志》卷一四、《净明资料新编》。

772. 明·李鼎：敕建万寿宫阁募缘疏* 万历年间

原夫万寿宫主、九州都仙太史、神功妙济许真君之垂教也，赤乌诞祥，金凤叶吉。坐颜斋而朗悟，从孔矩以平施。可道可名，契青牛之伪往；即心即佛，证白马之虚来。暂绾旌阳之符，慈宏标竹；遄返逍遥之驾，法演飞茅。歼蟒除蛟，铁柱奠十川而镇地；驱龙就虎，石函藏九转以开天。住阎浮而阐化者百三十年，圆成善果；攀羽盖而遐举者四十二口，宿植灵根。飘混合之回风，锦帷飞采；布再来之因地，翠柏敷荣。七靖棋列于晋朝，万寿璇题于宋代。维道之母，讵测元元；是法中王，时彰赫赫。兹者龙沙应期擢秀，乌晶启秘腾辉。延万年鼎盛之春秋，护亿载灵长之社稷。风日迎帆而流丽，轴舻挽粟以输将。我皇上饮水思源，顺风问道。允墨授钟枢等率多官叩关而请额，故黄冠毛理教等募众缘拾材而建工。宫名灵佑，遵王言也；阁标万寿，保圣躬也。盖昔之兆基也，在西江水之西；而今之卜吉也，在东岳庙之东。洵金木候至而交并、神祇会逢而互显者矣。伏愿豫章十三郡之人豪首倡义举，环海八百众之仙品齐赴法筵。去悭去贪，度爱河欲海之苦；捐金捐粟，收寸田尺宅之功。履珠横玉者，无以千贯为多而坐增痴障；羹藜含糗者，勿以一钱为少而自阻善缘。庶金榜玉楼，登四众净明之域；琳宫贝阙，辟三教忠孝之门。东海不波，永息腥风于岛屿；南山如寿，常瞻化日于康衢。谨疏。

【说明】据乾隆本《万寿宫志》卷一六录文。参见光绪本《万寿宫通志》卷一六、《净明资料新编》。

773. 明·钱槚：新龙沙亭碑记　万历年间

予偃蹇仕路二十余年，而胜襟不减。再游豫章，每与二三兄弟期欲尽享山林之奉，遥望西山仙灵窟宅，往往而上，犹以江涛险隔，道途修阻，卒未能往。独城北德胜门外，不一里而近，左邻郡城，右濒大江，平地涌沙，蜿蜒逶迤若游龙然，首自东而回绕于北，盘结于西，而西微短，约长数十百丈，而特虚其中。中有寺，为龙沙。后二殿以奉佛，而前为士大夫讲堂，面临池。二三兄弟杖履逍遥，信步可至。予戏谓左伯吴启究，欲于池畔别构一亭而力未能也。左伯慨然任之，命詹簿董其役。垒石于池而庋木其上，不逾月而亭成，手书“定水恒沙”悬楔亭中。宪长张睿甫作诗首唱，而参伯李伯东、宪副张伯常和之。置酒高会，余以试事不能从。比中秋阖闱，始得一寓目焉。北望幽靓，深稳可悦，独以亭南迫仄受日，不宜暑。又戏谓右伯陆元白宜增置一轩。而右伯辄唯唯，为买方氏园而辟之，仍命詹簿董其役。凡轩三楹，左为门楼，而以“别是人间”颜其门，右则庖舍称之。栽莲于池，清芬袭人，前莳花木，浓淡交映，编竹为篱，以限内外。右标一松最古，微风撼之，与江声相应也。右伯因之名轩曰听松，而属笔于伯东作径尺篆字，更征予言为记。

予窃谓沧海桑田，代有变更，惟兹龙沙，不知起自何年。高皇帝征伪汉，曾驻跸其上，慰谕百姓。由今观之，无根而固，不累自高，日引月长，不知所止。其距寺曾不数武，池亦不盈丈许，而亭大半侵池上，使浮沙随风聚散，则大地沙弥，且上与寺等而下与池平，几席之间皆是物矣。又荷佛光峻洁，如揭日月，而池水澄碧，眉发可鉴，空亭若扫，一尘不到，兹不亦大可异哉！尝闻谶云：龙沙高于城，当出五百地仙。又闻龙沙会上群真八百及此，其时有青鸟往来为信。其言似不经，而事固有不可知者。夫以祖龙之力而尚能驱山捍海，为千古奇事；使此中果产地仙，而复有群真来会，则亦何山之不可驱？又何海之不可捍？而何有龙沙？无足怪者，彼真人亦人耳，而地行仙亦随地有之，肉眼第未之识。即许真君亦生长兹土中，尝为旌阳令，初与凡人何异？最后得道，始拔宅飞升，讵有异术？不过本于净明忠孝。此道人人自有，而二三兄弟俱有夙根。予根稍浅，中有欲言，似物棘喉间，必吐之乃已。语云：直心是道场。自知于尘世寡谐，或亦大道所不弃也。且八百大众，焉知二三兄弟不籍名其中而偶有职于人间？惟不忘“净明忠孝”四字，庶几旦暮遇之矣。聊记之以俟。

【说明】钱槚，字岳阳，会稽（今浙江绍兴市）人。万历八年（1580）进士。历官袁州知府、提督江西学政等。据乾隆本《万寿宫志》卷八录文。参见光绪本《万寿宫通志》卷一八、《净明资料新编》。

774. 明·罗大纮：重建真君阁上梁文* 万历年间

伏以参衡庐而干丹霄，剑山岳立；汇章贡而漾银汉，玄水渊渟。三千界已出真人，五百年必生名世。仙儒竞爽，勋德齐新。恭惟旌阳许真君，丹元冥契，仙骨夙成。受剑术于吴仙，拜天书于谌母。传净明忠孝，心已超象帝之先；除吴楚龙蛇，功不在神禹之下。天诛造自湘水，玄工实始吉阳。卓符镇山，上游之门既捍；劈石试剑，腥风之胆遂寒。铸金鼎以闷幽宫，竟褫妖魄；留干将而贮道院，大建奇勋。且使灵气上蒸，开我强之光运；渐致人文勃盛，接先圣之宗传。爰逮文恭，倡明理学。劈石莲而为洞，静启玄关；创雪浪以求仁，旁招同志。先生既逝，后学咸宗。拟释奠逊于次丁，升讲堂盟以先甲。益增洞天之胜，允系正觉之场。岁月既深，正当鼎革。真儒不泯，再造乾坤。直指按吉时式庐，抚台捐俸以倡义。部守佐镪金百二，部巡廉厦木千章。郭司马题疏，类相如传檄巴蜀；温明府为政，俨西伯经始灵台。匠石子来，缙绅风动。窃谓文恭建阁固属旌阳，今既以雪浪为文恭之祠，则当为石莲复旌阳之阁。况故宅既拔，似轩辕之游帝乡；倘仙驭所经，犹汉高之乐丰沛。尽除旧址，特建新宫。重阁凌云，去天尺五；层楼通目，临水千寻。玉座当阳，收南山于眉宇；文昌在上，接北斗之灵光。潭月松风，一宵清景如昨；符山剑石，千秋鸿烈逾新。画栋雕甍，分滕王之丽景；竹宫桂殿，拟仙府之化城。凡挟策远游之夫、讲德会文之士，瞻旌阳而思禹稷，扩我济世安民之仁；礼石莲而慕伊周，发苏先忧后乐之志。盖将启四方之后学，奚独称一快于当年。云构既成，虹梁斯举。爵兹芳醴，侑以清商。

梁之东，瀛海三山在眼中。却笑当年驱石者，真人吐气已成虹。

梁之西，丹井仙茅路不迷。最是洞林通地脉，冈峦全是上天梯。

梁之南，高秋远岫郁如蓝。舜陵气色犹堪望，禹篆精灵未可探。

梁之北，仙阁凌虚倚宸极。三台今睹泰阶平，五云常绕微垣侧。

伏愿上梁之后，群材辐辏，众美骈臻，地献其灵，天锡之瑞。涧毛溪藻尽生瑶草琼花，埜会川中并产祥麟威凤。名儒出世，常依日月之光；仙侣寻真，不断关河之气。道运臻国运，愿星海重润重辉，大平有象；仙风助皇风，惟宗社卜年卜世，历数无疆。

【说明】罗大纮，字公廓，号匡吾，吉水（今江西吉水县）人。万历十四年（1586）进士。历官礼部给事中等。志行高卓，与罗伦、罗洪先被称为“三罗”。有《紫原文集》。据明末刊本《紫原文集》卷八录文。参见《净明资料新编》。

775. 明 · 罗大纮：玄潭重建真君阁及修罗文恭雪浪阁纪事疏* 万历年间

章水发自庾岭，由赣而下，汇于吉水。其深杳湍激、两岸山峭绝秀立者，为玄潭。故有崇元观，实吉州奇胜地也。旌阳许君伐蛟除民害，明德远矣。制御之术，乃肇于斯。潭最险处有窍，潜入江底，径通鄱湖，蛟蜃往来，阴幽莫测。许君铸金釜覆其二窍，而又劈石试剑，卓符镇山，蛟始绝其阴道，又不敢越符而南。妖态时露，腥风莫掩，然后化犀断足，入湘馘首，而江右底定。复造铁柱镇豫章，留剑崇元观镇吉州。土人思君之德，揆厥攸元，肖像祀焉。后吕仙经游，题其壁曰："褰裳揽步寻真宿，清景一宵吟不足。月在寒潭风在松，何必洞天三十六。"好事者建清景楼，志吕仙之迹。有宋宝谟阁学士杨文节公题其阁曰"雪浪"，本朝大学士解公手书崇元观，尚新。然尚以为神仙之奥，非理学之区也。

至石莲罗先生聚同好，延友生，精性命之微，研天人之蕴，重建雪浪阁，而山与水增胜于旧。先生乘兴必往，或登高作赋，或结坐澄思，道风远播，良朋咸萃，若安城邹文庄公□狮泉、三吾伯仲、丰江聂贞襄公及庐陵、泰和诸名士，岁一再至，会必百数十人，徜徉浃旬，酣畅乃罢。而毘陵唐太史、会稽钱绪山、王龙溪、虔州何善士、黄洛村诸老，或五年十年，必一再至焉。至则辨诘商证，不遗余力。凡所疑难未剖，必取决于先生，而洞天之胜，遂为圣域。先生卒，门弟子祠木主于阁，岁为春秋次丁会，弦歌之声不绝也。

夫地脉发于阴则为怪为鬼，发于阳则为贤为圣。往者江窍潜通，真气下漏，山川精灵，结为异物。自许君闭以金釜，然后阳气昭朗，人才勃兴，文章、忠义、理学名世之士相望于时。故诛蛟杀蟒者一时之利，而发地脉，昌文运，固万世之功也。故课功于旌阳，江西之神禹也；论学于石莲，吉州之邹鲁也。且旌阳净明忠孝，大似儒风；石莲清通秀朗，绝类仙骨。两公意气，旦暮千古，流风显迹，并诣玄渚。宝剑灵篆，同符神鼎，言泉韵响，直接泗滨。仙儒齐彰，勋德竞爽，百世并祀，非偶然已。

雪浪阁建自嘉靖癸卯，今七十余年，渐败于风雨。真君殿阁益腐败颓圮，行者心恻。吾吉同志议欲修复于文恭阁，议葺于旌阳阁，议革其隙地，议创计费近千而力不逮。天佑斯文，会直指陈公按吉，选校石莲全集入梓，复发锾助修祠宇；而守道邬公注意已久，向移文于鹭州，会费属吉水者岁分其半资玄潭，会又捐金佐阁工。二公德甚厚，意甚殷也。夫崇奖先喆，广励风教，凡名贤巨公莅我土者谅有同心。至于报功扬德，彰前美，开后盛，则桑梓贤者任也。并发弘愿，共臻胜事，将使巍阁双峙，画栋隆起，参匡庐之秀色，分滕王之丽景。金相玉润，翘首文轩，堑会川冲，俯瞷雕栏。俾研道讲德之士、挟策远游之客，瞻旌阳而思禹稷，礼石莲而慕周孔，发其先忧后乐之志，达此济世安民之仁，岂非寓内一大快事？而功德鸿巨，天人交应之矣。

【说明】据道光五年《吉水县志》卷三一录文。参见明末刻本《紫原文集》卷八。按，嘉靖癸卯为1543年，往后推“七十余年”，则应在万历四十一年（1613）之后，即万历最后数年间。

776. 明·佚名：龙虎山对联碑　万历年间

题额：宫保第。

上联：世爵久膺德绵汉代；下联：元纲永握道阐名山。

【说明】联刻位于龙虎山天师府中部偏西侧，“宫保第”三字和对联嵌于墙上。题额高2.19米，宽0.42米。题联高1.95米，宽0.31米。“宫保”为五十代天师张国祥于万历间诰封“太子少保”之统称。

777. 明·何天德：金精山题刻　万历年间

金精胜概。

【说明】何天德，宣化人。由举人万历五年（1577）任赣州府同知。题刻现存金精山碧虚宫侧。高 1.6 米，宽 1.5 米。横行，楷书。书法圆润遒美。1987 年列为江西省文物保护单位。

778. 明·吴道南:《华盖山志》序　天启元年辛酉（1621）

夫须弥祖四部之龙，五岳表中邦之镇，山灵之统会尽是矣。诸福通洞天，不为龙首，不为表识，往往栖上真而庇下土，岂其所为幽赞别有所寄耶？若我崇仁之华盖，浮邱印足之胜境，王、郭二仙冲举之真宅也。慨福地洞天，若与世迥。乃峙形山谷，如要会之聚方来；结念皈依，如潮汐之信时至。能令商羊不灾，旱魃不虐，二竖不祟，孤曜不侵，随大小扣，应若桴鼓然。而紫元洞天，大华福地，占绝江西之名胜，何必减匡庐诸峰为哉？故无论郡邑大夫，不难积忱步祷，为生民请命。无论缙绅先生，欲息尘缘，解世纲，游于其巅，指不胜屈。迄我熙朝，靡不赐敕赍香，丕阐乎道教。又如修真仙子，凌天风，蹑晓烟，为步虚之游。则兹山之胜，宛若紫府清都，与三岛十洲埒矣！

余三谒兹山，时而雾霭溟蒙，云生足下；时而籁寂空澄，星辰可摘。嗒然吾我之丧，杳不知身在何世。独惭终狃凡心，未证圣谛耳。羽士吴玉明、陈大用、管志让既集鸿裁，复索余言以弁。余骈枝之述，其何当于山灵？顾窃有祈焉。盖有此山川，则有此灵秀。《志》载巴华气合，异人攸生。继自今蕴隆勃窣，宣泄于人文，于以绍明道德之绪，以赞我皇上神道设教、阴骘下民之治，三真独能无意乎？

天启元年中秋，文渊阁大学士、邑人吴道南撰。

【说明】碑存于乐安县华盖山山顶，崇仙观附近，2011 年重立。青石材质。高 1.2 米，宽 1.5 米。方形。直行，27 行，行 4~21 字。据碑录文。参见同治本《华盖山志》卷首、吴小红校注本《华盖山志》卷首。

779. 明·王应遴：康王庙记 天启二年壬戌（1622）

闻之祭法：有功德于民则祀之。故凡郡社之立庙祀神，非仅为一方树保障、众姓肃瞻仰已也，实为报功酬德之举耳。

筠州康王祠，建立不知何年。然旧志不载，则为正德十年以后可知也。粤稽康王，实迹系宋徽宗第九子，初封康王，为质于金。因与金奴较射，连发中的，遂惧而遣还。后徽宗北狩，被金围执。复遣康王讲解，百姓拥道遮留。又奉皇太后手书诏示，遂渡南京即帝位。先时筠州为江淮盗贼所据，驿骚残害，民不聊生。因康王南渡登极，至辛亥绍兴改元。三月遣张浚、岳飞大败李成之兵于楼子庄，而江淮盗贼皆遁，筠州遂恢复焉。揆厥所由，则筠之得以奠兹土而乐生聚，皆康王力也。其功德不容泯矣，建庙崇祀，固所宜哉。往时神威显振，福庇兹土，难以缕述。万历甲寅年间，邑侯田公之子疾笃，康王显灵救治。田侯访而钦酬，督筠民重新其庙焉。嗣后灵威愈显。至天启二年，众姓复纠众鸠工，重修增广，庙貌益改观。筠之保障，抑永有依矣。余偶过此瞻礼，念其当年之实迹足为功德纪者，不可不载诸志以垂不朽也。是为记。

【说明】王应遴，生平不详，曾与修府志。据乾隆十九年《高安县志》卷一一录文。参见康熙十年《高安县志》卷十、同治《高安县志》卷二三（文字略有不同）。

780. 明·邹维琏：天宝尉山存梅祠记 天启四年甲子（1624）

新昌尉山故有梅子真先生祠，何也？以子真由九江寿春家尉山，于是祠之以志典型也。山以尉名，何也？子真曾为南昌尉，犹之徐亭、严滩、郑乡之类，各以人重，则以人名也。一县尉耳，何以重山乎？曰：汉自外戚王凤专政，递传封莽，浸浸有改物之渐。自京兆王章以言死，举朝结舌，大臣如张禹、孔光、杜钦、谷永辈且附之矣。子真独以一县尉发愤上书，非有百炼之骨、天地浩然之气能然乎？此尉所以为山重也。史称子真知莽篡汉，一朝弃妻子逃。其后有见子真变姓名为会稽吴市门卒者，乃宅墓在兹，何以称为仙去乎？曰：从来指斥乘舆犹可生，忤触权奸则多死。子真捋虎幸免，潜而老于深山穷谷中，如神龙威凤，不可物色。即孟坚《汉史》，竟不知其菟裘何在，此子真所以为仙也。《府志》载尉山在天德乡，乃天宝逍遥亦有上下梅庄、前后道院名尉山，岂山有两乎？曰：高人涉历不一，所在借名，事宜有之。至其遗墓在逍遥，表有福一道人碑，元季红巾起，封以乱石，用防侵犯，则梅之子孙现在洞山者能传之，逍遥故老能言之，当不诬也。会友刘天醒结庐躬耕其地，叹曰："斯人在汉，汉重；在千载，千载重；尉于南昌、遁于吴市，则南昌、吴市重。奈何托体之地，遗祠销沉，不一表章？"于是鬻山五亩建一祠，饭一僧奉香火，题曰"存梅"，属琏记之。

琏惟子真在汉，岌岌遁荒，千秋而下，凭吊叹仰，不能自已。何者？心同理同也。小人之媚灶也，岂其心理独异也？只缘眼前"富贵"两字沦入骨髓，故虽明知千秋唾骂而不顾。然至钟鸣漏尽、一棺戢身之时，富贵安在？呜乎！可痛哉。天醒此举，甚快人意，使过此者兴曰："大丈夫尚友古人，当知世间有忠义事，即一尉亦可垂不朽。倘遇权臣王氏其人，必当为上书之子真，必不可为媚灶之张禹等，则存梅非即所以存世道、存人类并存乾坤哉！"《诗》曰："为其有之，是以似之。"天醒力学好义，原是子真一流人，故其嘉尚若此。祠成于天启之四年。天醒名全曜，号瑞阳。

【说明】邹维琏（?~1636），字德辉（又字德耀），号瀛园，别号匪石，新昌（今江西宜丰县）人。万历三十一年（1603）中举人、三十五成进士。历官至太仆寺少卿、右佥都御史。为人刚介，有政声。一生好学，著述甚丰，有《达观楼集》《五经疑义》《宦游草》等。据乾隆五十八年《新昌县志》卷二一录文。参见同治《瑞州府志》卷一八、光绪《江西通志》卷七四。

781. 明·胡一碧：上清宫文昌殿崇祀记

天启五年乙丑（1625）

上清宫文昌殿者，盖四配殿中之一殿也。先是，风雨飘摇，宫就于圮，兹殿亦不能岿然独存。帝君之祀亦因之烟销烬冷矣。仙师五十代大真人心湛张君向以修理请于神宗皇上，虽蒙俞旨而钱粮竟为乌有。乃目击怃然于心，曰："本宫祝圣香火重地也，当吾世而神明无据，祝釐无所，如嗣教何？"遂慨然捐赀重新，不足，议鬻产以佐，严禁奸人，无假名色，擅募远近以间半菽也。率作有方，兴事有法，三越月三清殿、三天门已竖。工方有序，仙师溘然上宾矣。呜呼痛哉！修葺后计，悉委嗣师九功君。嗣师任大承艰，惟不克负荷是惧。凡所兴作，一禀先师成宪。执事者踊跃趋赴如前，一期余，大殿两庑四配殿工遂孱见焉。殿成，以先年在京，神宗钦赐铜冶帝像不政，有所亵也，奉祀于殿。环顾晕甍，惨焉榱桷，议祀仙师之主于帝君之左，盖父功垂成，不觉该于一旦而咸称礼典，庶可慰乎千秋。且□□祀之或替也，出其先年所赎既鬻宫田□百九十八亩，计租银四十两零七分，还之公宫，输赋以外，主赡是祀。而圣节醮典、三元节会大斋，及本宫各殿晨夕膏火，咸于此取足，余则为公家之用。噫！仙师之祀与嗣师崇祀之典可无言哉？

盖本宫殿宇，无论先朝，即我明御宇，屡倾屡葺，皆列圣颁帑资给。兹固得请俞命，卒阻当事而罔济也。仙师不恤己纬，殚资□修，嗣师继竭心力以终厥工，则夫华殿峥嵘，开阖睢盱，云霞缭绕，鸾鹤锵趋，神明其有所妥乎！钟鼓铿鍧，烟雾拂腾，舞蹈纷纭，拜祝万千，当今圣寿与国祚其无疆乎！山川映带于左右，佳气荟蔚于睫眸，□文宣朗，道炁□□，地灵则人斯杰乎！□稽考于古，功德与言三立，于有一焉，则祀于国。仙师□可不朽，祀其可以已哉！师又以【此后尚有二百余字，漫漶不可读，暂无可比对版本，故略去】

天启五年岁次乙丑九月朔日，龙虎山上清宫提点胡一碧撰，提举□德高书，副宫□□□□□。

【说明】胡一碧，生平不详。据张本《续修龙虎山志》卷下录文。

782. 明·佚名：禁山告示　天启五年乙丑（1625）

南昌府新建县掌县事按察司照厅丁，为永禁杜害以荫九州、以隆国祀事：

据道士邹阳澄里递会首某等连名状呈前事，内呈万寿宫系许旌阳飞升拔宅故址，历朝钦敕名山，祝延圣寿，祈祷响应，普天率土，皆赖甄陶。本宫先年屡蒙府县赏示，蓄荫四山，颇已成林。近出翼邻豪恶人等强占道山，酷谋风水，不分街限，无时入山，盗砍古柏，荫树柴薪，刬削草皮，以致地瘠龙寒，山林濯濯。并以偷挖柏林官堰，平治道坟，纵放牛畜，蹂躏墙垣，欺凌道子，逐杀孑遗，甚于盗贼。仙境式微，举皆受害，神人欠妥，禋祀几沉。恳恩一视同仁，剪灭奸雄，扶植清净。道众呈乞赏示严禁等情到县。据此看得万寿宫奉旨敕建道场，上崇国寿，下福兆民，九州祈祷之所；且本山晋宋以来原有四至，敕修石街为限。虽则近邻山界相连，另各一区。近有附近居民人等不分界限，起衅争占，盗砍欺侮等类，不惟惊渎神明，亦且有伤敕祀，种种不法，殊可痛恨，拟合出示严禁！为此，除已往不究外，示禁后开各处山名，仰里邻人等知悉。以后如有恃势强横，越界争占，砍伐树木柴薪，欺凌挖堰，搬石铲削，践践违禁者，许本宫道士协同约保里递，无时指名赴县呈告，以凭拿究。如有知情不举，查出一并连坐，断不姑息。须至示者。

计开相连四处附荫山于后：祖师后龙山、彩鸾冈、荷树坳、社公脑、东园埈、青龙山五显庙前后、杨先宅、企冈脑前案山、凤凰山、柏林官垱等处，龙冈脑各处坟山。

天启五年四月十二日示。

【说明】据光绪本《万寿宫通志》卷二〇录文。此文记载了南昌府新建县针对西山万寿宫周边“恃势强横，越界争占”等违规违法行为而颁布禁止告示，旨在还“历朝钦敕名山”“清净道场”以良好环境。按，原有纂者说明云：“此何以志？盖本宫当宋真宗赐内帑、遣中使修葺时，有旨禁止本山樵采。嗣后兴废不常，侵伐时有。自明迄今，迭蒙地方官给示禁护。兹录历朝数条，以概其余。”

783. 明·吴之屏：大夫松碑记 天启六年丙寅（1626）

尝观摩云霄、撼风雨、充沆瀣而挺然直节森森者，其松乎？麻姑山中旧有偃盖松者，相传为颜鲁公时所植，历世千百余年矣。以鲁公守兹土，秩为大夫，世遂称为唐大夫松云。迨胡处士母梦麻姑山松而处士托生，故其名益著。

余癸亥捧檄来兹，风尘鞅掌。越乙丑春，政事之暇，屐始及之。出城西南数里，见白云冉冉起封中，山人指之曰：“此偃盖松瑞气耳。”及登其山，绀宇雕阑，风亭月榭，变幻于苍松翠霭之间，心为怡旷。叩其所谓古藤、碧莲、七星杉诸胜，渺不可得，惟存一松，偃蹇如虬龙，苍皮黛色，鳞鳞如龙腹。余席其荫，凝睇久之。清籁徐发，鼓鬣如涛，其声细如环佩，如鸣球，大如轰雷，振撼林谷。山色岚光，飞扬映带，远来袭人，衣裙飘飘然如腾空御气而欲仙。非待选胜怡情、流连景光而已也。

丙寅季夏，复寻旧游，见其凤娇鹏搏，鸾音鹤唳，参天之木，凌霄不萎，古色依然。趺坐其下，恍与鲁公对谭，斯知木石之所以胜者，不胜于物而胜于人也。曾几何时，忽于仲秋之某日，为盲雨妒风所折，千古神物，一朝化去，岂亦如紫阳之尸解耶？抑废兴存亡，物各有时耶？奈何当吾世而失之，殊为慨结。其珍重者恐落樵采之手，欲斫为神前供具。余以樵子、大匠等耳，不忍戕贼，禁勿为动。复于松故址之傍，另植一枝以继鲁公遗迹，亦欲后之视今犹今视昔之意。若曰窃比鲁公，则吾岂敢！

考元时此松已枯死数十年，至洪武间复茂，今而后安知无萌蘖之生乎？虽然，东海三为桑田，蓬莱水将还为陆陵，当麻姑时亦已然已。迁化无常，何独一松乎哉！余第纪此松之颠末云尔。

时天启丙寅重九日也。

【说明】吴之屏，崇德（今浙江桐乡市崇福镇）人。天启五年（1625）

进士。历官南城县令、福建巡抚等。据罗氏本《麻姑山志》卷六录文。参见黄氏本《麻姑山志·记》、校注本《麻姑山志·记》。按，文末“时天启丙寅重九日也”一句原无，据黄氏本补。

784. 明·吴之屏：神功泉碑记　天启六年丙寅（1626）

邑西南出郭十里而遥为麻姑，嶙峋崒嵂，萝薜纵横，异鸟啼花，哀猿啸月，樵吹牧唱，争献奇而赀爽，殆非人间世矣。由麻姑山龙门之侧，桃源洞之上，石罅有泉涌出，味清且冽，取之酿酒尤佳。故老相传云，先年泉初出如酒色微红，饮之醉人，想为诸仙丹液之流也。后农人以秽器取之，泉色变，味亦淡，不若先年多矣。然比他水，犹尚绝胜。余自公之暇，抠衣呼渴而至，黄冠煮茗以进，饮之味若中泠，又若慧泉。余诧问之：“此中安得此水？”答曰：“此山中神功泉水也。”余竭蹶走视，轻云蒙笼，风师不惊，苍翠四封，蹊径殊绝，一泓之水，清沁肌肤。余初疑其渴者易饮，久而啜之，其甘香美冽，靡匪趣会。簿书杂沓，非此水不足以消渴吻。自惟寒士，遭时遘会，来令兹土，兢业官常，矢不敢忽，神之听之，谅不靳此一勺以润俗吏肺肠也。

居亡何，忽报唐大夫松为风雨所折，余凄恻久之，不忍鲁公之故迹湮没无闻，其傍为之更植为一松以继其后，又复勒石以纪成毁之颠末。旋考神功所自始，即庞眉皓叟，咸不能对；求遗迹于荒烟断碣，而亦不可复得；他日安知不陆沉于阛阓阡陌之间，如金龙玉简、碧莲流杯之迷漫乎？嗟夫！新丰以时平而清，临淄以世变而竭，泉之关于世岂浅渺哉！余故立石，标而出之，其所望于后来者，亟也。若夫林峦之苍润，烟霞之卷舒，晴容雨态之变移，地灵源长，秀色接于眉睫，游者皆飘飘然如腾空御气而欲仙，名人之纪述详矣，余何赘焉。

时天启丙寅腊之朔日也。

【说明】据罗氏本《麻姑山志》卷六录文。参见黄氏本《麻姑山志·记》、校注本《麻姑山志·记》。按，文末“时天启丙寅腊之朔日也”一句原无，据黄氏本补。

785. 明·施凤来：重修龙虎观上清宫记

天启六年丙寅（1626）

信州龙虎山为汉天师修炼之所，子孙嗣法，于今为五十一代矣。历世崇奉，观宇整饬，飞甍丽栋，映掩山水，崇台邃阁，缭绕烟林，所以昭神明而佑灵贶者，非是惧勿称焉。阅岁既远，倾圮频仍。葺故鼎新，必烦诏旨。万历己酉，大浸稽天，龙虎观上清宫相继颓废。于时嗣教者为五十代孙张国祥，请于神祖，爰始经营。旋以征输不继，令其自行修理。国祥竭赀兴作，功已垂成，经费勤劳，溘焉长逝。嗣子显庸，负荷析薪，罔敢自逸。不逾再期，板筑告竣，天人景贶，咸妥而绥。厥劳既宣，厥功不细，宜有贞石，以纪其庸。以余方佐秩宗，典三礼，禋祀之纪，亦有专司，乃令记之，俾后之人鉴于前劳，无或怠慢不虔以坠乃世职。余不获辞，乃言曰：

窃惟往古所称，《齐谐》所志，曾城元圃之邱，蓬壶方瀛之壑，琼宫璇宇，玑壁珠楞，皆仙圣所往来，百神所栖止。其述瑰玮巨丽，近于渺漭荒唐，儒者略而弗道。然而轩帝稽首于崆峒，姬稷息马于昆邱，汉文受教于河上，宣圣问礼于犹龙。事匪妄传，文能征信，道之设教，斯亦远矣。往代弗具论，高皇帝神武定天下，德威四达，声教旁讫，嘉休洽至，和气滏涌。上帝歆之，百神飨之。名山大川，各有宁宇。疵疠夭札，物不能干。燕昭、汉武之迹，碧鸡、金马之事，曾莫骋其奇而售其诡。然而于张氏宠以真人之号，隆以三接之殷，丹雘之工，刻镂之饰，视异代有加，岂亦如《易》之《观》所云“大观在上，圣人以神道设教而天下服”乎？古昔圣皇，道贯幽明，通三极而役万灵，乐六变则致天神，八变则致地祇。南正司天，北正司地，截地通天，以别人神。《记》有之曰：“礼行于郊而百神受职焉。”夫曰“受职”，则能为民捍灾御难，若有司百官，各守其业以承王事，而后爵禄及之；旷而负者，黜罚逮焉。斯固圣世抚驭之大者，崇奉居歆，又其余耳。不然，又何私于张氏，何重于龙虎山，而累世尊重之不置也？且古之祀典，山川岳渎之神能兴云泽雨以育群萌者，始令守土者封而社之。而张氏自汉以来，世以符箓为民禁妖除孽，其有功于世也甚大。龙虎山乃其发祥之区，上清正一天帝太乙之灵实式临之，正百神受职之所，安可不极瑰丽以栖止之乎？虽丹楹朱户，绣㠶雕甍，非奢非溢，非泰非侈也。假令嗣服者视其颓落而秦越之，慢神瘝职，不已甚乎？神祖既以神明无据，廑修理之思，而前真人能承圣意以弘杰构，可谓曰忠。鸠葺垂成，年弗及待。今真人能继先志以就阙绪，可谓曰孝。夫净明忠孝之旨，固道家所宗也。张氏父子，其于宗风玄诣殆不负焉。不然，彼清静宁一之教，亦山栖谷处而足矣，又何事涂金斫采之绚烂炫耀为哉？余恐世不达张氏父子殚心竭力以襄底绩之意，而且有执虚无幻冥之说以议其后者，故探本而为之记。

赐进士及第、礼部尚书兼东阁大学士、同知、经筵日讲看详章奏直注起居实录总裁长水施凤来撰文。天启六年丙寅九月之吉。

【说明】施凤来（1563~1642），字羽皇，平湖（今浙江平湖市）人。万历三十五年（1607）进士，授编修。以礼部尚书入阁，然素无节概，阿附魏忠贤。崇祯帝即位后为首辅，旋被纠告归。据张本《续修龙虎山志》卷中录文。

786. 明·傅振商：火神庙记　天启六年丙寅（1626）

余以乙丑季秋莅抚虔南，蕲和洽神人以奠有宁宇。未浃旬而东建春门市里告灾，维时商贾辐辏，庐货俱烬。未几而濂溪祠西又警，郡人大恐。于是阖郡绅士咸议禳救，且告余曰："郡旧苦回禄，以东山赤象火，厌胜者植松蔽其赭形。又于府治前作天一阁遥镇之，治后建真武庙，义取以水制火，俾弗为厉。历年久，樵采者空山树而赭形复现，天一阁又圮于火，真武庙又北向，弗克制，故炎炎之势日煽。诚于三者速加意焉，庶几其熄焰乎？"余思所以杜灾之方，谋未就而灾及虔台后之曾氏居，火光烛天，署中夜亦如昼。命诸役扑灭，询火帝庙在何处，将躬诣祈祷焉。咸曰："庙失所，仅有义民萧贵塑火神像于玉帝宫庑中而寓焉。”余喟然曰：“火帝为正神而缺庙祀，气久郁而不达，其致火有由矣。宦是者宜有达郁之政，以安神康民。”爰与观察周君以谦、少参洪君纤若，促郡守朱君谕邱令卜地建庙，屡视弗吉。适庠生徐开泰习业于玉皇楼左，来告以蔬圃隙地相传为火神庙旧址，地势爽垲，风烟茂美，不知圮自何年，宜复是土。闻其言，众意咸惬。遂于十二月二十八日祭告而定基焉。是夜郡民见有流火状如鸿雁群飞越城外，已而火警果息。因急庀材鸠工，命义民方国丞、龙绍洙日课其成。为正殿三楹，周以仪门，翼翼如也。又以余材作室三间于东西隙地，以居庙祝。自次年四月初四日经始，于七月十四日告竣，用度省而结构固，盖其慎也。落成之日，祗迎前像而享祀焉。爰纪始末，以垂永久。

【说明】据康熙三十四年《河南通志》卷二八载：“傅振商，字君雨，汝阳人。进士，选庶吉士。巡抚南赣，巨寇丘囊等受缚，迁南兵部右侍郎。时魏党怀宁侯孙承荫毒军蠹民，道路以目，振商弹之。崇祯时，升兵部参赞机务尚书，军政次第举行。卒赠宫保，谥庄敏。”据同治《赣县志》卷四九之四录文。参见同治《赣州府志》卷一一。

787. 明·魏逢虞：重修接仙桥记* 崇祯元年戊辰（1628）

接仙桥峙于黄堂西隅，盖与大同、太平相联鼎立。予大父都谏公修大同、太平而未及此，意有待哉。尔时岁久石颓，予叔侄辈勉承先志，于九月初二日命匠鼎建，十二月念一日竣事。柱石屹然，顿改前观，诸所助缘，共臻厥美，先绪用是缵矣。第斯桥也，昔成于正德丁卯，今成于天启丁卯，时有巧值，事有适凑，亦大奇也。是为记。

崇祯元年八月。

【说明】魏逢虞，生平不详。据《黄堂隆道宫志》卷一二录文。参见整理本《黄堂隆道宫志》卷一二、《净明资料新编》。

788. 明·梁士济：重修临江府城隍庙记

崇祯元年戊辰（1628）

陈纪纲，饬法度，昭明赏罚，示趋焉而背之泰劝者，其民愚也；陈纪纲，饬法度，昭明赏罚，示趋焉而遁之泰劝者，其民智也。其民愚，弗可使智已；其民智，弗肯就愚已，则徒以其纪纲法度也，资狡猾之骫饬而已矣。上治因之，其次利导之，莫如诏之敬。孔子曰："大畏民志。"语本也。又曰："圣人以神道设教。"言权也。今夫无情之词谂躁诞聒，载鬼车而号肺石，至骋也使之诅三物以自矢，犹愓愓有惧心者，官之方可欺，神之网勿漏也。逋国课，闪外徭，百呼弗一应矣。而州闾杂会，敛金钱赛祷辄毋敢后居，有赫之鉴观，弗啻大府之宪令也。胥人者刻伪章，侮文法，盗骊珠于方睡而不忌，入庙则俯首皈依也。何为？神之格，不可度也。故曰：于彼乎？于此乎？陈纪纲，饬法度，昭示民可知，而以其可知也骫之疾矣。使吾有可知者以遵绳墨之民，更有不可知者以威不轨，勿使坏化而乱法，夫民恶乎遁？故圣人以神道设教，国家分疆定域而建官，设其长，立其贰，陈其殷，置其辅，而城隍庙并建焉。理幽治明，与守令分任之。水旱厉札，于是乎祷之；起大役，动大众，于是乎行之；纪纲法度之不及，于是乎正之；民义鬼神，相辅而行也。故庙制须崇严肃穆，顾瞻焉，使大人思合其吉凶而凡民自生其战栗。深乎？深乎？其以开百世之善治乎？其与民由之弗使知之乎？

临江旧有庙在城中，规制森严，庭庑奥阼具备。岁久而圮，栋陊桷剥，弗治恐积而生慢，无以妥神明，詟顽玩，集庆祥。乃与郡守诸大夫捐赀缔造，越厥士民忻跃子来，逾两月告成焉。乃进父老而谕之曰："勿以小善为无益而弗为也。夫洋洋如在者，念民力之普存也。社稷本为民而立，扰民以奉神，则余弗忍。木千章，瓦万个，砖千者什之，垩百石，蓊藁百束，冶人为铁数十百觔，丹漆以觔计者十。攻木之工千，攻埴之工可七百，丹绘之工百，佣手指千，刍粟食当食者三千十钟，费悉出官府。诸以材若工输者，咸准民价，财取为用，其勿扰民。协力助者，自分厘以上皆收焉，捐有狭丰，善无盈歉。

父老志之：毋以小善为无益而弗为也。且夫上栋下宇以避风雨者，人也；神则冲漠无形，何闻何见，然而为之上栋下宇，取诸《大壮》而居之，尚急于人之为其身计者，何也？知鬼神之濯濯，之赫赫，而洋洋，而居歆，乃生其恭也。明知鬼神之无妄，明知上栋下宇而居之之为所冯依，然而冲漠无形也，两在不测也，又安能等之纪纲法度之辙迹？阳修阴悖，百之密而一之疏哉。毋以小善为无益而弗为也，毋以小恶为无伤而弗去也，神之权伸矣。神聪明而正直，福善而祸淫也。若然，其式谷以汝矣。樵蒸熏燎，洋来格矣。纪纲法度，相辅而行，则于汝锡之福矣。往岁自六月不雨也，至于秋九月，临阳击柝，闻于金川，朝驾则夕极于瑞，东望丰城，西接袁郡，盈盈衣带耳，四至悉旱境，而清江弹丸介其中，独雨旸若，百室盈。甚乎哉！急公好义之受报奢也。父老识之。”新庙落成，值菜铺垂颖，有恭敬肃穆之民心，有五风十雨之嘉庆，棘林无号，惟正早输，胥史文无害而饮醇买犊。吏斯土者，其逭于素餐覆悚，岂非羲黄上世哉？既落成，爰勒石而祝之曰：“自今以始，岁其有来格来享，斯万年。”

【说明】梁士济，字遂良，南海（今属广东佛山市）人。天启五年（1625）进士。崇祯元年（1628）知清江，有惠政。据县志载：“（崇祯五年）峒寇作，分守道欲撤城外民居，持不可，曰：‘脱寇至，焚之无怨矣。’乃自出，简精锐扼诸河上，民赖以安。又置学田赡士，请广弟子员及科举额，士子翕然归之。士济才略有余而性峭直，每达官贵人过清江镇，或渡江迎候，遇风即还，掷手版付吏曰：‘不过使吾不为台谏耳！’自署其堂曰‘清静宁一’。”后迁监察御史，历四川、顺天巡抚。据崇祯《清江县志》卷八录文。参见乾隆四十五年《清江县志》卷二八。

789. 明·蔡邦俊：重修城隍庙记　崇祯七年甲戌（1630）

郡城隍威灵之神，志传为汉颍阴侯婴，窈冥之说，何所据焉。及按志：汉高帝六年，命灌婴立南城县。又《史记》：汉元光二年，封侯之孙贤为临汝侯，续灌氏后。嗟乎！有以也。方其贩缯睢阳，从沛公略地疾斗，由中涓七大夫，间关百战，以至剖符食邑，南面称孤，卒能垂名竹帛，流德孙子，不与韩、彭等共受不赏之罚，盖忠谊智识有过人者。故其英灵不可磨灭，享临汝之祀，而以神血食兹土，宜乎。虽然，犹窈冥之说，不足据也。在天星辰，在地河岳，明明在下，定必有赫赫不可磨灭之英灵，其助上帝分骘下方，如颍阴侯其人者。总之，神也，勿言人也。

临汝六邑，俗尚诗书，声名为江右最。顷以流寇豕奔，从虔、吉入乐安，乘我不意，社稷震惊。顾当其观兵之日，神先告矣。府治树梢，霭霭烟生，缥缈如线，不甚长，然亦随散，烟火象也。随散者，寇灭也。誓师演武，烈日暴雷，更示以赫怒矣。先声远遁，民复安堵，则是神之犹据我也。呜呼！神也，非窈冥也。

旱魃为虐，时祷时雨。天灾流行，神于民其犹有隐忧乎？庙宇书案，制皆与官府等，匪惟酬民，兼以察吏也。凡守土者，皆先与神誓而后受事。周人作誓，非古也，如在其上，如在其左右，誓如是已矣。

庙有田数十亩，为庙祝冗食。栋宇几颓，而守兹土者又往往不得以三载去。故修庙之议，旋始辄止。余受命于兹二年矣。日值岁歉，催征弗及，奉旨参罚，亦凛凛罪过，日惧也。顾不可以余使神无栖，祀事不明，坛壝不修，人也，神乎？因核其岁收之租，得金若干。议捐俸佐之，而更劝诸郡乡绅人士敬神输义，委官某吏某督建焉。丹雘榱桷，一如旧制，经之营之，不日成之，有冒费者，神其谴之。时甲戌春记。委巡简项应楚，吏周光泰、陈学煋。

【说明】蔡邦俊，字师百，号岂凡，别号拙翁，晋江（今福建晋江市）人。崇祯元年进士。崇祯四年（1631）官抚州知府，曾主修《抚州府志》。据崇祯七年《抚州府志》卷二〇录文。

790. 明·陈宗汤：万寿宫续创赡田碑记

崇祯七年甲戌（1634）

豫章古万寿宫，世传许真仙飞升故址。士人戴其德，塑像立祠，敕建大殿，为堂三十有六，金碧辉煌，埒于王者之居。由晋迄唐宋，暨我国朝，赐号赠金，中使不绝。赡田额逾数千，祝釐常满。岁久世湮，一经焚毁，庙貌浸失其初。今所存者，丹井古柏，污邪篝窭，问之无何有之乡。

黄冠李启玄慨檀越之久虚，崇奉之弗虔也，汗积多金，购求腴田，愿勒贞珉，以永香灯，赡道院，杜侵渔。白之邑大夫卜君，通详藩臬两司及大中丞解公，咸可厥请。时甲戌孟夏，不佞宗汤奉上台檄往赈饥民，憩宫傍道院。玄实居停，乃问记于余，固辞弗获。因悲夫兹土之民荷真君鸿造，譬则戴天高，履地厚。且达官著姓，岂繄乏人？胡残毁数百年来寥寥无闻？竟一羽士图之而殚厥心力，市田赡养。厥施思永，是可风也。倘玉隆君所云“千百年后必有兴者”，其在斯人乎？倘后之人有强梗不法、蚕食而田者，或告之曰“幕僚陈子业已志之石”，其亦可以遏邪谋垂永远矣。故不揣固陋而僭为之记。

【说明】陈宗汤，龙岩（今福建龙岩市）人。举人。天启年间官广东惠来知县，有惠政。崇祯十二年官叙州府安边同知，还曾官司理一职。据乾隆本《万寿宫志》卷一四录文。参见光绪本《万寿宫通志》卷一四、《净明资料新编》。

791. 明·盛宗龄：迁复城隍庙记　崇祯十年丁丑（1637）

武宁城隍庙旧在县治西，学宫旧在县治东。成化甲午，迁学于延恩寺故址。至正德庚辰，邑侯黄徙隍祠于旧学，而以地为学宫。迄今上丙子，亦既历年百有十七矣。明神钟鼓之灵，恍欲发至圣俎豆之光，以嘉与诸士而假手于我上台，以各还其故。用是虽议因，实任创矣，旁观者或难之。会邑侯寇公以辑瑞行，弗遑拮据。臬司经历姚公讳存仁奉命摄兹土，遂慨然为己任，曰：“凡莅邑，唯是士若民是赖；士若民，又唯是圣神之赫濯是凭；倘驰其任而不为之所，将焉用绾铜墨为也。”甫下车，即捐俸资百余金助学。随措金半之修隍祠，更不难与斯民而更始焉。丁丑夏，轮奂一新，民之群而托宇下者，谋镌诸石以志不谖，而择言于予。

予以为隍祠之神，其尊视大令。其禔福斯民也，明威亦视大令之贤。今公则代令而能为令者矣。能为令，则公之动息呼吸，无一不与神通；而神之向背陟降，无一不与公会；显幽之间，有作之合者耳。公性敦大子惠，慕义无穷，不屑屑锥刀，有贤豪长者风。彼虽钧金羡帑是兢，置士民若秦越者，不亦对明神而自恧乎？而况于越樽俎而代者，又何如乎？公署邑才数月，百废俱举，每欲谢事，士民辄扳卧。其政绩之可纪者未易更仆数，而隍祠之复还其故，则公肇厥始焉。因从群请而为之记。

时崇祯十年丁丑六月之吉。

【说明】 盛宗龄，字长庚，武宁（今江西武宁县）人。万历三十四年（1606）贡生。历官浙江丽水训导、大庾教谕、抚州教授等，有政声。博极群书，为文数千言立就，有《羊角山房稿》。据雍正《武宁县志》卷八录文。参见乾隆二十年《武宁县志》卷二三、乾隆四十七年《武宁县志》卷二四、同治《武宁县志》卷三〇，三志所载，文字出入较大。

792. 明·袁继咸：西城三官殿记　崇祯十年丁丑（1637）

圣人以神道设教而天下治矣。军旅之事，受命于庙，受脤于社，牺牲玉帛必虔，祝史陈辞："可以一战乎？"或曰："未也。"神，民之主也。告民力之普存者，先成民而后致于神。故其道有神之听之，而无听于神，以为听于神，必据荒忽而邀不可知之福；据荒忽而邀不可知之福，必弃百姓而隳当成之业。为民之心力无所不殚，而冥感元通，惝恍若遇焉，匪必其果有神。即其果有神，而予以为非神也，为民之诚之至也。

太守西安解公镇抚袁山，盖亦有年，民大和会，神罔时恫。丁丑仲冬，越寇阑入，以为公忧。公闻之，投袂而起，剑及室皇，车及于市，而寇即啮指宵遁，谓非威神之所慑欤？公因以是称畚筑，增城隍，谨训练，画郊圻，多储偫，象物而动，浃旬而具，官修其方，民忘其劳。郡西门外旧有三官阁，贼行火矣。公移而更新之，兼奉大士而妥之，而民益黾勉从事。公曰：“畴昔之夜，神实见梦于予。”夫梦，因也，想也。且三官之名，不载于祀典，大士之祝，不领于祠官。脱果有知，岂不能于周庐既烬之余岿然独存？脱其志果在禋祀，岂不能出光怪惊动祸福以邀百姓？而乃徒向公乞灵耶？神所凭依，将在德矣。公闵皇之忱如达于面，而劼毖之效已形于手，为民之诚之至，不以大小险夷间也。其彻人天而感冥漠，宜也。今者堂户相交，本末不挠，民曰：“幸矣！神之格思，其有据乎？”则又或致望曰：“享祀丰洁，何以报我？永为兹土御灾捍患乎？”世无不更张之治法，而有能不携贰之精爽。尝循览往事，城郭抑已彝，井木抑已湮，崇功报德之祠亦且散为寒烟，荡为冷风，而中独有耿耿长存者，为民之诚之至不可掩而不可射如此！夫予既钦公之为神依，而更歆神之知所依也。虽曰有神焉，可也。是为记。

【说明】袁继咸（?～1646），字季通，号临侯，宜春（今江西宜春市）人。天启五年（1625）进士。官至兵部右侍郎兼右签都御史。后因部将降清被执北去，不屈而死。有《六柳堂集》《四书讲义》等。据民国《宜春县志》卷二一录文。参见康熙四十七年《宜春县志》卷一六。

793. 明·郭维经：修许真君庙记　崇祯十年丁丑（1637）

徐真君名逊，字敏之。《书》曰：“逊志时敏。”有曰敬之，亥豕之讹也。当日诛蟒斩蛟，遗事至今传闻耳熟，而其先世不可稽考。至许君之父，避汉末之乱，由汝南而家南昌。许君少博异书，尤嗜铅汞之术。初得西安吴猛所传，精修不懈，道德日尊。乃以晋太康元年起为蜀之旌阳令，与民休息，异政遥闻，点石变金，代民输赋，标竹施水，病者以苏，民感之慕之，形诸歌谣。既而弃官东归，遨游嵩阳，卒师谌母，而术益精，而神益阐，鸡犬咸超，民人永奠。迹其灾除昏垫，何殊绩奏平成？

吾邑原名龙泉镇，南唐改为县。考龙泉之所以名，始于唐之开元初，有二龙戏于武陵泷，遂成泉道，故名曰龙泉。夫龙之出也，必震电晦暝而多怪也，必风雨迷离而昏黑也，必山崩土裂而多所荡塌也，必浊浪排空而猝然奔溃也。而乃驯而不扰，如虎之蹑足而渡河，鳄之曳尾而涉海，冥冥之中势必有胁制其麟甲而使之不可暴也。龙泉虽僻壤乎，而许君之神在天下，如水之在地中，无往不在。则武陵故事，其不至沦我邑为鱼虾之滨者，神之力也。予辈食毛践土，既推原其所自，此许君之庙之所以宜，宣其功德也。于是为之词曰：

神功无量，奠定西江。泽被遐迩，保我遂阳。在昔武陵，见于南唐。振鳞出境，戎不为殃。推原功德，合荐馨香。用兴庙祀，弥大弥彰。

【说明】郭维经（1588～1646），字六修，号云机，龙泉（今江西遂川县）人。天启五年（1624）进士。历官行人司行人、南京监察御史。明亡后力主立福王，晋应天府丞兼御史，后擢大理寺少卿、左佥都御史。旋被权臣张拱劾罢回籍。南明唐王立，召为吏部右侍郎。清兵围赣州，他以吏、兵两部尚书兼右副都御史，受命总理湖广、江西、广东、浙江、福建军务，督师往援。城破不降，自焚死。有《求忠堂奏疏》。据光绪《吉安府志》卷十录文。参见同治《龙泉县志》卷一六。

794. 明·韦明杰：重修城隍庙祠碑记

崇祯十一年戊寅（1638）

邑之有城隍祠，其规制□□□□□□，岂虚崇庙貌，将金汤实式凭之。岁有旱涝，则令兹土者必以告神为之请命于天，亦犹民有疴疾邑令为之请命于上也。万固岩邑，地当四塞，邻境有警则风鹤皆惊。而城垣之设，初制苟简，近益漫漶，与无城同。奸宄更复叵测，且田居山坑，状如楼梯，十日不雨即苦旱，五日连雨即苦涝。故余常谓为令于万难，而为神于万亦难。

自余承乏，若与神精爽相接，八年间祷雨雨应，祷晴晴应，间者小大之狱，默祷于神，神亦必先告之，卒使嚣者以定，黠者以驯。即无岁不被灾沴，无年不罹邻寇，而犹能存其孑遗，寝其睥睨，则神之照临兹土者远也。第庙貌俨然而顾瞻廊庑门寝日即于颓，亦复与厅事埒。余谓厅事为令所出政，天祸不德，葺而复坏，以明我过，固应尔尔。祠宇为神所栖依，神则何咎，可不谋所以重新之乎？而一时会首辛、张、汪、陈、杨、周、彭、李、潘、龙、王、龚、林等遂相与踊跃而前，醵金鸠工，不逾年而门寝廊庑瑰玮壮丽，金碧辉煌。通邑士民举欣欣然，予曰："是可以彰隆报矣。"会予遭斥逐，羁累于袁。尔时楚寇窃发自昭萍，窥伺袁郡。予日与袁之戍卒更番守堵，登陴而望，曰："是安得南风不竞，蠢兹狡奴，不北其辕乎？"则幸有神在耳，不然，焚劫之惨，适当落成之时，将神之捍卫吾民者谓何？且非一方所以崇庙貌之意也。而诚精所至，梦寐与神俱，亦遂若掀髯而就余应曰："唯唯。"卒也狡奴反风灭火三，至张家山，卜不利而退，岂其有神兵在耶？去乃知神之果能捍卫吾民，而民之尊崇吾神为不虚也。

嗟乎！予惟不能为民请命，而议蠲议缓，动而获咎。神直能为一方请命，而水旱盗贼保以无虞，神亦灵矣哉。虽然，神之为道，上通于天，必能下临乎民。继自今时其雨旸，驱其游惰，化瘠土为沃壤，起不毛为树艺，呼哀鸿而还集，变顽梗而急公，其以崇事神明者崇事长上，使尽涤肺肠以无累后之贤者。予即斥逐归休乎，犹愿遡听风声，以无忘八年对越之忱，一时经营之盛云尔。故不辞不斐而为之纪其事，因以昭告之。若众姓乐助，其费若干缗，则命镌诸碑阴可也。

时崇祯十一年孟夏月。

【说明】据民国《万载县志》卷五载：韦明杰，字叔万，号青岑，乌程进士。崇祯间知县，质直明决，爱士恤民。尤笃志好学，山川胜境，无不周历题咏。在任九年，焦劳勤苦，昕夕不遑。后谪去，士民惜之。据前志卷十二录文。

795. 明·夏勖：重修车桥庙记　崇祯十三年庚辰（1640）

世传旌阳君次姊适象潭钟离氏。一日，君过访经此，湖涨，路在波间，君以乘车飞渡。里人雷世名望而见之，若驾虹桥。无何，君拔宅去，世遂异其事，社而祀之，因以“车桥”名。后雷氏他徙。宋皇祐间，予夏姓十五世祖自白水徙居大冈，重葺此社。千百年来，几经改作。今废当复兴，勖为首事，拮据两载而始观厥成。请额书于姜曰广先生，以予儿初升为门下士，遂乐为书之。

时崇祯庚辰之秋日。

【说明】 夏勖，生平不详。据光绪本《万寿宫通志》卷一八录文。参见《净明资料新编》。

796. 明·余忠宸：铁柱记 崇祯十六年癸未（1643）

郡治固岵湖襄陵，荡日斗城。其渔落落，市廛几疑鲛室蜃楼矣。粤宋建军以来，晦庵朱夫子典是邦，特垒防以御之，今之紫阳堤者是也。湖之沱为宫亭，地名土目。有鹞石焉，色如漆，刚如冶，利如干将，萍采苔苞，猑牙犴爪，突立湖浒，择肥而食，为往来行旅之患久矣。秋冬之交，江流若带，石离于陆，扁舟过之，犹作支机钟山观也。迨夫自春徂复，烟波浩淼，激浪吼雷，形声迥绝，鸮性愈张，加以狂涛撼天，虐飓拔木，偶焉值此，计穷术疏。鲸鲵庆其饱啖，而沉沦之苦海，尚谁为问津乎？此自神禹既潴，未能锡之慈航，普登彼岸者，可不谓郡一大缺陷哉？

岁癸未，廖公治康之四年，绩熙化扬，百废具举。甫下车，即榜渚溪、青山等处修济艘，设赏赀，孳孳拯溺为务，行之数祀，河伯效顺焉。一旦巡柔郡国，过鹞石，作而叹曰：“茫茫大千，眇兹一拳，固敢咽舳艘，吞人货，凭水国而雄夜郎乎？且夫除害兴利，苟利社稷，专之可也。”爰召湖叟而讯之曰：“若之聚族斯土也，盖席船而匕楫也。每遇鹞飞抟饕餮，飘舟若叶，掬指如缕，或亦不忍也，曷其商所以革之？”叟拜复曰：“湖干蚩蚩，不足以辱明问。”于是公虔斋宿，默为檄以誓神曰：“吏斯土而不能革斯石也，有如湖水！”因思兹鹞播殃，都水为巢，潜形寂怪，猝不可支。惟是访九鼎之铸，列越裳之车，则伏波铜柱，固一道也。乃諏匠于南海，市锻于豫章，鸠工于壬午之秋，匝半载而成之。高二寻，大围四尺。公斋宿如初礼，驱车土目，再檄神而树焉，夫何石坚不可伐？潮稍渐渐起，公曰：“是有祟。”立召巫至，磔犬沉瘗。湖叟询所由，公曰：“犬者金畜，于水为类，又祟嗜血，且避污。况巫者祝也，杳冥不可以理论，姑率巫以厌之。古柳燎而祀飞廉，盖取诸此。”已果波恬浪静，锥孔泽泽。顷之，柱立如山矣。越三日，雷电交作，有物徙石而去。意祟遁哉！

稽古神明之治，出蝗渡虎，秀穗回星，尚矣。他若潮州之文、钱塘之弩、长桥旌阳之剑，彼皆忠教血悃，孕极桴鼓耳。岩岩巉石，岂无心性，故应迟我公而点头也。自此藜笔屹天，鹍集泮林，为鸾为麟，倾西江以通北极。鹿鸣凤举，谶叶鼍符，文治当与朱夫子埒，宁仅补郡治之缺陷哉？余康氓也，目睹盛事，讵容嘿嘿？敢因都人士之请而僭为之记。颂曰：

自有此湖，即有此石。石去湖纹，炳羽蔚翮。一拳者多，尔勇伊河。嘘汐吹潮，择食江沱。奋鬐吞舟，如峦如矛。吴艇越艘，我是用忧。岭南福主，射石似虎。植彼擎天，惠此南土。茫茫泽国，妖不胜德。巍矣砥柱，知者不惑。神运六通，大禹同功。亿万斯年，视兹镌璁。

【说明】 余忠宸，星子（今江西庐山市）人。天启年间中举人，崇祯十年（1637）进士。曾官礼部主事。据民国本《庐山志》纲之六目之二十六录文。参见同治《星子县志》卷一二。

797. 明·张应京：张门王氏墓碑

崇祯十七年甲申（1644）

（右书）崇祯十七年甲申岁八月吉旦。

（正中书）明故妣张门王氏之墓。

（左书）大真人府五十二代天师张应京、孝男洪份立。

【说明】张应京（?～1651），字翊宸，第五十二代天师，崇祯九年（1636）袭爵。洪份为其第四子。碑现存于龙虎山天师府文物室。麻石材质，方形，高0.46米，宽0.27米，楷书。据碑录文。

798. 明·熊明遇：铁柱宫敕书亭碑 崇祯年间

江右四封，皆深山大泽之乡。水土用乂，本昭显天地滋百物而生之嘉功；然虫豸所穴，不无借阴阳为戾。三代以后，失水官所为，豢龙伐蛟者无其传。江右土俗邻荆越，多禨禳于鬼神。惟晋旌阳令许公含阴召阳，宗净明忠孝以立学修身，艾民保国，神道设教。今万寿宫有铁柱镇井中，迹具在。夫水神集于万物，莫不得其养，尽其几。水之内度适也，可谓大有功伐于世，岂里巫所守之常祠可等？御灾捍患，祀有其秩，数不过物，古之经也。故唐宋以来，禋享不愆，名封隆重。我圣朝稽古釐祀，正统中，命礼官具祝册，岁以春秋二仲，守土臣行礼祠下，不因唐宋册号，专称晋旌阳令许公。其辞曰："维神弘阐玄教，夙济斯人，惠泽之施，久而弗替。维兹仲春，谨以醴帛致祭，神其鉴之。"于仲秋亦云。嘉靖中，更峻其观宇，赐玺书护持。业巍然，用剞劂，被贞珉，弇中跖下，昭其敬矣。乃万历中，亦颁有玺书，久藏羽士私室，民其何观？

会黄冈刘直指宗祥行部兹土，率五十金资他缮治。父老请采石为碑为亭，镌玉音，当甬中，视重。臣明遇恭阅竟，放写款式，属匠文诸金石。父老报成事，不觉舞蹈而飏曰："昭天之福，迎之以祥；作地之福，制之以昌；兴民之福，守之以长。"我明兴万年之业，维世宗肃皇帝、神宗显皇帝享国并五十年，方寓清夷，宫邻昭泰，符吐瑞臻，谷兴盗背。政《诗》所云"寿考且宁，以保我后生"者也。今庄诵两玺书，惇明简劲，不似前朝人作，金龙玉简，多媚道乞灵语。《书》不云乎？配天之主，言则移气，虑则移物。洋洋乎帝王，统驭神明之大模，此其一班矣。则父老之请为碑为亭以视重，俾民其同观，祝延圣天子于无疆，岂不休欤？斯宫之所以署为万寿哉。

【说明】熊明遇（1579～1649），字良孺，号坛石，进贤（今江西进贤县）人。万历二十九年（1601）进士。历官至兵部尚书、工部尚书。明亡后卒。工诗善文，有《南枢集》《青玉集》等。据顺治十七年刊本《文直行书诗文》“文选卷”之一录文。碑文记述了明代豫章铁柱万寿宫之规制及历代朝廷赐封之情况。按，据乾隆《黄冈县志》卷九载，刘宗祥于崇祯初巡按江西。

799. 明·饶登：跃龙桥记* 崇祯年间

距邑之北有竹溪，溪渡而东，则为江闽要路。去路不里许，有小涧，水涨则道阻不行。此吾家世所居之地也。天顺间，先祖为捐金数百，砌结石梁。邑侯袁公闻而喜之，为刻诸志。盖以善则爱，爱则传，非特表章当事者之贤，抑亦风励后人，使各有所劝勉也。迨桥既成而覆以屋焉，则何也？说者谓桥覆以屋，则雨不侵石之罅而桥益坚。而要非特此也，盖将令往来之众，远涉者得以歇步，负重者得以息肩，盛暑得以挹清凉，而隆冬得以蔽风雨，惟其如是，是以屋也。屋既成而题之曰“跃龙”，则又何也？盖桥之下有深潭焉。每春夏间，雷雨大作，则出没变化者有升腾之象。先君子曰：“是必有异，其殆龙乎？而以名吾桥，不亦可乎？”因是而于屋之中区设为许祖真人之座，抑又何也？盖真人净明忠孝，白日飞升，其与神龙无异，而又特驱乎龙之孽者，使不为祟。则此桥赖以不朽，实为真人之力。要亦非予之无所见而云然也。

忆予始成童，就外傅，侧闻乡耆长老在塾师，坐间惄惄然有忧旱语，时盖在万历六月六日也。语未竟，忽尔四蔽阴霾，雨下如注。遽尔沿村一壑，里人望见有妖物出自山间，而巨浪狂波拥护以下，视其背若有所负然。须臾卸落，直走斯桥，则宛若铁城当道，而万马千军弗敢仰视冲击，循循焉夹左右掖而去也。少焉，日霁天清，波平水落，始知妖物所负乃上流石桥梁为。彼负之而走，独此桥屹然不动，俯视其下，水痕尚未及瓮。彼高畔庐舍，悉已漂流，僵尸且累累矣。嘻噫，亦异矣哉！爰是里人诵之，都邑传之，佥谓此桥殆铁柱之行宫，而西山之显应，不图一至于此也。

自此远近之民，凡有祷求，靡不响应。每岁仲秋，诸善信男女以朝谒至者日以千计。乃知此桥非特为道路之津梁，而实乡邦之福地者。抑更有说焉。吾家居山水环抱，而此桥实当左掖之门户，故入此桥门如通彼关隘。去桥不百步许，曲折横拦，中间奥衍宽平，汇却许多秀丽，则是桥实有功，而后知先君子之美意更在于此。是固阴用，不以语人者。后之人得是说而存之，其于是桥也，罅者实之，朽者易之，湿漏者覆蔽之，欹歹者扶直之，庶先德长存，神灵永奠，俾聚族而居于是者，其形胜福泽，真未可限量矣。愧余老，力不能镌石以记其事，惟是载之华笺，藏之笥牍，俾后人睹此而或有所观感兴起焉。其于先君子是役也，亦未必无小补云。

【说明】 据同治《广昌县志》卷五载：饶登，字岸先。负性仁孝，操履端方，自丱角入庠，终身砥行。家不甚丰而好施急难。以孝友、文章著称。有《樟园集》。据前志卷八录文。本文写作时间不明。饶登在万历四十二年曾因岁大饥行义举而受到邑侯徐天佑嘉奖，而文中有“愧余老”之语，姑系于崇祯年间。

800. 明·熊明遇：重修玉隆宫募缘题疏* 崇祯年间

太史公论六家之要指，归重道家，使人精神专一，动合无形，赡足万物，因阴阳，采儒墨，撮名法，时变是守，几于不朽之圣人。盖定其神以治天下，黄帝、老子之宗也。黄帝书多方士伪设，无可据。老子曰：“我清净而民自正。”西汉君臣得盖公河上之意而益治，厥效岂不章章大哉？乃怪迂方士专言有禁方，能益延度世，还颜炼形，迁化轻举，与灵人援接，黄冶变化，坚冰淖弱，皆畸谈哗众，如系风捕影，终不可得。即有之，如刘向所著《列仙传》，要非正史，语不经见，搢绅者不道。正史有稽之言止宋毋忌、正伯侨、充尚、羡门子高为方仙道；汉儒赋中昌容炼色，犊配眉连，琴俗无影，木羽涤化，然俱无功行言词名迹可述。此独善养形者流，何足道哉？惟吾豫章之产晋世旌阳令许公，其宰邑也可入循史传。世所惊诧斩蛟诸事，则大禹先已驱蛇龙而放之菹矣。铁柱填井，本《周礼》壶涿氏遗法。圣贤中庸之道，正所谓专壹其神以赡足万物者，真黄老之嫡系也。又方怪相传，奔景飞步，整驾寒门，上通浩虚，使人引领白云，濯足黄泽，如列子御风，宁生泛雾，乌睹所谓兰池郑圃者哉？公修行于逍遥山金氏宅，即今玉隆万寿宫，丹井、药臼、古柏具存，殊非幻境。乃会城之铁柱宫瞻礼如云涌，正不必云道里悠悠、山川间之也。何哉，《晋史》独不为公立传？爰其时臣凌君，间滑正，人相干乱，阴行善者戒近名，英雄本色舍匿于神仙中，周苌弘之血化碧，非前车与？道家者言金华太极真人所示篇目，琼笈玉华，霞气所结，五光七彩，杳不可即。惟公《正印》《明鉴》《中黄》三经，辞语温雅，标以净明忠孝之目，真赤水玄珠，更不必取《洞神》《灵剑子》诸篇而穿凿附会之。又史称蒯通学为短长，与安期生善，两人尝以策干项氏，安期生传之毛翕公、乐臣公之属，是何玄虚无为，与倾危诈力同出一途？则净明忠孝，正可破少君、黄锤、史宽舒之诞，安期生可自此不名于海上矣。

予从毁齿后谒公庙貌，今五十年，见公有法无法，因时为业，有度无度，因物与合，福泽利益所被，潜移妙济如天布。然施而不宰，不似他小鬼之神，震于怪物，为气炎以取禴食，若有景象光屑者。此净明忠孝为宗，定其神以治天下可也，何有于豫章哉？是以明兴，统叙神灵而别其分主。正统中，命礼官具祝册，春秋守臣行祠事。弘治中，再赐金，崇饬殿门。嘉靖中，更峻其观阁，赐玺书镇护。其宫之在会城者，峨峨翼翼。乃玉隆僻在西偏，山谷深昧，积久无与葺度完缮者，栋宇唐涂，一望荒鞠。其地属西昌坤仪卜使君履也，因武林吴君从周之请，特为揭示，重期结构。郡太守元眉黄公亦有意劝护，而属题缘之词于明遇。因执笔三肃而叹曰：五行之官治而世乃川乂。公奠安兹土，神道设教，申盟作誓，俾不忠不孝之徒与天吴罔象咸消于净明之域，功不在禹下。夫功施于民则祀之，古今通典。玉隆为仙踪发轫所，吴君自武林来，有神者召之。守宰诸公之令民大启其宇以觉报也，岂以仙家而崇饬是为？如以仙而已矣，则三神山在渤海中，其物禽兽尽白而黄金为宫阙，未至望之如云，又何取于采石度木，烦殳斨伯与之巧力耶？敢遍赞于绅士农商、积善之家，合力成之，报也岂有祁哉？福在其中矣！

【说明】据顺治十七年刊本《文直行书诗文》“文选卷”之十七录文。参见《净明资料新编》。按，古代“男八岁毁齿”，据此本疏应作于崇祯七年（1637）前后。

801. 明·万福同：旌阳祖母万太君墓记　崇祯年间

慈母墓者，都仙许公祖母墓也。母姓万，或谓系出吾宗。后依母家，辄葬于是。世传母性谦贞塞渊，温惠慈祥，普著其时。闺帏传诵，道旁口碑，咸称慈母，故葬地遂以“慈母”名云。乃吾土著之名亦以慈母称者何？意以表太君为吾宗所自出，如颂姜嫄者必溯有邰，推有娀者帝立生商耶？不然，何比邻而居者各异其名，而不得与乎慈母之名耶？第历年久远，文献无征，事虽已然，吾犹未敢信其必然矣。兹姑无论。

维墓在予宅南，墓北旧有修竹茂林，嵯峨耸翠，内有书室，颜曰“道林”。余祖可稠公读书其中，赋慈母八景，“仙坦竹阴”其一也。诗曰：“淇园分绿数千竿，劲节虚心共岁寒。雨伴干戈闲宇宙，风随琅佩合阑干。火轮亭午全无暑，夜月筛光细点斑。喜见猗猗周许墓，凌空尤胜渭川繁。”迄今并芜平，荡为田畴，竹屋皆不可问矣。噫！世道沧桑，迁变靡常，有如是乎？

余宅至墓所不三十步，有池曰坦溪，中起小阜，墓在池之东南，四面皆绿水萦回。墓之上林木蓊郁，春夏尤青翠欲滴。墓向西北，肖龟形，水溢宛若龟浮水面，水涸又如龟伏泥中，堪舆家佥谓之金龟朝北斗，良匪诬矣。上有木，若榆若栎，若檀若楸，若冬青，若六驳，四时苍翠。故有桃一株，与凡桃迥异：凡桃先花次实，而后其叶蓁蓁；斯独叶寸许，而花不蕡其实，虽历久长，亦不高大，干仅可把可握，不蛀不瘿。或谓种系蟠桃，意仙人过此而遗其核欤？若得成实而啖之，竟可仙。有花一本曰紫荆，其花皮不外附，根无旁枝，肤理光润凸磊，色若象牙，近土之根一搦焉，则全枝振动，有同气连枝之义。故田真兄弟庭植之，以为相好无尤之征，亶其然乎？有谓都仙手植者，人以为妄。及余览道门全书，晋宁康二年秋八月，都仙升举，先期省墓于此。里中父老子弟闻其来，皆欲考道而问德，若堵墙环拥焉。都仙祀事毕，即示众曰："予祖墓葬此历有年，所赖诸君护持。"爰植紫荆一株以记不朽。中一人答曰："物之成毁有数，花之盛衰有时，紫荆独能保其不朽耶?"许公爰口占一绝曰："飘缈仙踪去，坦溪墓宛然。紫荆花畅茂，何须问岁年!"吟毕而别。众挽留之不得，其行若飞，远睇之如云生足下。众惊愕，因谓许公净明忠孝，锁蛟靖孽，内外丹成，自当仙去，况缥缈仙踪已自信之矣。何独拳拳于吾里？第可称许仙里也。

新建逍遥山万寿宫之古柏盖地参天，南邑许仙村慈母墓之紫荆沐日浴月，世相传都仙手植，并垂天壤，不可问其岁年，又安能计其荣悴耶？呜呼！仙灵赫濯，孝德宏施，宜乎千数百祀，人之望母墓而致敬、眺紫荆而徘徊也欤！

【说明】万福同，生平不详，曾为庠生。据光绪本《万寿宫通志》卷一录文。参见《南昌文征》卷一六、《净明资料新编》（两书均题作"许旌阳祖母墓记"，作者为"万斯同"。按，万斯同为清代人，著述甚富，见《四库全书》）

802. 明·徐世溥：旌阳母符元君墓记　崇祯年间

西山南岭，旌阳葬母之处。旌阳先时母丧，求吉地于列郡，名山秀岭，无所不至。一日游西山，揖萧史，循山而东，忽遇老人，幅巾裋褐，皓首庞眉，持藜杖于道侧，谓旌阳曰："吾本山神也，受天命为太夫人守此地五百年矣。今幸主人至，谨以奉献。"遂引旌阳度迭石，履层崖，立于藤萝之下，曰："此即夫人吉壤也。"旌阳曰："山高崖陡，界落不清。"老人曰："千里行龙，半天作穴。"急呼山魑扫开屏障，现出真龙。即时山源秀发，脉络分明，真异境也。老人以杖指之曰："匡庐为案，富有万贯；彭蠡为塘，贵显万邦。"旌阳掘地，得石匣记曰："地在眼前，留与真仙。许他葬后，拔宅升天。"旌阳遂以母葬其穴焉。又诗："地理神仙两遇缘，悬崖高处老龙眠。峅嵘已蔽时师眼，留待神仙五百年。"

【说明】徐世溥（1608～1657），字巨源，新建（今江西新建区）人。明末补邑诸生。明亡后山居晦迹，不复应举。有《易系》《江变纪略》《榆墩集选》等。据光绪本《万寿宫通志》卷一录文。按，本文写作时间不明，依作者生平，姑系于崇祯年间。徐世溥还写有《西山灵迹记》一文，见光绪《江西通志》卷五〇。

803. 明·彭尧谕：关帝庙记 明末

余署安义，时有地主之责。虽时月无几，亦不敢以传舍从事。故有一事之不安于心者，必不敢以仍旧为词，况神人关系之大者乎？及抵任，考旧典，用牲醴以祀城隍。越日，谒先圣于学宫。因念国家多事之秋，封疆重武之日，其所望于海内之怀忠抱赤者，不啻三令五申而捍御之。士不闻有为国扫除寇虏者，以副圣主奠安至意，予甚愧之。顾问诸生武庙何在，将晋谒焉。乃导余大唐寺之东偏，就庑而拜之。余震然心动，曰："是何帝座而列之庑耶？此或宗佛氏伽蓝之说，相沿而未改耳，乃地主之过也。神其安乎？夫神不安则人不安，礼重祀神，政在正名，岂可视为迁缓而不揆之纲常也哉？"即令住持募金钱速正之。择其地在寺之右，向离以治，庶神人两安而地主之责稍逭。

越数日，有客来，余因问客帝之所以血食千古者何也？岂以为勇乎？客曰："非也，为其忠焉耳。"余曰："古之忠臣亦多矣，何为帝之灵耶？"客不能对。余曰："汉之末造，周瑜忠于吴，荀彧忠于魏，此皆不得其正统而忠，乃伪忠耳。惟帝从先主，始终不二，虽魏吴百计诱之，不易其操。推斯心也，与日月争光可也。惟所从得其正统，上符天意，下慰民望，立千古之大纲，建人生之大义，是以诚无不感，灵无不通，凛凛生气于今为烈也。间尝思之：事有相类者，如子舆氏辩论之繁、词说之工，亦不能出庄、列、荀、墨上，乃'愿学'一语，独得道统之传，所以配大圣而血食千古也。"客跃然曰："是有以开我。夫今而后知所宗矣。"余因次第其说，以告夫天下后世之为忠义士者，使知所择焉耳。借曰邀帝之灵，福佑下民，此于神道设教之意或有取焉。而余之尊崇夫帝者，实不出于此。

【说明】据顺治《归德府志》卷七载：彭尧谕，字幼邻，一字君宣，夏邑（今河南夏邑县）人。以明经为江西南康通判，循良著闻。有《西园集》行世。另据清代王士祯《池北偶谈》记载，彭尧谕“崇祯末擅名诗坛”。据同治《安义县志》卷一三录文。

804. 明·梁潜：重修白沙灵佑庙记

庐陵上流三十里曰白沙，有庙曰灵佑。相传以祀宋高阳关都部署康公保裔也。按史，公初以彰国之节守高阳，契丹入寇，范廷召求援于公。公比至而廷召宵遁，敌骑围公数重，左右请易甲以逃，公曰：“临难无苟免，此吾效死日也！”大呼入战，连数十合，杀伤甚众。矢既竭，犹奋空拳以击贼，遂死之。公死二百年，宋失其故都，而公之神亦徙而南焉。公洛阳人，死河间久矣，英魂毅魄犹凛然不可污如此。当是时，有身为将相，富贵尊荣，而忍于背君父以向事雠仇者，其有愧于公何如也？史称公谦逊谨厚，崇儒好礼，则公于死生去就之义必有见焉，岂寻常武力之士而已哉？公既著神南土，其精爽之在物者益赫然，阴威惨烈，真能使神奸慑伏。而民之奔走奉承者亦罔敢或怠，水旱疾疫，祷之而辄应。於乎，公之灵明盛矣！

夫惟古雄勇忠烈之士，秉大节，临大难，奋不顾身，死而其神上通于天，以佐事上帝。至于焄蒿凄怆之际，发见昭著，有不可遏者。盖其生平耿耿自见者不随物而俱尽，与阴阳造化同其枢机，屈伸变化，不可测度。而或感之以至诚，亦无不应者，盖理之常，无足怪也。而道家者流谓公为疫部之帅，察善恶而司疫焉，是不必然也。夫为善降之百祥、为不善降之百殃者，天之道，而亦人事之必至者，公何预焉？彼巧祈曲祷以求免于罚而徼惠焉者，皆惑也。

公自真宗赠侍中，南渡后，所在郡县复有以公封号为请者，遂进爵为王。公之父讳再遇，后周时从宋太祖征泽潞，亦力战死大行山下，民为庙祀于其所。白沙之有庙，创自宋绍定辛卯，既毁而复兴者屡矣。近其民又改创之，既成，主庙事某求予文记之。予恐民怵公之威而不知公之烈也，故论述其事，俾刻之石，使祀公者有以考焉。

【说明】据四库本《泊庵集》卷三录文。

805. 明·徐学谟：游龙虎山二十四岩记*

出贵溪龙虎山一里，南迫大溪，溪水淙淙自东来，砯潏而西走，深仅没股，其澄莹可鉴毛发。余既宿上清之明日，始访仙岩。渔者先刺小艇从溪边候，沿流进艇，迅于激矢。稍折而西南行，溪傍万山稠护林立，草木翳如，穷目之所止，不知底极，中无栖庐，四顾阒然，非复人境。又南行二十里，溪渐缩，水益驶，崖石陡绝，上嵌空碧，日光闪之，颇骇瞩，不可辨识。而东崖尤胜，渔者曰："此入仙岩之始也。"岩凡二十有四，总之名仙岩云。

其初一岩若三人颀然立水侧，拱余而前者，曰三教岩。其一人俯而瞰溪者，曰观水岩。岩之凹置廒具数处，扃木横列，差若贝齿，或启或闭，或整或坠，数以时变，农家指以验岁者，曰仙仓岩。自仙仓岩而下，为酒瓮岩，有陶罂欹贮岩中。岩头若古冢，囊一棺而暴其半者，为仙棺岩，棺白色，材如今人所用，他岩棺尤累累，有规形而锐首者稍异。其次曰药罗岩，有石磨一，旁施药罗，即今医肆中所陈。其次曰丹灶岩，岩之故灶仿佛颓废，惟败堑壅之，尚有水淋火炼之色。其次为木屐岩，以石形类屐，故名。其次曰杼机岩，若转空轴而待织者。曰马厩岩，两柱间悬一枥，若将负刍而秣者。曰鹰架岩，一木衡之，鹰已飞去，而溲滓常积。又其次曰染具、杵臼二岩，其架轴舂碓之器，宛然森列。已刺舟迩仙乐岩，志云其中尝出丝竹声，檥而听之，不可得。回睇其上，忽大风吸动，若有物伏岩中，跳梁惊跃，恍忽介余之侧者，类狮类犬类羊，近觑之，皆石也，是为狮子、仙犬、仙羊，离列之为三岩。而下为辘轳岩，世传其岩尝突尺木阁岩外，悬汲器，以绠敛纵之，后狎于武人，绠木遂没而仅露其半，今并其半不可睹，而辘轳之名不废。有土炉一具，旁罗诸铁器者，曰铁炉岩。杂委诸工料，狼藉不除，似将营室者，曰泥料岩。又有壑而舟横者，窦而床列者，虽去人远甚，俨有形，似其名，曰仙船岩，曰仙床岩。栖真岩最高，无他奇，以其岿壮玮怪，有重楼复阁之势，故名。其末岩为弈棋岩，志云岩中有石棋枰，若有两人对弈者，以非足迹所至，不可考验。盖至是径十里而二十四岩之胜始尽，渔者为余历历指点如此。其末岩之崥，为慈悲大士院，坎山而屋之者。悬崖百仞上有缀厦，羽人栖之二十年矣。弟子从其下日缒应器以传食。

余疑神仙之说久矣。以为必有，则尧舜周孔生而神灵，即有仙者，疑莫过之，而享世之数，顾下于彭、聃；谓其必无，则今诸岩所示幻迹，皆生人养生送死必需之具，彼其巉崖峭拔，下临不测，即猿猱不可攀附，岂人力能致之？即人力可致，而其具皆金石土木陶瓦为之，历风日、霜露、雷霆、雨雹、冰雪之所剥蚀，必有澌尽之会，而自有岩以来，不知几千万岁，其金石、土木、陶瓦之具，至今与岩而俱存，岂真有呵护之者耶？庄生云“六合之外，圣人存而不议”，此类是已。余目之所及见者，故书之以俟好事者共览焉。

【说明】 徐学谟（1521~1593），字叔明（一字子言），号太室山人，嘉定（今属上海）人。嘉靖二十九年（1550）进士。历官兵部主事、荆州知府、右副都御史、礼部尚书。有《海隅集》《万历湖广总志》《归有园尘谈》等。据四库本《江西通志》卷一三三录文。按，据多本《江西通志》载，徐学谟在嘉靖后期任江西左参政，本文写作或在其时。

806. 明·方峻：炼丹井铭

仙公冲晦，营炼长林；仙公显明，海岛流音。方台白麂，丹砂黄金。神飞万天，井存于今。碧甃函丈，隐床半寻。涵清冽寒，涤虑洗心。德地不改，短绠汲深。我长斯民，知宗青元。周询故里，景仰遗妍。勒铭琳馆，庸永厥传。

【说明】方峻（1494~1561），字任行，莲花（今江西莲花县）人。一生以授徒为业。据增修本《武功山志》卷七录文。

807. 明·戴礼：集云铜钟铭

繄彼工侣，肇修大器。以彰天声，以通元气。粤惟武功，巍巍仙宫。追蠡在簴，铁而非铜。卓哉善信，千金不吝。凫氏奏功，形端表正。千载东楹，大叩大鸣。丰功至道，赫赫明明。

【说明】戴礼，生平不详。据增修本《武功山志》卷七录文。

清　代

808. 清·刘武元：火神庙记　顺治五年戊子（1648）

赣州双江五岭，城峻濠深，砺山带河之险，自昔记之。戊子春，金、王二逆狡然窥疆，顿兵城下，绵亘凡数十里，攻围凡阅数月，粮道断绝，火药不继，米石值数十金。虽有鸣剑抵掌之雄，决胜阃内之策，而财匮士靡，岌岌乎不可支矣。余于此时，固不若睢阳之掘鼠罗雀，但能严饬军旅，整备火器，以作固圉之计，而终不能使狂寇北走也。一日偶过东城火神庙，憩息其中，仰观宝像巍巍，明威赫赫，有奋怒之状。余遂虔诚叩祷，誓师出战，凡数日夜而群丑望风而靡。藉非神灵默庇，乌能扼吭如是耶？夫助国佑民，神固宜尔；报功崇德，人实难忘。余故捐资复装金容，重新庙貌。功竣愿完，爰作文勒石，以志神灵。

【说明】刘武元，字柱国，辽东人。顺治四年（1647），累功为南赣巡抚，严格约束骁骜恣睢之裨将，依法严惩毒民者，屡出奇策平定叛寇，竭力守城护民。后以病乞休。据同治《赣县志》卷四九之四录文。

809. 清·谌绍津：太阳神庙记　顺治九年壬辰（1652）

太阳二仙者，新建洪崖乡所祀之神也。或曰天仙、地仙，其姓氏出处，封号年月，俱无可考。相传元顺帝末年红巾倡乱，饶、信之间无宁宇。土人有商者避兵庙中，私祷曰：“若佑兹厄，愿奉香火。”已而兵至，神蜂盈门，不敢近，得免于难。因负二仙归祀于嵁岗山。正统二年，神乃自择今地。香具荧楮之属，皆飞鸟衔来，樵夫异之，赍以还。未几，复衔至，数数如是。里中讶曰：“是神所欲栖耶？”遂立祠奉之。二百余年，凡水潦螟蟊有祷焉，无弗应；疾病盗贼有祷焉，无弗应；弁而哦者、裹粮而权子母者有祷焉，无弗应；微独其远方殊姓谋所欲而未遂者有祷焉，无弗应。邀神之贶，不知所自者几万亿也。

崇祯甲申，大命近止，余将避地厌原。先外父符虎占公每语神灵爽具悉，曾一谒焉。乙酉，沧桑顿更，余挈累窜山壑，时六月也。外父复语余神以廿三日诞，每岁建醮迎神为寿。恒虑暑盛，酒弗旨，前数日必迎夫人监酿，则酝美，无蚊蚋患。余唯唯否否，外父俾余往实之，曾再谒焉，果服其异。戊子，小丑称戈，章波鼎沸。余有池鱼惧，谋远徙，曾三谒焉，且祈焉，神戒以无他。五月，讨叛雄师乌翔云集江之两浒，垣堑重围。遥望匹马魂惊坠叶洪崖，距江里不三十，更游骑肆掠处也。神时挥甲士驰骤于山麓水湄间，望者疑有伏，辄引去。一日，骑者数人贾勇奔趋，未及神庙数武马仆，视之，毙矣，兵惧而却。众请于神，欲瘗之，不许。旬日，马腐甚，众请于神，欲迁之，复不许。及夕，风雨大作，马移数丈，毫毛不动，如生驱之也。自是营卒相戒有神护之，勿再掠，而一方以宁。且神于祈嗣最验，瓣香告虔，玉麟载锡，祷无弗应，又昭昭矣。

庙在南宝青龙山，旧制湫隘，孤亭兀兀，匪示肃也。年来谋所以新之，弗果。辛卯，时秋岁丰，符君内甲、兴庶等首任其事，仍故址而拓焉。增一栋为卷蓬，建立门屋一重，两庑为廊，庙之左右各翼以三间，匝之以石垣。为神堂者一，为室者九，为楹者十，为工者百有余。明年壬辰十月落成，复新神像而妥之。是时余适有东粤之命，再拜展谒，钟鼓煌煌，坛壝用光，明德维馨，神所据矣。之役也，群乡善信，皆有所助，应名勒石，以垂不朽。而倡义营度，则两符君之心力为多。

庐山外史臣曰：余读祭法，有功德于民则祀之，能御大灾能捍大患则祀之，所以崇明禋，斥淫黩也。今考于神，不已协祀典也哉。捐赀效义，勿亟子来，神之听之，正直是与，宜已。余即节餐以致捧土，更为叙其梗略，俾后之入庙思敬者忾然于洋洋之在上也。是为记。

【说明】谌绍津，南昌人。顺治三年（1646）举人。顺治十年任曲江知县。据同治《新建县志》卷七七录文。参见康熙二年《南昌郡乘》卷四七、康熙十九年《新建县志》卷九。

810. 清·陈其诚：建关圣庙记 顺治九年壬辰（1652）

人但能忠以持己，义以制事，则愿无不慊，行无不成，而何事于神？不知世间之大忠大义者，正为鬼神所呵护；而世间之庄严显赫者，无非古今来之大忠大义者也。

诚先朝遗氓，别构数椽，前迎翠嶂，后枕清流，为话知己地耳。而形家者流遂以为与余基不无小补，因是环以松篁，施为院刹，崇祀关圣，延僧住持。庙成，率诸子侄登堂作礼，顾余而言曰："是洵有裨于吾基也，矧其邀帝灵庇护？微公之赐，其孰有此？"余思范文正有言："与其利吾一己，何如公之族人。"斯言是已。第余所以祀帝者，犹有意焉。帝之为帝，犹是三国时一大英雄耳，而精神贯日月，庙祀遍乾坤。若是者，果功德之在世久乎？亦忠义之感人深也。以知我辈为人，必须事事念念，思其所以尽己之忠，思其所以无悖于义，而愿乎其所当愿，行乎其所当行，则赫赫明明之际，有不保佑命之者乎？余所以惓惓奉帝者，意实在此。众因请书所言，竖石镌勒，以志不忘。

时大清顺治壬辰之菊月，石潭逸民撰。

【说明】陈其诚，字献赤，安义（今江西安义县）人。崇祯年间以选贡任河北行唐知县，为官刚介，不避权贵。据同治《安义县志》卷一三录文。

811. 清·毛会建：重修府城隍庙记 顺治九年壬辰（1652）

赣为古虔州地，北枕楚、豫，南控闽、粤，大江之上，一都会也。故以一郡安危，系数省之安危。而其转危为安者，匪独人力，实藉神功，则郡城隍当之矣。今聚都人士而尸祝之者，不过曰奉天灵爽，阴骘下民，寒暑以节，丰稔有年，民无夭札，物无疵疠而已。孰知其阴扶而默相者，在百万生灵死生呼吸之间，岭海半壁得失须臾之介乎？余即以虔之近事言之。金、王逆节于西江，李逆反戈于南海，带甲如云，连州跨境，东南之区，尽为震动，望风而靡。惟虔一郡，屹然中峙，为狂澜砥柱。故金、李二逆聚谋合力窥取虔一郡，先后大兵压境凡数十万，历数月所。而虔以空虚之国，寡弱之兵，闭关受敌，势若垒卵，浸岌岌矣。一自我兵誓师决策，告诸城隍，矢之天日，愿以一死报社稷。旋乃坚壁清野，出奇制胜，或一鼓而挫其锋，或百战而陷其阵，欲济而河伯献灵，纵火而风伯效顺，以致神兵电扫，凶党冰消，哮之众，一朝歼灭。不独虔之一郡赖以安全，而东南数省亦遂底定，无寸尺之失。夫以寡敌众，以弱胜强，百万生灵争于俄顷，岭海半壁巩若金汤，人力不至于此。然则虔一郡之城隍，其所阴扶而默相者，岂独在区区风雨顺时、民物安阜而已哉？

乃自鼎革之际，风火连遭，庙宇倾圮，巍巍神像，亦仆于地。都人士若罔闻知，一二布金镂玉者亦未过而问焉。原副府今沅镇杨公，德威兼擅，身作干城，睹此哀鸿初集而思向之肆力疆场者，强半倚之神功。于是发心重建，捐资为倡。制府刘公、镇府胡公、文武诸寮凡莅兹土者，无弗捐清俸以玉成之。自辛卯冬十一月经始，至壬辰春三月告竣。栋宇焜煌，威灵赫濯，对越之下，凛然惕然。而后乃知虔之人不忘神之力，而神亦愈有以相夫虔也。上巩舆图，下锡庶类，神所凭依，岂有异乎？是为记。

【说明】据乾隆五十九年《江夏县志》卷一一载："毛会建，字子霞，别字客山，常州武进人。少寓越，补钱塘弟子员，以副贡除乐昌令。国初避迹岭海，平靖二藩收粤，耳其名，物色之，一夕遁去。历虔入楚，契晴川黄鹤之胜，侨居会城。后复纵游襄郢，卖字燕市。晚归江夏，年七十余卒。会建工文善诗，书法直逼晋魏，六书篆刻，精绝一时。"据同治《赣县志》卷四九之四录文。参见同治《赣州府志》卷一一。

812. 清·陈露：建城隍庙记　顺治九年壬辰（1652）

顺治壬辰冬，邑之城隍庙成，邑侯董落之。先是，神像几罹于己丑之寇焰，得庙祝负出以免，故先生倍敬灵焉。复讯坐客曰：“城破前三日，神以繇辞告人，有曰须防洗刷此全城，果乎？”客指目露曰：“即某所乞得，不诬。”益叹灵之奇也。因呼庙祝而诫之曰：“扫除必洁，神乃留处。是职也，尔供之毋怠。”乃一酒间，碎务辏填，指点之余，先生之颜欲涩，客交相慰藉。先生于是语其情曰：“余少孤，依外大父读。已为长子，抚孱弟一，寒畯舌佃远方者半世。今幸第而官，乃又值创残，田之入于草莱者什其八，城之啮于河流者什其什，无官舍而僦民居，闻警辄怦怦心动，我辰果安在哉？卒之寇不复犯者，实赖神威有以默御之耳。”语罢歔欷，而坐客率低默无答者。露笑曰：“诸君知卦之长男体与？乾父西北，坤母西南，中男近父，中女近母，而长男独远居乎父母之外。远乎远乎，父母惟以成其德、多其能也。雷于天地为长子，以其首长万物，为出入除害而兴利也。而雷之声闻及百里，诸侯地百里者，取象乎雷。先生昔为诸生，则以长男远父母，德成矣，能多矣；今筮仕，则以长子为令而声教百里，害日除，利日兴，天人理数，适相冥符，岂偶然哉？先生数年内，无日不招还流离者而安集之。又以神于庙如官于舍，捐禄而作是庙，碧瓦鳞鳞，华榱岳岳，神得所栖矣。夫先成名而后致力于神，允矣，古君子之道者也。昔钟离意为堂邑令，无官舍，其民趋作亟成。先生恐烦民，特不事营建耳。如其事，石民之亟成，宁讵让乎堂邑者哉？嗟夫！守土者求民之无怨也，神之无恫也，难矣。今民且悦而神且乐，民不必言，奇灵如大神，其所以阴翊而福先生者，盖自今伊始也。”于是先生色稍霁，命以伯雅，斟陈子而谓陈子滑稽。

【说明】陈露，字子文，以明经驰誉文坛，丰骨峻厉，淹雅宏博。曾多次参与县志修纂。据道光《石城县志》卷八录文。

813. 清·黎元宽：重建关帝庙记　顺治十一年甲午（1654）

江西抚军治所号称地灵，鼎革间以不杰人而旷者数载，高牙大纛，寄寓闾阎，诸为机祥言与厌当法杂进，无验。及少司马蔡公来，则其人杰然者也。

却去苟且，锐复古观，神谋既从而迟之又久，必俟烽息时和，粟多材选，然后举于是而期矣。岁甲午，乃即旧取新，成以不日。既为堂翼然，为门洞然，为森戟凝香之处秩然邃然。则于其右首而建关圣帝君庙，缭以垣墙，敷以筵几洁俎，鸣颂朝夕。虔事帝君者曰："帝君为千秋之人之杰然者也，幸阴骘于此焉，而必不为一身求恩泽。居无何，恩泽有不求而至者矣。总漕重寄，廷议其难，天子举以畀公，诚知人而善任。"而公星夙脂车，更恤然若失，谓帝君之神勿代，我走幸终阴骘此也。奈何无以文之，而文之则属小子元宽记庙。

元宽窃惟世间兴废之故久矣，何多端也。其所以坏而能成，成而能晏然若无事者，恃其人而已矣。自戊子至今，七日来复，则唯公为之复焉。坠废具修，族祀孔设，使风雨荆榛、人神揉杂之境，一变而为庄严。智若鶢鹍，宜知所贺。然而元宽之为贺者，又不以公之能集务，而以公之能存心。夫公有圣贤之心，三奉而不私，一何廉也；养而后役，一何慈也；劳而自予，逸而遗后人，一何忠且恕也。而此其心，即帝君所许以为在人之内者矣。天下事，非内美则无以成外功。世界缺陷至斯，乃曰待炼石然后补天，求积灰干以奠圻，岂不谬悠？适其穷通之会，用有作之器，不若用无物之心。如公之浩浩落落，公诚为怀而开济为度者，盖不可胜用也。始帝君揭其心以行日月，遂至一经之学，超诣圣真前。将军之官晋陟无上，且累千禩而钦姓名，通三教而归主领，然未尝无鉴观物色。《伐木》不云乎？"神之听之，终和且平。"而凡今之人，亦孰可为帝君属耳者？孔子曰："我祭则受福。"周公曰："旦能事鬼神，亦由有其心也。"公之心可通周孔而曷不可交神明？矧四郊无垒，正歌战克之时；百堵俱兴，亦副多材之誉。则取天生好人以为帝君贺庙者，必公也。夫庙当治之，乾而负治，谓神所凭依焉已。其前揽秀楼，又其前滕王阁，后即二章贡朝之，西山来拱。其左为东湖以潴水，其右为龙沙而兆胜人。广袤之制，楹庑之量，木石甃垩之算，则别籍之。

【说明】黎元宽（1608~1687），字博庵，明末清初南昌人。崇祯元年（1628）进士。历官工部主事、兵部郎中、浙江提学副使。明亡后绝意仕进，构庐讲学。清初被荐，固辞不就。擅长诗文书法，有《进贤堂稿》。据康熙二十二年《江西通志》卷五二录文。按，文中所云“少司马蔡公”，应为蔡士英，他于顺治九年任江西巡抚都御史。

814. 清·孙廷銈：重建惠泉山龙母祠碑记

顺治十一年甲午（1654）

岁癸巳秋，不佞持节使粤，过庾，舟停水口。此地有崇山峻岭，盖扼大江之冲而若为幛屏焉者。山之麓，有庙翼立，远吞山光，平挹章流，奂仑美新。中为龙母祠，为真武殿，为南岳注生宫，为观音堂，为董公祠，分次为五，皆得平而列之。外又复以重殿，其规而方者如之。甫落成也，其鼎创其事者，实惟我镇台董先生。夫先生曷为是地而鼎新之？山上有泉，水从石隙中出，清而冽，莹而洁，浅注于地，仅施杯勺，而流则长。或曰有疫厉病者，饮不盈一掬愈，可弗药；或曰艰嗣息者诚祷于下，饮辄有孕，惠泉所由名也。中祀龙母，间者岁比不登，祷诸雨，雨必应。唐永淳间，感其诞生圣嗣之兆，广厥封晋，赠通天显应龙母祠。二者俱志郡乘。

嗟乎！斯地固灵异，值斯兵燹之余，尽为颓垣圮址。即滴美瀼泉之寿，感竞符飞之注，荒榛断梗，中有谁识可以福我生民也？则公鼎而新之之意，宁直以翚革增山灵之胜乎？夫公以斯德庇民，民将以斯德颂公，顾咸有当，不知正不足以尽公也。公早岁荣问休畅，之才之政之威，声藉藉然，有真武将军风。今镇南安之五载，治之北隅如宝界，治之南如梅关，东如东山，悉公庀材丕建，峨嵯特起，穷其丽藻，资韵士于登眺，息舆牧以劳止矣。至津梁为要害地，公理横浦旧桥之基，建砥中江，利将不朽。不贷益于民，不贷力于民，捐诸中藏，无吝色也。旦暮躬亲，自尽四支之敏且勿恤，其广于好施多类此。凡此者，岂非公夙具慧根，为宰官再生身利益人间，所以好行其德，令人述之不胜述，纪之不胜纪乎？虽然，好施公素志也。余谓是山之新，心则一，而功则更进焉。何也？祀典曰：能御大灾祀之，能捍大患祀之。祀存，国之大节存矣。民非神弗福，今锡膺福祉，挹水知原，庾之人前乎此者神之赐，后乎此者公之赐乎？神之灵，历千禩而不替；公之德，复有替乎？

且闻斯庙当经营方始，惠泉未浚则淤，且在灌莽中。乃掘积土，得三鱼并峙，色又异。及工成，光怪电烁，远人惊成火蘖，至仍窅然无有，一时无不侧目诧异，此孰非灵之所钟而神之式凭耶？庚邑人士祠公于庙右，肖像顶祀，其志贤也夫？其志敬也夫？不佞辱公深知，属一言贞诸石。遂既事弁端，以纪公鼎而新之之意，同是福我生民之心欤？是为记。公姓董，讳大用，号仰山，辽东辽阳东宁卫人。一时倡修姓氏并捐膳田产，例得并书于左。

时顺治甲午仲春月。

【说明】孙廷銈，益都（今山东青州市）人。崇祯间进士。历官抚宁知县、左通政、户部侍郎等。据民国《大庾县志》卷十录文。按，据康熙《新修广州府志》卷一三载，顺治八年孙廷銈（时任太常）曾奉命致祭南海神。

815. 清·龚蕃锡：庐山凌霄洞题识　顺治十五年戊戌（1658）

顺治戊戌菊月望日。

白云深处。

燕檀龚蕃锡题。

【说明】龚蕃锡，字福求，河北檀州（今属北京密云区）人。顺治间任江西守备道、知建昌府。游庐山时，访问木瓜洞道士石和阳并作记。石刻位于五老峰下凌霄洞前崖壁上，高 1.77 米，宽 1.86 米。据刻录文，题为整理者所加。《庐山历代石刻》点评曰：“‘白云深处’四大字写尽此间幽静之妙。书体有从容自在之态。转折圆活，‘处’字将一撇变为一竖撑持，也颇奇妙。”参见《庐山道教初编》第四章“石刻”。

816. 清·熊文举：重修玉隆宫鼎建玉皇阁碑记

顺治十六年己亥（1659）

盖余读孔孟书，每叹“至诚如神”及“圣而不可知之谓神”。引喻推微，功化之极，隆诸百祼，遗迹烂然，则作而慨曰："吾邑旌阳祖师，其类是乎？"当其为令，覃惠灾黎，植竹种金，一方熙盎。道岸既登，博施济众，匹夫不获，引为己辜。痛兹江国，万顷浮沤，愤彼孽蛟，凭陵昏垫。独挥神剑，泛录无遗，八索既维，千秋砥柱。及其功成，拔宅玄霄，云端鸡犬，不可扳御。古今神仙，奇特未有如旌阳者！夫净明之经，本诸心性忠孝之道，弥贯人伦。真君之教，固与孔孟并耀同垂，上视王绩，蛇龙放菹。美哉禹功，煌煌媲烈！

粤稽修炼飞升之区，实惟西山逍遥福地，卜吉者景纯，指示者谌母，宜其名迹，昭赫豫章。在昔承平，轮奂丹青，画栋璇题，星罗棋布。于今渺矣，殿阁崔嵬，犹有存者，而奈何年来之不堪颓剥也。问檀施则干没，核香供则侵收，甚且明塘湮圮，茂草榛芜，杂店纵横，瞽荦秽藉，羽流星散，市侩云翔。别有逍遥靖庐为阁学张公、少宰邓公习静山房，亦为市佣占据。予家檀溪，距玉隆不一舍，曩岁偕孝廉甘伯旦倡修正殿，所募木植、金钱，率多中饱。

兹以己亥八月之朔，躬诣福地，目击纷呶，不胜浩叹。因言于巡宪鹤沙许公，公为出示严禁，而奸氓呓寐，置若罔闻。复遴委缪知事躧验看详。许公赫怒，逮其戎首，诘责诰诫。而耆民胡伯达慨然自愿缮完玉皇阁，功查吐复资，庀材鸠匠，择吉集事，数月而玉宸宝阁爰告成功。开浚明塘，彝毁杂店，召回羽士，汛洁阶除，誓约后人，痛洗积愆，毋蹈前慝。不佞文举，念人情倏诡，久则易玩，地民参错，涣则难齐，匪镌碑板，罔怵厥衷。又念神功浩远，巡宪廓清，皆可继往彰来，能无记述？遂次第因由，勒诸丽牲之石。冀自今香火庄严，引之勿替，益绵国祚，敷锡民和，祲沴毕祛，祥庥畅洽。是谓圣神功化之极，炳于日月河山。而许君之德，有斐君子，何可谖也？许公名缵曾，江南上海人，己丑进士。甘君名贞旭，丙戌乡举。殿修于乙未八月，阁建于己亥仲冬。

【说明】熊文举（1595～1668），字公远，号雪堂，新建（今南昌新建区）人。崇祯四年（1631）进士，授合肥县令。明亡后降清，曾两任吏部左右侍郎。有《雪堂全集》。据光绪本《万寿宫通志》卷一四录文。参见《净明资料新编》。

817. 清·熊文举：批道士禀帖　顺治十七年庚子（1660）

地棍某某等占山伐树，霸占逍遥靖庐开张，蹂躏道场，逐窜羽流，种种不法，神人具有公愤。幸巡宪许老公祖以道士呈吁，差官查验得实，清塘拆屋，查出捐助香资，缮完阁工。本宦复谆谆劝谕，而某等悔悟，情愿退还侵占山约，退还靖庐，付宫管业。此则许祖在天之灵实式临之，亦可见天理良心之不容昧也。已经勒碑记载许公祖廓清之功德，复呈县给示立案，永行遵守。嗣后道流当率众焚修，肃清福地，敢有怀奸挟忿复萌侵占者，则有官司之法在。神明赫怒，其共殛之。批此存山为照。

乡宦吏部左侍郎熊雪堂笔、图书，顺治十七年五月十九日。

【说明】据光绪本《万寿宫通志》卷二〇录文。按，“批此存山为照”一句后原有注云：“碑记见勒玉宸宝阁。”

818. 清·沈懋升：赖侯行宫碑记　顺治十七年庚子（1660）

赖侯庙在邑之西浒，而复有行宫于城之西隅者何？曩因寇乱，邑人每洁公廨迎侯不便，故复建此而冀其默庇也。侯之于会人，如父之于子，饮食寝处，悲喜疾痛，必祝必祷。侯亦往往大著灵异，必感必通，无有间隔，盖数十百年如一日也。

戊子之祸，城毁，侯像亦与焉。说者谓侯不能自庇以庇会之人，岂有冥冥者主之耶？抑非侯之所得自主耶？先是庙祝假寐，梦神告曰：“事急矣！余将别去。”又有武弁占签，报以“立见灾殃门户中”之句。日中而兵至，则侯之眷顾会人，谆谆提命，惜皆未之觉也。变革以来，罹锋镝者十八九，狐啸磷青，有同荒谷。后二载，民稍稍集，梓人甄工某某等，各捐汗血金若干，邑人士又慨然勷助，遂落成焉。枋额廊庑，堂寝鼓钟，皆巍焕可观矣。此以见侯之德泽流于人心，如日之丽天，水之行地，精诚感召，无乎不在，智愚同揆。既成之十年，众不忘所自，丐升言勒之贞珉以志不朽。升因事直书，俾后之人知其所由创，敬守勿替，迄于无穷。至于侯之异迹神验，载在别传者彰彰可考，兹不复赘也。

【说明】沈懋升，字扶九，会昌（今江西会昌县）人。康熙十三年（1674）岁贡。据同治《会昌县志》卷三一录文（会昌县地方志办公室1985年重刊本）。参见康熙十四年《新修会昌县志》卷一四、同治《赣州府志》卷一四、《赖公庙碑刻选辑》。按，据文中所述时间，本文应作于顺治十七年前后。

819. 清·朱道朗：青云谱碑记　顺治十八年辛丑（1661）

辛丑纯阳月望，道人与客徘徊于豫章城南山水间。见桥圮于途，厉涉称劳于童叟；磷纷于夜，晦霭鲜辨夫星萤。乡耆言饷馌之维艰，征人怵横流之遭溺。出世住世，漫说为舆为庐任地天；援止乃止，历溯递革递鼎于年代。莫非津梁之因，便作津梁之果。尔时愿力允协，群起而应者，实藉隐显诸公，辟无相中相，见无心中心。佐三才，开净明道院；理八索，竖灵宝丹梯。归游空千缕之青云；培未芟三晦之芳草。可云乐业，继已往心耕力锄之哲人；即曰栖真，幸趋来鹤驾芒屩之贤侣。步步得药，何须门外斫青山；叠叠澄波，可向渠边煮渤海。自此浩浩烟霞，旦暮遇焉矣；堂堂仪范，次第昭焉矣。然植蓬中之麻，莫言梅湖之水无灌注；叩园前之石，自觉方壶之磬送虚清。于是志同千里，不远川原以式临；风息半肩，共察星文而出指。云水相资，蒲团合理。得乐止于止中，运元之甲子无虚度；究无象于象下，循行之丑未不踌躇。此皆志道而心符者也，谁外立德而立功者乎！

嗟乎！拨残灰而宝焰常红，剔孤灯而神光跃露。盖无异乎峰头斗室，溪畔伞居。觅无相之果于有相，付护心之缘于无心。以心传法，以法传心，心法不二，唯一唯真，庶几哉净明门户可共游而共止之也。至于堂阁寮垣，犹《易》所云立象以尽意也，赖诸巨公之纪载以垂；卉石竹松，推《书》所云鸢鱼之飞跃耳，受诸名人之吟咏倍畅。或曰言可勒也，其何敢附立言？然立名之姓氏瑱珉特书，捐赀之功行梨枣并纪。

破云樵者朱道朗识。

【说明】朱道朗（1622~1688），原名朱朗，后依道教净明派道统改法名为朱道朗，字良月，道号破云樵者。顺治十八年（1661），他在距南昌东南十五里之定山桥附近修建宫观，康熙六年（1667）始建成，取名“青云谱”。朱道朗是道教净明派青云谱开山祖。据康熙《青云谱志略》录文。参见民国九年《青云谱志》《净明资料新编》。

820. 清·周体观：定山桥梅仙道院记

顺治十八年辛丑（1661）

南昌府东南十五里有定山桥。桥旧溪也，病涉者杠之，遂不从溪，溪澳圮，迹存焉。盖汉南昌尉梅福曾钓于此也，后人因之构祠溪上，曰梅仙祠。唐贞观中改称太乙观，久而墟，墟而复构者屡矣。辛丑秋，道人朱良月来游于溪，就祠之基而扩之，起方壶之宫，建绛节之朝，以事列仙、崇苑宇，置丹灶以待四方羽客。飘飘然，翼翼然，疏林回屿，与钓溪云气相动，若安期、羡门之徒，仿佛可遇。向所为梅仙祠者已成道院矣，度亦梅所乐也。观成，虑失所自，其友章松樵请记于予，曰：“道人隐君子，其奉梅尉，以其仙也；奉于钓所，从仙迹也。意乎其人，意乎其地，两有之，道人所以感也。愿公叙其事。”予曰：“尉自可传。”

史称梅福弃家而隐，又传其后卖药会稽，人犹见云，不闻其仙去也。抑或尉小吏，弃之不足为。梅多故尚，贵于方外，致其慕也。尉之不及三公者，季世耳。汉法：官人重功曹吏事。沿及东汉，名臣辈出，绝不以资格限。福昔上书谏孝成，指切外戚王臣謇謇，岂杜钦、谷永诸君所敢方者？尉也云乎？宋初钱若水微时，希彝窃相之，神骨竦异，谓可以仙。质麻衣，麻衣与钱会，画箸于灰，曰“做不得。”徐曰：“急流中勇退人也。”士而勇退，其去仙一间也，又乌知梅之不仙也？由史言之如彼，由传闻之如此。顾闻其风，匪直学仙者向往，盖于士大夫作敢言之气、砺高蹈之节或有余也。余幸来南昌，且亲见其钓处，视昔废书而叹之曰："何如哉！"微松樵为良月请，余固乐为之记。

【说明】周体观，字伯衡，遵化（今河北遵化市）人。顺治六年（1649）进士。历官江西按察使等。据《南昌文征》卷一七录文。参见康熙《青云谱志略》、同治《南昌府志》卷一四、光绪《江西通志》卷一二一、民国九年《青云谱志》、《净明资料新编》。文中所云"麻衣"，应指麻衣道者，为北宋僧人，善相术，世称"麻衣相"。按，《青云谱志》所录周体观《青云谱道院落成记》一文，萧鸿鸣认为是伪作，不可信（详见其专著《朱道朗与青云谱》，江西人民出版社2022年版）。

821. 清·江以硕：大有观记　顺治十八年辛丑（1661）

真人姓汪，讳朝道，号月涧，信州龙虎山人。学道有得，入武当寻修炼者十余年。游黎川，睹金峰秀异，见一谷龙蟠虎绕，山峙水环，曰："此吴全真地矣！"爰立茅庐。及元至正庚子，敕建道院。前明洪武十二年赐名"大有"也。山故无水，取剑劈石，涓涓流出，味甘而性洌。余波及田亩者，灌溉且数百钟。盖三百年于兹矣。居恒啸咏高峰，或与道人言，或对樵夫语，世卒莫得而相之。其天全，其神凝耶？尤精法术，日岫邱真人亦善祈求，两人戏以茅置净瓶水中，订以石硖岭，上为邱雨，下为汪雨，刻期皆应。尝牧牛，牛渴，偶于山巅踏地而坎之，未盈尺许，牛饮不竭。天雨，恍若云雾喷其上。岁旱，远近祈祷者辄携缶取水归，即沛然。其道术灵妙盖如此。至正十五年为羽化之期，先数日，躬请山邻，如约至，则已坐化巨桶中矣。道众瘗诸本山雷坛之侧。其徒李大颠访道京师，忽见真人至，修书回山，字画如生。比旋山中，长逝已半载，启桶，遂将灵骨塑像，盖至今犹存也。

忆少时偕弟观其氏寓读其中，爱山水清旷，暇则提蒲团憩坐峰头，惟觉灵气往来，别有天地，岂山以人异耶？人以山异耶？抑山与人灵光秀气相为徘徊耶？山岭禅院则有杨子因之，香山兰若则有涂子子期，皆赫赫若昨日事。予尝同甥杨君东曦夜坐，忽三鼓，闻异香馥馥。越两日，复然。癸酉秋，吾方束装乡试，是夜洪钟自鸣，其神灵缭绕，久而弥彰又如此。迨宦而之袁之饶之河北，公余宴坐，俨若置身山青水绿间，恍惚仙真相接。及归而诣谒，道侣黄伴樵、张若虚已于皇清辛丑秋肯构而聿新之。山之童者郁然，林之萎者蓊然，皆真人之有以默佑之也。予闻修真者流壶中日月，盖不可以年代计。其翊阴阳，赞化育，以道术利济者，时亦有之。彼其鸾翔崆峒之表，鹤游广漠之乡，视沧桑等浮沤耳，曾一丘一壑足以寄其高踪哉？真人眷顾此山而为霖为雨、惠泽斯土者，又岂礼所云有功德于民者则祀之耶？予故撮其大要，若其他灵术奇验稍涉诞异者，概不载，宁从阙疑之例云。

【说明】江以硕，新城（今江西黎川县）人。曾任乐平训导，作兴士气，以振风俗。据乾隆十六年《新城县志》卷一四录文。参见康熙十二年《新城县志》卷二、同治《新城县志》卷二。

822. 清·黎元宽：万寿宫再辟明堂碑记　顺治年间

古仙以拔宅起千数百家，惟吾乡许祖为盛，是其教有至精者矣。何爱于宅？所爱其宅者，爱其居真者也。而后之人复相与爱其祠，所爱其祠者，亦爱其栖神者也。若然，即祠之余地仅尺寸或非仅尺寸，足系祠之有无，何得听其有无而不是征是问？

万寿宫之名自祥符，昉以祝釐也。其后直曰铁柱，则书功也。及于世庙，好道而崇观，复曰万寿，以为君上之祚，事不浅于神仙之迹矣。其事不浅，其地尤不轻。乃万历时宫废于火，至丐内金钱若官府十三郡之助而重新之，规模视前特壮。爰购地凿池于其南，潴水如法，以备味食，此亦有如作铁柱然。夫禳郁攸与锁无支祁，故同意耳。戊、己之际，罔不怜焦土者，灵光独存，其效可见。福多祸倚，由香火生，日中聚货，恒于斯驵狯求利，视等金穴。遂共实渊，如社而屋，恶水不流，融风再发，焱之劣涓，几烈琳碧。然属有天幸，燎不入门，赤乌衔庐，更出池面，神意亦可知也。先是，三道士自南海致檀香丈六大像，登座而严之，因谋葺观有日矣。未即工间，薄逢于此，亟谂诸荐绅先生、孝廉文学、乡三老之属，而讲求他年礼部之禁格，谓宫前不得列肆，但得垂箔，明堂忌塞而宜疏。其或于禁为不利，则视悬谶之兴谋者，人非鬼，责与天子令固无不可畏可守也。原天子之道，所为祈无疆之休者，于其身亦于天下。御大灾，捍大患，著在祀典，垂之礼经。故真君得号曰江西福主，是历代之天子谓之而然。居上受益，得臣无家？今天子亦岂尝以江西为褊小也而外之？其人能造福者，虽第一言一行，无杀物之器，有生人之仁，不难立跻之仙班；其包藏祸心而败我福地者，即何得不事龙蛇虎豹之驱远也乎？且夫为福者为仙矣。今此近仙居之人纵不为仙，亦直为仙家鸡犬而勿至于为龙蛇虎豹焉可矣。在于前代，宫观提举之职必属诸投闲之宰相，故能有修无废。其所以然，下常欲福上，而祷祀以上奉；上常欲福下，而祷祀以下施；此两情者如地天通，亦如地天绝。宰相虽颇放，犹能与知乎宣达之间，以故司之，非苟而已。陵迟而属诸道士，则弹压为难。及已有沤麻之争而终为汶阳之友，又属诸道士，则收复不易。若汪真岩之功，于万寿亦庶几不在禹下者哉。盖三道士去其二，而真岩独留以观成也。谓余曰："吾于宫也，欲有加，有加焉而后图觅记；于宫之明堂也，欲无改，无改焉而即可为碑。"乃委余以辞，趋之立就，何其挚也。余无宰相之贵重，又无道士之清高，而不过为惧祸害、求福利之常人。故教之至精如"净明"两言，余不能道，第附会于福上以为忠，福乡以为孝，而因思所以成之、勿败之之理。宫万寿，沼万寿，碑亦万寿，或勿渝焉。虽然，余有进，余窃欲移屏于池外，入池于屏中，环池而径之栏之，一鉴当前，夜半何负。又蟹眼一滴之喻，实本景纯，惟勿使如水母之目，得以去来，则沼之寿焉必也。附著其说，或非可以存而不论者乎？其明堂延袤之数，广深之量，及三道士若本宫道士与诸有事于此者，名姓具碑阴。

【说明】据康熙刊本《进贤堂稿》卷一六录文。参见《净明资料新编》。按，本文撰作时间不明，文中提及"戊（子）、己（丑）之际"，姑系于顺治年间。

823. 清·黎元宽：募修万寿宫小引* 顺治年间

自洪厓、浮丘而上，故不乏仙，而其大指或与世教无甚相切。唯净明忠孝者，独以修性，共以修伦，此亦谁复得外？其法传自维斗，衍于兰、谌，而集成于我许祖。是故天下之严祀祖者，常自天子达，岂不以服其教而利其为教者之多哉？然往往及坏，有物凭之，戊子之祟，傥由慎郎，未可知也。顾闻城守时有如潭州女婿及齐州书生，各无所事事，第日祷于真君而求为却走马。又不然，则无赖一秃，咒诅俱穷，且询真君，以坐视不肯扶颠而冀其万一之或怒矣。夫祷者与询者虽非同情，亦同乎为服教、利教之左验。所以城破而宫观尽付烈焰，万寿犹得岿然。道士杜金仙谓余曰："此可幸而不可幸也。夫朽壤来鼠，腐木来蠹，其能为万寿不利者岂独慎郎？维子其辞之哉。"然而余难焉，以为古之穿井，得一人而足，即金口木舌之徇，岂务多员？夫国中既不乏能言者，又征及芜陋，将以余固服教、利教之一子而不容已于辞也？乃余诚服教、利教之一子而不容已于辞也？乃西山玉隆为道场之所起处，昨年募疏派委，何至今阙余乎？盖余俭寒，非有神通金汁可堪挥洒，而抑将持此短章书置西山而塞责，使夫化身既合，文身亦不为分，两地成功，千年焕发，郭景纯游仙再来，不过于此挹浮丘而拍洪厓矣。

【说明】据康熙刊本《进贤堂稿》卷二六录文。参见《净明资料新编》。按，文中提及"戊子（顺治五年，1648）之祟"，姑系于顺治年间。

824. 清·陈弘绪：重修玉隆万寿宫募缘疏* 顺治年间

圣人以神道设教而不本之三纲五典，则不足以立极于古今。至于御灾捍患，功在生民，其食报或历数千年之久而犹未替，则亦惟其根柢以持之，而不仅恃可见之烈为能事也。我福主神功妙济真君晋旌阳令许公崛起于太康间，由辟举而出宰西蜀，瘗金以代租税，咒水以拯沉疴，民德之，等倪孺之依慈母。未几，睹国事之日非，弃簪绂若敝屣，惟汲汲以救人为务。适蛟蛇肆虐，毒气弥漫吾土，公啸命风雷以诛馘之，遂使章贡、彭蠡屹然安流。自神禹以来，御大灾，捍大患，彪炳未有过于我公者。江右德公之深甚于西蜀，观宇巍峨，祈祷踵接。稽之累朝崇祀，或降玺书，或赐玉册，或谕有司春秋肃拜祠下，于烁哉盛矣！然公之立教，未尝有神仙家迂怪之说，如燕齐方士所云。其大指归于净明，而尤以忠孝为标准。其言曰："忠孝之道，非必长生，而长生之性则存。"大哉言乎！尽屏修炼服食而独尊天经地义，可以补六经之所未及。公所谓儒而仙者，非欤？当司马氏沧海横流之际，王敦兵次干湖，公与郭景纯、吴世云咸侃侃危言，力折奸谋，景纯死，而公与世云幸而生。生与死，要无足论，而其凛持于三纲五典者则均也。公固有铁柱宫之祀在城南；而逍遥山则其拔宅冲举者，旧创玉隆万寿宫。予尝过之，江山萦回，竹树秀郁，烟霞鲜异，恍惚琼旌宝节之陟降。然地属通衢，比岁往来，剑槊相磨，神仙故宅，亦遂动人兔葵燕麦之感。顷少宰先生首倡重修，为募疏以劝，煌煌巨篇，争光日月。予无能续貂，而羽流虔请不已，因遂拜稽而申勖之曰："忠臣孝子不绝于世，则神仙不绝于世；而敬奉忠孝之训以庄严其祠宇，则又即忠臣孝子不绝于世也，必多有闻吾言而踊跃从事者矣。"乃若报功之典，载在礼官，予不复赘。

【说明】陈弘（一作"宏"）绪（1579~1665），字士业，号石庄，新建（今江西新建）人。崇祯中以荐于晋州等地任知州、推官等。入清后不仕，移居章江。有《江城名迹》《陈士业全集》等。据光绪本《万寿宫通志》卷一六录文。参见《净明资料新编》。

825. 清·陈弘绪：重建白马神庙募疏* 顺治年间

白马神血食于吾土千有余年，不详其姓名为何。按《净明全书》云：际真护法白马忠懿侯王者，分宁人，素业铁冶。兄弟三人从许旌阳斩蛟，二兄已被害，忠懿复奋勇而往，卒击杀蛟。豫章为立庙祀。据其说，则神乃旌阳部将，其有功于豫章甚大。然侯、王之号，不宜复称，或侯或王，应有一误；不然，或先侯而后王，传者不察而遂混举；又不然，或以神之姓氏杂入于神之封爵，俱未可知。载籍无所表见，不敢臆为之说。神有功豫章，与旌阳弟子甘、施两真人当相颉颃。今《全书》所纪，但云曾从旌阳斩蛟而已，于所为斩蛟之功，亦俱略而不备。独是神之灵威著于兹土，则上自学士大夫，下暨村氓市贩、妇人孺子，类皆能指次其事，以相骇诧。每有礼衈醽辜之荐，如闻神之謦咳；每风盲雨晦，月皎星稀，如见神之鸾旗晃漾、翠旍容与也。宋宰相江文忠公万里为江西提刑时，事神甚虔。及归饶郡，复建神庙于府治仪门之左。予疑文忠当有碑记纪传以载神之灵威于不朽，求之屡年而竟不可得也，岂其有之而以历久残失与？抑予固狭闻寡识，偶未之见与？夫鬼神之急求知于世，或有甚于人之急求知于世。是故其神之肆为威福者，或泄诞妄于巫觋，或饬功德于箕卜，惟恐里巷之不吾识。而忠懿独深藏于千余年之间，其征验愈奇，其姓名愈闷，神盖有显功而兼有隐德者矣。然则神之庙祀乃其避之而不能，如古之高士，逃名而名愈随，非其求之而后得，如今之淫祠祸人而人乃应也。

神旧有庙在东湖锁巷，已徙高士桥。兹桥之庙，震于邻火，居人谋再建庙以祀之。予感神之庇佑不一，其事颇怪。顷者邻火之前夕，予忽梦神，鼓吹、羽葆、仪卫等于藩王，告予将有他适。次日果有祝融之灾。元旦谒神，仿佛如梦中所见。予为之瞿然，乃书其事以为诸檀越劝。落成之后，将更搜考神之姓名、功绩，以补文忠之未逮，俾与旌阳铁柱共烜赫于兹土，亦吾郡之一快举也。

【说明】据乾隆本《万寿宫志》卷七录文。参见光绪本《万寿宫通志》卷一八、《净明资料新编》。本文对研究道教与民间信仰之关系具史料价值。

826. 清·黎元宽：募大修丹霞观缘起* 顺治年间

人之游于方外者二，而其至数，则黄不若缁之多也，岂仙佛同源之论，直为援引诬妄已耶？夫所谓同源，果是也，譬如一水，终无两水。乃其流之极，即江河不无判然于南北戒矣。谷洛之斗，精爽凭之。异时仙佛贞胜事起，门徒亦附会于人主之喜怒。然而力能竭一海，复注一海耳，岂能使之荡然而无所归哉？在宣和间，心道禅师有言，迷仙酎变为甘露醍醐，步虚词翻作还乡曲子，是即其相革之端，亦可见其相近之致也。而况今天子无偏，好尚有典，则崇金紫行中复双修性命，虽下至符箓乩鸾，不废于世，矧曰其有出乎三累而上？我旌阳许祖之为福德于江西勿论，即所标举净明，固宗乘之最精微，而忠孝亦戒律之至重大矣。丹霞观其旧时炼处，实抱灌婴之城而处，可以谓神明之舍。青乌家言其宜阴地者盈耳，则余请姑置是而但言心地。以斗间之大道，著斗间之隆祠，故知当与诸作梵王宫等峙不替也。而揭子宣适足以居此。子宣之才于选佛选官各不愧为高第，迹其能皈依无可大师、流通其所著世书可见一斑。而乃今去为道流，由所兼治，明所专精，遂长揖浮丘，抗衡洪厓，应非夸诞。且上人西度初尝兴复于此，既奏泰半之功，两手交付，而子宣适自盱丹霞来至此丹霞住。夫亦时节因缘之巧合，人岂有不乐为之从事者？夫天下之为丹霞者是不一山，邓州天然禅师其最著也。而澹归于南雄造新丹霞，终不自有，以迎其本师天然；西度于江城复旧丹霞，亦不自居，以让道友，而誓终依无可；事皆奇特，余比而书之，窃以为庆夫禅之世盛而玄亦未始世衰也。仙佛同源，其信矣乎！虽然，缁黄于是皆可以无憾矣。今之蓝者，或大不称其名实焉，金紫人亦尝有以推广及之不？

【说明】 据康熙刊本《进贤堂稿》卷二六录文。参见《净明资料新编》。按，本文撰作时间不明，姑依其所在卷目，系于顺治年间。

827. 清·黎元宽：募修玉台观疏* 顺治年间

吾乡有玉台观，诸族姓香火寄焉，醮事取焉，可谓闾井间通天之一门矣。故老言其建立，由东晋时赐额，名曰飞云福地，盖不缘许旌阳也。而旌阳起后，尝以蹑蛟过之，则改演教堂为眺蛟台，遂能随水起落，大浸稽天而不没。

全真有坐脱若尸解其处者数辈，而初从事于眺蛟者亦以旌阳拔宅日仙去，碑迹至今可循。又别为广福楼，则张蒙溪、魏敬吾、万枫潭、罗贞复四先生皆尝读书而发轫于此。历劫如许年，不能不夷于榛莽，道士张玉景乃亟起而图之。图之之法，则先三清殿与其宝相，而次山门，又次轮藏，又次诸祠馆若广福之类。是则其志大矣，而其功不务顿进，其事将必底于成乎？今之君子，闺阁中物容有舍不得者，其亦为玉台而能舍乎？夫仙佛固同源耳，佛刹既无不举者，而仙观何独有待？余顷于玉清言其状矣。兹言玉台，犹之其言玉清也，凡诸君子必乐得而听之。昔者杜少陵亦尝为玉台再三致意，“中天积翠，绛节高居”是其警句也。然少陵自以李唐时制重之，不必其已征仙籍，且作客，非其乡，故尚尔不忘。今之玉台，地切枌榆，时经久远，仙家之纪载既已如彼，乡先生之风流又亦若兹，夫皆过于少陵之所流连者也。于是而与道士同功、与余同志者家有人焉，或无俟乎余之毕其说矣。

【说明】 据康熙刊本《进贤堂稿》卷二六录文。参见《南昌文征》卷二四、《净明资料新编》。按，本文撰作时间不明，姑依其所在卷目，系于顺治年间。

828. 清·姚鼎燧：箕山记　顺治年间

宇宙间废兴成败之故，每相寻于不已。盖将自其变者观之，则古今一旦暮；自其不变者观之，则我与物皆无穷。余是以喟然有感于兹山也。安成之名胜，聚于武功；而其杰然特出者，惟箕山为最。

余往岁凡两游武功。顷以避乱故再入箕山，白云为侣，明月作对，赏心者久之。乃念载重来，回念畴昔旧游，二三兄弟，迈情健举，上下岩壑如飞，时或促膝深更，相与纵谈天下事，因投诗问山灵，此景犹恍然如昨也。讵知风流云散，俯仰陈迹，即箕岭片地，苍嶙翠石，秦云汉月，亡恙耳，其他所遇，宁有故物也？安得不及吾党之见之者而略为记之？

记山曰：鹤峰踞东南之胜，箕山又踞鹤峰之胜。其奇似才士，其秀似逸人。两旁则环抱如屏障，前则圆锐如笔。又一望无际，群山万壑，数千里俱可指数。此山之胜也。

记景曰：金顶朝旭，沧州画耶？庐岫晚云，西山帘耶？龙门秋瀑，岭半之长啸耶？凤林春韵，脑中之经声也，非又景之胜乎？

记宫殿曰：中太极殿，上玉皇殿，西元觉宫。惟东金庭宫，竖以良木，缭以石垣，金碧辉煌，相映左右。山门内有池，水清不涸。天欲雨，云气蓬蓬出其中。池左右云房月楼，可吟可眺。前廊列大屏，锓古草堂仙人诗，龙蛇飞动，观者为之震骇，犹仿佛初洒墨时也。

记人曰：陈淑行。夫箕山遗老，廿年来留者寡矣，独淑行以古心古貌岿然独存，率其徒文芷、非金、非狂剑建金庭，又置腴田若干亩为山中香膏资。先吉水刘大史尝手书"祝永庚桑"四字赠之。庐陵张大史亦赠以诗曰："桂树留鸿蒙，桃花开草昧。"非其才力过人，能若是乎？

余因之有感矣。山如故耶？景如故耶？宫殿如故耶？其间废兴成败之故，岂非以人哉？此余所以终有记于陈淑行也。异日者，倘我同志重游兹山，当别有赏心。事未可必也，特以向之所忻，俯仰之间已足兴怀者，兹特为《箕山记》。

【说明】 姚鼎燧，安福（今江西安福县）人。顺治十一年（1654）进士。据增修本《武功山志》卷十录文。参见校注本《武功山志》卷十。

829. 清·徐砀：重建梅仙坛序* 顺治年间

天缺，娲皇补之；地陷，神禹成之；兵劫火烬，则待乎人杰之众擎之也。梅仙坛在文渚，居下关之尽，包络灵气，襟带奉、靖，招摄章、贡。盖风雨都会，有仙则名，其来极永。环其下何止万家，男女祷颂成市，呼应如响，盖不啻天与父母徒引号已焉。年来气数造化，咸欲维新，矗然仙都。然仙都为祝融氏所焰，庸知非仙之请谪于帝，不爱飘摇，以保有孑遗乎？痛定思痛！今此高其枕复其家者孰赐之？仙赐之也。仙之赐之，则以仙之眷此山，而尽山之上下无不眷之而赐之也。服教畏神，千有余岁，所谓矗然者，得不重建之而又不能独成之也？赫赫仙灵，知必先斯语而梦告者矣。住持毛法海属余言为乘韦先，故告之以此。

【说明】徐砀，字三连，安义（今江西安义县）人。顺治八年（1651）举人、九年进士。任湖广益阳知县，奉檄招抚叛逆吴三桂，被害，赠佥事。据同治《安义县志》卷一四录文。

830. 清·黎元宽：重修白马庙碑记　顺治年间

凡功德及人深者，必历千百世而不朽也。千百世之内有常有变，常固不朽，变亦不朽。即时偶有变，人欲朽之，天必不朽。人不特不能朽其不朽，且更欲新之以持其不朽。如余里中兴贤坊白马忠懿侯王庙，其来也亦已久矣。余为诸生时，与陈士业同阅《净明全书》，云际真护法忠懿，分宁人，素业铁冶。兄弟三人从旌阳斩蛟，二兄被害，忠懿奋勇而往，卒斩蛟，豫章祀之。然称侯称王，疑其封号。宋宰相江文忠万里为江西提刑，事忠懿虔。归饶，建庙府治仪门之左。而姓名必不可考。偶传《外传》称姓董名晋，字混成。然晋而详于唐，固未必然也。

兹庙址原系宁藩织染之局，后缘宸濠之逆，乃徙其局而请建斯庙焉。无论远迩，公卿大夫士庶凡有祈祷，靡不响应。其于御大灾、捍大患，犹未易更仆数。迨戊子，江右兵燹之惨，匝围八月，凡在围中者，刹观楼馆，悉付祖龙。即间有存者，亦不过颓垣败壁，菌生香案矣。独侯王庙貌与许祖万寿宫屹然相望，俱存如故，则天必不朽许祖功德与侯王之功德也明矣。况更有新之以持其不朽，如参府任君者哉。任君讳仲良，辽阳清河堡人，驻余省九年，公余戎暇，无晷不思侯王功德。于是竭诚鸠工，见庙之罅者涂之，阙者补之，庭楹剥蚀者复丹雘之。至前有优台则绘饰之，台下有池则浚深之，地上有亭则轮奂华丽之，沟渠之污塞则浚源开导之，街道之坳窳秽积者则洁除修砌之，堂堂古庙，焕然一新。此皆侯王功德历千百世而不朽，故值兹变后而有任君新之，以持不朽于千百世也。然任君亦不朽矣。因泐石为之记。

【说明】据《南昌文征》卷一六录文。按，据同治《泰和县志》、光绪《江西通志》载，任仲良顺治七年（1650）已在参府任上，故记应作于顺治年间。

831. 清·熊人霖：重建东岳庙碑　康熙元年壬寅（1662）

天地之大德曰生。乾资大始，坤作成物。元气流布，厥行维仁。《易》称体元足以长人，《书》称尧仁如天。王者受景命，分九野，建众邦，设官分职，敬供神明，用和乂蕃育。暨宁于群生，有民人焉，祝事其敢弗举？故东岳之庙，州邑往往而有。韩公治江右，废淫祠，而于东岳则有其举之，无敢废也。

博士弟子员曰："《礼》：天子祭天神地祇，诸侯祭域内山川。然名山大川不盼，则五岳视三公，从享方泽，虽诸侯弗敢僭焉。《鲁论》于旅泰山讥何？讥尔位在陪臣而胪于天子之祀，神其据之乎？今州邑祀泰山也，僭哉。曷为弗废？"乡三老曰："道家有言，东岳之神上应文昌之宫，司命、司中、司禄。人灵受生，神必甄之注之。故有宋真宗以后，自朝廷下及井牧，祀之尤谨。而在州邑，治则若与城隍神相临。有司朔望谒孔子庙，礼成，爰诣岳庙，诣城隍庙，肃容翕心屏气，即拜跪孔熯，罔敢愆。水旱则斋戒祷祈，罔敢后。若曰自天子，所谓我司牧小臣，敢陨越以干天子命？州邑之祀，夫亦虔共天子也，曷僭哉？"

丰城，《禹贡》扬州之大邑也。周末或为吴，或为楚，或为越。汉时郡豫章，县南昌。隋唐而后，乃别作邑。其城内之山，楮山最名，其江则丰江、富江最大。春秋仲邑大夫行事南门之坛，载在掌故矣。维厥曲江，故有东岳庙，违城十里。城中士女，岁时伏腊，击鼓用牲视远。故元时吾宗有长者熊世宏，出资为庙于东门之坫。若曰：是举也，岂为吾侪小民是赖？邦大夫将灌将于兹。于是殿序门庑壮丽视三公府，邦大夫时月行事焉。献岁发春，击土鼓，鞭土牛，以戒农作。鸡三号卒明，青旂既肃，采杖员簇，阳阊光摇，纷纷郁郁，粒食蕃膴，士女斯谷。维兹庙，亶若触石肤寸，出云起气，降甘露雨，调和八风之大奥宅焉。

有清辛丑，弗届郁攸。康熙元年，王正月，立壬寅春也，修故事于章门，无所于税，将委朝命于草莽。乡三老若邑博士弟子员，惴惴焉，踧踖无所容。于是邑大夫昼生何公慨然曰："於乎！兹维守土臣职也，敢弗共？曷即熊长者之故地而新之?"于时悉索俸钱暨拘束之代蒲鞭者，凡捐二百金。召匠人攻木者、攻石者，召陶人治埏，召保章立土圭水地，召庾人赋饩。咸取诸宫中而给之，不以兴闾左，庙成而闾左不知有役也。即熊长者子孙聚族郭郛间，役亦不及。於乎！亶若兹，洵可谓勤民而共于神矣。

邑之人咸戴公德。而开初地者，世宏十二世孙博士弟子员有年，则率族中乡三老斋戒，请贞珉于南荣子人霖，而考卜庙旁近壖地，建精舍以翼之。若曰：大夫议浮粮、议禁役里，夫也仁哉！又建岳庙以为民祈。念兹崇功，将来社而稷之，庸减畏垒？然我熊有初，"楚楚者茨，言抽其棘"。粤长者诗世，而有大司空思诚先生，清钧为儒者宗，廉吏可为乎？后嗣莫能助索绹，独大夫菜食而祁民生。"雨我公田，遂及我私"，大夫之谓哉。请祠大夫于精舍而碑厥德。南荣子曰：可哉。民之有生，神实相之，匹夫可吁嗟而雩。君之有民，吏实子之，故百姓尊天而贵风雨。庙东岳者，此物此志；祠大夫者，亦此物此志也。为大夫碑也者，即不敢丽牲于庙。为大夫之庙，东岳而祠也者，不犹之乎东岳之有禅乎？虽然，丰之士民则当咸谕大夫之志矣。士秀民淳，汝丰有初。雕淳翦秀，君子弗钦。泰山岩岩，至威神也，好生而恶戕生者。戕禾惟蝨，戕鱼惟鱊，戕木为蠹，炎火投畀，犹青回之迅击而大恩生。大夫悃悃愊愊，克上体天子之好生，惠我元元，而恩威自燮，油然能动人尊君敬长、和恒保乂之心。礼以义起，仁以义昭，一举而众善备焉。是宜勒之石，而协之侑神之辞。何公名士锦，字昼生，浙之建德人，顺治己丑进士。辞曰：

章章天庙临南土，惟泰山云天下雨，灵之徕兮双龙舞。干将斩兮长桥蛟，莫邪断兮白额虎，保我群生物蕃膴。楚鬼越机神弗与，来茹祇祇天子所。山楮篁兮江鱼簄，匪敢告劳呼父母。神之听之鳌纯嘏，春风恢恢朝击鼓。

【说明】熊人霖（1603～1666），字伯甘，号南荣子，又号鹤台，进贤（今江西进贤县）人，明末兵部尚书熊明遇之子。崇祯十年（1637）进士。历官义乌知县、水部员外郎、太常少卿等。明亡不仕。有《寻云草》《星言草》等。据《豫章丛书》本《寻云草》录文。参见整理本《豫章丛书》集部九《寻云草》。

832. 清・邹度拱：重建王夫人祠碑记

康熙二年癸卯（1663）

王夫人，元浙东道帅抚盛公讳添祥之妃，明初邑令公讳文郁之母也。以阶封夫人，生而寿考，殁而神灵，载诸志纪甚详。祠在县治内衙之左，肇祀迄今三百年来，虽代有建修，规模尚狭。云梦冯侯来宰武邑，癸卯夏四月不雨，人情皇皇，侯以为忧。步祷于城隍、朝元宫等处，尤朝夕密祷于夫人，祈告许某日雨，届期果验，岁则大熟。侯曰："微神贶不至此！顾祠宇敝隘，岂所以昭崇祀乎？"于是捐资采木，于宁州顺流而致城下，鸠工协吉，撤旧而新之。上梁于八月辛亥，落成于九月壬午。崇二十余尺，纵横称是，檐阿楹栋，轩豁而邃密，前数武构一亭，巍朝祀也。施以文采，焕然美观。是日天朗气清，庆云时见，迎夫人像入祠，率僚属拜奠如仪。夕燕于祠，犹康爵之义也；优人入奏，犹仑舞之义也。优必卜者何？神虽无言，犹禀命焉，事之如生存之义也。既醉既饱，小大稽首，使君寿考，所以妥神而迓庥者，如此备也。

事既竣，学博汤君来为予言，因求记之。且言当时有三异焉：化祲岁为丰年，一也；去岁苦螟，今不入境，二也；家给人足，输将恐后，三也。祠之成也，锡五福焉。自今以始，岁以为常，福及农。甲午春，祠产三芝，秋闱果隽三人，扶植文运，有开必先，福及士。正德间，天兵助阵，获城奏凯，垂佑军兴，实有明征，福及军旅。往年客人舟至三硔，遇暴风涛，几危而安。夜梦青鬟传呼客人，引至高门数重，内有大殿珠帘，座上夫人凤冠霞帔。客人跪拜殿下，夫人曰："汝有阴德，故免覆溺之难。"至今阜岸顶祝，福及商贾。沴鳌不作，庶物蕃阜，疆圉奠安，福及社稷。余闻之，不觉竦然起，穆然思，悠然而神往也。

《礼》：能御大灾则祀之，能捍大患则祀之。先王为民社计至深远也。今王夫人阅三百年英爽不减，公德及人，是先王之所亟崇拜也。然而神者聪明正直之谓，黍稷非馨，明德惟馨，古志之矣。余闻侯之为政也，敬天恤人，缓刑尚德，柔亦不茹，刚亦不吐，为善者劝，为恶者沮，庭无冤抑，狱无呻吟，惠泽旁流，仁风翔洽，百度俱兴，众心咸服，兼以霜明月湛之姿，雪白冰清之概，萃古今之间气，钟川岳之精华，会逢景运，展布弘猷，故得玄功默赞，至道冥符，讵一朝一夕之祷祀也哉？侯之明德远矣！三异五福，信不诬也。夫往勒诸石，孰谓非宜？侯讳其世，号际生，由恩贡初拜命为修宁令。又有守府胡君讳维新，号顺之，皆精白一心，共勷厥事，例得并书，传不朽云。

【说明】邹度拱（一作“珙”）（1635~1699），字谦受，号西贞，新建（今江西新建区）人。顺治十五年（1658）进士。历官翰林院检讨等。据雍正《武宁县志》卷八录文。

833. 清·饶昌胤：妙济源重修许真君殿记

康熙二年癸卯（1663）

考《一统志》所纪，凡直省州郡，人物之下，仙释并附载于其末。虽有愿力小大或殊，证真等量或异，然皆得道以殁，元灵未泯。故能阴赞玄穹以为福于庶类，正不必尽踞福地洞天诸胜，徒博高人贵客快登临而侈吟咏也。

江之西匡庐特著，乃屐齿虽纷，祈玉鲜至，岂非仅供游眺而无益于民生者乎？若旌阳许真君祠不然。真君之有造于豫章，俗传斩蛟功最烈。夫蛟于水族称龙属，苟需自庇，不过百尺深潭而足，何至大为民害？间为民害，亦一周处去之有余。况章门之下，直趋彭蠡，孤山之侧，上接汉江，何至欲尽豫章而鱼鳖之，然后宏其窟宅而蕃其子孙？且蛟之力既可撼山，又岂畏一铁柱？顾恬息于一杯之水，备诸窘困，极诸秽臭，竟甘心俯首，鼾鼾于万寿宫前也哉！或谓晋人崇尚虚无，故其时神仙辈出，率皆诞妄，则又过矣。夫真君，利济为心者也。初母梦金凤衔珠，堕掌而生，即已征为天授。晋泰始、咸宁间，筮仕旌阳，尝点石化金，以克逋赋。窃意其时看看多事，天下逋赋不知凡几，独旌阳何幸而得真君。及其弃官而遇异人，授之剑术。而好事者神奇其说，据传云云，总可存而不论。

忆余发覆额时，尝从先君子游西山，盖旌阳拔宅飞升处。所植柏叶去地约八寸许，而异迹甚多，里中老人尚能称述遗事。谓真君周游隆兴洪、吉诸州，见诸州其地旷而平漫，水至即泛，水去即旱，耕者苦之。真君因以符箓驱蛟蜃，俾开支河若干以利蓄泄，今故迹具在。当日工毕，镇以铁柱，防其溃决，其事有据，其言近理。而斩蛟之妄，不辨已明。享年百三十六而后仙成，净明忠孝，此岂虚无诞妄者所可同日语乎？真君功在豫章而俎豆半天下，良由其愿力之所积与真证之所极，度越群仙，用能使天下之人作其敬志，不惜崇宏其庙貌以致其禋祀。

余里有妙济源，高不百丈，传为精修所始之处。虽不可考，然有像而祀之，走远近而祈之祷之，莫不应之，则非真君之灵之所栖息决不至此。今上康熙癸卯，僧日灯出其勤劳所积者十七，善信所助者十三，经始于八月十日，毕工于腊月十有八日，鼎而新之，遂成胜览，速矣哉！余世居此地，邀福为多。会日灯复来，属余为记，因详其功德之及民者以破庸人之惑。

【说明】饶昌胤，明末清初临川（今江西临川区）人。曾参与纂修康熙四年《临川府志》。据康熙十九年《临川县志》卷十录文。参见康熙四年《抚州府志》卷三三、康熙二十二年《江西通志》卷五一、同治《临川县志》卷一九、光绪《抚州府志》卷二〇、《净明资料新编》。文中作者不拘成说，详述许真君“功德之及民者以破庸人之惑”，见解独到。

834. 清·饶昌胤：重修仙桂峰记 康熙二年癸卯（1663）

仙桂峰，古会仙观也。王、郭两仙子先是自玉笥徙麻姑，卜止华盖。修炼既就，乃周历名山，冀得异人指授，以图冲举。浮邱故相接引，岁大旱，特先化身祷雨于此。王、郭一见拜伏坛下，遂师事之。元康二年壬子，并乘鸾升去，故名。

此山三面带河，春夏新涨平铺，舟行树梢；秋冬红叶萧疏，郫烟杂布。山阴为雷坛，嵊即祷雨处。樵竖陟其巅则风吼如雷震，不敢伫视。麓有度济岩，初出穴下，若井横折为洞，土龟裂如巨石，穴风自扫，坚洁可席。腹有小石门，仅容人入，甫入如漆，稍定则光可瞩字。虺蛇狐兔，未尝一宿其中。东岩丹桂一株，为浮邱公手植，根不甚深，盘绕石外，每岁四仲俱花，花而香。间亦不花而香，都人士以祈梦至者，闻则必贵。故山以仙桂传而观之名反隐。予幼时所见，仅一轮菌枯本，上茁数条，已遭创秃，取以供燎，荡无存矣。亡何，西岩特出一株，但以人迹罕至，今始觏焉，岂非时不见耶？抑仙种固犹有代谢也？尤或异者，仙山钟定后，时有天灯盏盏，浮空而降。先君子素否之，丙辰重九，偶偕帅从升登高，倦反，夜坐庭阶，突有若流星坠怀者，比惊讶振衣起，则乱落如雨，逾时乃息。山僧谓天灯之见，未有繁于此夕，似为先君示信。

然变革后倾圮殆尽，予与张用卿始召老僧常悟，俾司香火。甫拮据十余年，忽思改建。会天不稍假，郁郁未章，以属今僧慈慧。慈慧诹谋于余，谓当一语以为之倡。余惟佳山福地，所在而有，必远资善信，恐笔予而实不至者，俗相沿也。所幸此山不然。此山大有造于余里，而尤大有造于同人。其有造于余里者，则水旱祷祀而应，疾疫祈禳而应也，里之人犹得而私也；其有造于同人者，则迷者为之顿悟，贤者为之知止也，里之人不得而私也。是宜乐助者众也。往岁慈慧自殚所积，得若干金庀材。今上二载，始鸠工鼎构。顾垣墉涂茨，犹将有待。倘诸善信毋或笔予而实不至，即聚毛而何尝不可裘乎？呜呼！积土以成高山，而神仙宅之，则灵气之所钟，为时和年丰，为端人杰士。积问学以成文章，而君相求之，则灵光之所发，为福被苍黔，为功存社稷。若徒曰浮生梦也，终其身梦梦焉者，不独可丑，亦可哀也。余故为此山悉所从来，俾异时告成，立言君子有所采择而为之记。

【说明】据康熙十二年《临川县志》卷十录文。参见康熙四年《抚州府志》卷三三、同治《临川县志》卷一九（题为“重修会仙观记”，撰者因避讳作“饶昌允”）。文中记述了会仙观奉祀王、郭二仙及延僧住守之况，反映了地方佛道信仰往往杂糅并存之事实。

835. 清·饶昌胤：重修黄华姑仙坛记

康熙二年癸卯（1663）

黄华姑仙升本末，信而有征，非荒诞不经、无可准据者也。唐大历三年，鲁公颜真卿出守吾郡，尝为之记。仙灵不朽，藉鲁公而名益彰。但世传华姑得道实自井山。而吾邑之井山有二：一在郡城西南四十里许，与雷公、凌云诸峰相峙；一在金石、仙桂之间；并有石井，皆谓井山。将雨则出雾兴云，此其异也。

先是，南岳夫人魏从任城渡江抵临汝水西，创构精舍。又于石井建置道场，往来游憩。及夫人领上真司命位为紫虚元君之后，岁久湮沦。华姑慕其遗迹，访而求之。初梦人语曰：“井山道场，何不修葺？”故弃家，时遂结茅于今所，则此山盖其修炼之所始也。后诣天师胡超，指示魏夫人殿坛余址，复徙而南，于开元九年姑尸解去，由是仙灵显奕。而其大有功于吾里者，无若辄祷雨而应，辄祈嗣而又应。

岁癸卯夏旱，脱五日不雨，将无民。余率众步祷焉，占曰“三日雨”，更三日大雨，已果然，里人诣谢。会僧为予言将修葺状，予不禁喟然曰：“华姑女流也，有志学仙而仙即成。仙之利益吾民与否，原不可知。而自姑为之，彰彰若此！独是千二百年聪明魁杰代岂无人？然学为圣贤即至于圣贤者，不可概见，岂非猥庸无志，适蒙华姑之所丑欤？夫圣贤之道济苍生，其得志于天下，能使阴阳和调，风雨效顺。必俟祷而后应，所被几何？以姑之灵，曷不抱取数十辈真正圣贤男子，畀诸积德者之家，以自释其惓惓斯民之意，为事不较逸而为功不愈大乎？吾故因其祷而辄应，而思有以进之也。夫盛治所期，无过时和年丰，户口蕃息。姑乃能为吾民坐而致之，则今使富者出财，贫者出力，相与克襄兹役，亦其宜耳。《传》曰：有功德于民者祀之。

如华姑者，讵止修真服道，孑孑自全，若彼荒诞不经、弗可准据者哉？古今所称节义文章昭如日月，甚至颠跌蹶撼而不惑于死生祸福之际，孰有逾于鲁公其人者？然且不惜表扬玄懿以昭垂永久，则余又曷可以无言？”

【说明】据康熙十九年《临川县志》卷十录文。参见康熙四年《抚州府志》卷三三、同治《临川县志》卷一九。本文记载了女仙信仰自唐以来在当地传播之历史。

836. 清·张继抡：重修城隍庙记　康熙二年癸卯（1663）

邑之有城隍也，于统最专，于民最近，民之所宜事也。古者天子祀天地，诸侯祀山川，大夫祀社稷，士庶人祀其宗，非直限制为等威也，盖天子父天母地，诸侯于其境内山川，大夫于五土五谷之神，皆其相近，亦犹士庶人之祀其宗也。故曰非其鬼而祭之，神弗享也，弗享则弗福也。后世则不然。委巷筑上帝之宫，曲室悬列真之绘，舆台隶卒持彘肩而祀，瓯窭者拱揖于前，踞坐其侧。设使至尊在兹，大僚环侍，而庶人躁谒之，又倨易之，讵获福耶？况江南旧多淫祠，甚至狰狞扎厉之鬼，稗官妄诞之妖，皆金碧其居而谄事之，于以祈福，是何异于陈牍于俑偶而乞怜于蛇虺，岂不惑哉？城隍则犹令也，受命于帝，来令斯民。凡水旱疫蠡之司，善恶彰瘅之权，皆其所秉。其于邑也，虽颐动耳语之几微，忠孝奸慝之肺肝，若眉列而计数，故有祷于前者，听之专而应之速，宥其鄙野而昭其情实。亦犹令于邑，接鸾凤以春和，御枭獍以秋肃。苟其直，则虽蹻跻挥汗，方音俚语斗争于前而不之责；苟其枉，则虽巨憝大猾，凭城社而舞机智者，弗之赦。盖其分相近而情相亲，故直者得以伸，郁者得以通，蔽而冤者得以苏，疾苦而无告者得以递陈而达于宸听，贞良拔俗之行、奇才异等之彦得以序进而列于廊庙，不崇朝而淑慝惩劝之化加矣。彼闾阎之于帝庭，号之而不可闻；生人之于偶虺，情有所不通者，岂可同日而语哉？故宜崇其宫以肃其容，使于万斯年有所瞻仰也。

信邑城隍之祠，北枕交流，南环叠嶂，据山川灵秀之胜。明天顺间，邑人俞至中、执中兄弟之所重建也。岁久材腐，康熙癸卯，两楹之间坏堕寻丈，邑人谋于予而新之。楹宇栋梁，皆复其旧，更以余材为拜亭四楹于殿之前。飞甍丹垩，焕然改观。间以疏阑，加之扃钥，亦欲仰尊者不渎，祈诚者不亵，咸获景福也云尔。是役也，费金钱共若干，董其事者为生员戴苍、义民周钦禹等，或输其财，或勷其事，皆不可不载。故勒其名于左而记之如是。又为之铭曰：

维天盖高，不可以号；维地盖厚，不可以扣；淫祠越祀，其神弗受。维神有灵，实尔父母。生尔福尔，俾康尔寿。庙貌聿新，岁复大有。德洽兆民，功由某某。勒名于斯，与石不朽。

【说明】张继抡，字伯明，夏邑（今河南夏邑县）人。举人。康熙二年官信丰知县，推诚待物，学道爱人，有惠政，为良吏。据道光四年刻本《乾隆信丰县志/道光信丰县志续编》卷一三录文。参见康熙五十八年《信丰县志》卷一二。

837. 清·熊文举：逍遥靖庐记 康熙三年甲辰（1664）

逍遥山为许旌阳拔宅飞升之地，相传是晋郭景纯所择，历代创建道院极盛。地有古柏，为旌阳手植。顷遭离乱，附近地民侵伐，羽流残弱，莫可如何。予毅然任兴复，会云间鹤沙许公以翰林出而陈臬，与予同心，立取侵据之地豪惩创之，复清出香资还众信，构造玉皇阁，金碧辉煌，远近瞻仰。余为立碑纪其事。

山有逍遥靖庐，是邓定宇少宰同张相国、李观察讲学习静之所，亦为土人据作茶炉酒肆，悉廓清归之羽流焚修，洞天福地顿还旧规。余还檀溪，往来暂憩其地，丁宁道者无替不佞与许君恢复之意，行当守而勿怠。云中鸡犬与闻此言，尚冀旌阳绛节霓旌，顾视松楸而嘱山灵拥护，庶几少宰、学士之高风，亦因之勿剪也。甲辰秋日，书付道人野谷。

【说明】据光绪本《万寿宫通志》卷一五录文。参见《净明资料新编》。

838. 清·胡文渊：重建山门垣墙碑记

康熙三年甲辰（1664）

万寿宫，旌阳飞升处也。自宋徽宗时诏以西京崇福宫制，殿阁墙垣，巍峨寥廓，埒王者居。迨红巾一炬，历数百年，以灵秀名胜之区，仅增瓦砾荆榛之感矣。幸我豫章大人先生后先创建殿阁，渐复旧观。惟是周匝墙垣，颓圮岁久，每深吊古者黍离之悲焉。乃时至事起，道同缘合，于今康熙二年癸卯，适全真道人徐守诚住持兹山。徐君朴貌诚心，能力劳苦，矢志经营，为本山作募化缘头，毅然以墙垣为始事，持诵皇经之暇，即审度袤延若干地，墙垣之丈数称之，布告远近，愿助者登姓名于簿，墙成，勒石以志不朽。不一月而助资者恐后，不半载而运石者亦恐后也。至甲辰八月而告成功。夫以四百余年难复之绩，岁计成之而有余，虽祖师在天之灵，亦募化缘头与护法善信之力居多云。用是镌石以载乐助姓名，既以崇已往，亦以启将来。祖师谶曰“地胜人心善”，又曰“柏委地，道重兴”。继此相视以起，片石具在，复睹宋代威仪，应无难事，尚期勖之。

【说明】胡文渊，新建（今江西新建区）人。顺治十一年（1654）乡贡（武科）。据光绪本《万寿宫通志》卷一四录文。

839. 清·魏济众：重修老君坛上霄宫序*

康熙三年甲辰（1664）

盖闻名山大泽，能出云为雨以膏沐斯民者，于礼宜祀，以答明庥。然天地之道，待人而彰，故又择夫明圣贤人从之配享焉，以教民敬。谓其道高，其德备，则清明之气，上与天通。此其意旨闳深，而使夫后代祷祠之说侈相引重。凡神皋奥区不废奔走者，职是故也。

安邑故有老君坛。是坛也，老君名山乎？山名老君乎？其来未可问矣。

其山则界安邑以东，派衍厌原，秀罗川谷，特矗此方青震之位。每朝旭凝霞，望之幢幢，疑神仙之驻。盖时出云雨，大润泽焉。又有汉梅尉栖隐遗址，名山异人，两章章矣。前隆庆中，邑宰钟公建坛其上，后相沿而像老君以祠之，莫能辨也。要之，为此方之所奔走，若有凭焉；以司民社，亦无庸辨。惟是高冈凿崒，人迹辽远，而垣墉饰翼，钟鼓噌吰，相近百年未坠者，惟僧旨实绸缪其风雨而谨视其鸟鼠焉，亦可称此山之功臣已。今屋材圮，其徒僧鉴清嗣师志而重新之，丐余言为倡。以余所观，广谷神皋，名祠浩劫，不患不能新，恒患不能继。兹僧清志守弗替，有心者何惮而不一言以壮一邑之表镇乎？故余不能辞其请也。倘有嘲余者曰："某官君子也，而佞老氏！"则为余应之曰："山名老君乎？老君名山乎？三教纷纷，盖余之不欲辨也久矣。"

【说明】魏济众，新野（今河南新野县）人。贡士。康熙二年官安义知县，有惠政，祀名宦。据同治《安义县志》卷一四录文。

840. 清·李士祯：重修本府城隍庙记

康熙四年乙巳（1665）

信郡接浙江，控闽粤，势踞上游，而西通彭蠡，北枕灵峰，蛟龙之所窟宅而伏莽之所潜藏也。先是建邦分土于山泽之区，特设一郡以资弹压，斯郡之势重而守是郡之任亦重。守者职阳，神者职阴，阴阳之道，同功均利，其有德于斯民甚厚而有功于朝廷甚大矣。夫神之功若德如是，其有关于兹土，顾使庙貌不光，风雨无蔽，非所以妥灵爽而俨对越也。且信在昔比闾诵弦，农桑遍野，舟车之所往来，商贾之所辐辏，称雄于江右者不小。经兵燹后，城市荒落，凋瘵未起。

余于岁甲辰夏奉命来守是土，弭节于信，首谒城隍神，见神厨半席，粗措几筵，其门屏殿寝以至两廊，惟三五神像错立颠置于颓垣之下，不禁抚然曰："斯神也，非守令之所月吉而瞻拜者乎？四方之所禋祀而祈报者乎？大灾大患之所奔走而繇辟者乎？吾侪居是邦，为天子抚驭斯民，兴利除害，孰不藉神之庇、沐神之泽？而顾听其零落于荒烟蔓草间耶?”爰与共事诸君谋所以新之，咸有同志。暨邑之父老子弟莫不竭蹶恐后，趋事赴工，不数月而落成。余于是举，得《大易》“震”之义焉。震者，动也，万物出乎震。信处江右之震垣，维兹氓庶一旦恪共震动，明作有功，屏暮气而乘朝气，将所云人物之盛复见于将来者，不于兹卜之哉？是役也，计费五百缗，约工三阅月。凡撤故而更新者，为殿庭，为寝阁，为两翼庑。昔未有而今创设者，为七邑城隍之室，共为两栋。若门屏，若阶墄，概一整新。乃肖诸神之像，奉以居焉。经始于甲辰仲秋，竣工于涂月。适余以辑瑞行，八阅月而还郡，再至瞻拜，轮奂丹雘，气象严肃，非复旧时之观。而彩炬增辉，鼓钟合响，神听和平，奠安奚极！吾吏与民宁不因是而少慊夫美报之愿耶？乃与共事诸君曰：“庚桑之功，仅存一时。畏垒之民，犹俎豆不朽。矧城隍神与河山带砺、共图永存者乎？唯是庙创于昔，今胡以故？庙新于今，后胡以保？不综其始末而记之，何以昭示来兹哉?”遂援笔为记而贞诸珉。

【说明】 据乾隆二十四年《建昌府志》卷三六载：“李士祯，昌邑人。康熙三年分守湖东道。建昌奸民称王商踞郡强贷民钱，利岁息不入则捡之，刑以非法。民倾产鬻妻子不给，往往自尽。士祯行部至郡，南城诸生赵由汴率两学叩马诉之，士祯览牒叹息，至于泣下，力请于大吏，驱商出境，一郡如出汤火。后巡抚江西。”据乾隆九年《上饶县志》卷一五录文。按，涂月为农历十二月之别称。

841. 清·胡起龙：重修元妙观记　康熙五年丙午（1666）

吾郡元妙观，古名山胜概也。在府治之南，面荷峰而背锦水。相传唐初孙仙智谅修真于此，其时古木扶苏，白鹤翔集，名曰白鹤山。因采本山木创建道场，仙风感召，公输引墨，纯阳染翰，即今洞天之题是也。越明皇时，赐额玄元。宋大中祥符间，一葺而改名天庆。元至正中，再葺而改为今名。迨明天顺，道士蓝又玄取为少监，奏请英庙敕赐寥阳宝殿，又一葺焉。万历间，道人晏普天者募修重新。此观所由始与一圮一葺之源流，可考也。顾前此因仍旧规，补缀易易耳。无何，明季倾圮殆尽，曾不数年而正殿鞠为茂草，廊庑荆蓁，三门固陋，观者以为叹。幸甲辰春，中丞董公巡幸兹土，过庙有感，捐助百金，委其事于郡侯葛公。公曰："予志也。"遂欣然受命，暨司马蒋公、司饷王公、司李张公及守府邑宰，各捐俸以襄一时盛举。下而绅衿耆庶，咸鼓舞乐从。起龙与李子文灿尤密迩观地者。众谋佥同，乃诹日度材，召木者石者、陶者圬者，群工毕集。先诸正殿，度其高广，定其规模。乃殖其庭，乃觉其楹，乃覆乃堵，乃涂乃塈，而正殿崇隆如故，丹壁辉煌则过之。次及三门，卑者高之，隘者廓之；随及两庑，倾者支之，朽者易之，而门廊焕然改观矣。于焉佑圣殿，玄帝所妥也，从而增饬之。火神福神庙，旧所未举也，今则创起之。复于观之东另辟一门，以便出入。所在固以墙垣。虽工匪朝夕，其所以次第区画，抑何周也。是役也，经始于甲辰之冬，告成于丙午之秋。计费不下千金，出于捐助者十七，出于募化者十三，不伤财，不病民，以故庶民子来，功成不日。升斯观也，见栋宇凌霄，檐楹接汉，孰不仰而叹曰："美哉！洋洋大观乎！"讵知美不自美，因人而彰。于以见中丞之心乎国者心乎民，心乎民者心乎神。凡所以巩皇图之固，福国而佑民者，郡侯之功、中丞之德也。役事竣，属记事于予。予以旦夕从事，知其经营节次有如此。用勒诸贞珉，俾后之仰功德者有感于斯文。

【说明】 胡起龙，字乘六，高安（今江西高安市）人。顺治十七年（1660）举人。据乾隆十九年《高安县志》卷一一录文。参见康熙十年《高安县志》卷十。

842. 清・黄运启：重修城隍祠记　康熙五年丙午（1666）

城隍祠之列于祀典也，自京畿达郡邑，制五等爵以表秩之，如《续通志》所载汉灌婴为隆兴、吉、临城隍主者之属。新昌县不及百里，神之爵视伯，锡封显佑。或以为昔卢姓，今薛姓，此其事不可知。然饬其黻冕，洁其俎豆，隆其仪仗，崇其帷幕，则神也人事之矣。神也人事之，而顾使凭依之宇圮焉将压，展礼之区介然成路，蹊捷径者乘彼垝垣，环祠居人侵隙地方为樊圃，岂惟缓急乖置，抑亵祀典滋甚矣。邑之俗，坊曲丛祠，坛宇甚设，钟鼓喧阗，竞邀福利，顾于祀典所隆重而淡漠置之，则轻重失实矣。

余五载承乏，荷神之庥，无旷厥职，春秋朔望，久相虔对。每瞻礼之次，怵风惊雨，榱栋岌不终日，其不即倾圮者，神力隐有支柱耳。属客岁赤眚如惔，日夕勤祷，冀请命于天，使旱不为灾。卒奉恩蠲，民无失业，非神诱其衷不至此。嗟夫！神庇人而俾其勿克自庇也，心实赧之。计事无有重且急于此者，于是倾囊橐之俸，属诸乡三老鸠工庀材焉。已而效力输缗助者云集，旬月以期，作庙翼翼。因正其疆界，塞其街蹊，周以垣墉，堂序之崇闳有加，檐阿墀步轩翔，孔曼且硕，如大邦君之居正。民不告劳，赀无匮诎，庶几以人事神之义，神亦自为默相之矣。方今营度伊始，佥谓栋隆之吉，难其胜任。诘朝而木商致干霄之干于祠下，不烦余力，絜之如式。循祠而右，为斋宿亭，令初莅县及有祷祠之役，必致斋，值宿其中，志敬共也。亭三楹久废，石础独存，余因鼎新之。亭前后余地址废亵数丈，忽一夕感梦真武，余以其事不经而秘之。随因至祠课诸匠作，诸匠作向诸父老曰："祠右故有真武殿，后废，而其神置民间，今且百年，已仿佛而不能道其详矣。"余复捐赀建真武祠于亭后，装严故像，使黄冠奉祀焉。夫岂惟余梦是践，亦以盐之为邑，确而苦旱。真武帝位于北，北，水神也，其以为厌胜乎？由祠而亭，亭之前凿池一方，澄然可鉴，甃石环之，置三卷石于池上，列植卉木其旁，指木旌心，式凭神听，不益于祀典有光哉。池侧有井污秽湮没，浚其源而悒注焉。井沸可给数百家，名之曰东阳井。先是，余戊戌释褐需次金马门，梦谒选而得东阳。后披方图之籍，无所谓东阳者，窃自笑其不伦。后亦不复记忆。今镌石井干，循省耿然如昨焉。耳目之缺略，数固不可易欤？抑李文饶云，宰不前定，何名真宰？以真宰名官，则人而神之矣，宁神而不以人事乎哉？余因次修建之始末，勒诸勷事者姓名于石。

康熙五年丙午麦秋。

【说明】 黄运启，字平参，昌邑（今山东昌邑市）人。顺治十五年（1658）

进士。康熙元年官新昌（今宜丰）知县。据乾隆五十八年《新昌县志》卷二二录文。

843. 清·施闰章：孝通庙记 康熙六年丁未（1667）

分宜昌山渡之西有庙焉，土人呼曰圣母，问之，莫知所自。览郡志，得卢肇氏《阅城君庙记》，其言颇怪。云嬴秦之季有母温氏，婺且无子，得巨卵于水涯，袭以衣袽。久之，雷电交作，龙出其中。姥不怖骇，于是姥儿育而龙母事，龙日出捕鱼为母馔。一日，姥脍鱼江上，龙倏以尾触刃，断数寸许，遂惊去。姥嗟恨如丧厥子。后母卒，里人葬之岸侧。龙乃人形，服衰绖，语人曰："是当有水患，不可以藏吾母。"夜大风雷，陟母于山巅，其封若厦屋，衰绖者遽失所在。土人异之，为立祠。既而龙降于祠堂，稍秃其尾，蜿蜒变化，视无常质，祷祠辄应。又称龙有伯、叔、季三人。唐元和中，卢蕚官南越，过祠下，梦龙伯语曰："君将宰邑西江，其礼我焉。"太和五年，蕚果来宜春，遂治祠于昌山津。卢氏之言，大略如此。且称为孝龙，作铭以美之，曰："龙有孝思，俾民敦睦。"余读而嘉其言。

袁州介在江西险僻之境，旧称蛟龙窟宅。如仰山之神二萧氏亦龙也，寓形于人，还自彭蠡，事与此近，而此特以孝见称。且昌山峡古谓之伤山，以其石齿铦厉，渡舟多破溺也。迄今舟人上下，恃神以无恐。又若人子之事父母然，则神之孝笃其亲而慈及乎民。《诗》曰："孝子不匮，永锡尔类！"其龙之谓欤？庙当祀龙伯而旧名龙母，盖崇其所报也。卢氏改书阅城君，谓母阅城人也。考《方舆图记》，古越城在广东之德庆，州有温媪墓。载媪死瘗江阴，龙子尝在墓侧萦浪转沙以成坟，与卢记小异。又按揭徯斯作《峡江龙母祠记》，称大观二年赐额曰孝通之庙。古祠在悦城，卢以"悦"为"阅"者，误也。余谓孝通之名正而可风，乃更榜曰孝通庙，书其梗概。仍别刻卢氏碑于庙左，俟博雅者并观焉。

时康熙六年四月，袁州知府李芳春、同知夏毓龙、推官郑爗、知分宜事朱鼐立石。

【说明】施闰章（1619~1683），字尚白，一字屺云，号愚山，宣城（今安徽宣城区）人。顺治六年（1649）进士。官江西布政司参议，分守湖西道，有政绩。康熙十八年（1679）召试博学鸿词，授翰林院侍讲，与修《明史》。二十二年转侍读。文章醇雅，尤工于诗，有《学余堂文集》等。据同治《分宜县志》卷二录文。参见民国《分宜县志》卷六。

844. 清·陈璕：重建城隍庙记　康熙七年戊申（1668）

神代天工，令供君职，一以治明，一以治幽，故令称宰，城隍之神亦曰宰。宰者，主之义也。各有主，则各治。乃明不能治者，反借幽以治之，神道设教，有由然已。

安义城隍，旧传为宗公玺灵爽所凭依，其事近诞不可信，然亦有说。安义立县以乡，宗公力赞其成。当日之民所覆帱宗公宇下者，建庙初即镌功德于石，嵌置庙壁。越百余年，以手读之，石坚润犹昔，无少剥蚀。生为安福，没正安祀，理或然也。至在庙之灵，日走五乡之众，男拜女稽，晨钟暮鼓，其捷应若响。语详高君记中。余捧檄至此，数岁中为旱三，为厉一。旱则具祀册告庙，瓣香□祷，甘泽俱立致，民赖全活，赋充解额。至岁有厉，斋沐寝于庙，为文告之，得无恙。初犹易之，后邻邑厉死者相枕籍，然后知神之大有造于安未有量也。

原庙圮且旧，制隘陋，虑不足报称明德。都人议新之，属疏于余。余喟然曰："事有可忘，有不可忘。神之德及于民，民不忘之；神之德通于天，代天以及于民，并代君以及于民，而俾令得以有其民，乃令固忘之乎？"爰契日发锾金若干，市大木数十本，经始登高一呼，群响四应，五乡之民，朱提白粲，若取燧挹河，无弗与者。工不逾岁，而向之颓者昂起，疏者砻密，狭者广延，脆者坚□，朴者渥丹，苍槐古桧，葱倩蓬勃。神之功大，而安邑之人所以报神者亦至矣。宋儒谓洪钟未尝有声，而叩则有声。兹神之灵，未闻日出其藏，与民相告语也，而小叩小鸣，大叩大鸣，或相接以形声，相通以梦寐。若是者无他，诚之至、神之至也。知此义者，庙中境中，有分治，无分理，神之灵又多乎哉。于是乐而为之记。

【说明】陈瑾，字洞庵，鄠县（今陕西鄠邑区）人。顺治十六年（1659）进士。在安义知县任上历时久且善政多，民咸戴之。文学政事，皆擅名当时。据同治《安义县志》卷一三录文。

845. 清·吴之镐：重修玉笥九仙台疏*

康熙七年戊申（1668）

天地灵秀之气凝于山而钟于人。有其钟之，必有其传之；钟之者一日而千古，传之者千古而一日。夫千古而一日，则千古甚不可少此一日矣。而谓山之有庇于人，人之有功于山，非造物者之相权而并重者哉。

玉笥之尤峻者为九仙台。台旧称送仙峰，自孔、骆诸君避秦栖息霞举于此，乃更今名。汉以后即山为宇，以祀九真，千数百年，代有兴废。昔之度土者虚其高而就其低，盖不欲平夷嵂崒之势，以免飘摇之患也。三韩佟公令峡之四年，岁和民辑，山川景物，焕然改观。乃于政治之余，历览群玉，蹑峰造极，以临斯台。见所为嵚然相累，冲然角列，若牛马之饮溪，熊罴之登山者；见所为茅遮一把，垣颓数周，狐兔之所踯躅，瓦砾之所参差者；极目久之，感慨攸系。顾诏小子某曰："境内名胜之荒，官兹土者之过也。而使灵秀之胜钟而不传，传而不继，非士之辱乎？事以众集，财以乐输，子盍言之？"继而命邑之父老曰："祝釐迓祉，名山是升；降康屡丰，仙灵实赖。民亦劳止，而工取诸省，役取诸暇，材取诸隙。勉力以襄厥成，神将福汝，无自惜焉。"于是小子某敢谂于众曰："公之仙姿，并九而十；公之福泽，咸九而一；故能通乎烟霞之表，而参乎翠微之室。居高而呼，其应疾也；父母有作，其来亟也。千古一日，非斯时乎？有功于山，非斯人乎？岘山片石，将以是藏之，岂徒缀丹邱之美而侈白云之封哉！"

【说明】据乾隆三十三年《峡江新志》卷一二录文。

846. 清·吴之镐：重修玉笥百花亭记　康熙七年戊申（1668）前后

玉笥之东北隅有洞曰云储，唐吉州刺史吴英芝栖真于此。云储者，其号也。天宝中，敕建祠；宋政和中，赐额“飙驭”；事详《一统》暨郡邑志。祠前有亭曰百花，自宋迄明，兴废不一。旧传罗文恭公微时祷梦于祠，独寝亭中，众皆梦得“百花亭上有状元”之句，遂兆大魁。万历中，邑大夫黄公冲宇新之，改额“潺潺”，盖取水声泻出两峰间意。明季日就倾颓，牛羊踯躅者四十年于兹矣。

三韩佟公奉天子简命来莅峡。峡，故残邑也，地瘠民穷而独富于山水。公宽积逋，省征徭，荒芜旱涝，一再请蠲，劝课修举，不遗余力，转徙流离，招徕而休息之。又复廉隅自饬，志尚清标，郎朗乎与玉山比洁而絜高者也。乃以政治之余，怡情山水，所到名胜，辄加修葺，而属意于玉笥为尤殷。比见兹亭旧址，慨然兴复，首捐俸五十金以倡。而一时名流若山阴王君万应、周君三彝，与夫邑之僚属绅士，咸乐输其财力以襄厥成。一材一甓，一匠一工，不惊扰闾里而斯翚斯飞，视旧制有加焉。每风晨月夕，磅礴亭中，岫色泉声，琪花瑶草，不啻置身蓬岛间。仍颜以“百花”，从古也。抑余闻之：朝施者，吾思其所瘠；官施者，吾思其所膏。我公以冰蘖之操，垂金石之迹，以是为施，岂犹有所瘠所膏而与佞二氏、计陵谷者同年语哉？是真具宿根而为神仙中人也。是役也，余实董其事，落成而公更以记属，寿之贞珉，后之游者揽其胜而可知所自与。

【说明】据同治《峡江县志》卷八上载：吴之镐，字营新，玉笥乡人。廪膳生。明季兵燹后，田庐荒烬，邑多逋赋，率士民请于巡按御史，得豁免。乡邻有争讼，以理解之，辄服。倡建寝堂，以报本始。族中茕孤，多所抚恤，俾无失所。没之日，宗族思其德，报以吉壤。平生博览群书，善为文，绩学不售。著有《比玉楼诗文稿》。据乾隆三十三年《峡江新志》卷一一录文。

参见同治《峡江县志》卷一下。按，“三韩佟公”指佟国才，奉天辽阳人。康熙三年官峡江知县，康熙八年曾修纂《峡江县志》。

847. 清·陈谦：鼎建关壮缪庙碑记 康熙八年己酉（1669）

凡士大夫出守牧民，入郡邑，先期必斋宿于城隍神庙。方莅任，翌日必肃神明，出谒先师庙。外是，他有神祠，多不入谒。独按郡有壮缪庙者，岁时必奠祭如礼，非以其公忠正直，足以为士大夫之鉴欤？盖作吏牧民，此心洗濯清白，上可以对壮缪，则兴利除害，用威用惠，何事不可为？

九江先师庙居郡治南，城隍神庙居郡治东，虽经兵火，渐各修治。惟壮缪庙一郡受其孚佑，而坐视坛宇遍荆榛，岁时奠祭，无抠谒地，不安于中者有年矣。戊申冬，即其地广袤度之，鸠工庀材，裒然为举首，同仕于郡邑若某某者乐皆助其成。不一年，凡堂殿廊庑庖湢之所无或不备，丹艧雕镂绘垩之工无或不精，凫钟鼍鼓云旛宝鼎之具无或不饬。落成之日，予率属视牲报祭焉，一时大小毕会，帅迓帅，伫于楹；绅迓绅，迟于室；士迓士，拱于阶；里老迓里老，趑趄于阶下；耄稚负贩之聚而观者千百人，哄于庙门外。予酬神毕，群相揖而延之坐，曰：“于烁哉盛矣！微神之灵，何以邀光贲如是！予之倡斯役也，顾斯地凋瘵日甚，受天子命出守牧民，洗濯此心，竭数年之力，拮据抚绥，日遑遑不及。庶几惟神可以福民，亦庶几惟神可以鉴我。继自今，风雨时，年谷登，学校兴，懋迁裕，伏莽不警，虫蝗不集，惟神之休，咸有赖于无穷。”佥进而执爵曰：“荷明赐哉！”余瞿瞿拜而谢曰：“神之允赖，余何有焉？”群复相揖退。例刻石记事，爰即是镌而记之，俾无坏。

【说明】陈谦，字致恭，祥符（今河南祥符区）人。举人。在任期间，息讼爱民，严饬胥吏。据康熙十二年《九江府志》卷一八录文。按，据同治《九江府志》、雍正《江西通志》卷一〇九“曾子祠”条，知陈谦康熙六年已在九江知府任上，同治《九江府志》卷二五载其康熙十八年任，应是误将“六”折读为“十八”。

848. 清·胡长发等：敕建紫阳天师真人墓志碑

康熙九年庚戌（1670）

康熙九年庚戌岁仲秋吉日旦仙都观主持。

敕建紫阳天师真人墓志。

昆仑山派弟子胡长发、吴天文、徐喜富、谢三、王继祖、章华生、晏生财、黄福贵、武正道。

【说明】原墓碑佚。此墓碑现存于麻姑山，位于祭祀台对面，高0.7米，宽0.3米，碑首绘有太极图。墓主人紫阳天师为唐麻姑山高道邓紫阳。墓志反映了道教高道紫阳真人在清代之重塑。

849. 清·佚名：重建东岳庙碑记　康熙九年庚戌（1670）

淦北距城五里，有山峙临江侧，古称为凤凰山，载在邑志。周围均属官地。自晋代建有东岳祠宇，其□□□□，不称瞻仰。至宋迄明，续造大殿及后宫两庑，各集其山坛景迹，庙貌于是巍然壮观。而神之庇覆庶民，与民之崇报乎一祉，由来久也。先辈劝首等俱有记有碑，后之人得详所自哉，于是考□□。不意明末兵燹，遗庙多倾颓，神像毁坏。众等目睹心动，不欲坐视，佥谋改造。幸圣朝御宇，四海清平，于是各捐己资，兼多方募□□□□□□。经始于戊申七月，落成于次年□□。其后殿、殿外□□亭案及头二门，前后左右，莫不完善。事成，□□□□镌石以彰劳勋。爰立石志之碑，垂不朽名。今开劝首捐化银两于后：

孙□遂助化银肆贰两□钱；黄应祯助化银四四两五钱；聂日章助化银二三两五钱；孙翼助化银四乙两；王秉钊助化银三两五三钱；吕赓殷助化银二七两；朱恩贤助化银三乙两三钱；杨遇春助化银二乙两五钱；魏秉俊助化银三乙两；□□□助化银□□两□钱；高传□助化银十□两□钱；魏秉助化银三乙两；万

钟助化银四乙两；王贵钦助化银三乙两；张志华助化银四乙两；陈三松助化银二乙两；姚绳祖助化银二乙两；关云龙助化银二两；万邦钦助化银四乙两五二两钱；阳泰助化银四五钱；帅英□助化银二三两五钱；徐珍助化银三一两□六钱；张开贵助化银三两五五钱；高传栋助化银二乙两五钱；王守义助化银二二两；郑国玮助化银三二；郑□□助银二两；胡联光助化银四二两；廖名震助化银三二两；王述助银肆两五钱；刘应璋助化银四乙两；吴德光助化银三二两；饶之甸助化银二乙两；范以泰助化银三乙两；郑伯富助化银□□。

续助同修后殿姓名：

杨正祚、黄梦彪、陈君钦、黄永祥、陈一鹏、张登耀、曾洪新、黄师□、凰山谢公祠助银三两。

时维皇清康熙九年岁次庚戌冬十月吉旦立。

【说明】碑现存于新干县博物馆。青石材质，高 1.55 米，宽 0.70 米，厚 0.06 米。据《庐陵古碑录》录文，格式、标点有改动。

850. 清·江皋：重修瑞昌城隍庙序* 康熙九年庚戌（1670）

郡邑之祀，莫大于城隍，以其有功德于民至巨也。先王之教曰：明有礼乐，幽有鬼神。神与守令，实其抚兹，土民之奉神，犹之其奉守令也。按志，瑞邑在吴为赤乌镇，至南唐始升为县。明初县令李公建城隍庙于兴教坊，是时未有城也。正德间，华林、桃源盗起，县令黄公请于上，始城，至今赖之。夫有城斯有神，前人于未城之先，尚立庙致敬以邀惠于神，藉无形之保障。况今屹然沟垒，于以保障生灵者几百年，所邑之人其敢忘报哉？乃今庙貌不饬，风雨侵凌，神且露处矣。是令之责也，诸父老之过也。令之始至瑞也，署惟颓垣败瓦，其敝不减于庙，然令能自饬之。神不能也，则率诸父老以为神饬兹庙宇者，令之事也。令倡之，诸绅士父老助之，足以妥神栖而昭禋祀，即人心安而神降之祥矣。不宁惟是，历代有讲约之规遍布诸天下，而瑞邑缺焉。岂瑞独不率欤？抑敝邑褊小，无隙舍公所足以圜聚举行此事耶？庙既葺，令与诸父老于每月朔望一集于兹，申明六谕，凡我子弟人民其敬听焉。令导于下，神鉴于上，有不率者，神与令皆得以法治之，瑞之俗庶几其有赖乎？庙葺不第报神功德而已，邑实赖焉，其何可以不黾勉从事？

【说明】江皋（？～1715），字在湄，号磊斋，桐城（今安徽桐城市）人。顺治十八年（1661）进士。历官至福建布政司参政。据四库本《江西通志》卷六所载，知江皋康熙九年至十二年官瑞昌知县。据康熙十二年《九江府志》卷一八录文。参见康熙十二年《瑞昌县志》卷五、雍正《瑞昌县志》卷五、同治《九江府志》卷四九、同治《瑞昌县志》卷二。

851. 清·黎元宽：鼎建万寿宫募缘疏*

康熙十年辛亥（1671）

净明以修性，忠孝以修伦，此神仙之隆轨，实与圣学王治而相宣。故自古拔宅飞升者凡千百族，而惟许祖谓之都仙，典祀由晋代至今无替。以尊其教则然，岂仅仅事祈福？如以福也，即不能不与灾平出矣。异时慎郎作祟，乃比周乎阳侯；今日魃鬼为殃，更钩党乎荧惑；水之与火，亦成平出。主乎福者，岂顾欲控制其一而纵舍其一也哉？毋亦以示随劫之义焉，见同患之意焉，处无为之事而待宏道之人焉。于是万寿宫亦毁也，不止于一而再矣。其远者不具论，从万历庚子屈指至辛亥，八九相乘，居然百六。然而瓦砾道在，煨烬书存，有必覆楚者，即有必复楚者。是神功，非神功也。

抚部院正一品尚书董公全力深心，居高而倡。而藩臬诸大人、郡邑官长各为拊击，亦曰：此净明忠孝之区，终不得委诸榛莽；且将留此咫尺地，为吾民匹夫匹妇祈福耳。援祝釐之故而正万寿之名，即内金钱可得请也，况乎十三郡人士同安衽席，共效补苴，岂无有求福答福联翩而来，遂各捐锱铢，累至巨万者？乡先生之从事乎是也，在宋有曾南丰之图功，王临川之作记，江文忠公之跋光尧御书，谢叠山公之贺降神二表；在元有揭文安、虞文靖之记若铭；而庚子以后有张文端公之疏，今岂遂无相续而起者？盖宫之复也，必矣。复宜如初，则两殿可次第成，不可缺一。复不宜因陋，则墙内之火巷可留，宫前之明堂不可障，隙地竹柏可栽，搭棚、铺摊、混堂、酒馆之类不可不逐，宫地道院私相典卖之罚不可不严。是种种者各有前代之谕禁在，今但一举行之，非为多事。祖师尝垂谶曰：地胜人心善。而又曰：兴谋不到头。敢因题缘以及诸禁，折兴谋者之角而坚为善者之心，或亦无戾于净明忠孝之教旨也。后学黎元宽浣手题书。

【说明】据康熙刊本《进贤堂稿》卷二七录文。参见光绪本《万寿宫通志》卷一六、《净明资料新编》。本文旨在募缘重修万寿宫，同时阐发了净明忠孝之思想内涵，追述了历代贤达与铁柱万寿宫之关系。按，从万历庚子（1600）至康熙辛亥（1671）正好七十二年，即文中所云“八九相乘”。

852. 清·符执桓：修城隍庙记　康熙十年辛亥（1671）

彰瘅者，有位之事也。而不能尽摄夫斯民之心，则必有所托以寓其激劝之微权。盖民之为情善匿，神之为道不测，以不测受善匿，如水投石，毕载其中，故有对大吏之庭而饰伪以逞者。及一震于神灵，虽巨奸大慝，无不出其隐怀以默告。且有刑戮不能惧，爵赏不能诱，睹庙貌之式临，不觉其惕然以悚，翻然以动者。盖一诚之相感有然也。圣人因人心所诚然，以为治以法不若治以意，化以人不若化以神。是故有所托以寓其激劝之微权，亦相与神其事于幽冥感应之中、几楹对越之下，此神道设教之端也。然圣人非以是愚民也。自夫上天阴骘下民，本一理以相通，原有善而无恶。则夫善者天之所予，恶者所弗予也。有其予之，则为惠迪之吉，而福庆毕集其躬；如弗予也，则从逆凶，而谴责随之。故彰善瘅恶，天之道也。乃天不能自行其彰瘅，而寄之于圣人之赏罚。圣人之赏罚，或有时而穷，又不得不归于天，以无或爽之理，济其刑赏所不及也。此祀典自古为隆庙貌，于今弗替，而与民相习者，莫若城隍。

予困旧庙倾颓，亟捐俸葺而新之，使夫神灵之彰瘅有以佐吾之赏罚。且使斯民懔然于对越之余，以本心之善恶合诸当前之鬼神，寓激劝之微权，以成敦厖之至治。是则予之志也。夫庙之前为马亭，皋门应门立焉。其中为正殿，旁设六曹，后为寝殿。经始于康熙十年七月。匠石之费不赀，皆予目许心营，与诸寮宷暨绅士耆硕劝义乐输。董其役者习一象、胡象瀛、万主宾、袁曦曙、胡桂蕃、伍梅、李化龙、周瑾、陈希舜、施其泽、胡虬、宋必发、章大猷、彭之远、谭世华、胡中龙、彭翔、谢天植、熊应茂、杨汝豫也。

【说明】符执桓，字简侯，翼城（今山西翼城县）人。顺治五年（1648）举人。康熙二年（1663）知新喻，时值兵燹之后，凡有益地方之事靡不振举，与民休养生息，以最绩升东城指挥，未及赴任卒，阖邑士民痛惜之。据同治《新喻县志》卷三录文。

853. 清·王泽洪：重修饶州府城隍庙记

康熙十一年壬子（1672）

粤稽圣王之制祀也，厥典有五法：施于民则祀之，能御大灾则祀之，能捍大患则祀之。城隍之神，非五祀之中居其三者哉？国家以治民事神之责属之，出守是邦者，苟庙貌弗肃，禋祀弗虔，神像之剥落不为辉煌，牙纛之杂陈不为排列，神之恫也，伊谁之咎？余不谷，守饶以来，祀典修明，实余之责。私心自念：黉宫之未葺也，葺之；城池之未饬也，饬之；蔀屋之未宁也，宁之；田野之未辟也，辟之；赋役之未清、奸蠹之未釐也，清之釐之。诸凡次第敷布，上之可以质神明，下之可以对百姓，中之可以符寸心，皆显忠大王之神，凛凛于心目之间而不敢纵，非神恩有以牖人聪明、约人志气而然欤？以故作吏筮仕者，皆当有在上在左右之惧焉。朝廷本神道设教之意，使临兹土、抚斯民者，必熏沐而祭，祭而誓，誓而后任。凡居官之贪墨，若人不及察也，而神察焉；立心之善恶，若人不及知也，而神知焉；出政之仁暴，若人不及觉也，而神觉焉。又非“神之格思，不可度思，矧可射思”之明效大验乎？至其境内水火旱涝、疾疠死生等事，无有求之弗应，祷之弗灵者，则神之法施于民者何如？而御灾捍患，有功于地方又何如耶？

且余自承乏，历今四阅春秋，幸而民生安壤，盗贼不生，已鲜夭札狱讼之患矣。即丰歉不时，天行使之，而神之功德固不容泯也。夫幽明原无二理，神人统此一心。余守饶郡，治明者也；神司饶郡，治幽者也。使人而不修饬其栋宇，绸缪其居处，则风雨时来而人不安；使神之为神而不为之隆寝殿，崇阶陛，森棨戟，涂垣墉，岂妥神栖之义乎？谅非治民事神者之所敢出也。余既为斯言，僚佐是之，番令是之，而都谏史公即出疏引协议，重新构材庀工，而余捐俸前导焉。经始于康熙十年三月，竣工于康熙十一年五月。庶足以副朝廷崇德报功之典，并以伸一方护国佑民之祝云耳。因落成而请纪，略叙其始末如此。

【说明】王泽洪，字郁雨，曲周（今河北曲周县）人。贡生。康熙七年官饶州郡守，十四年复任，十五年卒于官。据同治《饶州府志》卷二七录文。

854. 清·陈贞：重建县城隍庙门记

康熙十一年壬子（1672）

城隍庙祀，《圣政记》详已。明初以上饶附府，唯府有之。迨神庙间，知县事长洲李公鸿始更立县城隍庙，有司朔望行礼。然近在公署之东，延袤不数丈，地既湫隘而制又弗称，疑非所以虔对越而妥神灵也。岁壬子秋，通守某公适承摄县事，仰观俯视，顾谓贞曰："昔张燕公有《祭荆州城隍文》曰：'致和产物，助天育人。'曲江有《祭洪州城隍文》曰：'城隍是保，甿庶是依。'夫神之所依在民而又赞助天和，以蕃殖人物，其声灵赫濯诚何如耶？欲更迁之，而时与力均未逮。无已，为崇其象观可乎？"乃冬十月，公又以运艘抵通。贞不敏，不敢遂堕厥事。于是庀材程工，运甓陶瓦，黝垩之属，咸获就绪。门高而敞，垣竖而坚，晖如峨如，俨然殿陛之所矣。意自今瞻拜其下者，肃肃雍雍，人之对越于神与神之绥福于人，皆足以不朽。则贞之藉手以报宪命，公之藉成以答神庥者，又焉有已哉！工既竣，敢僭效数言以记其事。

【说明】据乾隆五十三年《鄞县志》卷一七载："陈贞，字吉人。授江西上饶县丞，值闽变，寇及广信。贞伉不从逆，奔南昌，受平寇大将军委知广昌县，暂驻南丰。贼众攻陷，力屈被执，囚于福州，后绞于市。事闻，赠江西按察司佥事，荫一子入国学。"据乾隆九年《上饶县志》卷一五录文。

855. 明·何一泗：募修紫府观引* 康熙十一年壬子（1672）

里有紫府观者，相传有唐胡公敏惠修炼道场也。创自会昌，勒之郡志，其来已久。陵谷递迁，阅历废兴，成毁者不知其几。而古树新泉、黄花翠竹之间岿然屹立者，非以相继而修者之有其人乎？兵燹以来，榱桷弗饬，雨风弗支，住持者忧之，谋之里中檀越，欲新之而不足也。乃置募籍而远叩焉，谒予引其端。予谢不敏，乃曰："居士在里言里，顺风之呼，安知不有大龙象起而应之乎？且寥阳之殿，上奉三清，旁列十一星君像，岁时祝釐迓庥，远近唪礼皇经者咸集焉。倘任其苔蚀蜗篆，亵渎是滋，而无以肃瞻礼、成敬共也，岂惟吾住持者之忧？公当则天时，辞荣证道，修真此冈。羽化之地，旧有专祠，今乃踞蹐殿隅，风雨飘摇，使往迹湮没，得不贻林涧之愧乎？居士第言之以诚，或必有以诚应者矣。工竣题名，用昭不朽。斯举也，有名有实，夫岂徒哉？居士日尝读《逊国记》，神龙失水，虽琳宫梵宇，往往效灵，神乐观其著者矣。"予于是不能无感焉，述其言以代铎铃如此。

壬子中元前五日。

【说明】据同治《新建县志》卷四九载：何一泗，字衍之，本姓李。幼博学善文章，崇祯己卯（1639）举于乡，选授推官，不就。自号支离叟，杜门训子，讲明性理之学。手录程朱要书，隐括金仁山、许白云、郑所南诸集，为《我思录》。晚益贫，粗衣粝食常不给，僮仆遣之去，樵汲自劳，泊如也。后以无疾终。据《南昌文征》卷二四录文。

856. 清·戴一浤：重修乐平城隍庙记

康熙十二年癸丑（1673）

城以卫民也，隍以卫城也。宰斯土者，阳曰县令，阴曰城隍，故城隍之职与县令比肩而阴操赏罚之权，尤足默相人民、辅佐治理者也。《易》曰“神道设教”，有由来矣。倘无以巍峨其堂宇，讵所以尊崇之哉？斯庙建立，历有年所，风雨漂摇，朝夕有颓圮之忧。邑令王公暨僚属朔望礼拜，虑荆榛之芜塞，不可以奉神；待其堕折，工费益巨。爰集士民群起而新之，后寝仍旧制，加以修葺，堂庑头门，重新创构，规模宏敞，神主蔚然，其鸠工庀材，一木一石，皆民膏脂，凡以奉明教、答神庥也。夫今之新，继昔之创，且以启后之勿替也。然则无隳前业，后之视今，亦犹今之视昔耳。吾知威灵显赫，惠政咸孚，阳以抚我，阴以相我，邑之人必同邀福庇于无穷矣。于厥功告成之际，喜擎笔而为之记。

【说明】戴一浤，生平不详。据同治《乐平县志》卷二录文。

857. 清·张秉翀：关壮缪庙碑记　康熙十二年癸丑（1673）

神无弗在者也。关帝之神，尤无弗在而显者也。故天下之崇祀庙貌者，非一日，亦非一方，而吾浔为甚。浔之东西南北各有庙，皆湫隘倾圮，不称厥居。

今上登极之七年戊申，郡伯陈公夜梦有神赤面修髯，谋协厥居，觉而知为大帝也。因语总戎赵公共起相宅。郡中有地焉，脉领庐阜，复回旋枕江而面之。左隍庙，右府治，既溥且袤，层累益上，可施经营，又适处诸庙之中央。询之，则余家祖遗世居旧址也。余始祖波山公来自浙东，以戎事从明皇帝，厥后纪功，世荫武略将军，敕卫九江，实肇造焉。至五世而文艺蜚声以科第者不乏人。乙酉兵燹，鞠为茂草。二公心赏之，卜惟吉，急谋之余，余曰：“非大帝莫克当此。且毓一家之秀，不如广一郡之庇。”遂同兄秉鉴、弟泰秉铉出而公之。二公各输内帑，鸠工徒，精为营构。大殿巍然，惟帝临之。殿前有屏有门，制度轩敞，后有梵宫以妥大士，旁有僧舍。又后有亭，其地愈高，其望愈远，云山江水，瞭焉入目，文子行远以“兴续超然”额之。二公解绶，日渐荒颓。晴川江公来莅兹土，下车之日，百废俱兴，见瓦毁垣圮，乃渐捐资完好。盖有陈、赵二公创之于前，江公成之于后，则斯庙得以崇祀不朽而永为浔阳之巨观。或曰：神一也，多为崇祀，何居？盖大帝协天，天象三垣皆有帝座。又有五帝座，复于勾陈内天皇大帝。识者有用事、主宰之分，诸庙之有斯庙，亦若是已矣。故有斯庙为之主，则东以佑兴作，西以砥狂澜，南达昌明之气，北巩奠丽之基。于黉宫则翊文运，于武场则助肤功，其余悉以造福元元，呵护社稷，孰非此庙默率广运之也哉？陈公讳谦，河南祥符人。赵公讳光祖，山东兖州人。江公讳殷道，湖广汉阳人。督工河泊所官王士范、乡约白管、奉侍僧行悟。属文者张秉翀也。

康熙十二年癸丑上元日，熏沐拜手谨志。

【说明】张秉翀，德化（今江西柴桑区）人。贡生。康熙二十年官广昌训导。据康熙十二年《九江府志》卷一八录文。参见同治《九江府志》卷四九、同治《德化县志》卷一一。

858. 清·陈璋：重建关帝殿记　康熙十三年甲寅（1674）

关帝殿一在大唐寺之东偏，邑绅徐公大相建也。明末郡别驾彭公尧谕徙建寺西，殿南向，冕服如王者，彭公有记述其事。年来庙貌剥落，岁辛亥，余谋诸父老革故鼎新，奉帝像其中，规模倍昔。又县署左侧捕廨之东旧有庙像，仍汉将，处势既偏，地复湫隘，忾焉者久。越壬子，遂撤旧址，续建帝殿之前，辇原像以入，不忘旧也。合两祀一庙，厥土刚燥，厥位面阳，余心始安。而帝在天之灵，当亦无弗安矣。庙制为堂二，为门一，为楹四十有六，为时凡两匝岁始就绪。余尝谓帝当时效忠于汉，止以尽人臣之职而已。至于追崇位号，配享春秋，修德获报，亦其固然。然皆出于后世尊重之意，岂帝之本心哉？故兹像一仍其旧，余不复易，既足以见圣主褒忠之盛典，亦使为人臣者知丰功伟烈有不徒书之竹帛而著之彝常者在也。遂为之记。

【说明】据同治《安义县志》卷十三录文。

859. 清·佚名：重修玉笥山碑 康熙十四年乙卯（1675）

峡江县正堂汪捐银一百两；峡江县城守总司张捐银五十两；峡江县左堂袁捐银五十两；峡江县学正堂黄捐银五十两；峡江县学副堂郭捐银五十两；峡江县右堂王捐银十两；吴永思堂一百七十两；容德堂六两；大琬五两；谟光房四两；佑启堂三两；永锡堂三两；公兆三两；禹学三两；崇德堂一两五分；皆春堂一两五分；绍闻堂一两五分；馥清一两二分；瑞清一两二分；宗器一两二分；仲房一两；启秀堂一两；世远一两；光永一两；吴高明一两；源七分；最夏六分；安七五分；照明五分；高兆会五分；高赤吴一成一千文；庙前吴宏远堂十两；东围吴怡庆堂八两；朝塘吴黄廷三千二百文。

沧田吴学溥一千文；马草巷吴士鳌一千文；智仁堂二千四百文。

首事吴经训十两，并簿内乐助开后：

肖一本堂二千四百文；彭文晰二两；肖日道二两；蛟岭陈世德堂一千六百文；肖日近一千六百文；袁雍睦堂一千五百文；姚明德堂一千五百文；曾中具堂一千五百文；邓道钲一千二百文；何留余一千二百文；庄贝陈世德堂一千文。

刘读古堂、陈德盛、胡全德、刘晓春、刘达春、曾绍斯、刘古福、罗大佑、吴耀让，以上俱一千文。

姚智林、何良濬、邓崙、毛邦暹、陈嘉言、陈学玹、陈怀论、张景纯、何超岐、黄仁性、刘思泰、吴一成、吴邦杰，以上俱八百文。

肖邓朋、鹅塘青松会、坰上三王会、刘世秀、刘继述堂、陈叙伦堂、彭嘉会堂、胡全德、张超杭、曾礼堂、何同盛、曾云章、曾胡公会、刁大登、刘光裕堂、刘恒聚、朱大修、郭本源堂，以上俱七百二十文。

吴碧六、吴山六、周为玢、胡定登、曹德禄、曹德福、宋暄窥、袁澎逵、胡奉招、杨第林、罗马元、刘伦音、周良臣、黄成渠，以上俱五百文。

邓为标、陈大安、艾若蕙、邓元吉、刘□书院、□青松会、唐琹、杨茂仁、敖楚辟、胡钧、曾娴、吴时中、吴超第，以上俱四百文。

首事吴□懋七两；并簿□□□□吴如芃、吴静溪、吴志道、吴立德三千两百文；王际昌三千文。

肖珍德、胡本立、孙景星、源昌店，以上俱一千文。

李仪行、伍名挥、吴尚琼，以上俱八百文。

首事吴荣配并簿内乐助开后：

刁琪连一两，邹开霖、刁能照、邓逸文、郭必勷、建聘、建言、建舒、吴如芃、朱人瑗、中和、志高、绅裔、曾家瑛、汉勃、兰馨、兰言纲、陈聚庆、帅祚昌，以上俱七百文。

谢光亨、必腾、宋境照、鲁家瑜、陈廷侯、□□□，以上俱□□□。

首事吴思宽并□□四两、边金氏、曾具保一三、胡致本百八文、本立堂、□□、方逸、文□、宝呈、贡瑶、佳□、文德，以上俱百□文。

首事吴阶二千文并□□□□、陈源达、唐慈斋、邱文林、邓启谐、聂舜众、陈汝文、陈朝升、曾崇德堂、陈文光、□□□、□□□、胡超杭、陈□□堂、赵祥会、艾孙方、杨伯廷、宋□□、陈绍忠、刁能元、刘修德堂、龙氏、□□、□□□、□□□。

首事吴□□并陈□□元堂、□□堂、郑□同堂、郑召同堂、廷□、圣昌裕堂。

曾承志堂，以上□百廿文。

曾兰劲。

【说明】碑现存于峡江县玉笥山玉皇殿后。青石材质，高 1.83 米，宽 0.89 米，通高 2 米。圆首方趺，两头突出，最上为圆形，最下为尖锥形。额篆“重修玉笥山碑”。据碑录文。

860. 清·黎元宽:《青云谱志略》序*

康熙十四年乙卯(1675)

以三圣人之教并立于天下，乃仙释两家，互相隆替。释且弗论，或谓仙氏所称，神仙之果难至，殊庭之有无竟未可知也。岂其然耶？夫神仙殊庭，非必索诸隐岔而秘、缥缈而迷，虽通达之衢，往往见之，抑惟其人之有仙骨者处之矣。

青云谱在豫章城南仅十有五里，定山桥与为抱负，且子午乎乡郭间。是其境地，宁得谓之难至而有无未可知也？爰自周灵王太子晋受浮来仙指是谱为了道所，迨汉梅尉游钓于此，讫之唐贞观敕居万振天师崇饬为太乙观。万振即于此冲举，事具别籍，亦阅千年。而藏山夜遁，则全真朱良月至自洪厓，顿兴起之，即瓦砾之道以至金碧之功，可云奇特。然而良月视之，不过为修仙绪余，故其署榜曰“青云谱”。夫谱者，一以著仙兆也，又一以承教也。仙兆谓纯阳吕公乘青云而来告祥也，乡之人同梦之；仙教则必不谓其梦，谓纯阳实创辟玄宗，中分南北，如禅宗之南能北秀，而共组乎黄梅然者，良月独好之。予读良月诸制，于道风盛衰再三注意，而更取“净明忠孝”之四言以为持循，厥旨盖深远矣。于是合之诸名公所撰序记、长短诗，以及规戒语录之属，集成裒袠，委予通序之。予岂有金壶墨汁，可以洒作蝌蚪而一题夫云笈者哉？未皇也。然予旧有衲园，中之津泉，潆潆来自东湖，湖即徐亭、苏圃之区，而梅子真祠于湖水荡漾处。水盈入津，津则直达痴仙之宫沼，沼水复入津而趋衲园，园不停遏，任其赴桃花流水人间，以至古津窦城达河也。即地即居而揆源本焉。良月父痴仙，痴仙尚友徐、苏暨梅公三先生，日啜其清流。予复以邻友良月于贵时，尝共谓晋以太子贵，不若修道之乐也。今则回思津沼之水，视五里三桥之渟沚浩澌，何异百川之观海乎？盖良月具仙骨，素有仙志，自隐去洪厓来归，觐太母也。而心怡于憩息之场，乃止杖挂笠于此。舒成之曾谓其壤得为仙乡，岂谀岂诞也哉？

向者良月别予，行出世事，施药于市，而不言姓名，采药于山而鹿豕夜卫，是山灵以仙人至止为幸。予亦幸见良月二十年后，而直指其仙志竟成。良月呀然长啸，当自幸其仙骨之无负矣。贺本之好道笃挚，每挐舟招予访良月，辄曰“访仙”云。国中长者居士之招呼类如此。则自良月之箕踞定山桥，山桥之上有堂阁，千年而外，知神山之可至，殊庭之定有非无。夫亦既为实地矣，宜青云谱慕于当世也。谱有志，犹家之有乘，此仙释两家不悖于儒，而或自鸣能成一家也乎？尤以质诸同志而志成焉者，又求乎良月先生之后而先生乎良友者也。况八百仙人之悬谶庶几近之，其庶几起而宗之。

康熙岁乙卯吕祖诞生日南州黎元宽拜题。

【说明】据康熙《青云谱志略》录文。

861. 清·班衣锦：重修宁州城隍祠记

康熙十六年丁巳（1677）

自秦堕天下名城，汉高除秦苛，令天下修之。豫章城为灌婴将军复筑，功同保障，江右则祀灌婴将军为城隍，或足配焉。要皆不外于有功德于民则祀之也。

分宁为南昌属州，治之祀城隍神，亦灌婴将军也。然自甲寅变起滇闽，南服残疆，失其保障，神亦不能告无罪于失守也。《易》曰：“城覆于隍，其命乱也。”不益信哉！然神之职终不为茧丝而为保障，致强藩跋扈，悉奉正朔，窃踞之地，悉入版图，神又可以告厥功于今日矣。

予守是邦，甫下车，而奉、武、安三乡为贼窃踞，满汉大军驻于艾城。其时鸿雁满野，哀鸣嗷嗷，司守者内给军需，外招散亡，画筹恢复，兢兢以保障是冀，而欲藉式凭以相之。是年十一月初九日，恢复铜营，三乡之民重庆再生，时康熙十六年也。爰用牲醴告于城隍之神曰：“予守是邦，神司封土，厥职维均。何也萑苻未靖，画筹恢复，簿书鞅掌，戴星不寐。今荷濯濯，氛祲悉扫，土宇版章，官民俱荷宁处。而仰瞻栋折榱崩，庙貌不饬，则非民之咎而司牧者之咎也。”乃谋诸寮友，佥曰：“百废渐兴，保障之庙貌，乌容阙而不葺？非所以昭一州维新之象，并无以妥神灵之有赫也。”千金之裘，非一狐之腋。众志共襄，鸠工庀材，取新补旧而复完之。其庙制规模仍旧，禋祀之典亦如之。门堂站亭，正庙后寝，计五重，为屋二十楹，东西列坊社位次，缭以墙垣而夹辅之。予仰瞻拜起，退自喜，曰：“《诗》云‘寝成孔安’，今可藉兹以报神灵矣。”庙成而州人士水旱必祷，岁时有祭，俾保障一州之神，怀明德而荐馨香。异日修水捍灾御患，不必藉有形之城隍而藉有灵之城隍，入庙思敬，当有感于斯文。余故纪祀城隍之由与恢复之事，以告来者。

【说明】 据同治《义宁州志》卷一八载：班衣锦，字尚卿，辽东广宁人。由军功授知州。时残寇啸聚，屡抚屡叛，居民逃窜。锦画谋恢复，招集流亡，多方拊循，民获安堵。虽兵燹之后，百废俱举。续辑志乘，修理文庙、书院，请蠲请赈，痌瘝切身。后升刑部员外郎。据前志卷三二上录文。

862. 清·魏禧：重修金精山碑记　康熙十七年戊午（1678）

金精洞，汉女张丽英飞升后，其名胜闻天下。阳都因僻县，然以金精显。仙女庙，汉魏来宜有之，不可考。在唐宋迄明，兴废之故，具载弘治中邑人黎瑶碑记。甲申之变，予侨家金精峰顶。而数百年之木，松杉修竹，为势家剪伐已尽，殿宇日就倾圮。道人卞醇醇与吾友李咸斋、彭天若倡修之，未二十年，瀑水败殿东角，楼亦就圮。岁戊午，吾门人杨御李授徒洞中，慨然感之。与主僧倡众修举，加丹雘焉，请记于余。

盖自宋以上，惟祀仙女。徽宗时，以祈雨有应，赐号“灵泉普应真人”。至洪武初，改祭山神。洞外双石下，春秋行祈报礼，为祀典之正。予则谓仙女守贞不字，与古之高士逸民同。李咸斋又以为神仙无不忠孝。衡山首弑义帝，女故疾之，岂以悦己容哉？固足以愧夫苟且荣禄与夫终南之徒以隐逸为仕宦者，庙而祀之，夫谁不宜？自洞迤西北，奇石四十里，拔地倚天，其岩峦之最名者十二峰，皆金精地。代多隐君子结庐其中，不独衷愉不事二姓也。

其亦仙女之遗风欤！洞中大殿奉道家三清像，傍小屋为仙女祠。按《旧志》，洞外有阳灵观、御书诸楼，自宏治时已无有。后之君子倘有好事为兴复者，当徙三清像于外观，而以洞中正殿特祀仙女云。

戊午五月，邑人魏禧撰。

【说明】魏禧（1624~1680），字冰叔，号裕斋。宁都（今江西宁都县）人。有《魏叔子文集》。碑现镶存于金精山碧虚宫洞墙上，为2004年重立。青石材质，高1.71米，宽0.62米。圆首方趺。额篆“重修金精碑记”六字。碑首顶端刻有白鹤、松树、梅花鹿三种图案，碑身左中下部已破裂。据碑录文。参见《魏叔子文集外篇》卷一六，题为“重修金精山碑记”。

863. 清·杨周宪：葛仙坛清复记　康熙十八年己未（1679）

大江以西，神仙窟宅也。自张虚靖倡道于上清，千年不替。嗣是仙都观里宴会麻姑，庐阜峰前社联陆子，其人与地亦俱以传。乃其盛者，莫如洪州之旌阳。自其斩蛟奠土，拔宅西山，其徒如郭景纯、吴彩鸾辈寻龙跨虎，道术争高，至八百应期，尚留谶后世，仙风诚盛矣。往昌黎氏送廖道士，谓衡山磅礴而郁积，其山水所生，神气所感，必有魁奇忠信才德之士生于其间。廖师神专而气肃，多技而善游，殆其人耶？予亦谓西山绵亘数百里，吞吐云雾，其清淑之气不孕为丹砂石乳，必钟而为高人。人亦不皆生长斯土，即鸾骖鹤驾，天半飞来，藉以为咀精服华之地。乃八公金鼎，往往鸡犬皆升。而西山因附神仙以不朽，葛仙坛其最著者也。

坛为葛真人稚川炼丹处，去城约三十里。坛前有观，规制巍峨，不能考所自。第予读史，知李三郎好道，崇祀混元，而观宇遂遍天下。今观之甍坚栋古，殆亦非天宝以后物矣。趾循山之麓，未尝登峰造极，然而子安之珠帘暮卷，车骑之爽气朝看，致殆兼之。观旧有田，足供青绀之食。戊己之变频仍，二三羽流各鸟兽散，观为僧寂诚辈所踞，垂三十余年。黄冠去而缁衣来，事有甚于鹊巢鸠居者，予甚讶之。夫白马、青牛，宗无二谛，然《道德》五千言终不得篡而妙相三十种也。会僧以争山讼，予亲勘之。僧理屈，爰下檄逐僧，且捐私橐赎田若干亩归之本观，礼请羽流之有高行者居之。于是仙坛面目，复见本来矣。

嗟乎！神仙之说多惝恍莫测，即内修外炼，道成上升，而海外三山终无补于人世，故黄老之书为吾儒所不道。虽然，予以匏系一官，当羽檄交驰之日，知凋瘵瘠尪之赤子不可更事督责也，务逸而休之。虽六尺之堂蜩螗螗沸，惟载之以清净宁一，行所无事。盖心远，亭中竹几藤床虽盛夏犹冰雪焉。夫治得如平阳盖公足矣，毋谓黄老之无济于吏治也。往陶弘景读稚川方书，谓不啻掇青天睹白日，便飘然有远举意。予行矣，蜗角驱人，鱼鱼鹿鹿，然“世界瓢中粟，烟霞物外身”，数为诵之。兹幸仙坛之畔，十亩山田，青芝可种。异时得解组相从，桥边携手，索酒攒眉，未必不添西山一段佳话也。山中人其姑待乎哉！

【说明】据乾隆八年《江都县志》载：“杨周宪，字觉山，大兴人。康熙甲辰进士，授兴安（按，明嘉靖三十九年析弋阳、贵溪、上饶三县地置，属广信府，今为横峰县）令，改知新建。时讨三逆藩军，需旁午诸大吏，倚周宪办理，民皆安堵无扰。行取授吏部给事中。甲子典试江南，得人最盛。晋都给事，条奏会议得失、安插裁兵及选择论俸、进士广额诸疏，俱报可。以病乞休，侨居江都，唯著书自娱。卒祀新建名宦。”据光绪本《万寿宫通志》卷一五录文。参见道光四年《新建县志》卷五九。按，文后原有注云：“欧阳桂《西山志》采入。”

864. 清·魏宏溶：重修黄堂隆道宫记

康熙十八年己未（1679）

去余家一里许，过接仙桥，即为黄堂隆道宫。四际烟火万家而宫鹤立其表，檐牙翎脊隐见于修竹古枫之间。地脉自荷山蜿蜒磅礴数十里而下，清淑之气于是焉穷。昌黎公所谓“山远而为宗，其神必灵”者，非欤？溪水环宫，溪之中，东则钟山，西则鼓山，水漂风击，山麓千年不啮不淤。宫内有古石炉，高丈余。窗牖四达，薜荔绕其上，本大如斗，状如虬龙，根不著土，而盛暑严寒，菁葱蓊荟，秋实累累如菡萏，老者言有神护焉。稽其始，为许旌阳先生所创，崇报其师谌母元君之所。母生于镇江丹阳之黄堂村，炼真于蜀之峨眉山。许君伐蟒歼蛟，实得母所授三五飞步之术居多，故每岁八月四日必亲谒蜀，执弟子礼，以祝南山焉。母曰："道途修阻，难继也。吾以白茅翔空，子归，视其所止，结草庐，居余名其中，则岁事可恒，千里同堂矣。"许君于是同景纯郭君觅茅至今处，筑室为祠，而仍以"黄堂"为名者，不忘母之所自出也。

明永乐四年，住持道士张通元以盖公清净之术诣阙上言，特加旌敕，赐剑。至今剑与元朝所赐印并存。羽流治疫，请剑印镇其家，鬼祟辄仓惶挈伴以遁。屡有病者言及此状，无不立时痊愈焉。

宫殿自晋迄今，不知几经兴废。康熙壬子，余周旋庑下恻然，念栋折题朽，柱石圮颓，若不及今葺治，许君报母之鸿功、元君飞茅之故迹，不几付之荒烟蔓草、樵风牧雨之间乎？顾土木之资实浩且繁，于是走募四方之好善乐施者，得若干金，鸠工于癸丑之二月，竣事于七月之十二日，而上清、元君、旌阳三殿成。是日余产二孙，岂神庇耶？至己未，予复捐己囊，重修山门与真武殿。是数殿者，高广加于昔日，缭以石垣，覆以青甍，华以黝垩，而像与殿楹金碧璀璨，焕然一新矣。

嗟夫！神仙之事，方壶、蓬莱为莫须有。而许君忠孝，拔宅飞升，志乘凿凿，故老言之赫赫若前日事，非他可比。而残蟒歼蛟，吾西江不致鱼鳖者，其功德可忘乎？许君之德不可忘，而道法所自，元君之德又曷可忘乎？此宫为许君崇报元君之所，是即吾民所以报元君之所，亦即吾民以报元君者报许君之所也。后之君子食许君师弟之德者，念甘棠以留遗爱，倾则支之，罅则补之，废则修之，俾此宫永传不朽，不致如海市蜃楼，乍有乍无，是予之厚望也夫。

【说明】魏宏溶，生平不详。据《黄堂隆道宫志》卷一二录文。参见光绪本《万寿宫通志》卷一五、整理本《万寿宫通志》卷一五、整理本《黄堂隆道宫志》卷一二、《净明资料汇编》。按，《万寿宫通志》撰者作"魏引溶”，因“弘”“宏”可通，疑“引”为“弘”之误。

865. 清·李士琪：重建关帝庙记 康熙十八年己未（1679）

遂水之南，有汉寿亭侯庙。兵燹以来，百里泉疆，举为灰烬。而巍然庙貌，且在狐鼠荆棘中矣。戊午夏月，副府颜公移镇吾泉，公盖复圣裔也。当是时，寇讧于内，民流于外，邑之望公者如岁。公奉命至邑，旌麾所指，即有雩溪之捷，萑苻闻风畏服就抚。邑之人获有宁宇，公之赐也。

越明年，政修人和，乃睹帝庙之沦于茂草也，广其制而新之。又扩其地为大士殿，丹楹刻桷，与帝殿等。旁为精舍，广数百椽，所费不下千金。奇伟宏丽，甲于遂水。三阅月而告成。余待罪宛陵，时闻公抱负韬钤，心存报国。爰自髫龄即随预王取维扬，讨长水之宝姿。复从贝勒王入闽，历三十余年，坚守清漳，解救清源，闽中五十七邑，无地不沐公德泽。未几晋秩大梁，移驻皖城。公之所以抚绥皖人者，一如其抚绥闽人也。既而援剿江右，一战而奏凯建德，再战而报捷浮梁，以及乐安、崇仁，运筹决胜，剿韩逆于老虎洞，斩贼数万，巨逆就抚，皆其功绩之丕著者也。余佩服既有年矣。今公为吾邑而新帝庙，属记于余。余何能为公记？独是帝之大节，粲然如日星之丽于天；帝之神武，沛然如河岳之镇于地。千秋俎豆，赖以维新，则公之丰功盛德，亦因是以并传不朽焉。公讳斌，号辅臣，山东曲阜籍，徐州人。从事金从现、马守志、褚名臣、吕登科，率捐金勷事，盖因公之贤以成其贤，并可纪也。是为记。

【说明】李士琪，字其玉，号龙沙，龙泉（今江西遂川县）人。风度庄雅，非礼不动。通诸子百家书，由选贡授兵部职方司主事，改历惠州南雄宁国同知，多善政。有廉能闻于朝，特命查盘徽州，巡视苏、松、常、镇靖海机务。归无一钱，惟以倡明道学为事。著有《靖海要略》等（参阅康熙二十二年《吉安府龙泉县重修县志》卷七）。据同治《龙泉县志》卷一六录文。参见光绪《吉安府志》卷十。

866. 清·佚名：重修丹陵观引* 康熙十九年庚申（1680）

陵以丹名者何？乃钟离真君诞庚孕昴之地也。溯逍遥山所出之水，湾回数十里，至丹陵而汇，湖光潋滟，抱地涵天，为西昌第一胜。真人得舅父传，效修炼术，采铅汞金石于其陵，炼以成丹；又复凿井纳药，寓泉府不竭之意。时当孽龙肆毒，此地之南巨蟒据之，涌水吐火，为民物害。真人患之，谋之舅氏，造九炉以铸宝剑，淬锋砺锷，歼灭巨孽，蟒湖之名由此。德宏利普，遐迩蒙恩。其后斩蛟荡孽，赖真人之助为多。是以德著功崇，冲举玉京，药井丹炉留胜迹，以志不朽。此观为真君崇德报功、尸祝禋祀之所。居此土者，享地利之丰腴，钟山灵之秀发，是宜大而久、久而不坠也。无何羽流孽重，遂恣饕餮，自灭清净之根，以致日就零落，旁生觊觎，迄今鞠为茂草。或真人养晦避嫌之时。剥极斯复，否极泰来，天道之常。梯仙徐子，积功累行之英也。一日，持夏君有声序，丐余一言以为兴复之举。余山居，极为愿悫，无奈物力多艰，工程浩大，必藉仁人君子慨施乐助，共襄盛举。须知夙昔因缘，即是再来仙佛。由此而性霁神融，岂第享世荣之丰厚已哉？兹观古柏参前，枯樟荣后，药井在右，嵌湖环左，周广不下千亩，宫室寮采，可曲尽其胜。将见今日之荒烟蔓草，异日皆琳宫玉宇之盛矣。法中龙象，自有大有力者任之。敢以一言弁其首。

康熙十九年庚申岁孟夏月谷旦。

【说明】作者不详。据光绪本《万寿宫通志》卷一六录文。参见《净明资料汇编》。

867. 清·凌震：重修丹陵万年宫记

康熙十九年庚申（1680）

新建丹陵观，晋钟离真人修炼之处，旧为罗铿故宅也。真人讳嘉，字公阳，为都仙许真君甥。居象牙山之西源，以景纯郭真人形胜之卜，遂与罗铿交相易焉。山水回环，龙翔凤舞，西山三洞经其右，象潭蟒湖列其左，远眺则有厌原、昭山之峙，近瞻则有尧峰、虎岭之胜，俯伏澄注于其前者为香炉山、钵盂池，迢遥坦夷于其侧者为仙桥脉、罗铿坛。山明水秀，境地清虚，盖尘寰别一蓬壶也。真人得都仙道术，传其效力于斩蛟馘蟒，泽被生民，使洪州不尽为鱼鳖者，功岂小补也哉？都仙飞升两阅月，而真人亦冲举，遗宅为钟玉府，即今之观址是。后遂扩为琳宫，崇祀仙像。齐永泰间，流寇猖獗，栋宇尽为灰烬，羽人胡后山者复创钟玉故院。唐滕王元婴请旨敕建祖师殿、皇阁、山门、钟鼓二楼，一时废兴坠举，道法遂为大盛，捐金产为崇祀资。建中靖国间，真士邓一真增修殿宇，绕以周垣。宋政和二年壬辰，徽宗遣朝奉大夫王甹，封钟离为普惠真人。六年，复命龙兴路捐发官帑，除旧鼎新，敕赐匾额为“万年宫”。每岁十二月自朔至望，远近朝谒如市，门无隙地以容车马，道观之盛不下逍遥万寿宫。太平乡善士发心捐助，宝头庄源田一单税粮至八十余石。羽流戴浩然、程宾湖等竭力支持，始终不懈，本观长住遂称富饶云。后因宦姓惑于形家言，为营葬地，观遂祸不旋踵，日就衰微，以致瑶台琼室，尽为蔓草荒烟。犹幸当年晋柏参天，枯樟荣地，白鹭港畔丹炉迹存，千余年来尚遗焦土，药井现故迹于荆棘丛中，祷祀而求者立起沉疴：此全真徐公守诚之黍离兴悲，绅士夏公有声之重兴致愿所由来也。

犹忆康熙庚申岁，请于南昌大司空熊公一潇、同乡大史邹公度珙、主政夏公以锋、广文夏公以召、中翰夏公舅父熙采、文学周生应震，各抒词藻，出疏题缘，由是登高一呼，众耳回应，输缗助镪，人有同心。经营正殿，不日观成，疑有神助。后徐守诚御风羽化，厥徒张华阳者典守斯观，踵而复修其殿，上金容数十座，附殿廊房八九间，悉属华阳解囊修理。而皇阁之巍然耸拔，与山门之规模宏敞，虽十方之捐资乐助，而张华阳偕徒谭清耀等之殚精竭虑，鸠工庀材，实则与有力焉。惜乎皇阁未告成功，圣像久未修饰，难免为山九仞、功亏一篑之叹。现今道衲胥清敏、夏阳和者有志图终，词呈当事，沐县批行。道众苦行募化，赋役准其自运，毫不受制，粮甲随以修理。走商于予，属予弁首以为领袖。遍募十方，倘得积少成多，完兹原力，后有继此而兴者，安知其不楼阁重重、亭台又迭迭？追复敕建之迹，踵事增华，其为恢宏而壮丽者，功绩讵有涯欤？予家兄弟新迁基址，并先大人敕赠坟茔，去观未逾半里，其四周形胜，兴废原委，得就见闻所及悉者而为之纪述云。

【说明】凌震，字效西，新建（今江西新建区）人。庠生。以子凌之调之贵，封工部屯田司主事。据光绪本《万寿宫通志》卷一八录文。参见《净明资料汇编》。

868. 清・陈洪谏：临川县改迁城隍庙碑记

康熙十九年庚申（1680）

人事之循环剥复，神实为之，神盖司造化之柄也。然即以坛壝庙社为灵爽之所凭依，而其间废兴之故，神亦往往听命千数百年之前，必俟时与势之适会而后人事起焉。是亦有数存乎其间，即神之力亦不能自为也。

抚州为江右大郡，兵燹之后，邱墟煨烬，触目伤心。兹幸圣天子威灵遐畅远迩，宾服城郭内外，劳来安集，始有熙攘而至、夹溯而居者。《传》曰："先成民而后致力于神。"今民居既奠而无所以妥神祀，将守土之责谓何？历稽郡乘，临川为附郭，首邑学宫，隍宇俱属离位。自南门改作，遂距郭各数里而遥。明世文庙时创，议迁学于宝应废寺，人文蔚起，厥功懋著。而城隍庙则未有计及者，亦以时地牵制，因循有待耳。先是丁巳夏，五协镇刘公奉朝廷推毂之寄，屯重兵以弹压六邑。羽书之暇，谋所偃息，爰就公署之侧民地之旷莽者广为别业，规制颇称宏丽。今部议奉裁，人皆谓公毁诸己乎？邑之绅士暨父老不谋而同曰："时不可失也。地为临邑之地，吾邑隍庙暴处郭外，且栋圮榱裂，怨恫久矣。今合众志，捐费以为告虔荐馨之所，神必我据。"予闻其言而韪之。

夫非常之业必有待而兴者，理也，亦数也。临川学宫之宜迁也，夫人而知之也。乃迁学之议始于嘉靖辛卯，侍御傅公捐金三百为倡而莫之应。越七年丁酉，适有宝应废寺，即其地为之，不逾年而底绩，无他，因利乘便，有其地也。今隍庙之宜迁也，亦夫人而知之也，而适有兹地，岂非时会之千载一逢者乎？临川胡令受事以来，百废具举，若分治幽明，此尤其巨且急者，是用进而语之，并会绅士父老而重申之。惟兹大事，黾勉同心，各输尔财，各殚尔力，以临邑之地奉临邑之神，知好义急公，必有毅然为己任者。而临川令遂独肩其事，筮月之吉，迁神座暨左右护从诸像入而妥侑焉。旋以后寝犹虚，鸠工庀材，焕兹楹栋。于是奕奕改观，咸歌新庙矣。若夫翼之两庑，以广庙祝之栖，则所望后人之踵事而起者尚为未艾。而至于斯庙之所始，固不容以不纪也，是为记。

时康熙庚申岁嘉平月撰。

【说明】 据道光二十年《济南府志》卷五六载："陈洪谏，字宪宸，号觉庵，德州人。顺治己亥进士，授四川峡江令，治水有功，升云南丽江府推官。康熙七年缺裁，改江南兴化令。时大吏会勘河工，同驻兴化，自捐千金支应，毫不累民。历任江西抚州同知、袁州知府、陕西神木道，慷慨任事，以才干称。年老致仕。尝建文武阁，断桥圮路，皆捐资修整，乡里感之。"又同治《临川县志》卷三五载，陈洪谏官抚州知府时，"当闽寇蹂躏，流亡未复"，他"躬统六属，勤于绥抚，不逾年流民复业"。据光绪《抚州府志》卷一六录文。参见同治《临川县志》卷三五。

869. 清・刘瀚芳：重修储潭广济庙碑文

康熙十九年庚申（1680）

豫章自庾岭而下，山势蜿蜒如龙，章、贡二水夹之，至赣而合一，名赣水。北流二十里，是为储潭，潭深不可意计，群峰环拱。旧有广济庙，传晋咸和中，刺史朱玮奉命讨苏峻，舟次储潭，有神人告曰："我储君也，君能祀我，当有以报。"公允其请，果能克捷而还，遂为储君立庙。君之云者，初非有姓名籍贯、谥号官爵传于人间。盖山川之灵，厥有所司，犹夫山之武彝、河之冯彝，同称为君也云尔。

己未仲冬，予承乏兹土。才入境，见夫怪石嶙峋，长河如泻，不啻高屋之建瓴。予指水以盟，期与斯民更始。不崇朝而抵潭之下，展谒神像，肃然起敬。而栋折榱崩，又未尝不喟然叹也。属有师徒之扰，奔走不遑，而诸生李复玹乘间为言曰："赣之邀惠于山灵者夥矣。庙貌不修，曷以云报也？"予曰："得毋时绌而举赢乎？虽然，诸生之意则厚矣。予按祀典，御灾捍患、有功德于民则祀之，示不忘所自也。夫石滩之险，岂下于瞿塘、滟滪哉？而仕宦之往来，商舶之上下，有祷必应，如响斯答。而阖邑士民之以祈以报者，又趾相错也。即金铸其身，丹垩其居，与致饰乎牲牷器用之需，岂为过欤？"于是倡议醵金，并出所积香资，一举而更新之。而此邦之卿大夫暨都人士，与夫四方羁旅行迈之人，无不倾筐倒庋以助成之。匝岁之间，鸠工庀材，陶甓砻石，金碧辉煌，丹雘聿新。予适有事至其地，瞻礼甫毕，众乃征予不文之词以记之。

予既弗获辞，遂乃飏之曰："昔濂溪阐圣教于前，阳明振绝学于后，清献焚香告天以厉清操，鄂国歼渠释胁以昭神武，皆有专祠以隆俎豆而荐苾芬。况乎扼百粤之咽喉，作八蛮之襟带，以为一方保障，厥功尤懋哉？载稽往牒，石梁之败，皂口之阻，虽地势使然哉，抑神力所致也。方今海晏河清，鲸鲵息浪。经斯潭也，洊历十八滩亦必顺流安澜，风樯无恙，神泽之覃敷，无远弗届，顾不伟欤？行当匾额有加，直与江东至灵并列，遥望雷冈，交相辉映，岂第春秋享祀云尔哉？"诸生佥曰："然。"请书诸石，并系之以铭。其词曰：

潭之上，烟霏雨翔；潭之下，蛟龙伏藏；潭之涯，维绀殿之嵯峨兮，风拂拂乎飘黍稷之馨香。其衣被者，在乎井闾；而其声灵远播者，则阳侯不惊乎万里之艅艎。吁嗟乎！此山之君兮，将与世俱永，与天为长。

【说明】据康熙二十三年《赣县志》卷九载：刘瀚芳，字北海，北京人。戊子副榜贡。器量宽厚，尤多才略。体恤百姓，厘奸剔弊，不遗余力。雅好折节文士，悉心培养，文风因此大变，文士由此蒸蒸然起。有《兰畹居稿》《课士偶拈》等。据同治《赣县志》卷四九之四录文。参见康熙二十三年《赣县志》卷一六，文字略有不同。

870. 清·朱道朗:《青云圃志略》跋*

康熙二十年辛酉(1681)

稽古圣人,观心立言,而名象始矣。知其心,有名象之始;尽其心,无名象之始;智者未尽知,愚者不与知也。能从心法而立言,然心法而求诸言,其果由言下得耶?否耶?言行道断,即圣人何所有?日用不知,虽百姓何所无?故如是种种心生、种种法立矣。

予少亦章句士也,家学未荒,静观三业四大之有几向红炉中翻着觔斗,欲觅一个自在场头?全身放下,究竟亡羊梦鹿,专在邻家乞火,思之不觉通身自汗。是以殚心太上言之微,法之隐,乃依洪崖巅下筑室养亲,虔加窥领。半竿红日,数饷松风,不萌市朝想。虽未全栖真,较之愁魔病劫为隙中驹、石中火者,似有间矣。

迨辛丑之夏,爰予弟先迎养吾母于南昌,予往省,路出城东南定山桥,桥圮矣。憩而后度,里上硕彦有旧识予者为李通镭德仪,相揖而言曰:“子久为太上之徒矣,以立德立功为尚。然禹治水有功而孔子称以明德远矣哉,正言水之难治也。则桥盖治水之一端乎?定山桥向圮于蜃蜮,吾乡先达舒文侃先生尝撰文募修,有云‘或支一木,行者危之’,又有‘孝子不临深’等语。今吾子之觐母孝也,其临深而息乎?其因惧而募工石以立德乎?且桥原为太乙观畔流注之区,而桥上即观旧址,可购以编茅也。晋太子故迹未颓,可复以修炼也。且葛岭、梅湖皆经上仙所驻,何爱洪井而弃云谱哉?”予曰:“唯。”即邻村诸君子乘予之“唯”,咸以襄以翼焉,鸠工掘址,得勒字古石一方,甚巨,果道院也,非定山桥也,而云陈家桥者为是。噫!祖庭亡也,而兴于桥之倾;桥且定矣,当永辅祖庭以存乎?然桥也谱也,卒由子乔而存,子乔亦以了道而存其道于弗坠,何也?上书寄丹,非忠乎?度亲于崩,非孝乎?此实能开许祖净明忠孝之教而用之者也。知其道而人以存,知其人而地以名,儒者之言匪欺矣。

谱辟堂开,崇祀吕祖,以其受东华正阳之教,发明性命双修之旨,遂乃因地而教，因人而授法也。其视许祖，教同而道一也，道同而心皆一矣。夫人能克其所欲以报君亲，非尽于“忠孝”二字，其实皆本分中事。故净明非忠孝不著，忠孝非净明不立；净明体也，忠孝用也；净明之心道也，忠孝之心教也，则又观其心而道一也。一以冲之于六合，则万象生；一以观之当下，则三元会矣。至此性命不分之根，五行不到之地，曰性命，曰神气，同为之名，同为之非名也。即忘中忘，见中见，皆落言后，又何有教外传也？名象立矣，必欲穷之于名象，索之于章句，恐非青州牛、益州马，难寻炙穴。予常饥食渴饮，中见精神而入忘；予常动常静，时忘精神而亲见。噫！到这里莫被他人瞒去。先圣人悯兹后学，立言立教，大都借境鉴真，凡有所名，叩空谷之音；凡所有象，传鸢鱼之妙。愿我同仁，体先圣继往开来之心，履践中当着实地，庶吾心藏不夜之珠，爝火奚借？吾人追无始之道，邪妄不生。

今自破云作谱之期，俯顾于苍冥，期道可共存，地不自我而息而已。至于绍前圣，启将来，为净明后学而知青云之象，向红尘得诸，离红尘而见诸，则又立言何法？立教何象？忘象入道者，朗将旦暮遇之，敢曰千百世而下？

辛酉夏日破云樵者朱道朗跋于黍居。

【说明】据康熙《青云谱志略》录文。参见《南昌文征》卷二〇。

871. 清·揭斯选：重修南丰城隍庙记

康熙二十年辛酉（1681）

天下祀事重矣。合寰区而不异其典也，惟文庙与城隍庙二祀而已。文庙尊其教，城隍庙崇其灵。教也者，师天下者也；灵也者，畏天下者也。然文庙则上而帝王，下而卿相，官师生儒，莫不明禋致祭。故其庙等于宫阙，其祭岁于春秋，其礼必牺牲俎豆。入其庙者，必衣冠盛饰，视其服色以为拜次之等级，非其人不敢祭，非其时不得祭者，以道之尊也。若城隍庙，则上而官司守土，下而士庶，无不得谒。四时晨昏，老幼匍拜，祈禳报休者，日不知其几矣。然匍拜者非有绳礼于前、纠仪于后也，而皆能致其恭敬，凛然于祸福之临而惕其彰瘅者，以神之灵也。古者知天下之愚民不能尽趋于圣人之教也，立神以威之。故建城隍庙者，所以畏天下之违教者也，是其庙遂至可兴而不可废。

南丰城隍庙在文庙之左，相去不百武，历止一殿两庑。明末陈子圣德捐其宅以为后殿。康熙十八年己未三月既望卯时月蚀，县治方奏鼓救护，忽闻城隍前庙倾，居民咸往视阅。其榱桷梁栋泥瓦皆自神之面乱杂覆落，乃神巍然端坐，袍笏鞋帽不为尘封，不为木压；即神座前之几案亦罔折损，香篆犹袅袅上升，人皆以为异。既而县父母李公至，亟拜以安其灵，亦讶堕木飘瓦之不敢伤神也。捐资撰序而倡修焉，命庙之住持道人聂纲炫、李宗埙理募事。邑之绅衿耆庶，罔不祗承，输金恐后。仍其址而庙焉。而道士欧阳刚显又能以所获经资悉供工匠。越二年，岁辛酉八月庙成，属记于予。予曰："是足以居神矣，未足以邀神惠也。官斯土者，以爱养为心；生斯土者，孝弟于而家，忠于报主，仁为体而义为用，以不违吾夫子之教，神将贶以景福矣。"《诗》曰"不显亦临"，《书》曰"无作神羞"，予不敏，于其记也，敢援二语以为劝。

【说明】揭斯选，字俊伯，南丰（今江西南丰县）人。康熙十一年（1672）乡贡。据民国《南丰县志》卷五录文。

872. 清·徐有贞：江东圣济庙灵异记

康熙二十年辛酉（1681）

余入瑞，遍祀境内山川坛埠以为民祈福，则江东圣济庙在焉。载之祀典甚隆，询之父老子弟，莫稽江东所指并庙貌徽号之由。越明年，祷雨有应，知神之相也。细索之，得碑录一帙于断枣敝楮中，载历代显异膺封谥事甚悉。宋则文文山公，与明宋景濂公，两记辉煌后先。嘻！神之灵，功在国，泽在人，血食在土，而千秋名笔垂不朽。余亦悚切，录而记之。

按碑，神姓石，名固，赣之社富人，以其在贡江之东，故曰江东。生而秉灵山川，潜踪耕牧，弗耀也，没即以神见耳。然汉高祖之六年，遣懿侯灌婴从九江进兵讨南越尉陀。陀时度庾，分两道出信丰、瑞金。神诣婴军门献策，扼要指捷，陀于是平。班师论功，首叙其名，爵之，召不赴。后不知所终，人怀而祠祀。则神生于汉初，丰功高节，凛凛耳目。而《寰宇记》载其见神绝顶峰，以告婴军捷期。总之为当时人无疑。再考九江城隍庙碑所载，吴孙权《铙歌》五章为祭神制也，必其功烈赫著，歌而祀之。越唐大中元年，救坠崖之周谅、符爽之覆舟，灵愈显，而相与新庙雷岗，像而奉焉。时庙初建，天地晦冥，录事吴君暨司户萧君令康、黄二衙官往视，皆立化，二君寻逝，令配食于庙。谅非诬传也。厥后感赵抃之檄而清涨，蓝淀、乾度二州以通舟，则巨灵熊耳，神能役召矣。迨宋元祐，郡守孔平仲祷雨立注，林颜正望雷岗拜祷，呼风灭火，如飨焉。建炎三年，隆祐太后孟氏逼于金人，神以阴兵旋之。绍兴十九年，许中为郡，神授首事者名，不日而庙顿新。至于助李畊而歼山寇，示刘荃以名应选，嘉定则退暴涨而城赖以全，绍定则告陈垲而贼难远窜，淳祐之间两见阴灵而曾甲、崔广辈皆就擒戮，景定三年神告而白岳氏之冤，元至正七年追魂而鞫长彦真之隐，此皆历见诸记，不能殚书。雨旸疫疠之祷，无不寻声救苦。而民之呼神如呼父母，事神如事其父母也。名公诗文碑刻甚多，俱漫灭不可考。独文、宋二公文章与事业人品，争光日月，流传至今，若呵护之者，斯已奇矣。当其始祀，曰昭灵大王。宋自嘉祐至绍兴，凡五易徽号。元自端平至至正，凡三易徽号，始定之曰圣济崇惠显庆昭烈忠佑王，配若子皆授封纶。高宗所赐赭黄袍、缠丝玛瑙带，南唐李煜五龙砚，皆庙重宝，今俱不可觅。额则始曰嘉济，迄至正凡两易而得今额。事俱备历代故牒中。

论曰：古之为神者，或膺殊爵、建奇功于当年，死而思，祀其常耳。唯圣济之神，以布衣而护国庇民，功难缕指，上下数百余年，与山川同其悠久，岂寻常血食比哉？文公以为秦汉间一有道之士黄石公之流，宋公以为天星陨魄降灵于人，以石为氏，此皆确论。余令也，御灾捍患，祀典所先，敬为陈词而荐。

【说明】徐有贞，海盐（今浙江海盐县）人。康熙十九年（1680）任瑞金知县。据道光《瑞金县志》卷一一录文。

873. 清·黄家遴：重建府城隍庙碑记

康熙二十一年壬戌（1682）

《记》曰：家主中霤而国主社。古者建国，左祖右社，夹于朝寝。凡致众读法，听讼刑罚，皆于是乎在。有征伐则载其主以行。自君卿大夫以暨庶民，春祈秋报，雨旸灾沴，伐鼓用牲，以致虔祷。甚者协以朱丝，变易其地。盖天尊而地亲，斯民依土而居，食地之利，不可无以报之。神既食于民，则捍灾御患，不得不与君卿大夫同其责。故王者之废置黜陟，一以考绩之法行之，幽与明固无二也。后世郡县即古侯伯之国，皆得立社。然民之群萃州处，尤凭于城。环城有隍，所以保障而屏翰民者，功与社等。故后世既立社，复立城隍之神，春秋享祀，主以句龙、周弃，而配以城隍之神。古今异宜，亦其理然也。

自释道之法盛行，佛、老子之宫无不翚飞鸟革，斫木抟土，饰以金碧，眩耀愚俗。而儒者稽古秩祀社稷之制，植木为主，坛而不屋，且僻在郊外。有司岁时扫地以祭，仅属故事，不称古者立社近民之意，而社亦以民心所不属，则灵爽不接，肸蠁益微，无以起斯民旦明悚惕之心。独城隍之神，庙貌严肃，衮冕位号，一视侯伯。有司朔望虔礼，致众读法，听讼刑罚在是。民之春秋祷赛，雨旸疾苦，呼吁奔走无间。盖古今异宜，一以为亲，本一以为致用，固并行不废耳。然则城隍之立，其即古者亲社之义与？民之所凭、吏之所鉴于是焉在，岂与佛、老子之祠同日而语哉？

饶之州当吴楚之交，其城傍山以出溪上，其隍因大溪。自鄱君吴芮以来，二千余年，代为雄镇，山灵磅礴，江湖灌输。其神之英爽，尤宜异于他所。而地界江、闽，甲寅、乙卯之乱，数被兵燹，凋瘵已甚。余奉命守土，下车见楼橹倾塌，祠署颓堕，而城隍庙尤为芜坏。余与二三僚佐日夜劳来，次第缮完城郭，修葺学宫，民稍稍复业。因私念五六年来，雨旸以时，疵疠不作，民庆更生之乐，而吏亦得免于谴责者，虽圣天子休养生息之恩，亦神之有以阴佐而默启之也。夫事神治民，使功罪昭明、废坠修举者，固长吏之责也。爰进僚佐士民而诹之，捐赀输役，重构神宇，前殿后寝，门廊周建。经始于康熙二十年七月，落成于二十一年五月。民皆不令而趋，不征而集，盖亲地报本之义心之所自致尔。夫神与有司分治幽明，均有斯民之责。然有司秩满当去，而神之于民，自有斯城未之有改。然则民之所以致力于神者，尤宜何如也？因本立社之义与古今所以异宜者，勒诸丽牲之石，使后之人嗣而葺之，毋为佛、老子之徒所笑，以作神羞，则有司与士民所当交勖云。

【说明】据同治《饶州府志》卷一二载："黄家遴，奉天广宁人。康熙十六年由举人历安仁令，升饶州知府。洁己爱民，清赋禁耗，梳蠹涤冤，庭无淹系。治城隍，葺文庙，修廨署，建汇泉书院，教育士子，多所成就。严缉骄兵，静弭荒乱，民甚德之。"据前志卷二七录文。

874. 清·丁炜：通天岩真武殿记

康熙二十一年壬戌（1682）

出赣州西关十余里，见有翼然嵌空，如鸟如翚，高出诸山之上者，通天岩之玄帝殿也。载行八九里，路转纡回，冈崇岭复，数折深入，石壁如屏，周遭数十丈，中凹为洞，上凸成檐，嵯峨阴蔽，岩左之广福寺在焉。地有千百年松楸，壁间佛容祖像，镌垂无数。自宋以来，留题诗刻，汗漫纵横，不可胜纪。循览瞻瞩，而帝殿独坐太和一山，益尔俨然在目。自此经岩口东北行，更上百七十余磴，转度山谷，始乃至门。四望香炉、钟鼓诸峰蹲伏于前，象山低枕其后，左右诸阜儿孙趋随，而崆峒全山远远正案，遥视州城，苍茫隐约，直在下方，是殆所称去天尺五，呼吸之间，可通帝座者耶？入门有庭，直广盈丈，横二倍之。庭上则为回廊环绕，殿中天颜金身，尊严有赫。廓外东西翼开二阁以祀圣母、大士，阁边各架耳房二。更东成屋三间，栖僧以供香火。其几案、炉盂、楹柱及门额、壁对，与夫布地阶墀，一取材于兴国之石，雕磨精莹。檐瓦镕铁为之，神龛天板，梁椽榱桷，窗棂户槅，木取浑坚，金碧绚烂。殿阁环墙，庭前垣堵，圬墁粉白，皆极尊重牢致之观矣。

帝于武当道成，为九天玄武之真，显灵如响，故郡邑所在皆有武当行殿。赣以通天为名胜，通天唯太和之山最高，似乎陟降易凭，百灵呵护，祀帝宜也。且夫明有王法，幽有神祇，载在《诗》《书》。礼者所言上帝、享帝，说甚详。况天下当太平后，百凡举废。迩者圣驾东巡，新泰山庙宇，净域整修，类不一处。若帝之福善祸淫，昭昭不爽，与天子彰瘅并行为治，则殿之成否，亦非独下民者之责矣。考山旧有古殿，大不过十笏。甲寅扰攘，州民逃难丛处，颇致污亵。乱定民复其居，神火自发，毁烬无仅存者。吾乡许公际斯都督三府，开镇双江，暇时登陟，感怀生迹，因出重赀倡建。余与郡邑莅兹土者，各视其力，踊跃相襄。而莆阳善士郑茂芬侨寓是州，自输广募，竟年独董其役，计费金一千三百有奇。山筑其欹，石刬其险，小者以辟，无者以增，开廓数倍旧址，尽致壮丽新裁。自是风雨可以无虞，年岁堪历久远，讵得忘其所自也哉？夫山川虽佳，非神不著。五岳诸胜，每岁进香，奔走几遍天下。兹山宸居既焕，都人士与四方过客以时请命祈祷，重与相羊于通天之下，谈坐忘归。考核前辈玉岩遗事，庄诵东坡、阳明二公题咏磨崖劖石者，必日益众，山灵辉映，岂不永永无穷哉？爰当殿工告竣，镇帅许公及州之人谓予观察一方，应书其事，乃为之记，并告后之游此山者。

【说明】 据同治《赣州府志》卷四一载：丁炜，字澹汝，一字雁水，福建晋江人。拔贡生，历职方郎中分巡南赣，以力革弊政获嘉许，后迁湖广按察使。雅善诗，有《问山集》。据康熙二十二年《江西通志》卷四九录文。按，本文撰作时间是据丁炜分巡南赣之时（康熙二十二年前后）推定。

875. 清·熊永亮：鼎建左蠡元将军庙记

康熙二十二年癸亥（1683）

彭蠡南承章贡，又东益以临汝、盱余诸水，而北抵湖口。左蠡者，左于彭蠡，水势泙湃，直当搏射横冲，风触而起，则波涛不时。故此湖之险，左蠡为甚。其上旧有龙王庙，并祀元将军。世传民未病涉，惟将军呵护之力俱多。元末明太祖与伪汉战于鄱湖，初失利，走湖滨，遇老人舣舟近岸，太祖得济。赐以金镮，返顾之，则鼋也。是夕宿祠中，题诗于壁。将军受命，则益效灵，波无叵测。至今灵应屡著，与民捍患。第以前史失载，仅歆其德，制诗泐祠中，里巷父老能言之。三百年来，汤汤湖水，鼓枻安澜，可勿念哉！

秀水曾侯借寇都昌，公务往来，必经其地。因吊遗迹，访逸事，谓此商旅舟楫之所庇，实大有造于民生，遂解清俸，庀材鸠工，就祠塑像，新成庙三楹，高居湖上，以彰将军之威，俾帆樯稳载之商民蒙其庥荫，益得观感其显赫而崇祀明报也。是役也，民力不烦而古迹聿昭，岂偶然乎？亮备位黉序，三年于斯。每以衡文之役，往复康城，舟次其下，感庙貌之新，亦乐捐俸为其台座，以勷瞻仰，赞成一时之盛云。

【说明】熊永亮，字采臣，丰城（今江西丰城市）人。岁贡。历官都昌、万年教谕、贵州普安知县。碑现嵌于庙门右侧墙上，青石材质，高1.27米，宽0.93米。直行，16行，楷书描金。据碑录文。参见同治《都昌县志》卷一二。

876. 清·安世鼎：宣风重建关帝祠碑

康熙二十二年癸亥（1683）

人之精神，始则赫然，久而渐以衰歇，犹生死如一辙也。惟关圣大帝之灵，千万年如一日，寰宇如一方，且久而弥烈，赫声濯灵，滋而益甚，岂不异哉？天下通都大邑，下至城乡僻壤，无不建圣帝祠宇，奔走而尸祝之。虽名公巨儒以及九流二氏、厕卒负贩过祠下，无不下车却步，无不展谒，知敬知畏，成礼而退者。大凡礼义自在人心，惟无以感之，则澌消涣失而不觉耳。外肃然于耳目，则内惕然于神明，内与外感，一人如是，千百亿万人莫不如是。夫以千百亿万人千百亿万心之所聚精会神于此地，壮而为威严，发而为显赫，无怪也。

江右袁州有所谓宣风市者，地当湖湘孔道，西达滇黔，东趋闽浙，舍舟从陆，必经于是焉。而道左有圣帝之祠。余往岁自江皋移楚藩，驱车过之，停骖入拜，见其栋宇倾颓，香火不备，愁然兴感。时皇命有程，未遑经理，然往来余心不置也。既膺特简来抚江西，政事之暇，进郡守而语之，捐金庀材，更新饰旧。鸠工未讫，会余又奉命以去。仅图其始，未观厥成，其往来余心犹昔也。今岁癸亥，复奉简命，载抚豫章，宣皇上之德意，问民间之疾苦。于凡地方，厘剔诸务，兴废举坠。方次第施行，而郡守适以公事来，言既毕，乃进宣风市圣帝新祠图，因请为之记。余于是有感矣。且人心莫不有礼义，不感之则不发。迩者西南构逆，氛浸震邻邑，蹂躏及袁、吉。宣风一径，几沦于疮痍兵燹而不能自振，蒙仗庙谟，寇逆歼除，区宇清晏。于荡平王路之中，岿然立天柱地维之表，俾之东西行过是市者，举目瞻祠，惕然如遇圣帝之威神，云车风马，洋洋在上在左右，益有以启其善心而消其慝思，其于巩固苞桑，敉宁境域，人心教化之所系，岂不大哉？余又自惟宦游所扬历于江右独最久，计所以整饬乎地方、兴革乎土俗者，念之也至熟而行之也必详。重蒙新命，期益矢心竭力，为一方图保安休息，以无负我皇上再三简命之意。甫下车而宣风之新庙适成，是圣帝之神灵，殆将大启我衷而默相之也。乃命郡守躬诣祠下，致修禋祀以妥神居。复镌石而纪之，铭其辞曰：

日在天上，心在人中。天人合撰，日心交融。卓哉一言，开拓万古。伊百代师，岂唯神武？尼山媲德，西岳东真。后先相望，乃圣乃神。气直两间，威慑九域。碧落徊翔，中天炳濯。典祀秩祠，昭布森列。僻尔宣风，山环水湲。轮蹄四会，祠宇夙存。榱题乍坏，丹垩湮沦。辅轩信迈，来经来理。载莅江天，堂陛奕只。式壮山河，表兹孔道。争拭征尘，来瞻庙貌。袁山业业，秀水沄沄。协天广运，阴骘斯民。有恪不骞，勒时贞石。钟簴维崇，被于无极。

时康熙癸亥。

【说明】 安世鼎，字铸九，辽东广宁（今辽宁北镇市）人。贡士。康熙十八年（1679）任江西巡抚都御史，康熙二十二年再任。参与修纂康熙《江西通志》，为总裁之一。据同治《萍乡县志》卷六录文。

877. 清·谭瑄：弋阳县东岳庙记

康熙二十二年癸亥（1683）

史称八神皆在齐地：一曰天主，祠天齐，天齐渊水，居临菑南郊山下；二曰地主，祠泰山梁父。按临菑为古齐都，齐之所以为齐，缘天齐也。今道士家则云，东岳天齐大帝掌录人魂魄。盖天神之贵者，托诸东岳，非岳神也。然则天齐何神与？盖北方虚危之宿也。曷知之？以虚危为齐之分野也。古之建国，必祀其分野之星。是以晋祀实沈，宋祀阏伯，齐祀天鼋。天鼋者，虚危也，事见《国语》。人死，其魂魄必归于幽阴之地，故虚危之舍有坟墓。卢梁哭泣之星，即道家所谓掌录人魂魄者也。其旁又有司命、司禄、司危、司非之星，则皆天齐之官属矣。夫神所主者人之死也，而居于东方生长之地，其将以消天下之昏夭札瘥而登之仁寿与？道士书多荒诞，不合于经传，独天齐之祀，差为有本。以故祠宇遍天下，穷陬僻壤，往往有之。其能降福延和，垂庇一方，可知矣。

弋阳故有东岳殿，毁于寇乱。僧等机者复新之，乞予一言以示邑中之敬神乐义者。予以为可，遂为之记。

【说明】据同治《弋阳县志》卷七载："谭瑄，字左羽，嘉兴人。康熙己酉举人。知县事。时邑经闽变，谭多方抚集，开复荒田数百顷，增市廛二百户，重新学宫，修志乘，课士爱民，治行称最，擢工科给事中。"据前志卷三录文，原无题，据文意加。参见乾隆四十九年《弋阳县志》卷三。按，据多本县志载，僧等机新复东岳殿在康熙十三年，而谭瑄知县事则在康熙二十一年，故暂系本文撰于康熙二十二年。

878. 清·詹相廷：重修城隍庙记　康熙二十四年乙丑（1685）

尝论天人之际，其感召非偶然也。天之所欲兴，必修刑政以保其兴；人之所欲治，必藉神圣以呵其治。间尝披阅经史，浏览古今，诚妄敬肆，各以类应，非有主持祸福传捖造化者运于冥冥之中，又安能操左券于汶汶之世乎？

夫城隍神之代天宣化，一邑之司命者也。于封内人物、山川、土田以及雨旸、盈歉、疾病、夭厉之事，莫不主之。故凡尧封禹甸，靡弗崇祀。吾乐虽弹丸，“矧可射思”哉？考其庙，初立县治西。自元末兵毁后，明洪武己酉始迁市心，即丞厅故址而鼎建之。厥后圮葺不一，增补稍备。迄我皇清康熙甲寅，惨遭逆寇入城，悉将栋宇门壁摧折过半。里民虽知整理，粗略而已。癸亥夏，我方侯讳湛来尹兹土，每见残毁，辄动于中，毅然以修废举坠为己任。首捐赀重修泽宫，次即逮庙。岁乙丑春，出俸银一百两，举庙貌而新之。殿侧原有预备仓，侯以收支夹杂，亵神实甚，徐移置别所，创置两庑，始翼翼改观矣。侯曰：“人所倚毗在神，神所妥侑在庙。予惟笃爱，我必于神灵乎是赖，使士农工商各得其所，幽冥虽隔两地，忧乐谅有同心。”侯之言如此。廷聆侯之言，是以知侯之心也。知侯之心，不能不纪侯之德与侯之绩也。将见天人交感乐利，恒蒙鳌民福泽之深，斯庙香火之盛，亿万年如一日矣。爰命石工，具载嘉迹。山河带砺，日月旂常，神其默佑侯于炽昌者，夫岂有既也哉？廷为之铭曰：

天道甚高，其色濯濯；神道甚迩，其言漠漠。曰我城隍，声灵赫濯。御患捍灾，彰善瘅恶。维我贤侯，求民之瘼。捐赀修颓，朴斫丹雘。侯恩常留，神恩长渥。猗与休哉！万年福乐。

【说明】詹相廷，生平不详，曾官乐安县儒学。据光绪《抚州府志》卷一六录文，所重修者为乐安县城隍庙。按，乙丑原作乙巳，应误，据上下文意改。

879. 清·高克藩：重修城隍庙记　康熙二十八年己巳（1689）

治之东，城隍庙隶焉。余始至之日，祗谒庙貌，肃然起敬。瞻其栋宇，龙蛇蚀于风雨，瓦石落于荆榛，心甚惕之，仓卒未遑就理。莅邑之三年，治具粗举，百废可兴，乃谋于邑之人，焕而新之。金碧辉煌，俨然知神道之尊焉。功既成，将记其事，因以谂于神曰："邑四境，吏与神分治之者也。凡民生之利病，士风之兴替，惟正之供输，讼狱之质成，胥役之作奸，盗贼之伏莽，吏皆得而治之。至阴阳之愆伏，雨旸之恒若，民生之凋瘵，人心之善恶，土物之休旺，鬼蜮之邪慝，神皆得而治之。吏所不能治者，以其半听之神；神所不能司者，以其半待之吏；是吏与神各奉厥职以分治此土也。靖邑褊小，土瘠民病，士知礼义，讼狱罕有。胥役寥寥，无奸可摘，盗贼屏息，维神之赐。惟是催科抚字，政拙心劳，幸更邀福于神，以匡吏之不逮，以报朝廷之万一。年来阴阳调和，雨旸时若，凋瘵渐起，人心渐淳，疠疾不降，物不夭札，是神奉职甚明，可以上报天子而吏亦蒙其余佑也。顾吏奉职惟谨，早作夜思，其有不尽心于民，不加礼于士，溢于额征，偏于听断，懈于觉察，疏于提防者，皆官方之慝也，神实得而纠之。亦愿神更竦其精灵，勤其视听，补其缺略，俾时和而年丰，民安而物阜，户有可封之俗，乡无夜吠之犬，则是神与吏交相与以有成也。神其听之，以慰吏之惓惓。"语既竣，因屏息而为之记。

【说明】据同治《南昌府志》卷二七载："高克藩，字大垣，嵊县进士。任靖安知县，捐资建义学，买学田，纂修邑志。后以忧去。"据乾隆二十八年《靖安县志》卷十录文。参见同治《靖安县志》卷一三。

880. 清·杨光祚：乐平万寿宫记

康熙三十一年壬申（1692）

辛未冬月，邑侯朱公鼎建书院告成，背负崇冈，面横溪水，堂构巍然，亭榭相望，令榛莽沮洳之区复睹冠裳络绎之盛。复辟院之后圃，建阁一所，奉旌阳许真君以崇祀事，俾永镇兹土，民享安澜之庆，岂徒壮游观之娱已乎？考邓聘君《函史》，真君始为旌阳县令，法老氏道德之旨以化民，去贪鄙，除烦细，脱囚系，民悦服如父子。其听讼，先教以孝弟忠信、慈慎勤俭，凡有听断，无不摘发如神。且患民难户晓，作为文诫，择秀民之有德行者月吉读法，委之劝率，民遂烝烝向风，率以无讼。及弃官归日，民囊橐而送者蔽野，家尸祝如神明。迹其生平，盖渊源于道德，不假借于方技者也。由是精修服炼，白日冲举，则真君之证成仙果，已于作令时基之矣。及羽化之后，念念不忍忘民，犹以御灾捍患、降魔驱邪为事。历今豫章之民普祀而崇奉之，固其宜也。

公治乐六载，荡涤烦苛，与民休息，清心寡欲，仁恕恭俭，固已心旌阳之心而行旌阳之政矣。解组日，阖邑士庶攀辕卧辙者，与旌阳同出一轨。公之德动天眷，无福不届，后之视今，不犹今之视昔也乎？阁成，游观而至止者，启其服教畏神之意。至于文人墨士，兴酣落笔，诗成笑傲，放情于邱壑之间，极目在云山之外，所以启乐邑之秀杰雾涌而云蒸者，观感又不知当何如也？则斯阁之作，奕世感神之佑、戴公之德，将与鸣山俱崇、洎水俱长也，顾不伟欤？

【说明】据同治《乐平县志》卷八上载：“杨光祚，字伯永，万全乡员沟村人。赋性笃实，学问渊深。早失恃，事继母以孝闻，侄幼孤，抚育如己子。顺治十七年，蜈蚣山寇王跳鬼劫掠村镇，父振魁被害。光祚奋不顾身，往救莫克，即吁督抚，请兵剿之，艰苦备尝，克复父仇，地方藉之以安。所著有《经济鸿书》《沿溪思亲录稿》，藏于家。康熙辛酉聘修县志，癸亥聘修郡志。”据前志卷二录文。

881. 清·王度：仙潭祷雨记* 康熙三十六年丁丑（1697）

丁丑春多雨，禾尽插。入夏则不雨数旬，设坛步祷，辄不应。士民以往仙潭请，予初未深信。然以父母斯民之义，不坚拒。遂斋戒七日而往，于六月二十一日晚率僚友邑人出郭行，皓月疏星，几同白昼。达旦，抵烈桥，茹蔬罢，诣老庙、浴庙，则二仙姑发祥地也。甫辰刻，至东潭，庵僧出迓。少憩，𡾰而上几二里许，四围皆怪石磷磷，不可名状。周遭则竹树阴森，几忘溽暑。泉在山之巅，悬瀑数尺而下，其源不知何自来。好事者寻之，不可得。其声淙淙然，喷玉飞珠，笙簧迭响。其下为潭，潭不过亩许，垂丝试之，不知其几千丈也。水平如镜，净如拭，无荇藻一茎。余为文告之，徐生朗诵毕，投之潭中，若有物焉引之而去。献以香楮瓜果，香一函随之下，余俱不纳。庙祝致词，卜以筶，曰："如所请。"余伏石岩边，目未瞬。忽有一物首尾长径尺，有金线痕，细如丝，泳游而至，若自得状，人共异之。旋鼓鬣去，众方悔其不疾收而纳之也。俄顷则复至，以瓮伺之，竟随水而入。余与诸君子共见之。已而详视瓮中，非鱼类也。口有二短须，曲折而游，洋洋悠悠，更非蛇虺可比。而黄童白叟，欢呼载道，皆以为得真龙也。遂鼓吹导之，先往老庙中。余辈复行二十里，至西潭，其景更佳，真与东潭相伯仲，目不给赏，以其意不在山水也。祷如前文，亦随逝。未几，一四足蟾从雪浪中跃而出，眉目睁睁如电，赤如金，背似茶褐色，两旁则朱绿璀璨，错以金丝纹，良可异也。乘月而回，随行者数十人。卓午，舁至城隍庙，众皆泥首顶礼，咸归功于余，以是为邑令之积诚所感。余曰："天灾流行，何代蔑有。尧水汤旱，古帝王有不能违气数者。雨真可祷乎哉？然史册中感召之事，间或有之，而未知兹行之果有验否也。"次日，西北仙湖村雨泽先降，沟洫皆盈。又二日，宝峰、龟峰雨。至二十七日之夜，环城皆雨，远近沾足，此而欲不归功于仙姑何可得耶？余至仙湖村，见溪流涓涓不断，可润民田数千顷。盖其源远而流甚长，而仙姑又复大显神力，时沛甘霖，则是潭也，当与彭蠡、震泽同其浩荡矣。鸾舆芝盖，拥送还山，因援笔而为之记。

【说明】据同治《弋阳县志》卷七载："王度，号香山，高邮举人。由颍川教谕擢知县事，宽厚廉明。立限催科，令民执木，皂隶赴柜自投纳，限足归农，无胥役之扰。禁溺女鬻妻。祷雨辄应。善政良多，膺荐内用，民至今怀之。"据前志卷三录文。

882. 清·王度：重至仙潭祷雨记* 康熙三十九年庚辰（1700）

余承乏四载，丁丑旱，祷雨仙姑潭立应，已作记详志之。今夏秋之交，旱尤烈，禁屠酤，严斋戒，朝夕步祷，不应。延上清羽流建坛设醮，又不应。邑人仍以往二仙潭请。余率属吏士民往，仪如前。七夕至东潭庵，日西下矣，不敢遽投文疏，先往潭前展拜默祝以故。拜毕，与姻友项方仲家三弟五弟扫石趺坐。既而肩舆回僧舍，僧供伊蒲饭罢，以力倦，就禅榻卧。天将曙，即整衣冠，扳藤附葛而前，拜伏潭石上。告以文，不焚以火而投诸水，一书不浮而沉，庙祝曰："享！"投以瓜果，坚不纳，止香一封随文而下，庙祝又曰："享！"卜以筶，曰："龙即发，发以吉时。"众皆伫目望之，见其空明澄澈，愈惴惴乎不敢必。俄而石缝中有一物出，昂首半晌，跃入浪花中，游戏自得而不可即。人皆骇目俯首，而悠然逝矣。倏波心中又有物浮而上，则檀香二大块，五色丝线数十缕系香两端。庙祝曰："此仙姑之赐邑令者。"余亟向洞门拜谢，忽恍然悟曰："异哉！以祝文内有返魂续命语，元君辄有是赐。噫，异哉！"方惊叹，顷众曰："龙至矣。"余复跪而迎之，盛以白布，导而疾趋至老庙，则西潭之委县尉牲者亦得一郭索。百姓蜂拥而行，行不履桥梁。离烈桥未数里，勿雷电交作，风雨骤至，舆隶淋漓冒雨行，即车中人衣冠尽沾濡。夫雨可祷，而祷之辄应，未有如仙潭两次之奇者。噫，异矣！即事作诗数首，以志私喜。

【说明】据同治《弋阳县志》卷三录文。按，丁丑原误作丁酉，据同卷载王度《仙潭祷雨记》改。

883. 清·王度：重至仙潭祷雨文* 康熙三十九年庚辰（1700）

自丙子秋承乏兹土，丁丑夏即亢旸不雨，因率属吏及邑之绅士耆老奔赴仙潭摅诚拜祷，即荷仙慈赐，以神龙甘霖普沛，岁获有秋。撰有《仙潭祷雨记》，行将登之邑乘，用垂不朽。嗣后每岁丰稔，虽无陈腐盖藏而正供可完。俯仰攸赖，皆神惠之无疆也。今春雨旸时若，高低尽已播种，早谷已登场圃。至夏秋之交，又复不雨。此地桔槔之力全无所施，所仰望者天心之降监耳。昨已禁屠酤，严斋戒，步祷神前。又延上清羽流建坛设醮，朝夕祈求，四郊仅有疏雨，其于龟坼之田毫无补益。蒿目伤心，束手无策。而邑之黄童白叟仍以再叩仙潭为请。闻上界神仙以救苦恤灾、积功累仁证无上妙果，况仙姑谊属维桑，忍令旱魃肆虐，伤垂成之稼穑乎？伏望仙慈俯鉴愚忱，大显灵于流金砾石之时。疾首蹙额之际，再降甘雨，俾槁苗立苏，焦土立润，其为功于亿万人者岂可以数计哉？职待罪四载，于地方虽无寸长足录，而茹蘖饮冰，应为神明洞察，或可邀恩于万一也。谨告。

【说明】据同治《弋阳县志》卷一一录文。

884. 清·王度：弋阳县城隍庙记　康熙四十年辛巳（1701）

窃闻人神之道，相去悬殊，而阴阳之理，可通呼吸。二氏有六道轮回之说，似乎渺茫，而作善降祥，作不善降殃，圣贤亦谆切言之，其报应捷如桴鼓，无毫发之或爽也。圣天子怀柔百神，郡邑俱建城隍神，与王畿之社稷同其规制。城隍神理幽，县令理明，俱有彰善瘅恶之权，与一切修斋诵经、脱尘出世者迥别也。

度以江左鄙儒承乏兹邑，莅任之日，即为文昭告明神，誓以清白吏仰答主眷，如有染指，愿遭殛戮。今不觉六年所矣，清夜自思，从未作一亏心事，受一枉法钱，茹蘖饮冰，兢业自守。如邑中之虚粮虚丁，除汰几尽；一切陋规，如修衙供馈之例，概为禁革。至暮夜，若受分文，愿膏斧钺。即一丝一粒，无不与民间同其贸易。且邑中之溺女者，苦□之而其风顿易；活割生妻者，严惩之而其俗稍移。但以兵燹之后，闾阎凋敝，正供维艰，土著寥寥。而外郡之杂处者，性情不一，每多争竞构斗，健讼不休，良可浩叹。长吏惟愿与之休息，绝不以敲扑从事，从未以桁杨戕人一命。此神明所洞鉴而童叟所周知者。每逢朔望，斋沐而叩庙庭，此身此心，实可以对越神祇而无愧色。但庙貌倾圮，风雨不蔽，亦长吏之责也。无如囊空如洗，术乏点金，不能为鸠工之费。适有义民周天禄等持疏托钵，人皆鉴其诚而乐助之，渐次修整。虽不比宝刹琳宫，而栋宇坚致，规模宏敞，尽可肃万姓之观瞻，较之县令之厅事茅茨为堂者，不大相径庭哉？愿百里之内凡隶版籍者，皆洗心涤虑，急公完粮，秀者横经，朴者负耒，无好讼，无好斗，各安本业，自成乐土。度久思鲈脍，即拟载石而行。虽不敢谓何武有去后之思，而此碑屹然，或一见肺腑之言而洒岘山之泪，未可知也。

时康熙四十年岁次辛巳孟冬吉旦。

【说明】据同治《弋阳县志》卷三录文，原无题，据文意加。文后原有注云："据庙碑增。"

885. 清·戴有祺：重修青云圃碑记

康熙四十一年壬午（1702）

去豫章郡城南十五里许，有名胜道场青云圃者，盖始于周王子晋也。而汉梅子真为南昌尉，尝隐钓于此。至晋许旌阳，复拓其基而弘净明忠孝教焉。及唐太和五年，刺史周逊奏建太乙观，迎万振天师居之。宋至和二年，敕赐天宁观。真人刘颐真、明周颠仙焚修于此。盖其久而墟、墟而复构者屡矣。

国朝顺治辛丑岁，全真朱道朗访前贤之遗迹，爱山川之秀灵，复构堂宇，额曰"青云圃"。征诸同志习静修真、继净明忠孝之传者阅三世矣。然而中殿隘小，不足以起四方瞻仰。时江西巡抚中权詹君南屏偕长子卜臣素奉斗母，每延全真彭清源、周弘谦等就署礼斗，尝于座前发建修大殿之愿。至康熙乙亥花朝前一日，南屏乔梓来游云圃，遇新安黄君正甫于是可轩，抵掌而谈，慨然有重兴大殿之举。先是黄君首捐五千金为倡，至詹君遍募院司道府厅县暨徽西两河典缎布，以及诸善信，各捐金助之，而黄君仍再输百余金，不期年而殿遂落成。黄君又为之置田十数亩以资焚修，而历代旧规焕然矣。今年黄君寓书云间，属余为记。

余惟斗母之说出于道家，缙绅先生所难言。而真仙有无，则历代相传有不可诬者。至汉梅子真，清风劲节，实为西京末年之冠。读其传，未尝不想见其人。况此地固其尝钓游之所，而可听其湮没乎？黄君乐施不倦，其意盖在于此，而非徒以为福田利益之计也。余于黄君内兄弟也，故不辞而为之记。

康熙四十一年岁次壬午嘉平之吉，赐进士状元及第、翰林院修撰云间戴有祺撰。

【说明】戴有祺（1657～1711），号珑严，江南金山卫（今上海市金山区）人。康熙三十年（1691）状元。授翰林院修撰，掌修国史。有《慵斋文集》等。据民国九年《青云谱志》（1920年秋由青云谱道院徐云岩住持重刊，板原存青云谱道院，现存于江西省图书馆）艺文篇录文。参见《南昌文征》卷一七、《净明资料汇编》。

886. 清·朱愈龄：金龙仙观记　康熙四十六年丁亥（1707）

距邑治北五十里曰密村，山环水绕，中平而旷，罗氏世居之。由村西北隅行一里许，有高山崒嵂，循径而上，层级如梯，虽强有力者亦必喘喘然，再四休息，始能跻其巅。环山多松柏，间以桐梓，夹道阴翳，苍翠欲滴。如是者七八里，蜿蜒起伏，耸出云霄。有宫观巍然，土人所谓金龙仙也。其所祀神，曰邱曰王曰郭，不知其所自来，意即抚之大华盖山所祀与？

明嘉靖间，罗氏诸长老合赀构此，四方来谒者甚盛。岁久倾圮。康熙丁亥，僧透宗复募罗氏诸公撤而新之，去其前楹，使得远眺。诸峰罗列，若炉若笏，若顿鼓，若悬钟，无不森然在目。殿下左右建一阁，一祀观音大士，一为宾客宴息之所。下植四时花卉，凭栏俯视，芬芳之气袭人。阁后为精舍，为亭榭，或高而敞，或奥而幽，低若穴处，高若巢居，护以竹树，甃以山石，使观者心目旷然，洵一方之胜境也。

余每至密村，与罗子次辉辈偕游其处，盘桓竟日，不忍归。尝慨然太息，以为人生名利之场，汲汲营营，日不暇给。凡耳闻目见无非喧嚣，求一息清静不可得。履斯境也，云烟缭绕，清风明月，鸟语花香，所谓别有天地非人间，飘飘乎不自知尘襟之顿涤也。罗氏诸君子不惜重赀共勷厥成，不独以奉神灵，求福荫；将四时之暇来游来观，藉以陶写性情，消遣世虑，胥于是乎在。余嘉诸君子高情雅致，得于山灵之所助为多，因忘其固陋而为之记。

【说明】朱愈龄，字介眉，瑞金（今江西瑞金市）人。康熙四十一年（1702）官峡江训导，升新昌县教谕。年八十余卒。有《周易定本》《地理规正》行世。据道光《瑞金县志》卷一二录文。

887. 清·曾绍裕：重修城隍庙记　康熙四十七年戊子（1708）

萃雩封一十四里，其延袤不下他邑。然地虽广，固赖贤司牧主雩祀者理之。调元赞化，御灾捍患，则城隍实阴相焉。雩，古汉县也。按雩城北旧有汉灌婴垒，相传为城隍神，其说近幻，然从来久矣。洪武初，始建庙于县治东、宪司之左，顾守土者佹修佹圮。洎崇祯九年，莆田郑侯令雩，始捐资储材，合士民义助，尽撤其旧新之，费计五百。邑侯郑碑阴详之矣。然后殿尚未遑也。

国朝庚辰夏，住持僧以募修后殿请于邑侯赵，时赵侯已请致候代，修不果。因疏册付僧，俾四方慕义焉。迨宁邑令王侯摄雩，鸠工庀材，欲竟前绪，又以资不继而罢。越明年而卢侯适来，敝者举，废者兴，谓前事未竟，后来责也。乃于壬午秋大兴厥工，经营筹度，不资旁助而后殿遂成，不数月而后殿庑成。广视深之几，高视广之几，规模宏敞，神获妥侑矣。先是正殿及前廊两庑为驻防戍兵所据，牛溲马勃，腥秽难堪。会甲申大水，前廊两庑倒塌殆尽。侯因叹曰："非此大惩则兵不去，兵不去则神不安，神不安而雩何庇焉？然戍兵作践已久，驱之而不为之所，保无哗而肆乎？"因捐资若干易宪司，近地别构营居，尽迁之。遂于丙戌冬，又肇工修正殿及前廊后庑焉。入丁亥夏而大工告竣，黝垩丹雘，焕然改观，而且新神像，复会所，一举而数善备矣。

余因思之，因陋就简者无才，好大喜功者难继。乃侯以前两公未竟之绪，一旦不动声色，费不贯而赡，功不劳而集。且以数十年营兵豪据之所，依然清为殿宇，则若侯之经纶，岂易更仆数哉？今试仰瞻榱桷，环瞩殿庑，俯视阶除，神耶？人耶？不得不归美贤侯矣。事已，越岁无记，裕因执笔而为之书。

【说明】曾绍裕，字伯饶，雩都（今江西于都县）人。康熙四十四年（1705）举人。性聪颖，博极群书，教学多所成就。曾任河南罗山知县，数月风化大行，人称神君，勒碑颂德。据同治《雩都县志》卷一四录文。参见道光十年《雩都县志》卷三十一。

888. 清・程卫：南康县新修城隍庙记

康熙四十八年己丑（1709）

国家建坊立国，则必藉城郭池隍以域民而保境，此城隍之祠实与名山大川均有设险之助焉。《易》曰“王公设险以守其国”，《传》所谓“有功德于民者则祀之”是也。明洪武三年，更定城隍神号，封为监察司民，而隆其祀事于春秋，在郡县则守令主之。载在令典，最为近古。

南康之祀城隍，建庙于治东。嘉靖十三年，邑令陈徕新之而学谕莫遗贤为之记。由前明以迄国朝，兵燹频仍，成毁亦不一矣。康熙乙酉三月，邑侯申公来莅是邦，洁己勤政，爱民礼神。眷兹隍庙年久摧颓，甚非所以肃恭祀事虔奉神明也。爰捐俸倡始，复进耆民吴日曙等而诏之，俾邑人胥助以终事。于是诹吉庀材鸠工，先新正殿，后又因荒址构楼屋三楹，前翼两庑，门栏耸峻，浸浸乎改旧观矣。经始于丁亥嘉平，迄己丑阳月而落成。因授简于卫而为之记曰：

守令视事之日即与神誓，不以非礼厉吾民。审是则神固民之主也。《传》有之，圣王先成民而后致力于神，以隆其禋祀，于是民和而神降之以福。今公莅政五载，廉明惠和，百度维新。且又敬其神以及其民，风雨以时，物无疵疠，可谓崇德报功而垂肸蠁于无穷也已。卫职康学四载，亲见公之广教化，兴学校，士习民风，丕然一变，其有造于康者大矣，宁独隍庙之轮奂已哉？

【说明】程卫，永丰（今江西永丰县）人。举人。积学工文，勤于课试。康熙四十五年（1706）官南康教谕。据同治《南康县志》卷十录文。参见康熙四十九年《南康县志》卷一五、康熙四十九年《南安府志》卷一九、乾隆十八年《南康县志》卷一六、同治《南安府志》卷二三。

889. 清·巢汝翼：重修九仙宫碑记

康熙四十九年庚寅（1710）

予邑不乏神灵殿宇，而形势崇隆、规模壮丽者，莫如城东九仙宫。宫肇自唐初，其间兴废，不可详矣。有明宏治丙辰，合宫灾，道士邹冲应重建殿宇宫门。曾几何时，正德己巳复灾，冲应痛且奋，与其徒虚灵等同心协力，醵金捐赀，壬申大构正殿回廊，修砌门垣，起竖石坊。越数载，复构旁殿。历今二百余年矣，其稍完固者惟祖师殿，若三清与三元两殿并颓圮，上漏下泾，风雨莫蔽。

余于康熙庚辰教读其中，历十有一载，每徘徊四顾，心怦怦然动。幸会首数人给会银百两，以修葺为己任，计不足，捐赀以助。己丑春，踊跃兴工，先将三元殿尽撤其旧而新之，砌砖墙四扇，凡梁木椽瓦，悉坚致以图久远，秋方告竣。冬又新砌三清殿四围砖墙，其旧殿梁木可仍者仍之，否则易之。至庚寅春，始告竣焉。由是两殿改观，神灵共妥，而城东九仙宫依然形势崇隆，规模壮丽，可以光前，可以示后矣。余因而疏其梗概，不惟使后之修真奉元者咸知为某某之功也，且使后之游览其地与读书其中者亦咸知为某某之功。是为记。

【说明】巢汝翼，邑廪生，余不详。据民国《万载县志》卷一二录文。

890. 清·冀霖：庐山石道人墓志铭

康熙五十一年壬辰（1712）

从古隐者多埋名易姓，在尧时已有巢父，实开后世高蹈之风。今所称庐山石道人者，或以为曾登科第，历仕途，知几遁迹。然本来之姓名，久不可得而考矣，故群然有石道人之称。按状，道人名和阳，字嵩隐，南阳人。木瓜崖，其终隐之地也。自明末即隐居嵩山，究心理学。郭公天门延入岳麓，朝夕论道。李公崧岑亦过访，道人讲“艮其背”数语，公极契合。迄抚浙，遣使迎往，有同栖木瓜之订。会王公昊庐交善，听其讲“不迁怒，不二过”及“乍见孺子入井”一段，悦而记之。乙丑冬，访道人于庐山，盘桓颇久，赠以诗曰：“交同鱼水邀仙侣，人应龙沙阐道风。”可概见矣。一时诸贤宦游此邦者，先后加礼。而韩城刘公乔南清介，少许可，仍寻胜快谈，诗匾题赠。数十年间，南北之硕彦巨公咸以品推重。暮年，应湖口榷关朝公、安庆观察姚公之招。朝公复入山继见，别诗有曰：“南阳隐者浔阳逸，五老峰边一老人。”盖定评也。

一日，与其徒尝梅于洗心亭，持杖指亭后曰：“吾其藏于斯!”又曰：“风起白云收，行年八十九。仰天见明月，七星是北斗。”泰然而去，时康熙四十八己丑二月十六日。是夕也，弟子闻庭中有鹤声旋绕之异。先是，乙丑、丙寅间，南丰汤公惕庵主白鹿洞讲学，亦与之交，有“凿开奇境表青青，高士聊吟《道德经》”之句，其人其境，庶几藉以写照哉。平生注《黄庭》《虚静》《阴符》诸经，《指元篇》《三洞元章》《心经解》诸语录，予未之览也，故备志之。且为之铭，铭曰：

儒耶道耶？其心则一。遐迩行行，德音秩秩。木瓜之崖，幽人之室。终始在兹，既安且吉。逃名而名，南阳隐逸。

【说明】据民国《临清县志》卷十等载：冀霖，字雨亭，其先山西人，由直隶永年迁山东临清，刚正廉介，孝友性成，好赒人急。康熙甲戌（1694）进士。历官四川峨眉令、摄嘉定篆、户曹、顺天文武乡试同考官等。后督江西学政，所拔皆一时名隽。修鹿洞义学，捐俸置田，多士颂德，为刊《德造编》以纪其绩。据《庐山道教初编》第五章“艺文”录文，标点有改动。铭文记述了庐山木瓜洞道士石和阳之学识德行及其与地方贤达之过往交谈。

891. 清·叶谦：石嵩隐序* 康熙五十一年壬辰（1712）

嵩隐，南阳人。初治经，精《河》《洛书》。及长，遭荆襄寇乱，遂隐居嵩山，慨然有轻云野鹤之志。后入匡庐，思昔之白司马寄迹香炉，李供奉流寓青莲，乃筑室于木瓜崖畔。其亦匡庐之隐君子乎？

夫木瓜崖，晋代仙窟也。嵩隐初与张敬一、章云崖、周北溟、钱伯常皆以儒修晦迹，枕流漱石，以激其清，饵芝餐霞，以韬其耀，于世味声利之事，淡无与焉。岁壬辰，余来守康郡，时嵩隐已解脱去矣。是夏，因勘蛟水，乃造其庐，观其墓，徐咨其生平。有父老言嵩隐隐庐山，觅丹丘，访道源，筑室岩前。即苏子瞻所镌“玉佩琳琅”、白玉蟾所咏“琅庭珍馆”是也。缘辟其地而居之，披风捉月，观鱼种花，寿九十余。当世名卿大夫无不慕其风，尊其道，或锡厥瑶章，或拜依杖履，丹崖翠壑，藉此不朽。虽瑰意奇行，未可绳以东鲁之尺度；而苍颜古貌，亦自得于漆园之风流。夫沅芷澧兰，只独成其芳洁；而长松傲菊，固各树其高标。然则世之沉酣声利者，岂能得木瓜之余味哉？昔孔子周流楚泽，遇荷蓧丈人而许以隐者。嵩隐得无类于斯与？自范蔚宗以隐逸登诸史传，至今不废。余亦仿其意而为嵩隐序其逸行，若此则高风固终不可泯也夫。

【说明】据乾隆十九年《福州府志》卷四三载：叶谦，字学山，闽县人。康熙二十年（1681）举人。曾官南康知府，为政明敏，治效丕著。据《庐山道教初编》第五章“艺文”录文，标点有改动。按，“玉佩琳琅”实应为“壁佩琳琅”。

892. 清·刘荫枢：题庐山木瓜洞石道人嵩隐行略*

康熙五十三年甲午（1714）

余少宗孔孟之传，二氏之学从未参考，然综其大旨，佛曰寂灭，老曰清净，儒曰慎独，要归所在，其至一也。人生而静，厥有恒性，圣狂善恶，初无悬殊。惟心一动，而后有欲，有欲弗克，遂则必争；迨争心起，而天下自此多事矣。三教圣人，收狂澜于既倒，息炎炽于燎原。牖民孔易，觉世训俗。佛曰寂灭，灭此欲也；老曰清净，清此欲也；儒曰慎独，慎此欲也；为功各异，立言不同，大指要归，不过如是。慎独之学，三代以还，世有醇儒，未易论述。

乃今之学二氏者，吾惑焉。闭目合掌，诵经数珠，谓学禅也；点砂烧丹，吐纳运化，谓学道也；叩其中藏，诸魔横生，身踞蒲团之上，心驰九天之表。

余尝遨游天下，所遇禅士羽林，惟问山水。道家常概，不言“学问”二字，恶其貌则是，其中则非也。辛巳夏四月，托迹于匡庐秀峰寺，凡三越月，诸凡名胜，无不游览。一日抵木瓜洞，与嵩隐道人遇，询其年八十，瞻其貌如童颜，肢体丰硕，步趋轻健。问其所由来，则曰：“洞自唐真人刘混成种瓜得道，以此得名，后久荒废。甲寅岁自广陵迁居于此，凡殿宇亭阁，皆创构也。”洎晚让榻卧余，几前经书数卷，笔砚莹彻，毫无尘俗气。余曰：“幽人贞吉，其是之谓乎？”次早食，余将告别，从容叩其学问根底，以“知止”二字应。余闻之矍然，曰：“此道学要诀也。”凡学之所以不醇者，欲害之；人心之所以我欲，由妄念起而心不安其宅也。若知止，则心有专主，念不妄动，定静安虑，一以贯之，入圣超凡，指归不远。《易》曰“艮其背，不获其躬”，胥此物也。学道者宜知，学禅者宜知，学儒者亦宜知也。生平注有《黄庭》《虚静》《阴符》诸经，《指元篇》《三洞元章》《心经解》诸语录。读其书者知之，余不具论。至道人之生平行迹，诸达人长者赞论如林，载之详矣。余惟言其学问指宗，以告后之有志学道者。道人年八十有九，己丑岁羽化而去。其徒尹诚斋持道人著述及诸公赞论，越数千里来黔问余，余即其所见闻为述其略焉。

康熙甲午菊月之吉，龙门刘荫枢乔南秉烛书于黔中抚署。

【说明】 刘荫枢（1637～1723），字相斗，别字乔南，号秉烛子，韩城（今陕西韩城市）人。康熙十五年（1676）进士。历官吏科给事中、江西赣南道台、云南按察使、广东布政使、贵州巡抚等，为官敢作为，有政声。据民国本《庐山志》纲之六目之二〇下录文。

893. 清·魏人陛：重修黄堂殿宇神像记

康熙五十三年甲午（1714）

黄堂宫间于新、丰之域。粤稽所自，始晋之忠孝神仙师事其谌母也。历年千百余，盛衰不常，几经颓圮，几为修葺。乃今五月，洪波巨浸，而宫中三清与谌母之圣像竟不克保，即殿宇亦间倾折焉。顾有废必兴，实属士人之责。缘向四方善信募其多寡之助，共勷胜果，而宫殿神像，得一稍为一新矣。盖斯举也，时值两载凶荒，费艰莫给，仅为小补，难与大成。后之人知，必感乎忠孝神仙之德，踵事增美，以壮其观瞻，斯愈传之不朽也。但一丝一粟，无非功德所存，倘勿勒名于石，其何以为有志者劝！

康熙五十三年甲午岁冬月。

【说明】魏人陛，生平不详。据《黄堂隆道宫志》卷一二录文。参见整理本《黄堂隆道宫志》卷一二、《净明资料新编》。

894. 清·梁份：重修建昌城隍庙碑记

康熙五十四年乙未（1715）

古之建都置邑，经营不一事，其先务之急，莫城若。凿之筑之，浚深而垒高，以捍外卫内，有功德于居人者，莫城隍若矣。城并隍称始自《易》，而《礼》无明文。《祭法》：山林川谷丘陵皆曰神，则城隍其百神之一也；“五祀国门国行”，门与行，无大于城隍也。夫大有功德，祀典所特重。而古今自京师下逮郡邑，春秋必祭祀，其仪文与社稷山川之为地祇者同。然有不同者，不坎坛而立庙，则城隍独隆，岂非以其神犹尊且亲也。宜乎通上下之居人而祷之乎。

建昌在蠡湖东上游，山高水清，七闽相错绣，郡治临盱水，枕凤山，屏从姑，固江右名胜之邦也。某守官三载，乐其人文蔚起，百废方兴，独城隍之庙有愀然予心者。庙，春秋朔望例行礼，附郭例趋陪，盖守令一城也。庙基为古太平寺，在郡县两学中，创始在宋绍兴，重修在成化二载。栋梁朽折，上雨旁风，神无栖息所。盖不葺治者，涉今二百五十余年，其坏也则宜。祊社之祭，以祈以报也。天下之大德，以能报而后及人，则去市道也几何？市道，君子所不屑，其于神也何有？而于居人则非所论矣。考《晋史》，建武南渡，司牧多侨置南城；宋建炎迄开庆，独建昌用保聚，他郡流离多归之。郡于古昔乃如此。嗟乎！百年间兵寇交讧，城郭之不攻陷，焚坑蹀血，化丘墟而鞠茂草者有之乎？兹郡之高者为城，深者为池，数百年岿然与姑山、盱水并存。其保障之功，岂安居于内可漠然相与忘之乎？然相忘也，亦已久矣。

予葺郡学成，乃撤庙而新之。殿堂、左右庑、重门、寝殿，凡梁柱杗桷，瓴甋戺石，咸去朽易坚，期垂之永久。始乙未某月，成某月，合费金若干，悉属某官董其事。不赋郡之钱，不役民之力，皆予探诸囊以应，庶神人罔所恫怨。至若何文肃廷秀以神为汉颍阴侯灌婴，或又谓为九江王吴芮，则是人鬼，非地祇矣。予不暇具论，要也祖配享以勾芒弃之意乎？然非予之所能知也。爰系以歌，使春秋歌以祀神焉。歌曰：

苞桑百雉，实维盱水。河垂大绅，山环高垒。墉何为崇？孰敢正视？池何为深？孰能举趾？众志所成，何忧封豕？巩固金汤，惟神是恃。外侮为殄，灾沴为免。民有智愚，性靡不善。世眯是非，惟神彰阐。时和年丰，虽劳罔怨。仁义渐摩，民方竞劝。默相阴扶，惟神幽赞。春秋二仲，牲醴告献。明德惟馨，斯年于万。

【说明】梁份（1641~1729），字质人，南丰（今江西南丰县）人。少从彭士望、魏禧游，讲经世之学，工古文辞。尝只身游万里，西尽武威、张掖，南极黔、滇，遍历燕赵、秦晋、齐魏之墟，览山川形势，访古今成败得失，遐荒轶事，一发之于文。为人朴挚强毅，守穷约，至老不少挫。有《怀葛堂文集》十五卷、《西陲今略》八卷。据《豫章丛书》本《怀葛堂集》卷四录文，题下原有注曰："代陈郡侯。"参见整理本《豫章丛书》集部十《怀葛堂集》卷四。按，同治《南城县志》卷九之五收录本记时，则径署郡侯名陈世骏。

895. 清·张霖：井塘庙记　康熙五十四年乙未（1715）

井塘庙胡为作也？为我祖十八郎、十九郎作也。何以知其为十八郎、十九郎作也？盖二祖之生，性情意气，迥异凡庸，厌朝市，爱山林，飘飘乎有超尘出俗之概焉。以故兄弟俱别妻子，偕隐祁、禄二山，潜心养性，遂成道焉。神如至诚，事必先知，常言人祸福，无不立验，其后遂莫知所终云。及今遇旱干水溢之患、螟蛉蝥贼之灾，祷之辄如响应。《礼》曰：有功德于民则祀之，能御灾捍患则祀之。二祖之神灵可谓有功德于民，能御灾捍患者也，其立庙而祀之，亦固其所。作之者谁？十八郎之七世孙祖七郎是也。祖七郎之在世时，英毅正直，能识大义而年又最高，故倡首而作之。时宋天历二年秋七月也。颜曰“井塘”者何？庙居祖坟，仙鹅形左，鹅尾有井，涌泉出焉，能灌田数百亩，取《易》“井渫，可用汲，王明并受其福”之义也，故名之。

然则庙为二祖而作，则二祖之庙也，专祀二祖也可，而并祀赖七公兄弟者何也？十九郎四世之孙有名小九郎者，养晦金岩，得道成真。相传宋庆元间，遨游四海，得晤赖七公，道孚志合，遂偕厥弟八公、九公同归祁、禄。是时公已百余五岁矣，人耶？神耶？不可得而知也。祀之，故并祀赖公也。又祀列祖并祀祖七郎者何？后之人以其精英显赫，凡御灾捍患及功德之施与民者，于先祖无少异，故皆跻附而祀之也。

霖生数百年后，考之家乘，稽之古老传闻，若合一辙，故追记之如此。

清康熙五十四年乙未二十四世孙霖敬记。

【说明】张霖，生平不详。据于都县《畚岭张氏五修族谱》（手抄本）录文。参见《赖公庙碑刻选辑》。

896. 清·熊益华：重修玉皇阁记

康熙五十八年己亥（1719）

玉隆万寿宫，为许祖师飞升福地也。祖师以净明忠孝之道济人利物，馘蟒斩蛟，懋德懋功不在神禹下。揆诸典礼，庙祀允宜。由晋迄今，虽废兴靡常，而殿宇增修，未之或替。独是玉宸宝阁，自红巾一炬，废坠有年。先是，家少宰雪堂公往还祖居，必躬修祀事，睹瓦砾之荆榛，辄抚膺而浩叹。顺治己亥，爰集群议，毅然任兴复经营。首倡恢廓规模，而玉皇阁一新，若五岳之有嵩高焉。由是香花供整肃庄严，步虚声晨夕不绝，升平有庆，鸡犬无惊，盖六十年于兹矣。

乃历年久远，风雨摧残，殿阁几颓，葵修无所。适江城孙君元公，杰士也，多干才而好施；予友人朱子献力为赞缘，而孙君亦慨然允重修之举，解囊捐六十金，付住持张华阳子董厥事。选良材，陶瓴甓，去故增新，鸠工集事，丹涂黝垩，金碧辉煌，六越月而功告竣。美哉巍焕，顿还旧观。嗣此钟鼓阗訇，炉烟缥缈，祝圣寿，祈丰年，于是乎在。即朱君赞襄善举，亦不为无功云。似此善缘，不容泯没，爰振笔而记之。

【说明】据光绪本《万寿宫通志》卷一五录文。参见《净明资料新编》。

897. 清·梁份：重新德胜门关庙记

康熙五十九年庚子（1720）

祀也者，天地神祇而外，为祀典所载，四海万民所通祀，都会城市聚落所专祀、合祀，惟后汉前将军，历代册尊为侯为公为王、崇极为帝君者，关圣一人而已。自有书契以来，莫或与京焉。

江右于汉为吴地。会城城北之德胜门，古曰望云，宋李纲所改筑者。新城得其名矣。城闉重门，瓯脱为牙城，除地立祠，貌像范金，其创始莫可考。而城内外之祀，惟此为最古，灵爽最赫奕，祈祷最盛，乞杯珓最验，无虚日。在天之神，不以此为生平未至地，而昭布森列，洋洋如在，有如斯，岂不盛哉！当是时，周公瑾指操为汉贼，孔明谓汉、贼不两立，而功名之士各用于其主者，不之贼也。夫周、葛皆天下士，一宣于前，一表于后，中间申大义而征诛，正名定罪，贼魏贼吴，尊一线不绝之汉祚，使人人兴起忠义心，而正气常存于天壤，若夫汉室之兴不兴，身之存不存，皆非计之所及。此汉之前将军之仁至义尽而万古常新，其于天地神祇并祀，谁曰不宜？然则豫章牙城之一庙，如地有高下，而莫不渐润者水；如人处暗室昏夜，而莫不照临者日月。夫何孙吴故疆之有？

庙修于明天顺、成化间，岁久将颓。庚子夏，中丞白公过而倡修之，暨省会诸僚佐，合捐资二百金，而庙焕然以新，而请记于予。其所以抒敬恭明神之意，答福国佑民之灵，皆可记也。昭示来兹，又何能已于言乎？词曰：

炎刘之祚，短以曹孙。在天忠勇，国与俱存。豫章城阙，庙食明禋。岁久材朽，撤旧成新。俸捐在位，佌助诸神。并日而作，工良吏勤。创始夏梢，成以秋旻。经营惨淡，繄白抚军。摛词勒石，歌以降神。

【说明】据《豫章丛书》本《怀葛堂集》卷四录文，题下原有注曰："代石外台。"参见整理本《豫章丛书》集部十《怀葛堂集》卷四。

898. 清·张景苍：重修城隍庙记　康熙六十年辛丑（1721）

国家设官，县令宰制一方，不第经理其赋税，盖尝以彰善瘅恶之权与之矣。载城隍于祀典，亦不第居歆其享祀，抑尝以福善祸淫之柄授之矣。是彰瘅者，县令之司；祸福者，城隍之职；阴阳虽别，而其主于尊王庇民一也。一司阳政，一理阴教，均于民有劝惩捍御之劳，均于朝廷有佑国保民之责。令之不可欺与城隍之不可亵，明矣。令莅兹邑，必有堂以听政，有廨以燕休，不能露而临民也，人皆知之；岂城隍之神而顾弗葺其祠，弗奠其宇，俾之局蹐而处，可乎？

邑城隍祠旧在北门内丁家巷，其迁于今处也，在明初洪武三年。自后废兴增扩，类有前人纪述可考，兹不具论。论其近者，庙自康熙辛卯回禄后圮毁无存。越癸巳，知县刘光泗曾命耆民章大汉、周镄等重建，甫创前后殿二栋而俟以卓荐去，莫既厥役。丁酉岁，余来知县事，例谒城隍祠，瞻庙貌之弗崇而神灵之未妥，辄慨然力任兴作。纠耆民刘灏、万又白等一十二人为首，或捐赀，或劝募，或抡才，或课匠督工，匪日匪月，习其勤劳，十二人如一人且一心焉。庙遂鼎新，丹雘其楹桷，辉煌其宫寝。增建乎左，有六曹，为仪门，为戏台，以及马亭牌坊。虽趋事克敏，赴工罔懈，而岁阅五稔月凡六十周，迨于兹夏，始告成功焉。神于是始有安宇矣。继自今祈年报赛，水旱疾疫，余与民无不竭诚于神。而神诚体朝廷礼祀之意，以与余共福斯民，无俾天厉，则神之灵也，民之福也，亦余之幸也。明昭有赫，永享禋祀，惟神其鉴兹哉。庙工起止月日，储材备料，工费用银，捐募共若干，具详碑阴。而耆民刘灏历练老成，急公弗懈，濒危犹谆谆以本县委任督修之职为未尽，而叮咛其子国植嗣之，庶几有终始者。万主宾在符公时曾独建仪门三间，而伊子生监万晖兄弟克继父志，捐建如旧制，且独力甃砌仪门前两傍石墙，尤为笃于义者，特表而出之，俾来者有所考且知所观云。若其共勷厥事者，则彭上达、刘灏、周盈源、萧法乾、周降麟、万又白、萧应翰、章鼎甲、伍经华、万盈泰、彭年、刘德沛等十二人也，例获附名于石。

【说明】 据同治《新喻县志》卷七载："张景苍，字皆园，辽东人。康熙丙申令新喻，惠民重士。下车即新文庙，复义学，立香岩书院，士风大振。云津渡水深岸阔，民苦溺，为造浮桥。孔目江石桥倾圮，一时并修，邑民称便。关帝庙及诸庇民神祠，罔不聿新。续修县志。调浮梁令，升临江知府。旋罢去，复任锦州知府。"据前志卷三录文。

899. 清·熊文举：重修开元观募缘疏* 康熙初期

江城会省德胜门内固有开元观，相传为唐开元时敕建。考郡志，在修仁坊旧有天师万振德业碑，乃滕王元婴文。有明鸿熙中，道士秦止敬被召，赐棕冠玉简。予家世儒素，盖三代肄业其中，而家封铨携不肖应童子试，即卧起一小楼。是时人文方盛，每岁科两试，新建巨族名阀诸儒童不下百余人，皆彬彬寓于道院。而羽流亦系各姓名家子，亦不下六七十人。每当夜静，月明风细，廊庑间笙管嘈嘈之声缥缈，如闻仙乐。中有一殿，前祀旌阳，后祀真武，香火闳严，莫不启敬。自余一行作吏，梦想不忘，或假归偶一停车展谒，犹徘徊不能去也。观毁于戊巳之乱，羽流星散，每欲兴复。会获鹿雍伯魏公为新建令，数年之内，百废具举，民悦神和。循视观之旧基，去县咫尺，慨然曰："治民事神，两者并重。吾不忍见神明栖托之地委诸荆榛瓦砾。"命副道纪熊元清察出道观旧基，捐赀赎回琳宫一区为首唱，属余题募疏以襄大美。余于此观重有夙因，风雨晦冥，咿吾呫哔，言念昔者，光景宛然。吾闻至人不言梦，乃余迩者曾梦至一处，殿宇深沉，金碧炫耀，居人指示，谓此开元观。余起视一金楔上书"功德巍巍"四字，因思魏侯之造功德于西昌不可缕指，而"巍"之为字，显为公姓，神人叶庆，夫岂偶然？因为告之诸人，随缘乐助，不日成之，其有望乎！

【说明】据康熙间刻本《侣鸥阁近集》卷二录文。按，文中所云"魏公"为魏双凤，他于顺治末、康熙初任新建知县。文中又有"数年之内，百废具举"之语，故推定本文及下文均作于康熙初期。

900. 清·熊文举：妙济观募缘疏* 康熙初期

会城惠民门外蓼州有妙济观，为许旌阳祖师炼丹之地。咫尺黄牛洲，真君斩蛟遗迹可考也。观以兵燹之后倾圮，羽士刘道显募缘修葺，焕然一新。观无山门，不佞为劝缘创建。而羽士犹以后有三元阁未修，谆谆求予叙缘起，募于十方及本洲宰官居士喜舍乐施，续成胜事。余再四却之，谓蓼洲一哄之市，僧道铃铎之声早暮相闻，未见有慷慨而应者，非悭吝也，盖民穷财尽，大势使然。而羽士以为此系本洲香火，为善信之所皈依，况钟鼓皇皇，日呼尘梦而使之觉。即有喜助乐施者，丝粟锱铢，悉可查核，不比远方丛林道院，耗费无稽。至于福报现前，昭昭不爽。年来洲渚之民熙熙如在春台之上，神之听之，何可谖也？则三元阁之修葺，信未可以已也。会予应召遄行，匆匆书此以示羽士王道诜、刘道显。愿诸有情，无忘神贶，不日成之，其有望乎！

【说明】据康熙间刻本《侣鸥阁近集》卷二录文。

901. 清·况庄：清源真君惠民仁圣大帝庙记 康熙年间

筠之清源祠，盖经历代护人护国，累朝加封圣号曰清源妙道孚佑太乙真君惠民仁圣大帝。按真君姓赵名昱，初从道士李班隐青城山。隋炀帝慕其贤，特起为嘉州太守。郡有老蛟，为害人民，屡遭水患。真君大怒，设江艘千只，率壮士暨人民万余夹江鼓噪，声振天地。真君持刃入水，有顷水赤，石崖奔吼如雷。真君右手持刃，左手擒蛟，首奋波而出。自是蛟斩乱靖，功莫伟焉。至隋末乱隐去，不知所在。后又因江水涨溢，蜀人见青雾中乘白马，引剑戟，超波面而过，即真君也。民感其德，奏立庙宇，世世奉祀无异。唐太宗封为神勇大将军，元宗封为赤城王。至宋真宗朝，益卒大乱，遣人诣祠下求助，果克之，又加今号。敕封宝诰，颁行天下，永祀万禩。筠民亦历朝塑像尸祝，有祷辄应，庇民裕国之福，于今为尤烈云。

【说明】况庄，字正叔，高安（今江西高安市）人。康熙八年贡生。曾任东乡训导。据乾隆十九年《高安县志》卷一一录文。参见康熙十年《高安县志》卷十、同治《高安县志》卷二四（题为“惠民庙记”）。

902. 清·邱维屏：军山庙记 康熙年间

按曾子固文集载《军山庙记》，而予宁都祀军山神，遂传神为子固者，非也，盖军峰山神尔。古者岳渎山川，唯天子诸侯得而望祀。疑于其环山麓数百里内，独有王侯朝祀斋宿之宫，不应更为神庙。后世则有之，如昌黎所记南海神庙之类是也。然庙以临海，其神必南面而祀者，反北向若，与望祀之义相背。然《诗》曰“神之格思，不可度思”，意所以神明夫神之至，见其山海岳渎之灵，不独在崇巄汪洋之际，虽南临而北面，而杳蔼玄冥之间，莫非赫赫穆穆之所蟠护而昭烛者已。今山岳之神，即编户徒隶皆得奔走祈祷。而朝廷岁收其香火之赀，以供国用。至如予县之近，若大华盖、军峰诸山，又反为神仙宫室之所占处。而予县去军峰山二百四十余里，顾反有山神之庙，使编户人士得展其望祷之诚，此尤足以见神灵赫穆蟠护昭烛者之无所而不至也。

军峰山在吾县之北望，当夫晴明之候，天气灏然而洁清，其峰顶耸峙于神霄碧汉之际，人固得而瞻瞩之。其予族居县之河东，屋户皆西北向。又尝建神庙于族居之左，庙门向与屋相邻并，凡诸庙屋右池塘诸水之所蓄泄，与其左山涧之所萦抱，更合出于庙之前左。其外乃筑为坡堤，植树木近四五十章，使其里居冈峦水土之气蕴隆蔚茂，以发育其蕃秀，若有所崇积磅礴而不得泄者。今年秋，群里之人乃复谋徙神庙于其上而镇之，盖以军峰山与神庙之临望，计之固如前所谓南北之殊，而皆莫非赫赫穆穆之蟠护。而予里居特直其西南之隅，又有若一室之奥，所以处神之灵于常尊之地，固其肃敬之所宜也。庙旧广仅逾寻，长不过三之，里人为庆会斋醮，岁率迎神至族祠堂，祖神杂处，颇为非礼。今庙深几十尺，广几十尺，而别为庖湢之所于庙之右。予尤闻而善之，于是为记。凡庙之作，里人率计丁出力，丁十人并出银一两，年十五下者半之，逾数则惟所欲。而董其事之劳而可纪者为邱某、邱某，皆记之于碑左。

【说明】邱维屏（1614~1679），字邦士，宁都（今江西宁都县）人。崇祯九年（1636）补弟子员，居榜首。明亡后，隐居城西翠微峰，为“易堂九子”之一。善时文及古文，有《邱邦士文集》等。据道光十七年刻本《邱邦士文集》卷一一录文，文字据别本有改动。参见道光《宁都直隶州志》卷三○。按，本文撰作时间不明，姑系于其晚年即康熙前期。

903. 清·应升：军峰山记* 康熙年间

抚属之山称名胜者，必曰华盖，曰军峰。华盖属崇仁，军峰属宜黄，为一郡诸山宗。世传晋世王、郭二真人失浮丘所在，望气华盖得之，厥后相继羽化去。然华盖来自军峰，故仙灵均托迹焉。盖二山并孤峙，而军峰尤耸峭诡特。相传西汉长沙王吴芮驻军此山，后得道，称赞古王。今赞古祠所祀是也，遂仍其名。或曰其形类破军，故名。二说不可考。若其巉岩巀嶪，拔地擎空，登巅霁望，山微翠远，飘飘然不复人间矣。其泉多飞瀑。其石突怒险巇，最奇者有定风石、鹅项石。其松生石罅，虬曲拙怪，云雾往往横半壁，上下各相阴晴。其古迹有讲经台，有炼丹台，有净手池。其吐纳烟霞，变幻恍惚，则有云洞，有风洞、雷洞。其峰则有龙翔、应仙、著棋、香炉，幽遐瑰异，赏不暇给。虽有好游之士，青鞋竹杖，不以尽迄也。

然余盖多感矣。庐岳之胜也，背洞庭，面彭蠡，当大江以西，建康、三楚之交，舟楫所通，四方宾客所经，名人达士慕其名而至者相属。使置军峰其间，其感发文心、激昂志气者，又何可胜道？惜乎介在偏隅，道里荒僻，骚人韵士，无为而至。彼望仙拜谒，半出村老野妇，祈福希冀，非有探奇揽胜之思焉。虽见而不解，解而不能言也。故尝考之舆图及古今志游者，多阙焉不载，坐使其名不埒于庐阜。岂唯不埒庐阜，将复更逊华盖，岂非有幸有不幸耶？山之顶，构石殿其上，观于山之半，曰混元堂，妥仙也。凡钟磬简垆之事，朝真步虚之声，亦历久不衰。夫以僻在荒介，为骚人韵士慕其名者所不至，而乐与村老野妇、残僧独士见而不能解、解而不能言者以相周旋，当亦山灵之所自喜，而神仙孤往之士所托迹而不弃者也。

【说明】应升，字上治，号仙溪，宜黄（今江西宜黄县）人。康熙二年（1663）举人。有《先儒集解》等。据康熙四年《抚州府志》卷三三录文。参见光绪《抚州府志》卷四、清沈粹芬等辑《国朝文汇》甲集卷二一（宣统元年上海国学扶轮社刊印本）。

904. 清·徐名甲：葛仙观记　康熙年间

观之名何昉乎？自关令尹喜结草为之，因以号焉。故碧海元都，琼花玉局，往往据胜分奇于九皋三岛之间，托足者非扫素羽衣，则种桃道士也。

吾弋兰若招提不下数百，独此以观称。传云稚川修炼罗浮，其藏真抱朴之所，周遍名胜，而流寓于弋最著。溪称葛溪，观称葛仙，亦犹子陵之于严州云尔。观去余山房不数里，出入往来之所必经。每一憩息其间，见雨漱云芽，晴梳石发，令人有潇洒出尘之想，辄低徊不忍去。虽然，兰亭梓泽已矣。邱墟五柞，长杨烟消雾歇。今弹丸斗室与弋始终，岂非托名于豪华，不若托名于沦隐者之可不朽乎？追美犹龙，函关在望；伤心前度，梦得堪寻；实予之志也，故记之。

【说明】徐名甲，弋阳（今江西弋阳县）人。宾贡。曾官训导。据同治《弋阳县志》卷三录文。按，五柞、长杨均为汉代宫名。

905. 清·赵希阶：重修紫霄观序* 康熙年间

三十三天上有大梵天，古巢父主之，有众真人皆衣木叶，饭草实。别有逸逻洞天，汉严子陵、宋陈希夷辈实处此，或钓或卧，如生平。真人偶降凡，则巢父见象于天，太史奏客星是也。《道箓》称，大梵天在天之二十有七层，盖隐者居，援《大易》“遁世无闷”以为证。夫天道昭融，宰之者上帝也，宜有治而无乱，何以有隐逸高真复聚为渊薮，如世间浪迹林泉结侣？岂甘心肥遁，存没不易其素与？又五代冯长乐历仕通显，以富贵终其身，自谓得黄老之学，道家谓长乐仙，名在真人籍。予谓长乐以不皂不白之身，生倏治倏乱之世，其对少帝也，业以痴顽老子自为写照矣。万一历诸天而过大梵，予知巢父必闭门谢绝。即使更有通人延宾揖客，长乐必且忸怩色沮。然则《道箓》一书，可尽废乎？虽然，道以存真也。老氏曰：“道可道，非常道。”《道德经》五千言，无非为“非常道”三字作注脚。孔子曰：“吾见老子，其犹龙乎？”潜龙，勿用龙也，在田亦龙也。第龙不世见，出则为蛟为螭，不出则蛟螭皆可藏其锋于不试。《外传》载西海有琼瀛岛，去天仅五尺，洞天在岛，中如螺壳啸天，径路回环，相达九万里。群仙隐而不见，故琼瀛能寿万万世，与麻姑三见沧海同岁，则出也不如其处也。是又天人之大较然也，讵谓仙凡有殊致哉？

丰有紫霄观，仑道人居数十年，有隐士风。今欲为道院改观而属序于予。

予序之，而与道人约曰："维彼紫霄，修竹猗猗。紫霄之壁，怪石嵯峨。将唱予以和汝，爰抱膝而长歌。仰观乎昭昭之云汉，俯瞰乎汶汶之逝波。寄笙簧于莺鹳，寓琴剑于薜萝。终岁月而徜徉，偕青山绿水以不磨。"

【说明】赵希阶，字二徐，号方石。康熙六年（1666）举人，授公安令。不媚上司，不惧盗贼，惠及百姓。任满致政归家，持正守约，有美誉。有《未远堂集》。据民国《南丰县志》卷三录文。

906. 清·刘章彝：三观古迹记　康熙年间

三观者何？元妙、望仙、石钟也。元妙在中，以绘万法之统，所谓元之又元，众妙之门也。昔在东门外烈女庙西，今在城中麒麟石前。其石崚嶒磊磈，状如麒麟，上生古樟，亦槎枒有道气。宋元祐时，黄冠严绍陵居之，由鸿胪序班为卿。其自吟曰："一代曾来金阙诏，四时常至玉堂人。"盖麒麟石之瑞也。望仙在南，与关相对，又名灵仙观。绍兴时，有车居士者博施求嗣，遇僧十八人后至，众皆哂之。一僧题诗于石矶而去，仆人拂其石，墨迹愈明，惊以为仙。急白居士，追至灵仙观，见众僧走入翠云洞中，故又名望仙观。石钟在北，今天符庙西。闻唐时东岳有拳石，扣之如洪钟。朝廷闻而取之，至则不鸣。乃廷杖之，钟忽不见，飞归五里墩田中，全体俱隐，犹露其迹，今称石钟源云。昔张华有石鼓，以桐鱼扣之则鸣。溪之石钟，亦无足怪。况湖口有石钟山，思南三仙岩亦有石钟，以石击之，则声震林壑。是皆古今异事也，姑志其说，以俟博雅之君子。

【说明】刘章彝，金溪（今江西金溪县）人。康熙五年（1666）举人。曾官武义知县。据乾隆十六年《金溪县志》卷八录文。

907. 清·程以贵：重修玉隆宫正殿募疏*　康熙年间

豫章之有玉隆，盖崇真祝釐，由来久矣。议者以点石化金、标竹施水，谓其术擅方伎，往往艳称而乐述之。乃拘墟者流又以白昼冲举、鸡犬同升，谓为史阙有间，事类《齐谐》，存而勿论之。二说者，是皆泥仙家之糠秕土苴，或信或疑，无当乎神功妙济之大焉者也。而神功妙济，孰逾于致泽者乎？或者曰：蕞尔旌阳，不过百里民社耳，矧风尘下吏鞅掌簿书，非若盐梅舟楫左右于王者也。以是侈言致泽，其致之泽之也，容有几耶？不知神功妙济致泽之及于一方一时者有限，而及于天下万世者无穷。他不具论，如宋真宗储嗣未定，祷而生仁宗也，啼不绝声，内外臣工谁是定策国老？真君以一黄衣直入紫禁，摩顶而慰曰："莫叫莫叫，何似当初莫笑？"遂使仁俭恭恕，世跻升平，四十年如一日。典午南渡，三纲沦，九法斁，鸟兽蛇龙复交中国，洪都一隅几作龙蛇窟宅。太康之际，民其鱼矣。真君诛巨蟒于海昏，斩老蛟于江湖；且惧遗孽洊兴，冶铁为镇，罔象潜踪，至今无昏垫之患焉。夫古之辅孺子王者，莫如伊周；馘毒翦妖，莫如神禹于无支祁，韩昌黎于海鳄。真君之致泽，能以一身为神禹、为昌黎、为周宰商衡，且默运潜移而不知为之者，故其功曰神功，济曰妙济，盖以此也。况八宝而播瑶函，孔孟之教也；八索以维地脉，即壶涿氏之遗也。净明复性，忠孝尽伦，又与圣学王化相表里也。迹其生平所为，践履光明，栖迟真境，不留事物，亦不遗事物，真君盖儒而仙者也。儒而仙矣，其神游八极，独立太虚之表，动作止息，夫复何心？是真君自有长住不坏者，上下与为同流。丹雘之而存也，即不丹雘之，亦无不存；庄严之而在也，即不庄严之，亦无不在；宫殿之成毁，无与真君之盛衰，乌用是金碧者为哉？独是《记》有云"能御大灾捍大患则祀之"，亦以明崇报之义也。不然，自唐而宋而元明，修建者有矣，褒封者有矣，极创制之隆、申敕谕之赐者亦有矣。又当其时，王三槐赞扬其盛，张忠定祷祀其坛，延真观再葺于曾南丰，铁柱碑特记于王临川。即有明乡先生之议兴复也，大学士洪阳张公、司马两溪万公、司寇蟠峰、学使洪西李公、司寇自湖吴公，以迄邓文洁少宰、李石龙观察、谢虬峰大理，暨国朝熊少宰雪堂，扶衰起敝，类皆显迹昭然。夫自来英君哲相，岂蹈秦皇、汉武、徐福、五利之覆辙哉？盖亦曰国之大事，惟重祀典，有其举之，莫敢废也。

今圣王寿考，重熙累洽，百神河岳，罔不怀柔，而元辅宪台，境内山川，又实式凭之者，则礼教修明，正赖斯举。羽士万清启、魏一琮敬以为请，凡吾乡之父老子弟，日席真君之福，敢曰“帝力于我何有”哉？亦惟是同心辐辏，并力邪许，重轮而重奂焉，庶崇真祝釐，少伸报于万一云尔。尚何因果之足云！谨疏。

【说明】程以贵，字天爵，新建（今江西新建区）人。康熙三十八年（1699）乡贡。曾官江南大仓州州同。雍正四年，与邑人熊益华修成《万寿宫志》。据光绪本《万寿宫通志》卷一六录文。参见《净明资料新编》。按，五利为汉代将军名号。汉武帝曾拜方士栾大为五利将军。

908. 清·徐以琅：重修逍遥靖庐记　康熙年间

逍遥山为许旌阳公修真福地也。公禀天地之正气，为忠孝之至人，福国宁民，圣神功化，莫可思议。历朝敕建宫殿埒王者居，凡以祀德祀功，非祀仙也。宋政和时，降玉册，上徽号，位在侯王之上。且置大臣提举，其崇报亦云隆矣。理宗朝，复命理学大儒真西山先生提举玉隆万寿宫，典制尊崇，金碧壮丽，为东南祀典第一，亦以真君泽被当时，恩覃后世，非若他神仙之幻妄，无关伦教者也。元季毁于兵，福地竟成焦土。嗣是仅葺小殿，祝釐祈祷，古制不复，多历年所。至前明神宗时，阁学张公、少宰邓公同司马万公建议重新，申言于抚按，诸大夫捐俸首倡，除洪州绅衿三老善士捐助外，置籍十二，令道士同会首募于十二郡，而正殿于是乎落成。厥后张、邓二公偕剑邑石龙李公，谓西山先生为理学正宗，忠荩硕辅，故有祠祀，不容久废。爰得其旧址于正殿之西，构屋三重，文洁公手书其额曰“逍遥靖庐”，以为讲学习静之所，仍奉文忠像祀之。迨明末，又值海田，名山胜境，蹂躏侵据尤甚。

国朝景运方隆，重兴有待。少宰熊公目击心忧，力任倡修；黄冠羽士先后募缘，共襄盛举，即靖庐亦由是兴复焉。独惜夫颓敝摧残，上愧文忠公之方躅，近负诸大老之创兴，若不及今整理，将来竟成丘墟。适全真住持谭远凡抵余家，属予兄弟为之倡。辞不获已，辄助米盐椽瓦之资，幸诸同志各搜枯囊，同声邪许。越三月，缮完厥功。旧制三重，今存其二，栋梁仍旧，门壁椽瓦，东西两厢，实维新焉。冀自今有志圣贤之学者，岁岁讲业于其中，典型犹在，向往宜殷，处则为名教之全人，出则为经济之良辅，将见理学名臣接迹先正，则儒功佐神功而弥大，利物协妙济以允臧矣。琅不文，姑吮毫识重修之岁月。若夫廓大而加壮，踵事以增华，犹于好古之士有厚望焉。是为记。

【说明】徐以琅，生平不详。据光绪本《万寿宫通志》卷一五录文。参见《净明资料新编》。按，文中所云“少宰熊公”指熊文举，据此推定本文应作于康熙年间。

909. 清·夏以锋：重建丹陵万年宫记　康熙年间

盛衰兴废之故，虽曰天道，岂非人事哉？当其盛也，必有数公正之人为之护法，故其兴也勃焉；及其衰也，亦必有不肖之人为之戕害，故其败也忽焉：此其责不得不系之其人矣。

吾乡之有万年宫，盖崇祀钟离真人之所也。真人与都仙，前后冲举于晋宁康，迄今千有余载，父老能传其事。宋元徽间，为寇贼灰烬，羽人胡后山重建钟玉院。建中靖国初，羽人邓一真复增修之。宋徽宗封真人为普惠，召见道纪熊厥初，发内帑建大小殿一十余所，良田广宅，颇称殷富。红巾贼将掠其所有，闻甲马驰骤声，遂不敢犯，岂非真人之赫濯欤？正统间，道士戴浩然募化，郡守徐公首倡，葺旧为新。嗣后时经变乱，住匪其人，遂使千年香火，竟致荡然，玉宇琼台，鞠为茂草，睹事兴怀，不胜感悼。久欲修举废坠，以光旧业，奈王事驱驰，不遑宁晷。

今幸吾侄有声宏大愿力，敦请徐野谷真士重新鼎建，俾琳宫既废而重兴，仙踪久隐而复显。则野谷即前之邓、戴，而有声即今日之徐公矣。真人之灵爽足凭，首事之精诚可格，将见趋事有子来之应，飞阁流丹在指顾间。尚当亲至其地，以为燕雀贺，因喜而为称道其盛焉。

【说明】据同治《新建县志》卷四八载：夏以锋，字抑公。康熙三年

（1664）进士，官至刑部主事。以诗古文辞知名辇下。又精岐黄，奉诏诊视宫闱辄奏效，都人士争礼之。据道光四年《新建县志》卷七〇录文。参见《净明资料新编》。

910. 清·朱道朗：青云谱门楣题字　康熙年间

十方重修。

青云谱。

朱良月始建。

【说明】题字嵌于青云谱大门上，青石材质，红石框边，高0.55米，宽0.85米，为横书楷体大字。

911. 清·杨大鹍：青云谱道院游记*　康熙年间

定山桥青云谱者，相传梅福钓处，去城二十里许。曾罹烽燧，致诗人寓客往往叹望于断草寒烟中。岁辛丑，朱良月师起而复之新之，顿还洞天。余来南昌四阅岁，念欲游未果。李襄水年兄谢彭泽事，来会城，以余病卧闭门，先余游。游有诗，且向余道之不置。余方乐体中小胜，先一日约游其地。

晨光乍启，襄水已扬鞭过我，因并辔出郊。是时新雨初涨，行田间才一线耳，人马影水中如画，余心已乐之。既而岖崎土岸，如山之起伏十余里，将抵道院，纡回曲径，虽无寿藤老树，隐见冈峦，而花木掩蔼，去尘嚣已远，定山桥在焉。桥故通大河，入道院者舍桥而取径于道院之侧，有额曰“青云谱”，即道院也。院有塘，塘有菱荷可乐，有屋数楹，皆爽朗可以朝夕。良月师主此院，接对之顷，静气可亲，令人置身小蓬莱。一阁岿然，祀玉皇，登之若原野苍翠之色毕来牖下。阁左蔷薇红白照映，大如牡丹，浓淡之致，悦人心目，信可乐已。人当快意，不必高山大川之奇险。况古来艳称名胜，类皆清池拳石，岂尽惊心骇目之观？今日之游，已为可纪，又当病愈时，结想数载，一朝而慰之，其乐何极。

因忆梅先生上书言王氏在尉南昌之后，其钓于此地也必在尉南昌时，盖屈志下寮，则潇洒簿书之外。去位以后，忿当世贤人君子摈斥殆尽，而杜钦、谷永之流又皆偷合苟容，于是引身而去，飘然远举，皆合于敢言直谏、明哲保身之义。然则尉之为吏也，为隐也，与大为神仙也，总成尉之为尉耳。夫先生渔钓之地近在目前，往而寻之，固不待车马之烦，且得与良月道其所以，则今日之游，胜于寻常万万矣，岂特览观之乐已哉？

【说明】杨大鹍（一作“鲲”），据同治《新建县志》卷三〇载：“字陶云，武进人。顺治己亥进士，选庶吉士，以奏销谪新建丞。少负文名，精诗赋，工书法，两署县篆，不刚不柔，遇事当机立决。筑扬子居于东湖上，簿书之暇，辄集绅士能文者啸咏其中。康熙甲寅，以赞襄军功，督抚交章荐之。”据《南昌文征》卷一七录文。按，文中所云“岁辛丑”，应为顺治十八年即1661年。文中所记涉及青云谱道院之历史、人物与环境，有史料价值。

912. 清·黎元宽：募造真君大法身序* 康熙年间

蓼洲之有妙济观者，相传以为真君炼丹淬药处，井在其侧；又以为真君与蛟精转战，蛟化为黄牛处，黄牛洲在其前。于是即而崇祠之，千余年矣。与两万寿为鼎足，既而其毁同时，其复又同时。妙济规制，一视万寿，而法身特具体而微，不称。余弟小正锐欲扩充之，而道士某适与合志。属余为文。

余曰：观以居神，神以治观，如天之有主宰也。天为高大，则主宰必不得为卑小。法身向上事，余即不敢与知。但言法身，则有浮屠氏之说在。同一相分，而器界为疏，根身为亲，严之于其疏，不如严之于其亲矣。又他受用身，视他为量，所被之机或如天大，则能被之人亦必如天大矣。仙与佛，一源也。从古拔宅飞升者，闻有八百余家，而唯真君为高等。净明忠孝之道，盖遂于日、月、斗三天之上焉。夫未有营天居而以隘者也，则亦岂有为天人貌天人而独得以小者哉？

【说明】据康熙刊本《进贤堂稿》卷二八录文。参见《净明资料新编》。按，本文撰作时间不明，姑依其所在卷目，系于康熙年间。

913. 清·黎元宽：募兴清都观序* 康熙年间

浮屠、老子之教并行于世，而黄常逊缁者，人材少耳。奉其教者虽或与为贞胜，黄之胜数亦少。故使老子矫诬于化胡，不若归而蕴隆其紫气。江西之仙者独标忠孝，传自斗间，遂与江西之禅同有盛名。选仙选佛，职司正等，而由晋视唐，居然前辈。此其能为不可胜者也。厥后涂真人起北宋间，事尤奇特。真人名文沿，别号拙庵，住南昌乌土溪之乡，非四达之地，而以精经术，具神通，乃从梦境为国母疗国医所束手之危疾，形求惟肖，爰崇显之，为之构清都观，是道君皇帝时事。道君固祖黄者，或非定论，然而能为人主之母疗疾起死，岂可不谓忠之纯？使人主得以为人子而无恨，岂可不谓孝之大？于是乎忠孝神仙，旌阳亦不得专有其美矣。

清都敕建自徽宗，至南宋宁宗庆元四年而后大备，历时已久。宋制，公卿投闲者得以守宫观而食本禄。清都既立之提举，事寄甚重。而白玉蟾尝至止此地，以著雷霆秘旨之书，仙迹正复不少。今日乃大坏若是，过者伤之，居者亦不知其前典，则岂可不为兴起乎？兴起有人，涂慧生任奔走，泰生任调度，而李志庵为之驿骑于予。志庵住紫极宫，是能蕴隆其紫气者。且学仙而通禅，不忘忠孝，此余之所为大服其口。泰生不置，亦云为乡人之所大服。是其人材，皆治老子之教者之极选也。

【说明】据康熙刊本《进贤堂稿》卷二八录文。参见《南昌文征》卷二四、《净明资料新编》。按，本文撰作时间不明，姑依其所在卷目，系于康熙年间。

914. 清·黎元宽：募大修道德观缘起* 康熙年间

道德观以崇祀太上，盖故相张文端公之所手奠定也。有其举之，而不可废。观初自他处徙置上蓝寺，后殿高广，悉视上蓝，远望如一家，或不知其分作二山门，且判二教矣。然寺实有丁徭，已乃稍稍析箸而入于观，斯岂得不为一家之事。兵劫而还，寺观俱不可问。及寺以祝圣习仪故先复，而观犹颓垣，聃尝委地。则和尚曰天峰者起之，余疏之。既致千金之功，顾天峰锐甚，意未尝不在上蓝打成一片，翻成两橛，所谓利钝难以逆料。阆翁师登高再呼，三台响应，是以能复有今日。署榜三教，其义不极广大矣哉。然一堂之上，鼎足势成，而文宣稗位，异同之见生之寻尺间，接引复出，莫适为主，斯不如一其称名于道德之为正也。道德之门东向，其前无复取径路以通上蓝，而上蓝僧亦自不欲通之。由今之日，确守古规，则此虽不在文武之前，亦正不出共和之后。借荆州，取荆州，如天峰所持，或亦未免为多事耳。

比者余居榻里，与紫极宫相望，李致庵住写韵轩，因属余为紫极联句，而余妄题曰："自有乾坤，都复相忘太上；如知道德，不须更说无为。"盖道德尽之矣，其精其博，宁过让儒禅哉？而惟是从事乎道者人材鲜少，遂至与儒禅天壤相距，故始蓝青而终金紫。世间法或非所校，即黄之胜缁，如三武、宣和之际能有几时？必也盛衰系乎其人。此论当不可易。而致庵曰："吾得谭子景朴焉，是其人矣。"夫景朴其景升之流亚乎？善读化书，于事必办。而斯厚以文端公之小阮，缵其先猷，与偕致庵，以犹龙氏之苗裔，反其本始。阆师今在帝左右，提三圣人之全衡，而就太上之一绪，无难能者。黎子骑驿语若斯，惟谭子好为之，葺其宇，备其物，勤其修，盛其徒，昌其教。总之，以事功归于道德，幸无斤斤曰可道之非道而不德之是德也已矣。

【说明】据康熙刊本《进贤堂稿》卷二七录文。参见《净明资料新编》。按，在前录《募兴清都观序》中，李致庵作"李志庵"。本文撰作时间不明，姑依其所在卷目，系于康熙年间。

915. 清·黎元宽：吴仙峰募建华严阁疏* 康熙年间

游于吴仙观之年，天下无事，朋好俱存，彼一时也。自声之化去，微论丹灶陆沉，羽衣星散，即其处恐亦如蓝桥之已移，而桃花源之非实境耳。僧旭明曰："是不然！是不然！有人在上，缁而不黄；鹊鸠之礼，巢则如囊。变本加厉，遂以华严为玄都后劲，以金仙为吴仙通家。则仙佛同源之书，可以更著也。"余思夫太上化胡之行将亦得已，而拔胡之谤从是益腾，为之掩口。旭明奋曰："子之施仙岩非耶？今为梵宇矣。子与声之，盖尝分路扬镳，声之好道而子佞佛。子得所愿，即不复问肩吾吟啸地，而甘心自落其仙岩主人之称。此处若世云、文萧、彩鸾等高座，尚得与黄而老子相为后先，鸡犬白云亦摄而入于华藏界内。虽使声之不忘旧游，或步虚而来，或化鹤而过，少留谛视，必无忤也。"余曰："唯！然。"因次第其语而归之，重之以一偈："不了道人舌许长，敢拈募疏作文章。华严性海无边际，三教收来仅一堂。"

【说明】据康熙刊本《进贤堂稿》卷二八录文。参见《净明资料新编》。文中阐述了儒道佛三教可互通共存之思想。

916. 清·黎元宽：重修紫极宫记　康熙年间

三教之人材，惟道家为鲜少，盖非独神仙之难得也，亦由其识字之不多也。今观于致庵李子，殆可以为多识字者乎？其于三教书无所不窥而言之成章，自出手眼，不作暧昧，且不借口于无用之用以为藏拙之地，则紫极宫所有事焉。

紫极宫由唐武德四年敕建，盖合天下以崇祀太上，为尊祖之故也。一如今日之致庵然。乃考其最初，则东晋逸士柳栖乾、桑溟田二先生尝刊木结庐于此，讲《易》注《老》，以道德为祖、忠孝为宗，久之仙去。此诚识字神仙之佐验。其后分宁令世云吴真人讳猛者寄迹焉。而吴真人女彩鸾，即于此师丁公至人女元君秀瑛，以至于悟道成真，乃更遁去。及入唐而有紫极之名，亦不无沧海之变。则彩鸾再来现身，写韵十载，世无知者，倏于奎章阁画一虎，乘之已径从越王岭上上升。后之人慕焉，即阁为轩，正名写韵，是著识字也。其所写乃孙愐韵，非沈约韵，亦可以知时代。至宋有白玉蟾真人往往憩此，以著《道德宝章》《道法统宗》等书。元有朵朵花李易简，号玉溪子。我明有永乐间从尹蓬头游者七人，姓名不传，无虑皆如颠仙、邋遢之类。若此，非其识字之弥多，即其遗文字而惟识道德之祖、忠孝之宗之字之尤真者，不可以不为论述。何期今日而稍稍凌迟也。

或者曰：道风其息乎？紫极其不复乎？独致庵曰："不然。有我在，緊道德是赖。"原夫紫极之初制，盖一宫而四堂，其堂名曰冲和，曰清隐，曰庆云，曰五师。写韵轩直其后起而为祔者，以视于宫，皆较然若祖宗之相悬矣。今谋写韵既有端而姑置紫极也，一起而一偾，缓急而急缓，无说。致庵于是急图之，犹之乎道德为祖之义也，亦犹之乎君子作室必先祖庙之礼也。此可以曰真能识"孝"字者。抑庄生曰："人皆以有君为愈乎己，而己犹爱之，而况其卓乎？"太上者，卓称也。是故以老而君之，而兵家之书与道家相表里，亦曰祖祖为君。知祖知君，此可以曰真能识"忠"字者。忠孝皆不越祖而得以自至于宗。盖庄生又有曰："其于宗也，调适而上遂。"然则岂必西天四七，东土二三，如释氏所谱者而后得为衣钵源流？始于事亲，终于事君，如吾儒所执者，而后得为人伦规矩哉？余于致庵有庶几焉，殆非功勋之谓也。

颇忆他年客有欲为三教堂于紫极宫内者，余亦尝从而疏之。事且不举，即举未若致庵之即一以该三，而化胡为诬、犹龙征信两俱，有所不由矣。是役也，前辈典型与彼都人士唱和多通，其化声之相及也，盖不啻雷动风驰。而惟是萧君青令、龚君锵锵，实鼎足乎致庵而处于此。乃青令急其望衡，锵锵成以损幅，尤大可书。若余近耄，昏无气力，顾作嚆矢焉。以代庖致庵而鸩其宗，则致庵毋亦曰："夫夫也，为尚能识字者，且不必责其洒血若金汁而尽成蝌蚪篆籀之形也乎。"

【说明】据《南昌文征》卷一六录文，文字据别本有改补。参见康熙刊本《进贤堂稿》卷二七（题为"重修紫极宫序"）、《净明资料新编》。此文介绍了南昌紫极宫之历史变迁，述及白玉蟾真人曾憩此著书，对研究江西道教及白玉蟾有史料价值。按，本文撰作时间不明，姑依文意及其所在卷目，系于康熙年间。

917. 清·董汉策：青云谱记 康熙年间

今天下道法交讧矣。参性命于规中，炼神致虚，是名为道；集雷霆于丹扃，翊正芟邪，是名为法。法与道，犹体与用也。后学胶执己长，袭虚无之名，执道以訾法；擅禳祝之能，又执法以议道，不知二者皆非也。法非道不明，道非法不行。假使不探其源，将见性天荒芜，科教颓废，体用偏弛，道与法均弊矣。

余自童龄味道学法，师淑净明宗旨，多历年所。今来访道于豫章，爰溯芗水，陟仙岩。既而寓南昌之万寿宫，览铁柱八索之井。遂跻西山，观都仙拔宅遗址。返息乎梅真栖真之谷，即唐时之太乙观，今重辟为青云谱者。晤良月大师，讲净明宗教之旨。发箧阅《飞仙度人》之经，读《真戒》《天章》《神丹》诸论，其植根在明晤，领要在忠孝，启修在八柱，妙用在符图，不滞于有，不沦于无。余曰："吁！道法奥枢尽在是矣。夫性命于雷霆，非二物也。果能原始要终，语言道断，则性光炳露，妙有产于真无。于是一念之动，大藏人雷，喜即与为生，怒即与为杀。日月也，雨旸也，幽明也，鬼神也，升而清者为天，降而浊者为地也。飞者汞也，凝者铅也，不疾不徐、若昂若卑者火候也。其发端甚微而万象森列，由弦中一炁而为鼎中法象也。如未孩而婴，如处女而姹，养之至淳，引之至高。又玄重玄三境也，太极而无极也，斯岂有内外乎哉？有本末乎哉？有精揜朕兆乎哉？孰缕析是而判之？曰道也，法也。"良月大师曰："吁！其至矣。行且倡率二三同志为内修外炼之学，以毕圜中之志。"余曰："吁！果能是，则净明宗旨其庶几乎？"遂书诸简端，为后学劝。

西吴董汉策景山氏记。

【说明】 西吴即浙江乌程，据乾隆十一年《乌程县志》卷七载，董汉策，字帷儒，号芝筠。父早殁，攻苦读书，潜心理学，事母尽孝。庚辰大饥，倡始议赈；乙酉变作，与同里修保障拒贼有功，当事将列荐，以母老辞；庚戌江浙大水，范承谟时抚两浙，访求荒政，以改折籴粜、缓征平粜诸议进，悉举行。壬子诏举贤良方正，范论荐，以科道员缺试用。蜚语旋作，荷昭雪释放。还乡键户著书，以羽翼六经为务，有《周易大成》一百卷等。据康熙《青云谱志略》录文。参见民国九年《江西青云谱志》《净明资料新编》。作者阐述了道与法之内在联系，并与朱良月讲论“净明宗教之旨”，思想有深度、有价值。按，撰者一作“董兆汉”。

918. 清·管学宣：广济宫独醉斋记 康熙年间

屈子云：“众人皆醉我独醒。”渔父以哺糟啜醨相劝勉，意其不必皆醉，亦不必独醒。噫！此介于醉醒之间，和光同尘，宜屈大夫之岸然不屑，各行其志也。有道人既见，深思高举，寄迹方外，鱼鱼雅雅，以诗酒为娱。余一日抵其斋，睹其额曰“独醒”，因怪而诘之曰：“子固称善醉者也，曷云‘独醉’哉？子一斗亦醉，一石亦醉，如汝阳之道逢麴车，如左相之饮如长鲸，如宗之之举觞白眼，如焦遂之高谈雄辩。醉而醒，吟风弄月；醒而醉，衔杯漱醪。是善醉者莫子若矣，‘独醒’云何耶？”曰：“我闻昔人论醉醒之说，醒难醉尤难。我不克为尤难者，用额以自警。其实醉与醒一耳。醒不染世尘，醉不耽世味，先生何疑之深也。”余乃悠然思，憬然悟，曰：“若然，则子之醒也，何必不醉；子之醉也，未尝不醒。当其忘视听，浑思虑，一心志，超然于天地万物之表，以游神于羲皇之上，宁非醉耶！子殆将自藉于醉以行其醒者也，以视世之溺于志、迷于言、感于欲者，虽不醉，讵得谓之能醒哉？”遂记以赠之。

【说明】管学宣，字虎臣，安福（今江西安福县）人。康熙五十七年（1718）进士。历官直隶庆云知县、丽江知府（乾隆元年任）等。有《未亭文集》。据增修本《武功山志》卷十录文。参见校注本《武功山志》卷十。按，入仕后，除丁忧服丧外，管学宣一直在各地任职，前后长达四十年，年七十方告归。姑系本文作于入仕之前。

919. 清·李振裕：新修白马庙碑记　康熙年间

许真君斩蛟事，晋唐以来，广有传记。南昌城内铁柱宫，其遗迹也。乡先辈博庵黎公笔之志乘，言真君之佐有白马神者，痛其二兄贼于蛟，遂奋不顾死斩之，以效命于真君，人因奉为神以立庙，姓氏爵里章章焉。按祭法，能御大灾则祀之，能捍大患则祀之。此先王报功之典施于鬼神者也。神能除不若之物，使洪都永无垫溺，御灾捍患孰大于是？今之俨然庙貌者，虽出于闾巷之尸祝，未尝奉敕建修，然揆之祀典，良不为过。所谓有其举之，莫敢废者。故自立庙以来，远近士民四时祷赛不绝，磔鸡刲豕，阶陀朱殷。盖凡血食之神必能作威福，故神之灵应倍著于旌阳，以其取精多而用物弘也。苟致敬，有求无不得；慢神者，祸亦随至；惠逆之报，捷于影响。问有疑事，则必诣神座长跪而卜珓，其所得诗句包括前后，定吉凶而诏趋避，百无一失。

舅氏卓翁事神尤谨，尝有疾，颇剧心，以为忧。往卜珓，得诗句，言旬日当瘳，已而果然。方卜珓时，舅氏默祷曰："神诚佑我，此身幸得无恙，誓必重新庙貌，并祭台移置池南，廓而大之，檐楹榱桷、丹青黝垩之类，务极其轮奂。"祷至虔也，乃珓语若谓："汝愿虽切而力有不足，非汝所能为者。"心窃疑之，而愿乃益坚。未几，以事将入都，谒神庙，见庙垣颓废，捐赀修之，乃行。及归，而庙貌一新，有加于旧，意所欲更造者，部署位置，无不吻合。惊问其故，则去后栋宇弘峙，尽由郡人鸠工庀材，协力改作，不数月而成。于是叹珓语之奇验而神鉴之昭昭也。

昔上蔡谓鬼神之灵生于人心，欲有即有，欲无即无。舅氏立心诚敬，盖深信其有者。故能以己之心格神之心，而神之心又能通乎亿兆人之心，佐其力之所不逮，成其志之所必就，建一邦之盛事，流千古之美谈，有如此也。今年舅氏复来，具言其本末，且属余为文以记之。余辞不获命，乃书而俾刻诸石。

【说明】李振裕，字维饶，号醒斋，吉水（今江西吉水县）人。康熙九年（1670）进士。历官工、刑、户、礼四部尚书等。有《白石山房集》《群雅集》。据《南昌文征》卷一七录文。参见《净明资料新编》。

920. 清·缪一蓁：重修万寿宫募缘疏* 康熙年间

窃惟逍遥福地，腾胜洞天，乃旌阳拔宅之故墟，而历朝敕建之名迹也。顾旌阳之功德播诸寰宇，朝廷之崇报载在礼官，固已在在咸感之，人人能言之，无俟余末学之赘述为矣。惟是数十年来，旱潦不时，兵燹靡宁。而玉隆殿阁，栋折榱崩，上漏下湿，不堪人居。蛛网蜗涎，经纬几席，羽士之修持无所，朝客之坐卧靡宁。虽前此不乏增修，而未免因陋就简，即补敝支倾于刻下，究增新易旧之未能。若不及今整葺，将来靡费浩繁。住持道人谭太智，野谷徐公高足也，居山一十余载，笃信行持，以守为创，遐迩钦其风格不群，道心专一。其于增修道院以广薪传，愿力宏深，精诚虔恪。睹兹衰朽，无任悚惶，如鞭鞭身，如刺刺背，欲募赀为重修之举，丐余言为劝缘之由。愧余一介儒生，无能出寸丝斗粟为之倡，顾敢饶唇鼓舌为之赞乎？然而天下事时至事起，我悦朋从，安必无崇德乐功者慨然以起，辩者劝施，富者输财，能者致力，巧者献功，再瞻金碧之辉煌，永祝国祚之绵远者乎？况民间殷庶，悉赖神功；宇内升平，无非妙济。有怀整葺，因思炼石补天；既托帲幪，敢冀金声掷地。银几许，谷几许，一丝一粟，皆系不朽之缘；栋有资，椽有资，善作善成，书注长生之箓。倘百尔君子，敬而听之，庶万福来同，良不谬矣。

【说明】缪一蓁，字又瞻，新建（今江西新建区）人。康熙三十五年（1696）举人。据光绪本《万寿宫通志》卷一六录文。参见《净明资料新编》。

921. 清·熊益华：万寿宫废兴颠末记

康熙年间

吾邑西山之阳，曰逍遥山金田村，故金氏讳宝者宅畔之桐园也。许敬之先生用郭景纯语，卜栖真地至此，金公见而异之，遂移家焉。至孝武宁康二年甲戌，先生寿百三十六，八月望日午拔宅飞升。先生冲举之后，追慕遗爱者偕其族孙就故址立祠祀之，曰游帷观。以先生尝谒女师于黄堂，所献锦帷冲举时飞绕于庭，因名焉。此始兴也。隋炀帝时，焚修中止，观亦寻废。此一废也。唐永淳中，胡洞真慧超重兴建之，明皇尤加寅奉。嗣是宋太宗、真宗、仁宗皆赐御书，遣中使降香烛、华幡、旌节、舞偶。真宗赐额曰“玉隆”，置大臣提举，以为优异老成之地。此再兴也。徽宗朝，乃降玉册，崇尊号，政和二年改观曰宫，加赐“万寿”二字。时帝患安息疮，感神默治，比愈，下诏洪州大建玉隆万寿宫，降图本，仿西京崇福宫例。凡为大殿六，小殿十有二，六门三廊，五阁七楼，前殿三面壁绘先生出处功行之迹，后殿安奉玉册，建阁宝藏御书，两庑复壁绘仙仗出入之仪。周缭以垣，垣之东西置屋以居羽士。除道院方丈外，有堂三十六，曰致福、万福、大观、持敬之类。各置良田数千亩以赡道侣。理宗宝庆元年，重赐内帑增修，命大学士真公德秀提举。功竣，而郡中人士别立祠奉西山先生像主，崇祀之。此则其大兴之会也。嗣是羽士云集，道风高倡，如吴浦云、罗适庵、彭玉隆、胡止庵，其最著者。建炎中，金人扰江左，游兵欲毁宫殿，俄有水自楹涌出，遂戢兵去。虽未付咸阳一炬，然蹂躏毁伤亦几废矣。绍兴二十八年，赐御札十轴，宝镇福地。无何，红巾煽乱，大纵焚掠，殿阁、像主、御书、玉册灰烬无遗。虽元成宗元贞元年欲敕修旧址，而至此则一大废矣。明初，草率数椽，薄修祀事，幸名贤继起，如万司马恭、张学士位、谢大理廷杰、邓太史以赞，同心首倡，而抚台曹公大埜、按台贾公如式、郡伯胥公遇捐俸委员，共襄阙典，始事于万历十年，落成于十三年之秋，大殿先成，壮丽巍焕。继而张、邓二公偕李观察栻，即殿西隙地创逍遥靖庐，以为讲学习静之所，故家名宿讲业其中者无虚岁。此又一重兴也。启、祯时，李启玄复创赡田，永崇祀事，亦足嘉已。

国朝戊、己间，逆镇不轨，江省沸腾，所在兵燹，洞天福地亦缘羽流星散而颓废。先少宰文举公每往还檀溪，必绕道抵宫，躬修祀事。因见瓦砾荆榛，且土豪侵据无已，不禁故宫禾黍之叹。适道士熊玄清、陈朝真、潜文郁、杨文珍、熊朝真辈备呈土人侵伐由，乞培道院。少宰公辄毅然任兴复，会云间许公赞曾以翰林出而承臬，有同志焉，廓清界址，查出明塘，殿宇赖以重新，墙垣亦复如故，时顺治乙未岁也。越己亥，少宰复抵玉隆，禁樵采，清香资，倡建玉宸宝阁，勒石以纪其事。道院再兴，此一时矣。康熙癸卯，会徐公守诚修真来主兹山，一时从游甚夥。其同道则有周德锋、岑守静，其高足则有谭太智、张太玄、熊太岸辈，谈经习静之余，行持募化。而护法实赖谌绍溶、熊文在、丁立准、程恒吉、胡文渊、丁时、张恭、陈锡畴、李予晟诸公，故其时施者回应，事事粗还旧规。其明年，少宰复展祖归檀溪，来谒旌阳，作《逍遥靖庐记》，并手书二简，嘱住持道人善藏之，以杜借占之弊。邑侯杨公周宪采入《县志》。自是，大中丞董公卫国捐资，建谌母阁于大殿之北；而三清殿、三官殿亦赖羽士募缘，王方伯新命捐助重修，于以祝釐崇祀，福国佑民，诚太平之休风也哉。乃自兵燹而后，人心不古，复有垂涎吉壤者。适家大司空一潇以都宪奉天子命祭告南海，便道旋第。其介弟宜兴副尹一湘公暨诸绅矜及同乡父老辈，备言借占之弊。司空公乃白于当事，大加廓清，永杜觊觎之患。此目今虽一小兴，视旧制则犹有待也。

住持道人不以予为不肖，谓予讲业山中有年，颇知兴废之略，猥以记事见嘱。余以寡陋不文辞，道人请益力，且曰："前此纪载，固多鸿章，奈岁久迹湮。间有存者，大都志山水之景光与栋宇之壮丽，其于道院之颠末悉不及详。兹请载笔以寿诸石，俾往来观者一览而得其梗概足矣，奚以文为?"爰博采见闻之有征者，述其崖略如此。嗟乎！盛极而衰者，盈虚之理也；物极而反者，剥复之机也。诚得其人而继承之，则洞天福地顿还旧规，不徒与淮南、鼎湖并峙，亦且与十洲、三岛不磨矣。因忆罗文庄公尝谓有此名山则必有此灵秀。继自今山灵勃崒，宣泄于人文，接诸先正而起绍明道德之传，一以助我皇上神道设教、阴骘下民之治，一以绍旌阳公忠孝之传。是则予所祷祀而求者，庶几旦暮遇之矣。

【说明】 据同治《新建县志》卷五〇载："熊益华，字受初，邑诸生。与申以盛、陶型、陈国林同噪庠序。终身贫寠不自悔，独好著述，撰有《中庸释义》及《逍遥山志》。逍遥山者，道家谓许逊修炼之区，往往多异迹，岁久就湮，益华穷力搜访得实。督学李钟侨敦崇儒学，尝以'渊源理学'四字榜其庐。”又据卷九五载：“逍遥山古无专志，国朝雍正四年邑人程以贵、熊益华两先生网罗散失，兼得喻非指先生录稿一帙，始汇成书。乾隆四年丁步上、郭懋隆等重为编次。”据光绪本《万寿宫通志》卷一五录文。参见《净明资料新编》。本文详述万寿宫兴废历程，有重要史料价值。按，文后原有注云：“删旧。”又，本文写作具体时间不明，查熊一潇任刑部右侍郎约在康熙二十一年（1682），任工部尚书（大司空）约在康熙三十五年（1696），则本记应作于康熙后期。

922. 清·杨以俨：熙宁会序　康熙年间

会邑之有赖侯庙也，古矣。举邑以内之人，无男女长少，无虑百千年，尸而祝之，社而稷之。又联邑以外之人，无仕宦商贾，凡舟陆出于其途者，无虑百千年，无不尸而祝之，社而稷之。其故何哉？或曰人情，过庙思敬；或曰以其有精爽，至于神明；是二说者，然而不尽然也。祭法不云乎？能御大疫则祀之，能捍大患则祀之。凡人之身，安于其乐则无所用其情，一旦卒然有所患难而后为之号呼，婉转乞鬼神以自托其一日之命。而鬼神时亦能出其异物若阴相之，以是转相祈报。此祀典之所由盛欤？

维侯之功，大者司命江滩，民不病溺。此外，旱涝、兵火、疫疾、笃癃，祷之辄亦征应，称殷而祀礼也。于是其邑人黄、刘等鸠人若干，于侯受生之日醵金为寿。寿已，则以若干人之姓名，赀钱出内，贷偿母子息。举书其数，籍而藏之，以待按覆。名其籍曰熙宁会，言熙熙而来，熙熙而往，皆安宁也，皆有邀于侯之力也。因丐余之一言以为序如此。

【说明】杨以俨，字惟庄，瑞金（今江西瑞金市）人。康熙十年（1671）岁贡。生而颖敏，既长，益折节肆力于学。家多藏书，不务为泛涉，专以精究其义，期于自得。为人孝友天植，跌宕不群。所著《强恕斋文集》，沥心洒诚，忠孝之性，溢于言表，卓然成一家言。据康熙刊本《杨氏五家文抄》之《强恕斋文抄》卷一录文。参见《赖公庙碑刻选辑》。

923. 清·张贞生：重修王仙庙募疏* 康熙年间

两间流峙之灵，有钟于人者，有钟于神者。鬼神荒唐之说，虽儒者所弗事，然明则为人，幽则为神。其在人者，固足以师百世；其在神者，亦足以俎豆亿万年，则赫声濯灵，洋洋如在，安得尽指为杳冥不可知之说，概摒黜弗道哉？

吾郡南永和镇，旧名东昌，窑市之盛，甲于都会。山川所孕毓，实产异人，若周益国、胡澹庵、欧监臣、文文山、颜沛县，俱相继崛起其间。地灵人杰，苏黄之过其地，寄情累日，留连弗去，良有自也。然此特钟于人者耳。其见于神，复有足赫奕千古者，一为王仙，本姓匡，讳和，唐贞观中，与其叔智修炼王山。智受天衣上升，和亦尸解，称地仙。后刺史严公因岁旱急遣官致祷，行次磁窑之小湖坛，人马辟易，若有呵从不得前者，即其地祷之，立应。刺史遂立庙置坛。及建炎改元，寇四掠，赖仙灵见旗帜空中，屡有功于朝。于是有司上闻，乃赐庙额曰辅顺。初封威远侯，次加肃应，又次加英格。是庙之以王仙称者，盖历乱弥著，历久弥彰。其后一欧阳氏，讳觉，淳熙间弃家入庙，给帚除，营修造，如是者周二十年。忽一日不见，市喧为神。至元壬午，江水入庙，越五日始退。像立殿陛间不仆，视之则齿发骸骼犹生，腰佩小韦囊，疏一轴如故。乡人因即其身塑而尸祝之，灵爽益显。若姚五之遇飓风而祷；袁信之遇于途，曰“为王仙求封”；或有遇之江外，衣敝荷戈，行甚武，问“奚自”，曰“为国出戍”；以及地方疾疫雨旸，遐迩祀为坊神，无不有祷立应。巽溪杨公于庙之西序筑堂为总管燕安之所，而其显应遂与王仙并称不朽。庙模旧制宏敞，金碧辉映，或出自敕修，或经理于邑宰，或增饰于郡伯，岁月虽遥，碑刻可考。今则风雨所蚀，日就圮颓，急有待于兴复者。先是有僧索予长男世坤书募疏重修，未就。兹里中父老及司户衲子兼逸士陈洁士持启相告，为更新计。

嗟乎！学者生千百年之后，凡上古之钟于人而为贤哲者，固宜仰止羹墙；而其钟于神，正直忠烈，无异其钟于人，以并存两间正气者，为物不二，又安得不阐扬表章以存庙祀于弗朽？永和镇仅片地耳，钟于人者后起，固当奋发以继周、胡诸先生之芳徽；而钟于神若王仙、若欧阳总管，俱有益于民生，有裨于社稷，凡吾生其里，沐其泽者，又何爱丝粟而不互相乐助，鸠工庀材，使捍灾御患、福泽丰稔之正神不长此寂寞也哉？则前此予儿世坤所募而不可必得者，或得于予今日之言，使予亦可藉手以答神灵之贶，则地方之庆，亦予之幸矣。

【说明】张贞生（1623～1675），字干臣，号篑山，庐陵（今江西吉安县）人。顺治十一年（1654）举人，十五年进士，选庶吉士。历任翰林院编修、国子监司业、侍讲学士等。以理学闻名，有《王山遗响》《庸书》等。据乾隆四十六年《庐陵县志》卷四四录文。参见道光《庐陵县志》卷四五。

924. 清·张贞生：武功笔记略* 康熙年间

山之以“武功”名，考自蜀人，有武姓夫妇南来寻修炼之所，其夫止安成泸潇，妇止西昌武冈，后皆同日化去，乡人遂以“武公”名兹山。陈武帝镇始兴，时侯景逼梁主于台城，帝入援，驻兵西昌。楚人欧阳頠从长沙率部下间道赴义，梦仙耆揖曰：“吾家西昌，寓于兹山，兴师助顺，当为公前驱。”頠以报帝，帝曰：“此其武公妇乎！”遂平侯景。即位，遣人赍香帛敕封之，以其有功，始更名“武功”。考此，则武功盖以武氏名，非以葛仙名。后之祀仙者当在武，不在葛，夫何之世称此山灵者，知有葛不知有武耶？且武氏之灵能为陈帝立功，独不稍示灵验以使人知己之功？即葛公感应神明，本诸无私，亦岂肯自专其功？何不稍示灵验以使人知武氏之功？吾庸知武之非葛、葛之非武耶？武功之功，可以功武氏，亦可以功葛公。可以功武氏者功葛公亦可，以功葛公者功武氏，武公亦何心哉。噫！武公不自功，此其所以为功也欤？

武功有瀑布，岂自今日始哉？余从山下至讲经堂，又从别径宿小竹坪。时黄昏阴冥，遥望前峰，高耸隐显，间见悬流天柱，知其为瀑布。询之僧，则曰："此处瀑流数丈至数十丈者不一，其剧则是。"询之僧而知有瀑。次日入山，索山志阅之，其在图坪前，则有飞雪坛。又载醉依石在瀑水岩下，从小峡流出为小瀑布，则是征之志而知有瀑。邹文庄《游纱帽潭》诗云："石函凿玉峡，奔流太古雪。瀑布九天来，四壁如削铁。"则是征之诗而知有瀑。余前阅安成新梓邑志，有药公《搜瀑行》，瀑布又似经药公搜而得者。及余登山，僧出药公所写《瀑布小景》，自书云"武功从不闻瀑布而愚者搜得之"。考此山瀑布，原不待搜而得，而药公乃以为搜而得之，自愚者始。夫山中有宝，惟无心于宝者得之。药公不可谓非无心人矣，亦不可谓非有心人矣。

此山灵应，四方告虔者日或千万计。明世宗为母后祈安，至遣官赍敕朝谒，曰："武功仙山乃葛真君福地，敬沥丹诚，尚祈师送。命正一嗣教天师张彦頨、知事郭宗远，齐捧真香，远谒玉山。朝谒一会，用保母疾早安，寿年延永。"余来游，意必宫殿岿然，壮观起敬。及登绝顶，仅见为茅舍者一，为坛者三，礼者石，垣者石。坛前上漏下泾，不能以足。余谓苇客上人曰："三坛亟宜涂垩，坛前盍履土使离，引潮外注。坛外各构一亭，亭可坐百数人，运瓦为盖，伐石为梁。又诸岩壑胜处，各缚茅亭。诗曰：'遥忆文庄观瀑日，不曾凿石置孤亭。'浮山愚者得此，亦可无憾，亦可不诗。其资不必乞募疏，不必设缘簿，但于来谒者令蠲丝粟，不必多求，所期者少，所成者多；所施者诚，所见者悦。雷峡雷岩，自如律令。"上人曰："无垢居士，盍记而告四方至止者？"

【说明】据增修本《武功山志》卷十录文。参见校注本《武功山志》卷十。

925. 清·石和阳等：庐山木瓜洞题识　康熙年间

题识一：木瓜洞。

题识二：石破云修。

题识三：枯木云留迹，瓜生月播烟。

【说明】木瓜洞位于庐山石船峰下，因唐开元年间道士刘混成种植木瓜为食而得名。石和阳（1621~1709），字嵩隐，河南南阳人，木瓜洞道士。康熙十三年（1674）迁居木瓜洞修行，作《木瓜洞杂诗》，注解《黄庭经》《指元篇》等。碑题为整理者所加。为便查阅，三通碑刻集中录存于此。题识一位于木瓜洞口上，石刻高 0.65 米，宽 1.56 米，隶书，书者不详。题识二位于木瓜洞左侧石壁上，刻于康熙年间，高 0.76 米，宽 2.3 米。《庐山历代石刻》评曰："四字双勾刻石，笔势流畅，结体不求规矩，表达了修仙学道之人潇洒自在的性情。"题识三位于木瓜洞内侧山石上，署名张和阳，即石道人真姓名。石刻高 0.64 米，宽 1.90 米。

926. 清·陈梦雷：题木瓜崖石嵩隐传赞碑铭序* 康熙年间

中州石嵩隐先生，明季隐君子也。先生生于南阳，隐于嵩高，足迹遍维扬、燕市、黔楚，而终老于匡庐之木瓜崖。乃隐其名位居里不传，得毋有不得已者耶？世人见其与名公卿论"知止""艮背""几希"之旨，则谓其儒；见其黄冠野服，注《黄庭》《阴符》诸书，则谓其道；见其怡然坐化，群鹤绕空，怒蚊漂石，遗茔无恙，则又疑其神仙。而先生若随地而安、随感辄应者，未尝有所标榜以立异于世也。《易》曰："知机其神乎？"先生知明季之多故，弃家而入嵩；知甲寅之纷纭，谢诸士大夫而屏迹于匡庐。蝉蜕声利之场，超然险阻祸患之外，置田百亩，种梅百树，茗碗炉香，吟风啸月之外，泊然无营于世。而诸名公往返叩问，亦不过因机引导，勿距勿迎，岂非识在几先、神游象外？而世俗龌龊拘琐之见，乌足测先生之万一哉！

吾姻翁叶学三先生来守是邦，其治民训士，一以紫阳夫子为师。而公余之暇，留意于高尚遗逸诸君子，为表章之。乃深服膺于嵩隐先生，述其传，登于志乘，集其墓志碑铭并诸名流赞颂题咏为一集，问序于余。余深愧乏几先之哲而陷网罗，及心迹湔白，又以桂伐膏焚，困于羁绁，每欲乞归卜居武彝不可得。尝叹谓巢由亦有命焉，不可强也，抑或者宜随地作武彝之想而任天以游耶？及闻先生木瓜崖之胜，欣然神往。深喜吾学三之能表彰先生，复然非风尘俗吏可及也。然余送武彝僧镔铁还山有句曰“寄语幔亭峰上月，清光留待主人来”，而闻先生坐化时，弟子请遗言，亦有“清光留与主人参”之句，岂偶尔之言暗合至此耶？抑先生豫有以许我也？因序先生之传赞碑铭，欲以此一问之。

【说明】 陈梦雷（1650～1741），字则震，号天一道人，晚号松鹤老人，福建闽县人。康熙九年（1670）进士。曾官编修，奉命主编《古今图书集成》。据民国本《庐山志》卷十“艺文”目之二十六下录文。按，据同治《南康府志》卷一二载，叶谦（字学山，一作“学三”）任知府在康熙五十四年（1715），且在任长达七年。他也是福建闽县人。

927. 清·陶耀：弋阳县城隍庙记　康熙年间

城隍之有庙，凡建邑者皆然。《传》云：“明而治人，幽而事神。”又云：“事神保民，莫不欣喜。”盖皆邑有司之事矣。弋自兵燹后，城隍庙止存一殿，其东西廊二十四司以及门屏，俱为荆棘。谋举焉而时诎力啬，无可劝筹。余不揣，辄身任之。计日鸠工，立捐三年之俸，俾义民某某等董其役。初设庙门，继建两廊，塑诸司像。向之荆棘，忽还旧观，诸慕义耆民之功不可泯矣。忆明嘉靖丙申间，庙宇倾圮，邑令黄君齐贤始之而未就，祝君继伦踵之而后成。神居肃穆，焕然维新。自康熙戊子以来，金逆发难，乃又罹劫灰之惨。余未能治民，焉能事神？顾以三时无害，人和年丰，为一邑官民所祷祀以求而不可得者，今而后庶几得之。修葺旧制，尊崇典礼，冀无贻神羞焉耳。若曰“神之听之，终和且平”，余何知之有？

【说明】 据同治《弋阳县志》卷七载：“陶耀，秀水拔贡。知县事，当兵寇之余，地荒民散，逋赋三万，陶加意抚绥，招民垦荒。在任十年，修学宫、城垣、县署，搜辑志乘，百废俱举。省刑造士，厘赋诘奸，民怀其惠。乃设法劝输，积逋一清。甲寅寇变，民争护帑，虽寇毁其家勿悔也。升饶州同知。”据前志卷三录文，题为整理者所加。

928. 清·项弼先：募修东岳祠疏* 康熙年间

东岳尊神也，郡邑祠而祀之，疑非礼也。然巡狩柴望，四岳候甸而登封告成，煌煌乎七十二代之金简玉笥，惟岳宗是纪，非仅于五岳，明尊尚矣。盖东方物所始生，《春秋传》曰：“触石而出，肤寸而合，不崇朝而遍雨乎天下，泰山则然。”此其及物生成之功，岂上公之秩、岿享祀于一方者可明崇报哉？万物本乎天，人本乎祖，以神之最尊而灵，而生成之德覆冒天下，则使人人得罄其反始报崇之念，亦礼之所宜然也。

予邑东岳祠故址居城之北，社稷坛近之，旱涝必祷焉。植修讲业之士，□文教道，无弗至止于斯。迄今为荒草颓垣者二十有余年矣。诸同志咸欲□创修复，而时力弗远。兹以其事属之桑门润生，润生期期不能言，心朴而貌古，非同于枯迹而蝇逐者，故人信其诚。凡诸胜宇，一属其劝修，即圮者完，毁者复，登新益故，人神以和，矧神灵功德崇严，祀之宜遍于天下者哉？太史公曰：“百家言黄帝，其文不雅驯，荐绅先生难言之。”东岳神灵之赫奕如二氏所纪，统幽摄冥，权衡修短，纠察彰瘅之威，非不震震然足为舆情警动。然言之尤雅者，宜以典礼之不戾于经义者为主。《礼》不云乎？有其举之，莫敢废也。诸祀类然，而况泰山之神之最尊而灵，功德之冒于天下者乎？

【说明】据康熙二十二年《吉安府龙泉县重修县志》卷八载：项弼先，字右君。以髫年补弟子员。潜心理学，淹贯百家，其著作可传者亦多，而且恬澹自娱，绝不拨情。富贵游其门者甚众。有《玉樵集》。据同治《龙泉县志》卷一七录文。按，项弼先成岁贡在顺治十七年，故推定疏文应撰于康熙年间。

929. 清·涂纲：上城观杨张二雷将金像记

雍正元年癸卯（1723）

今上元年仲冬之望，簿书稍暇，携安福刘子为罗浮之游，历观铁桥诸胜，就冲虚观而宿焉。诵苏长公诸所题咏，若有所得，夜分不能寐。刘子因及其所居上城里，自唐有观。宋嘉定间，远祖富辰公重建于金溪山之麓，住持羽士若罗一君、顾止安、左潜虚、朱碧溪、左洞渊、尹尚微数公，以修炼显于累朝，号称真人宗师者指不胜屈，前明永乐敕书具在。嘉靖间，道士左美贤重新殿宇，族祖御史公记其事于碑。近有炼师项士仙以祖述宪章为己任，服炁凝神，役雷伏魅，应同五斗。康熙丁亥，倡修真武殿，坚好逾昔。已而慨然曰："彼浮屠氏辄范金肖像称佛事，而我观仅饰土木，非所以壮观瞻也。"遂走滇黔、巴蜀数千里外，凡四年，涉蛮溪，穿菁洞，岚烟瘴雾，盲风怪雨，若履康庄。为人书符治病，以所得合诸善信所舍者，计青钱三十万有奇。采铜鸠工，范为杨、张二雷将以归。瞋目龇齿，光怪陆离，见闻顶礼，赞叹诧异。先生肯赐一言以记，为来者劝，亦犹罗浮之长有苏公迹也。又曰："士仙当童龄簪冠，值本师思真，殊其师之。师私为生盍去诸？士仙弗为动，甘岑寂，守淡泊，朝夕焚修，卒口口成。袭留侯五十四世继宗张公，试列优等，扁其堂曰'法湛祖口'，以示风励。"余曰："然。有不可夺之志者，斯能成不可口口口，士仙其庶乎？嗣士仙而住持者，倘皆志士仙之志，恢宏光大，虽金其殿可也，像云乎哉？"刘子名齐贤，为余同年连口口口口口口嗣，信而好古，所言当不诬，遂为之记。

时雍正元年癸卯谷旦，礼部进士、敕封文林郎、知广东肇府新兴县事、署理恩平县事、丁酉科广东文武闱同考试官、加四级纪录十二次新城涂纲撰。

【说明】涂纲，字燕及，新城（今江西黎川县）人。进士。历官广东肇府新兴知县等。碑现存于安福县洋门乡上城金溪观，文字有剥落。高 1.55 米，宽 0.76 米，直行，22 行，行 2~33 字。圆首，额篆"上城观杨张二雷将金像记"。据碑拓录文。记文对了解神霄派传播历史有一定价值。

930. 清·郭俊：重新丹霞观碑记 雍正元年癸卯（1723）

洪州地纪各区，寻真采胜者佥以西昌之西山为最。其间岩岫四出，峰回峦叠，多仙灵窟宅，纵横绵亘，蜿蜒北来，发祥于逍遥胜境，外尤饶奇迹焉。如丹霞观者，距逍遥山北数里许，左环麀鹿，右拱彩鸾，内腋两山排闼，如虎踞蹲，岚光叠嶂，霞彩映溪，古所云“白云深处有丹霞，洵是蓬莱第一家”者也。

按观所由名，书阙有间，末由稽考。世传许祖旌阳栖真结庐炼丹于此，移樟以覆井上。至今树称神移，轮囷蟠结，空其中，可容数人。井泉涌冽，清若猊眸，甘同嘉栗，人争汲以疗病，病无不瘳。是亦地脉之灵奇所钟、流露于不竭者欤？后当都仙白昼翀举，乡人不忘遗爱，即以树志甘棠，匪惟勿翦勿伐，且廓旧庐而新之，以明昭祀。而丹霞观之建实始于此。宋兴以来，荣膺敕赠，宫殿巍焕，尤为巨丽矣。迄今千数百年，沧桑变易，盛衰兴废，不知凡几。明万历间，乡之桀黠者觎图茔葬，阴谋窃发，几至灭迹。先叔祖汾源公义不顾身，合众力抵，鸣公而清复之，然亦仅遗颓垣败壁、苔封萝组而已。

递历国朝，岁庚寅，住持张云碧愿宏道力而盅饬之，谋余伯父五辉公及先君子九万公浼作周麾之呼，倡一二三图之义。乃明年先君见背，云碧飘然仙逝，有志未逮，伤已！嗣有耕云李炼师者寻真自北平来，继居之，乃大声疾呼，铎向乡先生及诸父老而议式廓。时余伯父念先君子赍志以没与云碧师夙志未逮，旋于辛丑秋领余兄若琏、若琳者，选良材，购柱石，踊跃赴功，改迁于山之阴，履乙面辛，奠楹启宇，不假将伯之呼而后殿于是乎成矣。阅壬寅，俾立几筵，寅陈肇祀，以迓神休。瞻金容之剥落别开生面，亦力罔烦众而像貌重新。诸父老顾之，咸归功于伯父。伯父不有，因之各展虔心，共勷崇报盛举，而前殿及两庑又于是乎成矣。再阅癸卯，龙飞正位，国运重新。两殿焕然，有严有翼，以衍无疆之庆。复中立瑶台，制璇室二座，为神所式凭。更念栋宇嵯峨，内有以肃明威，外无以蔽风雨，非完规也；近有以缭金猊，远无以绵祀事，尤缺典也。爰筑石垣三堵前，则族兄懋钿与侄文达勷落成之，修葺孔固焉。置祀田十有三亩坐于本里之董洲，以供俎豆，而香火可长存矣。

噫！不三载间，废无不修，坠无不举，内无不完，外无不备，金碧辉煌，云霞壮丽，行且与灵樟、丹井交相掩映已。是举也，非以供游观、崇侈靡也。

祭典云：惟神御大灾捍大患者则祀之。旌阳公之福我江右也，九州绥靖，民不其鱼，功则神功，济则妙济，矧于咫尺游帷之地，顾令其湫溢荒陋为？虽祖师在天之灵，容与乎太虚，逍遥乎冥漠，徜徉乎琼岛瑶池，无假尘世土木之奉，然乡之赖永庇者，敢不崇德报功于万斯年，弗替引之欤？是为记。

【说明】郭俊，字云崇。邑庠生。据乾隆本《万寿宫志》卷七录文。参见光绪本《万寿宫通志》卷一八、《净明资料新编》。

931. 清·杨方坚：圣母宫碑　雍正二年甲辰（1724）

圣母宫，所以祀痘神也。神像四，女而冠帔者三，男而幞头袍笏者一，未详出自何代并爵里姓氏。相传得道于蜀峨眉山中，没后为痘疹之神，司人间赤子之命。而赤子之当痘疹者，往往见车马冠盖、仪卫仆从如王侯状，则惊呼曰："神至矣！"家人闻之，悚息匍匐，必具香楮酒醪，祀之唯谨。当逆证势危，药饵罔效，无不乞灵于神。而神之陟降时，纸钱窸窣，灵风满旗，隐隐有神马踏云之声，则又呼曰："神享也！"于是死者苏，危者安，赖以保全性命者十常八九。

庙故在阛阓中，湫隘并无隙土。当诞辰令节，入庙而祀者刑牲酾酒，摩肩踵接，几无拜献地。雍正二年夏，余联同志五十余人始议募金改建，购得庙右旁廖氏余地若干，尽撤其旧而拓大之。前为亭，进而为堂，又进而为殿，以栖神像并侍从。后则为楼，楼中窗棂洞达，远可眺数十里。右则为库，为庖厨所，庙中所需器物备具。栋宇之壮丽，廊庑阶除之宏敞，丹垩之辉煌明洁，视昔焕然一变。呜呼！神其安于是乎？人情恶劳惜费，自昔有然，又况筑室道谋，众心不一。乃至是役之兴也，人无贤愚，齐心同愿，富者输财，贫者输力，胼手胝足，慷慨争先。经始于初秋，落成于腊月。人不知费，工不言劳，虽同事诸君义足服人，然非神之灵爽，恶能致此？

说者谓天地四时之气，有和有乖，受其和则祥，乖则殃。当圣天子在上，燮理参赞，神明默为助理，五行顺序，六气自调，民无夭札之患。际此时者，熙熙皞皞然，既歌帝力，复颂神庥，相与营宫作庙，鼓歌忭舞，酬德报功，不独义有宜然。而采风之人，睹兹丰豫，想象民风，亦足以征盛世太平之象也。或者以世俗多好媚，谓江楚之间类多淫祀，儒者往往讥之。按祭法，有功德于民则祀之，能御大灾捍大患则祀之。若斯神之御灾捍患、为功德于生民者已久，恐议者不察，妄与淫祀同诮，将敬神反以获罪于神也。凡是数者，不可以不记。爰于神庙之既成，谨志数言以贞于石。

【说明】杨方坚，字学固，瑞金（今江西瑞金市）人。贡生。据道光《瑞金县志》卷一二录文。参见乾隆十八年《瑞金县志》卷七。

932. 清·周学健：重新石富观殿宇碑记

雍正三年乙巳（1725）

距逍遥山十里许，有石富观，为忠孝神仙许祖行宫也。其南即万寿宫，北则萧坛耸焉。晋义熙间，有蛟蜃气上薄斗牛，识者以为豫章患。许祖斩蛟驱氛，永息其患。高深底奠，则都仙配夏之绩，豫章实赖之。人荷仙仁而报仙功，环豫章数千里地，庙貌祠宇遍村落云。石富之有也，由都仙往来萧峰、南岭间，尝驻马于斯，马渴辄引剑涌泉饮之，迄今遗踪宛然。许祖冲举后，乡人即其地建祠，甘棠遗爱，由来已久。至唐时，其地紫气旋绕，异香累日不散。爰敕建大殿，又名紫极宫，塑祀都仙，且合萧仙并祀焉。盖萧仙名史，偕弄玉夫人隐居西山。坛前有石臼，清泉不涸，岁旱或螟作，乡人汲其水洒田间，甘霖溥沛，蝗蝻即毙。与许祖皆出民于水火而登之衽席者也，其并祀也固宜。厥后废置不一。迨明弘治间，羽士陶提举遍募里中，巍焕重新。及本朝，则羽士熊茂卿正之等立弘愿，击铃柝，募十方檀施，积金粟，庀材鸠工，重修宫殿，创建玉皇阁，规模称大备矣。

至康熙辛巳岁，祝融肆虐，正殿门宇，归于一烬。羽士永寿等勉架数椽以栖神，因陋就简，仙灵弗妥。历有年，所用廑。众乡耆硕戚乃是约是纠，群发德音，利用大作，维羽士启演等力肩厥载，诹日经始，于雍正癸卯初夏遂致材于豫章城，秋七月庀工，冬十月告成。厥殿翼翼，厥庭殖殖。众耆硕乃亦有厥休，佥曰："维汝羽士张启演，选材具，固基宇，稽工程，胥汝劳；不淹时，不靡费，胥汝能；撤倾欹，除埃壤，美轮奂，以底厥旧，胥汝功。"演曰："都维二仙有灵，维檀施植福，演则何能而尸厥功？矧规制未复，栋宇未备，尚冀众檀施相厥成，演亦得藉是以不坠。"兹惟玲冈李君帝乘壮其议曰："二仙肇造我江右，崇德报功，有严有翼，以衍无疆之休。乃殿阁功成而前堂未建，无以肃观瞻。予虽不敏，愿相厥成。"佥曰："休哉李君！弗敢宿乃义。"于乙巳季秋载鸠乃工，庀乃材，作乃维耦，力罔烦众，排置允臧，两阅月而竣乃事。由是前有堂，中有殿，后有阁，环缭有砖墉，规模奕奕，仙灵是妥。众耆硕始式歌且舞，永观厥成。乃羽士复谂于李君曰："维兹石富，载在志乘，顷焉颓败，简陋堪恻，今赖神庥，式新大之。惟有无疆之休，必有无疆之闻，惟太史氏言可托金石，惟李君可介绍以致太史言。"李君曰："诺。"遂走尺一，问记于余。

余时承乏内翰修《一统志》，一切记序概不暇及。兹维桑梓崇报盛举，义不容辞。乃为之言曰："惟天生圣，惟圣助化。粤昔仙人，独善一身；唯我二仙，恩逮万民。亘宇绵宙，莫不钦遵。於戏盛哉！其在祀典。唯有功德，祀于其乡；唯山川出云雨，爰润万物，时则旅之；矧二仙之泽，实绵于百世！石富识其遗迹，新大厥宫，罔不曰时。於戏休哉！"遂不愧谫陋，作颂言四章，章八句。颂曰：

虬岭回旋，如蜿如蜒。坤灵效顺，有翼其巅。琼斯粹美，厥功配天。翳千万年，不崩不骞。

乃剔故踪，乃建新庸。乃萃尔涣，乃兼而综。巩磐苞竹，密构茂松。聿飞厥翚，屹屹厥墉。

新庸既作，石富岳岳。章水西山，鸿光灼灼。万民欢腾，于何其乐！于何其乐？尔耕尔获。

山则有梓，田则有芑。谁其尸之？维尔羽士；谁其主之？唯尔梓里。神其佑之，锡尔纯祉。

【说明】周学健（1693~?），字勿逸，号力堂，新建（今江西新建区）

人。雍正元年（1723）进士。历官户部侍郎、署福建巡抚、江南河道总督等。有《力堂文集》。据乾隆十五年《新建县志》卷五七录文。参见同治《新建县志》卷八一、光绪本《万寿宫通志》卷一四、《净明资料新编》。

933. 清·裴徫度：重修许真君祠记　雍正三年乙巳（1725）

南昌城广润门左有许真君祠，由来旧矣。公讳逊，字敬之，仕晋为旌阳令，有善政。致仕归，会里有蛟为民害，公起而除之，铸铁柱以镇地脉，水患于是乎息。《晋史》虽逸其事，而江右至今盛传，且《豫章书》及郡邑志载其颠末甚悉。公所著有《灵剑子》等书，多道家言，而大旨归于忠孝。夫忠孝，天地之常经，生民之极则也。公以忠孝事君亲，以事君亲者教臣子，宜乎俎豆千秋也。祠创于晋，盛于唐，赐额为宫于宋。至明嘉靖间，改万寿宫，取《诗》之祝无疆也。癸卯毁于火，不可以不更新。

余承恩命，开府江右，有事于宫，公议修葺。余偕司道、郡县长佐捐俸为倡，绅士商旅输赀有差，得白金若干。于是购材鸠工，授之成算，不逾年而告竣。宫五楹，广七丈八尺，深减广三之一，高四丈二尺六寸，檐深一丈一尺。外绕石柱栏槛，甃阶甈甬道，并真珉。东西庑十二水府诸神祠六重门，外游廊，左十五楹，右十八楹。宫之后殿，左右拱翼各三楹，西墙外张葛萨殿五楹，官厅三楹，皆鼎建者。宫之后殿、玉皇阁及门外歌舞台，皆仍其旧。宫周环以墙，高与屋埒，防不虞也。重门凡三，以时启闭，非其人不得入。公像范金，刻木、抟土各一。诸侍从旧在殿内，今列两庑，各六。金碧辉煌，比隆岳镇，入庙者未有不发其忠孝之心而起敬恭者也。是工始于雍正甲辰，讫于明年乙巳。邦人士咸庆厥成，请余纪其事，以勒诸石。

【说明】裴徫度（？~1740），字晋武，曲沃（今山西曲沃县）人。历官户部郎中、江西巡抚、湖北按察使、贵州布政使等。据乾隆五十四年《南昌府志》卷七五录文。参见光绪本《万寿宫通志》卷一四、《南昌文征》卷一八、《净明资料新编》。

934. 清·黄骀应：过化祠记　雍正八年庚戌（1730）

古名贤硕德身所游历之地，及有官守遗爱，民不忍忘，相与立祠以祀，以志永慕。载在书传，班班可考。其列诸祀典，奕世俎豆，为天子诸侯之所修敬者，又无论矣。至若琳宫梵宇，浮屠、老子之室，下至乡村篱落丛祠诡怪妖妄淫昏之鬼，尤能奔走其民，施舍金钱布粟，以祈福祥，则虽名山大川之间，往往而有。呜呼！其亦侈太矣哉。

阁皂为清江巨镇，道书所云三十三福地是也。古今名人往来游息，见于题咏者甚夥，具在本山志中。南宋时紫阳朱子尝校经于此，故至今有紫阳台遗址云。山之南为丁仙峰，相传丁令威尝修炼兹山，丹成仙去，用此得名。山芜没不治久矣。庚戌岁，里人大学生同姓月亭珩纠众缉之，具有成绪，焕然改观，远近咸嗟异焉。既乃慨然曰："予家累世业儒，而兹山实为紫阳夫子过化之地，其流风遗迹，暗而不彰，而盛饰仙宇，以侈游观，无乃太谬？"于是创为阁麓书院，凡若干楹，以栖来学之士。而奉祀紫阳神主于其中，使学者观感兴起，有所法式。噫！月亭之用心亦可谓至矣。

而或者曰："紫阳之祀遍天下，自天子之都，诸侯之国，以及县大夫之邑，莫不有祀，载在令甲。厥典宏大，而跻于十哲之班，则自本朝始，所谓非天子不议礼也，而私祀之于山陬僻壤之域，无乃不可乎？"予应之曰："不然。凡人情所不能已者，虽圣王不禁。召伯之甘棠，张益州之画像，文翁之于蜀，昌黎之于潮，子厚之于罗池，贤者所过，民不能忘，相率立庙以祀，亦其常也，况在先儒所常游憩讲业之地乎！且不独此也，今民间妖妄淫昏之渎，家有其祀，报赛请祷，殆无虚日。虽所号为读书君子，且犹不悟。至于浮屠、老子之神，其为奔走恐后，惶惑失措，又何怪焉？韩愈曰：勾龙、弃以功，孔子以德。子舆子曰：君子所过者化。昔张文宪公洽为紫阳高第，今其所居，距兹山不数里而遥。而至今有杜桥黄氏者，相传为勉斋遗裔，以故紫阳往来最数。迨其后，范氏椁以儒术博学与虞、揭齐称，亦为兹山之产。而胜国时邑里伟人相继而起，计其师友渊源所渐，一秉朱氏之学，无有异同。

而黄氏世居山麓，节义文章，概乎有闻。其被于先儒遗泽，至深且久，不可诬也。若夫神仙之说，儒者所不道。而紫阳尝有诗云：‘若到名山高著眼，洞天深处异人多。’则又似乎不尽以为无。然则丁仙之化鹤而去，白马来归，其得以雄据兹山者，其犹赖我紫阳之灵附骥而益显乎！”月亭曰：“然。”遂书之。

【说明】黄骀应，名梦麟，以字行，清江（今江西樟树市）人。雍正四年（1726）乡贡。据道光三年《清江县志》卷三一录文。参见校补本《阁皂山志·记文（辑补）》。文中记述了阁皂山奉祀丁仙之历史以及在洞天福地创建阁麓书院以奉祀紫阳神主之由，反映了儒道共处之特点。

935. 清·胤禛（清世宗）：御制大上清宫碑文

雍正十年壬子（1732）

汉天师张道陵炼丹成道，得神授秘文，祓除阴慝，通灵变化，享寿百二十有三，子孙世嗣其法。所传经箓、符章、印剑，代以一人典之。弟子法官，转相师授。其教以忠孝正直，感动神明；安善驱邪，佑民护国；君臣父子，伦叙秩然。阅数十传，神应如响，是以历朝重之，世袭真人之封，于今勿替。

贵溪龙虎山者，天师炼形修丹之地，玄坛丹灶在焉。后即其地建上清宫。唐宋元明以来，代有修建。我朝康熙二十六年，圣祖仁皇帝亲洒宸翰，赐号“碧城”，并颁“大上清宫”扁额，锡帑金以修葺殿宇。历年既久，宜事鼎新。朕特发内帑，专遣廷臣前往重修，增饰庙貌。又以斗为帝车群生之所托命，复令相方卜址创建斗殿，以为祈禳善地。萃工庀材，百堵偕作。宏敞坚固，焕如翼如。经始于雍正九年五月，明年七月工竣。复赐田三千四百余亩，永为世业。

夫天师以忠孝为道法之宗。自东汉迄今，千五百年，法裔相仍，克修绪业，效忠阐孝，捍患除灾。盖其精诚所感，实足以通贯幽明，知鬼神之情状，故能常垂宇宙，裨益圣功，福国济人，功验昭著。大上清宫为神祇之所陟降，法箓之所凭依，福地仙都，山灵拥护，增新崇构，典礼攸宜。是用纪事述文，勒诸贞珉，以昭示永久，俾知国家酬庸报功、弘奖忠孝之至意云尔。

【说明】爱新觉罗·胤禛（1678~1735），即清世宗，年号雍正，为清第五位皇帝。据乾隆本《龙虎山志》卷一二录文。

936. 清·谢简：弋阳县城隍庙记 雍正十年壬子（1732）

隍神果有灵，固灵以神，亦灵以人。或曰神灵发见之不可掩也；又曰神至今日而始灵，盖有待也。何也？隍庙无田久矣，传灯屡易其人，失其田，皆莫之知也。

岁庚戌，龙山赵侯来莅兹土，以长材名彦，廉明勤慎，尤究心利弊，绰有政声。一日谒隍神，周览之，问僧曰："此庙无乃患贫乎？"对曰："然。"再朔来，张目大声曰："隍神司冥政，威福胜空王。他庙皆丰若产，兹神享祀何独无资？殆兵火后疮痍未复，来吏者未暇为斯庙计。后来住持，莫知前事。吾料庙必有田，神若有灵此事，丧马当返厩也。"时开者不尽然其说。无何，僧仁先来，勤约力食。明年壬子，僧于庙侧僻地疏土莳蔬，发断碑二块，涤而合之，字皎然可读也。载明正德十年，夏昊捐田三十亩，坐上四都杨家坂、周家门前等处。邑人詹天颜声于众曰："赵侯之言验矣。"因查得原佃杨九三者，云康熙十年前租纳庙僧。甲寅兵变，僧去，为西隅七甲徐、王、姚三人艺田输赋。雍正五年，徐秉文以田售花灏。又查得上四都册载隍庙田号与碑文同。遂诉于官，赵侯曰："应还花姓原价，赎田归庙。"又有夏永兴绝产莲湖田二十五亩，亦为秉文所卖，均属取非其有，偿其值，并以归庙。有姚克修者翻讼，控于郡，詹天颜等赴郡详陈原委。批云：据碑文、丈册，花灏所买徐秉文田五十五亩，内三十亩为隍庙之业，了无疑义。其莲湖田二十五亩，为夏姓绝产，并以入庙为夏昊香火祀田可也。先是赵侯奉调吉州，关中周侯奉命视事。侯清慎如赵而仁厚过之，惠其民者，愿安于无事，措施一如前令。吏每别有所请，则勃然变色曰："汉曹参代萧相，载以清净，民以安一，奈何欲纷更乎?”及阅此卷，喟然曰：“隍神果有灵。前令精神用之，卒效事。虽未竟柳子厚罗庙故事，将无同。”因嘉花灏广宪德，敬神明，恤贫乏，一举而三善备焉。众属予志其事。

予谓怀仁慕义，前固有人，无以善其后，如骤雨之无浃也。初有是碑，邑乘不载，僧户未编，所以碑可埋，田可夺，兵乱之后无有过而问之者。非灵以神，实灵以人。假又迟之数十年，则杨九三死而灭口，丈册佚而无征，残碑蝌蚪漫没不可复识矣。幸而赵侯先知其微，仁先继得其据，周侯末定其案，而天颜等与有力焉。然则诸公声光，当与法乳昭明，振鞺鞳而俱远矣。神而明之，存乎其人，不信然哉！噫！如二侯者，神且赖之，而况于人乎?观于此，可以知其政矣。

【说明】据同治《弋阳县志》卷九载：谢简，字位南，博极群书，独不喜攻举业。奉母以孝闻。所作诗赋古文，皆能自出机杼，不落前人窠臼。有《理园集》。据前志卷三录文，题为整理者所加。

937. 清·常安：改建龙神庙碑记　雍正十一年癸丑（1733）

雍正五年，皇上轸念苍生，殚竭睿虑，以龙神散布霖雨，福国佑民，厥功显著。考诸祀典，凡云雨风雷、岳镇海渎，咸有位于郊坛，而龙神之祀独无。明文特设大小二像位，俾各省迎奉展祭。其为小民谋，不啻小人之自为谋，当何如敬谨以将事耶?

余于五月忝抚是邦。越日，焚拜龙神庙，见在大西市，位非南北，殿止二层，官役纷纭杂沓，几不能容足，而晨昏鼓角放衙之声渎我神听，心甚恧。因思幽明本无异理：人所居而风雨漂摇则勿宁，神所凭而烦嚣湫隘则勿妥；事不集于勿宁之心，报岂应于勿妥之灵哉?矧自夏徂秋，荷神之赐，江右数千里之地雨旸不愆，岁登大有，益不可以狎而忽、玩而亵矣。遂与僚属谋之，咸曰：“供奉之地，遵近巡抚衙门之语，非固欲狎之亵之也。”余曰：“不然。近而亲之，远而敬之，一也。余与若苟不弛其亲敬之心于春秋朔望之日，神必许我。若不见琳宫梵宇，半居山水之间；杰阁崇台，常占形胜之地乎？兹瞻庙貌而不能使人加肃，历阶陛而不能使人展诚，可曰吾享祀丰洁，神必福我乎？闻之东湖百花洲上地多闲旷，境属清幽，盍为我择之？”咸曰：“善。”此地左有龙井，右有雷塘，盖天设为我龙神之居也。于是鸠工庀材，建庙宇三进，大殿五间，有耳房，有廊庑，丹漆辉煌，雕刻轮奂。南昌守来告曰：“卜吉于是月十二日迎神入祠。”余既设奠以安其位，因述改建以垂久之意，并作迎神之歌曰：

寒天漠漠云满空，三十六鳞鸣旋风。画弦素管迎道中，雕楹刻础乐新宫。河伯秉圭来朝宗，江妃玉佩声丁东。潜蛟起舞悬彩虹，两阶狰狞罗雨工。神歆杯盘发鼓钟，金炉火炽香融融。春秋祈报跨青骢，百花洲上花叶红。

【说明】常安（1681～1747），姓叶赫纳喇氏，字履坦，镶红旗满洲人。笔帖式出身。雍正初授太原通判，后历官广西按察使、云南布政司、江西巡抚（雍正十一年任）、盛京兵部侍郎、刑部侍郎、漕运总督、浙江巡抚等职。乾隆十二年因受贿等罪被捕，死于狱中。据《南昌文征》卷一八录文。

938. 清·胡式瑗：重修关帝庙记　雍正十一年癸丑（1733）

庙原宋宦刘西涧之隐居堂，名冰玉，地远尘嚣，不下不高，非喧非寂，涧水盘绕，潺潺之声与耳谋，远峰对立，巍巍之状与目谋。而且面筑书台，仰观明月，旁穿墨沼，俯睇游鱼，文人学士，娱目骋怀，正不必西望匡庐、北临白鹿也。《诗》曰“考槃在涧”，其兹地之谓乎？厥后檐楹风残雨摧，迹灭如矣。然物随代异，地以人传。前明万历间，郡人即其址改建殿宇，崇奉关帝尊神。斯地屡经兵燹，废兴者非一次。康熙三十二年，先岳王公任兹郡丞，目睹祠宇已就倾颓，不忍胜区鞠为茂草，捐俸修葺，并置田以供香火，迄今垂四十年。夫地之灵奇者，非无开基之患，而得继盛之难。昔唐李渤开鹿洞，创书舍。洎宋改建书院，供先师孔子像，广号舍以聚生徒。物虽不为李氏有，然以宾客之书舍奉春秋素王，地固加重于昔。以刘凝之之书堂祀忠义大帝，后岂与先不相望哉？

庚戌岁，余分守是邦，下车后入庙而礼拜焉。瞻其神像庄严，僧房静寂，寒鸦带冷，古木凌烟，未尝不肃然致怀，曰："是祠也，岂惟境地之罕觏，实康郡之㡓幪也。"时询住僧普慧，详厥原委，并商同寅董、查二君修其墙柱外，捐己俸增置庙前熟田。庙修则足以妥灵爽，田增则足以备斋粮，匪敢邀神眷，结善缘，特以西涧之古迹不获留遗于今，及继兴之帝祠不复永垂于后，将使今人惜古人，后人复惜今人也。缘完其旧贯，思为可大，还期可久。继自今有吊西涧芳躅者，睹兹祠而益想冰玉堂于夕阳古道间也。是为记。

【说明】据同治《南康府志》卷七录文。按，据府志、县志载，重修时间为雍正十一年，自康熙三十二年至是年，"垂四十年"，正合文意。

939. 清・佚名：灵宝派七十三代传人砖刻

雍正十二年甲寅（1734）

雍正甲寅年七十三代传人蔡云端、甘云彩。

【说明】砖刻现存于樟树市阁皂山，长0.06米，宽0.02米。阁皂山还出土了八块刻字地砖，所刻内容砖一至三为"七十三代道士蔡云端立"；砖四为"三清殿张绍□立"；砖五为"嘉庆辛未□□堂（有缺字）孙"；砖六为"雍正甲寅阁皂蔡云端传"；砖七为"仙翁殿本山弟子蔡云端、甘云彩"；砖八为"阁皂福地"。砖刻文字记录了灵宝派传承情况，有史料价值。

940. 清・盛大谟：莲云道士传* 雍正年间

李莲云，武宁杨浦人。幼业巫，能集风雨，役鬼神，背隆类橐驼，人呼"驼道士"。为人倜傥不羁，善诙谐，栖无定息，遇山水可意，则筑茅，携妻子以往。意有所属，则又他之，岁常数徙。于书无所不览，独好《离骚》。

敏于诗，然以诗为戏，日千百言倾口出，往往有至者，虽精思覃虑无以上。文士多从之游，然不可绳以礼法，饮酒博弈，睥睨一切，诞谩自放。醉则褒讥当代名公、巨卿、大贾、岩隐、闺秀，下至胥吏、佣保、舆丐类。为招魂，汪洋恣睢，惟其所如，无所纪极。家贫，人以巫请，亦辄往。然以巫为戏，时则变声调诵《金縢》《天问》，为人禳病，以易酒食。尝禳邻家，日中其婿欲返，外氏且留与莲云食饮。莲云故执笏鞠躬上言，津津不得息，婿去，大笑而罢。所善萧露瀼能诗，莲云得巫钱则沽酒，就露瀼饮，连日夜赋诗，酒尽，乃复为巫去。晚慕屈原，游沅湘，诗益豪。然困甚，常著败道服，累累行市中乞食。有女工于诗，不偶，竟郁悒死。

曰：莲云，隐君子也。其中无亦有不可者难与人言邪？然卒困穷以死，悲夫！玉清有三鹿道士善言艳情，喜近文士。予读书磊思巢，夜半三鹿持酒数瓶，舌半本，侍予几，饮尽乃退。予尝问曰："子知书乎？"三鹿曰："吾不解书，吾闻读书无能人。"李莲云云：三鹿姓方。

【说明】盛大谟（1699~1762），字于埜（一作盛谟，字斗抱），号字云，武宁（今江西武宁县）人。据乾隆四十七年《武宁县志》卷一八载，其性狷介，不能谐俗。年十七补弟子员，十九岁饩于庠，即有志为身体力行之学。作文务有程序，不事浮靡。乾隆间官安义司训，著《课士规》，以读书立品为先。以师道自任，曾筑字云巢讲学，从学者众。有《字云巢文稿》等。据整理本《豫章丛书》集部十一《字云巢文集》卷四录文。按，本文撰作时间不明，根据盛谟与弟盛镜、盛乐并以诗文见闻于雍正年间的相关记载，姑系于雍正年间。

941. 清·徐琰：重修紫极宫老子像记　乾隆二年丁巳（1737）

豫章之南郭门曰进贤，即宋所谓抚州门也。由门外右绕而西数百步，有紫极宫。旧《志》及《名迹记》皆以为创于晋。虽其形势近带章水，远挹西山，然非若滕阁秋屏仅供人游眺也。第自典午后千数百年，其间不无栋垣颓塌、像座朽剥之事。而历世名士大夫，不无公修重葺、维持俎豆之文。顾一切不可考见，后之人能勿望古长慨与？韩子有言：莫为之前，虽美勿彰；莫为之后，虽盛弗传。迹近今所见闻，顾有可述者。

宫南向，面衢背郭，中殿居老子跨青牛像，关尹及徐氏侍左右侧。明天启初，像首坏，后得刘氏桐木一具，始更为之。雍正七年戊申岁，市井无赖往往乌集，忽遗火牛腹，烟雾盈殿。近居群惶愕，穴腹探视，则稻稿实其中，尽去之，烟乃止。像制悉用木，牛足乃巨木直竖，下用横木四以羁之。腹若舟形，斜勒直架，腾结而上。外施黝墁以成凸凹像。喉管用锡，不以白金，盖惧为不肖所窥伺也。其中怀则余先人芾斯公手临《道德经》一卷而已。是年居众共襄修补。越壬子，老子像忽左倚，如欲崩坠状，牛足戛戛有声。众往谛视审听，则其前左足弱也。爰鸠工绠揭于上，挺持于下，并四蹄各去旧木二尺许，续以新木，更用铁绕钉其外。其羁足四横木则全易之，而像始如故。夫木为湿气所蒸染，日久而腐，理固然也。因忆数百年前未必无其事，而记之者已寡。将由今以后，或数十年，或百余年，偶有所亏，其不至束手观望者几希？孰从而为之后，俾兹宫长存也哉？余甚惧之，因述所见闻而为之记。

时乾隆二年秋九月也。

【说明】徐琰，生平不详。据《南昌文征》卷一八录文。

942. 清·徐大坤：迁建城隍庙记　乾隆四年己未（1739）

予奉圣天子命来令兴国。兴国百神，咸得其祀，无水旱疫疠盗贼之灾，民各以岁时具馨香肥腯，携老幼，鼓吹踏歌，报享神德。县令因以多暇，偃仰一室，部告无事。诸神亦云灵矣。兹邑山有崖石大乌，皆高万仞，夜半可观日出。覆笥远瞰，章贡北接，青原群山之望方，山虽小，能致云雨。水有潋、瀲数百里来，汇城下。古曰诸侯祭其境内山川，则守土所当祀者，其此也欤？谨按大清祀典，凡会城府州县必有城隍庙，司是土者朔望必诣神前焚香顿首，有灾必于此告，岁时禳祷报谢，备爵帛簠簋笾豆，督抚下至尉罔不斋沐，跪拜惟谨，无敢失仪。则城隍之神又云重矣。似古今制详略不相同也。夫神惟民依，受民多者其神灵。城隍神于民最亲，有地方责，一城之民皆归之。官司其阳，神司其阴，则祀之也固宜。且古者因山为城，因川为隍。或累石掘土而为之，其围而峻者则号为城，其浚而深者则号为隍，由此有城隍之名，皆所以设险捍民也。夫既能捍民，则必有神。山川能致云雨则祀之，矧捍民者乎？矧兼山川而为之者乎？城隍之祀，肇自汉，盛于唐宋。吴大帝权时，江东则已有城隍庙；高齐萧梁间，往往见于文字，皆可考而得也。然先辈多谓城隍为土神，如里社之类。而吴先生草庐又尝言，坛所以祀地而配食，以有功德于此邦之人；城隍庙所以栖配食之人而亦祭地于此，犹明堂之祀上帝也。夫既称为城隍，则是城之神、隍之神，所以捍民之灾，一城之主，万民之归也。又奚疑为后土配食之人也哉？庙中尝像鬼神赏罚状，或又以为神之起，本于释。夫天下虽有善，国不能去刑，神则能福善，岂不罚淫？鬼神之教，不能见于阳，则宜有为之于阴者矣。有不有，皆起于人意中，非必释之教乃然也。

兴国城隍庙旧在城外学宫左。余既莅任一载，感神之灵嘉惠我黎庶，县令无以答神庥，顾庙久且敝，询诸父老子弟，佥曰：“宜迁。”乃告于神，敬迁神之庙于城内县令署北、大乘寺外殿，以旧庙址扩而为学宫。于是县令得时对越于神，县令居南治其阳，神居北治其阴。县令有缺遗，怠于政，神则闻之。神有所赏罚，令敢代为神执柄。县令与神，职相若，治相同，今居又相近，协力以保民，庶几父兄子弟，春耕秋刈，笑语欢乐，时闻于畎亩而永安于无事，则神之灵果赫然矣。庙作于乾隆四年某月，成于乾隆某年某月。雕甍绣棂，重栏迭砌，映耀上下，炳烺炫目。殿廊寝室，巫祝之舍，各有其制。共享白金之数若干，总为日若干。古者为国必重祀，是故妥神灵，辨名号，考典礼，上无负天子遣吏之意，使黎民长得安乐寿考，守土之心也。故予一一记之。

【说明】据同治《兴国县志》卷二二载：“徐大坤，字望南，湖北大冶人。以选贡试署定南。乾隆二年调兴国，四年十二月赴京，五年六月复任。

负才气，判决立就。迁学宫，修尊经阁，建魁星阁，创设潋江书院，士气蒸蒸有起色。莅任三年，兴利除弊，境内肃清。后调吉水，升瑞州府同知。”据前志卷四一录文。按，本文写作具体时间不明，姑据文意及徐大坤任职时间，系于乾隆四年。

943. 清·佚名：西山玉隆万寿宫禁约　乾隆四年己未（1739）

国朝雍正十一年，胡姓某等复掘门前明塘取鱼。本宫道士熊学圣、李显星具呈新建县程，着押修筑。通乡衿耆立约公禁。钦命巡抚江西等处地方兼理军务、都察院右副都御史、纪录十九次岳为禁约事。

照得玉隆万寿宫系旌阳许真君故址，自晋迄今，千有余载。前因殿宇倾颓，特令捐资修建，兹当工程告竣，庙貌聿新，洵为胜果。惟是山深地僻，其一切垣墙林木以及田土山场，诚恐将来或有不法棍徒在地作践偷盗，或豪强富户侵占图谋，甚或住持有玷清规，匪类往来窝匿，俱未可定。合行饬禁，以妥仙灵，以垂永久。所有禁约事宜开列于后。

一、禁松柏竹木毋许砍伐也。查林木原以荫护山灵，自应爱养培植，岂容附近居民私行翦伐？嗣后倘有摧残盗砍等情，许住持指名禀县，以凭拿究。但该住持亦慎勿藉端诬捏，致干咎戾。

一、禁前后墙垣毋许损坏也。查头门牌坊、八字墙左右以及明堂等处，俱系鸠工新砌，理宜巩固洁净，并肃观瞻。惟是向来每值真君诞辰，该地居民多有搭棚挖灶，货卖果品，不顾墙垣破损，朝向堵塞，殊可痛恨。嗣后凡有货卖物件者，止许离宫墙稍远之处摆桌搭棚，毋得仍前作践。倘有抗违，着乌山司巡检查逐。

一、禁宫中地土毋许典卖也。查现在田亩止有一百三十余弓，载明碑志，原为岁时香火之费，岂容擅动花销？倘有不法住持私行典戤及富豪之人贪图价买者，查出照盗卖盗买律究治。

一、禁山场地界毋许侵占也。查宫中田山四至，各有界址。倘附近居民或因地界相连，辄思越界占管，樵采混争，查出以强占治罪。

一、禁外来道士毋许容留也。查游方道士莫辨奸良，其中保无匪类潜藏，假扮道服，希图遁迹。该住持务宜盘诘，倘有行踪诡秘来历不明之人，即宜坚拒，慎勿轻留，致滋后累。

一、禁在柜香钱毋许私蚀也。查每年正、八两月，恭逢真君圣诞升举之期，四方香客朝参，络绎而来。凡有抽签，俱给买票钱文，向皆为住持收用。惟是住持在内典守，焚修既有田土山花，足供薪米；而此项签钱又复尽归私橐，将来殿宇岁修，取资何项？亦未便数行捐募。嗣后香客买票钱文，该住持务宜设立木柜，固封看守，并立簿册逐日登填。届期着乌山司巡检就近公同监拆，量给一半与道士添作香火之资，一半存为随时修葺之费，仍令乌山司巡检详明存县。倘有不法住持仍前侵用或通同分蚀，以致修理乏资，一任垣宇渗漏，剥落不堪，即将住持严行究追斥逐，该巡检计赃参追。

一、禁在宫道士毋许滋事也。查玉隆为都仙冲举之地，道士既宗教住持名为全真，自应各领牒照，清净焚修，岂容干犯清规、酗酒争殴以及窝藏匪类，有玷靖庐？其或违例妄招生徒，涉讼多事，违者立拿究治，勒令还俗。

以上数条，各宜遵照，毋得视为具文，以身轻试。倘有顽抗故违，一经干犯，即行严拿重处，后悔无及。凛之慎之，毋违。特示。

乾隆四年十一月谷旦。

右示已勒石碑，立于关帝殿前仪门之东。

【说明】据光绪本《万寿宫通志》卷二〇录文，题为整理者据文意所加。碑文记载了禁止破坏玉隆万寿宫界址、山田、庙会等相关规定，反映了当时道教发展面临之社会治安问题。按，主禁约事者应为岳浚。

944. 清·岳浚：新修万寿宫碑记　乾隆四年己未（1739）

玉隆万寿宫者，晋许真人之游帷观也。旌阳游憩之地所在皆有，而逍遥一山乃其飞升冲举之遗址，后人建此以志其故宅云。夫神仙拔宅之说，议者以为虚无，而都人士方传为美谈，指为固有。余思天下事皆本于无而形于有，何有之非无？而亦何无之非有？要不外清浊升隆之理而已。夫浮而上者阳之清，隆而下者阴之浊。旌阳之合道于虚，与无为体，其得于阳清之气者既纯而不杂，则其上浮而升举也奚难？骑箕尾而乘白云，亦古来之所恒有，何足怪？故余谓古今人之得仙者多矣，亦不过指其里居，详其姓氏，以为某山某麓某真之故处也，某水某丘仙人之所乐钓游也。奕世而下，鲜有能迹遗址以颂功德，而岁时伏腊，士女叟童，咸祀祷歌舞之不置者。旌阳以不世之才出为令宰，其泽及生民也，维豫章梓里之功居多。迹其剸蛟孽而水患平，铸铁柱而浮州因，神功赫奕，彪炳人间，至今故老、史乘中犹能传其轶事。若夫论道以忠孝为宗、净明为本，世特称为忠孝神仙焉。夫忠孝之义，大矣哉！芸生之众，不外为子为臣；而神圣之道，亦唯此克忠克孝。天之经也，地之义也，人之纪也，忠孝全而人道尽，人道尽而其道可儒可玄，其人可仙可圣。盖既为宇宙之完人，即为千古之真人，而在地为河岳，在天为日星，万善会归，众妙毕萃，夫岂区区于炉鼎之术以博长生、斤斤于神魄之间以归玄寂者所能望其至德也哉？夫太上有三不朽，首曰立德，次曰立功。今旌阳之德若此，其功若彼，《记》曰“德施于民则祀之，能御大灾捍大患则祀之”，宜乎豫之民之岁祀勿辍，而崇德报功于不朽。

浚承乏兹土，下车以来，景仰风徽，过闾必式。而窃见故宫之栋宇将圮，规制亦隘而不广也，辄思修举其废坠，谋之僚属，佥曰可。维时里之士民亦皆闻风兴起，捐金鸠工以葺之。黝宫丹桷，以垩以涂，阅两载而巍乎焕乎，缭垣式廓，耳目聿新。是役也，初非予之崇尚仙灵，表扬玄教，诚念其功德之及民，于今不朽，乌可令其故居宫阙之或朽乎哉？工竣之日，复因董事诸生之请，爰记数语，砻之于石，以永垂不朽云。

时大清乾隆四年岁次己未十月之吉。

【说明】岳浚（？～1753），华阳（今四川成都）人。历官山东布政使、江西巡抚、广东巡抚。碑现存于西山万寿宫，嵌于高明殿二道门墙内。青石材质，高 2.6 米，宽 1 米。圆首。额篆“不朽仙踪”四字。直 19 行，满行 43 字。碑左下角有断裂，多字已剥落。据碑录文。参见光绪本《万寿宫通志》卷一四、《净明资料新编》。

945. 清·阿兰泰：重修玉隆万寿宫碑记

乾隆四年己未（1739）

豫章西山之阳曰逍遥山，为晋旌阳令许讳逊之故宅。旌阳博学励行，抗怀忠孝，心存利济，治旌有循声。寻弃官东归，游嵩阳，得全真修炼之学，家于此山。拔宅冲举，曾堕锦帷于其地，唐时赐额曰“游帷观”，即今玉隆宫。肇于晋，历唐宋元明，增其缔构，崇祀勿替。洪都向为浮州蛟蛇所窟宅，民苦昏垫。旌阳则曳剑剸蛟于东乡剑湖之南，复冶金作柱于牙城南井下，施八索，钩锁地脉以镇之，乃归旧隐。川泽无罔象之虞，兆姓享奠安之福，其德及于斯民者甚大。呜呼！向使蛟孽未平，水患不息，豫章一片地，神州赤子尽归陆沉，将为鱼鳖；今则易泽国以耕桑，奠烟波为沃壤，民安物阜，歌舞太平，厥功讵可量哉？祭法曰：德施于民则祀之，能御大灾、能捍大患则祀之。微旌阳，其孰能当之欤？

观历年久，摧剥弗治。岁戊午，大中丞岳公振兴废坠，志在表彰功绩；兰泰旬宣兹土，聿勷胜事，遂檄下南昌董守经营相度。都人士闻风兴起，相与醵金佽助，不数月输集五千缗有奇。抡材庀工，式廓其规模，增宏其旧制，崇轮美奂，珠网金椳，焕然一新，斯固西江巨丽之胜观，抑臣庶报功之盛典也。宫将落成，住持道士程阳升乞余文以志不朽。余观此宫之修复出于善善同心，余虽不敏，谨陈梗概以附勒正珉。乃或者以神仙飞升之说涉于虚无，为学士大夫所不道。载稽史册，汉淮南王刘安与宾客八公招隐于小山，白日冲飞，鸡犬尽为仙去，班班可纪。矧旌阳之丰功伟烈垂惠于无穷者，又岂可以神仙修炼之术絜量而齐观也哉？是为记。

大清乾隆四年岁次己未冬十一月上浣谷旦。

【说明】阿兰泰，满洲镶白旗人。乾隆二年（1737）至九年间任江西布政使。据光绪本《万寿宫通志》卷一四录文。参见《净明资料新编》。

946. 清·甘汝来：重修城隍庙仪门碑记

乾隆四年己未（1739）

岁之夏，邑当事及缙绅诸公既经营城隍之后殿，事始竣，余族人睹庙门之旧也，将改作焉，面询于余。余惟城隍之祀，古国社之遗也。神之司乎民也，水旱疾厄则司之，是非善恶又司之，职固綦隆哉，庙固綦重哉。今有人丰其室而陋其门，居之必不安也，而况于神乎？且是役也，实为余族人是勖，以余族祖竹冈公创始故也。竹冈公，讳懋德，明举人，令砀邑，好善乐施，兹其布金地。本朝顺治明经崃公等修之，迄今榱题浥烂，殆不可支。斯举也，报神之德，承先之恩，盖交重云。

余备官于朝，闻诸南来者曰：方工之始作也，族之人相与言曰："惟庙门屹屹，不丹不雘，其风气衰敝，亦唯是之故。"醵赀于众，夙夜鸠工，乃板乃筑，无有或后。则又相与言曰："凡工之成极难，庶后世无轻废，亦唯贤族人是赖。"乃续乃修，俾无坠绪，以垂永久。既成，乃俾余记。于是不获辞而执笔以从。余惟继自今庙门之崇焕，神之灵曰："惟汝予功！"其告于祖，祖之灵亦曰："惟汝予功！"乃所谓交相重也。是不可以不记，记之以告后之为族人者。至倡督之人，敛赀之数，别有刊，不具书。

【说明】甘汝来（1684～1739），字耕道，号逊斋，奉新（今江西奉新县）人。康熙五十二年（1713）进士。历官至吏部尚书。有《甘庄恪公全集》。据同治《奉新县志》卷四录文。

947. 清·赵知希：重建城隍庙后殿记

乾隆四年己未（1739）

圣王之治天下也，先成民而后致力于神。今郡国所祀城隍，殆即古者祭其本境山川之义，载在祀典，其秩分视守令埒。余来令新吴，下车日斋宿于城隍庙。庙距城北数武，居龙山之颠，俯瞰城邑，户井绣错。旧制颇称宏丽，历年既久，风雨剥蚀，半就倾圮。而后殿则废址仅存，付之荒烟蔓草间。嗟夫！以神之明德，禀国家之威灵，奠绥兹土，其所以佐景运而福民生者，视令当无以异。今令得受糈诏禄，有安居退食之乐，而神寝息无地，露处荆莽间，此非独令之责，抑亦大非朝廷攸崇祀典之意矣。爰捐俸畀诸寺僧，俾其经理。以董事匄敬，功迄无成。于是赵生大鹏等慨然念之，召百丈僧道文竭诚募化。余复捐俸以为之倡。仗神之灵，善信云集。乃庀材鸠工，仍旧址而新之。为屋三楹，榱桷棂槛，涂茨丹雘之属，计费工以四百计。其大殿门楼之朽蚀者则易而新之。始工于乾隆二年九月，迄四年四月乃竣事。

夫惠本而民归之志，民和而神降之福，此祀神之义也。新吴僻在山壤，比岁以来，雨旸弗愆，丰登屡庆。令自愧功德凉薄，不足致福于民。抑神实默相而勖勷之，俾得黾勉此邦，藉以昭圣天子先成民之盛治。是举也，新吴之人踊跃而赴功，若子趋父事。虽神之灵爽沦浃于人者深，故众志归而制度举；盖亦深有合于圣人以人道事神之义矣。殿成，僧来乞言于余，遂书此以为之记。董事赵大鹏、提缘僧道文，例得附书。

【说明】据同治《奉新县志》卷七载：赵知希，字太音，号环石，安徽泾县人。康熙庚子（1720）举人。雍正十年由内阁中书改知奉新县，洁己爱民，尽革诸弊，在职九年，风教大洽。尤喜振兴士流，奖进后学。调知贵溪，士民倾城祖送，至车马不得行。寻以卓异擢直隶晋州知州。有《环石斋诗集》。据前志卷四录文。

948. 清·丁步上：重修玉隆万寿宫石镌

乾隆五年庚申（1740）

间尝历名山，得纵观古仙人奉祀之场，多宫观嵯峨、缔造丽都者。大率后人因境地之佳，遂创祀以名其迹。然亦或兴或废，非必尽为当年里居报功崇德于不朽也。

我祖师旌阳令许先生，晋忠孝子臣也。学本净明，生平为国为民，诸伟绩文献沿传，更仆难数。江右食德最厚，所在无不庙祀。独西昌逍遥山为发祥故址，世传先生晚退隐，于此遐冲云。宋改观曰玉隆宫，厥后创修不一。迄于今，风雨飘摇，零落黯淡，拜谒祷祀者惟悄然付之太息。岁戊午，邑中国学郭君云崇奉大中丞岳公登高之呼，受周麾振兴命，予从兄如则与云崇诸君子同首其事。既落成，云崇复征予言记之。予曰："是役也，中丞岳公、方伯阿公已勒鸿章纪成于正珉矣，愧予末学，敢赘辞？"郭君曰："惟大人纪其成，故更请综今昔修创之迹，镌铸诸石，为来许劝，庶上不负宪台培护至意，下不负四方善士乐助之诚，且亦见此地实有其不朽于后世者在。"予韪其言，因思我旌阳先生以忠孝之精诚，格天地，通古今。今兹睹庙貌，相与维持其废坠者皆国家忠孝之选，为世之仁人君子所忻慕而乐道。

予尝征诸文献矣。初玉隆宫敕建于宋，式仿西京宫制，后毁于元之壬辰。迨明万历十年间，大学士张公洪阳、司马万公两溪、诸乡先生偕中丞曹公各当事任兴复计，大殿乃成。越七年，惟三清殿得重修。国初己亥，雪堂熊少宰倡建玉宸宝阁。康熙己酉岁，中丞董公复建谌母阁。是年粗建关帝殿者，惟羽士徐守诚，后迁建三官殿，皆赖其广募之力。岁庚申，王方伯又捐修殿阁。此皆前人之序记尤历历详备者。溯明以来，虽未克复宋时旧制，亦洊加恢廓。今远者历百余年，近者亦历七八十年，肇创者不易，后之继美尤难也。幸际岳公抚我江右，成民之暇，致力于神，毅然思所以维持忠孝迹，谋之各宪，佥同倡善心。方伯乃檄下郡县酌议共襄厥事，郡太府董公先为士民乐助告，且与邑大夫朱公选本乡之干练老成堪为付托者，偕郭君而九，指画规制，拣委乌山巡司廖亲相董视，盖上下敬共，欢然喜为先生赓《清庙》、颂《闷宫》也。时大中丞暨各宪台悉捐俸首倡；郭君素好义举，慨任管理，率千金，并请郡邑印疏分柜投缘；同首事者亦争先捐率。选材鸠匠，择吉兴工，色色具饬，共结庐为寝食所，一木石，一布置，皆归指课也。四方之闻风慕悦者无不鼓舞相劝，赍金钱以佽成绩。旧所建殿阁，撤朽易新，缮完增葺，一归于苞茂严整。大殿之东，薙草剪芜，新构关帝殿。凡皆金碧陆离，赭垩绚奕，并绘圣像金容，俨然璀璨。其西，先贤之靖庐旧址也，今重建。后则西山真公像祠。登半山之高，有楼曰望仙，可远眺万象。折而北，不数十武，为偶来松下静室，有曲径通幽之趣。左之偏，更辟隙地，别为黄冠居室，遥与靖庐夹辅，殿阁若两翼然。即廊庑斋厨，无不清肃。缔造既备，环以石垣，而重门已将将其有伉矣。

嗟乎！莫为之后，虽盛弗传。举畴昔黯淡零落之迹，一望峻宇华檐，星罗棋置。美哉！玉隆宫兴之盛事也。即苍松枯柏披拂而环带者，亦掩映生色，逍遥胜地，耳目又一新矣，岂等之古今诸仙迹，极一时壮丽，旋有时叹铜驼于荆棘者哉？夫七世之庙可以观德，向使非旌阳先生之忠孝与各当事大人之忠孝相为感通，而当事大人又默孚乎付托之多士、乐助之众缘，以鼓其作忠作孝之心，亦乌能不介而孚，相与维持忠孝之故绩于弗替也？后之同志者又将睹庙貌，嗣而葺之，其弗甘让美于前人矣。大中丞岳公名浚，方伯阿公名兰泰，郡太府董公名文伟，邑大夫朱公名允元，乌山司廖公名宁退。若首事姓氏，已刻董公劝助榜文。至计费若干金，又首事者所能纪，予不必述。始事于乾隆三年之仲夏，竣功于四年之仲冬。上抚兹盛举，亦忻慕而乐道之。彰往昭来，不辞固陋，郭君遂命石工镌于殿之西，以窃续大人之正珉，且惧且惭。

时皇清乾隆五年庚申岁上巳之吉。

【说明】丁步上，字汉青，新建（今江西新建区）人。举人。曾与郭懋隆同撰《逍遥山万寿宫志》二十卷。据光绪本《万寿宫通志》卷一四录文。参见《净明资料新编》。

949. 清·杨兆涑：灵山庙碑　乾隆五年庚申（1740）

邑有灵山庙，由来久矣。未审创于何人，成于何代，旧无碑记可考，名仅见于县志。日月迁讹，庙貌倾圮。重以故老零落，传闻不一，而卒莫知其所由来。但近庙而居者，有若胡氏、杨氏、廖氏、赖氏、李氏、吴氏六姓聚族相商，乃敛赀合买供庙祀田，惟吴姓未出分资，以故五姓收租永给四时灯火及赛神之会。每当夏令初改、解愠风生之候，洗爵奠斝、征歌上寿者无虚日。日无假易，序无凌越，六姓之外，无闻焉。历有年所，遂以为庙实作于六姓云。其时有道士萧怀虚者，善导引，工禁咒，常放手作霹雳声，流光掣电，呼风唤雨，不雩而有验。又能咒水作汤，书符靖疫，病者多赖之。时奉之如神明，以为玉虚观祀主，其法眷至今主祀无间焉。然则庙或为怀虚作亦未可知也。庙祀天符太君，配以张、康、关、刘四公，道家以为水神，尝拯人于风波危急之间。湖海大江，为行船所倚赖。

又或以为主疾病之神，其事甚怪，儒墨所不载。间见于《素问》，有太乙天符会之说，与司天五运主客之岁，气比合冲击，为人疾病，故医家有祝由之术，《鲁论》“祷尔于上下神祇”是也。灾害之相寻也，阳之愆、阴之积也。或为天祲，为大旱，为魑为沴，为蝝蝗，以时间作，主者知其不可以人力争也，吁嗟而雩之，灵蕝而禜之，而禳祷于上下。礼俗有所事，岂不以神之所呵护者大哉？且夫神之能福人与不能福人，人之急功要福以求当于神者，惟恐其栋宇之或苟简也，藻棁而玉碣，丹楹而刻桷，金粉绮靡，照人耳目，虽穷檐寡息，肯相饮助，以能福人者天符太君也。顾其庙老而欲圮，神倚而不支，无不受其庇而忘其报也。于是五姓之族，锱铢拮据，以所有供庙田息，贮之六七年间，权其子母，得银四百八十九两，犹未足供建庙之费。仍五姓各捐纹银，共三百二十七两八钱。又有吴姓捐银一十二两。岁戊午之秋，乃庀材鸠工，历吉日，协灵辰，撤旧更新，饩廪称事者二年有成。于是回廊敞匝，骑窗丹壁，云艳霞鲜，几筵簠簋，整饬庄列。他如庖湢有所而黍稷洁，芝药有房而吐纳清，以视前此之蹐内单外，不啻霄壤矣。而以崇德酬功，其庶几乎？抑亦未足以报称乎？庄生乃曰“神人无功”，谓其功在天地而不自有焉。于何而黄冠缁衣者流有福田利益之说？以作庙兢兢而归其功于人，谓一椽一桷皆人功之普存也。是则神与人均有功也，神之功以庙而见，人之功亦以庙而著，顾不伟哉！于其落成，不可无一言以记于石，俾后之载笔者有所考，而六姓之族裔世沐其庥者永弗替焉。其董事之人及费用八百八十两，并详载于后云。

【说明】 据道光《瑞金县志》卷八载：杨兆涑，字涑水，邑诸生。才识明敏，器量过人。读书不屑蹈常袭故，务穷极幽微，标新立异，往往发千古未发之奇。自经史子集外，旁及星卜医律，皆精洽通贯。孝悌友爱，绝意仕进，日与家庭群从子弟挥麈瀹茗，纵谈名理，娓娓不倦。据前志卷一二录文。参见乾隆十八年《瑞金县志》卷七。

950. 清·方求义：鼎建关帝庙后殿工成碑记

乾隆五年庚申（1740）

县治之东有关夫子庙，考之邑乘，其来旧矣。虽自明迄今，时加修葺，但历年久远，不无朽蠹之虞。至于后殿，向以未有空地，阙然弗广，亦憾事也。近奉世宗宪皇帝追封三代，岁祀三举，典至隆矣。余思有祭则必有殿，顾可不为之图其所乎？矧余承乏是邦，则昭事感格，亦分内事也，敢曰余力不逮而谦让未遑耶？乃悉心筹划。适有民人胡氏以庙后房土来售，余捐俸三十金，遂契买之，以为后殿之址。用是卜吉兴修，庀材鸠工，遴委首事为之办理。经始于乾隆五年之王正，甫越月而庙貌落成。届期禋祀，骏奔俎豆，余心甚喜焉。虽曰人事，宁非神力哉！但工费浩繁，一木难支。余以两袖清风，廉俸无几，除又捐俸一十四两外，不能再捐。特设簿劝输，共襄善举。而一邑之绅士亦咸乐余之有是举，俱各不吝橐囊，量力捐助。今后殿工竣而所输之数尚有盈余，余不敢自私，乃将中殿及前廊牌楼腐者易之，缺者补之，丹雘涂饬，焕然一新，不更有以妥神灵而壮观瞻也哉。孟子曰："取诸人以为善，是与人为善者也。"兹者余恐诸君子之善湮没弗彰，亦非与人为善之心，故将所输姓氏、银两勒诸贞珉，以垂永久，以志不谖云耳。虽然，余所能为者如是而已。若夫继此而恢扩其规制，高大其殿楹，愈加壮严，踵事增华，余又不能不深有望于后之宰是邦者焉。是为记。

【说明】据光绪《重修安徽通志》卷一八一载："方求义，字绮亭，桐城拔贡。知龙南县，摄安远，岁饥请粜，藩司不许，愀然曰：'藏谷备灾，灾而不粜，焉用谷为？'空其仓以赈民，抚军嘉之，檄他邑为例。移上犹，寻乞归。"据乾隆十七年《龙南县志》卷二四录文。按，方求义于雍正十三年任龙南知县。

951. 清·魏际朝：补修黄堂宫记　乾隆六年辛酉（1741）

夫黄堂者，晋代许真君崇报丹阳谌母元君之所也。真君因访飞茅至此，见有金鸭升空，遂建靖祠，以示不忘所自。尝考朱颢诗云："道师谌母住丹阳，一时飞茅着处香。仙驾不忘当日约，一年一度谒黄堂。"其意可谓深切著明矣。

忆自孔道士与里人江正化募缘以来，嘉靖四年，我伯祖此斋公捐资修葺，虽历年甚久而碑记犹可摩挲，得之所由。宏溶、一俊二公，曾于康熙癸丑年复恢盛迹，迄今六十余年而宫殿渐就倾圮，能无兔葵燕麦之感欤？然而及时兴复，余有其志而力苦纤薄，计惟商诸同志，以为集腋之谋。幸缘成而仑奂聿新，无废当年之瞻礼；欣事举而作述攸继，永垂奕世之朝参。告成之日，爰勒石标名，以志功德于不朽焉。

乾隆六年辛酉岁冬月。

【说明】魏际朝，新建（今江西新建区）人。监生。据《黄堂隆道宫志》卷一二录文。参见整理本《黄堂隆道宫志》卷一二、《净明资料新编》。

952. 清·游绍安：重修龙王庙记　乾隆七年壬戌（1742）

郡邑近郊多有邮亭，备冠盖往来东道主送迎之所，亦礼节所关，不宜率略者。南郊无专舍，向择东门外广化寺之前楹。寺濒章江水口，舟行上下必经，故宾饯于是。雍正五年，敕祀龙王庙。庚令爰相斯堂供香火，春秋编祭，朔望拈香，文武官亦于是焉集。予惟南安当五岭冲途，粤之行李繁矣。况奉制祀龙神，为一方民锡福，霪雨而祈，亢旸而祷，靡不竭诚将事，有响斯应，则所系于民生更大。斯即蠲善地恢宏庙宇，丹刻辉煌，亦仅展将享微诚，只分梵王一椽已，不足云称。乃土阶茨垣，几于风雨不蔽，非所以崇祀事也，并无以壮皇华。予拟东郊旧学官改造移奉，似为妥贴。比年来因兴举诸役，方岁竭薄糈，欲邀动公，复有城桥之请。兹事蓄于心而未发，欲速则不达。君子不可不知务，倘克遂吾愿欤？未之敢知。不然，鉴斯文者谅与我有同心，且偕令葺之。记此。

【说明】据民国《大庾县志》卷五载：游绍安，字心水，福建福清（今福建福清市）人。进士。雍正十年由刑部郎中守南安，在任十有八年，留心民瘼，修举废坠，不遗余力。凡有兴作，辄以诗文纪之。据前志卷十录文。参见乾隆十三年《南安府大庾县志》卷一九。

953. 清·汪宏禧：重修府城隍庙记　乾隆八年癸亥（1743）

古者为民祈福请命，处神之庙设焉。旱涝灾祲，神之咎也。匮神乏祀，坛庙不修，灵无以妥，虔无以揭，则有司之过。郊南神祇坛，风云雷雨，境内山川，合城隍之神祀于仲春上戊。而城隍复有专庙，逆时雨，宁水旱，弭灾兵，远罪疾，阴庇民生，职与吏同。故祈禠禳灾，胥于是乎在。

虔治城隍神，聪明正直，一切祈祷，凡关民瘼者如响斯应。盖其栖托之地精英翕艳，旺气特钟，而更荐以馨香，将以俨恪，用能惠保我蒸黎也。按志载旧庙在府治右，明嘉靖间迁改万寿宫左。康熙壬午，郡守谢公锡衮重修，距今四十余年。予奉简命来守是邦，月行小祭礼，目击栋宇渐就陊剥，门墙楹庑日以坍鈌，矢志修葺。亟图资聚，计充公之项约有百金可以经始，而数不敷。爰与司马叶公瑄文暨诸寮友商捐俸廉，广为劝谕，各绅士欢欣踊跃。次第开工，惟月若日，以瓴以甓，以城以墉，覆盖比密，圬墁辉炳，而制度一新。夫神之有坛庙，灵爽实式凭焉。当其敝也，作而新之，而明威益著。昌黎云："治人以明，事神以诚。不懈益虔，和气召焉。"庶几哉！民之蕃釐，如肸蠁之腾聚云。工既竣，泐其事于石。捐助姓名，例得并书。

【说明】汪宏禧，字滅莼（一作"介纯"），浙江钱塘（今杭州市）人。

雍正八年（1730）进士。乾隆间由文选司员外郎出守赣。据同治《赣县志》卷四九之四录文。

954. 清·余士依：重修城隍神像序* 乾隆八年癸亥（1743）

天人一理也，幽明一诚也。无私谓理，不贰谓诚，幽明通，天人合矣。天下省府州县，明则官吏，幽有城隍神。盖皆天之所设、君之所命，以保障地方、绥辑群黎者也。唯其福善祸淫，旌淑别慝，赏罚互用。要其好生之德，因材而笃，总归于理与诚，以不负天与君而已。然则峡之隍宰之于峡之人也，顾不重欤？且令，人也；隍宰，神也。率作兴事，饮食教诲，神所不及理者，令为之躬厥职，殚厥劳。至于灾祥休咎，吁天请命，令或不能主，神默相之；阴险诡僻，匿隐藏形，人或未及察，神先鉴之。以故民畏令，每不如其畏神；信令，亦每不如其信神，固然，无足怪者。然则峡之隍宰之于峡之人也，顾不重欤？

予以雍正甲寅之冬承乏来峡，即矢此不欺，以与吾神相质对。今十年矣，见神之慈祥恺悌，于峡之民捍灾锡福无不至也；见神之聪明正直，于峡之民彰善瘅恶无不公也。而又见峡之人信神畏神、敬神爱神，虽有戏渝，过神之门，无不俨恪而矜庄；虽有凶顽，登神之堂，又无不怵惕而悚息也。夫令食尔禄以治尔事，固不屑裘马炫耀。然敝衣蔬食，廉吏自甘，而里巷小民见且有为之叹息者。况神也庄严色相，瞻视攸关，乃或朽败不堪，熟视无睹，岂复人情？岁戊午，邑人士等即首其事，弁予言以新其庙。今某等又将为首倡，举神像而新之，复丐言于余。余固喜其好义，且知峡人士有同心也。然岂第峡之人信神畏神、敬神爱神，冀神之福佑无疆哉？如神之无私不贰，即予亦且拜手稽首，颂神之灵爽式凭，将左右斯民以助予之不逮。是为序。

【说明】据同治《峡江县志》卷六载：余士依，字希纯，浙江遂安（今浙江淳安县）人。雍正二年（1724）进士。十二年知县事，明察善断，讼无遁情。试士最精藻鉴，被识拔者多取高科。任满报最，调都昌去。据前志卷二录文。按，“戏渝”似应作“戏豫”或“戏愉”。

955. 清·沈涛：重建城隍庙碑记 乾隆八年癸亥（1743）

长宁城隍庙，明崇祯时旧令毛君可仰迁建于镇山楼前，历今几一百二十年矣。国朝乾隆壬戌岁，予捧檄莅长，四月谒庙，值霖雨，见其上穿下湿，倾圮剥落，予心戚然。乃进邑人而告之曰：“长邑僻在万山中，无商贾蚕桑之利，有水旱疾疫之忧，饮食起居，惟神之庇，尔辈皆得安居而任神露处，可乎？”众皆踊跃听命。乃集其向所捐贮者，先成寝殿；后复为中堂，为两庑，前为重门，上为台榭；继又辉煌其阶墀，整饬其神像。由是春秋祈报之礼，得所展焉。工兴于癸亥闰四月，即于是年十二月告成，计前后用银得三百余两。盖因民之力而民不知也。后邑人复修整申明、旌善二亭，取其岁入之资以赡神庙，亦不为无补，因为之记。

【说明】沈涛，据同治《赣州府志》卷四三载：字次山，江南江阴（今江苏江阴市）人。乾隆元年进士，七年知长宁（今寻乌县）事。专务兴举废坠，修葺文庙龛室并文昌、魁星二阁，创城隍庙，建关帝庙等，民爱戴之。居官六年，请老归。据光绪《长宁县志》卷四录文。参见乾隆四十七年《长宁县志》卷六、同治《赣州府志》卷一五。

956. 清·洪锡冕：重修乐平城隍庙记 乾隆十年乙丑（1745）

国家常祀之礼，经史载之详矣。城隍之号，历代之史未书。及读明制，辞有云聪明正直，圣不可知，固有超于高城深池之表者。夫聚一方之民而为高城深池以卫之，必有所以主之者矣。按《周礼》有司民之祭，而明封其神为监察司民，意与《周礼》相符。盖置守令以治民生于昭昭之际，设城隍以司民命于冥冥之中，神之威灵，亦彰明较著矣。祀典：在京师者以其神祔享于山川坛，又设为庙宇，命京尹主其祭；至各省府州县，守令主之。

我朝百有余年来，敬天事神，百祀具举，幽明之间，各受其职，猗与休哉！乐邑城隍庙建于县治之东，历年既久，屡敝屡修。自康熙十八年邑侯宋公修后，迄今数十余载，其堂庑墙垣，不无倾圮之虞。乾隆乙丑，邑侯陈公进邑人而告之曰："此非神之所栖其灵者乎？行将朽矣，毋乃以此遂置之膜外耶？其何以壮一邑之保障而肃百姓之观瞻也？"于是从新鼎建，择日兴工，越岁而告成，以此服陈侯之贤也。《传》曰："动无违事，祝史荐信，是以鬼神用享，国受其福。"《记》曰："福者，备也。备者，百顺之名，言内尽于己而外顺于道也。"陈侯至诚恺悌，加惠元元，诚所云尽己顺道，庶几可以荐信无愧矣。邑中人士以邑侯之心为心，庀材鸠工，与有劳焉。夫明有礼乐，幽有鬼神，淑慝贞淫，征应无爽。是举也，尊崇庙貌，所向惟虔，金汤藉其护呵，四境仰其赫奕，非但致诚报德，而且因以设民之教，使咸生其畏敬之念，有惠迪，无从逆焉。祭统所谓心怵而奉之以礼，此物此志也，是岂土成黼黻，木化蛟螭，缥碧辉煌，邀祥祈佑之可得而比拟者哉？古者宫兆始成，则用刉衈以求永贞，介多祜。兹峨峨隆构，轮奂维新，降格非遥，庆泽斯远，其蕃祉而老寿，俾俗阜而化昌，用由辟以无难祝顺吉而如响矣。因为文以述其事，且志其休焉。

【说明】洪锡冕，字君章，乐平（今江西乐平市）人。岁贡。乾隆十二年与修县志。二十七年任广丰训导。据同治《乐平县志》卷二录文。

957. 清·沈涛：关帝庙记　乾隆十年乙丑（1745）

城隍庙既成，遂经始武庙。武庙向在城隍庙之右，止楼屋一楹，上位圣公，下安神座，阔五六尺，主祭、陪祭之官俱难于展拜。乃相地于城隍庙之左，前临街，后距城，鼎新其庙。工兴于乾隆九年七月，落成于十年四月，计前后共享银三百六十七两有零。前为门为台，中为堂为川，堂后为寝室，宽敞整饬，严如翼如。复劝谕监生黄茂先捐资二十两粉饰丹雘，神宇更觉辉煌。夫二庙之在长，皆典祀也，岁以创建为名，各保非无捐助也。然前何以废？今何以成？此在当事者公私勤惰之分耳。初建庙时，教谕陈君学海嫌旧署南向不利，遂借城隍庙木植改建其门向北。后兴建二庙，董事者欲往取其植，陈难之。予曰："学斋亦公事也，勿责。"因并记之，使知学署之改张，亦系民力云。

【说明】据同治《赣州府志》卷一五录文。参见乾隆四十七年《长宁县志》卷六、光绪《长宁县志》卷四。

958. 清·佚名：香炉山瑞庆宫石殿门联

乾隆十一年丙寅（1746）

上题：天工妙应。

左右题：香雾腾空仙迹实为千古著；炉烟篆字殿门常见万人称。

【说明】石刻门联现存于修水县瑞庆宫祖师殿（老石殿）。"天工妙应"四字嵌刻于墙上，楷书，刻工精湛。左右联刻高2米，宽0.2米。下联为后人所补。相传瑞庆宫石殿下有常年不枯山泉，民间以为神水，每年都上山取水以求神佑，香火不绝。据石刻录文。

959. 清·满岱：重建关帝庙及后殿碑记

乾隆十一年丙寅（1746）

凡有大功德于民，登诸祀典。其祠庙狭隘颓圮，令守土官及时修治，盖以妥神灵觇政治也。乾隆十有一年，余奉简命来莅瑞邑。甫下车，肃谒关圣帝君于南关之外，见其庙宇浅偪，又无寝殿以祀帝之先世三公，思欲廓而深之。适庙后隙地原属公界，遂谋兴创。邑人咸踊跃乐从，举绅士钟洵乔、杨灿士、杨既威、赖佐廉、刘慕曹、黄昭荣、周绍孙、钟洵征为首事，卜吉兴工，构造殿宇者二，费白金四百两有奇，四阅月而工竣。土木坚好，丹漆辉煌。乃虚其旧楹为三祀肃仪之所，而奉帝于中堂，位三公于后寝。上为楼房，周以栏槛，登楼开窗，则大江中流，双桥横锁，屋庐之参差，烟树之疏密，商贾之辐辏，舟楫之来往，悉于是乎收览焉，不诚足以壮观瞻而揭虔敬乎？窃惟帝之忠烈，炳耀古今。至我朝而祀典尤隆，故僻壤遐陬，无不骏奔惟谨。是役也，可以教忠，抑以明敬，且遵功令也，讵不盛哉！

抑余考解州守朱旦所纂帝祖墓碑，载帝祖磐石公讳审，字问之，考讳毅，字道远，章章可考。云子昌读书塔庙，庙址即帝故居，梦帝授以“易碑”二大字，惊而寤，见浚井者得巨砖，砖上有文。所载如此，其言当信而可征。然神主仅书封号，不敢备录讳字，盖阙疑也。因绅士请，附识于此，以广见闻云。

【说明】满岱，字鲁青，满州正白旗人。举人。乾隆十一年任瑞金知县，在任四年。后调丰城县。据道光《瑞金县志》卷一二录文。参见乾隆十八年《瑞金县志》卷七。

960. 清·黄登谷：重修康王庙记　乾隆十三年戊辰（1748）

人之是非予夺不能无私，而在身后者为至公。即身后之传纪，每承善善欲长之意而徇其后人之请，则又不能无私，而惟列祀典者为至公。盖馨香俎豆，智愚皆奔走其间，垂之久远，不欲其坠失，此诚非一二人之私也。

忠烈康王之祠于芝阳者五六百年矣。其初非生于此地，亦未尝绾半绶临斯民之上，特以勤劳王事，志决身歼，以一死系泰山之重。昔之贤达闻其风者，奉瓣香芹藻以昭其风思无斁之忱，何尝逆计数百年后之人守兹弗替哉？余窃论朱邑之祠于桐乡也，谓其子孙祀我不如桐乡民，则桐乡之民，亦惟是感惠爱于生前，以是志其报也，不可谓非私也。练子宁之生于峡江而新淦人争奉之，讼于有司，久而不决，后乃两地并建庙祀以解其纷。意以仁贤所生地增其重，欲夸之他邑以为荣，曰吾东家某云尔，亦不可谓非私也。余至鄱阳来，仰惟今天子兴道致治，欲以化民成俗之权寄之守令。而古人神道设教，未始非劝善禁慝之一端。是以循省诸庙祀坛场之地，考厥所由。如陶长沙之祀也，则亦峡人之祀练公也；番君之祀也，则亦桐乡人之祀朱邑也；独康王不生是乡，亦非有宦迹可考，而庙食至今，屡废而复兴者，非其忠义在人乌能若是？《诗》云：“民之秉彝，好是懿德。”忠孝之生于人心者，屡劫而不能晦蚀，瞻仰灵光，虽百世有廉顽立懦之效，此诚天下之公心而非一郡一邑之私也已。康王之祀，西江多有之，而鄱为盛。则又此邦风土之善，颜、范诸大贤所激扬而成就之者也。

乾隆戊辰冬月记。

【说明】 黄登谷，字获村（一曰“号获村”），顺天大兴（今北京大兴区）人。乾隆二年（1737）进士。乾隆八年任新建知县，十一年任鄱阳知县。据同治《鄱阳县志》卷一六录文。

961. 清·李实：重修城隍庙记　乾隆十五年庚午（1750）

国家建官莅政，容蓄兆民，必有官廨衙署，舆服旌旄俨然，人望而畏之，然后体统尊而治功成。夫邑有长吏且不能露处以治万民，又况生前之功著旗常，身后之封膺爵土，如城隍之神，可不尊崇其庙貌哉？盖城以卫居民，诘奸慝，节内外，肃晨昏，有益于民最大。隍即城下之池也。凡天下郡邑道载祀典者，除文武庙外，惟城隍与社稷并著。然城隍以庙祀，非如社稷以坛祀也。故每月朔望，郡邑守长必躬诣祠下，盥荐行香。邑人四时皆得祀，又非如社稷之神止于守土者春秋二祭也。

吾敖土瘠而风醇，不崇淫祀，凡水旱疾疫则祷于城隍，而神之御灾捍患，其应如响。旧有祠在县西，去跃锦门不数武。自宋明迄今，几经修葺，而风雨残剥，廊庑湫隘，近且大惧倾颓。我皇上御极之十有五年，屡书大有。邑中好义诸君子矢志扩修，协力遍募，四河五乡人无不踊跃愿输者。其调度经营，不辞劳瘁，则督捕厅王公锦之力居多焉。是役也，鸠工庀材，经始于乾隆十五年二月，未几一载工竣。其庙有后殿，丽以元妃。中祀正殿，巍焕赫奕，神所凭依。门开八面，工巧而不淫，技精而得正。正殿之外为丹墀，石栏狮座，位置天然。丹墀之左右为两廊，青边粉幅，雅堪题咏。丹墀之前为戏棚，丹楹刻桷，金碧辉煌，美与庙称。瞻拜之余，低徊留之，仿佛身游月殿矣。大门之外为两厩，骏马健儿，凛凛有生气，古有惊帆拳毛，不是过也。然则斯庙之成，其所以壮神威而绥福履者，讵有涯哉？

抑尝考之洪武庚戌诏，言汉将军纪信解高祖荥阳厄，天下忠之，因崇祀为城隍，以致命之日为诞辰。然诳楚之举在丁酉季冬，非五月二十八日也。元吴草庐先生谓颍阴侯灌婴提骑兵下豫章七十余城，不血一刃，江西之宜报享者，其颍阴侯乎？窃谓庙貌之崇，敬以成礼，礼以养人。今必求其名姓以祀之，亦神道设教之意尔。然则予之所云功著旗常、封膺爵土者，亦本草庐先生之说也。故不揣谫陋而为之记。至于邑中董其事者，则里民郑肇正等，例得附诸贞珉以垂永久焉。

【说明】李实，字伯蕃，号贻亭，上高（今江西上高县）人。乾隆十年（1745）进士。曾任山西沁源知县。据同治《重修上高县志》卷一一录文。参见同治《瑞州府志》卷一九。

962. 清·包涛：重建龙南县城隍庙碑记

乾隆十五年庚午（1750）

城以盛民为义，而隍又浚以护城者也。顾名思义，则城隍也而从而神之，夫亦可知所重矣。画百里之疆而为县，县有宰，以牧民为职，是所重专在民也。牧民者，生则养之，蒙则教之，亦恪共人事焉而已。若水旱疾疫，虽廉干之吏，慈惠之师，有不能与造化争者。鬼神之德，体物不遗。古者圣王先成民而又必致力于神，则城隍神之载在祀典，岂细故欤？为宰者苟心切于爱民，则凡所以竭诚致敬以昭假乎明神者，又岂泛务欤？

龙南之为邑也，封域之界广一百八十里，袤一百三十里有奇，其为户也七百五十有零，而口亦三千一百有零。计一岁之输于官者，银至六千七百两而嬴。故以四海视之，不啻礨空之在大泽；然以胞与牧之，则亦我圣天子之二三赤子也。是以一之肥瘠，必视民之肥瘠为肥瘠。今则生齿更繁，民且加庶。庶则人杂而俗厖，所以长养而安全之者，其治尤急。

长白永君早岁登贤，书铨部奏，名列吏才上等，爰出而试牛刀之割，莅斯邑已三载矣。治具聿张，民和而神降之福，年谷顺成，岁已屡登，闾阎宁谧，雍逊成风，是邀福于明神者业有征验，稽成典以答神庥，礼在则然。庙者，貌也，所以妥神灵而将吾如在之诚者也。则庙像之设，顾可勿讲乎？按庙创建于宋嘉定间，屡毁屡葺。至胜国隆庆之六年，有土者大加修治，为坊为堂，为廊庑，为寮舍，为庖湢，始未必不轮焉奂焉。亦阅于今一百七十八年，岁久则圮，非直屋宇然也。即其基址，据碑载，袤十四丈三尺五寸，广五丈二尺，而庙后居地亦尚六丈。今则缩十之三矣，则清厘而修葺之也，又乌可以稍缓？永公于时稽谋于众，内断于己，见其材木朽蠹，规制湫隘，不足以为久远之谋，爰起而鼎新之。侵于他氏者，按牒而恢复之。毋耗财，毋滥役于民力。功以就绪，烂然改观。余于此知永侯之治事得其要矣，龙之绅士耆硕好义而勇于公矣。经始于乾隆己巳岁之夏五月，落成于庚午年月。主其议者，邑侯永也；赞计者学博汤讳撰、程讳光斗；稽公核材，县尉施讳振亦与有力焉。一时董事，则有绅士廖运芳等；输金而协力者，又有谢上安等；皆于斯举有成劳之可纪，例当勒其姓氏于碑阴，以垂不朽，俾后之览者知所忻慕焉。是为记。

【说明】 包涛，钱塘人（今浙江杭州市）。雍正二年（1724）进士，八年任庆阳知府。时任赣州府通判。据乾隆十七年《龙南县志》卷二四录文。参见同治《赣州府志》卷一五。

963. 清·邱岳：三仙祠记 乾隆十六年辛未（1751）

邑西之巨镇曰军峰，峭壁悬崖，矗列云表。履其境，有若置身戈矛剑戟中也，若仙旛大纛相为亏蔽也，若总千山立夹振而驷伐也。或以汉将吴芮曾驻军其下，以是得名，余不为信。西行五六十里，势渐夷，地渐旷，平原广畴与山麓峦阜相交互参错，一邱一壑在其间，亦足以钟灵而览胜也。

五都蔓萝峰者，前临广漠，后倚高石，山岚积翠，左右萦拂。虽其高锐不及军峰十之一二，而水土之敷腴，泉石之澄澈，盖渊源不二焉。上有三仙祠，未详创自何代，岁久倾圮，祷祀皆弗及。岁辛未，旱魃肆虐，祈求者踵相望，皆嗷嗷焉靡所控告，曰："神其罔闻知乎？"已而有祷于此山者，暮则大雨；再祷焉，三祷焉，无不雨。于是乡之农走相告曰："神之灵大矣！佥谋所以妥侑其居乎？"乃鸠工敛财，修厥庙貌。广袤之制仍其旧，冕藻之饰昭其新。来丐一言以为之记。

予观夫古之载祀典者，能御大灾则祀之，能捍大患则祀之。今出云雨润万物，不愈于无名之祀乎？然吾闻神之灵在天下者无所往不在：高居军峰之巅，栋宇巍峨，日享四方之觐谒者，此神之灵也；伏处荆榛之中，颓垣断址，曾莫遇而问者，亦此神之灵也。何祷于彼者不应，叩于此者获荫？岂神亦以习不察，以罕见异与？抑山川秀丽，有待而兴与？吾故纪其事，以为舍近求远者戒。蔓萝峰，邑乘载饭萝峰，"蔓"与"饭"同音，传记之误，当以今名正之。

【说明】邱岳，字牧亭，号崧维，南丰（今江西南丰县）人。乾隆戊辰（1748）进士，选授山西交城县。后以才能累署剧县，听断明决。据民国《南丰县志》卷五录文。

964. 清·佚名：重修清都观各方善信乐助名目

乾隆十七年壬申（1752）

岭上陈行山助银壹两贰钱正；坑西杨达皇助银壹两；蒋国顺助银壹拾贰两；曾逊清助银叁两；钟崇德堂助银壹两；杨显文助钱陆钱；翰塘曾氏众助银壹拾两；萧介文助银叁两；河东张若士助银壹两；曾礼袍助银陆钱；关帝会助银柒两；关帝老会助银贰两陆钱；曾苏卉助银壹两；刘国位助银陆钱；易上明

助银柒两；龙虎老会助钱银贰两；陈彷周助银壹两；李如滔助银伍钱伍分；孙步青助银陆两；京菓老会助钱贰两；曾管侔助银壹两；王吉泰助银伍钱；萧望廷助银陆两；谢德仁助银贰两；刘大节堂助银壹两；吴会友助银伍钱；曾朴千助银伍两；黄高谊助银贰两；丙辰老会助银壹两；吴会友助银伍钱；萧运琢助银伍两；萧怀德堂助银贰两；真武老会助银壹两；任宋伯助银五钱；曾孔阶助银伍两；杨作舟助银贰两；焦氏众助□□□；胡庆远堂助银肆两；任允中助银贰两；孙亦青助□□□；杨达三助银肆两；萧质昌□□□□；蒋国士助银肆两；彭塘刘仁本堂助银壹两；谢宝树堂助银壹两伍钱；蒋□□□□□□；吴孝友堂助银叁两；廖世焕助壹两伍钱；陈世德堂助钱叁两；廖维泰助银壹两伍钱；黄义传堂银叁两；谢达尊众助银壹两伍钱；蒋具庆堂助银叁两；南山李氏助银壹两伍；易太原堂助银叁两；山嵫萧曾二姓助银壹两；船亭祠钟氏助银叁两；尹敦崇堂助壹两伍钱；石窟刘乐善堂助银叁两；张清河堂助银壹两；萧非群助银叁两；萧读书堂助银壹两□□；米巷刘继志堂助银壹两伍钱伍分。

乾隆十七年岁次壬申冬。

【说明】碑现存吉安县永和镇清都观，嵌于大门墙上。青石材质，高1.66米，宽0.80米，厚0.04米。据碑录文。参见《庐陵古碑录》。

965. 清·张禹逊：瑞昌重修城隍庙记

乾隆十八年癸酉（1753）

《易》曰：“城复于隍。”后世因以有城隍之名。洎唐宋元明以来，天下郡县皆立庙以祀，诚以城隍神与郡守县尹分理阴阳，一治民于明，一佑民于幽者也。而神能佑民，民亦应妥神。欲求神之妥是，在夫立庙之安。

瑞昌故有城隍庙。自有明建于兴教坊，至国朝顺治间，改迁学宫于庙后地，后之人习而安焉，遂令圣庙有面墙之逼，相沿以迄今日也。然欲拓圣庙之显敞，必先撤城隍之壅蔽。前邑侯邹公与余谋之久矣，而工繁费浩，骤难就绪。越壬申岁，邹公毅然捐俸以倡，劝邦之士民各准其力相助，择勤敏者使任首事。又念学宫倾圮尤甚，先举而修葺之。工既竣，旋相地以迁城隍庙，惟学东偏张氏宗祠为吉，给以一百二十金而市得之，諏癸酉三月肇役。工甫兴，邹公以调去。今邑侯蒋公继至，余具举以告，亦欣然躬肩其事。乃七越月而庙落成，其规制临孔道为大门，门外有站檐，内为演剧台，共五间。从甬道而上为正殿，殿左右翼以廊，分祀六曹神。后为寝殿，址不足，割学地益之，深三十五丈，广五丈，恢宏壮丽，不但城隍庙其屹然巨观也，即今学宫带水环山，亦觉焕然一新焉。甫迁之岁，秋闱即取元魁文武获隽者四人，邑士民咸相欢庆，以为迁庙之效捷如桴鼓，请余记以垂将来。余曰："然。是役也，非邹公罔善厥始，非蒋公莫全厥终，固汝所知者。而慢神则民不安，虐民则神不享，二公所以先后一心克成此举者，是皆先成民而后致力于神，敬夫神乃愈有以仁乎民也，汝其知之乎？"爰摭其巅末以为之记焉。

【说明】据同治《义宁州志》卷之二三载："张禹逊，字砚皋，号醒石，泰市人。学邃行优，领雍正乙卯乡荐。乾隆壬戌会试，房考得卷极赏，拟擢上第，卒抑置明通榜。授瑞昌教谕，历摄德化、彭泽儒学事，所至造士不倦。逮任广东始兴知县，绰有政声。"据同治《瑞昌县志》卷二录文，原无题，据文意补。

966. 清·陈廷枚：重修府城隍庙记

乾隆二十三年戊寅（1758）

筑土为城，凿土为隍，通天下郡邑无不得祀者。然必有其神司之，乃能戢奸宄，捍寇攘，消厉疫，而庙食千秋于不替。考之史，汉灌将军平吴，定豫章诸郡。袁城亦为将军所筑，故城隍之神皆以为将军，所谓有功德于民则祀之者也。神之有造于袁不能殚述，其最著者，莫如大中十二年，潭、广、宣、洪有警，祷于神，州之乘间啸聚者机泄伏法，人获安堵。昌黎公刺袁时，岁大旱，祷于神，甘霖立应。永乐十年，猛虎为害，佥事黄公祷于神，虎莫知所之。然则神之功，其在圣王制祀之内也明矣。

余恭膺简命，莅守是邦。斋宿之日，见其堂基门庑，半就倾圮，徘徊久之，慨然以兴创为己任。下车未几，未忍以力役劳吾民。越至戊寅春，商之寅属，爰及绅士，询谋佥同。乃缩米禄为倡，卜良辰，操祝币以告："定位高敞，爽垲宜只。度选材木，栋梁良只。鳞次文瓦，鸳鸯迭只。黝以丹雘，楹栌焕只。"未几而工告竣。自士夫以至樵夫牧竖，瞻拜其下者莫不洗心屏息，俨神之临其上而质其旁者。众竞请予言记之，予曰："于所以居神则得矣，尚未极所以事神之道也。夫神聪明正直，依人而行。吾僚属诚以子爱百姓为心，居斯土者孝弟而忠信，不犯于有司，则神降之福，岂有已乎？"愿与郡邑吏民交勉之。

【说明】 据民国《宜春县志》卷一五载：陈廷枚，字端揆，浙江萧山人。乾隆间由惠州同知升袁州知府。率属爱民，存心仁恕。修举废坠，不动帑项，不取民脂。曾纂辑府志，备受称颂。据前志卷二一录文。

967. 清·邓蔚林：新建龙王庙记　乾隆二十四年己卯（1759）

《礼》有云：圣王之制祭祀也，能御大灾则祀之，能捍大患则祀之。予自莅任兴邑以来，敬谒各庙，并礼诸坛。见文庙武庙及火神等庙，体制尊严，殿楹亦皆整饬；诸坛虽多倾圮，然规模具在，尚可以妥侑明神也；独龙王一神，未有庙宇。考之志乘，原建庙于县南一里许龙王潭上，年远颓废，旧址无存。窃谓惟人事神，惟神司命，龙神载在祀典，原所当祭，况兴邑潋、濊二水环绕城垣，各乡崇山峻岭涧溪更多，其患水之处不一而足。此即虔修典礼，粢盛洁而祭祀，时尚恐精诚未格，不敢必其祭则受福也。而乃无庙无祀，使神无所依，是尚可乞灵于神乎？神之御灾捍患，不必谓明有其事，不得谓默无其理，理之所在，事莫能违。揆诸理与事，而益知神为民主，其享祀盖不可以不诚矣。

余簿书鹿鹿，有志未逮。适值兹岁六月间忽遭水患，近河居民田庐颇有冲塌，人口亦间有损伤，固曰天时，岂尽无关于人事哉？自惭凉德，弥灾无术，愈思创建龙王庙。旋商诸绅士，咸称曰善。遂择基于城南太子庙侧，势扼两河之要，坐镇四隅之冲。问其地主，则现任吉安府司铎王君振纲者是。其为人乐善好施，知余有此举，即愿捐输其地以作首倡。其后神座及右侧隙地，俱系别业生员王鹏飞兄弟等，或捐或售，各欲共成盛事。而城乡诸绅士若原任建昌县司训邓君元英、明经李际云、刘大承、刘梦麟、黄澄清等，亦莫不同心勷赞，竞相劝输。余喜其事之可次第举也，遂卜吉于菊月之廿七，庀材鸠工，俾谢生秀峰专董其事。两阅月而殿宇峻起，庙貌庄严，门楼围墙，诸工俱竣，是真可以妥侑神灵也。自兹以后，上邀神明之福，长享安澜之庆，则予之志慊，而诸君子之功亦卓卓可述，遂援笔而为之记。

【说明】据同治《兴国县志》卷二二载：邓蔚林，字畅亭，陕西三原人。举人，中明通榜进士。乾隆二十三年任职。器识宏达，宽猛得体，禁淫祀，抑豪强，杜干谒，严戢胥吏，听讼狱，是非立判，事关名节，必委曲保全。三十五年升九江同知，士民遮道相送。据前志卷四一录文，依据任职时间及文意，推定本文应作于乾隆二十四年。

968. 清·沈均安：重修县城隍庙记

乾隆二十七年壬午（1762）

古先王设官分职，有封建之地，即有所封之神。故筑城浚隍，保障一方，亦奉其职司之神以为民主。于是神所凭依享斯祀者，隐然与守土牧民之令长相维系。盖吏所以为民兴利除害，显移风化；神亦所以为民捍灾御患，默相黎元。此城隍之神所以例有专祀也。有明定制，诏天下郡邑于仲春上戊，合风云雷雨、境内山川、城隍诸神，祀于南郊。国朝因之，著为令典。而城隍仍建庙专祀，是禳灾迓福，惟神实有职司，其有以被民生、安境内者，泽至深且远也。

赣邑城隍庙在县署左，与衙平列，亦幽明并治之意也。其规模营造，历有年代。康熙乙丑，邑令北海刘君从而修葺，迄今又经数十载，风侵日蚀，渐不可支。余朔望展礼，每怦然心动。窃念神所以庇民，民之露处犹恻然不忍，矧庇民之神而顾使其居颓败之宇，何以崇庙貌而妥神灵？且神之不安而民何赖以安乎？爰集邑绅士谋新之，都人士咸尚义助资，不逾年而工已告成。夫今之庙宇巍峨，规模丕焕，登其堂其神如在，于以迓鸿庥而邀宠贶，非都人士之喜于急公而踊跃从事，曷克臻此也？抑亦神之德有以入人深而感人之速也。吾知诚感昭昭，以之祝岁则时和年丰，以之祷旱则霖雨周遍，除疫疠则民无夭札之伤，禳天灾则野无蔓延之苦。他如邑有难事，则祈无不应。其为民生利赖如是，宜合邑之所虔恭而敬祀者，岂与广种福田、乞灵于浮屠老子之宫者哉？是为记。

【说明】 沈均安，字际可，江苏高邮人。出附贡，官江右，以廉洁称。能诗工书。乾隆十七年（1752）知赣县事，二十一年重修《赣县志》，二十七年重修城隍庙。据同治《赣县志》卷四九之四录文。

969. 清·贺世骏：重修玉清宫、紫极宫碑记

乾隆二十九年甲申（1764）

大江之东南以名山著者，首衡尾庐，而武功屹当其中，高踞荆吴之间，称三巨镇云。其中岩壑幽邃，圆若图坪，高若箕峰，险若九龙，奇若雷岩。而浮屠老氏之宫，布列于空洞岩石之间，浮出乎青苍林木之表者，类以百数。层峦叠巘，叠出争秀。于是远近自然之观，伟丽殊胜，因人而发，遂成此山之绝境，非穷幽缒险者，莫能名其状也。而究其奥衍深邃，莫如集云。故集云武功之胜境，而玉清宫又集云之胜境也。集云有七宫，皆环绕于太极殿，而玉清宫踞太极之东南。顾玉清特一宫耳，实统紫极合为一宫。宫先名观音阁，顺治庚子被回禄，旋复建兴，因改名玉清宫，而观音阁则仍存一阁于宫之右旁。此其由来班班可考云。

予家距廿余里，当屡游其地，心慕者久之。适自闽解组归，有房侄法华与其师祖祥辉炼真于玉清宫，一日抵余舍，商募化，曰："三宫新被毁，侄欲修复之。且主紫极宫者年尚幼，侄更欲抚合之。"余曰："是山建宫，始于

普立，衍宗原于性本。踵而继之，甚盛举也。”祥辉遂率其徒若孙求募四方，都人士咸乐助之。逾月工峻，乃邀余入出，息游数日，周回观览，焕然非复旧规矣。余乃叹曰：“凡物之兴废有时。夫昔日之亭台、今日之草墟者岂少耶？其或残碑断碣，犹隐见于瓦砾木石之间，论世者怃然太息，未有议其修者，诚难之也。今集云两宫兴复若是，虽曰人事，岂非神灵？祥辉与法华勉乎哉！”因书于石以见，后之弟子有能嗣而续之者，则兹宫与兹记且并垂于不朽也。

【说明】贺世骏，字拔伦，号相皋，安福（今江西安福县）人。雍正七年（1729）举人。历官福建长乐知县等。据增修本《武功山志》卷十录文。参见校注本《武功山志》卷十。按，据民国《长乐县志》卷二一载，贺世骏离任在乾隆二十九年，而文中有“适自闽解组归”之句，故推定撰作时间为乾隆二十九年。

970. 清·蒋士铨：重修铅山城隍庙记

乾隆三十年乙酉（1765）

按《说文》：城以盛民也。城池之无水者曰隍。盖城与隍乃民所以借卫者。一邑之神，名号是凭，其义为可通。吾邑界闽、越之间，土地沃衍，风俗淳柔，人之秀良者读书循理，无跅弛之为；朴讷者安于耕凿，无桀骜之习。山川清美，材木竹箭，蓊然交荫岩壑中。伏腊蜡祭，俎豆报礼，诚敬无忒。神斯土者，其彰瘅予夺较他邑自多简逸，其亦顾而乐之乎？庙在东郊，建于洪武三年，时代屡迁，兴废相嬗，规模之宏隘，且数数易其制。乾隆壬午之夏，邑侯率士庶重新之。门若干楹，堂殿两庑若干楹，虽气象崇广逊于前代所记，而神之严威俨恪，洋洋乎肃然于昭格之间者，古今如一焉。明年冬落成。越二岁乙酉七月，邑人砻石，属予记。

於戏！吾邑盛衰之故，惟神知之；邑人之善恶邪正，惟神悉之；神之灵爽昭然在天，岂斤斤责备宫室崇卑、牲牢丰洁乎哉？《书》曰：“仪不及物，曰不享。”斯役也，无刑驱势迫，克期集事，是吾邑之人必有不容已于心者，乃踊跃赴功，借答神贶于万一，则精诚感通，神其享之矣，又何吐焉？於戏！山川落落，然人民井里以怙以嬉，或有潜滋之蟊贼，阴凭之鬼蜮，显肆之蜂螫，神必驱之以奠吾民也，则卫民之名义，可与高城深池同兹永庇矣。爰作迎神送神之曲，附于记。

神吾父母兮栖于幽宫，赤子奠居兮灵宇攸崇。灵旗来兮鼓逢逢，跻神堂兮父老雍雍。神歆悦兮实能容，保我黎民兮神其有终。右迎神。

神职斯土兮送何之？飨祀成礼兮吾民退。而神驾周巡兮民无怨咨，法令弗及者神力是施。曰城曰隍义可思，神吾父母兮听此词。右送神。

【说明】蒋士铨，字心余，号清容，铅山（今江西铅山县）人。乾隆二十二年（1757）进士。历官翰林院编修等。能诗工曲，有《忠雅堂全集》等。据乾隆四十九年《铅山县志》卷三录文。参见同治《铅山县志》卷六。

971. 清·朱骏声：集云古江石桥记*

乾隆三十三年戊子（1768）

桥梁之设有自来矣。通都大邑，阛阓往来之冲，浮天无岸，一望荡荡，则有望洋而叹、临流而返者，设桥以济之。

武功悬崖峻岭，登山之险多，涉水之苦少，宜桥非所亟者。然其阳有古江，庐山发源，泸水浚流，波涛澎湃，岂能褰裳以涉哉？况古江之区，距白鹤峰约二十里许。自晋葛仙翁由天台、罗浮莅止兹山，肇开武功第一关，后乃书藏雷岩，丹炼金顶，集《仙典》，歌《流珠》，成无上道。由是仙迹散布三山，灵异感孚于吴楚。往来朝祷，络绎不绝，皆由斯江而渡。桥之修也，其可后乎？

乾隆戊子云山道人朱进忠等慨仙槎之莫觅，欲驱石而乏术，乃募众捐资，鸠工凿石，以图永久。积岁工始告峻。于是潜飙螭回，修梁虹绕。细谷归而善下，清江划以安澜。驾瀛州之鼋鼍，层云紫气；达淮南之鸡犬，逝者川流。使夫幽泉断壑之间，毂击肩摩，前歌后舞，又岂徒湖荣苏堤、溪吟杜老也哉？

余因记之，使后之续修者亦将有感于斯文。

【说明】据增修本《武功山志》卷十录文。参见校注本《武功山志》卷十。文中所记反映了葛仙翁济世利人之精神。

972. 清·苏墧：灵雨记　乾隆三十三年戊子（1768）

邑南十里，山曰博阳，即地理之敷浅原。泉在其麓，因以敷原名。上有九仙寺，志载汉时逸民九人隐居于此，跨鲤飞升，土人奉为此山之主。山半一小龛当泉上，前令李宗瀚尝于此求雨有应，题曰甘霖祠。所祀无主名，相传为仙翁之侍者惰郎神君。

戊子秋旱，邑人士请祷焉。余诘朝往，则父老先屠狗为供具，云从所嗜也。余以为民请命，故未直斥之。然甚骇其不经，特以迹留。大禹中居，神物必不忍于我民虔取泉水归洒坛壝间。旋署假寐，恍惚见苍颜白发者九人揖于前曰："某等久栖宇下，荷蒙见顾，特诣谢。"余心知为博阳仙翁也，揖之坐，询以侍者嗜狗事。翁笑曰："恶有是哉？吾侪昔隐此山，潭畜九鲤皆化为龙，能致云雨，当人意。嗣境偶不雨，士大夫曰九龙，而苦旱龙之惰也，即潭侧屠狗以厌之。今以'惰'为'堕'，以龙为人，并以所恶为所嗜，则前人之好为附会，喜于得雨，未暇深考耳。"余亦顾笑。忽雷声送雨，遂惊觉，指顾间，已数寸矣。越日，偕邑绅士捐金扩修之，额以九鲤神祠，并勒石以记其事。

【说明】苏墧，直隶景州（今河北景县）人。乾隆十二年（1747）举人。乾隆间历官德安、德化知县、岳州都粮通判。据同治《德安县志》卷一四录文。参见同治《九江府志》卷四九。

973. 清·佚名：阁皂山持志堂蔡斗机墓碑
乾隆三十五年庚寅（1770）

右书：原阳命生于雍正辛亥年九月初五日巳时，受生大限满于乾隆庚寅年正月初十日戌时。身故当备衣棺，选取本月二十四日葬于地名祖山龟背墢，穴作癸山丁向，巽子二三（有缺字）。

正中书：羽化恩师蔡讳斗机字北宿先生之墓。

左书：孝徒杨世焕、徒孙张墉皇清乾隆卅五年庚寅岁正月日泣血立。

【说明】碑现存于阁皂山大万寿崇真宫。青石材质，高 0.87 米，宽 0.55 米，厚 0.06 米。圆首方趺带榫头。直行，6 行，行 9–23 字。上额“持志堂”三字。虽有剥蚀，刻字尚可辨。据碑录文，题中山名为整理者所加。墓文对研究阁皂山灵宝派有史料价值。

974. 清·张云鹏：马王庙记　乾隆三十五年庚寅（1770）

《周礼·校人》：“春祭马祖。”注：马祖，天驷。即房宿。凡夏官所掌，养之井牧，赋之邱乘，分隶于太仆、马质、圉师、圉人者，洁泉丰草，除蓐衅厩，凉庌茨墙，至详且备，所以重马政、谨戎事也。今邦国郡邑文武所属祠宇皆有马王庙，盖驿传戎兵，相为表里，未可偏废。余自己丑仲夏来莅铅营，瞻谒兹庙，仅存像设，荒基颓榻，鞠为茂草也久矣。予心惄焉未宁，莫能经费。既而与绅士相接，论及之，咸欣焉乐助。明年，遂庀材鸠工，堂殿轩楹，翼翼以新。虽神灵默启有凭，苟非都人士生长熙时好义赴功之勇，安能不日告成若此？於戏！鹅湖界闽、越之区，泉香草肥。恭际太平之世，闾阎富庶，士马饱腾，鼓角分明，夜营不闭，而执驹攻特，简练从容，孰非享神阴佑之福也哉？使如前代仓皇武备，防御折冲，则邦人虽欲安其富厚也得乎？予于绅士捐输雅意，故特表之丰碑而列其姓氏于左，使后来知所观感焉。是为记。

【说明】张云鹏，直隶永平（今河北秦皇岛市）人。武举。乾隆三十四年任铅山县都司。据乾隆四十九年《铅山县志》卷三录文。参见同治《铅山县志》卷六。

975. 清·胡翘元：重建太清观记　乾隆四十年乙未（1775）

嵥崌山蜿蜒而南，葛峰炉前诸胜幽翳如屏，灵气盘积。吴氏世居其下。传有太清观，由来旧矣。神仙之说，多荒渺弗经，然其铢视轩冕，湛明心性，恍兮沉寥，上契太清。自古圣人以神道设教，钟鼓铿訇，薪传相继，盖振古如斯矣。

先自元皇庆间，吴氏清卿斩艾蓬蒿，首创是观。输膏腴三百亩为道流香火田，园池塘之胜，甲于诸邑。历四百余年，屡遭兵燹，田租或被侵牟，依稀福地，鞠为榛莽。其族孙其滋等慨然兴复，躬为经纪，履亩定租，厘刻厘滥，计住持食指给以口粮，岁抄会其羡余为建修之费。越数年而殿堂丹垩焕然一新，中屹植为正殿，以祀三清，两旁祀关圣之神并逮清卿公，不忘本也。左为寮房，前后二重，各六间，以栖息羽士。右辟书院，上构讲堂，翼以两廊十六间，俾诸生弦诵其中，下敞为客座。鸠工于乾隆丁卯，迄壬申落成。石栏曲护，桂柏阴森，庖湢有所，蔬果有园，盖蔚然深秀，棋声院静，幡影坛高，始克复洞府之旧焉。因其自然之利而不为私，调剂盈虚之数而不为怨，其滋之用心亦良苦矣。重建之功，堪附清卿于不朽。语云："莫为之前，虽美弗彰；莫为之后，虽盛弗传。"是为记，以告后之游是观者。

乾隆四十年乙未季秋月。

【说明】胡翘元，字羽尧，乐平（今江西乐平市）人。乾隆二十六年（1761）进士。历官翰林院编修、御史、给事中、鸿胪寺卿等。有《易断》《书经辑要》等。据同治《乐平县志》卷二录文。

976. 清·于敏中：娄炼师墓志铭　乾隆四十一年丙申（1776）

娄近垣，号朗斋。少慕长生之术，隶道士籍于仁济观。警悟异常，自教典外及经史百家，罔不通晓。游龙虎山，事三华院道士周大经。经精修炼术，尝夜坐，视垣顶上熊熊有光，知有根器，乃授以五雷正法及祈禳符箓丹诀之秘。经卒，遂嗣其职，为上清宫提点。雍正中，入都会，诏命礼斗。垣斋心祓虑，执事有恪，上嘉其诚，授以上清宫四品提点、钦安殿住持，铸印赐之。十一年，诏封妙正真人，赐字曰三臣，住大光明殿。乾隆初，遇覃恩，封祖、父皆三品，前后赐予甚多。而垣道行益高，有所祈祷厌劾，往往著奇验。宁郡王疾，垣书符，饮之立愈。元年旱，祷立雨。八年复旱，奉命祷黑龙潭，赤日当午，升坛踽步毕，风雷交作，甘霖市野，禾尽起，其神异如此。性冲静，工诗词。年八十九，端坐而化。

【说明】 于敏中（1714~1780），字叔子，号耐圃，江苏金坛人。乾隆二年（1737）状元。历官翰林院修撰、文华殿大学士兼军机大臣等。为《四库全书》正总裁。有《临清纪略》等。据《宝奎堂集》卷九录文，原题为“皇清诰受妙正真人龙虎山上清宫四品提点娄近垣墓志铭”。铭文记述了娄近垣弘道护法之人生轨迹，对研究龙虎山道教史有重要价值。按，娄近垣（1689~1776），字三臣，自少入龙虎山为道士。曾重修《龙虎山志》，删定《黄箓科仪》，校订《先天奏告玄科》等。

977. 清·辛廷芝：重修城隍庙记　乾隆四十二年丁酉（1777）

神有功于人，人必祀之。城隍之神功于民也大，合一邑之民物水旱疾疫盗贼悉资保障，是以历世奉祀唯谨。自洪武二年诏封为公侯伯爵有差，厥位既尊，其神又最灵。

万邑城隍庙明正德九年邑人义宰辛公闰独力捐建，山阴朱外翰宪记。越崇祯十一年，合邑重建，邑侯西吴韦明杰记。清康熙二十五年，庙遭回禄，刘侯体元倡士庶更新之，邑贡生辛公砌记。岁久庙寝，门廊神像皆朽坏。乾隆三十八年，西川进士杨侯长佐莅万，廉明且勤，见庙宇湿漏，无干净礼拜地，因叹曰：“庙坏如斯，奚足妥神？神致多福以安我万，而万之人竟坐视神不安其位，非所以答神贶也。余虽初莅兹土，愿捐廉为倡。”邑士邓君铉等承侯意，偕同志十余人董其事，撤其旧而新之。邑之人知其克矢公慎也，咸踊跃捐囊焉。鸠工三载，规制初就而邓君殁。于是有起而疑之者告余曰："闻人有功于神，神必佑之。今邓君年耄勤劳，竟不能假彼数载，亲睹成功，岂神不佑耶?"余曰："不然。正惟是，乃见神之所以为神。夫天地无私，阴阳而岁功成；圣王无私，赏罚而中外服；鬼神无私，喜怒而鉴临赫。城隍之神，代天地圣王以宰民者也。谓有功于神，神必报之，是以私交也。此与贪墨吏暗地受贿嘱，妄予人以祸福何异？古者圣人设神道以立教，非能祸福夫人之谓，其谓人能确循人道而无所于苟，如父在斯孝，君在斯忠，兄在斯恭，友在斯信，尽孝弟忠信之实积之于衷，施之于行，乃足以感天地而通神明。倘不遵人道之正，只藉神力之显应，虽朝夕焚香蒴牲，匍匐于神座之前，祝曰：'神其佑我！神其佑我！'神且厌恶之，尚望其降尔福、免尔祸乎？今邓君体扬侯意为此，非有所祈于神，神岂有所私于邓？各行其正，子奚以私心测神圣为?"疑者闻言乃释。

今庙工告竣，视昔有加，黝垩丹漆，金碧璀璨，巍然焕然，其所以妥神者至矣。兴工于乾隆癸巳春，告成于丙申冬，约费数千金有奇。首士诸君命予记之，子曰："此百年来盛举也！诚不可不记。第敬神之道，懔于屋漏，世俗鲜克知之。今共晓斯义，知神之所重在此而不在彼，于以各安人道所宜行而神自歆之，毋徒奉一炷香以为我遂神眷也。"余记修庙颠末，并记释疑之言以此。襄事诸君勤劳久，皆备书。

乾隆丁酉冬记。

【说明】据民国《万载县志》卷十之二载：辛廷芝，字秀圃，号畹堂。举人。善诗古文词，书法亦工。邑子弟多所裁成。地方大事如移建学宫，修郡志，皆倚为主裁。任金溪教谕，勤于牖迪，诸生誉为"世范人师"。有《作文谱》《诗文草》梓行。据前志卷一二录文。

978. 清·鲁鸿：新建南城县城隍庙碑记

乾隆四十三年戊戌（1778）

复沟凿池，其上为隍，因以筑城。设险守固，自必有神灵主之。唐时载祀典，历宋金元明不替，殆即社稷山林川泽之祀而推之者也。顾凡祭地道，皆不屋而坛，不像而主。而城隍独崇庙祀，饰像塑，岂尝有功德于兹土者，殁即为其城隍之神与？吴草庐先生记江州城隍庙后殿曰：江右列郡以来，汉颍阴侯灌婴配食，以侯尝定豫章诸郡，精爽宜在兹土。殆即其义与？国家鉴于前代祀典咸秩，自都城省会暨府州县，莫不有城隍庙。而其仪卫，一视主祭者之秩以为隆杀。邑于郡为属吏，秩止七品，顾职司兼六部而于民尤亲。故其治事之堂，退食之所，门庑阶除，视太守所居，何多让焉。幽明相埒，故各郡既祀城隍，首邑虽同城，仍别建城隍庙。

乾隆四十二年丁酉夏，予调任兹土。祗谒庙祀，而县城隍附于府庙东偏，无专祀，且卑陋已甚，大惧不克崇报典而妥神灵，为守土吏羞。一日，太史曾公文木、司马鲁公厚畬以公事诣予，谓此固吾邑百数十年之缺典也。浮屠、老子之宫，皆不惜重赀修造，矧城隍职司民命，令甲所重，修废举坠，其庸弛于兴作？予即捐廉为倡，而绅士乡耆皆憬然乐从。相地于县儒学之左，正殿后殿，门庑甬道，宽长各若干丈尺。集赀纠工，皆邑绅士之公正者董其事，无许胥吏一人干焉。经始于四十二年仲秋月，至冬而规模粗备。值春月农务方殷，且缓工作。今年季夏，予以计典卓荐请代入觐，邑人士重理庙工，塈茨丹雘，美奂美轮，神像特伟丽尊严。某斋宿展谒，赫声濯灵，凛然有使人昭昭之意，庶藉以告，无罪悔于神，为我士民祈福。明归震川先生《长兴县城隍灵异记》，谓于县数决大狱，辄心开，类神有以告之；每闾里有奸，辄不时发；水旱祈祷，响应随时。震川先生学通经术，文章有师法，立言必无浮饰。顾向之吏长兴者，未有闻焉。一自先生莅兹土，葺神居之圮坏，粪除秽恶，雕绘像塑，乃丕著其灵异。可见神依人而立，敬神斯神在。韩子有言：其所凭依，乃其所自为也。邑人士多贤达，宜洞于幽明之故。而新尹李公治行卓越，下车未久而民大和会。兹庙既建，增盛规而昭来许，某重有赖焉。爰书颠末，镌于牲之碑。至董事及捐赀姓名，并勒石垂为后来劝。

【说明】鲁鸿，字远怀，号厚畬，新城（今江西黎川县）人。乾隆二十八年（1763）进士。曾任河南孟县知县，有政声。夙为韩欧之学，研贯经史，诗古文词，卓然名手。有《厚畬今古诗文集》等。据同治《南城县志》卷九之三录文，原题后有注云：“代南城邑侯李公维谦作。”

979. 清·佚名：阁皂山范斗枚墓碑
乾隆四十三年戊戌（1778）

右书：生于乾隆戊午年十二月十四日亥时，（有缺字）年七月十七日未时。葬于祖山金星穴，作癸向巽，子午三万分为圹。

正中书：故羽化恩师范斗枚先生。

左书：孝徒彭世燕乾隆四十三年秋七月日拉泪立。

【说明】碑现存于阁皂山大万寿崇真宫。青石材质，高 0.83 米，宽 0.42 米，厚 0.065 米。方首方趺带榫头钻孔。直行，6 行，行 5-21 字。碑刻左上角及碑面有多处破损。据碑录文，题中山名为整理者所加。

980. 清·朱昕：重修城隍庙记　乾隆四十三年戊戌（1778）

城隍之祀，不知所自始。唐李阳冰《缙云城隍记》谓祀典无之，惟吴越有之。然张说有《祭成都城隍文》，杜牧有《祭黄州城隍文》，固不独吴越为然。又芜湖城隍庙建于吴赤乌二年，高齐慕容俪、梁武陵王祀城隍，皆见于史，又不独唐而已。延及有宋，祀事尤盛，或锡匾额，或颁封号，其祠庙遍于州县。《易》曰：“城复于隍。”又曰：“先王以神道设教。”殆时以义起者欤？

定南之庙祀城隍，旧矣。而厅人敬畏，倍于他邑，至牵强附会，指其神而加以姓氏名字，且若有或见之者。以故岁时必祭，灾伤疾厄，凡有求必祷焉。噫！惑矣。抑固心之大可用者耶？害多成于放肆而端每兆于微忽，火由焰灼，霜致水坚，孰非积渐使然？良有以也。

戊戌秋，予奉命分守是邦，下车谒城隍庙，倾圮漫漶，梁棁朽啮，不绝如缕。因商询修葺，捐俸为士民倡，人欢趋之。庀资料，鸠工作，诹吉兴事，腐者削，皺者墁，阪者甃，不数月而焕然改观焉，迎神有日矣。于是率从事妥侑于神之前，聚观如堵。礼毕，吁众而告之曰：“若等之于神备矣，亦知神固聪明正直而一者乎？临在上，质在旁，黍稷非馨，凭依在德。惟常存如在之诚，时凛有赫之鉴，由大庭极之衾影，澡心涤虑，月异日新，神之听之，自天佑矣。彖象谓‘震来虩虩，笑言哑哑’，率是道也。不然，昭昭而修之，冥冥而堕之，是岂自求多福之意哉？”众各首肯而退，欢忻交畅，若人人自得于斋肃明禋之外，而神道设教之故，固可不必备论也夫。

【说明】朱昕，永北厅（治所在今云南永胜县）人。乾隆二十五（1760）举人。三十九年任上饶知县，四十三年任赣州同知分防定南厅。曾修《定南厅志》。据同治《定南厅志》卷八录文。参见同治《赣州府志》卷一五。

981. 清·万承风：灵星祠记　乾隆四十五年庚子（1780）

乾隆戊戌夏大旱，宁州、武宁尤甚。已而武宁迎祷楚神辄雨，州安乡、长茅接武壤，乃得舆木主以来，署曰圣师上古田祖灵星大帝。神至大雨，凡六日，岁乃大有。明年春，乡人士嘉神惠，立祠汤溪之上祀之，牓曰灵星祠。既成，邮书京师，属予记。

予维圣王之治天下也，教养为先；教莫先于孔子，养莫先于后稷，后稷之祀，似宜与孔子一也。顾考《封禅书》，周兴邑郃立后稷祠，血食天下。继是高祖制诏御史，令郡国县立灵星祠，岁时祭以牛。武帝乾封三年夏旱，复令天下尊祠灵星。自时厥后，不屋而坛，天子以下，祈年祭谷，仅以佐享。求其庙遍天下，礼隆春秋，规模体制，用王者事，使薄海之人瞻庙貌而尊祀如我孔子者，盖不可得矣。今者汤溪之上灵星祠奕然，田夫野老食德而知所报，则虽一乡一邑之为，而揆诸重本务农之道，不庶几犹古耶？抑闻之：灵星者，天田星名。以之榜祠，其即“思文后稷，克配彼天”意乎？《生民》之诗曰：“诞后稷之穑，有相之道。茀厥丰草，种之黄茂。”《思文》之诗曰：“立我烝民，莫匪尔极。贻我来牟，帝命率育。”是诗也，可为祠记矣。祠经始于己亥季秋，越庚子伯冬考成，其土木、瓴甋、磉石凡若干。董理、入赀姓名，别存于石，此不书。

【说明】据同治《义宁州志》卷一九载：万承风，字卜东，号和圃，义宁（今江西修水县）人。历官至兵部左侍郎，晋赠礼部尚书，谥文恪，加太傅。据前志卷三二上录文。

982. 清·陈惠侯：崇贞观记　乾隆四十八年癸卯（1783）

带溪东南有观曰崇贞。乾隆癸卯，余馆胡镇斋先生之镇兴书屋，观居其左，尝数过之，视其额，知亦为先生重建也。州志载其名，未注结茅何代。曩者垣颓栋折，先生因布长者金，拓而新之。列屋三楹，中祀玉皇、老子，后祠观音、大士，乃旧制也。前为大门，两旁厢庑，俱黝垩焕然。晨钟暮鼓，与馆中咿唔声相应，听之足以警发人心。书屋则自客秋始事，讫今长至日前工竣。

余尝过通都大邑，见道佛之宫观每崇且侈，而党庠术序率多湫隘，心窃悼之。今先生不徒建一观也，其书屋之崇与观等，宽则倍之。无论世俗之悭吝者均不及为，即有求福田利益者，惑于因果之说，美仑于观，未必美奂于书屋也。虽间或及此，不过陶成一家子弟。若独力以创家塾，延师传而大馆宇，俾吾子弟、族中子弟暨远方负笈来学者皆得托焉，则固未之见也。然则先生是举，能破悭吝也，能见其大也，且能出之以至公也，求之世俗，可多得哉？先生曾护修濂山书院及州学宫，于乡又独任义举，是诚仰体国家右文崇道之意，实亦与人为善之诚心也。况与人为善，而吾子弟即可乐取以为善。斯观之建，先生岂有惑因果之说乎？抑将假为舞雩之风咏而观摩于童冠也。遂书以告来学者，知先生之志崇儒术，不崇道教，端在于斯。

【说明】陈惠侯，字玉相，别曰两虹，分宁（今江西修水县）人。中乾隆乙酉（1765）乡试。为人不重名利，善诗文，好诱导后进，一时翘秀多出其门。据同治《义宁州志》卷三一下录文。

983. 清·冯桂：大王庙记　乾隆五十年乙巳（1785）

横溪大王庙者，不知始何年，旧无碑志，谥号鲜考。传闻宋宗室赵廷美之后，名孟荧，子世显，与陆秀夫等竭力恢复，致命遂志，杀身成仁。殁后封父为王，子为公。王之为神也，甚神圣而慈仁。境内之人水旱疾疫与百为之吉凶臧否，莫不祈于王，未有弗验者。人受其赐如戴天履地，日食其德而忘乎覆载生成之恩。庙楹数椽，无香花田地、斋僧奉持。日久门阑俱敝，而王之惠泽有加无已。今岁夏大旱，江之南北赤地数千里，境内三祷雨于王辄三应。他处无获，此独有收，一二有心者相与议曰："无恩不酬，无德不报。王之于我至渥矣，顾令神灵所栖，春夏不遮风日，秋冬罔避雪霜？于理弗顺，于情为乖。"倡为新庙举，闻之者莫不踊跃争输，乐于趋事赴功。盖恩之入人也深，积久而忘之者；一旦有所引，不能遏。遂派首领鸠工庀材，即其基而广之，不数月，创前后两殿，费数百余金。功将竣，问记于予。

予素怪世之淫于祀事者，不问何神，一切无名之土木，号为将军，为童子，为姥为姑，作威作祟，以恐吓愚民。愚民惴惴焉，陈酒荐肴，盛香楮钱财，以求适其意而忏其罪。今此举颇不然。故老流传，非尽无稽。则王之生，英风峻节，足以维纲常名教，感当时，传后世；殁后灵爽，复能御灾捍患，有济民生，要无愧于祀典，而可庙享于邦国以垂诸无穷者也，岂第一境宜然哉？然即一境之爱慕，亦可见忠义日在人心，而仁恩自足以相感。至地当洪源之口，为往来之通衢，自兹以后，不第境内弗忘修崇，凡四方仁人君子，慕王之义，感王之德，信心喜舍，使庙貌常新，享祀日隆，安知非此举为之劝哉？

【说明】冯桂，生平不详，为邑庠生。据同治《瑞昌县志》卷九录文。

984. 清·舒性：青云谱落成记　乾隆五十二年丁未（1787）

"清虚碧落无宫殿，十洲三岛在人间"，此曼倩正告武帝之言也。乃徐福诞妄，指三山为仙宅，致泛舟以求之，又云“但望见之耳”。夫三山安在而可望乎？即或至其地而仙仍不遇，何也？按《雪涛抄》一则云：曾有舶行巨渤中者，风厉止溪屿，因求薪于麓，见花鸟如故乡，松柏横崖嶂，屋宇精好，窗槛晶华，杳无烟火气。归遇牧叟，云屋即仙都，昔多异人，考篆谈《易》。近缘世人乘风频沓，仙人厌之，另寻岛为居。惟吕纯阳岁每一来，卧听松风，或旬日匝月而去。似此则仙所到即十洲也，仙去则三岛即人间也。其飞升之鸡犬，安知非古壁之猿鹤？拔去之居宅，安知非迁徙绝巘之宫墙乎？倘必以古壁、绝巘为仙离尘俗以示异也，则旌阳旧室何以不出畎亩？葛洪丹井何以浅就一泓？麻姑峰峦何以远不逾里？诚所谓山不在高，有仙则名也。宜良月先生有取于陈桥一坞，筑之树之，且圜且浚，祀以纯阳，为卧听松风计耳。然向使屋宇精好，窗楹晶华，而樵牧沓至，则良月先生亦或厌之，另考篆读《易》于仙山洞府，使汀坳童竖亦第告人以屋为仙都，有听松风者曾一至而去，不几令人懊惜彷徨无已也哉？夫松风可听，则随吕祖而至止者必多矣。惟爱其树木以停烟霞，增其圜室以安炉鼎，宽其逢迎以适圜坐，即人常至，也可以观棋烂柯，仙且留人矣，留则十洲三岛在人间矣。玉隆宫殿竟以拔去而崇严，人间蓬岛岂似三山仅望见？人何可无筑圃护谱之缘，使千秋百世读《雪涛》而怅，按曼倩之言为诞也。良月翁闻予言而笑，或世之人闻余言而无哂乎？然吕祖恋恋松风，更或笑予如牧叟，妄通言语于人间，致往来逾多，分我松风卉香也。予实类牧叟多言矣。

【说明】 舒性，字成之，号茗原（一作“字茗原”），南昌人（一作“靖安人”）。乾隆三十年（1765）拔贡。曾官弋阳教谕。善词赋，尤工诗，有《舒成之诗集》。据《南昌文征》卷一七录文。参见康熙《青云谱志略》、民国九年《青云谱志》、《净明资料新编》。《志略》题作“青云谱落成序”，文后署云“丁未谷雨后三日，里中颠客舒性撰于四香堂”。

985. 清・石赞韶：重修武庙、城隍庙合记

乾隆五十五年庚戌（1790）

我皇上御之五十五年，海宇晏然，人物恬熙，盖国家承平百数十年矣。

圣天子敬天劝民，怀柔百神。自京省内外，以至于山陬小邑，罔不敕司土者祇肃明禋，于以彰教化而资保障焉。豫宁，古艾城也。唐长安中置县，而武宁以名。凡厥祀典，后先具举。县西数十步为文庙，重修于乾隆壬寅、癸卯间，殿宇黉序，焕乎可观。县东数十步则武庙、城隍庙在焉。武庙之制，奉文构于雍正初，规模隘陋；城隍庙旧在县治西今学宫地，雍正元年前县令廖改建于今所；经今皆数十年，久且圮矣。

余以乾隆癸卯承乏兹邑，兢兢于所以治民事神者，顾以成民而后致力，故未议也。越四岁戊申，邑事稍稍就理，乃进绅士而谕之曰："神者心之灵，设以立教，而俗之淳偷以及吉凶丰歉之故皆系之。武庙以纪汉髯将军，忠义表也。城隍庙地祇社属，俗所称冥司也。庙屋不治，恐灵之萃者或涣乎？曷谋所以修之？"一时人士翕然响应，商经费，量功庀材，惟恐后。未几，余适奉檄摄金溪篆，盖匆匆垂厥绪而去，而绅士亦怅然失所为督率者。及今孟秋，复还兹邑，余固愿踵事勿弃，其诸首事亦踊跃续前绩，奋迅倍增。不数月而二庙同日告成，亦如文庙之焕然一新。是役也，经始于乾隆戊申八月，落成于庚戌仲冬，盖三历寒暑云。

夫宰邑者有宰之正务，余学古人官，其敢以是区区者为太平润色，以一宋一桷、一瓦一石之需，堂室楹庭、前后广袤之度，为竭心膂以经营哉？惟余三考莅武，夙夜祇惕，思懋绩以答皇猷，恒惧不胜。窃喜一时神人悦豫，穆穆熙熙，而余得以从容有事于斯，是所幸也。余又惟武俗俭朴，勿纵淫祀，祠仙佞佛，是以肃恭于忠义正直之神不懈也。人心之灵著于象教，民风可进于隆古也。抑心之灵萃、神之灵昭，将必为之御灾捍患、锡福降祥于无既也。语曰："前事之不忘，后事之师。"《诗》曰："弼时仔肩，示我显德行。"二庙固藉前乎此者，余因得所藉手，而诸绅士之勤劳，胥不容没。爰著其颠末，镵之于石。十乡董事程式、余鸣珂、费冠武、杨载歌、陈池、陈毓江、林云、方焕、盛拜扬、葛咏周、翁显祖、陈淮、夏云、龚联奎、舒承芳、余廉光、熊遇周、李廷思、余焜、邵光宗、章选青、萧承谟、余一栋、张鸿翥、盛飞腾，例得附书。

是为记。岁在上章阉茂夏月日。

【说明】石赞韶，字亭仪，广西义宁人。乾隆三十六（1771）举人。历官武宁、玉山、瑞金知县、广信府同知等。据同治《武宁县志》卷三一录文。按，文中所云“上章”“阉茂”分别为庚、戌之别称。

986. 清·何浩：元元观记　乾隆五十五年庚戌（1790）

上谕亭南，盖元至元间李雷泽捐地，而观则邑人士所众建也。自明以来，兴废不常，今且圮为遗址矣。庚戌，夏公请如前重建。于是鸠工庀材，不数月而观成，存古迹，从众志也。吾闻人宜人，居宜庐，韩国子之所以卫吾道也。今考文武周孔之世，事以道行，说以道长，所谓古之教者处其一也。乃其著为国典者，司巫太祝，并隶《周官》；桑田梗杨，错见《左氏》。今彼教之图清净寂灭以交神明，望衍旁招，渊源有自。矫其偏者，能废《周官》《左氏》之法，为之人其人而庐其居哉？

稽邑乘所志，诸道院数难更仆。其最古者，创自立县之初。宋元而后，代更可考。由一邑以推之天下，莫不皆然。则是参之以国家之典，吾未见其一一而人之而庐之也。且夫老子之毁仁义，非真所见之小也。其曰“大道废，有仁义”，盖《尚书》二千余年间，帝王升降之会，言仁义者则发端于《仲虺之诰》。而虞夏遗言，书阙有间焉。吾夫子蜡宾一叹，眷眷于大道之行、大同之世，无一语及仁义。至于道隐而小康，一则曰刑仁，再则曰著义，《家语》《小戴》并载其言。是则老子之说，毋亦未可厚非矣。《书》曰：“疑意以两，平两以三。”老之龃龉于韩也，疑以两生也。参《尚书》《家语》《戴记》之论，两以三平也。微圣言，吾又安所折衷哉？今即“元元”名观之义释之，是取《老子》“元之又元，众妙之门”之义也。吾夫子之系《易》也，曰“成性存存，道义之门”。惟存也，故能通天下之元；惟存存也，故能通天下之元元。众妙之旨，无过道义，此其说不有互相发明者哉？

观之前殿奉真武之神，后祀老子三清，言彼教者栖焉。然寻其名义，则宜以老子统观，故于其书参考略悉，以明众志之从古迹之复，固非无说以处此也。夫滥觞于山下之泉而其源不得不清；飞涛于涂泥之激而其流不得不浊。

彼家之人主出奴，时为之，时之人为之也。然则韩国子之辟老也，有为而言也，曰为东、西两汉言之也；犹之其辟佛也，有为而言也，曰为晋、魏、梁、隋言之也。

【说明】据道光十二年补刻本《浮梁县志》卷一二载：何浩，字改夫，会稽人。乾隆五十一年（1786）知县事，廉慎勤敏，孜孜为民。在任五年，百废俱举。去之日，民走泣送者数十里不绝。据前志卷二〇录文。

987. 清·欧阳琎：箕峰金庭宫重修文昌阁记

乾隆五十九年甲寅（1794）

箕峰峙立白鹤峰前，峰势如笔，迥出斗牛间，占者以为有文象焉。其中三寮并峙，左金庭宫，道人淑行建阁以祀文昌。乾隆甲寅夏厄于火，其孙正参募缘修葺，鸠工重建。越数月工峻，诚盛举也。

或曰："武功之祈祷之山，遐迩踵至，输金帛谷粟恐后，谓能弥灾致祥也。顾帝君职掌铨衡，弗预民间寻常祸福。惟金庭旧建一阁，祷祀亦少，宜捐输者有吝色。今乃倾囊乐助，功成尤速，何其异也？"余曰："嘻！是何言也？夫帝君之神，在天为列宿，应世为伟人。曰上将，曰贵相，曰司命，曰司中，曰司禄，昭于天也；一十七世为士大夫，垂教敷化，启聩发蒙，德及于后也。《礼》云：有功德于民者则祀之。今京省郡邑，例得并祀于黉宫之侧，重文教也。且东南巨镇推衡庐，武功首衡尾庐，脊脉相贯，支条所分，皆可钟毓名硕。昔文信国公尊甫祷于兹山而公诞生，竟大魁天下，迄今忠义文章，炳煌史册。文昌之灵昭昭也。然则斯阁之修，以视梵宫琳室徒仑奂于山陬者，其缓急为何如也？四方人士其乐助以成工也，宜矣。且地势轩爽，神灵赫奕，将来清淑之气郁，感于妙有之义，而又叹其宫足以泄山川之灵异也。"是为记。

【说明】欧阳琎，生平不详。据增修本《武功山志》卷十录文。参见校注本《武功山志》卷十。

988. 清·阮复祖：妙有宫记 乾隆五十九年甲寅（1794）

夫道者，众妙之所从出也。故“成性存存，道义之门”，而即众妙之门也。然妙生于有，有生于无。当其无也，静乎天地之鉴也，万物之镜也。庄子曰：虚静恬淡、寂寞无为者，天地之平而道德之至也。迨其有也，则奋焉如雷霆之发声而不可遏也，突焉如蛰虫之启动而不自也，贯焉如草木之甲拆而不可禁也，而妙于此生焉。然则造化之橐籥，人身之呼吸，四时之流行，孰非妙有之义欤？且夫一动一静，互为其根，则无极而太极也；寂焉不动、感而遂通之谓神，则神应故妙也。则集云妙有宫之建，岂虚语哉？

集云初兴起于赤乌年，首建道场，题曰小桃源。至元丙子，晋立大恢复之，更名集云。其初楼观翬飞，像设精严，不可殚述。有白玉蟾泼墨遗迹，观者色动。嗣后分析不一。今则紫极合于玉清，冲虚合于泰清，瑶池又合于妙有。而妙有则肇于万历乙亥，郁祖潮始造之。至乾隆甲寅，朱进忠、童宽仁又重修焉。虑防祝融，因四围皆绕以砖，虽劳倍于木，弗之惮。于是宫宇巍峨，高明钜丽，视前有加。遂岿然于三宇之间，可谓盛矣。吾是以有积磅礴发为祥瑞，如文信国其人者不复见于今。于是为记。

【说明】阮复祖，字台峰，安成（今江西安福县）人。举人。曾任会昌县训导。有《园集记》。据增修本《武功山志》卷十录文。参见校注本《武功山志》卷十。

989. 清·阮复祖：刘禧芷道长墓记

乾隆六十年乙卯（1795）

箕峰之东有狮子岩，岩下龙势蜿蜒，直趋数里，纵横平衍，结一葫芦形。溪流萦带，松篁蔚映，桃坪居其右，南坪居其左，虽图画之工有不能及者，盖天钟秀于是。

余以乙卯岁结夏兹山，暇则与道士刘诚孚、奏孚散步山郊，因指而异焉。亟问之，曰："此吾师祖刘象杰之丘墓也。"余曰："子祖云何？"曰："吾祖为人致虚守寂，炼神栖性，诚有得于《道德》五千言之旨。住持廿余年，于寮有功。六旬时郡令史鲁蟠赠以'功灿元阳'额，郡教授黄天则亦赠以'风高云外'。"余乃喟然叹曰："子祖之生而能修，殁葬于此，亦其宜也。夫以巉岩险阴之区而得一天造地设之形，殆预为其葬地计与？或曰：葫芦者，仙所用之物也。生以为用，葬以为形，道在将成。即未归于蓬莱，当无沦于黄壤，以固其体，以凝其魄，殆或然与？"

道长出莲厅路口巨族，生于康熙甲子十月初四，以乾隆辛巳十月廿九羽化，享年七十八。所葬之形，其地灶箕坡，西山卯向。余因其元孙之请，遂记而还之。

【说明】据增修本《武功山志》卷十录文。参见校注本《武功山志》卷十。

990. 清·黄河清：县城隍庙记　乾隆六十年乙卯（1795）

是庙乾隆二十三年郭君人杰重修，介在东门府城隍庙、报恩寺之间，后逼青莲寺。东既偏隘，又卑陋败坏，无以称官吏军民报答致敬之心。改而新之，为宜谋之。报恩寺僧寿山慨然捐地五尺，西隩既宽，截长补短，乃可经营。余首偕僚属捐廉俸，而四隅十三乡之人皆踊跃乐输。先定规模，高广视旧有加。以乾隆五十八年冬兴役，逮六十年春告竣。甍栋、唐甓、门垣、左右夹宫、塑像之属，以及悬簴之钟、焚帛之鼎，渐次焕然一新。以其用民力之久，用费之多，不可不纪实以示后。

余按刘骧《庙记》云：袁州城汉灌将军婴筑，古今得以灌将军称祀焉。后太守陈公廷枚祖其说。考之祀典，洪武初诏城隍名号各从其郡邑之称，国朝因之。故祝史至今致祝必先具文，谨题签曰"宜春县城隍之神"。既不正署灌将军，自不应剿旧说，以悖于国家颁祀之典。盖儒者之于是事，必以义正名，不以疑诬实，典礼所不许，务立文字以显之，是求信而转启疑，非所为诚一以祀神也。事神在敬，不知神之果属为神，不害为敬。若作其祝号不得名灌将军，而拜跪献奠之际，以为必此神焉无疑，名实两乖，信疑莫定，义安所取？且古城隍即灌将军，焉知今城隍亦灌将军？《礼》：胜国之社屋之，别作新社以受明禋。又《传》言：自夏以上，祀烈山氏之子柱为稷。自商以来，祀弃为稷。故余文不沿刘、陈之说。凡所为报答而致敬者，一视听，谨礼节，止知宜春县城隍之神而已，敢凿空以滋惑哉？至青莲寺，府县志俱无考，惟虞道园《慈化寺碑》称是公作大桥于郡城之东，跨秀江，作普莲寺以主之，“青莲”当是“普莲”之讹。以寺连庙后，使寺僧兼司是庙启闭，故附载焉。董斯役者官属某某，各捐助有差。书役勦事劳勚者与乡隅捐助姓氏，刊垂碑阴。

【说明】黄河清，生平不详，时任宜春知县。据民国《宜春县志》卷二一录文。按，卷二二“碑文”中也收此文，题为《改建县城隍庙碑》。

991. 清·黄河清：西城真君庙香火田记

乾隆六十年乙卯（1795）

今天下郡邑，在在有真君祠，率江右人侨居者为之。尝观真君遗书，大指归于忠孝。而当时江右之大患在蛟，真君不忍其父母之邦之胥为鱼鳖也，必穷之于其所往，诛之以除民害，复冶金作柱，以永奠之，其功德诚不可一日忘者。世颇疑其近于神怪，独王介甫以为一生精诚所至，然又谓其不免乎后世方技之习，抑扬其辞，亦稍过矣。方技固非可以论真君。《礼·月令》：季夏命渔师伐蛟。澹台灭明及周处皆尝斩蛟，不为神怪，独于真君疑为神怪乎？

予初仕蜀之德阳，即真君所宰，旌阳地藏金圃遗迹犹存。及来江右，又得近真君之乡。宜春虽处极西，而其追殄蛟孽于湖湘间，当必由此。城东旧有万寿宫，为南昌寄寓者所建，而本邑尚缺焉。于是邑绅某某等率先捐赀购城西民屋，其规制栋宇，不类家居，若预为安置以妥神者。故略加崇饬，庙貌翼然。爰召僧主守，虔谨奉祀。然庙乏常住资，则非所以善其后也。于是梁生某某等偕同志置香火田若干，每岁租入，奉神修庙经费于是乎出，而主守者亦得安其身，益虔夫扫除供奉之役。其所以绵报享于无穷者，可称善举，将勒诸石以告后来，因请予记其事。

予惟真君之精诚本乎忠孝，固无私于江右之人。而神不歆非类，江右之人严事之若此，幽明微显之间必有默相感通者。今士众等既新其宫，又有以永其守，夫岂惑于神怪哉？其亦有兴起夫忠孝之思，而殷然于崇德报功之不可忘也。遂不辞而为之记。

【说明】据民国《宜春县志》卷二一录文。

992. 清·杨仲兴：高安幸龙王庙碑记　乾隆年间

龙耶？神耶？人耶？曷以名之耶？自古言龙者鳞族，以其感于物则谓之神。闻龙之为神，不闻神之为竹也。象其德者，平水土之勾龙；幻其形者，华阳洞之童子；可以人而为神，亦可以人而为龙，未闻为龙为神而仍以人称之者。

瑞郡城北十里有幸龙王庙，庙下有潭曰幸龙王潭。志载高安人，姓幸，名潭，字子渊，卒为神。在汴寄乡人书于筠，曰：“城北潭旁古木，吾家也。”如其言致之，果然。郡人即祠其间，祷雨辄应，历代崇祀，封福应公。继有含阳桥陈氏女金姑过庙，坠钗，归无病而卒。其母梦女曰：“吾龙王配也，能驱旱魃，急则来告。”于是塑像于右，为龙王夫人。自是郡邑望泽，神来即雨，不独含阳之人私迎金姑也。今夏筠阳忧旱，使者自南郡旋，询诸舆论，设坛小洞山，迎龙王及夫人而祷之，三日应。因其未遍，使者复入庙请，应亦三日。噫！异哉。此龙德之灵耶？抑神听之聪耶？或人道之信耶？何历历不爽如斯耶？吾愿生斯土者奉之如天地祖宗，敬之如父兄师保，谓之龙也可，谓之神也可，即谓之人也亦可。将有神袍之饰，堂构之修，以答灵贶，先志其响应之缘于石，并告之此邦好义者。

【说明】杨仲兴，号闾安，嘉应州（今广东梅州市）人。进士。乾隆二十三年（1758）任瑞州知府。据同治《瑞州府志》卷十九录文。按，卷二四载：幸潭，字子渊，洪城人。小有奇气，寡笑言。后遇异人授秘术，卒后乡人遇之于汴，托寄书函语之曰：“城北潭旁古木，吾家也，叩之必应。”人如其言，有二童子出，一丈夫继之，即汴中所见者。郡人异而祠之，祷祈辄应。或谓委蜕仙也，历代崇祀，封龙王。白玉蟾游幸龙王庙，作诗五首。

993. 清·赵思作：重修罕王庙碑　乾隆年间

罕王庙在游仙乡，举一乡上下两保之人皆祀之。杨《志》载，神姓刘，蜀汉北地王刘谌之后，不肯事晋，载其母夫人及妃筑寨而居于此。晋兵攻寨，神不胜，取其头去，神死于九月初一。至今以是日祀神，若端午吊屈遗俗。而神之妃又能于山椒感人以梦。凡有所求，必先荐币此庙。庙，寨基也。独欧阳池《西山名胜记》云神为司马仪，则神乃晋裔。按史称，北地王合室自焚，不应有后。至《名胜记》所云，于他书亦无考。神之奠系，究莫得详。然庙南三里有曰排阵山，当隘口处。又有刘将军、李先锋等坛宇落落参布，相其形胜，并与寨相应。耕夫樵子往往于近旁拾青石、败镞、断殳，不可尽谓所传全无其事。吾意古乱时豪杰御侮，生能保障斯人，殁犹惊动庇佑之，以食其土。是亦祭法所谓有功德于民则祀之，以死勤事则祀之，御大灾捍大患则祀之者。虽国典所不载，于神亦□□已。又斯庙之立，不知始何时。而自数百年以来相传不废，则其祭赛之也固久。庙旧在狮子峰下，西向，甚庳而小。明嘉靖某年，始拓而宫之，缭以周垣。顺治某年，有某者鸠两保之人率钱修葺，复于右址创前后两重为□。今岁，众咸谋曰：“神之血食兹土甚久。庙所以妥神，观所以护庙。庙外门重檐狭陋，不称神道出入，观无墙则易倾，二者皆宜增治。”因醵费重修，多寡惟人自便。于是众竞劝，共用白金几百几十两，自某月至某月而工竣。因来请记，次第其名，镵诸石，庶神用以安，永庇此保以传之于将来。

【说明】赵思作，字东皋。少孤失怙，勤学于母之纺前。乾隆十九年（1754）岁贡。品行文章，卓尔不群。有《得禄堂律诗稿》《古今体诗钞》等。据同治《新建县志》卷八〇录文。按，康熙十九年刻本《新建县志》卷一一载有宋代姚勉、明代刘超所撰碑记文。

994. 清·丁步上：唐圣历钟记 乾隆年间

逍遥山玉隆宫铜钟一，唐道士熊文行募施，众好善士女所乐成者也。铸于唐圣历之元年，重六百斤，肉不逾寸，无已厚而石、已薄而播之弊，极得凫氏遗制。规其围七尺许，上微杀，高三尺五寸，叩之铿鍧，复清越以远，震林谷，醒聋聩。古人谓钟声宏者，必肖以鲸鱼与蒲牢，相激发，响始奋。兹未始象其物，其声亦未始少郁也。盖声寓于器，岂拘于取象哉？《记》云："大叩大鸣，小叩小鸣。"理有固然。亦若旌阳许公以忠孝为木铎，警觉群生，启后世善恶响应之悟。此物此志也。原制质甚，钮不作狮子身，不镂龙虎章，上下各开方者四，纵横井然，或亦取配八卦、声八音、宣八风之意乎？周环有文及各士女姓名甚夥，盖宋咸平三年真宗命大理评事镌记者。迹画摩挲，堙于尘垢，望之几莫辨识；惟涤拭净尽，睇视乃见。

夫钟铸于唐，文镌于宋，且铸为众缘，镌复奉上命，论者颇有乖睽不合之疑。然吾因之而有感于古人矣。今夫乐善者不彰己之善，亦不没人之善。一钟耳，唐士女本集腋之诚以奉晨昏于玉隆，一念爱敬，相为融结。当时乃各逸其姓字，诚不欲以细行市名，炫人耳目也。铸而不镌，近古人为己之心。历宋至真宗，所以崇祀许公、表万世臣子之则者，至为殊典。若香烛花旛，旌节舞偶，赉使不一，即欲更铸如未央钟，当不虑铜山崩。第新镌故物，为古我前民表章者，则其视此钟也，后先遥望，心心印证，虽草野微忱，不能不追往事，纪所由成，勒其名以为阐幽劝后之一助。子云：君民者章好以示民俗。又曰：善则归人，则民让善。宋镌唐钟，真宗之意大率由此。此可知铸者忘己，镌者与人，虽分上下，殊年世，要其归同为古人乐善之心耳，又何疑其若相矛盾也哉？爰辨以记之，且使后世知玉隆铜钟堪与周宣石鼓比美不朽云。

【说明】据光绪本《万寿宫通志》卷一八录文。

995. 清·佚名：紫极观钟　乾隆年间

饶州紫极观有唐钟一口，形制清坚，非近世工铸可比。刻铭其上，曰天宝九载岁次庚寅二月庚申朔十五日癸酉造，通直郎、前监察御史贬乐平员外尉李逢年铭，前乡贡进士薛彦伟述序，给事郎行参军赵从一书。中大夫使、持节鄱阳郡诸军事、检校鄱阳郡太守、天水郡开国公上官经野妻扶风郡君韦氏，奉为开元天地大宝圣文神武应道皇帝敬造洪钟一口。其后列钱事参军，司功、司法、司士参军各一人，司户参军二人，参军二人，录事一人，鄱阳县令一人，尉二人。又专检校官鄱阳县丞宋守静，专检校内供奉道士王朝隐，又道士七人。铭文亦雅洁，字画不俗。但月朔庚申则癸酉日当是十四日，镌之金石而误如此。浮洲开福院亦有吴武义年一钟，然非此比也。

【说明】据同治《饶州府志》卷三〇录文。按，武义为十国之吴杨隆演年号（919~921）。

996. 清·刘希甫：重修三天门记　乾隆年间

武功之山，类皆雄奇险峻，上出重霄。其幽岩寒谷，猿猱之所栖托，云霞之所吞吐，皆可震荡耳目，盖山势然也。独图坪平坦如村居。盖自箕峰层叠而下，人行如坠，委顿四五里至广济宫，稍折而东，则为三天门。琳宫梵宇，金碧辉煌，诸峰左右拱揖入其抱。前望瀑布飞流，奔腾万丈，俨重白练，有若半天风雨来者。下则溪声澎湃，环绕如带，居然山中一大胜概也。既造其门，门前两杏，对植东西，亭亭如华盖。入礼前殿，颜曰名山天柱，明世宗御香在焉。进至后殿，左为云外草堂，有白玉蟾墨迹，笔势飞动；右为天边竹院，则吴舫翁所和韵也。前后璧联，皆大史见洛笔，因为徘徊久之。复游栖居松斋，花砌莲沼，各极其胜。

于是道人茂先汉、苏鼎拜前而言曰："是山自吾祖史谷蟾建道场，遂致金灯天花之瑞。中间废兴代变。入国朝以来，余辈不忍其废坠，因勉强图造以继前规，请记之以为山灵光。"余因嘉其志之勤而叹其业之能有成也。夫资其烟花，助我风韵；资其岩壑，助我高梁；景修于庭户几席之间，而人自祷应于湖山千里之外。大江之西，他日闻有谈道场巨观者，则图坪其一也。即武功之胜，不且藉以增灵哉？是为记。

【说明】刘希甫，号定泉，安福（今江西安福县）人。乾隆十三年（1748）进士。性方正，家贫廉洁自守。博览经史，文章独出心裁。据增修本《武功山志》卷十录文。参见校注本《武功山志》卷十。

997. 清·杨方立：重修真君阁碑记 乾隆年间

盖闻道运维新，泽火启文明之象；仙风丕振，光轮重日月之辉。开白玉于人间，雕云镂月；结黄金于海上，斗角钩心。岂徒阆苑蓬瀛，架珊瑚之十二；讵止莲荷葱岭，列翡翠之三千。矧图始既仗夫前人，则善成敢辞乎来者。恭承神惠，俯协人谋。伏惟玉隆阁者，邑人奉祀旌阳祖师而建也。祖师发祥西晋，显迹洪都。净明则忠孝流声，妙济则神功炳著。祥征金凤，梦中来五色之珠；力镇虬螭，江底铸千寻之锁。挽桑田于沧海，救赤子于波臣。始以作令仙都，雨风惟好；继而骑鸾碧落，鸡犬皆升。崇百代之黄封，作千秋之教主。巍然盛迹，赫矣前功。维我江西，实怿浃恩沦之地；凡兹属邑，俱存神过化之区。思仰报而无从，怀神宠其何极。于是作为庙貌，用妥仙灵，丹其轩楹，修其笾豆，礼也。昔者布金良士，结胜耆民，合鉶底之刀泉，召廛间之轮匠。于水南临江之际，卜得名区；自经始落成之间，历闻勤苦。檐楹回复，殿宇嵯峨，上有层台，下临无地。游人迁客，浏览徘徊。掞文藻于江山，吸风云于阛阓。千鬟翠黛，青围座上之螺；万顷玻璃，碧泻浮空之镜。百里归其瞩瞻，万象写其苍茫。虽非南土之雄观，抑亦山城之胜壤也。无如青天易老，碧海多更。抚时序之迁流，怅繁华之代谢。元都客去，春摇燕麦之风；玉局人归，花萎丹山之色。每凭今而吊古，类谷变而陵更。既千载其如斯，曾一邱乎无虑。况斯阁也，峥嵘拔地，肙屶凌空。方春则川谷灌河，鼓浪则鲸鲵屡起。芦花小岸，既乏黄金百尺之堤；瓠子横流，谁施淇澳千竿之竹。此则桑间小鸟，知惊未雨之心；杞国老人，时廑陆沉之虑也。于是仙人洞府，佥议更张；福地名山，群谋缮葺。刊南山之白石，砌作珠玑；障东指之狂澜，装成锦绣。水长流而不竞，波荡漾以常清。绮窗炳其丹铺，重檐敞其霞举。文榥绣础，七级之阑楯重新；佩水环云，十丈之珠幢丕焕。殷殷鼛鼓，汲汲夙工。溯自炎帝布景之辰，迄乎元冥司天之日。凡六阅月，始克告成。吁其悴哉，观云止矣。然而梦魂因想，岂结昆仑？蜃气空虚，难成台榭。假使永兴市上无推宅之坪询，欢喜场中尽积钱之江禄，则补天无石，徒手何施？铺地乏金，出心奚益？此功成不日，固神灵之拥护为多；而德在无量，赖人事之经营交尽也。是役也，凡诸善信，例得备书。用刻青珉，金错朱填之字；蟠以铁纽，磨崖皇象之碑。爰镂意以成辞，更盥手而作颂。颂曰：

于皇上帝，眷彼蒸黎。笃生真人，大江之西。神之初生，灵禽肇迹。发彼祥光，蒸为惠泽。乃宏忠孝，乃令岩疆。为雨为露，为乂为康。洎乎政成，乃师谌母。宝书符券，仙风栩栩。蠢尔蛟螭，斯民是仇。嘘涛噏浪，蹂躏南州。惟圣克兹，惟神克武。殄戮凶残，永清下土。下土既若，祀典期崇。巍巍俎豆，奕奕黄封。在邑南郊，昔有神宅。民怀永图，重谋磐石。爰卜龟筮，爰召工徒。植尔心田，为兹塈涂。有丹维楹，有翚维殿。何以巩之？银堤绣岸。新宫既成，钟鼓斯平。惟神降止，既固且宁。神之既宁，乃锡嘉祉。时尔雨风，长尔孙子。莫高匪山，莫深匪川。惟神之德，于斯万年。

【说明】杨方立（?~1766），字念中，号墨堂，瑞金（今江西瑞金市）

人。乾隆九年（1744）举人，十三年（1748）进士，改庶吉士，授翰林院编修。有《墨堂诗集》。据道光二年《瑞金县志》卷一二录文。参见《净明资料新编》。

998. 清·唐尧夫：旗纛祠碑记 乾隆年间

邑中有祠，距县治西南百余步之近，曰旗纛，夙为安藏霜降迎祭之神，父老谓叶楷杀人以祃之遗物也。古者熊旗五斿以象罚星，军将所建，与众期其下。又皂绘为大纛，军发则祭之，祠盖取诸此。相传邑治未创之前，则名水口庙。后更是额，然祀者厥为赖公。公固得道祁山，能保障地方，作福于斯民，是以城中立庙者四：虔濂、吉庆、广福而外，惟斯祠特古。

我安于群寇窃发之时，兵火蹂躏地也。昔黄乡贼盘踞多年，流毒最甚。督院江公、知府叶公毁其妖庙而殄之。及三藩叛逆，达先就戮，乃安邑遂定。间尝考其事迹，阅其故墟，欲求诸贼获歼之所，悉无能为详道者。盖天下之平久矣。自明季失驭，盗贼蜂起，山林鼠窃，各逞劫夺，视民命若草菅，等编户如传舍。迨我朝起而整之，凡狐鼠巢穴，凭恃险阻，一旦洗涤殆尽，豁然坦荡。将百年之间，唯见城廓祠宇，巍焕依然。即欲问其遗事，而故老已无存者矣。

今安遥处山僻，非若扼塞冲衢、会当必争之地，可以用武。第安于耕凿纺绩，以各适其天而尽其年。孰知夫休养生息，熏陶百载，始至此也？邑人于斯，固以地偏无事而想其宁宇。幸是祠为优游奉神之区，则携牲以祀赖公，祭焉而咸受福，固其所也。爰举乃修建，详其巅末，俾知夫祠之所以得为安闲祀神者，皆值万民乐业之际也。即兹之食毛履土、化日光天者，或曰神助，亦非但神力已也。谨书而勒于石。

【说明】唐尧夫，字圣黎，安远（今江西安远县）人。乾隆三十六年（1771）恩贡，授教谕。据同治《安远县志》卷九之一录文。参见《赖公庙碑刻选辑》。

999. 清·佚名：奉宪安腹碑记　嘉庆三年戊午（1798）

新建县正堂朱宪示谕“省属”两字，本无歧异，如抚宪管辖全省、示谕阖属军民者，不必更改。至忠孝乡彰善之称，系表扬真君懿行，并非东西二社之美名。且福神久为江西阖属人民仰戴，童稚咸知，何得以此乡里争执，可见无知。姑候临期节除，以省烦冗、以息争端可耳。爰诹戊午六月十一未时，县主钦谒殿庭，安腹开光，重新许祖圣像。真仙降生于赤乌二年己未正月二十八子时，冲举晋宁康二年甲戌八月十五吉时，拔宅飞升，祈恩保吉。阖属信弟子、祠下众姓人等，同奉祖师江西福主、九州都仙、神功妙济、龙沙会主万寿真君锦腹，安腹八字：戊午、己未、癸卯、己未。

皇清嘉庆三年岁在戊午冬月日立。

【说明】据宣统本《万寿宫通志》卷一一录文。

1000. 清·陈履信：重修城隍祠碑记　嘉庆四年己未（1799）

《礼》：有功烈于民者则祀之。城隍之神，列在祀典，不遗于一郡一邑。其制与坛壝并重，而名不见于礼经。考《淮南子》，黄帝始立城邑以居。《易》曰：“城复于隍。”城隍之称，此为最古。《释名》曰：“城者，成也，一成而不可毁也。”《尔雅》注云：“城隍祠无水者。”《说文》：“有水曰池，无水曰隍。”皆未著为神明之号。其载祀典也，亦未知始于何时。然先王神道设教，明则有礼乐，幽则有鬼神。一邑之中，亿万人之所瞻仰，意必有神焉，承天之符以默制生民之命，为之御灾捍患，呵护而维持之，所谓聪明正直，封为土公，祀为贵神，名虽不见于礼经，而与山川社稷均为祷祀所必虔，有其举之，莫敢废也。

泉邑城隍庙在水南五厢，始建于宋天圣八年。元季兵废。明洪武元年，县令高德贤重为之建。国朝雍正八年，邑绅士倡捐复修，迄今六十余年矣。

丁巳岁，余莅兹土，每朔望谒庙，见黝垩剥落，渐就颓倾，欲议修未果。戊午四月，邑绅士来谒余，曰："庙以栖神。今圮坏不修，非所以安灵爽祈福佑也。"余嘉其请，因倡议修之。诸绅耆遂各揭己资踊跃趋先，竭力劝捐，以勷厥事。邑之人亦毋不翕然解囊而乐从。于是鸠材庀工，凡十月而告蒇。倾者直之，颓者起之，绝无而仅有者从新而添之。丹青炳蔚，庙貌巍峨，较前之规制倍觉一新。虽其始为余倡之，而其继实赖其绅耆不辞劳瘁以成之。今而后朔望祠祷，不惟焕然有以肃拜瞻而神明如在，所以呵护维持、御灾捍患、资一邑之保障者，实于斯乎在也。是为之志。

【说明】陈履信，时任龙泉县令。据同治《龙泉县志》卷一六录文。

1001. 清·佚名：万寿宫捐款碑（一） 嘉庆四年己未（1799）

急公会助钱捌吊足；龙佩玉助钱壹吊肆百足；庆春号助钱壹吊足；崇德会助钱伍吊足；李文步助钱壹吊贰佰足；庚天锡助钱壹吊足；梁□□助钱四吊足；梁应荣助钱壹吊贰佰足；合义号助钱壹吊足；彭成美号助钱贰吊足；张钦兴助钱壹吊贰佰足；梁远成助钱壹吊足；戴日新助钱贰吊足；胡守贤助钱壹吊贰佰足；梁□川助钱壹吊足；曾联发号助钱贰吊足；胡□宁助钱壹吊□□□；日升号助钱壹吊足；曾悠久号助钱贰吊足；梁起祥助钱壹吊贰佰足；梁宏材助钱壹吊足；彭居易号助钱贰吊足；梁发兰助钱壹吊贰佰足；曾金理助钱壹吊足；周文灿助钱贰吊足；梁□□□□□□□；梁秀川助钱壹吊足；彭万里助钱贰吊足；周百□□□□□□；魏邦道助钱壹吊足；梁文彪助钱壹吊足；杨合号□□□□□；刘维瞻助钱壹吊足；梁访贤助钱壹吊足；伦盈号□□□□□；邹达五助钱壹吊足；邓万合助钱壹吊伍百足；罗荣号助钱□□□；永泰店助钱五百文足；阮朝宗助钱壹吊伍百足；杨源号助钱壹吊足；罗影川助钱五百文足；梁史川助钱壹吊伍百足；梁影万助钱壹吊足；义劳号助钱四百文足；梁美光助钱壹吊伍百足；梁庆全助钱壹吊足；梁呈匹助钱四百文足；荣发号助钱壹吊伍百足；梁达辉助钱壹吊足；段显岂助钱三百柒拾

五文足；梁阶光助钱壹吊伍百足；□□渊助钱壹吊足；永龙店助钱三百文足；梁元吉助钱壹吊四百足；梁敬廷助钱壹吊足；怡盛店助钱三百文足；梁鸣乐助钱壹吊肆百足；梁荣佩助钱壹吊足；杨同春助钱三百文足；贤茂店助钱三百文足。

【说明】碑现存于吉安市青原区文陂镇渼陂村。青石材质，高0.70米，宽0.50米。据《庐陵古碑录》录文，格式有改动。

1002. 清·佚名：万寿宫捐款碑（二） 嘉庆四年己未（1799）

福顺合助钱三百文；陈国昂助钱三百文足；恒戍店助钱三百文足；同仁店助钱三百文足；怡怡□助钱三百文足；梁合顺店助钱三百文；合兴店助钱三百文足；朝光焕助钱三百文足；三和店助钱三百文足；天□斋助钱三百文足；合生店助钱三百文足；邹道□助钱三百文足；梁□顺助钱三百文足；梁□干助钱三百文足；罗凤鸣助钱三百文足；胡祥□助钱三百文足；兴盛店助钱三百文足段茂兴助钱三百文足；林□茂具助钱三百文足；熊占兴助钱二百文足；王□亭助钱二百文足；刘三茂助钱二百文足；刘禹兴助钱二百文足；福盛店助钱二百文足；□寓利助钱二百文足；大兴馆助钱二百文足；万胜店助钱二百文足；梁由金助钱二百文足；施义兴助钱二百文足；曾和生助钱二百文足；梁亨泰助钱二百文足；杨坚如助钱二百文足；恒兴店助钱二百文足；杨子锦助钱二百文足；王义兴助钱二百文足；梁文□助钱二百文足；三□店助钱二百文足；梁文□助钱二百文足；□□□助钱二百文足；□□海助钱二百文足；梁以□助钱二百文足；刘□思助钱二百文足；郭达海助钱二百文足；既济店助钱二百文足；王世足助钱二百文足；梁□□助钱二百文足；王在亮助钱二百文足；□□□助钱二百文足；□裕□助钱二百文足；□□□助钱二百文足；仁□店助钱二百文足；享顺店助钱二百文足；□兴店助钱二百文足；林□昌助钱二百文足；左义兴助钱二百文足；聂义□助钱二百文足；林荣宗助钱二百文足；罗□□助钱二百文足；梁启明助钱二百文足；永春店助钱二

百文足；廖同兴助钱二百文足；永生店助钱二百文足；王世□助钱乙百文足；曾□□助钱乙百文足；□□□助钱乙百文足；□□□助钱乙百文足；□□□助钱乙百文足；□□□助钱乙百文足；刘道□助钱乙百文足；裕兴号助钱乙百文足；甘盛虎助钱乙百文足；袁中吉助钱乙百文足；□□□助钱乙百文足；合兴店助钱乙百文足；熊□顺助钱乙百文足；梁由仲助钱乙百文足；万□□助钱一百文足；□□□助钱乙百文足；□□□助钱乙百文足；永和春助钱乙百文足；□□□助钱乙百文足；□□□助钱乙百文足；□□□助钱乙百文足；胡□□助钱□□□□；□□□□□□□□；□□□□□□□□；□□□□□□□□□；□□□□□□□□□；□□启□□□□□□□□；龙□助钱□百文足；梁□□助钱□百文足；梁□瑞助钱□百文足。

皇清嘉庆四年岁次乙未吉旦。

【说明】碑现存于吉安市青原区文陂镇渼陂村。青石材质，高 0.68 米，宽 0.52 米，据《庐陵古碑录》录文，格式有改动。

1003. 清·叶洽芳：重修妙化古坛乐输碑记

嘉庆五年庚申（1800）

妙化坛者，后塘两居古迹也。粤稽十一世祖茂林公开基之初，而坛遂立焉。所以资保障，亦江流锁钥也。胡以“坛”名？盖仿封土之遗意也。颜曰“妙化”者何？堂庑中神像森列，以神固妙乎万物，所以化生万物也，“妙化”之名，由是而得。在昔殿宇宏敞，榱桷壮丽。奈当水势要冲，岁乾隆乙酉，洪水泛涨，江岸崩颓，栋宇因以倾圮。殆祭告空而沙水散者三十余年于兹矣。顾坛宇虽毁，基址仍存，亭长过此，常兴复古之思。

嘉庆四年春，公曾始谋举其事。首领立簿集费，两居翕然乐输，合得银若干两。又有环村附近客居者前而请曰：“尊庙妙化坛，古称神灵赫濯也。愚等世居图境，咸托荫庇，敢附骥尾，纳微赀以酬厚德，首领公其许我？”首领曰：“毋庸，此予族念昔先人，复其旧规。求助，毋乃忝乎？”环村人固请，于是嘉其善念，随其轻重而书之。是冬，遂构石培补江边畔岸，以为水备。庚申春，鸠工庀材，前造廊庑，中营堂，龛左有寮，右有房，体制虽不如原，而砥柱中流，古迹仍新矣。自此神灵依栖，妙为群生化凶作吉者，岂特为石塘保障已哉？

庙成，两居乐输并首事勒于贞珉。而环村人善念，足录姓名，统揭于碑，以为好善者劝。是为记。

叶洽芳谨书。

叶鼎新伍仟文；叶洽芳伍仟文；叶垂灼叁仟文；□□□□□□；怀芳壹仟贰百；垂炼壹仟柒百文、垂绣捌百文；如意会贰仟文；开荣壹仟九百；垂统壹仟九百；芳普贰仟柒百；芳智三仟□□；□宣壹仟九百；芬荣壹仟陆百；都督会壹仟四百；提鞭会壹仟贰百；本远壹仟贰百；龙氏壹仟贰百；承谦□□□；□□□□；芳郊壹仟；茂芳壹仟；李氏壹仟；母芳智垂捌百；芳选捌百；李氏捌百；母开荣垂烛捌钱；芳兰捌钱；谭发林壹仟；巫平阳玖百；邬文林柒百；刘大魁壹仟；叶芳暹壹仟；周进宝壹仟；黄龙魁伍百；谢伏阳伍百。

乐输五钱名目列后：叶捷芳、鼎理、绫芳、垂煊、芳连、新芳、垂怡、吴氏母垂性、刘氏母芳选、王氏母芳普、德远、李氏本达、玄坛会、芳景、芳晨、宏远、芳史、毓文、义利店、新盛店、芳澜、林远、萧闻昌、刘作勤、邓玉林、王敬隆、杨来冬、李良佐、陈立与、陈全福。

乐输三钱名目列后：叶承御、芳遇、承万、芳廷、芳述、承光、芳呬、芳迓、左氏母芳连、梁鲁连、胡黄菊、文贵、肃梅童。

贰百名目列后：叶垂彩、芳透、垂正、垂珰、绚芳、绍芳、芳造、芳吟、芳啸、浹芳、兢芳、承赞、廷远、正远、世远、李氏母芳造、季冬、鲁永昌、郑万受、萧连阴、刘恢光、刘长生、萧秀荣、聂国安、王作能、王升隆、骆信桂、吴加喜、叶继芳、桂芳、光远、芳辰、发远。

壹百以下：芳长、芳达、芳进、芳适、鼎植、垂辉、芳连、叶信远、振远、郑贵受钱二、萧行润钱二、行彰钱贰。

首事：叶德存、秀昭。

嘉庆五年岁在庚申仲春月旦，树屏、美高、同门司圣苍偕两居众等立。

【说明】作者生平不详。碑现存于吉安县敦厚镇。青石材质，高 1.21 米，宽 0.68 米，厚 0.05 米。据《庐陵古碑录》录文，标点、格式有改动。

1004. 清·梁溥龙：重修元帝殿记　嘉庆十年乙丑（1805）

豫章黄堂宫乃晋许旌阳师事谌母处也。宫内兼祀者有真君殿、三清殿、文昌宫，尤有元帝殿。按帝号治世福神，为镇北大将，巡游诸天诸地，掌握世界乾坤。且其金科玉律与夫劝世格言，振聩发聋，提醒一切大众，有功于伦理纲常，宜其庙祀之不朽也。

在昔李公廷雅创于前，魏公宏溶偕一俊修于后。世远年湮，而栋宇墙垣渐归漫漶。岁乙丑，松湖诸君子倡修谌母殿，慨帝殿之岌岌，更为敛费鸠工，并加修葺。不数月而岿然矗起，巍乎焕哉，庶足妥神灵而答人心矣。时余馆洛溪，去黄堂宫仅二里许，尝往来于宫内，见殿宇重新，余既乐其事之有成也，又喜炼师林中和能令象教于庄严，绵远勿替，而神人遂自此允洽矣。

【说明】梁溥龙，字小池，新建（今江西新建区）人。举人。曾任上高县教谕。据《黄堂隆道宫志》卷一二录文。参见整理本《黄堂隆道宫志》卷一二、《净明资料新编》。

1005. 清·胡映庚：护许祖南朝记
嘉庆十一年丙寅（1806）

许仙朝谒黄堂，报母德也。初，姆掷茅空中，茅生处方为崇祀所。许仙寻至南乡见之，遂立庙祀。自后朝谒有常期。丙寅岁，庙宇颓矣，士人谋修造。适届南朝之役，松柏、普保二会护驾至，道友烹茗作汤，述其由，佥曰："盛举愿共襄之。"少顷，松柏会首云："今月朔晚，梦有护行之兆，次早卜珓，珓可，方从事。意我辈来此，亦非偶然也。"爰各捐金数十。后约至省垣盐、旗盐店各绅士处，得金若干。鸠工庀材，于是始基之矣。工既竣，普保会崇奉谌母，铁铸百子灯柱，置田五硕余，以为燃膏之赀，垂久远也。迄今每届南朝，具衣冠，奏箫管，肃肃雍雍如初礼。谒罢，道友款洽，爰取香茅而去，乃曰神惠云。

【说明】胡映庚，生平不详。据《黄堂隆道宫志》卷一二录文。参见整理本《黄堂隆道宫志》卷一二。文中记述了各方捐助黄堂宫以及松柏、普保二会护许祖南朝，为研究万寿宫庙会之珍贵史料。

1006. 清·胡映庚：建文昌宫记　嘉庆十一年丙寅（1806）

黄堂隆道宫内，向本无文昌宫也。而文昌宫之建，则自周君霁亭、游君东白、杨君文彩与予家大人始。予生平识浅才疏，抚衷抱歉，然喜敬奉帝君。居仁无事，时阅大洞本愿诸笺，见其谆谆垂戒，为世道人心计者深切著明，予益恍然于帝君昭格无私而企慕不置。

岁乙丑，众邀家君倡修黄堂。因念黄堂上有三清殿，东谌母殿，东之下有真武殿，西真君殿。西之下又有真君大殿。夫真君殿二，在西上者与谌母对坐，揆以师弟之分，谅有不安。众踌躇久之，议将西上之真君神像迎至下一殿，以安其位。孰意灵爽式凭，其像自化，而西上之殿既虚矣。殿既虚，诸君子相商，谓宜别立神主以宏祀典。宫内炼师谭体耀因为予言曰："予家素喜敬奉文昌，盍建文昌宫供帝君像?"众唯唯称善，予益深然其说。窃思帝君有功名教，原与真君并垂千古者也。真君拨乱以武，帝君扶治以文，是宜并祀不朽；况予乡人文蔚起，科甲蝉联，受帝君赐者不浅，可不立宫以答殊庥乎？爰是敛资整理，因真君西上之旧殿，创帝君此日之新宫。在旌阳既无对坐不安之心，而帝君复有尊隆特祀之典，在此一举矣。兹值工程告竣，谨撰数言，用志建立所自始云。

嘉庆十有一年岁在柔兆摄提格，后学胡映庚谨撰。

【说明】据《黄堂隆道宫志》卷一二录文。参见整理本《黄堂隆道宫志》卷一二、《净明资料新编》。

1007. 清·张钰：张镐墓志圹　嘉庆十二年丁卯（1807）

故弟张镐，□□泉，继母沈太夫人出也。幼颖异，方颐广颡，读书有大志。显考锦崖府君在日，常冀其丕振家声。聘浙江绍兴山阴县中丞何公讳裕城公孙女，已订婚期，讵□二竖为殃，遽殒其年。抚膺流涕，其何以堪！弟生于乾隆丁未年六月二十一日酉时，没于嘉庆乙丑年十一月二十三日戌时。兹择嘉庆丁卯年十月二十七日申时，卜葬于龙虎山西侧祖山之阳，癸山寅向，距显考墓只尺焉。

诰授通议大夫袭封五十九代真人期服兄钰收泪□石，以纳诸圹。

【说明】 张钰（1770~1821），字佩相，号琢章。第五十九代天师，嘉庆五年（1800）袭爵。碑现存于天师府龙虎山文物室，青石材质，方形，高0.57米，宽0.96米。直行，17行，行3~13字，楷书。上下边有缺口，字迹尚可辨认。据碑录文。

1008. 清·张望：书重修黄堂隆道宫碑 嘉庆十二年丁卯（1807）

天下之宫庙，莫隆于孔氏。盖以尧舜之道孝弟，赖孔氏发明之。非春与秋，弗敢祀；祀必其人，弗敢紊，真万世之师表也。

晋谌母之于旌阳，师弟相授受，亦以孝为本。初得之曲阜兰公，其于圣教，果同出一源与？吾姑弗深论矣。特以真君始固儒家，令旌阳，雅有德政。后弃儒修道，飘然有神仙之概，师事谌母于镇江之黄堂，归而建祠崇祀，仍以其堂名之，斯亦木本水源之意。

由晋迄我国朝，历千余载。先是，康熙十二年重修，至今庙貌非旧；嘉庆丙寅夏，熊君守愚、周君斋亭、游君东白、杨君文彩、胡君宝斋暨乃郎映庚等，醵金而更张之松湖。诸君者，旌阳公同里人也，读书力行，类孔氏之门徒，讵不知仙术渺茫、劳众伤财而无裨实用？毋亦以谌母所讲忠孝，旌阳不背德忘师，欲借此以风世，故不辞劳瘁而为之倡？于是乎书。其重修罗缕，已见胡安址先生记中，不复具。

嘉庆十二年丁卯秋日豫陵张望闰榻书；门人雪樵庐洵书丹。

【说明】张望，字棕坛，号闰榻，武宁（今江西武宁县）人。少失怙，奉母以孝闻。人品学问，为时所重。有《闰榻文集》等。据《黄堂隆道宫志》卷一一录文。参见整理本《黄堂隆道宫志》卷一一、《净明资料新编》。

1009. 清·胡荣：重修谌母殿记　嘉庆十三年戊辰（1808）

盖闻有非常之功，即享非常之奉，此自古圣神，莫不皆然，而况谌母也乎！谌母居镇江丹阳之黄堂，真君许旌阳之师也。旌阳偕吴君猛游嵩阳，闻母高道术，往受业，得孝道明王之法，并正一斩邪、三五飞步等秘要。后赖以平水患，息垫昏，是母功在旌阳者不浅矣。因其功以崇其奉，故落茅认迹，旌阳为之建殿立祠以去，其祠名仍系以黄堂，殆志所本云。且夫殿创于晋，已历千五百年矣。

予尝览古迹，缅仙踪，窃见堂陛森严，威灵如在。及进考讲道、掷茅诸遗事，故老犹有能道者，乃益恍然于母之声施赫赫，有功于旌阳，实有功于天下。后世于以俎豆馨香，建其殿以尊而奉之也，宜哉！第历年既多，渐归零落，规模非复昔日之壮丽，气象非复昔日之堂皇。斯时有志诸公，如熊君守愚、周君霁亭、游君东白、杨君文彩暨吾同宗兄宝斋，虑其雨损风摇，因不禁瞿然，曰："此殿本旌阳所立之故址也，后之人倘任其倾颓，弗加整理，其有负于谌母也实甚，即有负于旌阳者实甚。"爰是敛众资、兴土木以嗣而葺之，遂使栋楹梁桷板槛之腐黑挠折者，盖瓦级砖之破缺者，赤白之漫漶不鲜者，俱焕然而一新。

呜呼！天下事，莫为之前，虽美弗彰；莫为之后，虽盛弗传。以诸君子慕善倡修，经营丕著，顿觉户牖重辉，松云复烂，是不徒答母之功于不替也，抑且承旌阳之志于不衰矣。兹当告竣，西垣来述于予。予念工程匪易，宜有以纪神庥而彰盛事也，特为之记。

嘉庆十三年戊辰岁秋月，赐进士出身、诰授朝议大夫、刑部总办秋审处江苏清吏司正郎、前江南道监察御史、翰林院编修加三级纪录五次、西昌后学安址胡荣熏沐百拜并书。

【说明】胡荣，字翠崖（又字尊才），新建（今江西新建区）人。乾隆三十五年（1770）恩科举人，四十年进士。为官多惠政。据《黄堂隆道宫志》卷一二录文。参见整理本《黄堂隆道宫志》卷一二、《净明资料新编》。

1010. 清·盛遇机：章仙回头山记　嘉庆十四年己巳（1809）

山曰回头，有自来也。脊发太平山，约五十余里，层峦迭嶂，起伏变幻，不可名状。灵湫陡矗，峰脑如轿顶，旋跌三埚，视如狂风鼓浪，横辊而下，坦开一面，鹄立似圆椅，左蛇右龟，中可容万马。其山遥望若鹚鹅毰毸，近登则高莫与并。章仙曾结庵于兹，往来太平十八载，多钤记。庵左上数武，一麕处樛一茅，蒙茸不刈如故，岁再刈，亦如故，迹尚存焉。章仙讳哲，字权孙，系出本邑顺义乡仙人潭，生宋景定壬戌二月十九日，元延祐癸丑诏敕其庵为天乙佑圣宫，号自然真人。甲寅游黄州，蜕化广济县石版江，骸遁于此，舁送太平山，因回首顾望，呼此山曰回头。刻像存庵，明季庵隳，像移金钟寺。

我朝康熙五十二年，叔祖汤武公偕其邻聂献瑞、冷东日先生就其茅葺处成塔，未竟。嘉庆丙寅夏，见身亦显，邀恩者以万计。由是合邑官长及邻封远近都人士争先输缗，怂予族众献基立庙，维时首事赞勷。会庚甲吉，予建注愿所，许梵塔一座以为倡。杠陷照魔镜，接连一亭三殿两宫一戏台，周围房楼二十八间，榜曰佑圣宫。宫前半月池，架石梁，栏杆簇簇，坐玩可人。宕口钟鼓亭、巡王殿各一，宫内台下有窨井，渟泓深尺，照若水晶。殿墙嵌捐，目如画屏。六桷铃钟十八枚，风来叮当，如乐作焉。朝谒舆马，络绎不绝，八、九、十月尤最。锣鼓申呼，香雾腾汉，铳爆燀声如万雷，无昼夜。摆摊贸易以千计，多获利。喧拥闹热，五台、武当诸胜亦不是过。谓豫宁名山第一，良然。塔联云："真人居福地，品物乐尧天。"殿联云："想当年鹿豖与游，寂寂清清，独食回头烟火；到今日雨露覃敷，林林总总，群仰佑圣慈云。"志实也。

邑主仆阅进出簿，给匾额曰"白日青天"，盖旌首事之善也。工起于丙寅，告成于己巳。夫万山之巅，三年间构此爽垲，非人之所能为也，仙也。回头所由名，且艳若是，顾山以仙名，仙以人显。向非予先人不忘仙迹，世守此山业，庙于何立？立非为首众信士同心同德，不惮勤劳，且非远近人心乐善集腋，庙也何由若是异异哉？功程颇竣，刊记庙庭，以志先人善念不容没，即首士踊跃经营，夫亦可以质诸祖师而无疑也已。

【说明】盛遇机，武宁（今江西武宁县）人，生平不详。据民国五年《太平山志》卷三（广慧堂）录文。参见吴国富、徐臣金编撰《太平山典籍汇编·太平山志》卷三。

1011. 清·汪正修等：重修上清宫碑记

嘉庆十五年庚午（1810）

未有佛，先有道，柱下五千言，实与□经之义相为发明。古圣王立极出治，以儒□□□□协赞，道本同原，晓人以救所当为□，惮人以所不救为，皆为世位药之良法。

龙虎□□会昌中为真仙观，祥符中为上清观，政和二年为上清正乙宫。自元及明代有□□□□朝。一修于康熙二十六年，再修于雍正九年，先后共发帑金十余万两。上清宫乃□□皇上御极。三十四年春，真人五十九代袭封真人钰朝京师，陈请加修，奉旨报可。诏江西巡抚臣先勘估，兴修以万金为率；委会同郡守勘估工料，计费白金七千七□□□。八阅月而工竣，殿□殿庭所以妥神灵者藻饰有加，其他为著为栋、为庖为湢、为□□，□匽潴，为溜檩，□宫丽谯之所，靡不胪分殊事，以整以洁。落成后，增荣美观，四方之□□□之降临，鉴观之有赫也。昔班固有言："道家者流，清虚以自守，卑弱以自持。"夫使但□□□教，可以役使鬼神，可以祈祷风雨，可以驱逐邪魅，禳除不祥，其有功世道人心，不□□□击为能，漫无挟持，徒以簧教斯世者比也。《易》曰"知鬼神之情状"，《礼》曰"合鬼与神教"。□□□所楼，符录之所藏，守其道可以葆真还元，出其术可以御灾捍患，于以保我国家，康我士女，所称民无夭札、物无疵疠者欤？宜乎自汉迄今，垂数千年，庙貌常新。□□□役也，董其事者，广信府通判汪正修，贵溪县知县鹤庆段克莹；襄其事者，则为上清司□□□周元定，例得备书。是为记。

大清嘉庆十五年岁次庚午季秋月中浣，广信府通判桐城汪，贵溪县知县鹤庆段，弋阳县知县兴□□。

【说明】汪正修，安徽桐城人。监生。嘉庆十二年（1807）任广信府通判。段克莹，云南鹤庆州人。嘉庆十年（1805）进士，十二年任贵溪知县。碑现存于嗣汉天师府。青麻石材质，圆首，高1.9米，宽1.3米，厚0.3米。额篆"重修上清宫碑记"七字。碑文为楷书，因风化下部已剥蚀。据《龙虎山志》第九章"艺文"（江西人民出版社2007年8月版）录文，标点有改动。按，除缺失文字外，所录碑文疑尚有误读之处。

1012. 清·王士珍：重修城隍庙碑记

嘉庆十五年庚午（1810）

峡江，古巴邱地也。邑旧有城隍庙，创于东汉之永元二年，至今千几百载，沿革变迁，兴废相仍，前人记之详矣，予无庸赘。岁丁卯火，梁栋瓦石，无一存者。前任和枷舟先生倡率士庶因旧址重建，又于庙左买萧姓基地，庙右得胡姓拙轩会捐地。予下车伊始，拜谒之下，询其建庙颠末，父老一一为予道之，时嘉庆十有五年也。夫邑之有城隍，所以保障一邑而司赏罚之权者也。邑令不能整躬率物，神必不享；士民不能洁己奉公，神亦不佑。是役也，虽由衲舟捐廉首倡，而工役之费，督理之勤，合邑士庶之力为多。将见层峦耸翠，飞阁流丹，不独隆庙貌，肃观瞻，而人心风俗之美，毕寓彰善瘅恶之中。此则予之欲有言而不容已，以附于前人纪载之末者也。董其事者胡慎德、邓仑、郭廷铨、廖慕舒、谢本、谢跃鳞、吴淇、边启峰、邓坦、刁沾禧。薪水各出己赀，乐助尽归实用。事既竣，余金二百有奇，置田若干亩，备逐年检盖工费。是宜并记其创构之功，劖勒于石。

【说明】王士珍，黄冈（今湖北黄冈市）人。举人。嘉庆十四年（1809）任峡江知县，二十二年卒于官。据同治《峡江县志》卷二录文。

1013. 清·狄尚絅：元将军庙记　嘉庆十五年庚午（1810）

稽古圣王之制祭祀，其族不同，而其为民祈福，其义一也。盖惟天惠民，惟辟奉天。天所不及施，圣人赞之；人所不能为，鬼神相之。《诗》曰“怀柔百神”，《记》称“百神受职”，孰非成名盛事哉？国家貍沉之典，视《周礼》加详。夫既感于神明休征悉备矣。

我皇上轸念元元，有加无已，虽在数千里外，山砠水厓之间，稍有利病，罔不上闻。此彭蠡湖神所以胪祀典也。谨按彭蠡分东、西二湖，为东南巨浸。东湖浩瀚，汇西湖而达于江。湖神元将军庙正临其陿，两岸礓砾无际，而推掎逼束，水行峻急，注成深潭。章水南来会之，势益湍悍。通省漕艘必经此险，商民往来，日不可殚记。猝遇风涛，长年莫措其手，一祷于神，即安然得泊。嘉庆十四年六月二十一日，疆吏奉特旨躬亲飨献，臣尚絅在执事之列。是日天微阴，祭毕，豁然开朗，观者大悦，爰请于疆吏曰：“将军功烈盛矣。惜前史所佚，未得领于祠宫，且旷无号谥。今因睿鉴而请焉，民所望也。”疆吏据以覆奏，下礼部议。礼部复咨请疆吏核神惠以闻，赐号曰“显应”，有司春秋祭祀，著为令。十五年十二月二十日，疆吏檄臣敬安神主，用牲器如礼。于是观者万余人益欢欣和会。臣招父老谕之曰：“圣皇之德，荡荡难名。今一举而仁义备焉，则皎然易晓。夫有利于民，漏典必补，非仁之至乎？及行典礼，又必稽于众，非义之尽乎？继自今尔民惟益矢忠敬以为报，斯可以符瑞祝而迓神庥矣。”众皆顿首欢呼，声溢洲渚。或问将军何神也？则正告曰：“山川之神也。彭蠡为岳渎之亚，将军爵亚于公侯，各称其山川以得名，均之冲气所融结。虽著迹于明初，传闻特异，亦祭法所云能出云为风雨见怪物是也。如传称宫亭湖神能使行舟分风上下，其说近诬，即或凭焉，亦偶然尔。将军作庙以来，百有余年，未尝多现神变。而上卫漕运，下安民涉，卒能享圣主之明禋而屹然作镇，非川岳降神精爽，焉能如是？”众复顿首曰：“唯唯。”夫宣上恩德，使编氓不溺于所闻，守土之责也。故疆吏既载其详于石，臣复谨推灵应所由，而以迎神送神之诗系焉。其辞曰：

彭蠡之亹兮白石粼粼，水受束以暴怒兮，挟风雨而走雷霆。峨舸大舰兮掀如一叶，屈盘涡而旋舞兮载浮载没。欻出险而舣兮，谁呵雨师谁叱风伯？邀天眷兮膺号，秩无文兮教民美报。酒既清，肴既馨，匪酒肴之为美，帝德是歆。鼓骇骇，钟锽锽，神醉止，吁乐康。雷为车兮风为马，乘清气兮翩然而上下。冯夷弭节兮蛟螭结蟠，渔逍遥以唱晚兮，阳鸟戏乎安澜。湖澜安兮利蓄泻，浸稻田兮岁多稼。于万斯年兮有道之长，神其常享兮民悦无疆。

【说明】狄尚絅，字文伯，溧阳（今江苏溧阳市）人。乾隆四十六年（1781）进士。嘉庆十二年（1807）官南康知府，多有惠政。据同治《南康府志》卷七录文。

1014. 清·佚名：重铸青云谱关帝殿钟文

嘉庆十六年辛未（1811）

神恩普济。

青云谱关帝殿洪钟，系万历三十二年袁州府分宜县招贤乡登龙里兴教院僧圆坎等募化，众姓同成，供于座前。因质薄破损，住持道人欧阳汉雯复募南邑二社三面信生米瑛玮捐赀重铸。

圣德绵长。

计重陆百余斤，祈保合家安泰。爰纪缘起，以垂于后。

嘉庆十六年四月下浣吉旦重铸。省城甘恒兴炉造。

群黎共仰；

众姓咸昌。

【说明】钟身分四段，上段无纹饰，下二段为暗八仙纹样及八卦，中段依祝辞开四面，二面镌文。钟现藏于江西省南昌市青云谱净明道院。据钟刻录文。

1015. 清·宁元祺：小布建万寿宫碑

嘉庆十八年癸酉（1813）

州治之百里曰小布市。市之上下左右，壤相接者数十村，地既沃腴，人也纯质，好善而乐施，故关侯庙、萧公庙皆合数十之力而成之。盖数十村人不一人，姓不一姓，而神庙之建，一人焉议之，即众人焉和之，可不谓风俗之美欤？

岁辛未，乡人士咸曰："予西江福神许真君实有功德于民者，奚可以无庙？"爰择其中之贤且能者为之董其事，数十村各争先出资，踊跃从事，岂真君之昧爽有以感人心耶？盖其急公乐施之性，由来久矣。考真君之功在治蛟一事，故庙食遍天下，人知之；而其所谓忠孝仙神者，人不得而知。顾不知忠孝之心，而如世俗之称真君，则浸传浸失其真，遂并其治蛟之事不诬即诞，皆不得而知之。昔昌黎之首潮也，有鳄鱼为患，公为文以祭，鱼遂远遁之。蛟之为害虽大于鳄鱼，而真君治之，知其精诚当与昌黎无异。则蛟之治，治以力，治以德，要不若真君之治以诚，治以忠孝之诚之心。今里之人于真君而修其庙貌，际期祀事，是殆里人有其祈福于真君而然欤？顾吾更有为里人进者：里之人第以向之不诬且诞者目真君，则斯庙之建，亦不过佛吾真君而已，仙吾真君而已，非吾儒所谓真君也，非真君所冀幸于后人者也。夫吾儒所谓真君，与真君所以冀幸于后人者也，亦期日以忠孝之心昭兹来许耳。然则斯庙也，他日登其堂，仰其遗像而能油然生其忠孝之心者，是真不佛吾真君，不仙吾真君，而儒吾真君者也。真君之灵在天，应亦不自许其治蛟之功，窃然自喜其能以忠孝冀千百世后之人心风俗于不敝，而与昌黎辈把臂而入吾儒也，岂不乐哉！

时皇清嘉庆十八年岁次癸酉夏月之吉，沐恩信生宁元龊敬撰。

【说明】宁元龊，生平不详。据道光四年《宁都直隶州志》卷三一录文。

1016. 清·廖驹龙：重修真君阁记　嘉庆十八年癸酉（1813）

古今不息者道，可以通帝谓，彻幽明，亘万禩而不没者也。然神仙之事，半涉于杳冥幻渺，其语不经见，缙绅者不道。惟旌阳许真君以净明忠孝垂教方来，为吾江右扫怪荡妖，安澜顺，轨道成，拔宅升天，历昭显应，尊之可以君，亲之可以祖，皆其道之宜尊而不可废。由典午到今，享其利，畏其神，服其教，且遍山陬海隅，而非杳冥幻渺之说可得而参焉。

自象湖改土而后，已有斯庙，载诸邑乘，其兴废莫可考稽。而仁威弼治，其精气灵魄累劫不磨，岂非道之符而自然之验耶？年来庙宇湫隘，无瑰伟绝特之观。复岁久不治，栋楹榱桷，漶漫不鲜。重以嘉庆十二年不戒于火，仅存基址，荡焉泯焉。过而览者恻然神伤，谓福佑如旌阳，可听其栖息无所，委神贶于草莽乎？于是邑绅钟蔚黄、杨茂堂等邀集城乡好义士共相筹划，编立乐输册若干部，随到随写随收，不逾时而得白镪数千。用是诹吉兴作，鸠工庀材，以厚其墙垣；中构正殿三楹，以妥神像；复葺左右两翼，东祀财神，西祀五显等神；复于殿前筑歌台，以为岁时酬愿及神诞演戏之场。重檐巨栋，爽垲宏深，并造石坊，驾凤凌霄，恢宏壮丽，视向之湫隘卑狭者，今则赫然改观矣。

方今圣天子重熙累洽，久道化成，薄海内外油然动其忠孝之心、乐善之志。真君道成而神，功在不祧。至今斩蛟、试剑诸石及龙泉、剑井遗迹尚存。

虽不必泥于内修外炼之说，而圣王神道设教，有举无废。非有可尊之道，安能令百世后讴思弗替，永永血食也？庄子云：昔庚桑楚得老聃之道，北居畏垒之山，居三年，畏垒大穰，所当社而稷之，尸而祝之；韩京兆《送杨少尹序》亦谓乡先生没而可祭于社者，其在斯人与？则斯庙当与河山并寿可也。然则真君之以忠孝垂教，诚有合于圣贤之道，而非杳冥幻渺之说所得同年而语者。《诗》曰："维桑与梓，必恭敬止。"是之谓乎？是役也，经始于嘉庆十五年六月，告成于十八年腊月，所用木若干，石若干，督工料者谁，司勾稽出纳者谁，均不可不书也。爰志其颠末以应诸君之请，且喜邑绅士之好义慕善合于忠孝之大原也。是为记。

【说明】廖驹龙，字冀钟，号牧园，奉新（今江西奉新县）人。乾隆四十二年（1777）举人。曾任瑞金县教谕。据道光二年《瑞金县志》卷一四录文。参见《净明资料新编》。

1017. 清·黄邦达：三皇宫记　嘉庆十八年癸酉（1813）

天地一元气所萃也。三皇时，民风醇古，人登上寿，有政治道术以培养元气。后世医国医人者，皆准之。

袁城三皇宫创于元至正中，在宜春台畔。盖生民之始，群神之祖，政治之源，而道术之本也。报本反始，视他祀尤切。岁久颓废，因徙协府关帝庙之右数十步。既而殿宇摧朽，基址侵削，多弗及问，谓仅属医术所祖，斯忘其本矣。夫雨旸燠寒，调和宣泄，使无壅闭湫底者，人身之元气也。礼乐政刑，兴利除害，使无偏颇决裂者，国家之元气也。昔伏羲、神农、皇帝氏作，相天地之气，将以观变而救民之疾。为之书契以医其愚，为之耕稼以医其饥，为之宫室衣服以医其暴露，为之针砭药石以医其疢疹。故审气运，察声色，技有九折之精，岁有十全之效，此良医也。至若理阴阳，平赏罚，国无水旱之灾，民无夭札之咎，此良相也。昔人所以不为良相必为良医者，谓皆有补于天地之元气也。然能保合元气，如三皇时之敦厖纯固，跻民仁寿，有功于民甚普，均宜享祀，谁谓是祀仅为医家设哉？况袁居江右上游，山川完固，风气和暖，无蛮烟瘴雨之苦，无飓风漫水之伤，无阛阓拉杂之污，无冰雪严凝之患，疫疠不生，荡淫不作，众人熙熙，如登春台。睹斯宫者，穆然思三皇之时如春。古神圣帲幪袁郡，与物皆春。其培养元气，以为医国医人之本，功德又安可忘哉！因即倡修捐助信士及僝工始末详著于后，以志不朽云。

【说明】据民国《宜春县志》卷一七载：黄邦达，号辰垣。少负奇姿，年十九，与父同补邑庠。嘉庆十三年举于乡，授新昌训导，后改任进贤教谕，以年老致仕。友教四方，所成就者多知名士。有《友石山房诗文稿》行世。据前志卷二一录文。

1018. 清·陈云章：重修天后宫碑记

嘉庆十九年甲戌（1814）

昔昌黎韩公作《南海神庙碑》云：海于天地间为物最巨，而南海神次最贵，在北东西三神、河伯之上。惟天后生海滨，羽化而为神，肇封自有宋。迄于我朝，褒崇优渥，春秋列在祀典，庙食遍天下，莫与比隆。

岁壬午，云章来宰武，甫下车，谒神庙于城南隅，高深闳敞，丹碧方新。询诸左右，则闽之人迁移贸易于武者，自乾隆年间初购旧宇，迎神于吾湄。洎嘉庆壬申鸠工改作，越甲戌告成。为宫，为积庆宫，为土地祠，为堂。堂之下为阶为台为门，左右为巷，为缭垣。宫高二十七尺有奇，纵四十二尺，横三十尺。积庆宫高十六尺有奇，纵六十二尺，横十八尺。土地祠纵二十三尺，横四十二尺。门高如台。左巷纵六十八尺，横八尺；右巷纵二十八尺，横十二尺。缭垣纵一百八十五尺，横四十二尺。积庆宫以上增十四尺，高二十七尺有奇。堂以下杀十一尺。

首事将镌其工于石，请记，因告之曰："神之功德及于生民广矣！博矣！武故山疆，目不睹海洋之大，身不历飓风之险，神之蕙茗不及此。然修水萦纡，东入鄱阳，滩石垒垒，狂澜不少，山高岸逼，羊角突来，漕运之输二万石，商旅舟楫如林，倘邀神之利济，俾吾民急公易事，胥庆晏安，惠莫大焉。神非有私海滨之人，斯之所以妥神而厚其禋祀者，尤上符天子勤民、致力于神之至意。邦人其念之哉！”佥曰：“善。”遂敬书其事以为记。

【说明】同治《武宁县志》卷二一载：“陈云章，号秋河，福建莆田人。初成进士，令乐平。旋调武，清勤自矢，政尚严明，治逾年，吏民畏服，讼狱衰息。于是留心教养，改建正谊书院，劝捐累巨万金。已乃广课额，厚膏火，谨规条，岁罗英俊而饮食教诲之。他如上谕亭、文庙、文昌宫、儒学署诸大工次第告竣。”因政绩卓著，“躬膺大吏疏举，调临川。去之日，绅士咏歌诗溢行箧，百姓颂祷盈途，邑父老有百十年盛事仅见之叹”。据前志卷三二录文。按，陈云章于嘉庆十四年（1809）成进士。

1019. 清·陈玉森：重修关帝庙记　嘉庆十九年甲戌（1814）

南康武庙原建城南文庙右，创历年久远，渐就倾颓。嘉庆丁卯年，相圃狄公来守是邦，春秋承祭，顾视墙垣，慨然有修复之志。适江阴陈凤起来康，愿任其劳。偕阖郡绅耆设簿劝捐，集费千余金，廓旧基而新之。量其地纵得二十四丈，横得九丈二尺，门建六楹，东西两廊直接中堂，堂计四楹，后建大殿四楹，东西廊房各六楹，前为雨亭，后为启圣祠，缭以周垣，焕以金碧，以十八年十一月日兴工，不数月而工竣。公又虑向无祭产，不免日久废弛。陈凤起复与众绅耆公议增置田亩，招僧住持，每年积谷为岁修计，其费用出入，悉登记载，毫发不敢私。而相度经营，俾归尽善，一时拜谒者咸聚视而赞叹之。

余惟狄公抚郡有年，政治化洽，民吏乐和。其培植地方，如修城垣以资保障，疏蓼花池以利农桑，凡有益于民者次第修理，百废俱兴。而斯举也，复思虔迓神庥，为民求福，古之所称良二千石有如是乎？余由是益仰大帝之灵显与狄公之惠政，并嘉司事者之恪诚也。爰为记而镵之于石。

知河南县事星渚陈玉森撰并书。

【说明】据同治《南康府志》卷一八载：陈玉森，星子人。乾隆四十二年（1777）举人，选河南临漳县，多惠政。秩未满，以外艰去。家居好行善举，事继母极孝，所有家资，悉分诸弟。道光丁酉（1837），重赴鹿鸣（即鹿鸣宴，为科举时代考试后所设宴会，由州县长官宴请考官、学政及中式诸生）。据前志卷七录文。

1020. 清·恽敬：吴城万寿宫碑铭　嘉庆十九年甲戌（1814）

符箓之法，盛行于南北朝。道家之支，骈溢于神仙；神仙之旁，剧纷于符箓。符箓之用，充志一神以通驭万灵，禁劾百物。是故道足者气胜，道歉者气败。圣人用之而周万世，贤人用之而行一方一州，庸人用之而囿一术，纤人用之而灾其躯，邪人用之而乱及天下。夫黄帝教熊罴、貔貅、貙虎，禹驱蛇龙，周公驱虎豹犀象，射妖鸟，杀水神，与后世幻人诡士所行，其得失岂不径庭哉？然所以能通驭禁劾之故，于理无二制焉。惟道大则所成者峻博，道久则所流者充长，不可诬也。

吴城万寿宫者，祀敕封灵感普济之神许真君之庙也。真君遗迹遍岭北，而在新建者，生米游帷观为真君旧宅。大中祥符中赐号玉隆，改观为宫。政和中加号万寿。故凡祀真君之庙皆号万寿宫。吴城处新建之东北陬，北临宫亭湖，其东赣江挟余、鄱二水入之，西附山为修水。宫亭、赣江、修水之间有大州，隶建昌，相传为真君斩蜀精之地。宫亭之东为鄱阳湖，北为浔阳江，真君分遣弟子斩蛟之地也。其地势悉与吴城相附注，是以真君于吴城功最著，其食于吴城为最宜。先是，来苏、后显二坊之间为万寿宫祀真君，甚庳陋。乾隆八年改作之，加侈。嘉庆十一年复斥而大之，为日计八年，费钱至八百万有畸，而后竣事。盖江西之人欣戴歌抃，愿副崇高，以为非是不足以饰后观、彰美报也。

敬权官吴城，朔望祗谒殿下，仰眙俯惕，有以见真君之得于斯民者。于是进缙绅先生而告之曰："真君之功赫矣。自晋至今垂一千五百余年，自大庾岭至浔阳江及二千里，自楚塞至闽岭及七八百里，缙绅大僚、牛童马走、妇人稚子无不如亲事真君，燠其寒，饫其嗛。又况自今以至千万年，自江西以至薄海，振振阗阗，日盛日远。此何故也？天下万世之功气制之，天下万世之气道贯之。道大者德大，故肫然而敦，溥然而远及；道久者业久，故优然而裕，绵然而不穷。黄帝、禹、周公之峻博充长如彼，真君之峻博充长如此。敬常意真君之于道，必有望圣人而未及其量，率贤人而大得通者，故能涵衍古今，廓穹天地。考真君事不见于正史，其杂见晋唐小说者皆琐异神灵之说，而忠孝之事则以设教之名附益焉。然未有不忠孝而能余于道，不余于道而能务于功，不务于功而神于术而无害于人者。至于寇谦之、杜光庭之徒，依附朝廷，惊骇愚贱；张角、宋子贤、刘鸿儒，妄作妖讹，毒流无既。有斯世之责者，方将搔其芽而揠其心，窒其源而障其溃，岂可随俗接踵，陷于阸阱哉？”既以语于众，遂书而碑之庭。铭曰：

我来斯宫，当岁之更，天开地除。广场千寻，连翰重墙，中周四隅。耽耽翼翼，扶日掖月，上凭天虚。之而为禽，鄂不为华，凿坚雕疏。旌旄委蛇，帷帟跐豸，连璧环琚。投体崩角，肩摩蹠错，以劬为愉。如核而坼，如抱而瘃，如蛰而苏。神威恪俨，德意洽浃，不鞭而驱。大矣圣人，天覆地持，不异智愚。真君得之，一体具体，合性之初。若执不祥，变怪之端，乃为其余。赫赫明明，翼我赤苍，渐渍被嵎。天子之命，为群祀神，品其牢菹。岂如历朝，仍不经言，妄附宝书？噫嘻后人，率土之臣，勿诞而诬。

【说明】恽敬（1757～1817），字子居，号简堂，阳湖（今江苏常州市）人。乾隆四十八年（1783）举人。历官浙江、江西知县，勤廉明决，无所瞻狗，所至辄忤上官，卒以此坐事罢。初为骈俪文，后乃研经史，以古文名。有《大云山房文稿》。据《大云山房文稿》二集卷四录文。

1021. 清·戴均元：重修青云谱记　嘉庆二十年乙亥（1815）

嘉庆十九年四月，重修青云谱既成，南昌黄俊民侍御偕其弟范亭太史暨侄在畲仪部休沐之暇，持其封翁淳庵先生手书，属余纪事。余案旧书，青云谱当康熙四十一年重修，主其事者新安黄君正甫与淳庵为同姓，而云间戴修撰实为之文。韩子云：莫为之前，虽美弗彰；莫为之后，虽盛弗传。淳庵既克踵前徽，余又焉敢以不文辞？且青云谱固余所尝游而憩焉者也。

其地距郡城十五里，堂深宇邃，旁舍列数十楹。老桂扶疏，修竹掩映，陂池前后，杂树榆柳，苍翠袭人衣袂，禽鸟声从中来，翏翏可听。岁戊辰，余奉告养疴南归，侨居灌城，不胜酬应，谋所以谢尘嚣者。余婿刑部郎式亭，淳庵之犹子、范亭之同怀弟也，时亦假居里门，偕儿子辈侍余起居，导而假馆于此，幽栖月有旬日，极惬所怀。第其为屋经时既久，栋宇垣墉并将摧折，思欲及时修举以俾勿坏。而沉疴既解，报国心遑，匆匆入都，兹事未遑，盖至今犹若往来于衷，而不谓其重葺之已蒇厥事也。按淳庵书，是役之兴，不期年而告成，金石土木之工费四千缗。盖余兄若斋先生与淳庵率吾婿式亭，相与醵金于当路贤士大夫及同乡之好义乐施者，而淳庵竹林则首捐五百金为倡。逮公输不足，又解橐以总其成。余虽不克绍美云间，与同姓修撰相后先，而百余年间，光复旧迹，辉映来兹，江夏多贤，并垂不朽，其亦非时数之适然矣。余他日倘蒙圣天子福归老枌榆，日与兄弟亲戚重游斯地，溯旌阳净明之清风，景子真钓游之芳躅，卓今跻古，为乐无既，则淳庵之始终斯举，不且于余有厚幸乎？遂书此质诸侍御昆季叔侄，以复封翁而为之记。若夫由周而来，其间成毁代谢，前人志之详矣，兹不复云。

【说明】戴均元（1746～1840），字修原，号可亭，大庾（今江西大余县）人。乾隆四十年（1775）进士。历官翰林院编修、内阁学士兼礼部侍郎、礼部尚书等。据《南昌文征》卷一九录文。参见民国九年《江西青云谱志》《净明资料新编》。按，《青云谱志》文后署云："嘉庆二十年冬十月吉日泐石，赐进士出身、诰授光禄大夫、太子少保、礼部尚书戴均元撰并书。"

1022. 清·吴沣：创建三神庙记　嘉庆二十年乙亥（1815）

窃惟圣人以神道设教，凡以使民惕然于阴阳祸福而机械变诈潜消于无形，其有裨于人心风俗，非浅鲜也。喻邑分建各庙，俱极宏敞。惟天符大帝、火神、财神，向未崇大其庙。邑中好义之士踊跃捐输，聿新栋宇，颜之曰三神庙。其地居城之南，俯见城外烟火万家，远山近水环绕其间，以妥灵。方今圣天子运际昌明，道洽政治，民俗恬熙，而又以幽独之有鬼神而益不敢破度而败律。过斯庙者，其廪廪焉为何如！而风俗之益淳古，更当何如也！又况时和年丰，神降之福，歌舞太平，将未有艾。宰斯邑者，亦与有庆焉。余于岁乙亥莅任兹土，适遇斯庙落成，因乐而为之记。

【说明】据光绪《沾化县志》卷七载：吴沣，字东注，号艺园。嘉庆三年（1798）举人。历署江西新淦、高安、龙泉、乐平、崇仁、新喻等县，善决疑狱，凡事涉非常，上宪多委审讯。居家善事双亲，兄弟之间，怡怡如也。为文纵横驰骤，有苏长公之风，诗尤豪放飘逸，有《萝月山房诗草》。据同治《新喻县志》卷三录文。

1023. 清·黎茵：新修天符庙记　嘉庆二十年乙亥（1815）

岁甲戌，予开馆于虎瞰山之文昌宫。有胡君光云者，以诸同人合志新修天符庙序请，予既嘉其志而序之矣。迄乙亥，移馆缑山书院。缑山距新庙不远，而章君耀冈复以庙记请。予于是作而叹曰："甚哉！诸君子之乐善不倦。明作有功，乃如是乎？"夫昔先王之制祀典也，法施于民则祀之，能御大灾则祀之，能捍大患则祀之。天符大帝澹其鱼之灾，为往来舟楫之所便，可谓能捍大患者矣。

吾渝川向立帝庙于松关门之东隅，岁久倾圮，遗迹蔑如。厥后值帝生辰，仅奉神位于水府祠内。则凡爇瓣香而来祷祀者，虽有神像，究无专祀，甚非所以符祀典而昭灵爽也。至是诸同人始筮地于东关外之西偏、背城园内，可以立庙。但地系城东章君贤臣先生同伊侄懿行私业，必须捐助，始可辩方正位。诸同人爰向章君劝捐，而章君志切成美，亦遂慷慨乐从。其地除距城官基外尽行捐，诚乐助中之巨擘也。而诸同人自备资斧，洁己奉公，并能相与有成，亦近来不多得之事也。鸠工于嘉庆乙亥正月二十七日，为正殿两楹，东西序夹室、庙前戏台及两旁庑屋，胥位置得宜。落成于五月中浣，其一切栋梁榱角、砖石工匠之费，皆出自四方善士解囊相助者，计金不下千数百缗。《书》曰："我闻吉人为善，惟日不足。"斯善事也，予愿诸同人长奉行之，而福自攸归矣。爰志其事，以勒诸石。

【说明】据同治《新喻县志》卷十载：黎茵，字雅林，号芥舟，新喻（今江西新余市）人。贡生。幼聪颖，经史子集，靡不淹贯。曾主讲缑山书院八载，出其门者多知名士。为文有乡先辈风，尤长于诗，有《芥舟集》。据前志卷三录文。

1024. 清·汤之铭：回头山新建佑圣宫记

嘉庆二十二年丁丑（1817）

自太平发脉，迤逦东北行约五十里，华盖高撑，独立云表，遥与太平相向，曰回头山。其阳轩豁平衍，左右冈峦回护，状若椅然。中有茅丛，章真人尝修炼于此。已而植标茅间，循脉而上，直至太平。回顾兹山，如衡相望，此回头所由名也。向有庵祀真人，庵后茅丛处建塔，明季庵废而塔亦毁，遗像寄金钟寺。其山近为吾族汤氏世业。嘉庆年间，山中香火盛，远近绅耆咸愿输金，豫商吾族献基建佑圣宫，并邀予为主修，暨兄临全、弟跃如、侄敏迪，族仁周际云、位西，聂惠吉、执中、明达，冷舜瑞等共襄其事。凡宫殿亭台若干，周围房楼若干，宫前池梁石栏若干，岩口巡山神宇、钟鼓亭若干，规模宏敞，金碧辉煌，称一邑之钜观。工既竣，白诸令，令赠额曰"白日青天"，盖旌首事之能有成也。

予维自然真人善相山水，故终得太平而居焉，肉身香火至今，遗蜕俨然，尚存兹山。上有华盖，下有金泉，向常养真其间，亦必有恋恋不舍者。以是祷祀之家，其应如响，而香火于焉并盛。我先人幸得卜筑山之麓，长其子孙，藉仙人之庇荫以似续于无穷，则所以有事于佑圣者，固宜其奔走报效之不遑矣。

嘉庆丁丑仲冬月谨记。

【说明】汤之铭，字薪若，武宁（今江西武宁县）人。据同治《武宁县志》卷三三录文。

1025. 清·王士珍：重修玉皇阁记

嘉庆二十三年戊寅（1818）

凤凰山之有玉皇阁也，高瞻远瞩，气象万千。自建造以来，赫声濯灵，合邑共仰。顾乾隆年间修葺后，迄今又数十载，堂楹榱桷朽坏者多，金容亦黯淡矣。邑人陈茂节等矢一念之诚，倡议重修。于是集腋成裘，城乡士民莫不慷慨捐赀，襄兹义举，不数月工遂告成。余喜庙貌焕然一新，神灵以妥；又深嘉夫董其事者之勤劳，输其财者之踊跃也，遂为之记而勒诸石。

【说明】据同治《峡江县志》卷二录文。

1026. 清·吴名凤：重修城隍庙记

嘉庆二十三年戊寅（1818）

古者甃石为城，浚池为隍，以卫疆域，以资保障，神式凭焉。载在祀典，各邑建庙城中，虔申尸祝。奉邑独建于北郭之外、龙山之颠，由来已久。左则山势逶迤，右则川原缭绕，俯瞰城中，万家烟火，既庶且蕃，巍然一大都会也。相传神姓高，字如山。宋淳熙间作宰斯土，尝救灾恤患，减寿求霖。邑人戴之如父母，至今以重九诞辰演戏庆祝，示不忘也。夫能捍大灾御大患，殁而为神，理固不爽。宜乎庙食千古，俎豆维馨。无如历年既久，风雨飘摇，庙貌渐就剥蚀倾圮。

丁丑之春，邑绅士憬然动念，有志新之。请于姬前县，制簿劝捐，缀以弁语，并捐廉以倡。同僚亦各分俸。于是十二乡之勇于好义者争先解囊，惟归德一乡不与焉。鸠工庀材，不辍寒暑，旧者撤而新之，湫隘者扩而广之，头门内添设牌亭神马，大殿前构巍坊杰阁，回栏甬道，坚而且固。升十二乡社令于殿之两庑，配享攸宜；塑十二曹地狱变相于两廊，用示彰瘅。殿后寝室及僧寮，并左侧弥勒堂、观音阁，悉皆鼎新。右建厝屋七间，周围厚其墙垣，各处墁以砖石。庙后又买隙地栽松，以为护荫。一切规模，视昔宏敞。其仪门、戏台，捐自甘姓，官厅创于四绅，今仍后裔重修。是役共费金钱数千百有奇。经始于丁丑初秋，落成于戊寅嘉平。甫岁半，已丹垩辉煌，焕然一新。

余于去秋权篆新吴，每于朔望展礼后，目击董事诸君经营督造，夙夜勤劳，始叹奉民之奉神也必诚必敬。从此神灵默佑，岁稔人和，食报正未有艾。兹当众善信书丹，丐余一言，勒之贞珉。故乐叙其颠末如此，是为记。

【说明】 据同治《奉新县志》卷七载：吴名凤，号竹庵，直隶宁津（今山东宁津县）人。举人。嘉庆二十三年（1818）署县事。治狱兴学，政绩突出，乡民誉之为好官。据前志卷四录文。

1027. 清·李家宾：重修古丁仙观

嘉庆二十四年己卯（1819）

丁仙观，邑名迹也。《一统志》载丁仙为辽东人，不知“辽东”乃山名，在武宁县治东三十里青牛洞口。前志考之綦详，其地属安乐乡，其山自姑山蜿蜒而下，高峰之麓，覆如平阜，前有清流，映带上下，并环小山里许，居然村墟，缭以短墙。东汉丁令威实修真于此。丁尝过本乡六都之涯，偶遗其巾，中途登高遥望而得之，因以名岭曰望巾，名市曰巾口。又控鹤邑城桥上，士女聚观如堵，后人所谓看鹤桥是也。外此南山有台有崖，皆仙迹所经，其非辽东人益无疑。羽化后，邑人建观山麓，不知昉于何代，至今观前有古柏二株，大可数抱，相传为十六朝物。邑诸名宿设榻其间，往来留题，不下千百。近因栋榱日就崩颓，吊古者咸过而惜之。里人监生余梦熊等意欲重建，力薄不支，乃各出所有以为先声之倡，积岁余工力，始得一复其旧。嘉庆己卯冬告成，命言于余。余谓观之建也，本其里居，踵其旧迹，有视桥与台与崖而更重者，向独无人纪其颠末，抑又何也？是为记。

【说明】李家宾，字尚轩，武宁（今江西武宁县）人。庠生。据道光二十八年《武宁县志》卷三六录文。

1028. 清·严晖吉：罗坊城隍庙记

嘉庆二十四年己卯（1819）

去新吴县治六十里曰罗坊镇，为巡检分治地。故未尝有城，无城则无隍也，无城隍则不得有城隍神也。然《易·彖》不云乎？观天之神道而四时不忒，圣人以神道设教而天下服。是则神道足佐治天下者，权之所不及。而视都知国，视乡知邑。凡有功德于民者则祀之，礼也，亦法也。罗镇之有城隍祠，职有由耳。

考邑志所载，康熙十四年春，新昌土匪与义宁、靖安诸匪合掠进、奉两乡，焚劫无虚日。贼欲由罗镇以薄县城，竹溪诸生罗光亨等以罗镇为其祖祠所在，扼贼要害，与本镇衿士团练乡勇竭力捍御。贼每夜望见镇中神灯照耀如白昼，骇不敢近，卒未能东下。适观察李公奉檄调兵督同邑侯董君进剿，贼遂平。此则一方保障之明验也。其庙之设，则自乾隆乙亥。经前摄县篆临江通守刁公及少府程君督饬，进、奉两乡修建而规制未扩。历岁久，又为风雨剥蚀。少府嵇君先后治兹土十余年，朔望诣祠拈香，慨然有意修葺。会调去，未竟厥事。至嘉庆己卯秋，少府俞君受篆，乃合两乡人士而计之，捐俸以倡，乐输者踊跃，得白金千两有奇。于是鸠工庀材，且拓地基数弓，阅数载而向之颓然者今且巍然矣，向之茶然者今且焕然矣。而且庖湢有所，香火有资，其外围墙有基，一切经久之规以次而举。夫非俞君为民祈福之心切而善政感人之深，有如是之巨功伟观也耶？

夫驭天下者，权也，威福予夺之谓权。人亦神也，鬼道显，人道晦，识者所忧。《春秋》郑子产斥禅灶之言，内史过讥虢公之德，实与季良之规随侯、晏婴之论祝史相发。曩者余为丰顺令，每验要案，必诣城隍祠拈香，仿包龙图之意。逢雨旸，祈祷辄应。是神之在粤也，犹其在吾土也。今神以彰善瘅恶为权，足佐官斯土者所不逮，将使人心格，风俗美。而四序休征协应，秋冬之报赛以时，揆之圣天子神道设教锡福同风之旨，不适相吻合耶？俞少府精吏事，为政具有条理，惜未匝岁而代。而斯役也迄用有成，故于其落成而为之记。

【说明】据同治《奉新县志》卷八载：严晖吉，字君锡，号霁皋，奉新人。幼聪敏，九岁能文。弱冠补弟子员第一，成进士，授内阁中书。曾任粤东丰顺县、湖南巴陵县知县，均有惠政。据前志卷四录文。按，因文中未载落成之具体时间，姑系之于鸠工之时。

1029. 清·伍绍诗：重修黄堂宫内文昌殿引

嘉庆二十五年庚辰（1820）

自古圣人能有功德及于民，后之人思其德、溯其功，类皆俎豆馨香，尊为不祧。其所以彰盛绩而答神贶者，意无涯也。矧权衡禄籍，司科名，赫赫如帝君者乎？

松湖黄堂宫，许旌阳师事谌母祠也。基址宏敞，栋宇巍峨，晋代迄今，倾而复葺，废兴不知几易矣。其间为殿有五：面南者三清；三清之左，谌母居焉；并列母次者真武；其崇奉旌阳处，则与真武对；惟右与母对者，殿虚其一。因不禁慨然曰："吾乡不乏有志科名君子也。梵宫萧观，邀惠者不惜挥金；帝君为九天开化之神，尤士林所瞻仰，璇宫遍寰宇而斯土独遗，不无怅悒。崇德报功，是诚所宜汲汲者！"乙丑岁，集众绅议而建之，苦于力不能及，因将真君旧殿改为帝君行宫。历今又十余载矣，风雨飘零，昆虫蠹蚀，失时不葺，听其栋折垣颓，非惟无以妥神灵，亦吾辈所不安焉。夫修举废坠者，志士之心也；崇文重道者，儒生之职也。第念独力不堪举重，集腋易以成裘。爰是布告学士文人、耆英硕士俊彦，福缘预种，盛举同勷，修复之功，仍与创始等。庶此日美哉轮，美哉奂，丹楹绣栋，得瞻圣宇之重新。则异日游紫禁，步青云，并辔联镳，共沐神庥之默佑矣。是为引。

时嘉庆二十五年庚辰岁秋月。

【说明】伍绍诗，字近愚（一作字畊畲），新建（今江西新建区）人。嘉庆二十二年（1817）进士。道光间任四川营山知县。据《黄堂隆道宫志》卷一二录文。参见整理本《黄堂隆道宫志》卷一二、《净明资料新编》。

1030. 清·刘名谦：重修城隍庙记

嘉庆二十五年庚辰（1820）

国家设官，省郡州县有牧伯守令以司之。城隍亦然，其职与牧伯守令等，其秩亦与牧伯守令埒，盖幽明无二理也。溯自先王以神道设教，苟能为民捍大灾御大患者，咸列于祀典。而城隍与风雨云雷、山川同坛位，岁于春秋二仲戊日致祭，礼以少牢。又复建庙以祀，月朔望有司率僚属盥爇肃拜，或有祷禳禜禬，咸于庙是请。其为神也，显矣。

予邑城隍自前明洪武封显佑伯。庙为宋侯宏创建。后刘侯天锡修于正德庚午，黄侯应元修于万历壬辰，郑侯楚勋修于崇祯庚辰。入我朝，康熙壬午卢侯振先重修，乾隆癸亥耆民李大昌独力鼎新。迄今数十年矣，榱桷朽坏，几于风雨不蔽。嘉庆庚辰冬，钟侯麟谒庙，顾而愀然，曰："神与令表里阴阳，而庙貌若此，不惟无以妥幽灵，抑且无以壮观瞻。此守土者责也，盍新之?"爰集绅士劝捐，得金若干。用是诹吉兴工，勤垣墉，涂塈茨，其剥落者垩墁之，敝坏者完整之，后殿中楹，歌台廊庑，焕然更新。族叔鼎桂矢公矢慎，以董其役。壬午八月工竣，佥曰："善哉是举！微侯不及此。夫水旱疾疫，邑所时有也；夭扎死亡，民所深患也；亦惟赖神明庇护之，康济之，以登斯民于仁寿耳。是故敬神者未有不勤民，慢神者未有不虐民，相因而致者也。况寅恭迓祥，慆慢遘凶，理有不爽者。钟侯急急为此保障，吾雩继自今神人以和，因而兴道致治，其庶几乎?"侯曰："愿有记。"敬书此以复于侯焉。

【说明】据同治《雩都县志》卷十载：刘名谦，字六吉，号益亭，雩都（今江西于都县）人。岁贡。性耿介，廉隅自饬，非义之财一介不取。其教人，先品行而后文艺。道光三年，参与修纂县志。据前志卷一四录文。参见道光十年《雩都县志》卷三一。

1031. 清·周履祥：龙渊阁祈雨记

嘉庆二十五年庚辰（1820）

自古四载之乘，陆行以车。而后人通其用于水，盖昉桔槔之遗制，引江河而灌沟洫，有循环于不已者，故亦以车名之。

予莅万邑十三载，喜其土田肥美，风俗朴勤。第水厔山盩，时有小旱，所资以接济者，水车之力居多。今岁夏秋间，雨泽愆期，禾苗枯槁。予夙夜祇惧，敬偕僚属徒步各庙祷求，竟无灵验。因检邑志，郭外数里有龙池，前临大渊，深不可测，相传有龙穴其中。前令唐公祷雨立应，建阁为记，颜曰龙渊。此其可信者。且遍询耆年，对以龙伏渊中，涸其水则龙行而雨集。此不足信，而又若可信者。据此通谕居民，均踊跃从事，计水车九十五乘。予亲往督率，馈酒食以劳之，两昼夜水已去半。遣善泅者入，良久起，暑气方灼，乃谓其底水冷于冰，有洞如瓮，石嶙峋排洞口，不能直达。心窃异之，于是督车益力。俄而烟云四合，风霆交作，大雨倾盆而下。士民欢呼若雷，佥曰："至诚感神，愧弗敢当。"而志载不诬，即故老之传闻亦非谚诞，可见矣。归视向所经过处，见夫枯者渐润，槁者渐苏，益信神能造福一方，较之无为君、河伯使无多让焉。吉蠲致谢，濡笔记之，以见神灵之不可思议，而古人制器之善，其用无穷。勒诸贞珉，可备救旱之一策云。

【说明】周履祥，号鸬泚，临桂县（今广西临桂区）人。乾隆四十八年（1783）举人。嘉庆年间先后任靖安、上高、吉水知县。任万年知县在嘉庆十三年。据同治《万年县志》卷十录文。

1032. 清·黄中杰：创建痘神专祠记　嘉庆年间

神痘之说，起于宋代。而其神则道家《真诰》所称掌痘曹大仙姑，世所祠三神像皆隶部下。传闻如此，然载籍无明文。

吾尝见出痘之家，婴儿所居之室必洁不可秽，祀神必诚不可亵，违者辄有咎。婴儿口中往往自言仙姑来，仙姑去。为父母者齐心祈祷，其应如响。非传所云洋洋乎如在上，如在左右者乎？吾又闻岐黄家有痘疹原胎气与地气之论。夫人之生也，天命之性无不清明，而气质则不能有清而无浊，有明而无蔽。痘疹乃所以去其浊，开其蔽，使之昭质无亏，以适还乎清明之体而为之神者。亦即天地清明之气所为絪缊于两间，而以平造化之憾，以消斯人之疵累，使之共适于仁寿之天。其有功于人何如耶？《记》有之：凡有功于民者皆祠之。神之宜祠也固然。今人自始生至于成童，数岁之内，无贤愚贵贱，必皆出痘。出痘之时，必仗神以为之呵护。神之保赤子，何异慈母哉？夫保赤子如慈母，是真无人而不爱，则亦无人而不当敬以祀之，以答其贶；无人而不当祀，则亦无地而不当专以祠祀之，以栖其灵。

会垣诸神庙类皆备举崇饰，而痘神独阙如，心窃戚焉。适大庾戴若斋先生、星子项豫斋先生与余父有同志，遂相与醵金建修。前为大门，中为正殿，后为禅堂，通计十三间。四周以垣，基长十七丈，广六丈有奇。又东围墙外房屋一所，计八间。工既竣，某承父命及两先生意，列书乐助名氏泐石于壁，而为之记其缘起如此。若夫神之名号，载籍既无明文，转相附会，殊乖敬谨之意。神有功于痘，即以痘神奉之其可。

【说明】黄中杰，字俊民，号廉芝，江西南昌人。嘉庆七年（1802）进士。历官翰林院编修、御使等。据《南昌文征》卷一九录文。

1033. 清·阮复祖：广济宫记　嘉庆年间

图坪宽平坦衍，各寮相望，羽流仙客，多会于此。其间有广济宫，足供人游眺者，未易缕举也。盖自崇正乙亥彭义迩同其师贺圣献，自太极殿茶园庵来此首建道场，其后嗣而续之，代有其人，或建钟英草堂，或建两仪坊牌。宫之后卧云轩、独醒斋、宾月轩、漱芳轩，鱼沼花砌，各极其胜。宫之前正天中门楼，又有文昌阁。宫之内觉斯斋、青云楼，又有碧云楼、紫气楼、盘谷轩，一一可指而数，难言观止焉。是则开辟以来未有之境，一经能手之经营，遂使山之磅礴郁积与泉之雪飞雷响，俱各贡奇献媚于穹堂华屋间者，回环如集。出光景以精采，化臭腐以神奇，观者如置身琼楼玉宇之上。不然，则亦薮蛟龙穴狐狸之仄耳，又安能垂芳迹于百世，在在引人入胜者有如是也哉？

余尝游其地，心慕者久之。今道人赵体全偕其徒刘佐敏请记于余。余因志之，以见其据武功之胜，缅前代之遗迹，俨风流于如昨，不禁动人无穷之思云。

【说明】据增修本《武功山志》卷十录文。参见校注本《武功山志》卷十。

1034. 清·张光勋：箕峰元觉宫记 嘉庆年间

武功连接霄汉，其间远见层峦耸翠，状若金鼎，知为箕峰。余自山麓舍车而徒，望山之西南以趋，延绿递登，陂陀稠叠，林回谷转，云豁天朗，而是峰忽屹然吾前。仰视香炉，孤根耸拔，目穷千里，群山奔会；俯视云雨，皆在其下。转行数十步，环抱幽邃，宫宇巍峨，若与天近。甫入门，望峰顶烟云一缕，直上袅空，所谓炉烟之缥渺，非与？肃衣冠谒元觉宫，周行宫内，金碧辉映，黝垩尽饰。道人告之有明万历间郁真下、国朝顺治时聂崇见光复恢拓；今则逸道人疲精力以为此宫之外，左云房而右月苑。余曰：“明月白云，子固取之宫中而无尽矣。”西北则有元宗堂以妥先灵，源本之思，虽羽流有同情与？予于是而知逸道人重造之功为无穷也。旁有丹霞室，玉达所居，下有漱枕轩、会仙楼，则诚孚、奏孚所成，是皆踵而为之者。诚孚请余记之。余曰：“汝祖乃逸道人也，其修是宫，不亦劳乎！然汝祖盖劳其身而逸其心者也。《书》曰：‘厥父母勤劳稼穑，厥子乃不知稼穑之艰难，乃逸乃谚，既诞。’若汝祖者，吾知免矣。夫圣贤之学，是在乎人耳。吾儒穷理尽性，以希天而达天，则无时而不见天之正中矣。子学老氏者也，尚其从事，遗经以求其所谓修者，无使居心不净以滓秽乎大清。天在是矣，即正天中矣，异日之冲举上升，其自此矣。汝祖之额是门也，得无意乎？”遂记以勉之。

【说明】张光勋，号铭之，安福（今江西安福县）人。拔贡生。据增修本《武功山志》卷十录文。参见校注本《武功山志》卷十。

1035. 清·张光勋：行台记　嘉庆年间

行台何以名？自葛仙始也。东望白鹤峰，在烟云飘渺之间，意者仙翁至此，且行且止而憩息其中与？明司寇朱玉槎题曰“武功第一关”。其联云：“欲登绝顶朝天去，先向行台稽首来。”为之勒记于石，志不朽也。

余尝游其地，欲征其言不可得，盖是碑之湮没久矣。独行台自普立禅结庐而后，继之以性本禅，中间废兴代变。乾隆庚寅，洪流冲决，集云道人郁扩唐倡同郁向道、刘松梅、郁进贤、郁慕霞重修之，而扩唐功居多。迨至甲辰，又为水所圮，其裔孙李用存倡复之。吾于是有感也。夫天下之美境名胜，其山水之高深，今犹昔也。而其宫宇之钜观，与夫碑版之焕斓者，已忽焉如飘风抶电之不可复见矣。行台以数弓之地，居寂寞之境，历百千年而垣墉堂阶葺之者，代有其人，是冯夷所不能灾，蛟龙所不能坏，毋亦神灵经历之所，虽历久而不敝欤？抑盛衰兴废相乘之机，又皆系其人与时与？行台之地，其形似船，余坐其中，如在舸舰之内，四面江水环绕，汹汹有声。葛翁之神，宛在水中央，宛在水中沚，余能无溯游从之哉？道人以碑既不存，因请余记之。

【说明】据增修本《武功山志》卷十录文。参见校注本《武功山志》卷十。

1036. 清·张光勋：箕峰玉皇殿记　嘉庆年间

箕峰高踞万仞，其后圆耸，其前屏障，两旁如张两翼，开展空旷。玉皇殿居其中，正对香炉一峰，若御炉然。东寮在左，西寮在右，煌煌大观也。

夫上帝称天也，颂玉皇辄称元穹高上帝，然则玉皇即天也。天主宰万物，青苍旻昊，殆不可以形象求。而寺观中设像威严，冕旒龙衮，同于皇帝，则是天之上又有一玉皇。考之于星，北极之位，天帝居之，在紫微垣内。佐之者四辅两营，尚书柱史。天子当阳，百辟拱卫，盖法天以出治也。玉皇与北极，是二是一与？葛公之升天也，位为玉京太极左宫仙公，是辅玉皇以为政也。谓玉皇为天即天也，谓玉皇为北极即北极也。其凝旒注纩，端拱垂裳，一无为而治之象也。

箕峰崇其殿宇，尊玉皇于其中。盖葛公开道场于此，至今福庇群黎，四方之人祈祷不绝。而承宣布化，一禀玉皇之命；福善祸淫，初何尝偏私于其间？普天之下，固有共主；其在天也，宁独不然？是殿建自明洪武间道人周永定，迨国朝康熙时，姚崇飏来此振兴。今巨峰等又克振道风。余喜道人之能世缵其休，故为之记。

【说明】据增修本《武功山志》卷十录文。参见校注本《武功山志》卷十。

1037. 清·阮麟书：罗镜吴仙坛记　道光二年壬午（1822）

鬼神之说，圣人弗道，诚恐传其说者务为离奇诡异，将至于离经畔道而不自知。然神道设教，先王未尝废之。天时之谴，人事之愆，王政之所未及，惟神有以维持而调护之，则神之有功于人者大也。

罗镜之月岩旧有古庙，相传为豫章吴左房先生。先生长于诗古文，隐居不仕。其子某举孝廉，官闽县尹，殁后皆于此山为神。每逢灾祲，祈祷辄应，里之人敬祀之。岁庚辰，闽广疫气流行，蔓延至石，十室九空，道殣相望。医者乏术，不得已而乞灵于神，神降笔示药方，全活无数。又书警世文，令人传诵以解其厄，大旨谓人必尊君亲上，孝弟忠信，而后可以回天谴。神之觉世亦至哉！

夫天者，气也。天之相人，相接者亦气也。和气感于上则天降之祥，寒暑时，风雨节，群生茂育，百昌繁盛而嘉祥见；戾气乖于下则天降之殃，阴阳愆，时序失，水旱凶荒，疾病疠疫而灾沴生。说者谓天时之偶愆，不知皆人事有以召之也。虽然，物不可以久困，久困则伤天地之和而生气尽矣。故阴阳有消息之机，刚柔有变通之用，而剥复之理于是乎在。神也者，代天以宣化，即代天以立言，所谓妙万物而为言也。万物不能自育而听命于天，天不能自为而寄令于神，圣人不语神而未尝讳言神，神亦政教之所不废也。客有占箕者为余述神诗，松风萝月，涉笔成趣，其天机清妙，飘飘乎若列子御风，遗世而独立，殆诗之仙乎？余谓诗咏事也，不可以征实。神仙以救世为功，能除一切苦厄，斯称上乘，故有金丹灵药之说。今神之救世如此，则谓之神也可，谓之仙亦可，不必以其诗而仙之也。

《记》曰：能御大灾则祀之，能捍大患则祀之。神诚有功于民则扩其庙而祀之，固崇德报功之所可及而类者也。庙建于磜角，亦曰泉石寨，奇峰峭壁，虬松百株，左右泠泉与松声相赠答，侧有月石，光莹如镜。神之灵栖息于此，则以为雅风所寄也亦宜。庙为正厅一，前廊一，其上为仙楼，颜曰吴仙坛，著其氏也。肇功于道光辛巳之春，讫功于壬午之夏。基址为温益周嗣孙公输，其庙则十方鸠集而成，另有乐输碑记。麟书司训是邑，读其文，以为有关于世道人心，不可以其诞而忽之也，遂书之以为记。

【说明】 阮麟书，新建（今江西新建区）人。举人。嘉庆十九年（1814）任石城县训导，道光十七年（1837）任南康府教授。据光绪十五年刻本《道光石城县志》卷八录文。

1038. 清·陈云章：重建文昌宫碑记　道光三年癸未（1823）

圣王之制祭祀也，凡以为民也。能御大灾则祀之，能捍大患则祀之，非此不在祀典。自汉用方士，多为神仙怪诞之说，祀典乖谬，附会不经，无足信者。文昌帝君之祀，不知所自昉，或以在周为张仲，在晋为凉王吕光，五代为蜀主孟昶。又或据崔鸿《后秦录》《王氏闻见录》《太平寰宇记》，以为神张姓，讳恶子，其说益杂出无稽。要之御大灾捍大患，历代祀之，罔有不敬，有其举之，莫敢废也。

方今海宇久安，百灵效顺，文昌之祠遍天下。嘉庆六年，楚、陕、蜀三省以次就平，天子以帝君为蜀之神，归功佑助，特命直省郡县，每岁春秋二仲，仿祭关圣礼，并及三代，典制之隆，为亘古所未有。武邑文昌宫在县署东南隅，历年已久。道光壬午春，云章来宰是邦，甫下车，入庙展拜，见规模庳隘，丹漆弗施，甚非国家崇祀之意，心甚歉焉。退与教谕项君谋所以妥神者，而长乐乡上台舒生廷栋、廷弼遂以是请。经始于是冬，越今岁工讫，较旧广数十椽，约输费千余缗。堂庑庭阶，粲然具备，於乎盛矣！

夫修举废坠，守土者责也。云章奉职于兹二载矣，民生之利弊亦既略闻之矣，敬维国家崇祀之意，以为神之御灾捍患，匪直文教之宗，抑亦生民之福也。神之灵如水之在地中，无所往而不在，以利全蜀者利吾武，岂惟髦士邑人，民实嘉赖之。若夫以富贵利达炫耀天下，此则方士之说，非儒者所敢道也。舒生昆季能务其大者远者，故乐书其事，而发其大旨如此。

道光三年岁次癸未仲冬月，知武宁县闽中陈云章记。

【说明】据同治《武宁县志》卷三一录文。

1039. 清·文海：雩田圩龙王庙碑记　道光三年癸未（1823）

尝读《礼》而至祭法，一则曰“能御大灾则祀之”，再则曰“能捍大患则祀之”。凡以功烈在于民生者，即祀典之所宜不废也。况嘘气成云，云行雨施，明神之有功稼穑以救旱干者，不与山林川泽之能出云为风雨同功异位乎？此而崇祀，谁曰不宜？

余下车三载，士民之崇奉者绝少概见，此谷不熟为饥，菜不熟为馑，频年干旱所有洊臻也。今特立此庙，与尔民致斋焉，起敬焉，竭诚尽慎焉。半载以来，曰雨曰旸，早稻已经成熟；实颖实栗，晚禾将次丰收；此亦可谓明效大验矣。吾见鼓腹含哺，永为此邦称庆；崇墉比栉，亦惟尔众蒙庥。所冀俎豆常新，明禋弗替，既辉煌夫庙貌，复默祷以诚心而已。是为记。

【说明】文海，字静涵，镶黄旗汉军，道光元年（1821）任龙泉知县，次年调任，又复任。曾修《龙泉县志》。据同治《龙泉县志》卷一六录文。

1040. 清·文海：龙王庙碑记　道光三年癸未（1823）

盖闻天所不及施，圣人赞之；人所不能为，鬼神相之。圣王故制祭祀以为祈报，典至重也。我皇上利安元元，无微弗至，虽在边陲僻壤，有为民御灾捍患者，无不并列明禋。矧龙神能为风雨御旱干，尤宜庙食。

泉邑龙神旧无祠宇，仅祔于文昌宫中，礼则阙然，心常愓若。道光癸未夏五，始卜银山之回峰阁敬安神座，并肖神像焉。是秋岁则大熟，邑人士因感神之灵应，交相颂诵曰："使君事神，以召丰年，是诚爱我。"继而以回峰阁湫隘，不足以展诚敬而壮观瞻，乃复谋立庙以祀。予首捐廉为之倡，邑人士相与输金输粟者恐后争先。爰置屋于城西李派桥东，鸠工而改作之。工竣于腊月十七日，敬移神像安奉其中，躬亲享献，用牲币如礼，庶几神所凭依将在此矣。自今以始，崇如墉，比如栉，由此其基云。尔人士惟当益矢忠敬以为报，斯可以符瑞祝而迓神庥矣。礼成，谨记而勒于石。复作颂曰：

惟此邑之僻在山陬兮，地罕平畴。高难灌溉兮，常不逢秋。将穿凿为沟洫兮，无资财之万亿。何由霑足兮利稼穑？咨诹父老兮谢无术。惟神之灵昭昭兮旱魃驱，能为风雨兮泽频敷，高下咸熟兮多粟多稌。或忭于野，或歌于衢。爰立庙而敬卜兮，迓神灵于岩麓。刑牲献酒兮荐嘉谷，于万斯年兮调玉烛。神其来享兮，诒我民以多福。

【说明】据同治《龙泉县志》卷一六录文。

1041. 清·盛翘：老塔记　道光四年甲申（1824）

回头仙宇西北有桝茅，仙人于侧而立塔焉。父老流传，宋时章仙讳哲字权孙真人来兹修道，常杜息涸炼气余，束一茅若结绳状，刈茅，复生如故，乡前辈犹及见焉。国初邑庠生冷东日、隐君子汤武公、聂献瑞列先生倡修此塔。近今堂殿重新而是塔倾颓。岁游山下，白石居民冷舜瑞仝其侄显廷慨然为一己之责，爰请匠工垒石积土，越两月而告竣，嘱予为文以记之。如常仰真人之灵，而又嘉冷君竹林之好义也。

按，此茅予幼闻家伯祖季枣云："回头山有栦茅，形如笄撮，被冷受瑞掘至其家，用花钵养在天池，不数日槁矣。其家遭疫，将茅送栽原地，亦不复活。"予问祖母冷氏，亦云亲见，初生如栦绳，若五寸许，卷而成箍，又于栦内拱一梁，其杪仍从箍下而出。今塔前伯祖汉三道光二年壬午碑记乃曰："其仙迹尚存。"至道光四年甲申盛翘碑记云："乡前辈犹及见焉。"则栦茅之不存也可知矣。合观二碑记语，季枣伯与吾祖母亲见之言信不诬也。今日者掘栦茅去矣，仙迹无存矣。故特参考遗记，俾后之阅是碑者，知章仙不忘情于此地，而此地永为章仙攸居焉尔。

【说明】盛翘，字薪野，武宁（今江西武宁县）人。拔贡。乾隆五十四年（1789）就教职候选。据民国五年《太平山志》（广慧堂）卷三录文。参见《太平山典籍汇编》卷三。按，据所记内容，文章前一段为盛翘所撰，但应非全文；后一段按语，则应为山志编纂者所撰考辨性文字。

1042. 清·黄家礼：重建东岳庙记 道光四年甲申（1824）

帝王中祀山川，惟东岳神尊贵。考《河图》，泰山君姓圆名常周，以上秩视三公，自秦汉迄魏晋，封爵无明文。唐开元十三年，封神为天齐王。《传信记》又曰金天王。宋大中祥符元年，封禅礼毕，诏加号天齐王为仁圣天齐王；五年诏加上天齐仁圣帝，又诏加上东岳淑明后。元至元二十八年，诏加上天齐大生仁圣帝。明祭祀通例，令有司立庙祭山川，而东岳神之庙貌遂遍天下。

吾武旧志载庙在西郊，明正统间县令马公建，万历间县令朱公迁建于东郊。越今二百余年，守者亡，祭产仅存，而颓垣不治矣。坊市上舍卢照之妻节妇潘氏，上舍显祖女也，悯夫子不成名而没，翁姑老，一子继没，抚侄孙位贤嗣其后，艰难守志近三十年。适有以神庙待修告者，亟应之曰："顺礼修祀，报我丰岁，神之惠莫大，吾邑人将受庇无穷。幸有余资，足以蒇事，吾夫子之志也。"遂以其夫名重建，告守土，守土嘉许之。乃诹日鸠式，庙仍旧基，堂室厅廊，高敞加焉，计费数百缗。会邑志将告成，先事请记于予。

予闻苏子之言，神犹水也，无乎不在。矧泰山云雨天下，泽遍之矣。往岁公车北上，道经泰安，仰瞻岱宗，俨俨在望，惜未一登绝顶，尽天下之大观。而神之崇祀，名号赫奕，则尝得诸史传，固有司为民祈福者所不废也。顾节妇以名家女能知大义而成夫志，邑士大夫之事而巾帼行之，且与施金僧道、庄严仙佛者有间，予故乐为之纪其事云。

【**说明**】据同治《武宁县志》卷二三载：黄家礼，字挹吾，号立斋，武宁人。嘉庆二十三年（1818）登贤书，道光六年大挑，以教职用。初署新城，学士人德之，赠"馔堂化洽"额。继署高安，课士如新城。嗣补德化兼掌濂溪书院。道光二十三年引见候铨，留寓京邸。二十五年以疾卒。据道光四年《武宁县志》卷三六录文。参见同治《武宁县志》卷三二。

1043. 清·王雅南：重修城隍庙记　道光四年甲申（1824）

城郭池隍之建，以卫邑也；城郭池隍之祀，以保民也。明洪武初，定城隍神号，诏封为监察司民。自是郡邑各建庙宇，塑神像，具衣冠，俾神有所凭依，而后可施功德于民，以享其禋祀。其在《易》曰"城复于隍"，泰极之象。神无所依，民将焉保？然则庙貌之更新，金身之重塑，春秋祀典之恪修，邑有司暨士民均与有责焉。

康邑城隍庙建于县治之东，宋元以前无考。明嘉靖十三年，新创于陈君徕，莫学谕遗贤为之记。旋毁于兵燹。国朝康熙四十四年，重修于申君毓来，程学谕卫为之记。乾隆三十八年又经冯君杰倡修之，五十九年阖邑士民加以补葺，越三十年于兹矣。癸未秋，余莅兹邑。初下车，谒神像，见其墙址倾侧，栋榱折崩，为之恻然者久之。迨晤邑绅士，乃知上宪檄修县志，前任刘君绳武已与合邑议定兼修隍、武二庙，隍庙先择于八月二十九日开基。余闻之色喜。迄甲申仲夏，鸠工数月，墙基易以砖砌，门楼易以石柱梁，户榻瓦翎易以坚厚。自正前后，皆黝垩丹漆，焕然更新，神像重塑。庙门外左买地一块，深五丈，横阔一丈一尺；右赎回旧基一块，深五丈，横阔二丈。大门内各造厢屋五间。甫落成，嘱余作记。余深嘉邑绅耆乐输好义，肃恭神明，宜乎民和而神降之以福也。爰志数语镌于石，并制短歌为神祝焉。祝曰：

神之庙，临蓉水，寝成既安轮奂美；神之功，并社稷，除暴安良监察职；神之泽，遍吾康，固封守，和阴阳，千秋万世，享至治之馨香。

【说明】王雅南，河南光山县人。进士。道光三年（1823）任南康知县。据同治《南康县志》卷一一录文。

1044. 清·邬昭祥：重修三清殿记　道光五年乙酉（1825）

黄堂隆道宫面南者上清三清殿，创始不知何代，然而有其举之，莫敢或废也。况上清、玉清、太清，皆伯阳老聃一炁所化，海天日月，共著光华。吾人无日不含和于宇宙中，即无日不含和于法界中；而神圣庙貌，任其倾圮，所谓礼起于时者，奚取乎？

嘉庆丙寅夏，同里诸君子曾鼎力而一新。迄今十有五年，风斤雨削，又复目不忍睹。余为商诸同志，欲并谌母等殿踵增其胜；同志虽韪之，犹以小就是计。乃缘结善信，而乐输踊跃，所资得若干金，工鸠数载，即告成功。其在智者，则以台榭之措置得宜，而羡其清越也；其在仁者，则以殿庭之推阐尽致，而嘉其清远也。相观而善，与道而大，适在斯举矣！荐馨之日，住持黄本机向余请记。余不敢以不文辞，且乐其事之如有神助，爰觍缕口口纪不朽云。

道光五年乙酉岁秋月。

【说明】邬昭祥，字瑞元，丰城（今江西丰城市）人。优贡。据《黄堂隆道宫志》卷一二录文。参见整理本《黄堂隆道宫志》卷一二。

1045. 清·吴名凤：太平宫记　道光五年乙酉（1825）

太平宫在东林寺北，即庐山使者庙。唐曰九天使君之殿。宋太平兴国中，易名为观，道流数千人，皆崇轩华构。明嘉靖中，郡守钟卿送祀许真君像，由是远近朝礼者益盛。今稍稍衰矣而规模犹在，庭列璇玑玉衡，铸铁为之，下截形如覆甑，旁镌“癸未七月匠人张文造”。上截推之可转，中铁广厚径尺，上下四旁俱有圆翅，长半尺许，周围拱之不尽。其向下一翅与下覆甑枘凿相含如磨，脐然推之，圆转如轮。询之道人，则谓真人在施食台上炼丹时，用此窥测星宿，审定时刻。不识此语诚然否也。有铁釜以爨，大可煮米十余石。后重祀玉皇铜像，高几二丈，钟款皆前朝所铸云。旧碑皆毁于元，今无存者。出登诵经台，庐阜巍然，叠峰环绕，对而溪水横流，枫树苍古，洵名刹也。道士言钟鼓楼中旧藏蟒蛇，道流中岁有升仙者，人皆见为彩云拥卫而去，实则蟒蛇吐气吸去吞食耳。慧远、陆修静知为蛇怪，作法于蛇冈岭，斩之。蛇精魂不散，俟远公圆寂后，蛇附体更生，饮酒食肉，冀败远公之名以报复也。余笑谓今日之僧道，皆蟒蛇附体之远公也。众人为之绝倒。

【说明】据同治《德化县志》卷一三录文。按，据光绪《江西通志》卷一三二载，吴名凤于道光五年知德化县事。

1046. 清·曾兴仁：重修分宜城隍庙记

道光十五年乙未（1835）

道光甲午十一月，余奉命来宰分宜。下车日即祷于城隍，为合邑祈福。

旋乙未四月，农民忧旱，偕同寅默求转达，赐以甘霖，越日果雨。后数日以甘霖未遍，复祈如前，应之。谨按县志，庙为洪武初邑令张仁建。厥后修葺，皆邑令事。爰召匠役重修庙貌，涂以丹漆，加以墙垣。又于神栖之所建木栅长亭，视前此颇肃观瞻，士民亦咸欣以报神也。

夫城隍之宜祀也，诚以无事则捍灾御患，有事则卫民卫兵。都人士相与候禳祷祠，亦理势之不得不然者。故《礼记》大蜡八，水庸居七。庸，城也，水，隍也，说者谓即古祭城隍之始。嗣见于志乘者，汉有吴赤乌之年号，而《北齐书·慕容俨传》载俨守郢城祷城隍获佑事甚悉。唐诸州长史、刺史，如张说、张九龄、杜牧辈，皆有祭文传于世。后唐清泰中，遂封以王爵。宋建隆后，其祀遍天下。明初京都郡县，并为坛祭，加封府曰公，州曰侯，县曰伯。洪武三年去封号。二十年改建庙俱如公廨，设座判事，若长史状。迄国朝，则牧守县令朔望必皆展谒。偶有水旱灾疫冤暴，鞠跽拜叩，呼号祈请。凡以尊神，即所以为民也。汪龙庄云："神不自灵而灵于灵者之心。"熟味寻思斯言，良是。矧城隍处此分邑已享祀年久乎？惟愿偕我士民敬之尊之，崇庙貌而长新之，则保障庇倚，获福自无疆也。至旧有封号为英烈王，想亦前代遗封，明神必不藉此。

【说明】曾兴仁，字寿田（一曰号受恬），湖南善化（今湖南长沙市）人。嘉庆二十一年（1816）举人。历任宜春、广昌、崇仁、萍乡、分宜知县，江西甲辰（道光二十四年，1844）乡试同考官。在官廉勤自励，有惠政。工诗画篆隶。据同治《分宜县志》卷二录文。

1047. 清·姜曾：重修东岳庙碑记　道光十七年丁酉（1837）

《连山易》曰："崇山君。"夫山莫崇于岳，岳莫崇于东。故四岳见于《书》，五岳见于《礼》，而祀必从东岳始。孔子曰："帝出乎震。"震，东方也，盈天地之间，万物之所托，始莫先于东。故岳帝出乎东方，君临宇宙。庙祀崇乎东南，而尤盛于大江之西，明乎迎东方之气，遍斗牛之墟，以布德于斯土也。且我省垣内外东岳之祀綦繁，而永外之庙祀为最古，得地之方为最宜，人士之所虔敬为最众，宜乎庙貌之巍峨辉煌为最盛也。

庙起炎宋之际，若艮岳。始祀于道君，地处钟陵之乡，即汉贤唐檀之故址。建在城东，以迎东方之紫气，则盛德所基而资生不息；僻远阛阓，可避西来之尘嚣，则清净得所而安土无疆。所以出云雨，润苍生，茂对时育，恩覃士民，岂可一端尽哉？惟斯庙也，自宋以来至顺治戊子，遭兵燹圮废。未数年间，即有董中丞莅我西江，群祀未遑，独于斯庙先致意焉。捐资为倡，并饬谕捐修，载在志乘，尤为得所未有，足征岳帝声灵之著，亦见斯庙盛事之昭。凡我后人，聿绍前徽，乃为美善。迩者岁月弥深，雨洗风磨，鼠穿虫蚀，榱题不无损折，垣墙亦有倾坍。住持道人邹意定同徒任明性谋修理之。因曰："事难于创始，更难于成终。况意定在清江建置玉虚观，罢精殚神，情恐爪秃。幸明性经营拮据，不惮劬劳。尤赖诸方檀越虔恭明神，竭诚尽慎，解囊以襄盛举，劝捐以底成功。工起道光二年，迨今十有五载。庙貌巍焕，视旧有加，神佑无方，永观厥福。是宜汇举诸檀越芳名，勒诸贞石。匪惟俾奕世有所考，亦以俾百千万世功德与之俱永也。"意定之言如此，爰如其请而为之记。

【说明】据同治《南昌府志》卷四五载：姜曾，字怀哲，号樟圃，南昌人。道光二十年（1840）录优贡第一。性孝友，肆力于学，博闻强识，经史子集，多所考证，尤淹贯经籍。所居有巨樟一株，大数十围，宋元间物，尝构樟圃书巢于其上，藏书数万卷，日课子读书其中。所著有《姜樟圃文说》《南昌县志补》等五十余种。据《南昌文征》卷二〇录文。

1048. 清·林汉乔：重修新关帝庙碑记

道光十七年丁酉（1837）

道光十七年春，予奉大府檄摄篆靖安，每月朔望恭谒文庙毕，即诣关帝庙、文昌宫各所行香。往返一里许，远眺城外诸峰，苍翠欲滴；俯瞰天泽池，画阁疏棂，辉映水光山色之间，蔚然秀丽。池迆北则关帝庙在焉。庙有二所，其建于明洪武二十八年者，今谓之古关帝庙。今庙在古庙前，建于国朝雍正三年，重修于乾隆五十八年，阅今四十有五年矣。庙渐倾圮，神像剥落，顿失旧观。庙僧如欢以修复请，或谓塑像非古，宜易木主，且经久远。此事朝廷祀典所关，非吏民所得擅易也。文庙之撤像设主，始自前明嘉靖，议本于宋文宪而定于夏文愍、张文忠。国朝酌古准今，仍沿明制。故各省黉宫，咸遵京师定式。至于历代神庙，自秦以后，率多用像，史志而外，亦时时见于他说。如樊舞阳侯像，见于欧阳《樊侯庙灾记》；吴越王像，见于东坡《表忠观碑》；而金陵鸡笼山之功臣庙，塑像二十一人，则仿麟阁、云台遗意。其他忠孝义烈及有功德于民立庙设像者，未易更仆数。然或祀于其乡，或祀于其建勋效节之地，往往经数十百年，其庙既为废址颓垣，其像亦委诸蔓草荒烟而不可复识，盖传久之难如此。

伏惟关帝庙像，自通邑大都暨于山陬海澨，僻壤穷乡，人无不服其教而畏其神。没后至今千六百余年，享祀勿替而礼秩愈隆。国朝屡荷灵佑，敕封帝号。天下郡县，关圣帝君殿与文昌帝君宫并建，有司春秋致祭，日用上戊，祭仪陈设，一如上丁。道光七年，大兵平定西域，灵威丕显，渠魁就擒，天子特加褒锡，用答神庥，典至渥也。夫敬奉国家祀典以肃民志，朔望春秋趋跄瞻拜，长吏之礼也。重明禋，修废坠，不至因陋就简，以贻神羞，则邑士民之事也。爰命如欢出簿劝输，毋废前举。曾不逾时，急公者响应云集。经始于七月之既望，工竣于十月之初旬，丹垩建新，金碧交错。予喜其蒇事之速也，记诸碑以励来者。若夫关圣之大忠壮节，久已彪炳史册，与日月争光，毋庸后学词赞，兹不复赘。

【说明】林汉乔，字星舫，广东嘉应州（今广东梅州市）人。举人。道光年间先后任靖安、安仁、广丰知县。据同治《靖安县志》卷十三录文。

1049. 清·梁溥龙：重修逍遥山文昌宫记

道光十八年戊戌（1838）

西山万寿宫之有文昌阁也，自嘉庆六年始。是年修许真君殿有余资，因建阁以奉梓潼帝君。惜费约材廉，不能垂久，未几而岿然在望者渐归零落矣。

阁后有学舍数楹。曩丁亥岁，予授徒其中，目睹零落日甚，朝夕恻然，欲修整而无由也。适胡公左轩与予同志，方商敛金补葺，寻以重修真君殿而止。迨真君殿告竣，功难旁及，而阁之坍塌已极，败瓦颓垣内，帝君肯于此而栖神哉？夫真君拨乱以武，帝君扶治以文，功德兼隆，并祀原无容废；乃真君之殿宇式昭，而帝君之凭依无所，祭神如在之谓何？仁人君子，目击心伤，其何抒忱乎？

去年夏，宫内道长邹永榜、喻圆森等，遍请众绅士会议重修，佥踊跃称善。时州司马胡听芝先生慷慨急公，备资倡首，各绅耆竭力劝捐，众善信解囊相助，爰以所得费金，择吉兴工。经始于丁酉秋月，落成于戊戌春月，阅七月而焕然一新。阁改为宫，易成重建，盖以宫宽而固，不等阁高耸而危，久远可图而规模且益壮焉。是役也，度地相材，筹划精当，鸠工督匠，总理殷勤，俱听芝力也。余忝步后尘，谨就建立之所由，以志其缘起如此。

董建首事胡执佳、胡执修、胡执椽；募缘首事梁溥龙、邬振初、胡执佩、万暄、胡际盛、夏蕊煃、喻时泰、涂清远、梁濡龙、邬炳元、梁寅、邹汉宫、涂里腾、胡执愿、李泰来。

【说明】据《黄堂隆道宫志》卷一二录文。参见整理本《黄堂隆道宫志》卷一二。

1050. 清·包世臣：新喻葛仙坛记　道光十九年己亥（1839）

渝邑多山，最高者莫如百丈峰。上有仙坛四所，惟葛仙坛尤著。邑志载坛旁有炼丹井、飞来石，谓即葛仙之遗踪也。考仙为丹阳句容人，居罗浮，与南海太守鲍靓善。又尝为广州参军，准诸地望，江南之入粤者多由临江，则其说近似也。庙宇创自前明，历年既久，墙栋颓坏。东乡之好义者捐赀葺治，因故为新。适予摄宰是邦，绅士请为之记。

予惟地以人传久矣。仙翁当晋大安中，尝为将兵都尉，后加伏波将军，屡立战功。乃以时值流离，不获大用，隐居专书，自附文儒。读《抱朴子》内外篇，多言神仙方药之事，故世称为道家。然仙尝曰："山林之中无道。"又曰："七尺杖术，是不急之末学。"是不徒欲以列仙见称者也。然而往迹之系人怀思，有贤士君子里居第宅，数百年后化为荒烟蔓草，有心者凭而吊之，犹欷歔不能已。况以仙之精诚，皎然不磨，徒使洞崖古迹悠悠千古而庙宇无存，其可乎？爰勒之石，谨志其成，庶谒斯庙者知所景仰。其首事及醵赀姓氏，例得附列碑后，使后世有可稽考，庶得以永此名胜云尔。

【说明】 包世臣（1775～1855），安徽泾县人，清代著名书法家、学者。嘉庆十三年（1808）举人。道光十九年（1839）任新喻知县，有惠政。工诗文、书画、篆刻。据同治《新喻县志》卷三录文，题为整理者所加。

1051. 清·佚名：整修清都观乐助碑 道光二十年庚子（1840）

整修辅顺庙、清都观（下缺）。辅顺庙，董自有宋。中祀匡仙王□□威远侯。清（下缺）力者倮□□所谓天工，人其代之。迄□□有（下缺）不足以至□□山久□乐输，罔闻俾神□□□□止是（下缺）匡仙王、威远侯□□□□□风雨妥神灵□□而清都（下缺）鸣和即生斯地者，理学忠□□不能屈，若欧阳鉴臣、周益国（下缺）乐助。有力者大书行书，无力者上书劝书，庶□□致□规□（下缺）

谨将乐输芳名开列于左：

天灯会助碑石一□；萧读书堂助钱三千二百；曾中和堂助钱二千四百文；胡庆远堂助钱二千四百文；曾华亭助钱二千文；刘传恕助钱二千四百文；廖敦本堂助钱一千六百文；萧际亨助钱一千六百文；曾述怡助钱一千六百文；萧五有堂助钱一千二百文；刘贻远堂助钱一千二百文；萧显荣助钱一千二百文；易宗康助钱一千二百文；曾尧任助钱一千二百文；吴孝友助钱一千文；罗永恭助钱一千文；尹敦崇助钱一千文；曾三□堂助钱一千文；萧茂壹堂助钱一千文；余庆堂助钱一千文；萧天礼助钱一千文；胡大彬助钱八百文；胡

大桂助钱八百文；曾尧位助钱八百文；萧宜苐助钱八百文；上官体仁助钱八百文；张清河堂助钱八百文；阮崇德堂助钱八百文；谢东山堂助钱八百文；钟崇德堂助钱八百文；刘□□堂助钱八百文；曾致和堂助钱六百四十文；刘三乐堂助钱六百四十文；朱端正堂助钱六百四十文；萧国□助钱六百四十文；刘正隆助钱六百四十文；萧官仕助钱六百四十文；朱裕兴助钱六百四十文；□□铨助钱六百四十文；□□□□□□□□；彭□□□□□□□□□□；李崇□□□□□□□□；王前店助□□□□□□□；成泰店助钱四百□□□；陈位楚助钱四百八十文；曾以远助钱四百八十文；孙以标助钱四百八十文；杨忠义助钱四百文；曹义位助钱四百文；孙有庆堂助钱四百文；萧怀德堂助钱四百文；任承志助钱四百文；曾守身堂助钱四百文；朱培元堂助钱四百文；刘□□堂助钱四百文；郭舜□堂助钱四百文；刘舜公□助钱四百文；罗本善堂助钱四百文；（下缺）张□□□□□□□□；萧国□□□□□□□；易师□助□□□□；萧登远助钱四□□；文志桂助钱四百文；杨峻捷助钱四百文；杨峻梁助钱四百文；悦来馆助钱四百文；钟尧德助钱四百文；萧俊芳助钱四百文；（下缺）范明□□□□□□□；刘信□□□□□□；添顺□助钱□□□；王德□助钱三百□；钟祥连助钱三百□；钟秀川助钱三百文；□□□助钱三百文；□□□助钱三百文。

首事：萧国护、萧宜万、曾启球、曾述柱、张恭效。

道光二十年岁次庚子之吉，莲衔逸叟罗秀璜、进德、刘益龙。

【说明】 碑现存于吉安县永和镇清都观。青石材质，高 1.24 米，宽 0.78 米，厚 0.03 米。略有漫漶。据《庐陵古碑录》录文，格式有改动。

1052. 清·廖连城：船埠滩双庙记

道光二十六年丙午（1846）

船埠滩在万山之中，其水自天井栏山发源，至此与高岭黎源水合流，可通舟楫，商贾集而成市。双庙者，左为天后宫，右为万寿宫。家君于道光乙已倡首捐建，迄丙午春竣工。是年城以优行贡成均，回里日，里人置酒邀饮于庙。一人言曰："君不先不后，贡于庙成之日，其为尊翁倡建之报无疑。"城对曰："君言过矣。庙成之也，诸君助赀助材与有力焉，神何独福我家为？夫避祸徼福者，人之欲也；福善祸淫者，天之道也。神天之功用，依人而行，故淫祀无福。"其人曰："如君言，则不可求福于神乎？"城曰："又非也。《诗》云：'恺弟君子，求福不回。'《书》云：'鬼神无常享，享于克诚。'所谓克诚者，非奉馨香、丰俎豆之谓，乃求福不回之谓也，不回则神降之福矣。"曰："何谓不回？"曰："孔子曰'思无邪'，孟子曰'强为善'，人能以是求福于神，是谓不回；不回则心正身修家齐，神之所福也。故曰：'积善之家，必有余庆。'若徒奉馨香、丰俎豆以媚神，神必吐之，何福之能得？"时闻者皆唯唯。归为家君述之，家君曰："汝言足以解世人之惑，宜记之。"于是乎书。

【说明】廖连城，字明亮，号荆山，万载（今江西万载县）人。同治元年（1862）举人，曾任湖南新化知县。据民国《万载县志》卷一二录文。

1053. 清·黄爵滋：重刻《逍遥山万寿宫志》序*

道光二十七年丁未（1847）

岁丁未，丰城刘芳于广东为豫章会馆总首，以其同人捐赀重刻《玉隆万寿宫志》，邮书其子名奂者，肄业豫章，为予门下士，请序于予。

予考玉隆之祀，肇于唐之贞观而盛于宋之政和、元之元贞。祀之有志，创于元之炼师熊君常静，广于我朝雍正初之程君以贵、熊君益华，而定于乾隆初之丁君汉青、郭君云崇，迄今百年，此本仅存，表而著之，厥功伟矣。于是察其星野，稽其舆图，光耀统于元枵，郁葱萃乎乌石。玉册敷文，铁符纪绩，净明之教永垂，妙济之功不坠。夫云雨之泽，不限以方隅也；日月之照，不囿以尺寸也。然而瞻庐岳者知崇，泛宫亭而思广，近之不睹，远将奚及？观夫闽峤尚有天后之书，齐云则有元帝之纪。予尝过其地而阐其故，览其物而通其神，况忠孝所存、枌榆是述者乎？或曰：“是则然矣。顾黄龙白云之授，丹阳元气之传，果有当于征信乎?”予曰：“古称聪明正直为神，御灾捍患则祀。子不读胡俨《功德碑》乎？其祀许君也，曰民物奠安而已，非为其嗜神仙修炼之术也。故以韦君配之，而曰神功休德，同垂不朽。嗟夫！旌阳既不复生，乃若为民去害兴利，殚厥心无遗佚如韦公者，世亦罕觏。读斯志者，感慨系之矣。”

赐进士出身、例授光禄大夫、前刑部左侍郎、稽察右翼宗学宜黄黄爵滋谨序。

【说明】黄爵滋（1793~1853），字德成，号树斋，宜黄（今江西宜黄县）人。道光三年（1823）进士，授庶吉士。历官翰林院编修、刑部左侍郎、左副都御史等。有《黄少司寇奏疏》等。据光绪本《万寿宫通志》卷首录文。参见整理本《万寿宫通志》卷首。

1054. 清·程矞采：《重刻逍遥山玉隆万寿宫志》序*

道光二十七丁未（1847）

豫章省有《通志》，十三郡各有郡县志，又有《庐山纪略》《秋屏阁记》《江城名迹》诸编，皆志乘之属，具揽乡邦诸胜。而逍遥山玉隆万寿宫未见专集，奚以备掌录、考仙灵？往年余抚粤东，曾询于会馆首事运同邹君之琼，知刘君芳旧藏此志，以岁远湮没不获重修为憾。及丁未冬，邹君书来，则已偕同人捐刊原本，寄余滇徼而请为文。

爰稽宫之崇祀许旌阳真君由来最久。旌阳以明德之君子成圣神之功化，名禋大业，炳耀寰区，尚矣。而正史未详，佚见他说。曰逍遥山者，东晋《纪》谓同时郭景纯为真君相宅，即今在西山之阳者是也；曰玉隆者，《度人经》称三十二天，有大释玉隆腾胜天，天帝往来馆于此者是也；曰万寿宫者，明世宗初易铁柱旧观之名，赐号灵佑祠，以岁祝天子万年者是也。玉隆肇祀于唐贞观，至宋政和、嘉熙尤盛。迨元元贞间，熊羽士常静始作为志。

一修于我朝雍正癸卯，再修予乾隆己未、庚申，早已泐为成书。然自庚申迄今又百余载，枌榆社远，梨枣灾生。韩子曰：“莫为之前，虽美弗彰；莫为之后，虽盛弗传。”微刘君世守缥缃，捃拾故纸，则残篇断简，何能流播万里、传观至予？予公暇，辄为竟委穷源，举若图绘国典，若里居宫殿，若山川、人物、艺文、轶事，使《南岳小录》《洞霄宫述闻》不能专美于前。执此卷，几叹观止！顾刘君犹抑然自谓未尝损益一字以失作者之实，并不敢居述者之明而学亦进矣。夫圣贤立言教人，取则忠孝至理，振古为昭，其附会虚无，有尽信，志不如无志者。则但曰御大灾，捍大患，千秋祭法所宗；崇德报功，亦三代斯民之直道而已矣。抑又思真君特区区百里长，作吏一隅，泽流奕祺在当日，蜀中治化，遗爱犹存。而千百年几筵俎豆，雍雍肃肃于六合之内、九州四海之遥，殆《中庸》云“至诚能化”、《孟子》所称“圣不可知之谓神”者欤？故凡西江省志、郡县志，纪载灵爽且附以传，复何疑于斯志之永垂不朽也哉？是为序。

赐进士出身、诰授光禄大夫、兵部侍郎、都察院右副都御史、云南巡抚兼署云贵总督、前任漕运总督、广东巡抚兼署两广总督、江苏巡抚兼护两江总督、军功随带加二级记录十二次新建程矞采谨撰。

【说明】程矞采（一名新胜，1783~1858），字蔼初，号晴峰，新建（今江西新建区）人。嘉庆五年（1800）举人，十六年进士。历官至云南巡抚兼署云贵总督。据光绪本《万寿宫通志》卷首录文。参见整理本《万寿宫通志》卷首。

1055. 清·徐承禄、杨承广：太平祖师述录原由

道光二十八年戊申（1848）

祖师姓章，讳哲，字权孙，广惠其道号也。世居江西省武宁县顺义乡三十五都石门大族仙潭坳家。其父克端，母曰陈氏，年四十无嗣，祷于本邑玉清宫。夜梦玄天上帝，恍见金星坠地，感而有娠，于大宋宁宗三年壬戌岁二

月十九日赋诞。祖师幼时好神仙，慕修道，孝亲敬长，不敢臾离。至二十七岁时，双亲见背，而后选到本邑丝罗山。此山有一黄杨宝树，生得天然如椅，祖师盘桓其上，修神服气。有时离坐，采药于三仙坡，得异人传授，修炼铅汞，不觉智慧神通，道合天地。再至武当山，会合武当祖师，委身受度三载，竭力从辛，辟谷吞丹，餐松啖柏，受药传符，利人济物，身外有身，变化无穷。宋理宗六年甲午岁，祖师三十有三，游湖北广济县，遇吕岩祖师传授秘诀，嘱咐有书云："后当座武邑丝罗山，开基创业，护国佑民，此玄天之诏命，亦天赐之道场也。"理宗二十六年，祖师五十有三，游九江石板江，寓义父石公家，飘然羽化，解壳飞升，异香簇鼻，数日不息，人皆骇异。石公见真君身有囊书云："登丝罗山为庵。"即着族侄九模祀奉香灯，令十余人抬送祖师仙体至庵，报县主。县主将原由详请宋帝，敕封自然灵应真君。存玉躯，双瞳炯炯，仙骨姗姗。于是吴楚人民纷纷朝谒，灵威赫赫感应十方，各发善心，修造宫殿。至大元皇庆二年癸丑岁，祖师化身医太后之疾，应效如神，不受礼谢，乘云而归。帝忽省悟，感其有功于朝，宠赐诏命，敕封天乙佑圣宫自然广惠真君，父封圣父，母封圣母元君，钦赐金钟玉炉，命汪侍郎解送以镇名山，匾敕书"佑圣宫"。至大明成化帝时，丁亥春因助战有功，钦书"通真宝殿"，改丝罗山为太平山，加封太平护国天尊仁天教主。迄今数百年，形骸不改，香火不失，愈久愈灵，愈感愈应，斯真千古活佛、万世真仙也。爰述其原由，刊于石碑，以垂久远云。

自宋、元、明以来，接派创兴者章道洪、程如心、程殷周、徐复心、徐悟玄、胡平山、胡明禅。前清初复兴者汤玉济、潘九仪、陈幻杰、胡贤符。

前清道光二十八年戊申，三十二代远孙、万福宫派下羽士徐承禄、杨承广仝立。

【说明】徐承禄、杨承广，为太平山道教广惠派三十二代道长，属《太平道谱》所列传承顺序"承"字辈。据民国五年《太平山志》（广慧堂）卷三录文。按，原文有残缺，据《太平山典籍汇编》所收《太平山志》卷三补。文中记述了太平山广惠派创立者章哲之生平事迹及广惠派传承历史，具有史料价值。按，从文中"前清"之表述可推知，本文应为民国时编志者所述录。

1056. 清·熊镜心：重修铁柱宫记 道光二十八年戊申（1848）

神仙之道何昉乎？《艺文志》以为始于泰一，盛于伏羲，与《素问》合，盖得之矣。史称伊尹负鼎见汤，语以素王及九主之事。所谓素王，即泰一也；九主者，开辟九皇也。其后宣尼亦称素王，盖泰一开君道之宗，仲尼开师道之宗。圣集大成，知我其天，此之谓矣。自宓羲兴神鼎一，黄增为三，禹增为九。禹命彭祖司福地，鬻熊司洞天，故仙家极尊神禹而九鼎为重器。西周之盛，公侯皆有鼎，故鲁有崇鼎、贯鼎、郜鼎。至春秋，大夫士皆得作鼎以自夸耀，然知炼鼎之义者盖寡。惟我尼父，天启斯文，问秦冉得三代柱下之藏，访苌叔得子晋王宫之秘，独提密要，转授诸贤。丹道二十四品，炉火七十二家，文章性道各开户牖，经通六艺教外别传，后有作者，勿可及也已。盖百王礼乐文章至春秋而备，然末流之弊，庸俗谬解，亦不可胜纪。尼父遂删定六经，独存精粹。盖曰经明则百代皆可明，此简易法也。厥后老增祝，庄增论，能仁增律，皆以发明六经之奥。然说愈多而歧愈出，故汉代六经七纬之说，立门户者数十百家，凡一切庸陋错伪之解尽称经术矣。

盖五百年吾伯阳出而经学一治，专提三《易》以贯六经，作《参同契》演其旨，盖曰《易》明则六经皆可明，此又简易法也。于是博士九流争趋于《易》，道士符谶之诞，禅僧翻绎之讹，星日、堪舆、方药、房中、卜筮之琐细，六壬、奇遁、太乙之拘忌，辞赋奇字之生涩，阴谋、机智之诡僻，一切苟且以就功名之路者，纷纷皆托于《易》，《易》学一途遂碎裂而不可问。

盖五百年吾旌阳出而《易》学一治，专提鼎卦以贯篆象，作《铜符铁券》及《石函记》，又为《神丹秘范》演其义，盖曰九鼎明则全《易》皆可明，此又简易法也。于是儒学方士又争趋于九鼎之论，一切摹拟比例、伪妄无理之说，假炼五金七十二石耗费日力之术，提罐做手、诓诱伪丹之变，纷纷并出，其痴愚无识者遂疑以鼎喻心，实无烧炼一法，又至流于放佚狂荡而不可制。

盖五百年吾纯阳出而鼎学一治，故以清净为天元，以铅汞为地元，以阴道为人元，盖曰三元明则九鼎之义皆可明，此又简易法也。然而言清净阴阳者，高者认为语录、坐讲、墨艺之剿袭雷同，下者流为缩阴具、调鼻息、吸舐，为符篆、咒诰、梅桃、金火、二七之执拗拘忌，甚者流为锦身采战、炼乳吞铅之顽劣污浊，遂至皆谓无外丹铅药之说。

盖五百年吾紫清出而丹学一治，单提地元铅砂之术，作《地元真诀》以显宗旨。凡六经九流、四库三藏、四辅三洞之微言妙义，无不综核，累累如贯珠，而总以地元丹鼎为宗极，盖与旌阳为千岁之符合矣。

曰："然则旌阳与孔圣之道同乎?"曰："人之神识不昧，随世运受生为转移。昔禹会诸侯为万国，汤简为三千焉，武又简为八百焉，此君臣三大都会也。仲尼以布衣养士七十而外得三千人，能儒简之得千二百五十人，旌阳又简之得八百人，此师友三大都会也。盖至万侯皆续生为帝王而君运终矣，三千子皆续出为儒佛而师运终矣。《列子》以黄、孔并称。先哲云：'漫羡轩辕当日妙，后来许逊亦同归。'即称旌阳为仙学宫墙，无不可也。且《郡志》述旌阳铁券辞曰：'吾上升去一千四百四十年后，当有地仙八百人生于其间。'自宁康二年至今，以其时考之，意在斯乎？意在斯乎？铁柱故宫，轮奂重新，盖适应其兆矣。"

曰："然则宋儒理学之旨通乎?"曰："朱子力求参同，间架作料而为注释。伊川称桶匠曰：'《易》道在蜀。'解'亨于西山'，直用鼎卦'大亨养贤'之意，此即《易》重一斤之说也。又若明道佛脐衔书之炼，文正渔庄邂逅之传，与真西山求为玉隆宫提举，皆其明证，焉可诬乎？汉儒六经分科，至旌阳而集其成，以经术授孟嘉，嘉授陶潜，潜称为纵心独往者也。史称许掾曰征君，讳询，字元度，仙格最高，以诗宗庄老大家。其称高明大使，本《中庸》也；其称九州都仙，本《尚书》也；其称净明教主，本《南华》也；其称天医，本《素问》也；其称灵剑子，本《六韬》也；其称净明天，本《大明度经》也；其称玉隆宫，本《灵宝经》也；其称旌阳子，本《尔雅》也；其称左府，本《官礼》也。论明堂，取诸三《礼》；论圣石，取诸《山经》；论福主，取诸《箕子》；论石函，取诸《广成》；论逍遥，取诸《蒙庄》；论自然，取诸《阴符》，可谓博综经纬，得其旨趣者矣。旌阳又与仙徒分掌十二都会之教，亦犹孔圣命诸贤分教列国也。仙徒十哲，象《论语》四科也；吴、郭转事为师，象诸贤中列秦冉、商瞿也。于是白云教主吴君、三天教主曾君、孝举教主陈君、清静教主周君、紫庭教主黄君、公阳教主钟离君、道德教主时君、道微教主盱君、武阳教主彭君、太玉教主施君、华阳教主甘君，分为三十六坛七十二靖，各有著述传世。其师承所自，则吴君先得《易》大儒丁义之传，以授许君，即丁宽也。后谌母妙慧元君以兰公孝道之传授许君，即高氏《易》，兰陵母将永也。兰公得卫宏康伯中之传，即先贤公肩定子中是也。石函本黄帝所作，传至旌阳而作记，不独符契合乎《阴符》，秘范合乎《禹畴》也。旌阳诗云：‘黄帝乘龙升紫微，七十二臣皆羽客。’盖与《礼运》四灵之义同矣。”

同乡前辈人士邀福于乡先生真君之灵，新修玉隆殿宇，一准旧制，庶乎铁柱神宫，永为神仙会同之地，与各省镇市会馆共赋翚飞，同瞻鹤驭，仙府宗盟，端在是矣。诸杖者以镜心素好旌阳之业，属为之记，以助兴起。遂述其缘法如此，庶几后之作者，将有感于斯文。

道光二十八年戊申孟夏月吉旦。

【说明】熊镜心，南昌人。道光十七年（1837）举人。咸丰九年（1859）任瑞昌教谕。据光绪本《万寿宫通志》卷一五录文。参见整理本《万寿宫通志》卷一五、《净明资料新编》。按，文后原有注云“抄铁柱宫碑刻补入”。按，南昌铁柱万寿宫于2014年启动重建，2021年7月建成并正式对外开放。宫中存立此文原有碑刻一块，经对比，文字多有省略，不知刻于何时。文后尚刻有书写者、参与重建之绅士及首事者姓名。

1057. 清·卢𧫴：创建财神庙记　道光二十八年戊申（1848）

何以聚人？曰财。财者，众之所资以为生也，不特金玉货贿为财，凡五行百产之英华可以供人之用者，无之而非财。忽焉自无而之有，忽焉自啬而之丰，此必有神焉以司之。神固物产之精气也，气至而财为之至，气羸而财为之羸，随在潜鼓而默荡焉。庙而祀之，宜也。顾凡物皆天地所生，其神当属诸天地，则何神焉而不然也。谷之神有稷，帛之神有蚕，谷帛非天地所生乎？天地不自以为功，分寄其神于各物，各物咸自致其功，共效其灵于天地。矧财者其气魄足斡回乎替运，其力量足振起乎穷黎，踞者可舒，槁者可润，窘者可填，仆者可立，生人之命于是乎在，顾可无以祀之乎？

万载旧无专祠，商家多即店为龛。以财之隆隆而起也，邑人士谋立庙相奉。道光二十四年于城内福寿坊购屋数椽为之基，二十六年始塑神像、建亭屋，二十七年创起歌台，二十八年扩院宇、焕门闳，规制大备。其地川流萦绕，象财之源源不竭也；峰峦层迭，象财之积累靡穷也。每逢报祀之际，华灯灿烂，笙管嗷嘈，人喜而神亦欢焉。余尤嘉其凭虚而起，初无一金之藉，诸首事经营拮据五载而后告成，而其所合之赀皆四民乐输之羡余，非其义毫无取焉。于此见生财有道，临财又复不苟，神之所以式凭而财所以日盛也。俗传神为赵姓，昱其名，大将军其封号，在隋有斩蛟事，其说无稽。又传四月某日为神诞生，此则尚有说焉。南风所以阜财，四月南风之时，正财物初生之候，即以是日为神诞日，无不可也。庙成，因邑人士之请而为记。首其事者辛基琇等，例得并书。

【说明】据民国《万载县志》卷五载："卢禵，泸溪举人。品行端纯，学有根柢，先后为万载训导，士林尊仰。绩学能文之秀，类皆受其熏陶。束修之行，几不能以自给。自题学署门联：'执经庑下思传钵，问字阶前看结绳。'盖旧学门外有结绳及卖钵者，可以想见雅人深致。"据前志卷一二录文。

1058. 清·姜曾：永和石记　道光二十九年己酉（1849）

翀道观在南昌东乡麻邱市东里许，乃晋黄真人仁览修道胜地。黄为许真君逊之高足弟子且婿也。观有三清殿，殿有三清台，台高七尺余，石砌坚厚，多历年所，并无颓损，人以为仙灵阴护之力也。

道光二十九年洪水异常，穿山越岭，浸田漂屋，不可数计。观淹倒，台亦倾颓。中有巨石，轩露于外。深刻大书“永和二年”等字，形迹宛然。按穆帝号永和二年丙午，迄今千五百余年始得流露，适予辑金石入《南昌补志》，得此允为快事。兹临胡翁霁峦语及此事，属拓数纸用冠《补志》之首，已见诸矣。翁高田人，年八十三，居近观台，老成典型，征文考献，于是乎在。书此以俟。

【说明】据《南昌文征》卷二四录文。

1059. 清·宗维翰：白鹤观记 咸丰三年癸丑（1853）之后数年间

匡庐秀甲东南，云峰幽壑，梵宇遍焉。而仙真栖游之区，则有简寂、青霞、元妙、白鹤诸观，兴废皆详旧志。惟白鹤为唐真人刘混成修炼之所，其地背负五老，峻峭撑天，五峰涧水，由犀牛塘流出，绕观前后，水秀山明，东坡称为庐山胜地第一。自唐迄今，往来名士俱多题咏，详载《庐山志》。明正统年间，道士钱道演官都纪司。本朝康熙间，道士艾宾友复官道纪。白鹤之盛，阅千百载矣。道光九年，道纪陈映文，本邑栖杨党人，幼时梦神指授，引以入道修真，年未冠即入观学黄冠术。黄洋五里居民有祈祷事请辄应，以所谢经忏资买民田八亩作香火资。咸丰三年，粤逆毁观，道士住石洞，烧丹炼汞，志不少衰。复将观中殿宇设法修葺，数年间庙貌巍巍，暮鼓晨钟，振响山谷。游斯地者，犹想见鹤舞山前、棋敲松竹时也。是为记。

【说明】宗维翰，字树百，星子（今江西庐山市）人。咸丰十年（1860）贡生。有《墅北诗文集》。据民国《庐山志》卷十一《艺文·金石》录文。参见同治《星子县志》卷四。

1060. 清·胡友梅：重修永丰庵记 咸丰八年戊午（1858）

华山据永丰上游，三峰拔起，形如飞凤展翅云霄之外。其支山之环而拱者，左陇陂，右钓台，亘绵十数里。宋咸淳时，族祖承奉郎耕乐公请旨建永丰观于峰下，捐田百亩以赡道士李纳轲，秘宇琳宫，称极盛焉。厥后一修于元至正间，再修于明洪武十年，则石志坚、叶大观两道士之力居多。崇祯以来，道士凋零，族人始改为庵而招僧居之，事载家乘及省郡县三志。

余尝读书庵中，疏竹摇砌，高梧覆檐，每一展卷，绿阴掩映，禽鸟窥人，了不相猜。或启门闲步，空山晴翠，滴人衣袂。石上泉流濊濊，与钟磬之音相和。山下为永新江，萦洄曲折，如素练一匹，风帆沙鸥，若隐若见。隔江有笋石二矗立于赤壁之侧，烟浮云动，势欲飞来。遥望武冈，揽不盈掌，山故产芝朱柯紫，盖烹之味甚脆美。又有茶数十本，雨前采掇，堪供茗椀。此皆山居之韵事，使人乐而忘归也。夫盛衰兴废，何常之有？历观郡中如祥符、隆庆诸寺，金碧焜耀，今皆荡为劫尘。而永丰庵阅六百载岿然犹存，风霜兵燹，不能磨灭，则岂非先公之精灵攸寄，而子若孙可不思所以保守之与？予惧庵之将圮也，乃与诸宗派醵金整顿，较旧规虽不及而有朴无华，尚足以垂久远。工竣，于是乎记。

【说明】胡友梅，庐陵（今江西吉安县）人。同治六年（1867）乡试解元。七年任乐平县训导。据民国《庐陵县志》卷一三下录文。

1061. 清·刘懋金：重兴丹霞观记　咸丰十年庚申（1860）

距宫北数里，有丹霞观者，许祖栖真结庐之地，尝炼丹于此。程坊程公法士移古樟以覆井上，乡人因樟立祠，以祠旌阳。宋兴以来，迄今千余年，盛衰迭更。岁庚申，郭君云崇详谓予曰："此观于万历时乡杰图谋，先重叔祖汾源公奋身力抵鸣公清复，然亦颓坏剥落不堪矣。国朝住持张碧云发愿兴修，谋予先君子五辉公、叔父九万公，皆称善举。叔父不幸，张亦仙逝，嗣居是者李炼师乃谋式廓，余先君子念叔父有志未逮，命不才与从弟若琳、若俊者捐资购料，卜于山之阴改迁焉，不假旁助而后殿告成矣。四邻父老扶杖以观，顾而乐之，咸谓非先君子两殿其何以焕然若斯也？复中立瑶台、璇室二座，而神有所凭依。更念前后左右非垣墙不蔽风雨，虽观有胜会，佥云乐助，然亦不敷于用。余族兄懋钿与侄文达共襄厥成，爰筑垣四堵。又置祀田于本里董洲，计亩十有三，俎豆香火有永矣。斯观之颠末若此，先生为我记之。”

予闻之喟然，曰：“世之号为素封者多矣，问所为义举，悭吝者畏缩而不为，慷慨者一为之而遂已，而郭君者敦善不怠，世济其美。其修建显迹，凡有裨神人者未可枚数，盖不惟丹霞观也。即今之修玉隆宫，方其初也，莫不难之，乃中丞一为之经始，而郭君即为之图成，举数百年所未有之盛业而身任捐倡，不辞艰瘁，遂为大观。此皆创丹霞观之故事，以推广先人之所未成也。五辉、九万二公有知，当亦乐子侄之贤而继志述事为无憾也。语云：‘积善之家，必有余庆。’郭氏之后，其食报也讵有涯哉？后之作者其亦有感于斯，毋使郭氏专美于前也。是又予之望也夫。”

【说明】 刘懋金，新建（今江西新建区）人。以孙刘之宸之贵，贻赠奉政大夫。据光绪本《万寿宫通志》卷一八录文。参见整理本《万寿宫通志》卷一八、《净明资料新编》。

1062. 清·魏邦达：重建城隍庙记 咸丰十一年辛酉（1861）

昔者圣王之治天下也，明则有礼乐，而幽则有鬼神。鬼神之事，盖昭昭也。矧今天子当阳，百灵效顺，每邑之有城隍神，尤与宰官相助为理者乎？宰官理阳事，城隍神理幽事，一切彰善罚恶之典，宰官以刑赏为之倡，神以祸福示之应，故虽有顽梗不率教者，莫不阴相转移于其间。至其御大灾，捍大患，保安疆土，庇佑生灵，尤神功之彰彰在人耳目者。

万邑城隍神灵显最著，前邑宰韦有记曰：“自余承乏八年，若与神接，祷雨雨应，祈晴晴应，即以疑狱祷之，神必先告人。”或疑其诞，余窃验之不爽。溯神自洪武二年肇封护国显忠王，迄我大清二百余年，馨香相延勿替。至咸丰五年，广粤匪杂起，经过之地，兵燹为灾，而庙宇之存留者无几。时则邑宰为直隶李君蔼堂，躬历戎行，招援邻勇，屡克而城邑以复。虽曰人谋之臧，抑亦神灵有以默相之。李君乃董率绅耆，集首士王传学、宋生贤、林应章、辛惟寅、何文熙等鸠匠庀材，规模隆起。九年三月，达奉宪调承乏是邑，邑庙以经费不敷犹未竣事，乃督催各捐户踊跃赴工，毋隳乃义举。十一年三月，粤匪复由抚、建分窜吉、瑞各郡，袁属戒严，赖众绅同志仓猝起团防御，相持半载，每战必捷，贼烽由是而靡。或曰：是役也，闻警先卜之神，神示以无恐。贼与我兵相持，尝见有神兵相助。及出师接仗，远近望有数白鸟飞覆旗竿示兆者，其得之传闻，虽无确据，而要之保卫地方，神与人俱有责焉。此则理之所可信者固然，其无足怪。抑又闻之，皇天无亲，惟德是辅；鬼神无常享，享于克诚。方今数临屯邅，城邑半遭烽火，惟期都人士广为劝导，巧者返朴，浇者还醇，勉附于栽培之列，俾神得施其保护之功永远，奉明禋于勿移也，是又鲰人之所厚望者矣。今庙貌将次蒇事，而达亦因保升卸万篆，众首士请叙于余，因为之巅末以记其事。

【说明】魏邦达，号实甫，广济（今湖北武穴市）人。进士。咸丰九年（1859）知万载县，因政绩突出，擢同知直隶州知州。据民国《万载县志》卷一二录文。

1063. 清·陈时仁：龙神庙记　同治四年乙丑（1865）

见田跃渊，德配乾象，龙之为灵昭昭也；出云降雨，泽被坤维，神之体物洋洋乎。夫以九谷之生，三时不怠，胥赖雨露之滋，方叶丰登之庆。庙貌之遍寰区，祀典之列民社，固其宜也，由来久矣。

兴邑为地，田少山多，黍稷之艺，灌溉之沾，资于川泽者犹纡，需于雨露者孔亟。故五日不雨，则无麦；十日不雨，则无禾。泽下尺生上尺，其赖神功之施，不较他邑尤切与？庙之肇兴，岁难稽考。道光十九年，张邑侯良志由南岩寺移建，基在县城之南，址近武庙之北。直凡三栋，横亦三楹，殿宇南朝，门阑东向。东厢为火神庙，盖以水火并列五行，生活均关百姓，共入七祀之典，同属八蜡之通，润下之勋与炎上之烈，功略相埒，附亦合宜也。西厢为义渡公所，方舟之泳，一苇之航，均荷明神之默扶乃济。大川之利涉，托庇其下，取义在中与？乃阅历年久，圮毁日深，梁柱倾欹，榱桷蠹蚀。大厦将覆，难凭一木之支；岩墙欲倾，莫设两楹之奠。龛座飘摇于风雨，宝祏蒙犯乎雪霜；具有威灵，能无怨恫乎！不宁唯是。兴邑城守营向在县署后，湫隘数椽，榛莽半亩，不堪栖息。是用播迁，移驻于庙之后，栋亦已旧矣。自毁坏以来，倚庇莫藉。一枝鸟借，常防打头；三椽鸠居，恒嗟脩尾。月移弓影，霜拂剑花。非跋舍而星餐，不移营而露宿。职守攸关，体统何在？均宜经营不日，绸缪追时者也。故庙产甚微，不克举事。

同治四年，邑侯杨邦栋与城守叶胜发聚阖邑绅耆商议，敛集诸庙之资，聊作众擎之举。正殿后动，撤旧更新，其他门厅，量加修葺。计费金三百有奇，程工半载之久，颇竭搜罗剔括之力，始成跂翼翚飞之观矣。予因分纂坛庙志，为书其撤修颠末以谂来者。念武营之寄驻于兹，只属因时权宜，究戾设官体制，殊非神人所共悦怿，幽明所各奠安者，亟加拓修，速还移驻，庶几祀事明而戎政肃。此疆尔界，无滋他族逼处之嫌，抑且岁功成而武备修，时和年丰，永享纯熙大介之福矣。

【说明】陈时仁，抚州人。举人。时任训导。据同治《兴安县志》卷五录文。

1064. 清·佚名：兴安县肖公庙捐田碑 同治四年乙丑（1865）

肖公庙建自前明，重修屡矣。庙虽设而无田，将住持无人，终成颓废焉，能久存而不坠乎？然既有其田，若不知施田之人，则世远年湮，莫识从来，亦等于有善弗扬矣。兹按其田，实始于乾隆四十年，兴邑三都职员蓝纯所助。盖纯有早晚田九亩六分，出布滩头杨姓耕种，因欠租迭讼于官。户房滕禹元等劝蓝将此田助于城内萧公庙，蓝亦欣然允从。遂立契助于庙，以作永远香灯之费。迄今数十年，尚缺记载。愚等熟思，深恐年久田塅遗失，因将田土名坵塅亩数，并枱前店屋一值二间，刊立石碑于庙，庶几永垂不朽云。

【说明】据同治《兴安县志》卷五录文，题为整理者所加。按，碑文载于“肖公庙”条目下，并云肖公庙“即万寿宫”。同时附载有教谕邹梦莲关于萧公庙之《事实考》及《书萧庙考后》两篇文章，可参阅。

1065. 清·张仁晸：皇清外祖妣□白氏孺人墓碑

同治四年乙丑（1865）

（右书）同治四年三月八日立。

（正中书）皇清外祖妣□白氏孺人之墓。

（左书）外甥六十一代真人张仁晸春□。

【说明】碑存于龙虎山天师府文物室。麻石材质，方形，高0.50米，宽0.29米。楷书，字迹已较模糊。据碑录文。

1066. 清·姜应门：前坊新集万寿宫记

同治五年丙寅（1866）

忠孝，庸行也；神仙，妄诞之说也。庸行则恒多忽略，诞妄则讶为神奇。世之祀许真君，每艳称其化金、斩蛟、拔宅事，谓为神仙能之，常人弗能。甚矣其惑也！真君事不见《晋书》，而《蜀志》以之入《循吏传》者，传其庸行也。盖真君以忠孝为神仙也。忠孝不神仙，将不忠不孝者神仙乎？且以其化金、斩蛟、拔宅为神仙，似矣；倘化金而不为囚清积逋，斩蛟而不为民免昏垫，拔宅而不留铁柱以镇洪州，人将以方士之幻黄白、壶涿之除水虫、淮南之鸡犬升举视之，安在奔走士女，雾香烟而雷钟鼓哉？

吾邑二十八都境最僻远，人崇质朴，俗尚俭啬，无城郭浮薄气。都有前坊新集市，设于康熙年间。至道光壬午，始筑宫以祀真君，湫隘不称神栖。

咸丰七年，兵燹，益就倾颓。乱平，阛阓日盛，市之人以神有力，募金拓基而崇宏之，鸠工于同治五年，阅期月即工，称壮丽焉。

嗟乎！人所以新吾真君之宫者，为忠孝乎？为神仙乎？毋乃以神仙之能庇吾也。夫一崇奉间即能庇吾，彼降敕加封，宫肇“万寿”之号如宋徽宗，当不知若何呵护，胡为卒以北狩而弗佑之南还？前坊一乡市耳，崇饰宫宇，微特远不及徽宗时，且不能儗郡国之万一，何足媚真君？然真君吾乡人也，以忠孝为神仙，则愿瞻拜其宫者，肃然以敬于忠孝而景行焉，毋徒乐其诞妄而目为神仙也。是为记。

【说明】 姜应门，字子将，姜曾之子。同治十二年（1873）拔贡。据同治十二年《南昌府志》卷六二录文。参见光绪本《万寿宫通志》卷一五、整理本《万寿宫通志》卷一五、《净明资料新编》。文中作者强调奉祀许真君应“敬于忠孝”，而不能“徒乐其诞妄而目为神仙”，这有助于信众在更高更理性层面理解“真君以忠孝为神仙”之教义。按，题下原有注云：“宫在二十八都，道光二年建，咸丰七年毁于兵。同治五年，姜逢新等拓基重建。”

1067. 清·阖省绅士：募修建西山玉隆万寿宫暨省垣铁柱宫小引* 同治六年丁卯（1867）

盖闻禁灾捍患，民思乐利之休；崇德报功，典重明禋之祀。有其举者，忍复废之？必赖仁人，宏兹大愿。如西山玉隆万寿宫崇奉妙济许真君，迹溯游帷，峰认逍遥之路；灵夸拔宅，境封腾胜之奇。代有传人，玉检深藏福地；仙能换骨，金丹只在心田。以忠孝之完人，作神明之邑宰。锁巫支于井底，铁柱撑天；剸牯牸于州前，铜符飞雨。遂使洪州到处，永奠苞桑；因之灵迹所昭，都崇禋祀。于是即镇妖之地，开传道之场。梓里宫墙，妙相俨垂璎珞；章门城阙，仙居再辟琉璃。所以遂信善之皈依，毋劳跋涉；示飞升之显应，不域方隅者也。讵自咸丰癸丑以来，烽燧横飞，萑苻啸聚。许家营里，指挥六甲之兵；汉将城边，首报重申之捷。而乃狂飙再起，毒焰弥张。三十六洞天，一炬火净明之域；亿万千劫运，片时鸠瓦砾之堆。虽仙驭排云，未必凭于楹桷；而名山焦土，何由奠厥几筵？况东晋仰神功，已享祠堂之奉；岂西江为宗国，独无模范之存？绅等念重栖真，睹荒颓而寅感；愿随护法，营缔构以申虔。既思固本强宗，首复玉隆之旧；更拟批根导节，次观铁柱之新。惟势必赖夫建瓴，呼高应速；愿各深乎解橐，经始观成。共集狐腋之裘，俾速鸠工之举。庶柏梁松栋，重瞻翥凤蟠龙；枣地枫天，再睹骖鸾驻鹤。知聪明正直而壹，同钦有道之长；信位禄名寿所归，永锡无疆之福。敬陈俚语，用植初基。是为引。

同治六年丁卯小春月阖省绅士谨具。

【说明】据光绪本《万寿宫通志》卷一六录文。参见整理本《万寿宫通志》卷一六、《净明资料新编》。

1068. 清·林祖寿：县城隍庙记　同治六年丁卯（1867）

神以理幽，吏以理明，凡属城邑，二者兼资，不可缺一。吏既需廨署治事，则神岂可无庙宇以式凭哉？余丙寅岁来宰宜春，查县城隍庙在东城门内府城隍庙之右，即行展谒。适值修建未竟，叩其原委，知斯庙毁于丙辰粤匪距城时。前宰胡君湛令各图捐钱十千文，始兴作庙役。余阅基址广袤，规制崇闳，诚得居神之道。工未半而费已不敷，此责余何能已？爰复筹款，使迄善完。材木砖瓦，选择维良，黝垩雕缋，工施维丽。中敞堂宇，崇城隍也；后拓寺院，奉列神也；旁亘廊庑，像森罗也；前作楼台，便报赛也。统计斯役，自乙丑兴工，越丁卯告竣，共费金钱三千四百余缗，至是落成。入其中者，瞻观肃声灵赫，俨神临上质旁，莫不懔懔惕息，颇心去而善心生。众欣居神有道，竞请余言以记之。

於戏！庙貌巍峨，神之灵爽其凭依矣。将御灾捍患，冥冥维持吏所不逮，为斯民，锡之福。窃闻神聪明正直，依人而行，彰善瘅恶，毫不假借。余愿自今以往莅斯邑居斯土者，各存二神，为伺察之心，互相砥砺，裕感格之原，庶几以妥以侑，俾神永享血食于勿替，以作一邑之保障。当有事之秋，众志成城，毋作神羞也。可即记之，以交勉焉。

【说明】 林祖寿，吴县（今江苏苏州市）人。俊秀出身。咸丰七年（1857）任吉水知县，同治年间任宜春知县。据民国《宜春县志》卷二一录文。

1069. 清·海明：重修城隍庙引* 同治六年丁卯（1867）

窃维祀神为降福之原，修废实宰官之责。粤自伊耆氏始为蜡祭，其神有八，水庸居七。庸为城，水为隍，是即城隍之名所由起，固社稷正神而主宰乎群生者也。

德安有城隍神，号曰显忠大王，不知称自何始，而其灵异素著，有莫能殚述者。闻之邑人士云：同治元年夏，邻氛环逼，居民惶恐，求签讨教者日日不绝，罔不显示以无妨。又据僧人言，每当日午，窃视神相面上微赤，隐隐若汗下，或疑阴为防堵焉。并闻其时被裹难民自贼中逃出者传言，贼在建昌，遥望博阳山火光彻宵，旌旗无数，甚且谓法相现自空中者。要之，事虽渺冥而理实可信。盖瑞、武、建邑，均与吾疆犬牙相错，逆贼纷纷四出，掳掠无边，何以安邑境内直如界划鸿沟而不敢一逾？谓非神明默佑，伊谁之力哉？夫民生攸赖，宜思仰答乎神庥；而灵爽式凭，合亟增新乎庙貌。本县莅任伊始，瞻拜之余，见其院宇荒凉，神龛坍塌，即有兴修之志。第以太山突起，积从卷石之多；广厦落成，赖有众材之构。为此，仰谕阖邑士庶商民人等，勿存观望，勿吝赀财，度其力之所能，出其囊之所有，集腋成裘，以蒇厥事。庶几哉栋宇聿新，神灵妥佑，非特有以壮观瞻，而实足以重保障也。

是为引。

【说明】 海明，号竹航，内务府正白旗汉军监生。同治六年（1867）任德安令，练达精明，案无留牍。据同治《德安县志》卷一四录文。

1070. 清·陈荫昌：劝修城隍庙记 同治六年丁卯（1867）

尝读《吴越春秋》，鲧筑城以卫君，造郭以守民。又考《博物志》，城郭自禹始。则都会郡县之肇修城郭也久矣。亦越唐世，邠宁节度使杨朝晟城方渠，筑防环之，吐蕃不能害，此隍所由昉也。所以感蛇降而得水，依马迹以奏功，神所凭依，顾不威灵有赫哉！抑且凡有大功烈于民者，生服其教，没畏其神。以故汉元始四年有岁，时郡二千石率官属奉祠行礼之诏，是又巴郡祀文翁，九江祀召信臣，今日之凭依此城隍者有其神，必当日之专司此城隍者有其人以实之也。即凡百郡县，莫不有城隍，亦莫不有其神，并莫不有其人以实之之明验也。

余甫莅此都，谒祀各庙，率经兵燹，栋折榱崩，便有兴修县城隍庙之志。不数月，边境军兴，四面烽举，于仓皇中急祷于神，乞为民消弭灾患，事平当祠报。一日获贼问供，称侦探十数次，惟觉声威凛凛，军马出没无常。其闰五月朔，火烧梅关，正恐官兵之突出截击也。未几，全境肃清，咸以为神之奋威呵护，请颁捐簿，劝捐兴修，以期庙宇重新。余曰：“嘻！此固吾志也。”爰首鹤料银两为之经始，邑人士亦莫不踊跃乐输，不数月而落成。余既撰联以识其实，因并为之记以答神贶云。

【说明】据民国《大庾县志》卷五载：陈荫昌，字谷斋，钱塘（今浙江杭州市）人。监生。宰庾十余年，有惠政。善诗画，曾修邑志。据前志卷十录文。

1071. 清·刘宝谦：城市重修万寿宫记
同治九年庚午（1870）

晋旌阳令许子逊，以伐蛟著功德于乡间。后传其有举宅飞升之事，乡人奉祀之加谨，故宫殿巍峨，遂冠江右。武邑处郡西北隅，越南昌二百余里，万山环绕，屡多蛟患。迩时武宁有董晋兄弟，业冶铁，亦辟谷服道者，尝铸剑于城西，助子逊伐蛟。而子逊亦常与董晋往复试剑于安乡之下塅，今名其地曰破口，即其游历之所焉。然则子逊爱其岩石清幽，挟术以游，徜徉山谷间，甚自闲适，更千百年后，焉知其不神寓于我武也？

旧建宫于城东看鹤桥左侧，庙后为朝元宫，基地湫隘，不壮观瞻。咸丰甲寅，遭发逆折毁，幸存者毁瓦颓垣，一切崇德报功之举阙焉不讲。残破之余，民力未舒，曾议修建而终不果。某年，邑令杨公治武，商诸邑贡生卢君光裕、刘君金诰倡修，劝汪子旺献朝元基址，合而为一，抽货厘以足其费，建立妥灵之台于中区，左为朝元宫，右为财神殿，崇闳壮丽，较前改观矣。工未竣，贼复至。刘君物化，剩遗材料荡然无存，难乎其继之者。职员李君斯谦、监生刘君绍贤、陈君恩纶、杜君霆芳、吴君翘顺、贡生杨君得高、熊君廷芳、张君桌世、陈君永绶、张君梁世、石君鸣銮、詹君庆祥、职员陈君懋锽、余君定中、张君裕成、钟君瑞连慨然曰："此吾辈之责也。踵而成之，其无缓。"爰是取费，一仿前规，鸠工庀材，堂之下建两大厅，为官绅止舍，中叠架亭台，从楼上层梯而入，观一邑形胜。厅下开大堂，左为执事所，右为僧寓房，相连创两小厅，为办公地。棱构小房二间，别妇女，以观剧。面竖牌坊，署"忠孝神仙"额，高耸云端，彤镂皆工巧绝人。东西厢架长楼二所，备各行店设宴，地可布席十余。下为演古台，右侧为厨舍，最后又为楼房数间，字以"余轩"，待士人读书游息，剪裁而布置，若天成然。又复实以珍玩，施以丹青，游而玩之，如坐贝阙珠宫，光摇银海，令人徘徊久之不欲去。予观诸君子并力图谋，劳怨不避，计用费共八千余金，历时经数年之久，无一人挟私者，可不谓难乎？

嗟乎！戎马将歇，物力维艰，而庙貌之隆若此，人力之奋若此，藉非素有功德于民，曷其如是！今之人出山不能有裨于国计，在野不能有补于生民，徒留七尺之躯，纷纷逐逐以老，亦徒与草木同腐而已。值邑乘将成，首事属予志之。予慕许仙之灵可愧人之无益于乡者，又嘉诸君子之能竭蹶以图成。是为记。

【说明】刘宝谦，号六皆，武宁（今江西武宁县）人。同治元年（1862）

举人，十年官弋阳县教谕。据同治《武宁县志》卷三三录文。按，文中所言“邑乘”修成于同治九年。

1072. 清·郑奠邦：龙门羽化先师杨公讳至荫号卧云真人墓志 同治九年庚午（1870）

卧云，金陵上元人也。少游京都，不遇。道（缺）判于康郡。因爱庐山之胜，遂隐于木瓜洞。（缺）孙张明忠。时洞前房屋倾颓，道众赀伙不（缺）。诗歌古体多见道之处。余于咸丰三四年间（缺），与卧云纵谈三教，叩其底蕴，知卧云非徒瓢（缺）道流比也。且其所作，三教同源。诗古一集，的（缺）。二子培兰，道号理愉，拜卧云为师，参悟性真之（缺）。三年授金丹正传诀，铅汞之学益精。故遇本邑旱，（缺）响应，土人亦感激，酬以经资，置买凌霄庄田及太平（缺）屋宇山场，以供洞中香花。卧云生于嘉庆己卯（缺）亥时，化于同治庚午年八月初四日巳时。卜葬（缺）。弟汪松云嘱予为志。

举人郑奠邦拜撰。

徒杨达波、刘淦、刘□、丁恬、周□仝立。

【说明】郑奠邦，江西星子（今庐山市）人。同治三年（1864）举人。碑现存于庐山木瓜洞，下部底边文字已缺损，所缺字数不明。据碑录文，所缺文字概以“（缺）”标明。

1073. 清·陈荫昌：建丫山灵潭庙记 同治十年辛未（1871）

盖闻名山大川，载在祀典，天子特命有司岁时祭享，原以其福庇一方、德及苍生故也。县境丫山为一邑之名山，而龙潭隐于山中，其名不显。余初亦未之知也，祷雨不应，因检阅志乘，载“丫山右有龙湫，祷雨屡应”之语。访之耆老，称丫山龙潭内有潜龙，隐而不见。山之阴有石门，瀑布成溪，可于此处恭设香案。因虔诚往祷，果获甘霖，藉得丰收。今岁己巳，自六月不雨，至七月初，设坛祈雨，秋旸转烈。因思龙潭之灵应，即于初八日前往虔祷，是晚蒙降大雨，翌午又雨。久旱土燥，骤难深润。余以差务倥偬，未遑报谢。复自中旬至下旬不雨，两城四境，禾苗枯槁，田土坼裂。谨为撰文醽牲，报谢神贶，并默祈于三日内普降甘霖，以救民命。矢愿劝捐修庙，供奉神位。果未三日，连得大雨，河水陡涨二尺，四境一律深透。若非神佑，其孰能得此耶？

夫福庇苍生，自宜血食此邦。崇德报功，亦应修庙奉祀。用是捐廉为倡，都人士亦乐出赀捐助。遂购庙基五坵，得以刻日兴工。神宇轮奂，足壮观瞻。工竣，召募香工卢华泰朝夕洒扫供奉，并置皮谷粮田二大坵四亩，计田拾六石，额租八石，除朔望神诞香灯支用外，其余给香工食用各费。契二纸存县，卷归礼科收执，用垂久远。是为记。

【**说明**】据民国《大庾县志》卷十录文。

1074. 清·郭崇辉：重建城隍庙正栋记

同治十年辛未（1871）

在昔王公建邦设都，必依险以为固。或因山以为城，平地则累土筑城以拟山之险；或因川以为隍，燥地则掘土浚隍以拟川之险。曰城曰隍，其名肇于古史之造字，其用著于《周易》之繁文，所由来远矣。虽城隍之神不知昉自何朝，祭城隍之文，考之国典礼经，亦少概见。说者谓城隍，郡县之土神也。土神之祭，有社又有城隍，古者尊天亲地，教民美报而郊社之礼特隆。惟尊也，必天子乃得行之；亲则食毛践土之伦皆可举焉。自王社、侯社、卿大夫置社及庶士里社，制虽有大小之不同，其为土神之祭一也。即堤水之防，潴水之庸，亦于祭社之外有专祭。矧城隍为佑国福民之神，其功其德，岂在防与庸之下而不可专其酬答乎？

岁辛未，予以艰归，闭门读《礼》。一日，僧访予于垩室之中，谓曰：

“僧住持城隍庙，迩因岁月历久，栋宇墙垣朽蠹塌颓，几于覆压是惧。吾师存日，曾矢大愿修复，不幸于去腊已只履西归矣。今僧力绵才弱，非藉诸檀越欢喜缘，无措手处，敢请。”予方负慝滔天，哀号濒死，奄奄余生，何暇及此。而僧又再四恳请，乃不获已，拭泪强作短引，书诸册首。邀集城乡绅耆于利涉亭酌议重建正栋以妥神灵，其余漏者补之，坏者易之，可因者仍之，不可因者修之葺之。议既定，予先执笔为敝祠捐青蚨二十千以倡，一时在座诸翁咸乐输以勷厥美。兼又公举董事持册分投各村劝输，不两月而会计有成数。于是鸠工抡材，拆旧宇而构新图。经始于孟冬之上浣，迄季冬落成。规制巍峨，金碧辉焕，装塑神像，诹吉登龛。今而后神之佑吾国、福吾民者永永无极，即泉之人为之答其功、酬其德者亦绵绵不朽也。是为记。

【说明】郭崇辉，龙泉（今江西遂川县）人。据同治《龙泉县志》卷一六录文。按，据相关记载推定文中所云“岁辛未”应为同治十年。

1075. 清·董道生：重建太平山佑圣宫启*

同治十二年癸酉（1873）

武宁县西北八十里，有山曰太平，屹立云霄，离奇万状。旁有鹤山、龟山、葫芦石、极高明亭；前有龙井、枯槎溪、云旗峰、雷岩、豹齿石、三仙坡、北极山、鹿跑泉、五雷峰、梧桐岗、虎迹石、孟姥潭、狮子岩、仙迹石、石人洞、云关石、洗头盆诸胜。元揭曼硕先生有游山二十二咏，选载志乘。此山为吴楚犬牙交错之区，故武宁营于此设汛地焉。凡行旅之往来，至此皆洒然开豁，心清目醒，虽庸俦俗侣素不知有山水趣者，亦皆徘徊顾盼，相与停恋而不忍去，则兹山之奇石飞泉、仙踪胜迹，盖不言可知矣。

元建佑圣宫，崇祀章天尊。按天尊章姓，讳哲，字权孙，赐号自然，邑南顺义乡仙人潭石门人，生宋景定三年壬戌二月十九日。幼好仙道，长游名山，从武当祖师得受云门妙法，能驱致雷雨。天尊以为道不在斯，乃入太平山辟荒结庵，倒植梅栎，皆自盛。又有黄杨，天然如椅榻，每坐其上，摄神服气，尝经旬不下。年廿七，采药山间，遇三老人诏之曰：“药在本身，何劳采也?”天尊惊伏，拜求度世，遂得金丹秘要。三老人忽不见，故其地名为三仙坡。时甲午，年三十三岁，游黄州，遇纯阳祖师，授以玄理。元皇庆二年，天尊化身治皇太后疾，疾愈，即乘云归。仁宗感之，诏即其庵建天乙佑圣宫，赐号自然，命侍郎汪公解送巨炉镇山，恩及天尊父母。明年甲戌，改元延祐，复游黄州，及石板江蜕化，得年五十有三，异香绕体，三日不息。时天尊恩父九江石公见囊书，将遗骸舁至丝罗山，即太平山，设座崇祀焉。县主详请咨部，敕封报国佑民灵应广惠真人。至正间，善士竺寿翁名兴隆，邑治北仁义乡二十一都人，施献宫前后左右骑兴、武界之山场一百六十余亩，连亘数十里，及田垢水田百亩，铸大钟重千余斤。其七世法嗣章道洪精道术，尝于石人洞斫石造雷神十位，龙虎将军、狮象、人物像不下数十，各重千余斤，役白牛负之至宫旁，建三清宫，前建汪真人殿，太平汛官吏戍卒营房附焉。连属居民，四时令节，皆于是焉鳌祝。宫前北极山壁耸天际，逾岭为菖蒲塘，逼仄崎岖，行里许，山势伏处，横亘一嶂，巅有石船，长数十丈，广半之，相传为天尊所泛。道洪常乘白牛陟其上，飘然有长风破浪意，牛盖亦有神术欤？牛后死，瘗之，至今有神牛冢云。迄明成化三年丁亥，以助战功，钦书“通真宝殿”匾额，加封太平护国天尊。崇祯末，匪徒啸聚罗峰寨，殃毁宫殿，而天尊玉体无恙，宫殿旋复。国朝咸丰五年乙卯六月，粤匪余党数百登山毁宫，时天气晴明，顷刻雷电大作，空中如有物击，匪俱惊伏，僵不能起，投谢悔罪至再乃苏。六年丙辰秋，蝗虫蔽日而来，猝聚太平山者均就殄灭。凡遇天旱祷雨，无不回应。其济人利物，捍患御灾，自宋迄今，功德不可殚述。以故膝行祈祷，络绎不绝，而八月登山拜祝者，不下数万人。讵料癸酉正月，野火延烧宫殿，上下两观，尽成瓦砾，天尊玉体依然安坐宫中，双瞳炯炯，俨如生者。三朝以来，历劫不磨如是。

今年夏，逾月不雨，已插之苗则槁，未分之秧无算，恒大患之。查县志载明洪武间，名宦盛文郁有登太平山祷雨诗。佥于四月廿四日，登山祷雨，兼筹重建宫殿计。廿六日，甘霖随车而至，万姓欢腾，邑侯益心感之，出示劝捐重修。昔程子曰：“事之无害于义者，从俗可也。”君子岂轻于绝俗哉?然必曰“无害于义”，则其从之也为不苟矣。是故苟同于俗以为通者，固非君子之行；必远于俗以求异者，尤非君子之心。余惟君子之政，不必专于法，要在宜于人；君子之教，不必泥于古，要在从乎善。是举也，盖得之矣。由是鸠工庀材，择癸酉五月初八之吉，发大众，兴大工，见在各艺云集，而以地处高阜，搬运艰难，一切工程较之平畴，需费更巨。估计佑圣宫、三清殿、真人殿及塔顶、亭楼、厨房、横屋工料各款，非万余不能蒇事，维冀仁人君子，大发善愿，慷慨捐赠，俾集腋成裘，众擎易举，将见宫殿维新，灵爽式凭，凡登山钃祝者，有所栖止。一俟工竣，即将捐输芳名刊石碑，并垂不朽。是为启。

武宁县合邑公启。

【说明】董道生，字畏三，武宁（今江西武宁县）人。据民国五年《太平山志》（广慧堂）卷三录文。参见《太平山典籍汇编》所收《太平山志》卷三。

1076. 清·佚名：署南昌府正堂加十级纪录十次王为新建县正堂加十级纪录十次陈颁示勒碑事

同治十二年癸酉（1873）

据阖省绅士等禀称，窃照西山万寿宫为净明许真君飞升福地，经阖省官绅劝捐修复，并经禁止，不准私设篷摊阻碍道路。其贩卖各物人等，每届香期，由局酌设板篷，听予租赁，岁收租钱约计二百串，以备修葺之费。办理数年，规模整肃。而向来岁修尚有签资一款，所收甚巨，归住持道人经理。近因年久废弛，漫无稽核，以致半归私匿，半属虚靡。现在大工将及告成，自应妥为筹划，垂诸久远。兹绅等公同核议，查得住持道人本有赡田，所有秋季签资约在七八百串，酌提一半归为岁修，一半给与住持津贴。其春、夏、冬三季签资仍归住持经理。拟于本年香期为始，自七月望后，由省城万寿宫请司事二人至山搭盖板篷，并专管正殿签资。设立逐日簿，至九月底结算，除给住持一半外，实存若干，并所收摊租，一并缴存省城，以备岁时修葺之用。庶几事归核实，费不虚靡。禀恳察核，颁示立案，以便遵照勒石，垂诸久远，实为德便。上禀等情，据此除如禀立案外，合行示谕。为此示仰住持人等知悉：倏届季秋香期，仍由省城万寿宫酌派司事二人照旧至山，搭盖板篷，收租。所有正殿签资，自应逐日设立收簿，至九月底结算若干，半给住持，半归省城，以备岁修之资。自示之后，务各遵照派分，倘有私匿情弊，诸该绅等随时指禀地方官查拿究惩，以肃香规而垂久远。毋违！特示！

右谕通知。

同治十二年闰六月二十三日示。

告示勒碑山门。

【说明】 据光绪本《万寿宫通志》卷二〇录文。参见整理本《万寿宫通志》卷二〇。碑文表明，在西山玉隆万寿宫庙会期间，曾由地方政府发布告示，禁止乱搭乱摆，同时要求合理使用庙会收入。

1077. 清·特克绅布：重建郡城隍庙记

同治十三年甲戌（1874）

事有责在一人而必资众力者，非任责难而取资实难。予于同治壬申来守是邦，谒郡城隍神而庙已毁，慨然曰：“此吾守土责也。予所居官廨赖前守复成，而神独无庙以妥其灵，予敢不任之！”考建庙之始，晋郭景纯所定址，在城中。宋绍兴间，赐额“灵护庙”，益著。元毁于寇。今咸丰丙辰，亦如之。顾元以至正十二年壬辰毁，癸巳遂复，仅一载。今承平已十年而庙未复，吁！可慨也。夫成败何常，废兴靡定。以景纯深明夫阴阳消长之机、祸福吉凶之故，而其所相度者乃竟两遭兵燹，岂数所前定有不可知耶？抑知之无可如何耶？是皆无足深论也。特以祀典攸关，万姓之所敬奉，守土者之所致诚悫，不可无其所，而顾令其久废，不思所以任责于一人而取资于众力乎？抑更有虑者。当予甫下车，令未行而信未孚，而欲取资于众，恐操之已蹙。乃迟之一年，躬率僚属捐廉以为之倡，绅民皆踊跃输将恐后。遂集重赀，檄庐陵邑绅杜邦浚董其事。仍晋故址，在今城外南二里，辟榛莽，扫瓦砾，庀材鸠工，逾年而后成。凡殿寝、廊舍、亭台悉如旧，惟十属城隍神座移置正殿，左右梁楹居楔皆藻绘雕饰，成壮丽观。是役也，予任其责而分任于浚，浚胜其任，不遗余力。然则非守土者之独任也。予心能无歉然，而犹幸得所取资耳。爰记其颠末于右。

【说明】特克绅布，满洲镶白旗人。同治十一年（1872）任吉安知府，曾参与修纂《吉安府志》。据光绪二年《吉安府志》卷四七录文。

1078. 清·刘于浔：重修灵仙观记　同治年间

去余家里许，有地纵横百亩，仰峙孤峰，俯瞰临汝，历落起伏，衍为平原，周环以水，西流入横溪，鸥波鹭羽所回翔泛泊也。中多古木，浓阴积翠、松篁交拂中时露钟楼一角，则灵仙观是也。相传晋旌阳令许真君眺蛟于此，故世祀之。是地也，三山屏列，四水襟交，左有流泉，淙淙如鸣琴，而名之以“渴虎”，先慈之墓道在焉。山有古藤，虹折如梁，容一人渡，渡竟为安山。两河映带，有亭翼然以耸，登其上，西望赤壁，东揽梁渡，沧沧溟溟，暮色相赴，而凡风帆浪泊之往还，珍禽异鸟之飞鸣，致足乐也。当春夏之交，雨水涨发，掉小舟，载酒环游，何减古人深致！吾刘氏自宋居此，因世有其地，且筑居云山书室于旁，族子姓之以文学科第显者，往往于此挟策吟哦，故父老称居云山得人为盛。岁癸丑，粤贼入江，余创行团法，设局于观，召乡人子弟有勇力者教以部伍，日使角击，成精健。乙卯、丙辰间，督之出，益以战舰，大破贼于临江路。六、七年中，转战抚、建、饶、南，所向克捷，而中洲团以著，称劲旅焉。初设局时，是山忽产瑞芝数百本，大如盖，鲜亦如朝霞。其后吾乡以军功显者日众，论者谓神告以得人之瑞，理或然也。观久倾圮，余为集赀重葺，命门人陈生鸣岐董其成，添构小屋数椽，颜曰应芝山馆，答神贶也。

嗟夫！吾刘氏称南昌望族，代有传人，故能保有是山是观，以延先德。观夫居云山书室之建，有以知吾祖宗教孝教忠之意，而思夫世泽之长焉。余不敏，起自田间，感时奋发，为乡里殴豺狼，翦荆棘，以为诸志士倡。异日寇贼荡平，士争弦诵，而声名文物，媲美前人，则芝草之生所以符得人之瑞者，或不专在此而在彼也，岂不懿与？传称武乡侯初聘，属家人谨庐舍，树桑补竹，以俟其归。盖古人于乡里每惓惓不忍置。余何人，敢忘情于是乎？于其成，记其本末以告来者。

【说明】刘于浔（1807~1877），字养素，号于淳。南昌人。道光十四年（1834）举人。因积战功，赏花翎图萨太巴图鲁勇号。累擢至甘肃按察使，遇缺题奏布政使。为人天性友爱，老而弥笃。保卫桑梓，不遗余力，比户尸祝，妇孺咸能道其姓氏。据《南昌文征》卷二〇录文。参见《净明资料新编》。按，文中所云“岁癸丑”应为咸丰三年（1853），据此推算，本文应作于同治最初数年间。

1079. 清·刘于浔：横冈树神庙记　同治年间

物以罕为贵，以见用于世为重。即一草一木，可以类推。我省以豫章得名，豫者大也，章者樟也。九州之广，种植之繁，樟之名不概见，独于江省为特出，而南邑更盛。

城南四十里有树，翼然可荫十亩。地广而荒，寒暑雨雪，行人患之，惟斯树焉是赖。去冬苦寒，倍于往昔，林木冻折殆尽，独斯树夐夐孤立，发荣滋长如平时，岂天之生是，使独不为时势变易其根？本既固，故其枝叶畅茂，始能以自卫卫我乡人也。夫樟为一省特出之奇，而此樟奇之又奇，特出一省之上，无怪乡人德之，必欲奉若神明，以时致祭而后已也。

嗟乎！世之席丰厚而安荣显，平日夸耀乡里，自谓贵重极矣。一旦有事，仓皇失措，则所谓贵者不足贵，所谓重者不足重也。吾见其与草木同尽，其有愧于斯树之克全其天、留荫于人远矣。曩者父老为予言，万梅皋太史致仕家居时，夜梦伟丈夫长跪乞命，自言姓章。翌日入城，途次果有众人缚樟树，将施斧锯。太史心动，因悟“樟者，章也”，问其值，适与梦符，乃还其值，命解缚，并刻木悬示以垂久远，至今守之。然则斯树之为神，非止一日而悟之；为斯树建庙，亦非附会乡人之说也。《记》有之：有功于民则祀之。岂其于一草一木而有异乎？庙成，颜其亭曰留荫，因并叙之，以告来者。

【说明】据《南昌文征》卷二〇录文。文中所记，反映了道教对自然神之崇拜。

1080. 清·程荣光：汉镇南城公所万寿宫记　同治年间

真君姓许氏，逊其名，东晋豫章人也。生而颖异，具八平宝相。事亲孝，笃于本源。幼喜读仙书，慕飞升导引之术。长专儒业，成进士，为旌阳令。摘奸杜强，兴利除弊，民畏神服，教号神君。弃官从事吴猛，闻一知十，究天人之奥，悟性命之微，发猛所未及发者，神明而变化之道力超猛上，猛转师焉。世传其伏蛟靖孽，史虽不载，而其以忠孝神化痌瘝民隐，实有功德于民。仙术之神奇，即儒行之经济也。豫章人客四方者，巨镇省会，无不立庙祀之，名以铁柱。迨我朝圣祖章皇帝开基定鼎，豫郡之上谕亭暨各庙悉毁于兵，惟真君庙岿然独存。正月朔，大僚庶司举行庆典，无其地，奉万寿牌于其中而嵩呼之，始易铁柱为万寿，易庙为宫。夫铁柱之名虽旧，然文献无考，曷若万寿之信而有征乎？

汉镇海内通衢，旧有南城公所数椽，规模狭隘。邑人客兹土者扩而大之，凡殿楹客厅，酒亭花坞，灿然大备。同人岁时祀神外，凡厘定章程一切事，毕集其中，虽异地不啻乡关也。仰庙貌之维新，庆神灵之永荫，敢薰沐搦管而为之记，并将董事捐金各姓氏胪列于左。

【说明】据同治《南城县志》卷八之一载：程荣光，号兰森。少聪颖有隽才，获器重。中年试明经，中道光十四年（1834）举人。后数上春官，皆不遇，遂以隐居乡里终。其为人有隽才，能诗文，工书法，有诗古文词若干卷。据前志卷九之三录文。参见《净明资料新编》。文中透露了豫章人在所客之各地遍建万寿宫之消息。按，据卷四之三载，万寿宫于咸丰六年寇毁，同治五年修复。

1081. 清·佚名：大上清宫新制 同治年间

宫门南临大溪，溪北为横街通衢也。街北建坊，三脊四柱。坊北东西旛杆二，叠石为基，中甃巨石为路，东西缭以朱垣。又北为门，环砖为阙，以通往来。阙中朱户金铺，阙上楼七间，重檐丹楹，周以朱栏，檐际悬圣祖仁皇帝御书“大上清宫”额。南望云林、琵琶诸峰，熛锐炎上，形家以谓惟水制火，故奉真武于楼中。旧像不称，易脱沙。脱沙者，聚沙为像，漫帛于上而髹之，已而去其沙，与宋之夹纻、元之抟换一法而异名耳。凡宫中新塑神像皆如之。楼东西祀灵官元坛。阙后东偏小屋二间，司香火及门之启闭者居焉。北为大路，俱甃以巨石，缭以朱垣。垣之内外，乔木森列，逶迤三折而北至下马亭。亭西向五间。过亭而折北曰棂星门，凿石为之，中设朱松，旁为两门，门高稠石柱三之一。龙虎门五间，在棂星门北，望阙朝贺之地也。门外苍松二株，豫章二株，皆高数百尺。门内东西向祀雷部六师。门之南东西碑亭各一，碑勒明时修宫敕谕。亭四向，十字脊，脊顶置宝瓶。钟、鼓二楼又在两碑亭南门之旁，东西角门各一。门之北为甬道，又北为台阶，曰石陛，三重，上周以石栏，凿莲花为柱饰。北为玉皇殿七间，旧之寥阳殿也。凡皆以所祀神像更名玉皇殿。北为后土殿七间，旧之真风殿也。又北为三清阁，上下各七间，旧之玉皇阁也。阁下祀九宸，东西列三十六雷神。龙虎门以北，东西周廊共四十四间。玉皇殿之东西配殿，曰三官，曰三省，各三间，旧之元坛、文昌殿也。后土殿之东西配殿，曰五岳，曰四渎，各三间，旧之三官、四圣殿也。三清阁旁，东曰文昌殿，一间；又东曰天皇殿，三间，旧之雷祖殿也。阁西曰关圣殿，一间；又西曰紫微殿，三间，旧之高真殿也。四殿俱南向。以上皆彤壁朱扉，金铺铜沓，冒正殿俱重檐丹楹藻井，间以金碧，饰以云龙。三清阁覆以碧琉璃瓦，此因宫之旧而增修者也。玉皇殿之东南为新建碑亭，亭覆以黄琉璃瓦，重檐丹楹，四面琐窗，藻井金饰，雕石为基。内供世宗宪皇帝御制碑文。龙虎殿前，从西侧门向北循墙行，则新建之斗母宫在焉，殿七间，正南向，覆以黄琉璃瓦，重檐罘罳，祀斗母圣像，东西列从臣四。南为穿堂七间，覆以碧琉璃瓦，以黄琉璃瓦饰檐端，蒙以罘罳，磨砖甃地，凿中道为云龙形，瞻礼者由左右拾级而上。东西为短垣，上为朱牖。穿堂南为前殿五间，碧瓦罘罳，一如穿堂。前祀真武，旁列从臣四。后祀马灵官铜像。又南为朱门三，金铺铜沓，冒前檐悬世宗宪皇帝御书“斗姥宫”额。门旁东西角门二，前殿东西配各三间，东祀太岁，西祀送子。正殿东西焚修房各五间，房南东西亭各一。凡殿俱朱牖丹楹，彤壁藻井，间画金碧云龙。门外照墙以碧琉璃瓦为盘龙形，饰中央四角。龙虎门自东侧门向北，为提点司，门屋一座，堂三间，后堂三间，后仓房七间，前后东西厢旁八间。又斋堂三间，南向，厨房二间，居其侧。前门屋一间，四周围墙，为醮坛斋食之所在。斗姥宫之前，宫之东为道院八，宫之西为道院十六，其旧有而新修者十二院。每院门屋一间，正厅三间，左右丹房共四间。后楼房三间，左右耳房各一间。周遭缭墙，各分院址，内新旧共二十四院，凡宫中之法官居焉。宫中道院八所，三华院在提点司之东，东隐院在三华之东南，仙隐院在三华之东，崇元院在仙隐之前，太素院在仙隐之东北数百武，十华院在太素之东，郁和院在东隐之南，清和院在郁和之南，盖东隐之院西向，而二院亦西向，皆在其左也。宫西道院十六所，崇禧院在三清阁后，崇清院在崇禧之北，繁禧院在崇清东北数十武，达观院在斗母宫西而稍北，明远院在斗母宫西而稍南，洞观院在明远之南，栖真院在洞观之南，盖明远之院东向而二院亦东向，皆在其右也。混成院在斗母宫之前而稍西，紫中院旧曰紫微院，在混成之南，清富院在混成之西而东向，凤栖院在繁禧之前，高深院在达观之东，精思院在明远之北，真庆院在栖真之南，玉华院在混成之东北，迎华院在紫中之西。

【**说明**】据同治《广信府志》卷二之二录文。按，此“新制”记录时间不详，姑系于府志编纂之时。

1082. 清·凌价藩：寻乌祁山庙记　光绪二年丙子（1876）

祁山庙者，我族所以承先而答神庥者也。宋南渡时，干戈扰攘，我始祖允公解组归田，途中闻警，趋至扬子江，苦无舟，寇且至，惊惶不知所措，忽一舟就岸，二舟子颀而长，急拈之，甫而寇至，幸赖以免。中流询其姓氏，一为张，一为赖。既登岸，回首，舟与人俱失，骇极。行数武，见岸旁林中有屋数椽，额曰祁山庙。入憩焉，举头见神像则舟中人也，益骇。少顷道士出，问庙神何神，答曰张公、赖公。始恍然，救己者为庙神也。因再拜谢，且祝曰："倘沐神得不坠先祀，愿世世庙神弗替。"

厥后肇基泊竹，乃祀二公于泊。四世祖迁寻邬，族先辈仰承先志，为建庙于邬水之南，仍其名曰祁山，志原也。前后二楹，中龛塑像祀焉。左右两庑，堂左右有室，司为香者眠食所。门以外古木阴森，翳蔽天日。岁元宵，族众楮作龙舟，香花鼓钲，遍历各舍，既毕，送于江岸焚之。秋七月有七日祀赖公，八月朔祀张公。先期鼓乐迎导，舆至村，演剧三日。族人瞻拜毕，舁之归，竹爆喧阗甚，盛事也。戴侯《记》曰：有功德于民则祀之，能御大灾捍大患则祀之。二公者可谓能御大灾捍大患、有功德于我族者矣，其有庙也宜哉！

时光绪二年丙子岁仲夏月，寄籍楚南、同治癸酉科拔贡、候选直隶州分州、长宁吉祖传二十四世孙价藩瀹昉氏谨撰。

【说明】凌价藩，字瀹昉，酃县（今湖南炎陵县）人。同治十二年（1873）拔贡。光绪二十一年（1895）曾任永明（今湖南江永）县教谕。据《赖公庙碑刻选辑》录文。

1083. 清·刘于浔：重建逍遥山玉隆万寿宫记

光绪三年丁丑（1877）

吾乡逍遥山万寿宫殿宇之窿，香烟之盛，海内周知。虽代远年湮，迭兴迭废，而四方人士奔趋朝谒者历千载如一，知忠孝之餍饫人心为已至也。咸丰三年癸丑，发逆自楚北窜入江境，省垣被围已三匝月。张江雨大帅迎铁柱宫真君行像安奉德胜门城楼，督众出城，且战且守。贼火箭雨射城内，著处不燃；地雷轰塌城垣，亦复抢修完固。贼计穷力竭，解围宵遁。此则真君之有大造于黎庶也。六年丙辰，逆酋石达开分党窃踞瑞郡，中丞耆檄广南韶连兵备道吴公竹庄率团防营剿败之。贼走安义，联合奉新股匪，取道新建，将以窥伺省城。四月十六日，窜入逍遥山，恨癸丑夏秋仙灵之保固省垣，使不得逞也，亟取神像毁之。方欲纵火焚宫，多积草具，撤民房木料安置其上，以为之焠。猥以积压沉重，火不得燃，而官兵骤至，贼遂远飏。竹庄观察闻梓里名山兵燹之惨，遂另塑一像，专弁虔送入宫，所以奠桑梓、肃明禋也。自是五载，荐飨胥安。十一年辛酉，逆酋李秀成率众由浙窜江，潜入新昌、上高，先陷瑞郡，旁扰安义。六月初旬，中丞毓檄予统水陆各营救之，比至而安义已陷。予督队乘夜毁门入城，斩馘无算。天明贼逸，予追至建昌县，痛击于马路口，大败之。不料前路逆党已由新建太平乡窜入逍遥山，二十八日午刻，火烈炬举，宫殿荡然，惟文昌宫火延未及。而予统兵突至，贼胆落狂奔，我军追至丰城，连路擒斩，尸积沿途。七月中旬，会鲍军霆营合剿于樟树镇，斩首各万余，溺水死者不可数计。而此股逆匪遂靡孑遗，此亦可见神威之不爽也。师旋绕道登逍遥山，审视形势，见玉隆宫断瓦颓垣，不堪寓目，为之拊膺抱愧。非神灵不能保卫宫殿于冥漠之中，实吾军不能保卫名山于仓卒之际也。翌日入城，与众友筹划重建之策，官绅士庶莫不以工费浩繁为忧。蹉跎岁月，年复一年，闻各郡县之进香者乐捐赀费亦复不鲜，而道衲云只堪供奉香灯，何可轻言兴建？有心之士所为每顾而三叹也。

同治丁卯，大中丞刘公岘庄莅任，四方绥靖，政和年丰，朔望告庙行香，见铁柱万寿宫栋宇朽蠹，会商聿新之策，谋及于予。予思铁柱宫殿宇虽旧，尚足以妥神灵；惟玉隆宫之荡然无存，尤未忍须臾少缓。若专图玉隆宫之兴建，则介在深山，达官贵人从无触目儆心之藉，不若并铁柱、玉隆两宫合筹之，犹或一举而二善备焉。遂以两所兼办事宜备情上覆。次日，中丞召集僚属会筹集费之策，时首府吴公祖昌建言曰："真君乃普天福主，官商士庶，靡不钦承。此时必欲集赀，上则官司捐廉，次则绅富输费，下则商贾抽厘，而玉隆朝会者亦劝之随意乐输，四者并举，事必易成。"中丞以为然，遂勒为定矩。不数月，得官僚之捐俸若干，绅富之佽助若干，商贾之厘金若干，玉隆宫之乐助若干。遂于七年戊辰二月雇工陶旊，祛砾芟芜，购石瑞洪，庀材南赣，并蒙诸宪长札委理问官许君朝瑗入局弹压，敬于闰四月念四日兴工，至八年己巳四月十五日而正殿告成。由是鸠工，居肆次第毕臻。展至十年五月，而夫人殿、谌母殿洎玉皇、关帝、三清、三官各殿，以及真西山祠宇、妙道全真堂，先后一律建讫。惟三官殿甫经落成，旋毁于火，仍择吉补建。各殿告竣，次及逍遥靖庐、明塘戏台、云山苍翠亭，凡向来所有，无不兴复。即仙衢、道岸二坊及四周垣墙向所未有者，亦肇造而新之。并于右方集福堂外添建省垣绅董行馆一所。通计所费银洋制钱合银四万八千有奇。除本山香会收到乐输银洋制钱合银一万七千八百有奇，其余俱由省局所收捐厘解去。细账均登铁柱宫收付册，并勒碑立于墙阴，以谂来者。自同治七年四月兴工，至十三年十二月蒇事，维时总其事者花翎知府衔徐君兆麟，号仁山，经营数载，积劳病故；继之者五品衔候选同知涂君宜贞，号雁堤。而雁堤尤耿介直率，能任劳怨，即本山一切善后事宜，亦多赖之。予以与谋肇始，每廑图终。今幸获睹其成，爰叙其颠末如此。

时光绪三年岁在丁丑夏五天中节，诰授光禄大夫、赏戴花翎、遇缺题奏布政使、前甘肃按察使、图萨泰巴图鲁、南昌刘于浔谨撰。

【说明】据光绪本《万寿宫通志》卷首录文。参见整理本《万寿宫通志》卷首。

1084. 清·漆逢源：重修西山玉隆万寿宫暨省垣铁柱宫记

光绪四年戊寅（1878）

天下之事，虑始乃可以图终。而以观于玉隆、铁柱二宫之成也则不然。盖西山玉隆宫自咸丰辛酉遭发逆之乱焚毁殆尽，邦人咸伤之。迄同治丁卯年，徐君仁山与吾友涂君雁堤谋诸方伯刘公养素，遂慨然以兴修为己任。维时一无凭借，皇皇然集费量功，鸠工庀材，阅七寒暑，费金四万八千有奇，此固未尝有裕于其始也。然而神宫道院，百堵皆兴，金碧璀璨，增美于前多矣，非弗虑而获者欤？厥后徐君即世，雁堤独任之。且次及于省垣之铁柱万寿宫，去旧更新，无美弗备。又以余赀于宫之西偏建逍遥别馆，其惨淡经营布置完善有如此者。虽然，是盖有神助焉。方其建议兴修，非藉显应之灵有以感发人心，使夫乐善佽助者麇至而云集，则虽有虑事之识，干事之才，亦终不能预筹数万金之巨款然后襄事，吾惧勤于始而惰于终也。而今则玉隆之灰烬变而为宫阙巍峨矣，铁柱之陊剥且因之增荣益观矣。邦人士咸儃儃然眴转以游，叶拱以敬，啧曰："微神之灵不及此！然亦二三君子之董其成者与有力焉。"于稽其时始终其事，涂君雁堤也；首任其事者，徐君仁山也；而总理则方伯刘公养素，监督则委员布理问许公朝瑗子玉也。其他共襄盛举，济济多英，尤未易悉数。予尝谬厕其间，与知颠末，爰综其事而记之。

赏戴蓝翎知州衔、候选知县、己未举人南昌漆逢源撰。时光绪四年，岁在著雍摄提格菊月吉旦。

【说明】漆逢源，字弼南，江西南昌人。咸丰九年（1859）举人。据光绪本《万寿宫通志》卷首录文。参见整理本《万寿宫通志》卷首。

1085. 清·金桂馨：《重修逍遥山万寿宫通志》序*

光绪四年戊寅（1878）

古君子得志则泽加于民，立德、立功、立言，有三途之不朽；乡君子既没而祭之于社，曰圣、曰仙、曰佛，历万劫以常存。是以参两青词，翰林垂为故实；泰壹黄冶，神仙列于艺文。挹浮邱而拍洪崖，句传仙伯；拜木公而揖金母，谚解留侯。聃耳老人骑牛，捶函关之策；须王太子控鹤，吹缑岭之笙。虽《五千言》道德流传，不说飞升于白日；而《十七铭》鉴盘儆惕，久闻拜受乎丹书。况乎利济溥于雷封，爱人以德；净明垂为风教，移孝作忠。铁柱千寻，江右之蛟螭永靖；金丹九转，淮南之鸡犬皆仙。神如水在地中，功不泥于禹下。遂令渊渟岳峙，世传宝极洞天；铜岭金冈，人羡逍遥福地。历代之心香累祝，万姓之顶礼维虔，固宜列于图经，垂为典要，纪声灵之赫濯，颂功德之巍峨。岂若琼笈瑶编，漫诩枕中鸿宝；珠宫贝阙，空闻海上神山也乎？

粤稽黄帝握符，苍姬启运，衔图来九苞之凤，附辇乘八翼之龙。东行见紫府先生，北极晤黄盖童子。开石函，发玉笈，得九鼎之神丹；见大隗，谒中黄，受三皇之秘录。以致鸟身人首，玄女传阴符之经；铁额铜头，蚩尤陨绝辔之野。杀夔牛之苍兽，逐巨蛇于丹峦。然后访道崆峒，封禅泰岳。覆天柱之石，藏其五符；采首山之铜，铸为九鼎。骑龙仙去，堕鼎湖之弓髯；削象朝来，葬乔山之剑舄。固已位为太一，配以中央矣。亦越高密降生乎石纽，文命抱痛于羽渊。直宁子传德诫之经，绣衣使降阳明之洞。得浊河之绿字，年十二而为司空；受临洮之黑书，乘四载而平水土。苍水使者，同探宛委灵符；龙威丈人，特启轩辕金简。于是注山海则命以益，驱蛇龙而放之菹。庚辰同寅，锁巫支祁于泗渎；辛壬弗子，受括地象于河精。群神致于钟山，专车戮防风之骨；时巡济乎江水，负舟弭黄龙之鳞。遂令《洪范》九畴，书传天锡；紫庭一座，位正仙真。凡兹上圣之奇，久著列仙之籍。变而通之以尽利，无往非利物为心；圣不可知之谓神，岂仅以神道设教矣哉？

惟我旌阳，诞于晋代，祥钟金凤，瑞应赤乌。幼怀舐鹿之仁，长蕴骖鸾之志。三五飞步，传丁义之神方；千万轮蹄，卜西山之善地。炼银成汞，售铁还金。德义之心，熏乎闾巷；忠孝之指，矢自髫龄。洎乎才试栽花，化行偃草。江干标竹，斯人之虫恙皆祛；圃内瘗金，比户之鸿嗷悉集。而乃甘棠茇舍，苦笋怀归。允升方缉于大猷，肥遁忽酬其远志。遇白猿而授剑术，女童之种柏成林；游黄堂而访金经，婴母之飞茅落地。铜符铁券，传自孝道明王；星纪玄枵，名在玉皇元谱。由是画松启湖头之馆，拔木驱社尾之妖。禽山湫之潜蛟，荡除渊薮；馘海昏之毒蟒，啸命风雷。尤复剪纸为牛，斗千年之老魅；化炭作妇，拔十二之高真。八索镇洪州之浮，冶铁为柱；五陵留沙井之谶，植柏于坛。挟舟而召二龙，下风转世云之拜；撑天而解一木，流露折处仲之奸。故能道契轩皇，克平蛟沫；绩符神禹，永息鲸波。而后葺影玄门，栖神碧落，携家翀翥，拔宅飞升。风驷云軿，不假玉棺之召；紫霞丹诏，来迎金阙之仙。逆数知后起之英，订期千四百载；顺承扩老君之绪，定位三十六传。矧夫济济门墙，甘施为护法弟子；琐琐姻亚，盱钟是演教真人。黄紫庭坦腹乘龙，彭武阳倾心附骥。周曾则骖乘前导，陈时亦步趋后尘。致使过化存神，万寿崇其宫观；御灾捍患，百代报以馨香。肸蠁所存，英灵如在。

亦既隆其典礼，允宜勒为成书。又况数典不忘，论次已留夫善本；讵云望道未见，捃摭难取于残编？爰凭旧贯之仍，藉启新机之引。试观《灵剑子》垂为典籍，《石函记》载在道书。游帷永留徐铉之题，奉祠历纪宋臣之任。启教传教，衍紫清世系之图；际真全真，仿青史列传之例。星野与地舆并列，蛟角龙尾著其奇；邱墓与宫殿同登，狐首兽头详其义。以及褒荣天语，锡典纪宋代之隆；寄迹风尘，编年补《晋史》之缺。网轶事于谟觞秘录，考古迹于宙合灵区。发潜阐幽，笔生花而摛藻；歌功颂德，词唾玉以流芬。感大吏之护持，重申诰诫；喜名公之兴复，旁午经营。甲集久布于乾坤，乙途复重为损益。无征不信，幸获致力于神；有美必书，岂类援儒入墨？用竭獭祭之力，叶扫陈编；更凭蠹食之余，根寻仙字。从此览忠孝完人之传，亦胜读岣嵝丰碑；若欲续神仙通鉴之书，请别访琅环福地。

谨序。

赐同进士出身、钦点礼部主事仪制司行走、高安金桂馨敬撰。时光绪四年，岁在著雍摄提格菊月谷旦。

【说明】金桂馨，字清辉，号雨樵，高安（今江西高安市）人。同治十年（1871）进士。曾官礼部主事、嘉应州州宪。据光绪本《万寿宫通志》卷首录文。参见整理本《万寿宫通志》卷首。此文记述了在逍遥山玉隆万寿宫落成后，又一承载万寿宫文化及许真君信仰之成果——《逍遥山万寿宫通志》完成。该志是研究净明道以及江右商帮与万寿宫关系之重要文献。按，“谟觞”为嵩高山下石室之名，据传内有仙书无数。

1086. 清·凌永昭：龙舟酬神记　光绪五年己卯（1879）

龙舟者，吾族所以酬张、赖二公之神也。据先辈夙传，谓我始祖吉公，因宋绍兴中割地请和，使既出，公虽予告归，知金寇愈迫，愤甚，乃挈眷尽室行将徙江右，为远避计。时值上元，盈路皆灯采。适舟至扬子江，及中流，飓风顿作，浪蹴起如山，波涛汹涌，帆樯倒偃者数四，家众股慄，相顾俱各无人色。正惶遽间，遥见二榜人驾小艇来，急呼僦号救。迨舣舷，家众仓皇趋赴，觉鼓枻涛浪中驶走如飞。公气稍定，问榜人姓，其一人曰：“吾姓张，彼姓赖。”须臾抵岸，家众悉登。方整衣欲致谢，回顾小艇，忽失所在。望前路丛林，隐隐现鳞瓦，露兽头脊角。行半里，有古庙巍然，榜曰祁山庙。入门见龛塑二神像，公询土人，有指而告曰：“巍冠博带者为张公，擐甲执弓者赖公也。”公恍悟，知为神护救，急下拜，默祝曰：“此行果得乐土，可立业。岁值此日，当结龙舟，永为报。”

既越鄱湖，经洪都达赣。由贡水上，至泊竹罐子丘，喜其山水清幽，岩壑秀美，遂筑室以居。后正月上元，辄如期酬夙愿。及四世祖七公迁凌埠，岁岁犹循其故事。后世追溯神惠，相村南小港右之原建庙宇一区，仍榜其门首曰祁山，从旧也。今每岁按族中祖祠主其事，制用木板析竹小片结为舟，镂彩纸为篷舱，前饰龙头，后缀龙尾，帆樯、舵工毕具。灯节日，主事者震鼓铙，衣冠赍龙舟至庙，祀牲醴罗拜毕，举而送邬江，放中流，令若随风扬帆去，始欢散而返。

於戏！自南宋迄今相沿几六百年矣，而历岁犹行之，亦见我族不忘神惠之致意，直与世俱传，有并衍于无疆者。故因族谱成而叙述颠末，特详悉而为之记也。

时光绪五年季秋月上瀚，廿五世裔孙永昭谨撰。

【说明】凌永昭，生平不详。据《赖公庙碑刻选辑》录文。

1087. 清·吴诚清：首事名氏　光绪八年壬午（1882）

黄堂宫创自晋代，至今千五百余年，不知几经兴废。兹于同治己巳年，洪水泛滥，墙宇尽倾，颓塌之状，莫敢举修。癸酉秋募捐，各仙会众善士重建。玉皇阁、元帝殿工程未竣。光绪辛巳年，西蜀朝谒道衲邓教青进香至此，各殿荒凉，遍地坑凹，目击心感，动念募修。前住持邱合成将本宫先年所置产业契券交付掌理，重开十方丛林，接年率道众披肝露胆，募化修葺。挂搭往来，早功晚课，讽诵皇经，祝国裕民，感蒙苏大护法朝香指教，改造元前西向。题缘劝捐，重建山门、牌楼、灵官殿，巍峨壮丽可观。但真君殿急宜改造，相配三官殿亦要重修整齐，方复古制，以昭瞻仰。

题缘劝捐大护法高安（印）凤文苏云阶老大人协修；新建号振锐唐老太爷唱募；黄堂宫监院邓教青心田氏仝执事征刊；知客鄂渚吴诚清客源氏述记。

倡修名氏：

金塘杜鳌海珊，征士；泉珠胡执恕定山，教谕；宜黄应奎西垣，训导；东冈刘凤藻愚亭，教谕；洛溪吕克仪韶九，司训；仙洲胡执佩左轩，司训；金塘喻修和蔼堂，太学；松湖念德堂陈宗器晓松，成均。

协修名氏：

竹山阮一葵瀛海，恩贡；仙洲胡执佳菊园、太学，胡执修听芝、司马；洛溪吕克僖翼亭、司马，吕克仕修亭、太学；芗溪周缉熙晓堂，增广；洛溪吕克徵惕莽、邑庠，吕克崑镇西、职员，吕克地厚培、职员，吕克昌裕昆、太学，吕克盛继之、职员；芗溪邹绍安叔次、邑庠，闵丹成晤庵、太学，邹玉衡子良、职员，邹绍南雅堂；铜峰言师寿日升，邑庠；莲湖周栻紫菊，邑庠；念德堂陈恺南山，都尉；松湖徐源源星河，邑廪；大屋熊廷奎星坞，太学；田南金光樾杖藜、邑庠，金用砺合臣、邑庠；小岭夏嵎芳奠川、职员，夏友兰香阶；田西金光烒暗亭，职员；观前黄光悦盛兴，职员；滕坊金世西凤亭，职员；万坊王泽倬敬亭；南昌丁章文焕亭，职员；南昌丁自埕逊之；剑水徐汝舟水村；滕坊金世禄俊民，职员；厚田谭虎文熙炳；新吴徐沇遂顺修；念德堂陈际昌传芹，骑尉；修水丁一受半空；南湾熊懋恕惠堂、熊日暄旭亭、熊懋杰品超；金塘喻赞襄熙绩；赤岸叶蔚然耀周，邑庠；淑溪魏耀彩拔元；柞树邱贞松恒春；坛迹钱德贵心田、钱云修晖吉；港北余西坡水玉；楼下余永声显扬；泉珠胡中迪祥崖；港北金；松湖周制宜际生；戴坊戴佐冕、戴佐臣、戴熙涛；松湖胡际盛蔚林、优廪，胡蕴华晴川、邑庠，胡镜湖晓澜，胡滨楚亭；沙坪滕应钊勉斋，太学。

【说明】吴诚清，生平不详。据《黄堂隆道宫志》卷一四录文，格式有改动。参见整理本《黄堂隆道宫志》卷一四。

1088. 清·佚名：黄堂宫联刻 光绪九年癸未（1883）

（内联）福地仙居药湖围；飞茅降临黄堂宫。

（外联）法传都仙靖氛蛟以安民；道合天心全忠孝而卫世。

（横联）飞毛福地。

【说明】联刻现存于黄堂宫，镶嵌在大门两侧墙壁上。额题“黄堂宫”，左右两边有许真君尽孝道故事之人物雕刻，图案精美。横联高0.55米，宽1.35米，楷书，两侧有双龙戏珠图案。对联高2.9米，宽0.31米。题为整理者所加。

1089. 清·佚名：重修清都古观（一都）光绪十年甲申（1884）

谨将永一都各村乐输鸿名开列于后：

萧□□堂助钱贰拾吊文；胡居煜助钱拾贰吊文；萧明□助钱捌吊文；刘仁本堂助钱捌吊文；萧洪标助钱柒吊文；萧应祜助钱六吊文；萧应煊助钱六吊文；萧祚成助钱五吊文；杨行洪助钱六吊文；杨行□助钱四吊文；朱礼祥助钱四吊文；阮尧贵助钱四吊文；胡居勋助钱三吊贰百文；萧洪槟助钱三吊贰百文；刘□□助钱三百文；杨六合会助钱三吊贰百文；吴孝友堂助钱三吊贰百文；萧洪忠助钱三吊文；萧祚枋助钱贰吊六百文；杨德□助钱贰吊五百文；萧洪鉴助钱贰吊四百文；萧洪仕助钱贰吊四百文；蒋尧兴助钱贰吊文；萧昌珏助钱贰吊文；胡庆远堂助钱贰吊文；尹启星助钱贰吊文；吴章龙助钱贰吊文；易尧琛助钱贰吊文；杨行法助钱贰吊文；萧层嵩祠助钱贰吊文；杨文明助钱贰吊文；陈称灏助钱贰吊文；刘明德堂助钱贰吊文；刘唐济助钱贰吊文；萧应辉助钱贰吊文；萧洪材助钱贰吊文；萧应材助钱壹吊八百文；阮

崇德堂助钱壹吊六百文；萧洪□助钱壹吊六百文；易德彬助钱壹吊六百文；习振□助钱壹吊六百文；吴礼明助钱壹吊六百文；黄义传堂助钱壹吊六百文；尹启万助钱壹吊五百文；萧明慧助钱壹吊五百文；萧洪兆助钱壹吊贰百文；萧明训助钱壹吊贰百文；曾大林助钱壹吊贰百文；萧洪钦助钱壹吊贰百文；刘陶锡助钱壹吊贰百文；刘唐淮助钱壹吊贰百文；刘汉培助钱壹吊贰百文；习振源助钱壹吊贰百文；元霄会助钱壹吊贰百文；杨忠义堂助钱壹吊贰百文；刘配道助钱壹吊贰百文；肖洪□助钱三百文；尹启淦助钱壹吊贰百文；萧义佑助钱壹吊贰百文；萧应壁助钱壹吊文；萧应坊助钱壹吊文；萧洪枢助钱壹吊文；萧祚宪助钱壹吊文；萧洪憗助钱壹吊文；刘凤山助钱壹吊文；刘唐洪助钱壹吊文；刘唐洛助钱壹吊文；易天仕助钱壹吊文；杨德炽助钱壹吊文；杨文照助钱壹吊文；黄折桂助钱壹吊文；萧应焕助钱壹吊文；胡上逵助钱壹吊文；胡大铭助钱壹吊文；吴礼致助钱壹吊文；吴礼政助钱壹吊文；萧四知堂助钱壹吊文；□□□助钱□□□文；尹佑成助钱八百八□文；萧洪耀助钱八百文；陈□财助钱八百文；刘□增助钱七百文；萧应焯助钱六百文；萧应山助钱六百文；萧海熠助钱六百文；萧明瑛助钱六百文；刘唐银助钱六百文；刘汉均助钱六百文；孙祖城助钱六百文；刘汉仁助钱六百文；阮述信助钱六百文；阮尧柏助钱六百文；吴章怡助钱六百文；吴章伦助钱六百文；胡上达助钱五百文；胡上道助钱五百文；杨德煊助钱五百文；杨文裕助钱五百文；杨文会助钱五百文；杨礼文助钱五百文；吴义洪助钱五百文；蒋舜溱助钱五百文；蒋定标助钱四百文；刘□浴助钱四百文；蒋明心助钱四百文；尹□文助钱四百文；尹□芳助钱四百文；吴章宾助钱四百文；吴章□助钱四百文；吴礼敬助钱四百文；易尧琇助钱四百文；易尧瑾助钱四百文；萧明福助钱四百文；萧应垣助钱四百文；萧明让助钱四百文；萧明□助钱四百文；萧应□助钱四百文；刘唐淇助钱四百文；刘唐锡助钱四百文；刘唐□助钱四百文；刘唐□助钱四百文；刘汉坫助钱四百文；刘唐潮助钱四百文；刘唐泗助钱四百文；刘汉铨助钱四百文；刘汉志助钱四百文；刘唐□助钱四百文；阮尧浴助钱四百文；阮尧□助钱四百文；阮舜忠助钱四百文；易德松助钱四百文；易德桃助钱四百文；易尧□助钱四百文；杨德裕助钱四百文；吴礼方助钱四百文；萧明瑾助钱四百文；胡□□助钱四百文；蒋斌湖助钱四百文；萧义袍

助钱三百文；萧义祠助钱三百文；萧义祚助钱三百文；萧祖柱助钱三百文；吴礼彦助钱三百文；吴章□助钱三百文；易尧琦助钱三百文；易尧佩助钱三百文；杨□□助钱三百文；刘唐鉴助钱三百文；刘唐志助钱三百文；刘风镜助钱三百文；刘风馔助钱三百文；刘汉□助钱三百文；刘汉州助钱三百文；蒋明□助钱三百文；

刘□□、刘□泉、刘□□、刘□□、刘风□、习□□、蒋明□、朱□元、胡正方、吴礼□、吴□□、易舜□、易□新、萧明佩、萧应侯、萧明德、萧应清、萧应□、萧刘氏、萧应□、刘风□、刘□□、刘□□、刘汉佳、刘风□、□启□、蒋尧林、朱义光、吴章兴、吴章悦、吴章标，以上各助钱贰百文；

□□□、□□□、萧□□、萧□□、萧□□、萧□□、刘□□、□□□、□□□、刘□□、刘□□、刘□□、刘□□、蒋尧□、蒋仁□、萧□□、吴□慎、吴□德、吴章□、易尧珖、易□□、□□本、萧□章、萧洪杏、萧年春、萧□佑、萧□人、萧明洛、刘汉□、刘汉铭、刘唐铨、刘风钧、萧明□、阮尧治、萧仁泰、萧日芹、戴德信，□□□□贰百文。

大清光绪十年鸿岁甲申秋月谷旦。

【说明】碑现存于吉安县永和镇清都观，嵌于大门侧墙壁上。青石材质，高 1.50 米，宽 0.81 米，厚 0.04 米。据《庐陵古碑录》录文，格式有改动。

1090. 清·佚名：重修清都古观（二都）

光绪十年甲申（1884）

谨将永二都各村乐输鸿名开列于后：

曾知稼堂助钱贰拾肆吊文；曾中和堂助钱拾陆吊文；曾存心堂助钱拾三吊文；曾兴佺助钱拾贰吊文；曾古愚堂助钱拾贰吊文；曾兴伏助钱拾吊文；曾传渭助钱拾吊文；刘辅荣助钱捌吊文；廖承继堂助钱陆吊四百文；刘德泮助钱陆吊文；蒋公渤助钱陆吊文；曾翼栋助钱伍吊文；曾崇德堂助钱伍吊文；上官立言助钱伍吊文；刘义溥助钱肆吊伍百文；曾毓藻助钱肆吊文；曾诚意

堂助钱肆吊文；曾学洗助钱肆吊文；谢德禄助钱肆吊文；曾省三堂助钱肆吊文；曾忠恕堂助钱三吊六百文；廖凌云堂助钱三吊贰百文；李忠淳助钱三吊贰百文；曾学洙助钱三吊文；曾秀桂助钱三吊文；蒋公清助钱贰吊六百文；孙正和堂助钱贰吊六百文；曾兴住助钱贰吊四百文；曾兴修助钱贰吊四百文；曾学俊助钱贰吊四百文；曾兴茂助钱贰吊文；曾贻洪助钱贰吊文；曾传沛助钱贰吊文；曾秀昌助钱贰吊文；曾才桃助钱贰吊文；曾才俐助钱贰吊文；曾学淦助钱贰吊文；刘乐善堂助钱贰吊文；刘德敏助钱贰吊文；刘心享助钱贰吊文；谢万悠助钱贰吊文；曾毓福助钱壹吊六百文；曾学昌助钱壹吊六百文；曾礼珏助钱壹吊六百文；曾传法助钱壹吊六百文；文绍焜助钱壹吊六百文；廖选明助钱壹吊六百文；罗显球助钱壹吊六百文；郭宗信助钱壹吊六百文；郭明河助钱壹吊六百文；刘贞铭助钱壹吊六百文；曾毓绍助钱壹吊六百文；刘修恕助钱壹吊六百文；焦崇德堂助钱壹吊六百文；曾学贤助钱壹吊六百文；李仲铭助钱壹吊四百文；甘文耀助钱壹吊四百文；曾兴馔助钱壹吊贰百文；曾启瑶助钱壹吊贰百文；曾才储助钱壹吊贰百文；曾学澍助钱壹吊贰百文；曾致和堂助钱壹吊贰百文；刘正福助钱壹吊贰百文；文正气堂助钱壹吊贰百文；廖敦本堂助钱壹吊贰百文；廖必溱助钱壹吊贰百文；谢德裕助钱壹吊贰百文；钟崇德堂助钱壹吊贰百文；郭舜裕堂助钱壹吊贰百文；刘顺柱助钱壹吊贰百文；钟佳福助钱壹吊贰百文；曾翼机助钱壹吊贰百文；上官立本助钱壹吊贰百文；刘德灏助钱壹吊贰百文；甘文煌助钱壹吊贰百文；孙尧喜助钱壹吊贰百文；杨世铭助钱壹吊贰百文；曾学荣助钱壹吊贰百文；曾□□助钱壹吊贰百文；曾□□助钱□□□；曾□□□□□□□□□；□□□□□□□；□□□□助钱□□□；□□□助钱壹吊文；曾□□助钱壹吊文；曾□□助钱壹吊文；曾□柱助钱壹吊文；曾学欢助钱壹吊文；曾学渔助钱壹吊文；曾学悦助钱壹吊文；曾才楹助钱壹吊文；曾学泗助钱壹吊文；曾学洛助钱壹吊文；曾秀荣助钱壹吊文；曾才俊助钱壹吊文；曾才金助钱壹吊文；曾礼球助钱壹吊文；刘义湛助钱壹吊文；刘德晃助钱壹吊文；刘德恩助钱壹吊文；刘德应助钱壹吊文；李忠淋助钱壹吊文；萧正祥助钱壹吊文；廖上坎助钱壹吊文；廖必河助钱壹吊文；廖必益助钱壹吊文；廖必恕助钱壹吊文；廖选志助钱壹吊文；廖必灏助钱壹吊文；钟大柱助钱壹吊文；明德堂助钱壹吊文；谢东山

堂助钱壹吊文；曾毓遇助钱壹吊文；谢德礼助钱壹吊文；谢万□助钱壹吊文；钟舜枋助钱壹吊文；□本善堂助钱壹吊文；□□□助钱壹吊文；□□□助钱壹吊文；钟秀川助钱壹吊文；焦惟会助钱壹吊文；杨世仅助钱壹吊文；廖必念助钱壹吊文；曾兴儒助钱捌百文；刘顺□助钱捌百文；刘孔晖助钱捌百文；刘孔暄助钱捌百文；杨国栋助钱捌百文；焦惟淦助钱捌百文；焦惟康助钱捌百文；孙汤亿助钱六百四拾文；焦有堃钱六百四拾文；曾兴傛助钱六百文；曾传汶助钱六百文；李仲玉助钱六百文；刘修忠助钱六百文；钟禹煜助钱六百文；曾学训助钱六百文；萧文炳助钱六百文；曾学澄助钱六百文；曾毓迎助钱五百文；曾秀镜助钱五百文；廖名裕助钱五百文；谢世琏助钱五百文；谢增本助钱五百文；曾燕锈助钱五百文；钟善庆堂助钱五百文；刘心详助钱五百文；易永发助钱四百八拾文；曾左泉助钱四百文；曾毓万助钱四百文；曾才椿助钱四百文；李仲玉助钱六百文；曾翼桄助钱六百文；刘修忠助钱六百文；钟禹耀助钱六百文；钟禹煜助钱六百文；钟佳礼助钱六百文；曾学训助钱六百文；张燕梁助钱六百文；萧文炳助钱六百文；曾学湛助钱六百文；曾学澄助钱六百文；曾学沛助钱六百文；曾毓迎助钱五百文；曾学□助钱五百文；曾秀镜助钱五百文；刘正棠助钱五百文；廖名裕助钱五百文；李祥添助钱五百文；谢世琏助钱五百文；谢德祈助钱五百文；谢增本助钱五百文；谢代铭助钱五百文；曾燕锈助钱五百文；曾燕镳助钱五百文；钟善庆堂助钱五百文；刘心慧助钱五百文；刘心详助钱五百文；刘顺遂助钱五百文；易永发助钱四百八拾文；曾兴□助钱四百文；曾左泉助钱四百文；曾传河助钱四百文；曾毓万助钱四百文；曾纪熙助钱四百文；曾才椿助钱四百文；曾学□助钱四百文；曾□□助钱四百文；□□□助钱四百文；钟舜□助钱四百文；钟舜懋助钱四百文；曾学详助钱四百文；曾秀铭助钱四百文；曾秀锽助钱四百文；廖选蕴助钱四百文；廖名洽助钱四百文；曾学滥助钱四百文；曾学济助钱四百文；曾学沣助钱四百文；曾学澳助钱四百文；曾才讥助钱四百文；曾学治助钱四百文；杨世江助钱四百文；孙汤法助钱四百文；孙汤悠助钱四百文；谢世沂助钱四百文；袁其禄助钱四百文；谢德福助钱四百文；谢万表助钱四百文；谢万意助钱四百文；罗显珍助钱四百文；刘心诏助钱四百文；钟佳□助钱四百文；刘心诰助钱四百文；刘德□助钱四百文；刘修悠助钱四

百文；钟昌洪助钱四百文；钟昌蓝助钱四百文；钟佳恒助钱四百文；焦有德助钱三百文；曾学涛助钱三百文；曾礼珠助钱三百三文；焦惟达助钱壹吊文；曾学溥助钱三百文；廖上倚助钱三百文；廖选窗助钱三百文；廖选福助钱三百文；廖石边助钱三百文；刘义泮助钱三百文；谢代典助钱三百文；孙汤恩助钱三百文；曾秀杰助钱三百文；孙汤福助钱四百文；萧正禧助钱六百文；曾学杨助钱四百文。

曾兴新、曾兴铭、曾礼琇、曾礼玉、李忠桢、廖选祎、廖选态、廖必洸、廖名洋、谢万信、曾兴茂、曾兴芬、曾兴仿、曾兴风、曾毓、曾学渭、曾礼珖、曾礼玟、曾国琪、萧正祚、李忠洋、李忠藻、刘德宪、谢万效、谢万清、谢万和、谢万泰、谢万仲、谢万伦、谢万侑、谢万愈、谢万□、谢代梅、郭德福、郭德柱、郭德松、郭德林、罗正仰，以上各助钱贰百文；

廖必意、廖□德、□各祐、□□洪、廖必润、廖选赇、廖名□、廖名进、廖选蕃、廖□轮、廖选暐、廖选纯、廖选茂、罗正江、罗正仕、罗正□、钟舜校、钟舜柄、钟禹灯、钟禹烘、钟禹熙、钟禹灿、钟尧征、刘心成、刘顺栋、刘顺林、刘顺柱、刘心论、刘孔□、刘心□、刘心□、刘心鉴、钟瑞停、钟佳春、焦□□、□□□、□□□、□□□，以上各助钱二百□；

孙汤、孙文海、孙□□、（下缺）曾学□、曾学康、曾才、曾秀衍、曾学渤、曾学藩、曾学泗、曾秀亿、曾秀顺、曾学仁、曾秀□、曾学相、曾国瑃、曾国琛、曾国炳、曾秀瑃、曾学璜、曾学琅、曾学经、曾学志、曾学珠、曾毓迈、郭德栋、谢茂铨、李祥海、曾良廷，以□□□□贰百文。

大清光绪十年鸿岁甲申孟秋月谷旦。

【说明】碑现存于吉安县永和镇清都观，青石材质，左下角已有裂纹。高 1.75 米，宽 0.81 米，厚 0.04 米。据《庐陵古碑录》录文，格式有改动。

1091. 清·佚名：重修清都古观　光绪十年甲申（1884）

计开乐输进出各项数目开列于后：

收乐输钱壹千零零零九拾八文。付木匠进棹捐架钱五吊壹百叁拾八文；付木匠上棹捐棹钱五吊壹百叁拾八文；付刻碑字工钱叁吊八百文。收本观棹橱钱六吊壹百九拾五文。付水进棹架钱六吊置壹拾四文；付伙食钱五拾六吊八百六拾九文；收杉木柴钱五百四十文；付起建首事马缘伙食钱拾四吊贰百文。收钟信德吊栿崩谢钱六吊文。付铁钱拾四吊七百五拾叁文；付铁钉钱拾四吊七百五拾叁文；付丹青钱五拾七吊八百八拾四文。共收钱壹仟零贰拾贰吊捌百叁拾捌文；共付钱壹仟零叁拾壹吊叁百叁拾捌文。

又收乐输钱贰吊四百八拾文。付大小木料钱贰百壹拾四吊贰百六拾文；付漆钱拾七吊八百六拾文；付砖瓦钱壹百八拾七吊壹百零八文；付木匠工钱壹百壹拾叁吊叁百九拾贰文；付神龛钱贰吊五百八拾八文；付颜料钱贰吊五百八拾八文；付□□钱叁吊五百叁拾九文；付□□钱叁吊五百叁拾九文；付□□钱六吊叁百八拾七文；付泥水工钱壹百叁拾吊零贰百贰拾六文；付□□钱六吊叁百八拾七文；付天地门石钱五吊八百文；付□□钱壹吊贰百六拾五文；付□□钱壹吊贰百六拾五文；付沟尼钱九吊叁百七拾六文；付子目传首事飧钱七吊六百文；付初九传首事飧钱七吊六百文；付石灰钱六拾贰吊贰百贰拾六文；付林回春择期钱壹吊六百文；付碑石钱拾贰吊叁百文；付廖礼铨退神牌钱壹吊五百文；付廖礼铨符水牌钱壹吊五百文；付上木放栿钱拾叁吊四百拾七文；付谢茂礽葺意钱贰吊四百文；付黄土钱拾九吊四百九拾贰文；付□□意钱七吊八百文；付砖瓦力钱贰拾四吊五百七拾文；付吹手钱贰吊六百文；付纸篾钱四吊九百贰拾六文；付香烛工台建钱五吊八百四拾五文；付篾器木器钱贰吊六百八拾文；付开光伙食钱拾壹吊四百拾贰文。

经理数目：曾与茂、萧明灏、曾学洙、萧洪兆、刘唐洪、曾与儒。如有私曲，神明鉴察。

大清光绪甲申十年孟秋月谷旦。

【说明】碑现存于吉安县永和镇清都观，青石材质，高 1.56 米，宽 0.74 米，厚 0.04 米。据碑录文。参见《庐陵古碑录》。按，原刻数字书写繁简不一，不尽规范，姑照录不改。

1092. 清·萧应祺：重修清都古观小引

光绪十年甲申（1884）

盖闻神封上代，寰隅竞尚庙宇之修；抑自佛入中华，朝野争隆寺藏之建。是以知感其诚者赐以福，尊崇有所必严；竭其力者督其工，奉祀无容稍懈。古且如是，今亦宜然。我永和清都观，肇自于唐，盛称于宋。作一镇之保障，为万商之凭依。其间有求必应，无感弗通，历数百年，如一辙耳。迹其境地宽宏，楼台轩豁，画阁凉亭，精华可玩，茂林修竹，趣致常新。曩时白鹤山道人与苏、黄二公尝酬咏于此焉，则斯观不綦重矣乎！

咸丰丙辰岁，逆匪撞扰各处，庙宇横遭凌夷，惟兹观则安然而无恙。每有寇至，辄一望而却，恍若盲其目焉。是非神明佛祖之赫声濯灵，安能致此哉！迄今代远年湮，古迹胜景，慨然荒落，惟存破屋数椽。虽迭经整修，不过葺其败堵，牵萝补茅而已。

今年春，风雨暴作，榱题忽崩。都人士目击情伤，意欲大启尔宇，恢复前业，约计其数，不下千金有奇。然有志终成，愿望乃尔；而众心事起，理势必然。于是奉劝乐输，共襄美举，好善务期，兼善大书，还冀特书。俾为山无虞覆篑，而集腋自可成裘。将见鸠工，并起经营，咸乐夫有成。庶几鸿福普施，呵护永垂于无既也已。是为□。

大清光绪十年洪岁甲申孟秋月谷旦，里人萧应祺敬撰，里人胡上达书。

首事：萧洪兆、曾毓藻、萧祚珹、蒋公渤、萧洪槟、廖上钦、阮尧贵、曾学浚、李忠淋、杨世铭、曾唯、曾毓选、曾兴佳、刘陶瑒、上官立言、蒋明惠、□选明、杨行洪、曾学荣、李仲铭、刘唐洪、萧洪鉴、曾学洗、曾兴佺、吴章龙、孙尧熹、易德彬、曾学欢、曾毓进、刘德�、曾学洙，谢万悠、萧洪惪、萧应材、曾才汇、罗显球、曾才□、曾振淳、曾毓庄、郭忠信、曾兴儒、胡居煜、廖必溱、曾才桃、朱礼祥、黄折圭、尹启万、曾礼□、焦惟达、甘文耀、肖明灏、曾兴伏、杨德照、胡居熉、刘义湛、罗名江、刘德昌、刘汉培、萧应焕、钟舜枋、曾兴茂、曾翼栋、曾传灏、刘德泮、萧祚枋、谢德禄、蒋公清、曾秀昌、钟秀川。住观僧启瑄。

【说明】萧应祺，生平不详。碑现存于吉安县永和镇清都观，嵌于大门两侧墙上，保存基本完整。青石材质，高 1.26 米，宽 0.80 米，厚 0.04 米。据原碑拓片录文，格式有改动。参见《庐陵古碑录》。

1093. 清·佚名：抚州玉隆万寿宫题刻

光绪十二年丙戌（1886）

玉隆别境。

【说明】题刻者不详。现存于抚州玉隆万寿宫，嵌于侧门楣上。青石材质，高 0.36 米，宽 1.2 米。门墙上有精美祥云雕刻。抚州玉隆万寿宫 2013 年被列为全国文物保护单位。

1094. 清·佚名：出示严禁　光绪十四年戊子（1888）

钦点御前侍卫、特授江西九江镇标武宁营都阃府万鹏皋，钦加五品衔、特授江西南昌府武宁县正堂加十级纪录十次凌，特授湖北武昌府兴国州龙港汛分司王，为出示严禁，以靖地方事。

据武邑会绅举人陈协初，贡生叶屏瀚，武生彭利见、张步云，职员朱安龙，监生雷一鸣、阮绍元，田坵村潘明陈，里长刘海山，棚长朱旦明，兴国会绅千总王全煦，知府事王大诚，诰授陈美成，增生华藤、成兰溪，监生王广域、成廷柱、萧华芝等禀称，汛西南八十里之太平山，历宋元明，叠经敕封。太平天乙佑圣宫，护国救民章老真人遗体现应之区，迄今将近千年，遐迩士女，诚心祷求者，其应如响。每届秋月，朝谒更多。以故射利之徒沿山搭厂，名则摆摊卖货，实则聚赌卖烟，杀牲卖荤，一切非为，无所不至。并有乞丐徒流，成群结党，至宫强讨，少有不遂意，动辄寻衅生端等弊。粘陈规条，呈请示禁等情。

据此，除批示存案，并差兵役前诣查拿外，合行出示严禁。为此，示附近山民以及往来朝谒诸色人等知悉，尔等须知赌博卖烟，宰杀耕牛，均干例禁；结党强讨，有害良民；杀牲市荤，污秽神圣。此示之后，永宜恪遵。倘敢故为，一经拿觉，或被告发，定即拘案，从严究办。其各懔遵无违。特示。所有规条，胪列于后：

一、赌博卖烟，杀牲市荤。自示禁后，凡属宫内所管之地，无论左右上下，概行不准搭厂聚赌卖烟，杀牲卖荤。如违，准即指明，禀究不贷。

一、该山禁荤多年，凡尔诣山诸色人等，务宜恪遵，毋得私行开禁。如敢抗违，许即指禀，拿解究治，决不宽恕。

一、祖师宫殿上下两重，乃香客拜谒之区，毋许摆摊卖货。凡尔贸易之人，即许狮象坪外摆摊卖货，不准擅入宫内，恐碍朝谒，拥跻生事。如敢故为，准即指明禀究。

一、朝谒香客，各宜诚敬，以邀福庇，毋得男女混杂，恐触神怒。至于各项礼仪，均照规章行用。钱色一律制典，不准掺和沙币，如违严究。

一、两宫田租均系九月中期楚讫，山课议定四月终日完讫，不准延挨过期，致宫悮粮，以及瞒批、骗课、飞射等弊。如敢恃势故违，许即指名禀究。

一、无赖痞棍，毋得擅入宫内，藉端诈讹，欺神灭道。如敢故违，准指禀严拿究办。

一、乞流徒毋许三五成群至宫中强讨，窃取菜物。倘敢持蛮恶化，准即捆缚送究，决不宽恕。

一、唱花鼓原系淫风，戏局搬舞狮灯，一干例禁森严。倘有此情，概不准入宫滋扰。如违定即拘案究惩。

已上各款，略举大概。凡干清规，概行严禁。勒石以垂不朽云。

时维大清光绪十四年戊子七月念日，示实刊石佑圣宫晓谕。

【说明】 据民国五年《太平山志》卷四录文。参见《太平山典籍汇编》所收《太平山志》卷四。按，原文后尚有“民国三十二年癸未夏月重刊”一句。文中“山课”“骗课”之“课”原写作“稞”。

1095. 清·张仁晸：五十四代天师张继宗墓碑

光绪二十三年丁酉（1897）

（右书）清光绪二十三年仲春吉日。

（正中书）五十四代天师张继宗之墓。

（左书）六十一代孙张仁晸重立。

【说明】碑现存于龙虎山天师府文物室，保存完好。青石材质，方形，高0.89米，宽0.59米。楷书。据碑录文。

1096. 清·佚名：培修临江府万寿宫乐输碑

光绪二十六年庚子（1900）

现将光绪二十六年岁次庚子培修万寿宫乐输芳名、数目开列于后：

万泰祥乐助花边壹百元正；源茂祥乐助花边五拾元正；刘吉昌钱乐助花边五拾元正；协成酒号乐助花边肆拾元正；阜昌茂饼乐助花边叁拾元正；裕成元花乐助花边叁拾元正；万盛酒号乐助花边叁拾元正；尹□兴乐助花边叁拾元正；杨迪记鱼乐助花边叁拾元正；杨泰衣庄乐助花边叁拾元正；刘协昌荣乐助花边叁拾元正；福顺和钱乐助花边叁拾元正；吴利发号乐助花边叁拾元正；曾仁丰号乐助花边贰拾元正；张万兴烟乐助花边贰拾元正；福泰齐号乐助花边贰拾元正；恒裕道号乐助花边贰拾元正；永兴酒号乐助花边贰拾元正；□生鑫号乐助花边贰拾元正；香林春药乐助花边拾五元正；杨吉泰号乐助花边拾五元正；□□□乐助花边拾肆元正；黄源发油乐助花边拾肆元正；刘功盛石乐助花边拾肆元正；德德利和乐助花边拾贰元正；众兴茶宣乐助花边拾贰元正；曾万和油乐助花边拾贰元正；存仁药号乐助花边拾壹元正；杨少桐□乐助花边壹拾元正；邹太史乐助花边壹拾元正；同德堂药乐助花边壹拾元正；祝恒发酒乐助花边壹拾元正；义泰和米乐助花边壹拾元正；发记布庄乐助花边壹拾元正；黄义兴绸

乐助花边壹拾元正；熊中和米乐助花边壹拾元正；傅发盛架乐助花边壹拾元正；诵兴米号乐助花边贰拾元正；张三合烟号乐助花边壹拾六元正；聂家玉号乐助花边壹拾五元正；同昌布号乐助花边壹拾五元正；同源布号乐助花边壹拾四元正；义泰染号乐助花边壹拾三元正；尹义盛号乐助花边壹拾三元正；刘裕兴号乐助花边壹拾贰元正；涂信泰号乐助花边壹拾贰元正；祝仁发乐助花边壹拾元正；张明顺乐助花边壹拾元正；黄益生乐助花边壹拾元正；张明盛药乐助花边壹拾元正；陆后兴号乐助花边壹拾元正；彭益昌乐助花边壹拾元正。裕茂和乐助花边壹拾元正；春振森乐助花边壹拾元正；祝生兴号乐助花边壹拾元正；益寿堂号乐助花边壹拾元正；敖日生号乐助花边壹拾元正；刘裕泰号乐助花边壹拾元正；龚全兴号乐助花边壹拾元正；祥昌和号乐助花边壹拾元正。元吉米号乐助花边壹拾元正；年丰行号乐助花边壹拾元正；黄正和石号乐助花边八元正；傅生生架乐助花边八元正；聚泰和号乐助花边八元正；聂福记号乐助花边八元正；卢应记号乐助花边六元正；福升齐号乐助花边六元正。□□兴号乐助花边六元正；□□顺架乐助花边五元正；□□兴堂号乐助花边五元正；□□同兴号乐助花边五元正；□才顺号乐助花边五元正；□开泰号乐助花边四元正；□盛九号乐助花边四元正；□裕和号乐助花边四元正；□□生号乐助花边三元正；□利生号乐助花边三元正；清韦茶号乐助花边贰元正；□徐万丰号乐助花边贰元正；谢永利号乐助花边贰元正；同兴顺号乐助花边贰元正；龙和饭馆乐助花边乙元正；戴钱和号乐助花边乙元正；新发□号乐助花边乙元正；馨生顺号乐助花边乙元正；涌金泉茶号乐助花边乙元正；隆兴酒号乐助花边乙元正。福寿丰号乐助花边乙元正；徐正贤号乐助花边乙元正；□钱□号乐助花边乙元正；刘庐丰号乐助花边乙元正；黄恒兴号乐助花边乙元正；□隆兴号乐助花边乙元正；李裕兴号乐助花边乙元正；福庐饭馆乐助花边乙元正。范简饭馆乐助花边乙元正；义泰兆号乐助花边乙元正；森和泉茶乐助花边乙元正；胡吉顺号乐助花边乙元正；祥泰□乐助花边乙元正；黄源兴号乐助花边乙元正；朱园文乐助花边乙元正；金大隆号乐助花边乙元正；和海源乐助花边乙元正；雷品高号乐助花边乙元正；福元归乐助花边乙元正；廷兴香号乐助花边乙元正；永和堂乐助花边乙元正；□仁义号乐助花边乙元正；喻义源乐助花边乙元正；全福堂号乐助花边乙元正。

【说明】碑现存于临江万寿宫祖师殿，已断裂为二。青石材质，高1.52米，宽0.62米。楷书。据碑录文，题为整理者据文意及现存于临江府万寿宫题刻所加。

1097. 清·佚名：临江府万寿宫联刻

光绪二十六年庚子（1900）

（上联）德被生民金点旌阳苏涸鲋；

（下联）波平泽国铁沉鄂渚锁魁蛟。

（横联）忠孝格天。

【说明】联刻于临江万寿宫大门之上。上额“万寿宫”，左右两侧有石门雕刻，图案精美。横联高0.46米，宽1.2米。楷书。四周刻有许多道教吉祥雕花图案。对联高1.95米，宽0.03米。题为整理者据文意所加。

1098. 清·佚名：临江府万寿宫题刻（一）

光绪二十六年庚子（1900）

清风生。

【说明】题刻嵌于临江万寿宫内侧门楣上戏台左边。高0.23米，宽0.38米。楷书。题为整理者所加。“清风生”三字源于唐代诗人卢仝《走笔谢孟谏议寄新茶》诗句：“唯觉两腋习习清风生。”

1099. 清·佚名：临江府万寿宫题刻（二）

光绪二十六年庚子（1900）

白云遏。

【说明】题刻嵌于临江万寿宫内侧门楣上戏台右边。高 0.23 米，宽 0.38 米。楷书。“白云遏”三字应出于“响遏行云”之典故。

1100. 清·佚名：临江府万寿宫题刻（三）

光绪二十六年庚子（1900）

慈善厅。

【说明】题刻位于临江万寿宫外侧门楣上。红石材质，高 0.28 米，宽 0.53 米。楷书。按，从以上三处题刻可推知，临江万寿宫除弘扬许真君忠孝思想外，同时还在传承道茶、道乐以及道教慈善文化。

1101. 清·张元旭等：六十一代张仁晸真人墓碑

光绪二十九年癸卯（1903）

（右书）大清光绪二十九年癸卯季冬吉日。

（正中书）故显考六十一代大真人清岩府君之墓。

（左书）孝男元旭、元昶、元善，孙印生、菊生、麟生、定生敬立。

【说明】碑存于龙虎山天师府文物室，保存完好。青石材质，方形。高 0.69 米，宽 0.39 米。楷书。据碑录文。

1102. 清·佚名：重建玉隆万寿宫西山局收支碑

光绪三十四戊申年（1908）

（一）

谨将玉隆万寿宫自甲辰年七月开局起至戊申年止，重新建造真君正殿、关帝殿、文昌宫，修理玉皇殿、三官殿、谌母殿、三清殿、夫人殿、望仙楼、逍遥靖庐及周围墙垣，又添置东街店屋四所并修通各通衢桥路，一切工程均经告竣。所有西山局收付数目具列于左：

计开：

一、收本局各善户捐助足银，共银贰百零陆两正。

一、收本局各仙会善户捐助包洋边，共洋边壹万九仟五百九拾叁元柒角。

一、收本局各仙会善户捐助足钱 ，共钱五仟零九拾叁串六百二十乙文。

一、收本局各仙会捐助香钱，共钱九仟壹百零八文，洋边壹元叁角正。

一、收本局东街新造店房、西户三年租钱，共钱贰百陆十八仟叁百三十文。

一、道人解缴签□钱，共钱壹百十二千文。

一、收本信（众）木料得足钱，共钱壹拾贰仟文。

一、收易杂色洋边得足钱，共钱八仟柒百柒拾壹串零七十贰文。

一、收易杂色洋边得纹银，共银壹百肆壹两壹钱正。

一、收省垣局纹银，共银壹百零壹两四钱八分正。

一、收省垣局足钱，共钱壹万壹仟零拾串零壹百八十三文。

以上总共收洋边壹万九仟伍百九拾五元正；足钱贰万伍仟贰百八拾四串叁伯壹拾四文；纹银肆百肆拾八两五钱八分正。

开除：

一、付杉木料钱壹千零九拾四串壹百四十四文，洋伍百四拾零五角元，扣钱五百四拾九串五百文。

一、付杂木料钱叁拾五仟九百贰拾文，洋柒拾叁元，扣钱五拾八仟四百文。

一、付麻石、青石、红石钱九百八拾五串八百九拾三文，洋壹百九拾四元，扣钱壹百六拾千零贰百文。

（二）

一、付杂茅竹，共钱捌拾仟零柒百贰拾四文。

一、付缸瓦，共钱肆百贰拾千壹百乙拾五文，洋边贰元扣钱贰千文。

一、付砖瓦，共钱壹仟贰百九拾串零贰百五拾四文，洋边捌拾元，扣钱六拾九千零三十贰文。

一、付石灰，叁拾壹万伍千伍百捌拾四斤，共钱五百四拾六千贰百六十八文，洋边叁百叁拾柒元，扣钱四百零四千零八十。

一、付线筋，九千贰百八拾九斤，共钱壹百散拾贰千九百五十八文，洋边叁拾叁元，扣钱贰拾六千七百五十贰。

一、付麻绳苎□墙线，共钱壹拾九千叁百六十三文，洋边拾捌两九钱四分，扣钱贰拾六千六百八十。

一、付篾绳索，共钱□拾贰千贰百叁十四文。

一、付□篮篾箩，共钱拾九千柒百贰十四文。

一、付大小铁器并钉子，共钱四百百叁十千叁百零四文，洋边壹百捌拾元四分，扣钱贰拾壹百六拾八仟九百五十。

一、付制□斫子，共钱九拾捌千捌百拾八文。

一、付锡枧，共钱五十千零叁百五拾分。

一、付铸铁贰□大（小）香炉四（六）个，共钱陆百叁十贰千五百文，洋边贰百元，扣钱贰百零壹仟四百贰十文。

一、付金朱漆颜料，共钱壹仟壹百九拾五串九百拾叁文，银壹百四拾柒两，扣钱贰百四拾千八百四十六文。

一、付桐油五仟壹百四拾八斤，共钱贰百贰拾壹千贰伯贰十文，银贰百六拾柒两贰钱贰分，扣钱叁百九拾千零五百五千文；洋边柒拾四元，扣钱捌拾叁千贰百文。

一、付购置器具，共钱壹百拾陆千柒百四十柒文。

一、付纸张簿账笔墨，共钱叁拾壹千叁百四十文。

一、付木匠，共钱叁仟伍伯九拾壹串肆百四十五文，洋边壹千柒百四拾五元。

一、付泥工，共钱叁仟九百壹拾串零九十九文，洋边五百柒拾贰元，扣钱五百五拾五千壹百六十八文。

一、付锯匠，共钱柒百零五千贰百零贰文，洋边拾贰元，扣钱拾千零壹百六十五文。

（三）

一、付雕花匠捌千四百五拾工，共钱捌百伍拾八仟叁百贰拾文，洋边叁百贰拾贰元正，扣钱贰百九拾八千壹百三十五文。

一、付五厂泥木锯匠包工捌仟壹百叁拾五工，共钱壹仟壹百肆拾串零七拾九文。

一、付包工打磨石柱贰拾肆根，共钱贰百叁拾陆仟九百叁拾文，洋边贰拾五元正，扣钱贰拾壹千贰百六十五乙文。

一、付刻青石碑字，共钱五拾玖仟零五拾七文正。

一、付小工挑断石、土屑、瓦片工食，共钱贰伯肆拾玖仟柒百八十七文。

一、付员木匠工食，共钱□拾□□五百壹十柒文。

一、付油漆匠陆仟壹百零叁工，共钱柒百柒拾捌仟零捌拾陆文，洋边柒拾九元正，扣钱捌拾陆千百六十文。

一、付福主正殿上梁各匠折席，共钱肆拾仟零四百六拾文正。

一、付福主殿上梁吹手彩布利市演戏酒席包子，共钱贰拾捌仟陆百八十壹文。

一、付关帝殿上梁各匠折席吹手彩布利市，共钱贰拾柒仟贰百六十五文正。

一、付福主升殿文昌宫上梁匠折席吹手彩布利市，共钱贰拾柒仟柒百八十五文正。

一、付装塑十二真人胡詹二仙神像，共钱壹伯捌拾伍仟八百捌六十文，洋边贰拾元，扣钱贰拾贰千文。

一、付装塑关平关圣周仓神像，共钱伍拾壹仟叁百文正。

一、付装塑魁星朱衣童子神像，共钱肆拾壹仟壹百八十五文正。

一、付装祖师三清神像，共钱五拾六仟八百零八文正。

一、付县司两署公差夫马饭食，共钱叁拾肆仟六百六十八文正。

一、付杉木料力，共钱捌伯叁拾仟零四百五十文，洋边叁拾元，扣钱贰拾柒千叁百六十文正。

一、付杂木料力，共钱贰拾壹千壹百九十六文正。

一、付茅竹力，共钱玖仟零六十柒文正。

（四）

一、付缸枧缸瓦力，共钱壹百捌拾四仟柒百五十贰文。

一、付瓷瓦力，共钱柒拾五仟壹百贰十五文。

一、付麻青红石力，共钱贰百肆拾玖仟叁百零九文，洋边贰元，扣钱壹千柒百乙十文正。

一、付砖瓦力，共钱五拾五仟四百叁十壹文。

一、付大钟香炉力，共钱捌拾玖仟六百六十八文。

一、付桐油力，共钱壹拾贰仟陆百九十壹文。

一、付各杂力，共钱壹百拾贰仟壹百四拾六文。

一、付兴资车力，共钱肆拾贰仟壹百零壹文。

一、付油烛照油香爆，共钱壹百玖拾四仟贰百叁拾六文，银拾五两四钱贰分，扣钱贰拾贰千柒五百三十七文正。

一、付茶烟纸，共钱壹百拾贰仟八百七十三文。

一、付司事薪水，共钱壹仟壹百拾贰串五百四十五文，洋捌拾柒元，扣钱捌拾四千仟九百贰拾文。

一、付走使杂役辛工，叁百叁拾贰仟零五拾七文。

一、付福食，共钱壹仟贰百四拾四仟叁百拾贰文，洋边捌拾捌元，扣钱捌拾仟零五百七十文。

一、付零杂款等，共钱壹百贰拾贰仟捌百叁十八文，洋边贰元正，扣钱壹仟六百文正。

一、付把柴松椏，共钱壹百叁拾四仟九百八十七文。

一、付买程亦恩店屋，共钱五拾五仟贰百文。

一、付关帝三官殿前及龙岗桥路石，共钱壹拾五仟壹百五拾五文，洋边贰拾九元，扣钱贰拾九仟四百六十文。

一、付本宫东街并紫气东□路石头又五显庙，共钱五拾仟文正。

一、付修龙岗桥工食，共钱肆拾六仟玖百八拾叁文正。

一、付石佛寺大庙上□路石八十七丈，共钱捌拾仟零四百叁拾四文，洋边贰拾元，扣钱贰拾柒仟贰百九十文。

一、付生米东岳庙门城罗姓山乌龙桥街修路工食，共钱贰百五拾仟九贰百六拾柒文。

（五）

一、付欧岗程姓山修桥工食，共钱柒仟叁百四拾叁文。

一、付藻山梁姓□路石，共钱六拾仟零壹百九十文。

一、付城塘胡姓面前□路石，共钱五拾贰仟九百壹拾文，洋边贰拾壹元，扣钱贰拾壹仟文。

一、付清醮安龙补土，共钱壹百拾陆仟壹百零六文。

一、付用明钱少串，共钱柒仟零四拾四文。

一、付易钱杂色洋边，共洋捌仟柒百贰拾贰元五角。

一、付易银杂色洋边，共洋贰百零贰元正。

一、付省垣局洋边，共洋伍仟捌百贰拾元正。

以上总共付洋边壹万玖仟伍百陆拾贰元正，足钱贰万伍仟壹百柒拾贰玖串七百四拾九文，纹银肆百肆拾捌两伍钱捌分正。

除付、实存银数两抵讫，足钱壹百零肆仟五百六拾五文正，假洋边叁拾叁元正。

此余存款移于己酉修整正殿捡漏之资，俟竣再详。

清光绪三十四年岁次戊申孟东月日立。

此外尚有省购木料及景德瓷瓦、抚州缸枧、星子麻柱石等项价目，均由省城总局过付，因丙午年省城总局停止所有账簿，均归陶东川收执就馆，未□从问及得登载，俟再催取簿账查核补刊。

【说明】 碑现存于南昌西山万寿宫，一通五品，雕刻精致，嵌于高明殿（许真君正殿）墙壁上。青石材质，皆高 1.3 米，宽 0.8 米。直行，行 2~28 字，小楷。据碑录文，题为整理者据文意所加。碑刻记录了重修万寿宫收支详细情况，体现了道观财务管理公开透明，具有文献价值和现实意义。

1103. 清·佚名：重建西山玉隆万寿宫清江等二十九州县捐款碑　光绪三十四年戊申（1908）

谨将各县经募捐助列左：

清江县：捐龙洋陆百柒拾肆元叁角正。进贤县：捐龙洋陆百伍拾元正。萍乡县：捐龙洋伍百陆拾元正。吉水县：捐龙洋伍百壹拾叁元正。贵溪县：捐龙洋肆百玖拾叁元正。临川县：捐龙洋肆百陆拾陆元正。义宁州：捐龙洋壹百伍拾肆元正、足钱叁百叁拾玖仟肆百柒拾贰元正、纹银叁拾捌两贰钱玖分。安义县：捐足钱贰百玖叁仟伍百伍拾元正。铅山县：捐龙洋贰百柒拾伍元伍角正。龙泉县：捐龙洋贰百零陆元正。崇仁县：捐龙洋贰百零叁元伍角正。东乡县：捐龙洋贰百零贰元玖角正。南康县：捐纹银壹百叁拾叁两叁钱壹分正。湖口县：捐龙洋捐龙洋壹百柒拾捌元柒角正、足钱壹拾玖仟玖百叁拾文正。瑞金县：捐龙洋壹百伍拾捌元正。鄱阳县：捐龙洋壹百伍拾柒元正、角洋捌拾贰元叁角正。宜黄县：捐龙洋壹百伍拾叁元正。万安县：捐足钱壹百伍拾贰仟伍百肆拾捌文正。赣县：捐龙洋壹百伍拾叁元陆角正。泰和县：捐龙洋壹百伍拾正，内有肖迪吉堂壹百正。信丰县：捐龙洋壹百肆拾贰元正。玉山县：捐龙洋壹百肆拾元正。会昌县：捐龙洋壹百叁拾捌元正。德化县：捐龙洋壹百叁拾叁元柒角正。都昌县：捐龙洋壹百贰拾元正。彭泽县：捐龙洋壹百壹拾元正、角洋贰拾肆元正。义宁州：捐艚钱壹百千文正。宜春县：捐龙洋壹百四拾五元五角、足钱叁拾叁八百七九文。金溪县：捐龙洋捌拾元正。

【说明】碑现于存南昌西山万寿宫，嵌于高明殿墙壁上。青石材质，长1.3米，宽0.8米。直行，31行，行10~38字。据碑录文，格式有改动。碑文反映了西山万寿宫祖庭之地位以及许真君信仰之广泛。

1104. 清·佚名：重建西山玉隆万寿宫永新等十县及商行捐款碑　光绪三十四年戊申（1908）

谨将各县经募捐助列左：

永新县：捐龙洋八拾五元六角正。芦溪县：捐龙洋八拾四元四角正。武宁县：捐银六拾贰两六钱三分正。峡江县：捐龙洋六拾六元正。弋阳县：捐龙洋五拾贰元正，又捐小洋七拾四角。庐陵县：捐龙洋五拾元。上高县：捐足钱四拾六千文、龙洋贰拾元正。太□盐卡：捐龙洋四拾元正。石城县：捐龙洋四拾元正。新喻县：捐龙洋叁拾八元五角正。广昌县：捐龙洋五元正。

谨将经募捐助芳名列左：

欧阳霖：经募肖作梅纹银壹千两正。春和祥行：经募纹银贰百四拾五两六钱四分正。集义油行：经募纹银贰百贰拾四两七钱壹分正。桥源油行：经募纹银贰百贰拾两零七钱三分正。建元油行：经募纹银贰百贰拾零四钱六分正。惠元祥钱：经募纹银贰百四拾六两三钱五分正。盛元油行：募纹银贰百四拾壹两贰钱壹分正。海生油行：经募纹银贰百贰拾六两零三分正。新泰杂货行：经募纹银壹百八拾四两五钱九分正。兴盛杂货行：经募纹银壹百七拾壹两四钱八分正。保茂盛粮饼行：经募纹银壹百壹拾七两壹钱九分正。□永茂盛粮饼行：经募纹银壹百零三两三钱一分正。□豫盛粮饼行：经募纹银叁拾贰两八钱三分正。豫葆盛粮饼行：经募纹银伍拾五两正。福裕糖行：经募纹银四两四钱四分正。□盐茶道：经募纹银壹百八拾四两五钱九分正。廖修士：捐纹银贰百两正。

【说明】碑现存于南昌西山万寿宫，嵌于高明殿墙壁上。青石材质，长1.3米，宽0.8米。直行，30行，行9~21字。据碑录文，格式有改动。

1105. 清·佚名：重建西山玉隆万寿宫省城商行商号商店捐款碑　光绪三十四年戊申（1908）

谨将劝募重修捐助芳名列左：

陈□龙捐九五钱四百千文。□福泰会捐九五钱□□千文。□松柏会捐九五钱□□千文。□易典捐九五钱□□千文。刻字店捐九五钱叁拾千文。夏方抚捐九五钱贰拾贰千文。（合省）头绳店捐九五钱贰拾千文。（合省）帽店捐九五钱叁拾贰千文。王鸿泰捐九五钱壹拾壹千文。□东方、恒谦钱、冯欲顺（茂）、蔡源发，以上各捐九五钱壹拾千文。（合省）靴鞋店捐九五钱八千叁百文。□永铭捐九五钱八千文。莲花厅船行捐九五钱伍千文。周伟经堂、徐步瀛、汉沔公所、祥昌公司，以上各捐九五钱肆千文。全和工庄捐九五钱叁千文。福泰水果捐九五钱叁千壹百文。生和祥捐九五钱叁千文。补过堂、夏宁懋堂、詹世德堂、夏□□、夏香舟、夏宣德堂、周瀛记、吴知□、王慎独、汪长春、徐同茂盛、郑江□、危廷洛、郭静记、龙志记、吴凤□、包□记、青云阁、洪盛号，以上各捐九五钱贰千文。义泰棉花捐九五钱壹千六百文。求志山房、吴方照、德泰酒、□礼堂、王立斋、品题轩、程新海、喻永和，以上各捐九五钱壹千文。陈合和捐九五钱贰拾千文。同丰行捐九五钱贰千文。

【说明】 碑现存于南昌西山万寿宫，嵌于高明殿墙壁上。青石材质，长1.3米，宽0.8米。直行，32行，行9~13字。据碑录文。按，碑上“九五”为一个字，经查阅有关资料，知为晚清时一种货币名称。

1106. 清·佚名：重建西山玉隆万寿宫钱庄及个人捐款碑

光绪三十四年戊申（1908）

谨将经募捐助芳名列左：

萧连城：经募洋边七百四拾四元正。怕生厚钱：经募洋边六百九拾三元正。德大信钱：经募洋边伍百贰拾五元正。张兆谦：经募洋边四百八拾壹元正。彭家骐：经募洋边贰百三拾九元正。恒昌钱：经募洋边贰百元正。朱葆成：经募洋边八拾三元正。省局：经募洋边五拾八元正。刘汉章：经募洋边叁拾八元正。德大信钱：经募九五钱九拾七千文正。洪发船行：经募九五钱七拾千另四百文正。朱葆成：经募九五钱贰拾千文正。省局：经募足钱壹拾七千零七拾九文正。钱清源：经募九五钱壹拾四千文正。恒昌钱：经募九五钱五百文正。谨将捐助芳名列左：锅炉众捐钱壹百千文。江坤荣捐钱贰千八百文。朱作焕捐钱壹千九百文。戴姓众捐助柏木梁两根。唐隆顺助□围木梁两根。刘春顺捐助□围木梁两根。（新建）徐维桐捐钱八千文。邓重广捐钱叁千文。（龙冈）徐老基捐钱贰千文。（新喻）何望（迪）盛捐洋边贰元正。

【说明】碑现存于南昌西山万寿宫，嵌在高明殿墙壁上。青石材质。碑长 1.3 米、宽 0.8 米。直行，28 行，行 8—15 字。据碑录文，格式有改动。按，“省局”指设于省城之劝捐局，主要面向各行业商人募捐。

1107. 清·佚名：重建西山玉隆万寿宫地方商帮商行捐款碑（一） 光绪三十四年戊申（1908）

谨将劝募重修捐助芳名列左：

南丰包清冰堂捐银捌百伍拾壹两叁钱壹分。新建毛敬业堂捐银柒百两正。靖安陈谒古堂捐银陆百两正。庐陵周五常堂捐银陆百两正。鄱阳万寿宫捐银伍百两正。丰城袁蔚章捐银伍百两正。□□万寿宫捐银肆百零贰两正。庐陵黄修礼堂捐银肆百两正。新昌纸帮捐银叁百贰拾两正。□□晒纸帮捐银叁百贰拾两正。□□胡守正堂捐银贰百两正。南昌李宣荫堂捐银贰百两正。南城□仁和典捐银贰百两正。丰城金福纸行捐银贰百两正。丰城义丰元百□果捐银壹百壹拾两正。新建吴学镐捐银贰百两正。靖安张式谷堂捐银壹百伍拾两正。义昌恒钱捐银壹百壹拾两正。益盛土庄捐银陆拾两正。李顺昌捐银陆拾两正。徐怀德堂捐银伍拾两正。万春号捐银伍拾两正。同茂钱捐银伍拾两正。合省纸行捐银肆拾两正。广盛土庄捐银肆拾两正。公同永致捐银肆拾两正。益恭和捐银叁拾两正。饶凤琮捐银肆拾两正。李汝庄捐银贰拾壹两柒钱正六分正。德应堂捐银壹拾陆两柒钱正。天宝楼捐银壹拾两正。艾轮阁捐银壹拾两正。乾升号捐银伍两正。江听顺捐银贰两正。罗复兴捐银贰两正。

【说明】碑现存南昌西山万寿宫，嵌于高明殿墙壁上。青石材质，长 1.3 米，宽 0.8 米。直行，37 行，行 8~20 字。据碑录文，格式有改动。碑中记录了江西各地各行各业捐款情况，体现了许逊由“南昌福主”到“江西福主”之历史变迁。

1108. 清·佚名：重建西山玉隆万寿宫地方商帮商行捐款碑（二） 光绪三十四年戊申（1908）

谨将捐助芳名列左：

胡相林捐银壹千两正。各帮共捐洋边壹千贰百叁拾元正。朱九丰堂捐洋边壹千元正。公悦堂（布业）捐洋边柒百元正。朱承泽堂捐洋边伍百元正。勤业堂（洋货）捐洋边伍百元正。李军门捐洋边贰百元正。懿慎德堂捐洋边贰百元正。公积堂捐洋边壹百元捌拾元正。公诏堂（大布）捐洋边壹百元贰拾元正。江广有捐洋边壹百元贰拾元正。阖省丝线店共捐洋边壹百另肆元正。集华堂捐洋边壹百元正。隼昌富捐洋边壹百元正。信和诚钱捐洋边壹百元正。福裕亨钱捐洋边壹百元正。荣昌、集泰、裕和衣庄共捐洋边壹百元正。（□□局）陈绍曾捐洋边捌拾元正。阖省靴鞋店共捐洋边陆拾元正。厚基堂（纸店）捐洋边陆拾元正。吴乐善堂捐洋边伍拾元正。胡三友堂捐洋边伍拾元正。胡长仁堂捐洋边伍拾元正。陈国安捐洋边叁拾贰元正。朱瑞、史古愚堂、乾裕堂、元和土庄、三泰钱庄，以上各捐洋边肆拾元正。阖省帽店共捐洋边叁拾捌元正。源泉通钱捐洋边叁拾陆元正。意昌厚钱捐洋边叁拾陆元正。李慎堂（药店）捐洋边叁拾肆元正。共济堂捐洋边叁拾贰元正。

【说明】碑现存于南昌西山万寿宫，嵌于高明殿墙壁上。青石材质，长1.3米，宽0.8米。直行，32行，行8~15字。据碑录文，格式有改动。

1109. 清·佚名：重建西山玉隆万寿宫地方商帮商行捐款碑（三） 光绪三十四年戊申（1908）

谨将捐助芳名列左：

饶同德堂、□□□堂、杨致和堂、胡源兴堂、□□□行、吴三和、李培德堂、汪德全堂、正大钱行、彭文、公成和堂、宝和毓同、天亨□□、永宁金□、大有恒、□昌慎堂、松盛钱、李德泰、钱顺祥，以上各捐洋边拾元正。□敬之堂、万恒和、和生号、张万隆、泰盛□、同三典，以上各捐洋边捌元正。谷昌号、恒和号、棠裕和、仁兴福、永昌隆、裕生昌、治和号、洪泰昌、裕泰盈、复盛祥，以上各捐洋边柒元正。□孚信钱、复毛恒、天泰号、洪天号、共兴号、共和号、恒益升、刘光裕堂、慎□典、万春号、志诚信、广福生，以上各捐洋边陆元正。同顺号、一照齐、□□居、熊厚德、熊呈祥、罗启德、谦善堂、德生钱、聚源钱、□天居、灰成纸、乾和草、协泰号、裕兴斋、聚昌行、源茂号、元丰纸、瑞丰祥、永源号、裕生昌，以上各捐洋边伍元正。梅德□、同德堂、福通栈、长□馆、陈报晖堂、涂永昌、熊王生堂、熊协和堂、罗全兴、胡天顺、全福堂、同泰酱、文苑阁、熊洪盛，以上各捐洋边肆元正。

【说明】碑现存于南昌西山万寿宫，嵌于高明殿墙壁上。青石材质，长1.3米，宽0.8米。直行，29行，行6~15字。据碑录文，格式有改动。

1110. 清·佚名：重建西山玉隆万寿宫地方商帮商行捐款碑（四） 光绪三十四年戊申（1908）

谨将捐助芳名列左：

文宝楼、周虎臣、金丰号、震泰号、森盛祥、赵新顺、道生号、同大号、汪颐泰、裕昌行、祥和号、任积庆、山阴范濂、谭立生、杨源丹、杨复兴、熊德和、罗洪裕、魏和泰、刘森和、熊万顺、集和号、李益义、万存仁、万隆茂、集成号，以上各捐洋边叁元正。方继祥、全福堂、億生栈、黄同德、罗崇义堂、熊怡和、舒洪裕、胡文兴、大育号、裕生泰、刘养泉、胡宝王、永兴隆、天庆号、吉顺号、铨泰义、裕丰祥、同顺号、舒裕兴、舒全茂、唐义茂、协昌和、舒义兴、熊正丰、怡和号、黄德财、赵裕光、裕昌泰、涂大兴、朱宇记、怡茂号、朱隆泰、一品斋、元泰号、裕新号、祥顺号、广和号、品题轩、王豫泰、无名氏，以上各捐洋边贰元正。王贻谷堂、李遇清、合福号、同和号、庆春号、育和堂、协泰元、宋福隆、傅祥泰、李万全堂、复春堂、德生堂、杨泰来、庆仁德、荣升衣庄、怡泰和、杨增芬、舒荣恩、泰昌生、徐子清、大荣昌、信成衣庄、周盛隆、东发号、魏礼记、潘德闰、义聚隆、永庆堂、万隆昌、瑞丰和、信泰号、潜际祥、吉人氏、豫生衣、王贻谷堂，以上各捐洋边壹元正。

【说明】碑现存于南昌西山万寿宫，嵌于高明殿墙壁上。青石材质，长1.3米，宽0.8米。直行，30行，行6~16字。据碑录文，格式有改动。

1111. 清·佚名：重建玉隆万寿宫新建县香会捐款碑

光绪三十四年戊申（1908）

（一）

新建县

（佐溪）胡集和号捐龙洋叁拾元；（□牙埠）陈一宗号捐龙洋拾八元；（本宫）涂永源号捐龙洋拾八元；（新□）喻姓众捐龙洋拾叁元；（藻山）梁祖绶捐龙洋拾贰元；（桐冈）夏一宗众捐龙洋拾元；（黄源）朱安吉隆会 捐龙洋拾元；（西头）程中和堂捐龙洋拾元；（西湖）葛焕章捐龙洋拾元；（善政）刘万福会捐龙洋九元；（石富）缪长发会捐龙洋八元；（石冈）普庆会捐龙洋八元；（□河口）龚永茂会捐龙洋八元；（黄源）骆崇道会捐龙洋贰拾元；（坪上）万长庚会捐龙洋拾五元；（郭坊）郭永福会捐龙洋拾四元；（郭坊）周永和会捐龙洋拾贰元；（佳山）熊姓众捐龙洋拾元；（生米）唐同庆会捐龙洋拾元；（东成）李吉庆会捐龙洋拾元；（东成）谢文庄公会捐龙洋拾元；（高坪）金昆房会捐龙洋拾元；（铜源）刘永隆（聚福、松柏）会捐龙洋九元；（长城）朱兴发会捐龙洋八元；（前江）于锡光捐龙洋八元；吴永胜会捐龙洋七元。

捐龙洋陆元列左：（本宫）胡益兴号、（石富）缪长兴会、（□□）夏长春会、（小岭）戴松林会、（浠湖）姜集福会、（湾溪）符永庆会，以上各捐龙洋陆元。

捐龙洋五元列左：（家□）丁用和、夏履中堂、毛普庆会、缪吉庆会、刘保庆会、杨长松会、罗华庆会、毛保福会、张同庆会、汪同庆会、（华山）郭可荣、夏澄心堂、（太平乡）刘保庆会、（石富）缪集庆会、（陆家店）四福会、安永吉会、熊集义会、夏廷报、（桃花乡）吉祥会、（同田前）林长春会、曾长发会、（太平乡）涂同仁堂、（乌溪）谈像祚、（白洲）聂福庆会、夏报德堂、喻福胜会、夏芳作、（城塘）胡先品、夏礼庆会、（厚田）集义会、（仪凤乡）熊经奎会、（集坊）丁福庆会、（厚田）谭景福会、涂荣福会、邓大生、（青山）熊一宗会、（杨林）凌聚庆会，以上各捐龙洋五元。

（二）

新建县

喻慎田敦堂捐龙洋拾贰元。谭厚德堂捐龙洋拾元。刘三省堂捐龙洋拾元。陈李司诚堂捐龙洋拾元。夏朝煌捐龙洋八元。夏芳保捐龙洋陆元。（□山）罗信众捐龙洋六元。姚东本堂、余建光、夏应齐、谭慎德、周日邦、梁纯梅、梁慎德、黄炳荣、梁祖礼，以上各捐龙洋五元。罗运开、罗会荣、杨和丰厚，以上各捐龙洋四元。魏贤煌、魏贤燃、唐振壹号、夏泰暹、夏道生、夏洪泰、谭寿嵩，以上各捐龙洋叁元。熊本校、徐承启、杨东明、胡恒裕、程三益堂、徐元炀、徐元灿、谈鸿祚、欧阳德义堂、午豫立号、同昌号、李森和、熊翰秀、于裕成、李禹平、李美材、于中立号、无名氏、甘大和、（瓦窑）朱、周福寿堂、杨光棍、罗运果、熊洪兴、聂五福堂、魏广能、魏锡俄、魏阿夏、魏宝玉堂、周理臣、刘赣人、刘序豹，以上各捐龙洋贰元。徐昭璧、徐昭瑞、胡坛卿、胡松柏、毛新礼、胡秀法、胡隆和、胡三思、胡永寿堂、胡绪栀、万宗尧、胡恒兴、胡□榆、王业发、王嘉騠、袁盛桂、刘仁宗、徐元长、徐元星、姚齐梅、欧阳燕贻堂、陈海山、欧阳滋桂堂、徐元福、戴尚义堂、徐昭圣、姚齐宇、马祥顺、李盛报、刘德宝、李宝和号、李敦俅、黄洪顺、杨春昌、徐凤仪、吴万春堂、朱有□、李本大、黎荣昌号、李盛任、李作龙、黄正春、黄义泰、李盛春，以上各捐龙洋壹元。

（三）

新建县

（□洲）魏兴旺会、（横上）钟长兴会、（青岚）刘庆福会、（金乡）李集庆会、（近塘）邓永泰会、（桑□）罗多福会、（□□）尚长兴会、（□□）尚新盛会、（□□）尚全福会、（□□）尚永福会、（□□）夏万福会、（□□）罗保庆会、（□□）毛永庆会、（□□）左万福会、（□□）余保庆会、（□□）李兴仁堂、（□□）熊玉堂、（□□）魏福庆会、（□□）艾亦盛、（□□）成同庆会、（梅岭）王长泰会、（乌堤）祖福庆会、（□□）王长泰会、（喻屈邹）三姓、（东庄）程添福会、（乌溪）徐永庆会、（枫林）杨合兴会、（三洲）夏同庆会、（乌溪）徐永庆会、罗永福会、（罗家渡）熊德胜会、（象牙泽）腾松柏会、张永庆会、张永福会、邱全美会、罗享财会、夏体仁堂、（赤岸）叶贵元堂、（赤岸）叶高胜堂、（太平乡）况长春会、（石冈）余同诚会、葛洪庆会、（陆家店）李秀祥、（竹山）杨作文、（东庄）程同庆会、（□家埠）邓咸琏、（锡冈）万姓众、（东保）刘松林会、（润溪）吉庆会、（三洲）夏和兴会、喻福庆会、罗长龄会、周松柏会、（港北）余永吉会、（介滩）唐同德会邓炬元、（□洲）夏义庆会、廖吉庆会、罗长松会、（太平乡）夏永庆会、（太平乡）左永庆会、（捣溪桥）徐天花会、朱吉庆会、刘吉庆会、（口港）晏永胜会、（草塘）夏集福会、（湖岭）胡永兴（议胜）会、（同源）萧同庆会、（东保）刘长春会、（黄□港）李保庆会、唐锦庆会、（大洲）邓福庆会、胡吉（长）庆会、（金家城）金龙会、（乌城）杨松柏会、（车塘）邹同福会、（舍埠）魏寿仙会、（小岭）夏普庆会、（小岭）夏长福会、（小岭）夏双福会、罗长春会、陈善庆会、（枫林）张育民会、（龙冈）罗万福会、（乌石）徐奉仙会、蓝永兴会、雷集福会、（三洲）夏集福会、（城塘）胡燮高会，以上各捐龙洋四元。

捐龙洋叁元列左：（□□）司长义会、（□塘）程永庆会、鄢吉庆会、欧阳龙沙会、（石山）长春会、（□□）刘瑞庆会、（楼下）刘长春会、（□□）杨永庆会、（□□）程庆福会、（石富）缪永福会、缪永福会、（维翰）王洪福会、许长清会、（玲口）周同庆会、（捣溪桥）徐永福会、（太平乡）忠孝会、（霞房）罗保庆会、（桐冈）杨福寿会、夏永胜会、（潮成上）萧太平会、（潮成上）萧兴隆会、（潮成上）萧永胜会、（瓦窑）朱集福会、熊长青会、（厚田）危福兴会、（杨林）凌永顺会、邓福永兴会、（锡冈）万德胜会、（锡冈）万景福会、（锡冈）万永胜会、（富乡）朱集福会、涂松柏会、吴发祥会、李义隆会、（涂坊）永敬会、（城上）金永福会、（赤岸）田仲兴会、（油塘）夏五福会、（见口）金得胜会、（中庄）程福庆会，以上各捐龙洋叁元。

（四）

新建县

（□山）杨老福兴会、（马江）兴福会、（太平乡）周吉庆会、（天尾）胡长青会、（□□）熊德兴会、（马江）刘永保会、同兴会、（石河）保庆会、（□山）熊义和会、（山路）吴永庆会、（三洲）夏全福会、（桃花乡）袁长春会、（□山）夏同庆会、（前坊）徐万福会、（太平乡）陈福庆会、（石富）缪松柏会万永庆会、（白洲）成康会、（向坊）陈松柏会、欧阳同庆会、（□□□）房同胜会、（南城）邓义福会、（向坊）同庆会、杨吉庆会、（北□）罗德胜会、（厚田）危福庆会、（向坊）永清会、（三洲）发新发会、（港北）余同庆会、龚集福会、罗崇德会、（太平乡）邓云庆会、（港北）余同仁会、曾松龄会、罗同德会、熊桂籥会、（又）余同人会、戴景兴会、金福兴会、毛义兴会、（又）余同福会、甘万兴会、汶同庆会、（太平乡）谢吉庆会、陈同庆会、（小岭）夏得福会、（小岭）夏永福会、（杉林）艾如松会、（石冈）汪松柏会、（介滩）唐永胜会、姜义福会、（厚田）夏乡胜会、唐耀芳（夏氏）、（斗门）姚长兴会、姜福庆会、章全兴会、谌永福会、（巷口）涂怀有、危祈福会、（港北）金同福会、龚启胜会、普庆会、毛合兴会、谌同福会、（黄源）朱作灿、（角□棚）周显发、胡声託、（角□棚）杨达保、杨志恒、（下瑞丰）程松柏会、（上坪）金聚福会、（感坪）廖纲公、邓步云、徐吉庆会、（摄溪桥）徐茂拱、（港连）戴启灿、刘兆宝、（饶江）林聚胜会、（潢坊）吴永胜会、喻福兴会、杨保庆会、刘松林会、刘全福会、（梅塘）黄三胜会、喻吉庆会、金长春、陈长春会、（饶江）林松柏会、夏崇德堂、聂檒坤、聂德荣、雷新发会、（瓦窑）何同庆会、（上冈）李合庆会、（西湖）葛长胜会、（□溪□）徐长泰会、（五里潜）邓洪福会、（霞源）刘传经会、范永福会、胡全福会、赵永庆会、（太平乡）忠孝会、（九坊）喻福胜会、（连□）尚永福会、（上坪）金德福会、（丁家塘）丁三戒会、（本宫）李鸿兴会、无名氏、（里坊）夏长生会、（小岭）夏崇福会、吴聚福会、欧阳聚福会、（介滩）熊永胜会、（上坪）金聚福会，以上各捐龙洋叁元。

（五）

新建县

（□□）胡同庆会、（□□）孙清福会、邓集福会、（田□）林祚快、刘亮彩、谌保庆会、（□□）高全福会、邓国洪、夏为留、李永庆会、同泰会、刘合胜会、涂清福会、（□□）丁同福会、夏永新、丁普宝会、（汤王）永庆会、（□□）丁忍和堂、夏道福、谭叶开、聂亿楠、冷吉祥会、同庆会、（欧阳）全福会、方永吉会、邓福泰会、邹为锭、熊廷基、喻公宽、金德思、喻继华、喻继业、喻敦纪堂、（善政）刘世竹、（临口）德福会、文福德会、罗松林会、杜选廷、程同福会、罗会馆、（近塘）邓长清会、周开楼、黄喻永年会、（集坊）陈同庆会、（山眉）熊永庆会、（□岭）魏保胜会、同胜会、（梅岭）刘崇诚会、万朝官、（屈家洲）永福会、姜业涛、陈善守堂、谭叶增、聂亿楷、刘福庆会、钟同福会、万元善堂、徐集福会（外洋六毛）、邓长春会、喻永晋堂、熊朝邦、金会远、杨信金、喻梁氏喻树德堂、喻永贞堂、（临口）福德会、（东源）胡松柏会、（竹园）程保庆会、（东源）胡长春会、广福会、（临口）黄长春会、罗集福会、（黄源）骆兴根、（草塘）万虎啸堂、罗松柏会、万仲十会、（回峰）尚松柏会、（漤塘）熊嗣埒、长春会、福兴会、丁忍和堂、四喜会、同庆会、（南岭）杨永福会、喻兴隆会、（三洲）夏永新会、程吉庆会、（生未）黄正元（外洋五毛）、诚祥会、喻金同（外洋五毛）、李聚福会、符佐学、（松湖）邹徽镕、朱永庆会、万永庆会、（东保）刘其广、（近塘）邓沐根、陈重焕、（上坪）金胜兴会、夏朝镛、夏道升、陈四端堂、（丁家塘）丁守分堂、谭叶垕、谭习岧、（平□）熊际遇、（厚田）程百福会、（塔前）涂厚裕堂、夏廷铠、万德波、程百福会、章聚发会、（英山）熊万福会、丁同庆会、（钟家坊）钟立清、杨业恒、熊朝安、熊翰金、罗福财、金会爆、金会沃、喻方魁、喻继简、喻卿禄、喻卿思、喻育德堂、喻芳兵，以上各捐龙洋壹元。

【说明】碑现存于南昌西山万寿宫，嵌于高明殿墙壁上，为“一通五品”。青石材质，碑长1.3米、宽0.8米。直行，3行，行3—18字。据碑录文，格式有改动，题为整理者所加。碑中记载了新建县众香会捐款情况以及民间道教组织情况。香会有以姓氏命名者，有以村庄命名者。香会名称反映出信众对许逊之崇拜以及传统文化在民间之影响力。至今香会还在流传，每年农历八月西山万寿宫庙会期间各地均由香会领头组团朝拜。

1112. 清·佚名：重建玉隆万寿宫南昌县香会捐款碑

光绪三十四年戊申（1908）

（一）

（□□）永新会捐龙洋贰拾元；（□□）闵积厚会捐龙洋拾五元；（□□）蔡福德会捐龙洋拾拾元；（□□）永福会捐龙洋拾元；（□□）涂会长庆会，捐龙洋拾元；（□□）吴吉福会捐龙洋八元；（□□）松柏会捐龙洋拾八元；（□□）饶泰生会捐龙洋七元；（□□）吴敦本堂捐龙洋伍拾元；（省垣）长生会捐龙洋拾五元；（宫内）诚心堂会捐龙洋拾贰元；（东月里）李五福会捐龙洋拾元；蔡顺成捐龙洋拾元；（三江口）蔡福善会捐龙洋拾元；（永木）黎永兴会捐龙洋八元；（三江口）余吉庆会捐龙洋八元；（郭坊）郭永福会，捐龙洋八元；（良坊）新松柏会捐龙洋八元。

捐龙洋陆元列左：（□□）义福会、（□□）黎福缘会、（三江口）王福兴会、（□□）长春会、（□□）老松柏会、（三江口）鹤嵩会、（松山）永庆会、（长湖）李永兴会、谌福兴会、（下山）袁普庆会、（熊李）福庆会、（早田）长生会、（李家坊）文景福会、玉隆会、（辜坊）辜长庆会、文龙福会（市汉）集祥会、（段山）余三胜会、（江上街）福庆会，以上各捐龙洋陆元。

捐龙洋五元列左：（三江口）同兴会、（□西）刘桂馥会、（□湖）熊诚庆会、（□□）雷如意会、（□□）袁德胜会、（□□）陈永胜会、（□□）熊诚庆会、（□□）万庆元会、（□□）萧德胜会、曾五福会、熊福庆会、（堑洲）刘辚集会、（桃园）饶太平会、胡永庆会、（后港）黄福庆会、（赤塘）张长庆会、（三家店）戴永庆会、（泱溪）张永庆会、（白湖岭）黄保庆会、文永春会、（市汉）吴福诚会、余松鹤会、（白湖岭）罗同福会、（嵩山）黄复兴会、（长湖乡）朱福庆会、长青会、（柿山）聂太平会、（文家坊）文保福会、罗茂胜会、王百福会、（市汉）永福会、（郭王庙）普保会，以上各捐龙洋五元。

捐龙洋四元列左：（油江）长青会、（前坊）吉庆会、（□江）福庆会、（□江）傅永庆会、（□□）涂集庆会、（东溪港）魏全福会、（三江口）涂永庆会、李宏庆会、刘名和、（洛江）熊福庆会、余福庆会、（庄官）徐吉庆会、（三江口）邬合庆会、舒福德会、（三溪渡）徐全福会、（三江口）蔡松茂会、（大洲）颜多福会、（黄□）余长生会、（竹园）舒同福会、刘永福会，以上各捐龙洋四元。

（二）

南昌县

（□□）周松柏会、（南江）黄吉庆会、（南江）黄长春会、（进外）老长生会、（□□）罗福兴会、（市汉）熊全福会、（市汉）复兴会、（百头）罗永庆会、（□□）万松柏会、长春会、吴中和会、（塘头）全福会、（□□）熊吉庆会、胡永兴会、万永福会、罗永远会、（□□）罗长兴会、（柞田）萧集福会、刘长春会、谢华龄会、晏永庆会、（高溪）李永福会、（北仇）仇松柏会、长庆会、（北山）熊合庆会、（□市）魏永庆会、（大山落）谭长福会、万集庆会、邹永福会、庐吉庆会、万得胜会、千祥会、梁长兴会、（江上）长青会、（湖板）陈永胜会、郭老长生会、涂三和会、（城江）余永庆会、（长湖）吉庆会、（宏巷村）谭永庆会、李长春会、谌九思会、萧长兴会、龙长清会、万福胜会、李福兴会、（张家渡）长生会、徐吉庆会、李同庆会、曾永庆、(了溪)李松柏会、(许周钟)福庆会、钟长青会、(荷山)(石溪)万星福会、(石溪)万长春会、万星福会、(石溪)万吉庆会、(西□)万福缘会、江长胜会、永福会、太平会、涂集成会、(□□)李长春会、长春会、(□市)熊长兴会、喻长兴会、(茶山)龚普庆会、黄长生会、松竹会、(湖板)合庆会、(□山)辜长生、(塘东)王长春会、(新埂)王吉庆会、(三江口)罗会纬、(荷溪)万福兴会、龚永福会、(满潭)李福庆会、(小潭)涂集福会、(张坊)贾松柏会、雷集福会,以上各捐龙洋四元。

捐龙洋三元列左:万长生会、胡德福会、熊福胜会、万集福会、颜集福会、(新溪)张同兴会、(垱上)邹同兴会、(东栗)刘松胜会、(湖板)周长兴会、(窑下)姚同福会、(舒家垱)舒得顺会、(三江口)刘同庆会、舒恩德会、(东庄)袁松柏会、(东庄)万永庆会、魏长生会、长兴会、(田湖)福庆会、(落江)余永庆会、(三江口)龙沙会、嵩安会、同吉会、(塔田)庐吉庆会、(官庄)金永庆、(彭魏)新吉会、朱保清会、(港坊)欧阳长兴会、喻全福会、罗保吉会、喻昇福会、谌长兴会、(杨坊)徐长清会、熊怀永堂、(市汉)松柏会、(李家埠)吉庆会、(蒲滩)张永兴会、丁松柏和会、刘时镇、(富山)喻全福会、万同兴会,以上各捐龙洋三元。

(三)

南昌县

(□田)永庆会、(□□)万同庆会、(□□)刘永安会、刘永德、(大溪)万保吉会、(市汉)王永顺会、(□湖)辜集福会、(□□)李同福会、(□□)范长青会、(□□)王隆盛会、(□□)王庆会、(□□)敖同普会、(□坊)长春会、(□□)张百福会、(□□)李松柏会、(长湖)谌长思会、(潭源)刘义胜会、佘太平会、(北冈)应何石长生会、邹永庆会、(沙港)长生会、刘普庆会、高永福会、(梅冈)胡长生会、安福会、黄桂兴会、(机洲)李福兴会、(东溪)万永庆会、万长清会、(板湖墟)熊佑庆会、(石□)万义庆会、饶安庆会、罗同庆会、(杨家坊)新胜会、(新村)萧全福会、滕全福会、(米江)胡全福会、(东溪港)黄新福会、(木山)魏吉庆会、(罗江)永兴会、(板湖)万同福会、(峰岭)吴永庆会、欧阳长兴会、

（马家）黄松柏会、（西落）陈同庆会、（西古塘）永庆会、（湖墟）魏福庆会、（太和社）长青会、（潭港）万洪兴会、（德外）福庆会、刘长青会、吴集福会、（广墟）广福会、（葛山）李福庆会、（霞山）黄福庆会、（双马桥）长庆会，以上各捐龙洋三元。

捐龙洋贰元列左：（□□）刘松柏会、范和文、福庆会、长生会、（□□）余合庆会、（□□）黄福庆会、（□□）邬荣华会、周中立、（□山）罗荣庆会、许长春会、胡庆福会、刘同庆会、吉庆众会、熊福胜会、黄炳荣、魏有恒、□海万、长春会、（新村）吴永庆会、袁德胜会、（路江）谭长生会、（上湖）刘松柏会、（滩上）喻福庆会、（后北）余松柏会、蒋松柏会、（万合）刘松柏会、（吴坊）殷吉庆会、（大木山）罗和女会、姚集福会、（孟□）德胜会、（葛溪）万松柏会、涂金福会、□显良、仇义交、（曲岛）松柏会、（取□）涂永庆会、（渡口）邬吉庆会、（中洲）廖吉庆会、秦日金、张永兴会、（小谭）唐保庆会、长春会、（店下）刘松柏会、（团礼）黄福庆会、杨保兴会、梁福庆会、（西□坊）徐吉庆会、涂隆庆会、□松柏会、殷松柏会、（罗池湖）余全春会、周永福会、吉庆会、喻义成会、丁吉庆会、集福会（三湖）长庆会、（市汉）裴福庆会、张保庆会、王秀和、（北林）罗松林会、（塔田）庐吉庆会、何长清会、吴姓罗松柏会、刘长兴会，以上各捐龙洋贰元。

（四）

南昌县

（东埂）周集福会、（江前）张启福、（三江口）刘永兴会、（机洲）李洪高、徐松友会、（虎山）殷同胜会、（上浴村）集福会、善兴福会、徐集福会、殷集福会、（曹城）熊保吉会、王长青会、（□□）唐全喜会、（黄太）龚长生会、（桥头）熊永庆会、周永庆会、（□□）蒋同福会、（王溪）集清会、（石湖）王哀长生（兴隆）会、刘永庆、（曹城）松柏会、（颜山）三庆会、敖永兴会、万集福会、（合溪）万松柏会、（冷湖）杨吉庆会、（万家洲）万永年会、陈义吉会、（梅冈）福兴会、（冷湖）张长生会、熊集福会、谢仙会、（梁万）长龄会、（前岭）万永福会、陈永庆会、（铜车）雷永庆会、（安城）熊赐福会、（殷山）汪益祥、张松柏会、涂保庆会、（□□）罗普福会、姜全福会、王集福会、王长春会、杨春萍、（官洲）杨祈福会、刘以和、（堑溪）黄集庆会、谌长生会、（策塘）龚长春会、（板湖墟）欧阳吉庆会、（文家坊）文永庆会、万长春会、（江村岭）万新宁会、万余庆会、黄吴保庆会、（东埂）刘保庆会、万永福会、（广五墟）范长春会、张同庆会、罗松林会、（东溪港）魏同庆会、（泰蒲）朱集福会、（永和门外）福庆会、（□□）罗福庆会、（又）魏同兴会、（西湖）杨长春会、（顺外）何松柏会、（谢步）集福会、（又）范松柏会、吉庆会、熊集福会、喜庆会、（又）李松柏会、（大洲）邓冈陵会、（三江口）吴永福会、罗五福会、（又）永胜会、邓清泰会、（杨林）万长春会、罗长生会、（又）万春章、（江前）熊永胜会、高永福会、吉庆会、（桃花塘）熊亭会、（同城港）黄永庆会、邓其仙会、（□头）赵聚胜会、（三家店）黄福庆会、（窝里）涂全福会、魏福庆会、胡全福会、（黄溪店）魏松柏会、（竹山）涂松柏会、（岭前）义吉胜会、江福庆会、（赤冈）吴集胜会、雷集贤会、（东山）涂吉庆会、唐新发会、（徐坊）徐松柏会、罗集祥会、（苦山）喻集福会、（□宗山）喻集福会、（潭石）长春会、（梅冈）陈庆福会、（结□）谌永福会、（北港）徐保庆会、（峰岭）王松柏会、（塘湖）李□□会、（潭溪）□邹义胜会、（义□）宗永庆会、（兰泥湾）罗永庆会、（□□）□□□会、（□上）长生会、（股山）刘长青会、（西湖）李长青会、（□□）□□□会、（神冈）刘集福会（□田）熊永福会、（龙湾）熊全福会、魏同福会、（□木□铺）□□庆会、（□□）杨福庆会、（片坊）张长青会、（牌头山）张松柏会、（高坊）万福庆会、魏集福会、（南街）蔡元发、（宋家洲）宋洲胜会、（田屋）彭长庆会，以上各捐龙洋贰元。

【说明】 碑现存于南昌西山万寿宫，嵌于高明殿墙壁上，为“一通四品”。青石材质，长1.3米、宽0.8米。直行，3行，行3~19字。据碑录文，格式有改动，题为整理者所加。

1113. 清·佚名：自在庵记　光绪年间

自在庵在升仁乡十一都境内，地名兰围冲，古庵也。坐北向南，离太平山东九十里许，水出红崖潭。先年天池和尚住持，不幸被火焚毁庵宇，和尚自出赀重建。后和尚圆寂，无徒承接当家，附近居民代为办妥丧事。是以田租被人占去，物什亦搬去一空。十余年来，庵宇朽坏，不堪目睹。清光绪年间，道姑皮竹仙，法名万然，同徒王古圆商诸附近父老绅耆，意欲募化重修庵宇，无一人认可。师徒因自捐金修整庵，未告竣而竹仙即羽化。徒古圆恸甚，自手又艰窘，不能修成，更为伤心。只得亲往太平山，商请两宫住持捐赀助修。于是告竣成功，焕然一新矣。现在该庵即归古圆当家。古圆又能克勤克俭，自创自为，香火衣食之资，尚无缺乏。乃知有志者事竟成，余是以嘉之，特为之记。

【说明】据民国五年《太平山志》卷三录文。参见《太平山典籍汇编》所收《太平山志》卷三。

1114. 清·刘古渊：太平山万福宫住持雷君开创各宫业产总序　光绪年间

雷君即吾师也，邑西年丰乡东岸人，法名万诚，别曰拙夫。为人忠直，秉正不阿。出家太平山，住持万福宫，担理宫务，接手当家。是时宫中仅有田租□□石，山课亦未能如数全收，入不敌出，使用欠缺。吾师善于筹谋，加以勤俭，日积月累，以致始有渐增，少有终成富有。修整宫殿，添买田租□□石，大开基业，建立仙坑巡王宫、崖山佑圣宫、城市太平行宫各庙宇，用费数千多金。而且虑周谋远，以备神灵香火之赀、照守饮食之本。仙坑置买田租□□石，以及自己作业食茶□□山。崖山亦买田租□□石，并荒熟秋地。行宫万本献租四十石零八斗，兼宫后房屋等产，各宫各业，各业各凭，汇书于簿，分立四本，注载天、地、人、和字号，各宫领执一本，以便后人承管，不负开创深心。无论何宫，住持人等恐有非为，不遵约束，窃将业产变卖或私行典押等情，愿诸君道友及后裔贤徒，大言力阻，铁面无私，以垂久远而已。

【说明】刘古渊，生平不详。据民国五年《太平山志》卷三录文。参见《太平山典籍汇编》所收《太平山志》卷三。按，“□□”处原为空白，无具体数字。

1115. 清·全肇修：竺寿翁献田山志* 光绪年间

闻之有善根者，必有善念；有仙骨者，即有仙缘；吾于竺寿翁见之矣。夫竺寿翁，仁义乡之善士也。以勤俭起家，富甲一邑，性好善，喜布施，遇有危难者恤之，贫困者周之，远近咸诵其德焉。娶朱氏，亦端肃称好逑，与翁合德。凡济人利物之事，翁所欲为者，无不极力赞成。虽年皆耳顺，尚艰于嗣，而翁为善之心益笃。祖师知翁广行福果，大发慈心，化一黄服道人求其布施产业，俾后裔普食其施。翁见祖师道貌尊严，非尘世所及，一诺无辞，祖师即乘云而去。翁喜曰：“一生为善，未得仙缘；今已遇仙，始信为善不虚矣。”遂于山之近侧献良田百余亩、茅山数十顷，以为万年香火之资。又铸大钟一口，声闻百里，响振十方。厥后祖师度上仙山，同受香火，享祀弗替，岂非翁与孺人布施之福报欤？迄今览其胜迹，睹其遗像，千载下如见其人焉，故志之。

【说明】全肇修，字松岭，武宁（今江西武宁县）人。生员。据民国五年《太平山志》卷三录文。参见《太平山典籍汇编》所收《太平山志》卷三。文中记述了竺寿翁与太平山道教广惠派开创者章哲之一段善缘仙缘。

1116. 清·佚名：维修西山玉隆万寿宫收支碑记

宣统元年己酉（1909）

谨将西山宫□宣统己酉元年，整修□□五殿、捡漏及修东西街面收付数目具列于左：

计开：

一、收各仙会捐助洋边，共洋壹百三十四元正。

一、收各仙会捐助足钱，共钱贰百四拾五千五百贰十文。

一、收戊申年报销余存足钱，共钱壹百另四千五百六十五文。

一、收戊申年捐助洋边，共洋三拾三元。

一、收镇乡子石□□，共洋三拾三八□文。

一、收本年四户庙租，共钱壹百另三千另四十文。

一、收易□□洋边足钱，共钱柒拾八千另拾五文。

一、收易□足钱，共钱六千六百文。

以上共收足钱五百九拾五千柒百四十文，洋边壹百六拾柒元正。

开除：

一、付木料茅，共钱贰千壹百五十文，共洋叁拾九元（扣一千一百拾元）。

一、付旧砖，共钱贰拾柒七千五百文。

一、付石灰（二百三十六斤，六万一斤）共钱贰拾千另一百五十文，共洋贰拾五元（扣三十三千六百三拾文）。

一、付桐油（一百三十五斤），共钱贰拾四千贰百二十文。

一、付纸筋（一百四十五斤），共钱三千八百五十文。

一、付□□土篮，共钱五千九百六十五文。

一、付铁器并钉子，共钱四千三百二十文。

一、付泥水匠工食，共钱壹百五十千另四百七十文。

一、付锯匠工食，共钱八千八百文。

一、付刻报销碑字，共钱四千八百五十文。

一、付杂事小工，共钱二千七百二十文。

一、付各力，共钱拾七千六百文。

一、付茶烟纸，共钱拾八千七百三十三文。

一、付司事薪水（杂役辛工），共钱九拾八千二百拾文。

一、付杂款，共钱拾八千另五十一文。

一、付福（伙）食共钱壹百二拾四千四百七十三文，洋边拾元正（扣拾三千文）。

一、付松□把□，共钱拾七千二百四十六文。

一、付易钱杂色洋边，共洋陆拾元。

一、付易钱□平，共洋叁拾三元。

以上总共付足钱五百叁拾八千四百文，洋边壹百六拾柒元。

除付，实存钱叁拾柒千三百四千元。

大清宣统元年岁次己酉季冬月日立。

【说明】碑现存于南昌西山万寿宫，嵌于高明殿墙壁上。青石材质，长1.25米，宽0.8米。直行，行2~29字。据碑录文，题为整理者所加。

1117. 清·阮义生等：重修龙王殿施主捐租记

宣统元年己酉（1909）

《易》曰："云从龙。"韩昌黎云："龙□□□□□□□□□。"则龙之与云，固相为凭。□□□□□□□□□□湾者，固吴楚谒者必经此地。□□□□□□□□□山时至此，阴霾叆叇，瑞霭絪缊，□□□□□□□□龙者乎？盘桓久之乃去。厥后真人羽化，三教大昌，自宋迄明，未之此□□□□□。倾乡民或若旱而祷兹者，山则无不龙兴云布而仙随之者。乐君母子好道，结庐于兹，心仪而想象，颜之曰龙王殿，为谒真人者传忱憩足之区，诚吉宇也。而云关之建，则未之遑焉。奈寂寂荒山，风侵雾蚀，渐有龙飞云散之几。兹幸王府引翁乐善致□者也。虑其将废而深所以大兴之，虑龙之无云而失所也，而思为关于殿侧以卫之。于是独输膏腴数亩以膳住持，外施数十金，以为修龙王殿、建云关乐捐者之创。夫吴楚之大，善信之多，岂更如引翁？况福田之治，善果之成，固知龙之凭依于云而益灵也，云之凭依于龙而益灵也。而一殿一关，固与章真人之宫同昭不朽，而诸君子好善乐善之心，亦与斯殿斯关同不朽云。

所献田业地名列后：

王府引翁捐施大禾山祭田二斗五升，每年完租谷七石七斗九升，内除完课一石七斗九升，归佃户完纳，除完粮实谷七石，归住持，以为食用香火之费一。住持者不得私押私卖等情，而施主亦不得私卖私押，如违者罚钱四千文，报信者赏钱一千文，决不宽恕。

谨此告白。

功德主王引之、经手修造阮义生刊志；

兴国邑庠生华□安，皇清宣统元年仲春月吉立。

【说明】撰者生平不详。据民国五年《太平山志》卷三录文。参见《太平山典籍汇编》所收《太平山志》卷三。

1118. 清·汤至宝：回头山附记　宣统元年己酉（1909）

盖闻创业难，守成亦不易，诚哉是言也。回头佑圣宫，乃我叔祖新若先生仝诸前辈倡修，三殿一台二横屋，门前月塘，栏杆石桥，后建宝坐石塔、凹口鼓亭、巡王殿各一座。至同治间，朝谒益众。家初玉先生提修横屋一连七间四厅，进谒者得无露宿之患。甲戌夏，铸大钟于凹口，以应暮鼓晨钟；建石室于蛇头，乃得音和色壮。正是创先人所欲创，成先人所未成者矣。及庚辰，家至宝□□族众提修左右二戏台，宫殿更加宏敞；提捐工匠，叠立石碑，难以尽载。至十九年癸巳，家日新仝前辈烧砖瓦，修整牌楼。念七年辛丑，家法先定戏台，买田四亩二分。及宣统元年己酉，家圣宝同和清注京粉，画牌楼，三星焕彩；整桥梁，换栏杆，月塘复旧且坚矣。废者兴，縻者补，庙貌焕然可观矣。嗟乎！寺宇极其宽宏，修整自觉非易，倘非祖师之威灵显赫，使我家善为守成，奚以副创业者之志愿也哉？今也详正巅末，后之继起者其亦观感斯言，同心竭力，善为保全，庶几宫殿与神灵永垂不朽也。是则余之所厚望者矣。

【说明】汤至宝，字方成，武宁（今江西武宁县）人。国学生。据民国五年《太平山志》卷三录文。参见《太平山典籍汇编》所收《太平山志》卷三。按，原文有少许后人所补文字，恐不尽合原意，姑照录不改。

1119. 清·佚名：给示严禁 宣统二年庚戌（1910）

钦加同知衔署理武宁县正堂加十级记录十次湛，钦加四品衔赏戴蓝翎调补南昌城守营端防武宁县汛分府即补都阃府冯，为给示严禁事：

据封职张定增，职员王骏昌，教员郭铭鼎，举人王尊三，职员叶润璋，武职张联奎，贡生刘敏章，生员全肇修、袁继枚、张澡身，监生萧鼎臣、朱奎斗、王辅三、成兰芬，职员方景星，武职周新柏、张步云，职员朱达朝、石洛岭，里长宋裕坤等禀称，县属太平山万福、万寿两宫，祀奉宋敕佑圣章真人，凡水旱疾疫，有求必应，故每年八九月间，朝谒之人，摩肩接踵，盈庭塞户。有等无赖棍徒，即乘间设馆卖烟，违禁诱赌，甚至播弄是非，争充首事。各佃应交田租，亦多拖欠。若不禀请示禁，遗害不堪设想。现经公议条规，禀乞给示严禁等情到县。

据此除批，据禀已悉该封职等，因县属太平山万福、万寿两宫，每遇朝谒之期，人类庞杂，勤滋事端，公议条规，请给示刊石严禁，以垂久远，所见甚是。惟宫内如有无赖之徒，聚赌售烟，一经拿获，自应送候讯办，以儆效尤。若谨议罚，不足蔽辜，据呈条规内第一条、第二条“经公议罚”一句，案已删除。其余各条，均极严密，间有未妥之处，亦已代为更正。候即会同营汛，撰示给令，刊石严禁可也。粘件附外，合行会同给示严禁。为此，示仰该处居民及朝香者各邑人等，一体知悉。尔等须知开场诱赌，例应分别拟办徒流，违禁售烟，亦须查拿，从严罚办。至于争充首事，拖欠田租，更为法所不恕，岂可任意违犯？自示之后，务各相劝勉，恪守条规。倘敢再蹈故辙，则是有心故违，一经访获，或被告发，定即拘案，从严究办，决不稍事宽贷。该庙道众亦应恪守清规，毋得违犯，免于驱逐。其各凛遵毋违。特示。

计开条规：

一、宫内外不准开场聚赌，违者送县严办。

一、宫内外不准设馆卖烟，违者送县严办。

一、宫内外不准摆摊卖货，违者送县严办。

一、宫内执事道长，经吴楚首事同众选择老成派定，无得推诿。未派不准攒充。其游手好闲无执事而在宫内盘踞饮食者，除斥退外，经公议罚。至厨夫，更不准在厨房设席款留闲杂人等。如违，即将该厨夫斥退，罚亦如之。

一、宫内首事，原资保护，会同道长公举公正绅董，并由福、寿两宫住持延请。而滥充首事，公同斥退外，送县究惩。

一、福、寿两宫，神灵所栖，清修之所，凡住持道侣，理应祀神诚恪，谨遵道规。如或不遵规戒，必须经公查有实据，方准驱逐下山。倘有挟嫌妄生事端，纠党滋闹，格外需索，经投吴楚绅董，轻则指名革斥示众，重则公同送县惩治。

一、宫内田租山课，向章田租每岁秋收清款，九月为期。山课每岁清款，十一月为期。其或逾期不交，故意延抗，即由住持指名控县追究，决不徇情。

右谕通知。

宣统二年九月十三日告示。实贴。

【说明】据民国五年《太平山志》卷五录文。参见《太平山典籍汇编》所收《太平山志》卷五。告示记载了为维护太平山道场清净，武宁县有关机构顺从民意，加强了太平山两宫社会治安管理，较光绪十四年（1888）所颁《出示严禁》更为严厉。

1120. 清·佚名：西山玉隆万寿宫庙会丰城县捐局用费碑　宣统年间

今将丰城襄办劝本县捐局用费等款于计开：

付整神盔等洋边陆拾贰元八角正。付做福主神衣洋边贰百拾四元七角八丝正。付福主开光缴用洋边伍拾七元八角九丝正。付苏绣神袍洋边壹百伍拾八元七角正。付绣神袍川（穿）费洋边壹拾九元伍角正。付福主上殿香烟、送捐等洋边四拾四元四角正。付各殿绷鼓洋边叁拾叁元正。付做盔袍公宇泥、木匠工洋边柒拾陆元陆角正。付做油漆盔袍公宇等洋边四拾九元贰角正。付做铁器土工等洋边捌元正。付全真堂代用完粮洋边一百元八角正。付登山车资船□□□□□□。付在县板捐局用等□□□□□□。

【说明】碑现存于南昌西山万寿宫，嵌于许祖殿墙壁上。青石材质，长 1.3 米，宽 0.8 米。直行，16 行，行 2～16 字。据碑录文，格式有改动，题为整理者所加。按，民国《丰城通志稿》载：“真君会，邑崇祀许旌阳，结会进香，几无村无之，大村或至数会，按岁轮值，司安仙、谢仙之责。每年七八月间，往西山朝谒。城内复有‘盔袍会’，由永保、永佑、永宁、永长、永丰、永恒六会轮带盔袍，于每岁八月朔宿山上盔袍。西山有万寿宫，即许祖殿。盔袍者，许之盔袍也。”由碑可知，每年庙会之核心环节是为许祖换盔袍，这体现了地方信仰之殊特。而由支付项目可知，清末全真道士也有入住西山万寿宫者。

1121. 清・胡天佑：逍遥山三元殿创置香油田碑记

尝观浑天之说而知天包地外，地浮水面，人物又居其上，共为一世界。是则在六合之中，惟天、地、水三者之质为最大矣。世奉三官之神，盖以其人而治其事也。玉皇上帝乃总理三者之事，三清之圣则系道家三乘之表也。若夫司世间祸福，则莫大于三官：译其神号曰元，谓其大也；继而曰品，指其质也；又继曰官，司其事也。苟能诚心奉之，无往不应。

古来许祖飞升之地，已立有真君庙矣。追而上之，则有玉皇；溯而前之，则有三清；扩而广之，则有三官；皆应祀之圣神，故皆建有殿阁以崇奉。今三殿各有燃灯之会，独三官殿暂缺。本宫道人熊陵先爰是图集远近之善士信人捐赀同买良田，付本宫道人相承掌管，或耕或佃，自完粮外，悉为油灯之资。迨事就绪，勒石以志姓名，永垂不朽，诚经久之良图也。予方习静山中，适闻斯举，敬之不胜，故不惭鄙陋而乐为之记。

【说明】胡天佑，生平不详。据光绪本《万寿宫通志》卷一四录文。参见《净明资料新编》。记文反映了逍遥山道人通过一定经营方式解决生存发展所需经费。

1122. 清·宁楷：毕姑山记*

先人曰：盱南之南源岗有毕姑山。夫山何以“毕姑”名也？忆先君赤水公于课业之暇，常备道其故。前五代朱梁时，鞋山毕姑喜其山灵，飞身潜修于此。其高峰特出、雄甲盱江者，号毕姑瓮；百步许，屹然壁立、环抱平冈者，号毕姑观。构观之木，传自南海，溯河而来，堆积岭路，从空而至。往来善信观感兴起，鸠工度木，不日成屋。上层奉毕姑金身，下层奉三清真人，东西房为号舍。山名毕姑，其以此乎？阅五百余年，迄南宋，七世祖宁文智公隐居讲学其处，衍三清殿外东西旁为学舍十余间。曾南丰先生昆仲时往顾焉。首座高弟王岩谷也，时以博学宏儒称引，上闻征辟，坚志高尚，特旌“龙眠书院”，额于讲堂。

予于是闻言有慕，浩然长往，登南源峻岭，抠衣直造其瓮。四面无际，山外有山，水外有水，茂林村舍，僻壤幽谷，即起辋川图画，难以罗尽，宜乎毕姑踞其巅而居焉。环堵石砌，横直丈余，磊落天机，无适不宜。左则卷枢一椽，为僧所止。维时张僧揖予而言曰：“暮夜山精虎豹常来参拜殿阶下。”予戏之曰：“汝怕否？”僧笑而不答。予于是益欲穷其峻极之观，而恨不能卒至也。缘嵊脊，脊径窄狭，卷石突一兀，步一蹶，势若千里之艰，徐徐方抵其脊之崖焉。有孔张大，可容二三人列坐其间。看隐隐字痕，文祖颜于石曰虎岩。随岩而下，先人所谓平冈者乎？攀翠竹，援青松，优哉游哉。仰视石壁，巍巍不啻百丈，有悬壁直上之足迹焉，有悬壁横走之石迹焉，明明朗朗，其毕姑所留之仙迹乎？石脚有缝，其声唧唧不绝如诉者，泉也，文祖颜于石曰洞泉。清涟可掬，得以盥沐，洁躬登堂，而仙容道貌蔼然，神爽逼人。前途苍松两树，逐清风而香来者，东松之花开也；累累然如贯珠者，西松之结子也。文祖颜其干曰毕姑松。回观龙眠书院，俨若山斗，而学舍仅存其东庑。道士丁子燕居之，当时鼓掌呼毫，道童捧砚，信笔直书于殿壁曰："仙踪壁立起儒踪，家学渊源此地逢。鼻祖道明舒讲席，清风逸韵吐宗风。洞泉深处龙眠稳，私淑无闻书院空。还忆处岩生虎乳，毕姑山岫衍飞雄。"非敢言诗也，聊以抒所见云尔。奈遭卯、辰间阓耿之变，风木息，山傺鬼蜮猖狂，观宇无遗礎矣，观木无遗根矣。毁铜铸之仙身，埋胜境于土壤，罄扫一空矣。虽谓瓮牖可栖，而环堵孑立，仙姑得毋隐忧乎？然而惟山有灵，惟神有光，诛殛丑类，什无一存。君子隐恶扬善，姑隐其丑而弗扬。要之，浩浩荡荡者，仙家之本色也。虽未尝不凝滞于物，而未尝不寓意于物。以寓意之名区，□若浮云不及，令后之学者得闻所闻，见所见，此有心者尤大有隐忧也。夫天地之大也，即一邱一壑，足以开人神智者，古人往往留之楮墨。倘衹自怡悦，不发其幽以阐诸世，是狭隘之学也。吾今耄矣，高山仰止，尚多远志。于盱之毕姑山，窃庆昔之闻见不偶，于今得以叙次凿凿，仙踪胜迹，悠然腕下。嗟乎！毕姑竖空名于盱江，历有年矣。谓山能自显哉？抑亦学仙者未得其所为山也，吾亦乌容诿其责而不记？

【说明】 宁楷，生平不详。据同治《南城县志》卷九之三录文。

1123. 清·夏懋觐：昭仙观记

距万寿宫东南隅可一舍，为昭仙观，许旌阳仙眷黄冲道之行宫也。槎林庙，则祀银青光禄大夫熊基暨祝、冯、林、刘四将军之庙，其地在今本观西南数百步，遗址尚存。因庙久倾，仙观重新，里人不忍忘熊子球之德，爰奉其像并四将军祔于仙殿之两庑，每年祈赛之礼即于是乎在。人以其神为槎林庙神，因谓之为槎林庙云。国朝郡伯甘公国栋题其额曰昭仙观。是观与庙本二也，而今一之矣。然犹幸其名存，可以核其实也。十余年前，父老能历历道之，全真夏清澄亦尝云尔。近人渐失其传，相沿已久，不复谋新庙宇，犹可言也；甚且以祝、冯、林、刘为黄仙之血食，将如许公之白马忠懿侯王焉，不可言也。且尝问祝、冯、林、刘四君之名于其里老矣，无一知者，但于冯公或指之曰讳异。夫冯异为汉光武中兴名将，在黄仙前将二百余年，岂有二百年前之人，留其身以效用于二百年后修真学道黄仙之门者乎？冯公如此，祝、林、刘可知矣。又世传四君皆唐时上遣来征召熊子球者，熊公不肯应命，四人亦偕隐焉，则又不为黄君之将，明矣。第文献无征，姑漫为之说，俾往来谒者知所辨别焉。

【说明】夏懋觐，邑增生，同治《新建县志》卷五〇在朱燧传中提及他一生“皓首攻经，赍志以殁”。据光绪本《万寿宫通志》卷一八录文。参见《净明资料新编》。

1124. 清·冯焯：重浚吕井记

邑治之南，旧有井名吕，泥不食者有年。邑侯郝公鸠工甃之，泉喷而甘，人争以为吕仙遗迹焉。余按前志，昔有道士乞钱于市，不受践于泥，腾空而去。人异之，随取其所践土治病辄愈。久成洿，清泉涌出，从而中二泡划然，状若“吕”字，因以吕名。此其说似诞，前人何为而志之也？或曰志之亦事之所或有。昔苏耽仙去，遗母井橘，岁大疫，人争取食之，无不瘳，世遂传其井曰橘。吕井得毋类是？余谓遗母孝也，而耽独以仙著，何孝之难而仙之易与？此又不可解者矣。今以余意解之：井者，养也；邑侯，养人者也。郝公来吾瀼，百废具举，及于井，民之病者今已所养。数十年后，人之谓斯井也，即为郝井也可。

【说明】冯焯，瑞昌（今江西瑞昌市）人。邑贡。据雍正《瑞昌县志》卷六录文。参见同治《九江府志》卷四九、同治《德化县志》卷四九，两志所载文字多有不同，故重录于此以资参考：“治南旧有吕井，泥不食者有年。今邑侯郝公重为淘浚，清泉复涌，人争以为仙迹复彰焉。按旧志，昔有道士乞泉于市，老妪与之不受，弃践于泥，腾空而去。人异之，随取其所践土治病辄愈。久成洿，清泉涌出，甃而成井，二泡划然，状若‘吕’字，因名。此其说似诞，宜无足志。或曰昔苏耽仙去，遗母井橘。岁大疫，病者食之即瘳，世遂传其井曰橘。吕井得毋类是？余谓遗母孝也，而耽独以仙著，意仙术之幻多有不可解者乎？然井者，养也；邑令，养人者也。我郝公来，百废具举，民之病者已得所养矣。今又重浚是井，数十年后，人之谓吕井也，即以为郝井也可。”按，文中所云郝公，应为康熙、雍正间知瑞昌县事郝之芳，他曾为雍正四年所修《瑞昌县志》作序，而冯焯也参与了该志编修，据此推知本文应作于康熙、雍正年间。

1125. 清·佚名·青云谱道院题刻（一）

净明真境。

【说明】题刻嵌于青云谱道院侧门上。红石材质，高 0.39 米，宽 0.86 米。据题刻录文。

1126. 清·佚名·青云谱道院题刻（二）

无上玄门。

【说明】题刻嵌于青云谱道院侧门上。红石材质，高 0.3 米，宽 0.75 米。据题刻录文。

1127. 清·佚名：清江三皇宫联刻

（上联）历劫真师朝圣阙；

（下联）终天草木载皇仁。

（横联）如游上世。

【说明】对联现存于清江（今江西樟树市）万寿宫，嵌于大门楣和两边。青石材质。2003年重修三皇宫时重刻。横联之上镶嵌“三皇宫”三字，直行。横联之下门楣上镶嵌一“福”字。横联高1.3米，宽0.39米；对联高2.3米，宽0.3米。据刻录文。按，据光绪《清江县志》载，三皇宫原称药王庙。

1128. 清·陈朝员：嬉子冈庙记

余里有嬉子冈山，长如带，土赤若朱。一空荆棘丛杂之物，惟苍松森列，望之如天半绿云一片。微风鼓荡，涛声四闻，骚人逸客每乐觞咏其间。上建自鸣山忠孝石姓神庙，面拱曲陌，背枕平陵，敞之以庭堂，峻之以台座。金身正位于中，左则协佑康懿妃夫人，右则显应如夫人，并参为三，威灵赫赫，令人俯首而不敢仰视。殿前护陈、王二将东西偶立，庄严猛勇。吾里之香火，亦万邑之保障。其福善祸淫，盖有不求而应，虽祷不从，大异佛之呴呴呕呕，虽穷凶极恶亦为之引手援救也。里有老而无嗣者则子之，有贫而病累者则药之。旱魃为虐也，忽腾云而布雨；瘟疫将至也，即消患而弭灾。诸如此类，皆无所求而自告于人之梦寐也。而或有作恶，则报应亦不爽。神寿于八月，远近波驰云集，香气迷天。至中秋之夜，五里冈中，银花达旦，万民桥上，火树通宵，忧者喜，病者愈，咸切顶礼之愿，均沾普照之光。予亦情不自禁，与众跄跻于其中也。因为之记。

【说明】陈朝员，万年（今江西万年县）人。邑增生。据同治《万年县志》卷十录文。

中华民国时期

1129. 胡献珸：赠青云谱住持徐炼师云岩序*

民国二年癸丑（1913）

南邑名胜之区，首推青云谱。自昔仕宦骚人，樵夫牧竖，莫不喜游憩斯地，以览风光而拓胸臆。余慕此久矣，以清宣统庚戌八月由洪都中学校旅行至谱。宫殿巍然，堂舍轩敞，老桂修竹，翼翼亭亭，奇葩异卉，幽香四溢，鸟声上下，翏翏动听。外则冈峦屏列，绿水湾环，所以怡人目、赏人心者，不啻人世蓬莱矣。览兴之际，一道侣服道袍，冠道帽，揖前而引入座，若与余甚识者。询之，则是谱住持徐云岩也。前数年，曾客于余家，余至是几忘之矣。于是举茶致敬，坐与谈论。接对之顷，气度从容，辞色温巽，语出以正，令人叹服。盖非秉性清明、夙具慧心者，不能出此。

余因进而问是谱建设之由来，徐师蹴然若不胜道其艰难困苦者。已而徐应之曰："是谱昔名太乙观，自清顺治辛丑年道祖朱良月因其基改而扩之，名曰青云谱，而道院焕然一新。自是康熙四十一年一修，嘉庆十九年一修，后此不复重葺矣。迨吾髫龄皈依郭师时，是谱历年已久，栋宇摧折，垣墉倾圮，荡然殆尽。吾师惄焉忧之，欲事修葺，不果而逝。云岩继而住持庙事，勉力撑支，希竟师志，终以绌于经济，不克将事。至庚子岁，得李君子昌赠以旅费，遂往扬州发册募捐，展转数月，舌几敝，唇几焦，囊底仍廓如也。后海州盐运司闻之，慨然助以千金。由是返而得曾、黄、夏数君子赞助，相与醵金于当路贤士大夫，颇获赀财，乃因陋就简，修玉皇楼，建许祖殿。越二年壬寅，有靖邑巨绅陈筱梅先生捐款甚巨，复修吕祖、关帝二殿，及东西两檐，而三官殿亦于明年落成。盖云岩数十年奔走，幸获诸君子好义乐施，是谱始得不废云。"余闻此，不禁喟然而叹曰："余辈今日得游于斯地，涤尘襟，觇古迹，俯仰胜景者，孰知徐师费几许经营，历无数艰阻而有此也？所谓人杰地灵，不其信欤？"

余自兹与徐师言论甚合，交亦密。不数月而一至，至则倾腹而谈，尽壶而醉。徐师喜余耿直，余亦乐徐师清静谨悫也。会壬子岁，中央道教总会成立，各省相继设立分部。徐师首创于赣，且以此事见商于余。余乃邀吾叔竹邻、吾兄哲卿、吾友吴子克谐襄之，筹办法，拟简章，本省分会遂以成立。徐师亦被举为会长，盖其器度才华，超群拔萃，有以来众士之钦仰，宜乎裒然冠首也。

然余有不能已于言者。徐师之道昔之潜修于一室者，今则表扬于省会矣。名位愈高，责任愈重，其将演释黄老之真诠，展发平素之蕴蓄，陶冶众生，胥纳于道德之域欤？其或和其光，同其尘，合众妙而运元功欤？徐师必有以熟思而慎处之也。余辱交有年，用述颠末，假赠言之义，序以送之。

中华民国二年岁次癸丑仲秋月，南昌胡献珸谨撰。

【说明】胡献珸，生平不详。据民国九年《江西青云谱志·碑记》录文。序文载及中央道教总会江西省分会成立之相关情况，有史料价值。

1130. 夏敬庄：重修青云谱道院记 民国三年甲寅（1914）

青云谱道院北距豫城十有五里，旧名太乙观。从城南门出，崇冈毗连，络绎奔赴。逶迤前进，豁然平野，芳草绿缛，溪流澄澈，青牛偃仰于松下，幽禽唱和于林里。徐而即之，有琳宫贝阙巍峨矗起于烟霞之表者，即青云谱也。此地旧为飞仙习游之所。汉有梅子真仙尉遗迹。魏晋而下，许旌阳、黄仁览诸君尝憩息焉，由是有净明宗派。历宋、齐、梁、陈至唐，而吕纯阳仙师复飞剑插地，规定今道院基址，门徒继兴，数有建置，院名亦屡更易。逮有明之末，有宁藩宗遗裔八大山人者，遭世变革，社稷邱墟，义不肯降，始记僧服，佯狂玩世，继乃委黄冠以自晦，是为朱良月道人。道人故喜黄老学，既易装，益兢兢内练，得吕仙师亲降，指示去来踪迹及悟性修真诸秘要。遂谨守教诫，复邀旧友四人同练真于院内，而以青云谱名其居，取青云左券之意也。院有流泉从万门居朱姑桥左注，环于院前，周绕停蓄而去，放俗呼为太极水，殆得天地自然之秀气所结者。良月道人居此既久，于道有得，颇著书。又工丹青，书法亦超妙，今二门额题“众妙之门”四字，即遗墨也。道人老而仙去，诸道侣亦相继证真，后嗣宗徒甚盛，能传其丹法。而马道人挂飘笠于兹者六载，尤为奇特，不语不食，兀坐冥心，一旦化鹤飞去。就古真所传内旨考之，盖即末了还虚一着也。马道人初止此地，或以为异己，而竟羽衣蹁跹上升。有缘相遇，得其化度。非然者交臂失之，道之难知而罕通也如是。

岁庚子，庄因万方内师曾与道友赵南浦栖静于此，偕往游焉。主者徐云岩练师引余周览诸胜，见殿宇多就颓毁，云岩为余言曾跋涉海州乞募于徐星槎鹾尹，许捐千金为倡。余感其诚，慨然愿助成之。遂与方内、南浦邀同曾平斋、黄子修、袁子纯、陈筱梅诸君子先后筹募，金帛云集，鸠工庀材，未几而轮奂聿新矣。今落成者若玉皇楼、许祖殿、吕祖殿、关帝殿、三官殿、鹤巢、云赏轩等，始于辛丑，十一年工全竣，统计所费钱不下三万缗。乞募之劳，捐倡之勇，踵助之众，经营之善，皆若有神助然。尤可异者，玉皇楼落成时，余与方内栖静于内，忽闻云岩言亲见白鹤夜降之异，其为天降？为马仙所化？则有所不知。然感应之理，昭若悬契，固不殊也。院中庭仙桂一株为数代古树，干老既枯，中心复挺五干上出，中合为一，冲霄蓊郁，花时香色双清，相传亦古仙所植。其亦以表大道始一，分为五行，五行复归于一之玄象耶？

今栋宇既新，而云岩亦被选为江西道教会长。院故藏有《净明宗教录》等全书木板凡数十部。会长有提倡教务之责，云岩其为竭忠于道教之人乎？吾知其将重兴，净明宗教或者广为流布。且将集资请《道藏》全部庋储于斯，以恢廓玄门末学之见闻，则道教羽流炼度己身、救济人世当不可限量。而云岩先生及诸同人功德亦尤为存，非可言喻，云岩其勉乎哉！因院之既成，爰不揣浅陋，书此记之云尔。

甲寅年孟冬月，新建跛道人夏敬庄谨纪。

【说明】 夏敬庄（1862～?），字芰舲，号蘧周，江西新建人。有《桐华吟馆集》《江西青云谱志》等。据民国九年《江西青云谱志》录文。文中介绍了青云谱道院之历史变迁，记述了重修盛况，表达了对住持徐云岩及诸同人功德之赞美。

1131. 胡廷校：重修青云谱记　民国三年甲寅（1914）

豫章附郭，古多仙迹，青云谱其一也。谱之名创始于清初朱仙良月，考其源流，赖有二戴碑记，惟前记特详焉。此外虽有谱记，不过略叙汉唐事迹，而由周以迄宋元明，历代变迁，盖阙如也。所可异者，康熙壬午距嘉庆甲戌百十余年事耳，先后重修主其事者既属新安及本邑二黄，而鼎建大文复出自云间修撰及大庾相国，异地同姓，不谋而合，非但可作本谱二千年之信史，亦极一代文物之佳话也。

谱当光绪年间，日就颓废，云岩徐师继起，亟图修复。始事许祖殿，仍于其上建玉皇楼，次修殿下两庑，次修吕祖、关帝二殿，又次而三官殿，以及鹤巢、黍居、知客堂、云赏轩亦次第规复。谱滨溪流，恒有水患，兴工伊始，殿庑基础概培高二尺有奇，惟阶下未累寸土，尚属旧迹。本年洪水泛滥，谱中蔬果淹汩一空，而殿庑爽垲，水不能越阶而上，盖惩前毖后，具有深意，知不徒饰外观之美已也。师尝揖余而言曰："吾之奔走谱事，自光绪庚子迄今阅十数寒暑矣。初藉李君于昌助赆怂恿，走谒海州盐运分司同乡徐星槎先生，慨捐千金为倡。归而谋诸曾平斋、夏芝舲、黄子修、万潜斋、袁秋舫诸先生，各出其愿力，相与赀助。复得靖安陈筱梅先生岁拨巨款，源源接济，以总其成。惟流光荏苒，转瞬即逝，未来者不可知，已历者不容泯也。子其为我记之。"

余因之有感焉。辛亥鼎革以来，迷信之说久厌恶于学者之口，矧当兵戎甫靖，江城古迹半就荒废，即天然名胜之区风景不殊，大有举目沧桑之慨。幸此地经徐、陈数君子始终维持，尤赖徐师从容布置，克复旧观。楼台花鸟，点缀一新，二黄二徐，后来辉映。春秋佳节，名流觞咏，往往借一丘一壑之境以发抒胸中之块垒，信城南之胜地，人世之蓬岛矣。余闻许祖殿落成之岁，尝有白鹤降庭。鹤，仙使也。师为净明忠孝的派，道有传人，鹤来示仙兆也。今者道行日高，实至名归，主任全省道教分部事，龙沙会上固居然执牛耳而应八百之谶矣。于以昌玄化，阐宗风，建不朽之伟绩，知不第区区修谱毕乃愿也。余其琪笔以俟之。

中华民国三年岁次甲寅重阳后二日，南州胡廷校敬撰。

【说明】胡廷校，南昌人，光绪二十八年（1902）举人，余不详。据民国九年《江西青云谱志》录文。按，文中所说“二戴碑记”，指康熙四十一年戴有祺所撰《重修青云圃碑记》和嘉庆二十年戴均元所撰《重修青云谱记》。

1132. 佚名：西山万寿宫整修捐款碑

民国四年乙卯（1915）

民国乙卯年募化整修正殿及各殿捡盖乐助芳名并收付数目罗列于下：

张松寿堂捐钱四百千文。张志安堂捐钱一百千文。梅祖兆捐钱二百千文。李怿愈捐钱洋边七元正。安徽：朱明德山房捐钱二十千文；朱立真捐钱十千文；朱松真捐钱五千文；朱志厚堂捐钱一千文。丰城县各仙会善户：乐助共钱六百三十五千六百文，洋边五元正。高安县各仙会善户：乐助共钱三百四十二千四百文，洋边二十四元正。南昌县各仙会善户：乐助共钱六十七千四百文，洋边二元正。新建县各仙会善户：乐助共钱八十八千六百文。清江县各仙会善户：乐助共钱六十二千四六百文，洋边十一元正。进贤县各仙会善户：乐助共钱四十六千二百文，洋边六元正。奉新县各仙会善户：乐助共钱三十八千二百文。临川县各仙会善户：乐助共钱四十二千二百文，洋边十四元正。安义县各仙会善户：乐助共钱三十二千六百文。鄱阳县各仙会善户：乐助共钱四十千二百文，洋边六元正。

大共乐助共钱二千一百另六千文正，洋边八十五元正。

计开：

一、付杉料连力：共钱二百八十六千五百文正。

一、付篾索：共钱十八千九百六十文正。

一、付泥瓦连力：共钱三百三千五百二十八文正。

一、付桐油连力：共钱一百另八千六百四十文正。

一、付石灰连力：共钱三百八十八千二百六十文正。

一、付雇人薪水：共钱五十八千文正。

一、付烟红：共钱八千六百二十文正。

一、付黑烟孜：共钱十四七二百四十文正。

一、付纸巾：共钱九千六百三十文正。

一、付助修丹棱观：共钱一百千文正。

一、付泥木匠工资：共钱六百七十九千文正，洋边二十元正。

一、付杉锣匠工资：共钱二十七千二百文正。

大共付用：共钱二千另四十二千四百七十八文正。

以上收付两抵，另有细数全真堂捡盖公用。

中华民国四年岁次乙卯仲冬月，本宫全真堂住持谨刊。

【说明】碑现存于西山万寿宫，嵌于三清殿后墙上。青石材质，长 1.3 米，宽 0.8 米。楷书。据碑录文，题为整理者所加。碑文记载了民国时期社会各界捐助整修西山万寿宫之情况，以及万寿宫曾经由全真道士驻观之历史。按，碑中居首位之张松寿堂，据考为江西奉新籍北洋军阀张勋（1854~1923，号松寿老人），而文中“奉新县各仙会善户乐助共钱三十八千二百文”之记载，则反映了他家乡许逊信仰素有传统。

1133. 吴传翰：万福观记　民国五年丙辰（1916）

武宁县西百里车田塅，有观祀太平山章自然真人、青山寺观音大士，民国四年道人胡古鸣出资独建。古鸣前在太平宫食食衣衣，历三寒暑。既居青山寺，则又多年矣。受二神之德，天高地厚，故举此以报之。观居塅之西北部，傍左有数石，小者五六尺，大者丈余，其色墨，皆可坐。其南覆钟石、花尖、飞天凤、帅旗诸峰旋卫，俯首听命。狮山、象山，隔水相持，辽山耸立正东北，中有一水，纡回盘屈而出。旅行此道者，莫不手舞足蹈而叹曰：“异哉!”其观规虽不宏备，亦可以观。栖神有台，肃衣有堂，左右有房，前有两厅一井，启闭有门。又置有祀田与地，俱一亩二分。起孟夏，讫仲秋工成，额曰万福，取“万福攸同”之义焉。

今岁邑道联合修乘，古鸣请予为记，以载于谱。予文漏难堪，不足以存古鸣之为。是举以光道门，以耀山川，以祈民福，皆于是乎在。捐基为观者，道人黄古成，又献租四石为香火之费。爰略述其颠末，以为之记。

【说明】吴传翰，生平不详。据民国五年《太平山志》卷三录文。参见《太平山典籍汇编》所收《太平山志》卷三。按，文中有“今岁邑道联合修乘，古鸣请予为记”之语，则文应作于民国五年。

1134. 佚名：太平山龙脉分支四方有道真仙总述*

民国五年丙辰（1916）

太平山龙脉发源庐山，磅礴郁积，苍莽万状，气势奔放而不可遏。四围纵横一百余丈，四方上下八十余里，为武邑诸峰之冠。其龙脉发祥，分支接气，蜿蜿蜒蜒，散处于吴楚数百里之间，结为名山胜地，建造宫观庙宇，供奉有道真仙。有为我祖师一脉相传者，有非我祖师一脉相传者；有先我祖师得道者，有后我祖师成仙者；不一而足，难以枚举。兹特约略述之：

一、东四十里鹿角表玄帝殿。玄帝即武当祖师也。金阙化身，巍巍至尊，历数百浩劫修炼成圣，敕封北方真武玄天上帝。威灵赫濯，莫与并肩。

一、南九十里山高坪嵺田东岳殿。东岳大帝兴周灭纣有功，敕封东岳泰山仁圣大帝，开设坛场，显道通灵，威镇东方，灵感济世，亦难与并肩。二帝皆上世高真也。

一、东九十里城市乡铁炉巷白马庙。白马相公唐朝助许真君拿孽龙有功，敕封忠懿侯王，有求必应，普济万民。看鹤桥丁仙跨鹤升天，传留万古。

一、南七十里西风寺。铜像佛祖三万余斤大汉，至今并无毁坏，万古不磨，慈悲救人，普度众生。

一、南六十里柳山社。坐峰尖，诸大菩萨，列列尊神，感应十方，群黎钦仰。

一、西五十里王家垄谭仙圣母庙。显圣于五代，敕封布云施雨圣母，法力无边，求无不应，感无不通。

一、南五十里仙姑殿、鹅峰寺。黄、李二相公同一案。仙姑金山得道，大显威灵，催生保产，驱邪治病，符水救济，活人无算。

一、东一百里鲁溪洞。康一、康二、刘五、刘六赶仙鹿进洞，遇仙桃食之，得授仙传，修成大觉真仙，道法自然，施符画水，以济生灵。

一、东百四十里大仙山玄妙观。余老真人，前清同治年间修道一纪飞升，肉身成圣，岿然活貌，普济普度，护佑群生。

一、北八十里金竹尖云峰寺。毛氏仙姑宋朝得道，恩被吴楚，济度十方，与高泉山毛祖禅师同胞姊妹，避寇入山，修炼成仙。毛祖与余真人□系表兄戚谊，真人道高德厚，感应十方。

一、西北三十里雷洞。谈氏仙姑幼时在家好善，养性修炼，得道成仙，死后安埋路旁，坟茔显圣，灵感济人，朝谒纷纷。

一、北八十里顺义乡流洞纯和宫。圣父圣母，拯危济困，活人无算。

一、西七十里卢医尖天竺观。卢医真人显道法以救人，治眼疾，十方显应。

此皆承太平山龙脉分支、散处于四方有道真仙，其修道成仙、灵感显应颠末，因类志之。

【说明】据民国五年《太平山志》卷三录文。参见《太平山典籍汇编》所收《太平山志》卷三。按，作者应为修志者，故系于民国五年。

1135. 佚名：梅林玉清宫香火田记　民国五年丙辰（1916）

世之忘根灭本者多矣。水有源，木有本，物类且然，人不如物，能无抱疚于天壤哉？故人能不忘根本，斯能修成大道，上列仙班，与天地同老，日月同休，为古今共钦共敬之至真焉。

章祖师名权孙，修炼成道，金阙至真也。初，父克端、母陈氏年四十无嗣，乃斋戒沐浴，祷求于玉清宫。夜梦金星坠地，感而有娠，遂诞祖师。幼好神仙，及长修道。每念及玉清宫，辄追悼父母之恩与神祇之德，无以为报，遂于该处置买田租四十亩，为宫内香火之费，不忘本也。

尝考玉清宫，由太平山南行五十里曰梅林，四围皆山也。最高者钟鼎山，山上有猿猴献果，仙鹿衔花，珍禽异兽，瑞草奇花，炫人眼目。又有千年香檀树，经霜雪而愈茂，老梅数株，清香簇簇，闻于满山，真仙境也。山半有崖洞名崖池，如半间房大，相传为吕纯阳修真炼丹处。洞内有石犬石猫，形状俨然。又崖壁有水一石杯，食之苦味，及下咽，始觉身轻气爽，如御风而行，有解壳飞升之概。由此而下至山脚，玉清宫在焉。玉清宫者，唐朝古庙也，宫中供奉三清道祖与纯阳祖师，庙貌峨峨，神威赫赫，四方男女朝拜者，不可意计。是以章祖师置买田租，一则恐香火无赀，宫宇不能长守；一以俾太平与玉清两宫道众联合一气，彼此经收田租，道合志同，其用意良深矣。不幸至明成化年间，罗寇作乱，扰乱太平山，各道众奔走星散。九十余年，无人住持，致玉清宫田租遂失业焉。今章祖师塔内有古石碑，镌注玉清宫田租若干，并述明来由如此如此，四界朗然。然则章祖师置买香火田，其不忘根本，诚可嘉也。以视世之忘根灭本者，奚啻霄壤哉？噫！是可记已。

【说明】作者不详，或为刘廷福编纂《太平山志》时所作，姑系于民国五年。据民国五年《太平山志》卷三录文。参见《太平山典籍汇编》所收《太平山志》卷三。

1136. 佚名：章祖师椰瓢记 民国五年丙辰（1916）

天壤间有神物，其遇合遭际，必有奇异。匪惟人见神物，诧其奇异，实神物自处，屡屡奇异。故神物非神人莫能获之，亦非神人莫能赠之，此神物之所以奇异也。

昔章祖师修道之暇，闲游山坡，遇一老翁，苍颜古貌，神采焕然，谓祖师曰："子修道者也，必用椰瓢盛食，方合道家宗旨。吾赠子一椰瓢，切须诚慎收用，不可视为凡物。至嘱！至嘱！"祖师双手接过，见此物碗大，厚如纸壳，坚如铜铁，光润如宝玉，其色紫红。心甚爱之，方欲拜谢，老翁忽不见，知为神人，不胜惊异，曰："此物天赐我者也！"即跪山坡拜谢天恩，遂用指甲在瓢底下刻一龙，俨然活龙。从此加意静养修炼，椰瓢朝夕不离。

飞升之后，此瓢遗留徒子徒孙，代代相传，诚敬收藏。至明成化帝时，逆寇叛乱，两宫蹂躏，各道众逃走星散。此瓢若有灵性，恐遭兵乱，飞上一天门老柏树上，藏在枝椏深处。九十余年两宫无道士住持，此瓢在柏树上得天地之清气，受日月之精华，每放霞光，照耀山谷，已成宝矣。前清咸丰甲戌岁，忽被天火焚毁上下两宫，延将柏树烧断，此瓢坠地，毫无伤损。幸宫中道人看见，仍照旧诚敬收藏。嗣因重建宫殿，黄道长理善当家宫中，困苦异常，知此瓢是宝，携至质铺当银一百七十两，质铺可谓识宝者矣。城内谢太昌店闻知此瓢成宝，百计托人向黄道长言不惜重资，欲购此瓢。道长允诺，遂在质铺取出，谨藏在店内楼上箱内，日夜楼上如无数人行动，吵闹不静。合店惊惧，仍将瓢送上太平山，祷告祖师悔罪，店内遂安静如常，自此并兴旺获福矣。

至今此瓢谨藏万福宫箱内，如有邪魔成病者，磨此瓢少许末，冲水服，即邪退病愈矣。是以两宫公议，如有轻视此瓢者，逐出山门。故道人遗言云："太平山有千年柏树，万年椰瓢。"此之谓也。吾故谓天壤间有神物，其遇合遭际，必有奇异者也。是以记之。

【说明】作者不详，或为刘廷福编纂《太平山志》时所作，姑系于民国五年。据民国五年《太平山志》卷三录文。参见《太平山典籍汇编》所收《太平山志》卷三。文中记述了太平山广惠派创始人章哲从神人获赠神物椰瓢之神奇故事。

1137. 佚名：圣母陈老元君碑文　民国五年丙辰（1916）

缅我元君兮，生逢泰运；溯其禀受兮，性秉坤灵。幽闲贞静兮，钦其阃范；温厚和平兮，仰其德音。善事翁姑兮，孝称宗族；敬顺夫子兮，贤称里邻。年四旬而无子兮，抱惭先德；斋三日而求嗣兮，叩祷玉清。梦赐金星兮，胸怀仙娠；诞生真人兮，名号权孙。幼好神仙兮，修真养性；长修大道兮，解脱飞升。开基丝罗兮，民感神灵而朝拜；改赐太平兮，帝嘉助战而功成。诰封圣母兮，纯和毓德；成神显应兮，德普万民。获此佳城兮，上山飞凤；如斯懿德兮，万古传名。

圣母陈老元君，圣父章公克端真人之淑配也。年四十无子，夫妇沐浴斋戒三日，求嗣梅林玉清宫，梦天赐金星坠地而有娠，诞生祖师自然真人。幼好神仙，长修大道，飞升之后，为丝罗山开基之道祖。明成化帝时，逆叛作乱，祖师助战有功，加封祖师太平护国天尊仁天教主，始改丝罗为太平山。圣母生于（按，此处原留空格若干）时，殁于（按，此处原留空格若干）吉时，安葬顺义乡三十五都流洞，山形呼名上山凤，庚山甲兼卯酉向。大明成化时，因碑石崩陷，坟茔败坏，七世道孙章道洪重修坟茔，更换碑石。兹因年深代远，碑石亦复崩塌，碑文模糊。爰再更碑立石，因述其颠末如此。

【说明】作者不详，或为刘廷福编纂《太平山志》时所作，姑系于民国五年。据民国五年《太平山志》卷三录文。参见《太平山典籍汇编》所收《太平山志》卷三。碑文记述了为太平山道教创始人章哲之母重新立碑之事。按，据《太平道谱》及碑文《武宁县仁义乡廿都桃林居竺寿翁古石碑志》可考，七世道孙章道洪应为元代人，文中以他为明成化时人，应误。

1138. 朱学程：崖山太平观记　民国六年丁巳（1917）

邑西六十里有崖山焉，矗立于修江北岸，峭壁嶙嶙，如挺牙角。西之辽山，东之柳山，南之大乘山，以及上下樯帆，往来车马，绝顶上皆可俯而数也。然岿然一崖，人迹罕到，非若太平、九宫有神灵以享香火也，非若石镜、柳峰有寺观以栖羽客也。怪石荦确，险态万状，攀跻者咸有难色。劈尘子雷君万诚，喜玄理，慕长生，有道人也。初居太平佑圣宫，一瓢一杖，隐居其中，房舍之修葺，天门之建筑，均次第举行。不数年，羽客成群，香火日盛。宫为吴楚交界地，所供章真人灵显素著，得雷君，有求而祷者益显。雷君恶其嚣也，既而于崖山之南新筑一观曰太平观，仍供章真人木像于其上。观右数十武有石巷，巷中有石洞，洞内轩爽如房屋，可大二三亩许，石梯石楼、石床石帐具肖。雷君习静于此，名其洞曰劈尘洞，地以人名也。

噫！邑之崖山，洞之幽境，自古而具，鲜有过而问者。自雷君居此结茅，从游者且以百数计，嗜奇探险之士不远数百里，襆被裹粮，以造其洞为快。岂兹山之兴废自有运耶？抑系乎人耶？刘禹锡曰：“山不在高，有仙则名。”微雷君，负此山矣。余以俗羁，常以未历其境为憾。丁巳人日，适余堂侄步程谒雷君，归而过我，于兹山之佳胜，及雷君筑观之原委，述之颇详，特记之。

【说明】朱学程，江西武宁人。清代职员。据民国五年《太平山志》卷三录文。参见《太平山典籍汇编》所收《太平山志》卷三。按，该志虽标明修纂时间为民国五年，但收有刘廷福作于民国六年之序文，故其刊刻时间应在民国六年之后。而据朱学程《太平山记》文后所署“前清优附生宣统己酉科考职咨部签分湖南补用典史”，可判定他生活于清末民国初。若文中时间记载无误，因光绪、宣统均无丁巳年，则丁巳应为民国六年。

1139. 佚名：重修嘉济玄坛二庙　民国六年丁巳（1917）

乐输名目刊列于后：

崇孝堂助钱三十吊文；仲埙堂助钱八百文；思养堂助钱拾吊文；务敏堂助钱一千文；文明堂助钱八千文；运廉助钱拾吊文；善乐堂助钱二千文；由彬助钱贰拾吊文；新祭会助钱五千文；懋明助钱拾吊文；述作堂助钱五千文；由錤助钱拾吊文；希圣堂助钱四千文；显燮助钱拾吊文；养正堂助钱一千文；丕池助钱拾吊文；重庆堂助钱一千文；懋烀助钱六吊文；老松花会助钱一千文；由□助钱□吊文；旸谷堂助钱一千文；由仲助钱五吊文；寿庆堂助钱八

百文；加鍃助钱三吊二百文；复心堂助钱八百文；芹丕助钱二吊文；□□□□□□□□；由祥助钱壹吊六百文；由灿助钱壹吊六百文；加镐助钱八百文丕珖助钱七百文；显柽、由魁、由标、由柏、由福、由枝、丕理、丕琚、丕椿、锦丕、丕鸿，以上十一位，各助钱一千文；加爱、加恩、加懋、加息、加钤、由菊、加镮，以上七位各助钱六百四千文；懋烇、显昊、显晖、加芳、加衔、加樟、加焙、加錀、加学、由钟、由其、平内、由龙、由庆、由榆、由冲、由凉、丕辉、丕琇、丕璋、丕瑗、丕球、君庸、加绮、由禄、君钜，以上二十七位，各助钱五百文；由敬、由崟、□□、加卯、由恭、丕琪、加煊，各助钱四百文；懋姝、加仕、由钦、由松、由淡、由济、由茂、由芸、芬丕、恩内，各助钱三百廿文；世安、世足、懋锐、显敦、显坤、显埨、显旭、显昶、显堤、显埗、显垓、加协、加珍、加忞、加宏、加铄、加作、加思、加定、加铭、加瑊、加偭、加杰、加钺、由虎、由榜、由端、由坤、由吉、由淦、由达、由道、由连、由星、由增、由模、由柱、由远、丕珩、丕琢、丕瑚、丕琏、丕栋、丕银、丕琱、丕炲、熞丕、丕仁、丕珍、丕湘、丕炳、丕琮、丕铎、丕烈、君錤、丕海、其泰、庆善，各助钱三百文；□寿助钱三吊文、发祥助钱三百廿文。以上共收钱贰百廿三吊三百六十文。

付木匠工钱贰十二千四百文；付泥水工钱卅八吊一百文；付石匠工钱贰吊文；付新砖钱四十贰千九百文；付旧砖钱五千贰百四十文；付沟瓦钱九千九百廿十文；付木钱卅六千九百文；付磉木钱贰千文；付铁器钱二千一百文；付页板钱十一千五百五十文；付石灰钱二十二千二百文；付砖力钱十一千三百文；付石灰力钱三千一百八十文；付椽皮钱叁千九百文；付洋钉钱九百文；付瓦力钱一千六百文；付碑石钱六百四十文；付杂用钱十千另八百文。

以上大共收钱贰百廿三千三百六十文；付钱贰百廿七千七百二十文。除收，空用四千三百六十文，崇孝堂出。

民国六年丁巳冬月吉日，首事嘉芳、仲祥、卫芳、仰猷、其昌、丕琇、从寿立。

【说明】碑现存于吉安县富田镇。青石材质，高1.12米，宽0.64米。据《庐陵古碑录》录文，格式有改动。

1140. 陈绍箕：重修青云谱记　民国九年庚申（1920）

豫章古产神仙之地也。青云谱又豫章名胜之区也。如汉之梅子真，晋之许旌阳，唐之吕纯阳，明之八大山人，或垂钓隐居，或烧丹炼汞，相沿数千年以迄于今，变乱相寻。是谱乃如鲁之灵光，岿然独存，邦人君子，兴废继绝，得以传之弗坠。

住持徐忠庆与余善，其人笃实耐劳，不染尘俗，望而知为有道之士。当清光绪中叶，谱中倾废，急待修葺。忠庆乃只身走徐海，乞缘于徐君星槎，持之毅力，卒得三千金以归，估工修葺，庙宇一新。而谱中经常之费复虞支绌，从父筱梅公乃为之捐赀购置田产，经营筹画。虽曰住持之苦心维护，要之非得从父及梓里诸君援助之力，不能有成也。庚申之秋，从父复捐修是谱后殿之两厢，落成有日，忠庆乞余记其事。余既与忠庆善，不可无文以纪其实，略记于篇，后之君子得以览焉。

民国庚申秋七月靖安陈绍箕记。

【说明】 陈绍箕，江西靖安人，生平不详。据民国九年《江西青云谱志》录文。参见《净明资料新编》。

1141. 南昌总商会：铁柱万寿宫界碑
民国十一年壬戌（1922）

万寿宫水池原有墙，□□公议扩充街道，因而改作平地。此□营造尺丈量，计长四丈五尺，宽六尺八寸。无论何人，不得侵占，亦不得搭棚摆摊。此白。

南昌总商会民国十一年五月立。

【说明】 原碑嵌于铁柱万寿宫墙上，现存于南昌万寿宫文化展示区。高

0.75米，宽1.2米。直行，10行，行5—9字。据碑录文，题为整理者所加。

1142. 谢远涵：中皇宫碑记 民国十一年壬戌（1922）

中皇宫者，吉州好义诸善士组织明德堂捐赀创建以崇奉武圣关帝者也。帝以布衣起戎行，拥昭烈续汉统，大义凛然，昭垂万古，后世褒显崇隆，代有加封，尊仰为圣，跻号为帝，庙貌遍天下，列于祀典，用帝者仪，与先师埒，炜乎盛矣！盖两间之正气，弥纶磅礴，充周无间，在天为日星，在地为河岳，在人为忠义，孟子所谓浩然之气是也。帝得是气以配道义，扶世教，尊天柱，立地维，正万世之纲常，昭生人之矩矱。是故帝之道，天道也，即人道也。尧舜、禹汤、文武、周公之所以传，孔子之所以教，颜、曾、思、孟之所以学，百千万禩亿兆生民之所以不灭，皆不越乎是也。世有升降而道无升降，运有隆污而道无隆污，天不变道亦不变。帝之道在天下，功在万世，则人之崇奉之也亦宜。

明德堂诸君子悯斯道之沦丧，风俗之浇漓，慨然以丕扬圣教、挽回劫运为己任。首由彭君銮、邱君道墉倡捐巨赀，同志翕然，一呼响应，咸踊跃捐输，立集万余金。乃购地址于城西西关重四保，纵百有八十尺，横百有四十尺，积二百五十二方丈。卜基定矣，涓吉鸠工，拓其规制，为堂楹，广五寻，修九寻有五尺。上建崇楼，为中皇宫殿，巍峨严翼，允称神栖。下为扩善堂，左右四室，备扩充善功之用。后为明德堂，倒厅一，东西夹室六，取至善本于明德之义，为同人会集总区。堂之左，护以精舍，占地纵七十有七尺，横三十七尺，为厅一，为室有十二。楼上亦如之，颜曰“明善社”，为修士息心栖身之所。右为福善堂，修广均三十有二尺。中为正寝，以栖尚义祖先之主。左右室二，楼上一厅四室。堂之外，缭以砖墙，东北为门，颜曰“果园”，欲修善果，必种善因，理固不谬。经始于辛酉之季秋，落成于壬戌之孟冬，费钱币万三千有奇。而斋庖之舍，燕栖之室，井池花卉之圃，森列具举，其规模可谓美备矣。今年夏，余因事过吉州，见殿宇巍然，赫奕宏敞，友人李君觉鸣导入参观，仰眙俯惕，心领神肃，余於叹帝遗烈动人之深，足使百世下风闻而兴起，而益以见此邦人之好义也已。彭、邱二君请纪其事，刻石以垂久远。

余惟帝之庙祀，国家已著为令典矣。而诸善士复由私人捐赀建造，以致其崇拜景仰之诚。虽忠义亦足感人，而其乐善好义则尤可书者也。因推帝之所以古今及诸善士之义举，并兴工成功岁月，并书于石，以为世之好善君子劝。斯役也，倡建者彭君銮、邱君道墉，赞助者徐君光琮、王君家福、萧君寿慈、赵君崇伦、任君周德、胡君步衢、胡君春华、彭君炳荣、刘君鹤龄、胡君特夫、梁君钧邦、曾君毓鼎，或总理公赀，或分司监造，皆劳于义举，有功世道者也。

是为记。

谢远涵撰，民国十一年岁在壬戌孟冬月吉日，明德堂立。

【说明】谢远涵（1875～1950），字敬虚（一作静虚），号浩然，兴国人。光绪十九年（1893）举人，次年中进士。历官翰林院编修、四川道监察御史。辛亥革命后，时仕时隐。曾任广东军政府秘书长、江西矿务督办兼督办九江商埠事宜等。抗日战争期间隐居兴国故里，抗战胜利后寓居赣州。据民国二十六年萧庚韶纂《吉安县河西坊廓乡志》（铅印本）卷五录文。

1143. 佚名：嗣汉天师六十二代张元旭大真人墓碑

民国十三年甲子（1924）

（右书）生同治壬戌年八月初七卯时；殁民国十三公元一九二四年。

（正中书）嗣汉天师六十二代之墓。

张元旭大真人。

（左书）天运癸巳年冬至合族重修。

【说明】碑由马来西亚弟子李兴建于1993年捐资重修，现存于龙虎山上清镇通桥将家后山洋塘观，建有亭棚保护。青石材质，方首，上为太极图。

高1.6米，宽0.75米，厚0.16米。直行，6行。楷书描金。据碑录文，题为整理者所加。墓主人张元旭（1862～1924），字松森，号晓初。光绪三十年（1904）嗣教。

1144. 林尔嘉：庐山仙人洞道院诗碑

民国二十一年壬申（1932）

炉火无烟九转丹，白云深处夏生寒。分明记得来时路，莫作桃源一例看。

林尔嘉民国二十一年七月志游，秋浦许世英书。

【说明】林尔嘉（1874～1951），字菽庄、叔臧，别名眉寿，晚年号百忍老人，福建龙溪人。为民国时期在闽台两地颇有声望人物之一。许世英（1873～1964），字静仁，号俊人，安徽秋浦县人。他历经晚清、北洋、民国三个时期，为近现代著名历史人物，曾任中华民国国务总理。题刻现存于仙人洞岩内。高0.65米，宽0.86米。据碑录文。参见民国《庐山志》卷十一艺文之金石目之题识镵刻类。

1145. 瞿灵：文始正宗第二十三代自明尉大真人墓碑

民国二十三年甲戌（1934）

炼师姓尉，法号自明，广洛县铁矢墩人氏。家世力田，朴素如葛天氏。炼师幼诚笃，勤力役，事亲以敬慎称。然于畎亩独耕时，每觉别有所感。年二十绝俗出家，执弟子礼于程师静性门下。从游章州，居祖师殿，昼服稼穑，夜究经典，动静有常，性持无间。光绪壬辰，至庐山托钵乞化，作了缘观，混迹市廛，饱经锻炼。岁丙申，遇德性坚定之吴老道于仰天坪，遂作同参居焉。越二年，至金竹坪，结一茅庐，仅堪容膝，不蔽风雨，而炼师居之，返观内省，悠然自得。后因徒众云集，遂扩大之。然犹饥餐野菜，渴饮山泉，纵得粟菽，不脱壳而食之。其清苦自励，殆非世法道流者可比。炼师法业加修，至诚远格，闻风者多为感悟，相率而请教者蓬室难容。于是率徒张然和、胡然修、江然林、王然德等，鸠工庀材，建修玄妙观，庄严宝刹，云矗名山。过客遥瞻，多生景仰向往之诚服矣。因不假外缘，独坚巨任，以致数载，始克蒇事。吁！炼师惨淡经营，阐扬道教，真不愧法门良好之玄嗣也。炼师生于同治甲子正月初四日卯时，卒于民国甲子十二月十九日亥时，终年六十有一。始卜葬于玄妙观右手，燕子孵梁，不吉。今其徒然德更迁于本观后青龙嘴，乙山辛向，托思吾郭子丐余志墓铭，曰：

庐山峻节，郁懋幽德。江湖中柱，万山朝谒。惠远禅公，栖岩说法。一世名流，社结莲花。越若炼师，承踪继起。善诱循循，谈玄说理。浊世黄钟，振醒昏聋。惜天不憖，召赴琼宫。华表碣石，山岳增光。后来道子，幽宫是皇。

若炼师，承在“越”字下，“踪”字上。

浠水居士瞿灵敬撰。

徒王然德、胡然修、张然和、江然林，徒孙石体成、罗体轩、胡体真、萧体胖仝祀；中华民国二十三年岁官甲戌仲伙上浣谷旦立。

（上额）宗风丕振。

（联）灵台明了了；妙道入玄玄。

【说明】碑现存于庐山玄妙观侧，保存完好。青石材质，高 1.56 米，宽 0.76 米。据叶至明主编《庐山道教初编》第四章“石刻”录文，格式、标点有改动。

1146. 佚名：清都观捐洋碑　民国二十八年己卯（1939）

（上缺）□记号、万寅生、协和号、廖月波、曾贵娥、徐金林、惠记号、茂记号、连胜芳、刘厚甫、刘棕生、曾记顺、曾□□（下缺）刘次生、刘怀远堂、德成和、裕义号、义通号、刘吉庆堂、王文兴、周祥泰（下缺）彭□□、刘元任堂、名吉和、泰生□、合安□、刘文昌、杨道生、朱和盛（下缺）唐□□、瑞记号、□庆祥、曾纪杨、志记号、庆康堂（下缺）裕□□、黄□□、同盛记、隆发□，以上各捐洋壹元。曾孝禄、刘康生、曾石泉、何静安、曾益春、刘永久、曾广通、曾英、曾广裕、刘曾氏、周福庆堂、阮长能、刘永启、萧殿信、刘尊达，以上各捐洋伍角。

民国二十八年己卯冬月吉日。

【说明】碑现存于吉安县永和镇清都观，镶嵌于大门侧，有残缺。青石材质，高 0.92 米，宽 0.56 米。据碑录文。参见《庐陵古碑录》。

1147. 杨太名：新增义缘山佑圣行宫记

民国三十二年癸未（1943）

武宁西行百里，船市南行七里许，曰车田万福观，系黄古诚建创，得买塘水田二号，计弓二亩，坪地一片，作该庙香火之资。至民国丙辰年间，陡起洪水，因地势低微，全庙淹没。时经济有限，无法再造，只得暂寄居青山寺。奈黄古诚修斋志坚，意欲重建庙宇而又限于经济，由此不畏艰苦，四出募化，广得良缘，以全善举。行至武宁城，得道友张君太修曰："有潘姓学海，清举人，任九江府院，娶何氏，身染疾病，符药未效，汝来不知有缘否？请试之。"黄师古诚听而往之，遂至何氏家。其时何氏已得良师，即请念经一二天，以求病愈。时祖师灵显，一念即愈。病愈后，即与黄师曰："我两有缘，愿结盟，兄弟之称。"黄师随允之。黄师曰："既属兄弟，余立有愿，不知汝能从否？"何氏即答曰："善愿无不从之。"黄师曰："余早择石人岭地基一片，欲建筑庙宇，愿借力以助善缘。"由此黄、何两道姑大发愿心，以至石人岭择定地基，建造庙宇，新建两重。周围山环水绕，左有天然古井，后有洞穴，名曰西崖洞，洞内景致，不胜其数。前对辽峰长仰，另书有志。黄师结得何缘，自创之庙宇，故取庙名曰义缘山佑圣行宫。门立广惠丛林，匾额四字，"永佐道纲"是也。而黄师得此缘者，非人力可能，即祖师之灵显也。本庙并无山施，两主且未受施业，全系黄、何两师之自造也。黄师逝世后，即付与傅古缘，因古缘力难胜任，得委黄道姑之徒杨太名来宫当家。

自杨太名当家后，未及两载，山门日盛，招徒众多，广结善缘，并在本宫进门左侧新建横屋二所，皇经楼一座。

一、买桑田堰水田二亩六分。

一、买花绒塝水田一亩六分。

一、买福神祠门首山茶桐梓坪地二亩八分。

一、买茶亭门首菜园地四分。

一、买朱克武坪地四分。

一、买车田下首水田一亩二分，给施茶亭内助膳。

已上所得买各处业产，详细注谱。爰此重修道谱，特为注之。

中华民国三十二年夏月谷旦，禄宫义缘山广惠丛林住持杨太名敬叙。

【说明】据民国三十二年重修本《太平山志》卷六录文。参见《太平山典籍汇编》所收《太平山志》卷六。

1148. 徐忠庆：《重修青云谱志》序　民国初期

谱自周汉元明以来，时有盛衰，地有兴废。仙踪贤迹，有不幸而湮没弗传者，有幸而传之者，或详或略，盖亦得诸残碑朽梨之所遗。良月朱开山祖深慨乎此，始编辑《净明宗教录》并《青云谱志》，俾数典者之不忘。初，良月开山祖于辛丑秋自洪崖来觐太母，并访吕祖卧听松琴处，得符飞剑插桂示基之灵应。夷考其原，乃周灵王太子子乔始祖炼丹冲举，洎许真君诸祖师殄灭蛟精、阐谌母薪传之处也。于是解囊购坞，筑之树之，且圜且浚，故其署榜曰“青云谱”。盖以谱者著仙兆也，著乘教也，著吕祖乘青云而来告祥也。越年购地而扩之，起方壶之宫，建绛节之朝，以事列仙。崇苑宇，置丹灶，以待四方羽客。更取“净明忠孝”四言为持循，厥旨以净明非忠孝不著，忠孝非净明不立。净明之心，道也；忠孝之心，教也。继已往心耕力锄之哲人，宏开净明忠孝之学，即一夫一妇，未有不被其化者。迄今父诫其子，兄勉其弟，启口犹引开山祖之教。

庆生四岁，慈父见背。母常谓许真君之拔宅飞升，朱祖师之名列上仙，皆自忠孝修来，子其勉旃。庆陟岵兴悲之余，深慕许、朱诸真之诣而披发之志弥坚。窃思远游，恐老母失养，惟是谱近居咫尺，修道事亲，洵两全策，因而师事郭真人。奈师老多病，庆年十四，深赖乡耆李良祺、熊朝根两老旦暮来谱，匡直辅翼，而庆始知修。间检断简残经，坏梨朽枣，得是谱图志，深讶废瓦颓垣即昔之祖殿道舍也；残石蔓草，即昔之梅岛莲池也。昔日之所无，今日有之，不为过；昔日之所有，今日无之，不为不足惜。自是募建之心切焉。走维扬，奔善门，得徐星槎、曾平斋、黄子修诸善士捐佽，则玉皇楼焕然也。越年，复得陈小梅与其兄幼梅善主输以巨款，而吕祖、关帝、三官各殿及观鹤楼、两廊道舍，次第复还其旧有。虽旧有尚墟十余处待兴，而诸善士于是谱之功德、玉成庆之苦志蔑以加矣，敢或忘乎？

夫世代几迁，墟构几易。其立言、立德、立功之诸真善士，不与世之变更、院之兴衰为存亡者，以有志在。庆故同泐功德于贞珉并纪诸梨枣，当永垂亿万年而昭如日星。

住持云岩徐忠庆撰并书。

【说明】 徐忠庆，徐云岩入道后之法名，青云谱道院第十九代传人。十四岁入道院，有志募款修复颓废之殿宇。在诸真善士倾力资助下，恢复了玉皇殿、三官殿、吕祖殿等建筑。现存于青云谱道院（八大山人纪念馆）古建筑群即为其所建。据民国九年《中国青云谱志》录文。参见《青云谱区志》（方志出版社 2004 年版）第二十八章。

1149. 陈永懋：重修青云谱序* 民国初期

范文正曰："士当先天下之忧而忧，后天下之乐而乐。"韪哉言乎！余自解组归里，忧患迭经，日不暇给，始有志于桑梓之域，复关怀于名胜之区，若百花洲、滕王阁、苏圃、徐亭，举目荒凉，其足以供人游玩觞咏者，时移境迁，不胜今昔之感。暇则旅行郭外，距城十五里有所谓青云谱者，乃昔年余与仲兄尝游其地，谱中殿宇半就废颓，阶下园林鞠为茂草。逮住持云岩奔走徐淮，募资修复后殿，而前殿日将倾圮。适余官皖归，捐资助之，庙貌焕然一新。然犹虑经常之费不足也，由是添置田租以赡养计，云岩当可静心悟道耳。夫人之欲善，谁不如我？我与云岩，非有故旧相知之雅也。我之捐金不资，非所以要誉于善人君子也，第义之所在，为所当为，有不能不量力以行之。韩子云："莫为之前，虽美弗彰；莫为之后，虽盛弗传。"余甚窃慕古人先忧后乐之旨，得此间维持于不敝，云岩勉乎哉！

靖安陈永懋撰。

【说明】陈永懋（1861~1921），字桔圃，一字筱梅，靖安（今江西靖安县）人。光绪十一年（1885）举人。两次赴京应试不第，遂买官郎中，供职刑部。后任安徽道员。不久调安徽省商务局任督办兼农商部特派驻皖议员。1909年引退后居家南昌，继承家业，扩大经营，成为著名富商并热心公益事业。据民国九年《江西青云谱志》录文。参见《净明资料新编》。

1150. 佚名：大乘山记　民国初期

太平山南行八十里曰大乘山，叠嶂丛岩，群峰环绕。山半有寺曰灵济寺，古庙也。正殿供奉玄帝祖师，后殿供奉三尊佛祖，向住僧道两家。自创置田租四十余石，为本寺香火衣食之赀。后专归僧慧目住持，又增购田租四十余石，共田租八十余石。慧目自请铸匠造有铁香炉二座，高三尺余，周围宽约丈余。将田亩租石并卖主姓名等镌载于香炉四围，俾传徒子法孙，以垂久远，其用意深也。

前清光绪元年，慧目徒孙胡和尚圆寂，无徒承接住持，地方当事者代为摒挡大事，押去本寺田租二十余石，又欠外账钱百余吊，始将丧事办妥。自此六年来，庙宇无人照理，倾颓败坏，并神像亦尘掩灰积，不堪目击，田地因之抛荒，殊深悼叹。

光绪八年，流洞道姑卢万果偶经其地，见寺宇颓坏荒凉如此，乃询问附近居民，始知其缘由。回转流洞，即与道众商议，意欲大发愿心，募化重修灵济寺。众曰：“善哉！善哉！”此举神天默相，无不承认。于是因同道友复至该处，请其附近当事之人，均不认可。无可如何，只得自解其囊修整，寺庙神像，焕然重新。且四处募化，还清僧胡和尚所欠葬费钱文，并取回所押田租，派徒钟古桂住持。禀呈县宪王示谕，永归道家及俗僧两家，不准恃强争入，存案镌石，永为凭证。

光绪三十二年，因古桂仍至流洞纯和宫当家，将灵济寺归于佑圣宫，始派道人段古灵赴寺住持。古灵夜梦玄帝祖师，仍将该寺改名武当宫，专以玄帝为主祀。太平山更助资大整宫宇，招徒接派，衣钵相传，开垦田地，重新山门。噫嘻盛已！爰为之记。

【说明】据民国五年《太平山志》卷三录文。参见《太平山典籍汇编》所收《太平山志》卷三。按，文中有“前清”之语，则记应作于民国初期。

1151. 刘古渊：武邑城市太平行宫序* 民国时期

邑大懿德方君万本持斋有年，素性好善，买受城市上坊六团萧祠右侧名曰枣树下房屋基地，以及土名江阴乡茭塘里地土山场庄屋一所，田租四十石零八斗，请凭族戚诸友书，献与太平山福宫建立太平行宫殿宇。前清宣统辛亥年，方君万本举手经营，于始用费多金，福宫捐钱百念余串犹赀不足，外借兑五百吊之多，以致各艺停手，兼之方君羽化，未观厥成，难免半途之废。蒙张理川、张坦安二位成人美举，以雁帛鸾笺通接吾师雷君万诚，向前承任装修庙宇，而吾师不辞劳瘁，慷慨乐从。遂将太平山福宫剩金接济以毕乃事，大壮其观，而外欠借款，一概偿清。此乃方君为之倡，聊以述其原由；雷君成之于终，岂可忘其手泽？二人功勋，千秋景仰。该庙该产，永归太平山福宫，发派住持照管，外人不得藉影争入。倘有不守清规之徒，或将该业变卖以及私行典押，愿我辈诸君道友大言力阻，切勿徇情，以垂不朽。

【说明】据民国五年《太平山志》卷三录文。参见《太平山典籍汇编》所收《太平山志》卷三。

1152. 李烈钧：庐山仙人洞题刻　民国时期

常乐我净。

【说明】李烈钧（1882~1946），字协和，江西武宁县人。曾任江西省政府主席、南京国民党政府常委会常委等。石刻现存仙人洞岩外左壁，许世英书。高 0.45 米，宽 0.77 米。据石刻录文。

1153. 佚名：太平山清规榜　民国时期

伏以道居象帝东华之先，万物同伏，无为淳朴。之后三教始依，居尘出尘不易，在欲无欲为难。每见愚蒙，常沉苦海，污浊垢尘；高名之士，宜加察悚，勿坠迷津。太上开不二法门，忍辱第一；祖师演钵堂之教，规范为先。天上不容无礼神仙，人间岂有犯规羽士？此修心炼性之所，非醉生梦死之场。如说谈人我，讲论是非，如此存心，焉能超世？共居善地，爰立圣堂，聚千里而来之善友，合四方有道之良朋，务要互相警觉，共扫前非，莫起丝毫妄念，休生纤芥嗔心。戒凛冰霜，心持砥砺，规律施行。

一、凡奸盗邪淫，败太上之律法，坏列祖之宗风，架火焚身。

一、凡戊日而开静烧香，上章进表，关申天曹者，灭身。知而故犯，殃及九祖，酆都万劫不原。非佩箓者减三等。《赤文天律章》《女青天律》。

一、凡有人来观皈依求福，回家不与其簪披。即议吉辰，上疏拜师，随取派名而已。待其心安常住，然后簪冠可也。

一、凡有道友羽化，办理丧葬，一应常住办理，清斋供众。其身边有银，常住不用办理银两，惟供斋而已。其羽化所遗什物，有徒弟在观送世，则归徒弟；无徒弟在观，则归常住。同住道友不得假遗嘱私受。徒弟在观办理师傅丧殡，有钱银贴出，更为贤徒；如无，亦要随师所遗财物多少，因其轻重，丰俭得宜，其余方得入己。如一味觊见故师遗物而薄办丧者，众共攻击。

已上条款，告白大众，依律法，共遵元范。故谓三人同行，必有我师焉。一堂共居，岂无资藉？常住大众，各加觉察，勿致违误。有犯清规，依此禁戒之仪，毋起纵恣之念。切思十方饮食难消，须惜一寸光阴易过。每常勤慎修持，庶道德心坚固。谨榜。

广惠派下道众公议：凡来山出家者，无论远近，先问名姓，次观其气概行止，容貌端正，再察问祖父善根，推查年庚，果实心实志出家，而后收留。便可立投师约，封斋，然后再到祖师座前进表，传得三皈九戒。三皈依者，皈依道，不堕地狱；皈依经，不堕轮回；皈依师，不堕饿鬼。九戒者，一戒不杀牲，仁慈在；二戒不偷盗，义相交；三戒不邪淫，全德行；四戒不酒肉，心性明；五戒不妄语，要至诚；六戒不贪财，守本分；七戒不发怒，养真灵；八戒不奸巧，要公平；九戒不贪眠，常清静。传了三皈九戒，谨守清规，抱守道德，常行方便，尊敬长上，普度众生，可为道家之栋梁。倘有犯规戒者，照清规榜议罪，不得宽宥。

【说明】据民国三十二年重修本《太平山道谱》卷五录文，题中山名为整理者所加。参见《太平山典籍汇编》所收《太平山志》卷五。

1154. 佚名：武宁太平山规条　民国时期

盖闻儒释道三教理所皆同。我祖自宋敕以来，迄今数百余年，已威灵赫显。后嗣之规模，辅正除邪，吴楚同沾恩泽。余目击世道之迁移，而人心之变幻莫测。然太平山之同宗共谱，江、湖两省乾坤二道，约计数百余人矣。亦有住持者，又有优游募化者，心不一设，鱼目混珠。有不法之徒，假各宫之名，指鹿为马，不守三规五戒，肆行无忌，如地方绅耆人等拿获赃证，捆送丛林，依道规办之，决不宽贷。然吾之同宗共谱者，务宜谨守清规，切记近朱者赤、近墨者黑之戒，无待悔之莫及也。

今将规条开列于后：

一、囤留匪类。香板重责，逐出山门。

一、洋烟赌博。与前同罪。

一、奸盗邪淫。下发刺字，香板重责，革出不用。

一、假名开捐。重责，下发。

一、紊乱宗派。下发逐出，无论各宫，不准收留。

广惠裔崖山、仙果山、太平山、义缘山特字预白。

【说明】 据民国五年《太平山志》卷五录文，题为整理者所加。参见《太平山典籍汇编》所收《太平山志》卷五。

中华人民共和国成立以后

1155. 重建西山万寿宫碑记　1986 年

（一）

南昌市

省外事办公室拨款伍万五仟元；省委统战部拨款伍万元；新建县人民政府拨款贰万元；省文化厅拨款贰万元；省外事办公室又拨款伍万元；新建县人民政府又拨款叁万元。

赞助款列后：

青云谱乡肆仟柒百零四元陆角；□源五交化商店贰佰元；文化馆壹仟柒百元；机运局贰佰元；水产坊伍百元；熊金发叁拾元；（□□）樊和徐（涂三清）伍拾元；（□□）万友生叁百贰拾肆元；（□街号）壹百元；（□宇街）汪花登叁拾元；林丽华贰百元；（省光明□□）康宁壹百元；（新龙巷）欧阳球肆拾元；刘金荀贰百元；罗贤跃捌拾元；（省建一公司）唐甦肆拾元；（积水仓）刘项年壹百元；熊莲秀陆拾元；（新溪桥）周良根肆拾元；（□□）刘志忠壹百贰拾元；邹玉珍陆拾元；（□□）马贱根叁拾元；（市棉花）涂□妹壹百贰拾元；万香梅陆拾元；（青云谱）葛凤梅叁拾元；（耐火厂）傅和平壹百贰拾元；（竹架）张爱国伍拾元；（宁都路）胡显球叁拾元；（滕王阁）黄明生壹百贰拾元；（宁江路）涂孟秀伍拾元；余金秀叁拾元；（东湖区）涂经和壹百元；（同盟水坊）陈林玉伍拾元；胡三老叁拾元；（铁器配件）陈重福壹百元；胡莲秀伍拾元；（省电仪厂）周春莲叁拾元；（站前街）王金林壹百元；刘金荀肆拾元；（水利专□）胡惟壹百叁拾元；（劳建司）陈国栋壹百元；廖雪梅肆拾元；（油脂厂）杜顺皂叁拾元；（兴国路）缪金连壹百元；（新□□）熊述忠肆拾元；（省□□）章华彪贰拾元；（民德路）邱冬秀壹百元；（省政府办）徐本海肆拾元；徐金康叁拾元；（□□□）陈堂婆壹百元；尚志荣壹百元；涂康珍壹百元；钟玉路壹百元。

（二）

台湾江西籍江□崇四十元、熊俞慧贰拾元；香港杨辟珠贰拾元、万向明贰拾元、万于瑝贰拾元。

外友：菲律宾许太从贰拾元；泰国卢□武贰拾元、钟金康贰拾元；联邦德国库斯克人民币壹百元；美国驻港领事馆陶醒龙人民币贰拾元；西德驻华使馆舍佛子夫人人民币叁拾元；美国吴键人民币壹百元；日本东京大学东洋文化研究所蜂屋邦夫外汇兑换券贰百元；日本麦谷邦夫人民币贰拾元；日本奈良行博人民币贰拾元。

（三）

四川省峨眉山佛教陈大龙贰拾元；安徽省刘始玉贰拾元；安徽省张发南贰拾元；上海市俞石兴贰拾元；新加坡华侨李燕肆拾元；香港华侨涂烈卿涂沈萍伍拾元；香港华侨李爱华贰拾元；香港华侨邹雪梅贰拾元；广东省汕头市林琳贰拾元；湖南省长沙市四机械厂邱快秀贰拾元；河北省□鹿县李建国贰拾元；福建省惠安县李振昌贰拾元；福建省惠安县戴子服伍拾元；无省无县：杨国泉壹百壹拾元，无名氏肆拾元，程茂炽叁拾元，傅友根贰拾元。

南昌市

南站街办汪芝山贰拾元；十字街□6 号汪文俊贰拾元；纺织机械厂江德仁贰拾元；南昌十八中学熊菊英贰拾元；都司前 19 号冯英贰拾元；汽车公司陈方生贰拾元；水表厂吴海飞贰拾元；繁荣路马新建贰拾元；沿江路涂云梅贰拾元；石厂街 27 号方金山贰拾元；火车站配件厂洪水莲壹百元；石头街 36 号彭翠娥贰拾元；西上谕亭傅老五贰拾元；彭梅花贰拾元；宜春路 105 号王福明贰拾元；裴毛毛贰拾元；昌北街王国根贰拾元；西瓜巷 4 号关细英贰拾元；昌北街熊明花贰拾元；宁江路秦花儿、邱有明壹百贰拾元。

奉新县

宋埠（乡）山背（村）熊尤坤贰拾元；罗圹乡魏镇远贰拾元。

新建县

西山乡祖讯银伍拾元；西山乡周木水贰拾元；象山农具厂万火根叁拾元；新棋周周建文贰拾元；西山粮库章金平贰拾元；西山乡熊德鸿贰拾元；西山乡祖炳里贰拾元；西山乡程佑贤贰拾元；西山乡胡志功贰拾元；西山乡胡显祯贰拾元；西山乡邱英汉贰拾元；西山乡戴西思贰拾元；西山（乡）吴方亮贰拾元；西山（乡）朱家骥贰拾元；西山乡丁斗洪贰拾元；石埠（乡）郭运来贰拾元。

新建县修复西山万寿宫领导小组

公元一九八六年岁次丙寅孟夏月吉旦

【说明】碑为一通三品，现存于西山万寿宫，嵌于关帝殿后墙上。青石材质，皆长 1.3 米，宽 0.8 米。直行，行 2~28 字，楷书。据碑录文，题为整理者所加。碑刻记载了改革开放后我国宗教发展一些新动向，如在中外文化交流中，宗教文化交流是重要内容之一。碑文（二）捐款名单中有一些外国友人，其中蜂屋邦夫是研究中国道教之日本学者，著有《金代道教研究：王重阳和马丹阳》《金元时代的道教》等，主编了《中国的道教——其活动和道观的现状》。据江西省社会科学院原宗教研究所所长郭树森研究员介绍，他曾于 1987 年、1988 年先后两次陪同蜂屋邦夫、麦谷邦夫等到龙虎山天师府、西山万寿宫、庐山简寂观遗址考察。碑刻反映了国内信众及海外友人对重建中国传统道教文化之期待。

1156. 功德碑（一） 1991 年

吾等系江西省信州人氏，今称上饶市古往今来各地善男信女到此进香朝拜葛仙公，愿佛慈悲，虔诚祷告，恳求国泰民安，五谷丰登，六畜兴旺，乃世传之箴言也。由于年久，道路阶石被雨水冲塌或被牲畜踏坏，致使行人上下不便。为此，吾等自发筹资人民币数千元，谨于辛未年夏月兴工重修。但因自发筹资有限，故由刘家山起至娘娘殿止，全长为八华里之路面，今修葺一新，立此碑志。兹将居士姓名及资助金额一并列后。

主修人：郑源清、郑显洪、张宝生、陈树松，广信周子渭书，永修石上黄长生、朱海龙、童王林、朱海华。

苗珠助壹千元、邓清香助五百元、方荷花助五百元、陈定生助五百元、郑显洪助五百元、郑海波助叁百元、郑大海助贰百元、郑源洪助贰百元、郑□洪助壹百元、郑进辉助壹百元、裴冬连助壹百元、郑苗风助壹百元、郑苗美助壹百元、郑苗惠助壹百元、郑福仙助壹百元、香兴助壹百元、饶亮贤助壹百元、饶瑞香助壹百元、张永宏助壹百元、陈待弟助壹百元、龚永贵助壹百元、杨梅英助壹百元、汪彩娣助壹百元、郭民旺助壹百元、周义林助壹百元。

【说明】碑现位于葛仙山娘娘殿。青石材质，方首，高1.35米，宽0.68米。额篆“功德碑”三字。直行，28行，行17～31字。据碑录文，格式有改动。按，限于篇幅，仅录载捐款百元以上者。又，葛仙山属寺观相邻、佛道共存之胜地，山上既有玉虚观，又有慈济寺。

1157. 功德碑（二） 1991年

吾等系江西上饶太子庙信士弟子，此庙始建于元、明年间，其历史悠久，信奉者众，如今即市级文物保护单位之一。愿人生以道德为怀，养心行施，积善为要，助人为乐，老少皆然。凡至此葛仙山善男信女进香拜佛之人，心同此意。继上饶太子庙历史文物之尊严，吾等自发筹措资金数千元为葛仙山重修由新娘殿至老娘殿之路面，并整修路亭及沿途设置坐凳，便于上下行人歇息。因自筹资金有限，望君谅解。今表白主修人清风，特将资助姓名金额列后立碑为志。

立修人：上饶太子庙徐坤贵、杨军。

徐梅花三百元。程熙庆三百五十元。陈湖北、吕宝哥各助一百五十元。叶炳南、郭美香、杨元珍、陈美松、陈堂康、郑林花、王凤香、徐水莲，以上各助一百元。王喜英、涂秀香、汪瑞兰、夏际建、范惠金、涂英娜、范桂仙、邱金林，以上各助五十元。杨学瑞、诸金莲，以上各助四十元。夏彩桂、陈仔德、姚五□、庐水琴、王世□、黄祥符、江福、郑树泰、徐银杏、官广富、沈大清、汪宏荣、王茶香、郑全江、杨春芳、周水、王高荣、熊寿水、周家杰、施礼燕、苑玉英、善彩、郑志荣、杨金秀、詹玉春、周春凤、谭秀香、李玉生、陈乃金、吴金莲、周水仙、孔彩兰、杨松梅、黄桂英、张宗华、詹水花、祝桂玉，以上各助三十元。周贵生、吴国斌、陈水仙、陈贵华、陈贵兵、卜喜礼、毛梅花、郑桂英、阮桂玉、郑丹香、徐凤仙、陈德峰、龚香英，以上各助二十元。李禄盛、吴双莲、徐政、周大伟、刘彩兰，以上各助十五元。王菊菊、徐小英、徐小琴、卢子琴、雷桂花、刘菊娜、吕玉珍、沈大吉、郑源福、章彩花、李凤凤、吴爱秀、沈菊花、张玉光、沈彩香、颜素梅、汪秋莲、汪荣发、陈开元、曾金香、曾立成、沈英宝、曾立信、曾立志、王亦仙、张志强、曾立红、杨光福、潘美玉、杨雪美、黄玉华、善梯、陈爱珠、陈丽娟、陈节茂、邓金仙、萧梅英、徐明，以上各助十元。

【说明】碑现位于葛仙山地母殿。青石材质，方首，高 1.2 米，宽 0.75 米。额篆“功德碑”三字。直行，28 行，行 17~31 字。据碑录文，格式有改动。

1158. 毕必胜：重刻《麻姑山仙坛记》纪略　1992 年

天下第一楷书《麻姑山仙坛记》，为唐大历六年颜真卿任抚州刺史期间，登游麻姑山时所书。唐刻本毁于何年，暂无可考。据宋代欧阳修《集古录》、陈思《宝刻丛编》、赵明诚《金石录》及民国三十三年蒋星煜《颜鲁公之书学》载，《麻姑山仙坛记》有大字、小字两种版本。世人摹刻有四：一为宋嘉定八年元刚所刻《终义堂帖》，《麻姑山仙坛记》列第三卷，此为大字本；二为明弘治年间益王朱佑槟广访宋拓在南城的刻本，此为小字本；三为明嘉靖三十九年长洲文氏所刻《停云馆法帖》，第一卷为晋唐小楷，摹入《小字麻姑山仙坛记》；四为明万历十三年太守季膺求得从姑山房所藏宋拓重刻，并在碑阴卫夫人、褚遂良、虞世南、欧阳询、薛稷 、柳公权、李邕等人楷书，亦无小字本。今重刻此碑按上海博物馆所藏宋拓本镌刻，因原拓字迹残缺，补添笔意皆仿北京一九八九年版《法书存真集》。

纵观我国书法发展史，名家如云，颜鲁公所以能独树一帜雄视艺坛，历千百年而倍增辉煌，为世人所宗仰，除其书艺精湛，端在其人格之卓越、情操之高尚。苏东坡叹书于颜鲁公，文于韩昌黎，诗于杜工部为观止。历代书坛尊颜鲁公为中国最伟大的书法家，而《麻姑山仙坛记》神光炳峙，朴逸厚远，属颜书各碑之冠，今又重光，实为盛世之举。万世绝构，再创兹山之胜迹；千古丰碑，重显仙都之瑶台。尊承请邀，试著纪略于斯文。

毕必胜

一九九二年六月十二日

【说明】毕必胜（1938~），江西彭泽人。碑现存于麻姑山仙都观碑廊，共四方，并列嵌于墙上。青石材质，高 0.9 米，宽 0.5 米。直行，33 行，行 10~18 字，隶书。据碑录文。

1159. 葛仙山玉虚观利诚顺墓碑　1992 年

近故先师利诚顺之墓。

生于 1910 年 6 月亥时，卒于 1992 年 5 月 24 日申时。祖籍河南洛阳。享年 83 岁。

徒余信真、方信财等立。

（墓碑两侧题联）明月清风何处寻；万里长空鹤自飞。

【说明】碑位于铅山县葛仙山玉虚观东南坡。高 1 米，宽 0.96 米。题额为篆体。直行，楷书。据碑录文，格式有改动。

1160. 储君庙简介　1993 年

储君庙，又名广济庙，赣县名胜古迹。相传晋咸和二年（公元 327 年），刺史朱玮提兵讨伐苏峻。兵扎储潭，夜梦神人告曰：我为储君，奉帝命司此土，府君能建庙祀我，当有以报。朱玮按神明旨意行事，果然克敌制胜，遂立庙祀典。宋、元、明、清曾七次修葺。据传，储君及十八滩神极为灵验，逢旱祈雨，历险化夷。来往船只排役途径储潭，船夫滩师客商必来庙虔诚敬香，祈求神灵保佑。今逢改革开放，经济振兴，太平盛世，为抢救和保护文化遗产，政府批准支持，内外人士捐资，能工巧匠献计出力，重修此庙，并于癸酉年五月初三日开光。

赣县博物馆

一九九三年十月

【说明】碑现存于赣县储君庙。青石材质。高 1 米，宽 0，45 米。横行，23 行，行 3~13 字，隶书。据碑录文。

1161. 江西赣县储君庙又名广济庙第八次修复序　1993 年

赣州源头，赣州城北十公里名曰储潭。潭深莫测，群峰环拱，天地合气，人杰地灵，物产优特。相传两汉有储君庙，储老之神或为赣人，故以姓谥山川也。晋州守朱玮提兵讨苏峻，次储潭，夜梦神人告曰：我为储君，奉帝司此土，府君能为庙祀，我当有以报。玮如其请乃行，果克敌而返，遂立庙。

远古神显，唐代裴谞求雨立应。风帆上下，历险如夷，皆蒙神佑，当称威震南疆，气壮山河。晋咸和赐玺敕储君为王之上，此千秋古迹，雕梁画栋，形似尤真，殿堂广阔，各方所用矣。年久失修，瓦破墙倾，庙貌陈朽也。

幸逢国运亨通，物阜民康，百业俱兴，齐歌盛世之岁，承蒙尊长诸君，善倡人民解囊善举，诸工鼎力，执事就绪，乐将修缮新葺，重塑孟浩、苏轼、裴谞、袁枚等历代诗人畅游此地的杰作，诗篇记述淳朴的风土人情、自然风光和功德无量，奉献之伟绩。

公元一九九三年岁次癸酉仲春谷旦筹备组敬撰。

今将乐输一百五十至二百九十元鸿名开列于左：

（赣州市）苏龙华二百六十六九六六元，谢毓高二百元；（储潭乡）丁成荣二百一十元，朱开沛二百元，钟富铭二百元，潘志明二百九十元，凌育龙二百元，潘其祥二百元，温海一百八十八元，潘昌斌二百元，郯科庆一百六十八元八八，刘景春一百五十九元，肖钧辉一百五十九元；（茅店）谭家良一百八十八元。

【说明】碑现存于赣县储君庙。青石材质，高 1.2 米，宽 0.5 米。直行，19 行，行 1~30 字，楷书。据碑录文，格式有改动。

1162. 佚名·金精山题刻（一） 1994 年

洞天福地。

【说明】题刻嵌于金精洞墙上。青石材质，高 0.41 米，宽 1.01 米。据刻录文。按，据唐杜光庭《洞天福地岳渎名山记》载，金精山为第三十一福地；据宋张君房《云笈七签》载，金精山为第三十五福地。

1163. 潘景晴：宁都三十五福地碧虚宫重修碑记 1994 年

余信昌老方丈偕同罗林、崇铃，由夏之明、赵莉莉陪同游览碧虚宫并由张声炜亲自带领同游。余信昌师父和徒弟罗林、崇铃发起重修，罗炳志先生赞助，康承延老先生监正，时维甲戌年夏历公元一九九四年。

孙中山先生副官张猛夫人潘景晴女士撰文并书，于广州市张猛故居。

【说明】碑刻现存宁都县金精山，嵌于碧虚宫大门右墙上。大理石材质，高 0.5 米，宽 0.5 米。据碑录文。

1164. 陈立夫：葛仙山碑林题字　1996 年

葛仙山碑林。

时年九十六（陈立夫印）。一九九六年十一月六日。

【说明】陈立夫（1900~2001），浙江吴兴人。曾任海峡两岸和平统一促进会名誉会长。碑现存于铅山县葛仙山碑林入口处，嵌于墙上。材质为三清山罗纹砚石，长 1.99 米，宽 0.71 米。题字横行，落款直行，楷书。据碑录文。题字一方面反映了陈立夫先生高超之书法艺术；另一方面也透露出他对中华文化复兴和祖国统一之期待。

1165. 重建接官亭记　1996 年

葛仙山之有接官亭始自明嘉靖年间，明朝二宰相，费宏铅山人、夏言贵溪人先后登山敬香。为恭迎两宰相再度上山，亦为迎接地方官员循例上山祭祀，道人因在山门外建接官亭。当年建筑为瓦顶泥墙，占地二十余平方米，历代道人不惮辛劳，勤加修缮乃经年历久，直至民国初期终因失修倾圮。近年来上山僧道及众信士屡有恢复接官亭之意，县宗教主管部门鉴于香客游人终年络绎不绝，改善旅游环境众望所归。旧时朝廷以至地方官员热心朝山进香乃有接官亭之设，葛仙山名声亦因而远播。是故接官亭与其他古迹同为葛仙山宗教文化及旅游文化深厚积淀之标志。重建接官亭恢复古迹，增添景点实属善举。公元一九九五年管委会决定在原址重建接官亭，同年九月十六日动工，翌年十一月二十二日竣工。

新建筑双牌式，高九点九八米，四级飞檐，花岗岩石体材，为瓦青石横枋，中枋有浮雕。前牌楼浮雕以太极图居中，左右各有儒释道故事图。其上层镌“葛仙山”三字，为台湾著名人士陈立夫先生亲书，后牌楼浮雕以八仙飘海居中，左右亦然。其上层镌“接官亭”三字，为北京书法家邹德忠先生所题。支柱系钢筋混泥土浇制。

接官亭占地五十九点八平方米，周围台地以青石栏杆及片石矮墙构成庭园，总面积二百四十八点二七二平方米。登山至此，拾级而上，步入庭园，稍事休憩，亭右有清泉解渴。回首远望，视野辽阔，习习谷风，涤胸荡怀；转身前看，古松兀立，虔诚迎客。钟鼓声、鞭炮声隐隐入耳，顿觉已入胜境矣。

葛仙山寺观管理委员会

一九九六年九月

【说明】碑现位于铅山县葛仙山玉虚观牌楼边上。花岗岩麻石材质，圆首方趺，额刻隶书“重建接官亭记”。碑有基座，高 0.2 米。碑高 1.8 米，宽 0.83 米，厚 0.28 米。碑首刻有五爪龙一条，龙头居中，左为龙爪，右为龙尾。碑身两侧均刻有精美祥云图案。碑文横行，28 行，行 7~20 字，繁体。据碑录文。按，郭树森先生《道教文化钩沉》一书中曾记载：“早年国民党中央执行委员会陈立夫先生来过铅山，现已 96 岁高龄，期颐之年仍有怀念葛仙山之情，1995 年欣然应邀寄来手书‘葛仙山’三字。”

1166. 闵智亭·葛仙山存念碑　1998 年

丹室草青仙客去，经床香渺道人归。　宋胡汝为《葛仙山》诗句，玉溪道人书。一九九八年菊月录。

【说明】闵智亭（1924~2004），号玉溪道人，河南省南诏县人。1941 年 2 月入华山出家修道，宗奉全真华山派。先后任西安八仙宫知客、武汉长春观高功、杭州玉皇山福星观知客、全国政协常委、第六届中国道教协会会长、中国道教学院院长。著有《道教仪范》《全真高道传记》《道教仙话》《全真正韵谱辑》等。碑现存于铅山县葛仙山玉虚观。碑材质为三清山罗纹砚石，高1.44米，宽0.8米。隶书。据碑录文。

1167. 谢宗信·题葛仙翁　1998年

葛仙圣号传天下，灵宝道风沐古今。　戊寅年孟冬谢宗信题。

【说明】谢宗信（1914~2005），俗名谢仁铭，湖北黄陂人。1927年木兰山祈嗣顶出家，中国道教协会副会长、北京白云观二十三代方丈。碑现存于铅山县葛仙山玉虚观。碑材质为三清山罗纹砚石，高1.44米，宽0.6米。楷书。据碑录文，题为整理者所加。

1168. 汪华光：葛仙山碑林序　1999年

葛仙山气势磅礴，脉分九支如九龙窜顶，风光旖旎，秀甲一方，相传三国东吴道人葛玄，在山中结庐修真，终坐化于此，道家尊为“太极左仙翁”，山因而得名。宋时，山巅建祠祀仙翁，明时，祠北又建慈济寺，道佛同处，盛衰与共。

为开发名山人文景观，弘扬民族传统文化，展示当代书画艺术成果，宗教管理部门倡建碑林，上饶书画院寺多方鼎力襄助，1995年6月开始向海内外书画家征稿，翌年底得墨宝1100余件，1998年元月遴选200件刊印成册，题为《中国葛仙山碑林墨迹荟萃》。今又从中精选99件刻石，分置两处集成碑林。一在禅寺之阴，立碑三十六，按《太极八卦衍生图》排列，碑文多涉及道、佛，故名之曰：“道禅集处。”另一在飞升台之阳，立碑六十三，依《洛书》布局，碑文多为吟诵山之奇秀峻峭，名之曰：“鸣鹤余音。”碑料采用三清山罗纹砚石。精雕细刻。碑数及置法，溶入道家文化，匠心独运，堪称一绝。

葛仙山寺观管理委员会

公元一九九九年九月九日立

【说明】汪华光（1946~），曾任铅山县政协主席、统战部部长。碑现存于葛仙山碑林。碑材质为三清山罗纹砚石，高1.8米，宽0.92米。隶书。据碑录文。

1169. 徐新杰：重修庐山仙人洞道院记　2000年

巍巍匡庐，横空出世，南国重镇，江右名山。黄帝赐号使者，大禹治水其间。匡俗老聃修仙之宅，秦皇汉武巡狩之区。东汉张陵，弃官入庐山为道士，后创立道教被尊为天师，是庐阜乃道教发祥之地也。迨至晋宋，陶渊明描绘桃源，陆修静编集道藏，一图化境，一传经典，虚实相映，道益生辉。唐咸通时，吕岩游庐山，爱此峰泉林壑，道迹遍及山南北。宋陈抟传受《易经》心法于庐山异人，周敦颐著《太极图说》于莲花峰下。明初周颠，助洪武统一天下，遂有天池及御碑之祀。清光绪三十一年，静阳子重建仙人洞道院，供吕祖其中。三十二年秋，庐江道人熊十力，来洞宣讲张角、张鲁革命之道。民国九年，陈撄宁居洞，验证古仙丹诀。名人高士，一脉相传。兹山草木丰茂，空气清新，为修炼养生之佳境，故《云笈七签》品为第八洞天。而锦绣谷之芳春，仙人洞之凉夏，鄱阳湖之日出，御碑亭之夕照，西林塔影，东林梵呗，蟾蜍石上，纵览云飞，尤使人心旷神怡，飘飘欲仙。开放以来，国运日昌，仙人洞亦渐次恢复。唯惜神像剥蚀，殿宇狭隘，殊碍游人瞻仰与道观之发展。戊寅年夏，至明道长率徒积极奔走，筹资重建太上老君殿，殿宇宏伟典雅壮丽，铁炉钟鼎焕然一新。座上神像辉煌金碧，案下香火馝馞氤氲。道寮经房，幽雅清静。《中华道藏》、老庄《黄庭》诸经，卷帙浩繁目不暇接。知道长不徒致力于木石结构，尤注重于文化品位之提高也。八月，仙人洞道院、台北文化三清宫暨中国道教文化研究所，联合举办九八庐山中国道教文化研讨会，京沪港台等地专家学者及道长百余人济济一堂，围绕道教与现代文明之主题展开讨论和深入研究，于弘扬道教优秀文化及推动道教与社会进步相适应功莫大焉。而显应宫之重兴，简寂玄妙诸观之筹划恢复，皆至明道长为大庐山旅游文化推波助澜之壮举，益知道人实以振兴中华为己任，非常道也。太上有言："上士闻道，勤而行之。"信果然焉。颂曰：

国运既昌，道亦重光。老君静穆，吕祖轩昂。仙洞增色，绣谷生香。三清之境，地久天长。

桃源居士瑞昌徐新杰浣笔星渚。

仙人洞道院监院青城子仝徒理清、理静、理仙、理阳、理元庚辰仲夏吉旦立。

【说明】徐新杰，号桃源居士，江西瑞昌人。碑立于2000年，现存于庐山仙人洞道院，嵌于墙上，因气候潮湿，字迹已开始漫漶。青石材质，高2.08米，宽1.08米，直行，18行，楷书，繁体。据《庐山道教初编》第四章"石刻"录文。碑文记述了庐山道教发展历史，尤其是改革开放后之渐次恢复。于中可见，文化道教已成庐山仙人洞道院复后之显著特色。

1170. 曾庆圭·金精山题刻（二） 2001年

灵泉普应。汪弘、曾晓桢奉，辛巳年庆圭书。

【说明】汪弘、曾晓桢夫妇时为宁都县博物馆馆员，曾庆圭为博物馆馆长。题刻位于金精洞墙壁、灵泉观遗址处。青石材质，高0.13米，宽0.43米。据刻录文。按，北宋崇宁间，宋徽宗闻悉金精山张丽英所在灵泉观祈雨辄应，颇显灵异，特赐御匾并封为"灵泉普应真人"。

1171. 重修邓紫阳墓碑 2002年

邓思瓘（？——七三九），号紫阳真人，南城人，系麻姑山开山道士。唐开元初年，应玄宗诏，入大同殿修功德，能疫神兵以却西戎，被玄宗誉为神人。开元二十七年（七三九）奏立麻姑庙，是年卒于长安，次年归葬麻姑山。其墓为衣冠冢，仅有玉简、香炉随葬。清康熙九年（一六七〇）麻姑山仙都观主特率弟子重修之。一九五七年该墓列为江西省重点文物保护单位，文革期间被毁，二〇〇二年二月仿清代紫阳墓重修。

二〇〇二年六月

【说明】 墓位于南城县麻姑山仙都观对面山头。墓碑为青石材质，高 0.75 米，宽 1.6 米。直行，20 行，行 6~12 字。据碑录文，题为整理者所加。

1172. 重修香炉山瑞庆宫记　2007 年

香炉山瑞庆宫，始建于明嘉靖年间，为湖北九宫山开山祖师张道清真人真灵云游至此开辟的第二道场。历经四百多年，宫观建筑大都无存，今存石殿一座，其宝顶也毁于“文革”。二十世纪八十年代，地方信士捐资兴建的巡山殿、祖师殿均为简易砖木结构，部分已破损倒塌。二十一世纪初，国泰民安，人民安居乐业，社会全面进步，香炉山亦迎来了振兴良机。公元二〇〇六年，神威矿冶有限责任公司董事长刘典平先生好善乐施，慷慨献资超千万元，重修香炉山瑞庆宫。此义举得到了港口镇政府、瑞庆宫管理委员会及当地村委会的大力支持，村民无偿献出土地。经请名师设计，巧匠施工，是年五月奠基，次年十二月告竣。宫内除保留明嘉靖年间所建石殿外，新建的山门、灵宫殿、三官殿、三清殿、慈航殿、祖师殿、樊仙阁、碑廊、厢房均为钢筋混凝土仿古建筑，红墙黛瓦，飞檐翘角，雕梁画栋，古韵新姿，蔚为壮观。

香炉山瑞庆宫历史悠久，是赣、鄂两省四县朝仙圣地。现经重修，已成为赣西北大地一颗璀璨夺目的明珠，诚乃人们旅游观光之佳境也。

香炉山瑞庆宫管理委员会

公元二〇〇七年冬立

【说明】 碑现存于武宁县香炉山瑞庆宫。青石材质，高 1.6 米，宽 1 米。直行。据碑录文。

1173. 瑞庆宫无量功德记　2007 年

刘典平先生，系江西武宁人，优秀民营企业家。二〇〇〇年进驻香炉山开发钨矿资源，创办修水神威矿冶有限公司，在县委县政府和有关部门及广大群众的大力支持下得以顺利发展，成就辉煌。为报众恩，感荷神灵及对中国道教文化的敬仰，献资超千万元重修香炉山瑞庆宫。刘典平先生胸怀远大，心智超群，以仁义立身，好善乐施，功德无量，乃一时之俊彦，社会之楷模。

香炉山瑞庆宫管理委员会

公元二〇〇七年冬立

【说明】碑现存于武宁县香炉山瑞庆宫。青石材质，高 1.5 米，宽 1 米。直行。据碑录文。

1174. 瑶浦三仙行宫史略　2008 年

瑶浦三仙行宫，又名三仙殿，俗称宇殿。为军峰山老殿的一处行宫。是浮邱伯、王方平、郭族三真人，十年一次接驾至都的临时落脚安座之所。明万历二十五年（1597），军峰始建老殿。清康熙十九年（1680）重修。其时六都瑶浦以铜铸有三仙、灵官、华官、雷公、番母计七尊神像置殿。清雍正元年（1723），因久旱无雨接驾祷雨时，当无行宫，只是搭棚以代宫。七年后在瑶浦福、寿、安、康四甲信众，以曾秋甫、揭子和、何德生等人为首，筹银数千两，买下百石坵作基地。历时三年余，建成二向宫殿，含厨房、卧室，面积八百余平方米，广场一千余平方米。室内天井两檐之顶，用二石柱顶建有一只构造独特的六角遮雨亭，奇妙罕见，堪称一绝。

三仙行宫几经历修。据载：清乾隆四十年（1775）年、道光廿二年（1842）、咸丰四年（1854）、光绪廿八年（1902）、民国卅六年（1947），先后五次维修。解放前一九四八年驻伪军作仓库，后为学校所用。解放后“文革”时期一九六七年，本殿塑像及军山老殿铜像被毁殆尽。一九八六年，以聂闰成等廿八人为首，筹资整修，重铸老殿铜像复位计七尊共重九百三十二斤。恢复本宫原有塑像，增塑五谷大仙、慈航道人二神像，耗资八万元。始建距今有二百六十余年的历史。一九九八年秋，经政府批准为开放道场。同年冬改选以曾水福为组长，由各地首士共三十余人组成的管理小惠。筹资一十四万余元，增建一幢面积为一百廿平方米的三清宫殿。塑有元始、灵官、道德三天尊以及玉帝、王母、张天师三神像，共计大小三十尊塑像。

三仙行宫每逢接驾至都后，皆有同时举行“妆迎”之先例。据传咸丰四年（1854）年、光绪廿八年（1902）先后举行二次“妆迎”，其脚数均为卅以上。民国卅六年（1947）为最后一次“妆迎”，为廿七脚，时间六天，“妆迎”期间全县信众断屠斋戒，庄严隆重，盛况空前。

公元二〇〇〇年八月立

【说明】碑现存于南丰县瑶浦三仙行宫，嵌于墙上。青石材质，高1米，宽0.65米。横行，31行，行3~31字。碑题“瑶浦三仙行宫史略”。据碑录文，文中朝代时间有误之处已做修正。按，文中所云“妆迎”活动已列为省级非物质文化遗产。

1175. 徐才金等：六·一九抗洪碑记　2010年

上清镇者，古沂阳之市也。唐武德八年（625）置雄石镇，宋崇宁四年（1105）敕建大上清宫并天师府第。悠悠千年，沧桑巨变，古镇日渐繁荣，而天灾巨祸亦累古有之。然公元二〇一〇年岁次庚寅仲夏之特大洪灾，实乃建镇千年之罕见，建府九百年之未遇。其洪流之猛，水位之高，损失之巨，史所未及。而党政军民，万众一心，抗洪救灾。海内海外，善信大德，悉起支援。斯情斯景，感天动地，可歌可泣，故刻石而为之记焉。

公历六月十九日，淫雨乌云，沉闷莫名。时至酉戌，雷霆轰鸣，大雨滂沱，山洪突发，狂泻而下。转瞬之间，水漫街市，居民人等，羁困楼阁，家私电器，席卷横流。天师府内，浸淹尺丈，殿堂神龛，岌岌可危。幸而天师神威，众神荫佑，洪魔稍纵即逝，水涨莲座不起。而是时也，会长张金涛，副会长张贵华、曾广亮正处赴京参会途中。千里之外，电波传讯，指挥若定。殿内值守，苦战洪魔，通宵达旦，未曾喘息。所抢救之经箓文物甚巨，尤以名人字画，镶金神龛最为贵重。

值守者芳名如次：汪兴海，鲁国平，张火胜，汪兴有，邱明辉，汪小义，曾志山，熊雄，王延峰。

庚寅洪灾，非止一隅。信江抚河，同罹水患。唱凯决堤，万人遭困，古县余江，几近倾城。于此万忙之际，国家宗教事务局，省委、省政府，中国道教协会及鹰潭市党政领导仍心系道教祖庭，或致电问候，或亲临勘灾，或赠金慰问。此乃党和政府天高地厚之恩也。

祖庭危难之际，正一弟子，道教同门，社会贤达，国际友人，感同身受，纷来支持。内地诸省道协与宫观，港、澳、台、新加坡同仁均慷慨解囊。慈航国际观音基金会向全球宗教界发《抢救道教文化圣地全球倡议书》，世界华文协会、丹麦哥本哈根大学、比利时皇家科学院亦曾打来越洋电话，一致表达“一方有难，八方支持”之心情。

诸神福佑，祖师显应，灾害过去是吉祥。历经半载重建，祖庭仍旧换新装。庚寅岁末，会长张金涛大法师亲自提议，刻石铭功，以纪斯事。铭曰：

天道无私，祸福相倚；历劫之灾，本出自然；欣逢盛世，有惊无害；赈灾救险，人同此心；道门一体，善性慧根；凡此功德，史册流芳。

龙虎山道教协会敬立

道历四千七百零七年仲冬吉旦

【说明】徐才金，时为龙虎山道教协会道教文化研究室研究员。碑原于2010年嵌于天师府侧院墙上，后因天师府头门改造，移至天师府二门东侧碑廊。大理石材质，高1.85米，宽0.85米。据碑录文，碑文原为繁体。

1176. 徐才金：嗣汉天师府修复重建记　2013 年

壬辰深秋吉日，嗣汉天师府前门广场告竣。至此，历经三十年之修复重建大计圆满功成。看今日之府第，更非昔比，其巍峨声势，尽显王者之气，古树青藤，一揽江南秀色。殿阁鳞比，廊榭周回，宝相庄严，祖庭道脉重光。

道祖云："九层之台，起于累土；千里之行，始于足下。"尝追忆往昔，天师府历宋元明清之鼎盛，亦悲近百年风雨之沉沦。公元一九八三年，国务院颁布嗣汉天师府为全国重点保护宫观并对外开放，大规模修复重建工程由此肇始。而是时也，府第破败不堪，惟余残砖破瓦。贵溪三中踞此，落实政策非易。筹划设计艰困，资金筹集亦难。一切从头做起，难事可想而知。

隔年，六十三代恩溥天师血胤后裔张金涛学道有成，回归祖庭，发宏天之大愿，誓复乃祖根基。阖府道众，齐心协力，海内海外，四方弟子，社会贤达，应者如云。不数年，四进院落悉数修复，前宫后府焕然一新。宫保第落架重建，三省堂修旧如旧。三清殿雕梁画栋，玉皇殿玉阶丹墀。复祖庙为立授箓院，竖钟亭以护大铜钟。古甬道直达后院，仁靖碑赵体犹新。敕书阁宸翰再现，百花塘可观游鱼。参神座如登天上宫阙，入府第如同仙境蓬瀛。黎师遇航重题旧匾，额曰"万法宗坛"，闵师智亭为题"中国道教正一祖庭"，任师法融为题"道源教宗"，此乃当代宗师对吾等三十年艰辛之策勉也。

古人云："地以人而名传，人以地而绩著。"龙虎胜地，以玄教千百年而闻名遐迩，历代天师，籍龙虎仙境而教演宗传。今我泱泱中华，因改革开放而奋起，玄风道脉，乘国运昌隆而复兴。斋醮科仪玄妙莫测，传度授箓不二法门，紫气东来龙吟虎啸，日月齐光万法归宗。值此盛世，经中国道教协会副会长、江西省道协会长、嗣汉天师府主持张金涛提议，特勒此石，以承先人之志，纪当代之功，策后来之人。大业告成，感而铭曰：

岁月更始，时乃日新。重振祖庭，人同此心。三十年来，倍尝艰辛。堂构初成，百世其昌。无忘众力，更沾国恩。宏图再起，道炁长存。

龙虎山道教协会

嗣汉天师府管委会

公元二〇一三年岁在癸巳孟冬立碑

【说明】碑现存于龙虎山嗣汉天师府头门西侧。青石材质，有两层基座，一层方形基石高0.2米；其上龟座高0.8米，宽1.5米，长1.5米；再上碑身3米，碑首高0.5米，宽1.3米，厚0.3米。碑通高4.5米，宽1.1米，厚0.3米。碑文分别刻前后部，直行，22行，行9~39字，楷书描金。碑首前后刻两条盘龙，镶嵌“阳平治都功印”六字。基座四边、龟座碑身两侧均刻有精美花草图案。据碑录文，碑文原为繁体。

1177. 重建储君庙殿碑　2015年

储君庙又名广济庙，始建于汉代（公元前203年）历经二千余年，十余次的修葺，是宋朝皇家春秋祭祀的重要庙宇，为历代文人骚客所衷情，被誉为千里赣江第一庙。2009年，被列为江西省重点保护宫观，堪称一江两岸旅游景点上的璀璨明珠，内设宫殿七个即储君宝殿、关公殿、三清殿、雷神殿、种德堂。二零一四年在新一届管委会陈彪主任的带领下，不忘桑梓四方奔走游说，倡议酬金重塑慈航殿、财神殿及神像。

慈航道人：亦称观音大士，为道佛两教尊崇的大慈大悲、救苦化难的神灵，有求必应，深受广大历代善信之敬仰。

财神：赵公元帅、名朗，字公明，又称赵玄坛，陕西终南山人，秦时避乱，深山隐居潜心修道成仙神通广大，骑黑虎执银鞭，能驱雷役电、除瘟禳灾特能为买卖商贾招财，使之能生意兴隆，利达五湖四海。

重塑慈航、财神理事人员：

主任：陈彪。副主任：黄光忠、吴奕銾。委员：谢贤亮、邝明山、李裕洪。

成员：潘其祥、刘方正、赖继先、温润莲、徐长渭、许起洁、郭训作、黄观仁、邱玉凤、许厚英、李监荣、邓受贞、曹志莲、李二妹、邝文玉、陈衍祈、谭礼香、叶新财、张龙仁、王诚荇、曾玉英、彭香莲、林植榕、王老新、曾月英、李细英。

公元二零一五年立。

【说明】碑现存于赣县储君庙，嵌于庙墙上。青石材质，高1米，宽0.5米。横行，3行，行4~21字。隶书描金。据碑录文，题为整理者据文意重拟，原题为“序言”。

1178. 江西樟树市定安观简介　2016年

定安庙位于中国药都樟树市城东12.5公里的樟观公路北侧，地处与丰城市毗邻的观上镇内，是一座以民俗信仰为主兼具宗教信仰于一体的颇富民间特色的大型古庙，是方圆数百里民间信仰活动场所，神灵崇拜活动与文化娱乐活动的中心，香火绵延达900余年。

据镇贤陈迪峰先生当年考证，早在宋元之际，定安庙西边竹林中就有一座古兴隆寺，后改为花园庵，庵西边有一所杨泗殿，后改为定安灵祠扩建为定安庙，初如奉佛，香火清冷，于是又供起天符大帝（俗称大爷公公）。因为天符大帝十分灵验，有求必应，定安庙于是香火日旺，名闻遐迩。

天符大帝，樟树、丰城、新淦一带多有天符庙，门额皆题“都宪府”。定安庙供奉天符大帝后亦题“都宪府”于门额，据《新淦县志》载；天符大帝即张睢阳，其面目狰狞，乃睢阳变相也。张睢阳，即张巡，唐开元进士，由太子通事舍人出任县令，安禄山反叛时以十万大军围攻睢阳，他与太守许远同军兵士死守睢阳数月，每上阵督战，疾呼叫骂，齿为咬碎，后内无粮草，树皮食尽，处无援军，士卒尽死。被俘后，拒不投降，叫骂不绝，敌与刀刺入其口，英勇就义。文天祥在《正气歌》曾赞之：“为张睢阳齿，为颜常山舌。”

当地民俗并无佛道教与民间信仰之分别，所供仙佛神祇，一概称为菩萨。传说天符大帝十分灵验，有求必应，前来定安庙朝菩萨者络绎不绝。其中天符大帝托梦给杨母的故事至今家喻户晓。据说定安村杨锡绂幼年时，杨母望子成龙，携其朝拜天符大帝，杨母当晚便得一梦，见天符大帝对她揖礼嘱咐，拜托再三，令郎必成国家栋梁，后杨锡绂果然出类拔萃，成为一代名臣，乾隆二十八年加太子大保。杨锡绂回家省亲时，曾为定安庙赐匾（据地方老人回忆解放初定安庙大殿中仍悬挂有三块牌匾，其中间一牌是“保我黎民”为杨锡绂所赐），引起了地方高度重视，又一次对定安庙进行了扩建，殿堂有十余多间，加上厢房，斋堂，仓库戏台等，建筑面积十多亩地。定安庙每年都要举办一次庙会，每五年举办一次大规模的仙游活动，成了樟树市以及丰城邻近群众精神信仰与文化娱乐的中心。可惜，这座具有历史价值的古建筑在文化大革命中被毁于一旦。

改革开放后，定安庙于二十世纪八十年代在原址重建。袁罗珍道长有志立足道教，弘扬地方宗教事业，与道友齐心合力，为定安古观重辉翻开了崭新的一页。一是经上级有关部门批准，使定安观成为合法的宗教活动场所。二是袁罗珍取得了定安庙（现改为定安观）法人代表资格。三是先后兴建了庄严的观门，雄伟的观音殿，天符殿和严整的围墙，逐步在恢复古观的格局，四是组织开展道教活动，为信众祈福禳灾！深受信众膜拜。

丙申年酉月十八日立。

【说明】碑现存于樟树市定安观。青石材质，方首龟座，碑首有双龙戏珠图案。龟座高 0.3 米，宽 1.5 米；碑身高 2 米，宽 1.2 米。直行，28 行，行 9~43 字。碑阴刻有“功德无量”“聂敬喜夫妇捐”之内容。据碑录文。

1179. 宋崇道：崇道宫奠基铭　2019 年

明月之都，文杰地灵。仙庐众多，崇道仙宫。自古有之，囍神新传。太阴嫦娥，吞丹飞天。思恋后羿，热泪洗面。古月之水，洒落高岩。华山之巅，润草结霜。血肝顽病，茶饮泰康。袁州东南，五台之首。湖冈之上，化成硒头。流瀊温汤，福泽群生。玉兔金蟾，恻隐悲恸。私下人间，寻亲未果。无力返天，仙化脊坨。东晋邓仙，起造丹炉。慧眼识玄，继而彭祖。炼形飞升，千八百岁。世乱几经，明院仙域。寥落荒芜，己亥丰年。黄道天开，正法逢春。金月吉日，雅溪宋氏。天仙得戒，妙道玄裔。名曰崇道，恭秉丹诚。洎领道俗，笃志发愿。同德同心，启造华庭。重燃丹火，奠基开工。慈尊垂恩，妙道兴行。化洽人天，仰赖神光。一助月宫，赐福成丹。忠义双将，重返天庭。二祈三界，天朗地泰。河清海晏，诸邪消藏。三济人世，正法永住。十方皈依，道德长情。四愿华图，四海仰瞻。五岳臣服，邦富国强。五曌百业，时序和平。风调雨顺，万谷丰登。六度老稚，人人得佑。男女信受，福寿宁康。七护众生，悦身悦心。悦灵悦性，逍遥清静。八贶师友，福慧增崇。同栖清流，真常同证。九酬善缘，四维上下。崇道贵德，兵戈永宁。十赈冥途，六道四生。一切寒林，听法超升。月圆宜春，囍从天降。谨立此铭，守住华茎。好事囍事，事事如意。大囍道场，福生无量。

天运己亥年四月十八日。

【说明】碑埋藏于宜春袁州区胡冈台崇道宫主殿地下。大理石材质，高0.88米，宽1.07米。直行，26行，行16字。楷书繁体。双龙图案环绕碑两侧，阳面刻有“奠基”、“崇道宫·中国大囍道场”、崇道宫徽标葫芦、“天运己亥年四月十八日·公元二零一九年五月二十二日”等文字内容，铭文刻于碑阴。据碑录文。

1180. 宏开道人：云南长春玄裔助修于都紫阳观功德碑记　2020年

盖闻。紫极玄都。胜景长春宣云瑞。阳元清虚。祖德渊源庆宏开。

昔于都紫阳观乃祝圣道场。朝真福地。原阳化所。长春道成之地。声名远播。灵感非常。考诸史乘。古观始建于隋。名清华道观。唐景云间改名紫阳。沿袭至今。清末为祝圣道场。千载以来。香火鼎盛。高道辈出。影响巨大。主祀昊天金阙玉皇上帝。为赵祖。刘祖道场。旧观原在县城东门外。至十年浩劫湮没。二零零六年岁在乙酉冬月。坤道林罗妙发心异地修建。新址位于县城东北郊古田村。苦心经营八载。获准为宗教活动场所。

山不在高。有仙则名。琳宫古观。代出圣真。元季有高道赵宜真号原阳子。本宋宗室。弃儒学道。名重当世。传承清微。净明。内炼南北诸宗之学。遍游名山胜境。见雩都紫阳观山水清幽。驻鹤于此。宣道多年。四方皈依。从者甚众。洪武壬戌年沐浴更衣趺坐而化。三日颜色如生。汗流浃体。葬紫阳观后之凤岗山。朝廷敕建紫霄观以祀之。明景泰六年代宗赐赠崇文广道纯德原阳真人之号。于是法传天下。教门大兴。净明道尊为第五代祖师。事迹见载净明宗教全书。明四朝五帝护国法师长春真人刘渊然为其高徒。曾至于都紫阳观从赵祖学道有年。刘祖号体玄子。元至正十一年辛卯二月申日降生。明宣德七年壬子八月初八日午时飞升。年八十二。赐葬南京凤台门外麻田栖真观今雨花台区西善桥街道梅山村。曾领天下道教事。开宗长春派。对江西。江苏。云南及后世道教影响深远。洪熙元年仁宗赐号冲虚至道玄妙无为光范演教庄静普济长春真人。给二品印诰。与正一真人等。宣德初晋大真人号。总领天下道教事。赐二品银章。七年请返南京朝天宫。宣宗亲制山水图歌相送。化后七日入殓。端坐如生。敕建栖真观祀之。明史有传。云：渊然有道术。为人清静自守。故为累朝所礼。后被净明道尊为第六代祖师。长春派为启派始祖。第四十三代天师张宇初亦从之学道。有徒邵以正。徒孙喻道纯得传道要。戒行端洁。名重两京。均蒙赐号。继领天下道教事。赐二品银章。代皇帝郊祭。

祖述宜真。浚仪流芳自原阳。派肇渊然。体玄至道庆长春。

紫阳一观。辉煌如此。如彼斗极。耀于中天。

真人所临。群生仰望。祖师有感。承祀至今。

时至文革。世逢浩劫。观址被占。神无所栖。善信林仁性择地供奉。辛巳年由玄门弟子林罗妙筹集善资恭迎圣像回于都安奉。越五载。择地重建紫阳观。于是玉皇殿。水府殿。紫竹祠相继告竣。初具规模。香火复盛。道传千载。德被群黎。祖师盛德。昭垂遐荒。时至二零一七丁酉暮春。适长春祖师刘渊然大真人诞辰六六六周年。云南玄裔组团朝圣。参谒紫阳。众见古观重建。皆发善心。踊跃欢欣。现场募缘七万余元。以助修造。次年戊戌五月。滇中龙泉观万寿宫栖修长春正派玄裔弟子廖东明道号大淳携众长春门人道缘善信。发无上心。助修大殿。己亥三月。募缘塑造玉帝及众真圣像。至庚子年五月施工告竣。于是殿堂巍峨。圣像庄严。廊榭回绕。山环水抱。乃延请赣州市道协众位道友开光迎圣。安座发炉。一时天人称赞。众圣欢喜。重建告竣。功德无量。

尚愿：原阳栖紫阳。旌阳垂慈佑章贡。于都通玄都。仙都庆会福云滇。法启章贡。道溯紫阳。广传教化。普度人天。祖道昌隆。大德曰生。谨书始末。以告后贤。

永颂：天清地宁。海晏河清。天下祥和。元首吉庆。华图亿载。道法千春。善瑞日增。经声时振。国基永固。人杰地灵。普天兴隆。正道光明。人寿年丰。风调雨顺。宗坛永护。心印流传。四海玄裔。福泽绵延。施资善信。长发其祥。福寿资命。善果臻身。等与群生。同归正道。

谨将长春宗坛云南龙泉观万寿宫暨众玄裔弟子所修善功罗列如下：

☯ 戊戌岁：敬赠紫阳观匾额一面。五月敬奉刘祖汉白玉石像一尊。十月敬奉大木鱼。大磬各一及三层圆形香炉一座。

☯ 己亥岁：五月捐奉七十一万六千元助修大殿。十月捐塑全堂神像二十八尊及盘龙四条。彩绘妆金。正中奉玉皇上帝及金童玉女圣像。昆明善信陈敏捐善资十六万元。左祀紫微大帝及天地水火四官大帝。墙绘五老观太极之图。右祀塑真武大帝。文昌武帝。吕祖三丰圣像。墙绘王母地母。天后碧霞。谌母元君会仙之图。殿内四柱巨龙盘旋而上。悬塑雷公电母风伯雨师神像。左班塑造赵原阳。曹希鸣。刘若渊三位祖师。右班塑造刘渊然。邵以正。喻道纯三位真人。一楼祖师殿。匾曰雷霆都司。正中塑雷祖大帝及王马赵温四位护法雷神。前奉刘祖玉像。

☯ 庚子岁：三月。捐助铺设殿堂。院场地坪。及功德碑一座。圣牌全堂。大殿格子门三堂。供桌七堂。大殿全堂匾额一共九面。大殿楹联四副。敬赠新淦长春刘祖古遗石镇天符篆一通。大石净水缸一口。瓷五供具七堂。

镇殿宝炉一座。

以上诸项。积修福缘。亦感十方道缘善信。慷慨乐助。善金无计。善德无量。同襄盛举。得圆妙果。永彰其德。勒石志谢。稽揖，颂曰。

愿修此功德。福佑华夏国。万姓增福寿。四海庆长春。

大中国道历肆仟柒佰壹拾柒年岁在庚子端阳　　吉旦

赣州市于都县紫阳观住持林罗妙暨领合观道众　仝立

【说明】宏开道人为云南长春派弟子。碑立于赣州市于都县紫阳观祖师殿左侧。大理石材质，方首方趺，通高 4.9 米。有三层基座：第一层方形基座高 0.55 米，宽 1.66 米；第二层莲花基座高 0.42 米，宽 1.53 米；第三层龟座高 0.7 米，长 2.29 米，宽 1.53 米。碑身（1.86 米）和碑首（0.56 米）高 2.42 米，厚 0.63 米。因该观供奉玉皇大帝，碑首刻有五龙，龙爪紧抓浑圆形座基；碑身两侧各一对龙，整通碑共刻龙九条，象征九五之尊。碑刻基石四边、龟座两边、碑身两侧均刻有花纹。碑刻正面为“符箓”“印章”“仙谱”。“镇天宝符”位于碑正中上部，“福泽十方”印章位于碑正中下部。碑首篆刻“奉天诰命”四字。碑正面（阳面）有文字 5 行：右边 3 行，文字内容为“玉虚师相玄天上帝，受天明命，剪罚魔精，镇天宝符，万神听令，安镇国祚，保世康民，锡尔鸿禧，其永宝之。纪念长春始祖刘渊然冲虚至道玄妙无为光范衍教庄静溥济长春刘大真人讳渊然圣诞六百六十六周年，重兴镇天宝符，福泽海岳。长春正派传承字辈仙谱，鹤庆赵春书”；左边 2 行，文字内容为“冲虚至道玄妙无为光范演教普济长春刘渊然书：‘曰道大宏，玄宗显妙。真常元和，永传正教。云清守静，法嗣延浩。宣瑞常兴，福德普照。’大清嘉庆三年戊午岁仲冬月吉旦追泐”。“符箓”“印章”“仙谱”文字均描金。碑背面（阴面）为碑文，碑首正中篆刻“道衍长春”四字。碑文为楷书，描金，直行，30 行，行 10~86 字。据碑录文，原有标点照录不改。

碑刻图片（部分）

（碑题前序号所对应的是本书目录序号）

30. 唐元和三年（808）《阁皂山杨希淳五方镇墓石》（碑存于阁皂山大万寿崇真宫）

75. 北宋皇祐四年（1052）《金精山题刻》（碑存于宁都金精山）

104. 北宋崇宁年间《阁皂山杨君法师墓碑》（碑存于阁皂山大万寿崇真宫）

162. 南宋淳熙十二年（1185）《宋故欧阳法师地券》（碑存于阁皂山崇真万寿宫）

240. 南宋淳祐三年（1243）《玉清万寿宫碑记》（碑存于武宁县玉清万寿宫）

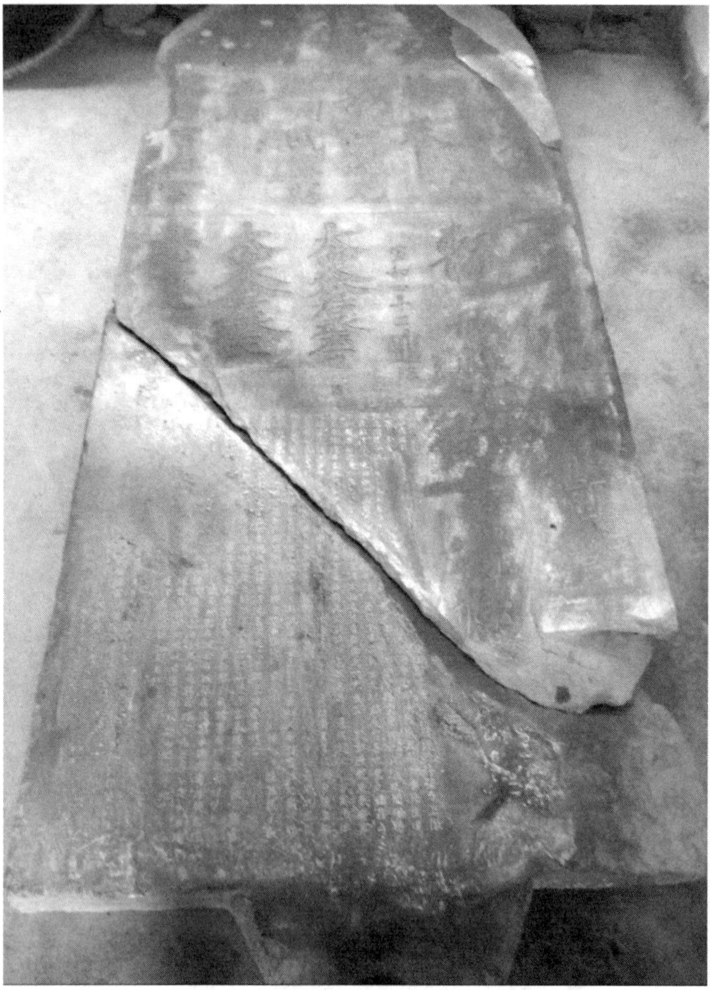

300. 元至元二十四年（1287）《阁皂山隐岩法师地券》（碑存于阁皂山崇真万寿宫）

354. 元延祐四年（1317）《解真三十八代张天师圹志》（碑存于龙虎山天师府）

376. 元至治二年（1322）《敕赐大宗师张公碑》（即《仁靖真人碑》，碑存于龙虎山天师府）

388. 元泰定元年（1324）《新庵里摩崖石刻》（石刻现存于南昌市新建区石埠镇红林林场新庵里村）

503. 元至正年间《葛仙祠记》（碑存于葛仙山碑林，四品之一）

510. 明洪武元年（1368）《定江王庙敕文碑》（碑存于都昌县老爷庙）

550. 明洪武二十六年（1393）《周颠仙人碑》（碑存于庐山仙人洞道院附近）

586. 明永乐六年（1408）《故四十二代清虚冲素妙善玄君包氏墓志铭》（碑存于龙虎山天师府）

626. 明正统十年（1445）《故道录司左演法始名宫邓公墓志铭》（碑存于龙虎山天师府）

688. 明嘉靖九年（1530）《上城观重修殿堂阁记》（碑存于安福县上城观）

689. 明嘉靖九年（1530）《义宰周公云崖地券文》（碑存于泰和县博物馆）

708. 嘉靖三十三年（1554）《明故张母杨氏夫人墓志铭》（碑存于龙虎山天师府）

747. 明万历二十一年（1593）《阁皂观田地碑》（碑存于阁皂山大万寿崇真宫）

752. 明万历二十八年（1600）《清都观山门正殿改正东向记》（碑存于吉州窑景区清都观）

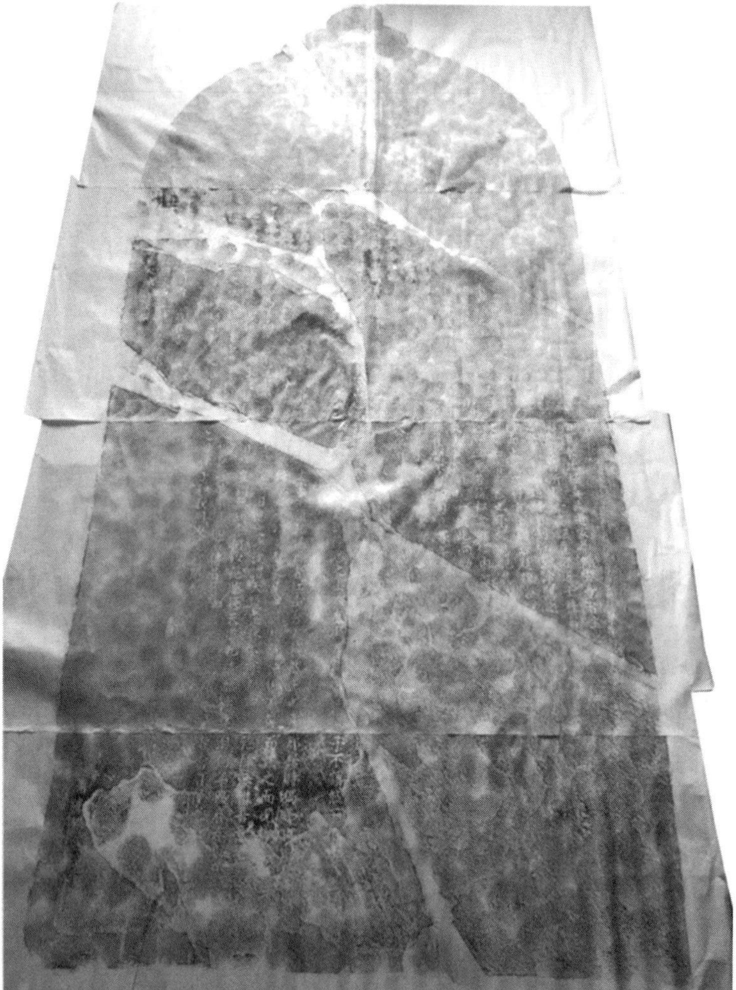

768. 明万历年间《汉仙岩题刻（一）》（在会昌县）

859. 清康熙十四年（1675）《重修玉笥山碑》（碑存于峡江县玉笥山玉皇殿）

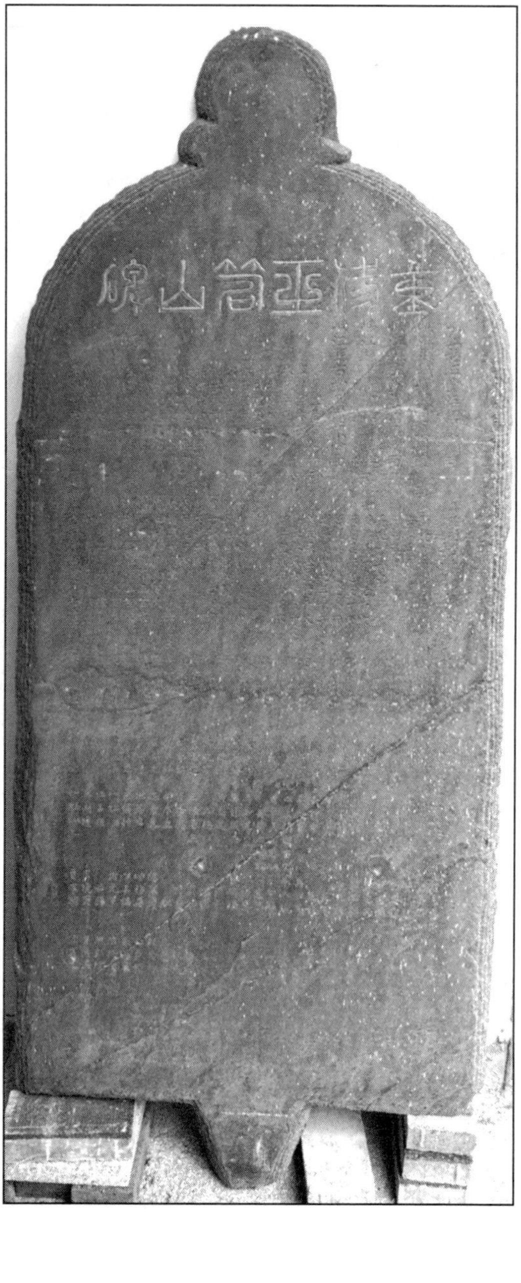

862. 清康熙十七年（1678）《重修金精山碑记》（碑存于宁都县金精山碧虚观）

875. 清康熙二十二年（1683）《鼎建左蠡元将军庙记》（碑存于都昌县老爷庙）

944. 清乾隆四年（1739）《新修万寿宫碑记》（碑存于西山万寿宫）

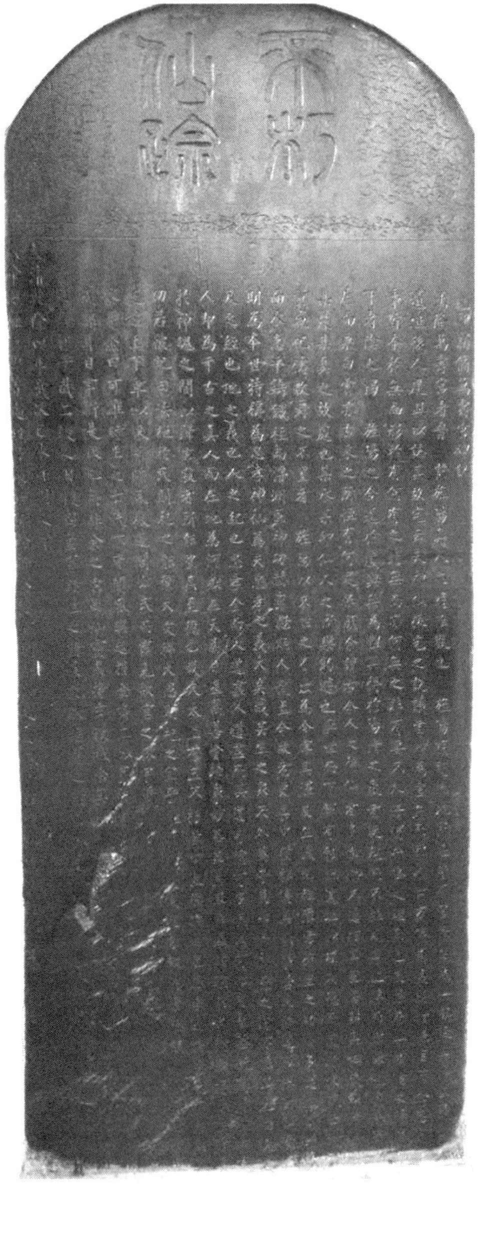

973. 清乾隆三十五年（1770）《阁皂山持志堂蔡斗机墓碑》（碑存于阁皂山大万寿崇真宫）

979. 清乾隆四十三年（1778）《阁皂山范斗枚墓碑》（碑存于阁皂山大万寿崇真宫）

1007. 清嘉庆十二年（1807）《张镐墓志圹》（存于龙虎山天师府）

1011. 清嘉庆十五年（1810）《重修上清宫碑记》（碑存于龙虎山大上清宫）

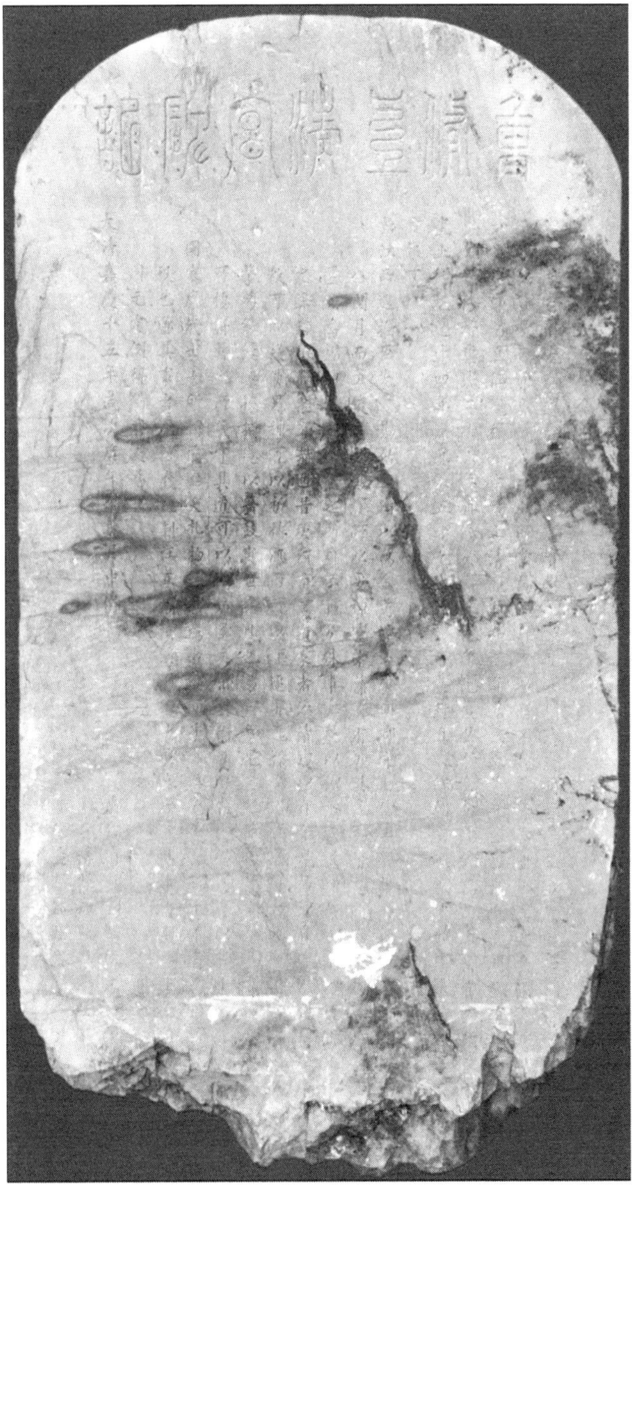

1056. 清道光二十八年（1848）《重修铁柱宫记》（碑存于重建之铁柱万寿宫）

1072. 清同治九年（1870）《龙门羽化先师杨公讳至荫号卧云真人墓志》（碑存于庐山木瓜洞附近）

1091. 清光绪十年（1884）《重修清都古观》（碑存于吉州窑景区清都观）

1092. 清光绪十年（1884）《重修清都古观小引》（碑存于吉州窑景区清都观）

1095. 清光绪二十三年（1897）《五十四代天师张继宗墓碑》（碑存于龙虎山天师府）

1096. 清光绪二十六年（1900）《培修临江府万寿宫碑记》（碑存于临江万寿宫）

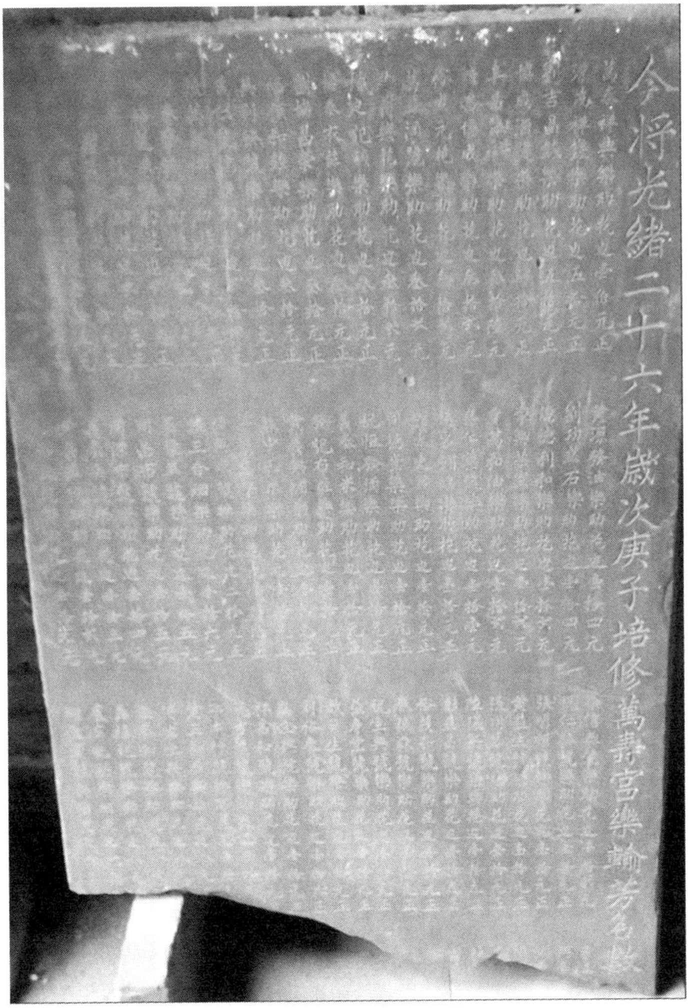

1097. 清光绪二十六年（1900）《临江府万寿宫联刻》

1101. 清光绪二十九年（1903）《六十一代张仁晸真人墓碑》（碑存于龙虎山天师府）

1102. 清光绪三十四（1908）《重建玉隆万寿宫西山局收支碑》（碑存于西山万寿宫，五品之一）

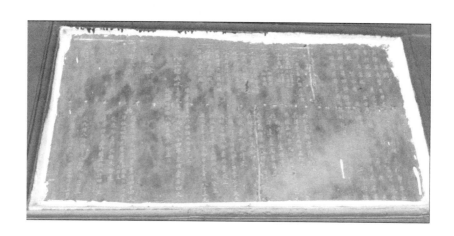

1132. 民国四年（1915）《西山万寿宫整修捐款碑》（碑存于西山万寿宫）

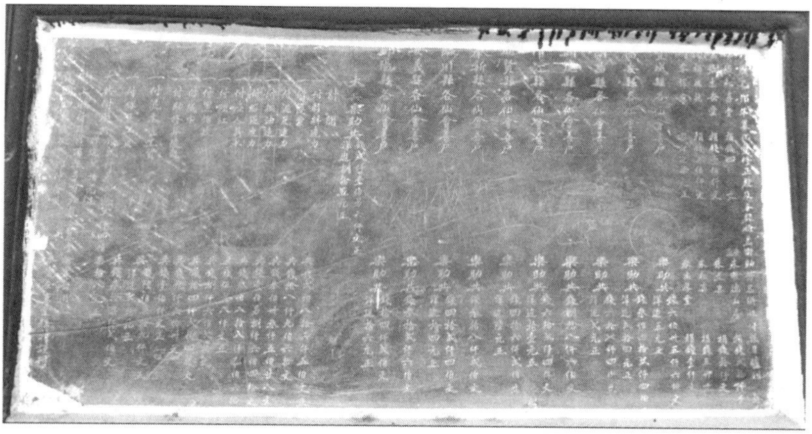

1141. 民国十一年（1922）《铁柱万寿宫界碑》（碑存于万寿宫博物馆）

1164. 1996 年《葛仙山碑林题字》（碑存于葛仙山碑林）

1166. 1998 年《葛仙山存念碑》（碑存于葛仙山碑林）

1169. 2000年《重修庐山仙人洞道院记》（碑存于庐山仙人洞道院）

1176. 2013 年《嗣汉天师府修复重建记》（碑存于龙虎山天师府）

1180. 2020《云南长春玄裔助修于都紫阳观功德碑记》（阳面，碑存于都紫阳观）

1180. 2020《云南长春玄裔助修于都紫阳观功德碑记》（阴面，碑存于都紫阳观）

参考文献

（限于篇幅，仅列辑录时涉及内容较多之文献）

一　江西道教名山名观志类

1. （唐）谢修通纂、（宋）杨扶校正、（明）李景春重梓《玉笥实录》四卷（道光十八年重刻本）。
2. （南宋）杨智远辑《梅仙观记》一卷（正统《道藏》本，收入洞玄部记传类）。
3. （南宋）杨智远辑《梅仙观记》一卷（四库全书存目丛书本，子部第259册）。
4. （元）元明善编《龙虎山志》上、中、下，共三卷（乾隆五年重刊本，内收周召编次《龙虎山志续编》若干卷）。
5. （元）元明善辑修、（明）张国祥续修《龙虎山志》上、中、下，共三卷。
6. （明）左宗郢修、（清）何天爵等辑补《麻姑山丹霞洞天志》十七卷（康熙九年刊）。
7. （明）俞策编撰、（清）施闰章修订《阁皂山志》上、下卷。
8. （明）张程纂修、（清）张光勋增修《武功山志》十一卷（嘉庆年间重刊本）。
9. （明）崔世召纂修《华盖山志》十二卷（民国十七年刊本）。
10. （清）罗森等纂、萧韵增补《麻姑山丹霞洞天志》十七卷（清初刊）。
11. （清）朱道朗编修《青云谱志略》（康熙三十年刊印）。
12. （清）毛德琦纂《庐山志》十五卷（康熙五十九年顺德堂刻本）。
13. （清）娄近垣重辑《重修龙虎山志》十六卷（乾隆五年刊，有道光重刊本）。

14. （清）胡执侗等编纂《黄堂隆道宫志》十四卷（道光二十年刻本）。
15. （清）黄家驹编订、重刊《麻姑山志》十二卷（同治五年刊）。
16. （清）金桂馨、漆逢源编纂《万寿宫通志》二十二卷（光绪四年刊）。
17. （清）谢希桢编纂《华盖山志》十二卷（民国十七年重刊本）。
18. （民国）刘廷福纂修《太平山志》六卷（民国五年刻本）。
19. （民国）刘廷福纂修《太平道谱》（民国六年刻本）。
20. （民国）徐忠庆等编修《江西青云谱志》（民国九年刊，江苏古籍出版社2000年景印重刊，收入《中国道观志丛刊》第二十四册）。
21. （民国）吴宗慈编撰《庐山志》十二卷（民国二十二年刊，有台湾文海出版社重印本）。
22. 傅义校补《阁皂山志》，江西人民出版社，1996年。
23. 胡迎建等校注《庐山志》，江西人民出版社，1996年。
24. 曹国庆、胡长春校注《麻姑山志》，江西人民出版社，1998年。
25. 汪光华主编《葛仙山志》，宗教文化出版社，2001年。
26. 吴小红校注《华盖山志》，江西人民出版社，2002年。
27. 王咨臣校注《西山志略》，江西人民出版社，2002年。
28. 何明栋、罗宗阳校注《武功山志》，江西人民出版社，2002年。
29. 余式高等编注《华盖山志》，长春出版社，2004年。
30. 《龙虎山志》编纂委员会等合编《龙虎山志》，江西科学技术出版社，2007年。
31. 陈立立、邓声国整理《万寿宫通志》，江西人民出版社，2008年。
32. 王令策整理《黄堂隆道宫志》（作为“外一种”收入陈立立、邓声国整理《万寿宫通志》一书中），江西人民出版社，2008年。
33. 张金涛主编《嗣汉天师府志》，中国国际文化出版社，2015年。
34. 吴国富、徐臣金编撰《太平山典籍汇编》，江西人民出版社，2016年。
35. 戴训超整理《玉笥实录》，江西人民出版社，2020年。

二　碑刻著作类

1. （宋）欧阳修撰《集古录》十卷，四库本。

2. （宋）陈思撰《宝刻丛编》二十卷，四库本。
3. 上海博物馆图书资料室编《上海碑刻资料选辑》，上海人民出版社，1980 年。
4. 陈垣编纂、陈智超等校补《道家金石略》，文物出版社，1988 年。
5. 陈柏泉编著《江西出土墓志选编》，江西人民出版社，1991 年。
6. 龙显昭、黄海德主编《巴蜀道教碑文集成》，四川大学出版社，1997 年。
7. 高立人主编《庐陵古碑录》，江西人民出版社，2007 年。
8. 陶永清主编《庐山历代石刻》，江西美术出版社，2010 年。
9. 黎志添、李静编著《广州府道教庙宇碑刻集释》，三联书店（香港）有限公司，2013 年。
10. 萧用珩编著《石上春秋——泰和古碑存》，江西人民出版社，2013 年。
11. 萧霁虹主编《云南道教碑刻辑录》，中国社会科学出版社，2013 年。
12. 吴受琚编著《宝鸡道教碑石记》，社会科学文献出版社，2021 年。

三　方志类

1. （明）林庭棉、周广修《江西通志》三十七卷，嘉靖中续修刻本。
2. （清）于成龙、张所志、安世鼎修，杜果等纂《江西通志》五十四卷，康熙二十二年刻本。
3. （清）白潢修，查慎行等纂《西江志》二百□六卷，康熙六十年刻本。
4. （清）谢旻修，陶成、恽鹤生纂《江西通志》一百六十二卷，雍正十年刻本（《四库全书》收入）。
5. （清）刘坤一、刘秉璋、李文敏修，刘绎等纂《江西通志》一百八十卷，光绪七年刻本。
6. （民国）吴宗慈等纂《江西通志》一百册，1985 年江西省博物馆整理复印本。
7. 《中国方志丛书》（内收影印江西省主要省志、府志、州志、县志等），台湾成文出版社有限公司印行，1989 年。
8. 《中国地方志集成·江西府县志辑》（全 87 册），江苏古籍出版社，1996 年。
9. 何建明主编《中国地方志佛道教文献汇纂》，国家图书馆出版社，2013 年。
10. 郑克强总主编，易平主编《赣文化通典·方志卷》，江西人民出版社，2013

年。(特别说明：该书以省、市、县为单位，对江西省历代方志的修纂、刊刻、存佚等情况进行了全面细致考察、梳理、记述，足资参考。故为节省篇幅，本书所引江西方志方面参考文献仅列举数种重要省志，府志、州县志一律从略)

四 总集、类书、丛书类（不含方志类文献）

1. （清）严可均辑《全上古三代秦汉三国六朝文》，光绪二十年黄冈王氏刻本。
2. （民国）魏元旷编《南昌文征》，民国二十四年重印本（收入台湾成文出版社有限公司 1989 年印行《中国方志丛书·华中地方·第 105 号》）。
3. （清）董诰等编《全唐文》，中华书局，1983 年。
4. （明）《正统道藏》《万历续道藏》，上海书店、文物出版社、天津古籍出版社，1988 年。
5. 周绍良主编《全唐文新编》，吉林文史出版社，2000 年。
6. 李修生主编《全元文》，凤凰出版社，2004 年。
7. 曾枣庄、刘琳主编《全宋文》，上海辞书出版社，2006 年。
8. （清）陶福履、胡思敬原编，江西省高校古籍整理领导小组整理《豫章丛书》(集部)，江西教育出版社，2004 年至 2008 年陆续出版。
9. （宋）张君房编《云笈七签》(上中下)，中央编译出版社，2017 年。

五 历代别集类

1. （唐）颜真卿撰《颜鲁公集》十五卷，补遗一卷，四库本。
2. （唐）卢肇撰《文标集》三卷，豫章丛书本。
3. （宋）徐铉撰《骑省集》三十卷，四库本。
4. （宋）李觏《直讲李先生文集》三十七卷，外集三卷，四部丛刊本。
5. （宋）曾巩撰《元丰类稿》五十卷，四库本。
6. （宋）王安石撰《临川先生文集》一百卷，四部丛刊本。
7. （宋）苏辙撰《栾城集》五十卷，《栾城后集》二十四卷，《栾城第三集》十卷，《应诏集》十二卷，四库本。
8. （宋）黄庭坚撰《山谷集》三十卷，《别集》二十卷，《外集》十四卷，四库本。
9.（宋）曾肇撰《曲阜集》四卷，四库本。
10.（宋）汪藻撰《浮溪集》三十二卷，四部丛刊本。
11.（宋）王庭珪撰《卢溪文集》五十卷，四库本。
12.（宋）胡铨撰《澹庵文集》六卷，四库本。
13.（宋）洪适撰《盘洲文集》八十卷，四库本。
14.（宋）周必大撰《文忠集》（《平园集》）二百卷，四库本。
15.（宋）杨万里撰《诚斋集》一百三十三卷，四库本。
16.（宋）朱熹撰《晦庵集》一百卷，《续集》五卷，《别集》七卷，四库本。
17.（宋）陆九渊撰《象山先生全集》三十六卷，四部丛刊本。
18.（宋）曾丰撰《缘督集》二十卷，四库本。
19.（宋）幸元龙撰《重编古筠洪城幸清节公松垣文集》十一卷，清赵氏小山堂抄本。
20.（宋）刘克庄撰《后村先生大全集》一百九十六卷，四部丛刊本。
21.（宋）欧阳守道撰《巽斋文集》二十七卷，四库本。
22.（宋）马廷鸾《碧梧玩芳集》二十四卷，四库本。
23.（宋）姚勉撰《雪坡集》五十卷，四库本。
24.（宋）刘辰翁撰《须溪集》十卷，四库本。
25.（宋）刘辰翁撰《刘须溪先生记钞》八卷，四库全书存目丛书本。
26.（宋）文天祥撰《文山集》二十一卷，四库本。
27.（元）赵文撰《青山集》八卷，四库本。
28.（元）刘岳申撰《申斋集》十五卷，四库本。
29.（元）刘壎撰《水云村稿》十五卷，四库本。
30.（元）戴表元撰《剡源集》三十卷，四库本。
31.（元）程钜夫撰《雪楼集》三十卷，四库本。
32.（元）吴澄撰《吴文正集》一百卷，四库本。
33.（元）赵孟頫撰《松雪斋集》十卷，《外集》一卷，四库本。
34.（元）刘将孙撰《养吾斋集》三十二卷，四库本。
35.（元）袁桷撰《清容居士集》五十卷，四库本。

36. （元）刘诜撰《桂隐文集》四卷，四库本。
37. （元）柳贯撰《柳待制文集》二十卷，四部丛刊本。
38. （元）虞集撰《道园学古录》五十卷，四库本。
39. （元）朱思本撰《贞一斋诗文稿》二卷，续修四库全书本。
40. （元）揭傒斯撰《文安集》十四卷，四库本。
41. （元）黄溍撰《金华黄先生文集》四十三卷，四部丛刊本。
42. （元）李存撰《俟庵集》三十卷，四库本。
43. （元）欧阳玄撰《圭斋文集》十六卷，四部丛刊本。
44. （元）陈旅《安雅堂集》十三卷，四库本。
45. （元）郑玉撰《师山集》八卷，四库本。
46. （元）周霆震撰《石初集》十卷，四库本。
47. （元）傅与砺撰《傅与砺诗文集》二十卷，四库本。
48. （元）危素《危学士全集》十四卷，乾隆二十三年芳树园刻本。
49. （元）危素撰《说学斋稿》四卷、《云林集》二卷，四库本。
50. （元）王礼撰《麟原文集》二十四卷，四库本。
51. （元）胡行简撰《樗隐集》六卷，四库本。
52. （明）梁寅撰《新喻梁石门先生集》，清乾隆十五年刊本。
53. （明）宋濂撰《宋学士文集》七十五卷，明正德刊本。
54. （明）刘崧撰《槎翁集》八卷，四库本。
55. （明）王祎撰《王忠文公集》二十四卷，四库本。
56. （明）苏伯衡撰《苏平仲集》十六卷，四部丛刊本。
57. （明）张宇初撰《岘泉集》十二卷，正统道藏本。
58. （明）张宇初撰《岘泉集》四卷，四库本。
59. （明）胡俨撰《颐庵文选》二卷，四库本。
60. （明）梁潜撰《泊庵集》十六卷，四库本。
61. （明）解缙撰《文毅集》十六卷，四库本。
62. （明）胡广撰《胡文穆公文集》二十卷，四库全书存目丛书本。
63. （明）曾棨撰《刻曾西墅先生文集》十卷，四库全书存目丛书本。
64. （明）王直撰《抑庵集》十三卷，《后集》三十七卷，四库本。

65. （明）罗伦撰《一峰集》十四卷，明嘉靖刻本。
66. （明）萧鎡撰《尚约文钞》十二卷附一卷，四库全书存目丛书本。
67. （明）张位撰《闲云馆集钞》六卷，四库本。
68. （明）熊明遇撰《文直行书诗文》三十卷，清顺治十七年刊本。
69. （明）熊文举撰《侣鸥阁文集》二卷，清康熙间刻本。
70. （明）黎元宽撰《进贤堂稿》二十八卷，清康熙刊本。
71. （清）陈弘绪撰《陈士业全集》十六卷，四库本。
72. （清）徐世溥撰《榆墩集》，四库全书存目丛书本。
73. （清）魏禧撰，魏世杰编次《魏叔子文集外篇》二十二卷，清易堂刻本。
74. （清）蒋士铨《忠雅堂文集》三十卷，清嘉庆二十一年藏园刻本。
75. （清）刘肇虞选评《揭曼硕文选》一卷，四库全书存目丛书本。
76. 段大林校点《刘辰翁集》，江西人民出版社，1987 年。
77. 宁波等校点《王安石全集》，吉林人民出版社，1996 年。
78. 刘伯涵、朱海点校《东里文集》，中华书局，1998 年。
79. 罗月霞主编《宋濂全集》（全四册），浙江古籍出版社，1999 年。
80. 孙永选校点《清江三孔集》，齐鲁书社，2002 年。
81. 王琦珍整理《杨万里诗文集》（上中下），江西人民出版社，2006 年。
82. 王斑点校《虞集全集》（上下），天津古籍出版社，2007 年。
83. 王京州校注《陶弘景集校注》，上海古籍出版社，2009 年。
84. 曾枣庄、马德富校点《栾城集》（全三册），上海古籍出版社，2009 年。
85. 王国轩点校《李觏集》，中华书局，2011 年。
86. 郑永晓整理《黄庭坚全集》（上中下），江西人民出版社，2011 年修订版。
87. 凌郁之辑校《鄱阳三洪集》（全二册），江西人民出版社，2011 年。
88. 李梦生标校《揭傒斯全集》，上海古籍出版社，2012 年。
89. 杨亮校注《袁桷集校注》，中华书局，2012 年。
90. 陈杏珍、晁继周点校《曾巩集》，中华书局，2013 年。
91. 盖建民辑校《白玉蟾文集新编》，社会科学文献出版社，2013 年。
92. 魏崇武、钟彦飞点校《柳贯集》（上下册），浙江古籍出版社，2014 年。
93. 陆文荣统筹、六六道人辑纂《白玉蟾真人全集》，海南出版社，2015 年。

94. 徐朔方笺校《汤显祖集全编》（全六册），上海古籍出版社，2016 年。
95. 李振中校注《徐铉集校注》，中华书局，2018 年。
96. 刘德清等整理《文天祥全集》，江西人民出版社，2020 年。
97. 方旭东、光洁点校《吴澄集》（全四册），中国社会科学出版社，2021 年。
98. 郑利华、邓富华点校《刘崧集》，复旦大学出版社，2022 年。
99. 段祖青点校《岘泉集》（全二册），中华书局，2022 年。

六　其他相关文献

1. 陈荣华、陈柏泉、何友良主编《江西历代人物辞典》，江西人民出版社，1990 年。
2. 张金涛、郭树森主编《道教文化管窥——天师道及其它》，江西人民出版社，1996 年。
3. 叶至明主编《庐山道教初编》，华文出版社，2000 年。
4. 潘雨廷著《道藏书目提要》，上海古籍出版社，2008 年。
5. 王文楚等点校《太平寰宇记》（全九册），中华书局，2008 年。
6. 易咏春主编《剑出丰城——县域社会经济史个案研究》（内收毛静《罗山书院及罗文通史料辨析》一文），江西人民出版社，2009 年。
7. 孔令宏、韩松涛著《江西道教史》，中华书局，2011 年。
8. 吴国富著《庐山道教史》，江西人民出版社，2011 年。
9. 许蔚著《断裂与建构——净明道的历史与文献》，上海世纪出版集团，2014 年。
10. 江西省图书馆古籍善本书目编纂委员会编《江西省图书馆古籍善本书目》，江西人民出版社，2015 年。
11. 钟永忠、宋瑞森主编《会昌赖公庙会》，江西人民出版社，2016 年。
12. 卢国龙主编《三清之道 皇建其极》（三清山文化丛书第二辑），宗教文化出版社，2017 年。
13. 曹国庆主编《江西道教通史》（全三册），江西人民出版社，2022 年。

后 记

《江西道教碑刻辑录》是国家社科基金项目《江西道教碑刻收集、整理与研究》（项目号：16BZJ039）的最终成果。自 2016 年获得立项，到 2021 年通过结题，再到 2023 年成书出版，加上申报前期准备，前后历时近九年。是对这一项目价值的执守、专家学者的指导、地方宗教部门同仁的关心、名山名观道长的帮助，合力支持着我们克服困难，不断推进研究工作。同时，项目最终完成并出版，还得益于我们所处的新时代对中华优秀传统文化的高度重视和大力弘扬；得益于国家重视并支持宗教健康传承文化创新的政策；得益于“江西是个好地方”，具有众多道教胜地和深厚道教文化底蕴；得益于科技的发达为资料收集提供了极大便利。

江西地理，自成一体。山清水秀，风景独好。俯瞰江西大地，三面环山：东为与福建相邻的武夷山脉，南为与广东交界的南岭山脉，西为与湖南天然界分的罗霄山脉。北边的鄱阳湖水域宽广，似一颗明珠被群山怀抱且捧诸掌心。而赣江、修水、抚河、饶河、信江五大河流，则如长丝带将群山与鄱湖相连，形成水陆相济的交通优势，极大地方便了域内外官员、文人、道士等出入、漫游江西，在山巅水涯间寻幽探胜、访道求仙。自两汉以后，沈旋、杜昙永、李白、颜真卿、李渤、白居易、徐铉、李觏、曾巩、王安石、苏轼、苏辙、黄庭坚、胡铨、周必大、杨万里、朱熹、文天祥、刘辰翁、刘将孙、程钜夫、虞集、揭傒斯、吴澄、赵孟頫、元明善、刘壎、刘岳申、危素、宋濂、刘崧、梁寅、胡俨、解缙、金幼孜、王直、王阳明、黎元宽、熊明遇、熊文举、魏禧、刘于浔等先贤诗文名扬天下，其中有不少涉及江西的道教诗文，有的还勒碑以存久远。研读这些珍贵文献，可以窥见道教在中华文化传承及民众生活中的独特作用。而张道陵及其后代、葛玄、葛洪、陆修静、许逊、吕洞宾、陈景元、白玉蟾等历代高道，也多是经由便利的水路来江西寻探“好风水”。他们或修仙问道而传承文化，或开基传道而形成祖庭，或著书立说而延续道脉，或行走江湖而远播道风。如白玉蟾的著述涉及龙虎山、庐山、阁皂山、西山等诸多江西道教名山，其丹道智慧和实践对促进道教传承创新具有独特价值。

“江西是个好地方”，温暖湿润，四季分明，水资源丰沛，适宜耕作，故物产丰富，为生民宜居之地。但如遇雨旸不若之年，也易致旱涝之灾。面对水患干旱侵扰，民众一方面修堤筑坝，蓄水排洪，趋利避害；另一方面则祈求神灵护佑，以期风调雨顺、灾祸平息。这应该是江西多道教名山的原因之一。除龙虎山、庐山、麻姑山、玉笥山、西山、灵山、阁皂山、金精山、始丰山、马蹄山、元辰山、东白源等十七处“洞天福地”外，尚有三清山、葛仙山、武功山、华盖山、灵谷山、笔架山、相山、太平山、军峰山、罗山、修山、芝山、紫山、瑞泉山、空山、黄谷山、云从山、钟鼎山、自鸣山、紫瑶山、南华山、天华山、西华山、南岩仙山、汉仙岩、龟峰、三百山、明月山、九峰山、回头山、祁山、大乘山、香炉山、丫山等道教名山。古人云“山不在高，有仙则灵”。正是江西独特的地容地气和区位优势，留下了伶伦、汉武帝、王子乔、洪崖、匡俗、萧史、张丽英、梅福、麻姑、栾巴、阎寀等修仙慕道者的遗迹和传说，吸引了张陵、葛玄、董奉、葛洪、许逊、魏华存、陆修静、吴筠、邓紫阳、叶法善、施肩吾、倪少通、王文卿、张继先、饶洞天、章哲、赖文俊、崔嘉彦、刘玉、张嗣成、朱思本、刘烈、陈致虚、赵原阳、刘渊然、朱权、朱道朗、娄近垣等在江西各地名山开宗立派、传道弘法并著书立说，形成了天师信仰、梅仙信仰、灵宝信仰、许真君信仰、萧公信仰、采访真君信仰、杨公信仰、赖公信仰、晏公信仰、喻公信仰、城隍信仰、龙王信仰、文昌信仰、财神信仰等多神共尊。信仰的力量推动道派的产生，包括天师道、灵宝派、北帝派、神霄派、天心正法派、天星派、净明派、广惠派等。正一派以天师道为主干的分支派先后在江西创立并发展，全真派自清代以来开始在九江庐山、萍乡武功山等地传播。各派在发展过程中又不断吸收傩舞、戏曲、风水等民间文化，还形成了独具特色的“江西道情”、“江西道坛”。多种信仰和文化的交流融合，最终形成了深厚独特的江西道教文化。

江西是道教发展重地，但道教研究相对薄弱。本项目旨在通过对江西道教碑刻及相关文献比较全面、系统的辑录整理，以基础性成果促进江西道教研究，深化对江西道教传统的认识。项目由课题组成员通力合作集体完成。课题主持人陈雅岚主要负责研究工作的统筹安排，并利用自身所从事工作的有利条件，到江西各地道观、博物馆、乡村山野等处调查收集碑刻实物，拍摄照片，查阅古今相关文献、拓片，在辑录的基础上对作者、来源、主要内容作出必要说明等。课题组主要成员戴训超负责从《四库全书》《全唐文》《全宋文》《全元文》《豫章丛书》《南昌文征》《江西通志》、各府县地方志以及江西历代文集等文献中辑录江西道教碑文，并对收集到的全部碑文及相关文献进行点校。项目结题通过后，由戴训超负责出版前的进一步辑录整理工作。

《江西道教碑刻辑录》的完成得到了各方面的关心、指导和帮助，在此我们由衷表示感谢！感谢立项前后热心指教我们的学界前辈，尤其是香港中文大学黎志添教授、华侨大学宗教研究所黄海德教授、云南社科院宗教研究所萧霁虹研究员；感谢为碑刻及相关资料收集提供方便的各地宗教事务局、道教协会、宫观庙宇，尤其是张金涛道长、李绍华道长、李友金道长、金理清道长、王理天道长、徐臣金道长、宋崇道道长、熊雄道长、刘繁荣道长、席小刚道长、李倩道长、傅远清道长、梅盛道长、邓法炜道长、袁晓珍道长、兰胜波道长（宏开道人）、万林一道长、裴春燕道长、庐山道教协会秘书长李剑涛等；感谢为项目研究提供馆藏碑刻或拓片的省、市、县博物馆，特别是省博物馆周广明研究员、省考古研究所肖发标研究员、吉安市博物馆刘晓东研究员、泰和县博物馆原馆长肖用桁、安福县原方志办刘三元、姚义兴等；感谢江西师范大学社科处、政法学院的领导、老师，尤其是时任社科处处长的董圣鸿教授、曾振华教授、副院长蒋九愚教授及黄鹤副处长、杨斌老师，他们及时负责的管理、指导，为课题获得立项与顺利结题起到了至关重要的作用；感谢为江西道教研究和文献整理已做出成果成就的前辈学者和学界朋友，他们的著作论文为我们辑录相关文献奠定了基础；感谢社科文献出版社的领导和编辑，尤其是责任编辑袁清湘老师，她不厌其烦，不辞辛劳，近百万字的书稿逐字逐句审读，提出了宝贵的修改意见，纠正了不少错误，提升了书稿的出版质量。

最后，还要特别感谢中国道教协会副会长、浙江道教学院院长、天台山桐柏宫方丈张高澄道长！张道长一直关心我们的研究工作，当他得知本书出版面临经费困难时，便主动询问，及时伸出援手，慷慨解囊，全款资助，令我们感动不已，将始终铭记于心。

由于时间精力有限，我们的水平有限，书中一定还存在不少疏漏错误之处。尤其是明清时期的文人别集，来不及一一细读，一定还有不少道教碑文未能辑录到；限于条件，可能还有不少散落在田野间的碑刻未能发现；如果今后还有机会和条件，我们将继续收集补充。真诚期待专家学者和广大读者批评指正。

陈雅岚　戴训超

2023 年 12 月 8 日

图书在版编目（CIP）数据

江西道教碑刻辑录 ：上下 / 陈雅岚，戴训超辑录整理. -- 北京：社会科学文献出版社，2024. 1
ISBN 978-7-5228-1242-7

Ⅰ. ①江… Ⅱ. ①陈… ②戴… Ⅲ. ①道教-碑刻-汇编-江西 Ⅳ. ①K877. 42

中国版本图书馆 CIP 数据核字（2022）第 247101 号

江西道教碑刻辑录（上下册）

辑录整理 / 陈雅岚　戴训超

出 版 人 / 冀祥德
组稿编辑 / 袁清湘
责任编辑 / 王玉敏　张馨月
责任印制 / 王京美

出　　版 / 社会科学文献出版社 · 联合出版中心（010）59367202
地址：北京市北三环中路甲 29 号院华龙大厦　邮编：100029
网址：www. ssap. com. cn
发　　行 / 社会科学文献出版社（010）59367028
印　　装 / 北京联兴盛业印刷股份有限公司

规　　格 / 开　本：787mm× 1092mm　1/16
印　张：89. 25　字　数：1396 千字
版　　次 / 2024 年 1 月第 1 版　2024 年 1 月第 1 次印刷
书　　号 / ISBN 978-7-5228-1242-7
定　　价 / 398. 00 元（上下册）

读者服务电话：4008918866